“十四五”时期国家重点出版物出版专项规划项目（重大出版工程）
中国工程院重大咨询项目

中国粮食安全理论与实践

刘　旭　主编

科　学　出　版　社
北　京

内 容 简 介

为科学理解“粮食安全”的内涵，协力稳步推进国家粮食安全工作，中国工程院组织专家潜心研究并编写了本书。本书分为绪论、理论政策篇、科技支撑篇、行业发展篇、区域发展篇和展望几部分。理论政策篇，阐述我国粮食安全发展取得的成果和经验，国内外主要粮食农产品生产发展、消费变化、市场改革发展的现状与趋势；分析推动我国农业生产力增长的四大驱动力（制度创新、科技进步、市场改革和农业公共投资）；判断未来我国粮食安全面临的重大机遇与主要挑战，探讨未来我国保障粮食安全的战略与措施等。科技支撑篇，论述我国农业科技发展概况、科技进步贡献率与农业技术发展趋势等；探讨种业科技、耕地质量提升技术、肥料与施肥技术、灌溉与旱作技术、农药及植保科技、农业装备与智慧管理等涉及的相关成果、技术和重点内容；重点阐述科技发展的战略路径，包括现代智慧农业愿景下的关键技术及发展远景、目标、战略与路径。行业发展篇，主要对保障粮食安全的粮经作物产业、园艺产业、畜牧产业、水产行业、林草及微生物产业、加工业等的发展成就、面临的问题与挑战、供需预测、发展战略，以及各产业或行业发展的保障措施与政策建议进行论述。区域发展篇，就我国粮食安全实践展开区域性分析和讨论，划分东北、华北、华中、东南、西南、西北六大区域，对其资源禀赋、生产现状及问题、战略定位与战略目标、粮食安全战略重点与工程，以及政策与措施等进行分析；对新形势下的区域发展方向与任务进行分析，提出构建绿色化区域协同发展机制、打造“两仓一桶”、加强顶层再平衡再分配机制等建议。

本书适合从事粮食生产管理工作的管理者和相关的科研人员参考，适合农学各专业的研究生和教师作为参考书，适合关心国家粮食安全工作的普通大众阅读。

图书在版编目（CIP）数据

中国粮食安全理论与实践/刘旭主编. —北京：科学出版社，2023.11
“十四五”时期国家重点出版物出版专项规划项目（重大出版工程）
中国工程院重大咨询项目
ISBN 978-7-03-077138-4

Ⅰ. ①中… Ⅱ.①刘… Ⅲ. ①粮食安全–研究–中国 Ⅳ.①F326.11

中国国家版本馆 CIP 数据核字（2023）第 221792 号

责任编辑：马 俊 闫小敏 / 责任校对：何艳萍
责任印制：肖 兴 / 封面设计：无极书装

科学出版社出版
北京东黄城根北街 16 号
邮政编码: 100717
http://www.sciencep.com

北京中科印刷有限公司印刷

科学出版社发行 各地新华书店经销

*

2023 年 11 月第 一 版 开本：787×1092 1/16
2023 年 11 月第一次印刷 印张：57 1/2
字数：1 333 800

定价：528.00 元

（如有印装质量问题，我社负责调换）

中国粮食安全理论与实践
编写委员会

总 顾 问

宋　健　中国工程院主席团名誉主席，院士

徐匡迪　中国工程院主席团名誉主席，院士

周　济　中国工程院主席团名誉主席，院士

李晓红　中国工程院院长，院士

潘云鹤　中国工程院原常务副院长，院士

沈国舫　北京林业大学，院士

李文华　中国科学院地理科学与资源研究所，院士

盖钧镒　南京农业大学，院士

顾 问

山　仑　西北农林科技大学，院士

方智远　中国农业科学院蔬菜花卉研究所，院士

石玉林　中国科学院地理科学与资源研究所，院士

向仲怀　西南大学，院士

孙九林　中国科学院地理科学与资源研究所，院士

李佩成　长安大学，院士

束怀瑞　山东农业大学，院士

范云六　中国农业科学院生物技术研究所，院士

汪懋华　中国农业大学，院士

成　员

武维华　中国农业大学，院士
李家洋　中国农业科学院，院士
王　浩　中国水利水电科学研究院，院士
王汉中　中国农业科学院副院长，院士
包振民　中国海洋大学，院士
朱有勇　云南农业大学，院士
孙宝国　北京工商大学，院士
麦康森　中国海洋大学，院士
李　玉　吉林农业大学，院士
李　坚　东北林业大学，院士
李天来　沈阳农业大学，院士
李伯虎　中国航天科工集团公司，院士
高　文　鹏城实验室主任，院士
宋宝安　贵州大学，院士
张洪程　扬州大学，院士
张福锁　中国农业大学，院士
陈学庚　新疆农垦科学院机械装备研究所，院士
陈剑平　宁波大学，院士
陈焕春　华中农业大学，院士
陈温福　沈阳农业大学，院士
庞国芳　中国检验检疫科学研究院，院士
南志标　兰州大学，院士
桂建芳　中国科学院水生生物研究所，院士

唐启升　中国水产科学研究院黄海水产研究所，院士
喻树迅　中国农业科学院棉花研究所，院士
梅旭荣　中国农业科学院副院长，研究员
梅方权　中国农业科学院，研究员
方　言　清华大学，研究员
贾敬敦　科技部火炬中心主任，研究员
黄季焜　北京大学，教授
王济民　农业农村部食物与营养发展研究所，研究员
高中琪　中国工程院，研究员
王东阳　农业农村部食物与营养发展研究所，研究员
左家和　中国工程院一局副局长，一级巡视员
袁龙江　中国农业科学院农业经济与发展研究所，研究员
张秉瑜　中国工程院农业学部办公室主任
闵庆文　中国科学院地理科学与资源研究所，研究员
王秀东　中国农业科学院农业经济与发展研究所，研究员
盛　誉　北京大学，教授
宝明涛　中国工程院战略咨询中心，副研究员

秘　书　长

王秀东　中国农业科学院农业经济与发展研究所，研究员

主　编　刘　旭

副主编　梅旭荣　黄季焜　王济民

序　一

粮食安全是“国之大者”，是实现经济发展、社会稳定和国家安全的重要基础。为积极参与对我国粮食安全理论与实践的探索，履行好以科学咨询服务国家发展的重大历史使命，从20世纪90年代开始，中国工程院立项，由卢良恕院士、沈国舫院士等老一辈农业领域科学家牵头，开展了一系列关于农业发展、农产品加工、粮食和食物安全的战略研究，咨询建议为中央关于保障国家粮食安全的科学决策提供了重要支撑。在此基础上，二十多年来，中国工程院又持续组织了一系列国家粮食和食物安全重大战略研究项目，一茬接着一茬干，长期地、系统地、深入地持续奋斗，向中央提出了一系列关于保障粮食和重要农产品稳定、安全供给的重要建议。项目组从“谷物基本自给”到“高标准农田建设”，从“‘两保一强’战略”到“常态思维、底线思维和极限思维下的粮食安全”，创造性地提出并不断发展“大食物观”的理念，研究成果为“以我为主、立足国内、确保产能、适度进口、科技支撑”的国家粮食安全新战略和总体国家安全观的形成作出了重要贡献。从理论到实践，项目组助力应对产量与效益并重、高产与优质并重、生产与生态并重和资源环境与绿色并重的保障国家粮食安全的新要求。保障国家粮食安全是一个永恒课题，中国工程院在这方面时刻都不敢放松，作出了历史性的卓越贡献。

该书是中国工程院“粮食安全”项目研究的最新成果，全面、系统、深刻地总结了中国确保粮食安全的理论和实践，具有很高的创新性、学术性与实践性，一定能为我们国家“全方位夯实粮食安全根基，构建多元化食物供给体系”作出新的重要贡献。

衷心感谢作者付出的心血和劳动，感谢编写委员会全体同志的不懈努力，感谢科学出版社的精心谋划与鼎力投入。

周济

2023年7月

序　二

党的十八大以来，以习近平同志为核心的党中央把解决好十几亿人的吃饭问题作为治国理政的头等大事，提出“确保谷物基本自给、口粮绝对安全”的新粮食安全观，确立“以我为主、立足国内、确保产能、适度进口、科技支撑”的国家粮食安全战略。我国粮食生产稳步发展，市场供应充足、运行总体平稳，防范和化解重大风险挑战的能力不断增强，粮食安全保障水平显著提升。

作为我国工程科技界最高荣誉性、咨询性学术机构，中国工程院肩负着保障国家粮食安全，以新安全格局支撑新发展格局的神圣使命。十年来，中国工程院一直把探索粮食需求、供给和安全作为研究方向，开展战略咨询研究。2013 年至 2022 年，中国工程院设立的五期粮食与农业重大咨询项目我都担任了顾问，一方面为了表示对我的后任分管农业学部的刘旭副院长工作的支持，在相关领域提供我的一些看法和判断，另一方面我也可趁此机会更深入地学习和了解有关我国粮食安全方面的趋势性进展，使我能保持与时俱进的认知水平。粮食安全的具体实施要坚持底线思维、增强忧患意识，多措并举、综合施策，全方位夯实粮食安全根基，着力化解国际粮食市场不利影响，坚决守住国家粮食安全底线。

该书不仅总结了十年来中国工程院五期粮食与农业重大咨询项目的研究成果，还总结了十年来我国保障粮食和重要农产品稳定、安全供给的创新实践。该书回答了我国到底需要多少粮食、能够生产多少粮食、如何做才能保障粮食安全等问题，形成了保障粮食安全的理论政策，从科技进步的角度说明了各生产要素对粮食安全的贡献。更难能可贵的是，书中分产业、分区域提出了我国食物产业发展趋势和粮食生产力区域布局、发展方向及主要任务。该书既有理论创新，又有符合中国国情的特色实践，是一本粮食安全研究领域的综合集成成果专著。

希望该书的出版能够为粮食和农业发展相关领域的学者提供参考，能够为新时期我国从事粮食安全管理工作的相关人员提供支撑。

沈国舫

2023 年 7 月

前　言

"农稳社稷、粮安天下"，古训今鉴，颠扑不破。我国是人口大国，粮食安全不仅是经济问题，还是社会问题，更是政治问题。习近平总书记强调：只有把饭碗牢牢端在自己手中才能保持社会大局稳定。实践表明，一国的粮食安全离不开正确的国家粮食安全战略，而正确的粮食安全战略源于对国情的深刻把握和对世界发展大势的深刻洞察，面对新时代经济发展新常态，保障国家粮食安全面临着新挑战。

在此背景下，为贯彻落实党和国家关于农业农村的战略部署，保障国家粮食安全，中国工程院于2013年1月启动了"国家食物安全可持续发展战略研究"重大咨询项目，组建了由第九届全国政协副主席、中国工程院原院长宋健院士，第十届全国政协副主席、中国工程院原院长徐匡迪院士，时任中国工程院院长周济院士，中国工程院原副院长沈国舫院士担任顾问，时任中国工程院副院长旭日干院士担任组长，李家洋、盖钧镒、尹伟伦院士和我担任副组长，共有28位院士、300余位相关领域内的专家、近60家科研院所和近40所大学参加的战略研究与咨询队伍。

从那时起，我们在长达十年五期的粮食与农业重大咨询项目研究中，一直围绕不同历史时期中国到底需要多少粮食、到底能够生产多少粮食、如何做才能保障粮食安全这条主线开展研究。首先，在不同的历史时期我国人均消费的粮食数量是不同的，从历史资料和现实研究看，在基本小康时期，人均400kg每年是可以满足的；当进入全面小康时期，人均500kg每年是必不可少的；而迈进新时代，要实现民族复兴、建设农业强国的目标，则人均消费粮食就要保证每年600kg左右，目前这一观点已基本形成社会共识。其次，中国必须生产多少粮食才可以保证当今时代的需求呢？如果从常态思维、底线思维、极限思维三种状况来设想，我国要保障全民的幸福生活，粮食播种面积应保持在18亿～19亿亩（1亩≈666.7m^2。后同），总产稳定在7亿～8亿t，在此基础上利用国际市场调节0.5亿～1.5亿t。最后，最关键的是如何实现这一目标呢？可不可以这样设想：以不同区域（东北、黄淮海、长江中下游、西北、西南、东南沿海等）为经的维度，以不同产业（农、林、牧、渔、菌等）为纬的维度，以不同生产要素（品种、土肥水、植保农机装备管理等）为立体的维度，再以不同时间、不同阶段的四大动力（政策、科技、市场、投入等）为时间的维度，共同构成立体时空网络，通过优化其配置，达到在新型大食物观的基础上，构建更高效强韧、更绿色低碳、更营养健康、更加可持续的国家食物安全保障体系。当然，这样设计是不是能够解决我国粮食安全脆弱性平衡的问题、其科学内涵是什么、全社会如何协同？还需进一步探讨。因此，中国粮食安全既是重大理论问题，更是重大实践命题。探讨和解决这些我们一直思考的问题，也是我们编撰本书的基本动因与主要目标。最初的问题依然没有圆满的答案，本书也不可能一蹴而就地达到原初目的。不过，在试图通过中国粮食安全的理论与政策、科技对粮食安全的贡献、中国粮食生产与大食物观、粮食生产力区域布局与实践的角度来阐明我国粮食安全与社会稳定的关系方面，本书还是有一个比较满意的凝练与提升。

2013 年以来，中国工程院设立的“国家食物安全可持续发展战略研究”“国际化绿色化背景下国家区域食物安全可持续发展战略研究”“新形势下国家粮食安全战略研究”三期重大咨询研究项目，汇聚了由 300 多位院士专家组成的跨领域、多学科、老中青多层次结合的专家队伍，在粮食安全领域有深厚的研究基础，多项研究成果为保障我国粮食安全的科学决策提供了科学咨询。其中有几项成果在此与大家分享。

第一，粮食可持续发展是保障粮食安全的基础。在第一期项目研究中，我们系统分析了我国食物生产发展的成就及其基础支撑，深入研究了我国食物安全可持续发展面临的国内外情势，提出了我国食物安全可持续发展的五大基本判断、十项工程、七项措施建议，提出了实施粮食园艺产业布局区域再平衡、经济作物优势区稳健发展、农牧结合科技示范推广、农产品加工业技术提升、农业科技创新分层推进、机械化农业推进发展、农田生态系统恢复与重建、依据消费用途实施差别化贸易等战略和全程贯穿大食物观、全产业链和新绿色化三大发展要求。这些研究成果支撑了“以我为主、立足国内、确保产能、适度进口、科技支撑”国家粮食安全新战略的形成，也为我们开展后续研究提供了总体思路和基本策略。

第二，2013 年，我们在全国各地多次调研，上报了《确保谷物基本自给是我国粮食安全战略的核心要求》的报告，认为谷物是我国粮食的主体，确保谷物基本自给是我国粮食安全的核心目标，未来其净进口量不应超过国内消费量的 5%，到 2020 年实现全国谷物总产 5.9 亿 t、人均不低于 415kg，与国际通行指标接轨，既是国家核心利益，又是我国必须担当的国际责任。研究提出了“北方稳定性增长、南方恢复性增长、西部适水性增长、全国均衡性增长”的布局调整。这份报告促进了国家制定分品种保障粮食安全的策略。

第三，2014 年，针对人增地减、田瘦水缺等农业农村经济发展面临的重大问题，我们经过近一年的实地考察和深入研究，上报了《实施十亿亩高标准农田建设重大工程的建议》的报告，提出了要树立美丽乡村建设理念、符合适度规模经营要求、建立多方参与建设机制、科学确立新的目标、合理设立新的标准、优化调整建设内容、科学安排进度、合理确定投资等一系列建设高标准农田的新思路、新要求、新标准、新机制。建议将高标准农田建成目标由 2020 年的 8 亿亩调整到 2025 年的 10 亿亩。这份报告支撑了我国高标准农田建设的相关工作。

第四，2018 年 11 月，针对我国粮食产量、种植面积连续两年减少，研究上报了《当前我国粮食安全形势判断与战略举措》的报告，认为要确保口粮绝对安全、谷物基本自给、粮食安全自主可控，我国口粮、谷物和粮食的自给率必须分别保持在 95%、90%和 80%以上。建议坚决推行“保口粮、保绿色、强产业”重大战略举措；切实推行分品种施策提高粮食竞争力；分区域落实“两藏一绿”工程，提高粮食综合生产能力；大力推进“适度规模经营+社会化服务”提升粮食生产效率；改革农业补贴政策，提高农民生产积极性；完善预警机制，强化风险管控等政策措施，确保重大战略举措落地见效。现在看来，这份报告支撑了中央警惕并预防放松粮食生产倾向的科学决策，为有效防控 2019 年底的疫情冲击和国际市场波动奠定了基础。

第五，2020～2022 年，我们紧扣“战疫”“脱贫”“农业发展”“保障粮食安全”等重大任务，上报了《后疫情时期粮食安全保障战略与政策建议》《春耕春管形势好，长远发展有隐忧》《全球气候变化和极端天气引发粮食短缺风险的前瞻性分析及对策建议》《全球疫情、国外旱情、国内灾情对我国粮食安全的影响分析及对策建议》等报告，提出常态思维、底线思维和极限思维下保障粮食安全的建议，为疫情期间保障粮食和重要农产品供给、保护农民利益、稳定农业生产，以及促进碳达峰碳中和愿景下农业减碳关键技术研发及推广应用等方面的工作提供了切实管用的措施。

总之，“无农不稳，无粮则乱”，只有把牢粮食安全主动权，才能把稳社会安定和强国复兴主动权。中国式现代化是人口规模巨大的现代化，我们没有理由轻言解决了粮食问题，从今天来看，对于粮食生产来说，依然是政策保障、物质资金、科学技术一样都不可少。希望本书能够在总结近十年来研究成果的基础上，聚焦中国粮食安全理论与实践研究，为端牢中国饭碗和维护世界粮食安全、推动构建人类命运共同体提出发挥我国引领作用的具体方案。这本书在呈现给读者之前，还有几点要向大家说明：一是我国已迈入全面建成社会主义现代化强国、实现第二个百年奋斗目标、以中国式现代化全面推进中华民族伟大复兴的新征程，近期“三农”工作要全面推进乡村振兴，到 2035 年基本实现农业现代化，到 21 世纪中叶建成农业强国，全方位夯实粮食安全根基、构建多元化食物供给体系，这些都对我们的研究提出了更高的要求，由于研究时间有限，有一些新的观点和结论未能纳入；二是限于作者水平，以及粮食安全研究团队和成果方兴未艾，对原有的特别是个别的具体观点和结论提出了巨大挑战，有些具体观点和结论值得商榷，甚至有个别观点和结论可能已经过时；三是非常希望广大读者多提宝贵意见，如再版时将尽可能吸收进来，形成一本与时俱进的粮食安全领域重要基本参考书。

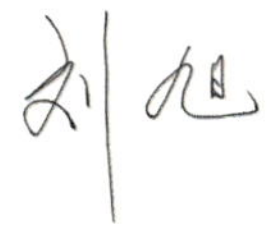

2023 年 6 月

目　　录

第二篇 科技支撑篇

第三篇 行业发展篇

第四篇　区域发展篇

绪　论

粮食安全是国家总体安全的重要组成部分，也是国家安全的根基，解决好吃饭问题，始终是治国理政的头等大事。在应对当前百年未有之大变局当中的重重危机、以新安全格局保障新发展格局的重要时期，通过梳理党的十八大以来我国粮食安全理论的创新发展完善和亮点纷呈的实践创新之路发现，我们对粮食安全的认识更加深刻，保障粮食安全的理论体系更加完整，政策体系日益健全，科技创新体系全面推进，投入强度逐步增加，综合生产能力稳步提升，谷物供应基本自给，流通体系日趋完善，应急保障能力逐步提升，市场调控行之有效，粮食储备能力显著增强，节粮减损扎实推进，居民健康营养状况明显改善，国际影响更加深远。

“粮食安全”一词是在第二次世界大战期间发展形成的。全球粮食安全问题一直是人类面临的重大挑战之一。随着全球人口的持续增长，非农用地逐步扩大，人均占有耕地不断减少，加之全球气候持续变暖，自然生态环境遭受破坏，自然灾害发生频率和强度均呈增加趋势，特别是在发生重大变局或局部战争冲突的情况下，各国粮食管控、运费暴涨、供应链不稳定、冷链物流萎缩等因素严重扰乱全球粮食市场，粮食安全风险加大。全球粮食安全问题是一个系统性问题，涉及生态、经济、社会等多个层面，没有简单的解决方案，需要全球各国和各方面的共同努力，推动全球粮食体系的转型。1966 年，联合国通过《经济、社会及文化权利国际公约》，并于 1976 年生效，第一次以国际公约形式对经济、社会及文化权利加以确认来保障人人有足够的食物。1974 年，在罗马召开的世界粮食大会通过了《消除饥饿与营养不良世界宣言》《世界粮食安全国际约定》，以“粮食供给”为出发点定义粮食安全，并提出衡量一个国家粮食安全的指标是粮食库存量至少应占当年粮食消费量的 17%～18%。1979 年，第 20 届联合国粮食及农业组织大会决定，从 1981 年开始，将每年的 10 月 16 日作为“世界粮食日”，开展各种活动提醒各国关注粮食问题。1996 年罗马会议上粮食安全的定义是：只有当所有人在任何时候都能够在物质上和经济上获得足够、安全和富有营养的粮食来满足其积极和健康生活的膳食需要及食物喜好时，才实现了粮食安全。2013 年联合国粮食及农业组织发布《2013 年世界粮食不安全状况：粮食安全的多元维度》，提出了粮食安全的四个维度：可供量、获取、利用和稳定。2015 年联合国大会通过了《2030 年可持续发展议程》，提出了 17 项可持续发展目标（SDGs），其中第二项目标（SDG2）聚焦粮食安全，承诺到 2030 年消除饥饿、实现粮食安全、改善营养状况和促进可持续农业，也称“零饥饿”目标。可见，国际社会对粮食安全的定义和认识持续深化。

我国作物栽培至少有长达 10 000 年的历史，分为史前植物（作物）采集驯化期、传统农业萌芽期、北方旱作农业形成发展期、南方稻作农业形成发展期、多熟制农业形成发展期五个阶段。最先驯化栽培的主要有黍、粟、稻、麻、菽等粮食作物。随着生产工具的不断发明更新，外来作物与本土作物的大融合，政治经济中心南移，对作物栽培技术的提高及南北方的农业生产结构改变产生了很大影响。作物栽培的历史就是一部粮食发展史，也可以说是人类社会发展史的一个重要组成部分。洪范八政，食为政首，纵观中华上下五千年历史，王朝的兴衰莫不与粮食的收成发展有着千丝万缕的关系。齐国诱导鲁国弃粮种桑，关键时候断粮降服鲁国；越王勾践把种子煮熟贡给吴国，趁其粮食绝收一举灭吴；从“苏常熟，天下足”“苏湖熟，天下足”到“湖广熟，天下足”；从“南粮北运”到“北粮南运”，可以说“无农不稳，无粮则乱”，只有把牢粮食安全主动权，才能把稳强国复兴主动权。

新中国成立后，中国始终把解决人民吃饭问题作为治国安邦的首要任务。在中国共产党的领导下，通过努力改善生产条件，千方百计提高粮食综合生产能力，推进科教兴农，转变粮食增长方式，综合开发利用和保护国土资源，实现农业可持续发展，深化体制改革，创造粮食生产、流通的良好政策环境，使中国在农业基础十分薄弱、人民生活极端贫困的基础上，依靠自己的力量实现了粮食基本自给。我国粮食产业发展大致可以分为五个阶段。第一阶段：1949～1958 年，粮食产量跨越 2 亿 t，这一时期粮食增产主要是由于播种面积增加，从 16.5 亿亩增加到 19 亿亩，年均增长 1.67%；第二阶段：1958～1977 年，粮食产量跨越 3 亿 t，这一时期受政治和气候等因素的影响，粮食生产波动明显，增产速度较慢；第三阶段：1978～1984 年，粮食产量跨越 4 亿 t，这一时期得益于家庭联产承包责任制，粮食生产能力得到了极大释放，年均增长 4.95%；第四阶段：1985～1996 年，粮食产量跨越 5 亿 t，这一时期技术水平的提高拉动了粮食单产水平的明显增长，带动了粮食产量的增加；第五阶段：1997 年至今，粮食产量跨越 6 亿 t，这一时期粮食产量呈现徘徊上升趋势，单产增长变慢，制度创新、技术进步、市场改革、农业投入仍然是保障粮食安全的重要驱动力。

党的十八大以来，以习近平同志为核心的党中央把粮食安全作为治国理政的头等大事，提出了“确保谷物基本自给、口粮绝对安全”的新粮食安全观，确立了“以我为主、立足国内、确保产能、适度进口、科技支撑”的国家粮食安全战略，走出了一条中国特色粮食安全之路。通过坚持立足国内保障粮食基本自给的方针，实行最严格的耕地保护制度，实施“藏粮于地、藏粮于技”战略，持续推进农业供给侧结构性改革和体制机制创新，中国粮食生产能力不断增强，粮食流通现代化水平明显提升，粮食供给结构不断优化，粮食产业经济稳步发展，更高层次、更高质量、更有效率、更可持续的粮食安全保障体系逐步建立，国家粮食安全保障更加有力，中国特色粮食安全之路越走越稳健、越走越宽广。粮食安全是世界和平与发展的重要保障，是构建人类命运共同体的重要基础，关系人类永续发展和前途命运。作为世界上最大的发展中国家和负责任大国，中国始终是维护世界粮食安全的积极力量。中国积极参与世界粮食安全治理，加强国际交流与合作，坚定维护多边贸易体系，落实联合国《2030 年可持续发展议程》，为维护世界粮食安全、促进共同发展作出了积极贡献（2019 年《中国的粮食安全》白皮书）。

十多年来，国家粮食安全战略行之有效，保障体系不断完善，通过实行粮食安全党政同责，升格了重农抓粮的责任主体；通过制定最严格的耕地保护制度，实现了耕地用途的有效管控；通过建成 10 亿亩高标准农田，降低了粮食生产灾害损失，农作物绝收面积从 2010 年的 7295 万亩降至 2021 年的 2445 万亩；通过组织关键核心技术攻关，完善了高效育种技术体系。粮食生产能力稳步提升，是稳定经济发展的“压舱石”。2022 年我国粮食总产量达到 6.87 亿 t，粮食单产每亩 386.8kg，较 5 年前分别提升了 498 亿斤（1 斤=500g，后同）和 13kg，粮食总产量连续 8 年稳定在 6.5 亿 t 以上；人均粮食占有量达 486.1kg，高于国际公认的 400kg 粮食安全线。习近平总书记指出，“经过艰苦努力，我国以占世界 9%的耕地、6%的淡水资源，养育了世界近 1/5 的人口，从当年 4 亿人吃不饱到今天 14 亿多人吃得好，有力回答了‘谁来养活中国’的问题”。这不仅保证了居民食物消费和经济社会发展对粮食的基本需求，更为统筹发展与安全，妥善应对百年未有之大变局、世纪疫情、乌克兰危机等冲击提供了重要支撑，为全面建设社会主义现代化国家、全面推进中华民族伟大复兴提供了坚强有力的安全保障（2023 年《国务院关于确保国家粮食安全工作情况的报告》）。居民膳食结构转型升级，粮食总需求持续增长，食物消费由“吃得饱”向“吃得好”转变，2013～2020 年全国居民人均粮食食用消费量由 148.7kg 下降到 141.2kg，降幅为 5.0%，而人均肉禽类食用消费量由 32.7kg 上升到 37.5kg，增幅为 14.7%。膳食结构转型升级带动饲料粮需求和粮食总需求持续增长，据预测，我国粮食饲用需求量在 2025 年将达到 8.5 亿 t。粮食产业化水平不断提高，产业体系门类日趋齐全，产业化程度不断提高，中粮集团有限公司、北大荒集团等一批有竞争力、影响力、掌控力的粮食企业构建“产购储加销”一体化经营模式，有效发挥了稳市场、保供应、促发展、保安全的重要作用；粮食应急保供体系不断完善，应急保障能力不断提升，截至 2022 年初，我国共有粮食应急加工企业 5507 家、粮食应急储运企业 3788 家，应急加工企业日加工能力 141 万 t，在新冠疫情不断反复的情况下，有效保障了社会稳定。

党的二十大对“三农”工作作出了重要部署，即未来 5 年，我们的主要任务是全面推进乡村振兴，加快建设农业强国，扎实推动乡村产业、人才、文化、生态、组织振兴。保障粮食和重要农产品稳定安全供给始终是建设农业强国的头等大事。当前，中国人口已不再增加，但需求还在增长；已由南粮北运转变为北粮南调，加剧水的短缺；耕地已从 2009 年底的 20.31 亿亩，下降到 2019 年底的 19.18 亿亩，十年下降 1.13 亿亩，而且高产田比例下降、低产田比例上升；全球气候变暖加剧了极端天气出现的频率与灾情；农民积极性不容乐观，农民素质亟待提高。依据总体需求、资源环境状况、效益与农民、科技支撑诸方面，从基于可持续发展的人与自然和谐、人与社会文明角度分析，实现保障粮食安全的重任，既要藏粮于技，又要藏粮于地，还要藏粮于策。这就要求我们全方位夯实粮食安全根基，全面落实粮食安全党政同责，牢牢守住十八亿亩耕地红线，逐步把永久基本农田全部建成高标准农田，深入实施种业振兴行动，强化农业科技和装备支撑，健全种粮农民收益保障机制和主产区利益补偿机制，确保中国人的饭碗牢牢端在自己手中。为此，我们要树立国家粮食安全新理念。一是坚持“大食物观”，实现由“吃饱吃好”向“吃得营养、吃得健康”转变，由“生产什么吃什么”向“需要什么生产什么”转变，由“传统粮食观”转变为“现代食物观”，建立稳定多元的“三物四地”（植物、动物、微生物，耕地、林地、草地、水地）食物供给体系；二是着眼完整产业链，完整产业链的产生与发展是与食物观的变化紧密联系的，是由产前、产中、产后多个环节构成的一个完整的生产消费和全程管理体系，在实现食物周年生产和均衡上市的基础上，形成从田间到餐桌的快捷物流体系，切实保障农产品的质量安全；三是立足全绿色化，现代农业发展要实现绿色投入、绿色生产、绿色加工、绿色消费，必须牢固树立生态文明理念，在保障绿色安全农产品供给的同时，实现农业资源永续利用、促进生态环境保护建设和实现农民持续增收致富。此外，我们还要落实国家粮食安全新要求。一是坚持开放国际化，充分利用两种资源、两个市场，逐步缩小农产品进出口逆差；推进适度规模经营，提高生产效率和效益，提升国际竞争力。二是坚持做到可持续，新形势下，基于绿色可持续发展理念下的粮食安全保障，发展“四型”农业，即生产效益型、资源节约型、环境友好型、产品安全型，这是21世纪粮食安全保障的新要求，也是贯彻落实党的二十大关于生态文明建设的措施。三是引导营养性消费，根据人体健康需求，通过遗传改良和定向培育，提升作物的营养品质；根据大众膳食需求，合理布局作物种植结构，增加不同营养成分的作物来源；根据科学膳食需求，结合国人饮食习惯，为不同人群合理搭配营养配餐，形成健康食谱。四是充分发挥农业的多功能性，保持一产发展、增强二产发展、拓展三产发展，实现三产融合、共同发展，这也是实施乡村振兴战略的推动措施。

在这样的历史时期，为研判全球粮食安全的走向趋势及我国在其中的地位、角色和影响等，系统梳理总结党的十八大以来我国粮食安全方面的理论与实践，提出发挥我国引领作用的具体方案，意义重大。中国工程院“粮食安全”系列重大咨询项目的院士专家团队是一支跨领域、多学科、老中青多层次结合的专家队伍，在我国粮食安全领域有深厚的研究基础，为本书编写任务的完成提供了智慧保障。各位院士专家积极参与对粮食安全内涵的探索研究，接续开展了多期“粮食安全”重大咨询项目，多项研究成果得到了有关领导高度重视，以科学咨询支撑了保障我国粮食和重要农产品稳定供给的科学决策。2022年初，本书作者邀请曾经及正在参与中国工程院“粮食安全”系列重大咨询项目的100余位院士专家组成了研究团队，确立了组织框架，并根据研究需要，邀请了从事粮食安全研究与管理的专家，经过多次交流讨论，集思广益，最终确定了本书的编研框架。大家坚持以严谨的科学态度，深入总结、调查研究，经过反复讨论和修改，最终形成了本书。本书最大的创新之处就是梳理了粮食安全与社会稳定的内在关系，凝练形成了中国粮食安全的理论政策体系、科技支撑体系、产业发展体系、区域布局体系，系统回答了不同历史时期中国到底需要多少粮食、到底能够生产多少粮食、如何做才能保障粮食安全。在本书编写过程中，我们注重几个基本原则：一是回头看和向前看相结合原则；二是全面性与典型性相结合原则；三是分章节编写与分篇统稿交流相结合原则；四是编写团队的学术代表性及民主性相结合原则。

本书分为绪论、理论政策篇、科技支撑篇、行业发展篇、区域发展篇和展望6个部分。理论政策篇通过分析粮食等重要农产品的生产、消费现状与发展趋势，着重研究制度创新、科技进步、市场改革和农业公共投资等中国粮食生产的四大驱动力，形成了中国粮食安全理论与政策，以及未来我国要“做好自己、开放世界、帮助朋友，推动构建全球粮食共同体”的战略措施；科技支撑篇通过梳理我国农业科技发展概况，围绕种业科技发展、耕地质量提升技术、肥料与施肥技术、灌溉与旱作技术、农药及植保科技发展、农业装备与智慧管理等方面，提出了粮食安全科技发展战略与路径；行业发展篇围绕粮经饲作物产业、园艺产业、畜牧产业、水产产业、林草及微生物产业、加工产业等方面开展研究，提出了各产业未来的发展趋势；区域发展篇和行业发展篇一样侧重于应用性，通过对东北、华北、华中、东南、西南、西北等区域粮食安全实践的分析，提出了我国粮食生产力区域布局、发展方向及主要任务。

“凡益之道，与时偕行”。进入新时代，中国人民更加关注食物的营养与健康，既要“吃得饱”，更要“吃得好”“吃得放心”。一方面，我们要进一步加强粮食生产能力、储备能力、流通能力建设，推动粮食产业高质量发展，提高国家粮食安全保障能力，为人民获得更多福祉奠定坚实的根基。另一方面，我们将继续遵循开放包容、平等互利、合作共赢的原则，努力构建粮食对外开放新格局，与世界各国一道，加强合作、共同发展，为维护世界粮食安全作出不懈的努力，为推动构建人类命运共同体作出新的贡献。

（执笔人：刘旭、梅旭荣、黄季焜、王济民、王秀东、宝明涛）

第一篇　理论政策篇

第一章　中国粮食安全理论与政策概述

第一节　引　　言

人多地少的中国在过去数十年内不断创造出摆脱饥饿和消灭贫困等世界农业农村发展奇迹。过去40多年，在仅拥有世界6%的淡水资源下，利用9%的世界耕地，中国不仅为接近20%的世界人口解决了温饱问题，而且显著改善了全体国民的食物营养结构。过去30年，全球摆脱饥饿的人口中有2/3来自中国（FAO，2020）；2021年2月25日，中国向全世界庄严宣告：中国脱贫攻坚战取得了全面胜利，现行标准下的所有农村贫困人口全部脱贫。这意味着中国提前10年完成了联合国《2030年可持续发展议程》的减贫和反饥饿目标。

过去40多年，中国在发展农业的同时，也逐渐成为世界粮食等主要农产品的生产和贸易大国。改革开放初期，中国粮食等主要农产品生产和贸易在世界上的地位与中国是人口大国很不匹配，人均农产品生产量也在世界最不发达国家之列。现在中国已是世界最大的水稻、小麦、蔬菜、水果、茶叶、猪肉和水产品等农产品生产国，同时是世界农产品出口量最大的贸易国之一，农产品进出口总额仅低于美国排在世界第二位（黄季焜，2023）。中国粮食安全和农业发展受全球农业影响的同时，也影响着全球粮食安全、农产品贸易和世界农业发展。

中国粮食生产和农业发展在取得巨大成就的同时，也面临着国内长期积累的和国际新呈现的诸多挑战。一是近20年来我国粮食等主要农产品在国际市场上的比较优势逐渐下降，大豆和玉米等农产品进口不断增长；二是过去40多年中国粮食等主要农产品生产的快速增长很大程度上是以牺牲资源环境为代价的，农业可持续发展面临与日俱增的挑战；三是农民的农业收入增长速度明显下降，成为制约全体人民共同富裕的主要短板；四是过去经济全球化的趋势在近年来受到“逆全球化”（即“集团式”全球化）势力的冲击，虽然中国在改革开放过程中得到快速发展，但是在新的、复杂的国际环境下，如何从农业大国走向农业强国是未来中国发展面临的新挑战。

中国粮食安全保障和农业发展何去何从？过去40多年中国粮食生产和农业发展与改革的实践证明，农村制度创新、农业技术进步、农产品市场改革、农业生产投入是中国农业生产增长的四大驱动力，也是中国粮食安全保障和农业发展与改革的四大法宝（黄季焜，2018a；Huang，2018）。未来在不确定因素增加的国际背景下，中国粮食和农业又将如何发展？如何能如期分别在2035年和2050年基本和全面实现农业现代化与全体人民共同富裕的中国梦，需要全球总览，积极形成有利于中国的国际发展环境。因为在全球化的开放型世界，国家之间多以朋友相待；而在“集团式”全球化世界，集团内外的国家间多以竞争甚至敌对态度相处，在此背景下中国农业发展需要新思路。同时，经济逐渐强大的中国在国际上的地位和责任将日益提高，中国对世界农业发展的影响也将日益扩大；世界也需要不断崛起的中国为全球农业发展和实现世界各国共同富裕与发展提供中国智慧及方案。

第二节　中国粮食安全和农业发展

一、过去 40 多年粮食安全和农业发展成就

（一）过去 40 多年中国保障粮食安全成就举世瞩目

过去 40 多年，粮食单产的稳步增长解决了国民的温饱问题，农林牧渔等主要农产品总产值以年均 5.4%的速度增长（国家统计局，2021）。1978～2020 年，在粮食播种面积下降（−3.2%）情况下，粮食产量从 3.05 亿 t 增加到 6.69 亿 t（年均增长 2.1%），产量增长（120%）是同期人口增长（46.7%）的 2.6 倍，从 20 世纪末开始就基本解决了绝大多数人的温饱问题。中国在实现口粮绝对安全的基础上，经济作物和养殖业生产实现了快速增长。过去 40 多年，棉花、油料和糖料作物产量年均分别增长 3.8%、6.4%和 5.3%；非粮棉油糖农产品（简称高值农业，下同）得到更快速发展。例如，2020 年蔬菜种植面积（2148.5 万 hm^2）是 1978 年（333.1 万 hm^2）的 6.45 倍，水果产量更是从 1978 年的 657 万 t 提高到 2020 年的 2.87 亿 t，年均增长 10.3%；同期，奶产品、水产品、肉类产量也分别以年均 8.4%、5.8%和 4.2%的速度增长。

过去 40 多年中国为世界粮食安全和反贫困作出了重要贡献。中国在 20 世纪 80 年代的改革开放过程中，还延续着以往凭票吃粮喝汤的生活，但在 90 年代初完全依靠自力更生彻底告别了以粮票、肉票、布票、棉票、油票、糖票、豆制品票等商品购买凭证生活的时代。中国人口营养不良率从 1990 年的高达 22.9%，下降至 2011 年的 2.5%；人均热量摄入从 2000 年的 2814cal/d 增加到 2020 年的 3200cal/d；食物消费模式更趋向多样化，高蛋白和高热量食品的摄入比例大幅提高，微观层面的家庭粮食及食物安全保障水平不断提升。2020 年底，中国实现了包括农村在内的所有贫困人口的脱贫任务，消灭饥饿和贫困的进程走在世界前列，为全球（特别是发展中国家）实现联合国《2030 年可持续发展议程》的反饥饿与粮食安全及减贫等目标增强和坚定了信心。

（二）保障粮食安全和高值农业发展同时并进

在基本保障粮食安全下，中国农业逐渐向高值农业转变，并经历了四个阶段的转型过程。第一阶段以粮食等大宗农产品生产为主，该阶段的重点是解决全国居民的基本温饱问题。第二阶段始于 20 世纪 90 年代初，在基本保障粮食（特别是口粮）安全的情况下，随着农业生产力的不断提高，农业发展呈现多种经营和商业化趋势。第三阶段农业专业化水平和非农就业不断增长，农村劳动力从兼业向农业与非农就业分工发展。目前我国正进入第四阶段，即在保障口粮绝对安全的情况下，高效优质绿色高值农业（包括蔬菜与水果等园艺作物、畜产品和水产品等高值农产品）的可持续发展和城乡融合发展阶段（Huang and Shi，2021a）。研究表明，以高值农业发展和农村劳动力非农就业为代表的农村经济转型，转型水平越高或转型速度越快的省份，其农村居民收入越高或增长

越快（黄季焜和史鹏飞，2021）。

高值农业发展不但显著提升了农业劳动生产力，还改善了城乡居民食物消费结构，更显著提升了家庭食物安全保障水平。高值农业占农牧渔总产值的比例从1978年的51%提高到2018年的86%，使农业劳动生产力和农民收入同步提升。农产品生产与食物供给的增长使中国食物供应系统发生了翻天覆地的变化，食物消费从反饥饿转向了以吃好和营养健康为目标的发展阶段，家庭食物安全保障水平不断提升。此外，农村劳动力非农就业不断增长（Li et al.，2021b），进一步提升了农业劳动生产力（每个农业劳动力拥有了更多的水土等农业生产资源），显著提高了农民收入和购买食物的能力。

（三）中国已成为世界最大的农业生产国和贸易国之一

农业的快速发展使中国成为世界最大的粮食等多种农产品生产国，主要农产品人均产量都超过世界平均水平。联合国粮食及农业组织（FAO）的统计数据（FAO，2022b）显示，中国是世界上稻谷和小麦的最大生产国，2020 年的产量分别占全球的 28.2%和17.6%；作为仅次于美国的世界第二大玉米生产国，2020 年中国生产了全球 22.4%的玉米。中国的蔬菜、水果和茶叶产量也居世界首位，分别占全球产量的 51.9%、27.7%和42.5%。中国还是世界上猪肉和鸡蛋的最大生产国，2020 年的产量分别占全球的 38.3%和 34.9%；禽肉在全球产量中的占比（16.5%）仅略低于美国（17.4%）。长期以来中国一直是世界第一水产大国，养殖产量占世界的 2/3。从人均生产量看，稻谷、小麦、玉米、蔬菜、水果、茶叶、猪肉、禽肉和水产品等都超过世界平均水平。

中国近年来也成为世界农产品的最大贸易国之一，在保障口粮绝对安全的情况下，其他主要农产品进出口都显著增长。2020 年农产品进口额（1658 亿美元）接近农产品最大进口国（美国 1696 亿美元）（UN，2022），出口额排在全球第五位（美国 1553 亿美元、荷兰 1047 亿美元、巴西 867 亿美元、德国 863 亿美元）。中国在实现大米和小麦自给率接近 100%的情况下，主要农产品进出口都显著增长。

二、过去 40 多年粮食生产和农业生产力增长的主要驱动力

过去 40 多年，在水土资源短缺的情况下，就中国如何保持农业快速增长以满足不断增长的食物需求并大幅度减少农村贫困人口等问题，国内外学者做了大量研究，总结相关研究，我们认为中国粮食及农业生产力增长的主要驱动力是：农村制度创新、农业技术进步、农产品市场改革和农业生产投入增加，即中国农业生产力增长的“四大驱动力”，也是中国 40 多年农业发展改革最成功的经验（黄季焜，2018a）。

（一）农村制度创新

中国改革是从农村家庭联产承包责任制开始的。这项改革在不改变农村土地集体所有制的前提下，按照农户人口、劳动力数量，将土地承包给农户自主经营，使农业生产的经营方式从以生产队和生产大队为单位转向以农户为单位。从 1978 年底开始的这项改革迅速在各省份推广，到 1984 年全国有 99%的农户实施了家庭联产承包责任制（Lin，1992）。

家庭联产承包责任制显著提高了农业生产力，是改革开放初期（1978～1984 年）粮食及农业增长的最重要驱动力。许多研究表明，家庭联产承包责任制因为赋予了农民对生产的决策权和收益权，调动了农民生产的积极性，提高了粮食和农业的生产力（McMillan et al.，1989；Lin，1992；Huang and Rozelle，1996）。例如，Lin（1992）研究表明，改革开放初期的农业增长，大约有一半来自家庭联产承包责任制的实施。研究还发现，在改革开放初期大约有 35%的粮食单产增长来自家庭联产承包责任制的实施，其从如下三个方面影响农业生产：生产积极性、投入效率和技术采用成本。虽然生产责任制提高了农户新技术采用的成本，但显著提高了生产效益和资源配置效益，从而促进了粮食生产（Huang and Rozelle，1996）。

20 世纪 90 年代以来家庭联产承包责任制的不断完善，对粮食生产和农业增长继续起着促进作用。例如，针对农村土地所有权稳定性问题，国家逐渐推进农村土地制度的改革完善。土地承包期从第一轮的 15 年延长到第二轮的 30 年；进入第二轮土地承包期，所有权的稳定性得到显著提高（冀县卿和黄季焜，2013）。已有研究还表明，所有权的稳定性提高促进了农户对农村土地的长期投资（黄季焜和冀县卿，2012；Gao et al.，2012）和农业生产力的提高（Deininngger et al.，2014）。最近中央又提出农村土地集体所有权、农户承包权和土地经营权的“三权分置”，以及第二轮土地承包到期后再延长 30 年的土地制度安排，我们预计这些改革还将在促进农村土地流转和农村土地生产力提高方面产生积极的影响。

在深化农村土地制度改革的同时，中国也在不断地推进其他一系列制度改革以保障粮食安全和促进农业发展。例如，户籍制度改革在促进农村劳动力非农就业和在区域间流动的同时，也促进了农村土地的流转和粮食生产的规模化经营；农业生产社会化服务已成为小农实现粮食等主要农产品机械化生产的重要途径；乡镇综合改革与基层政府转型等制度创新提升了乡村治理、保障粮食生产的能力和农业生产力；农民专业合作经济组织的制度创新和农村信贷制度等的改革对农业农村发展也产生了积极影响。

但在保障粮食安全和整体促进农业发展方面，中国的农村制度还需继续创新和改革。农村土地制度还将是未来农村改革的重点，城乡一体化的土地和劳动力等要素市场还需要不断的制度创新和改革，保障粮食生产积极性的体制还有待创新，农民专业合作经济组织的作用还没有有效发挥，农村农民贷款难的问题还缺乏有效的制度安排。

（二）农业技术进步

过去 40 多年，我国农业科技（科研和推广）体系在改革中不断完善和发展，取得了一系列成就，对粮食等主要农产品生产力的提高起到极其重要的作用。下面分别简要介绍与评价农业科研和技术推广的发展改革及其成效。

农业科研经历了如下四个发展改革阶段：①1978～1985 年的迅速恢复与发展时期；②1986～1998 年的商业化和拨款方式从计划分配向竞争制转变的改革时期；③1999～2006 年的科研单位转制（社会公益类、科技服务类和技术开发类）和企业投资萌芽时期，但改革受到很大阻力而最终没有完全推进（黄季焜等，2009）；④2007 年以来的农业创新体系建设时期，此时期建立了 50 个产业的创新体系，特别是过去十多年，农业科研能力和经费得到快速提升。

农业技术推广发展改革在经历了1978～1988年的机构和队伍迅速发展时期后，进入了如下几个改革和政策调整时期（胡瑞法和黄季焜，2011）：①1989～1992年的农机推广商业化和基层乡镇农业技术站人、财、物“三权”由县下放到乡的衰弱时期（全国农业技术推广人员从1988年的45万降到1992年的30万）；②1993～2000年“三权”上收（人员扩大到106万）的发展时期；③2001～2003年的“三权”再次下放时期（人员减少到84.9万）；④2004年以来分离公共推广部门的商业活动和“三权”再上收及各地多种改革模式的推进时期，从此在编的农业技术人员稳定在70万余。

虽然农业科技体系经历了艰辛的改革过程，但取得了显著的成就。首先，我国恢复并建立了庞大的、学科分类较为齐全的公共农业科研与技术推广体系，为促进针对粮食等主要农产品的国家农业科技创新提供了人才保障。其次，我国建立了覆盖全国所有乡镇的国家农业技术推广体系，为促进农业技术采用提供了基层推广服务体系保障。再次，农业科技运行机制得到了改善，特别是以工资制度和绩效评价改革为核心，提高了科研人员的收入和积极性。最后，政府投入不断增加，为农业科技进步提供了资金保障。根据我们对相关统计数据的分析，政府对农业的科技投入（scientific and technological investment in agriculture，S&T）从1978年的7.2亿元增加到2000年的50亿元，并迅速提高到2015年的550亿多元，其中农业研发投入（research and development，R&D）从1978年的1.4亿元逐渐增加到2000年的24亿元，之后快速增长到2015年的260亿元左右。同时，过去十多年吸引了大批企业参与农业研发活动，为科技创新注入了新的生命力。

农业科技创新在中国粮食等主要农产品生产增长中起到极其重要的作用。我们的研究表明，即使在改革开放初期（1978～1984年），技术进步对水稻单产增长的贡献也接近40%，而在1985～1990年，水稻单产的增长几乎全部来自技术进步（Huang and Rozelle，1996）。对主要农产品全要素生产率（total factor productivity，TFP）的增长进行研究也表明，在1985～2004年，各种农产品TFP年均增长率都达3%左右，棉花更是高达4.2%（Jin et al.，2010）。在国际上，一个国家有2%的长期TFP增长率就已是了不起的；进一步研究表明，这时期的TFP增长主要是来自技术进步（Jin et al.，2010）。棉花TFP增长率最高，是因为从1997年开始棉花比其他农作物多采用了一项技术，即转基因技术（Huang et al.，2002b）。另外，对水果和蔬菜的全要素生产率也做了研究，得出的结论是一样的，即技术进步是这些农产品全要素生产率增长的主要驱动力。

农业科技体系改革是一项未竟的改革事业，中国农业科技的创新潜力还有待提升。国家公共部门主导的农业科研体系还需要更好地满足农民对技术的需求；公共农业科研单位的公益性和商业性研究还有待提升，影响了大型企业参与农业科技创新的积极性；农业科研投资强度还有待进一步提高。与此同时，基层农业技术推广体系还面临不少挑战，特别是基层农业技术推广体制和激励机制还有待进一步创新，技术推广人力建设也有待加强。要建立国家公共单位和私有企业相辅相成的农业科技创新体系，并逐渐使企业成为未来中国农业科技创新的主体，改革还任重道远。

（三）农产品市场改革

中国改革是从农村土地制度创新开始的，市场改革是从农业开始的。改革从农村走向城市，从农业到工业与服务业，采用的是渐进性的改革模式。即使在农业内部，市场改革也是先易后难，逐渐推开。在改革初期，并没有废除计划经济体制，而是把市场经济作为对计划经济的补充；在改革中后期，计划经济体制才逐渐退出国家购销和国家定价的市场体系。

在农业内部，改革是从副食农产品开始的，然后逐渐推向具有战略意义的粮食等大宗农产品。改革刚开始时只允许蔬菜、水果、水产品和部分畜产品等在本地范围内进行市场交易，到 20 世纪 80 年代中期才逐步放松了市场交易的地域限制，当时的农村市场仍然以当地的周期性赶集市场为主。80 年代中期以后，市场改革分阶段地推向粗粮、主要畜产品、糖料、油料、大豆、棉花和三大粮食（水稻、小麦和玉米），并从 90 年代初开始加速农产品的市场改革进程。对于粮棉油糖等大宗农产品，国家采用双轨制的市场改革模式，即在逐渐降低国家定购量和提高国家议购量的同时，不断提高国家收购粮食的议购价，以促进粮食市场发育和农民增收，最终取消定购量和定购价。虽然 1998 年实施了颇有争议的按保护价敞开收购农民余粮、粮食收储企业实行顺价销售粮食、粮食收购资金实行封闭运行的"三项政策"，但在执行三年后因困难重重于 2004 年正式退出，最终完成了粮食市场改革。

粮食等主要农产品市场改革的效果和影响是显著的。研究表明，1989～1995 年全国只有不到 30%的区域粮食市场是整合的，但到 21 世纪初几乎 100%的地区粮食市场趋于整合，市场运行效率显著提高（Huang et al.，2004；Huang and Rozelle，2006）。对于粮食以外的其他农产品，因为改革比较顺利、改革期间干预少，所以更早地建立了全国一体化的市场。农产品市场改革主要通过如下三个渠道影响农业发展和农民增收：①市场改革提高了农业资源的配置效益，在保障粮食生产的同时也促进了农业生产结构的调整和优化，提高了农产品的市场竞争力；②市场改革降低了农民购买农业生产资料的价格，促进了农民对农业生产的投入和增收；③市场改革降低了市场交易成本，提高了农民销售农产品的价格，调动了农民扩大生产的积极性，增加了农民收入。

虽然农产品对外开放改革稍迟于国内市场改革，但中国农业对外开放步伐是相当快的。农产品对外开放主要体现在如下几方面：放宽农产品进出口贸易的准入条件和许可证；降低农产品进口关税；在减弱国营贸易商对进出口控制的同时，逐渐削减农产品进口关税。农产品进口平均税率从 1992 年的 42%下降到 1998 年的 24%和 2001 年的 21%，2001 年加入世界贸易组织（WTO）后又降到 11%，但对大米、小麦、玉米和棉花等重要农产品进口实施关税配额制（即在进口配额内实施低关税，对超过配额的进口量实施高关税）。加入 WTO 后，中国还承诺取消对农产品的出口补贴。

农业对外开放使中国粮食等主要农产品市场逐渐同国际市场整合起来。研究表明，在 20 世纪 90 年代之前，许多农产品的名义保护率（即同等质量情况下，国内外价格差的百分比）要么为+30%～+80%，要么为−60%～−20%。但随着市场改革的推进及 2001 年中国加入 WTO，国内农产品市场开始与国际市场接轨，国内外农产品价格差显著减小，到 2005 年农产品平均名义保护率已下降至 20%左右（黄季焜等，2008）。对外开放对国内农业生产结构调整产生了积极影响，同时改善了农产品的贸易结构：一方面，劳动密集型农产品出口不断增长，这相当于我国"出口"的劳动力在上升；另一方面，土地密集型产品进口不断增长，这相当于我国短缺的水土资源的"进口"在不断增加。

中国粮食等主要农产品市场的渐进性改革有重要的理论和实践意义。首先，农产品市场的渐进性改革，使农业生产结构调整与优化能够在保障国家粮食安全的前提下得到渐进性推进；其次，粮食等主要农产品市场改革的成功，对推进我国工业和服务业市场的渐进性改革起到借鉴作用；再次，中国的市场改革与苏联等国家的改革模式不同，这些国家奉行的是激进式的改革以快速实现市场的自由化，但在短期内都付出了沉重的代价；最后，中国农产品的国内市场改革和对外开放，对其他发展中国家的市场改革和对外开放具有重要的借鉴价值。

（四）农业生产投入增加

过去 40 多年，政府和农民不断增加农业生产投入也是中国粮食等主要农产品生产保持较高增长的重要驱动力。从 21 世纪初以来，政府财政支农资金显著增长，2020 年达 2.48 万亿元（国家统计局，2021）。在政府投入中，占用资金最多并对农业生产起重要作用的是农业基础设施建设，这些投入提高了农业综合生产力。长期以来，农业基础设施（特别是农田水利）建设一直是国家财政支农的最大支出，耕地灌溉面积从 1978 年的 4496.5 万 hm^2 增加到 2020 年的 6916.1 万 hm^2（国家统计局，2021），对提高土地生产力起到重要的作用。当然对粮食单产和农业生产力增长起最大作用的还是农业研发投入，虽然目前政府农业研发经费支出才 250 亿多元（占政府财政支农资金的 1%左右），但科技进步是我国农业全要素生产率增长的最主要驱动力。农民对农业生产的投入也显著增长。例如，化肥的使用量从 1978 年的 884 万 t 提高到 2016 年的 5984 万 t，对粮食等主要农产品的增产起到极其重要的作用。因为农业投入对农业增长的促进作用是显而易见的，受文章篇幅所限，这里就不再展开具体分析和讨论。

三、21 世纪以来农业发展和粮食安全保障面临的主要挑战

虽然过去 40 多年中国农业发展取得巨大成就，但农业农村发展也面临诸多严峻挑战。农业劳动生产力的提高和农村劳动力非农就业的增长促进了农村居民人均收入不断增长，但同期城镇居民人均收入增长更快，城乡居民间的收入差距不断扩大，同时农村居民间的收入差距也不断扩大。实现全体人民共同富裕长远目标的重点和难点在农民，特别是低收入农民。保障粮食等主要农产品安全供给越来越引起政府和社会各界的广泛关注，并成为政府在农业生产领域重中之重的工作。虽然过去 40 多年农业生产快速增长，但从某种程度上是以牺牲资源环境为代价的，农业生产可持续性面临日趋严峻的挑战。

（一）城乡居民收入差距

在农村居民人均收入不断增长的同时，城乡居民间和农村居民间的收入差距在不断扩大。国家统计数据显示，全国居民收入的基尼系数已经从 1978 年的 0.32 提高到 2020 年的 0.47（国家统计局人口和就业统计司，2021），城乡居民间和农村居民间的收入差距扩大是全国居民收入不均匀程度提高的重要来源（李实和朱梦冰，2022）。2013～2020 年，城乡居民收入之比虽从 2.81 下降到 2.56，但绝对差距从 17 037 元扩大到 26 703 元，

短期内很难有明显缩小的效果。收入和公共服务等的不均匀现象不但影响农村经济的发展（Benjamin et al.，2011），而且通过需求影响经济增长甚至社会和谐发展。

目前农村居民收入仅为城镇居民收入的 2/5，农村低收入人群仍有返贫风险，特别是从事粮食生产的小农，因此实现农民共同富裕还任重道远。国家统计局人口和就业统计司（2021）的数据显示，2020 年农村居民只有城镇居民人均收入的 39%（或近 2/5）。换言之，2020 年城镇居民人均收入是农村居民的 2.56 倍，分省份的城乡居民收入比指标介于 1.86（天津）～3.27（甘肃）。更为严重的是，农村低收入家庭（20%）人均收入仅有 4681.5 元（略高于当年国家贫困线 4000 元/人），仅相当于城镇低收入家庭人均收入（15 597.7 元）的 30%、全国居民人均收入（32 188.8 元）的 14.5%和城镇居民人均收入（43 833.8 元）的 10.7%。在农村内部，低收入家庭的人均可支配收入仅为高收入家庭（20%人口，38 520.3 元）的 12.2%。值得注意的是，农村低收入家庭除“五保户”外，多为缺少非农就业机会和/或从事粮食生产的小农。

（二）粮食和食物安全

我国粮食等食物对进口的依赖度不断提高，引发对粮食安全的担忧。2004 年之前，我国的食物出口额是大于进口额的，2004 年以后，我国的食物进口额大于出口额，且食物进口大于出口的数量在不断增长，特别是大豆等饲料粮的进口数量大幅增长。2019 年我国食物进口额与出口额的差值约为 650 亿美元。因此，粮食及食物安全问题引起了很多人的关注。农产品进口额增长主要来源于大豆、食用油、玉米等主要农产品。在大米和小麦的需求方面，中国基本能够实现自给，但未来中国将有 20%左右的玉米需求和 90%左右的大豆需求要依靠进口来满足（黄季焜和解伟，2022）。

（三）农业可持续发展

过去的农业发展方式已难以为继，迫切需要推动农业发展方式的转变。高投入、高强度利用水土资源的农业生产增长方式已经不可持续，许多粮食主产区的地下水在不断下降，各地的土壤肥力退化相当普遍，农业面源污染已经成为农村的主要污染源，农业生态环境胁迫也日益严峻。

中国政府为应对以上挑战出台了一系列政策措施，但要解决这些问题任务还相当艰巨。例如，为解决粮食安全问题和促进农民增收，2004 年国家取消了农业税，启动了农业补贴，包括粮食直补、良种补贴、农资补贴等，并开始加大农业投入。虽然取消农业税和加大财政支农资金投入对农业生产与农民增收产生了积极的影响，但城乡居民收入差距依然巨大。同时，国家于 2004 年开始实施稻谷、小麦最低收购价，2006 年开始对除稻谷和小麦外的粮棉油糖全面实施临时收储政策，虽然这些市场干预政策对农民增收产生了短期影响，但导致了农业供给侧结构性问题。因此，2014 年以来政府开始了新一轮的市场改革，取消了对所有农产品的临时收储政策，这些购销政策的转变也进一步说明市场改革的重要性。党的十八大以来，特别是近年大力推进的“藏粮于地、藏粮于技”战略、生态安全和绿色发展战略，为保障粮食安全和促进农业可持续发展指明了方向；“十四五”规划提出的全面实现农业农村现代化和共同富裕，为农业发展和农民富裕规划了愿景与蓝图。但要夯实以上重大发展战略，保障粮食安全，实现农业农村现代化和全体人民共同富裕的长远目标，还任重道远。

第三节 全球背景下的中国粮食安全和农业发展

在全球背景下，中国粮食安全和农业发展出路何在？为回答此问题，必须梳理全球农产品需求、生产和政策的变动趋势及其对中国未来粮食安全和农业发展的启示。

一、全球总览和中国农业发展

（一）未来全球农产品需求变化趋势及其对中国的启示

梳理全球农产品需求变动趋势，有助于了解未来短期可能的供需情况和国际贸易市场的购买者，并且对我国粮食安全保障也有重要启示。在这方面，我们得到如下主要结论和启示。

首先，发展中国家的未来食物需求增长是决定全球食物需求增长的最主要因素。从人口增长看，未来30年全球新增人口中有96%来自现在的中低收入国家（或发展中国家）。从人均食物需求增长看，未来农产品或食物需求增长也将主要来自现在的发展中国家，除了直接消费的粮食外，畜产品、水产品、蔬菜、水果等需求也将显著增长。

其次，随着收入增长和社会发展，人们对多功能农业的需求也将日益增长，未来人们对农业多样性、景观、旅游、文化等功能的需求将不断增长（黄季焜，2018a）。由于多功能农业往往是非贸易性的产品和服务，虽不用同国外农业竞争，但会占用一定数量的水土资源。

全球需求的变化趋势带给我们如下重要启示：一是许多发展中国家将是未来国际粮食等食物市场的竞争购买者；二是我国要特别关注畜产品、水产品和果蔬等高值农产品及支撑养殖业发展的饲料粮与饲草的需求增长；三是我国要关注高值农业和多功能农业在农业增值与减缓农业萎缩趋势中的作用，同时要关注其占用生产资源对粮食等食物的影响。

（二）全球水土资源和人口分布特征及其对中国的启示

梳理全球水土资源和人口的分布差异，有助于理解农产品国际贸易在促进全球和国家食物安全与农业可持续发展中的重要性。在这方面，有如下主要结论和启示。

首先，全球耕地和人口分布的差异十分显著。这意味着在避免饥饿和保障食物安全方面，农产品贸易极其重要，实际上，其也决定了人均耕地面积不同国家过去几十年的农产品进出口贸易变化趋势。其次，水资源短缺问题在许多地区比耕地对粮食安全和农业发展的影响更大。这是因为可耕地的基本条件是有农作物赖以生存的降水量；同时，随着社会经济发展，工业用水、生活用水将增加，水资源稀缺状况还会进一步加剧。

全球耕地与水资源和人口分布特征表明，农产品或食物贸易在保障全球与区域及国家的食物安全方面起着重要作用。中国也不例外，如果中国食物要完全自给，则必须以牺牲资源环境和可持续发展为代价；在高度依赖灌溉的缺水地区，可因地制宜地适度发展雨养农业和旱地农业。现代农业转型与保障国家食物安全都要充分利用“两种资源”和“两个市场”。

（三）全球食物生产分布和变化趋势及其对中国的启示

深入剖析过去全球农业增长趋势与动力及未来农业发展潜力，有助于更全面地了解全球和中国未来农业发展的方向。

基于全球的农业生产变动趋势、分布特征和生产力增长分析，我们得出如下主要结论：一是全球粮食等食物生产还有很大的增长潜力，主要增长潜力将来自生产力比较低的发展中国家；二是气候变化对全球农业生产将产生重要影响，但其影响存在较大的区域差异；三是保障中国食物安全要更加关注发展中国家的生产力增长，帮助这些国家提高农业生产力对于保障发展中国家和全球粮食安全意义深远，同时符合中国的国家利益。四是中国未来粮食等主要农产品产量的增长将主要依靠农业生产力的增长。

（四）发达国家农业支持政策变化趋势及其对中国的启示

发达国家的农业支持政策发生了很大变化。政府对农业的支持力度和保护率发生了显著的变化，政策已逐渐趋向促进农业可持续发展和提高农业竞争力；经济与合作发展组织（OECD）国家的平均生产者支持估值百分比已经从 20 世纪末的接近 35%下降到现在的 20%以下，但国家间差异很大。

发达国家的农业支持政策变化趋势对我国未来政策有重要的启示。尽管发达国家都是农业高补贴国家，但各国的农业政策都在逐渐减少对农产品市场价格的直接干预；在减少对市场价格干预的同时，支持政策向提升本国农产品竞争力的目标转变。

二、全球农产品贸易变动趋势和粮食危机及其对中国的启示

过去几十年，世界农业的发展过程也是其走向全球化的过程。在全球农业生产增长的同时，国际贸易以更快的速度增长。特别是从 1986 年乌拉圭回合谈判开始至今，全球农产品贸易增长远远超过其生产增长。

全球化过程中出现全球性的粮食（或食物）危机是偶然的。在 20 世纪的百年间，世界在 1973～1974 年发生了一次全球粮食危机，这次危机是由世界多地罕见同时发生自然灾害和全球石油危机的叠加效应导致的；21 世纪初以来也发生了一次全球粮食危机（2008 年），这次危机是由能源价格上涨和生物质液体燃料发展的叠加效应导致的。但两次全球性的粮食危机都因粮价上涨促进下季的粮食生产增长而在一年左右后结束。

近年来出现的“逆全球化”和全球新冠疫情及近期的俄乌战争，使国际贸易不确定性增大。实际上，近年来全球农产品贸易规模仍在扩大。俄乌战争在短期内使全球能源价格快速攀升和相关国家消费价格上涨，但不到半年国际市场粮食价格就趋于下降并回归正常状况。此外，未来全球局势的不确定性可能带来粮食危机和粮食转运问题。台海发展可能影响海运问题，南海粮食贸易将受到约束。局部地区性问题在短期内可能带来粮食危机，但从长期看中国能妥善处理好局部地区性问题。

全球农产品贸易变动趋势和全球粮食危机给我们的启示是：中国在做好自己的同时，必须坚持对外开放，要始终作为全球化的积极推进者和领导者。一是要积极推进全球贸易，构建良好的全球贸易环境与治理体系；要继续对外开放，发挥比较优势，保障

中国食物供给与永续发展；要坚决反对“逆全球化”势力，强化 WTO 职能和多边贸易协议，大力推进“一带一路”建设，扩大我们的朋友圈。二是要积极帮助非洲和亚洲等发展中国家提高粮食生产，提升全球和中国的粮食安全保障能力；要解决发展中国家的粮食安全和饥饿问题，提升全球粮食供给（生产和贸易）能力，对于增强中国影响力和扩大中国战略合作伙伴国有重要意义。三是要促进贸易的正常发展与构建粮食危机的底线思维。全球农产品贸易的长期变动趋势和全球偶然出现的短期粮食危机，意味着中国需要充分利用“两种资源”和“两个市场”。突发危机是异常、偶然的，而正常发展是日常、一般的。由于危机的不确定性，我们需要构建底线思维，在危机来临时要有应急方案，但切不可以应急方案主导日常的农业正常发展。威胁中国粮食安全的最主要农产品是大豆，最根本原因是水土资源短缺与不可持续利用。因此，需要实现主要进口农产品的多元化（多品种、多国家等），以保障我国食物供给和永续发展。

第四节 中国粮食安全经验总结

过去 40 多年我国农业生产力快速增长和粮食安全保障能力迅速提升的背后，农村制度创新、农业技术进步、农产品市场改革和农业生产投入增加都发挥了重要的作用，但不同决定因素在不同发展时期发挥的作用不同，且各个因素之间存在相互作用，共同体现了我国特有的通过技术进步保障粮食安全的发展之路。有鉴于此，本节将从农村制度创新、农业技术进步、农产品市场改革和农业生产投入增加的相互作用角度，进一步综述四大驱动力对农业生产力和粮食安全的贡献（表 1-1）。

表 1-1 四大驱动力对农业生产力和粮食安全的贡献

驱动力	1978～2020 年	1978～1990 年	1990～2006 年	2006～2012 年	2012～2020 年
制度创新	++	+++	++	+	++
技术进步	+++	+	+++	++	+
市场改革	+++	++	+++	++	++
生产投入	++	+	++	+++	+

+表示贡献程度，越多代表该指标对农业生产力和粮食安全的贡献越大

一、农村制度创新

家庭联产承包责任制是改革的重要一步，是改革开放初期（1978～1984 年）提高农业生产力和促进农业生产增长的重要驱动力。在深化农村土地制度改革的同时，中国也在不断地推进其他一系列制度的改革以促进农业发展。农村土地制度依然有改革的空间，应该作为未来农村改革的重点，同时要继续推进其他农村制度（包括户籍制度等）的改革创新。

二、农业技术进步

农业技术进步在中国农业生产增长中起到极其重要的作用，但农业科技体系改革依

然任重道远，创新潜力巨大。目前由国家公共部门主导的农业科技体系难以很好地满足农民对技术的需求，特别是公共农业科研单位的公益性和商业性研究边界不清，制约了大型企业参与农业科技创新的积极性，也影响了农业科研投资强度的提高。

三、农产品市场改革

农产品的市场改革通过以下三个渠道直接影响农业发展与农民增收：提高农业资源的配置效益，促进农业生产结构的调整和优化，提高农产品的市场竞争力；降低农民购买农业生产资料的价格，促进农民对农业生产的投入和增收；降低市场的交易成本，提高农民销售农产品的价格，增强农民扩大生产的积极性，促进农民增收。

四、农业生产投入增加

政府和农民不断增加农业生产投入也是我国农业发展的一个重要驱动力。在政府投入中，对农业生产起最重要促进作用的是农业基础设施建设投入，大大提高了农业综合生产力。

过去 40 多年农业发展改革的成功经验也包括一些时期走过的某些弯路，都将是未来中国农业发展改革非常宝贵的镜鉴。目前实现农业现代化的关键问题是要在保障国家粮食安全的基础上实现农业现代化，这需要厘清市场和政府各自不可替代但又相辅相成的作用，让市场更好地发挥资源配置作用，政府的主要职能是改善市场环境、弥补市场失灵和提供公共物品，从而提高农业生产力和竞争力并促进农业转型。

因为水土资源有限，中国在农产品方面要在全球背景下思考和解决问题，既要保证中国农业发展和粮食安全，进一步提高高值农业生产力，又要战略性地统筹全球资源，充分利用国际市场，通过进口满足国内需求。未来农业发展与改革靠什么？答案是牢记 40 多年来中国农业发展与改革的四大法宝：农村制度创新、农业技术进步、农产品市场改革和农业生产投入增加。

（本章执笔人：黄季焜）

第二章　粮食等主要农产品生产发展趋势与现状

第一节　粮食发展历史回顾与现状

新中国成立70多年来，中国粮食生产和供应能力大幅提升，实现了用世界6%的淡水资源和9%的耕地，为世界近20%的人口提供了95%食物的奇迹。特别是改革开放40多年来，中国粮食单产显著提升弥补了耕地面积下降带来的不利影响，在满足人民吃饱的基础上，推动粮食消费不断向吃好的方向发展，并逐步实现了粮食产品结构和区域分布的不断优化。粮食生产能力提升的背后，除了水土资源利用能力提升以外，农业生产技术进步、制度和政策改革、基础设施投资增加等都发挥了重要作用，推动农业生产从资源和劳动密集型向技术和资金密集型逐步转变，有效增加了粮食的生产和供应及农业现代化水平，为解决“三农”问题和全面推进乡村振兴奠定了基础。

一、粮食等主要农产品生产变动趋势

自1949年新中国成立以来，中国农业虽然经历了波折的发展，但是粮食生产和供应能力随时间逐步提升，特别是近40多年来粮食等大宗农产品产量的快速增长超过人口的增长，为14亿多人口的粮食安全提供了有效保障。1949～2020年，粮食产量从1.13亿t增长至6.69亿t，增长了近5倍（表2-1）。1949年水稻、小麦、玉米产量分别为4864.8万t、1381.5万t、1242万t，2020年水稻、小麦、玉米产量分别达到21 186.0万t、13 425.4万t、26 066.5万t，增长分别达3.4倍、8.7倍、20倍（图2-1）。此外，肉类、油料和糖料作物产量增长速度更快，猪肉产量从1980年的1134万t增长至2020年的4113万t，年均增长率达到6.7%，是粮食产品增长率的两倍多，且在2015年曾一度高达5645万t（表2-2）；1980～2020年，油料产量从769.1万t增长至3586.4万t，年均增长率超过9.1%；同期，糖料作物产量从2911.3万t增长至12 014万t，年均增长率超过7.8%（图2-2）。

表2-1　1949～2020年粮食产量、播种面积、单产及人均占有量

年份	粮食产量（万t）	粮食作物播种面积（10^3hm^2）	单产（kg/hm^2）	人均占有量（kg）
1949	11 318	109 959	1 029	209
1950	13 213	114 406	1 155	239
1955	18 395	129 839	1 417	299
1960	14 386	122 429	1 175	217
1965	19 453	119 627	1 626	268
1970	23 996	119 267	2 012	289
1975	28 452	121 062	2 350	308
1978	30 477	120 587	2 527	317

续表

年份	粮食产量（万 t）	粮食作物播种面积（10^3hm^2）	单产（kg/hm^2）	人均占有量（kg）
1980	32 056	117 234	2 734	325
1985	37 911	108 845	3 483	358
1990	44 624	113 466	3 933	390
1995	46 662	110 060	4 240	385
2000	46 218	108 463	4 261	365
2005	48 402	104 278	4 642	370
2010	55 911	111 695	5 006	417
2015	66 060	118 963	5 553	478
2020	66 949	116 768	5 734	474

数据来源：国家统计局，2021

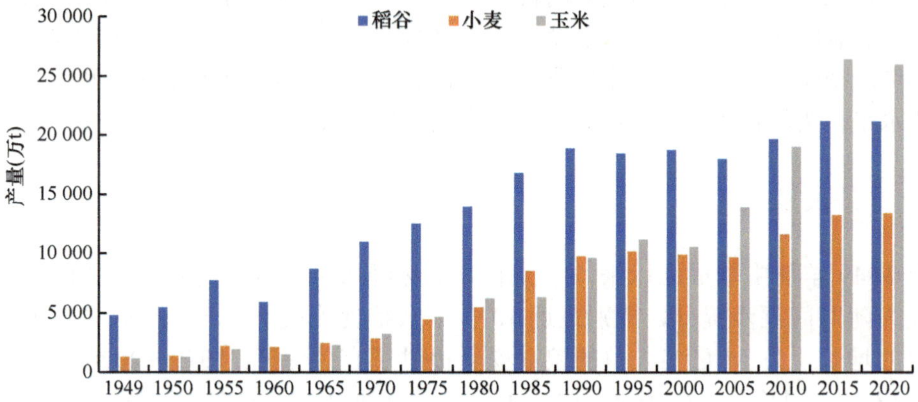

图 2-1　1949～2020 年中国主粮产量

数据来源：国家统计局，2021

表 2-2　1978～2020 年畜产品和水产品产量　（万 t）

年份	肉类	猪肉	牛肉	羊肉	禽蛋	水产品	海水产品	淡水产品
1978	—	—	—	—	—	465	359	106
1979	1062	—	—	—	—	431	319	112
1980	1205	1134	27	44	—	450	326	124
1985	1927	1655	47	59	535	705	420	285
1990	2857	2281	126	107	795	1428	896	532
1995	5260	3648	415	202	1677	2953	1861	1092
2000	6014	3966	513	264	2182	3706	2204	1502
2005	6939	4555	568	350	2438	4420	2466	1954
2010	7994	5138	629	406	2777	5374	2798	2576
2015	8750	5645	617	440	3046	6211	3232	2979
2020	7748	4113	672	492	3468	6549	3314	3235

数据来源：国家统计局，2021。“—”表示此处无数据，后同

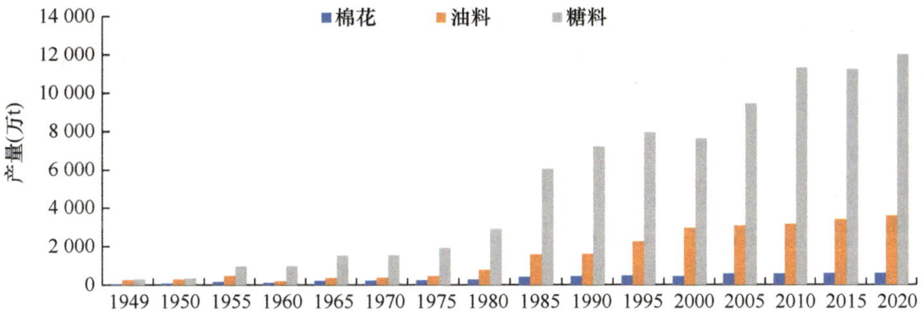

图 2-2　1949～2020 年棉花、油料、糖料作物产量

数据来源：国家统计局，2021

粮食总产的迅速提升主要得益于粮食单产的增长，为全面促进粮食等重要农产品稳产保供作出重大贡献。1949～2020 年，中国粮食播种面积经历了先增后减的变化，先从 1949 年的 1.10 亿 hm^2 提高到 1978 年的 1.21 亿 hm^2，后又下降到 2020 年的 1.17 亿 hm^2。与此同时粮食总产总体上始终在不断提升，由 1949 年的 1.13 亿 t 增长至 1978 年的 3.05 亿 t，并在 2020 年进一步达到 6.69 亿 t。单产的增长是粮食总播种面积保持不变条件下粮食总产持续提升背后的主要推动力。从 1949 年到 1978 年进一步到 2020 年，粮食单产从 1029kg/hm^2 增长到 2527kg/hm^2 再进一步到 5734kg/hm^2。粮食产量的增长速度超过人口的增长速度，显著提升了国家粮食安全保障能力。1949～2020 年，中国粮食人均占有量从 209kg 提升到 474kg，高于全球 400kg 的平均水平，提升了国家的粮食安全保障能力（表 2-1）。

在主粮稳步增长的同时，农副产品生产和供应在过去 40 多年也得到了迅速的提高。自 1978 年改革开放以来，农副产品的增长已逐步超过主粮的增长，使得粮食供应从以总产提升为主向多元化发展。除了猪肉以外，牛羊肉和水产品的产量也总体上不断提升，有效增加了农副产品供应的多样性，满足了日益增长的食物消费。例如，1980～2020 年牛肉产量从 27 万 t 增至 672 万 t，增长了 23.9 倍；羊肉产量从 44 万 t 增至 492 万 t，增长了 10.1 倍；水产品从 450 万 t 增长至 6549 万 t，增长了 13.6 倍（表 2-2）。

二、粮食生产分阶段趋势和特征

虽然中国粮食生产总量随时间不断提升，但在不同时期和不同经济发展阶段呈现出不同的趋势与特点。中国粮食生产和供应的发展演化过程在过去 70 多年经历了三个时期（生产推动力）和六个阶段（产量变化）的变化。按照产量变化划分，粮食总产从 1.1 亿 t 增长到 6.7 亿 t，每增加 1 亿 t 作为一个阶段且意味着提升了一个台阶；以推动粮食生产供应增长的主要因素为标准，上述六个阶段又可以划分为资源利用、制度革新和技术进步三个时期。每个时期和阶段的中国粮食生产发展不仅反映了粮食总产梯级跃升的事实，也反映了不同时期和阶段粮食生产技术和生产方式的改变及其对粮食生产的影响。具体如下。

第一阶段，以扩大耕地面积为主使粮食总产从 1 亿 t 增长至 2 亿 t（1949～1966 年）。1949 年中国粮食作物播种面积为 1.10 亿 hm^2，经过开荒种粮政策的推广，至

1966 年粮食作物播种面积达到 1.21 亿 hm^2。在此期间，粮食播种面积显著增加带来粮食总产的提高。例如，小麦播种面积从 2151.6 万 hm^2 增长至 2391.9 万 hm^2；玉米播种面积从 1291.5 万 hm^2 增长至 1600.8 万 hm^2；水稻播种面积从 2570.8 万 hm^2 增长至 3052.9 万 hm^2（早稻播种面积从 562.3 万 hm^2 增长至 924.7 万 hm^2）。

第二阶段，以“八字宪法”（即土、肥、水、种、密、保、管、工，下同）为基础的传统技术推动粮食总产从 2 亿 t 增长至 3 亿 t（1966～1978 年）。在此期间，我国开始进行大田的基础设施建设，如平整土地、治理河道、修建渠道、打井抗旱、坡地改建梯田、兴建水电站等，掀起了农田水利基础设施建设、农业机械化和采用传统化肥、农药技术的高潮，带动了我国粮食总产的增长。在此期间，我国粮食播种面积虽然略有下降，粮食总产却迈上了 3 亿 t 的台阶。

第三阶段，以土地制度改革为基础的制度创新使粮食总产从 3 亿 t 增长至 4 亿 t（1978～1984 年）。1978 年起，我国开始实行家庭联产承包责任制，农户经营成为市场主体，并实行分田到户、自负盈亏政策，打破了农业生产经营和分配上的“大锅饭”传统，农业生产政策的调整极大地调动了农民生产的积极性，至 1984 年人民公社制度彻底取消，粮食总产也迈入了 4 亿 t 的台阶。

第四阶段，以渐进性市场改革为主的政策调整使粮食总产从 4 亿 t 增长至 5 亿 t（1984～1996 年）。改革初期，市场化主要针对蔬菜、水果、水产品和部分畜产品等农产品在本地范围内的市场交易；到 80 年代中期，改革的深化带来市场交易地域限制的逐步放松；80 年代中期以后，市场改革分阶段地推向粗粮、主要畜产品、糖料、油料、大豆、棉花和三大主粮（水稻、小麦和玉米），并从 90 年代初开始加速农产品的市场改革进程。对于粮棉油糖等大宗农产品，国家采用双轨制的市场改革模式，即在逐渐降低国家定购量和提高国家议购量的同时，不断提高国家收购粮食的议购价，以促进粮食市场发育和农民增收，最终取消定购量和定购价。

第五阶段，以技术进步、公共投资和区域治理等因素为主的改革使粮食总产从 5 亿 t 增长至 6 亿 t（1996～2012 年）。1989～1995 年，全国只有不到 30%的区域粮食市场是整合的；但到 21 世纪初，几乎 100%的地区粮食市场趋于整合，市场运行效率显著提高；2001 年中国加入 WTO，农业市场改革程度进一步加大。市场改革提高了农业资源的配置效益，降低了市场交易成本，提高了农民销售农产品的价格，增强了农民扩大生产的积极性。在这一时期，黄淮海的土壤治理及灌溉基础设施建设水平提升、农业科技进步和新品种推广、化肥和农药技术广泛推广在粮食总产提升中发挥了重要作用，至 2012 年我国粮食总产迈入 6 亿 t 的台阶。

第六阶段，以加大投入为主使粮食总产从 6 亿 t 增长至 6.7 亿 t（2012～2020 年）。粮食生产技术进步快时，粮食生产所需要的时间就短，特别是杂交育种、高产栽培及化肥、灌溉、农业机械等技术，保障了在粮食播种面积基本稳定时粮食总产有明显增加，至 2020 年粮食总产已增加到 6.7 亿 t。

在粮食总产不断增长的六个发展阶段的背后，主要驱动因素由最初的增加资源和要素投入（包括开荒扩地、基础设施建设等）逐步发展转向技术进步、制度创新和政策改革、种质化肥农药和其他中间投入带来的单产提升，再到生产方式和经营模式朝机械化、规模化和专业化方向演变，不同时期的变化体现了不同的特征。依据影响粮食生产的主要因素，可以将上述六个阶段划分为以下三个时期。

第一时期是以扩大粮食生产资源为主要特征的时期，为20世纪50～70年代。这一时期主要是向土地要粮食，新中国成立后，粮食是恢复生产力不可缺少的存在，开垦荒地、种植粮食成为一个重要任务。这体现在我国主粮的播种面积迅速增长，1949年水稻、小麦、玉米的播种面积分别为2570.8万hm^2、2151.6万hm^2、1291.5万hm^2，至70年代，水稻、小麦、玉米的播种面积最高分别达到3621.7万hm^2、2935.7万hm^2、2013.3万hm^2，较1949年分别增长40.9%、36.4%、55.9%。但这一时期为了解决吃饭问题，大面积的毁林开荒造成了水土流失和荒漠化等问题，明显不具有可持续性。以东北平原北大荒为例，新中国成立初期北大荒有大片黑土地，其有机质含量是普通黄土地的10倍，在粮食增产中"挑起了大梁"，1958年北大荒正式步入"开荒时期"，至1968年已有54万知青和军人到北大荒扎根。但因过度开采，北大荒原有林地改为耕地后，黑土层遭到严重破坏，土壤中养分迅速减少，北大荒的退耕还荒已势在必行。

第二时期是以"八字宪法"为代表的技术进步结合制度创新和政策改革占主导的时期，为20世纪70年代末至90年代。这一时期起始于70年代末的家庭联产承包责任制带来的一系列制度和政策改革，在提高农民生产积极性的同时，也通过市场改革实现了农产品和要素的市场化流动，从而不仅提高了原有技术的采用效率，还带来了粮食单产的大幅增长。进入90年代初以后，市场化条件下粮食新品种及农药、化肥的广泛采用进一步拓宽了农业生产的技术边界，带来了粮食单产的增加和粮食总产的大幅提升。在整个时期，虽然粮食生产方式仍旧以劳动密集型的小农户为主体，但是前期的家庭联产承包责任制改革激发了农民生产的积极性，市场改革给农民生产粮食带来经济收入，而后期粮食新品种的推广和农药、化肥的普遍应用，以及政府兴建水电站、改建梯田等措施，进一步提高了粮食和其他农产品的生产效率。随着农业单产的提升，在保持耕地面积基本不变的条件下，粮食总产从3亿t增长到5亿t左右。

第三时期为技术进步、区域治理和机械化高度发展时期，为2000年至今。一方面，2004年《中华人民共和国土地管理法》（修订）实施以后，农户经营土地的平均规模逐步回升。另一方面，大量农村劳动力随城镇化和工业化的发展进入城市，导致农村劳动力成本上升。在上述因素的影响下，中国农业生产（特别是粮食生产）技术逐步从劳动密集型向资本密集型转变。这一时期我国粮食生产的资金投入逐步增加，具体表现为：粮食生产的机械化和规模化水平不断提高，农业经营模式逐渐从以小农户为主朝多元化方向发展，先后涌现出粮食种植大户、农村合作社、农业企业等多种组织形式，规模养殖户等养殖企业也不断出现。在这一时期，中国加入WTO，逐步深度融入全球发展，粮食的国际贸易快速发展，农业生产中资金投入逐步提高，通过大面积推广科学施肥、节水灌溉、绿色防控等节本高效技术来提升农业发展的可持续性，中国粮食安全的根基进一步得以夯实。

三、粮食生产结构变化

过去40多年，在实现粮食生产总量不断提升的基础上，我国农产品生产结构也发生了显著的变化，并逐步朝高价值、高质量和多样化方向发展，主要特征总结如下。

首先，从种植业和养殖业的结构看，养殖业产出增长速度远远高于种植业产出，使得主要农产品生产和供应不断朝高值、绿色方向发展。从产值构成看，1978 年农业产值占农牧渔三业产值的比例为 82.8%，处于绝对主导地位，畜牧业和渔业产值所占比例分别为 15.5%和 1.6%；2020 年农业产值占农牧渔三业产值的比例为 57.5%，较 1978 年下降 25.3 个百分点，2020 年畜牧业和渔业所占比例分别为 32.3%、10.2%，分别较 1978 年上升 16.8 个百分点、8.6 个百分点（图 2-3）。从产量构成看，肉类产量从 1979 年的 1062 万 t 提高到 2020 年的 7748 万 t，年均增长 5.2%，水产品产量从 1978 年的 465 万 t 增长至 2020 年的 6549 万 t，年均增长 6.7%，而同期粮食产量从 1978 年的 3.05 亿 t 增长至 2020 年的 6.69 亿 t，年均增长 2.0%（表 2-2），慢于畜产品和水产品增长。

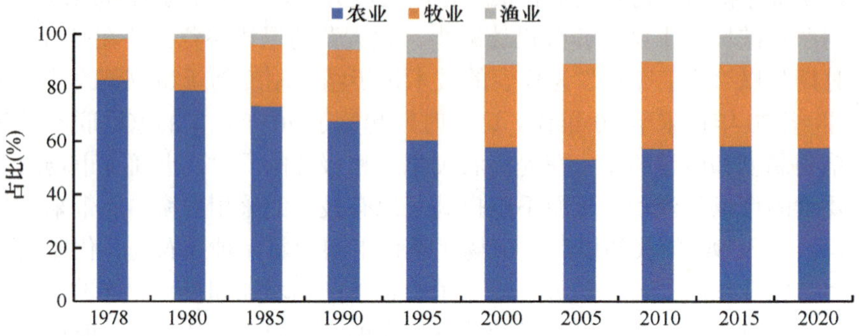

图 2-3　1978～2020 年我国农牧渔业产值占比

数据来源：国家统计局，2021

其次，从种植业内部结构看，蔬菜、水果和经济作物的生产增长明显高于粮食作物，饲料粮占粮食产量的比例显著提高，使得种植业内部产品结构发生改变。受需求增长的驱动，1978～2018 年种植业内部水果生产年均增长达 11%，是所有农作物中增长最快的，目前中国已是全球第一的水果生产与消费国，我国水果生产以柑橘、苹果、梨、葡萄、香蕉为主（表 2-3）。高值农作物的种植面积保持较快的增长速度，如蔬菜播种面积以年均 5.1%的速度显著增长，油料作物播种面积年均增长 2.1%，花生播种面积年均增长 2.7%，如果加上单产和质量的提高，其产值增长更快（图 2-4）。在种植业内部，粮油作物产量显著提高的同时，饲料粮生产比例也逐步提高。例如，玉米产量由 1978 年的 5594.5 万 t 增长至 2020 年的 26 066.52 万 t，目前饲料粮占粮食产量的比例已从 2000 年初的 30%增长到 40%左右，预计未来其占比还会进一步提升。土地密集型的粮棉油糖作物生产也显著增长，粮棉油糖生产的增长解决了中国人的温饱问题。

表 2-3　1978～2020 年我国主要水果的产量　　（万 t）

年份	香蕉	苹果	柑橘	梨	葡萄
1978	9	228	38	152	10
1980	6	236	71	147	11
1985	63	361	181	214	36
1990	146	432	485	235	86
1995	313	1401	823	494	174

续表

年份	香蕉	苹果	柑橘	梨	葡萄
2000	494	2043	878	841	328
2005	652	2401	1592	1132	579
2010	884	3165	2582	1409	814
2015	1063	3890	3618	1653	1316
2020	1151	4407	5122	1782	1431

数据来源：国家统计局，2021

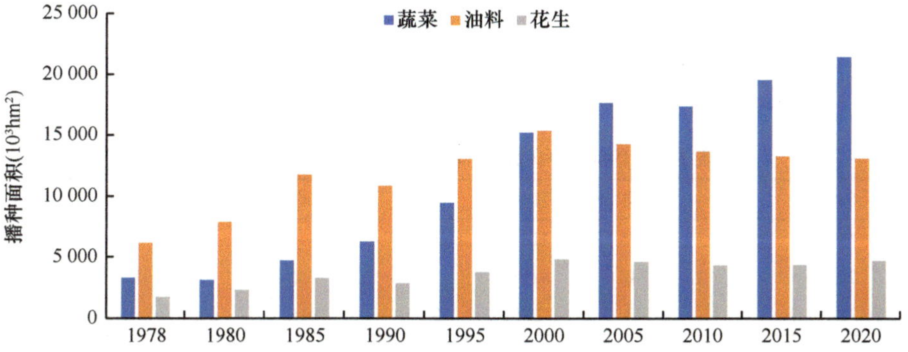

图 2-4　1978～2020 年蔬菜、油料作物、花生播种面积

数据来源：国家统计局，2021

最后，从养殖业内部结构看，禽肉、牛羊肉、奶制品和水产品生产增长快于猪肉，使得畜产品生产也朝高价值、高质量方向转变。在肉类产品中，禽肉和牛羊肉产量增长较快。20 世纪 80 年代中期，我国肉类、禽蛋和牛奶产量在畜禽产品中的比例分别为 80%、12%和 8%，到 2020 年变化为 52.9%、23.5%和 23.7%（图 2-5）。1980～2020 年，猪牛羊肉产量年均增长 5.2%，家禽和水产品增长更快，1980～2018 年年均增长率分别为 9.7%和 7.0%；牛肉和羊肉产量分别从 1980 年的 27 万 t 和 44 万 t 增长到 2020 年的 672 万 t 和 492 万 t；猪肉的年均增长率相对较低，为 3.5%，从 1980 年的 1134 万 t 增长到 2020 年的 4113 万 t（表 2-4）；禽肉产量年均增长 8.3%，从 1985 年的 160 万 t 增长到 2018 年的 2102 万 t；牛奶产量从 1980 年的 114 万 t 增长到 2020 年的 3440 万 t，年均增长 9.3%；禽蛋产量从 1982 年的 281 万 t 增长到 2020 年的 3468 万 t，年均增长 6.8%。同时，畜禽养殖从农户散养向专业化养殖快速转变。改革初期，我国生猪、奶牛、肉牛和羊以农户散养为主，专业化养殖比例仅为 5%。2018 年，我国畜牧业生产已经转变为以专业化和规模化养殖为主，以生猪养殖为例，2020 年全国年出栏 500 头以上的生猪规模养殖比例达到 57%左右，规模养殖场出栏上市的肥猪已成为我国猪肉市场供应的主体（新华网报道）。未来随着我国劳动力成本的提高，畜禽生产专业化养殖比例还会不断上升。我国渔业生产结构日趋向高附加值产品转变，渔业生产方式从以捕捞为主转向以养殖为主。过去 40 多年，我国捕捞量以 5.2%的年均增长率增长，养殖量以 6.7%的年均增长率增长，2018 年水产品总产达到 6459 万 t（黄季焜，2020）。养殖业稳定发展促进了农民增收和农村减贫。

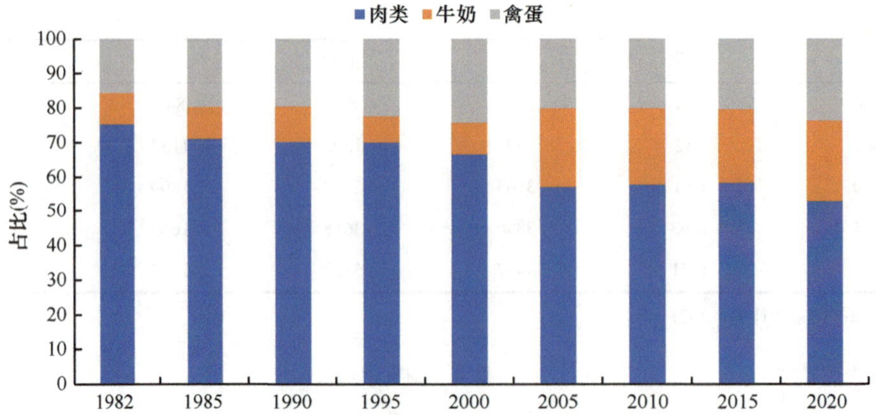

图 2-5 1982～2020 年肉类、牛奶、禽蛋产量占比

表 2-4 1980 年和 2020 年主要肉产品产量及增长率 （万 t）

年份	肉类	猪肉	牛肉	羊肉	水产品	海水产品	淡水产品
1980	1205	1134	27	44	450	326	124
2020	7748	4113	672	492	6549	3314	3235
增长率（%）	543	263	2389	1018	1355	917	2509

数据来源：国家统计局，2021

四、粮食区域布局变化

改革开放以来，随着农业生产力布局的变动，我国粮食区域结构变化的核心特征为南粮北种。中国工程院“中国长期农业生产力布局”课题的研究成果显示，近 20 年来水资源短缺最为严重的黄淮海区逐渐成为大部分种植业和养殖业产品的主要生产区域。该区域农业生产占全国份额超过 20%的产品类别从改革开放初期的 8 个（小麦、玉米、蔬菜、肉牛、肉羊、禽蛋、棉花和油料作物）增长到目前的 11 个（新增加了生猪、肉禽和牛奶）。水资源较为贫乏的东北三省在全国农业生产中的地位不断强化。改革开放以来，东北区灌溉面积的扩张速度不断加快，加上品种优势，其水稻和其他粮食作物播种面积迅速增长，如图 2-6 所示，水稻播种面积占全国的比例从改革开放初期的不到 1%上升到目前的 11%多，成为全国重要的水稻产区。除了水稻外，该区域玉米、肉牛、肉羊、牛奶、油料和糖料作物的生产占全国的比例都超过 20%。

粮食种植布局从南向北跨区域变化的背后，除了自然资源禀赋和气候条件以外，政策干预、基础设施投资及人口和经济发展都发挥了重要作用。具体说来，一是区域比较优势是农业生产区域布局变化的最主要影响因素。除了部分产品受政策影响较大外，我国农产品生产布局的变动基本上体现了区域在现有资源禀赋和经济条件下的比较优势。二是国家水利建设和政策干预。灌溉扩张和水费偏低助推了农业生产布局的北移；农产品市场干预与保护政策维持了大豆和棉花等弱势农产品在东北及新疆等部分区域的生产；近年来制约畜牧业生产的环保政策显著降低了沿海地区主要畜产品的生产规模。三是科技进步和交通运输条件的改善促进了农业生产区域布局优化。过去适合不同区域的

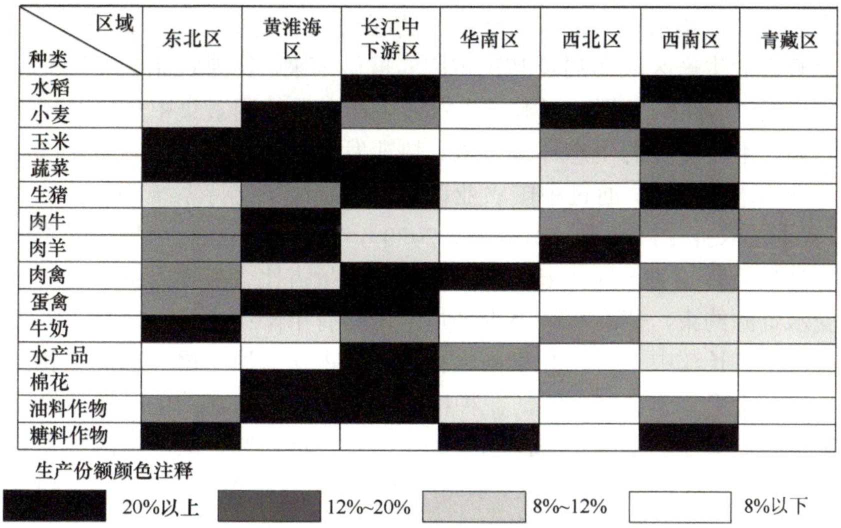

1978~1980年中国农业生产地区布局

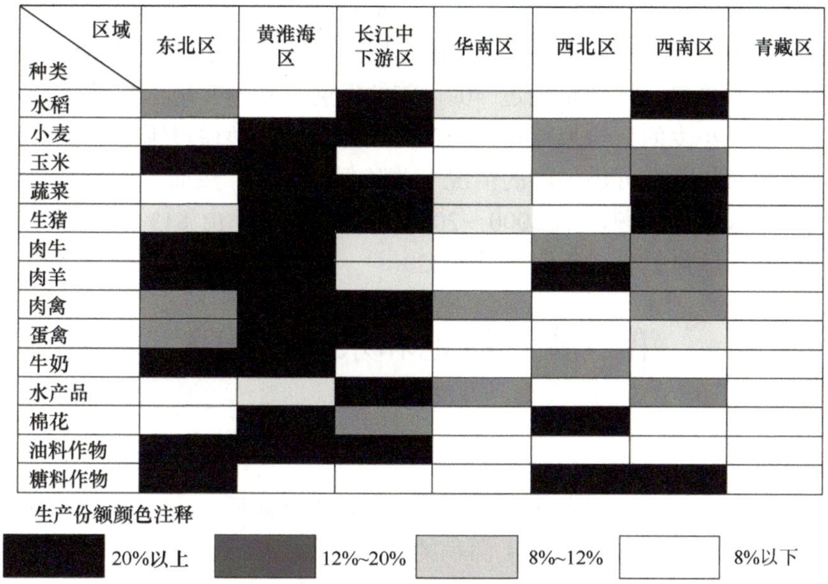

2015~2017年中国农业生产地区布局

图 2-6　1978～2017 年中国农业生产跨地区布局的演变

数据来源：根据国家统计局《中国统计年鉴》（1978～2017）数据计算

农作物品种、机械和设施农业等科技进步对我国农业生产布局产生了重要影响；科技进步（现代生物、智能和新材料等技术的突破）也是未来促进农业生产布局变动的重要因素。交通运输条件的改善促进了全国农产品市场的一体化，并使区域农业生产比较优势得到更好发挥。四是人口和收入增长等社会经济发展促进了农业生产扩展，并影响农业生产布局。收入增长和城乡人口结构变化通过影响居民食物消费水平与结构来影响主要农产品生产力的区域布局。但我国人口增长率已显著下降，近期社会经济影响主要来自收入增长。五是对外开放减轻了我国水土资源压力，促进了区域生产布局优化。大豆、棉花和食糖等农产品进口增长，减轻了水土密集型粮食的供给压力，并促进了有相对比较优势农产品（如蔬菜水果和部分畜产品）的区域生产布局优化（黄季焜，2020）。

基于现有农业生产区域布局及其决定因素展望未来，我国农业区域特征将继续朝着差异化、特色化生产结构发展。影响未来农业生产布局的因素集中体现在越来越严峻的水土资源约束、不断提高的生态环境要求、快速发展的农业新技术、明显增加的高值高质多功能农业需求等方面。通过中国农业可持续发展决策支持系统（CHINAGRO）模拟至2035年我国的农业生产布局（黄季焜，2020），可知种植业布局将进一步优化，全国水稻产量总体呈下降趋势，预计未来东北区水稻产量占比会有上升；小麦产量总体呈下降趋势，受水资源约束，黄淮海区小麦产量占比略有下降；东北区、西北区玉米产量占比将会有所增加；长江中下游区和华南区猪肉产量占比有所下降，东北区和黄淮海区猪肉产量占比有所上升。到2050年，在种植业方面，不同作物的生产布局继续向具有相对比较优势的地区集中。受水土资源约束和可持续发展影响，缺水地区粮食等农作物生产占比将有所下降，但长江中下游区、东北区和黄淮海区将继续保持粮食核心产区地位。在养殖业方面，随着未来技术革新和生产方式转变等，现代生猪养殖将集中在长江下游和华南等区域；家禽养殖将集中在黄淮海、华南和长江中下游等区域；牛羊生产布局逐渐向农区转移，农区草牧业得到发展，而传统牧区生产地位呈现下降趋势。

综上所述，中国粮食生产在过去70多年展现出总量稳步提升、品种持续增加和区域布局不断调整的趋势，特别是经过40多年的发展，基本实现了口粮自给。整个“十三五”时期水稻、小麦的自给率保持在100%以上，饲料粮通过国际贸易也基本实现了供需平衡，其他农作物在可进可出的情况下总体保持稳定。然而，部分农产品的自给率存在跨年度波动较大的问题，如2000～2020年油料自给率由81%下降到25.1%，大豆自给率从60.2%下降到17%（邵海鹏，2022）。

第二节　耕地和水资源投入

一、耕地资源禀赋及利用趋势的主要特征

尽管中国耕地总量大，但人均耕地面积较小，人地矛盾突出。中国耕地总量居世界第4位，达到13 492万hm^2，占国土面积的20.9%（《中国统计年鉴（2017）》），但是人均耕地面积仅为世界平均水平的4%（联合国粮食及农业组织统计 http://www.fao.org/faostat）。过去几十年，随着社会经济的发展，中国耕地资源禀赋及其利用与空间分布呈现出如下一些主要特征。

新中国成立以来，我国耕地面积在波动中下降；人均耕地面积一直呈下降趋势。为了摸清国土资源现状，我国共组织了三次大规模的全国土地资源调查。一调数据结果显示，我国1997年的耕地面积为13 003.9万hm^2；二调数据显示，我国耕地面积2009年增加到13 538.5万hm^2，比一调增加了4.11%。二调数据显示，虽然耕地面积有所增加，但增加耕地中有相当部分需要安排退耕，相当数量不宜耕种，还有相当数量正常耕种受影响，也就是增加的耕地中适宜稳定利用的数量不是很乐观。二调后10年，我国又组织了第三次全国国土资源调查，这次显示我国2019年底耕地面积为12 786.19万hm^2，比二调减少较多；目前的耕地面积也低于一调数据。尽管三次调查显示耕地面积在波动

中下降，但随着我国人口的增长，人均耕地面积一直呈下降趋势（图 2-7）。我国在一调期末人均耕地面积为 1.59 亩，二调降低为 1.52 亩；三调降低最为显著，仅为 1.36 亩，比一调减少了 14.5%。

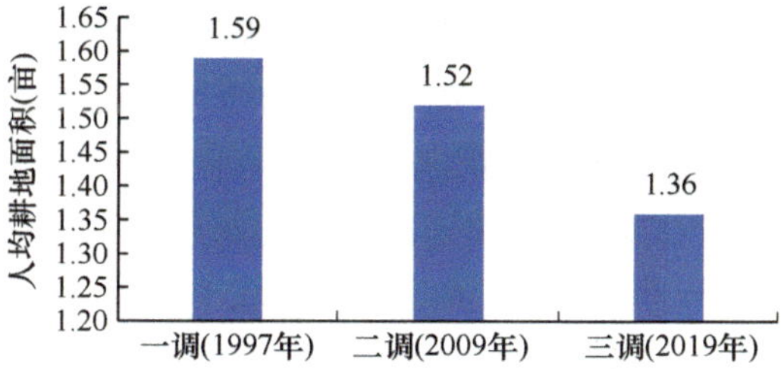

图 2-7　我国人均耕地面积变化

数据来源：自然资源部和国家统计局的三次全国土地资源调查

我国的耕地主要分布在以“大兴安岭-阴山-贺兰山”为界的东部季风区，西部地区耕地分布较少。我国耕地主要集中在东北、西北和华北地区，受城镇化、工业化、生态退耕和农业政策等因素的影响，呈现出东减西增、南减北增的特点，耕地重心逐渐由东南向西北区域转移。Ning 等（2018）通过对 2010～2015 年我国土地利用变迁情况研究，发现相对于前 10 年，东部地区和中部地区耕地持续减少，变化速率降低；东北地区和西部地区耕地持续增加，增速放缓。从省份层面看，有 21 个省份的耕地面积表现为减少，其中内蒙古、河南、山东、江苏和河北的耕地减少较多。

农地和林地、草地频繁转换给农业生产用地带来极大的不确定性。南方地区的耕地主要与林地转换频繁，随着非农就业机会增多，大量农业劳动力外迁造成劣质耕地的退耕和撂荒。东北地区、内蒙古及长城沿线地区和青藏地区的草地资源丰富，耕地与草地之间的转换最为明显。20 世纪 90 年代以来，随着人口的增多，粮食需求增大，在地方政府的鼓励和经济利益的驱动下，北方地区出现了大面积的草地被开垦成耕地。而在 2000 年开始实施退耕还林还草工程后，又有大量的耕地被恢复为林草植被（李秀彬和赵宇鸾，2011）。

通过实施严格的保护政策和“藏粮于地”策略，我国政府致力于保护耕地和提高耕地质量。为保护耕地，我国政府从 1988 年开始设立国家土地开发建设基金，1990 年改为国家农业综合开发基金（后改为国家农业综合开发资金），专项用于农业综合开发，重点是通过山水田林路综合治理，进行大面积的中低产田改造，同时依法酌量开垦宜农荒地，确保粮棉油等主要农产品的产量稳定增长。之后国家又进一步实施大规模土地整治，严格控制耕地转为非耕地。然而，耕地占补平衡制度的实施没有达到预期目标，尤其是大量优质农田被建设占用，补充耕地质量堪忧。为此，国家在 2012 年推出高标准农田政策，2019 年国务院办公厅印发的《关于切实加强高标准农田建设提升国家粮食安全保障能力的意见》（国办发〔2019〕50 号）提出，建设高标准农田是巩固和提高粮食生产能力、保障国家粮食安全的关键举措。我国还明确提出了 18 亿亩耕地红线和建设 15.5 亿亩永久基本农田的规划。根据《全国国土规划纲要（2016—2030 年）》，到 2020 年、2030 年我国耕地保有量要分别保持在 18.65 亿亩、18.25 亿亩以上。针对耕地质量问题，中国不仅实施了中低产田改造和高标准农田建设项目，而且颁布了一系列政策规划，如《耕地质量保护与提升行动方案》《全国土地整治规划（2016—2020 年）》和《耕地草原河湖休养生息规划（2016—2030 年）》。这些项目和规划的实施对于提高耕地质量具有积极的作用。

二、水资源禀赋及农用水资源利用的变化趋势

我国人均水资源占有量较低，是世界 13 个贫水国家之一；水资源区域分布不均，南北方水资源禀赋存在显著差异。2021 年，我国水资源总量为 29 638 亿 m^3，占全球水资源总量的 6%；水资源总量排在全球第四位，仅次于巴西、俄罗斯和加拿大。2021 年我国人均水资源占有量低于 2300m^3，约为世界人均水资源占有量的 1/4。我国水资源区域分布不均衡，北方粮食主产区人均水资源占有量还不到全球水平的 35%，即使是水资源较为丰富的南方地区，人均水资源占有量也仅为全球水平的 75%。2021 年中国有 10 个省份人均水资源占有量低于 1000m^3，属于严重缺水区，包括北京、天津、河北、山西、上海、江苏、山东、河南、广东及宁夏；另外有 4 个省份（北京、天津、上海、宁夏）人均水资源占有量低于 500m^3，为极度缺水地区。

我国农业用水量在改革开放前增加较快，之后在波动中呈现出总体下降的趋势；随着非农用水量的增长，农业用水量所占的比例显著下降，粮食安全用水面临日益严峻的挑战。新中国成立初期，我国农业用水量仅为 1000 亿 m^3，尽管绝对值较低，但在总用水量中占绝对优势，占总用水量的比例高达 97%（图 2-8）。之后由于我国大兴水利建设，农业用水量进一步增长，到改革开放之前（1978 年），农业用水量达到 4195 亿 m^3，比新中国成立初期增长了 3 倍多，也是我国过去 70 多年的最高峰；之后我国农业用水量呈现在波动中下降的趋势。1978 年的农业用水量尽管是我国的最高峰，但随着社会经济的发展，其所占比例已经降低到 88%。改革开放 40 多年来农业用水量呈现出较大的年际波动态势，可能与降水量的波动等有较大关系，2003 年的农业用水量是此时期的最低值；2013 年以来农业用水量的下降比较平稳，此时期也是我国实施最严格水资源管理的重要阶段。随着农业用水量的降低，尤其是各部门（工业、生活和生态）非农用水的竞争加剧，农业用水量在总用水量中所占的比例近期下降到 62%左右，这一趋势将在未来继续下去，给我国主要依赖灌溉农业的粮食安全带来严峻挑战和威胁。

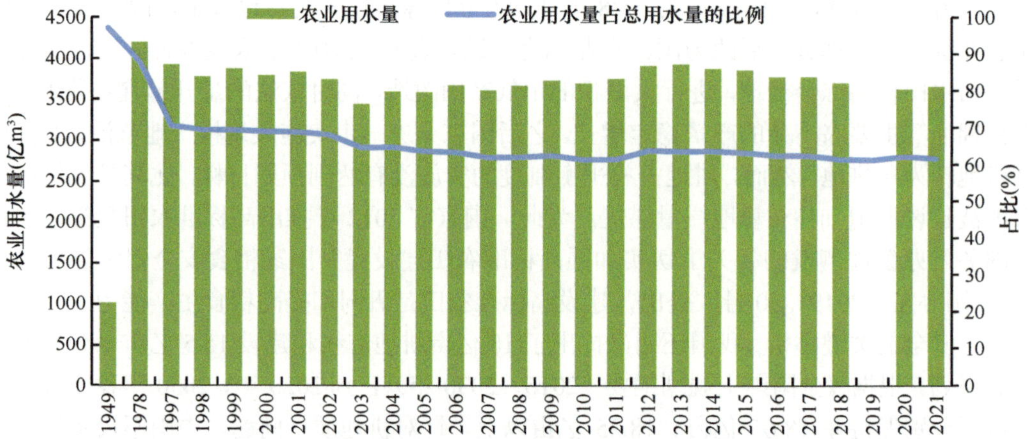

图 2-8 1949～2021 年中国农业用水量及占比

数据来源：水利部《中国水资源公报》（2022 年）

地下水在农业用水中所占的比例不断提高，尤其是在北方区域，地下水成为灌溉的主要水源，为保障粮食安全作出了重要贡献，但地下水的大量开发利用带来了生态环境退化等风险。过去几十年，由于需求的增长和地表水资源供给的有限性，我国地下水的开采量不断增加，而且主要用于农业部门，尤其为保障粮食安全作出了突出贡献。例如，北方地区地下水灌溉面积所占的比例从 20 世纪 50 年代的几乎为零增长到 70 年代的 30%；之后为了解决不断加剧的用水矛盾及盐碱化等生态环境问题，在政府的鼓励下地下水灌溉得到了进一步发展，到了改革开放初期（1980 年），我国北方一半灌溉面积的水源来自地下水的开采（图 2-9）。到目前为止，地下水灌溉面积在北方灌溉面积中已经占到了将近 70%。地下水灌溉不仅在北方得到了较快发展，南方一些地区地下水灌溉也发展较快。根据我们 2018 年在全国 8 省（包括北方的河北、辽宁和陕西及南方的浙江、江西、广东、四川和湖北）的调研数据，全部样本地下水灌溉面积所占的比例从 2015 年的 37%增长到 2018 年的 44%，尤其在缺水严重的河北，地下水灌溉面积所占的比例无论是 2015 年还是 2018 年都高达 95%（Wang et al.，2020）。尽管地下水灌溉面积的发展在很大程度上促进了我国农业生产发展和保障了我国粮食安全，但也带来地下水位下降、地面沉降、湿地退化和海水入侵等多方面的生态环境风险。

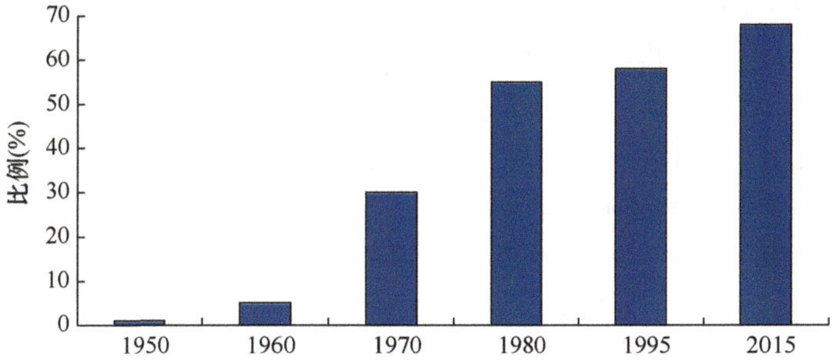

图 2-9　我国北方不同时期地下水灌溉面积比例

数据来源：Wang et al.，2020

为了缓解用水矛盾，我国在水资源管理策略方面逐渐从供给管理向需求管理转变，从而实施了一系列灌溉管理制度和政策改革，农业节水技术的推广应用也得到了高度关注。随着社会经济各部门刚性用水的增长，我国和世界上其他国家类似，在经历了改革开放初期较快的经济增长以后，农业的进一步发展很大程度上也面临着水资源日益短缺的严峻挑战（Wang et al.，2017）。为此，我国和世界上其他一些发达或发展中国家类似，开始大力推动灌溉部门的管理制度和政策改革，试图通过改革来提高灌溉部门的用水效率、缓解各部门间用水的竞争压力。在管理策略方面，我国在不断探索中于 2010 年正式推出了标志着供给管理策略向需求管理策略转变的最严格水资源管理制度，该制度设定了用水方面的“三条红线”，从而为后面的一系列改革指明了方向并设置了刚性约束目标。在需水管理策略的指引下，我国在地表水和地下水灌溉管理部门都推动了由用水协会主导的灌溉管理制度改革，以行政手段为主的总量控制和定额管理制度在全国推广，另外基于市场机制不断推进农业用水的综合水价改革，水权制度的建设和水权市场的发育也在试点工作中不断取得一些成效（Wang et al.，2019，2020）。除此之外，过去数十年，我国政府也很关注工程和非工程农业节水技术的推广，不仅实施了以渠道硬化为主的大中型灌区节水改造工程，而且运用补贴政策等手段推动了一些现代高效节水技术（如喷灌、微滴灌等）在田间采用。

在制度政策改革及节水技术推广的综合作用下，我国农用水资源利用效率不断提高，从而在一定程度上保证了不断扩张的灌溉面积的用水需求和国家粮食安全。我国尽管在改革开放初期出现了一定程度的灌溉面积增长停滞甚至减少的现象，但之后呈现较为稳定的增长趋势。1978～2021 年，我国有效灌溉面积从 4.5 亿 hm^2 增长到 7.0 亿 hm^2，增长了 55%；目前有效灌溉面积占总耕地面积的比例已经达到了一半。在农业用水量下降的情况下还能扩大灌溉面积并保障粮食安全，最主要的原因是农用水资源利用效率在不断提高，而背后的主要驱动因素就是灌溉管理制度和政策的改革及各种节水灌溉技术的推广与应用。根据国家相关统计数据，我国亩均灌溉用水量已从 1997 年的 $492m^3$ 降低到 2021 年的 $355m^3$；节水灌溉占有效灌溉面积的比例从 1998 年的 29%增加到 2020 年的 55%。目前，灌溉水有效利用系数达到了 0.568（水利部，2022）。这些证据充分说明在用水竞争不断加剧的情况下，我国节水灌溉的发展在一定程度上保证了不断扩张的灌溉面积的用水需求。

各地区的灌溉水有效利用效率有所差异，对灌溉依赖程度高但水资源最短缺的粮食主产区——黄淮海区的灌溉水有效利用效率最高。黄淮海区不仅是我国重要的粮食主产区，而且是水资源最短缺的区域。由于黄淮海区大部分农业生产依赖灌溉，但水资源又非常短缺，因此其一直比较重视发展节水农业，灌溉水有效利用效率高于其他地区。2021 年，黄淮海区和东北区灌溉水有效利用系数分别为 0.66 和 0.60，高于全国平均水平（0.57）（图 2-10）。其他 5 个区域的灌溉水有效利用系数都低于全国平均水平，其中长江中下游区、西北区和华南区的灌溉水有效利用系数稍低于全国平均水平，西南区和青藏区的灌溉水有效利用系数较低，分别为 0.48 和 0.52，还有很大的提升空间。

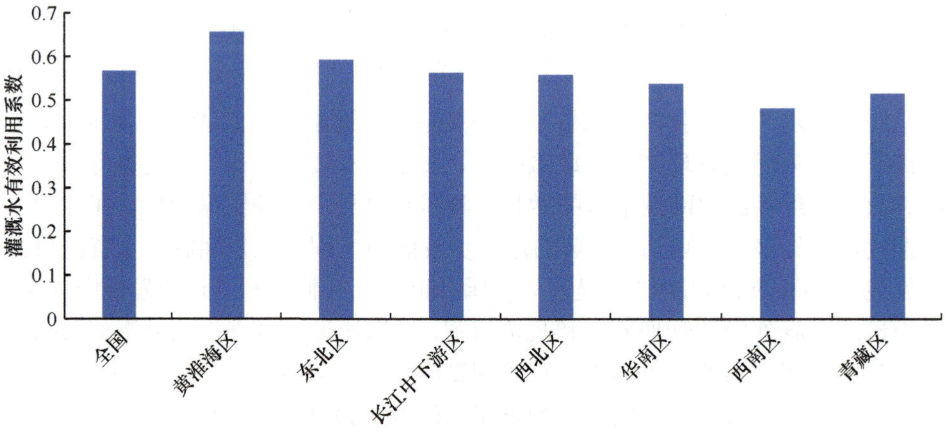

图 2-10　2021 年我国不同区域的灌溉水有效利用系数

数据来源：水利部《中国水资源公报》（2022 年）

第三节　劳动力和生产资料投入

过去 40 多年，我国粮食产量的提升离不开“八字宪法”实施带来的农业投入数量和结构的变化，以及其对农业生产技术和生产方式的影响。农业投入的变化反映了粮食生产技术的改变，可影响粮食生产效率和供应安全，但是不同的投入在不同时期发挥了不同的作用。基于人多地少的基本国情，我国劳动密集型的小农生产方式曾具有成本低的比较优势。然而，随着城镇化、工业化进程不断加快，大量农村劳动力转移到工业和服务业就业，农业劳动力不断减少，使得劳动密集型的农业生产方式不再有效。种子、农药、化肥等中间投入的生产资料曾经是我国农业生产技术提升的重要载体，并在20世纪90年代为粮食生产作出了重要贡献。进入21世纪以来，农药和化肥的过度使用带来环境污染问题，威胁着农业的可持续发展。农业劳动成本的上升和农业可持续发展的要求推动粮食生产方式逐步朝资本与技术密集型方向转变。2000年以后，我国农业生产的物质装备水平和机械化程度不断提高，其既是农业技术进步的载体，也是生产方式转变的体现，对农业发展和粮食产出的贡献不断增大。本节将从农业劳动力投入、中间投入和资本投入三个角度探讨投入改变对我国粮食生产的影响。

一、农业劳动力投入变化趋势及特征

鉴于人多地少的禀赋特征，中国粮食生产始终以使用劳动密集型技术为主。随着工业化和城镇化的不断发展，过去40多年劳动力不断从农业向非农部门转移，农业劳动力数量从20世纪90年代初开始持续下降，导致粮食生产技术和生产方式逐步朝资本与技术密集型方向转变。以下我们将分时期探讨农业劳动力数量、价格和质量变动的特征及其对粮食生产与供应的影响。

（一）随着劳动力从农业向非农部门转移，农业劳动力数量总体呈现持续下降趋势

过去70多年，伴随着农业生产技术和生产方式的变化，我国农业劳动力使用经历了三个发展时期：严格管控、限制流动的资源密集型农业发展时期（20世纪50～70年代），市场调整、逐步放开的改革开放型农业发展时期（80～90年代），机械化发展、生产方式转变的资本和技术密集型农业发展时期（2000年至今）。

资源密集型农业发展时期（20世纪50～70年代）：严格管控、限制流动。改革开放前，中国粮食生产的增长主要依靠水土资源利用的扩展来实现，政府主导的开荒造田和水利建设显著提升了粮食生产所需的投入。50～70年代，耕地面积从1.10亿hm^2提高到1.21亿hm^2，增长了10%。这一时期，国家高度重视以灌溉排水为重点的农田水利建设，为贯彻“水利是农业的命脉”号召，大量农村劳动力被动员去开荒造田和兴修水利，为粮食总产提升作出巨大贡献。

改革开放型农业发展时期（20世纪80～90年代）：市场调整、逐步放开。一方面，制度创新促进了农业生产激励机制的完善，带来粮食生产效率的提升；另一方面，进入90年代后由良种、化肥和农药广泛采纳带来的技术进步，提高了农产品单产。根据《全国农产品成本收益资料汇编》，主要粮食作物的单产在80～90年代提升了两倍。在这一时期，虽然农村剩余劳动力开始进入城市，但粮食生产方式仍旧以劳动密集型为主（图2-11和图2-12），农户土地生产规模变化不大。

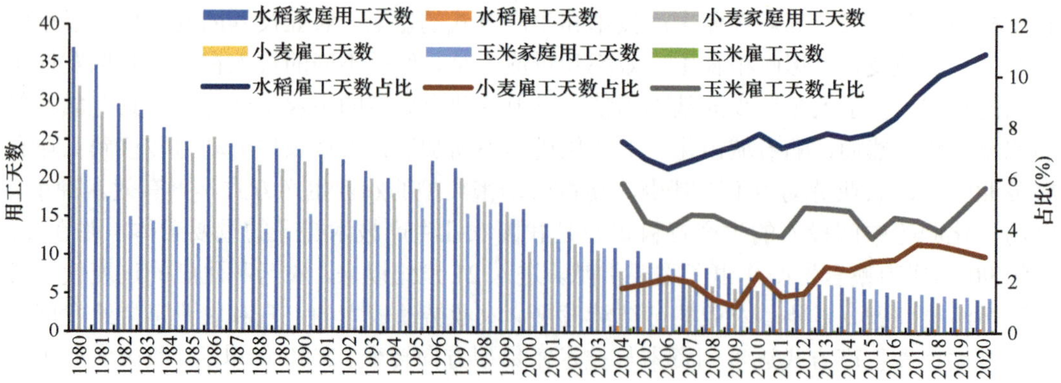

图 2-11 1980～2020 年水稻、小麦、玉米每亩用工天数及占比

数据来源：《全国农产品成本收益资料汇编》。图中柱形与图例色块从左至右逐一对齐

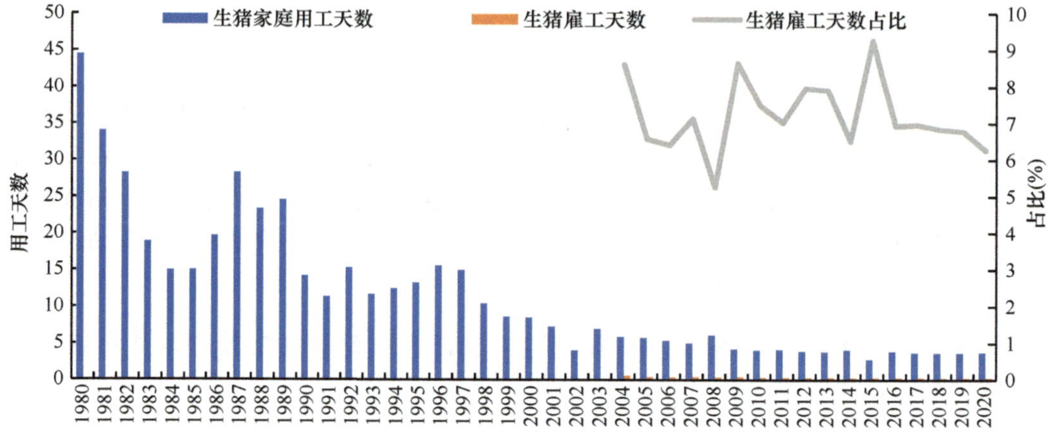

图 2-12 1980～2020 年每头生猪用工天数及占比

数据来源：《全国农产品成本收益资料汇编》

资本和技术密集型农业发展时期（2000 年至今）：机械化发展、生产方式转变。2000 年以后，随着政府逐步放宽农民工进城的条件，大量农村劳动力进入城市，农业劳动力资源短缺而价格抬升，劳动密集型生产方式不可持续，推动粮食生产方式和经营模式朝机械化与规模化方向发展。与此同时，技术进步也朝集约型粮食生产方式转变。进入 21 世纪以后，随着农业科技投资的不断提高，农业科技进步、机械化和规模化共同成为新时期粮食单产提升的推动力。

（二）农业劳动力价格呈上升趋势

过去 20 年，农业劳动力持续减少的背后，工业化和城市化发展带来农业劳动力价格上涨，推动了粮食生产机械化和规模化。2003 年以来，中国农民工工资每年以约 10% 的增速快速上升（卢锋，2012），促使农民务农的机会成本上升，继而引起农业生产中劳动力成本的快速上涨。2003～2020 年，中国三大主粮（水稻、玉米和小麦）农业劳动力工价年均增长 12.7%，远高于中间投入和机械费用增长。

近期劳动力价格的迅速增长，带来农业生产劳动力成本增加，使得以劳动密集型为主的粮食生产方式不可持续。随着工业化、城镇化的进一步发展，大量农业劳动力转移到二、三产业就业，农业雇工越来越稀缺，雇工工价不断攀升。与此同时，农村劳动力减少也带来家庭用工机会成本的上升。《全国农产品成本收益资料汇编》数据显示（图 2-13），2010 年雇工工价和劳动日工价分别为 66.4 元和 40.3 元，2020 年雇工工价和劳动日工价分别为 110.6 元和 89.2 元，分别增长了 0.7 倍和 1.2 倍。

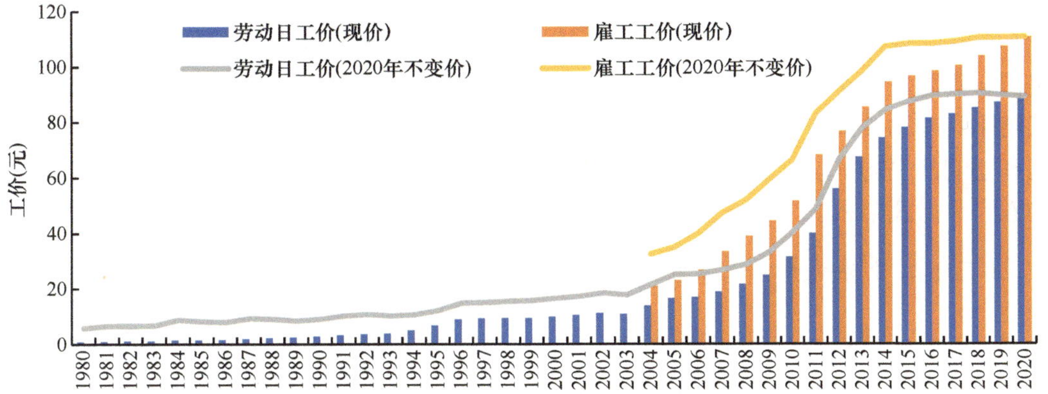

图 2-13 1980～2020 年单位雇工工价和劳动日工价

数据来源：《全国农产品成本收益资料汇编》

分产品看，粮食生产的劳动力价格增长快于生猪行业，导致农业内部专业化分工出现差异。《全国农产品成本收益资料汇编》数据显示（图 2-14），2020 年玉米、小麦、水稻和猪肉的单位工价（不变价）分别为 107 元、99 元、118 元和 100 元。随着劳动力价格分行业的上涨趋势出现差异，生猪养殖的机械化和专业化程度已经显著提升，但种植业的机械化和专业化水平有待提高。未来 30 年，中国的生猪养殖业将率先全面实现规模化和现代化，主要养殖主体以养殖大户和企业等新型主体为主；中国国情决定了种植业不可能走大规模生产的现代化道路，大农小农将长期并存。未来种植业以家庭农场（平均两个劳动力）为主，耕地面积超过 100 亩的大农占 20%，耕地低于 100 亩的小农占 80%；20%大农将生产 80%农作物产量或贡献 20%增加值，80%小农将生产 20%农作物产量或贡献 80%增加值，即种植业生产的“二八格局”。大农主要生产粮食等大宗农产品以保障国家粮食安全，小农主要发展高值农业以保障收入持续增长，最终大小农户劳动生产力趋同，实现共同富裕。

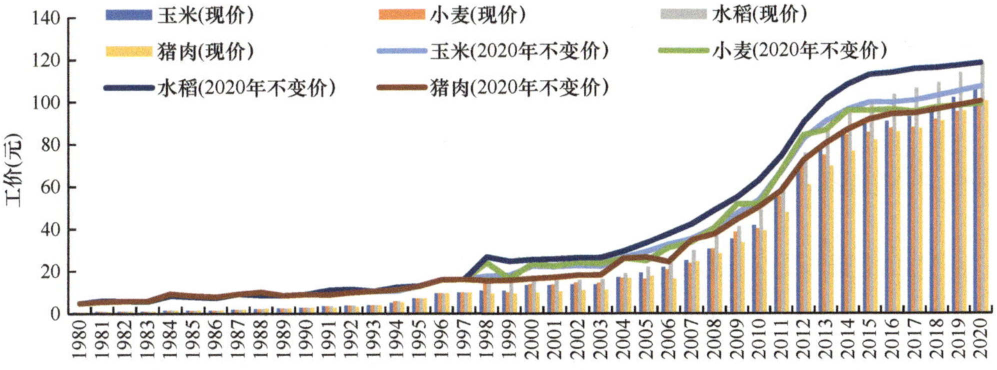

图 2-14 1980～2020 年主要粮食作物和生猪养殖单位工价

数据来源：《全国农产品成本收益资料汇编》

劳动力成本持续上升，带来农业生产特别是劳动密集型农产品生产成本的上升。随着大量农村劳动力转移到工业和服务业就业及人口增速下降与老年化，近年来农业劳动力实际工资正以每年 8%左右的速度增长，农业生产的劳动力机会成本显著提高。如果没有较好地采取资本（如机械）替代劳动力，劳动力工资上涨将显著提高粮食等主要农产品的生产成本，特别是劳动较为密集的农产品（如棉花、油料、水果、蔬菜等作物）的生产成本。

劳动力成本的上升也导致中国粮食等主要农产品在国际市场上的比较优势下降。与美国、欧盟、东盟、巴西和印度等世界主要地区或农业大国相比，目前我国大多数农产品已不具有比较优势。在粮食作物中，玉米、大豆和小麦的比较劣势明显；棉花、牛羊肉和奶制品也均呈现比较劣势；猪肉、鸡肉和大米的比较劣势微弱；少数具有比较优势的农产品是蔬菜和水果。

（三）农业劳动力文化素质远低于发达国家，不利于粮食生产长期可持续发展

1. 我国农民教育综合素养有待提高

农业劳动力是农业生产中最活跃的要素，其素质决定了农业的生产力和竞争力，随着其总量不断下降，提高农业劳动力文化素质变得更加紧迫。第三次全国农业普查数据显示，2016 年末农业从业人员中，高中或中职、大专及以上学历人数占比分别为 7.1%和 1.2%，远低于日本（高中或中职 74.8%和大专及以上 5.9%）和欧美（如德国高中或中职 63.5%和大专及以上 23.5%；美国高中或中职 53.1%和大专及以上 34.2%）等发达国家或地区的水平（图 2-15）。由此可见，我国农民的整体受教育程度远远落后于美国等发达国家。

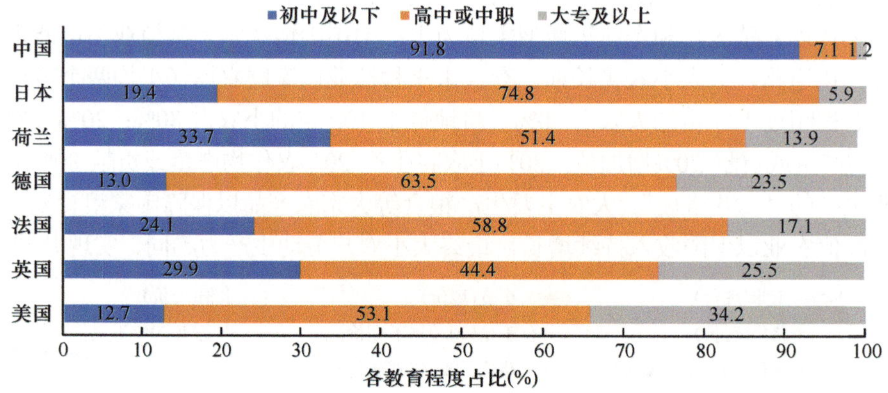

图 2-15　2016 年各国农民教育程度划分

数据来源：美国劳动部；英国、法国、德国和荷兰数据来自欧盟统计局；国家统计局第三次全国农业普查公报；日本缺乏官方数据，其数据来自樊英和李明贤（2013）的研究，但未说明数据具体年份

2. 农村老龄化现象日趋严重

我国近半数农业从业者在 50 岁以上，新生代农村人口缺乏从事农业生产的意愿和技能（开始远离农村和土地），部分地区出现了所谓的“老人农业”现象。农村老龄化现象日趋严重是粮食生产的严重阻碍。随着城镇化推进，农村地区老龄化现象日趋严重，

劳动力质量快速下降。2010～2020年，乡村65岁以上的人口比例从10.1%快速攀升至17.7%，提高7.6个百分点（表2-5），已经超过14%的深度老龄化警戒线。中国目前农村地区已经步入深度老龄化社会，农村人口老龄化是我国人口老龄化的重要组成部分。同时随着工业化和城镇化发展，农村不仅总人口减少，青壮年劳动力外出务工规模也在不断扩大，农村人口老龄化程度不断提升（皮晓雯和魏君英，2018）。

表2-5　2010～2020年我国农村人口年龄结构（年末）

年份	总人口（万）	0～14岁		15～64岁		65岁及以上	
		人口（千）	比例（%）	人口（千）	比例（%）	人口（千）	比例（%）
2010	66 281	127 013	19.2	469 119	70.8	66 673	10.1
2011	55 308	104 079	18.8	391 723	70.8	57 274	10.4
2012	52 700	99 442	18.9	371 671	70.5	55 885	10.6
2013	51 187	96 311	18.8	358 468	70.0	57 091	11.2
2014	50 228	94 926	18.9	349 510	69.6	57 839	11.5
2015	935 613	1 794 877	19.2	6 435 546	68.8	1 125 710	12.0
2016	49 391	95 215	19.3	336 795	68.2	61 897	12.5
2017	47 504	92 110	19.4	320 128	67.4	62 803	13.2
2018	46 243	89 939	19.5	308 497	66.7	63 990	13.8
2019	43 020	83 043	19.3	283 945	66.0	63 209	14.7
2020	50 979	98 226	19.3	321 209	63.0	90 353	17.7

数据来源：历年《中国人口和就业统计年鉴》

农业劳动力质量下降显著抑制了现代农业的可持续发展。首先，劳动力质量下降制约粮食产出效率提升，粮食生产劳动强度大、具有很强的季节刚性及“妇女化、老龄化”问题，导致长时段、高强度的播种收割等农作任务无法完成。其次，劳动力质量下降制约粮食生产集约化和规模化，粮食生产的规模化和集约化需要高素质劳动力来实现，受年龄结构和知识结构失衡的影响，农村劳动力知识素养和技术水平普遍偏低，学习新知识、新技能的能力较弱，使得农业机械化和现代化不能在农村地区普及；由于留守人员的“恋土情结”，土地流转受到限制，因此我国土地资源无法集中利用，农业发展方式难以朝规模化、集约化方向转变。最后，劳动力质量下降制约农民应对粮食市场变化的能力，面对复杂的粮食市场变动，知识水平较低的农业劳动力获取市场信息的难度加大，应对市场复杂价格变动的能力弱，不利于保障粮食安全。

为加强粮食安全保障，未来我国需要：加快城镇化速度以促进经济结构转型，以便为进一步提升劳动生产效率和实现劳动生产力在农业与非农部门的趋同创造有利条件，实现农民与城镇居民平均收入的趋同；在保障口粮绝对安全和谷物基本自给的条件下，加快以高值农业发展和农村劳动力非农就业为主的农村经济转型；养殖业通过规模化与现代化发展提升劳动生产力，实现全面专业化，种植业逐渐向大农和小农生产分工的“二八格局”转变，大农主要生产粮食等大宗农产品以保障国家粮食安全，小农主要发展高值农业并通过价值链延伸和政策支持实现增收；大幅提高农民人力资本，实现农业现代化发展。

二、中间投入变化趋势及特征

过去 40 多年，随着农业劳动力的减少，中国农业生产逐步由劳动密集型朝技术密集型和资本密集型方向转变，以“八字宪法”为基础的中间投入技术的应用在改革初期为保障粮食安全作出巨大贡献。农业中间投入是指农林牧渔生产经营过程中消耗的物质和服务价值，主要包括种子、饲料、肥料、农药等物质产品消耗，以及租赁作业费、燃料动力费、技术服务费、工具材料费等非物质产品消耗。作为现代生物技术和机械化技术的载体，种子、化肥和农药等中间投入的使用及其质量改善发挥了重要的作用，成为提升农业生产效率、保障国家粮食安全的重要驱动力。

过去 40 多年我国中间投入的使用稳中有增，逐步替代劳动力成为推进农业技术进步的载体。1978～2020 年我国中间投入年均增速为 3.2%。与农业劳动力使用的时间段一致，中间投入使用也经历了三个不同发展时期。资源扩展型农业发展时期（20 世纪 50～70 年代）：低使用水平及低速增长阶段，这一时期由于耕地开垦和传统技术采用如大田基础设施建设，粮食产量从 1 亿 t 增长至 3 亿 t，但我国工业基础薄弱，农业生产资料产量难以满足农业生产需要。技术进步和制度改革型农业发展时期（80～90 年代）：高速增长阶段，由于家庭联产承包责任制等制度改革，农民生产积极性提升，农业中间投入使用进入快速增长期，随着劳动生产力的提升，粮食产量从 3 亿 t 增长到 5 亿 t 左右；资本和技术密集型农业发展时期（2000 年至今）：由高速增长转向增长放缓阶段，2004～2015 年，受粮食价格大幅上涨及农业税取消的刺激，加上农业生产资料价格的快速上涨，中间投入使用进入快速增长阶段，这一时期政府对农药、化肥、良种等的补贴也促使中间投入在粮食生产中的使用增加，如 2005 年启动良种补贴项目等，伴随中间投入使用的增加，粮食产量从 5 亿 t 增长至 6 亿 t；2015 年以来，为促进农业可持续发展，加大了农业面源污染防治力度，在“化肥农药使用量零增长行动”完成后，推进了化肥农药减量施用技术应用与补贴政策的实施，受化肥、农药“减量增效”行动影响，中间投入使用减少，因此增速放缓（图 2-16）。

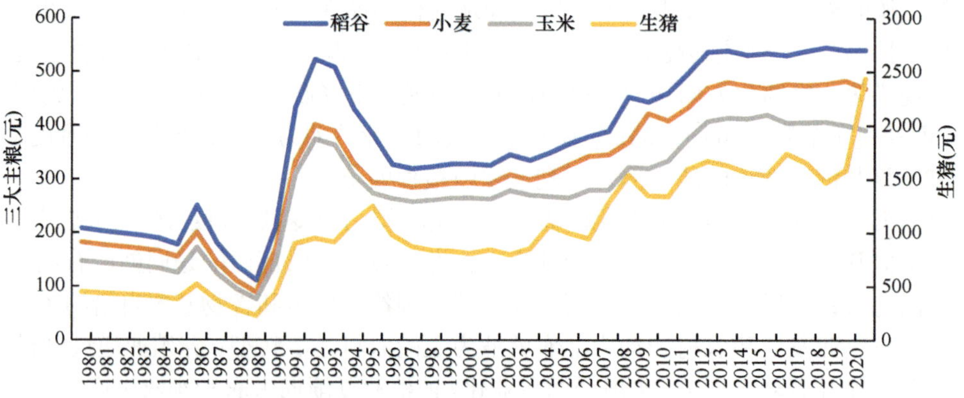

图 2-16　1978～2020 年三大主粮（稻谷、小麦和玉米，每亩）和生猪（每头）的物质与服务费用（2020 年不变价）

数据来源：《全国农产品成本收益资料汇编》

三大主粮作物生产的租赁作业费在中间投入中占比大且持续提升，反映了中间投入从化学型向服务型转变的趋势。租赁作业费指生产者租用其他单位或个人机械设备和役畜进行作业所支付的费用，包括机械作业费、排灌费和畜力费。如图 2-17～图 2-19 所示，主粮作物中，中间投入以租赁作业费和肥料费为主。分作物来看，稻谷租赁作业费的增长幅度最大，从 1980 年的占比为 30%增长至 2020 年的占比为 42%；肥料费 1980～2008 年占比在 40%上下浮动，但是 2008 年以后有所降低，2020 年肥料费占比下降至 28%。其他中间投入类别，种子费和农药费占比稳中略有提升，2020 年占比分别为 13%和 11%。小麦的租赁作业费由 1980 年的占比为 26%提升至 2018 年的占比为 38%；肥料费由 1980 年的占比为 47%降至 2018 年的占比为 38%，仍在小麦中间投入中占重要地位；种子费在 2018 年后提升幅度较大。玉米租赁作业费在 2009 年以后有大幅度增加，到 2018 年占比增至 37%，与肥料费占比一致；种子费在 2018 年以后有较大幅度增加，体现出良种在农业生产中的重要性不断提升。

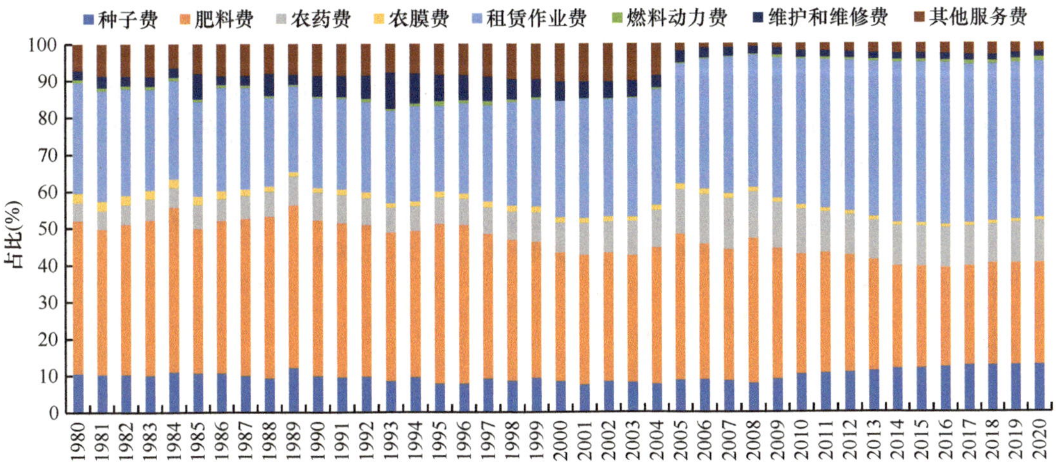

图 2-17　1980～2020 年稻谷每亩各类中间投入占比

数据来源：《全国农产品成本收益资料汇编》

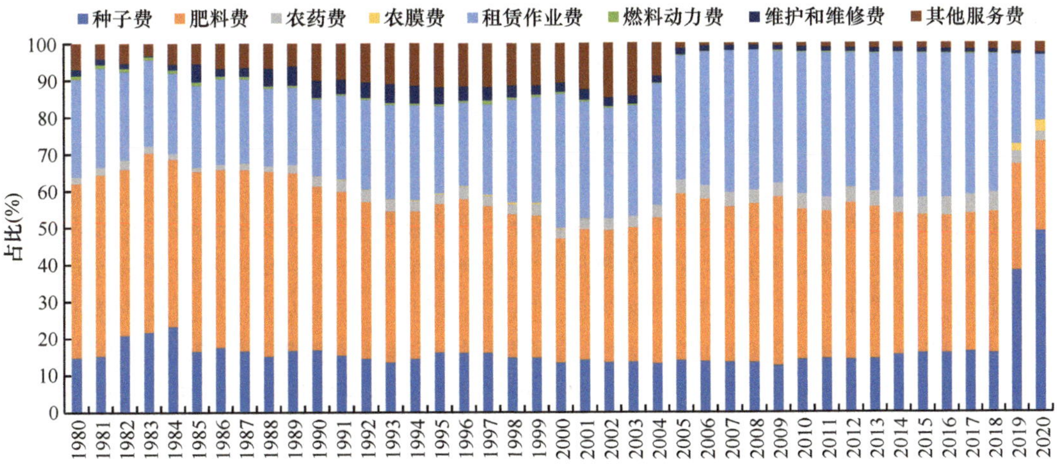

图 2-18　1980～2020 年小麦每亩各类中间投入占比

数据来源：《全国农产品成本收益资料汇编》

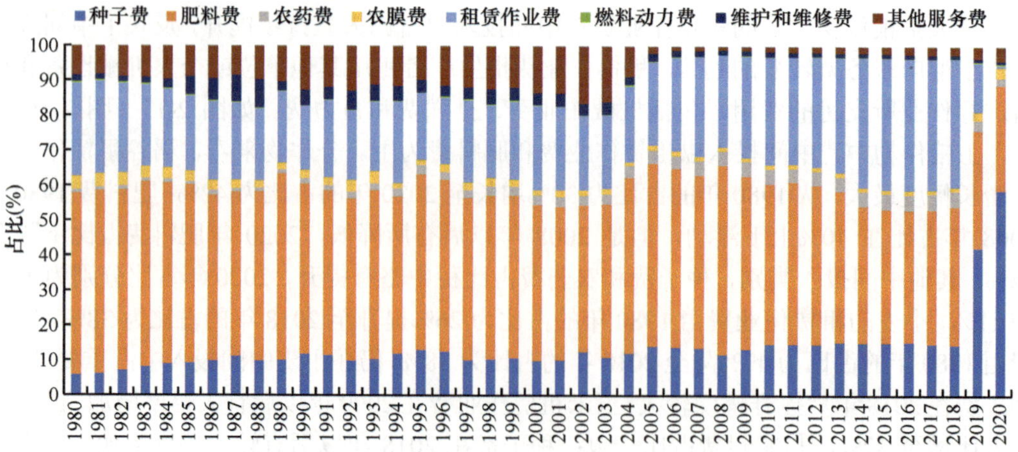

图 2-19　1980～2020 年玉米每亩各类中间投入占比

数据来源：《全国农产品成本收益资料汇编》

与主粮作物生产不同，生猪生产的中间投入以饲料费和仔畜费为主，两类费用占生猪中间投入的比例合计超过 90%。如图 2-20 所示，生猪生产的中间投入结构中，饲料费和仔畜费占比稳中有升，从 1980 年的占比合计 85%上升到 2020 年的占比合计 97%，是生猪养殖业中间投入中最重要的两种费用。

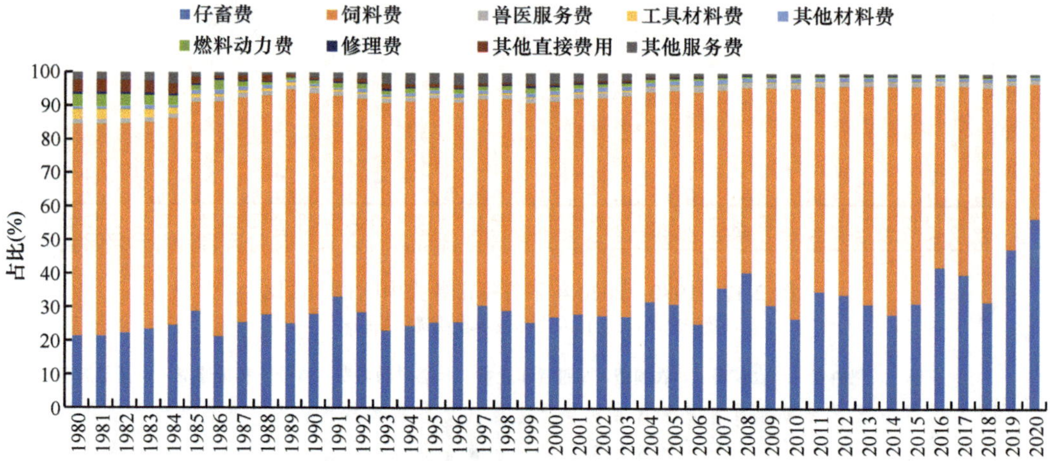

图 2-20　1980～2020 年生猪养殖业各类中间投入占比

数据来源：《全国农产品成本收益资料汇编》

农业中间投入质量不断提升。农业中间投入是实现国家粮食安全战略和农业现代化不可或缺的物质基础，其质量保障关乎国计民生和粮食安全。中间投入的质量提升推动了农业生产方式由劳动密集型向技术密集型转型。以种子质量为例，全国农业技术推广服务中心的数据显示，2000 年以来种子质量得到快速提高（图 2-21）。2000 年以前国家种子质量监督抽查的约 5 万份样品中，平均种子质量合格率接近 98%，其中水稻杂交种子合格率 98.7%，水稻常规种子合格率 97.4%，玉米种子合格率 97.4%，小麦种子合格率 83.3%，大豆种子合格率 98.4%，棉花种子合格率 98.8%，蔬菜种子合格率 88.3%，种子质量基本能够满足农业安全生产的用种需要。

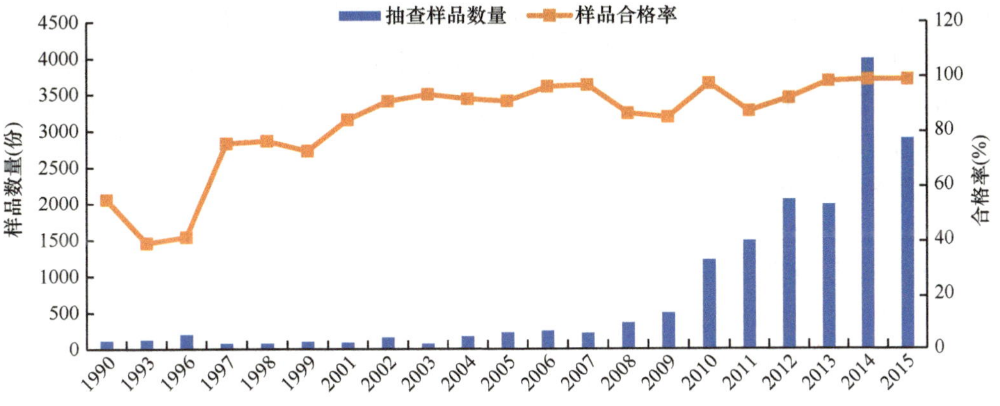

图 2-21 1990～2015 年国家种子质量监督抽查样品数量及合格率

数据来源：张力科和金石桥，2019

中间投入各组成要素随时间的具体变动表现出较大差异。种子费占比逐年增加，化肥费和农药费占比在 2015 年达到顶峰后开始下降，租赁作业费占比保持较快增长速度。主要原因包括三个：一是化肥农药“提质增效”，使得化肥农药使用量及其费用占比大幅度减少。随着食品安全等问题变得越来越重要和资源环境约束趋紧，国家加强了农业面源污染控制和环境保护，出台了一系列相关政策，特别是通过精准施肥和精准施药，减少了化肥、农药的使用量及其对环境的污染，如图 2-22 所示，2015 年以来，农药、化肥的投入总量有所下降。二是农业社会化服务迅速发展，体现在图 2-17～图 2-19 中租赁作业费的占比提升。随着劳动力成本的上升及小农户使用农业机械的需求增加，生产者大范围租用他人机械设备或者机械服务进行生产，农机社会化服务量随农业机械总量的提高迅速增加，反映在中间投入中的租赁作业费占比大幅度提升。三是种质技术发展，对于种植业而言，虽然当前种子费在中间投入中的占比较小（图 2-17～图 2-19），但是国家出台了一系列促进种业发展改革的措施，种子费占比在后期将逐步提升。

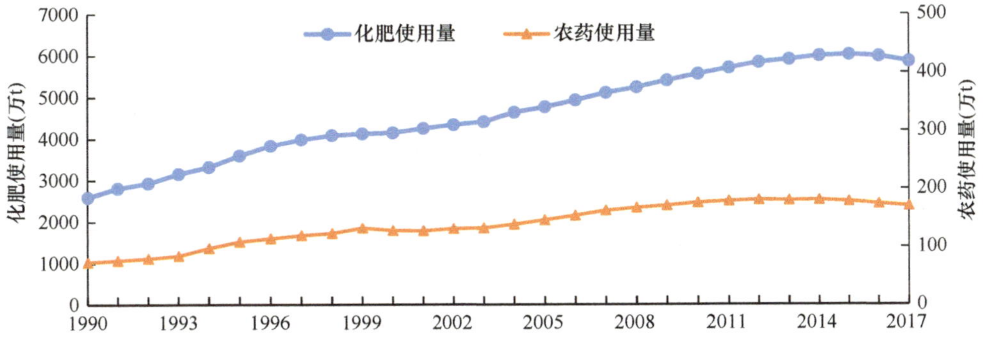

图 2-22 1990～2017 年中国化肥、农药使用量

数据来源：国家统计局

农业中间投入的使用增长在确保粮食安全中发挥了重要作用。过去 40 多年，化肥、农药、除草剂、杀虫剂的广泛采用及以石油为动力燃料的机械设备的大量利用对提高农业生产效率、保障粮食安全产生了积极作用。新中国成立之初，我国粮食平均亩产只有 68.6kg，让几亿人填饱肚子是当时中国农业最紧迫的课题，而化肥农药等化学投

入品的使用，带来了粮食产量的迅速增长。根据中国工程院课题组的研究，施用化肥对我国粮食产量的贡献率在 50%左右，我国使用农药平均每年可挽回粮食损失 2000 亿多斤，减少粮棉油、果菜茶直接经济损失 550 亿元以上，相当于增加了 12%～18%的种植面积。未来基因编辑等种业技术的创新发展，结合机械设备租赁等改变农业生产组织和经营方式的服务，可确保粮食安全生产，推动农业可持续发展。

高化肥农药投入、高强度利用水土资源的农业发展方式难以为继，迫切需要推动农业发展方式转变，化肥农药过度使用带来的一系列挑战如农业面源污染问题需要额外关注。中国是世界上最大的化肥生产国和消费国，消费了超过世界 1/3 的肥料，单位面积用量是世界平均水平的 3.7 倍。我国化肥和农药使用长期处于过量状态，不仅导致土壤养分失衡、土壤肥力和有机质下降，使土壤和水环境污染问题日益突出，而且大量有毒有害物质的残留带来了严重的安全隐患，使农产品和环境安全受到威胁。化肥农药减量与粮食安全战略高度相关，减量首先必须遵循粮食安全底线原则。为保障粮食安全，需要稳定及时地供给化肥和高效低毒农药，即化肥供给应不误农时，农药供给应不产生重大风险和引起突发事件，为此需要完备的化肥储备制度和农药风险控制制度（魏后凯和杜志雄，2020）。

三、农业资本（机械）投入变化趋势及特征

改革开放以来，我国农业资本投入不断增加，特别是进入 21 世纪以来农业资本密集度迅速提升，资本投入增加弥补了劳动力退出，有力地保障了国家粮食安全。为方便理解，本部分讨论的农业资本主要包括两大类：一是农用机械（如播种机、深松机、植保机械包括喷雾器和飞机喷雾机、脱粒机等）；二是农用运输机械（如拖拉机、田间运输装卸机械等）。

纵观世界各国农业发展的趋势，使用机械替代劳动力实现农业生产的全程机械化是农业现代化发展的必然趋势。虽然人多地少的禀赋条件是我国农业生产的特征，但过去 40 多年随劳动力成本提升，农业生产的机械化水平不断提升，推动了粮食生产方式由劳动密集型向资本密集型转变，并已经成为提高我国农业生产效率和竞争力的重要方式，也为确保粮食安全作出重要贡献。

体制转换阶段（1979～1995 年），我国农业资本密集型生产方式在改革调整中发展：改革开放前，农业生产方式以集体经营为主。党的十一届三中全会之后，国家对农业资本投入进行了战略性调整，提出了因地制宜、有选择地发展农业机械化的方针，中国农业资本投入进入了改革、创新和发展的新时期。在实行家庭联产承包责任制的初期，由于以家庭为单位的小规模经营对大中型农机具的需求并不迫切，大中型农机具发展较缓，但以运输和作业兼用型为代表的手扶拖拉机等小型农机具迅速发展。同时，适应性好的农用运输车开始出现，深受农民青睐。

市场导向阶段（1996～2003 年），我国农业资本密集型发展道路初步形成：随着经济体制改革的不断深入，市场对农业资本的配置作用逐步增强。农机跨区收获作业服务推动了新型农机服务模式的发展。2003 年全国小麦机收水平达到 72.79%，其成为我国第一个基本实现生产全程机械化的粮食作物。与此同时，国家工业化和城镇化发展进程加快，农业劳动力大量向二、三产业转移，加快了农业的专业化分工，提高了广大农民对机械化代

耕、代种和代收的需求；农机社会化服务作为主要新型农机服务模式之一，提高了农机利用率和农机经营效益，促进了农业机械化的可持续发展。

政策促进阶段（2004～2014 年），我国农业资本密集型生产方式进入科学发展的新时期：从 2004 年开始，中共中央、国务院围绕“三农”问题连续发布了中央一号文件，对加快推进农业机械化提出了明确要求。2004 年 6 月第十届全国人大常委会审议通过了《中华人民共和国农业机械化促进法》，这是我国第一部农业机械化法律。2004 年以后，中国农业机械化和农机工业经历了“黄金十年”的发展。2004 年中央财政开始实施农机具购置补贴政策，并逐年增加，从 2004 年的 0.7 亿元增长到 2014 年的 236.5 亿元，累计投入资金约 1200 亿元，补贴购置各类农机具超过 3500 万台（套）（张宗毅，2021），装备结构加快朝大马力、多功能和高性能方向发展。2007 年，我国主要农作物耕种收综合机械化率达到 42.5%，农业劳动力占全社会从业人员的比例降至 40%以下，表明我国农业机械化发展已经由初级阶段跨入了中级阶段。耕种收综合机械化率跨过 40%的门槛说明农业生产方式发生重大变革，机械化生产方式由原来的次要地位开始向主导地位转化。农业劳动力占全社会从业人员的比例降低到 40%以下说明我国农业发展方式发生重大转变，由以人力资源为主向以科学技术和现代农业装备为主转变。

转型升级阶段（2015 年至今）：从粗放到集约，从低端到高端，转型升级、提质增效：2014 年，习近平总书记作出中国经济运行进入“新常态”的重大战略判断，农业生产的发展随之进入新的转型升级阶段。农业生产转型升级阶段的主要标志包括：一是由于国民经济发展进入换挡期，其增长速度放缓，发展质量和效益提升，为农业生产方式进一步改革和调整提供了空间；二是由于国民经济发展进入转型升级期，对农业生产方式从粗放到集约、从低端到高端、转方式和调结构的要求更为迫切；三是随着农村劳动力结构变化和要素成本上升，农业生产方式从传统粗放的要素投入驱动转为高效率、低成本和可持续的创新驱动。

经过 40 多年的发展，农业机械化水平不断提高，为保障粮食安全发挥了巨大作用。农业机械化通过实现耕整、播种、施肥、施药、灌溉等重要环节的突破，从而提升农业生产力、保障粮食安全。第一，农业机械化水平提升能够实现精准耕整。土地精准耕整是提高水、肥、药利用率、促进作物生长、提高作物产量的重要途径，农业机械化水平提升为实施保护性耕作、深松、激光平地提供了技术条件。第二，农业机械化水平提升能够实现精准播种。华南农业大学对水稻精量穴播技术和机具进行研究发现，水稻精量穴播比人工撒播、人工抛秧和人工插秧可分别增产 10%、8%和 6%以上，每公顷节约成本分别为 750 元、1124 元和 1874 元。第三，农业机械化水平提升能够实现精准施肥。通过基于神经网络的施肥模型和组合预测模型来精准施肥。第四，农业机械化水平提升能够实现精准施药。通过快速获取作物病虫草害信息、高地隙宽幅精准喷施技术与机具和农业航空喷施来高效预防病虫害。第五，农业机械化水平提升能够实现精准灌溉。通过准确掌握田间水层高度和土壤含水率来合理利用水资源、减少水资源浪费，从而保障农作物高产稳产，实现精准灌溉。农业机械化发展取得了一些成就，2018 年全国主要农作物耕种收综合机械化率达到 69.1%，其中主要粮食作物耕种收综合机械化率超过 80%。此外，农业机械化发展不平衡的状况开始改善，由以粮食作物生产机械化为主转向粮、经、饲作物生产全面发展和种养结合发展。

我国过去 40 多年农业资本投入的特征为总量持续增长、价格长期维持在较低水平、结构逐步优化，加速了我国农业生产向资本密集型方式转变。

首先，从总量上看，我国农业资本投入总量始终呈现持续上升状态，2004 年以后资本投入增长速度不断加快，成为重要的农业投入要素。如图 2-23 所示，1978～2020 年农业资本投入总量平均增长率为 10.25%。1978 年我国农业资本总量为 301.9 亿元，后续资本投入持续增加，2020 年我国农业资本投入总量达到 20 030.2 亿元，是 1978 年的 66 倍。

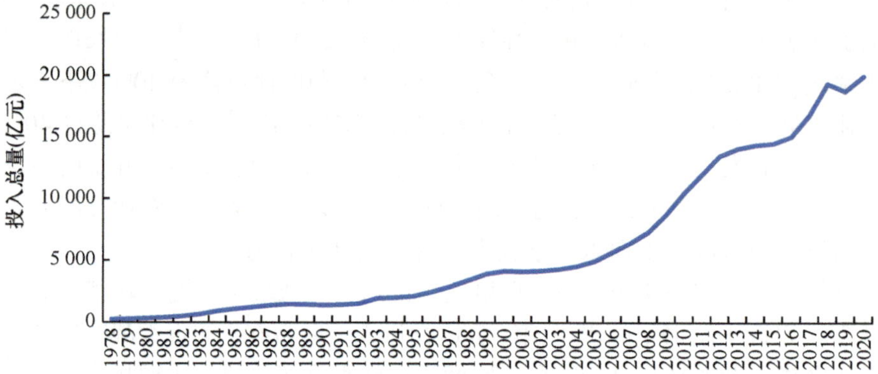

图 2-23　1978～2020 年中国农业实际资本投入总量（2020 年不变价）

数据来源：农业资本为农业机械（如播种机、深松机、植保机械包括喷雾器和飞机喷雾机、脱粒机等）和农用运输机械（如拖拉机、田间运输装卸机械等）的加总，采用永续盘存法（PIM），基于恒效率（constant-efficiency）模型，根据资本存量计算实际资本投入总量，下同

其次，农业资本投入价格长期稳定维持在较低水平，是性价比最高的投入要素，合理解释了当前农业投入中资本替代劳动力、农业向资本密集型道路转变的发展趋势。2020 年机械化农具生产资料价格指数是 1978 年的 2.3 倍（图 2-24），远远低于劳动力相对价格指数的变动。农业资本投入价格相对较低，一方面是由于政府近期采取了鼓励“土地使用权转让和整合”的政策，土地流转和兼并带来的规模效应使现代农业机械在农业生产中得到充分利用，其生产效率提高；另一方面是由于政府对购买“机器服务”实施了补贴措施，加大了对农业机械的扶植力度。

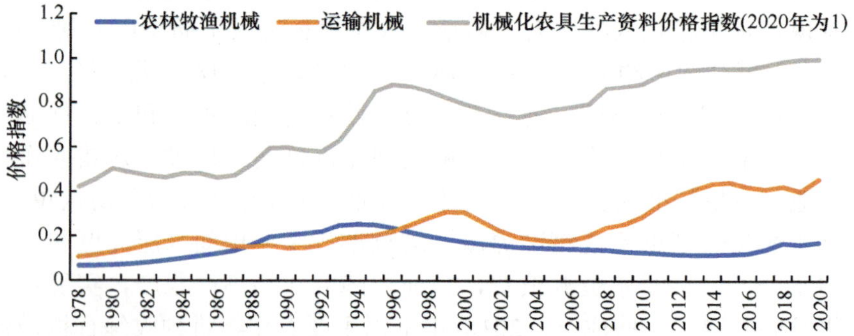

图 2-24　1978～2020 年农业机械价格指数

数据来源：国家统计局，作者测算

最后，分结构看，农林牧渔机械资本投入占比高，运输机械资本投入增长速度快。如图 2-25 所示，农林牧渔机械资本投入在 2020 年占比高达 76.2%。农林牧渔机械包括种植施肥机械如种植业播种机械、田间管理机械、灌溉机械、收获机械及畜禽养殖机械等；运输机械包括农用运输机械、农用装卸机械等。农林牧渔机械和运输机械资本投入的增加体现了农业机械的装配度迅速提升，结构日趋合理化，农机装备迈入高质量发展阶段。

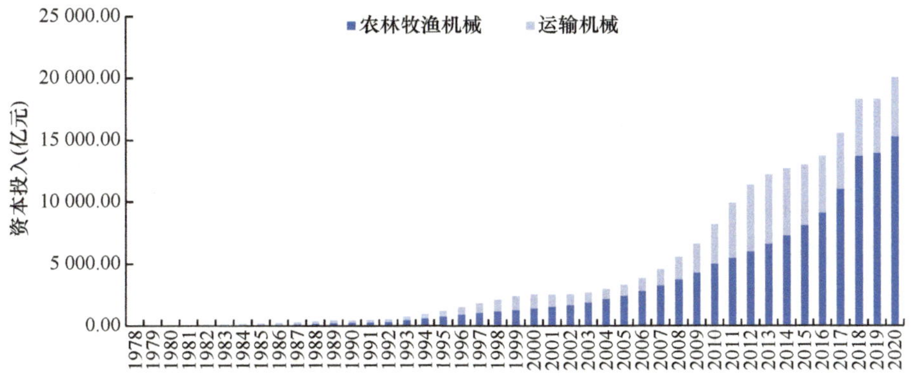

图 2-25　1978～2020 年的资本投入结构

数据来源：作者测算

农业机械化程度总体呈上升趋势，专业化分工程度不断加强，农业机械化进入优质高效发展阶段。改革开放至今，我国农业机械总动力整体呈现上升趋势，1978～2020 年年均增长率为 5.17%。1978 年我国农业机械总动力为 11 750 万 kW，2012 年我国农业机械总动力首次突破 10 亿 kW，并且于 2015 年达到顶峰 111 728 万 kW，是 1978 年的 9.5 倍，2016 年虽然有所下降，但后续又持续增加，2020 年农业机械总动力增至 105 622 万 kW（表 2-6）。

表 2-6　我国农业农用机械使用情况

年份	农业机械总动力（万 kW）	农用大中型拖拉机		农用小型拖拉机		农用排灌柴油机数量（台）
		数量（台）	配套农具（部）	数量（台）	配套农具（部）	
1978	11 750	557 358	1 192 000	1 373 000	1 454 000	2 657 000
1980	14 746	744 865	1 369 000	1 874 000	2 191 000	2 899 000
1985	20 913	852 357	1 128 000	3 824 000	3 202 000	2 865 000
1990	28 708	813 521	974 000	6 981 000	6 488 000	4 111 000
1995	36 118	671 846	991 220	8 646 356	9 579 774	4 912 068
2000	52 574	974 547	1 399 886	12 643 696	17 887 868	6 881 174
2005	68 398	1 395 981	2 262 004	15 268 916	24 649 726	8 099 100
2010	92 780	3 921 723	6 128 598	17 857 921	29 925 485	9 462 526
2015	111 728	6 072 900	9 620 000	17 030 400	30 415 200	9 399 300
2020	105 622	4 772 737	4 594 418	17 275 995	—	—

数据来源：国家统计局

改革开放 40 多年来，我国农业机械总动力先后经历了高速增长期（1978～1987 年）、增速放缓期（1988～1997 年）、稳步增长期（1998～2010 年）、优质高效发展期（2011年至今）。改革开放初期，由家庭联产承包责任制推动的农村改革极大地解放了农业生产力，农户生产积极性得到了极大提升，农户大量使用农业机械，直接推动了农业机械化发展。第二阶段农业机械总动力增速有所放缓，一方面是由于包产到户，农户经营规模减少，大中型机械的需求与使用量骤减（焦长权和董磊明，2018）；另一方面与政府对农业机械的投资减少而农户投资的作用尚未体现有关（路玉彬等，2018）。1994 年以后，我国农业机械使用与市场挂钩，农业机械化自此得到迅速发展；与此同时，我国户籍制度调整放松，农业劳动力转移增加，大量农村劳动力进入非农产业，为了填补农业劳动力缺口，开始使用大量农业机械替代农业劳动力。2004 年以后，我国进入工业反哺农业时期，政府出台了一系列政策和相关法律来促进农业机械化发展，因此这一阶段（1997～2010 年）农业机械总动力处于稳步增长状态。2011 年以后，我国农业机械总动力增速出现放缓和重新调整现象，在农业机械化快速发展十年后进入新的发展阶段，这一阶段农业机械化逐渐朝质量提升和效益提高方面转移（江泽林，2018）。经过 40 多年的发展，农业机械化水平不断提高。2018 年全国主要农作物耕种收综合机械化率达到69.1%，其中主要粮食作物耕种收综合机械化率超过 80%。此外，农业机械化发展不平衡的状况开始改善，由以粮食作物生产机械化为主转向粮、经、饲作物生产全面发展和种养结合发展。

为了进一步提升粮食生产效率，需要提高全程机械化水平，然而新时期农业机械化发展面临三方面的新挑战。

首先，当前农业机械化和农机装备产业发展不平衡，各产业间和各产业内生产环节间都存在的机械化发展不平衡问题比较突出，成为农业机械化持续发展的严重约束。主要表现在农机产品类型发展不平衡、种植业和其他产业机械化发展不平衡、种植业各作物生产机械化发展不平衡、同一作物各作业环节机械化发展不平衡和各区域机械化发展不平衡方面，最主要的是区域机械化发展不平衡，平原地区机械化水平高，丘陵山区机械化水平低。

其次，受到农业经营模式和经营规模的约束，农业生产完全实现机械化和规模化发展还有困难。这个问题的影响因素有很多，特别是对于集约化生产者来说，土地流转存在地租高、经营风险大等诸多问题。

最后，农机产业存在的诸多问题阻碍了农业机械化的进一步发展。例如，农业机械化发展路径不明确，导致农机科技创新能力不强；农机装备体系不完备，部分农机装备有效供给不足；农机农艺结合不够紧密。

第四节　粮食等主要农产品生产方式和经营模式演化

中国是一个农业大国，显著的地区差异和人多地少的资源禀赋条件对农业生产方式与经营模式的选择产生了重要影响，并造就了粮食等主要农产品的劳动密集型生产方式和以农户为主的经营模式。然而，过去 40 多年随着现代农业的发展，粮食等主要农产品的生产方式和经营模式发生了巨大的转变，逐步朝现代农业生产方式和经营模式方向转变，为保障粮食安全作出巨大贡献。

一、粮食等主要农产品生产方式变化趋势和特征

过去 40 多年，中国农业生产方式从劳动密集型逐渐朝化肥密集型、资本密集型和科技密集型方向发展，但由于种植业受限于土地制度，其规模化、专业化速度明显慢于养殖业。机械化生产程度不断上升有效提升了中国农业的生产效率，在确保粮食安全的基础上，改善了我国农业的国际竞争力。

（一）过去 40 多年农业生产方式的演变

1. 生产方式从原来的劳动密集型转向资本密集型、循环型

经过 40 多年改革，虽然保持了“集体所有、均田承包、家庭经营”的格局，但是中国农业生产方式已经逐步从劳动密集型向资本密集型和技术密集型转变。特别是 2000 年以来，农业机械化水平和养殖业生产规模化和专业化程度不断提升。

首先，粮食生产的机械化程度不断提升，并逐步朝资本密集型、规模化方向转变。2008 年以来平均农地经营规模呈现较快的增长趋势，截至 2018 年全国家庭承包耕地流转面积超过 5.39 亿亩，较 1994 年增长了近 60 倍。特别是在东北和华北粮食主产区，农业生产者（包括农户、耕地合作社和农业企业）平均农地经营规模已经从 2003 年的 13.8 亩增长到 2013 年的 26.0 亩，十年几乎增长了一倍（丁吉萍等，2021）。随着农户土地经营规模的扩大，农业机械化水平不断提高，到 2020 年，我国农业耕种收综合机械化率达到 71%，北方地区机耕和机收比例基本达到 90%以上（表 2-7）。

表 2-7　农业耕种收综合机械化率和粮食单产

年份	农业耕种收综合机械化率（%）	粮食单产（kg/hm^2）
2003	32	2826
2005	36	3113
2010	52	3526
2015	63	3960
2020	71	3997

资料来源：国家统计局，历年《中国农业机械年鉴》

其次，生猪养殖业生产逐步朝规模化和专业化方向发展，在提升生产效率的同时降低环境污染。过去 40 多年，随着环境治理力度的加大，我国生猪养殖业生产的规模化和专业化程度不断加强。20 世纪 70 年代中期开始研发生产旋转式割草机和指盘式侧向搂草机，养猪的成套设备也在不断发展。随后，饲料工业和成套的饲料加工设备逐步开始发展。2019 年农业农村部印发《关于加快畜牧业机械化发展的意见》，提出了“着力推进主要畜种养殖、重点生产环节、规模养殖场（户）的机械化”，2025 年畜牧业机械化率的目标为 50%。

最后，设施农业发展迅速，推动主要农产品生产方式向资本密集型转变。随着农业技术的快速发展，我国设施农业在改革开放之后蓬勃发展。设施农业技术逐渐成熟，加上政策扶持和技术指导，我国设施农业面积迅速扩大，对改变农业生产的季节性及时空

分布起到重要作用。2001～2018 年，温室面积从 60.77 万 hm^2 增至 196.37 万 hm^2，增长了 2.2 倍。

2. 粮食生产机械化及其背后的驱动因素

过去 40 多年，中国农业生产方式向机械化发展经历了四个阶段，其背后既有政府的作用，也有市场的作用。

一是体制转换阶段（1978～1995 年），党的十一届三中全会之后，国家对农业机械化进行了战略性调整，提出了因地制宜、有选择地发展农业机械化的方针，以运输和作业兼用型为代表的手扶拖拉机等小型农机具得到迅速发展。

二是市场导向阶段（1996～2003 年），随着经济体制改革的不断深入，市场对农机资源的配置作用逐步增强，市场需求推动农机服务社会化、市场化的进程明显加快。

三是政策促进阶段（2004～2014 年），从 2004 年开始，中共中央、国务院围绕“三农”问题连续发布了中央一号文件，对加快推进农业机械化提出了明确要求。耕种收综合机械化率跨过了 40%的门槛，农业生产方式发生了重大变革，农业劳动力占全社会从业人员的比例显著下降。

四是转型升级阶段（2015 年至今），2014 年，习近平总书记作出中国经济运行进入“新常态”的重大战略判断，农业生产的发展随之进入新的转型升级阶段。

经过 40 多年的发展，农业机械化水平显著提高。2020 年全国主要农作物耕种收综合机械化率达到 71.25%，其中小麦耕种收综合机械化率稳定在 95%以上；水稻、玉米耕种收综合机械化率分别超 85%、90%（中国农业农村部官网数据）。此外，农业机械化发展不平衡的状况开始改善，由以粮食作物生产机械化为主转向粮、经、饲作物生产全面发展和种养结合发展。

近年来，随着农业劳动力大量向二、三产业转移，加快了农业的专业化分工，提高了广大农民对机械化代耕、代种和代收的需求；农机社会化服务作为主要新型农机服务模式之一，提高了农机利用率和农机经营效益，促进了农业机械化的可持续发展。

（二）生产方式变化对国家粮食安全的影响

农业生产方式的变化有力地保障了我国的粮食安全，主要体现在以下两方面。

一是农业生产方式的变化提高了农业生产效率，促进了粮食总产增加。伴随资本投入的增加，农药和化肥的投入，机械化生产水平的提高，农业生产的专业化程度不断提升，极大地解放了劳动生产力，缩短了耕种收所需时间，提高了种植业和养殖业的生产效率，有利于种植业亩产的增加、养殖业规模的扩大，这也是保证我国粮食安全的根基。国家统计局的数据显示，2003～2020 年我国农业耕种收综合机械化率从 32%提高到 71.25%，提高了近 40 个百分点；同期我国粮食单产从 2826kg/hm^2 增长到 3997kg/hm^2，增长了 41.4%（表 2-7）。

二是农业生产方式的变化促进了中国农业的可持续发展。养殖业生产的规模化和专业化发展，大大减少了其对环境的污染，保证了农田的生态平衡，生态系统中的多余营养物质和废弃物周而复始在系统内循环利用，保障了我国耕地的肥力，没有给系统外的生态环境造成污染，实现了生态互利。此外，过去 40 多年，化肥、农药、除草剂、杀虫剂的广泛采用及以石油为燃料的机械设备、灌溉设施等的大量利用，对提高农业生产效率、促进农村经济转型产生了积极影响，如化肥的使用量从 1978 年的 884 万 t 提高到 2015 年的 6022.6 万 t，对粮食等主要农产品的增产起到极其重要的作用。

（三）未来农业生产方式的发展趋势

未来我国农业的机械化程度将不断提高，将推进农业生产方式向全程全面机械化发展。农业机械化进一步按不同区域发展，包括不同区域的主要农产品生产向全程机械化发展和主要农业区域的主要农产品生产向全面机械化推进。首先是粮食作物生产由产中向产前和产后各个环节拓展，实现全程机械化。然后由粮食作物生产机械化向经济作物、园艺作物、饲草料作物生产机械化发展，实现农作物生产全面机械化；由种植业机械化向养殖业（畜、禽、水产）、农产品初加工机械化全面发展；由平原地区向丘陵山区等农业机械化薄弱的区域发展，实现“区域”的全面机械化。优先发展与适度规模经营相匹配的大中型机具，并在购机补贴上适当倾斜，以推进规模化服务业的发展。

在农业机械化全程全面发展的基础上，粮食生产将向自动化、信息化和智能化发展，基本实现农业现代化。新一轮科技革命和产业变革为农业转型升级注入了发展活力，农业正逐渐步入信息化主导、生物工程引领、智能化生产和可持续的现代农业发展阶段。现在已经开始出现智能温室大棚、无土栽培等智慧农业，并且农业机械的智能化水平不断提升。养殖业中的一些龙头企业已经建立了信息管理系统、生产决策信息系统、动物模拟模型系统、人工智能与畜牧专家系统。未来，随着计算机技术、材料科学和生物技术的发展与应用，应瞄准农业现代化的重大需求，突破智能农机装备核心技术、“卡脖子”技术与短板技术，实现农业“机器替代人力”“电脑替代人脑”“自主技术替代进口”三大转变，提高农业生产智能化和经营网络化水平，加快普及信息化服务，降低应用成本，为农民提供用得上、用得起、用得好的个性化精准作业服务，大幅度提高农业生产效率和效益，引领现代农业发展。

二、农业经营模式变化趋势和特征

自 1978 年以来，中国农业经营模式经历了从小农经营逐步向适度规模经营，从以农户为主导向多种经营模式并存演化的过程。农业经营方式转变的背后，盘活农地经营权、扩展家庭经营的可能性空间是主要的驱动因素，同时这种变化提升了农业生产效率和保障了国家粮食安全。

（一）过去 40 多年农业经营模式的演变

纵观我国农业经营制度的变迁历程，主要有三条清晰的演变路径：一是从人民公社所有权与经营权的“两权合一”，到家庭联产承包责任制所有权、承包经营权的分离，并进一步由以所有权为中心的赋权体系，向以产权为中心的赋权体系转变；二是从改革开放初期承包权与经营权的“两权合一”，到要素流动及人地关系松动后承包权与经营权的分离，并进一步由以保障农户的经营权为中心的经营体系，向以稳定农民的承包权为中心的制度体系转变；三是从小而全且分散的小农经济体系，到适度规模与推进农业专业化经营以改善规模经济和分工经济，并进一步在稳定家庭承包权、细分和盘活经营权的基础上，向多元化经营主体及多样化、多形式的新型农业经营体系转变。

改革开放以来，基于上述三条演变路径，我国目前已经建立了以“家庭联产承包责任制”为核心的农业基本经营体制，并积极培育新型农业经营主体，提高农业生产经营的组织化程度。目前新型农业经营主体主要有五大类：一是自我经营的家庭农业，二是合作经营的农民合作社，三是雇工经营的公司农业，四是农业产业化联合体，五是新农民。自 2007 年《中华人民共和国农民专业合作社法》实施以来，我国农民合作社快速发展，截至 2019 年 6 月底，全国依法登记的农民合作社达到 221.1 万家。截至 2018 年底，全国纳入农业农村部门家庭农场名录的家庭农场有近 60 万家；同时，农业社会化服务体系逐步建立，农机作业服务组织达到 19.2 万个，其中农机合作社有 7.3 万个。

农业经营模式转型过程中，有三个重要特征值得说明。

首先，农村家庭承包耕地流转面积不断增加，农户平均经营规模不断提升。截至 2020 年全国家庭承包耕地流转面积超过 5.55 亿亩，较 1994 年增长了近 60 倍，特别是自 2003 年以来平均农地经营规模呈现较快的增长趋势（图 2-26）。在东北和华北粮食主产区，农业生产者（包括农户、耕地合作社和农业企业）平均农地经营规模已经从 2003 年的 13.8 亩提高到 2008 年的 15.5 亩，之后快速增长到 2013 年的 26.0 亩和 2016 年的 30.4 亩，2008 年以来的 8 年几乎增长了一倍（+96%），生产者的平均耕地经营规模从 2003 年的 16.9 亩增加到 2008 年的 18.8 亩，进而到 2016 年的 37.2 亩。

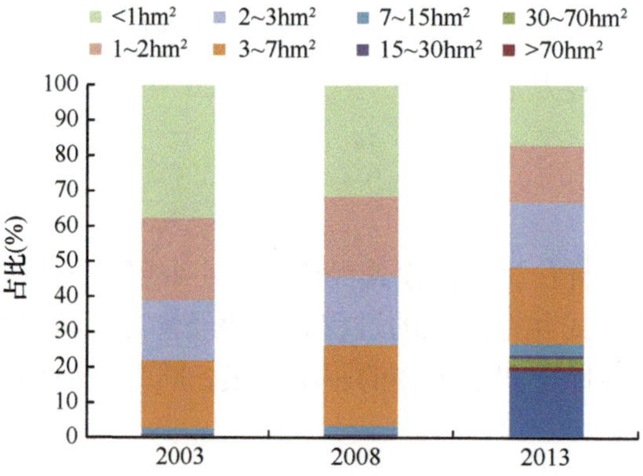

图 2-26　2003～2013 年我国东北与华北粮食生产经营规模的占比

数据来源：Huang and Ding，2016

其次，农业生产新型主体和社会化服务开始得到发展，促进了农业生产经营模式的创新。各地在大力发展家庭农场和规模化生产的同时，积极发展农业生产性服务业，显著提高了农业社会化服务的水平。一些地方还形成了农业生产托管等直接服务农户和农业生产的有效服务形式，为农民提供了除自种、流转之外的第三种全新选择。截至 2018

年底，全国农业生产托管服务面积达 13.84 亿亩，从事农业生产托管的服务组织数量达到 37 万个，接受农业生产托管服务的对象达 4630 万个（户），其中小农户占服务对象总数的 91%。

最后，在多元化发展的基础上，农业生产经营模式组织化程度不断加深。农业生产经营模式的组织创新是推进现代农业建设的基础，也是对传统农业经营方式的创新和发展；新型农业经营主体开展农业融合创新实践的能力远高于传统小农户。随着农业融合创新的深入，加上农民增加收入的愿望和城乡居民精神文化需求日益增加，我国农民合作社快速发展。目前代表性的创新经营模式主要包括家庭农场、农民合作社、龙头企业（公司）+农户，以及新近探索的农村土地信托模式。

（二）经营模式转变及其对国家粮食安全的影响

中国农业经营模式从改革开放初期以农户为单位的以单一主粮为主向多元化的多种经营模式并存及上下游相关联发展，给国家粮食安全带来多方面的影响。

首先，伴随土地流转的加快，中国逐渐出现了大规模种植主粮的农户，提升了粮食供应的稳定性。20 世纪 90 年代前后，中国土地流转开始萌芽，1984～1992 年有高达 93.8%的农户从来没有流转过耕地，1996 年有 2.6%的耕地进行流转，2003 年全国耕地流转面积的比例达到 9.1%（周群力，2016），2020 年土地流转面积为 53 218.92 万亩（农业农村部政策与改革司数据），占全国耕地面积的比例达到 27.7%，流转比例明显增高。2020 年土地经营权流转入农户的面积为 24 882.76 万亩；流转入家庭农场的面积为 7124.26 万亩；流转入专业合作社的面积为 11 453.01 万亩；流转入企业的面积为 5558.54 万亩；流转入其他主体的面积为 4200.35 万亩。特别是在东北和华北粮食主产区，农业生产者（包括农户、耕地合作社和农业企业）平均农地经营规模已经从 2003 年的 13.8 亩增长到 2013 年的 26.0 亩，十年几乎增长了一倍。

其次，养殖业从农户散养向专业化养殖快速转变，为生产者带来了更高的收益，刺激了畜产品的生产和供应。改革开放初期，我国生猪、奶牛、肉牛和羊以农户散养为主，专业化养殖比例不足，仅占 5%。2018 年，我国畜牧业的生产已经转变为以专业化和规模化养殖为主。未来随着我国劳动力成本的提高，畜禽生产专业化养殖比例还会不断上升。此外，过去 40 多年，水产捕捞量以 5.2%的年均增长率增长，养殖量以 6.7%的年均增长率增长。2018 年，水产品总产达到 6459 万 t，而养殖业稳定发展促进了农民增收和农村减贫。

再次，农业和非农产业融合发展速度加快，农业产业价值链不断延伸，农产品加工业发展迅速。“十二五”期间全国规模以上农产品加工企业主营业务收入年均增长超过 10%，农产品加工业与农业总产值比由 1.7∶1 提高到约 2.2∶1，农产品加工转化率达到 65%。根据农业农村部 2018 年的数据，2017 年农产品加工业实现主营业务收入 19.4 万亿元，比上年增长 6.5%。据测算，全口径（含规模以下企业）农产品加工业主营业务收入超过 22 万亿元。

最后，农业经营模式转变加快了农业和上下游产业的三产融合发展，为提高粮食生产的附加价值提供了保障。近年来，随着信息技术的广泛应用和社会经济服务的深入推进，农村新产业、新业态、新模式快速成长，农业与信息、旅游、文化、教育、康养、餐饮等的融合越来越明显，产业功能不断延伸和拓展，从生产型农业逐渐转向功能型农业。一方面，全国休闲农业和乡村旅游蓬勃发展，2012～2018 年全国休闲农业和乡村旅游营业收入与接待人次不断增加，营业收入从 2400 亿元增长 8000 亿元以上，年均复合增长率达到 22.22%。另一方面，多功能农业发展内涵逐步提升，由原来单纯的休闲旅游，逐步拓展到文化传承、涵养生态、农业科普等多个方面，形成了“农家乐”、民俗旅游、生态旅游、健康养生等多种特色鲜明、主题突出的业态类型。

三、农机社会化服务对生产方式和经营模式的影响

根据农业部资料，社会化服务是指农机服务组织、农机户为其他农业生产者提供的机耕、机播、机收、排灌、植保等各类农机作业服务，以及相关的农机维修、供应、中介、租赁等有偿服务的总称。作为农业生产方式和经营模式的新趋势，农机社会化服务近年来在全国范围内发展迅速，为提升粮食生产的机械化水平和促进农户经营模式的转变作出巨大贡献。

（一）以小农为主的经营模式推动了我国农机社会化服务的发展，而农机社会化服务推动了经营模式的创新

改革开放以来，我国的农业发展始终以小农为主，受到生产方式、经营规模和技术水平的限制，绝大多数中小农户既没有能力也不愿意投资技术装备，无法有效地利用“蕴含技术”来突破生产规模和生产力的瓶颈。随着我国农业生产方式向资本密集型发展，其促进了社会化服务的发展。1990 年左右我国社会化服务开始起步，自此之后迅速发展，在 2000 年左右出现了一批专门从事“翻地、播种、收割农业机械操作”的农户。中国农机化作业收入由 2004 年的 2096.6 亿元增长到 2013 年的 4467.63 亿元，十年间增长超过一倍，而农业机械化经营总收入的增长趋势与作业收入相同，从 2004 年的 2421.5 亿元增长到 2020 年的 4781.5 亿元，增长近两倍（图 2-27）。社会化服务既解决了我国农业生产方式方面的问题，也解决了我国农业经营模式方面的问题，已成为我国农业发展弯道超车的重要抓手。

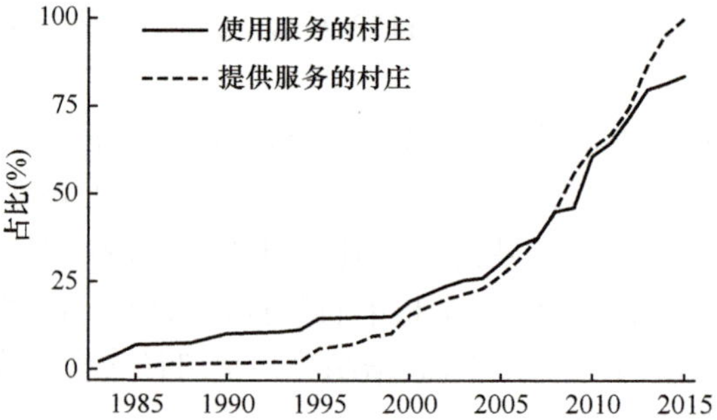

图 2-27　1983～2015 年提供和使用农机社会化服务的村庄占比

社会化服务的快速发展，促进了农业生产经营模式的创新。一些地方形成了农

业生产托管等直接服务农户和农业生产的有效服务形式，为农民提供除自种、流转之外的第三种全新选择。截至2020年底，全国农业生产托管服务面积超过16亿亩，服务粮食作物面积超过9亿亩次，服务小农户7000万户，从事农业生产托管的服务组织数量超过90万个。

（二）我国农机社会化服务的发展现状

当前我国的社会化服务主要有农机户和机械服务组织两类主体，其存在较大的差异。农机户主要拥有拖拉机、旋耕机、联合收割机，主要提供耕整地和收获环节的服务；服务组织拥有较多的机械，机械的资产现值大概是农机户的8.5倍，可以提供耕地、播种、植保、收获和收获后处理等多个生产环节的机械服务。单个机械服务组织提供的社会化服务面积远远大于单个农机户。目前中国的社会化服务主要由农机户提供，在耕作和收割这两个最重要的生产阶段，农机户为全国54.9%的耕整地和42.3%的收获面积提供服务，分别是机械服务组织的5倍和4倍左右。但机械服务组织提供单位面积服务的成本更低，更有效率。随着农机社会化服务的不断推广，作为两类服务主体的农机户和机械服务组织的数量都有一定程度的增长，且逐步趋向本地化。

我国社会化服务呈现的特点：一是农机社会化服务在区域和生产环节间具有较大的差异。东北和华北地区的整体机械化率远高于五省（浙江、江西、广东、四川、湖北）地区，并且东北地区自有机械提供了机械化操作中的相当大一部分，而五省地区主要依靠购买社会化服务实现机械化。耕整地和收获阶段由于生产操作较为标准且需要消耗较多能量，是生产中机械化率最高的两个环节；施肥和打药阶段由于需要较多的人为判断，并且对时效性和劳动强度的要求小于其他阶段，因此这两个环节一般机械化率最低，如果需要使用机械，多采用自家机械来完成。二是社会化服务采用受到农户经营规模和劳动力成本的显著影响。由于经营规模增加和机械操作相对手工操作更便宜，农户会更多地购买社会化服务和自有机械，而不会自己去手工操作。但是在农户已经使用机械的情况下，规模的扩张会导致操作方案之间的替代，社会化服务逐渐被自有机械所取代。小麦在8hm^{2}左右、玉米在4hm^{2}左右、水稻在6亩左右存在一个交叉点，在这个规模之前，社会化服务占比高于自有机械，超过这个规模之后，社会化服务占比小于自有机械，农户的生产以自有机械操作为主，最终农户可以利用自有机械达到比只使用社会化服务更高的机械化率。

（三）农机社会化服务的市场化发展对农业机械化和国家粮食安全的影响

农机社会化服务体系是实现农业生产降成本、增效益的有效途径，对于夯实我国粮食安全根基具有重要意义。一是农机社会化服务提高了我国粮食生产的机械化水平，小农户因种地规模、财力等很难去单独购买农业生产机械，而农机社会化服务可以满足小农耕种的机械化需求，促进生产效率的提高，提高粮食安全水平。二是农机社会化服务能够有效解决青壮年劳动力流失问题，随着农业青壮年劳动力大规模向城市转移，而农机社会化服务提供诸如耕种、施肥、打药、收割、灭茬、销售等不同环节的专业化服务，能够为小农户提供多环节、全程化的生产托管等多元化选择。三是农机社会化服务实施大规模的农业机械化操作，可以有效降低生产成本，激发小农户的种地积极性，从而不断提高粮食产量，增加农民收入。

第五节　粮食生产与全要素生产率增长

要素投入和生产力提升是农业产出增长的两个重要源泉，其中全要素生产率提升是农业可持续发展的根本出路。过去 40 多年中国农业全要素生产率增长对农业产出增长的贡献超过一半，为保障国家粮食安全、节约水土资源作出重要的贡献。由于要素投入的有限性，未来农业的增长需要进一步依赖农业全要素生产率的提升。在驱动农业全要素生产率提升的因素中，政策、制度和投资在不同时期发挥了不同的作用。本节将对农业全要素生产率变化、分作物产品农业生产力变化和近期我国农业全要素生产率增长放缓三部分进行讨论，以期全面描述中国粮食生产增长与农业全要素生产率间的关系。

一、农业全要素生产率的变动趋势

农业全要素生产率是农业总产出扣除农业要素投入后的余值，其增长率是衡量农业技术进步的重要指标，对于保障国家粮食安全和主要农产品供应具有重要作用。过去 40 多年，我国农业全要素生产率增长迅速，为保障国家粮食安全作出巨大贡献，使得中国能够通过占世界 6%的淡水资源和 9%的耕地满足全世界接近 20%人口的粮食需求。

改革开放以来，中国是世界上农业全要素生产率增长最快的国家之一。20 世纪 80 年代以来，中国的农业全要素生产率增长超过或接近 3%，特别是在 90 年代达到 4.2%；相比之下，美国农业全要素生产率同期的年均增长率仅为 1.56%（Ball et al.，2013；ERS-USDA，2022）。这意味着在近几十年的时间里，中国的农业全要素生产率是美国的 2 倍，并且是世界平均水平的 3 倍，是迄今为止世界上农业全要素生产率增长最快、增长持续时间最长的国家之一（图 2-28）。

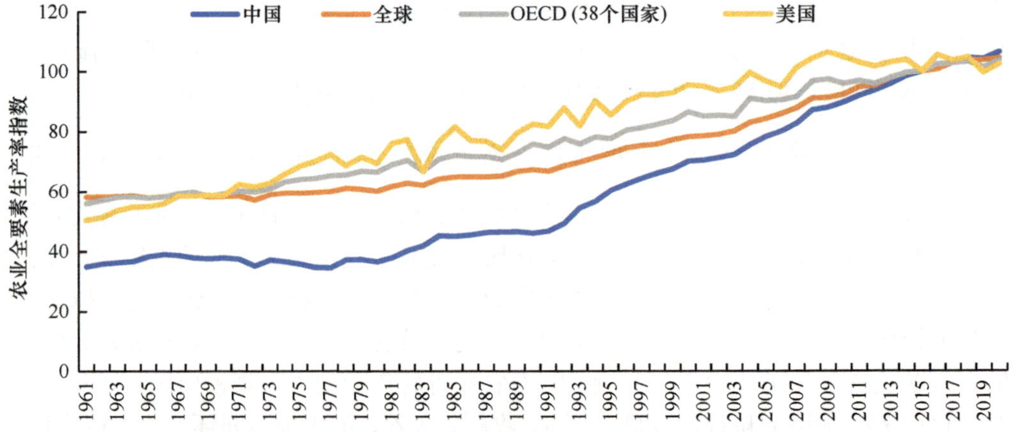

图 2-28　1961～2020 年农业全要素生产率指数（2015 年为 100）

数据来源：USDA-ERS 国际比较数据库（2022 年）

农业全要素生产率的快速增长反映了农业技术进步为保障国家粮食安全作出的巨大贡献。我国农业全要素生产率的快速增长主要反映了农业技术的进步，其主要受到制度、政策和投资等工具的影响。对相关文献总结发现，我国农业全要素生产率虽然持续增长，但在不同时期具有不同的趋势和特征（Lin，1992；Jin et al.，2010；黄季焜，2018a；Wang et al.，2019）。

一是利用资源时期（20 世纪 50～70 年代）。根据安格斯·麦迪森（2008）的计算，1952～1957 年农业全要素生产率的年均增长率为 0.63%，1957～1978 年为 0.57%。这一时期我国农业生产水平十分低下，只能基本满足人民的吃饭需要。

二是技术发展时期（20 世纪 80～90 年代）。1978～1984 年家庭联产承包责任制的实施带来农业全要素生产率的迅速增长，年均增长率为 5.9%（Lin，1992；Fan et al.，2000）。这一时期农业全要素生产率的增长在很大程度取决于由家庭联产承包责任制红利带来的生产效率提高，粮食产量从 1978 年的 3 亿多吨迅速增长至 1984 年的 4.07 亿 t，达到历史最高水平，较 1978 年增长 33.64%，年均增长达到 5.45%，人均粮食占有量也增长至 391.1kg，基本解决了我国人民的温饱问题。1984～1992 年的市场改革时期，农业全要素生产率增长有所放缓，出现了负增长趋势，但是很快恢复到正常速度，1992 年以后农业全要素生产率增长又出现正增长趋势。由于市场化进一步释放了改革活力，粮食生产又一次取得大丰收，在 1996 年突破 5 亿 t，人均粮食占有量增加至 412.24kg，我国粮食生产进入供需总量基本平衡、丰年有余的新阶段。

三是资本替代时期（21 世纪初至今）。2000 年以后农业生产力持续上升并在 2010 年达到顶峰，之后呈现波动性增长变化（Gong，2018；Wang et al.，2013）。胡瑞法等（2006）使用超越对数生产函数，对水稻、小麦、玉米三大粮食作物的投入产出分析，发现科技进步对小麦和玉米单产的增长起到了显著作用。Jin 和 Deininger（2009）对主要农产品全要素生产率的增长进行研究发现，1985～2004 年各种农产品全要素生产率的年均增长率都超过 2%，其中棉花高达 4.2%，而农业全要素生产率增长主要来自技术进步。龚斌磊（2018）利用随机前沿分析和刀切模型平均法测算 1990～2015 年中国的农业增长与农业全要素生产率，研究发现中国农业增长中要素投入的贡献减弱，生产力的贡献增强，其中技术进步是主要推动因素。Sheng 等（2020）测算发现，2009～2016 年农业全要素生产率以每年 0.9%的速度增长，还不到其长期增长率的一半。在我国加入 WTO 后，蔬菜产业和畜牧业有所发展，但是粮食生产有所放松，2003 年播种面积降至历史最低点，为 9941 万 hm^2，粮食产量降至 4.3 亿 t，国家粮食安全问题严峻。为此，自 2004 年起中共中央、国务院围绕“三农”问题连续发布中央一号文件，采用多种途径反哺农业，提高农民种粮积极性。2016 年国家实施“藏粮于地、藏粮于技”战略，以进一步确保粮食产能。

二、粮食等主要农作物单产与生产力的增长

除了农业全要素生产率（图 2-29）增长外，农业技术进步另一个重要的表征指标是粮食等主要农产品的单产增长。本部分聚焦水稻、小麦、玉米三大主粮作物和以猪肉为

代表的畜产品的单产变化，以期分析其增长背后的农业技术进步。总的来说，小麦、玉米的单产随时间推移呈稳定态势，水稻的单产呈现波动幅度较大的增长态势，猪肉的单产随时间推移呈现稳定状态。

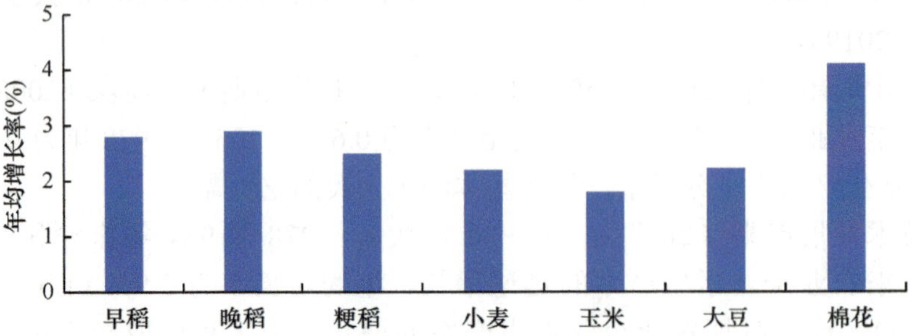

图 2-29　1996～2004 年粮食和棉花全要素生产率年均增长率
数据来源：Jin et al.，2010

水稻是中国最重要的粮食作物，技术进步在水稻单产提升中发挥了重要作用。早在 20 世纪 60 年代早期，中国就选育并推广了施肥效益高的丰产矮秆水稻品种，1964～1978 年水稻单产年均增长 1.88%，1978～1988 年年均增长率提升至 5.26%，到 80 年代早期中国 98%以上的水稻面积种植了改良的矮秆品种，90 年代后期单产增长虽然滞缓（年均增长率为 1.16%），但我国仍是世界上水稻单产最高的国家之一（黄季焜和 Rozelle，1993）。对于转基因品种，水稻的潜在收益最高（郭淑静等，2012）。在农业劳动力大规模流失的背景下，农业机械替代劳动力成为小麦增产的主要推动力量（方师乐和黄祖辉，2019）。随着农业机械化的推广和其对劳动力的替代，大规模的机械化作业不但有利于劳动力的节省，而且作业效率更高、成本更低，提高了农业全要素生产率（吴海霞等，2022）。

玉米单产的稳定提高，不仅来源于玉米良种和化肥施用，地膜和植保技术应用也发挥了重要作用。首先，在科技进步的推动下，我国自 20 世纪 60 年代起开始广泛推广玉米双交种和单交种（仇焕广等，2021），此后玉米杂交品种普遍推广，较大幅度地提高了玉米单产。其次，玉米属于高肥作物，高产优良品种更需肥料保证，70 年代后化肥得到大规模使用，进一步提高了玉米单产水平。最后，植保技术的推广应用降低了病虫草害对玉米产量造成的损失（郭庆海，2010）。

在粮食等主要农产品单产提升的背后，技术进步发挥了重要作用。即使在改革开放初期（1978～1984 年），技术进步对水稻单产增长的贡献率也接近 40%，而在 1985～1990 年，水稻单产的增长几乎全部来自技术进步（Huang and Rozelle，1996）。对主要农产品全要素生产率（TFP）的增长进行研究也表明，1985～2004 年各种农产品 TFP 的年均增长率都达 3%左右，棉花更是高达 4.2%（Jin et al.，2010）。在国际上，一个国家有 2%的长期 TFP 增长率就已经是非常了不起的；进一步研究表明，这时期的 TFP 增长主要来自技术进步（Jin et al.，2010）。棉花 TFP 的增长率最高，是因为棉花从 1997 年开始比其他农作物多采用了一项技术，那就是转基因技术（Huang et al.，2002a）。另外，我们对水果和蔬菜的全要素生产率也做了研究，得出的结论是一样的，即技术进步是这些农产品生产力增长的主要驱动力，体现了生产效率提升对粮食安全的保障作用。

技术效率提高对于农业全要素生产率提升也具有促进作用。农业全要素生产率的提高来自技术进步和技术效率提升两方面。Rozelle 和 Huang（2010）认为技术进步是生产力增长的重要源泉，龚斌磊（2018）发现中国农业增长中要素投入的贡献逐步减弱，技术进步和技术效率提升的贡献日趋提高，但是技术效率提升的贡献小于技术进步，并且波动较大，未来还有进一步提升的空间。根据龚斌磊的测算，从时间轴角度分析中国农业生产效率的变化可以发现，20 世纪 90 年代初中国农业生产效率经历了一个明显的下降过程，从 1990 年的 48%跌至 1995 年的 44%，并且在其后 5 年一直处于 45%以下的低位状态。21 世纪开始中国农业生产效率开始逐步提高，“十二五”时期（2011～2015 年）均保持在 48%以上。

提高农业全要素生产率对于保障国家粮食安全具有重要意义。第一，提高农业全要素生产率是现代农业发展的需要，是技术进步和生产效率提升的体现，只有不断提升农业全要素生产率，农业产业才有活力。第二，提高农业全要素生产率是提升农业竞争力的最重要途径，因为农业全要素生产率增长有利于降低农产品价格，从而提升农产品的市场竞争力。第三，提高农业全要素生产率是农业永续发展的需要，只有不断提升水土资源等所有要素的生产力，才能确保农业的可持续发展。第四，提高农业全要素生产率是确保国家粮食长期安全的根本保障，也是稳定物价的最有效措施。第五，只有不断提升农业全要素生产率，高效高质多功能的高值农业才能在保障国家粮食安全的基础上有发展的条件。第六，农业全要素生产率增长是农民持续增收的基础。

三、近期农业全要素生产率增长减缓及其潜在的影响

尽管过去 40 多年我国农业全要素生产率实现了快速增长，但未来继续提升还面临众多挑战。特别是近期其增长呈现放缓趋势，尤其是最近十来年其年均增长率出现明显下降，在一定程度上对国家粮食安全构成了威胁。2009～2016 年，农业全要素生产率以每年 0.9%的速度增长，不到其长期增长率的一半，总产出的年均增长率从长期的 4.4%下降到 3.5%，相比之下，总投入的年均增长率则从长期的每年 1.9%上升到 4.9%。

基于 1978～2020 年的总产出模型，我们使用指数方法测度了中国种植业和畜牧业的农业全要素生产率（TFP）。一方面，不同于已有研究，我们使用 26 种主要农产品和农产品组合的投入产出关系来构建农业的生产核算账户，实现了农业投入和产出之间的价值平衡。这 26 种农业商品的投入占农业总投入的 90%以上。另一方面，我们对各种要素的投入质量进行了相应调整，并采用永续盘存法估计了农业资本的存量和服务。表 2-8 显示，虽然我国的农业 TFP 在 2001 年之前以每年约 2.3%的速度增长，是世界平均水平的两倍，但是其增长仅占种植业和畜牧业产出增长的一半左右，说明在过去投入增长是产出增长的主要驱动力。2015 年后农业 TFP 的平均增长速度有所放慢，反映了中国农业在实践中面临着新挑战，而释放新的生产力增长潜力需要进一步的体制改革。

表 2-8 1978～2020 年产出、投入和全要素生产率（TFP）增长率 （%）

指标	1978～2020 年	1978～1984 年	1984～1992 年	1992～2001 年	2001～2012 年	2012～2020 年
全要素生产率增长率	1.131	6.669	−2.307	3.594	−0.437	−0.197
产出增长率	3.732	6.368	3.277	6.392	2.039	1.545
农作物增长率	2.897	5.220	1.251	5.300	1.246	2.370
牲畜增长率	6.116	11.552	8.783	8.581	3.223	0.576
投入增长率	2.600	−0.301	5.584	2.797	2.476	1.742
土地生产增长率	3.179	0.684	1.987	4.054	0.636	8.578
资本投入增长率	14.353	22.220	8.645	23.315	12.431	6.720
劳动投入增长率	−2.668	−6.876	0.883	−1.746	−2.833	−4.526
中间投入增长率	3.235	1.716	8.742	0.557	3.974	0.861

数据来源：中国工程院“中国农业发展战略研究 2050”项目组

农业全要素生产率增长放缓的背后存在一系列原因：对于农业制度创新而言，当前制度激励不足，农村土地改革影响潜力有限，农民组织的作用还需要进一步验证讨论。对于农业技术进步而言，科技创新体制机制面临巨大困难，已经显著影响农业技术创新能力，具体体现为企业成为农业科技创新主体困难重重，种植业创新积极性受到多方面阻碍，政府公共职能和市场作用没有充分发挥。对于农业市场改革而言，其提升农业全要素生产率的作用在不断减弱。对于农业基础设施投资而言，虽然农业投资在不断增加，但是投资的成本不断提升、边际效益不断下降。对于农业可持续发展而言，资源环境可持续发展面临严峻挑战，一方面耕地数量不断减少且质量出现下降势头；另一方面水资源短缺问题日益严峻，气候变化还将加剧水资源紧缺程度。对于农业生产要素投入而言，要素使用达到极限，不仅仅水土资源生产增长率较低，更为重要的是农业劳动投入增长率显著偏低，中国农业要实现现代化、农业要成为有活力的产业、农民要过上体面的生活，必须大幅度减少农业劳动力，从而显著提升农业劳动投入增长率；资本要素质量下降，政府补贴政策扭曲农业机械市场结构，不利于农业机械对劳动力的替代。

提升农业全要素生产率是确保国家粮食安全的根本保障，而促进农业全要素生产率增长的主要驱动力在逐渐削弱，未来为保障 2%的长期农业全要素生产率增长率，需要在制度、政策和投资方面进一步深化改革。一是关注科技体制改革，即“藏粮于技”，重点关注生物技术、数字技术和装备技术；二是提升水土资源生产增长率，即“藏粮于地”，关注耕地数量与质量，加强高标准农田建设和中低产田改造，同时提高水资源利用率；三是大幅减少农业劳动力，提高农业劳动投入增长率，通过工业化和城市化发展为农村劳动力创造更多的非农就业机会；四是关注供给侧结构性改革和创新，优化农业经营主体、生产方式和区域布局等，推动高效高质多功能的高值农业可持续发展。

（本章执笔人：盛誉、黄季焜、解伟、王金霞）

第三章　中国粮食等主要食物消费变化趋势与现状

第一节　粮食等主要食物消费状况及发展趋势①

一、国民食物消费与营养状况变化趋势

中国粮食生产能力的显著提升，成功解决了 14 亿多人口的吃饭问题，实现了将“饭碗牢牢端在自己手中”，国民食物消费与营养状况得到了明显改善。以营养不良发生率为例，根据 FAO 数据，如图 3-1 所示，21 世纪初我国营养不良发生率约为 16%，略高于全球水平（14.8%），经过近 20 年的发展，我国营养不良发生率已维持在 2.5%以下，已远远低于全球水平。除此之外，城乡居民膳食热量得到充足供给，蛋白质、脂肪、碳水化合物三大营养素供能充足，碳水化合物供能比下降，脂肪供能比上升，优质蛋白质摄入增加。膳食品种更加丰富多样，具体表现在我国居民人均口粮直接消费减少，动物性食品、蔬菜、瓜果等非粮食物消费增加，膳食结构朝均衡方向不断发展。健康水平显著提高，《中国居民营养与慢性病状况报告（2020 年）》数据显示，我国成人平均身高继续增长，儿童青少年生长发育水平持续改善，6 岁以下儿童生长迟缓率降至 7%以下，低体重率降至 5%以下，均已实现 2020 年国家规划目标；居民贫血问题持续改善，我国 18 岁及以上居民贫血率为 8.7%，6～17 岁儿童青少年贫血率为 6.1%，孕妇贫血率为 13.6%，与 2015 年相比均有显著下降。

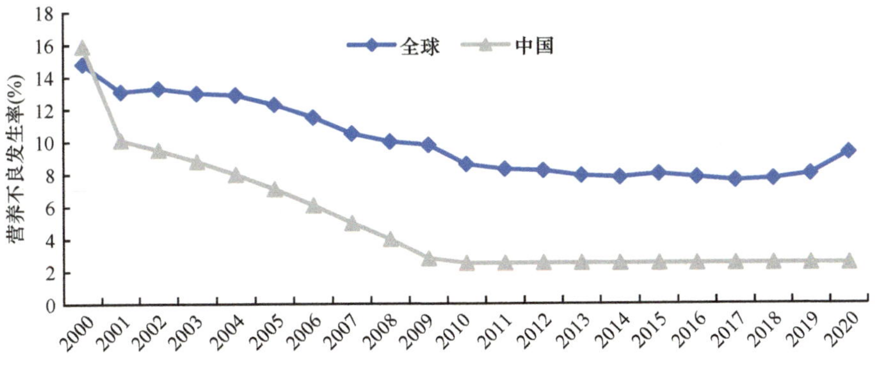

图 3-1　21 世纪以来全球与中国营养不良发生率的变化

数据来源：FAO 的 FAOSTAT 数据库（2022 年）

① 本节所使用的人均食物消费数据高于国家统计局的《中国住户调查年鉴》，这是因为本节人均食物消费包括在家消费、在外饮食和损失浪费。

二、国民食物消费水平和结构变化趋势

（一）人均口粮消费变化

我国大米、小麦和其他粮食人均消费从20世纪90年代初便不断下降①。如图3-2所示，大米和小麦人均消费都呈现先升后降的变化过程，大米人均消费由1980年的79.5kg提高到1991年的96.1kg，随后不断下降至2019年的73.6kg。小麦人均消费由1980年的50.9kg增长为1992年的78.3kg，然后不断下降至2019年的60.4kg。其他粮食消费从1980年开始不断下降，1980～1991年为大米和小麦人均消费上升时期，其他粮食的人均消费由1980年的59.9kg减少为1991年的31.6kg，降幅接近50%，这种变化反映了粮食消费“由粗粮向细粮”的转化过程。我国粮食人均总消费在1986年便出现下降，由1986年的207.1kg逐渐降低为2019年的158.2kg，降幅为23.6%。

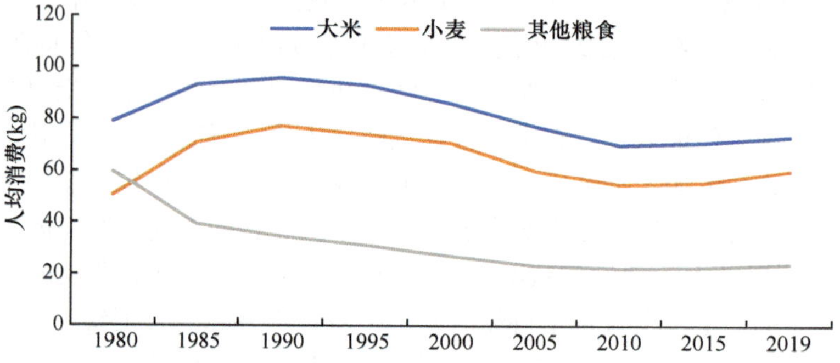

图3-2　我国大米、小麦和其他粮食人均消费的变化

数据来源：北京大学中国农业政策研究中心（CCAP）的中国农业政策分析和预测模型（CAPSiM）

（二）人均植物油和食糖消费变化

我国植物油（包括大豆油）和食糖人均消费以较快速度增长。如图3-3所示，我国植物油人均消费由1980年的2.3kg提高到2010年的13.2kg，再增长至2019年的约19.3kg，在近40年增加约7.3倍，年均增长率约为5.6%。食糖人均消费也持续稳定增长，由1980年的1.6kg增长到2010年的5.6kg，再增长至2019年的9.4kg，在近40年增加约4.9倍，年均增幅为4.6%。从变化趋势上看，我国植物油和食糖人均消费在未来一段时期将继续保持较快增长速度。

（三）人均蔬菜和水果消费变化

我国蔬菜人均消费呈增长趋势但较为平缓，水果人均消费以较快速度增长。如图3-4所示，蔬菜人均消费由1980年的138kg提高到2019年的175.4kg，年均增长速度约为0.9%，较为平缓。值得一提的是，虽然我国蔬菜人均消费变化较为平缓，

① 这里粮食包含大米、小麦、玉米、其他谷物和甘薯，不包含大豆和马铃薯。

但是蔬菜消费种类和结构发生显著变化，从低价值的较单一的蔬菜（如白菜和包菜）消费结构向高价值的品种丰富的蔬菜消费结构转变。而水果人均消费增长显著，增长速度较快，由 1980 年的 6.3kg 增长到 2019 年的 86.4kg，在近 40 年增加约 13 倍，年均增幅约为 6.9%。

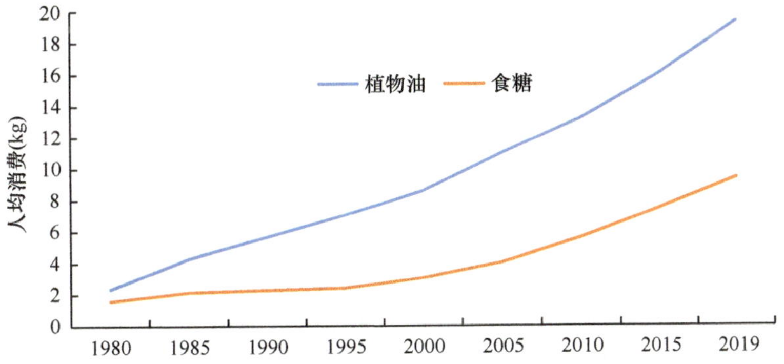

图 3-3　我国植物油和食糖人均消费的变化

数据来源：CCAP 的 CAPSiM 模型

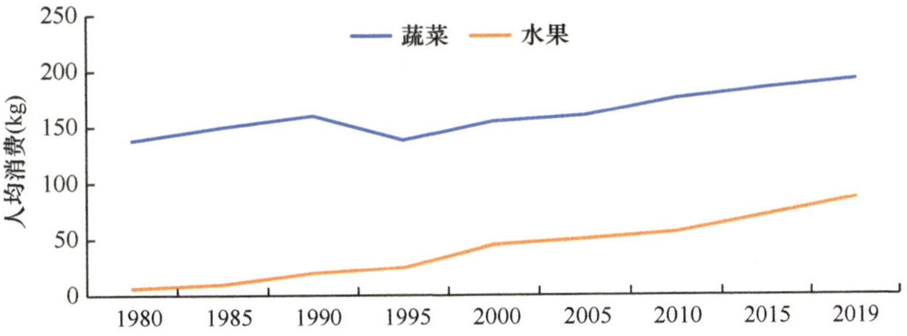

图 3-4　我国蔬菜和水果人均消费的变化

数据来源：CCAP 的 CAPSiM 模型

（四）人均畜禽肉和水产品消费变化

我国畜禽肉和水产品人均消费在 20 世纪 90 年代中期后以较快的速度增长。我国畜禽肉人均消费显著增长，由 1980 年的 12.6kg 稳定增长至 2019 年的 55.3kg，年均增长约 3.9%，而且 90 年代中期后（1995～2010 年）的增长速度要快于 90 年代中期前（1980～1995 年）（图 3-5）。例如，猪肉人均消费由 1980 年的 10.8kg 逐渐提高到 1995 年的 17.4kg，15 年增长约 61%，年均增长约 3.2%；1995～2010 年增长更加迅速，15 年增长约 85%，年均增长约 4.2%，直到近十年增速才略微放缓，2019 年猪肉人均消费达 36.9kg。虽然禽肉和牛肉人均消费显著低于猪肉，但其增长趋势同猪肉基本一致，且增速更快。同时，我国水产品人均消费持续快速增长，由 1980 年的 2.0kg 持续增长到 2019 年的 22.7kg，年均增长约 6.4%。

（五）人均牛奶和禽蛋消费变化

我国牛奶人均消费自 20 世纪 90 年代后期以来出现突发式的增长，禽蛋人均消费呈

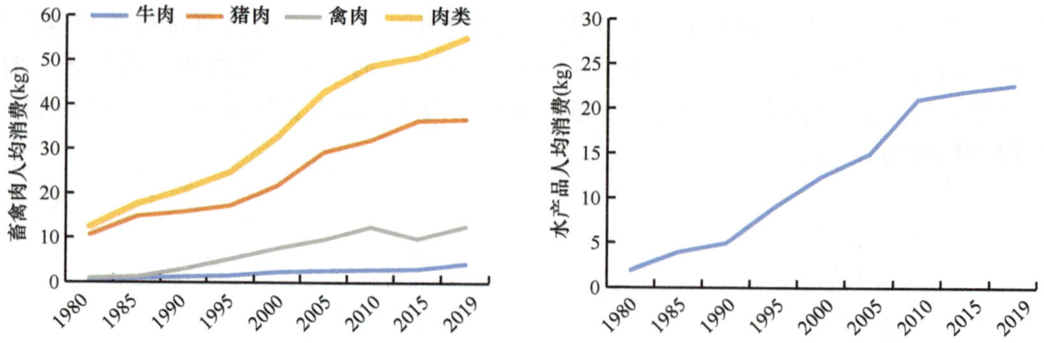

图 3-5　我国畜禽肉和水产品人均消费的变化
数据来源：CCAP 的 CAPSiM 模型

现稳定增长趋势。如图 3-6 所示，根据消费增长速度，我国牛奶人均消费的变化可分为两个阶段：1980～2000 年的相对缓慢增长阶段和 2000～2019 年的快速增长阶段。1980～2000 年，牛奶人均消费由 1.4kg 提高到 7.3kg，年均增长 8.6%；2000 年之后，牛奶人均消费显著提高，在 2010 年达到 26.9kg，年均增长 17.8%，在 2019 年达到约 43.9kg。我国禽蛋人均消费则一直处于平稳增长的状态，由 1980 年的 1.8kg 增长到 2019 年的 15.4kg，年均增长约 5.7%。

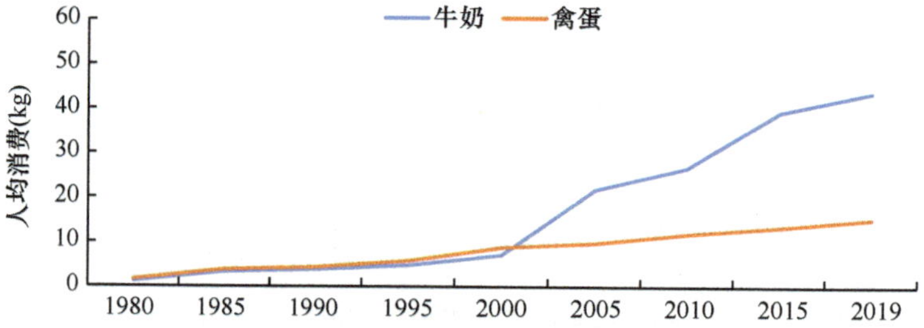

图 3-6　我国牛奶和禽蛋人均消费的变化
数据来源：CCAP 的 CAPSiM 模型

三、粮食总需求及其结构变动趋势

（一）粮食总需求稳定增长的同时结构发生了显著变化

口粮需求所占的比例逐渐下降，大豆和玉米等需求所占的份额显著上升。因为缺乏粮食储备变化数据，我们采用粮食产量加净进口作为粮食总需求，即将库存变化也作为需求的一部分，我国粮食①总需求（其中稻谷以转化为大米②计算）从 1980 年的 2.9 亿 t 增长到 2019 年的约 6.6 亿 t③，不同作物在粮食总需求中所占的比例发生显著改变。如图 3-7 所示，大米、小麦合计在粮食总需求中所占的比例在经过 1980～1985 年的短暂上升后便不断下降，由 1985 年的 75%持续降低到 2019 年的 43%。而与此对应的是，

① 此处粮食计算主要包括大米、小麦、玉米、大豆 4 种作物。
② 大米/稻谷转化率采用 0.7，即出米率为 0.7。
③ 如果以稻谷计算，我国粮食需求由 1980 年的约 3.3 亿 t 增长到 2019 年的 7.2 亿 t。

大豆和玉米合计在粮食总需求中所占的份额显著上升，由 1985 年的约 25%提高到 2019 年的约 57%，而且大豆和玉米合计在粮食总需求中所占的份额上涨趋势明显，在未来将进一步增长。

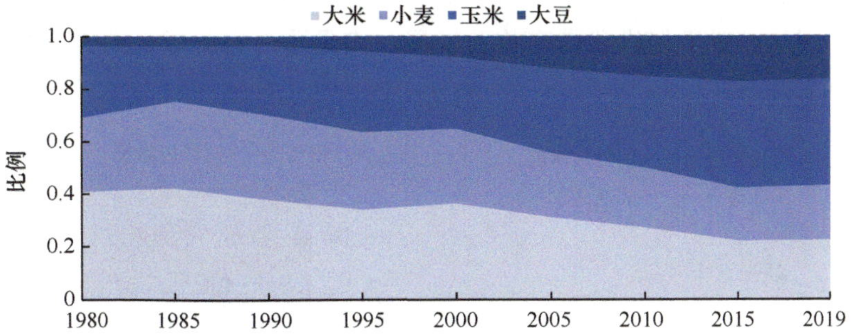

图 3-7　1980～2019 年不同作物占粮食总需求的比例

数据来源：CCAP 的 CAPSiM 模型

（二）工业需求和饲料粮需求快速增长

大豆主要用于榨油，而且榨油后所得到的副产品——豆粕是重要的饲料原料，难以同其他作物一样，简单将其需求归于工业和饲料粮需求，因此我们将不同类型大豆需求与其他粮食作物需求分开计算。

居民粮食需求结构显著改变，工业需求和饲料粮需求快速增长。首先，利用 CCAP 的 CAPSiM 模型长序列历史数据库，得到除大豆以外粮食（包括大米、小麦、玉米和其他谷物）的口粮需求、饲料粮需求、工业需求和其他需求①，其数量和份额变化如图 3-8 所示，口粮需求在 1996 年前不断增长，由 1980 年的约 1.9 亿 t 增长到 1995 年的 2.4 亿 t 左右，随后便呈现下降趋势，在 2019 年达到约 2.1 亿 t；同时，其他需求小幅下降，由 1980 年的 0.32 亿 t 下降至 2019 年的 0.3 亿 t。但是，饲料粮需求和工业需求以较快速度增长，其中饲料粮需求（不含豆粕）由 1980 年的 0.4 亿 t 增长为 2019 年的约 1.8 亿 t，增加约 3.5 倍，年均增幅约为 4%；工业需求在 2000 年之前增长较为平缓，但在之后增速有所提高，由 2000 年的 0.3 亿 t 增长到 2019 年的 1.3 亿 t，在近 20 年增加约 3.3 倍，年均增幅达到 12.6%。相应地，粮食需求结构发生显著改变，饲料粮需求和工业需求合计所占的份额不断提高，由 1980 年的 20%增长到 2019 年的约 53%，呈现不断上涨趋势；与此相反，口粮需求和其他需求的份额持续下降，分别由 1980 年的 68%和 12%降至 2019 年的 41%和 6%左右。

另外，植物油（大豆油）和饲料粮（豆粕）需求是驱动我国大豆需求快速提高的两大因素。如图 3-9 所示，国内大豆需求主要由食用需求（如做豆腐等食品）、榨油用需求（如大豆油）和其他需求（种子和产后损失等）组成。其中，其他需求很低，保持相对稳定态势；食用需求稳定增长，由 1980 年的 3.9 百万 t 增长到 2020 年的 14.2 百万 t，年均增长约 3.3%；榨油用需求在 1995 年后快速增长，从 1995 年的 5.2 百万 t 增长到 2020

① 其他需求包括种子需求和浪费两类。

年的 95 百万 t，在 25 年增长 17 倍多，年均增长约 12.3%。因此，榨油用需求在大豆需求中所占的份额显著提高，由 1995 年的约 39%提高到 2020 年的约 84%。如图 3-9 所示，榨油用大豆榨油后除了得到大豆油，还将得到豆粕。豆粕是重要的蛋白饲料，随着榨油用大豆使用量的快速增长，豆粕产量显著提高，由 1995 年的约 4.2 百万 t 增长到 2020 年的约 73.7 百万 t，对于促进我国畜牧业发展，满足国内日益增长的肉、蛋、奶和水产品需求具有重要意义。

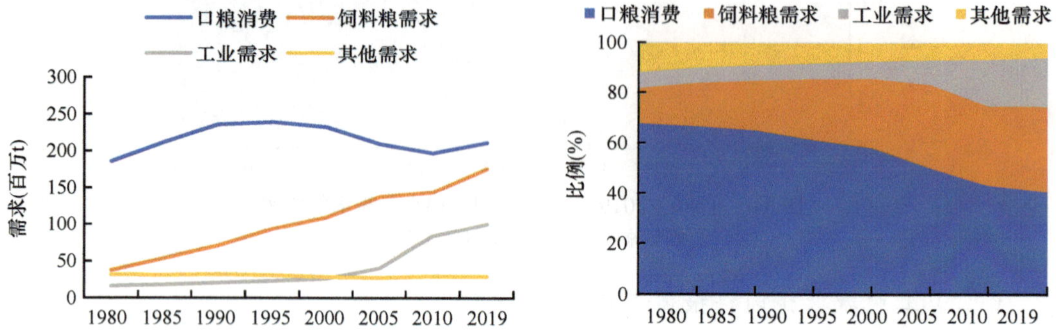

图 3-8　1980～2019 年我国粮食作物（不含大豆）不同需求及其所占比例的变化

数据来源：CCAP 的 CAPSiM 模型

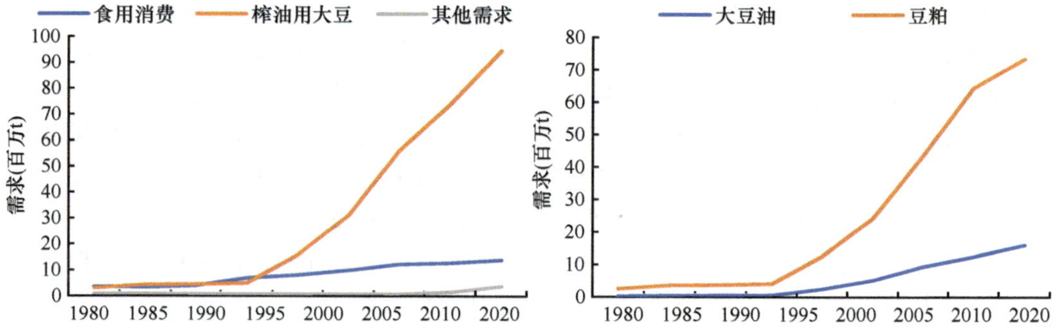

图 3-9　1980～2020 年我国大豆不同需求的变化

数据来源：CCAP 的 CAPSiM 模型

第二节　不同发展阶段的中国食物消费演变

一、食物消费的阶段性特征

过去 40 多年随着经济的增长和市场与流通的发展，我国食物消费结构发生显著改变，并呈现出较显著的阶段性变化特征。1980 年至 90 年代初是细粮（替代粗粮）和副食品消费逐渐增长的阶段。这一阶段，我国大米和小麦人均消费显著提高，而粗粮（如甘薯和玉米等）人均直接消费不断下降，与此同时，畜禽肉、奶制品、植物油、水果等高附加值农产品人均消费稳定增长（图 3-10），我们将这一时期的人均消费变化称为我国食物消费变化的“第一阶段”。从 90 年代初开始，我国人均食物消费出现新的变化特征：大米和小麦等谷物人均消费持续稳定下降，而水果、植物油、畜禽肉、奶制品等高附加值农产品人均消费从稳定增长阶段进入较快增长阶段，具有显著的“以高附加值农产品替代口粮或主食”的变化特征，我们将这一时期的人均消费变化称为我国食物消费变化的“第二阶段”。从当前我国食物消费的演化趋势和特点来看，我国水果、肉、蛋、奶等高附加值农产品人均消费并没有出现下降迹象，这意味着在未来一段时期我国食物消费将依然处于“第二阶段”的演化过程。

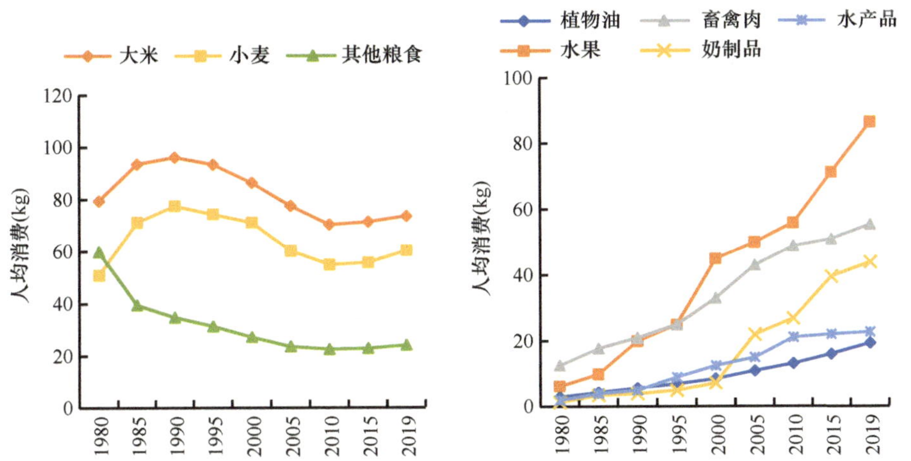

图 3-10　我国不同食物人均消费的变化

数据来源：CCAP 的 CAPSiM 模型

二、居民营养摄入的变化趋势

从营养成分看，我国人均热量摄入从增长态势发展到近年来基本保持稳定，但人均蛋白质和脂肪摄入仍持续增长。如图 3-11 所示，根据 FAO 数据，我国人均热量摄入从 1961 年的 1439cal/d 快速增长到 2015 年的 3251cal/d，近几年基本维持稳定状态，保持在 3200～3300cal/d；而人均蛋白质摄入从 1961 年的约 39.5g/d 增长到 2020 年的约 106.5g/d，增加约 1.7 倍；人均脂肪摄入则从 1961 年的约 15.3g/d 增长到 2020 年的约 103.6g/d，增加约 5.8 倍。从变化趋势看，我国人均热量摄入已经从原来的快速增长阶段发展到现在的逐渐趋于稳定态势，而蛋白质和脂肪摄入在近年来仍保持增长趋势。

我国人均热量和脂肪摄入的变化趋势与韩国基本一致。如图 3-11 所示，韩国人均热量摄入从 1961 年的 2141cal/d 增长到 1978 年的 3177cal/d，随后基本保持不变，在 3000cal/d 左右波动，而近 15 年呈现明显增加态势，2020 年达到约 3443cal/d，整体变化趋势与我国类似；人均脂肪摄入从 1961 年的约 14.9g/d 增长至 2020 年的约 126.5g/d，虽然近 5 年韩国人均脂肪摄入增速高于我国，但整体变化趋势与我国类似。日本人均热量摄入由 1961 年的 2525cal/d 增长到 1989 年的 2969cal/d，1990～2000 年基本保持在 2900cal/d，2000 年之前与我国变化趋势类似，但之后其热量摄入出现小幅下降趋势。值得一提的是，日本人均热量摄入在 2003 年及之前稍高于我国，人均蛋白质和脂肪摄入在 2007 年及之前稍高于我国，主要是因为日本动物产品的人均消费显著高于我国，而这些食品含有较高的热量、蛋白质和脂肪，2007 年之后日本人均热量、蛋白质和脂肪摄入均低于我国。

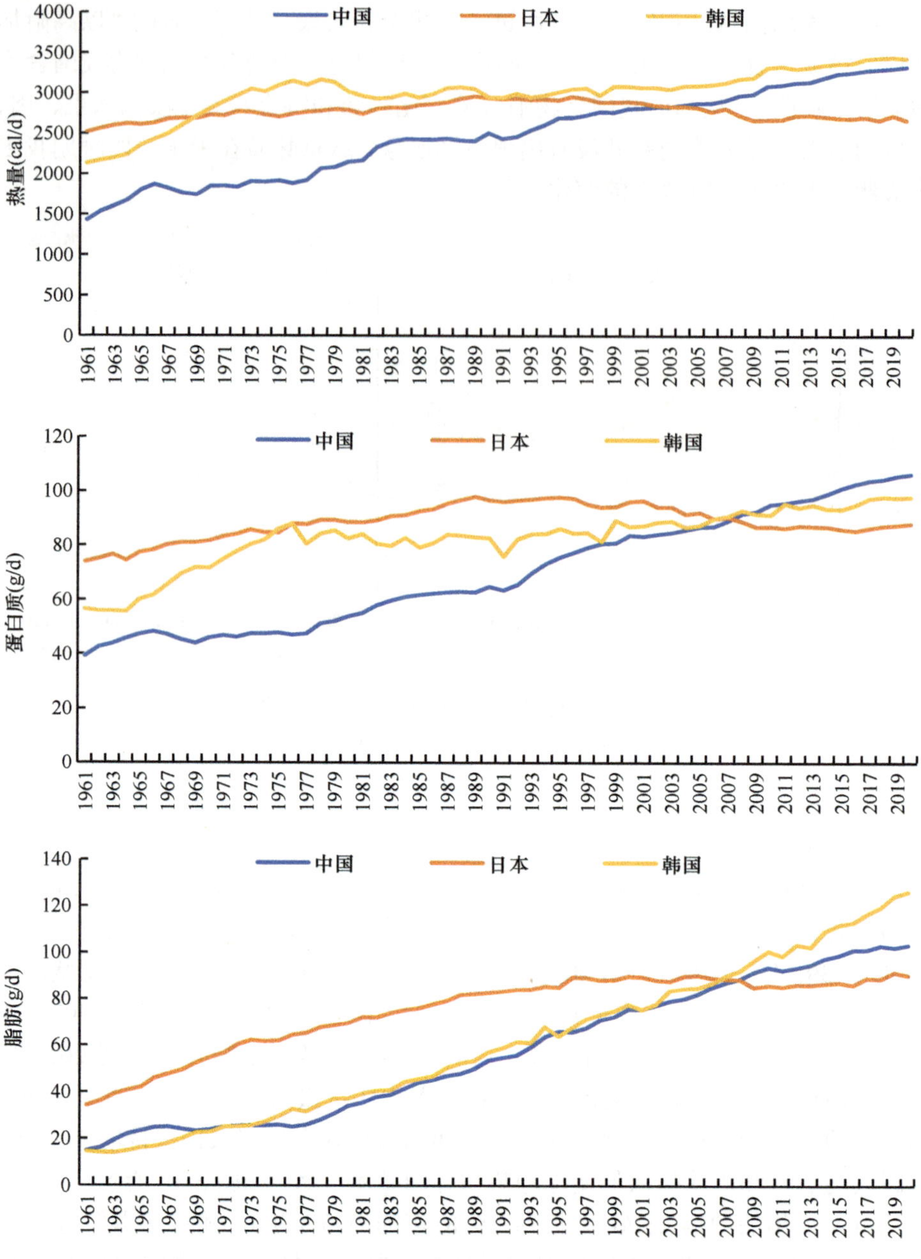

图 3-11　中国、日本和韩国人均热量、蛋白质和脂肪摄入的变化

数据来源：FAO 的 FAOSTAT（2022 年）

三、从国际比较看中国食物消费的变化趋势

从韩国和日本人均食物消费的历史变化趋势来看，我国在未来 5～10 年依然处于食物消费变化的“第二阶段”，即水果、植物油、糖、肉、蛋、奶等高附加值农产品人均消费将继续保持较快增长。根据世界银行的世界发展指标（WDI）数据库，中国 2020 年的人均国内生产总值（GDP）约为 10 500 美元，相当于日本 20 世纪

80 年代初（约 10 361 美元）和韩国 20 世纪 90 年代初（约 10 205 美元）的水平。但是由于当前国际农产品贸易环境相对于 20 世纪 80～90 年代得到显著改善，国际农产品贸易数量和可获得性都明显提高，我国食物消费结构演化过程要快于同等经济发展时期的日本和韩国。如图 3-12～图 3-14[①]所示，相对于同等经济发展水平下的日本和韩国，我国热量、蛋白质和脂肪的消费结构都提早 10 年左右形成，也就

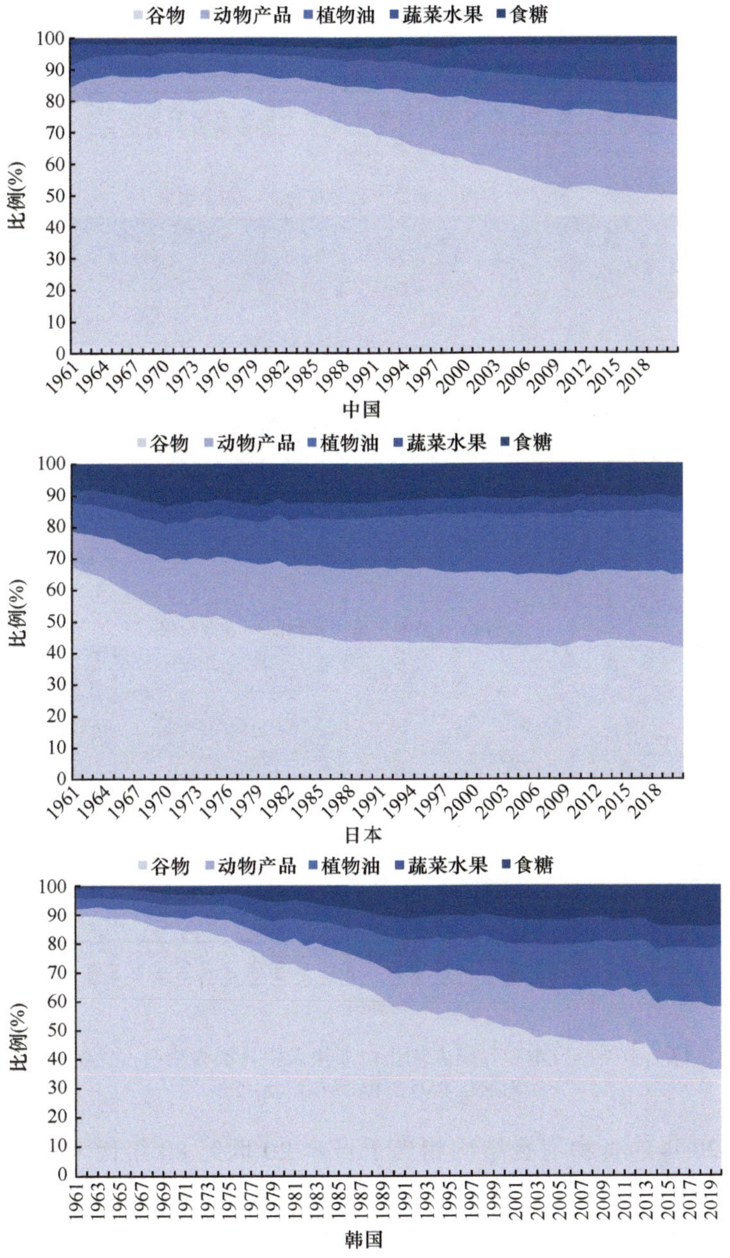

图 3-12　中国、日本和韩国人均热量摄入中各类食物所占比例的变化

数据来源：FAO 的 FAOSTAT（2022 年）

① 由于食糖几乎不提供蛋白质和脂肪，故在蛋白质和脂肪消费结构图中省略。

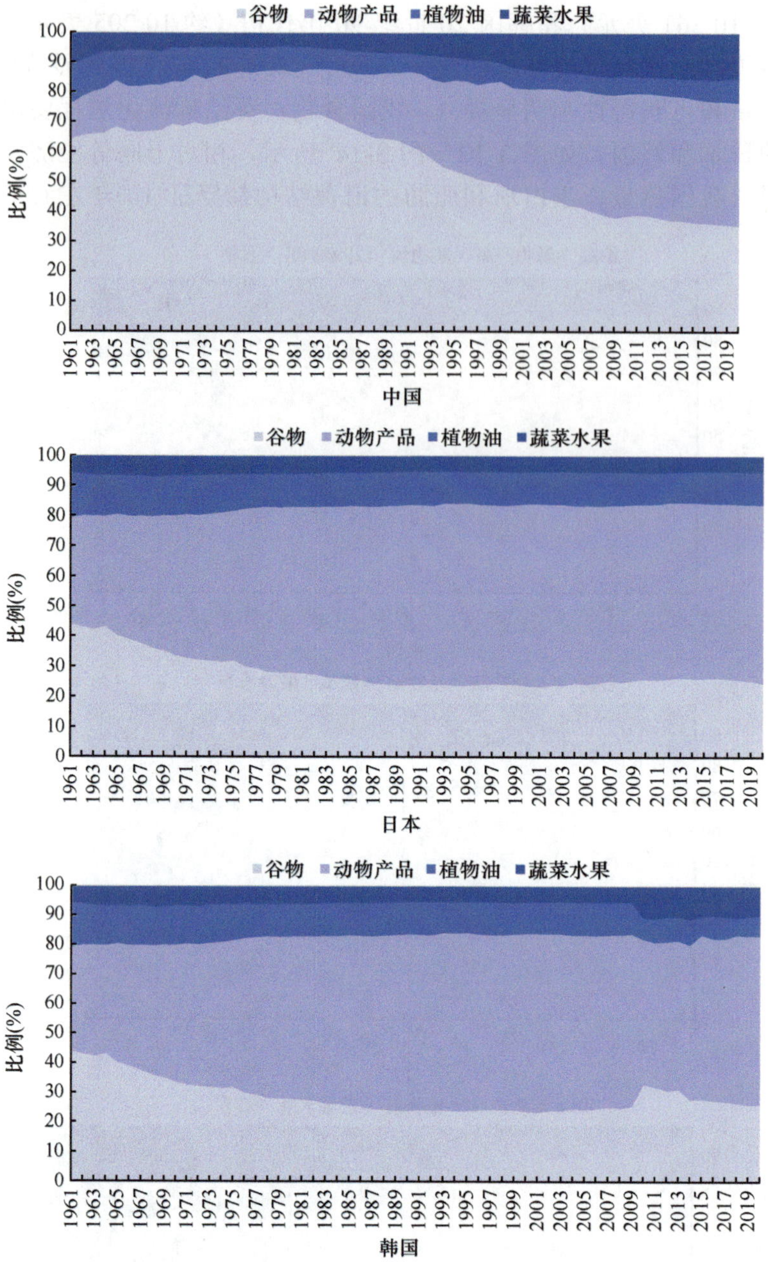

图 3-13 中国、日本和韩国人均蛋白质摄入中各类食物所占比例的变化
数据来源：FAO 的 FAOSTAT（2022 年）

是说，我国 2020 年的食物消费结构相当于日本 20 世纪 80 年代末、韩国 20 世纪 90 年代末的水平。在这一时期，韩国和日本的食物消费结构都经历了快速转变，谷物在人均热量、蛋白质和脂肪摄入中所占的比例呈现下降趋势，而植物油和动物产品所占的比例则呈上升趋势。根据日本和韩国食物消费结构在此阶段后的变化趋势，以及现阶段我国与日韩食物消费结构的差异，我们认为在未来 5～10 年，我国植物油和动物产品的人均消费将依然保持一定增长，然后进入人均消费缓慢增长和消费

结构缓慢变化的“第三阶段”，在此阶段，随着我国居民营养健康意识的不断提高，预计居民的食物消费结构将得到不断调整优化，食物消费将由“吃得饱、吃得好”逐步向“吃得营养、吃得健康”转变，膳食结构将朝均衡方向发展，这也是由传统的粮食安全逐步向食物安全转变的进程，未来我国应在确保粮食供给充足的同时，保障肉、蔬菜、水果、水产品等各类食物的有效供给，以更好地满足人民群众日益多元化的食物消费需求。

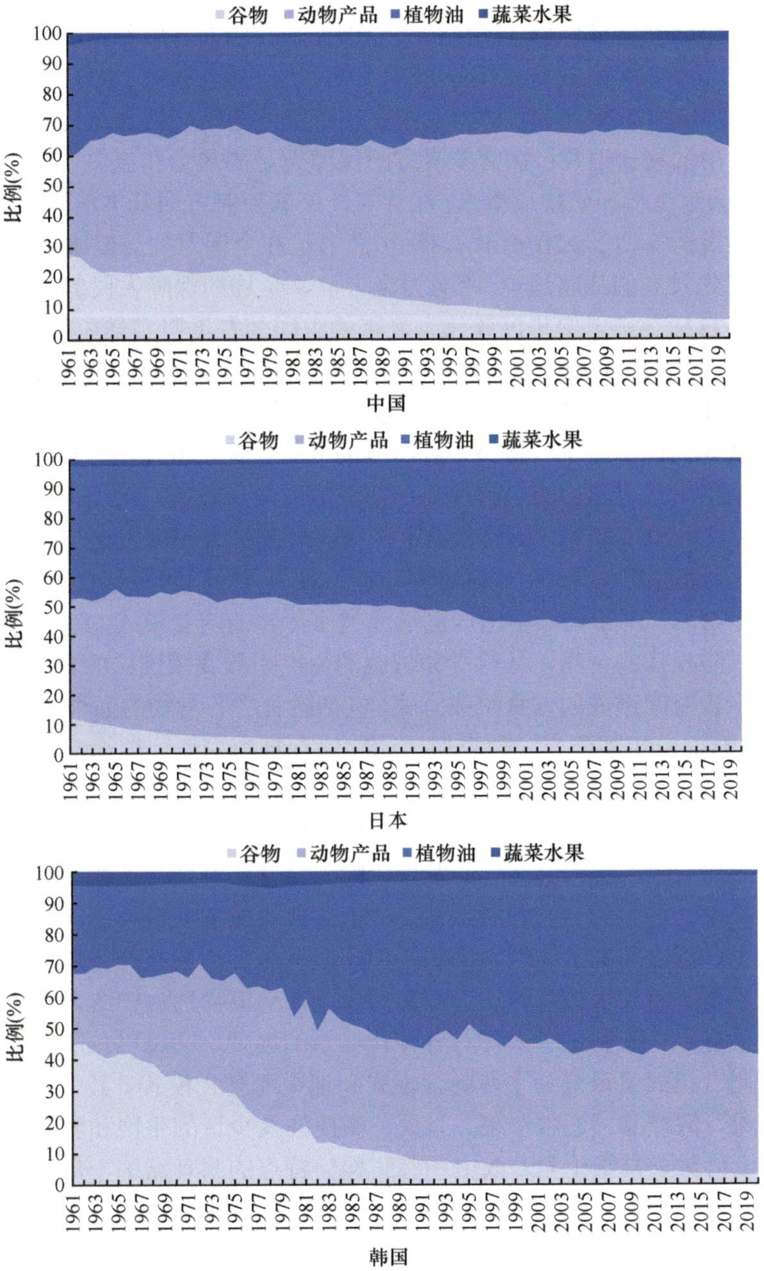

图 3-14　中国、日本和韩国人均脂肪摄入中各类食物所占比例的变化

数据来源：FAO 的 FAOSTAT（2022 年）

第三节　营养健康提升与未来中国的“大食物观”

一、膳食模式与文化和营养健康

一直以来，我国高度重视国民膳食习惯和营养健康。近 40 多年来，随着我国食物生产与膳食结构的变化，国民膳食消费日趋向多样化转变。在实现“口粮绝对安全，谷物基本自给”的粮食安全目标后，优化和引导国民膳食消费、培养国民更健康的膳食习惯和膳食文化成为下一阶段的重要任务。2014 年 1 月，国务院办公厅印发《中国食物与营养发展纲要（2014—2020 年）》，指出要在食物消费方面推广膳食结构多样化的健康膳食模式，控制食用油和盐消费；在营养素方面保障充足的热量和蛋白质摄入，控制脂肪摄入，保持适量的维生素和矿物质摄入；在营养性疾病控制方面基本消除营养不良现象，控制营养性疾病发病率增长。2016 年，习近平总书记在全国卫生与健康大会上指出，“把人民健康放在优先发展的战略地位”“努力全方位、全周期保障人民健康，为实现‘两个一百年’奋斗目标、实现中华民族伟大复兴的中国梦打下坚实健康基础”。同年，中共中央、国务院印发《“健康中国 2030”规划纲要》，“以人民健康为中心”是该规划纲要的核心，“全民健康”是建设健康中国的根本目的，“到 2050 年，建成与社会主义现代化国家相适应的健康国家”是该规划纲要的战略目标。2017 年，习近平总书记在党的十九大报告中指出，实施健康中国战略，完善国民健康政策。同年，国务院发布《国民营养计划（2017—2030 年）》，国民营养工作被提升到关系国家发展与民族振兴的重要位置。在全民健康的思想引领下，中国营养学会编撰了《中国居民膳食指南（2022）》（以下简称《膳食指南》），用于指导中国居民形成健康营养的膳食模式，以获得营养充足的可促进健康和预防疾病的食物，从科学和健康的角度引导我国国民的食物消费。

膳食模式指长时间形成的饮食组成方式，包括膳食中各食物的品种、数量及其比例。《膳食指南》将膳食模式划分为三种类型：动物性食物为主型、植物性食物为主型和动植物性食物结合型。动物性食物为主型膳食模式的特点是高热量、高蛋白质、高脂肪、低膳食纤维，优点是富含蛋白质、矿物质、维生素等，缺点是脂肪摄入过高，增加肥胖、高脂血症、冠心病、糖尿病等慢性病的发生风险。最有代表性的动物性食物为主型膳食模式是欧美经济发达国家的西方膳食模式。植物性食物为主型膳食模式的蛋白质来源以植物性食物为主，可以避免上述慢性病的发生，但有时会造成某些优质蛋白质、矿物质和维生素摄入不足，容易增加营养缺乏症患病风险。动植物性食物结合型膳食模式则结合了上述二者的优点，既满足了人体对各种营养素的需要，又可以预防慢性病。较有代表性的结合型膳食模式又可分为平衡膳食模式和地中海膳食模式。其中，地中海膳食模式由蔬菜、水果、海产品、五谷杂粮、坚果、橄榄油及少量的牛肉和乳制品、红酒等组成，是以高膳食纤维、高维生素、低饱和脂肪酸为特点的膳食结构，是全球公认的健康膳食模式（Michael，2014）。根据我国居民的消费习惯，《膳食指南》推荐的膳食模式是平衡膳食模式（balanced diet model）。以下我们重点介绍平衡膳食模式。

平衡膳食模式的特点是食物多样化、以谷类食物为主、高膳食纤维摄入、低盐低糖低脂肪摄入。平衡膳食模式的食物组成种类及其比例可以最大限度地满足不同年龄、不同热量水平健康人群的营养和健康需求。国内外研究表明，平衡膳食模式不仅可以显著降低2型糖尿病、妊娠糖尿病、代谢综合征、乳腺癌、冠心病和非酒精性脂肪肝的发病风险，而且可以降低人群全因死亡风险。另外，平衡膳食模式与心血管疾病、高血压、结直肠癌等疾病的发病风险降低有一定的相关性。与地中海膳食模式相比，平衡膳食更符合我国的饮食传统。

平衡膳食模式的基础是食物多样，合理搭配则是平衡膳食模式的保障。食物多样一般指平均每天摄入12种以上食物，并保证每周摄入25种以上。这些食物品种分为五大类（图3-15）：第一类为谷薯类，包括全谷物、薯类与杂豆；第二类为蔬菜和水果类；第三类为动物性食物，包括畜、禽、鱼、蛋；第四类为奶及奶制品和大豆及坚果类；第五类为烹调油和盐。合理搭配指将食物种类和重量合理分配到一日三餐中，膳食的营养价值通过合理搭配得到提高和优化。平衡膳食模式推荐每日热量供应50%～65%来自碳水化合物，10%～15%来自蛋白质，20%～30%来自脂肪。混合食用多种食物不但更容易满足人体营养素需求，还可以增加营养素的生物价值，提高人体对营养素的利用率。此外，长期充足有效的营养素供应对人体的免疫力也至关重要。

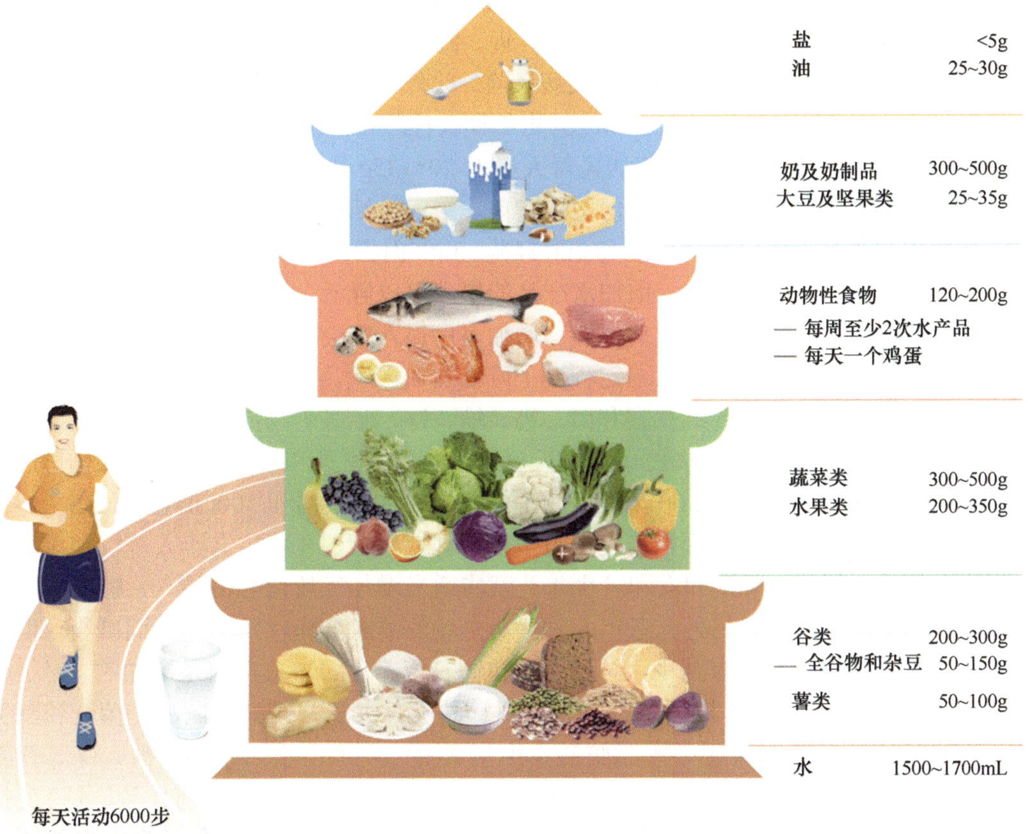

图3-15　中国居民平衡膳食宝塔（2022年）
资料来源：《中国居民膳食指南（2022）》

在谷薯类中，全谷物、薯类和杂豆的摄入对营养健康有积极作用。在全谷物方面，全谷物具有丰富的B族维生素、矿物质和膳食纤维等营养素，研究表明增加全谷物摄入可降低全因死亡风险和 2 型糖尿病、结直肠癌及心血管疾病的发病风险，有助于维持正常体重、延缓体重增长。另外，增加燕麦摄入可以改善血脂异常，降低心血管疾病的发病风险。在薯类方面，增加薯类摄入可以降低便秘风险，但是过多摄入油炸薯片和薯条会增加肥胖风险。在杂豆方面，杂豆富含蛋白质、膳食纤维、维生素、钾、镁等营养素，也是平衡膳食模式必不可少的组成部分。《膳食指南》推荐我国 18 岁以上成年居民每天摄入 250～400g 谷薯类，其中包括全谷物和杂豆类 50～150g，相当于一天谷物的 1/4～1/3。

蔬菜和水果富含维生素、矿物质、膳食纤维。在蔬菜方面，《膳食指南》推荐我国居民应保证深色蔬菜摄入占总蔬菜摄入的一半以上，如深绿色的菠菜、油菜，橘红色的胡萝卜、番茄，紫红色的紫甘蓝、红苋菜等。另外，十字花科、瓜茄类、鲜豆类和菌藻类都各自富含重要的营养素，应增加食用种类。在水果方面，水果包含的有机酸、维生素 C、果胶、黄酮类物质、芳香类物质、香豆素、D-柠檬萜等物质都对健康有积极作用。《膳食指南》推荐我国 18 岁以上成人每天摄入 300～500g 蔬菜、200～350g 水果。

在蛋白质方面，鱼、畜、禽、蛋、奶和大豆都含有丰富的蛋白质。其中，大豆必需氨基酸的组成和比例与动物蛋白相似，而且富含谷类蛋白缺乏的赖氨酸，与谷物互补。同时，大豆含有丰富的不饱和脂肪酸、钙、钾、维生素 E 和膳食纤维。研究表明，大豆及大豆制品的摄入可以降低乳腺癌的发病风险。此外，大豆异黄酮的摄入可以降低心血管疾病、冠心病的发病风险，也可以改善更年期女性腰椎、髋部、股骨颈的骨密度。《膳食指南》推荐我国 18 岁以上成年居民每天摄入 20～35g 大豆及坚果类食物。动物性食物也富含维生素、脂类和矿物质，但由于猪肉、牛肉等红肉含有大量饱和脂肪酸，过度摄入会增加心血管疾病的发病风险和肥胖风险。和红肉相反，水产品富含不饱和脂肪酸，是良好的营养来源。研究表明，增加水产品的摄入可以降低全因死亡风险和脑卒中、阿尔茨海默病、认知功能障碍的发病风险。增加畜肉摄入则会增加 2 型糖尿病、结直肠癌的发病风险和肥胖风险，但可以一定程度上降低贫血风险。另外，蛋类和奶类也是很好的蛋白质来源。蛋类还富含维生素和磷、钙、铁、锌、硒等矿物质，而奶类富含维生素和钙。《膳食指南》推荐我国居民平均每天摄入鱼、禽、蛋类和瘦肉 120～200g，每周最好吃鱼两次，保证每周摄入 300～500g 鱼肉、300～350g 蛋类和 300mL 液态奶。

除 18 岁以上成人，《膳食指南》也为孕期哺乳期妇女、儿童、老年人等特定人群制定了膳食标准。例如，孕期妇女和青少年儿童应适当增加优质营养的摄入，哺乳期妇女则要保证钙和碘的摄入。另外，老年人虽然对热量的需求会随年龄的增长而减少，但对大多数营养素的需求并没有减少，对蛋白质和钙等营养素的需求反而是增加的。对于素食者，《膳食指南》也推荐增加全谷物、杂豆、薯类、大豆、发酵豆制品、菌菇和藻类等食物种类的摄入，并保证必需脂肪酸、维生素 B12、维生素 D、钙、铁、锌等营养素的供应。当然，由于不同人群对每种营养素的需求都不一样，人们应以《膳食指南》的健康理念为依据，以健康理论为参考，根据自身状况选择不同的食物类别及其组合比例。

我国食物消费的多样性在近 40 多年里不断提升，为满足国民营养需求和保证国民健康作出重要贡献。如本章第一和第二节所述，20 世纪 90 年代以来，我国食物消费变化已进入第二阶段，即大米和小麦等谷物的消费持续稳定下降，同时蔬菜、水果、植物油、肉、蛋、奶等高附加值农产品的消费从稳定增长阶段进入较快速增长阶段，呈现出“以高附加值农产品替代口粮或主食”的变化特征。这意味着我国食物消费结构从相对单一的以谷物为主转变为多种食物并重的多样化膳食。

满足国民营养需求是保障我国粮食安全和食物安全的重要组成部分。在满足营养需求方面，膳食多样性的提升为我国食物安全作出很大的贡献，体现在国民营养质量和体质升高方面。近40多年来，我国6～17岁儿童平均身高每十年增加3cm左右；反映营养不良的5岁以下儿童生长迟缓率由1990年的超过30%降低到2017年的4.8%（中国营养学会，2022）。如本章第一节所述，2022年我国6岁以下儿童生长迟缓率降至7%以下，低体重率降至5%以下。另外，居民贫血问题持续改善，我国18岁及以上居民贫血率为8.7%，6～17岁青少年儿童贫血率为6.1%，孕妇贫血率为13.6%，与2015年相比均有显著下降（国家卫生和计划生育委员会，2015）。

与此同时，我国仍存在膳食不平衡、不合理的情况。首先，我国居民食物消费与推荐量仍存在差距。我国人均蔬菜、水果、全谷物、奶类、大豆及坚果类的日平均摄入分别为265.9g、38.1g、16.3g、25.9g、13.9g，均与前文介绍的推荐量存在一定距离。在慢性病方面，2020年我国18岁及以上居民高胆固醇血症患病率为8.2%，糖尿病患病率为11.9%，高血压患病率为27.5%，40岁及以上居民慢性阻塞性肺疾病患病率为13.6%，与2015年相比均有所上升。同时，我国居民2017年归因于膳食不合理的死亡人数达310万，其中钠摄入过高、水果摄入不足、水产类Ω-3脂肪酸摄入不足、坚果摄入不足、全谷物摄入不足和蔬菜摄入不足是我国成年居民心血管代谢性疾病方面死亡的前六大膳食原因。最后，我国居民膳食营养也存在城市和农村发展不平衡的问题，其中农村居民营养不良、贫血、维生素A缺乏发生率高于城市居民（中国营养学会，2022）。

我国膳食文化自古以来就十分重视营养健康。《黄帝内经》提出“五谷为养、五果为助、五畜为益、五菜为充”的膳食模式，强调谷物为主和食物多样，与平衡膳食模式遥相呼应。东方传统饮食结构以植物性食物为主，谷类、薯类和蔬菜的摄入较高，肉类的摄入较低，奶类摄入在大部分地区不高。食物中70%的热量与67%的蛋白质来自主食谷物。副食则是新鲜的天然食品，有丰富的蔬菜，适当搭配水果、菌类和藻类，外加少量肉食，精细加工程度低。烹调大多使用油菜籽、花生、大豆植物油，调味料有大豆酱、醋、豆豉等发酵食品（闫茂华，2014）。如上文所述，这种以植物性食物为主、动物性食物为辅的结合型膳食模式既能满足人体的营养素需求，也能有效预防慢性病。今天，我国居民高血压、高血脂、糖尿病等慢性病高发，一方面是因为全谷物、杂粮杂豆和薯类食用不足，另一方面是因为精米精面和红肉食用过度，这种膳食的不平衡是东方民族饮食西方化的必然结果（刘旭，2015）。

改善我国国民膳食习惯和膳食模式需要正确的消费引导。首先，《膳食指南》需要得到更广泛的传播和普及。据调查，2014～2015年我国居民对《膳食指南》的知晓率不足30%（王秀丽等，2020），相比之下《美国居民膳食指南》的国内知晓率高达86%。其次，我国虽然食育相关研究机构众多，但缺乏专门部门执行落实，同时我国食育在中小学较为分散，缺乏系统规划组织（王秀丽和李海燕，2022），应进一步完善学校层面的法律法规，确立学校在食育方面的权利和义务，普及食育理念，增加食育资源（邹志平和汤文斯，2022）。最后，我国应进一步落实食品标准、食品标签等法律法规，调整与营养健康相关的税收政策①，从消费者选择的角度推行健康的食物消费和膳食习惯。为了更好地引导我国国民的食物消费，"大食物观"不但应成为未来我国食物生产和消费的指导原则，还应成为我国未来饮食文化的重要指导思想。

二、"大食物观"的主要内涵

"大食物观"的出发点和落脚点是，把握人民群众食物结构的变化趋势，满足人民群众日益多元化的食物消费需求，在保障"谷物基本自给、口粮绝对安全"的基础上，保障肉类、蔬菜、水果、水产品等各类食物的有效供给，同时以生态环境保护为前提，立足于整个国土资源，全方位、多途径开发食物资源，让群众从"吃得饱"转向"吃得更好、吃得更营养、吃得更健康"，保障新时代国家粮食安全，加快建设农业强国，以满足人民日益增长的美好生活需要，为我国居民提供充足、优质、多样的食物，实现人与自然和谐共生的愿景。

"大食物观"以保障粮食生产为基础，始终坚持"确保中国人的饭碗主要装中国粮"。当前，我国粮食安全保障已取得一定成效，截至2021年粮食产量实现"十八连丰"，人均粮食占有量也创下历史新高（国家统计局，2022）。然而，中国正在用世界9%的耕地和6%的淡水资源养活近世界20%的人口，因此我国粮食供需紧平衡的局面并没有改变，粮食安全问题仍然是重中之重。践行"大食物观"并不意味着要放松粮食安全这一底线，而是更应将粮食安全作为贯彻"大食物观"的首要条件，必须保证粮食持续健康稳定供给，死守18亿亩耕地红线，坚决遏制农田"非农化"、基本农田"非粮化"。

"大食物观"以生态环境保护为根本前提。目前，我国资源环境压力不断增大，人均水资源、耕地资源不足的基本国情始终存在，资源不合理利用进一步加剧了我国生态环境问题（陆昊，2021；陈志钢等，2019）。中国要始终坚定不移地致力于农业绿色可持续发展，通过相关规划制定、政策补贴、技术推广等措施，鼓励农民减少化肥农药使用，提高资源利用率。一方面，良好的生态环境是食物安全健康和可持续供给的基本保障，践行"大食物观"必须充分评估所利用资源环境的承载力和价值；另一方面，在"双

① 以糖税为例。糖税是针对含糖饮料征收的消费税，目的是通过增加含糖饮料的价格来降低居民对含糖饮料的消费，从而降低居民糖摄入。过量糖摄入是肥胖和糖尿病的诱因之一，根据世界卫生组织的预测，2011~2030年全球由于糖尿病损失的GDP将高达1.7万亿美元（WHO，2017）。

为了降低居民糖摄入，很多发达国家和发展中国家有针对含糖饮料的糖税。例如，法国2012年针对含糖饮料的税为每升0.0716欧元，含糖饮料价格平均上涨3.5%。由于税率不高，该项制度对法国居民含糖饮料的消费影响并不显著（Capacci et al.，2019）。在墨西哥，采用糖税引导消费取得一定成效，墨西哥2014年对含糖饮料征收10%的糖税，至2016年墨西哥含糖饮料消费年均下降7.6%，未被征税的饮料平均消费每年上升2.1%，两年里该项政策产生的财政收入为26亿美元（Colchero et al.，2017）。除了法国和墨西哥，挪威、比利时、英国等发达国家，印度、菲律宾、南非等新兴经济体也都实施了糖税。此外，联合国儿童基金会和世界卫生组织都推荐糖税税率设定在20%以上。我国现阶段还未实施糖税，但已有学者指出我国居民对含糖饮料的需求弹性较高，因此对含糖饮料征收20%的糖税可以降低近20%的含糖饮料消费（Zhai et al.，2022）。

糖税也可能对健康产生积极的影响。根据Grummon等（2019）的预测，如果美国对含糖饮料每升征收34美分（约占价格的10%）的糖税，美国成人人均糖消费每天会减少8g，人均体重减少2.3磅（1磅=0.453 592kg），肥胖发生率减少2%，2型糖尿病发生率减少2.3%。

碳”目标下，农业绿色低碳循环发展作为落实“大食物观”的有效手段，可以将废弃物高效利用，有助于拓展食物来源，为农业供给侧结构性改革提供新思路。“大食物观”充分体现了人与自然和谐共生的美好愿景，始终遵循生态系统规律，注重资源节约、合理利用，倡导节约粮食，并可持续推进资源的可持续发展。

“大食物观”拓展了食物边界，丰富了食物来源，立足于整个国土资源，全方位、多途径开发食物资源。一是要调整食物生产结构，“大食物观”首先是“大食物”，主食不再“主”，副食不再“副”，“大食物观”倡导我们转变食物生产、供给和消费结构，不仅仅要向粮食谷物要食物，更是要向肉蛋奶等副食要食物。除口粮之外，“大食物观”也注重饲料的供应和来源拓展。其次，要扩大食物来源，以“大农业”支撑“大食物”，不断拓展农业生产的空间、资源和产业，不仅应着眼于整个国土资源，还应放眼于森林、草地、设施农业等新兴资源和产业，并依靠科技实现食物资源的多方面开发利用。除此之外，要确保食物可持续生产和供给，这就要求在农业生产时应加强对生态环境的保护和治理，摆脱传统的资源和劳动密集型产业对单一生产要素的依赖，实现农业生产和食物供给的可持续发展。

三、“大食物观”的发展沿革

“民以食为天”，自古以来，食物就是人类赖以生存的基础。随着社会经济的发展，我国粮食供需关系发生历史性转折，食物的定义和边界正逐渐拓展。1990 年，在福建工作的习近平同志在《摆脱贫困》一书中提出“现在讲的粮食即食物，大粮食观念替代了以粮为纲的旧观念”。伴随着粮食观念的革新，“大食物观”理念雏形初显。此后 20 多年，“大食物观”作为“粮食安全观”的深化和拓展，在实践中不断积累经验，逐步发展成型。

2015 年，习近平总书记在中央农村工作会议上提出“树立大农业、大食物观念”。2016 年，“树立大食物观”作为农业供给侧结构性改革的重要内容被写入中央一号文件，文件指出，要“面向整个国土资源，全方位、多途径开发食物资源，满足日益多元化的食物消费需求”，明确了“大食物观”理念下食物来源及获取的基本途径。2017 年，在中央农村工作会议上习近平总书记再次强调，“现在讲粮食安全，实际上是食物安全”，“大食物观”拓展了中国传统的食物边界，要求“向耕地草原森林海洋、向植物动物微生物要热量、要蛋白，全方位多途径开发食物资源”，进一步明确了保障食物供给的有效途径，要发展农林牧渔兼顾的“大农业”，持续推进中国农业多元化、开放化、全方位发展。2022 年两会期间，习近平总书记再次指出，“要树立大食物观，从更好满足人民美好生活需要出发，掌握人民群众食物结构变化趋势，在确保粮食供给的同时，保障肉类、蔬菜、水果、水产品等各类食物有效供给，缺了哪样也不行”，表明我国食物系统正处于积极转型期，“大食物观”理念趋于成熟，并为新时代我国农业高质量发展指明了前进方向。党的二十大报告强调，要“全方位夯实粮食安全根基”“牢牢守住十八亿亩耕地红线”“确保中国人的饭碗牢牢端在自己手中”“构建多元化食物供给体系”，再次明确了“大食物观”的基础是粮食，要“坚决遏制农田‘非农化’、基本农田‘非粮化’”，将守住耕地良田、保障粮食供给作为“大食物观”的首要任务，在此基础上深入推进食物多元化生产和供给。

四、践行“大食物观”的意义

（一）“大食物观”是新时期对“粮食安全观”的深化和发展

历史上，自新中国成立以来，我国农业发展的目标一直是保证粮食基本自给，解决粮食供需问题。我国传统的“粮食安全观”是一种狭义的概念（辛翔飞等，2020），是基于解决温饱问题而提出的，强调高“粮食自给率”，把粮食界定为谷物类、薯类和豆类，重点研究此三大类的生产问题。随着社会经济发展、城镇化水平提高，耕地、现代农业技术、劳动力、粮食消费等因素都随之发生变化，粮食自给率的提高不再意味着粮食安全水平的提升（徐李璐邑，2020）。粮食安全保障体系在此基础上建立并不断完善，在新时期，粮食安全归根结底是食物安全，食物安全以粮食安全为重点（张云华，2018）。截至 2021 年，中国粮食产量实现“十八连丰”，人均粮食占有量达到 483kg，已经稳稳超过人均国际粮食安全标准线。国家粮食安全战略也经历了从“以粮为纲”仅关注粮食产量，到以牺牲生态为代价发展粮食生产，直至确立绿色发展理念，形成“以我为主、立足国内、确保产能、适度进口、科技支撑”的粮食安全新战略。新时期下，“大食物观”的提出是对“粮食安全观”的进一步拓展，即以粮食安全为基础，进一步由保障粮食安全转向全面保障食物安全。

（二）顺应人民饮食结构转型需求，践行“大食物观”势在必行

中国人多地少的基本国情决定了粮食供需关系持续紧张并长期受到关注（陈萌山，2022）。改革开放以来，随着人均收入和生活水平不断提高，我国城乡居民食物消费结构和膳食营养偏好经历了从“吃得饱”到“吃得好”再到“吃得健康”的重要转变。具体而言，在现阶段，主食在居民食物消费结构中的占比不断下降，肉类、蔬菜及水果等各类食物需求不断攀升，居民营养健康意识逐渐深化。2021 年，我国人均动物蛋白消费已超世界平均水平 13.7%（张合成等，2022）。此外，新冠疫情进一步激发了居民对营养健康的关注。可见，伴随着共同富裕政策的逐步落实，未来居民对安全健康、营养均衡食物的需求将持续扩大。我国作为农业大国、人口大国，自然资源有限，人民群众对食物的需求却与日俱增，因此，为满足人们日益增长的营养健康需要，“大食物观”应运而生，并以此为出发点、落脚点，引领中国食物系统向全方位、多元化转型。

（三）“大食物观”聚焦“大健康”，有助于缓解我国面临的多重营养健康问题

2021 年，全球受饥饿影响的人数增至 8.28 亿，较 2020 年增加了 4600 万（FAO，2022a），可见全球粮食安全、营养健康问题仍十分严峻。就我国而言，不同于大部分发展中国家，新时期的中国面临着营养不良和营养过剩的多重负担问题，隐性饥饿、营养素摄入不足、肥胖与超重等营养健康问题日趋严峻。如本节所述，虽然近年来我国居民营养不良问题得到很大改善，但部分群体营养素摄入依旧不足。与此同时，与膳食营养相关的疾病，如高脂血症、高血压和高血糖等疾病已成为长期困扰国人的健康问题。“大食物观”理念的提出，为人民群众的食物来源和结构提供了更加多元化的选择，有助于

优化居民膳食营养消费结构，进一步倡导人们增加食物种类，从膳食层面缓解一系列的营养健康问题。

（四）“大食物观”是农业供给侧结构性改革的重要内容

长期以来，我国把粮食产量作为衡量农业生产最重要的指标，通过各种手段推进我国粮食产量持续、迅速增加。然而，单纯追求粮食产量不仅无法彻底解决我国的粮食供需矛盾，还带来一系列资源环境压力，且部分高产作物（如玉米）的生产并未充分契合目前我国的食物消费需求，而且缺乏国际竞争力，粮食收储压力大，使我国粮食安全陷入产量多的同时库存和进口也多的多重境地（成升魁等，2018a）。在此背景下，贯彻农业供给侧结构性改革刻不容缓，坚持“大农业”“大食物”，转变粮食生产目标，顺应市场发展规律，以需求牵引供给，着力推进高质量农产品进入千家万户。“大食物观”就是以居民消费结构转型为导向，通过切实了解食物资源开发、食物生产结构等具体任务来明确农业供给侧结构性改革的发展规划。一方面，人民群众需求日趋向更加营养均衡的多元化食物消费结构转变，这就要求增加优质、绿色农产品的种植，减少过剩粮食的生产供给，优化食物供给结构；另一方面，要加强食物加工的产业链建设，在保障食物安全卫生的基础上，丰富食物来源和种类，满足消费者对不同食物的需求，同时增加产品附加值，实现“大食物观”下农产品供给侧结构性改革的双赢效果。

（五）迎合农业高质量发展要求，加快推进乡村振兴协调发展

“大食物观”理念与乡村振兴总目标相统一，贯彻落实“大食物观”理念，把推进农业供给侧结构性改革作为“大食物观”的主线贯彻始终，有助于共同推进食物消费结构转型和乡村振兴协调发展（樊胜根等，2022a），可见“大食物观”已然渗透到国家“三农”发展的方方面面，而“大食物观”的 30 多年发展历程，也反映了中国经济发展和“三农”工作的方向。党的十八大以来，党中央致力于打赢脱贫攻坚战、全面建成小康社会、实施乡村振兴、加快农业现代化发展等目标，实质上，归根结底就是要提升农民幸福感，提高农民生活质量，而人民对高质量生活和高质量农业的向往与追求，与习近平总书记所提出的“大食物观”本质上是不谋而合的，这也为“大食物观”的践行奠定了有力的群众基础。践行“大食物观”有助于推动我国食物系统的转型，进一步促进乡村振兴。

（六）当前全球食物系统受到诸多挑战，诡谲多变的国际环境进一步佐证了“大食物观”全球性的战略意义

在全球疫情、俄乌冲突、极端天气等多重冲击下，食物安全问题备受关注，食物系统转型的重要性日益凸显（陈秧分等，2021；樊胜根等，2022b）。具体而言，新冠疫情下，全球农业生产、粮食供应链、食物营养安全等均受到重大冲击，国内食物安全在短期内受到的影响相对较小，但仍需重点关注疫情对中长期食物安全的影响，加强防范世界范围内的食物营养安全风险（司伟等，2020）。此外，俄乌冲突等地缘政治风险进一步加剧了国际农产品供应、价格变动的风险。中国食物系统在全世界具有关键地位（Fan，2021），作为食物消费大国、食物进口大国，正面临着国际市场价格攀升和供应短缺的

双重风险（李冬梅和李庆海，2022）。基于当前局势，树立并落实“大食物观”，有助于提高我国重要农产品自给能力，促进食物来源多样化发展（王晶晶等，2022），增强我国保障国家粮食安全的信心与战略定力。

（七）“大食物观”秉持人类命运共同体理念，既对中国人民负责，也对世界人民负责

1974 年，FAO 在世界粮食大会上首次提出“食物安全”（food security）的概念。此后，经过近 20 年的深化和发展，FAO 在 1996 年将与“营养”相关的概念纳入“食物安全”范畴（李先德等，2022），并将其最终定义为“所有人在任何时候都能够在物质上和经济上获得足够、安全和富有营养的食物来满足其积极和健康生活的膳食需要和食物选择”（黄季焜，2021a）。习近平总书记提出的“大食物观”契合国际层面的“食物安全观”，不仅基本实现了粮食自给，积极探索国内食物来源，充分利用国内国际两个市场、两种资源，还在一定程度上分担了国际粮食供给压力，为世界粮食安全作出中国贡献。“大食物观”理念的提出，不仅展现了中国对内保障国家食物安全的信心与决心，也彰显了中国对外参与国际食物安全治理的使命感与责任感，充分表明了我国始终坚持维护世界食物安全、积极融入全球食物安全治理体系的坚定信念（周立等，2022）。

五、践行“大食物观”的主要举措

（一）拓展食物边界，扩大食物来源，积极发展“未来食品”

习近平总书记强调：“要向森林要食物，向江河湖海要食物，向设施农业要食物，同时要从传统农作物和畜禽资源向更丰富的生物资源拓展，发展生物科技、生物产业，向植物动物微生物要热量、要蛋白。”可见，虽然“大食物观”的基础是粮食，但又不唯粮食。过去传统的食物生产来源主要是耕地，而“大食物观”则提倡要跳脱出“食物主要来自耕地”的传统思维，着眼于整个国土资源，树立“大资源观”，除 18 亿亩耕地之外还有森林、草原和海洋，推动食物供给由单一生产向多元供给转变，深度开发“森林食物”“草原食物”“海洋食物”“沙漠食物”等食物资源。此外，在向林、草、水等要食物的同时，应当注重因地制宜、协调发展，这不仅是指宜粮则粮，还应当注重“宜经则经、宜牧则牧、宜渔则渔、宜林则林”，突出我国农业资源禀赋的多样化优势（张红宇，2022）。树粮（以生产可食用果实、块根和花叶为主，如各类坚果、水果、蜂产品、食用菌等）的提出是践行“大食物观”的重要体现。树粮具有不争农田、营养多元、保护生态等多重优势，积极引导树粮稳步发展，有利于促进人民群众调整膳食结构，是拓展食物资源的一项有效举措（曲静和卢勇，2022）。以食用菌为例，“小木耳，大产业”食用菌在践行“大食物观”中起到了不可忽视的重要作用。2020 年，我国食用菌产量超过 4000 万 t，在农业生产结构调整中成为新生主力军（李玉，2022）。食用菌不仅能够为人体提供食用蛋白，还可以作为人造肉、饲料等的重要原料，在医疗方面也有独特疗效，可谓应用广泛。

“未来食品”是指为解决食物供给、食品安全、营养健康等问题，满足人民美好生活需要的一种基于前沿技术生产的“更安全、更营养、更方便、更美味、更持续”食品（陈坚，2022）。构建“大食物观”需要着力推进未来食品的技术革新，这也是未来食品生产的难点和重点。以蛋白质为例，2022 年两会上习近平总书记明确指出，要“发展生物科技、生物产业，向植物动物微生物要热量、要蛋白”。作为人类赖以生存的营养素，FAO 研究表明，2050 年全球肉类消费将会成倍增长，届时传统的畜禽业供给将严重不足，我国肉制品的供需缺口也将持续扩大。此外，相关研究表明，基于微生物蛋白的替代蛋白还能够在一定程度上减少温室气体排放，对于农业用水、森林面积等环境指标具有改善作用。可见，通过食品合成生物技术实现人造蛋白的大规模、低成本、可持续高效生产是大势所趋。

除此之外，大力推进设施农业发展也是贯彻“大食物观”的一项重要举措。《2022 年国务院政府工作报告》指出，要“加快发展现代化设施种养业”，设施农业的优势在资源日渐紧张的中国愈发凸显。我国作为世界设施农业大国，应充分发挥其占用耕地少、科技程度高等优势，大力发展日光温室、塑料大棚等设施类型（乔金亮，2022）。与此同时，面对“大而不强”的现状，我国也在积极提升设施农业的生产水平，进一步优化空间布局，强化各项要素支持，努力实现向设施农业要食物、向科技要食物。

（二）“大食物观”不仅要求开拓食物来源，也强调“节流”，鼓励节约食物和粮食减损

“开源之外仍需节流”，倡导食育是践行“大食物观”的内在要求之一（陈卫，2022）。食物浪费问题贯穿于食物生产的各个环节，食物收获、储藏、运输、加工及消费环节都存在着大量的食物损失和浪费，其中消费端是造成食物浪费的主要环节，约占总浪费的 35%（成升魁等，2018a）。数据表明，2015 年中国城市餐饮食物总浪费高达 1700 万～1800 万 t，相当于全国粮食产量的 3%（成升魁等，2018b）。目前，我国食育还处于萌芽阶段，人民群众对节约粮食概念的认识及对营养健康食物选择的辨别能力还不够，需要国家、社会进一步宣传引导。在国家层面，需要加强立法，构建有效的监督治理体系，制定新时期下的新型食物安全标准。2013 年，中国开始提倡“光盘行动”；2020 年，习近平总书记作出重要指示，“坚决制止餐饮浪费行为，切实培养节约习惯，在全社会营造浪费可耻节约为荣的氛围”；2021 年全国人大常委会第二十八次会议通过《中华人民共和国反食品浪费法》，旨在保障国家粮食安全，弘扬中华民族传统美德。在政策层面，需要规划建设食物循环利用机制，完善鼓励节约反对浪费的税收措施。在社会层面，需要加强引导，对餐饮服务商和零售商加强监管，奖励节约，惩罚浪费；向人民群众进行宣传教育，在学校坚持将食育融入课程教育体系，利用互联网、多媒体等方式进行培训、宣讲等，加强消费者的节约意识和提高其对营养健康食物的选择能力，倡导绿色消费理念，从消费端实现食物消费减量。

（三）农业科技革命正当时，以科技创新为支撑，探索食物新来源

农业技术始终是农业发展的重中之重（樊胜根和高海秀，2020），是践行“大食物观”的根本出路。在农业生产方面，农业机械化生产、良种繁育、耕地保护等都需要向

科学技术汲取生产力。首先，耕地是粮食生产的“命根子”，而粮食安全是“大食物观”的基础，“大食物观”要求我们坚定不移地守住耕地资源、保障粮食供给，利用科技手段实现耕地内部及非耕地领域的空间拓展。其次，种子是农业的“芯片”，需要着力推进种业创新，特别是“大食物”生产所需的新品种。此外，要调整农业科技发展方向，深度开发来自山水林田湖草沙场景的食物资源，加强对森林、草原、海洋等资源的开发利用（陈萌山，2022），从陆地农业系统向陆海农业系统逐步转型（任继周，2022），真正实现农林牧渔结合的“大农业”。在资源紧缺和生态环境破坏的现状下，要利用生物科技创新食物生产方式，加快发展新食品制造，鼓励和引导相关企业进行科技创新，重点推进植物蛋白、微生物蛋白、“人造肉”等替代蛋白的生产，为保障未来人们能够摄入充足的营养素提供新思路，把“藏粮于技”真正贯彻落实到“大食物观”的实践之中。

（四）立足国内，着眼国际，统筹国内国外两个市场，拓展食物资源

当前中国虽已基本实现粮食自给，但大豆、玉米等饲料作物仍大量依赖进口，因此“大食物观”不仅要在国内拓展食物来源，还要求具备国际视野，减少国内外市场的流通障碍，充分与国际市场接轨，合理利用全球食物资源（李冬梅和李庆海，2022）。改革开放以来，中国国际地位日渐提升，在国际食物体系中的角色也逐渐重要起来，这也代表着中国要勇于担起国际使命，向全世界传递中国声音，在守住粮食安全底线的前提下，积极参与全球农业分工体系，主动融入以国内大循环为主体、国内国际双循环相互促进的新发展格局（任继周，2022）。此外，我国应当充分利用“一带一路”沿线各个国家的食物资源，积极参与国际农产品贸易，立足于我国比较优势，不断强化我国在全球农业食物体系中的话语权。需要注意的是，在从国外引进可行物种的过程中要慎重选择，充分论证外来物种对我国生态环境的影响，避免打破国内已有的生态系统平衡（刘奇，2021）。

（五）完善相关政策体系，为落实“大食物观”提供坚实的制度保障

食物安全问题涉及社会、经济、科技等的方方面面，是一个庞大的体系工程，需要各个部门共同努力，不断提高国家粮食安全治理能力。在实践层面，要时刻坚持以“大食物观”为指导，依托目标和实行措施积极完善配套政策，优化农业支持政策，构建“大食物观”制度保障体系。在供给方面，要积极扩大食物来源，建立“大食物”“大农业”资源库，充分挖掘各类可能的食物品类，保障各种食物资源的全方位、多途径供给能力。在需求方面，要对我国城乡居民食物消费相关数据进行调查统计分析，找到我国食物消费的变化趋势和存在的问题，推动食物消费结构转型。此外，要着力优化农业支持和补贴政策，将“大食物观”落实到每一位百姓身上，重点关注偏远地区弱势群体的权益，“让人人吃得起健康食物”（樊胜根，2022）。

（六）粮食安全、“大食物观”和高值农业发展并举

为保障粮食安全，在坚持以“大食物观”为指导的同时，还应保障多元化的食物来源。当前中国居民热量、蛋白质和脂肪摄入已基本超过韩国，蛋白质摄入已经全面超过日韩。然而，中国居民热量、蛋白质和脂肪的摄入来源主要集中在谷物，

而日韩集中在动物。而高值农业发展就是要在兼顾谷物发展的同时，还应重视饲料粮和畜产品的发展，保障更加多元化的食物来源。

第四节　食物浪费及其治理与消费引导

食物损耗和浪费（food loss and waste，FLW）作为一个整体概念是指食物系统全产业链的食物减少。食物供应链通常划分为“生产-物流-零售-消费”四个阶段，发生在生产收获后至零售前的食物减少定义为食物损耗（food loss），发生在零售至消费的食物减少定义为食物浪费（food waste）（FAO，2019；UNEP，2021）。

我国非常重视食物浪费问题。2012 年我国颁布了中央“八项规定”“六项禁令”以遏制食物浪费问题。2013 年我国线上和线下开始共同倡导“光盘行动”。2014 年上海绿洲公益发展中心创立食物银行，将餐馆、居民等环节多余的食物分发给有需要的群体。2021 年我国通过《中华人民共和国反食品浪费法》，正式从立法层面减少食物浪费。不同于西方国家，我国一直以来都有珍惜食物的文化传统，因此在无论政策、法律还是宣传方面，我国针对食物浪费的行动往往都会得到积极的响应。

一、食物浪费的现状

自 2011 年联合国粮食及农业组织发布全球食物损耗和浪费占总食物供应的 1/3（Gustavsson et al.，2011）后，全球针对食物浪费的研究逐年增加[①]。2019 年，联合国环境规划署汇总了针对食物浪费的相关研究，显示 2019 年全球共有 93 亿 t 食物被浪费，其中餐饮服务、零售和居民环节的食物浪费分别高达 24 亿 t、12 亿 t 和 57 亿 t[②]。

2014～2018 年，我国每年以各种方式损耗和浪费的食物平均约为 3.5 亿 t，占食物总供应的 27%。这 3.5 亿 t 里大约 17%来自消费端，约 5900 万 t，其中大部分来自餐饮服务，约 4500 万 t，而居民仅造成约 1400 万 t 的食物浪费（Xue et al.，2021）。人均水平上，在居民食物浪费方面，农村家庭食物浪费高于城市家庭，平均每餐浪费 8.74g 食物，超过 70%的农村家庭每餐浪费 0～10g 食物（Li et al.，2021c），城市家庭平均每餐浪费 5.54g（Zhang et al.，2020b）。相比于居民食物浪费，餐饮服务方面的食物浪费则高出很多，城市餐饮服务平均每人每餐浪费 93g 食物（Wang et al.，2017）。按食物浪费的重量划分，谷物和蔬菜均贡献了约 35%，肉类和水产品分别贡献了约 15%和 9%。按食物种类划分，水果蔬菜占总食物浪费的 62%，其次是肉类，占 17%。该项研究结果也与常识相符。水果蔬菜保质期短，也更容易被识别是否变质，因此更容易丢弃。另外，我国特有的事件性消费（曹晓昌等，2020），如婚宴、朋友聚餐等，也会造成大量的食物浪费。我国婚宴的食物浪费高达每人每餐约 300g，答谢宴的食物浪费也达到每人每餐约 144g，其中肉类和水产品分别占总浪费的约 22%和 21%，远高于我国消费端的平均水平。由此可见，我国与西方国家不同。首先，西方发达国家食物损耗占比小于我国，近一半

① 根据 Dou 和 Toth（2021）的元分析，1949~2019 年 71%针对食物浪费的研究集中在 2010 年后。Parfitt 等 2010 年发表的文章和联合国粮食及农业组织 2011 年的报告可能一定程度上促成了这一现象。

② 由于各地针对食物浪费的研究采用的方法不同，该结论更多用于参考。

的食物损耗和浪费来自消费端（Xue et al.，2021）。其次，西方发达国家消费端的食物浪费主要由家庭消费产生（Aschemann-Witzel et al.，2015；Stenmarck et al.，2011；Buzby et al.，2014），如欧盟的家庭食物浪费占总食物损耗和浪费的45%（Xue，2017），而我国消费端的食物浪费主要由餐饮服务产生（HLPE，2014），餐饮服务中，宴请等事件性消费是食物浪费的重灾区。根据联合国环境署发布的《食物浪费指数报告》，我国餐饮服务产生的食物浪费比世界平均水平高出10%，居民则比世界平均水平低10%（UNEP，2021）。

在减少食物浪费的潜力方面，Song 等（2015）发现如果我国居民每人减少 5g 食物浪费，我国总食物浪费可减少260万t，相当于185万t二氧化碳当量的碳足迹、18亿m^3的水足迹和1000万hm^2的生态足迹。改变膳食习惯同样会对减少食物浪费作出贡献。如果每人每年用1kg猪肉替代等量牛肉消费，每年可减少2300万t二氧化碳当量的碳足迹、120亿m^3的水足迹和1200万hm^2的生态足迹，几乎达总量的一半。

总体来讲，减少食物浪费对于保障食物安全有积极的意义。Springmann 等（2021）研究发现，在全球当前的饮食习惯下，如果食物浪费降低一半，食物平均价格将降低14%。在健康的膳食习惯下，食物浪费降低一半可以导致食物平均价格降低15%～43%。Kuiper 和 Cui（2021）指出，当食物浪费减少25%而食物价格相应降低时，用于衡量食物安全水平的指标也会上升，其中全球食物供给指标会上升0.13%，人们对食物的获取指标会上升0.53%。因此，遏止不必要的食物浪费可以和健康的膳食习惯协同加强食物安全程度。“大食物观”将减少食物浪费视作除耕地之外可以增加粮食有效供给的“无形良田”，是保障我国粮食安全和食物安全的重要环节。另外，减少食物浪费可以有效缓解我国的环境压力，更是“大食物观”中绿色发展和生态文明建设的重要组成部分。

二、食物浪费的原因

在个体层面，影响食物浪费的因素大体可以分为物质资本和非物质资本两种。物质资本包括冰箱、保鲜容器、超市相对居民区的分布、交通工具等，非物质资本包括教育水平、就业情况、膳食知识、食物消费习惯（如是否做饮食计划）等。与物质资本和非物质资本共同产生作用的因素包括收入水平、社会发展水平、饮食习惯、家庭结构与规模等。这些因素相互作用，最终的表现形式就是消费习惯。

居民的食物消费行为通常分为“计划-购物-储存-饮食”四个阶段，每个阶段都存在相对应的影响食物浪费的物质资本和非物质资本。根据 Heng 和 House（2022）对发达国家研究的总结，在计划阶段，制作购物清单的家庭往往比不制作购物清单的家庭浪费更少；在购物阶段，影响食物浪费的因素有消费者对新鲜程度的偏好及商家为刺激销售提供的折扣；在储存阶段，膳食知识和冰箱保有率都会影响食物浪费；在饮食阶段，消费者对剩菜剩饭的偏好及消费者如何判断食物是否可以食用都可决定食物浪费的多少。除了食物消费行为，消费者自身的特性也可决定食物浪费的多少。例如，居家饮食比外出饮食浪费的食物更少，老年人比年轻人浪费的食物更少，没孩子的家庭比有孩子的家庭浪费的食物更少，女人做饮食决定的家庭比男人做饮食决定的家庭浪费的食物更多，规模大的家庭比规模小的家庭人均浪费的食物更少，收入及教育水平相对低的个体比相对高的个体浪费的食物更少。然而这些结论还是非常片面的，其并未区分应该产生的食物浪费和不该产生的食物浪费。以健康膳食为例，其会造成更高的食物浪费，一方面是因为易腐烂变质的蔬菜水果占食物总消费的比例增加，另一方面是因为不健康的食材更容易被丢弃。这为很多决定因素提供了替代解释：老年人浪费更少，可能是因为老年人更容易吃腐烂的食物；女人做饮食决定的家庭浪费更多，可能是因为女人更关心食物是否健康。营养健康是食物消费不可或缺的一环，因此食物浪费作为食物消费的一部分也不能忽略营养健康。从实质上看，也就是为了健康丢弃的食物不应被当作应该减少的食物浪费。剔除这些由于概念不清晰而无法归因的因素后，主要影响食物浪费的因素有商家如何提供商品信息、消费者购物前是否制定购物清单、居家饮食还是外出饮食等。

三、有效减少食物浪费的制度和倡议

食物浪费作为一个全球性的议题至今持续受到关注。伴随我国人均收入的增长，降低食物浪费面临更多的挑战。我国在实现“口粮绝对安全，谷物基本自给”的粮食安全目标后，蔬菜水果的消费还会持续增长（黄季焜和解伟，2022），因此食物浪费也有可能相应增加。若不加以控制，食物浪费既会影响我国的食物供给，也会给资源环境造成很大压力。在减少食物浪费的措施方面，政策法律往往从食物供给主体的角度减少食物浪费，宣传倡议则更多从食物需求主体入手减少食物浪费。

（一）政策法律

从联合国粮食及农业组织 2011 年的报告发布后，许多国家开始从立法层面应对食物浪费。立法的责任主体往往是食物的供给方，如餐饮服务经营者、超市经营者等。食物浪费方面的立法与执法可归纳为如下三个层面：一是以鼓励和奖励节约为主导，如食物捐赠等节约行为可用于抵税，为可减少食物浪费的新技术和宣传提供资金；二是以惩罚为主要措施，如对未按规定实施节约措施的主体进行罚款；三是从市场监管出发，以引导消费为目的，有针对性地管理食品标识（如最佳食用日期）。

在鼓励与惩罚方面的立法上，法国 2016 年通过的《反食物浪费法》（*Food Waste Prevention Legislation*）要求零售商必须与当地的非营利组织或食物银行约定，将多余的食物捐赠给非营利组织或食物银行，未参与约定的企业会受到处罚，但履约的成本（如监督、针对违约的诉讼等）则由非营利组织或食物银行承担。这种权责分配方式是基于西方非政府组织与政府间的平衡格局制定的。美国纽约州 2022 年新通过的《食物捐赠和食物废料回收法》（*Food Donation and Food Scrap Recycling Law*）要求餐饮服务经营者和超市经营者捐赠多余的食物，并将餐余垃圾运送至指定地点处理。美国 2016 年联邦层面的法案《食物回收法案》（*Food Recovery Act*）至今仍未通过，这可能从侧面说明地方政府在食物浪费和垃圾管理上更有组织优势。

与上述二者不同的是食品标识方面的立法。该类立法通过明确食物保质期（sell-by date）、最后食用日期（use-by date）和最佳食用日期（best-by date）的区别为消费者提供消费信息。研究表明，标注最佳食用日期比标注另外二者对减少食物浪费更有帮助（Yu and Jaenicke，2021），一部分是因为“保质期”和“最后食用日期”意味着超过该日期的食物不宜食用，人们往往会丢弃超过该日期却未变质的食物，从而造成食物浪费。而对于注明“最佳食用日期”的食物，人们可以自行判断超过该日期的食物是否适宜食用，在一定程度上减少了浪费的动机。Yu 和 Jaenicke（2021）发现，当牛奶标识的保质期变为最佳食用日期后，纽约市居民对牛奶的利用率增加了 13%～19%，有效减少了牛奶的浪费。

我国于2021年通过的《中华人民共和国反食品浪费法》(以下简称《反食品浪费法》)，针对上述措施均有体现。《反食品浪费法》将食品浪费定义为“对可安全食用或者饮用的食品未能按照其功能目的合理利用，包括废弃、因不合理利用导致食品数量减少或者质量下降等”。《反食品浪费法》要求地方市场监督管理部门对餐饮行业和食品生产经营者进行监督管理，并要求餐饮服务经营者采取有关措施防止食物浪费，如主动为消费者提供防止食品浪费的提示提醒，不得诱导、误导消费者超量点餐，标注餐品分量和建议消费人数等。《反食品浪费法》也针对主观意图对法律后果进行了区分，如对于违反规定的经营者，市场监督管理部门首先责令改正，拒不改正的予以处罚。在鼓励机制上，《反食品浪费法》鼓励地方政府建立食物捐赠机制，支持防止食品浪费的研究和新技术，并鼓励国家实行有利于防止食品浪费的税收政策。值得注意的是，《反食品浪费法》的进步之处还体现在第八条允许餐饮服务经营者对造成明显浪费的消费者加收餐余垃圾处理费用，使得此法比统一征收垃圾处理税更有针对性，也很容易为消费者提供警示。由此可见，《反食品浪费法》呼应并吸纳了大多数现有研究所指出的问题与建议。从《反食品浪费法》通过至今，宁夏、浙江、上海、江苏、河南等地均有针对因诱导消费、未张贴反食品浪费标识等违法行为而导致的食品浪费进行批评教育和罚款的案例。未来，我国还可以规划建设食物循环利用机制，进一步完善鼓励节约反对浪费的税收措施，同时对食品标识作出更明确的规定。

（二）倡议、行动与展望

与立法监督互补的是宣传倡议，其旨在通过影响消费者选择来减少食物浪费。倡议宣传往往通过三个层面引导消费者的选择，第一个是文化层面，第二个是教育干预，第三个是通过公益组织协调食物回收与再分配体系。

在文化层面，中华民族自古以来就有勤俭节约的传统美德。我国的基础教育也在倡导节约行为，“谁知盘中餐，粒粒皆辛苦”深深烙印在中华民族的文化基因之中。作为民间发起的宣传倡议，“光盘行动”从 2013 年开始至今之所以始终盛行，与我国的节约文化息息相关。该倡议也成为《反食品浪费法》的一部分，如第八条允许餐饮服务经营者对参与“光盘行动”的消费者给予奖励。实行了近十年的“光盘行动”不但已经成为我国饮食文化重要的一部分，也作为典型案例受到联合国和国外公益组织的关注与推崇（HLPE，2014）。我国勤俭节约传统美德的直接体现就是 2018 年我国居民食物浪费为 3400 万 t 左右（Wang et al.，2021），而美国居民食物浪费在 4000 万～6000 万 t（EPA，2021），我国居民食物浪费不但总量低于美国，人均水平更远低于美国。

在教育干预方面，倡议宣传从最早的采取提高公众对食物浪费认知的措施，发展至今天的为公众提供防止食物浪费相关信息的工具。英国的废物与资源行动计划（Waste and Resources Action Programme，WRAP）于 2007 年发起了“珍惜食物反对浪费”(Love

Food Hate Waste）活动，主要宣传食物浪费的现状和后果，该活动使得英国食物浪费在2007～2012年减少了21%。美国的非营利组织Rethink Food Waste through Economics and Data（ReFED）提供的互动型网页 Insights Engine，可以让大众了解食物浪费的现状和解决方式，并计算自己的生活方式对粮食安全及环境资源的影响。本章介绍的研究中有些发现通过制定购物计划、提高居民营养膳食知识等方式可以减少居民食物浪费，这些措施都是教育干预的一部分。

在食物回收与再分配体系方面，倡议宣传呼吁公众关注并支持食物银行等公益组织。在西方，食物银行是食物系统重要的一环（Food Bank News，2021）[①]。我国的公益组织正在积极参与食物回收与再分配体系的构建，如上海绿洲公益发展中心于 2014 年建立的“绿洲食物银行”。该组织针对我国送礼中存在的食物浪费现象，在2021年中秋节开展了“月饼零浪费大募集”活动，一个月从消费者手里回收将近6万个月饼并分发给有需要的人群；2021年该组织共回收及分发食物409t，价值1551万元，为减少食物浪费、促进可持续发展作出了重要贡献，也为我国食物循环利用机制建设提供了可行性高的样板。

“大食物观”要求在保障“谷物基本自给、口粮绝对安全”的基础上，以生态环境保护为前提，立足于整个国土资源，全方位、多途径开发食物资源。在我国人多地少的基本国情下，减少食物浪费作为我国除 18 亿亩耕地之外可以增加粮食有效供给的“无形良田”，也是我国重要的食物资源。食物浪费造成的资源和环境压力进一步明确了减少食物浪费的必要性。同时，“大食物观”旨在为我国居民提供充足、优质、多样的食物，满足我国居民对肉类、蔬菜、水果等产品与日俱增的需求。蔬菜、水果和肉类是我国消费端食物浪费最多的三类食物，减少其浪费是解决“人民日益增长的美好生活需要和不平衡不充分的发展之间的矛盾”的重要环节。在供给层面，通过《反食品浪费法》加强对餐饮服务商和零售商的监管，使商家就食品食用期限制作更适合中国消费者习惯的标识，同时应以消费者的营养需求而非商家的销售额为最终目的；在需求层面，通过倡导食育提高居民的节约意识和对营养健康食物选择的辨别能力；通过引导消费，随着居民收入的提高，使其可以负担得起更高效更环保的食物储存技术和手段，随着居民教育水平的提高，使其具备更完善的膳食知识和更健康环保的食物消费习惯。我们也应认识到，健康的食物观要求的健康膳食会增加蔬菜和水果在食物消费中的占比，食物浪费也会由此增加。因此，现阶段食物浪费观与健康的食物观之间的矛盾急需解决，“大食物观”也应形成适应我国食物系统的、以保障生态环境为前提的、以满足人民健康营养膳食需求为目的的新食物浪费观。

（本章执笔人：黄季焜、解伟、王晓兵）

① 美国社会活动家 John van Hengel 于 1967 年建立了第一家食物银行。截至 2020 年，美国已经有数百家食物银行，而排名前 300 的食物银行 2020 年总收入超过 147 亿美元。

第四章　中国粮食等主要农产品市场改革与发展

第一节　农产品国内市场改革与发展

我国农产品供给实现从严重短缺到供需总量基本平衡和农民生活实现从解决温饱到全面小康，农产品市场的发展与改革功不可没。粮食等主要农产品市场发展与改革的直接体现是生产要素的配置效益和优势农产品的市场竞争力不断提高，未来必须进一步发挥市场机制的资源配置作用。本节介绍了国内粮食等主要农产品市场改革和演变的趋势，主要包括三个阶段：首先是 20 世纪 80 年代初至 21 世纪初粮食等主要农产品的市场改革和发展；其次是 21 世纪初以来粮食等主要农产品生产激励政策和市场改革；最后是近期粮食等主要农产品市场改革与生产补贴。

一、21 世纪初之前粮食等主要农产品市场改革和发展

中国农产品市场改革始于 20 世纪 80 年代初。在改革初期，我国没有放弃国家计划经济体系，并且把市场经济作为对计划经济的一个补充（Perkins，1994）。在经济改革期间，我国逐渐放松国家计划经济的粮食统购统销政策：改革初期针对非粮产品，后续逐步开放粮食产品如水稻、小麦和玉米。

价格和市场改革被认为是中国实现从计划经济向市场经济转变的重要手段。20 世纪 70 年代末，通过提高政府议购价格，我国首次启动了价格和市场改革。80 年代初，随着农业生产从集体经营转向家庭联产承包责任制（HRS），针对不同农产品开展了不同的市场改革（表 4-1）。

表 4-1　20 世纪 80 年代初至 21 世纪初中国农业渐进性市场改革

农产品类型		市场化状态
非战略性农产品	蔬菜水果	完全市场化：20 世纪 80 年代早期
	水产品	完全市场化：20 世纪 80 年代早期
	粗粮	完全市场化：20 世纪 80 年代中期
	畜产品	完全市场化：20 世纪 80 年代晚期
	糖料和油料作物	完全市场化：20 世纪 90 年代早期
战略性农产品	棉花	完全市场化：20 世纪 90 年代晚期
	大豆	完全市场化：20 世纪 90 年代中期
	水稻/小麦/玉米	初步市场化：20 世纪 90 年代早期 政府重控制：1995 年，1998～1999 年 再次市场化：21 世纪初期

如表 4-1 所示，农产品市场改革从经济作物开始，然后拓展到主要粮食等重要农产品领域；每类农产品的市场改革都遵循渐进性原则（即从简到繁），从而为后续农产品

市场改革积累经验。例如，20 世纪 80 年代初，市场改革首先从蔬菜、水果、水产品、畜产品及糖料和油料作物等产品开始，对于关系到国计民生的重要农产品如粮食和棉花，市场改革起步则较晚；到 80 年代中期以后，市场改革逐步转向动物产品（如鱼和肉类）；最后是糖料、食用油、棉花和谷物等重要农产品逐步开放。

（一）非战略性农产品的市场改革

蔬菜水果的市场改革开始于 1978 年，到 80 年代中期政府逐步取消其收购和销售系统。1984 年前，改革的重点为提高政府收购价格，并且引入蔬菜、水果等作物的多渠道购销体系。到 1985 年，政府正式废除统购制度，启动蔬菜水果市场化改革，并将工作重点转向发展市场基础设施和农产品市场管理机构。

为了在 1978～1984 年建立多渠道购销体系，政府逐渐减少了收购，并允许更多的私人实体参与蔬菜水果的销售。1978 年以前，国有企业和供销合作社几乎垄断了所有城市地区的蔬菜水果销售，并负责向农村地区的非农业人口销售这些产品。但在改革期间，农村地区的乡村集市和城市地区的农产品市场及新兴批发市场数量不断增加，蔬菜水果、水产品可以在此进行交易。1984 年后，政府出台了一项重大举措，鼓励在农村生产区和城市消费区发展农副产品批发市场。

到 20 世纪 90 年代中期，出于对市场改革会导致蔬菜水果价格上涨和波动进而带来社会不稳定的担心，中央政府要求各地方政府对批发市场、零售市场进行大量投资，以确保蔬菜水果的稳定供应。与此同时，农业部（现农业农村部）启动了“菜篮子”工程，旨在城市郊区建立生产蔬菜、肉类、禽蛋和其他副食品的基地。随着蔬菜和其他副食品（或非谷物食品）需求的增加，这些商品的生产也从城市郊区扩展到农村地区。

20 世纪 90 年代末，随着市场基础设施的完善和省际运输能力的提高，中国蔬菜水果和其他农副产品（如鱼、杂粮、家禽、鸡蛋和猪肉等）市场已经基本实现整合。特别是进入 21 世纪以来，中国农产品市场发展进入一个新的阶段，旨在提高包括蔬菜水果在内的农产品的可追溯性。

（二）战略性农产品的市场改革

在农产品中，粮食产品的市场改革是最重要的改革，持续了 20 多年。出于对粮食产品价格波动及其对消费者福利影响的担忧，我国粮食市场改革从 20 世纪 70 年代末开始一直持续到 21 世纪初，包括水稻、小麦和玉米等产品的改革。

1. 粮食市场改革

中国政府在逐步取消战略性的粮食等大宗农产品的定购政策上采取了谨慎的做法，并在改革过程中出台了各种政策措施来鼓励其生产。图 4-1 显示了政府定购、议购和自由市场销售的大米数量及其变动趋势，其中议购价格主要遵循农村市场价格。在改革开放初期（1978～1984 年），通过市场销售的大米数量仅为几千万吨，大米定购量的增加反映了改革开放初期大米产量的显著增加。然而，到 90 年代中期自由市场销售的大米数量增加到市场总量的一半以上，2003 年约为 3/4。相应地，自 80 年代中期以来政府定购大幅下降，到 2003 年统购统销完全取消。

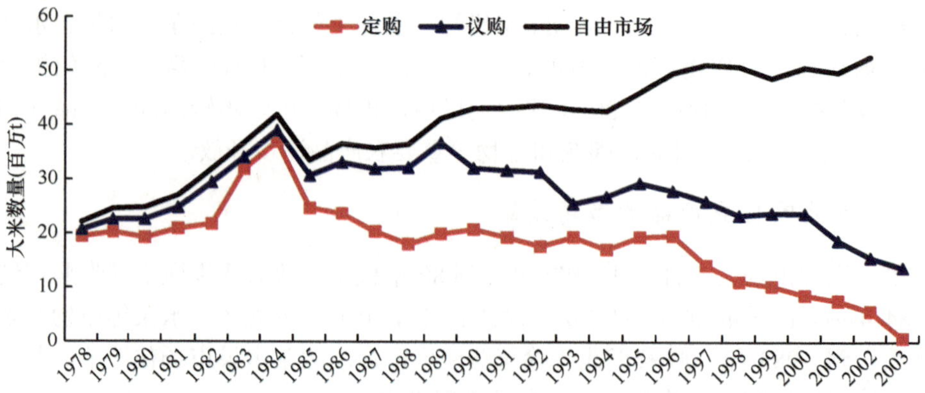

图 4-1 1978～2003 年政府定购、议购和自由市场销售的大米数量

2. 粮食部门市场改革经历“前进-后退-前进”的曲折之路

在整个 20 世纪 80 年代的粮食市场改革期间，考虑到粮食在国计民生中的重要性，相关政策曾经几次出现反复。在 80 年代初粮食产量创纪录增长之后，1985 年政府宣布进行粮食作物的价格和市场改革，旨在限制政府的价格和市场干预范围，增强市场的资源配置作用。然而，在 80 年代末粮食产量增长率急剧下降和价格上涨期间，市场改革道路放缓甚至停滞，这一时期保留了粮食定购。为鼓励农民增产并向政府出售粮食，随时间推移定购名义价格不断提高，然而考虑通货膨胀因素的实际农业定购价格在 90 年代初几乎保持不变。

随着粮食产量和价格在 20 世纪 90 年代趋于稳定，政府又一次尝试改革粮食统购统销制度（Huang and Rozelle，2003）。1993 年初，城市地区的商店停止以定量价格向消费者销售粮食。1993～1994 年，市场自由化进展顺利。然而，1994～1995 年，市场开放导致大米、其他谷物和其他农产品的价格大幅上涨。因此，直到 90 年代末，政府强制的定购政策才逐步取消。与此同时，中国启动了“米袋子”省长责任制，旨在让省长负责平衡其省份的粮食供需，以稳定当地粮食市场和价格。在这种责任制下，缺粮省份倾向于加大生产投入，并加大力度与粮食富余省份协商购买粮食。

1998 年，中国的粮食产量创下了三年来的最高纪录，在市场价格下跌的情况下，农民出售粮食困难。为保护农民利益，政府于 1998 年实施了一项颇有争议的粮食流通体制改革：按保护价格敞开收购农民余粮、粮食收储企业实行顺价销售粮食、粮食收购资金实行封闭运行的“三项政策”。与以往的定购安排不同，为了提高农民收入，粮食价格首次设定在高于市场价格的水平。然而，这一改革并未在现实中发挥作用，因为政府无法阻止数百万私人商贩从数亿小农手中购买粮食，而粮食局也难以远高于市场水平的价格销售；与此同时，粮食市场价格进一步下跌。

2000 年后，粮食市场改革重新启动，已经实施了几十年的统购统销制度终于在 2003 年正式废除。最重要的是，尽管反复出现改革和后退的周期，但中国农村的商品市场仍在稳步加强。以市场价格销售的零售商品的比例继续上升，交易成本下降，一体化程度上升（Park et al.，2002）。尽管改革过程相当曲折，但到 21 世纪初，国内市场已经基本

实现整合（Huang and Rozelle，2006）

随着中国粮食市场逐步改革，通过政府的粮食定购计划，种粮农民的税收负担显著降低。隐性税收是根据政府粮食定购量和市场价格与政府定购价格之间的差额来估算的。图 4-2 显示，20 世纪 90 年代末之前，粮食定购政策对种粮农民征收了高额税收。然而，随着市场改革，税收水平随着时间的推移大幅下降。事实上，尽管中国对农民的隐性税收一直很高，但随着 2000 年取消政府统购统销制度，2004 年开始向农民直接转移支付和给予农业补贴，中国已经开始转向从征税到补贴农业的制度。

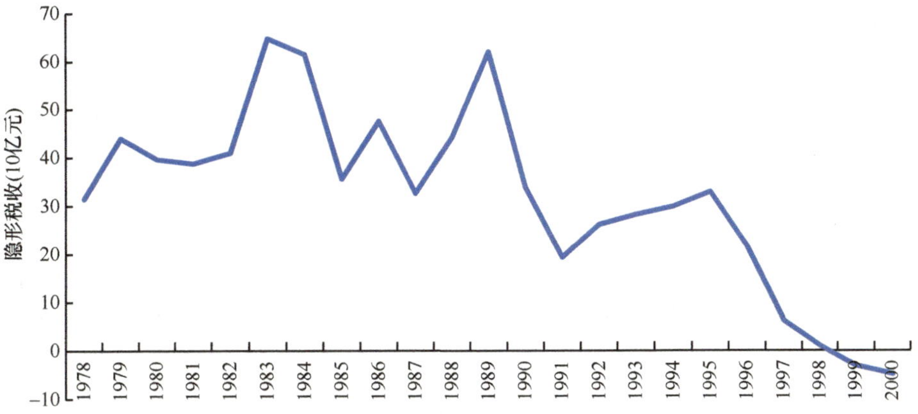

图 4-2　1978～2000 年通过政府定购对粮食征收的隐形税收（2000 年不变价）

数据来源：Huang and Rozelle，2006

（三）粮食市场整合

现有研究表明，即使在 21 世纪初，中国的农产品市场也是世界上最具竞争力和综合性的市场之一（Park et al.，2002；Huang and Rozelle，2002；Huang et al.，2004；Rozelle et al.，1997；Rozelle and Huang，2010）。表 4-2 显示了 Rozelle 和 Huang（2010）对玉米、水稻与大豆三种主粮产品的市场价格进行协整分析的结果。该研究结果表明，20 世纪 80 年代末以后，中国的粮食市场已经日益一体化。1989～1995 年，国内只有不到 30%的粮食市场是整合的，大部分市场是分割的。然而，到了 90 年代末，玉米、大豆和水稻市场的价格互相联动的配对对市场之间已经整合的比例已经达到 60%及以上。90 年代末之后，更多的市场被整合。到 2002～2003 年，几乎所有玉米或大豆市场都已整合（表 4-2）。

表 4-2　1989～2003 年 Dickey-Fuller 检验结果为正协整的中国农村市场配对比例（%）

粮食	1989～1995 年	1996～1998 年	2000～2003 年
玉米	28	89	99
大豆	28	95	98
水稻	25	60	92

数据来源：Huang et al.，2004；Huang and Rozelle，2006

二、21 世纪初以来粮食等主要农产品生产激励政策和市场改革

尽管中国的农业生产在 20 世纪末的 20 年中取得令人瞩目的成就，但进入 21 世纪以后面临多方面的挑战。一是粮食产量增加以牺牲环境为代价，对可持续发展构成巨大挑战（Lu et al.，2015）。二是劳动力工资的上涨显著增加了粮食生产成本，降低了我国农业在全球市场的竞争力，这进一步引发了对中国粮食安全的担忧（Huang and Yang，2017；韩俊，2014）。三是农民的平均收入仍然很低，城乡收入差距仍然很大。

为应对以上挑战，从 2004 年开始中央出台了一系列强有力的政策措施。最能体现中央对农业农村发展关注的是中央一号文件从 2004 年开始聚焦“三农”问题，出台了一系列重大的惠农惠民政策。在保障粮食安全和促进农民增收方面，最主要的政策包括如下 4 个方面：①2004 年在全国范围内取消农业税；②2004 年启动农业直接补贴，之后补贴逐年增加（图 4-3）；③2004 年开始启动大宗农产品的托市政策，包括 2004 年启动的水稻和小麦的最低收购价政策和 2008 年启动的玉米、大豆和油菜籽的临时收储政策，2011 年和 2012 年分别启动的棉花和食糖的临时收储政策；④21 世纪初以来政府加大对农业农村的财政投入，特别是加大对农业基础设施建设和农业科技投入。

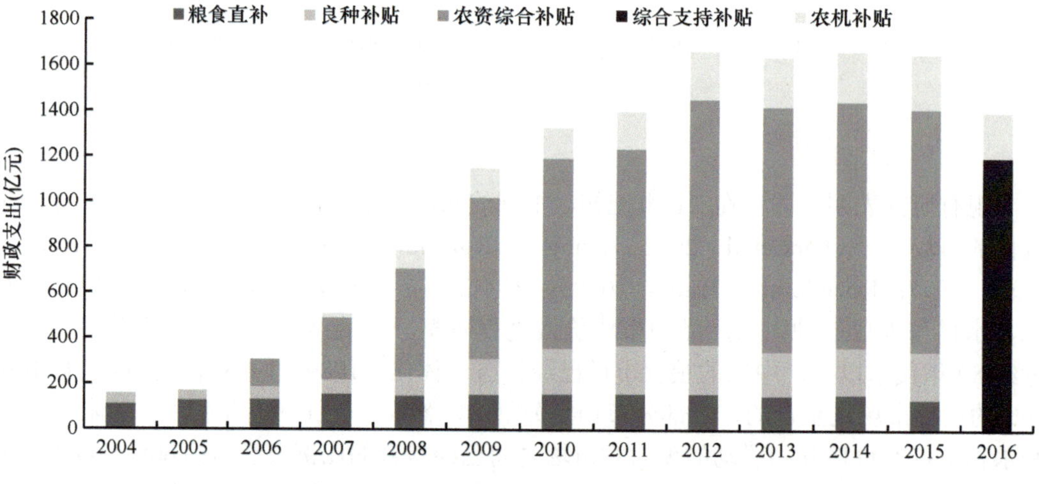

图 4-3　2004～2016 年农业补贴政策财政支出（按名义价格计算）

数据来源：根据财政部历年来发布的各项农业补贴数额文件整理

以上许多政策对农业增长和农民增收起到了积极的作用。首先，我国粮食产量实现破纪录的“十二连增”，年均增长率从 2000～2005 年的 1%提高到 2005～2016 年的 2%及以上（表 4-3）。其次，农林牧渔业产值在扣除物价增长因素后，2005 年以来年均实际增长保持在 4.5%左右（表 4-3）。最后，城乡居民人均纯收入比在 2009 年达到顶峰（3.3∶1）后，从 2010 年开始出现下降趋势，到 2017 降到 2.7∶1（国家统计局，2018）。

表 4-3　改革前后中国农业及主要农产品年均增长率　　(%)

项目	改革前 1952～1978 年	改革时期[a]					
		1978～1984 年	1984～2000 年	2000～2005 年	2005～2010 年	2010～2016 年	平均
农业国内生产总值	2.2	6.9	3.8	3.9	4.5	4.0	4.5
农林牧渔业产值	3.4	5.9	5.9	5.3	4.8	4.2	5.4
粮食	2.5	5.5	0.9	1.0	2.5	2.0	2.1
棉花	4.0	17.9	−0.6	6.4	2.0	−1.7	3.8
油料作物	1.4	17.6	6.4	0.9	1.5	2.0	6.4
糖料作物	7.8	13.6	3.7	4.8	5.3	0.5	5.3
水果	4.0	8.5	12.5	26.2	5.8	4.8	11.5
蔬菜[b]	—	4.6	8.3	3.1	1.5	2.2	5.2
肉类	—	7.8	9.1	2.9	2.7	1.3	6.0
猪牛羊肉	4.4	11.4	7.5	2.9	2.4	1.0	5.9
禽肉	—	—	14.9	2.9	4.2	2.3	8.8
奶产品	—	—	8.2	25.6	5.7	−0.1	9.0
水产品	4.7	4.2	12.1	3.6	4.0	4.3	7.3
人口	2.0	1.4	1.2	0.6	0.5	0.5	1.0

数据来源：国家统计局的历年《中国统计年鉴》《中国农业年鉴》《中国农村统计年鉴》和《新中国六十年统计资料汇编》。a. 肉类产量数据统计开始于 1979 年，禽肉和奶产品产量数据统计开始于 1985 年。b. 蔬菜数据为种植面积，开始于 1978 年。年均增长率为每个时期年增长率的均值。单个产品和大类产品的增长率基于产量数据，部门的增长率基于按可比价的计算

但巨额的农业补贴并没有对农民增收和农业生产产生显著的影响。农业 4 项补贴（粮食直补、良种补贴、农资综合补贴和农机补贴）在 2012 年达到近 1700 亿元，虽然补贴增加了农民收入，但我国有 2 亿多农户，平均每户拿到的补贴还不到 700 元，对农民增收的影响甚微。因为大部分农业补贴是基于农户原来的承包地面积发放的，与实际生产“脱钩”，所以对粮食生产没有产生影响（黄季焜等，2011）。同时，1700 亿元也是巨大的财政负担，影响了国家对农业其他领域的投入的增长。

最后，尽管国内农业市场在 21 世纪初已全面开放，并在各地区进行了整合，但为了应对农民收入和粮食安全方面的新挑战，中国也采取了价格支持政策。最重要的政策措施是自 2004 年以来对大米和自 2006 年以来对小麦实施的最低收购价格政策，以及 2008 年启动的玉米、大豆和油菜籽的临时收储政策。

虽然托市政策促进了农民增收，但也产生了不少问题，最突出的是玉米临时收储政策带来的一系列供给侧结构性问题（黄季焜，2018b）。具体表现在：①虽然促进了玉米生产，但玉米种植面积的扩大，减少了大豆等农产品的生产；②玉米国内外价格出现了严重的倒挂现象，到 2015 年国内外玉米差价最高时达到 40%多（图 4-4），影响了畜牧业和玉米加工业等下游产业的生产；③玉米库存剧增，2015 年底玉米库存超过当年的玉米产量；④出现了玉米替代品（高粱、大麦、玉米干酒糟高蛋白饲料、木薯等）进口剧

增的局面，2015 年这些替代品进口总量达 4000 万 t 左右。虽然玉米政策导致一系列供给侧结构性问题是典型案例，但其他实施了托市政策的粮油棉糖农产品在过去一段时期内也或多或少产生了供给侧结构性问题。

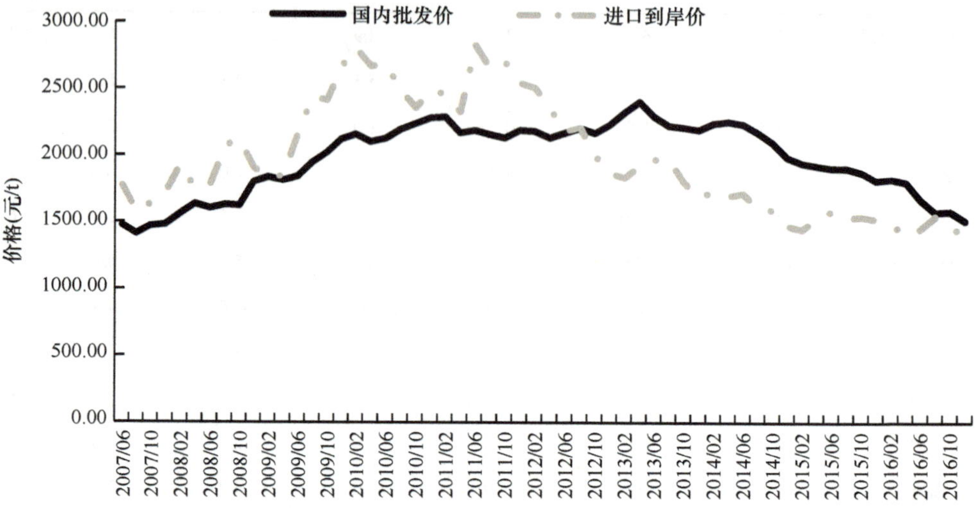

图 4-4　2008～2016 年玉米国内批发价与进口到岸价

数据来源：进口到岸价参见海关总税务司统计科《中国进出口贸易统计月报》(2008～2016 年)；国内批发价格来自国家粮油信息中心

三、近期粮食等农产品市场改革与生产补贴

粮食等主要农产品的生产补贴政策是中国特有的政策之一，过去 40 多年从对农业征税到对农业生产补贴的改革，在保障粮食安全和提高农民收入方面发挥了重要的作用。

起始于 2004 年农业税的取消，中国开启了农业的补贴政策，到 2012 年政府对农业的补贴已经达到当年政府农业研发投入的 8 倍多。除农机补贴外，因为其他所有补贴是同农户生产脱钩的，所以对粮食等主要农产品生产没有产生影响，同时对农民增收影响有限（黄季焜等，2011）。虽然农业补贴政策的目的是提升粮食等主要农产品的生产和供应能力，但是农业补贴的实施给财政带来了巨大负担且投入效果不佳。鉴于此，补贴总量于 2012 年之后开始保持稳定并呈现下降趋势，其中“三项直补”于 2016 年起合并为综合支持补贴（图 4-5）。根据北京大学中国农业政策中心的调研，农业补贴虽然没有直接影响农业生产，但抬高了农地租金，并在一定程度上影响了农户流转土地的意愿（Lin and Huang，2021）。

也是从 2004 年开始，为了保护农民利益，国家出台了直接干预农产品市场的政策。在 2004 年启动水稻的最低收购价政策之后，于 2006 年又启动了小麦的最低收购价政策，并于 2008 年同时启动玉米、大豆和油菜籽的临时收储政策。这一系列政策无疑对促进农民增收起到了积极的作用，但 2004～2009 年城乡居民收入比还是不降反升，到 2009 年更是突破 3.3∶1（国家统计局，2010）。在这种情况下，政府一方面在 2010～2013 年继续加大已有的市场干预政策力度（如提高最低收购价格和临时收储价格及收购数量），另一方面于 2011 年启动棉花的临时收储政策。在农产品市场干预加大、非农收入增长和城镇居民收入增长减缓的共同作用下，城乡居民收入比终于从 2010 年开始出现下降势头（图 4-6）。

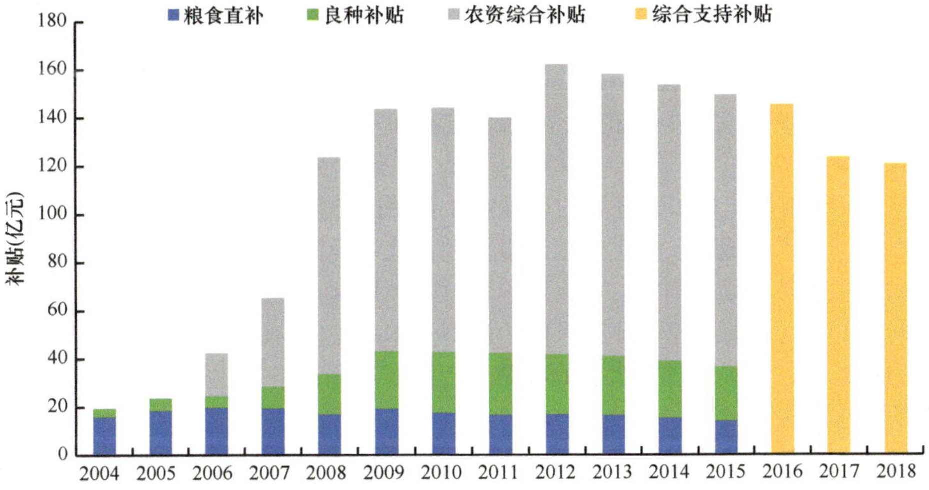

图 4-5 2004～2018 年中国农业补贴（2018 年不变价）

数据来源：农业部《中国农村发展报告（2005—2017 年）》和农业农村部《中国农业农村发展报告（2018—2019 年）》

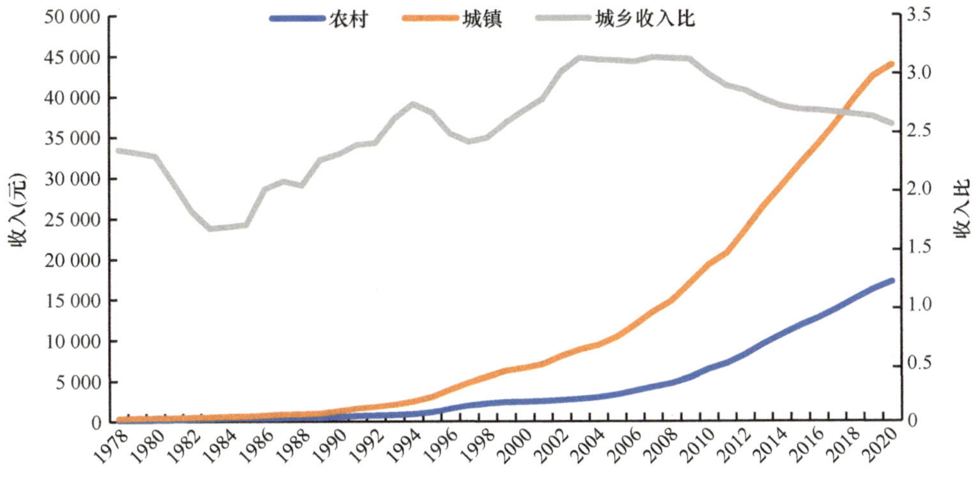

图 4-6 1978～2020 年农村和城镇居民人均收入及城乡居民收入比（2020 年不变价）

数据来源：国家统计局

以上针对粮棉油糖的市场干预政策带来了诸多问题，特别是农业供给侧数量和质量方面的结构性问题。一些农产品供需缺口明显，而另外一些农产品出现库存剧增与去库存压力；许多农产品的比较优势和国际市场竞争力出现明显下降趋势。同时，因为国家收购，优质难以优价，农民采用水稻、小麦和大豆等优质品种的积极性不高，政府“托市”期间粮食产量增长的同时品质开始下降。

近年来为提升农业补贴的效率，开始了新一轮的供给侧结构性改革，并初步取得成效。在农业补贴方面，在经历了 2012～2014 年总量基本保持不变的时期后，2015 年政府开始调减四项补贴，把部分补贴支出投入农业生产方式转变和生产力提高方面，2016年把除农机补贴以外的其他三项补贴合并为综合支持补贴。在农产品市场政策方面，从2014年开始政府取消大豆的临时收储政策，在经历了短暂的目标价格政策后，最终于2017年取消大豆的目标价格政策；而油菜籽和食糖的临时收储政策则先后于2014年和2015年取消。另外，在玉米方面，政府于2016年实施“价补分离”的市场改革，改革效果立竿见影：玉米价格迅速下降，生产开始回落，国内外玉米价差缩小，所有玉米替代品的进口迅速下降；2017年玉米、玉米替代品和玉米的所有下游产业都进入了正常的市场运行环境。

综上所述，21世纪初以来开展的通过农业补贴提升粮食生产和供应能力及相关的改革虽然取得了一系列成就，但也带来诸多问题，值得我们深思。目前现有的研究要么讨论通过增加粮食补贴满足需求，要么讨论通过改革恢复市场效率。但是，如果不能对产生这些问题的根源进行改革，往往只能治标不治本。在食物进口增长和城乡居民收入差距扩大的背景下，过去通过加大农业补贴来提高农产品价格等政策，看上去顺理成章，但带来的问题更多。

在经历了高昂代价的政策演变后，近年来我国的市场改革终于为解决粮棉油糖等大宗农产品的供给侧结构性问题提供了市场保障。然而，农业供给侧结构性改革还任重道远，不少农产品（如大豆和畜产品等）和产业（如草牧业）由于长期缺少科技投入和创新，相对于出口国家的生产力和竞争力还在不断下降；因为市场失灵和投入不足，农业生产和市场还难以提供更加安全的、更多高价值的且让消费者信任的农产品和食品，市场环境的建设和监管体系的完善还任重道远。保障食物安全和水土资源安全，促进农业和社会经济整体可持续发展，需要政府发挥更大的作用，需要各政府部门紧密协调与合作，还需要在全球背景下制定国家的农业发展战略。

第二节　基础设施建设和农产品市场发展

粮食流通在连接粮食生产和消费中发挥了重要作用，如果粮食流通受阻则会造成其供需失衡，即使在粮食丰足情况下也可能会造成粮食需求难以满足，进而在粮食可供量和粮食获取维度上给粮食安全带来风险。为提升粮食和其他农产品流通效率，中国过去40多年不断完善农产品市场体系，并实现了流通方式和交易模式的多元化。其中，基础设施投资是农产品生产的重要物质基础，对于提高农业综合生产力具有重要意义；农产品批发和零售市场建立为农产品集中交易提供了有形场所，通过庞大的流通体系连接小农户与大市场，完成农产品的流通集散；交通基础设施如公路、铁路和航运设施等和仓储物流及农产品加工服务的发展有利于扩大销售区域，降低流通成本，提升农产品价值，提高农产品生产者的比较收益；近些年新兴电商平台经济的发展成为广大农村地区在生产、物流、金融、消费等方面实现农业现代化转型升级的重要途径。基础设施投资对于粮食增产、结构优化和高值绿色可持续发展具有重要促进作用。

一、批发零售市场

批发市场是中国粮食等主要农产品的主要流通渠道。农产品批发和零售市场建立为农产品集中交易提供了实体场所，有利于多种农产品进入市场，推动农产品结构优化。我国农产品批发零售市场大体经历了5个发展时期。

自发萌芽阶段（20世纪70年代末至1984年）：在改革初期，主要农产品仍然实施统购统销，小产品允许农户自由产销，其销售渠道为集贸市场。专业户和长途贩运开始出现，民间批发贸易逐步形成并且向交通便利的集市集中，从集市开始培育出第一批农产品批发市场。但就全国总体而言，这一时期农产品批发零售市场处于自发萌芽阶段，不仅市场数量有限，入市产品种类也受到政策制约。

快速发展阶段（1985年至80年代末）：随着农村商品经济迅速发展，国家大力进行流通体制改革，在1985年初宣布废止统购统销政策，农产品由此进入自由产销时期。入市交易的农产品品种、规模迅速增加，除棉花等极少数品种外，批发市场成为农产品批发流通的主渠道，农产品批发市场体系雏形大致形成。

快速发展阶段（20世纪90年代初至1995年）：20世纪80年代末期，我国出现严重的通货膨胀，农产品供应不足被认为是形成和加剧通货膨胀的主要原因，基础设施建设滞后被认为是货物流通不畅的主要原因。政府于80年代末推出“菜篮子”工程，要求各地加强农产品批发市场建设。在此背景下，批发市场建设热潮兴起。“大包干”和“菜篮子”产销体制改革共同促进了城乡集贸市场的迅速发展，促进了农产品总量和品种的大幅增长。这一时期，农产品批发市场已经基本形成南菜北运、水果和水产品流通全国的格局。

规范发展阶段（1996～2006年）：农产品出现供过于求现象，刺激地方保护主义泛滥，区域流通受到诸多人为因素阻碍，对农产品批发零售市场造成不利影响，针对区域流通中种种不健康现象，国家采取了一系列措施对批发市场进行规范，以提高农产品批发零售市场的规范化程度。

高质量发展阶段（2006年至今）：农产品批发市场由单纯的数量增长转向以质量提升为主，相应功能和配套服务也不断完善，与整个国民经济增长方式转变和市场发展转型目标相适应，农产品批发市场数量持续下降，亿元成交额以上的大型批发市场越来越多。

批发市场是粮食等主要农产品流通供应链的核心环节。据统计，全国现有农产品市场约4.4万家，其中批发市场有5800家左右。全国城市农贸中心联合会的数据表明，农产品批发市场数量虽然只占全国农产品市场数量的10%左右，但是其承担全国约70%农产品的流通与集散功能，因此是我国农产品流通体系的核心（韩一军，2023）。

虽然中国农产品市场起步较晚，但是发展迅速，目前已经覆盖所有大中小城市和农产品集中产区。中国农产品市场近年来朝大型化、规模化方向转型。根据《中国统计年鉴》，2008年以来，亿元成交额以上农产品市场个数保持稳定，摊位数在2012年达到顶峰后，近几年有所下降，营业面积和市场年成交额分别增长24%和134%，反映了农产品市场整体经营状况良好，效益逐步提高（图4-7）。

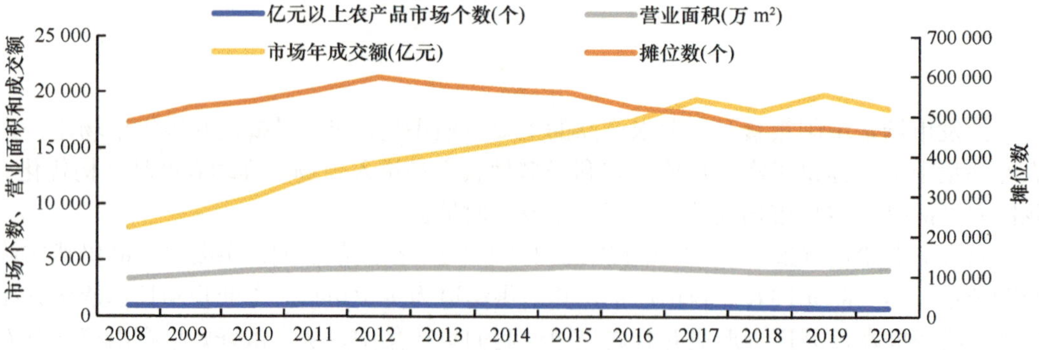

图 4-7　2008～2020 年中国大型农产品专业市场发展状况

数据来源：历年《中国统计年鉴》

农产品种类更加多元化，推动农产品市场结构优化，形成以蔬果农产品为主的全国大型专业市场流通体系。从七大类专业市场结构来看，2020 年亿元成交额以上农产品专业市场中，粮油市场占 10%，肉禽蛋市场占 12%，水产品市场占 16%，蔬菜市场占 29%，干鲜果品市场占 13%，棉麻土畜、烟叶市场占 1%，其他农产品市场占 19%（图 4-8）。

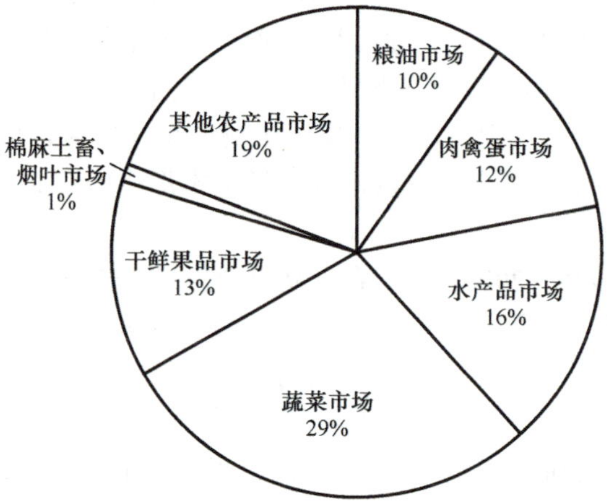

图 4-8　农产品专业市场结构

数据来源：国家统计局

二、交通基础设施

交通基础设施完善是粮食等主要农产品流通发展的基本条件，可通过提升运输效率来提高国家跨地区调运粮食和保障供需平衡的能力。交通运输业的发展能够带动农产品物流的兴盛，促进农产品流通和销售半径不断扩展，全国范围内的交通运输网络条件改善促进了全国农产品市场的一体化，并使区域农业生产比较优势得到更好发挥。交通基础设施不断完善为我国农产品更加高效地流通奠定了坚实的物质基础。

中国交通基础设施布局不断优化，战略骨干通道建设加快，多层级一体化综合交通枢纽体系逐步完善，覆盖范围和通达深度持续扩展。2021 年底中国综合交通网总里程突破 600 万 km。其中，铁路营业里程 15 万 km，高速公路通路里程 16 万 km，农村公路总里程 446.6 万 km，机场和航线数量分别为 250 个、5581 条。铁路具有成本低、运输量大、连续性高等特点，是目前大宗农产品流通的主要方式；公路运输更加灵活，是目前鲜活农产品流通的重要途径；在铁路和公路运输体系不断完善的情况下，航空运输与水路运输的基础设施建设也取得了一定发展，形成了铁路、公路、水路、航空多位一体的网状布局，为促进我国农产品流通奠定了坚实的基础。

粮食物流骨干通道打通，公路、铁路、水路多式联运格局基本形成，原粮散粮运输、成品粮集装化运输比例大幅提高，粮食物流效率稳步提升。首先，过去 40 多年建立了全国农产品物流骨干网络，推动了全国农产品流通产业健康发展。目前，全国已经形成“八大骨干市场集群和 100 个左右骨干农产品批发市场”，依托市场集群，形成“三纵三横”（“三纵”为哈广、京琼、兰昆通道，“三横”为京疆、长江、闽昆通道）的全国农产品物流骨干网络，连接了京津冀市场集群、东北市场集群、长江三角洲市场集群等八个骨干市场集群。其次，基本形成三种类型粮食流通区域和七大跨省物流通道，保障区域产销平衡。目前，全国已经形成了三个类型的粮食流通区域：粮食净输出地区，包括东北地区和黄淮海地区；稻谷输出区和玉米输入区，包括长江中下游地区（湖北、湖南、江西及江苏北部和安徽南部），既是稻谷输出区，又是玉米输入区；粮食净输入地区，包括东南沿海地区、华南地区、京津地区。我国重点建设了多条主要的跨省粮食物流通道，以保障区域间粮食产销平衡，粮食流出通道为：东北地区（内蒙古、辽宁、吉林、黑龙江）粮食（玉米、大豆和稻谷）流出通道、黄淮海地区（河北、河南、山东、安徽）小麦流出通道、长江中下游地区（四川、湖北、湖南、江西、安徽、江苏）稻谷流出通道，汇集了全国 13 个粮食主产省区的粮食；粮食流入通道为：华东沿海主销区粮食流入通道、华南主销区粮食流入通道、长江中下游主销区玉米流入通道及京津主销区粮食流入通道。

粮食流通体系不仅保证了粮食的稳定供给，也确保了粮食运输过程中关键环节的顺畅和及时。中国实现粮食调运主要依靠铁路、水路及铁水联运。粮食运输选择铁路和水路方式的主要原因来自三方面：一是运输成本较低。钟昱和亢霞（2016）调查显示，相比公路汽车运输每千米 0.1283 元/t 的运价，铁路货运成本仅为每千米 0.0735 元/t，水路粮食运输近几年的崛起也跟成本因素有很大关系，驳船运价仅为每千米 0.0414 元/t。二是“北粮南运”的基本格局和幅员辽阔的地理环境决定了粮食的长距离运输，而要实现长距离运输，铁路和水路是最可靠的方式。三是粮食生产向优势区域集中的特征决定了少数粮食调出省集中调粮的体量在不断扩大，只有铁路和水路运输能够实现大批量的粮食运输职能。

交通基础设施完善对于保障粮食安全和重要农产品有效供给具有重要作用。一方面，交通对于生产要素的流动具有决定性作用，是提高资源配置效率的重要先决条件。当前农产品流通成本高成为扩大农业生产的瓶颈，解决这一问题的关键在于完善农村的交通基础设施，利用通达的交通设施有效地连接农产品产地与市场，促进要素的合理配置和流动，降低农产品生产成本。另一方面，粮食安全不仅取决于粮食生产的量和自给率，还取决于其可获得性，包括“买得起”和“买得到”。当前随着我国粮食生产区域的结构性调整，主销区的粮食消费日益依赖于主产区的粮食调运，粮食运达的及时性对于粮食安全愈发重要。粮食生产区域的结构性矛盾及地理空间的长距离特性意味着调出与调入省之间粮食的调运需要经过长距离的运输，当遇到不可抗力因素时，粮食运达的及时性对于粮食安全更是至关重要。未来应当完善农产品流通体系，统筹规划农产品市场流通网络布局，重点支持重要农产品集散地、优势农产品产地批发市场建设，通过加快铁路和水路基础设施建设、推动粮食流通方式变革和健全粮食物流应急响应机制等措施，保障粮食的稳定供给和安全。

三、仓储物流及农产品加工服务发展

仓储基础设施是调节粮食生产供需的重要手段，对于保障粮食安全具有重要意义。粮食储备是储备主体（包括政府、企业和农民）为调节不同年度和地域间粮食余缺、稳定粮食供需平衡、保障粮食安全而进行的物资储备活动。仓储物流是利用自建或租赁库房、场地来储存、保管、装卸搬运、配送货物的活动。农产品仓储保鲜冷链物流是实现农产品在产后贮藏、加工、集散、运输等环节始终处于适宜低温控制环境的供应链系统，能够有效降低农产品产后损耗、长期保持农产品品质，是现代农产品流通体系的重要组成部分。目前，农产品仓储保鲜冷链物流设施建设是现代农业发展的重大牵引性工程，对于补齐现代农业基础设施短板、扩大农业有效投资、增加农民收入、促进农业产业和农产品消费“双升级”意义重大。

新中国成立 70 多年以来，粮食仓储从过去的仓储管理发展到现在的现代化仓储基础设施，在不同时期为粮食安全存储提供保障。中国现代仓储物流与技术的发展可以追溯到 20 世纪 70 年代，到了 90 年代后期其进入快速发展时期。而仓储的发展经历了人工仓储、机械化仓储、自动化仓储及智能化仓储这几个阶段，随着科技的不断应用，仓储的效率不断提升。人工仓储就是使用大量的人力来进行仓储管理，运行效率低下。机械化阶段在货物的运输、搬运、管理上不再是纯人力，而是机械辅助人工共同完成作业。机械化满足了精度、数量、重量、搬运等各方面的要求，但是电商行业的兴起、网上购物的兴盛给机械化阶段的仓储物流带来了巨大的压力。随着科技化、自动化、智能化发展，计算机技术对仓库工作的控制和管理使得其总体效益大大提升。目前我国已初步建立了农产品仓储保鲜网络，绿色安全稳定的现代物流体系不断完善，并表现出以下三个方面的特征。

第一，粮食仓储现代化水平显著提高。新建一大批现代化粮仓，2021 年全国粮仓总容量超过 6.5 亿 t。对于农产品保鲜设施，2017～2021 年我国冷库容量从 3609 万 t 增长至 5224 万 t，年复合增长率为 9.7%，专用冷藏运输车辆 43 673 辆。

第二，粮食物流体系建设不断健全，粮食物流集中度不断提高。一是区域物流网络建立：物流园区、物流中心、配送中心等基础设施建设完善；城市配送设施建设完善，配送效率提高；依托邮政快递等城乡网点资源，完善快递物流配送体系。二是冷链物流设施体系健全：推进国家骨干冷链物流基地布局建设，构建冷链物流骨干网络；加强农产品产地冷库建设，补齐农产品流通“最先一公里”短板，提高“最后一公里”销售地区的冷链运输效率。

第三，完善仓储物流建设是保障粮食安全的重要举措。首先，粮食仓储物流建设有利于引导粮食生产，调整粮食供需关系，防止因季节、区域或者自然灾害导致的供需失衡，减少粮食价格波动，进而保障粮食安全。其次，粮食仓储物流建设有利于加快粮食产业化进程。加强粮食物流体系建设，完善粮食产销机制，有利于粮食生产规模化经营，通过粮食加工实现粮食价格增值。再次，粮食仓储物流建设有利于优化粮食资源配置。完善粮食仓储物流建设可以促使粮食生产资源得到优化配置，有利于推动粮食规模种植，使得粮食资源朝生产成本更低的地区集中。最后，先进的粮食物流方式能够提高粮食运输能力，保障粮食物流质量，降低物流成本，不断提高粮食流通的速度和质量，有效保障粮食安全。

虽然过去 40 多年迅速发展的仓储基础设施为调节粮食供需、保障国家粮食安全作出巨大贡献，但未来仍需要进一步加强粮食仓储物流的建设。实施粮食收储供应安全保障工程，加强粮油仓储物流设施建设，发展农产品低温仓储、分级包装、电子结算。健全覆盖农产品收集、存储、加工、运输、销售各环节的冷链物流体系。围绕优化布局、调整结构、提升功能，鼓励合理改建、扩建和新建粮食仓储物流设施，持续推进粮库智能化升级，增强安全运行保障能力。优化大型粮食物流园区布局，构建一批粮食进出口物流通道和重要节点，提升粮食物流重点线路流通效率。

四、电商平台经济

过去十年，电子商务已经遍及中国，包括农村地区，农村电子商务包括农民销售农产品和购买工业制成品。随着农村地区互联网的接入和智能手机使用的快速增长，农村居民的网上购物行为与日俱增并成为常态。近年来，农民在线销售农产品成为新的趋势，为提升农产品产销对接和保障国家粮食安全作出重要贡献，但预计在未来这一现象将以更快速度发展。

数字乡村建设能够发挥数字技术的资源集聚性，提升粮食等农产品市场体系的内在稳定性。一是数字技术对粮食等农产品产业进行渗透，拓宽和延伸农产品产业链条，形成集生产、仓储、物流、加工、贸易于一体的全产业链发展模式。农业信息化引导的农业互联网、农资电商、农村互联网金融等新业态能显著提高农业产业链的整体效率，促进农业与现代技术的融合，成为拓展农业下游消费、更新销售渠道、打通资金链和物流链的重要手段。二是通过数字技术进行信息整合，调节粮食等农产品生产与消费的供需关系，提高产业链体系的韧性。基于互联网，农业生产资料服务商将拥有大数据分析能力，可构建农业产业生产与服务体系；农业生产资料与农产品电商平台将逐渐替代传统的农用物资销售体系，形成新型的农产品交易体系；消费者与工业企业能够根据特定的偏好实现远程定制，实现订单农业生产；互联网类金融及综合性服务也将引导产业链中的各类经营主体相互整合。三是数字技术为食物系统的主体降低生产和市场风险提供了更大可能性，可提高食物系统多层次主体对市场风险等外部风险冲击的抵御能力。随着信息通信技术的发展及其在农村地区的广泛应用，农村地区的电子商务发展为实施乡村振兴战略奠定了基础。

第三节 农产品国际贸易改革与发展

改革开放以来，我国农产品贸易规模迅速扩大，贸易产品、贸易结构不断改善，成为调整国内粮食等主要农产品供需关系的一个重要手段。相对比较优势的演变和不断开放的农业贸易政策，推动了我国农业贸易的不断发展。过去 40 多年，我国农产品贸易表现出从封闭到开放、从进口到出口、从参与到主导三个特征。未来，中国需要更好地利用“两种资源”和“两种市场”来弥补国内资源不足、效率有限的国情，从常态、底线、极限三种思维考虑我国粮食安全和可持续发展。

一、农产品贸易的发展趋势

自 1978 年改革开放以来，中国农产品贸易随国内生产消费增加而持续扩大（Fukase and Martin，2014；Gale et al.，2015）。图 4-9 描述了按当期价格计算的我国农产品进口、出口和净出口总额过去 40 年的变化。1978～2020 年，农产品贸易总额显著提高，从 54.5 亿美元增加到 2468 亿美元，年均增长 9.5%，约等于同期产出价值增长（约为年均 5.3%）的两倍。农产品贸易总额增加的同时，贸易逆差不断增加。农产品进口总额从 30.6 亿美元增长到 1708 亿美元，年均增长 10.0%，高于同期农产品出口总额年均 8.6%的增长（出口总额从 23.9 亿美元增长到 760 亿美元），反映了近年来国内人口增长和经济发展对农产品的净需求不断增加。到 2020 年，我国农产品贸易逆差已经达到 947.7 亿美元，是 2003 年（14.7 亿美元）的约 64 倍。

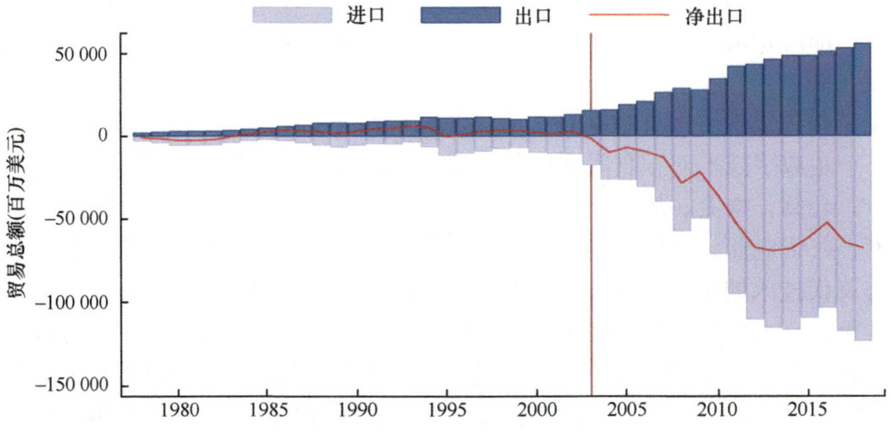

图 4-9 1978～2018 年中国农产品贸易总额

资料来源：FAO 的 FAOSTAT（2020 年）

随着规模的迅速扩大，农产品贸易在产品结构和地区分布上也发生了明显的改变。

从产品结构来看，中国农产品进出口贸易结构在过去 40 年发生了显著变化。图 4-10 描述了我国种植业和养殖业主要农产品在过去 40 年的进出口结构演变情况。总体而言，目前中国农产品贸易的出口产品结构偏向于增加劳动密集型产品（如蔬果类产品），而进口产品结构偏向于增加土地密集型产品（如油籽、大豆等）和高质量、高附加值产品

（如奶产品）（李岳云等，2007；朱晶等，2018）。这一变化在一定程度上反映了过去 40 年中国农业资源禀赋和生产优势的转变。

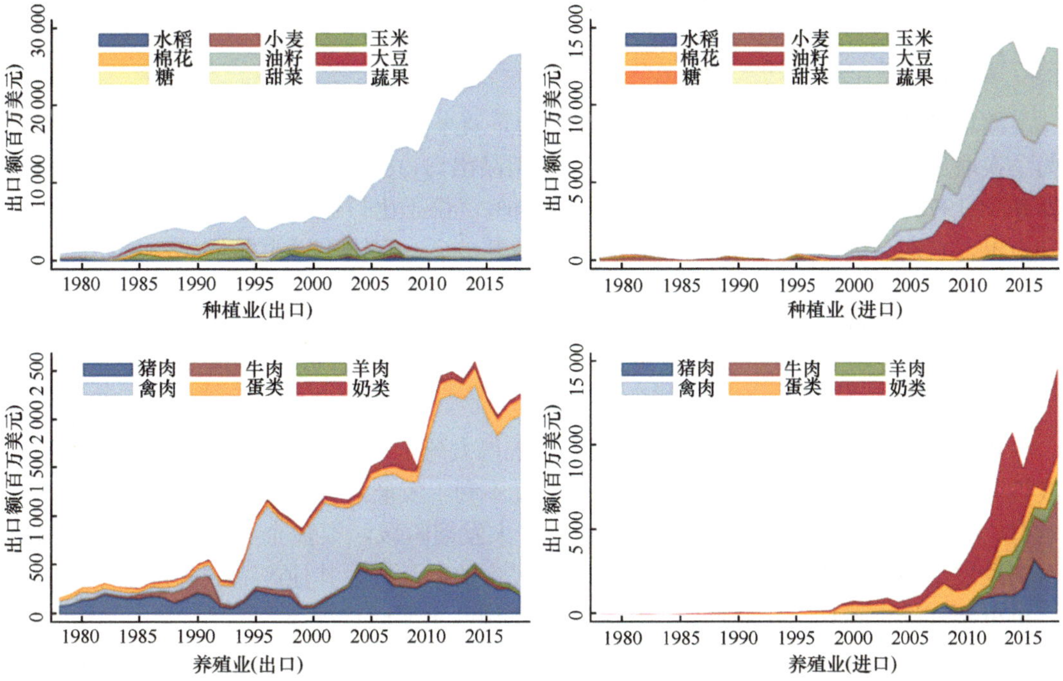

图 4-10　1978～2018 年我国农产品进出口产品结构

从地区分布来看，中国农产品进出口贸易随时间推移逐步向多元化发展，但区域分布不平衡的现象依然存在。在出口方面，农产品出口市场主要集中在亚洲地区，但是近年来对其他大洲的出口持续增长。2018 年，中国超过 60%的农产品出口亚洲；前五大农产品出口市场分别是日本、中国香港、美国、韩国和越南，其中有 4 个在亚洲。在进口方面，中国的农产品进口过去主要来自发达国家，而近些年进口来源国呈现逐渐向土地丰富的发展中国家倾斜的趋势。目前中国农产品进口来源国日趋集中在北美洲和大洋洲的土地富饶型国家，尽管南美洲和非洲对中国的农产品出口也在不断上升。2020 年，中国农产品进口前五大地区分别为巴西、美国、澳大利亚、加拿大和新西兰（Xie et al.，2020），其中 4 个发达国家的贸易总额占中国农产品贸易总额的 31%。巴西作为拥有丰富水土资源的发展中国家，农业生产能力与生产潜力较强，近年来对华农产品出口持续增加（O’Connor，2013；赵殷钰和郑志浩，2015）。随着中国对土地密集型产品的需求不断增长，未来农产品进口来源国将进一步转向土地资源丰富的发展中国家。

二、农产品贸易的特征

纵观我国农产品贸易的变化，可知其已深度融入全球市场，主要表现出三个特征，一是我国农产品贸易的开放程度不断提高，我国农产品贸易伙伴已有 200 多个国家和地区；二是在农业贸易方面我国已由出口国变为进口国，大豆、肉类、植物油、食糖等大宗产品进口成为重要的供给来源；三是我国在农产品贸易中逐渐由参与者变为主导者，通过“一带一路”、贸易协定影响全球农产品生产。

（一）第一个特征：从封闭到开放

改革开放前，农业贸易是我国出口创汇的重要来源，我国实施高度集中的外汇管制。为了换取工业建设物资，我国农副产品及加工品出口占全国出口的比例一度高达80%。即使到1978年，我国这一比例仍然高达62.6%，由于出口创汇主要用于购买工业设备和技术，农产品进口基本处于停滞状态。改革开放后，我国不再主要依靠农产品创汇来进口工业物资，农业产品对外贸易的自由化程度逐步提升。对1978～2001年中国加入WTO前的农产品贸易政策进行梳理，介绍如下。

1. 1979～1987年：贸易体制改革初期

1979年10月，邓小平指出，“过去我们统得太死，很不利于发展经济。有些肯定是我们的制度卡得过死，特别是外贸。好多制度不利于发展对外贸易，对增加外汇收入不利。”另外，这一时期我国的乡镇企业正处于大发展阶段，很多企业走向了农工贸相结合的发展道路，除粮棉油糖等少数关系国计民生的产品外，其他产品放开经营，进出口定价机制逐渐市场化。在此期间，中国政府实施的主要政策如下。

逐步改变高度集中和垄断的贸易经营体系，越来越多的公司使用直接对外贸易权利，1979～1987年中国成立2200多家外贸公司，1987年的外贸公司数量是1979年的11倍。

1980年，建立配额制度并恢复许可证制度，以管理包括农产品在内的商品进出口。通过逐步减少政府行政干预和引入贸易工具来管理对外贸易，改革了对外贸易管理制度。

1982年，尝试将外贸公司与生产公司联系起来，以提高出口产品质量，提高其国际市场竞争力。

1983年，出台出口退税政策，以鼓励出口；1985年和1986年，出口退税在出口商品数量和税种上都有所扩大。

1985年，对外贸体系进行改革，将强制性计划、指导计划和市场调整相结合，新的外贸体系涵盖了除少数关系国计民生的大宗商品外的绝大多数产品，包括绝大多数农产品及整套设备和技术的进口。

1986年，开始申请关税及贸易总协定（GATT）资格，尽管在降低关税和非关税壁垒、改革贸易体制和法规及与贸易投资有关的政策方面作出了巨大努力，在市场准入领域作出了让步和承诺，但直到2001年中国才正式加入WTO。

1987年，对外经济贸易部下属的外贸公司开始尝试贸易合同责任制，该制度规定了出口总值、创汇成本、出口损益和出口补贴。

2. 1988～1990年：贸易责任合同制实施时期

改革开放后，虽然取得重大进展，但整个外贸体制仍有一些基本问题存在，如预算融资制度，这一制度当时已经实行 30 多年，为国有外贸公司效率低下和业绩不佳的主要原因。鉴于 1987 年在全国专业化一般外贸公司试点的外贸合同责任制经验，1988～1990 年该制度在全国范围内推广实行。外贸体制改革主要集中在全面推广外贸合同责任制。合同制度由三个主要部分组成：出口的外汇收入、中央政府与贸易机构之间的外汇份额及总体经济效率。每个组成部分根据 1987 年底的实际表现制定，然后在 1988～1990 年的三年内确定。为了促进对外贸易合同责任制的实施，中国政府引入了一些补充措施。

第一，放松外汇管制。1979 年中国引入外汇储备制度，旨在激励各企业和地方政府通过扩大出口增加外汇收入，在这种外汇保留制度下，企业和地方政府可以通过扩大出口赚取一定比例的外汇。然而，1987 年之前中央政府一直严格控制保留外汇的使用，1988 年中央政府放松了对外汇配额使用的控制，允许地方政府和企业按照国家规定控制与使用自己的保留外汇。

第二，建立外汇互换中心。1988 年中国在各省和经济特区的重点城市建立外汇互换中心，包括外资企业在内的企业可以在外汇互换中心以有管理的浮动汇率买卖外汇。

第三，实行全额出口退税。继 1983 年和 1985～1986 年实施出口退税政策后，中国于 1988 年实行全面出口退税。增值税和其他特定产品税等税收对出口产品实行全面退税（自 1994 年中国引入新税制后，一些出口产品的出口退税率已降低）。

第四，部分下放决策权。为确保外贸合同责任制的实施，1988～1990 年中央政府逐步授予地方政府和企业更多的决策权，其中包括：授予外贸企业对外贸经营权的审批权，沿海经济区批准外商直接投资的批准权，地方政府对配额和许可证的分配权及对进口加工材料的批准权。

3. 1991～2000 年：更加开放的贸易改革时期

自 1991 年以来，贸易合同责任制实施后的对外贸易改革一直试图在经济中引入更为市场化的贸易制度。政府出口补贴逐步取消，关于保留率、汇率和汇率市场的外汇政策进一步调整和改革，引入了单一管理的浮动外汇制度，并调整了与外贸相关的金融体系，以适应改革后的贸易体制。对 1991 年以来有利于市场改革的里程碑式政策进行总结。

1991～1993 年的主要政策如下。

1）1991 年，政府对国有外贸企业的财政出口补贴完全取消。

2）1991 年，确定外汇保留率的基础从地点改为商品类别。

3）1988～1990 年，外贸合同责任制的定量是根据 1987 年底的实际业绩计量的。然而，随着我国国民经济和对外贸易的快速发展，合同的定量计量也应进行调整。因此，1991～1993 年，新一轮的对外贸易合同开始实施。所有省级政府、国家专业化一般外贸公司和其他外贸企业都必须与中央政府及相关政府部委签订合同，向中央政府和有关政府部委上缴出口额、外汇收入和外汇。三项合同指标的定量计量基于上一年的实际业绩或具体协议。

4）为加快改革进程和完善外贸宏观调控体系，1991～1993 年，中国政府数次调整外汇汇率，缩小了官方汇率与掉期市场汇率之间的差额。1992 年，掉期市场的外汇交易额超过 230 亿美元，超过当年出口收入的一半。

5）1991 年，中国首次主动降低 265 种商品的进口关税。1992 年和 1993 年，中国进一步分别降低了 3371 种和 2898 种商品的进口税率，平均税率分别降低了 7.3%和 8.8%。

6）1991 年，“代理制”被引入外贸公司以处理外贸业务。在这一体系中，外贸公司和企业根据收取佣金的原则，为生产公司和其他机构代理进出口业务，将外贸公司推向了商业化。

1994 年后的主要政策如下。

1）1994 年，中国统一了官方汇率和掉期市场汇率，采用基于市场供需的单一管理浮动汇率。

2）1994 年，外汇保留制度废除，取而代之的是外汇银行结算制度。

3）随着新税制的引入，1994 年，中国政府根据税制的变化调整了出口退税政策。同时，政府还实施了一系列有利于出口发展的政策，其中包括建立进出口银行、设立出口商品开发基金和风险基金。

4）1994 年，取消了对国有外贸企业实行的外贸合同责任制，改为税收制。同时，在国有外贸企业试行股份制。

5）自 1994 年以来，进口关税进一步降低。自 1997 年以来，特别是针对外资企业，进一步扩大了减免进口关税的商品范围，如外资企业作为其直接投资的一部分而进口的生产设备和技术，以及作为出口的一部分在加工生产中投入的原材料。

6）自 1994 年以来，政府加快向生产企业、商业材料企业和科研机构授予对外贸易权的进程。

7）1996 年底，人民币在经常账户下可兑换。

总而言之，尽管中国需要进一步放开贸易，但经过 20 年的改革，中国的外贸体制已从高度集中和有计划的体制逐渐转变为更加开放和自由的体制。自 1979 年以来，中国逐步放开了对外贸易制度，并采取了一系列对外贸易开放政策。主要贸易政策包括以下方面：区域开放政策、外国直接投资政策、财政政策、货币政策、外汇政策和外贸管制（关税和非关税措施）政策。

经过这一时期的改革，农产品关税由 1992 年的 51%下调至 2001 年的 21%；逐步取消非关税壁垒，建立涉外动植物检验检疫制度；进行外汇体制改革，不再实行双轨制，改为单一管理的浮动汇率制度。

4. 2001 年至今：中国加入 WTO 时期

农业是中国加入 WTO 谈判中的重点和难点，是讨价还价最艰难的领域，是最后能够达成协议的决定因素之一。尤其中美在农产品进口、国内支持待遇等问题上谈判了十多年，最终我们对进口美国的小麦、水果、肉类等农产品同意在加强检疫标准和保留抽查权利的基础上开放；在国内支持待遇上，就中国是执行发达国家标准（农业总产值的 5%），还是执行发展中国家标准（农业总产值的 10%），中美双方多次拉锯战后终于各自作出让步，达成 8.5%的承诺水平，这既不同于发达国家，也不同于发展中国家。2001 年 12 月 11 日，中国正式成为 WTO 的第 143 位成员。加入 WTO 后，中国在农业方面作出了远超一般发展中国家成员的承诺，农产品平均关税由 2001 年的 21%削减至 2004 年的 15.8%，2010 年再次下调至 15.2%，是世界平均水平的 1/4；对小麦、玉米、棉花、食糖等农产品实施关税配额管理，除食糖（15%）外，其他产品配额内税率仅为 1%。中国还通过签订贸易协定和“一带一路”建设促进农产品的发展，如今中国已与全球 26 个国家和地区签订了 19 个自贸协定，2020 年与已生效自贸伙伴间的农产品贸易额合计 884.1 亿美元，占当年农产品贸易总额的 35.8%。随着“一带一路”建设持续推进，中国与共建国家积极开展农业领域合作，携手维护区域粮食安全，已与 80 多个国家签署农渔业合作文件，在“一带一路”共建国家开展农业投资合作项目超过 650 个。

（二）第二个特征：从进口到出口

加入 WTO 前，国家鼓励出口，我国农产品出口大于进口，为创汇作出了突出贡献。从 2001 年加入 WTO 以来，随着人口增长、经济发展及国内消费需求与产业结构改变，中国农产品进口不断提高，农产品贸易逆差逐渐扩大。贸易逆差的背后是粮棉油糖等大宗农产品净进口激增。加入 WTO 初，我国大宗农产品中只有油籽、植物油和部分畜产品净进口规模较大；加入 WTO 后，除上述产品净进口规模继续扩大外，谷物、棉花、食糖、肉类、乳制品等农产品也实现大规模净进口。20 年间，大豆净进口由 1000 万多吨增至 1 亿 t；食用植物油从 100 万多吨增至 1000 万多吨；谷物由净出口 500 万多吨转为净进口 3000 万多吨；其他大宗产品净进口也成倍增长。

但近年来，单边主义和贸易保护主义蔓延，直接或间接导致逆全球化趋势的出现。发达国家（如 OECD 国家）同中国在农业生产者支持度和农产品价格保护率方面的变化趋势表明：未来中国将成为许多农产品出口大国的攻击对象，实际上贸易争端现在已经开始。例如，2016 年 9 月 13 日美国就中国小麦、大米、玉米三种农产品的最低收购价、临时收储等补贴政策，已向 WTO 提起诉讼，指称我国在 2012～2015 年为上述三种农产品提供的年度补贴超过了我国加入 WTO 的承诺水平，违反了《农业协定》和中国加入 WTO 的承诺。这是美国在 WTO 框架下首次起诉我国农业补贴和市场干预政策，对我国农业生产和贸易等将产生重大影响。中美贸易摩擦升级及全球新冠疫情暴发等一系列“黑天鹅”事件的出现，在很大程度上加大了全球经济与政治局势的不确定性，也标志着各国之间逐步开始由协作互补的共赢状态转向相互制衡的竞争状态。在此背景下，我国与世界主要农产品出口国的贸易将可能受到影响，进而给未来农业发展带来不确定因素。

根据 40 多年来我国农产品贸易的发展和变化趋势，我们大致可以总结出三个方面的特征。首先，从贸易产品结构来看，农产品贸易的进出口结构在过去 40 多年发生显著变化。在种植业方面，我国对外出口总额的增长主要来自蔬果类产品，其他主要粮食作物和经济作物在出口贸易中所占的比例较小；同时，近些年我国种植业进口总额的快速增长主要由油料作物（油籽、大豆）的大量进口导致。在养殖业方面，进入 21 世纪以来，我国禽肉出口贸易额一直处于快速增长阶段，而其他肉类产品，如猪肉、牛肉及奶制品对国际市场的依赖度则大大增加。其次，从国别角度来看，虽然我国农产品进出口随时间逐步朝多元化发展，但是跨地区分布依然不合理。目前，我国农产品进口国主要集中在美洲和大洋洲地区，如美国、加拿大、澳大利亚与巴西等少数国家，出口国主要集中在亚洲地区（图 4-11）。最后，我国农产品进口过于被动，受贸易政策和农业补贴政策影响较大，未能有效地与国内供给相结合来调节市场、满足消费结构变化需要。

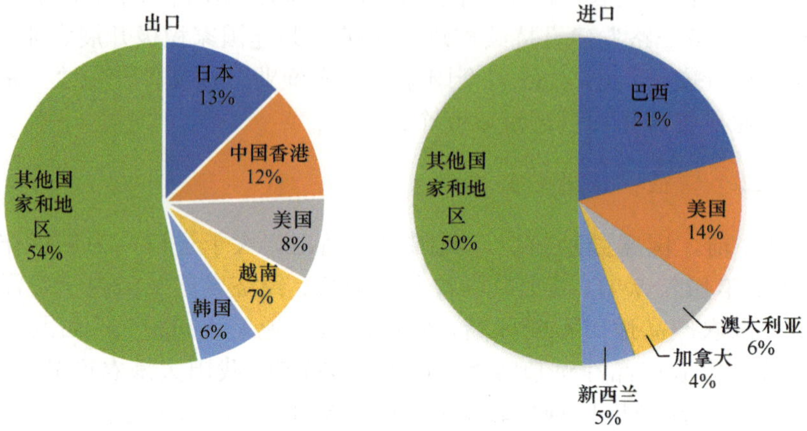

图 4-11　2020 年中国农产品进出口地区结构

数据来源：商务部农产品月度进出口数据

（三）第三个特征：从参与到主导

从 2001 年我国加入 WTO 后，农产品的贸易圈子不断扩大，进出口产品结构愈发多样。加入 WTO 前，我国属于没有融入世界贸易体系的“圈外人”，2001 年我国与 198 个国家和地区有农产品贸易往来，前 10 位的贸易总额占比达 70%，贸易集中度非常高，并且主要集中在东亚和美洲地区。加入 WTO 后，我国农产品进出口市场更加多元，贸易集中度显著降低，2020 年我国与 216 个国家和地区存在农产品贸易关系，前 10 位贸易总额占比降低至 58%，地域范围扩展至全球各地。加入 WTO 前，特别是在改革开放初期，我国农产品贸易侧重于出口创汇和品种调剂，主要出口水产品、蔬菜、禽肉等产品，进口油籽、植物油、羊毛、生皮、冻鱼等产品，初级产品和原料型产品在出口产品中占比较高。加入 WTO 后，我国农产品贸易的功能逐渐转向保障国内粮食安全、满足居民多样化消费需求和促进农民增收，水产品、蔬菜、水果等劳动密集型产品成为出口主导品种，谷物、肉类等出口逐渐减少；进口结构中，油籽、谷物、植物油等原料型产品继续增加，肉类、水果、乳制品等直接消费品和深加工产品逐渐增多，品种也更加丰富。加入 WTO 后，我国履行承诺，逐步开放外贸经营权，将管理制度由审批制转向备案登记制，同时取消外贸经营的门槛限制，扩大外贸经营者的范围。在外贸环境持续宽松的背景下，外贸经营主体的数量和类型不断扩大，涉农民营及外资企业的数量和比例也大幅提升。目前，我国已是全球第一大农产品进口国和第二大农产品贸易国，逐步从参与走向主导地位。

从产品进口来看，我国农产品进口持续增长。2001～2021 年，我国农产品进口总额从 118.5 亿美元增长到 2198.2 亿美元，年均增长 15.7%。其中，谷物进口从 344.4 万 t 增长到 6537.6 万 t，年均增长 15.9%；食用油籽进口从 1567.6 万 t 增长到 10 205.1 万 t，年均增长 9.8%；食用植物油进口从 167.5 万 t 增长到 1131.5 万 t，年均增长 10.0%；棉花进口从 19.7 万 t 增长到 234.2 万 t，年均增长 13.2%；食糖进口从 119.9 万 t 增长到 566.6 万 t，年均增长 8.1%；猪肉进口从 9.4 万 t 增长到 371.0 万 t，年均增长 20.2%；牛肉进口从 0.4 万 t 增长到 233.0 万 t，年均增长 37.5%。加入 WTO 的 20 多年来，得益于经济的快速发展、人民生活水平的快速提高，我国农产品进口数量逐年提高。

三、粮食安全的三种思维

目前，虽然中国粮食安全在现有的贸易政策下已经得到基本保障，但所面临的国际形势出现了一些新的变化。一是中美关系恶化，随着中国经济的崛起，信奉霸权主义的美国开始对我国发展围追堵截，如 2018 年特朗普执政期间对中国发起贸易战，如今中美关系仍然摩擦不断。二是全球疫情，新冠疫情对全球产业链造成严重冲击，对国际贸易造成重大冲击，未来随着气候、环境变化，中国粮食安全仍有可能会面临类似事件的冲击。三是俄乌冲突，俄罗斯、乌克兰作为世界重要的粮食出口国，其之间爆发的地缘冲突对全球粮食市场造成一定冲击，全球进口贸易将很可能向我国粮食主要进口来源国的南北美洲地区转移。

在当前的国际宏观形势下，未来为保证我国粮食安全，需要建立三种思维模式。

一是常态思维。在现有形势下，我国应充分利用国际农产品生产比较优势，主动参与并主导国际粮食生产，继续优化调整粮食产品结构和区域优势，大力推进“一带一路”建设，扩大我们的“朋友圈”，积极帮助非洲和亚洲等发展中国家提高粮食生产，提升全球和中国的粮食安全保障能力，强化农业科技发展，确保我国粮食生产的可持续发展。

二是底线思维。未来导致全球粮食危机的主要因素已经从传统的气候变化和能源危机及与之相关的生物质液体燃料生产，发展到“逆全球化”和类似俄乌冲突等的世界局部战争。现阶段我国要把主粮安全牢牢掌握在自己手中，通过适量的国际贸易保证粮食产品种类的多样性。

三是极限思维。如果全球粮食危机暴发，世界上主要粮食出口国大量减产，或因战争、地缘政治等导致粮食禁运，针对我国粮食安全需要建立极限思维。此时的生产主要是为应对生存危机，而无须考虑经济、生态、可持续等问题，因此中国需要千方百计地保证国内粮食生产，所以我国一直强调要守住 18 亿亩耕地红线，在这种极限思维下，可以保证我国主粮的完全自给。

第四节　全球视角下粮食贸易与中国粮食安全

中国的粮食安全不仅关系到自身的生存和经济发展，也关系到全球农产品市场的供需平衡和世界经济的总体发展。为此，本节将通过分析全球视角下的农产品供需平衡来探讨中国粮食安全和未来中国农业贸易发展战略。

一、全球水土资源和人口的空间分布

基于对全球水土资源和人口的分布差异进行梳理，可以发现农产品国际贸易在保障全球食物安全中发挥了重要作用。因此，保障中国食物安全和促进中国农业永续发展也需要考虑全球农业发展与国际贸易。

全球耕地和人口的分布差异十分显著，这意味着要避免饥饿和保障食物安全，发展农产品贸易极其重要。如图 4-12 所示，东亚及太平洋地区耕地面积只占全球的 16%，但人口占全球的比例高达 30%；南亚耕地面积只占全球的 14%，而人口占比高达 24%；中国更是人多地少的国家，耕地面积只占全球的不到 9%，人口却接近全球的 20%。与此同时，美国、加拿大、西欧和澳大利亚人口合计只占全球的 12%，但这些国家的耕地合计占全球的 22%；同样，人口仅占全球 5%的东欧和中亚地区，却拥有全球 17%的耕地。由于耕地资源和人口的空间分布不一致，世界不同地区耕地资源的稀缺程度存在很大差异。人口密集的东亚及太平洋、南亚地区，2018 年人均耕地面积还不到 $0.11hm^2$，而美国、加拿大、西欧和澳大利亚的平均人均耕地面积则高达 $0.58hm^2$。

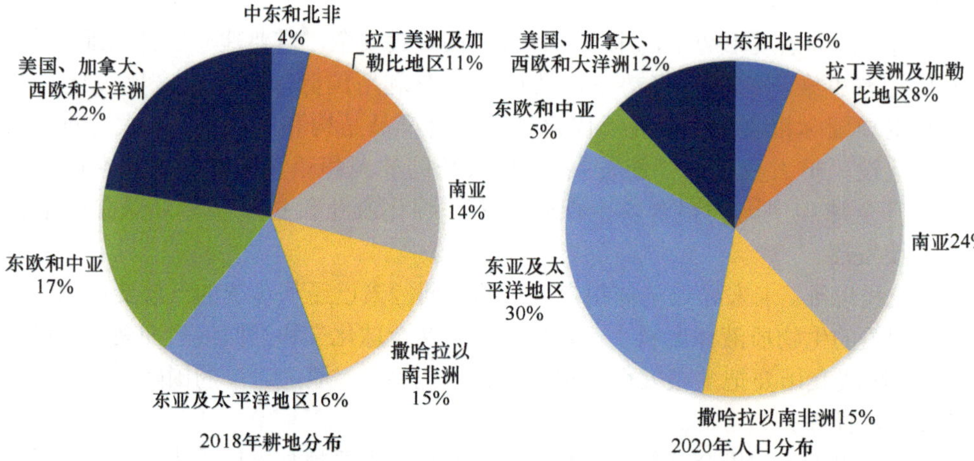

图 4-12　全球各地区耕地和人口分布

实际上，全球耕地（表 4-4）和人口分布的不一致也在很大程度上决定着过去几十年不同国家的农产品贸易变化趋势。由图 4-13 可知，将国家按人均耕地面积分组：小于 $0.12hm^2$ 的国家多是人均食物净进口的国家，如英国、日本、韩国和中国；介于 0.12～$0.24hm^2$ 的国家人均食物进出口相对趋于平衡，如土耳其、墨西哥、巴基斯坦和南非等国家；大于 $0.24hm^2$ 的国家则大多是人均食物净出口国，如澳大利亚、加拿大、巴西和阿根廷。

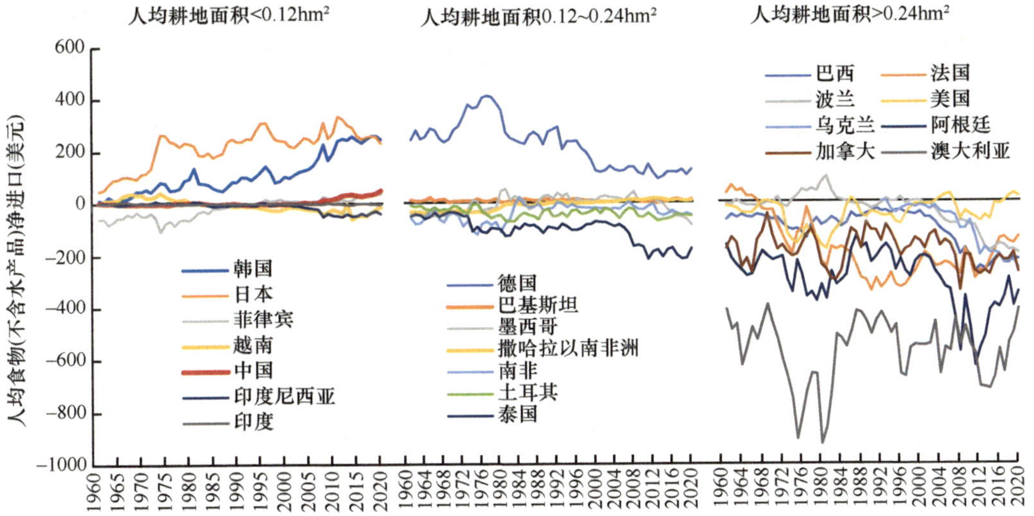

图 4-13　1960～2020 年各国人均食物净进口（按 2018 年人均耕地面积分组）

数据来源：世界银行 WDI 数据库，FAO 的 FAOSTAT 数据库；2018 年世界人均耕地面积为 0.18hm²；人均净进口值基于 2004～2006 年不变价

表 4-4　2017 年、2035 年和 2050 年耕地进口潜力国际分布　　（万 hm²）

区域	国家	2017 年	2035 年	2050 年
		潜在耕地面积	可出口潜在耕地面积	可出口潜在耕地面积
南美洲	巴西	17 214.80	17 048.85	17 029.09
	阿根廷	5 735.10	5 678.79	5 648.13
	委内瑞拉	4 089.40	4 037.00	4 013.15
	巴拉圭	1 366.90	1 355.53	1 350.35
	乌拉圭	1 223.80	1 222.37	1 222.17
东欧与中亚	乌克兰	1 346.70	1 382.76	1 408.66
	俄罗斯	7 661.80	7 711.08	7 751.16
	哈萨克斯坦	664.00	641.12	626.26
	罗马尼亚	491.00	505.21	517.05
	保加利亚	348.40	356.13	361.58
	匈牙利	251.20	257.18	262.65
	塔吉克斯坦	103.00	77.15	58.56
东南亚	缅甸	883.30	824.46	811.96
	泰国	794.90	793.55	823.99
	柬埔寨	346.90	315.91	299.17
	老挝	318.30	305.31	300.01
	越南	275.00	162.94	123.50
非洲	莫桑比克	4 823.80	4 669.03	4 521.37
	坦桑尼亚	3 985.50	3 664.24	3 344.46
	尼日利亚	2 146.10	1 259.13	402.04
	埃塞俄比亚	2 028.00	1 627.35	1 346.16
	肯尼亚	1 176.10	972.88	812.87
	南非	922.30	837.61	795.02

从全球水资源可获得性和各地区对其需求的分布来看，水资源短缺问题在许多地区比耕地对农业发展的影响更大。类似于耕地资源的分布特征，淡水资源在全球的空间分布非常不均，水资源分布与人口分布也常常不一致（表 4-5）。农业是水资源需求最大的生产部门，为满足不断增长的食物需求，全球灌溉用水需求还将不断增长；同时，随着社会经济发展，工业用水、生活用水也将增加，水资源的短缺状况还会进一步加剧。未来全球水资源供应持续短缺，且地区分布极不平衡，非洲和亚洲人均水资源缺乏问题加剧。全球水资源主要依赖降水，赤道附近降水较多，由赤道往两极，降水逐渐减少。南北回归线附近，大陆东岸降水较多，西岸降水较少。亚洲和非洲由于人口密集，人均淡水资源相对缺乏。未来受到全球气候变暖的影响，预计在全球总降水下降的同时，亚洲和非洲的河流将面临极大的威胁，这将导致未来 1/4 的非洲大陆处于严重的缺水状态。虽然我国比水资源极度短缺的中东国家要好些，但也是淡水资源相当短缺的国家，尤其是西北和华北地区更是水资源高度风险区。目前，中国农业灌溉用水占水需求总量的 60%左右，未来生态用水、工业用水和生活用水将不断增长，是否能解决水资源短缺在很大程度上将取决于农田灌溉及其节水技术的采用情况。

表 4-5　2014 年世界五大洲水资源数量

地区	雨水（km^3）	内部可再生淡水（km^3）	外部可再生水（km^3）	可再生水总量（km^3）	占世界淡水资源百分比（%）	人均淡水（m^3）	人均可再生水（m^3）
世界	108 963	42 810	11 927	54 737	100	5 829	7 452
非洲	20 371	3 931	1 699	5 630	9.2	3 319	4 753
美洲	44 408	19 536	5 639	25 175	45.6	19 725	25 419
亚洲	26 855	11 865	3 377	15 242	27.7	2 697	3 465
欧洲	12 564	6 576	1 212	7 788	15.4	8 895	10 534
大洋洲	4 765	902	0	902	2.1	29 225	29 225

数据来源：根据中国工程院“中国农业发展战略研究 2050”项目课题五数据计算

全球农业生产仍具有很大的提高空间，且增长将主要来源于生产力落后和资源丰富的发展中国家与地区。目前，全球各地区的生产力存在显著差异，2017 年全球粮食的一半是由那些生产力或每公顷单产低于 5t 的国家生产的（FAOSTAT 数据库），且绝大多数国家属于发展中国家，其目前在开发利用潜在的水土资源和农业生产效率方面具有很大的提高空间。如果未来能够显著提高单产较低国家的农业生产力并充分利用其潜在的水土资源，全球的粮食生产和供应能力将会得到显著提高。全球耕地资源潜力巨大，有利于保证全球粮食安全。全球土地资源中尚存大量的潜在耕地，非洲撒哈拉以南地区和拉丁美洲地区存在扩地空间，从长远来看，气候变化会给温带地区带来一定的扩地潜力。根据 FAO 估算，全球实际可利用开发的农业耕地达到 35 亿 hm^2，有 14.67 亿 hm^2 的潜在耕地尚未得到有效利用。如果考虑生产技术的进步与作物适应性的不断改良，全球还有 26 亿 hm^2 潜在农业耕地未得到有效开发利用，适合种植稻谷、小麦、玉米、大豆的面积均超过 10 亿 hm^2（不同品种之间存在重复计算），增产潜力达 8%～10%。国家间农业生产力差异巨大，未来全球食物生产潜力不可低估，提升发展中国家农业生产力是关键。从全球食物生产分布来看，农业生产力低于 3.1t/(hm^2·a)的国家（主要是发展中国家）合计生产了世界 50%的食物，而农业生产力不低于美国[5.9 t/(hm^2·a)]的所有国家对全球食物生产的贡献率仅为 12.5%，这意味着通过提高农业生产力，全球食物生产还有巨大的提高潜力。

综上所述，全球耕地与水资源和人口的分布特征表明，农产品或食物贸易对保障全球与区域及国家的粮食安全起着重要作用。为保障全球农产品供需平衡与水土可持续利用，在提升水土资源利用率的基础上，需要畅通农产品的国际贸易。中国也不例外，如果中国食物要完全自给，则必须以牺牲资源环境和可持续发展为代价；在高度依赖灌溉的缺水地区，可因地制宜地适度发展雨养农业和旱地农业；为实现农业现代化和保障国家食物安全，要充分利用“两种资源”和“两个市场”。

二、中国水土资源与农产品贸易

影响我国农产品贸易比较优势的因素是多方面的。在国内消费需求不断增长的情况下，分析我国农产品贸易比较优势变化背后的主要原因，是调整我国农业生产战略布局极为重要的一环。

首先，我国目前的产品结构偏向于增加出口劳动密集型产品（如蔬果类产品）、增加进口土地密集型产品（如油籽、大豆等）和高质量、高附加值产品（如奶产品），这在一定程度上反映了我国人多地少的资源禀赋状况。随着经济增长及城市扩张，我国可利用的耕地资源不断减少，土地密集型产品也因此早早失去国际竞争力，而相对丰廉的劳动力使得我国在劳动密集型产品上仍具有一定的贸易比较优势。其次，虽然我国是农业生产大国，关系国计民生的种植业、养殖业主要农产品的国内生产和供应能力持续上升，但是目前种植业产品生产仍然以使用劳动密集型技术的小农户为主体，由于生产规模小，机械替代劳动力的能力有限。随着农村经济结构转型和非农收入提高，劳动力成本持续上升，导致农业生产成本上升和比较优势下降。再次，我国目前主要增加进口的产品包括饲料粮、棉花、油料作物等国民消费的基础性、战略性产品。这些产品的主要出口国在过去十年间大量地采用转基因和基因编辑等现代生物技术，极大地降低了生产成本，提高了生产效率，而我国在这方面起步较晚，所以相对生产力较低。最后，相对过高的农业保护政策不利于国内资源的有效配置，削弱了国内优势农业产品的比较优势，导致农产品国际竞争力的下降。

保障国内粮食安全，不仅需要大幅提升国内的农业生产效率，也需要依靠稳定的农产品贸易来补充国内农业生产有效供给的不足。2000 年以来，中国食物净进口持续增加帮助中国节约了水土资源。在 2000 年，食物贸易只帮助中国节约了 183 亿 m^3 的水资源（作物所需灌溉水和雨水）（表 4-6）；然而到 2015 年，食物贸易帮助中国节约水资源 2155 亿 m^3。其中，大豆净进口帮助节约国内水资源 1992 亿 m^3。在 2000 年，食物贸易所节约的土地资源为 360 万 hm^2（占当年耕地面积的 2.8%）；到 2015 年，节约土地资源达 4670 万 hm^2（占当年耕地面积的 34.6%）。如果 2015 年进口的大豆全部在国内生产，所需耕地面积为当年国内大豆播种面积的 7 倍左右。

表 4-6 2000～2015 年中国食物贸易节约的国内资源及其对全球的贡献

年份	国内资源		全球资源	
	水（亿 m^3）	土地（万 hm^2）	水（亿 m^3）	土地（万 hm^2）
2000	183	360	114	190
2005	614	1410	288	490
2010	1401	3100	620	1170
2015	2155	4670	954	1520

资料来源：中国工程院“中国农业发展战略研究 2050”项目课题一

我国食物贸易也对全球的资源节约有所贡献，原因是中国每生产一个单位的食物所需的水资源和土地资源均超过主要贸易伙伴国。表 4-6 显示，2000～2015 年，中国食物贸易为全球节约的水资源从 114 亿 m^3 增加到 954 亿 m^3；中国食物贸易为全球节约的土地资源从 190 万 hm^2 增加到 1520 万 hm^2。

不同食物对国内和全球资源节约的贡献不同，虚拟资源的来源地在全球分布也很不均匀。大豆是帮助中国及全球节约水土资源的主要作物。玉米的贡献在 2010 年前后发生变化，2010 年之前玉米出口将国内水土资源迁移到国外，但 2010 年以来玉米的进口在一定程度上缓解了国内的资源压力。水稻和小麦的进口近年来对水土资源的节约产生微弱的正向贡献。水果和蔬菜不属于土地密集型作物，其进口对土地资源的影响有限。从区域看，南美和北美是中国水土资源节约的主要来源国，但在 2004 年南美超越北美成为中国资源节约的主要来源国，因为更多的大豆来自南美洲的巴西和阿根廷。来自澳洲的虚拟资源因牛肉进口有增加势头。

三、对中国保障粮食安全的启示

虽然在过去 40 多年中国农业发展取得了巨大的成绩，但也面临着环境透支、水土资源不足、区域发展不均衡、国际贸易不确定等诸多问题，需要充分利用国际市场来保障我国的粮食安全。

（一）开放和贸易对于中国粮食安全具有重要作用

在土地资源禀赋并不占优势的条件下，虽然连续的制度改革和技术进步为保障国内粮食安全作出一定贡献，但未来我国仍需要充分利用国际市场适当加大食物进口，以满足国内日益增长的需求。中国人多地少的客观现实也决定了我们必须要充分利用“两种资源”和“两个市场”，发挥农产品比较优势，提升我国农产品国际竞争力，通过贸易缓解我国水土资源约束和突破可持续发展瓶颈。但必须处理好促进贸易正常发展和构建粮食危机底线思维两者间的关系，正常发展是一般的和日常的，突发危机是异常的和偶然的，不能用危机时期的底线思维管理正常时期的日常工作，只有当危机来临时才能启动底线思维的应急措施。当前世界粮食产量仍有很大的增长空间，中国适度进口不会威胁全球食物安全。

（二）参与国际分工有助于提高我国粮食等食物的安全保障水平

面对国际环境的不确定性，我国需要变被动为主动，充分发挥贸易可解决全球食物安全问题的作用。随着人均收入的增长，我国在国际上的地位不断提高，使得我国通过农产品贸易保障粮食安全的基础更加坚实，特别是近年来通过“一带一路”倡议的实施，我国已经与亚洲、东欧、非洲和南美洲等国家都发展了良好的贸易和投资关系，为这些国家同我国依据比较优势进行国际分工奠定了基础，进而为未来我国通过“国际市场”利用国际“可耕地”和“灌溉水”资源解决国内粮食安全问题提供了有利条件。关注和帮助非洲等发展中国家提高农业生产力，提升这些国家（同时提升全球）农产品的供给能力，对保障我国食物安全将起到间接的促进作用。中国适度进口不会威胁全球食物安全。当前世界粮食产量仍有很大的增长空间，并且95%以上的增长来自发展中国家，中国应主动参与到全球粮食贸易中，通过为非洲等发展中国家提供技术、培养人才、提高基础设施来增加其粮食生产能力，做大粮食生产蛋糕，通过建立人类命运共同体，助力全球粮食安全。

（三）粮食等主要农产品贸易须有风险意识和底线思维

虽然全球一般性问题和区域冲突不会改变国际粮食贸易的发展，进而威胁我国通过国际贸易和主要农产品进口来保障国内食物供需的平衡。但是如果逆全球化的趋势继续发展，并伴随中美在国际各个领域的冲突升级，国际粮食供应将会受到海运贸易限制和区域国别政策影响，特别是在短期可能导致粮食危机，需要我们考虑以底线思维和极限思维的方式加以应对。

在常态条件下，我们需要保障中国粮食自给率达到80%以上，通过国际贸易保障自身粮食安全；在底线条件即全球一般性问题和区域冲突等情况下，我们应当保障粮食自给率达90%以上，以保障口粮绝对安全；进一步考虑极端条件，如国际发生冲突事件，特别是在短期导致全球粮食危机时，我们应当保证粮食自给率达95%以上，做好预案加以应对。

（四）中国应采取的应对策略

一是积极推进全球贸易，构建良好的全球贸易环境与治理体系。继续对外开放，发挥比较优势，保障中国食物供给与永续发展；坚决反对“逆全球化”势力，强化WTO职能和多边贸易协议，大力推进“一带一路”建设，扩大我们的朋友圈。

二是积极帮助非洲和亚洲等发展中国家提高粮食生产，提升全球和中国的粮食安全保障能力。解决发展中国家的粮食安全和饥饿问题，提升全球粮食供给（生产和贸易）能力，对于增强中国影响力和扩大战略合作伙伴国有重要意义。实施提升发展中国家粮食等主要农产品生产能力的农业科技发展战略。提出以提升发展中国家农业科技创新能力为重点的全球农业科技发展倡议，增加和完善对非洲等发展中国家农业技术援助项目的投入，加大对国际农业研究磋商组织（CGIAR）研究经费的支持力度。实施以非洲和“一带一路”沿线发展中国家水利交通等为重点的基础设施发展战略。帮助非洲、东南亚、南亚和中亚等发展中国家完善农田水利、市场与交通等基础设施建设，提升这些国家农业生产和市场流通的基础设施条件。实施中国与发展中国家农业农村发展及政策的经验与知识共享战略。加强中国与其他发展中国家在农村发展领域的合作研究，构建发展中国家农村发展与改革的学术交流和经验分享平台，积极为其他发展中国家的农业农村发展提供中国经验和智慧。

三是在国际合作和对外援助中，中国需要转变思想，建立互补、互惠的国际投资和国际贸易体系，通过加强分工协作提升全球粮食生产和供应能力，使各个参与方都能从分工中获得收益。与发达国家相比，目前中国与发展中国家的农业合作尚处于初级阶段，未能有效发挥中国在农业生产技术和农业市场等领域具有的比较优势，在国际合作中未能实现互补性分工，绝大多数对外农业投资存在与当地生产者、消费者和政府竞争利润的问题。然而，随着全球化发展的不断加强，中国的国际粮食安全发展观需要建立在与其他国家互补互惠的基础上，通过农业技术输出和开拓国际农产品市场为其他发展中国家带来更多的发展机遇，使得农业国际投资和国际合作形成双赢的机制。

（本章执笔人：黄季焜、盛誉）

第五章　中国粮食与农业生产力增长的四大驱动力

过去 40 多年，我国农业在有限的水土资源供应条件下，实现了产出的快速增长和结构优化，提升了国家粮食安全水平，其中农业生产力的显著提升发挥了重要的作用。虽然过去 40 多年的改革并不是一帆风顺的，部分时期也走过一些弯路，但中国农业发展的成就是举世瞩目的。例如，从 1978 年开始的以家庭联产承包责任制为核心的农村土地制度改革，启动了中国农村 40 多年的改革，提高了土地和劳动生产力。进入 90 年代后，许多新的农业制度创新不断涌现，成为提升农业生产力和促进农民增收的重要推动力。一方面，农业科技发展与改革促进了农业技术进步和农业全要素生产率稳步增长；另一方面，市场改革和对外开放提高了资源配置效益，促进了农业生产结构调整，增加了农民收入。此外，农村基础设施建设等投入的不断增长，显著改善了农业的生产条件，也为提高农业生产力奠定了基础。中国 40 多年的农业发展和改革证明，农村制度创新、农业技术进步、农产品市场改革和农业生产投入增加，是中国农业增长的四大驱动力，也是中国农业发展与改革的四大法宝（黄季焜，2018a）。本章将从四个驱动力入手，探讨我国通过技术进步提升粮食安全水平的实践。

第一节　制度创新

制度创新是中国过去 40 多年农业领域最重要的改革，既包括农村土地制度改革，也包括劳动力市场制度改革和农业集体经济制度改革。一方面，家庭联产承包责任制（HRS）、土地租赁市场制度、三权分置与土地流转制度等土地制度改革通过土地经营权在更大范围内优化配置和农业经营主体发展实现了以土地为核心的农业要素重组，有利于提高土地利用效率和农业劳动生产力。另一方面，劳动力市场制度改革促使劳动力价格上升，推动农业生产方式由劳动密集型向资金和技术密集型转变，从时间和空间维度对粮食生产供应和国家粮食安全产生影响。同时，社会化服务和土地托管等制度改革通过提高资源利用效率进而提升农业全要素生产率，为保障粮食生产提供更多资源。

一、农村土地制度改革

家庭联产承包责任制显著提高了农业生产力，是改革开放初期（1978～1984 年）提升粮食生产和供应能力的重要驱动力。中国土地改革是从家庭联产承包责任制开始的，改革废除了“人民公社”制度，建立了以家庭承包经营为基础、统分结合的双层经营体制，简称“家庭联产承包责任制”。家庭联产承包责任制是农民以家庭为单位，向集体经济组织承包土地等生产资料和生产任务的农业生产责任制形式。在农业生产中，农户作为一个相对独立的经济实体承包经营集体的土地和其他大型生产资料，按照合同规定自主地进行生产和经营，其经营收入除按合同规定缴一小部分给集体及缴纳国家税金外，全部归自己。集体作为发包方除进行必要的协调管理和经营某些副业外，主要是为农户提供生产服务。这项改革赋予了农民对生产的决策权和收益权，调动了农民生产的积极性，提高了农业生产效益和农业生产力。一方面，由于“交足国家的，留够集体的，剩余是自己的”合约结构，农户作为相对独立的农业生产经营者，对土地使用与剩余收益支配的能力提高（周其仁，1995）；另一方面，家庭联产承包责任制明确了承包农户对土地的产权，农户享有生产经营自主权、承包地土地权并且可自主组织生产经营和处置产品（刘守英等，2019），有效提升了农业绩效和农民生产粮食的积极性。1978～1984年中国水稻、小麦、玉米等粮食的全要素生产率增长了50%，主要是由家庭联产承包责任制引起的（Huang and Rozelle，1996）。根据我们的数据测算，1978～1984年全要素生产率的年均增长率为5.9%，约占该时期产出增长的95%。这样的测算结果支持McMillan等（1989）、Lin（1992）和Jin等（2010）的研究结果。这表明在1978年后，实施家庭联产承包责任制的制度改革显著地提高了农业全要素生产率。

几乎所有以往的研究都表明，家庭联产承包责任制是改革开放初期（1978～1984年）农业增长的最主要驱动力（Lin，1992；Huang and Rozelle，1996）。Huang和Rozelle（1996）研究也发现，除了技术进步和农民加大生产投入外，在改革开放初期的粮食生产增长中，大约有35%的粮食单产增长来自家庭联产承包责任制，其从如下3个方面影响农业生产：生产积极性、投入效率和技术采用成本，即虽然家庭联产承包责任制提高了农户采用新技术的成本，但显著提高了生产效益和资源配置效益，从而促进了农业生产。

20世纪90年代以来土地制度的不断完善，对粮食增产和农业全要素生产率增长起着促进的作用。何一鸣和罗必良（2010）将中国农村土地制度变迁过程理解为国家局部归还农民产权的过程，并认为从全面产权管制到产权管制放松是一个计划体制向市场体制转轨的过渡阶段；中国的农业经济体制转轨实质上是农业资源产权管制放松的动态过程，也是租金耗散递减从而引起制度绩效递增的演进历程；产权管制放松是中国农业全要素生产率提高的动力源泉。例如，针对农村土地所有权稳定性存在的问题，国家逐渐推进农村土地制度的改革完善。土地承包期从第一轮的15年延长到第二轮的30年；进入第二轮土地承包期后，所有权的稳定性得到显著提高，促进了农户对农村土地的长期投资和农业生产力的提高（冀县卿和黄季焜，2013）。最近中央又提出农地集体所有权、农户承包权和经营权的“三权分置”，以及第二轮土地承包到期后再延长30年的土地制度安排，是中国在土地制度上的重大创新，我们预计这些改革措施还将在促进农村土地流转和农地生产力提高方面产生积极的影响。农村土地三权分置通过更明晰的土地所有权解除了“土地”对农民的约束，通过经营权的赋权解除了“村”对非集体成员的阻隔，化解了农村土地承包经营权中社会保障属性与财产属性的矛盾，开启了以“人”的流动为核心的城乡要素重组和对流。农村土地三权分置通过土地经营权设权和赋权重构了集体土地地权体系，在不触动集体所有制的前提下使土地流转规模、范围、速度得到大幅度提升，通过土地经营权在更大范围内优化配置和农业经营主体发展实现了以土地为核心的农业要素重组，有利于提高土地利用效率和农业劳动生产力（刘守英，2022）。

二、农村劳动力市场制度改革

在深化农村土地制度改革的同时，中国也在不断推进劳动力市场制度改革，以促进粮食增产和农业生产力提升。新中国成立初期，国家实施高度集中的计划经济体制，生产要素由国家统一调配，政府出于限制城镇人口的考虑，设立了城乡隔离的户籍制度，1958 年《中华人民共和国户口登记条例》颁布执行，城乡二元户籍制度确立。在 80 年代户籍制度改革以前，农村劳动力基本没有自由流动的权利。1984～1988 年为控制流动阶段。1984 年，在各类惠农政策支持下，农业迎来大丰收，出现“卖粮难”，农业产业结构继续调整，农村受户籍制度限制近 30 年的农业劳动力迫切需要寻找新的就业机会（刘传江和程建林，2009）；与此同时，市场化的经济改革促进了城镇劳动密集型企业的发展，对劳动力的需求大大增加（章莉等，2014），在此背景下国家出台了一系列户籍相关政策，有意识地引导农村剩余劳动力向小城镇转移，农村劳动力转移呈现迁移规模较小、周期较短和成本较高的特点（蔡昉等，2001）。1989～2001 年为规范流动阶段。国家大幅“松绑”户籍制度力度，逐渐赋予农村劳动力在城市长期居住和满足条件落户的权利，但是此轮户籍制度改革较多注重取消对农村劳动力流动的限制，对户籍“含金量”少的中小城镇实行全面或有条件开放户籍，而在户籍“含金量”较多的大城市仍然严格控制落户（李强和胡宝荣，2013）。2002～2015 年为推进改革阶段。国家对户籍制度的改革力度逐渐加大，不仅进一步放宽流动和落户标准，而且更加关注农村劳动力的公民权利享有情况。这一阶段的户籍制度改革被认为是为建设统筹城乡的劳动力市场而服务的，兼顾实现城乡共享基本公共服务的目标（蔡昉，2012）。2016 年至今为完全开放阶段。2016 年国务院发布《国务院关于深入推进新型城镇化建设的若干意见》（以下简称《意见》），要求加快落实户籍制度改革，取消除特大城市和超大城市外的城镇户口限制，以及逐渐赋予在城镇务工的农村劳动力与城镇居民同样的权利和义务。《意见》的发布标志着隔离中国城乡近 50 年的户籍制度终于被打破，农村劳动力的非农就业道路更为畅通。

户籍制度改革在促进农村劳动力非农就业和在区域间流动的同时，也促进了农村土地的流转和粮食生产的规模化经营。无论从城乡经济发展、劳动力转移与就业角度来看，还是从个体社会保障与福利角度来看，由户籍制度所产生的城乡二元差异都很大，甚至在许多方面阻碍了我国经济的发展，并引发了一些社会问题（章莉等，2016；王吉元等，2019；Meng，2012）。在改革开放前，国家通过颁布《关于劝止农民盲目流入城市的指示》《关于防止农村人口盲目外流的补充指示》《公安部关于处理户口迁移的规定》等政策文件严格限制了农村劳动力的流动、迁移和非农就业。严苛的户籍制度不仅仅扭曲了资源配置，更加剧了城乡经济发展差距的扩大（蔡昉，2017）。在改革开放后，为了适应经济发展的需要，国家对户籍制度作出了一系列的改革，主要表现在放宽对农业人口流动的限制、降低小城镇的落户标准等方面（宋锦和李实，2013）。改革后的户籍制度对劳动力流动的约束降低，农村劳动力有机会实现非农就业。但户籍身份仍然是社会阶层分化和割裂的象征，阻碍着农村劳动力进一步转移和就业，不利于农村经济转型的进行。同时，随着户籍制度改革的加深，每个区域的改革成效和其对农村非农就业的影响有所不同。

劳动力市场改革带来劳动力成本上升，从时间和空间维度对提升粮食生产的机械化程度与新技术的采纳水平产生重要影响。从时间上看，大田生产劳动的季节性使得农忙时劳动力需求增大，从而需要增加劳动力雇佣，而农闲时期大家都有多余劳动力可以雇佣，出现全年劳动力过剩和季节性供需失衡并存的现象。从空间上看，由于每一地点的劳动力需求不确定，加剧了因居住分散造成的信息不畅、移动成本高等问题，因此农村劳动力市场供需在空间上较难匹配。由于农村劳动力供需在时间和空间维度上难以匹配，进而难以通过雇佣季节性劳动力来扩大粮棉油等大宗作物的生产规模，因此对粮食安全造成一定影响。针对劳动力成本上升问题，生产者有要素替代和产品替代两种选择。在粮食作物生产上，劳动力成本上升引起要素替代，主要表现为改变生产方式，即农业机械替代劳动力，其发生的必要技术条件是地处平原地区，易于使用大中型农业机械，而必要经济条件是存在农业机械作业的规模经济。产品替代是指蔬菜水果等高附加值农产品代替粮食作物，其发生的必要经济条件是邻近高收入人口集聚中心或者深加工中心，高附加值产品的市场规模经济能够降低物流费用。由于要素替代和产品替代发挥作用，粮棉油等大田作物的生产会集中于平原地区，农业机械会更多替代劳动力；而高附加值农作物会相对集中于丘陵山区，其中蔬菜等不易储藏的产品可能会向人口密度高的经济发达地区转移，而比较耐储藏、耐运输的水果会向中西部交通条件比较方便的加工中心转移。

三、农村集体经济制度改革

进入 21 世纪以后，乡镇综合改革与基层政府转型等制度创新提升了乡村治理能力；农民合作经营组织的制度创新和农村信贷制度的改革等对促进农业农村发展与保障粮食安全产生了积极影响。在我国现有农村土地制度下，借助成立农民专业合作经济组织进入市场已成为小农户应对现代市场挑战的重要选择之一。农业生产的基本特点决定了农业存在自然和市场双重风险，这也意味着农业和其他产业相比处于“天然”的弱势地位。提高农民的组织化程度，是克服农业弱势地位的重要途径，而发展农民专业合作经济组织则是提高农民组织化程度的有效途径。农民专业合作经济组织是农民自愿参加的，以农户经营为基础，以某一产业或产品为纽带，以增加成员收入为目的，实行资金、技术、生产、购销、加工等互助合作的经济组织。在我国的农业现代化进程中，户均耕地面积仅 $0.6hm^2$ 的小农户经济正面临越来越严峻的挑战：市场化发展促进了农产品销售半径的扩大，但小农户难以直接面对加工业和终端消费者，不得不通过成千上万的小商贩和经纪人等中间商进入市场；消费者购买农产品的价格有相当部分被中间环节分成，农民难以享受销售半径扩大带来的好处；同时，大量的流动小商贩使得食品追溯制度的建立和执行成本过高，实现难度大，食品安全难以保障。

农民专业合作经济组织可以通过如下渠道对粮食安全和农业全要素生产率产生积极作用。首先，发展农民专业合作经济组织有利于提高农民进入市场的组织化程度。随着一系列农村经济体制改革，农民的市场主体地位已经确立，但是小农户与大市场的矛盾日益尖锐。提高农民的组织化程度能够有效解决这一矛盾。其次，发展农民专业合作经济组织有助于推进农业的产业化经营。农业产业化经营的核心是农业的纵向一体化。农民专业合作经济组织根植于广大农民之中，既能保持农户家庭的独立经营，又可以按照合作制的规则，克服单家独户在经营中的局限性，维护农民的利益，使农民形成利益共同体。其既可以在组织内部使龙头企业实现产业化经营，又可以依托自身组织优势在企业和农户之间发挥中介作用，推动农业产业化经营。最后，发展农民专业合作经济组织能够有效提高农业生产效率。一方面，农民专业合作经济组织的农民可共享大型生产资料，提高农业生产力；另一方面，农民专业合作经济组织能够发挥规模效应，节约流通成本和单个农户进入市场的交易费用。国际经验也表明，各种农民组织可以通过为其成员提供农资统一供应、农产品统一销售、农产品包装或精加工等集体投资、技术和信息等服务，来帮助小农户解决在现代市场经济发展中遇到的种种问题（Fulton，2005；Bijman，2008；Fulton and Sanderson，2003），从而更好地激励农民从事农业生产的积极性，提高农业生产效率，促进粮食产量提升。

近年来，农业生产新型主体和社会化服务制度开始得到发展，促进了农业生产经营模式的创新，进而推动粮食生产和农业全要素生产率的提高。当前的制度创新以市场作为资源配置的主要决定因素，通过制度创新降低农村土地流转的市场交易成本和风险，通过政策扶持（如财政、信贷、技术和市场等服务）促进适度经营规模生产主体的发展，提高其在农业生产中的比例，推动以市场为导向的机械化等社会化服务体系的发展。农业社会化服务产生的背景为，随着农村劳动力成本的不断增加，提高农业机械化水平已经成为进一步提升我国农业劳动生产力、实现农民增收和农业现代化的重要渠道之一。但受到生产规模、经营方式和技术水平的限制，绝大多数中小农户既没有能力也无意愿投资技术装备，因此无法有效地利用“蕴含技术”来突破生产规模和生产力的瓶颈。广泛认为，推广农机社会化服务有助于降低小农户采用机械提高劳动生产力的沉没成本和信贷约束，提高农业资本投资的利用率并促进农业朝规模化、专业化发展。各地迅速发展起来的各种形式的机械化等有偿社会化服务，是农业生产经营制度的创新，其克服了小农户的机械化难题，促进了农户家庭经营规模的扩大。各地在大力发展家庭农场和规模化生产的同时，积极发展农业生产性服务业，显著提高了农业社会化服务的水平。一些地方还形成了农业生产托管等直接服务农户和农业生产的有效形式，为农民提供了除自种、流转之外的第三种全新选择。截至2018年底，全国农业生产托管服务面积达13.84亿亩，从事农业生产托管的服务组织数量达到37万个，接受农业生产托管服务的对象达4630万个（户），其中小农户占服务对象总数的91%。

综上所示，一方面我国农村制度改革是渐进性的改革，为保障粮食安全和提高农业生产力发挥了重要作用，另一方面我国农村制度还需继续创新和改革，且在不同的时期需要因时、因势而调整，以适应生产力的发展。农村土地制度还将是未来农村改革的重点，建立城乡一体化的土地和劳动力等要素市场还需要不断进行制度创新和改革，农民专业合作经济组织的作用还没有得到有效发挥，农村、农民贷款难的问题还缺乏有效的制度安排。

第二节　科技进步

一、农业科技政策与科技进步

中国政府始终把提高粮食及其他农产品产量作为重要的施政目标，因此提高农业的总产与单产成为最重要的生产政策之一。在这些政策的推动下，我国逐步建立健全了全球最大的农业科技体系。这一体系在政府的主导下研发与推广了大量可显著提高农业产量及生产力的技术，使中国这样一个刚成立时农业生产力极低的国家的粮食及其他农产品生产水平迅速赶上甚至超过发达国家，使中国这样一个人口大国不仅基本实现了国家的粮食安全，还保障了国家整体经济的健康发展。

自新中国成立之日起，中国政府便制定了一系列农业发展政策。1949 年 9 月 29 日，中国人民政治协商会议第一届全体会议通过的《中国人民政治协商会议共同纲领》提出了“兴修水利、防洪防旱，恢复和发展畜力，增加肥料，改良农具和种子，防治病虫害”等政策。随后制定的《1951—1955 年农业科研计划》，把由国家主导组织人力和物力培育推广良种、防治病虫害等作为农业科技工作的重点任务。与此同时，为了改变当时一穷二白的面貌，解决当时 5 亿人的吃饭问题，中央政府开展了全国性的先进农业生产经验总结与推广及全国性的优良农家品种评选群众运动（赵洪璋，1979）。这一全国性的先进农业生产技术评选与推广活动，在实现对落后的粗放技术进行替代的同时，也培养了一大批农民种田能手及农民技术员（胡瑞法，1998），这些技术人员及其后代所研发的农业技术甚至到 90 年代仍然在农业生产中发挥重要作用。

从 20 世纪 50 年代中后期开始到“文革”前，政府在继续出台一系列农业科技政策的同时，建立健全了农业科技体系（农业部科技教育司，1999）。1956 年，中央出台《1956—1967 年科学技术发展远景规划纲要》（以下简称《纲要》），在确定的 57 项重大科学技术任务中包括了 5 项农业重大科学技术任务，并对科学技术工作体制、研究机构设置及科技干部使用等做了规定，提出了研究人员绝大部分（约 80%）应放在产业部门的研究机构。随之，中国农业科学院及各省农业科学院相继建立，一些地区也开始成立农业科学研究所。政府除为这些农业科研单位配备专门的人员及设备外，也设置了一系列研究项目，开始针对农业科技发展和国家需求开展研究。与此同时，自中央到地方开始农业技术推广单位的建设，并配备和培训农业技术人员，开展农业技术推广工作。1958 年毛泽东主席将《纲要》所提出的上述科学任务概括为“土、肥、水、种、密、保、管、工”的“农业八字宪法”，成为指导农业科技发展方向的重要纲领。上述规划、政策与纲领，为我国农业科技事业的发展起到了基础性奠基作用，不仅建立了全国性的科技体系，还强调农业科学研究与农业技术推广普及相结合，更重要的是规定了农业科技发展路径及农业科技优先发展领域。

“文革”十年，虽然农业科研机构大面积解散，农业科研人员下放农村，农业科技体系受到严重冲击，但强调开展群众性的农业科研实验活动（农业部科技教育司，1999）。1969 年在全国各地推广实施湖南华容县的“四级农业科学实验网”，即县、公社、大队、生产队建立农业科研组织，到 1975 年底，全国已有 1140 个县建立“四级农业科学实验网”。与此同时，自 1972 年开始，国家组织了杂交水稻等 22 项全国重大农业科研协作攻关项目，其中“三系”杂交水稻的研发成功为改革开放后中国迅速解决温饱问题提供了重要保障。

改革开放后，中国迎来了农业科技事业发展的春天。各级政府迅速恢复农业科研单位，多数地方在原来农业科研单位的基础上，根据当地的农业生产情况及农业科技发展趋势，新建了全新的农业科研单位。而在“文革”前规模较小的水利、农林经济、食品加工等领域，也建立了专业较为齐全的科研机构。与此同时，各级政府重建了专业齐全的政府农业技术推广机构，该机构遍布全国各地，甚至最边远的乡镇也成立了为农民提供专业技术服务的政府技术推广部门。这群庞大的机构为改革开放初期农民新技术采用及科技进步提供了有力保障（胡瑞法等，2004）。

恢复及重建庞大的农业科研与技术推广体系为各地政府增加了巨大的财政负担（胡瑞法等，1996）。特别是在改革开放初期各地经济快速发展对政府财政的需求普遍较高的条件下，减少对政府财政的依赖成为自上而下各政府部门的普遍愿望，在此背景下，1985年中国政府启动了科技单位的商业化改革，允许科技机构通过各种商业活动来增加科技人员收入，与此同时政府减少了对科技活动的投入。然而，在政府未显著增加（甚至减少）对科研单位投资的条件下，这一改革促进科研单位经费总收入提高的速度非常有限（黄季焜等，1998），从而影响了科研单位的科研活动及科研成果的产出。与此同时，政府农业技术推广部门的商业化改革，使农业技术人员开始卖化肥农药等生产资料，不仅影响了政府农业技术推广单位为农民提供更好的服务（胡瑞法和李立秋，2004），还促使了农民对化肥农药的过量施用（Qiao et al.，2012），该影响直到目前仍未能彻底消除。

20世纪90年代中后期以来，中国政府显著增加了对农业研发的投资。政府研发投资年增长率呈现两位数增长（胡瑞法等，2007）。以购买力平价计算，中国政府研发投资已高于美国而处于世界第一位（Pardey et al.，2016）。与此同时，自2006年开始，中国政府重新恢复了对农业技术推广机构的全额经费支持，使自商业化改革以来通过从事商业活动自筹自支的人员退出商业化活动而全部从事公益性的技术推广服务。然而，由于执法、维稳、环保等政府职能的增加，退出商业化经营活动的人员并未将其全部工作时间用于为农民提供技术服务，乡镇行政工作仍是其重要工作内容（孙生阳等，2018）。

值得关注的是，虽然政府减少了对农业科研单位的投入，但政府设立的一系列研发项目为中国农业科学技术的发展作出了巨大贡献。其中，在针对高新技术研发的“863”计划项目及20世纪90年代后期设立的针对基础研究的“973”计划项目中，农业科学技术均是重要的研究内容。这些项目的实施有力地推动了国家现代农业技术及其基础科学的发展。例如，“863”计划项目所开展的生物技术研发活动，使我国的生物技术发展处于世界先进水平。在该计划项目的资助下，我国成为国际上最早商业化种植转基因作物的国家之一（James，2002），与其他国家商业化种植的转基因作物来自跨国公司的技术不同，中国农民生产上所种植的转基因棉花还来自本国政府研究部门自主研发的技术（黄季焜等，2010）。

中国的农业研发体制属于由政府主导的体制。到目前为止，政府仍主导着我国的农业基础、应用基础研究及多数商业化研发项目。新中国成立以来，尤其是改革开放以来政府启动了一系列农业科研与技术推广项目，在政府的主导下，取得了一系列研究成果并显著促进了农业科技进步（农业部科技教育司，1999），这些项目分布于国家启动的各类研究课题。作为最大的基础研究平台——国家自然科学基金，其资助了许多动植物育种、生产管理等商业应用性很强的项目。除此之外，科技部及各地方政府也分别投入了大量的经费用于资助这些研发活动。特别需要指出的是，就杂交水稻技术攻关、黄淮海流域开发及2008年启动的转基因技术重大专项等，国家均采取了举国之力开展科技攻关研究。这些研究在取得了技术突破的同时，也带动了农业行业整体产业的技术进步。而上述项目及政府相关部门设立的一系列研发项目（如2008年启动的50个现代农业产业技术体系建设项目，2016年启动的重点研发计划项目等）均是针对国家农业科技需求及为促进农业科技发展所设立的。

值得一提的是，国家持续对农业高新技术实施较高强度的研发投入并给予政策倾斜。例如，自改革开放开始，国家对生物技术的研发投资每隔5年便翻一番（Huang et al., 2005），且这一投资自21世纪第一个十年末开始加速。除了投资增加外，政府就生物技术的发展与产业化也制定了明确的路线图，即“非食用—间接食用—食用”的发展路径。目前生物技术的发展正在进入间接食用的阶段。

二、粮食等主要农产品生产技术变化

在提高粮食及其他农产品产量以保障国家粮食安全的施政目标下，提高农业的总产与单产成为最重要的生产政策。除了制度变化及投入增加外，一系列有关农业新技术的研发和推广政策，推动了中国农业生产的科技进步及单产的快速提高，使中国这样一个在刚成立时农业生产力极低的国家的粮食及其他农产品生产水平赶上甚至超过发达国家。尤其值得一提的是，一系列技术的研发成功与推广为农业生产力的提高提供了保障。

中国水稻生产技术自古以来领先世界（游修龄，1993）。新中国成立后，中国政府非常重视农业技术的研发与推广，经过50年代初期的优良农家品种评选与高产经验总结，发现与推广了一大批农家品种并推动了新中国成立初期粮食单产的快速提高。早在50年代中后期，基于随土壤肥力提高原有农家品种出现不抗倒伏的现象，农民育种家洪群英和洪春利兄弟在优秀农家品种‘南特号’中发现了矮秆变异株，并成功培育出国际上首个农作物矮秆抗倒品种‘矮脚南特’，这是国际上第一个绿色革命品种（林世成和闵绍楷，1991）。从1957年开始，随着国家农业科研体系的逐步建立及完善，农作物新品种便如雨后春笋般研发成功并大面积用于生产。70年代通过科技攻关育成的“三系”杂交水稻，在国际上开创了杂交水稻大规模商业化应用的先河。80年代末90年代初育成的“两系”杂交水稻，又将水稻生产潜力推上了另一个新台阶。而自90年代中期启动的“超级稻”研究，则成功开发出平均亩产超过900kg的系列品种。所有这些技术均使中国的水稻生产与技术处于国际前列。值得一提的是，早在21世纪初就已完成培育的转基因水稻，也是我国领先其他国家的技术，虽然仍未批准商业化生产，但目前已成功完成转基因水稻新品种的技术储备，实现了“藏粮于技”的战略目标。

与水稻生产不同，新中国成立时的小麦生产水平很低，全国平均亩产在20世纪50年代初还不到100斤。在如此低的水平下，技术的进步促进了小麦单产水平的快速提高。随着优良农家品种评选与高产经验总结推广，小麦单产迅速提高，此后随着系列小麦新品种的育成与推广，其单产水平保持持续增长的势头。改革开放后，政府主导的研发体制充分发挥了其体制优势，使新育成小麦品种的增产潜力持续增加。与水稻杂交技术的利用不同，小麦生产技术的变化主要为对常规品种改良、由生产条件变化诱导相关品种及栽培管理技术发生变化（胡瑞法，1998）。在改革开放初期，针对单产较低的现状，小麦育种目标以高产、抗病、抗倒伏为主；此后，随着改革开放后出现“卖粮难”的现象，育种目标也发生了变化，提高小麦品质成为重要的育种及栽培目标；而之后随着植保技术的改进，抗病育种的优先性也开始下降。特别值得一提的是，抗旱性的提高显著提高了一些干旱地区小麦生产的单产水平。目前中国的小麦育种技术水平及新品种增产潜力处于世界先进水平（见本节第三部分）。

中国的玉米生产技术与世界发达国家同步。中国是国际上最早利用杂交优势技术的国家之一。早在20世纪60年代，中国便推广了玉米混交品种、三交品种（汪黎明等，1970）；进入70年代，玉米单交种也开始广泛采用。所有这些技术进步保障了中国玉米生产的单产水平在90年代中期以前保持了与西方国家几乎相同的速度增长（见本节第三部分）。然而，由于生产条件远低于发达国家，我国的平均玉米单产水平一直较低。改革开放后，除了西南地区外，全国在极短的时间里便普及了杂交玉米品种的种植。此后，高产、抗病、适应性广的品种育成并迅速替代原有品种，成为玉米产量提高的最重要驱动力。回顾中国玉米生产技术的变化，均以品种更新为代表，每一次更新便推动玉米生产上一个台阶。例如，高产、抗病、适应性广的‘掖单2号’育成后，迅速替代了当时的主导品种‘中单2号’‘郑单2号’等品种，将玉米单产提高了一个台阶；之后，耐密植的‘掖单13号’及此后的‘农大108’‘豫玉22’等品种，使多数地区新育成品种的产量潜力稳定超过亩产1000斤的水平；而随着新一代品种‘郑单958’及早熟脱水快的‘先玉335’育成，使新育成品种的产量潜力又稳定超过650kg的水平。值得一提的是，中国的玉米转基因技术也已成熟，然而由于未能批准商业化种植，中国玉米的单产水平在90年代中期以来与美国等发达国家的距离拉大了，而单产水平低于中国的巴西等发展中国家，由于批准了转基因品种的商业化种植，其单产水平与中国的距离则缩小了；与中国的玉米单产水平变化相似，同期未批准转基因玉米商业化种植的法国的单产水平与美国的距离也拉大了，而同在美洲的墨西哥（未批准转基因玉米商业化种植）的单产水平则与巴西的距离也拉大了。

在畜牧业方面，中国是世界上本土猪品种最多的国家，因此在全国不同地区培育各种商业化猪具有优势。政府资助了养猪业的大部分研发支出，且私营部门的研发投入一直在增加。在过去的几十年里，中国成功地引进了外来猪，并利用外来猪的遗传资源进行了育种。近年来，养猪业人工授精覆盖面不断扩大，覆盖率达85%以上，人工授精成功率在85%～95%。各种分子遗传标记的发现和现代育种的迅速发展，为动物遗传育种的改进提供了新的途径和方法。除此之外，营养喂养的精准管理，提高了猪的健康水平和养殖质量，降低了其发生疫病的风险。

中国养鸡业已逐步建立起完整的优良品种育种体系。该体系在鸡种繁育、饲养管理、饲料营养、疾病防治、产品加工等方面取得了一定的科技成果。在各种主要技术中，养鸡设备和环境控制技术尤为重要，其中包括奶嘴饮水技术、自动投料技术、湿帘蒸发冷却技术、大风机纵向通风技术、福利健康养殖技术等广泛应用的技术。20世纪80年代的代表技术有简易节能的开放式鸡舍、蛋笼和利用地窗的自然通风技术，在很大程度上满足了鸡舍节能环保法规的要求，为规模化养鸡场生产提供了技术基础。90年代，创新研发了纵向通风和湿帘降温技术，建造了新型鸡舍，解决了水平通风死角和夏季热应力方面的问题，创造了鸡的联排屋。进入21世纪，家禽育种迎来了新的发展阶段，以提高动物福利和动物产品质量为目标。开发了放养鸡的新技术体系和现代化饲养设施。

中国在发展农业节水技术方面有着悠久的历史。Liu 等（2011）指出，1949 年新中国成立后，为了保障粮食安全，水利部与农业部一起进行了农业节水技术的研究与开发。为了促进这些技术的采用，中国还在政府的财政支持下在粮食主产区建立了节水示范县。近些年人们越来越重视推广农业节水技术，节水技术的推广是粮食安全面临用水竞争的一个重要应对策略。2020 年，采用节水技术的灌溉面积占有效灌溉面积的一半以上，而 2000 年这一比例仅为 30.45%（图 5-1）。此外，在过去 20 年中，中国越来越多的地区采用节水技术，主要包括喷灌、微灌、低压管灌和渠道防渗等节水工程技术（表 5-1）。

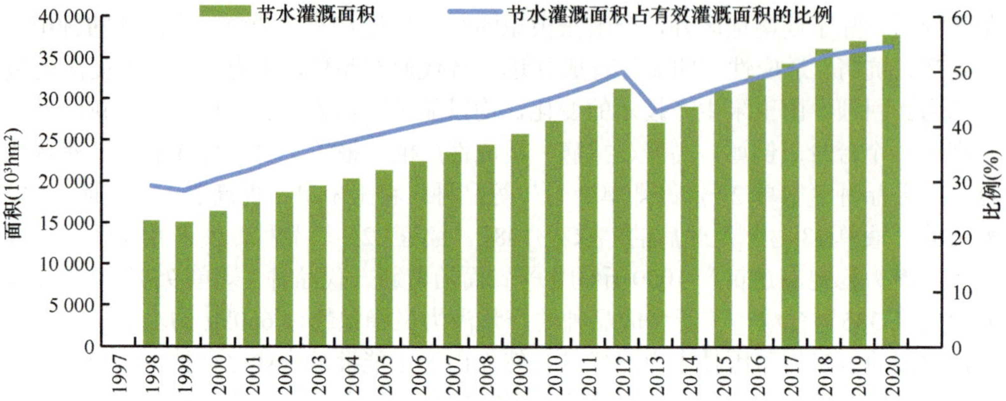

图 5-1　中国节水灌溉面积的发展（1997～2020 年）

数据来源：《中国水利年鉴》和《中国统计年鉴》

表 5-1　我国不同农业节水灌溉面积　（10^4hm^2）

年份	合计	喷灌	微灌	低压管灌	渠道防渗	其他
1998	1524	—	—	—	—	—
1999	1505	—	—	—	—	—
2000	1639	213	15	357	636	418
2001	1748	236	22	390	696	404
2002	1863	247	28	416	757	415
2003	1944	263	37	448	807	389
2004	2035	267	48	471	856	392
2005	2134	275	62	499	913	385
2006	2242	282	76	526	959	399
2007	2349	288	98	557	1006	400
2008	2443	282	125	587	1045	404
2009	2576	293	167	625	1117	374
2010	2732	303	212	668	1158	391
2011	2918	318	261	713	1218	408
2012	3121	337	323	753	1282	426
2013	2711	299	386	742	—	1284

续表

年份	合计	喷灌	微灌	低压管灌	渠道防渗	其他
2014	2902	316	468	827	—	1290
2015	3106	375	526	891	—	1314
2016	3285	410	586	945	—	1344
2017	3432	428	628	999	—	1377
2018	3614	441	693	1057	—	1423
2019	3706	455	705	1104	—	1442
2020	3780	461	720	1138	—	1461

数据来源：《中国水利年鉴》（1999～2021）

渠道防渗和低压管灌是两种应用最广泛的节水技术（表 5-1）。渠道防渗的灌溉面积从2000年的636万hm^2增加到2012年的1282万hm^2，而低压管灌面积则从2000年的357万hm^2增至2020年的1138万hm^2。由于喷灌和微灌技术需要特定的设备，因此使用率较低。然而，2000～2020年，喷灌面积增加了1倍多，从213万hm^2增至461万hm^2；在同一时期，微灌面积也急剧增加，从15万hm^2增加到近720万hm^2。石头、混凝土、沥青混凝土和薄膜等材料通常被用作渠道的防渗层，用于防止水从水渠中渗漏（He，2002）。与传统的土渠相比，防渗渠道可以减少70%～90%的水渗漏，这大大提高了输水的利用率，并有效降低了渠道淤积和堵塞的风险（Zhou et al.，2004）。在古代，土渠在将灌溉水从河流或水库输送到数千块耕地方面发挥了重要作用，但渗漏是一个大问题，特别是对于远离河道的地块。为了解决这一问题，20世纪50年代末开发了单一材料、单一结构的渠道防渗技术，并广泛用于灌溉，为当今中国的灌溉渠道奠定了基础。几十年来，为了延长渠道的使用寿命并消除其对环境的负面影响，在材料选择和渠道建设中越来越重视复合材料与复合结构的应用（He and Liu，2009）。

低压管灌也称“管道灌溉”，是一项利用低压管道将灌溉水输送到农田并灌溉地表的技术。这项技术比较简单，与土渠相比能够节约40%的水。此外，由于农民掌握该项技术较为容易，其很适合在发展喷灌和微灌方面存在困难的地区进行推广（Pang，2006）。自20世纪70年代中期从国外引进节水技术后未能取得预期效果以来，中国政府一直努力开发适合自身农业生产条件的节水技术。“七五”时期（1986～1990年），低压管灌技术被列为国家科学技术委员会重点关注的项目。低压管灌技术开发于1990年，与喷灌、滴灌和其他技术相比，其对农民益处更大，因为其需要更少的投资、更简单的设备，且更易于操作，并能够实现灵活管理。到2020年，低压管道灌溉面积已达到1138万hm^2（表 5-1），该项技术在中国北方的灌溉中发挥了重要作用。

微灌是一种利用管道系统的小流量灌溉技术，灌溉机安装在靠近作物根部的管道末端。微灌可以均匀、准确地输送作物生长所需的水分和养分。盆栽植物、果树和花卉的无土栽培很适合使用该项技术。根据灌溉技术的分类，滴灌、渗灌和微喷灌都属于微灌（He and Liao，2014）。滴灌使用特殊的灌溉设备将水滴灌溉到作物根部的土壤。通常的做法是使用塑料管道系统将水直接输送到每种作物的根部区域，每个滴水器将水直接滴到根部土壤表面，然后渗透到土壤深处和根部最发达的区域，以高度自动化的方式节水 70%～80%，并且具有较强的地形适应能力。渗灌使用内置于地下耕作层的透水毛细管将灌溉水引入耕作层，直接向作物根部供水，仅用于湿润土壤的地下部分。因此，这项技术也称“地下滴灌”，可以将农药和化肥直接输送到作物的根部，适用于保护农业。微喷灌使用特殊的喷灌设备将加压水送至灌溉区，并通过安装在管道上的微喷灌头进行喷洒。该技术可实现局部灌溉，是介于喷灌和滴灌之间的灌溉方法，作为一种新型灌溉技术，其具有一定的优势，可以广泛应用。

一般来说，微灌是作物精确灌溉中最有效的技术，但其在大田作物中的应用尚未普及。尽管微灌面积显著扩大，从 2000 年的 15 万 hm^2 增加到 2020 年的 720 万 hm^2（表 5-1），但其进一步扩展受到农民采用该技术的激励因素的限制，农场机械作业对塑料管道系统可能造成的损坏也给农民带来了风险（Wang et al.，2005）。

此外，为了保障粮食安全，中国政府还为农民开发了无须工程/投入的节水技术。其中，覆盖技术起着主要作用，许多干旱地区的农民使用了覆盖技术。覆盖技术包括用稻草、砾石、塑料薄膜等材料覆盖农田表面，以减少土壤水分蒸发，增强土壤蓄水和保水能力。这项技术还可以改善耕层土壤的水热状况，活化土壤养分，提高水和养分利用率（Zhu and Wang，1996）。在新疆，当地农民还开发了一种新的节水技术，其结合了以色列滴灌技术和国内覆盖技术的优势，称为“膜下滴灌”，用于棉花、番茄、玉米和其他作物种植。然而，普通地膜不易降解，剩余薄膜回收问题尚未得到有效解决（He and Liao，2014）。此外，用秸秆覆盖农田可能会造成更严重的虫害（Hu et al.，2007）。

三、科技进步与粮食安全

新中国成立以来，特别是改革开放 40 多年来，农业科技进步对中国农业增长起到极其重要的作用。第一，我国恢复并建立了庞大的、学科分类较为齐全的公共农业科研与技术推广体系，为加速农业科技创新提供了技术保障。第二，我国建立了国家农业技术推广体系，覆盖全国所有乡镇，为加速农业技术采用提供了基层技术服务体系保障。第三，我国农业科技运行机制得到了改善，特别是以工资制度和绩效评价改革为核心，提高了科技人员的收入水平和积极性。第四，政府投入不断增加为我国农业科技进步提供了资金保障。根据相关统计数据分析，政府对农业的科技投入（S&T），从 1978 年的 7.2 亿元增加到 2000 年的 50 亿元，并迅速提高到 2015 年的 550 亿多元；其中农业研发投入（R&D）从 1978 年的 1.4 亿元逐渐增加到 2000 年的 24 亿元，之后快速增长到 2015 年的 260 亿元左右。同时，在过去十多年，我国吸引了大批企业参与农业科技的投资，为科技创新注入了新的生命力。

农业科技创新在中国农业增长中起到极其重要的作用。我们的研究表明，即使在改革开放初期（1978～1984 年），技术进步对水稻单产增长的贡献率也接近 40%，而在 1985～1990 年，水稻单产的增长几乎都来自技术进步（Huang and Rozelle，1996）。对主要农产品全要素生产率（TFP）的增长进行研究也表明，在 1985～2004 年，各种农产品 TFP 年均增长率都达 3%左右，棉花更是高达 4.2%（Jin et al.，2010）。在国际上，一个国家有 2%的长期 TFP 增长率就已是了不起的；进一步研究表明，这时期的 TFP 增长主要是来自技术进步（Jin et al.，2010）。棉花 TFP 增长率最高，是因为从 1997 年开始棉花比其他农作物多采用了一项技术，即转基因技术（Huang et al.，2002b）。另外，我们对水果和蔬菜的全要素生产率也做了研究，得出的结论是一样的，即技术进步是这些农产品全要素生产率增长的主要驱动力。

中国农业的科技进步显著促进了中国农业生产力的提高。以水稻、小麦和玉米三大粮食作物为例，20 世纪 60 年代特别是改革开放以来，其单产水平已由改革开放之初的落后发达国家 10～20 年以上，除了体制改革外，通过增加投入及采用新技术，在较短时间内赶上并超过主要发达国家的生产水平。三大作物对科技的采用不同，也显示出我国与其他国家间三大粮食作物生产力水平差异的变化。中国水稻生产的单产水平已处于世界前列，在此分别以发达国家日本及发展中国家印度和印度尼西亚为例，比较中国水稻生产单产水平的变化。20 世纪 60 年代初期，中国的水稻单产水平远落后于发达国家日本，但略高于发展中国家印度、印度尼西亚等（图 5-2）。1961 年中国每公顷水稻单产仅为 2.04t，还未达到日本水稻单产 4.88t/hm^2 的一半，但该产量水平比印度尼西亚的 1.76t/hm^2 和印度的 1.40t/hm^2 分别高 15.9%和 45.7%。虽然水稻单产水平快速发展，然而即使到改革开放初期的 1979 年，我国水稻的单产水平仍仅为 4.25t/hm^2，仍远低于日本 1961 年水稻的单产水平，落后日本 20 年以上；同期虽然同为发展中国家的印度尼西亚的水稻单产水平也快速提高，但与中国单产水平的差距大于 1961 年的水平，且我国更是拉开了与印度等国水稻生产单产水平的差距，1979 年中国水稻单产水平已分别比印度尼西亚和印度高 42.1%和 164.0%。改革开放后，中国水稻生产的单产水平以更快速度增长，在 1993 年就已赶上日本，此后便与日本的单产水平增长保持同步，但与印度尼西亚、印度等国的差距远远拉开了。

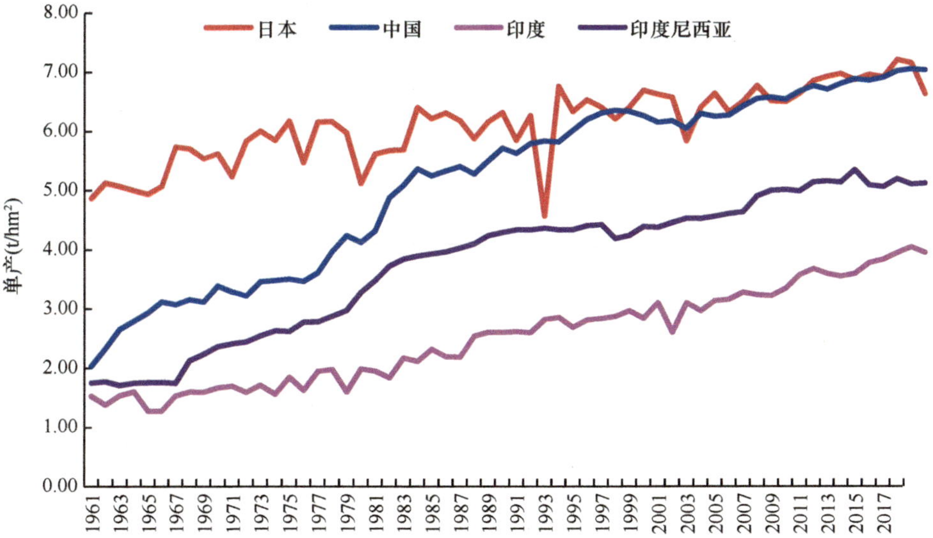

图 5-2 1961～2018 年主要国家水稻生产的单产水平变化

数据来源：FAOSTAT

与水稻生产的单产水平相比，中国小麦生产的单产水平提高更快（图 5-3）。在此分别以发达国家美国、澳大利亚及发展中国家印度和俄罗斯为例，比较中国小麦生产单产水平的变化。20 世纪 60 年代初期，中国的小麦单产水平不仅仅落后于发达国家美国及澳大利亚等国，更是落后于俄罗斯（前苏联）及印度等发展中国家。1961 年中国每公顷小麦单产仅为 0.56t，仅为美国单产 1.61t/hm^2 的 1/3 多，也不到澳大利亚 1.13t/hm^2 的一半，更是低于前苏联的 0.99t/hm^2 和印度的 0.85t/hm^2；但中国小麦单产水平发展很快，到改革开放初期的 1979 年已达到 2.14t/hm^2，不仅超过澳大利亚的 1.45t/hm^2，更是达到美国 2.30t/hm^2 的 93%水平，同时超过当时仍是超级大国的前苏联的 1.47t/hm^2 和印度的 1.57t/hm^2 并拉大了与其的差距。然而，1979 年中国小麦单产仅相当于美国 1970 年的水平。值得一提的是，改革开放后中国小麦单产水平加速提高，到改革开放后仅 4 年的 1982 年便达到 2.45t/hm^2，超过美国 2.39t/hm^2 的水平，并远高于澳大利亚、前苏联及印度等国的单产水平。此后，中国的小麦单产更是持续增长，2020 年更是达到 5.74t/hm^2，已比美国的单产高 72%。

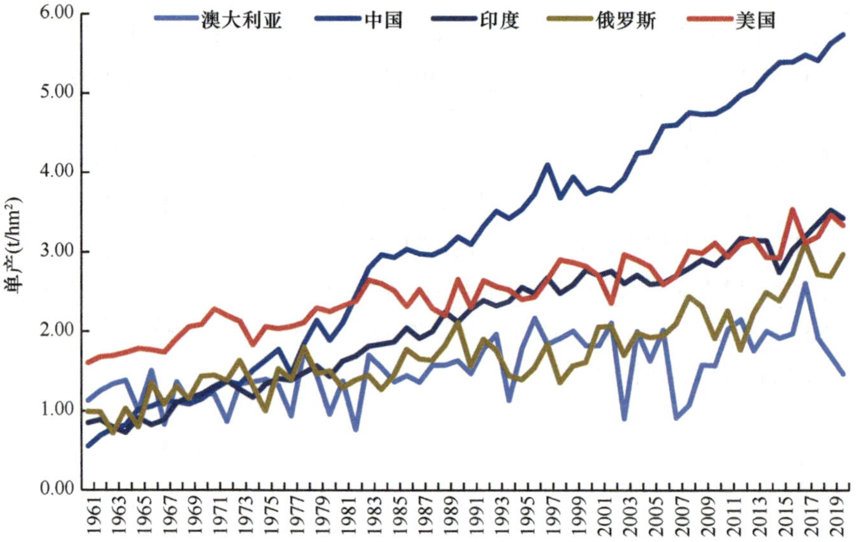

图 5-3　1961～2020 年主要国家小麦生产的单产水平变化

数据来源：FAOSTAT；1961～1990 年俄罗斯数据系前苏联的统计，1991 年后为俄罗斯的统计

值得关注的是，中国的玉米单产水平与美国的差距拉大了，与发展中国家巴西等国的差距缩小了（图 5-4）。在此分别以发达国家美国、法国及发展中国家巴西和墨西哥为例，比较中国玉米生产单产水平的变化。20 世纪 60 年代初期，中国的玉米单产水平远落后于发达国家美国及法国等国，但与巴西、墨西哥等发展中国家处于同一水平，到了 1984 年中国的玉米单产（3.96t/hm^2）才达到美国 1961 年（3.92t/hm^2）的水平。虽然改革开放后中国玉米单产也呈现持续增长的趋势，但相比发达国家美国和发展中国家巴西，增长较慢；相对于发达国家法国及发展中国家墨西哥，其增长速度也并不快。特别值得一提的是，90 年代中期以来，美国的玉米单产水平逐渐与同是发达国家的法国的差距拉大了；而发展中国家巴西，其单产增长速度显著加快，由仅相当于改革开放初期中国单产的 48%，增长至 2020 年相当于中国的 90%。

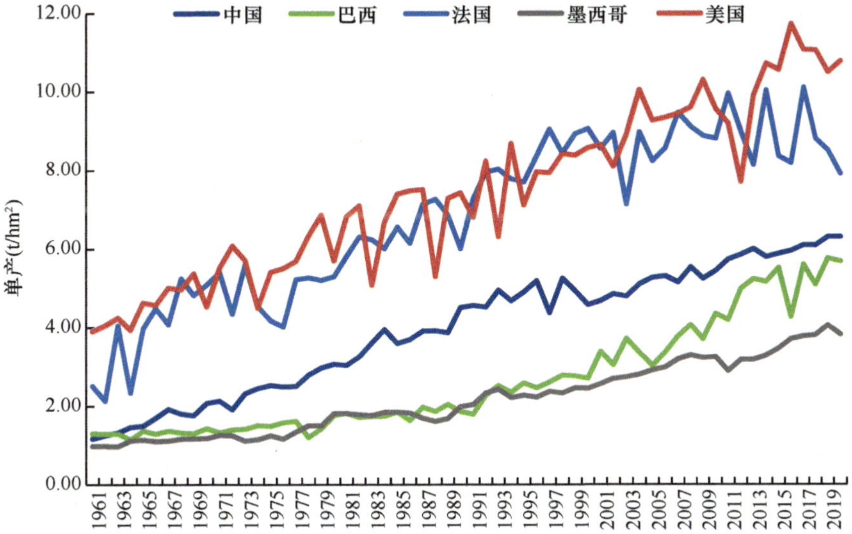

图 5-4 1961～2020 年主要国家玉米生产的单产水平变化

数据来源：FAOSTAT

水稻、小麦和玉米三大粮食作物单产的变化趋势不仅仅是我国农业科技进步的真实反映，更是科技政策背景下技术进步的真实写照。中国水稻生产技术一直处于世界领先地位（林世成和闵绍楷，1991），新中国成立后，随着农业生产条件的改善和农民投入的增加，尤其是自 60 年代矮秆抗倒品种的推广，水稻单产快速增长，但由于新中国成立初期生产水平过低，我国与日本等发达国家的单产水平差距较大；改革开放后，农民采用新技术的热情空前高涨，杂交水稻技术的采用成为我国赶超发达国家的重要推动力，也成为拉大我国与印度等发展中国家单产水平差距的重要因素。

与水稻相比，中国小麦单产水平不仅在改革开放后迅速超过美国等发达国家及印度等发展中国家，并且与这些国家的单产水平差距持续扩大。除投入增加和体制改革的贡献外，技术进步是最重要的推动因素，而技术进步背后的推动力则与科技体制密切相关。由于小麦等自花授粉作物的新品种知识产权较难保护，美国等西方发达国家的私人企业在该领域新技术开发方面的投入较少，而政府公共部门主导的技术研发及推广体制则显示了较为优越的制度优势，使得我国小麦技术进步快于美国等发达国家，从而推动了小麦单产水平的快速提高。

跨国公司投入了大量的经费用于玉米新品种的技术开发。一方面，美国等发达国家依靠跨国公司高强度的技术开发推动了玉米技术的快速进步；另一方面，自 20 世纪 90 年代中期以来，快速发展的转基因玉米品种的商业化种植，在促进玉米单产水平提高的同时，也显著减少了农民的投入，从而进一步推动了该项技术的进步。相反，政府主导的研发体制无法有效与跨国公司的分子设计育种竞争（胡瑞法等，2010；黄季焜和胡瑞法，2023），研发的新品种产量潜力远低于跨国公司开发的品种。与此同时，虽然我国研发人员已成功研发出可与跨国公司竞争的转基因玉米品种，但由于产业化进程严重滞后，这一现代技术无法获得应有的经济效益。上述因素均使中国与美国等发达国家的玉米单产潜力差距不仅未能缩小，反而拉大。

第三节　市 场 改 革

市场改革激发了市场活力，使得中国在 21 世纪初形成了全国整合的一体化农产品市场（Huang and Rozelle，1996），极大地改善了农村资源配置，一定程度上促进了农业生产力的增加。本节将讨论国内农产品市场改革和农产品对外开放对粮食产出与农业全要素生产率的影响。

一、粮食等主要农产品国内市场改革

中国改革从农村制度创新开始，市场改革从农业开始。中国改革从农村走向城市，从农业走向工业和服务业，成功地实施了具有中国特色的渐进性农产品市场改革。农业市场改革是先易后难、渐进性的。在改革初期，并没有废除计划经济体制，而是把市场经济作为对计划经济的补充；到改革中后期，我国才逐渐退出国家购销和国家定价的市场体系。在中国从计划经济向市场经济改革的过程中，价格与市场一直是改革至关重要的组成部分。中国的价格与市场改革采取的是渐进性方式，通过市场化发展提升农民积极性。

在农产品种类方面，改革从蔬菜、水果、水产品等副食农产品开始，之后逐渐推向具有战略意义的粮棉油糖等大宗农产品。改革刚开始时，只允许蔬菜、水果、水产品和部分畜产品等在本地范围内进行市场交易；到 80 年代中期才逐步放松了市场交易的地域限制，当时的农村市场仍然以当地的周期性赶集市场为主。80 年代中期以后，市场改革分阶段地推向粗粮、主要畜产品、糖料、油料、大豆、棉花和三大主粮（水稻、小麦和玉米），并从 90 年代初开始农产品的市场改革进程加速。对于粮棉油糖等大宗农产品，国家采用双轨制的渐进性市场改革模式，即在逐渐降低国家定购量和提高国家议购量的同时，不断提高国家收购粮食的议购价，以促进粮食市场发育和农民增收。

粮棉油糖等大宗农产品的市场化经历了相当长的改革历程。以粮食为例，其市场化经历了相当长的改革历程。我国于 1985 年废除统购制度，启动粮食收购双轨制改革，改革的主要内容是：在逐渐降低国家定购量和提高国家议购量的同时，不断提高国家收购粮食的议购价，以促进粮食市场发育和农民增收。1990 年超过 30%的粮食由私人经营，其余的粮食交易由半商业化的国有粮食企业执行（Rozelle et al.，2000）。但随着粮食产量不断提高并于 1996 年突破 5 亿 t，粮价开始下降、国家库存剧增，为保护农民利益，政府于 1998 年实施了一项颇有争议的粮食流通体制改革：按保护价敞开收购农民余粮、粮食收储企业实行顺价销售粮食、粮食收购资金实行封闭运行的“三项政策”，但在执行三年后因困难重重于 2004 年正式退出，最终粮食完成了市场改革。

市场改革能够建立全国一体化的市场。以水稻、玉米和大豆为例，研究表明 1989～1995 年全国只有不到 30%的区域粮食市场是整合的，或大部分市场是分割的；但到 21

世纪初，几乎 100%地区的粮食市场趋于整合，市场运行效率显著提高（Huang and Rozelle，2006）。对于粮食以外的其他农产品，因为改革比较顺利、改革期间干预少，所以更早地建立了全国一体化的市场。

市场一体化改革通过完善粮食流通渠道、提升农产品价格和农业生产商业化等方式，对粮食生产和农业生产力提升起到重要的激励作用。有研究表明，1989～1995年全国只有不到 30%的区域粮食市场是整合的，但到 21 世纪初绝大多数区域的粮食市场趋于整合，市场运行效率显著提高（Huang and Rozelle，2006）。对于粮食以外的其他农产品，因为改革时期早，所以更早地建立了全国一体化的市场。农产品市场改革主要通过如下三个渠道影响农业增长：首先，市场改革提高了农业资源的配置效益，促进了农业生产结构的调整和优化，提高了农产品市场竞争力。其次，农产品市场改革降低了农民购买农业生产资料的价格，促进了农民对农业生产的投入。最后，农产品市场改革降低了市场的交易成本，提高了农民销售农产品的价格，调动了农民扩大生产的积极性，促进了粮食生产。

二、农产品市场对外开放与改革

虽然农产品市场对外开放稍迟于改革，但是中国农业对外开放步伐非常快速。改革开放 40 多年来，我国农业对外开放大体经历了三个阶段。第一阶段是计划与市场经济双轨制时期（1979～1991 年）。1979 年中央下放了对外贸易管理权，各地设立了可以直接开展进出口贸易的公司。在农业领域，除粮棉油糖等少数关系国计民生的重要战略性农产品外，其他产品陆续开放，由市场调节。这一时期中国农产品贸易调控实施以计划成分为主的计划和市场双重管理体制，农产品贸易政策体制改革基本处于探索阶段，并以鼓励农产品出口为主，农产品贸易出口创汇支持国民经济发展的整体功能突出。第二阶段是“入世”准备阶段（1992～2001 年）。1992 年党的十四大明确提出中国经济体制改革的目标是建立社会主义市场经济体制。为加大对外开放力度，这一时期农业贸易政策加快调整，我国连续多次下调农产品关税，从 51%下调至 21%；逐步取消非关税壁垒，深化汇率体制改革和价格机制改革。这一时期中国农产品贸易对外开放步伐显著加快，外贸管理体制与国际市场接轨，初步形成了全方位、宽领域、深层次的开放格局。第三阶段是农业对外开放新时期（2002年至今）。随着 2001 年底中国正式加入世界贸易组织（以下简称入世），我国进入全面开放新阶段。这一时期农产品贸易领域进一步削减关税、降低市场准入标准。中国农产品关税从入世最初的 20%下降至 15.2%，成为世界上农产品关税水平最低的国家（程国强，2012）。同时中国不断完善进口配额，取消农产品出口补贴；加快与国际接轨，“引进来”和“走出去”相结合，充分利用“两种资源”和“两个市场”，带动国内农业生产结构优化调整。

农业对外开放促进了中国农产品市场与国际市场的整合，发挥了中国农业的比较优势。农产品市场对外开放主要体现在如下两个方面：放宽农产品进出口贸易的准入条件和许可证，降低农产品进口关税。在减弱国营贸易商对进出口控制的同时，逐渐削减农产品进口关税。农产品对外开放在放宽农产品进出口贸易准入条件和降低农产品进口关税的同时，也促进了我国具有比较优势的农产品出口。与其他发展中国家相比，中国在改革期间积极单方面降低进口关税，农产品进口平均税率从 1992 年的 42%下降到 1998 年的 24%，直至 2001 年加入 WTO 之后的 11%（图 5-5）。

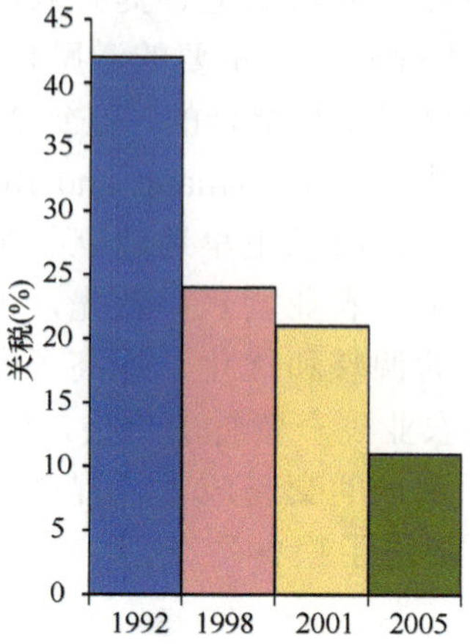

图 5-5　1992～2005 年农产品进口关税

数据来源：UN Comtrade 数据库

农业对外开放使中国农产品市场逐渐同国际市场整合起来。有研究表明，在 20 世纪 90 年代之前，许多农产品的名义保护率（即国内外价格差价的百分比）要么为+30%～+80%，要么为−60%～−20%；但到 2002～2005 年，国内农产品市场已基本跟国际市场接轨，农产品的名义保护率最高不超过 20%（Huang et al.，2009）。这项研究表明，中国对农业政策的干预显著减弱，改革初期受到高度正保护（名义保护率为正）的农产品名义保护率逐渐下降，而受到高度负保护（名义保护率为负）的农产品名义保护率逐渐上升，说明中国农业已转变成一个基本融入国际市场的行业，国内市场价格逐渐趋向国际市场价格（图 5-6）。

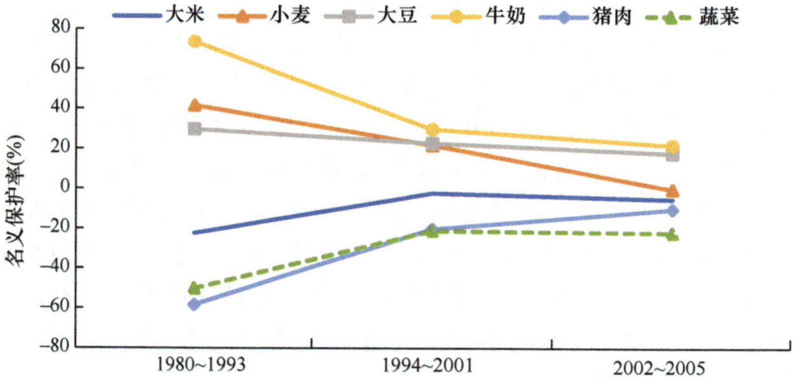

图 5-6　1980～2005 年主要农产品名义保护率

数据来源：Huang et al.，2009

以上改革对国内农业生产结构调整产生了积极影响，同时改善了农产品的贸易结构。例如，一方面，劳动密集型农产品出口不断增长，相当于我国“出口”的劳动力在上升；另一方面，土地密集型产品进口不断增长，相当于我国短缺的水土资源的“进口”在不断增加（图 5-7）。

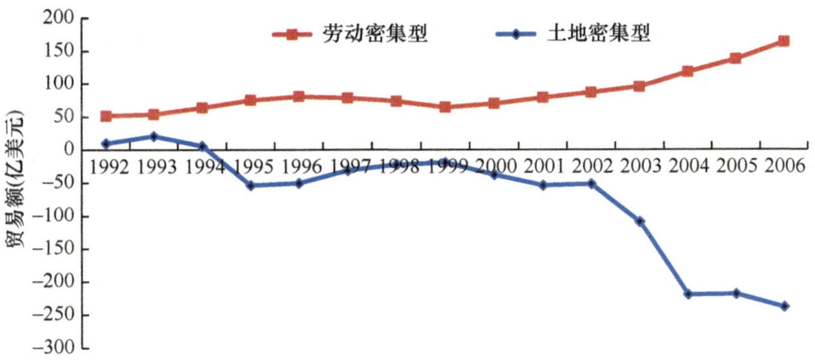

图 5-7 1992～2006 年净出口农产品贸易
数据来源：黄季焜，2018a

农业高水平对外开放下，我国粮食安全迈入新的发展阶段。一方面，国内粮食安全处于最佳历史时期，政府出台了一系列政策保障国内粮食安全。另一方面，农业对外开放水平处于新阶段，国际粮食市场日益成为国内粮食供应的重要组成部分，但同时为保障国家粮食安全带来一系列挑战，如以高产量、高进口、高库存为代表的过度进口给国内粮食自给率带来冲击，因此降低粮食生产成本并提升其国际竞争力具有紧迫性。

我国农产品市场对外开放带动农业生产力布局朝比较优势充分发挥的方向调整，从而提高资源配置效率。首先，农产品市场对外开放促使国内农业结构优化。我国粮食作物等土地密集型农产品的播种面积减少，蔬菜水果等劳动密集型农产品的播种面积增加。其次，农产品市场对外开放推动生产力布局优化。优势产品向优势地区集中，国家统计局的数据显示，2000～2019 年，我国 13 个粮食主产省区的粮食产量占全国产量的比例从 70.3%提高到 79.1%。最后，农产品市场对外开放有助于改善粮食安全国际环境，为全球粮食安全作出贡献。未来中国农产品贸易自由化程度将会进一步提高，由于农产品需求不断增加，水土资源双重约束将逐渐加大，因此就长期而言，充分利用国际国内“两个市场”和“两种资源”具有重要意义。

第四节 农业公共投资

在制度创新、市场改革、技术进步和农业投资四类因素中，农业投资是政府解决市场失灵的重要手段。政府和农民不断增加农业生产投资也是中国农业保持较高增长的重要驱动力。在政府投资中，对农业生产起最重要作用的主要是农业基础设施建设投资，其夯实了农业增长的物质基础、提高了农业综合生产力。

一、政府的农业投资

过去 40 多年，政府和农民不断增加农业生产投资是中国粮食等主要农产品生产保持较高增长的重要驱动力。从 21 世纪初以来，政府财政支农资金显著增长，2020 年达 2.48 万亿（图 5-8）。在政府投资中，资金最大并在农业生产中起最重要作用的是农业基础设施建设投资，其提高了农业综合生产力。长期以来，农业基础设施（特别是农田水利）建设投资一直是国家财政支农的最大支出，耕地灌溉面积从 1978 年的 4496.5 万 hm^2 增加到 2020 年的 6916.1 万 hm^2（国家统计局，2021），对提高土地生产力起到重要的作用。当然对粮食单产和农业生产力增长起最大作用的还是农业研发投资，虽然目前政府农业研发经费支出才 250 亿多元（占政府财政支农资金的 1%左右），但科技进步是我国农业全要素生产率增长的最主要驱动力。农民对农业生产的投资也显著增长，如化肥的使用量从 1978 年的 884 万 t 提高到 2016 年的 5984 万 t，对粮食等主要农产品的增产起到极其重要的作用。

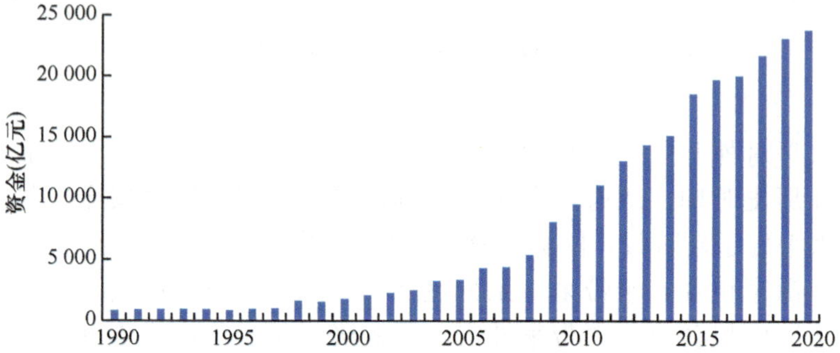

图 5-8　1990～2020 年政府财政支农资金（2020 年不变价）

二、政府和社会的水利建设投资

我国农业生产对灌溉的依赖程度高，过去 70 多年我国有效灌溉面积得到了较快发展，但不同时期的发展速度有显著差异。我国在农田水利建设方面成效显著，是世界上有效灌溉面积发展速度最快、覆盖面最大的国家，农田水利为保障国家粮食安全作出了突出贡献。目前我国 70%以上的粮食生产、80%以上的棉花生产和 90%以上的蔬菜生产来源于灌溉农业（Wang et al.，2020）。新中国成立以来，我国农田水利建设的重点主要是增加农田有效灌溉面积，改善农业生产条件，为此我国在农田水利建设方面投入了大量的人财物，使得我国有效灌溉面积从 1950 年的 16 000×10^3hm^2 增长至 2021 年的 69 625×10^3hm^2，增长了 3.4 倍；有效灌溉面积占耕地面积的比例也从 1950 年的 16%增长到目前的 54%。从不同时期有效灌溉面积的年均增长率来看，改革开放之前由于灌溉基础条件较差且国家投资力度较大，我国有效灌溉面积的年均增长率较高，高于 3%（1962～1978 年）甚至接近 5%（1950～1962 年）；改革开放以来我国有效灌溉面积增长出现了较长时期的停滞，一直到 1990 年之后我国才进一步加大了对灌溉的投资，有效灌溉面积的年均增长率开始恢复增长态势（表 5-2）。我国有效灌溉面积的发展在较大程度上体现了国家对灌溉基础设施的重视程度及投资力度。

表 5-2　我国不同时期有效灌溉面积及年均增长率

时间	灌溉面积年均增长率（%）	年均灌溉面积（10^3hm^2）	灌溉面积占耕地面积比例（%）
1950～1962	4.99	22 415	21
1962～1978	3.27	42 260	38
1978～1990	0.06	48 298	42
1990～2000	1.07	50 882	47
2000～2010	1.15	56 026	45
2010～2021	1.40	65 758	50

数据来源：作者根据《新中国六十年统计资料汇编》和历年《中国统计年鉴》计算

从有效灌溉面积比例的区域分布来看，长江中下游、黄淮海和华南区对灌溉的依赖程度最大；东北和西南区相对较小（表 5-3）。2021 年，长江中下游区灌溉面积比例较高，达到了 76.3%；华南区灌溉面积比例也接近 70%，黄淮海区有效灌溉面积比例为 65.2%；和其他区域相比，东北区灌溉面积比例相对较低，仅有不到 1/3 耕地面积依赖灌溉；青藏、西南和西北区有效灌溉面积比例都在 45%以上，但仍低于全国平均水平，与 40 年前低于（西南和西北区）和略高于全国平均水平（青藏区）的状态基本保持一致。

表 5-3　全国和七大农业区的有效灌溉面积比例及其占全国灌溉面积的比例

区域	有效灌溉面积比例（%）		有效灌溉面积占全国灌溉面积的比例（%）	
	1978 年	2021 年	1978 年	2021 年
全国	45.2	54.5	100	100
东北区	14.8	30.2	5.9	13.5
黄淮海区	65.2	65.2	32.8	14.5
长江中下游区	70.2	76.3	31.2	34.0
华南区	57.8	68.6	10.3	8.9
西北区	38.1	45.2	9.6	13.5
西南区	37.6	45.8	9.5	14.5
青藏区	46.9	48.7	0.7	1.1

数据来源：作者根据《新中国六十年统计资料汇编》和历年《中国统计年鉴》计算

从过去 40 多年有效灌溉面积占全国灌溉面积的比例变化来看，增长最快的是东北区，青藏区维持稳定（表 5-3）。1978～2021 年，东北区的有效灌溉面积扩张非常迅速，有效灌溉面积占全国灌溉面积的比例提高了 7.6 个百分点。由于东北区有效灌溉面积迅速扩张，其已成为我国主要灌溉地区之一，2021 年有效灌溉面积占全国有效灌溉面积的比例达到 13.5%。过去 40 多年，西南、西北和长江中下游区有效灌溉面积比例也有一定程度提高。青藏区的有效灌溉面积比例变化幅度不大。

基于在北方进行的大规模村级调研，我们发现“八五”到“十五”时期，社区是北方灌溉设施的主要投资者；进入“十一五”时期以来，政府投资迅速增长，成为灌溉投资的主体。因设施种类不同，灌溉设施具有非排他性，因此不能完全依靠私人提供。实践中，政府和社区利益相关者（村集体、农民个人和水管理者等）均可以作为灌溉设施的供给者（王转林等，2021）。“八五”到“十五”时期，北方村级灌溉设施的投资主体是社区投资者，尤其是“八五”期间比例高达 78.8%。然而，进入“十一五”时期以来，政府投资以将近 40%的年均增长率增长，与此同时社区投资出现了负增长，因而在“十一五”期间政府投资所占的比例（63.3%）超过了社区投资（36.7%），成为投资的主导者；到了“十二五”时期，政府投资占新增投资总额的比例上升到 76.5%。由于政府投资增长较快，因此从“八五”到“十二五”整个时期来看，政府投资占到总投资的 61.2%。

“十五”时期以来，北方灌溉设施中政府投资的主体是中央政府，社区投资的主体是农民个人。基于调查数据，“十五”时期末，52.3%的政府投资来源于中央政府，地方政府的投资比例低于 50%（图 5-9）；进入“十一五”时期以来，中央政府的投资额度增长较快，占到政府投资的 70.3%；到了“十二五”时期更是高达 81.5%。在社区投资中，农民个人的投资一直高于村集体，在“十五”和“十一五”时期，农民个人投资比例均在 50%上，而村集体投资比例均为 40%多，相差相对小一些；但到了“十二五”时期，农民个人的投资占比（75.7%）远高于村集体（22.4%），另外，尽管比例很低（低于 2%），但水管理者也开始投资于灌溉设施。

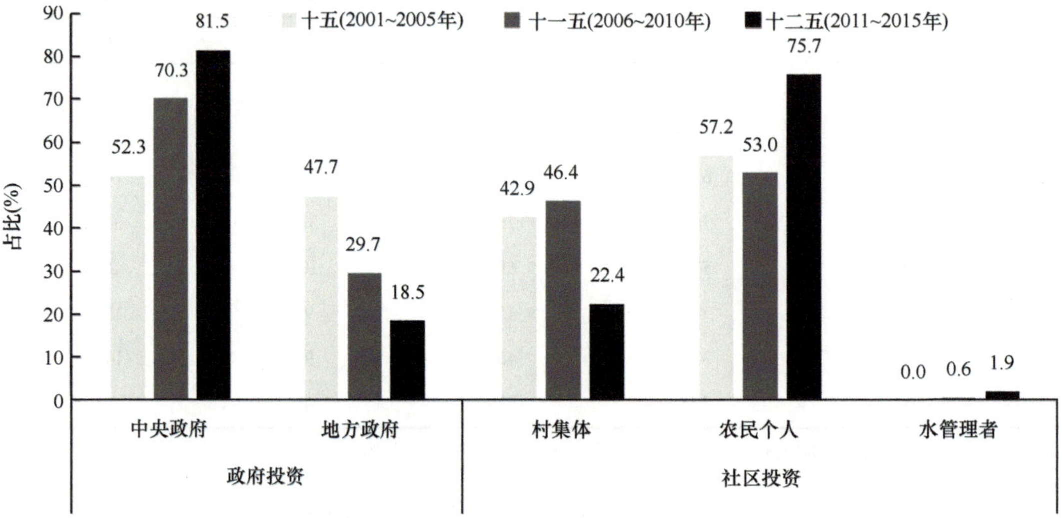

图 5-9 “十五”时期以来政府和社区灌溉设施的投资占比

数据来源：王转林等，2021；“十五”时期之前没有数据，“十五”时期只有 2005 年数据

在保证灌溉供水的同时，从“十二五”时期开始，节水灌溉成为灌溉设施投资的主导方向。灌溉供水设施用于保证灌溉用水的可获得性，一直是投资的重点，尤其是“八五”时期灌溉供水设施投资占总投资的比例高达 83.4%（表 5-4）。在“八五”到“十二五”时期，北方灌溉供水设施投资占比平均为 61.6%，但从总的趋势看，

占比呈现下降的趋势；与此同时，节水灌溉设施的投资不断增加，进入“十二五”时期，节水灌溉设施的投资比例（55.3%）超过灌溉供水设施的投资比例（44.7%），说明节水灌溉已成为近年来北方灌溉设施投资的主导方向。因为北方灌溉供水主要依赖地下水，所以从整个时期看将近 90%的灌溉设施投资用于机井及其配套设施建设，其余灌溉供水设施包括柴油机、渠道和量水设施等。在节水灌溉设施投资中，渠道衬砌占比最高，平均占到灌溉节水设施投资的 41.6%。除了渠道衬砌外，排在第二位、第三位的节水灌溉设施分别是地上管道（37.4%）和滴灌（9.6%），其余投资包括喷灌和地下管道等设施。

表 5-4 八五时期以来北方灌溉投资的设施种类

时期	灌溉供水设施		节水灌溉设施	
	占总投资的占比（%）	机井及其配套设施占比（%）	占总投资的占比（%）	渠道衬砌占比（%）
八五（1991～1995 年）	83.4	82.5	16.6	40.8
九五（1996～2000 年）	57.9	86.5	42.1	22.0
十五（2001～2005 年）	66.5	86.2	33.5	33.9
十一五（2006～2010 年）	55.6	94.1	44.4	64.8
十二五（2011～2015 年）	44.7	92.3	55.3	46.5
平均（1991～2015 年）	61.6	88.3	38.4	41.6

数据来源：王转林等，2021

三、高标准农田的建设

当前，我国正大规模推进高标准农田建设。我国高标准农田建设政策演变历程整体可划分为三个阶段，即初步探索阶段（2004～2012 年）、规范实施阶段（2012～2018 年）、全面建设阶段（2018 年至今）（图 5-10）。在初步探索阶段，高标准农田建设示范工程仅在少数种粮大县试点推行，建设总面积很小，对全国粮食总产量几乎不产生影响。为深入推进高标准农田建设，2010 年和 2011 年的中央一号文件明确提出，要多渠道筹集资金，大力建设高标准农田。为贯彻落实中央一号文件的部署和要求，我国逐步将高标准农田建设的政策实施范围扩大至 31 个省份，开启了全国性的高标准农田创建工作。在规范实施阶段，政府出台了相应标准，在政府的支持和推动下，我国高标准农田建设取得较快发展。截至 2017 年底，全国共建有高标准农田 5.58 亿亩，已建成的高标准农田亩均粮食生产能力提高 100kg 左右（乔金亮，2019），有效提高了农民收入，助力打赢脱贫攻坚战，为下一阶段高标准农田的全面建设提供了现实依据。党的十九大以来，我国继续加大高标准农田建设力度，高标准农田建设面积不断增加，资金投入力度逐步加大。2018～2021 年全国建立的高标准农田面积远高之前每年的建设面积，有力推进了“藏粮于地”战略实施。预计 2025 年建成集中连片、旱涝保收的高标准农田 10.75 亿亩，亩均粮食综合生产能力提高 100kg 以上；2035 年建成集中连片、旱涝保收的高标准农田 14 亿亩，亩均粮食综合生产能力再提高 100kg 以上，基本实现田、土、水、路、林、电、技、管 8 个方面配套。

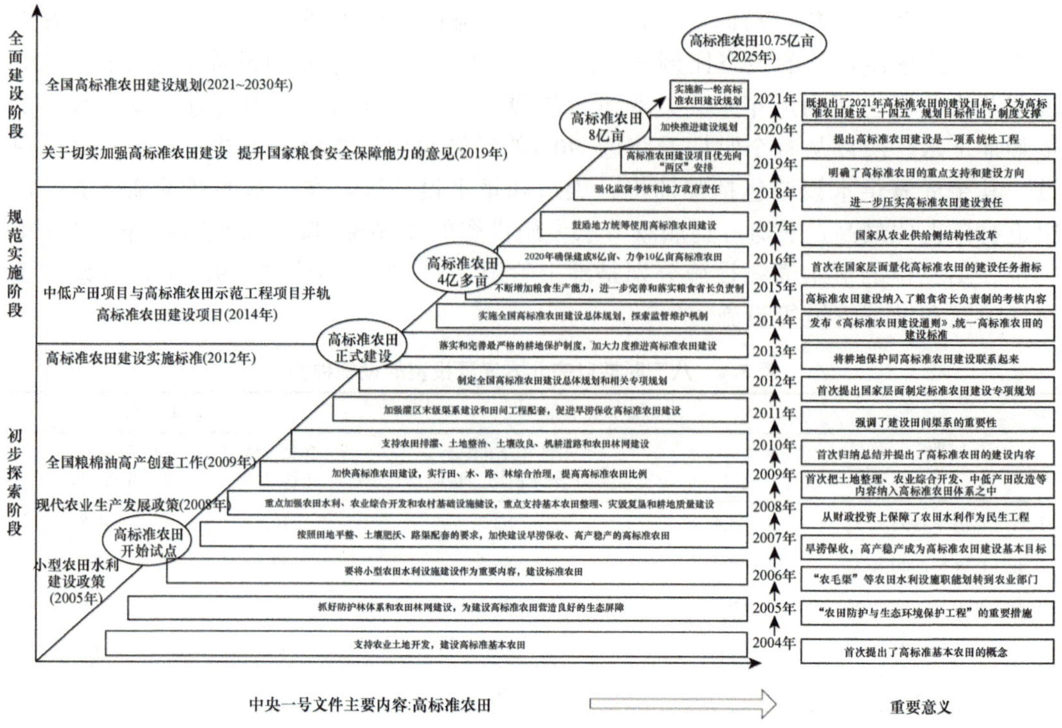

图 5-10 高标准农田建设政策演变

自高标准农田建设政策实施以来，国家高度重视高标准农田建设的推进工作，并连续在 18 个中央一号文件中对“高标准农田”进行重点说明。为贯彻党中央、国务院对农田建设工作的决策部署，加快推进农田建设各项工作，巩固和提高粮食生产能力，农业农村部于 2019 年 4 月下达农田建设任务，要求各省集中力量建设高标准农田，确保 2019 年新增高标准农田 8000 万亩以上（表 5-5）。之后，农业农村部连续下发各年度高标准农田建设任务，持续推进高标准农田建设。在综合投资水平和建设规模两个方面，都能体现我国对相关政策的重视与推崇。从投资水平方面看，“十一五”“十二五”“十三五”时期高标准农田建设项目单位面积投资分别达 1200 元/亩、1500 元/亩、1800 元/亩，“十四五”时期将达到 3000 元/亩；从建设规模方面看，“十二五”时期建成高标准农田 4 亿多亩，“十三五”时期末完成高标准农田建设 8 亿亩，“十四五”时期末将建成高标准农田 10.75 亿亩。通过推进高标准农田建设，农田基础设施不断健全、农田生产条件不断改善、农田防灾抗灾减灾能力显著增强，极大地提高了农业综合生产力。

高标准农田建设显著提高农业全要素生产率。加快推进高标准农田建设，不仅有利于农田水利等基础设施的现代化建设，而且有利于改善耕地质量、提高耕地地力并落实“藏粮于地”战略，为推进农业适度规模经营、稳定粮食播种面积、保障国家粮食安全奠定了坚实的基础（梁鑫源等，2022）。具体而言，其通过提高耕地质量、优化投入要素资源配置和增加产出产量三个渠道影响农业全要素生产率。

表 5-5　2019～2022 年各地高标准农田建设任务清单　（万亩）

地区	2019 年	2020 年	2021 年	2022 年	地区	2019 年	2020 年	2021 年	2022 年
北京	2	4	4	4	广西	260	220	250	240
天津	23	25	26	20	海南	50	40	40	20
河北	260	286	390	360	重庆	150	165	190	226
山西	190	209	280	280	四川	380	380	470	450
内蒙古	500	300	459	400	贵州	180	198	259	260
辽宁	280	235	371	385	云南	320	352	480	480
吉林	350	380	500	550	西藏	70	75	75	75
黑龙江	630	693	900	990	陕西	200	220	290	300
上海	4	3	4	3	甘肃	220	242	350	360
江苏	330	360	390	400	青海	77	22	30	20
浙江	121	46	80	10	宁夏	110	90	95	95
安徽	380	380	500	510	新疆	310	300	428	500
福建	130	130	135	90	新疆生产建设兵团	100	130	140	144
江西	289	290	317	290	黑龙江农垦总局	150	150	110	110
山东	480	509	620	640	广东农垦总局	7	7	5	2.7
河南	590	660	750	756	大连	5	5	4	6.3
湖北	340	340	410	420	青岛	19	33	34	21.7
湖南	360	390	460	460	宁波	13	11	3	1.3
广东	120	120	160	120	合计	8 000	8 000	10 000	10 000

数据来源：农业农村部，各省（市、区）高标准农田建设任务清单，作者整理

首先，高标准农田建设通过稳定耕地数量、提升耕地质量、促进耕地保护方式转变，提升粮食产能、保障粮食安全（Asiama et al.，2017；韩杨，2022a）。改革开放以来，随着城镇化进程加快，耕地质量下降，严重影响保障我国粮食生产的基础。针对这一问题，国家出台了一系列政策要求牢守耕地红线、提升耕地质量，取得一定成效。

其次，高标准农田建设通过优化投入要素资源配置，提升农业全要素生产率。粮食生产过程中的投入主要包括劳动、机械、化肥等生产要素，已有研究证实，高标准农田建设在减少农业生产投入，尤其是在促进土地合理配置、化肥减量使用、提高农业机械化水平等方面具有重要作用。高标准农田建设最直接的作用是通过促进农村土地流转（陈江华和洪炜杰，2022），实现耕地规模化经营。即通过促进土地流转，扩大土地经营规模，实现土地连片化经营，并对减少化肥使用量具有一定的作用（邹伟等，2021；赵昶等，2021；杜丽永等，2022）。梁志会等（2021）发现，高标准农田建设可以通过增加地块规模和提高农业分工两种方式对农业生产过程中的化肥投入产生一定的影响。此外，农业规模化经营对提高农业机械化水平、降低农业生产成本等方面也具有一定的积极影响，从而有助于减少农业生产过程中的投入。

最后，高标准农田建设通过增加产出，提升农业全要素生产率。粮食生产过程中的产出主要是粮食的总产。高标准农田建设在增加粮食产量方面确实发挥着一定的作用。从官方统计数据来看，高标准农田建设可以提高每亩粮食产量，高标准农田粮食产能平均提高 10%～20%。另外，高标准农田建设通过改善农业生产基础设施条件、提高农业机械化应用水平、提高农田抵御自然灾害的能力和提高农业复种指数等途径，也可能对粮食产量的提高产生一定的积极作用。

（本章执笔人：黄季焜、盛誉、胡瑞法、王金霞）

第六章　未来中国粮食安全面临的机遇和挑战

第一节　保障粮食安全的发展机遇

一、重大战略发展机遇

（一）乡村振兴战略

自党的十九大提出乡村振兴战略以来，在“产业兴旺、生态宜居、乡风文明、治理有效、生活富裕”的总要求下，关于乡村振兴的相关规划和政策相继出台。中共中央、国务院于 2018 年 9 月印发的《乡村振兴战略规划（2018—2022 年）》，对乡村振兴战略的实施提出了具体指导和总体要求，为我国现阶段农业农村发展作出总体部署，为我国未来保障粮食安全和农业发展提供了前所未有的机遇。

首先，乡村振兴战略的实施为保障粮食安全和农业农村优先发展奠定了良好基础。实现乡村振兴，必须坚持把解决好“三农”问题（特别是粮食安全和农民增收）作为全党工作的重中之重。坚持将农业农村优先发展作为实施乡村振兴战略的总方针，是保障粮食安全、解决城乡发展不平衡、农村发展不充分的根本出路。优先发展作为一种战略和政策导向，体现在政府在公共资源配置和政策支持上给予包括粮食生产在内的农业农村发展的优先地位。相应的制度安排包括优先考虑“三农”干部配备、优先满足“三农”发展要素配置、优先保障“三农”资金投入及优先安排农村公共服务。坚持优先发展补齐了农业农村资源配置的短板，为农业农村发展提供了强有力的政策支持和制度保障。

其次，乡村振兴战略的实施有力推进了粮食等主要农产品的生产与农村产业的发展。产业兴旺是乡村振兴战略实施的基础，也是推进农村经济建设的首要任务。产业兴旺包括保障粮食安全、做强高值农业、提高粮食等主要农产品的市场竞争力、充分挖掘农业多功能性、发展农产品加工业等方面。产业兴旺紧扣乡村产业振兴目标，聚焦粮食和高值农业等重点产业，聚集资源要素，强化创新引领，培育农业农村发展新动能。

再次，乡村振兴战略的实施为一二三产业融合发展提供了有利条件。促进农村一二三产业融合发展，是党中央针对新时期“三农”形势作出的重要决策部署，是推动农业增效、农村繁荣、农民增收的重要途径。乡村振兴战略指导下的农村三产融合重视农村三次产业之间的优化重组，强调整合集成和交叉互渗，以延伸产业链条、提升产业层次，从而实现发展方式的创新。三产融合使先进要素、技术创新在一二三产业相互渗透、紧密交融、互相促进，发挥了农业多重功能、农村多重价值、农民多重身份的优势。在充分利用二三产业优势的基础上，让农业真正“跳出农业”“超越农业”，为进一步缩小城乡差距、实现城乡融合发展奠定基础。

最后，乡村振兴战略的实施加快了城乡融合发展进程。乡村振兴战略的政策导向将城乡看作一个有机整体，在开放的、公平的、公正的发展环境中，使城乡资源要素对流畅通、产业联系紧密、功能互补互促，推动城乡生产、生活方式及生态环境朝一体化方向和谐发展。乡村振兴战略的实施有助于重塑城乡关系，进一步建立健全城乡融合发展体制机制与政策体系。在推进城乡融合的进程中，通过构建新型社会治理体系，逐步实现城乡发展等值化，为城乡融合提供新动能。在坚持乡村振兴与城镇化的双轮驱动下，实现城乡发展纽带化，为城乡融合提供空间载体，加快城乡融合发展，合力谱写新时代乡村振兴新篇章。

（二）“农业强国”战略

农业是立国之本、强国之基。中国要强，农业必须强。习近平总书记在党的二十大报告中明确提出，全面推进乡村振兴，加快建设农业强国，展示了打造与我国大国地位相称的农业强国的信心与决心，为中国式农业农村现代化指明了方向。同时，实施“农业强国”战略给我国未来保障粮食安全和农业发展提供了前所未有的机遇。

首先，实施“农业强国”战略有效保障了国家粮食安全，全方位夯实了粮食安全根基。保障粮食等重要农产品的充分供给是我国建设农业强国最基本也是最重要的任务。粮食安全是“国之大者”，要把农业综合生产力提升置于重中之重。为此，要坚持以我为主的农业产业安全观，坚守“谷物基本自给，口粮绝对安全”的底线要求。粮食安全的核心是总量安全，需要最大限度地提升自给率（张红宇，2022）。在保障粮食总量安全的前提下，我们要统筹粮、棉、油、糖、肉、菜、果等重要农产品生产供给的优先序，树立“大食物观”，向森林、江河湖海、设施农业要食物，向植物动物微生物要热量、要蛋白。构建多元化的食物保障体系，最大限度地提升我国重要农产品的生产供应保障程度。

其次，实施“农业强国”战略大力培育了农业专业化人才，持续推进了科技兴农和科技强农，进一步提高了粮食产量和品质。当前，较强的生产保供能力是中国农业的比较优势所在，良种对中国粮食增产、畜牧业发展的贡献率分别达到45%、40%。立足农业资源和国内市场需求等方面的优势，在围绕种植业、畜牧业、林业、渔业等开展的农业强国建设中，建设种业强国的任务最重，难度最大，也最为迫切（魏后凯等，2022）。畜禽和蔬菜的优良品种选育是未来种业发展的重点，到 2025 年要筑牢种质资源库和种业基地建设的基础，到 2035 年左右形成若干重大基础理论和原始技术创新。另外，农机创新是农业现代化的重要体现，2020 年中国小麦耕种收综合机械化率稳定在 95%以上，水稻、玉米耕种收综合机械化率分别超 85%、90%，先后认定 600 余个主要农作物生产全程机械化示范县。农机产品的国内需求处于快速增长期，要以制造强国建设为契机，提高国产农机装备性能，实现重点品种和作物的全过程机械化技术突破，加快智能农机装备开发。预计到 2035 年，主要农作物的全程机械化程度达到中等发达国家的平均水平（魏后凯等，2022）。

再次，实施“农业强国”战略优化了农业补贴和投入方式，促进了新型经营主体发展，保障了粮食供需平衡。实施“农业强国”战略将完善政策工具，明确资金扶持重点，农业补贴将依据实际生产、经营、服务等职能，向新型农业经营主体倾斜。另外，实施“农业强国”战略将增加对绿色、节能、环保类生产方式的补贴力度，通过绿箱政策来引导国内生产和调整国际贸易结构，确保农产品供需平衡。

最后，实施“农业强国”战略增强了农业发展韧性。国家粮食安全战略的重点要逐步由保数量转向重质量，更加注重居民营养安全，倡导科学合理的膳食结构，降低食物不安全发生率，完善农产品质量安全、反食物浪费等有关法律和制度的配套。建立全方位的农业风险预警机制，提高农业政策性保险的普及性和适用性，降低农户受灾损失。开展农业生产潜力和资源承载力评估，逐步转变传统农业资源开发利用方式，打造与资源承载力相匹配的农业产业结构。鼓励因地制宜，推广循环、绿色、低碳的农业发展模式。

二、重大制度安排与法律保障发展机遇

（一）粮食安全省委书记与省长负责制

从“米袋子”省长负责制，到省委书记、省长共同把粮食安全的责任扛在肩上，有利于把国家粮食安全战略真正落到实处，持续增强粮食安全保障能力。要进一步强化粮食安全责任制考核，切实压实地方政府责任，不断提高地方政府粮食安全意识。2020年12月中央农村工作会议首次提出，地方各级党委和政府要扛起粮食安全的政治责任，实行党政同责，“米袋子”省长要负责，省委书记也要负责。

1995年以来，我国一直实行“米袋子”省长负责制，特别是党的十八大以来，我国真正建立起国家宏观调控下省级人民政府对粮食安全全面负责的体制，全面加强粮食生产、储备和流通能力建设，粮食安全形势持续向好，粮食生产获得“十八连丰”，粮食库存充足。实践证明，“米袋子”省长负责制是强化地方政府责任、保障国家粮食安全的有效措施。在抗击新冠疫情的过程中，各地以高度的政治责任担当和有效的应对举措确保了粮油供应，守住了“米袋子”安全，为保障经济社会稳定发展奠定了坚实的物质基础。

2022年中央一号文件明确指出，保障国家粮食安全不能只盯着主产区，主销区、产销平衡区也要共同承担责任。主产区要努力发挥优势，巩固提升粮食综合生产能力，继续为全国作出贡献；产销平衡区和主销区要扭转粮食种植面积下滑势头，确保粮食种植面积不减少、产能有提升、产量不下降。产销区还要深化合作，促进产销衔接。产区发挥粮食生产、加工和仓储设施的优势，努力为销区提供绿色、优质、安全的粮食；销区发挥市场和资金等方面的优势，支持产区稳定发展粮食生产，增强粮食流通能力，满足本地区粮源供应。

（二）粮食安全法

粮食安全是关系国计民生的重大问题，是国家安全的重要基础。制定粮食安全保障法已被列入全国人大常委会2022年立法工作计划，拟于2022年首次提请审议。

2022年十三届全国人大五次会议期间，有代表提出关于制定粮食安全保障法的议案。议案指出，贯彻落实国家粮食安全新战略，既要强政策、提效益、降成本、防风险，也要立足长远，应从法律层面为国家粮食安全提供全方位的保障。

目前，我国涉及粮食安全的法条散见于农业法、国家安全法等法律中，此外还有《粮食流通管理条例》和《中央储备粮管理条例》等专门的行政法规有所涉及。从地方层面看，广东、贵州、宁夏等多个省份先后制定了相关地方性法规。

议案认为，粮食安全包括粮食的供需平衡、价格稳定、质量安全三方面内容，涉及粮食生产、经营、储备、调控及应急等各个环节的管理。制定粮食安全保障法，应明确政府责任，建立粮食风险基金制度，将粮食风险基金列入本级财政预算。同时，议案还提出了多个具体立法建议，包括加强粮食储备风险防控，加强对承储政府储备粮企业的监管，对违规销售政府储备粮的，视情节轻重进行处罚；确立粮食救济制度，县级以上地方人民政府应当建立低收入群体和受灾村（居）民粮食供应救济制度，保障其基本的粮食需要；完善粮食市场机制；政府应采取多种形式鼓励社会资金投资建设粮食生产和流通基础设施，鼓励粮食经营者到外地投资建设粮食生产基地，与粮食产区建立长期产销合作关系，发展粮食产业化经营；禁止任何单位和个人闲置、荒芜耕地，确保其发挥相应的粮食生产功能，地方各级人民政府应当加强对荒芜耕地的监管，采取措施组织人员对荒芜耕地进行复耕，扩大粮食生产面积；切实保护好基本农田，依法划定基本农田以保障粮食生产能力，认真落实土地管理法。此外，还应当实施粮食增产工程，让“藏粮于地、藏粮于库、藏粮于技”战略落到实处。

三、科技创新发展机遇

在现代科技日新月异的今天，与世界主要工业化国家一样，中国面临着科技创新难得的发展机遇。这些机遇与其他绝大多数发展中国家不同，是中国独有的，并有可能实现弯道超车甚至引领世界农业科技发展。

（一）生物技术

我国转基因技术进入产业化应用的快速发展阶段。中国继20世纪90年代中后期开始大面积推广转基因抗虫棉花并取得巨大成功之后，近期已完成转基因玉米和大豆产业化应用的试点示范工作，即将在全国大面积推广，对提升玉米和大豆生产力、减缓玉米和大豆进口增长和保障饲料粮供给安全起到极其重要的作用。

未来基因编辑和生物合成等技术快速发展与应用。这些技术原始创新的不断突破及原始跨界技术在生物技术领域的广泛应用，推动了新一代生物工程技术向更加精确、定向、标准化、智能化和工程化发展，并催生了生物工程等战略性新兴产业，孕育了新一轮农业科技革命。一是基因组测序技术的快速发展，不仅大幅度提高了基因测序的效率，还降低了基因测序的成本，推动了人类社会更深入地掌握生命科学规律（朱联辉等，2018）。二是快速发展的多基因载体系统和转化系统、基因敲除等技术，大幅度提高了外源基因的操作、转化和表达效率，实现了多基因聚合、多性状叠加，使生物工程产品抗性更强，抗性目标更广，拓宽了其应用范围。三是被认为是“育种史上革命性事件”的全基因组选择技术，不仅实现了早期选择，大幅缩短了育种世代间隔，而且拥有可同时对多个性状进行选择、对低遗传力性状进行选择、大幅度提高选择准确性的多重优势，从而加快了育种进程和提高了育种效率。四是合成生物技术的工程化、智能化，为细胞工厂（未来食品）、生物抗逆（抗病虫、节水耐旱等）、光合作用（高产增收）、生物固氮（节肥增效）和生物质转化等领域的世界性农业生产难题提供了革命性解决方案。

生物技术的发展有力地推动了未来生物技术产业的发展。生物制造、生物处废已成为主要发达国家的重点研究领域。与之相关的细胞工程、蛋白质工程、酶工程、发酵工程等也快速发展。其中，细胞工程以细胞为基本单位，在体外条件下进行培养、繁殖，或人为地使细胞某些生物学特性按人们的意愿发生改变，从而达到改良生物品种或创造新品种、加速繁育动植物个体或获得某种有用物质的目的。细胞工程包括动植物细胞工程及组织立体培养技术、细胞融合技术、细胞器核移植技术等。蛋白质工程是指在基因工程的基础上，结合蛋白质晶体学、计算机辅助设计和蛋白质化学等多学科的基础知识，通过人工定向改造基因，对蛋白质进行修饰、改造、拼接，从而生产能满足人类需要的新型蛋白质。酶工程是指利用酶所具有的特异催化功能，或对酶进行修饰改造，并借助生物反应器和工艺过程来生产人类所需产品的一项技术。酶工程包括酶的固定化技术、细胞的固定化技术、酶的修饰改造技术及酶反应器设计等。与酶工程相关的发酵工程则是利用微生物生长速度快、所需生长条件简单及代谢过程特殊等优点，在适合条件下，通过现代工程技术手段，依据微生物的某种特定功能生产出人类所需的产品。基于此，发酵工程也称微生物工程。目前，酶工程和发酵工程均是生物制造与生物处废领域的重要技术，已实现了产业化。

中国是最早商业化应用转基因技术的国家之一（James，2002），也是最早将细胞工程、发酵工程、蛋白质工程实现产业化的国家之一。早在 1965 年，中国便实现了牛胰岛素的人工合成，是最早采用生物合成技术的国家之一。在政府的主导下，中国的科研人员几乎在国际上所涉及的所有领域开展了生物技术研究。改革开放以来，政府对生物技术的研发投资每隔 5 年便翻一番（Huang et al.，2005），并且 21 世纪以来政府的投资增速加快了。中国政府已把生物技术研发作为其追赶世界先进水平、实现弯道超车的重要领域之一。早在 21 世纪之初，政府便将 21 世纪视作生物技术的世纪，布局了大量的新技术研发并采取了一系列行动推动其发展。

（二）数字技术

当前，以互联网、大数据、云计算、物联网、人工智能、区块链等为代表的新一代数字技术蓬勃发展，与现代农业相互渗透、交叉融合，催生了智慧农业这一新业态、新模式，为现代农业持续建立起更高的生产力、更高级的生产方式和经济形态。世界主要发达国家将推进现代信息技术与农业的深度融合作为实现创新发展的重要动能，在前沿技术研发、数据开放共享、人才培养等方面进行了前瞻性部署（赵春江，2019）。这一场全新的农业科技革命是中国农业发展面向现代化进而迈进农业强国的新机遇。

智慧农业技术是数字农业技术的集大成者，其以智能化精细化操作替代传统的以经验从事农事活动的生产技术。通过采用新型传感器、人工智能、大数据、云计算、物联网、5G 等技术，无人农场、智能植物工厂等将驱动不同学科和技术之间的有机衔接与整合，实现作物生长信息和环境的智能感知、病虫草害的智能防控、生产作业的智慧管控及大田智能农机和设施农业机器人的应用，从而替代传统的以农民生产经验进行农事活动的传统农业，真正实现农业生产的工厂化、科学化。

智慧农业技术将解决中国的农业劳动力老龄化问题。中国已经迈入老龄化社会，智慧农业技术通过智能化的传感器判断动植物生长过程及其健康与营养状况，实现农事操作的智能化，解放繁重的体力劳动，可有效解决未来的农业劳动力老龄化及农业劳动力短缺问题，从而保障国家粮食安全。

智慧农业技术将解决农村劳动力转移问题。未来 30 年中国的养殖业将率先全面实现规模化和现代化，种植业生产将朝着“二八格局”转变（黄季焜等，2022a）。种植业将以家庭农场（平均两个劳动力）为主，耕地面积超过 100 亩的大农占 20%左右，耕地低于 100 亩的小农占 80%左右；20%大农将生产 80%农作物产量或贡献 20%增加值，80%小农将生产 20%农作物产量或贡献 80%增加值，即种植业生产的“二八格局”。大农主要生产粮食等大宗农产品以保障国家粮食安全，小农主要发展高值农业以保障收入持续增长，最终大小农户劳动生产力趋同，实现大小农户共同富裕。智慧农业将是未来中国养殖业实现规模化和现代化、种植业朝着“二八格局”转变的主要途径。

中国的智慧农业技术应用已经走在了世界前列，将走出具有中国特色的现代智慧农业发展道路。近十多年来，中国的农用无人机应用规模呈现指数增长，其智能化水平逐年提高，在一些地区已替代传统的技术成为农业生产的常规技术之一。中国的农产品产后流通智慧化已开始兴起，已实现了产品生产、流通及销售的全过程智慧化及全产业链的可追溯。中国的养殖业智能化已开始小规模采用，正在进行示范推广。全智能化的设施大棚已投入生产并显示出了较强的示范作用。未来智慧农业生产将在示范的基础上快速发展起来。

（三）装备技术

改革开放以来，中国的农业装备技术得到了快速发展，不仅涉及生产领域的农业机械，还涉及物流、储运及农产品加工等领域。与西方国家的大机械及日韩等东亚国家的小农机不同，中国走出了一条适合中国农业生产与产业特征的兼具大机械和小农机的农业机械及装备现代化之路，该发展过程既包括跨区大型农机具作业的制度创新，也涉及适合不同类型农户尤其是小农户的农业机械及装备。目前农民农业生产所采用的一些机械及装备技术仍有极大的现代化改造空间，这是生产要素发展诱导的结果。

未来农业装备技术的发展将受到中国农业现代化进程中技术需求的牵引与驱动。随着中国的养殖业向规模化和现代化、种植业向“二八格局”转变（黄季焜等，2022a），农业装备技术在养殖业方面将会朝着适应规模化和现代化的方向发展；在种植业方面除了需要开发出适合大农户的现代化大型装备，还必须开发出适合小农户“高值农业”生产的小型装备。除此之外，目前农产品流通领域正朝着现代化方向发展。

农业装备技术将朝着智慧化方向发展。未来的农业装备技术在现有技术的基础上，将加装相应的智能化传感器。这些传感器一是感知作业环境及作业对象，实现对人工经验判断的替代，使农业装备拥有替代人工观察的能力；二是感知作业效果，及时调整作业精度，提高现代农机具的作业质量。

农业装备技术将在生产上实现人工操作、无人智能操作及全智慧化的自动机器生产，以满足各种类型生产者的技术需求；在流通领域实现农产品的保鲜及安全运输，尽量减少流通环节，满足不同距离、不同市场条件的流通需求。

农业装备技术将为农业生产及农产品流通全产业链提供追溯证据，保障农产品安全生产与流通。智能化的农业装备将实现作业环境及作业过程的实时信息传输与记录，形成生产过程中投入与产出的数据链，而该数据链将成为农产品流通环节及全产业链的一个环节，实现农产品生产的全程可追溯，该数据链也将为农业装备技术的发展与改进提供数据支持。

（四）生态农业技术

随着经济的快速发展，中国的传统精耕细作农业已被化学化、机械化农业替代。化肥农药过量使用所带来的耕地及水源污染已成为农业与农村可持续发展所面临的最大挑战之一，生态农业、绿色发展已成为农业生产的必然选择。在农村劳动力老龄化、农业生产化学化和机械化的条件下，适宜生态农业技术的发展和采用是未来农业与农村可持续发展的必然选择。生态农业技术体系既要考虑生产的可持续性，又要考虑经济和资源利用、生态的可持续性。一般来讲，促进资源再生、高效利用及无（少）废弃物生产的资源高效利用技术是生态农业中的关键技术。对现代高效农业技术的兼容利用、改造和优化组装，形成集传统农业技术精华与现代高效技术于一体的生产管理技术体系，是未来生态农业技术的发展方向。

生态农业技术主要包括水资源高效利用技术体系、土壤肥力保持与提升技术体系、废物资源化利用技术体系等。其技术目标是通过提高资源的利用效率和促进资源的快速循环来保障国家的食物安全。

水资源缺乏是我国最为突出的问题之一，节水技术是现代生态农业的重要技术之一。建立节水农业降低农业生产灌溉用水、减少水资源浪费、提高水资源利用率是现代生态农业发展的重要目标，也是实现节约型农业的重要手段。目前各地较为普遍采用的技术包括高效节水灌溉技术、暗管排水技术、水肥一体化技术、农田多水源高效利用技术等。通过工程措施和非工程措施相结合，采用多种节水灌溉手段来开发多种水源、综合利用水肥资源、提高农业用水产出效益，是全方位提高生态农业用水效率的主要技术。

土壤是农业的基础，而肥力是土壤的核心，土壤可为植物生长提供水、肥、气、热等生活必需因子。除具备足够的营养物质外，肥沃的土壤还有一系列良好的性质，能够自我协调和易于人工调节。在生态农业发展中，要想维持并提升土地肥力及其良好的性质，经常会用到一系列土壤肥力保持和提升技术，如保护性耕作技术、土壤培肥技术、水土流失预防与管理技术及生态优化植保技术等。

农业废弃物是农业生产及再生产链环中资源投入与产出在物质和能量上的差额，是资源利用过程中产生的物质能量流失份额。我国每年产生的农业废弃物达几十亿吨，由于农业废弃物成分复杂，二次开发成本高、难度大，同时缺乏政策的引导和资金的投入，农业废弃物污染事故层出不穷。这些废弃物的无害化处理和循环利用是实现农村生态文明与生态农业发展需要解决的实际问题，常见的废物资源化利用技术包括秸秆还田技术、尾菜饲料化技术、废物降解技术、反应器堆肥技术等。

四、食物需求结构转变发展机遇

（一）口粮需求下降，保障口粮绝对安全

粮食需求总量稳定增长的同时，口粮需求下降。口粮需求所占的比例逐渐下降，为

保障口粮绝对安全提供了较大的机遇。随着收入增长、城市化推进和消费方式转变，大米和小麦的需求总量逐渐下降（黄季焜，2013）。因此，在满足基本口粮需求的前提下，应适当减少低质作物的供给，提高优质产品的生产，抓住食物需求结构转变的发展机遇。

（二）饲料粮、畜产品需求增速放慢，缓解粮食安全总体压力

饲料粮需求在经过快速增长后有所放缓，虽然未来还将对保障粮食安全产生压力，但压力也将有所减缓。从当前我国食物需求变化的趋势和特点来看，我国饲料粮、肉、蛋、奶等附加值农产品人均需求仍呈现增长趋势，猪肉需求 1995～2010 年增长迅速，15 年增长约 85%，年均增长约 4.2%，直到近十年增速略微放缓，2019 年猪肉人均需求达 36.9kg。虽然禽肉和牛肉人均需求显著低于猪肉，但其增长趋势同猪肉基本一致。

但随着营养健康知识的普及，我国居民更加注重膳食结构的合理性，膳食结构在肉蛋奶类等动物性食物内部进行调整。具体可以借鉴日本、韩国等东亚发达国家食物消费习惯及特点的综合比较，当人均 GDP 超过 1.5 万美元后，食物消费将趋于稳定，目前中国人均 GDP 已超 1 万美元，随着经济发展和城镇化水平不断提升，我国居民将在食物消费总量上趋于稳定且饱和。但从居民食物消费结构来看，与《中国居民膳食推荐指南（2022）》相比，我国居民目前在水果、蔬菜等植物性食物消费上仍有较大缺口，而在猪肉、牛羊肉等红肉类食物消费上过量，随着营养健康意识的不断提高，预计中国居民的消费结构将不断得到调整优化，将会朝着吃得“既饱又好”的方向前进，谷物在人均热量、蛋白质和脂肪等摄入中所占的比例呈现下降趋势。因此，最近十年畜产品需求的增速放缓使得食物需求结构转变对粮食安全的总体压力缓解，同时让居民饮食消费更加营养健康、膳食结构更加合理。

（三）蔬菜、水果和水产品等消费多样化，进一步替代口粮、饲料粮需求

蔬菜、水果和水产品（饲料转化率高）等消费多样化，将部分替代口粮和饲料粮需求。改革开放以来，我国食物生产和供给显著增加，食物生产多样性也有很大提高，其中蔬菜、水果和水产品供应快速增加。我国蔬菜人均消费呈上涨趋势，但增长较为平缓。值得一提的是，蔬菜消费种类和结构发生显著变化，从低价值的较单一的蔬菜消费结构（如白菜和包菜）向高价值的品种丰富的蔬菜消费结构转变。水果人均消费增长显著，增长速度较快，由 1980 年的 6.3kg 增长到 2019 年的 86.4kg，在近 40 年增加约 13 倍，年均增幅约为 6.9%。同时，人均动物蛋白（包含猪肉、牛羊肉、禽肉、禽蛋、水产品及奶）摄入来自水产品的比例从 1990 年的 14.6%增长到 2019 年的 24.5%，而同期猪肉提供的蛋白比例由 46.4%下降到 26.2%。相对于主粮和谷物，水果、蔬菜和水产品的供应与消费快速增长意味着我国供给与消费的食物种类多样性大幅提高，同时水产品饲料转化率高，逐步替代其他畜产品作为蛋白的主要来源食物之一，实际上缓解了我国饲料粮短缺的压力。

（四）“大食物观”带来的机遇

习近平总书记在党的二十大报告中指出：要“树立大食物观，发展设施农业，构建多元化食物供给体系”。树立“大食物观”，就是从更好满足人民美好生活需要出发，顺

应人民群众食物消费结构变化，在确保粮食供给的同时，保障肉类、蔬菜、水果、水产品等各类食物的有效供给。

“大食物观”要求发展设施农业，保障粮食产量和安全。解决吃饭问题不能光盯着有限的耕地，要在保护好生态环境的前提下，根据各地资源禀赋，形成同市场需求相适应、同资源环境承载力相匹配的现代农业生产结构和区域布局。要向森林、草原、江河湖海、设施农业等要食物，实现从耕地资源向整个国土资源拓展。同时，要从战略高度认识和谋划微生物食物资源开发利用，通过建设农业微生物科技创新平台、设立微生物食物资源开发科技项目、培育微生物领域高端创新人才队伍等举措，大力发展农业微生物产业，向微生物要热量、要蛋白。

“大食物观”要求构建多元化食物供给体系。一方面，积极推进农业供给侧结构性改革，全方位、多途径开发食物资源，开发丰富多样的食物品种，实现各类食物供需平衡，更好地满足人民群众日益多元化的食物消费需求。另一方面，制定针对性的消费引导和营养干预政策，在全社会积极引导并树立食物消费新观念，推动居民膳食结构优化与升级，并以此促进农业生产结构调整。同时，要加强食品安全和食用知识宣传，全面普及膳食营养和健康知识，鼓励减量、营养、健康、绿色消费，反对浪费食物。

第二节 保障粮食安全面临的主要挑战

一、资源环境退化与气候变化挑战

（一）水土资源退化趋势

农业用水不足，非农部门对农用用水挤占压力大。过去 40 年，尽管投资了很多灌溉设施，但受水资源禀赋约束，我国农业用水一直处于亏缺状态，而且极端干旱事件成为影响我国粮食生产的一个重要因素。与此同时，随着社会经济的发展，非农用水迅猛增长。过去 40 年，农业用水比例从 1978 年的 88%降低到 2018 年的 61%，工业和生活用水比例分别从 1978 年的 11%和 1%增长到 2018 年的 21%和 14%，而且生态用水比例也逐步增加。由此可见，农业用水受到非农部门挤占的压力越来越大，而且这个趋势不会发生逆转。

水粮空间匹配度持续下降，北方水资源胁迫度进一步增加。我国北方水资源量仅占全国的 17.2%，而耕地面积占全国的 59.6%，粮食产量占总产的 55.4%；南方水资源量占 82.8%，而耕地面积只占 40.4%，粮食产量占 44.6%。近年来，由于区域作物生产与替代作物生产净收益存在差异、局部地区资源禀赋存在差异及制度等因素，我国粮食重心北移 1°，总体上呈现向东北移动的趋势，进一步加剧了水土资源的不匹配态势。

地下水超采严重，北方地区地下水位仍在继续下降。北方地区地表水资源不足，农业生产对地下水依赖程度逐年加强。1998 年北方农业用地下水量为 485 亿 t，2014 年达到 692 亿 t，增加了 42.7%。对地下水的需求不断增长造成了北方地区地下水超采逐年增加，进而导致华北平原、松辽平原、西北内陆盆地的山前平原等地下水位持续下降。

用水方式落后，农业水资源利用效率低。虽然全国农田灌溉水有效利用系数呈现逐年上升趋势，但整体水平较低，2018 年仅为 0.55，与发达国家的 0.7～0.8 相比仍有较大差距。我国各地用水效率差异较大，最高区域为西南地区，最低区域为西北地区，东北地区和南方地区用水效率高于黄河流域及长江流域。灌溉水单方产出量也与世界发达国家水平存在很大差距，目前单方产出粮食不到 2kg，而发达国家达到 2.5～3kg。

耕地数量不断减少，可开发的后备耕地资源接近枯竭。随着工业化、城镇化快速发展，我国耕地资源呈现不断减少态势。2009～2015 年，我国 22 个省份的耕地面积趋减，从而导致全国耕地总量减少。另外，由于我国长期以来鼓励开垦荒地，现全国宜耕土地后备资源接近枯竭。目前，全国可开发利用的耕地后备资源仅为 3307.18 万亩，其余 4721.97 万亩耕地后备资源受水资源利用限制，短期内不适宜开发利用。此外，我国耕地后备资源以荒草地为主，占后备资源总面积的 64.3%，其次为盐碱地、内陆滩涂与裸地，比例分别为 12.2%、8.7%、8.0%，多分布在我国中西部干旱半干旱区与西南山区，利用难度大、成本高。

耕地质量偏低，酸化和退化凸显。虽然我国土壤的主要营养物质保持稳定并略有上升，但酸化和退化态势逐步显现。根据国家耕地土壤长期定位监测，2004～2013 年，全国土壤有机质含量有上升趋势，从 22.6g/kg 上升至 24.1g/kg，年均上升 0.15g/kg。但是，土壤 pH 持续下降，即土壤酸化，已成为引发耕地环境退化的重要因素。中国农业大学的研究表明，从 20 世 80 年代早期至今，中国境内耕作类型土壤的 pH 下降了 0.13～0.80 个单位，其中以南方地区耕地土壤酸化最为显著。此外，长期机械化、浅层化耕作及单一耕作、过量施用化肥的种植方式导致我国大部分粮食主产区的农田出现影响作物生长的土壤物理障碍，主要表现在耕层变薄，犁底层上升、加厚，土壤紧实度增加，孔隙度和渗透性降低等，使得作物根系生长受阻和对养分的吸收速率降低，土壤环境破坏，作物产量降低。

（二）生态环境退化压力

受自然和人类活动的共同影响，地球系统正在经历以变暖为主要特征的全球气候变化，而且气象灾害和极端天气气候事件显著增加。1951 年以来我国地表年均气温上升幅度高于全球平均水平，2021 年是 1951 年以来平均低温历史最高的年份，次高年份为 2022 年。根据联合国政府间气候变化专门委员会（IPCC）的预测，到 21 世纪末，全球地表温度还将上升 1.8～4℃。1961 年以来，我国区域性的高温事件、气象干旱事件和强降水事件增多，低温事件明显减少。2022 年是 1961 年以来我国极端高温事件最多的年份，一些粮食主产区尤其突出（如华北中东部、华东和华中等地）。降水表现为区域间波动较为明显，2022 年长江、淮河流域降水比常年分别减少 14%和 11%，区域性和阶段性干旱明显，2022 年全国干旱受灾面积占气象灾害总受灾面积的 50%，其次为洪涝灾害，占 35%。

气候变化威胁着社会经济的可持续发展，对农业的影响尤为显著。在气候变化的背景下，种植带和复种制度边界向北移动，从而影响耕地资源利用。到 2050 年，中国东部地区水稻和小麦的地理分界线，可能会向北推到黄河一线，长江中下游区和华南区的耕地生产潜力明显降低，这将移动原有的作物种植带，原有的水稻和小麦种植区都将受到极大的影响。另外，气候变化会进一步加剧水资源的短缺，减少地表水资源径流量和可用地下水资源储量，增加作物需水量。如果不采取有效的适应措施，气候变化将对农业生产产生直接和间接的负面影响已经得到了学术界的普遍认可。为了应对气候变化，我国提出了“双碳”目标，其倒逼农业绿色转型，这一转型对粮食安全的影响也是需要关注的重要问题。

在达到“双碳”目标、实现农业绿色转型的过程中面临的一个重要问题就是农业投入品导致的面源污染。目前我国化肥、农药投入强度仍处于高位，利用率不足，单位面积化肥使用量从改革开放以来一直在增长，不管是化肥总使用量还是分化肥种类使用量。尽管近几年有所下降，但目前我国的人均单位面积化肥使用量仍接近世界平均水平的 4 倍，这是非常高的，短期内很难降低到国际平均水平。另外，我国化肥的利用率非常低，如氮肥仅为 30%～50%，磷肥、钾肥的利用率也比较低，比欧美国家平均低 20%。农药的过量使用情况和化肥非常接近，我国农药总使用量相当于世界水平的 1/7，单位面积使用量也远高于世界平均水平。农药使用量自 20 世纪 90 年代以来一直在增长，仅近几年有所下降。而且，我国农药品种多、乱、杂，特别是部分被禁的农药也在使用。另外，农药的利用率很低，在 35%以下。

秸秆产量大，焚烧现象严重。2012 年，中国秸秆总产量为 9.40 亿 t，为世界第一秸秆产量大国，占全球秸秆总产量的 18.50%。由于秸秆制成饲料、纸张、乙醇等的技术和市场均不完善，缺少有效利用途径，农民只能将其用作柴火使用或露天焚烧（Hou et al.，2019）。以东北区为例，2013 年约有 60%的玉米秸秆在家烧柴，用于做饭和取暖；约有 30%的玉米秸秆露天燃烧。尽管国家出台了禁止秸秆燃烧的政策，但仅有禁止燃烧的强制管理方法，而未给农民提供有效的利用方式，秸秆燃烧的现状难以改善。

农膜使用量大，回收率极低。国家统计局的数据显示：2015 年，我国地膜覆盖面积达 2.75 亿亩，使用量达 145.5 万 t。而据预测，到 2024 年，我国地膜覆盖面积将达 3.3 亿亩，使用量超过 200 万 t。由于农膜不可降解，且回收率不足 2/3，已对土壤环境造成严重危害，导致“白色污染”（李亚新，2018）。

畜禽粪污量大，有效处理率不足。近些年来，我国大力发展集约化养殖，导致废弃物排放增多。这些废弃物没有被很好利用起来，产生了大量面源污染。据统计，畜禽粪便的污染量相当于工业固体废弃物的 2.7 倍多。2015 年按全口径统计测算的全国生猪、奶牛、肉牛、家禽和羊的粪污产生量为 5.687×10^9t，但畜禽粪污有效处理率不到 50%（《全国农业可持续发展规划（2015—2030 年）》）。吉林、山东、湖北、四川、广东五省的调研数据表明，约有 45%的猪粪污用作肥料，约 23%用于生产沼气，分别不到 10%和 5%用于制作饲料和销售，而 15%直接排放到沟渠池塘或河流湖泊中。

农田土壤重金属污染严重。2014 年的《全国土壤污染状况调查公报》数据显示，全国土壤重金属总超标率为 16.1%，其中耕地土壤点位超标率为 19.4%，轻微、轻度、中度和重度污染点位比例分别为 13.7%、2.8%、1.8%和 1.1%，主要污染物为镉、镍、铜、汞、铅等。

（三）粮食主产区资源环境退化突出

我国主要粮食产区东北三省和华北平原及黄淮海平原水资源匮乏，水土资源不匹配特征明显。例如，人口密集的黄淮海三大流域，耕地面积占全国的 40%，而水资源量却仅占全国的 8%；长江流域和长江以南耕地面积只占全国的 36%，而水资源量却占全国的 80%。西北、华北、东北是主要的农业灌溉区，农业用水较多的地区主要集中在粮食主产区：黑龙江、新疆、江苏、青海、广东、广西、湖南、湖北、内蒙古和华北平原等。

过去 40 多年，随着农业生产力布局的变动，我国各区域耕地面积增减变动呈现出与粮食生产布局相反的趋势。中国耕地分布重心和粮食生产分布重心的移动方向相反，耕地分布重心表现出“南退西移”的趋势，粮食生产分布重心则是“北上东移”，中国的粮食生产格局已转变为“北粮南调”。水资源短缺最为严重的黄淮海区域逐渐成为大部分种植业和养殖业产品的主要生产区域。该区域农业生产占全国份额超过 20%的产品类别从改革开放初期的 8 个（小麦、玉米、蔬菜、肉牛、肉羊、禽蛋、棉花和油料作物）增长到目前的 11 个（新增加了生猪、肉禽和牛奶）。然而，2017 年该区域人均水资源量为 238m^3，仅为全国平均水平的 1/2。过去 40 多年该区域地表径流显著减少，而且成为世界上面积最大的地下水超采区。因而，该区域农业生产的永续发展面临着非常严峻的挑战，目前其农业生产力布局已经超过水资源承载力。

除了黄淮海区外，水资源较为贫乏的东北三省在灌溉面积扩张的助推下，在全国农业生产中的重要地位不断强化，从而威胁着区域农业和水资源的可持续发展。改革开放以来，尽管全国的灌溉面积基本稳定，但东北区灌溉面积的扩张速度不断加快，其水稻播种面积迅速增长，占全国的比例从改革开放初期的不到 1%上升到目前的 11%多，成为全国重要的水稻产区。除了水稻外，该区域玉米、肉牛、肉羊、牛奶、油料和糖料作物的生产占全国的比例也超过 20%。尽管占据着非常重要的农业生产地位，但该区域的人均水资源量低于全国平均水平，而且地下水位下降趋势日益严峻。因此，不考虑水资源约束的农业生产力布局将对该区域可持续发展提出严峻挑战。

粮食主产区除水土资源错配问题更为严重外，生态环境方面的问题也很突出。从导致面源污染的化肥农药等使用量来看，粮食主产区单位面积使用量高于全国平均水平。华南区和黄淮海区单位面积化肥使用量最高，因而导致的化肥面源污染问题也更为严峻；对于农药面源污染，问题最突出的为黄淮海区、长江中下游区和华南区，这些区域由农膜、畜禽粪便等导致的面源污染问题也比其他区域更为严重。从不同地域的重度污染点位来看，研究结果显示，长江中游地区及江淮地区重度污染点位占比最大，为 7.11%，主要分布在江汉平原东北部、鄱阳湖平原南部、巢湖西部平原和淮河中游等区域；黄淮海平原重度污染点位占比次之，为 5.11%，主要分布在山东丘陵区、豫北平原、京津唐等地区；四川盆地重度污染点位主要分布在成都平原中部；松嫩平原的重度污染点位主要集中在哈尔滨、长春等地；三江平原目前尚无重度污染点位（尚二萍等，2018）。

二、农业科技创新挑战

（一）农业科技创新体制机制面临的挑战

改革开放以来，中国恢复并建立了庞大的、学科分类较为齐全的公共农业科研与技术推广体系（黄季焜等，2003；胡瑞法等，2004）。这一国际上最为庞大的体系为确保我国粮食安全和农业生产力提高提供了技术支撑，特别是20世纪90年代中期以来，政府研发投资年增长率呈现两位数增长，从而为农业科技进步提供了资金保障（胡瑞法等，2007）。然而，研究表明，虽然经过40多年的发展与改革，我国的农业科研体系在体系与学科建设、运行机制、政府和企业投入等方面取得了进展，缓解了一些矛盾，但也暴露出一些深层次的突出问题。国家的农业科研创新体系缺少与之相适应的相应规模的领军级科技人才和优秀创新群体（胡瑞法和黄季焜，2011），农业科研体系改革没有很好地适应农业生产的变化，难以较好地满足农民的多样化技术需求（时宽玉等，2008），农业科研改革定位还不够准确，社会公益性和商业性科研活动依然混淆（胡瑞法和黄季焜，2011；Hu et al.，2011），政府农业技术推广部门行政化、公益性弱化、人才断层、人员老化等（胡瑞法和孙艺夺，2018；孙生阳等，2018），均为未来的农业科技进步带来了挑战。

虽然自20世纪末以来中国的农业研发体制进行了改革（黄季焜等，2003），但仍为政府主导主要农产品的研发活动，尤其是一些私人应用研发仍由政府研究机构主导。同时，学科门类较为齐全的庞大的研发体系由于承担了非基础类研究项目，不仅仅限制了私人部门研发投资的进入（Hu et al.，2011），分散了基础研究这一公共领域研究成果的产出及研究能力的培养，更重要的是由于这一体系以课题组为单位，应用技术的开发仅是研究人员的考核目标之一，从而影响了应用技术开发这一纯粹性技术成果的产出。这一体系未来面临着与跨国公司应用技术开发上、中、下游一体化的纯粹性技术方面的挑战。

现代生物技术是21世纪世界经济发展的新引擎，是提升国家竞争力的战略高地。现代生物技术可通过基因精准操作、定向改造目标性状，突破常规技术瓶颈，培育突破性农作物新品种，从而保障国家食物安全、生态安全，提高国民营养和健康水平。这一技术不仅增加了农民的收入、改善了农民的健康、减少了环境的污染，也改变了全球玉米、大豆、棉花与油菜籽等主要农产品的生产方式，推动了一些国家的经济及贸易格局变化，更重要的是促进了生物及信息技术产业等一些新兴产业的发展。未来农业生物技术的发展不仅将推动传统农业产业技术的革命性进步，也将带动生物制造和生物处废等技术的发展，并由此推动环境的改善与绿色发展。值得一提的是，2008年启动的转基因生物育种重大专项试图通过举国体制在该领域取得突破。这一专项执行的结果表明，中国的研发人员在该领域取得了显著的进展，一些研究领先世界，生物技术的研发竞争力显著提高（王双双等，2015），然而，这一举国体制面临着国家持续支持的挑战。

作为一场全新的科技革命，智慧农业技术的发展与采用将带动整个农业生产和产业体系的技术更新。抓住并充分利用这一全球性的发展契机，将是我国农业生产参与国际竞争并保障国家农业与食品安全的重要机遇，也是国家未来经济社会可持续发展的重要挑战。发展适合中国特色的可保障绿色发展条件下国家食物安全的智慧农业不仅是我国农业科技进步的需要，也是农业现代化的重要内容。需要说明的是，与农业机械技术革命、化学技术革命和绿色技术革命中由农业科学家主导参与技术的研发不同，作为核心的智慧农业技术、遥感及信息技术和人工智能技术均是跨界技术的农业应用，只有较少的农业专业研究人员参与其研发过程。改革现有的农业科研与高等教育体制，促进智慧农业技术这一跨界技术的产业化研发与应用融合，是未来智慧农业发展所面临的重要挑战。

（二）做大做强种子产业面临的挑战

中国政府历来高度重视农作物新品种的选育与育种体系的建设。从 20 世纪 50 年代初开始，我国政府就在全国范围内开展了大规模的农家品种普查、鉴定和筛选及品种改良与引进工作（赵洪璋，1979；金善宝，1982）；60 年代以来，我国逐渐建立了从中央到地方的粮食等主要农产品优良品种的选育和育种研发体系（农业部科技教育司，1999）；到 90 年代，我国建立了世界上最庞大的以院校公共科研单位为主的育种研发体系（胡瑞法，1998），该体系的建设和发展，对保障粮食安全、提高农业生产力起到极其重要的作用（信乃诠和陈坚，1995）；近年来，中国政府把种业安全提升到关系国家安全的战略高度，“打一场种业翻身仗”成为从中央到地方政府的共识，全面实施《种业振兴行动方案》，启动农业生物育种重大项目，打好“种业翻身仗”正在全国各地如火如荼地展开。

在国家政策支持下，中国种子研发和科技创新在早期取得系列成就（信乃诠和陈坚，1995）。水稻、小麦等主要农作物的许多研究处在国际前列，其中杂交水稻和转基因水稻的科技水平更处于国际领先地位；小麦、棉花育种技术也处于国际先进水平（王双双等，2015）；油菜、甘蔗、蔬菜和水果等农作物新品种的研发和创新能力不断提升；畜禽育种得到较快发展，商业化育种体系逐渐加强，以企业为主体的国家级核心育种场快速发展；水产品新品种的育种能力处于国际前沿。值得一提的是，许多资本实力雄厚的企业开始进入育种研发和种业发展领域，如中化（中国化工集团有限公司，也称为中国化工）、中信（中国中信集团有限公司）等大型企业已进入国内种业市场，并收购了中国种业集团和隆平高科等种子龙头企业。近年来，中国化工更是收购了著名的跨国种子企业先正达，中粮集团完成了对荷兰尼德拉种子公司的并购，中信农业还收购了陶氏农业南美洲玉米种子的业务。同时，中国粮食等主要农产品的种子自给率更是世界领先，水稻、玉米和小麦三大粮食作物，除了常规稻仍有不超过 30%的农户自留种子外，杂交水稻、杂交玉米及小麦品种种子生产量几乎都大于用种量（图 6-1），在市场未放开的条件下，实现了种业安全的绝对保障。

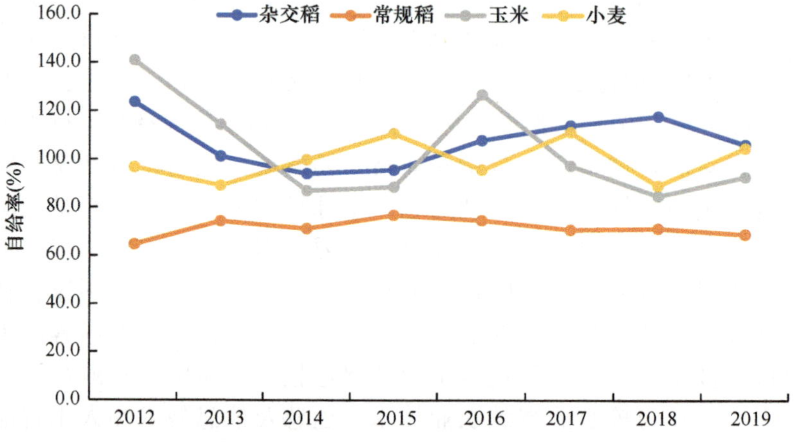

图 6-1　2012～2019 年中国主要粮食作物种子自给率

数据来源：农业农村部《中国农作物种业发展报告》

然而，我国同欧美等部分发达国家最先进的现代育种研发与种业发展水平相比还有较大差距（仇焕广等，2022）。特别是自20世纪末以来，随着跨国公司开始普遍采用分子设计育种，我国以公共农业科研单位技术创新为主体的育种研发体制机制已经难以适应现代种业科技创新发展的要求（黄季焜等，2014；胡瑞法等，2010）。公共科研单位长期形成的强大的育种研发团队与数以千计的众多种子企业并存，因此以企业为主体的育种技术创新体系改革将持续进行。保障国家粮食安全和主要农产品种源安全还需深入推进商业化育种研发与种业科技改革创新。

尽管国家高度重视种业发展，但做大做强种子产业还困难重重。20世纪末开始的各行业科研体制改革并没有显著影响包括育种在内的公共农业研发机构的职能和使命。旨在“做大做强”中国种子产业的“种子8号文”，虽然在某些领域取得部分成效，但也未达到预期目标。例如，种子企业在经历了从2010年的8700多家下降到2016年的4516家后，2019年再次上升到6393家，近两年种子企业数量还在继续增加。在众多的种子企业中，真正有育种创新能力的寥寥无几。在此形势下，收购跨国公司成为新的也是做大做强种子产业的最佳捷径。2017年中国化工成功收购第三大跨国巨头种业公司先正达，这一收购事件震惊国内外，国人也对中国有望进入世界种业先进行列充满期待。

国家每年审定的品种数居高不下，但表现突出的具有重大创新性的品种极少。过去20年，每年审定的品种数量在波动中快速增长，特别是2016年以来的增长呈现井喷现象（图6-2）。例如，2019年审定的水稻品种数高达1329个，但2020年和2021年又分别增长到1914个和2195个；2019年审定的玉米品种数高达2266个，但2020年和2021年又分别增长到2827个和3004个。众多的品种意味着缺乏能占领较大市场的有重大创新性的品种，同时意味着存在过多的实质派生品种或品种同质化现象严重。以上种业发展状况说明，在现有的体制机制下，一方面企业要做大做强难度很大，另一方面种业缺乏创新激励机制。例如，知识产权难以保护，数以千计的小公司靠侵犯别人的知识产权或生产与经营以次充好的“套牌种子”获取利润，不仅仅扰乱了市场秩序，更重要的是影响了拥有生产上表现突出品种知识产权的大公司继续研发的积极性。

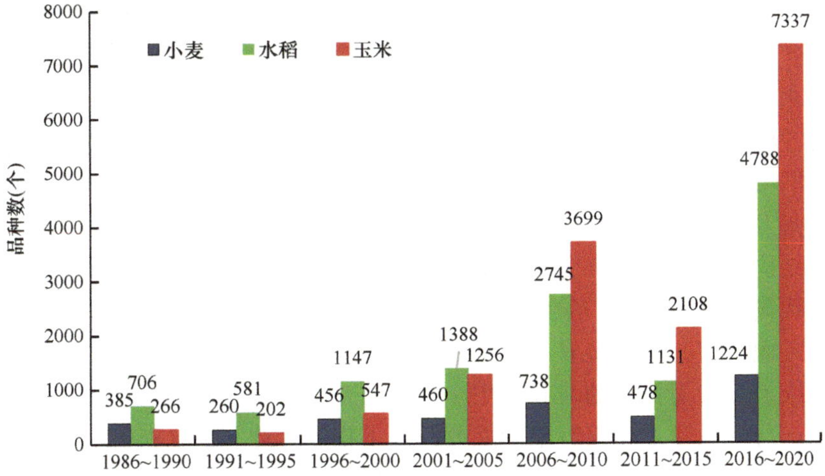

图6-2　1986～2020年全国省级以上政府审定的三大作物品种数

数据来源：农业农村部

（三）农业劳动力素质提高面临的挑战

过去30年，农业与工业服务业的劳动生产力之比从1∶4.8变化到1∶3.7，未来30年，这一比要达到1∶1.1，与此同时，农民素质需大幅提高。一方面是我国近半数农业从业者在50岁以上，80后、90后等新生代农民开始远离农村和土地，缺乏从事农业生产的意愿和技能（李建华和郭青，2011），部分地区出现了所谓的“老人农业”现象（项继权和周长友，2017）。另一方面是农业从业人员教育水平偏低。自新中国成立尤其是《中华人民共和国义务教育法》实施以来，我国教育事业取得长足发展，2020年全国基本普及高中阶段教育，但是农村地区人力资本外流导致我国农业从业者受教育水平一直处于较低水平。《中国劳动统计年鉴》的数据显示，未上过学、小学及初中教育水平的劳动力依旧是我国农业从业人员的主力。2019年这三类教育水平占比分别为7.4%、38.8%和45.9%，与2002年相比，未上过学和小学教育水平占比分别下降了4.3个百分点和2.6个百分点，而初中教育水平占比提高了3.8个百分点（黄季焜等，2022b）。与其他行业相比，农业从业人员中大专及以上学历的仅有1.0%，是住宿和餐饮业从业人员（10.1%）的1/10、教育业从业人员（74.5%）的近百分之一；高中或中职教育水平占比为6.8%，也远低于各行业平均水平（18.7%）。

与发达国家相比，我国农业从业人员的教育水平有很大提升空间。发达国家农业劳动力以高中学历为主，如2016年美国农民中高中学历占53.1%（美国劳工部统计局2021年数据），日本为74.8%（樊英和李明贤，2013），德国为63.5%，英国虽然较低，但也超过40%（欧洲统计局2021年数据）。而我国农民受过高中教育的仅占7.1%，超过九成的农民是初中及以下教育水平。与发达国家相比，我国农民大专及以上教育水平占比更低，仅相当于美国的3.5%、英国的4.7%、德国的5.1%、法国的7.0%。由此可见，我国农民的整体教育水平远远落后于发达国家。

除此之外，在教育体制上，我国的涉农教育目前处于相对边缘的状态，对学生吸引力不强。我国的农业教育体系主要由普通高等本科院校、高等职业学校和中等职业学校组成。2018年我国一共有1245所普通本专科学校，其中农业高校和林业高校47所（如果包括综合类高校，涉农高校51所）。与2004年相比，2018年涉农高校招生规模虽然增长了48个百分点，但远低于同期普通高校招生规模总体增长水平（本科高校招生规模增长了1倍）。截至2015年，我国高职院校招生348.4万人，其中农林牧渔大类专业的专科生有59 024人，占比1.7%，远不能满足相关产业的需求。全国共计有中等职业院校9132所，在对5150所中职院校调研后发现，仅有1145所院校开设了涉农专业，这与乡村振兴发展需要的规模、数量存在一定的差距。

在知识结构上，农业学科交叉融合不足，培养的人才知识结构较为单一，不能适应农业农村现代化发展的需求。从中职和高职院校开设的专业来看，不完全统计数据显示，我国中职和高职院校开设的涉农专业集中在畜牧兽医、现代农艺技术、园林技术、农业机械使用与维护等较为传统的与农业生产相关的专业方面；农村环境监测、森林消防、循环农业生产与管理等方面仅有个别院校开设了相关专业；家庭农场生产经营、农产品质量检测与管理专业却没有相关院校开设；与新时期的智慧农业、数字技术等相关的教学内容在目前的培养教学中也少有体现。当前的专业和人才培养无法满足新时代乡村产业现代化发展的需求。

在培训体系上，目前针对农业劳动力的培训目标不明确、培训内容不合理，资源浪费严重，监督评价体系亟待建立。农民积极参与教育培训、提高素质是推动农业现代化发展的关键。近几年，政府制定和出台了相应的政策法规，经费投入也在逐年加大，相关理论研究得到加强。然而，市场经济体制改革的不断深入和农业现代化进程的加快，对我国农民职业教育和培训提出了更高的要求，原有的农民职业教育和培训体制的弊端逐渐显现（吴兆明，2021）。

三、保障粮食安全与实现共同富裕挑战

首先，我国人多地少的国情决定了种植业不能走北美和南美完全规模化发展的道路，大农小农将长期并存。但是，当前的种植业生产格局不但难以保障粮食安全，也无法实现大农小农共同富裕。2017 年，10 亩以下农户占比为 85.4%，小农户生产粮食难以保障足够的家庭收入。而对于占比不到 2%的耕地面积大于 100 亩的农户、股份合作社、工商企业和土地托管等经营主体而言，受粮食价格波动和缺乏种粮收益保障的影响，部分出现耕地非农化和非粮化现象。

其次，要实现小农大农共同富裕的目标，小农必须发展高值农业以提高收入。随着收入增长和消费结构升级，我国居民食物需求结构将朝高质高值、绿色有机的农产品转变，小农生产高值农产品正好满足了这部分需求。但是，当前小农发展高效高质特色的高值农业不但缺乏技术、社会化服务和稳定的政策支持，还面临着限制非粮化等相关政策的约束。

最后，后脱贫时代实现农民和全民收入提升（共同富裕）的目标面临严重挑战。一方面，过去 30 年农业与工业服务业的劳动生产力之比从 1∶4.8 转变到 1∶3.7，未来 30 年这一比值要继续达到 1∶1.1，农业部门需要进一步转移 1.47 亿劳动力到非农部门就业。但是，农业劳动生产力低且增长缓慢，2020 年农业的劳动生产力只有工业服务业的 32.6%，差距巨大。同时，在各行业推进“全员劳动生产力增长”的背景下，近年农村劳动力非农就业的增速已经开始减缓，通过增加农村劳动力非农就业来促进农业规模化生产和提高农业劳动生产力的难度加大。另一方面，未来现代智慧生态农业发展需要以高素质的农民为基础，但如前所述，我国农民目前存在老龄化和学历低等问题，人力资本难以满足未来农业发展的需要。

四、“大国小农”挑战

由于水土资源的约束，大国小农是中国的基本农情、国情。这意味着：在相当长一段时间内，小农户仍将占据我国农业经营主体的主导地位，是保障国家粮食安全和农产品有效供给的基础，然而，现有的生产方式对未来实现农村经济转型和共同富裕的目标提出诸多挑战。

第一，以“小农户”为主导的农业生产经营方式不利于劳动生产力提高和农业现代化。长期以来，分散化、细碎化的小规模经营带来的规模不经济一直是我国农业经营格局面临的核心问题。2016 年第三次全国农业普查数据显示，全国农业经营户有 20 743 万户，其中规模农业经营户有 398 万户，占比仅为 1.9%。户均耕地虽然从 2003 年的《中

华人民共和国土地管理法》实施以后有所上升，但到 2016 年全国平均户均耕地仍只有 0.73hm^2。依靠如此小的土地经营规模来提高农民的农业生产积极性、实现农民的增收难度极大，结果必然是农业兼业化、副业化和老年化的趋势日益突出。农业部的统计数据（表 6-1）显示，截至 2017 年 30 亩以下规模农户占比仍高达 95%以上，小农户家庭经营仍是我国农业的主要生产经营方式。

表 6-1　不同经营规模农户占比变化趋势　（%）

年份	<10 亩	10～30 亩	30～50 亩	50～100 亩	100～200 亩	≥200 亩
2009	84.02	12.20	2.57	0.84	0.27	0.10
2010	85.79	10.83	2.33	0.77	0.19	0.09
2011	85.94	10.69	2.32	0.75	0.20	0.10
2012	86.11	10.48	2.31	0.78	0.22	0.10
2013	85.96	10.28	2.35	0.86	0.24	0.11
2014	85.93	10.18	2.60	0.89	0.28	0.12
2015	85.74	10.32	2.60	0.90	0.31	0.13
2016	85.51	10.48	2.61	0.94	0.33	0.13
2017	85.43	10.41	2.67	0.99	0.35	0.15

数据来源：农业部

第二，小规模生产同技术推广、机械化、信息化和食品安全的矛盾日益突出，制约着农业现代化的进程。特别是，小田块与大机械、分散经营导致规模不经济，部分地区的机耕道难以满足大中型机械通行的要求。农机存放、粮食烘干、机具维修保养等设施建设发展的制约因素仍然较多。

第三，大国小农的粮食生产方式导致要素市场扭曲，以及土地和劳动资源不匹配。目前中国以小农为主的农业发展，无法支持建立良好的市场机制来保证充分有效的要素流动，导致农村要素市场扭曲。由于土地和劳动力市场扭曲，我国农业生产经营方式转型长期受制于土地流转慢与劳动力流动快的双重约束，这导致农业生产中人、地两类要素的流动并不匹配。2015 年课题组对全国九省农户调研的数据表明：农村非农就业转移人数占农村劳动力的 60%，但农地流转率不足 25%。这表明，农村劳动力非农化流动并未导致有效的人口迁徙与农户土地承包经营权的退出。

第四，小农户与大市场之间的矛盾，导致农业产业链延伸程度不足和农产品增值跨环节分配不合理。农业生产的发展需要农业内部，以及农业与上下游产业之间高度融合。然而一直以来，我国以小农为主的农业和粮食生产体系只注重农业生产，忽视农产品销售，导致生产与消费脱节，“粮头”与“食尾”发展不平衡。特别是，农业内部子产业间和各产业间的融合需要建立合理的价值分配制度与有效的循环系统，以提高农业资源利用效率，同时实现生产过程的清洁化，进而促进农业提质增效和可持续发展。但是由于主体认知情况、技术装备水平、市场扭曲等多方面的因素，目前我国农业生产中农牧分离、种养分离现象仍很普遍，农业内部子产业间的融合程度较低，农产品增值跨环节分配不合理。在融合发展实践中，科技含量低、深度不够、融合方式单一、融合效果存在不确定性等问题较为突出，制约了农业内部子产业间的融合发展。

第五，提高农业劳动生产力必须大幅提升农民人力资本，但以小农为主的农业生产经营方式无法有效支持农业人力资本的培养。根据国家统计局人口和就业统计司（2021）的数据，2019 年我国农业从业人员中具有大专及以上学历的比例只有 1%，而这些高素质的农业从业人员主要是在政府机构、事业单位和涉农企业工作，真正在村庄从事农业生产的少之又少；而只有初中及以下（初中、小学或未上过学）学历的农业从业人员的比例高达 92%，这与农业现代化对农民素质的要求相差甚远。提高农民教育水平提升农民人力资本将是未来任重道远且涉及政府和广大农民的一项重大人才振兴工程。

五、全球化与粮食危机挑战

全球化过程必然会引起全球粮食（或食物）危机。在 20 世纪的百年间，1973～1974 年发生了一次全球粮食危机（图 6-3），这次危机是由世界多地罕见同时发生自然灾害和全球石油危机产生的叠加效应导致的。一是 1972～1973 年受各种自然灾害影响，全球谷物歉收；二是 1973 年爆发中东战争，引起原油价格大涨，导致化肥等农资价格飙升。以上两种因素叠加使 1973～1974 年世界粮价飙升，从而促进粮食生产，很快市场出现供过于求的状况，虽然石油危机持续多年，但 1974 年后国际粮价出现断崖式下降而结束粮食危机。21 世纪初以来也发生了一次全球粮食危机，这次危机起因于 2004 年后不断增长的能源价格和生物质液体燃料生产技术的突破，当原油价格超过 60 美元/桶时，以粮食、油料和糖料作物为原料的生物质液体燃料生产成为有利可图的新产业。2006～2008 年，北美、南美和其他许多国家把大量本用于食物消费的农产品转向生物质液体燃料生产，以替

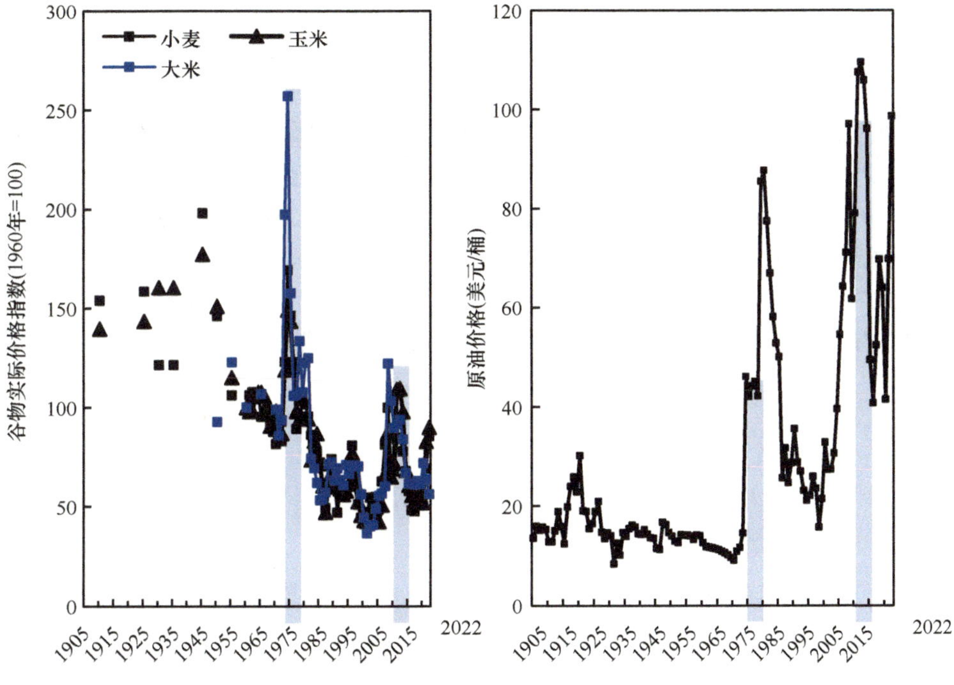

图 6-3 1905～2022 年谷物实际价格指数和原油价格变化

数据来源：万德数据库

代汽车使用的汽油，在2008年出现由能源价格上涨和生物质液体燃料发展产生的叠加效应而导致的全球粮食危机。但粮价上升也促进了生产增长，加上2008年底爆发的全球金融危机，原油价格快速下降到2009年的62美元/桶，除美国等个别国家外，利用粮食等农产品生产生物质液体燃料受到限制。有幸的是，过去100多年，出现全球粮食危机只是偶然的，更是短暂的（1年左右）。

近年来的“逆全球化”势头和近期的全球新冠疫情与俄乌冲突使国际形势及农产品市场的不确定性发生了很大变化。以美国为首的压制中国等国家崛起的“集团式”全球化（简称“逆全球化”）与追求多边全球化的国家的博弈，使全球经济和世界农业发展面临更多的不确定性。值得一提的是，过去十年，尽管“逆全球化”的声浪不断增强，但全球农产品贸易规模仍在扩大，在能源价格高位运行下，农产品价格也维持在高位波动，但没有发生全球粮食危机。2020年初以来暴发的全球新冠疫情，一方面对世界各国经济产生了巨大冲击，许多国家的经济至今还难以复苏，并加剧了发展中国家的贫困和饥饿问题；另一方面改变了世界主要经济体在全球政治经济中的地位，加剧了“逆全球化”趋势。2022年2月24日爆发的俄乌冲突及由此引发的西方集体对俄罗斯系统全面的空前制裁，短期内使全球能源价格快速攀升和许多相关国家消费价格上涨，导致国际市场农产品特别是俄乌在国际贸易中占重要地位的小麦和葵花籽油等农产品和化肥的价格显著上升。

有幸的是，即使“逆全球化”叠加全球新冠疫情和俄乌战争带来系列冲击，但世界经济和粮食至今并未出现全球性的严重危机。全球贸易包括农产品贸易继续增长，显示出全球化趋势不可抵挡，“集团式”全球化对贸易的影响有限，其主要影响是增加了国际关系和外部经济的不确定性。实际上，在俄乌冲突爆发的几周后，农产品价格又逐步回落，虽然对全球粮食安全构成威胁，但似乎不足以导致全球粮食危机，因为世界局部冲突以致战争还难以形成诸如1973～1974年和2008年那种巨大的叠加效应。此外，未来台海发展可能影响海运，南海粮食贸易将受到约束。局部地区性问题在短期内可能带来粮食危机，但从长期看中国能妥善处理好局部地区性问题。在全球应对气候变化和全球争取在2050年左右实现“碳中和”目标的背景下，再次出现能源危机与食物供需突然严重失衡叠加的概率预期会不断下降。当然，我们也要未雨绸缪，要有底线思维，因为未来导致粮食危机的主要因素已经从传统的气候变化和能源危机及与之相关的生物质液体燃料生产，发展到“逆全球化”、类似新冠疫情和俄乌冲突等的世界局部战争。

（本章执笔人：黄季焜、胡瑞法、解伟、王金霞）

第七章　未来中国粮食安全与政策展望

第一节　未来粮食等主要农产品供需预测

我们采用“中国农业政策分析和预测模型”（CAPSiM）对未来我国农产品供给与需求进行预测分析。未来我国农产品供需总体趋势：首先，中国的食物自给率将从现在的 95%下降到 2035 年的 90%左右，下降 4～5 个百分点；至 2050 年还会下降 3～4 个百分点。增加进口的主要是大豆、玉米、食糖等水土密集型产品，而这些农产品进口的增长完全处于北美、南美和东欧等目前我国主要贸易伙伴国的生产和出口能力之内。其次，因为口粮需求将呈现下降趋势，至 2035 年和 2050 年中国的大米与小麦能基本保持自给，但饲料粮需求将继续超过生产，进口将不断增长，增加饲料粮进口有利于国内畜牧业的发展和畜产品的供给安全。最后，消费者对畜产品、水产品、蔬菜、水果等食品质量与安全的需求将显著增长，国家与社会对农业的多功能需求（如生态、景观、旅游、文化等）也将成为农业新的增长点，高价值农产品和多功能农业的发展是未来农业增长与农民增收的主要来源。

一、粮食等主要农作物产品供需预测

（一）粮食供需变化趋势

我国粮食需求增长至 2050 年将显著高于国内生产增长，但口粮和饲料粮的供需状况和自给率存在显著差异。如表 7-1 所示，至 2050 年我国大米和小麦基本能够实现自给，但玉米和大豆进口将不断增长。

表 7-1　主要农作物 2025～2050 年供需平衡的预测　　（万 t）

指标	大米	小麦	玉米	大豆	棉花	食用油	食糖	蔬菜	水果
2025 年									
播种面积（10^3hm^2）	26 231	20 812	36 281	5 225	3 212	13 201	1 308	21 331	15 370
产量*	13 546	11 669	23 526	1 134	521	918	12 84	40 153	24 277
进口	282	207	2 022	9 856	183	145	929	24	339
出口	34	18	1	11	3	2	4	1 437	388
净进口	248	190	2 022	98 45	180	143	925	−1 414	−49
总需求	13 792	11 858	25 591	10 980	702	1 061	2 208	38 740	24 228
居民消费	10 051	8 256	642	10 742	0	995	1 333	28 425	13 169
人均消费（kg）	70	58	4	75	0	7	9	199	92

续表

指标	大米	小麦	玉米	大豆	棉花	食用油	食糖	蔬菜	水果
					2025 年				
饲料粮需求	796	1 157	15 216	66	0	0	0	0	0
种子需求	214	554	182	48	0	14	0	0	0
工业需求	1 510	1 355	8 481	96	696	29	775	1 767	6 696
产后损失	1 222	535	1 070	29	6	24	100	8 547	4 363
自给率（%）	98	98	92	10	74	87	58	104	100
					2035 年				
播种面积（10^3hm^2）	23 445	18 997	35 469	5 061	2 691	12 076	918	20 337	14 728
产量	12 575	11 038	24 789	1 156	469	893	944	41 726	27 695
进口	271	205	5 624	10 502	232	131	1 405	21	323
出口	36	18	0	10	2	2	3	1 598	407
净进口	235	187	5 624	10 491	229	129	1 402	−1577	−84
总需求	12 782	11 213	30 452	11 669	698	1 026	2 351	40 168	27 637
居民消费	9 077	7 494	450	11 412	0	956	1 369	29 669	14 705
人均消费（kg）	62	52	3	79	0	7	9	204	101
饲料粮需求	581	1 093	17 949	65	0	0	0	0	0
种子需求	209	543	181	47	0	14	0	0	0
工业需求	1 752	1 573	10 855	117	693	33	882	1 952	8 782
产后损失	1 162	509	1 018	28	6	22	100	8 547	4 150
自给率（%）	98	98	82	10	67	87	40	104	100
					2050 年				
播种面积（10^3hm^2）	19 463	16 197	35 098	4 649	2 026	10 324	518	18 586	13 360
产量	10 925	9 838	27 380	1 137	387	825	559	42 835	32 021
进口	220	175	6 624	10 555	313	96	2 023	16	248
出口	44	21	0	10	2	3	2	2103	530
净进口	176	154	6 624	10 545	311	93	2 022	−2087	−282
总需求	11 100	9 991	34 048	11 683	698	918	2 580	40 747	31 738
居民消费	7 288	6 085	239	11 393	0	843	1 410	29 934	16 911
人均消费（kg）	52	43	2	81	0	6	10	214	121
饲料粮需求	340	940	20 695	60	0	0	0	0	0
种子需求	203	527	178	46	0	13	0	0	0
工业需求	2 191	1 966	11 992	157	693	41	1 071	2 267	10 978
产后损失	1 078	472	944	27	6	21	100	8 547	3 849
自给率（%）	98	98	81	10	55	90	22	105	101

数据来源：CAPSiM 模型；*大米按照 70%出米率计算，2025 年大米换算成水稻的产量为 19 351 万 t；食用油按照 25%出油率计算，2025 年食用油换算为油料作物产量为 3672 万 t；食糖按照 12%出糖率计算，2025 年食糖换算为糖料作物产量为 11 220 万 t

水稻单产持续提高，但随着需求下降，播种面积和产量均呈现降低的趋势。2019 年水稻产量为 2.1 亿 t，至 2035 年水稻产量将下降至 1.80 亿 t（按照 70%出米率计算，折算为大米产量为 1.26 亿 t；其他年份可采用同样比例折算），至 2050 年水稻产量下降至 1.56 亿 t。同时，播种面积也将呈现下降趋势，分别下降到 2035 年的 2344 万 hm^2 和 2050 年的 1946 万 hm^2。产量与播种面积下降由大米需求下降所致，至 2035 年和 2050 年大米总需求分别下降到 1.28 亿 t 和 1.11 亿 t 的水平。其中，居民大米消费下降占主体，到 2035 年和 2050 年分别下降到 0.91 亿 t 和 0.73 亿 t，人均大米消费到 2035 年和 2050 年分别下降到 62kg 和 52kg。总体而言，水稻作为口粮，到 2035 年和 2050 年自给率都能保持在 98%左右。

小麦的产量和需求变化与水稻类似。2019 年小麦产量为 1.34 亿 t，至 2035 年小麦产量下降至 1.10 亿 t，至 2050 年下降到 1 亿 t 以下。播种面积也将分别下降到 2035 年和 2050 年的 1900 万 hm^2 和 1620 万 hm^2。至 2035 年和 2050 年小麦总需求分别下降到 1.12 亿 t 和 1 亿 t 的水平。其中，居民小麦消费下降占主体，到 2035 年和 2050 年分别下降到 0.75 亿 t 和 0.61 亿 t，人均小麦消费到 2035 年和 2050 年分别下降到 52kg 和 43kg。小麦自给率到 2035 年和 2050 年也能保持在 98%以上，基本实现自给自足。

玉米产量在三大主粮中最大，未来将持续增加，但因饲料粮需求继续增长，玉米总需求将不断增长，供需缺口加大。如果不采用玉米关税配额制管理，玉米产量在 2035 年和 2050 年将达到 2.48 亿 t 和 2.74 亿 t，虽然产量增长显著高于水稻和小麦，但玉米总需求在 2035 年和 2050 年将分别达到 3.05 亿 t 和 3.4 亿 t，其中饲料粮需求在 2035 年和 2050 年将分别增加到 1.8 亿 t 和 2.07 亿 t；工业需求也略微增加到 2050 年的 1.2 亿 t，从而导致我国玉米供需缺口在 2025 年、2035 年、2050 年将分别达到 2043 万 t、5609 万 t、6624 万 t。玉米自给率将下降到 2025 年的 92%，并进一步降低至 2035 年的 82%左右且将延续到 2050 年。如果实施玉米进口关税配额制（7.2 万 t 配额内关税 1%，配额外关税 65%），畜产品进口将显著增长。

大豆供需缺口将进一步加大。在转基因大豆商业化种植不被允许的情况下，大豆单产提高较慢，预计大豆产量不会有显著变化。而用于生产油脂的大豆及用作饲料的豆粕需求增加较快，导致大豆总需求增加较快。到 2050 年，大豆总需求预计达到 1.17 亿 t；人均大豆消费达到 781kg。至 2025 年我国大豆净进口将接近 1 亿 t，自给率将降低到 10%；至 2035 年大豆净进口超过 1 亿 t 并成为常态，这种趋势将延续到 2050 年，自给率降低到 10%。

（二）棉油糖供需变化趋势

棉花生产将逐渐萎缩，棉花供需缺口进一步扩大。受生产成本上升和比较优势下降等影响，即使在确保新疆棉花生产的情况下，棉花播种面积和产量都将呈现下降趋势。棉花产量预计到 2035 年和 2050 年分别下降到 469 万 t 和 387 万 t；播种面积分别下降到 269 万 hm^2 和 203 万 hm^2。棉花总需求稳中有降，预计到 2035 年下降到 700 万 t 以内。生产下降快于需求下降，预计棉花自给率也将降低到 2035 年的 67%和 2050 年的 55%。

大豆以外的油料作物供需缺口略有变化。大豆以外油料作物的产量至 2035 年和 2050 年预计保持在 3300 万～3600 万 t 的水平（按照 25%出油率计算，分别为 893 万 t

和 825 万 t 食用油；其他年份可采用同样比例折算）。大豆油以外食用油的总需求维持在 900 万～1000 万 t 的水平。油料作物供需略有变化，供需缺口持续呈现，净进口在 400 万 t 左右（折算为食用油为 100 万 t 左右）。

食糖需求增长较快，供需缺口加大。随着经济持续增长，食糖总需求到 2025 年将增长至 2208 万 t、到 2035 年将增长至 2351 万 t、到 2050 年将增长至 2580 万 t。但是食糖产量持续降低，到 2025 年下降至 1284 万 t（按照 12%转换率转化为糖料作物产量；其他年份可采用同样比例折算）、到 2035 年下降至 944 万 t、到 2050 年下降至 559 万 t。由于食糖需求增长速度显著高于国内生产增长速度，供需缺口不断加大，食糖净进口将显著增长，到 2025 年增长至 925 万 t、到 2035 年增长至 1402 万 t、到 2050 年增长至 2022 万 t。食糖自给率也将降低到 2025 年的 58%，至 2035 年和 2050 年将持续降低。

（三）蔬菜供需变化趋势

蔬菜产量将稳定增长，且依然保持较明显的出口比较优势。蔬菜产量预计提高到 2025 年的 4 亿 t、2035 年的 4.2 亿 t 和 2050 年的 4.3 亿 t。蔬菜需求也将继续保持增长趋势，到 2025 年将增长至 3.88 亿 t、到 2035 年增长至 4.02 亿 t、到 2050 年延续超过 4 亿 t 的趋势。我国是世界上最主要的蔬菜出口国之一，蔬菜出口在未来将继续保持较明显的比较优势。蔬菜净出口到 2025 年增加到 1414 万 t，到 2035 年将增加至 1577 万 t，到 2050 年将超过 2000 万 t。预计到 2050 年蔬菜自给率能保持在 105%左右。

（四）水果供需变化趋势

水果（包括瓜果）生产和需求都将明显提高，进口和出口均保持增长态势。预测水果产量将增长到 2025 年的 2.4 亿 t、2035 年的 2.8 亿 t 和 2050 年的 3.2 亿 t。水果总需求预计到 2025 年将增长至 2.4 亿 t、到 2035 年将增长至 2.8 亿 t、到 2050 年将增长至 3.2 亿 t。与蔬菜贸易以出口为主不同，我国水果进口和出口都保持一定规模。水果进口以热带水果为主，预计到 2050 年将维持在 200 万～400 万 t 的水平；水果出口以苹果、梨和橘子等温带水果为主，预计将提高到 2025 年的 388 万 t、2035 年的 407 万 t 和 2050 年的 530 万 t。由于进出口同时呈现一定数量规模，进出口数额相差不大，水果自给率基本保持在 100%左右。

二、畜产品和水产品供需预测

（一）畜牧产品供需变化趋势

畜产品的生产和供需缺口在很大程度上取决于饲料粮贸易政策和草牧业的发展。在限制玉米进口和不重视草牧业发展的情况下，猪禽肉、牛羊肉和奶制品进口将显著增长，并高度依赖不可靠的国际市场供给。如果放开饲料粮市场，通过进口饲料发展国内畜牧业，猪禽产品供需能基本保持平衡，而牛羊肉和奶制品进口则将增加（表 7-2）。

表 7-2 大量进口饲料粮情况下畜产品和水产品 2025～2050 年供需平衡的预测 （万 t）

指标	猪肉	牛肉	羊肉	禽肉	禽蛋	牛奶	水产品
				2025 年			
生产	5 814	623	451	2 007	2 387	5 121	3 511
进口	104	111	47	51	0	1 978	522
出口	20	0	0	52	7	5	432
净进口	84	111	47	−1	−7	1 973	90
总需求	5 801	717	424	1 996	2 269	6 996	3 601
居民需求	5 705	701	350	1 987	2 158	6 899	36 012
人均消费（kg）	41	5	3	14	16	49	25
自给率（%）	99	85	91	100	100	72	98
				2035 年			
生产	6 415	696	492	2 166	2 389	5 652	3 883
进口	132	211	89	65	0	2 677	594
出口	16	0	0	41	6	4	380
净进口	116	211	89	23	−6	2 673	214
总需求	6 538	906	586	2 188	2 384	8 362	4 114
居民需求	6 442	889	512	2 178	2 273	8 264	4 114
人均消费（kg）	44	6	4	15	16	57	28
自给率（%）	98	77	85	99	100	68	95
				2050 年			
生产	6 933	773	528	2 240	2 246	5 920	4 296
进口	167	425	175	88	0	4 020	638
出口	13	0	0	30	5	2	353
净进口	154	425	175	57	−5	4 018	284
总需求	7 087	1 199	703	2 297	2 240	9 938	4 580
居民需求	6 991	1 182	629	2 287	2 129	9 841	4 580
人均消费（kg）	50	8	4	16	15	70	33
自给率（%）	98	65	75	98	100	60	94

数据来源：CAPSiM 模型

在放开饲料粮市场的情况下，尽管猪肉需求将进一步增长，但生产能近乎同步增长，自给率能保持在 100%左右。至 2035 年和 2050 年猪肉总需求分别增加到 6538 万 t 和 7087 万 t，人均消费达到 44kg 和 50kg，生产可以达到 6415 万 t 和 6933 万 t。鉴于猪肉供需存在部分缺口，猪肉进口呈略微增长态势，由 2025 年的 104 万 t 增长到 2035 年的 132 万 t 和 2050 年的 167 万 t，但总体自给率能保持接近 100%。

在放开饲料粮市场的情况下，禽肉供需增长比例都低于猪肉，禽蛋供需变化较小，禽肉、禽蛋供需匹配较好，基本能自给自足。至 2035 年和 2050 年禽肉总需求分别增加到 2188 万 t 和 2297 万 t，人均消费达到 14kg 和 15kg，生产可以达到 2166 万 t 和 2240 万 t。禽肉进口由 2025 年的 51 万 t 略微增加到 2035 年的 65 万 t 和 2050 年的 88 万 t，总体自给率能保持 100%左右。禽蛋总需求至 2035 年和 2050 年都保持在不到 2300 万 t 的水平，生产也基本能满足需求，不需要进口，自给率稳定在100%。

到2050年，牛羊肉需求保持较快增长，比其他畜牧产品需求增幅更为显著，牛羊肉供需平衡存在不确定性。牛肉总需求将由2025年的717万t增加到2035年的906万t和2050年的1199万t，人均消费将由2025年的5kg增加到2035年的6kg和2050年的8kg，生产将由2025年的623万t增加到2035年的696万t和2050年的773万t。牛肉生产增速低于需求增速，供需缺口逐渐扩大，进口由2025年的111万t增加到2035年的211万t和2050年的425万t，自给率从2025年的85%持续走低，到2050年降至80%以下。羊肉总需求到2025年、2035年和2050年分别增加到424万t、586万t和703万t，人均消费将达到2050年的4kg，生产到2025年、2035年和2050年分别增加到451万t、492万t和528万t。羊肉进口呈增加态势，由2025年的47万t增加到2035年的89万t和2050年的175万t，自给率要略高于牛肉，从2025年的91%降低到2035年的85%和2050年的75%。

奶制品供需缺口逐渐扩大，进口压力不断加大。折算为牛奶，到2025年、2035年和2050年奶制品总需求达到6996万t、8362万t和9938万t，人均消费从2025年的49kg增加到2035年的57kg和2050年的70kg。牛奶生产随着技术进步和管理水平提高等逐步提高，到2035年预计增加到5652万t、到2050年预计增加到接近6000万t。但牛奶需求增速显著快于生产增速，预计进口将由2025年的不足2000万t增加到2050年的超过4000万t，自给率将由2025年的72%降低到2050年的60%。

综合来看，在放开饲料粮市场的情况下，牛羊肉和奶制品生产增长速度快于猪肉、禽肉及禽蛋，但前者的需求增长速度更快，致使牛羊肉和奶制品自给率不断下降。2025～2035年，猪肉、禽肉、牛肉、羊肉、禽蛋和牛奶生产预计分别增长10%、8%、12%、9%、0.1%和10%，到2050年增长速度有所放缓。同时，随着人均收入快速增长和城市化水平提高，畜产品需求将进一步增长，2025～2035年，猪肉、禽肉、牛肉、羊肉、禽蛋和牛奶的总需求将分别增长13%、10%、26%、38%、5%和20%，并将持续增长至2050年。由于畜产品供需都保持较快幅度增长，多数畜产品供需基本保持平衡。其中，猪肉、禽蛋和禽肉自给率在未来保持在100%左右，但是牛肉和羊肉自给率将不断下降，分别降低到2025年的85%和91%，并进一步在2035年分别下降为77%和85%，至2050年分别下降至65%和75%。奶制品供需缺口明显加大，进口显著增长，自给率将下降至2025年的72%、2035年的68%和2050年的60%。

（二）水产品供需变化趋势

虽然我国水产品需求增长更快，但国内生产增长能够满足需求增长，水产品供需将保持平衡并略有剩余。水产品生产（鱼、虾、蟹和贝壳类水产品）到2025年将提高至3511万t、到2035年将提高至3883万t、到2050年将提高至4296万t。水产品需求也显著增长，人均消费（仅包含鱼、虾、蟹和贝壳类水产品）到2025年提高到25kg、到2035年提高到28kg、到2050年提高到33kg。

水产品进出口都显著增长，继续保持净出口地位，供需保持平衡并略有剩余。水产品进口到2025年预计提高到522万t、到2035年预计提高到594万t、到2050年预计提高到638万t；水产品出口提高到2025年的432万t，并将持续到2050年。值得一提的是，我国进口的水产品中有很大一部分是用作饲料的鱼粉，价值很低，虽然在数量上我国水产品进出口基本相近，但是在贸易金额上，出口显著高于进口。

第二节　农村经济转型、粮食安全和农民增收

中国农业发展出路何在？特别是在人多地少的国情下，如何保障粮食等食物安全并实现农业可持续发展，同时要实现农民与全体人民共同富裕的美好愿景？要回答这些问题，我们有必要回顾过去包括农业在内的农村转型过程与趋势，在此基础上，展望未来农业转型方向和发展愿景（黄季焜，2020，2022）。

一、农村经济转型路径和阶段

改革开放至今，我国农村经济转型与发展呈现明显的阶段性特征，在保障粮食基本安全的情况下，逐渐向高值农业和非农就业方向转变（Huang and Shi，2021a）。如表 7-3 所示，第一阶段以粮食等大宗农产品生产为主，该阶段的重点是解决全国居民的基本温饱问题，主要驱动力为土地制度、基础设施建设和农业科技创新。第二阶段始于 20 世纪 90 年代初，在基本保障粮食（特别是口粮）安全的情况下，随着农业生产力的不断提高，农业生产呈现多样化和商业化趋势，加快这阶段转型的主要驱动力是市场改革和技术创新。第三阶段为农业专业化和非农就业增长，农村劳动力从兼业向农业与非农就业分工发展，该阶段转型的主要驱动力是土地与劳动力市场发展、社会化服务和生物技术与农业机械等创新。第四阶段为高值农业、可持续发展与城乡融合发展，该阶段转型的主要驱动力是可持续发展政策、技术再创新和新型城镇化体制机制。目前我国许多地区正在经历从第三阶段向第四阶段转型的过程。由于各地区的转型起点和转型速度存在差异，因此不同地区所处的转型阶段也有所差别。例如，大多数沿海发达省份已进入第四阶段，中西部许多省份正处于第三个阶段的末期或向第四阶段转型的过渡期（黄季焜，2020）。

表 7-3　中国农村经济转型阶段、路径特征和主要驱动力

阶段	路径特征	主要制度、政策和投资
1	粮食等大宗农产品生产	土地制度+基础设施建设+农业科技创新
2	农业生产多样化与商业化	市场改革+技术创新
3.1	兼业化：务农+非农	农村企业+劳动力市场+技术创新
3.2	专业化：机械化/非农就业	土地等要素市场+社会化服务+城镇化+技术创新
4	高值农业、可持续发展与城乡融合发展	可持续发展政策+技术再创新+新型新城镇化体制机制

资料来源：黄季焜，2020

二、农村经济转型和效果

为厘清农村经济发展与转型的一般路径、普遍现象或规律，许多学者和国际机构开展了一系列研究，主要探讨了农村经济转型、结构转型与农村发展（如收入增长与公平

等）之间的关系（IFAD，2016；FAO，2017；Huang，2018）。本小节拟基于过去40年中国分省的统计数据开展分析。

从跨省的分析看，农村经济转型和农村居民收入呈现明显的正相关。因为中国幅员辽阔，有农区、牧区、郊区和海岛等不同类型的农村，本研究将改革开放初期种植业在国民经济中占重要地位的24个农区省份作为分析对象，并将蔬菜和水果等园艺作物、畜产品、水产品定义为高值农产品（黄季焜和史鹏飞，2021）。过去40年，虽然农村经济转型水平和速度在各省份间存在差异，但除东北的一个省（该省在过去十年显著扩大玉米生产）外，其他所有省份都存在高值农业发展与农村居民人均收入显著正相关（图7-1的Panel A）的现象。同样，农村劳动力非农就业占比越高的省份，其农村居民人均收入也越高（图7-1的Panel B）。产生上述非线性关系主要有两方面原因：一是相对于粮棉油糖等大宗农产品，生产高值农产品能够获得更高收入；二是在农村经济转型的中后期，非农收入（主要是工资收入）成为农民增收的主要来源（Li et al.，2012）。

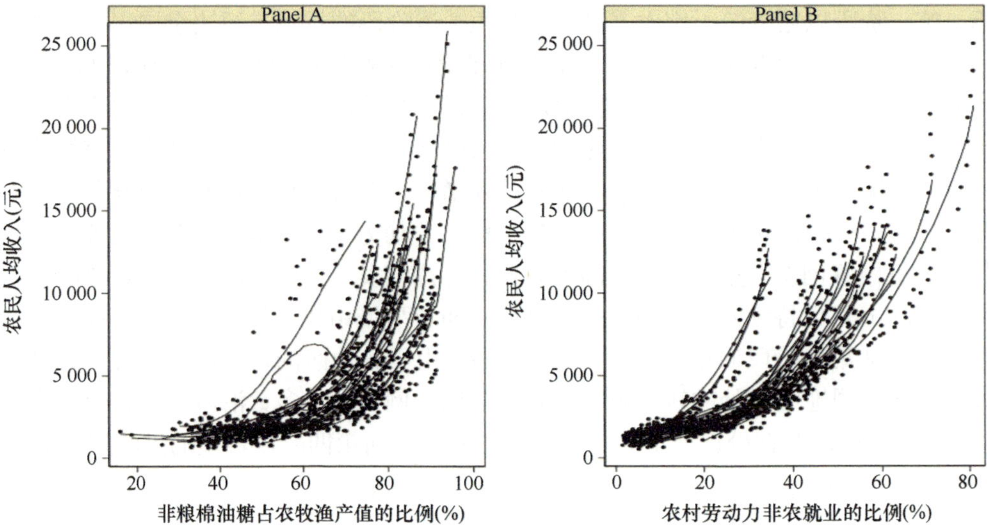

图7-1　1978～2018年各省高值农业占比和农村劳动力非农就业占比与农村居民人均收入的拟合关系

数据来源：Huang and Shi，2021b

三、经济结构转型与农村经济转型

经济结构转型对农村经济转型（特别农村劳动力非农就业）具有重要影响。根据以往的研究（Timmer and Akkus，2008；Timmer，2017），本研究也采用农业GDP占比和农业就业占比这两个指标来描述中国经济结构转型的一般趋势。为了能够更好地刻画经济结构转型（structural transformation，ST）过程，本研究使用31个省份1978年、2000年和2017年的数据加以说明（图7-2）。伴随农业增长，工业和服务业以更快的速度增长，使得农业GDP占比和农业就业占比随着经济发展而不断下降。与此同时，工业和服务业为农村富余的劳动力创造了更多的非农就业机会。值得关注的是，21世纪初以来，我国农业就业占比的下降速度开始快于农业GDP占比的下降速度，其结果是农业劳动生产力与非农（工业和服务业）部门劳动生产力的变动趋势开始呈现收敛现象。内因是农业劳动生产力在农业发展过程中不断提升，外因在于工业化、城镇化为农村劳动力创造了大量的就业机会，进而让每个从事农业生产的劳动力拥有更多的土地、水资源和农业投入。

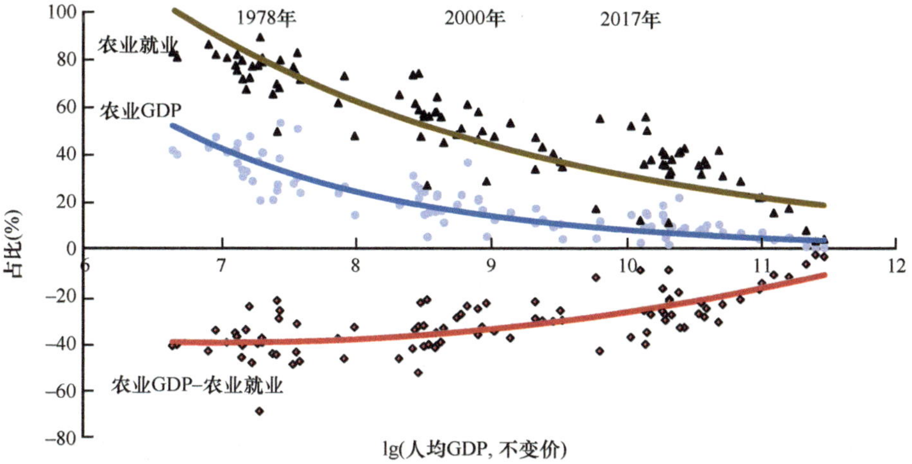

图 7-2　1978～2017 年中国分省经济结构转型趋势

数据来源：Huang and Shi，2021a

根据 2016～2018 年各省份高值农业、农村劳动力非农就业和农村居民人均收入水平进行分组，发现如下有意思的现象。首先，农村经济转型两个指标（高值农业占比和农村劳动力非农就业占比）都较高的省份，农村居民人均收入不可能出现低的结果（表 7-4 的右上角是空的）。其次，农村经济转型两个指标都较低的省份，农村居民人均收入不可能出现高的结果（表 7-4 的左下角是空的）。最后，农村经济转型两个指标只有一个较高的省份，农村居民人均收入要么属于中，要么属于低。将农村经济转型速度（年均变化百分点）作为分析指标（表 7-5），也能发现农村经济转型越快的省份，农村居民人均收入增速越快（Huang and Shi，2021b）。

表 7-4　2016～2018 年分省农村经济转型水平与农村居民人均收入的分组

农村劳动力非农就业占比	高值农业占比	人均收入		
		高	中	低
较高	较高	浙江，江苏，福建，广东，山东	湖北，四川	
	较低		河北，江西，重庆，湖南，安徽	
较低	较高		辽宁	广西，陕西，青海，贵州
	较低		吉林，黑龙江，河南	宁夏，山西，云南，甘肃

注：由于牧区（新疆、西藏、内蒙古）、特大直辖市（北京、上海和天津）和海南同其他农区省份的农村经济转型（如农业生产结构转型）有显著差异，因此本分析只包括全国 24 个农区省份；农村劳动力非农就业和高值农业占比按中位数分为较高与较低两组；农村居民人均收入高、中和低组分别为大于 15 000 元、11 000～15 000 元和小于 11 000 元（2018 年不变价）；所有数据都是按 2016～2018 年三年的平均数计算

表 7-5　1978～2017 年分省农村经济转型的分类结果

经济结构转型速度	农村经济转型速度	农民人均收入年均增长		
		快	中	慢
较快	较快	浙江，福建，湖北，山东	四川	
	较慢	河南	重庆，江西，安徽，广西	贵州，云南，湖南
较慢	较快	江苏，河北	山西，辽宁	陕西，甘肃，宁夏
	较慢		吉林，黑龙江，青海	广东

数据来源：Huang and Shi，2021a

四、农村经济转型驱动力

大量研究表明，制度（institution）、政策（policy）和投资（investment）（即 IPI）不仅是过去农业生产力增长的驱动力，还将在未来农村经济转型过程中发挥重要作用（黄季焜，2018a，2020）。首先，有效的制度创新是农业生产力增长的制度保障。例如，改革初期的家庭联产承包责任制显著促进了当时的农业生产（Lin，1992；Huang and Rozelle，1996），乡镇企业（Deng et al.，2020）、土地流转市场（Gao et al.，2012；Deininngger et al.，2014）和农机社会化服务（Yang et al.，2013；Huang and Ding，2016）等方面的制度创新在不同时期促进了农村经济的发展与转型。其次，有效的农业支持政策是农业生产力增长和农村经济转型的重要推动力。例如，我国始终坚持科技兴农战略与政策，农业科技经费保持持续增长；许多实证研究表明：在农村经济转型的各时期，技术创新是我国农业生产力提升的主要动力源（Fan，1991；Huang and Rozelle，1996；Jin et al.，2010）。又如，许多农业补贴对农业生产影响甚微甚至无影响（黄季焜等，2011），而且市场干预政策扭曲了资源配置，导致严重的农业供给侧结构性问题（黄季焜，2018a）。再如，农业投资对提升农业生产力、保障国家粮食安全、促进农民增收、加速农业朝高值和可持续方向转型起到重要作用（Fan et al.，2018）。当然，实现快速和包容的农村经济转型，亦需要在转型不同阶段采取与各阶段相适应的制度、政策和投资（黄季焜和史鹏飞，2021）。

第三节　未来粮食安全保障和农业强国的理想愿景

“口粮绝对安全、谷物基本自给”是目前粮食安全保障的目标，也是未来粮食安全保障的愿景。农业强国既要保障国家粮食安全，也要发展高值农业，并提升农业劳动生产力，实现农民增收和共同富裕。为此，必须促进农业与工业服务业劳动生产力逐渐趋同，在保障口粮绝对安全下促进高值农业发展和树立“大食物观”发展理念，实施大农小农分工生产，以达成保障粮食安全与实现共同富裕的双重目标。

一、农业与非农部门劳动生产力趋同以实现国民共同富裕的愿景

（一）过去和未来的经济结构转型与劳动生产力趋同趋势

过去 40 年，经济结构转型使得农业与非农部门劳动生产力的绝对差异不断缩小。

伴随经济结构重心逐渐从农业向工业和服务业转变，农业增长的同时，工业和服务业以更快的速度增长。特别是21世纪以来，中国经济结构的快速转型导致农业GDP和农业就业占比显著下降，而且其之间的差异出现了收缩趋势（图7-3）。农业GDP占比从1980年的29.6%下降到2020年的7.7%，同期农业就业占比从68.7%下降到23.6%。图7-3还说明，虽然农业劳动生产力低于非农部门劳动生产力的增长，但其增速高于非农部门劳动生产力，这使得农业GDP占比与农业就业占比之差呈现缩小趋势，从1980年的39.1个百分点下降到2020年的15.9个百分点。

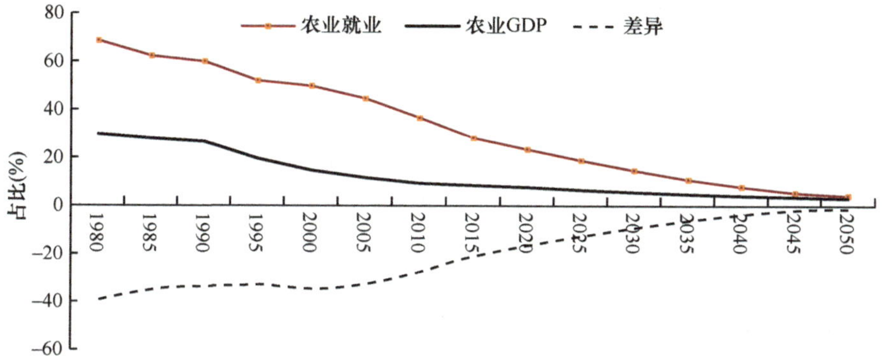

图7-3　1980～2050年全国农业GDP和农业就业占比

数据来源：历史数据来自国家统计局（2021年），未来展望数据来自作者分析和预测

未来30年，经济结构转型必然也必须加快农业GDP占比和农业就业占比的趋同，这是实现农业现代化和共同富裕的要求与愿景。许多发达国家和发展中国家的经验都表明，只有加快经济结构转型，农业GDP占比和农业就业占比的差异才能更快地缩小，并实现农业劳动生产力与非农部门劳动生产力的趋同（Timmer，2009；黄季焜，2020）。中国要在2035年基本实现和在2050年全面实现农业现代化与全体人民共同富裕，也要求劳动生产力在农业和非农部门间趋同。只有在这种情况下，未来继续从事农业生产的农民的收入（农业收入加上非农收入）才能赶得上城市居民和农村非农居民的收入，从而消除城乡收入和工农收入差异。基于经济结构转型趋势分析和未来农业发展愿景，农业GDP占比和农业就业占比可能于2035年分别下降到4.9%和11.0%（表7-6），大致相当于20世纪70年代末日本（1977年分别为5.1%和10.8%）和90年代中期韩国（1996年分别为5.0%和11.1%）的水平。到2050年，我国农业GDP占比和农业就业占比进一步分别下降到3.2%和4.3%（表7-6），其中农业就业占比相当于2000年日本（4.4%）和近年来韩国的水平。

表7-6　1970～2050年中国农业GDP与农业就业占比和部门间劳动生产力差异

指标	1970年	2000年	2020年	2035年	2050年
农业GDP占比（%）	40	15	7.7	4.9	3.2
农业就业占比（%）	81	50	23.6	11.0	4.3
劳动生产力：非农/农业	2.0	3.3	3.1	2.2	1.3

数据来源：历史数据来自国家统计局（2021年），未来展望数据来自作者分析和预测

即使到了2035年和2050年，趋向职业化的农民还需有相当高的非农收入才能弥补其与城镇居民的差距。例如，至2035年即使经济结构转型能大幅度减少农业劳动力，非农部门劳动生产力还将是农业劳动生产力的2.2倍（表7-6），农民还需要有一半以上收入来自非农工作和其他收入才能消除工农间的差距；甚至到了全面实现农业现代化的2050年，预计非农部门劳动生产力还将是农业劳动生产力的1.3倍（表7-6），即农民非农收入占其收入的30%以上时，其才能与城镇居民（约占人口的85%）或农村非农居民（预计农村居民中有2/3左右完全不从事农业生产）的收入相当。这意味着非农兼业或非农收入还将是未来农民收入的重要组成部分，特别是对从事种植业生产的小农户。

（二）未来农业劳动力数量必须大幅减少并显著提高人力资本

过去40年农业劳动力数量经历了从增长到显著下降的变动趋势（图7-4）。全国农业劳动力数量从1980年的29 808万增加到1991年最高时的34 186万，之后得益于城镇化和工业化进程的加速及工农业劳动生产力的显著差异，大量农业劳动力从农业转向工业与服务业，进而又加快了城镇化和工业化进程。在这个过程中，农业劳动力数量逐渐下降，并于2020年减少到17 715万人，在1991～2020年的30年间，累计减少了近1.65亿农业劳动力，对提高农业劳动生产力起到了非常重要的作用。

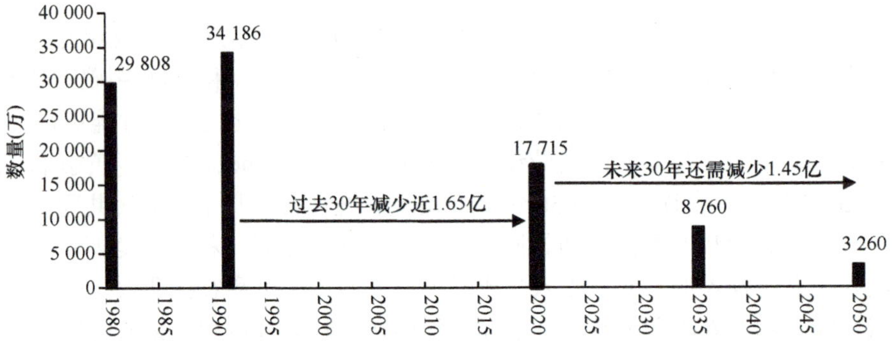

图7-4　1980～2050年全国农业劳动力数量

数据来源：历史数据来自国家统计局（2021年），未来展望数据来自作者分析和预测

未来农业劳动力数量还需大幅减少以提高劳动生产力在农业和非农部门间的趋同速度。基于上文对未来经济结构转型下农业就业占比的预测（图7-3和表7-6）和国内外权威机构对我国未来人口与农业劳动力数量的预测，我们也对未来中国农业劳动力数量做了初步的估计（图7-4）。主要结果如下：在较理想的状况下，到2035年全国农业劳动力数量将减少到8760万左右，并进一步降至2050年的3260万左右，未来30年需减少农业劳动力总数达1.45亿。只有在这种情况下，农业劳动生产力才能快速增长，从而为实现农民和城镇居民共同富裕创造条件。

在农村经济转型和农业现代化过程中，农民人力资本需要大幅度提升。人力资本与劳动生产力紧密相关并同步增长，未来随着技术进步和农业劳动生产力提高，农业要成为体面的产业和农民要过上体面的生活，都必须逐渐提升农民的人力资本。目前我国农业就业人员教育水平还相当低，2019 年高中或中职及以上学历的比例还不到 8%，而日本、荷兰、法国、英国和美国这一比例在 2016 年分别达到 94%、86%、75%、66%和 68%（国家统计局人口和就业统计司，2021）。

二、在保障口粮安全下促进高值农业发展和多元化食物供给体系构建的愿景

对未来我国农产品供给与需求的预测表明，中国能够实现口粮绝对安全和高值农业持续发展。因为人均大米和小麦需求已经出现下降趋势，且第七次全国人口普查数据显示我国人口可能很快达峰，加上人口老龄化等因素，口粮需求将逐渐下降。即使播种面积出现一定程度的下降，通过技术进步提高单产，到 2035 年我国大米和小麦完全能够自给，少量的进出口是出于品种调剂需要，同粮食安全无关，中国食物的总体自给率也有望保持在 90%左右（黄季焜等，2022a）。我国进口的粮食主要是饲料粮和其他缺乏比较优势的大宗农产品，而高价值农产品（如蔬菜、水果、茶叶、畜产品和水产品等）的生产稳定增长，部分高值农产品还将保持出口的比较优势，这些高值农产品的生产增长将在提高土地生产率、水资源生产率和劳动生产力等方面产生重要作用，也是农民从每亩地、每滴水和每天劳动中获得更高收入的重要保障。

基于中国国情和农产品在国际市场的比较优势变化趋势，未来中国农业必须在保障口粮绝对安全的情况下，继续向高效优质绿色的高值农业转型和发展。一方面，中国是人多地少且水资源相对短缺的国家，粮棉油糖等土地和水资源密集型大宗农产品（每单位产值或增加值需要更多的耕地和水资源）的比较优势较低；但中国又是人口大国，粮食安全是经济社会稳定的基石，必须保障粮食特别是口粮安全。另一方面，未来中国农业必须发展，农民必须增收并期望与全体国民一起实现共同富裕，发展我国具有相对比较优势的能促进农民增收的高值农业是必然也是必须的选择，过去 40 多年呈现在图 7-1（Panel A）中的高值农业发展趋势在未来必然会得到延续和发展。所以，在有限的耕地和水资源情况下，只能通过夯实“藏粮于地、藏粮于技”战略，在保障口粮安全的情况下，实现高值农业的快速发展。

“大食物观”理念成为未来更好地保障粮食等食物安全的新发展理念。中国国情决定了我们要更加关注富有生产力的自然资源的可持续利用，改变食物安全观，提倡和践行“大食物”发展理念。一方面，中国是人口大国，粮食安全的目标是口粮绝对安全、谷物基本自给和总体食物供给安全可控；但中国又是人多地少的国家，高度依赖农区的耕地农业难以永续发展和保障国家粮食与食物安全。另一方面，中国幅员辽阔，除了以农区耕地为主的种植业和养殖业，还有广阔的草地、林地、湖泊和海域等能够为国民生产多元化的食物，中国也有多样化的饮食文化与传统，为全国生产各类食物以满足国民对多样化、营养与健康食物的需求提供了可能。

三、养殖业率先实现现代化和种植业向“二八格局”转变的发展愿景

中国主要养殖业的主体将逐渐被养殖大户和企业等新型主体替代，率先实现现代化

和劳动生产力大幅提升。根据农业农村部中国畜牧兽医局的统计数据，生猪规模大于 50 头养殖场的猪肉产量占全国的比例已从 2010 年的不到 65%提高到 2019 年的近 80%；同期，大于 500 头生猪养殖场的猪肉产量占比也从 35%提高到 53%（农业农村部，2021）。2018～2021 年受非洲猪瘟和生猪价格上涨影响，生猪的规模化生产出现超常规的发展。规模化的养鸡场和奶牛场生产以更快的速度增长，年出栏超过 10 万只和 5 万只养鸡场生产的鸡肉占全国产量的比例，分别从 2010 年的 22%和 33%提高到 2019 年的 50%和 62%；年出栏超过 100 万只养鸡场的鸡肉产量占比也从 2010 年的不到 9%提高到 2019 年的 25%。拥有奶牛 500 头以上和 200 头以上奶牛场生产的牛奶占全国产量的比例分别从 2010 年的 20%和 27%提高到 2019 年的 53%和 61%；其中，超大规模奶牛场（超过 1000 头）生产增长更快，牛奶产量占比从 2010 年的 11%提高到 2019 年的 42%。随着养殖技术和数字技术的融合发展，未来生猪、家禽、牛羊肉与牛奶生产预计会以更快的速度实现规模化和现代化，这必将显著提升养殖业的劳动生产力。虽然水产品生产的规模化和现代化进程较大程度受到自然环境的约束，但过去 20 多年也呈现向规模化生产演变的态势，预计未来其规模化和现代化进展也将加速。

中国国情决定了种植业不可能都走大规模生产的现代化道路，大农小农将长期并存。基于对未来全国人口、劳动力数量和农业就业占比的预测，如果到 2050 年农业就业占比能下降到 4.3%，那么还将有 3260 万左右的农业劳动力，其中约 90%（即 2930 万左右）从事种植业生产。即使 2050 年仍能守住 18 亿亩耕地红线，种植业的劳均耕地也只有 61 亩（表 7-7），部分规模化经营的大农将同众多小农长期共存。因此，在如此小的耕地经营规模下实现农业现代化、农民与全体人民共同富裕，需要新的发展思路。

表 7-7　2020～2050 年全国农业劳动力、耕地总量和劳均耕地面积的变动趋势

年份	农业劳动力（万）	从事种植业劳动力（万）	耕地面积（亿亩）	劳均耕地面积（亩/劳动力）
2020	17 715	15 900	20.0	12.5
2035	8 760	7 880	19.0	24
2050	3 260	2 930	18.0	61

数据来源：历史数据来自国家统计局（2021 年），未来展望数据来自作者分析和预测

国情决定中国必须在保障口粮绝对安全的基础上，推进高值农业发展，以实现农民增收和不同类型农户共同富裕的目标。保障粮食安全不但要依靠农业生产力的提高，而且需要充足的耕地保障。但是到 2035 年（或 2050 年）仅仅依靠平均每劳动力仅有的 24 亩（或 61 亩）耕地生产粮食，是不可能实现农民大幅度增收和共同富裕的中国梦的。粮食等大宗农产品是土地密集型的低价值农产品，蔬菜、水果、花卉等经济作物是劳动与资本密集型的高价值农产品，种植业生产必须通过大宗农产品和高值农产品的生产分工来大幅提升这两类农产品的劳动生产力，并为农民提供可在当地从事非农经济活动的机会，从而为大农和小农实现共同富裕创造更有利的条件。

为此，我们提出种植业必须逐渐向“二八格局”转变，即 20%的大农生产粮食等大宗农产品，80%的小农生产高值农产品。这里需要说明的是：到 2050 年是否能形成“二

八格局”或者其他比例的格局（如“三七格局”或“一九格局”等）并不重要，这里强调的是未来种植业向“二八格局”转变的重要性。在种植业逐渐向“二八格局”转变的情况下，大农通过扩大耕地经营规模来提高农业收入，主要生产粮棉油糖等大宗农产品，以保障粮食安全；小农在较小的耕地经营规模上通过更加密集的资本、劳动和技术生产更高价值的农产品，以实现最大限度的增收。

基于上述农业发展趋势，表 7-8 刻画了至 2050 年种植业趋向“二八格局”的理想愿景。这里需要说明的是：未来 30 年是否出现如表 7-8 所示的具体数据并不重要，重要的是未来发展方向与生产分工格局。假设到 2050 年种植业劳动力能够减少到 3000 万以下，并实现“二八格局”的发展愿景，理想中的大农小农刻画如下：大农的平均耕地经营规模有 385 亩（还不到 $26hm^2$），这在欧美国家只能算是中小规模农场，而小农的平均耕地经营规模只有 74 亩（接近 $5hm^2$）；大小农户的劳动生产力趋同，实现共同富裕；占农场总数 80%的小农将使用 73%的种植业劳动力（2150/2930）和 44%的耕地通过发展高值农业创造 73%的农业增加值（或收入），占农场总数 20%的大农将使用 27%的种植业劳动力（780/2930）和 56%的耕地通过生产粮食等大宗农产品创造 27%的农业增加值（或收入）（表 7-8）。

表 7-8　至 2050 年种植业趋向“二八格局”的理想愿景

指标	小农	大农
农场占比（%）	80	20
家庭农场数（万个）	1075	260
每农场平均劳动力	2	3
劳动力总量（万）	2150	780
劳动力比例（%）	73	27
种植业增加值占比（%）	73	27
平均耕地规模（亩/农场）	74	385
耕地总面积（亿亩）	8.0	10.0
耕地面积占比（%）	44	56

数据来源：未来展望数据来自作者分析和预测

然而，实现以上发展愿景的任务极其艰巨，面临诸多挑战。首先，未来各行各业通过推进“全员劳动生产力增长”来增加农村劳动力非农就业和大幅减少农业劳动力将面临巨大挑战。其次，近年来种植业的适度规模化进程已经出现减缓趋势，这种格局不但影响粮食安全，而且难以形成理想的“二八格局”。最后，以部分西方国家为代表推进的所谓“有共同价值观”的“集团式”全球化将影响中国提出的全球发展倡议和符合发展中国家利益的全球化进程。

第四节　中国未来保障粮食安全的战略和措施

一、未来中国特色粮食安全发展思路

国情农情决定了中国必须保障国家粮食安全，实现从农业大国向农业强国转变并实

现全体人民共同富裕。第一，中国是人口大国，粮食安全的目标是口粮（大米和小麦）绝对安全、谷物基本自给和总体食物供给安全可控。第二，中国是人多地少的国家，而且耕地与水资源的空间配置不吻合，资源可持续利用和农业生态安全面临巨大挑战。第三，中国是幅员辽阔的大国，广阔的陆地和海域为建立高值多元化的食物供给体系奠定了基础，为实现农业强国、农民增收与共同富裕提供了有利空间，为我国生产丰富的食物提供了有利条件。第四，中国是世界上主要农产品的最大生产国和开放有担当的大国，改善国际贸易环境和治理风险的能力及帮助发展中国家提高粮食安全水平的能力将不断提升，充分利用（不是依赖）全球资源和市场能够在保障中国以至全球粮食和总体食物安全、可持续发展和地球健康等方面发挥更大的作用。

为此，我们提出保障粮食安全和实现农业强国的总体思路："做好自己""开放世界""帮助朋友"，即用最大的努力"做好自己"、以最大的诚意"开放世界"、尽最大的能力"帮助朋友"。

二、做好自己、开放世界、帮助朋友，推动全球粮食共同体构建

（一）做好自己

用最大的努力"做好自己"，就是要重点实施以下五大战略和相应的保障措施。

一是实施大幅提升农业全要素生产率的食物安全保障战略。夯实"藏粮于技"，建立新时代农业科技创新体系，发展以生物、数字、装备等技术为支撑的现代农业，从生产力领域大幅提升农业全要素（耕地与淡水、劳动力、资金等）生产率；建立适合新时代发展的农业生产体系和经营体系，从生产关系领域大幅提升农业全要素生产率；实施口粮绝对安全和主要农产品供给可控的国家食物安全保障战略。

二是实施充分发展具有比较优势的绿色、高效、多功能的高值农业转型战略。要从品种、质量、安全、特色和高效及生态、文化、休闲等农业多功能方面着手，在保障口粮绝对安全的情况下，深化农业供给侧结构性改革；分阶段建立和完善高值农业发展应具备的良好生产和市场环境，实现高值农业快速发展和农民大幅增收。

三是实施节土节水与大幅提升农业资源环境资本的农业发展永续战略。夯实"藏粮于地"，守住耕地红线，不断提升土壤肥力，推广农田灌溉节水技术，提升水资源利用效率；改善农业农村生产生活环境，提升自然资源资本与生态价值；基于区域比较优势与资源承载力改善农业生产力的区域布局，促进全国与区域农业永续发展。

四是实施大幅提升农业劳动生产力和促进农民增收的农业发展共富战略。加快推进以农村劳动力非农就业为主的农村经济转型；推进养殖业规模化和发展种养结合模式实现农业现代化并率先消除工农收入差距；种植业逐渐向"二八格局"转变并分别建立适合大农和小农的政策支持体系，进而实现大农小农共同富裕。

五是实施通过"藏粮于政"促进农业快速、包容和永续发展的农业政策保障战略。必须坚持依靠改革创新促发展的思路，推进农村制度创新、农业科技创新、农业政策创新、农业投资创新，探索与不同地区和同一地区不同农业经济转型阶段相适应的制度安排、政策支持及投资重点，最大限度地实现快速、包容和永续的农业发展。

（二）开放世界

以最大的诚意“开放世界”，就是要重点实施以下两大战略。

一是实施充分利用“两种资源”和“两个市场”保障国家食物供给能力的对外开放发展战略。坚持对外开放政策永不动摇，发挥农产品比较优势，提升我国农产品国际竞争力，通过贸易缓解我国水土约束和突破可持续发展瓶颈；必须积极促进贸易的正常发展和构建粮食危机的底线思维，并处理好二者的关系，正常发展是一般的和日常的、突发危机是异常的和偶然的，不能用危机时期的底线思维管理正常时期的日常工作，只有当危机来临时才能启动底线思维的应急措施。

二是实施积极推进良好的全球贸易治理体系构建的国际关系发展战略。要旗帜鲜明地反对“逆全球化”，强化 WTO 职能和多边贸易协议；必须不断扩大能同我们并肩推进全球贸易自由化的伙伴队伍；充分发挥贸易是解决全球特别是许多发展中国家食物安全问题重要的途径的作用；推进大宗农产品贸易治理体系的构建，建立全球和区域应对国际突发事件的响应与预案体系。

（三）帮助朋友

尽最大的能力“帮助朋友”，就是要加快实施以下两大战略。

一是实施提升发展中国家粮食等主要农产品生产能力的农业科技发展战略。提出以提升发展中国家农业科技创新能力为重点的全球农业科技发展倡议，增加和完善对非洲等发展中国家农业技术援助项目的投入，加大对国际农业研究磋商组织（CGIAR）研究经费的支持力度。

二是实施中国与发展中国家农业农村发展及政策的经验与知识共享战略。加强中国与其他发展中国家在农村发展领域的合作研究，构建发展中国家农村发展与改革的学术交流和经验分享平台，积极为其他发展中国家的农业农村发展提供中国经验和智慧。

（四）推动全球粮食共同体构建

通过以上战略的实施，中国在优先保障自身粮食安全的情况下，提高如非洲、印度等发展中国家的粮食生产和安全保障能力；在技术、人才和资本等方面援助发展中国家，提升中国的国际影响力和扩大合作伙伴国家，实现多赢目标；进一步提升中国保障食物安全的国家利益，从粮食端促进习近平总书记提出的人类命运共同体的构建和全球发展倡议的实施。

（本章执笔人：黄季焜、解伟）

第二篇　科技支撑篇

第八章　中国农业科技支撑粮食安全概述

我国是人口大国、粮食消费大国，粮食安全是国家安全的重要基础。习近平总书记在 2021 年中央农村工作会议上强调，解决好十几亿人口的吃饭问题，始终是我们党治国理政的头等大事。虽然截至 2022 年我国成功实现粮食生产“十九连丰”，总产连续 8 年稳定在 1.3 万亿斤以上，但面对百年未有之大变局、国际形势异常复杂的环境挑战，粮食安全面临的压力无法忽视。由于资源环境支撑能力下降、消费需求快速提档升级、国际粮市不确定性增加，全面保障我国农产品安全特别是粮食安全，依然是尤为重要和艰巨的任务。党的二十大报告提出要“全方位夯实粮食安全根基”，强化产能基础是夯实粮食安全根基的重要内容，其中科技是粮食增产的第一动力，也是粮食安全的重要支撑，有助于突破资源要素约束，激发要素潜能，优化要素配置，提高农业全要素生产率，对于推动粮食生产稳定、可持续发展具有重要意义。

第一节　农业科技发展概况

中国农业科技的发展历经百年，即先历经半个世纪的停滞、落后，后仅用半个世纪由衰转强，许多方面进入了世界先进行列。其根本原因在于社会主义制度的建立，中国结束了积贫积弱的历史，实现了历史上最广泛最深刻的社会变革。科技不仅有力地支撑了 14 亿多中国人解决温饱问题，而且为中国总体上达到小康水平作出了极大贡献。按发展阶段来划分，中国农业科技发展历程与社会发展时期相对应，大致分为 5 个时期。

一、恢复发展时期（1949～1960 年）

新中国成立后，首先是大力推动农业科技的队伍培养、组织建设，建立起一大批农业教育、科研和推广机构。1949 年全国高等农业院校只有 18 所，1954 年增至 26 所，1957 年成立中国农业科学院，形成全国农业科技研究中心。此后各省份相继建立综合性的农业科学院、分院和研究所，大部分专区、县成立农业科学研究所，很多人民公社建有农业技术推广站或良种场等。

其次是不断增加农业投资，着重农业生产条件改善及多项农业技术改造。“一五”期间农业基本建设投资 41.83 亿元，“二五”期间增至 135.71 亿元。1952～1957 年，农业机械总动力由 1.8 亿 W 增至 12.1 亿 W，农村小型水电站发电能力由 0.8 万 kW 增至 2.0 万 kW；选育与推广了大批的地方优良品种，1949 年我国主要农作物的良种播种面积为 1000 万亩，仅占当时农作物总播种面积的千分之六左右，到 1957 年全国良种播种面积增加到 12.2 亿亩，占农作物总播种面积的 52%。1960 年，我国进行了全国第一次土壤普查，初步弄清了全国耕地土壤现状；试验推广了化学农药，1952 年化肥使用量为 7.8 万 t，1957 年增至 37.3 万 t，并开展了农业病虫害化学防治，在预报和控制农作物重大病虫害方面取得了重大进展。

最后是进行农具改革，推广新式农具。1957 年以后，开始进行机械化试点。1958 年，毛泽东同志总结了我国传统农业技术改革的经验，提出了农业“八字宪法”，使我国的传统农业技术在“土、肥、水、种、密、保、管、工”方面有了明显的发展，提高了传统农业技术水平。这一时期的粮食播种面积从 1949 年的 16.5 亿亩扩大到 1958 年的 19.1 亿亩，同期粮食总产从 2260 亿斤增长到 3953 亿斤。

二、调整进步时期（1961～1978 年）

20 世纪 60 年代，随着国民经济的调整，农业被放在国民经济的首位，对农业科技的需要十分突出，发展农业技术成为一项重要任务。在这种调整形势下，农业技术有了很大的发展。这一时期国家增大了对农业投入的比例，农业基本建设投资由“二五”期间占总额的 1.3%上升到 1963～1965 年的 17.6%，明显改善了农业生产条件，使农业技术的现代化水平不断提高。

这一时期确定了以抗病品种为主、农业措施为辅的综合防治技术；引进、培育良种，实现品种更新，开展农作物杂种优势利用研究。1964 年，我国开始研究杂交水稻，同时开始研究农作物遗传育种的组织培养技术。在农田灌溉技术方面，从 70 年代中期开始，我国的节水型灌溉技术研究和应用有了长足进步；农业机械化发展速度加快，至 1978 年农业机械总动力达到 1175 亿 W；化肥农药使用量迅速增加，1978 年化肥使用量达 884 万 t。在杂种优势利用研究方面，1973 年研制出第一批籼型杂交水稻品种，1976 年开始大面积推广应用；推行以提高复种指数为中心的耕作制度改革；设施农业技术起步发展，其中地膜覆盖栽培技术在 70 年代中期被推广应用于生产。

与此同时，1978 年 2 月，经国务院批准恢复中国农业科学院和中国林业科学研究院建制，同时国家水产总局组建中国水产科学研究院。通过恢复、建设，形成了包括国家、省、地等多层次的比较完整的农业科研体系。

三、改革开放初期（1979～1992 年）

党的十一届三中全会确立了将全党的工作重点转移到以经济建设为中心的轨道上，随后，党中央制定了“经济建设必须依靠科学技术、科学技术必须面向经济建设”的科技工作方针，我国社会主义建设步入新的历史时期，农业科技改革创新不断深化。为了推进农业技术进步、促进农业经济发展，党和国家采取了一系列有效措施：对经济体制和科技体制进行改革，推动科研单位面向经济建设，充分发挥科技人员的积极性和创造性；在全国范围内开展农业现代化与农业发展战略的讨论，引进现代技术和管理经验；进行国土资源调查，研制地区科技、经济和社会发展规划，调整农村产业结构；开展农业现代化综合科学实验和农业综合改造，进行生态农业实践。

集中力量搞好重大科研项目攻关，推行“星火”“丰收”“863”计划和科技成果重点推广计划，组织农业科技人员参加农业开发；积极发展农用工业物资，搞好农业发展配套服务；建立和完善农业科技推广服务体系；强调“科技兴农”，提出发展高产、高效、优质农业。1979～1990 年各省份确认的农业科技成果有近 3 万项，其中获得国家、部门奖励的重大科技成果有 2945 项。这些科技成果不仅有较高的科技水平，而且产生了巨大的经济效益。1985 年全国首届发明展览会公布，经济效益在 1 亿元以上获得发明奖的科技成果共 32 项，其中农业方面有 2 项，占总数的 6.3%，创经济效益 241.63 亿元。该时期极大地推动了农业技术发展，使农业技术发生一系列重大变革，迅速向现代化发展。

四、市场改革探索期（1993～2012 年）

1992 年，邓小平同志的南方谈话为我国计划经济向市场经济转型扫清了思想观念上的障碍。1998 年，《中国农业科学技术政策》出台，其是 20 世纪末指导我国创建创新型农业体系的重要纲领文件，为创新型农业科技的发展指明了前进方向和重点研究领域，应用型技术应作为科技研发的关键。此时，我国市场机制已经成为指导农业经济发展的主要机制，影响着创新型农业发展的各个要素，特别是农业科技方面，引导农业资源的合理流动、农业创新资源的合理配置及创新型农业制度体系的合力改革。

2002 年，按照科技部、财政部、中编办的《关于农业部等九个部门所属科研机构改革方案的批复》，农业部有 29 个研究所设为非营利性科研机构、22 个研究所转制为科技型企业、11 个转为事业单位、4 个进入大学。同时，地方农业科研机构也进行了相应改革。机构改革进一步推动了以企业为主体、产学研相结合的技术体系形成。

2006 年国务院发布的《国家中长期科学和技术发展规划纲要（2006—2020 年）》，明确了“自主创新，重点跨越，支撑发展，引领未来”的科技工作指导方针，为今后一个时期科学技术自主创新指明了方向。

五、十八大以来的新时期（2013 年至今）

党的十八大以来，我国农业发生了巨大的变革，不仅全方位实施驱动发展战略，加快科技兴农的步伐，还大力推动农业供给侧结构性变革，促使农业的科技成果尽快推广和转化为生产力，让科技创新成为现代农业提高竞争力的核心条件。习近平总书记指示强调，农业的发展必须依靠科技的发展。农业部也相继出台了一系列文件，为创建和改善创新型农业体系提供了基本准则，并深刻总结了创建中国特色农业经济道路所遇到的困难及经验，为促进新型农业发展提供了指导性意见。

这一时期，我国投入了大量资金用于农业科技创新，其中用于建设国家高新技术实验室的资金 13.4 亿元，大型农业工程投入 19.4 亿元，建立乡镇农业技术推广机构投入 59.5 亿元，用于完善农业技术推广体系的年投资超过 26 亿元。基于此，我国农业科技自主创新能力显著提高，科技成果转化为生产力的效率提高，特别是超级稻和禽流感疫苗的成功研制都走在世界的最前沿，成为引领世界农业科技水平的科技成果。

总的来说，农业科技对粮食生产的贡献极大，其中共有 2227 项获得国家各类科技奖励，袁隆平院士、李振声院士获国家最高科学技术奖。在种业方面，生物育种是继矮化育种、杂种优势利用之后种业技术的第三次重大更新换代。当前，全国水稻平均亩产超过 470kg，良种在单产提高中的贡献率约为 35%，是水稻高产的核心要素。在耕地改良和灌溉技术方面，测土配方施肥、高标准农田建设、秸秆还田、绿肥种植和还田得到大规模推广，高效节水灌溉面积从2000年的不到1亿亩发展到2018年底的近3.3亿亩，应用面积翻了3倍多。在装备方面，农机装备与智慧农业不断加深融合，农业机械与人工智能、北斗卫星导航、5G通信等方向相集成，进一步提升了农业自动化水平。

第二节　农业全要素生产率及其影响因素

全要素生产率（TFP）是衡量生产过程中单位总投入（加权后）的总产量的生产率指标，即总产量与全部要素投入之比。农业科技进步通过技术革新、技术扩散、技术转化与应用等环节，将新技术和新知识转化为农业全要素生产率，最终表现为在资源、要素约束下发挥粮食生产的潜力，实现投入产出最优或单位生产成本降低，助力粮食增产、效益提高与生态调优。农业农村部公布的数据显示，2008年我国农业科技进步贡献率超过50%，2022年更是达到了62.4%，科技已成为粮食增产和农业发展的第一动力，为我国保障粮食安全提供了关键支撑，而农业科技主要通过以下几个方面对农业全要素生产率产生作用。

一、农业全要素生产率的增产贡献

我国农业全要素生产率的边际贡献主要涵盖优化要素质量和配置、挖掘资源利用效率、固化风险降低成本、增加整体知识存量促进创新四个方面。农业科技投入能够影响生产要素有效配置，利用科技武装传统农民，可促进劳动者的劳动结构从体力劳动向脑力劳动过渡。科技投入到土壤改良技术中，能对种植土地理化性状进行改良，农业生产条件得以改善，从而有效提高土地质量。生产工具和劳动资料是农业生产中的关键，生产工具的改进和革新主要依赖科技投入。伴随着科技投入与应用，农业劳动工具完成从简单手工到机械的升级，突破传统劳动力的体力限制。

农业科技投入可以改变要素稀缺程度，促进生产要素相对价格变化，打破原有要素结构和生产要素的组合形式，促进相对丰富的要素对稀缺要素的替代，进而优化和改善生产要素配置结构，节约相对稀缺资源。此外，农业科技投入还可以通过提高粮食生产管理水平，更加科学合理地实现相关要素资源的配置。

同时，通过农业科技投入可以不断发现新资源，从而更充分地利用和挖掘资源与原材料，节约相对昂贵和稀缺的自然资源，拓宽农业生产边际，缓解生产要素报酬递减约束。同时，农业科技投入的贡献还体现在改进农业产品质量和特性、提高居民营养状况、便于产业化加工运输等方面。

二、农业全要素生产率的变化特点

我国农业部于1997年发布了《关于规范农业科技进步贡献率测算方法的通知》，将索洛余值法作为测算农业科技进步贡献率（农业全要素生产率）的官方标准，并在全国推广。

朱希刚使用索洛余值法测算了我国1972～1980年、“六五”期间（1981～1985年）、“七五”期间（1986～1990年）、“八五”期间（1991～1995年）和“九五”期间（1996～2000年）的农业科技进步贡献率，分别为27%、35%、28%、34.3%和45%。

钱加荣等（2023）对我国近 20 年的科技进步贡献率进行了测算，发现 2000～2004 年其处于徘徊期。2004～2009 年，我国农业科技进步贡献率经历了一段较快的增长阶段，较 2004 年水平提高 11 个百分点；这一时期的快速增长可能与政府加大对农业的支持力度有关，在粮食最低收购价和农业补贴等支农政策的激励下，农民生产积极性得到极大提高，带动农业科技进步贡献率快速上升。2009～2013 年，全国农业科技进步贡献率总体保持相对稳定；其间的农业大规模投资可能是导致农业科技进步贡献率增速放缓的重要原因，该时期政府出台 4 万亿投资计划，加大了对农业的投入力度，促进农业产出快速增长，使要素投入对农业增长的贡献明显增大，从而抑制了农业科技进步贡献率增加。

从 2014 年开始，我国农业科技进步贡献率步入快车道，呈现逐年快速上升趋势，2019～2022 年均超过 60%，标志着我国农业科技支撑水平迈上新台阶，表明科技进步已成为驱动农业发展的决定性因素。农业科技进步的直接表现：应用先进技术、设备来提高农业生产力水平。当今世界科技竞争日益激烈，只有占据科技竞争制高点，掌握原始创新，在关键技术领域不受制于人，积极研发新品种、新技术、新设备，才能为农业科技进步提供不竭动力。因此，加快农业科技创新步伐，是推动农业科技进步的最根本力量。

第三节 主要粮食科技的创新应用及增产贡献

一、粮食生产技术进步路径

粮食生产技术进步路径是指以粮食生产技术为实现既定目标，通过突破要素约束而发生一系列进化和变革的发展之路。包括两方面的内容：第一，有明确的进步目标，可以为粮食生产技术的进化和变革指明方向，也有助于量化粮食生产技术进步的成果；第二，技术进步类型的组合运用，我国粮食生产技术进步路径的演变始终围绕着不同时期的粮食安全战略目标，通过建立不同的技术进步组合达到既定目标。

新中国成立以来，国家粮食安全战略结构不断调整，粮食安全战略的保障目标也逐步从注重“数量”向兼顾“数量、质量、效益”转变，这一目标的转变指引着我国粮食生产技术的进步路径和方向。另外，根据诱致性技术变迁理论，技术进步方向往往是以节约更为稀缺的要素为导向的，要素的稀缺程度在不同的经济社会发展环境下存在显著差异。基于此，我国粮食生产技术的进步路径基本形成了以适应当前经济社会发展条件为基础、以保障粮食安全为根本目标的发展脉络。

二、不同时期主要粮食科技应用及其贡献

新中国成立以来，除了粮食产量发生了翻天覆地的变化，粮食科技面貌也发生了日新月异的变化，在不同阶段起到了至关重要的作用，最终推动农业实现从“靠天吃饭”到“旱涝保收”，从“人扛牛拉”到“机器换人”，从高投入、拼资源、拼消耗到资源节约、环境友好、绿色发展的历史性转变。特别是党的十八大以来，农业科技进步贡献率

突破60%，作物良种覆盖率超过96%，自主选育品种占95%，主要农作物耕种收综合机械化率超过71%。正是由于农业科技发展保障了粮食安全和重要农产品供给，我国粮食生产才得以突破资源环境约束，成为引领农业农村现代化的强劲引擎、根本动力和战略支撑。随着农业科技的快速发展，我国形成了以种子、耕地、肥料、节水、农药植保、装备技术为核心的科技创新与应用体系。

总体来看，种业科技创新及应用对粮食增产的贡献率达到35%，耕地提升、节水灌溉、肥料等技术创新和应用对粮食增产贡献率约为40%，农药、农业装备与智慧管理对粮食增产的贡献率约为25%。

（一）种业科技创新应用及其贡献

现代种业是促进农业生产力稳定增长、保障国家粮食安全的重要技术支撑。种业科技的核心是新品种培育与应用，我国一直以来通过保护、利用、开发种质资源来创新自己的优良品种，在2013年的中央农村工作会议上，习近平总书记强调“要下决心把民族种业搞上去，抓紧培育具有自主知识产权的优良品种，从源头上保障国家粮食安全”。我国作物育种领域主要经历了矮化育种、杂种优势利用和生物育种三次技术革命，推动了农业生产实现历史性跨越。

首先，矮化育种解决了新中国成立初期高秆水稻品种和农家自留种易倒伏、施肥受限、单产较低等突出问题，同时表现出广泛的适应性和丰产性，单产潜力比原有高秆品种增加30%左右，带动全国水稻亩产稳定迈上200kg台阶，总产突破1.2亿t，实现了我国水稻产量的第一次飞跃。20世纪50年代、70年先后育成了‘矮脚南特’水稻、‘矮丰3号’小麦，开创了水稻、小麦矮化育种的先河。

其次，杂交品种解决了常规品种分蘖不足、用种量大、抗逆性差等问题。1973年我国首次成功实现三系法杂交水稻配套，育成以‘汕优63’为代表的杂交水稻品种，进一步释放了水稻单产潜力，带动全国水稻亩产稳定迈上400kg台阶，1997年我国水稻总产首次突破2亿t。70年代的‘中单2号’是我国种植面积最大、经济寿命最长的玉米杂交种，90年代的‘郑单958’连续15年推广面积最大。

最后，生物育种使很多品种实现兼具穗大粒多、高产优质、抗逆抗病、适应性广等特征特性，产量潜力更大，带动全国水稻亩产突破450kg，总产稳定迈上2亿t台阶。自20世纪90年代起，我国育成转基因抗虫棉新品种168个，抗虫棉品种基本实现国产化，转基因玉米和耐除草剂大豆也具备产业化条件。三次育种技术革命促成了5～6次作物品种的更新换代，粮食单产从新中国成立初期的69kg/亩增加到2021年的387kg/亩。特别是党的十八大以来，我国完成了水稻、小麦、棉花、油菜、黄瓜等重要农作物的全基因组序列框架图绘制，克隆了一批具有重大育种价值的新基因；逐步构建了以基因编辑、全基因组选择、转基因技术为代表的现代生物技术育种体系；转基因抗虫棉自主品种国内市场占有率达99%，水稻功能基因组研究、转基因抗虫水稻研发水平国际领先，据估算，近年来种业科技创新及应用对粮食增产的贡献率已经达到35%。

（二）耕地技术创新应用及其贡献

耕地地力同样是保证粮食产量的基础，良好的施肥管理条件下土壤基础地力与作物产量呈正相关，基础地力越高，对作物产量的相对贡献越大，提升基础地力有利于提升土地生产潜力。但是我国人口基数庞大且耕地资源相对匮乏，为了在有限的耕地上增加粮食产出，将中国人的饭碗牢牢端在自己手中，耕地常年高强度利用，加之化肥、农药不当使用等因素，耕地地力下降、中低产田占比提高等问题逐渐显现。与此同时，实际耕地灌溉面积不足、耕地经营细碎化等生产经营问题也给耕地保护和粮食生产带来更多挑战。

我国经历了从单纯提高耕地面积到利用土壤技术提高地力从而促进各地区均衡增产的粮食增产路径，完成了黄淮海、黄土高原、南方红黄壤三大区域改造，实现了大面积的农田拓展和土地肥力提升，为新中国成立以来各阶段的粮食安全提供了耕地支持。其中，黄淮海区域改造使得粮食单产从100～150kg增加到700～800kg。从1957年开始，我国通过水利工程与农业生物措施相结合等综合治理技术，实施黄淮海平原盐碱地改良联合攻关，历时20余年使盐碱地面积由原来的70%下降到5%左右。除此以外，还实施了黄土高原水土保持联合攻关，通过“退耕还林草”“以肥调水”等技术措施，实现了黄土高原由“黄”到“绿”的巨大转变。

20世纪70年代末，通过红壤酸化防治、林果牧高效集约生态治理等综合措施，我国开展了南方红黄壤丘陵区综合治理，解决了中低产田土壤贫瘠、多水渍潜、土质退化酸化等问题。通过土壤改良，促进粮食增产100kg/亩以上。

党的十八大以来，我国围绕东北黑土地保护、南方稻区重金属污染综合防控、华北地下水超采“漏斗区”治理等重大区域性问题开展协同攻关，黑土地有机质恢复与地力提升、重金属生物消解、旱区雨水集蓄利用与节水灌溉等技术在全国加快推广应用。近30多年来，我国粮食作物产量和耕地基础地力随时间变化整体呈现增加趋势。耕地基础地力提升对灌溉区粮食作物产量增长成效日益显著。

（三）化肥技术应用及其贡献

农业化肥作为重要的生产资料，能够明显有效地促进农作物增产和农民增收，提高农业生产效率，是现代农业实现稳步增长的基础，从而促进农业的可持续发展。因此，肥料被称为粮食的“粮食”，成为保障国家粮食安全的战略物资。改革开放40多年，我国通过引进和自主创新，建立了以尿素、磷铵、氯化钾为代表的基础肥料产业技术，为保障国家粮食安全奠定了坚实的产业基础。

为满足粮食生产对氮肥的需求，氮肥工业采取大、中、小氮肥并举发展和技术引进与自主创新并重的策略。国产化水煤浆和粉煤气化技术及大型合成氨成套设备国产化技术取得突破，为我国氮肥产量稳步提升提供了重大科技支撑。我国从20世纪七八十年代开始研究长效碳铵、硝化/脲酶抑制剂及包裹型缓释肥料等高效绿色化肥产品，大大减少了化肥对土地的污染。全国复合肥料使用量和复合化率分别从1980年的27.2万t和2.1%提高至2021年的2294万t和44.2%。

20世纪50年代以来，我国研发了具有中国特色的化肥技术——“联碱法”制取碳酸氢铵，建成了自主创新的现代化氮肥工业体系；磷肥工业对过磷酸钙—钙镁磷肥—硝酸磷肥—磷酸铵—复合肥整整摸索了半个世纪；钾肥工业“反浮选冷结晶”工艺研发成功后，钾肥才开始量产。此后，开发了料浆法制磷铵、快速萃取磷酸、硫基NPK复合肥、磷石膏制硫酸水泥等技术，其创新性、先进性均达到了世界领先水平。“七五”

“八五”时期（1986～1995 年），采用这些技术和完全国产化的设备，在全国建设了产能 3 万 t/a 磷铵装置 79 套、6 万 t/a 磷铵装置 5 套、4 万 t/a 重钙装置 2 套、10 万 t/a 重钙装置 1 套，大大降低了我国高浓度磷复肥的投资和成本，扩大了我国中低品位磷矿的利用空间，加快了我国高浓度磷复肥的发展速度。

2015 年我国化肥产量最高达到 7431.99 万 t。自 2016 年科技部、农业部推行化肥、农药减施增效措施后，化肥产量有一定的减少，2022 年化肥产量为 5573.3 万 t（折纯）。但化肥行业对我国农业稳产、高产，养活我国 14 亿多人口依然贡献巨大。

（四）节水技术创新应用及其贡献

2021 年，我国农业用水总量达 3644.3 亿 m^3，约占全国用水总量的 61.5%。其中，农田灌溉用水占农业用水总量的90%～95%。但是每年的农田灌溉都得不到相应的水量，平均每年缺水超过 300 亿 m^3，受旱面积大约有 2146.67 万 hm^2，从而每年造成的粮食减产达到 100 亿～150 亿 kg。

因此，节水灌溉技术一直是我国农业技术发展中重要的一环，尤其是地膜技术使得典型地区的玉米种植实现了高产稳产，如宁夏中南部山区、西南部山区产量提高 50%以上，水分利用效率提高 30%以上。1978 年，地膜覆盖技术从日本引进中国，在地膜覆盖技术应用之前，部分地区农作物产量低且不稳是一个常态现象，而地膜覆盖技术的增温保墒功能恰恰有效解决了这一问题。总体来看，我国的节水灌溉技术发展主要经历了以下几个阶段。

第一，低压管道输水灌溉技术。我国在 20 世纪 50 年代开始试点应用低压管道输水灌溉技术，其在“七五”期间作为国家科学技术委员会的重点项目实施，经过实践取得了较大的成果，研制出了符合中国国情的薄壁聚氯乙烯（PVC）管、PVC 缠绕管、双壁纹 PVC 管、水泥沙管、石灰混凝土管等低压管材和配套管件，大大降低了水在输送过程中的渗漏和蒸发。

第二，微灌技术。我国微灌技术于 20 世纪 70 年代开始发展，至今已有 40 余年，到目前为止已发展面积 2.3 万 hm^2。同其他灌溉技术相比，其是一种新型的、相对节水的灌溉技术。灌溉技术主要是以持续、均匀和受控的方式将水输送到农作物根系，是通过低压管道和滴头或其他灌水器进行操作的。

第三，生态节水型灌区建设关键技术及应用。该技术获得国家科学技术进步奖一等奖，应用面广泛，且针对我国农业面源污染严重、控制治理与灌区建设脱节及灌区生态环境退化的突出问题，研发了灌区沟渠系统生态化建设和修复、污染物源头控制和截留净化、农田退水循环利用与洼陷湿地构建、水肥精准灌溉和水量水质监控等关键技术。我国长期以来大力建设高效输配水工程，使农田灌溉水有效利用系数达到 0.568，较十年前提高 0.052。

综合考虑认为，耕地、肥料、节水技术创新和应用对我国粮食增产的贡献率普遍达到 40%。

（五）农药与植保科技创新应用及其贡献

我国农作物病虫草鼠害发生种类多，因此农药与植保科技在农业生产中的应用关系到国家粮食安全、农产品质量安全和生态环境安全。我国农药与植保科技经历了植物检疫、化学防治、抗性品种利用、农业防治、生物防治、物理防治等发展历程。

第一，20 世纪 50 年代以来，我国植保监测预警技术不断完善，先后研发了新型虫情测报灯、病原菌孢子捕捉仪和病虫害田间发生实况监测系统等技术产品，建立了 180 多种病虫鼠害监测和预测预报办法。农药发展经历了 50 年代的低效高毒、60～70 年代的高效高毒、80 年代的高效低毒、90 年代的高效低毒低残留和 21 世纪的高效低毒高选择性等阶段，在防控条锈病、稻飞虱等农作物重大病虫害方面发挥了重要作用。

第二，党的十八大以来，我国植保方式从以化学防治为主向以生物防治、理化诱控、生态调控为主转变。开发了赤眼蜂、烟蚜茧蜂、捕食螨等系列天敌昆虫产品和 Bt 农药等高效低风险农药，赤眼蜂应用面积超过 1.5 亿亩次，烟蚜茧蜂应用面积超过 3000 万亩次，化学农药使用量连续 3 年实现负增长。

总的来说，我国经历了从低效到高效、从高毒到低残、从被动应对到可防可控的农药与植保科技变迁，实现了农业减灾降损，农药有效利用率达到 40%以上。

（六）农业装备与智慧管理技术应用及其贡献

农业装备是转变农业发展方式、提高农业生产力的重要基础，是农业农村实现现代化的重要支撑。我国农业机械化从空白到快速发展经历了漫长又曲折的过程，1949 年农用拖拉机总动力为 3.35 万 W，之后经历了 70 年代的半机械化农具，80 年代的中小马力拖拉机、宽幅播种机、自走式联合收割机等涉及农业生产更多环节的农机装备，90 年代的大田深松机、水稻高速插秧机、蔬菜移栽机、粮食烘干装备等高效专用装备。其中，“东方红”200 马力拖拉机填补了国内大马力拖拉机的空白，我国先后共研制了 4000 多种耕整地、种植、田间管理、收获、产后处理和加工等方面的机械装备。

2000 年以来，农机、农艺和信息技术深度融合，高效、智能和绿色农业装备加速应用。特别是党的十八大以来，我国农业机械化总体向“全程、全面、高质、高效”发展，自主研制了 4000 多种农业机械装备，自动驾驶、农业机器人、农用无人机等异军突起，农业生产部分领域和环节实现了“机器换人”，近年来智慧农机通过 5G 通信、物联网技术，利用多样多源遥感设备、智能监控录像设备和智能报警系统监测农产品生产环境与生长状况，利用科学智能的农业生产要素遥控设备实时遥控管理农产品生产状况，水肥药食实现自动投放管理，通过智能化农机技术实现了农业的精细化管理。当下我国主要农作物耕种收综合机械化率超过 71%，小麦生产基本实现全程机械化，水稻耕种收综合机械化率达到 85%，玉米耕种收综合机械化率达到 90%。综合考虑认为，农药和植保科技、农机装备与智慧管理创新及应用对粮食增产的贡献约为 25%。

第四节　农业科技进步贡献率与农业技术发展趋势

一、农业科技进步贡献率对粮食生产的影响更加显著

农业科技进步贡献率除受农业技术进步影响外，还和农业产出增长速度密切相关，即便农业产出增长出现微小变化，也能导致农业科技进步贡献率出现明显波动。例如，当自然灾害、政策调整等随机因素导致农业产出水平明显上升或下降时，均会造成农业

科技进步贡献率出现大幅波动，从而掩盖科技进步贡献率的变化趋势。农业技术进步对我国粮食生产已经且仍将起到基础性和决定性的作用，其中农业科技进步贡献率日趋提高，而且还有提升空间。

我国农业科技进步贡献率能够快速提升，一方面无疑得益于农业科技创新及农业科技工作取得显著成效，为农业科技进步提供了根本动力；另一方面是由于随着农业供给侧结构性改革等一系列政策举措的不断深入推进，农业结构得到优化，使得农业资源要素向优势地区、优势产业集聚，从而提高了农产品供给质量，同时实现了化肥农药减量增效，显著提升了农业发展质量。近年来，我国农业科技进步贡献率稳步提升，科技对农业发展的关键支撑作用不断得到强化，农业发展方式已实现由要素依赖型向科技驱动型的根本转变。

二、农业技术发展趋于智慧化融合化

农业科技是未来农业生产与粮食增产的第一推动力。推广新技术、以现代技术改造传统农业，仍然是我国未来农业科技发展的最重要内容之一。当今世界农业科技经历了机械化、化学化、信息化的串联式发展过程，现在已进入智慧型、可持续发展的新阶段。FAO 正大力推进生态农业、气候智慧型农业等发展计划，以改善农业生态环境，提升农业适应气候变化的能力，实现农业的可持续发展。

现代智慧生态农业，就是通过先进的科技与生产方式大幅提升农业生产效率，通过人工智能、大数据、云计算实现产前生产资料科学衔接、产中生产要素精准配置、产后产品供需完美对接，通过生产系统和物质系统循环实现资源高效利用与生态功能持续提升。为此，要加强生物种业、生物制品和生物处废的创新与应用，建立现代智慧生态农业的科技创新体系；要利用多组学综合技术解析生物物质形成机制，以精准调控动植物生长发育及代谢途径，建立现代智慧生态农业的生产体系，实现精准种植、养殖，提高农业资源利用效率和农业生产效率，逐步推进智慧农业技术在农业生产全过程的应用。

技术融合创新是未来农业科技的发展趋势。生物技术、人工智能技术、数字信息技术、新材料技术、智能制造技术及上游的替代蛋白技术等将进一步融合发展，为农业带来全方位、全周期的变革。各国政府、科技界、产业界将更加重视传感器、生产模型、智能机器人、育种等农业科技领域的关键技术，跨领域交叉科研机制将逐步完善并发挥重要作用。为此，要大力推进农业生产全程机械化、装备智能化、服务社会化、管理智慧化，实现农产品生产和加工的现代化；要建设智慧农产品供应链，构建综合农业农村智慧化信息服务网络，促进科技、人才、土地、资金等要素科学化配置。

（本章执笔人：刘旭、梅旭荣、王秀东、谭光万、程长林、董照辉、韩昕儒、高延雷）

第九章　种业科技发展

种子是人类生存延续的基石，种业是建设农业强国的核心。根据联合市场研究公司（Allied Market Research）预测，2020年全球种子市场价值达585亿美元，到2031年将达到1053亿美元。目前，我国已成为世界上仅次于美国的第二大种子市场，年销售1250万t种子，市值达210亿美元。近年来，良种对粮食增产的贡献率不断提高，尤其是口粮作物良种已经占到54.8%，良种覆盖率超过96%，基本实现“中国粮”用“中国种”。由此可见，种业科技的发展对于保障国家粮食安全和种业安全至关重要。

第一节　概　　述

现代生物种业是创新链和产业链高度融合的科技密集型产业，创新链长，技术涉及面广。种业科技的核心是新品种培育与应用，种质资源保护和利用为品种培育提供基础种源，种业基础研究为品种培育提供基因资源和理论指导，前沿技术攻关为品种培育提供技术支撑，良种繁育、种子加工与质量管控为品种应用提供高质量种源。新中国成立以来，党和政府一直高度重视种业发展，紧紧抓住种子这个要害，动员全社会力量开展了种业全链条科技创新，取得了举世瞩目的成就，为我国粮食安全作出了重大贡献。

一、种业科技的总体情况

新中国成立以后，我国种业科技得到稳步发展。农业部在1955～1958年组织开展了第一次全国农作物种质资源普查与收集行动，收集种质资源21万余份。1956年培育出第一个矮秆籼稻品种‘广场矮’，1973年袁隆平等利用海南雄性不育野生稻率先实现籼型杂交水稻三系配套成功。在小麦上，通过国外引进和自主培育相结合，‘碧蚂1号’‘南大2419’‘泰山1号’‘繁6’等品种在生产上发挥了重要作用。在玉米上，20世纪60年代后期‘新单1号’的育成和推广标志着我国成为世界上大规模应用单交种最早的国家之一，70年代初期‘中单2号’的育成和推广标志着单交种应用走向成熟阶段。在大豆上，系统选育的‘东农4号’‘黑河3号’‘文丰7号’‘南农493-1’等逐渐替代‘满仓金’‘牛毛黄’等地方品种。

改革开放特别是近20年以来，我国逐步构建并完善了中国特色种业科技创新体系，种业科技得到长足发展。农作物种质资源保存数量达54万份，居世界第二位，鉴定并创新出一批目标性状突出的优异种质；水稻重要性状基因克隆和机制解析水平国际领先，基因资源挖掘成绩突出；杂种优势利用技术国际领先，染色体工程和分子标记技术应用广泛，转基因和基因编辑等前沿技术的创新与应用达到国际先进水平；育成农作物新品种4万余个，主要农作物实现了4～6次的新品种大规模更新换代；良种繁育、种子加工与质量管控走上正轨，有力支撑了我国现代种业发展。

二、改革开放以来种业科技取得的成绩

种质资源保护和利用成绩斐然。建成世界一流的农作物种质资源保护和利用体系，挽救了一批在生产上消失的品种和濒临灭绝的野生近缘植物，对50%以上种质资源进行了重要性状的初步鉴定，7.4万份资源得到精准鉴定，创制出‘矮仔占4号’‘普冰麦’‘黄早四’等一批优异种质，在育种中发挥了重要作用。

种业基础研究后来居上。完成水稻、小麦、玉米、大豆、油菜、棉花、黄瓜、番茄、马铃薯等作物基因组的测序或重测序，解析了种质资源多样性的演化机制、重要性状形成的分子基础，获得了*IPA1*、*D53*、*Fhb1*、*THP9*等一批可调控株型、产量、品质、抗病虫、抗旱、耐低温、耐盐碱、氮高效利用等性状的具有重大育种价值的新基因，基因资源发掘水平领跑国际。

作物育种技术创新不断突破。水稻、谷子杂种优势利用技术领跑国际；攻克多项小麦染色体工程技术难题，分子标记技术在主要农作物中应用广泛；水稻、小麦、棉花遗传转化效率国际领先，并突破基因型依赖的瓶颈问题；开发出基因编辑底盘工具，并创制出一批有育种利用价值的基因编辑新材料；人工智能、大数据、传感器等信息技术与育种技术相融合，推动新一代作物育种向智能化、精准化发展。

新品种培育引领品种更新换代。育种技术与理论创新促进育种关键技术突破，大幅度提升育种效率和水平，新品种培育和更新换代速度明显加快。在水稻上，三系杂交水稻‘汕优63’开创了水稻杂种优势利用的新时代，‘两优培九’使二系杂交水稻育种进入新阶段，籼粳亚种间的杂交水稻‘甬优’系列和‘春优’系列表现出更强的产量优势，绿色超级稻品种则进一步体现了“少投入、多产出、保护环境”的新理念。在小麦上，‘小偃6号’‘扬麦158’‘矮抗58’‘济麦22’‘郑麦9023’等突破性小麦品种的应用，为保障我国粮食安全作出了巨大贡献。在玉米上，‘中单2号’‘丹玉13’‘掖单13’‘农大108’‘郑单958’‘先玉335’等代表性品种的培育和推广，有力支撑了我国粮食安全。在大豆上，‘合丰25’‘绥农14’‘中黄13’‘黑河43’等代表性品种的培育和推广，实现了大豆面积逆势扩展和单产稳步提升。

三、种业科技对粮食安全的贡献

新中国成立以来，通过农业科技工作者的不懈努力，我国生物育种实现了“自主基因、自主技术、自主品种”的跨越式发展。据估算，农作物自主选育品种面积占95%以上，水稻、小麦两大口粮作物品种100%自给，玉米、大豆等种源立足国内，实现了“中国粮主要用中国种”，从源头上保障了国家粮食安全。

纵观农作物生产历史更能凸显种业科技对粮食安全的贡献。以水稻为例，20世纪五六十年代‘广场矮’的培育及‘IR8’的引进使我国水稻亩产从50年代的164kg提高到70年代初的238kg，水稻单产提高了将近45%，实现了水稻产量的第一次飞跃；‘汕优63’等三系杂交水稻平均产量比一般普通良种增产20%左右，亩产达到430kg；‘两优培九’等两系杂交水稻平均亩产达630kg；超级杂交稻小面积示范亩产达到1000kg以上。

在小麦上，20 世纪 60 年代抗条锈病品种培育成功使我国小麦平均产量提高到 100kg/亩，七八十年代兼抗条锈病和白粉病、矮秆抗倒品种培育成功使小麦平均产量提高到 200kg/亩，90 年代到 21 世纪头十年高产优质品种的出现使小麦单产提高到 300kg/亩，最近十余年培育出的高产优质抗旱节水品种则进一步把小麦单产提高到 380kg/亩以上。

在玉米上，双交种培育成功使玉米亩产从 20 世纪 50 年代后期的 90kg 提高到 60 年代后期的 115kg，'新单 1 号'等第一代单交种培育成功使 70 年代初期玉米亩产提高到 140kg，'中单 2 号'等第二代单交种出现使 80 年代初期玉米亩产提高到 205kg，'丹玉 13'等第三代单交种出现使 90 年代初期玉米亩产提高到 303kg，'掖单 13'等第四代单交种开创了利用紧凑型玉米获取高产的新路，'农大 108'等第五代单交种高秆大穗、抗逆、适应性广，'郑单 958'和'先玉 33'等第六代单交种代表耐密植宜机化方向，使我国玉米亩产进一步提高到 430kg 的较高水平。

在大豆上，新中国成立初期至 70 年代，系统选育品种逐步替代地方品种，全国大豆平均亩产由 40kg 提高到 65kg；70～90 年代，'合丰 25''丰收 19''鲁豆 4 号'等大豆品种株型的改良使得其抗倒性显著增强，全国大豆平均亩产提高到 115kg；90 年代至 21 世纪头十年，我国大豆主产区向东北北部高寒地区、黄淮海南部地区转移，'黑河 43''中黄 13'等早熟抗逆品种扩展了大豆种植区域，但全国平均产量徘徊增长，平均亩产由 115kg 提高到 120kg；近十年来，'齐黄 34''黑农 84'等高产优质品种的培育使得大豆亩产提高到 132kg。

第二节　种 质 资 源

种质资源指携带生物遗传信息的载体，具有实际或潜在利用价值。种质资源是种业的"芯片"，是品种选育的物质基础。我国种质资源研究发展经历了从几乎"一穷二白"到现在建成较完善的种质资源保护、研究与创新利用体系的过程，为我国农作物育种和农业生产作出了重要贡献（刘旭等，2018）。当前，我国已经发展成居世界前列的种质资源大国，正在向种质资源强国迈进。

一、种质资源保护与利用

党和政府高度重视种质资源保护与利用工作，习近平总书记在 2020 年中央经济工作会议上指出"要加强种质资源保护和利用，加强种子库建设"。随后，党和政府的系列文件都对加强种质资源保护和利用作出重大部署。2020 年 2 月，国务院办公厅印发《关于加强农业种质资源保护与利用的意见》，其是新中国成立以来首个专门聚焦农业种质资源保护与利用的重要文件，开启了农业种质资源保护与利用的新篇章，也充分体现了农业种质资源的重要性及我国加以保护和利用的力度。2021 年中央一号文件指出，"加强农业种质资源保护开发利用，加快第三次农作物种质资源普查与收集行动，加强国家作物、畜禽和海洋渔业生物种质资源库建设"。农业农村部农种发〔2020〕2 号文件要求，推进农业种质资源登记与大数据平台构建；农业农村部农发〔2021〕1 号文件要求，加快第三次全国农作物种质资源普查与收集行动，开展农业种质资源精准鉴定。

经过几代科学家的艰辛努力，通过自发收集、全国征集、实地考察、国际交换引进等方式，我国收集的种质资源数量日益攀升，创建了世界上唯一的长期库、复份库、中期库、种质圃、原生境保护点相配套的国家级和省级农业种质资源保护体系相衔接的完整种质资源保存体系，并建立了可确保入库（圃）种质遗传完整性的综合技术体系，我国农作物种质资源保存体系日渐完善。党的十八大以来，我国农作物种质资源保护工作进入新阶段，2015 年启动第三次全国农作物种质资源普查与收集行动，新收集资源 12 万余份。截至 2022 年底，有长期保存物种 2114 个，种质资源保存总量突破 54 万份，位居世界第二，使我国成为名副其实的种质资源大国。为满足国家发展对种质资源保存、研究和利用的需求，我国政府于 2010 年批复立项国家作物种质库新库建设（以下简称新库），总投资 2.6 亿元。新库已于 2021 年 9 月开始试运行，新库的建成，使得我国作物种质资源长期保存容量从 40 万份提升到 150 万份，保存方式从单一种子保存拓展到种子、试管苗、超低温保存等多种方式，标志着我国作物种质资源保存工作进入新的发展阶段。此外，在《“十四五”现代种业提升工程建设规划》中，拟新增库圃主要是综合性库圃，以区域特色资源为主，包括国家级中期库 8 个、国家级种质圃 17 个，设施总量将达到 80 个，我国将建成更为完善的国家库圃保护体系。同时，建成了国家农作物种质资源管理信息系统，包括农作物种质资源编目数据库、普查数据库、引种数据库、保存数据库、监测数据库、评价鉴定数据库、分子数据库、图像数据库和分发利用数据库等 700 多个数据库（集），共 210 万多条数据记录。于 1997 年建成并开通了中国作物种质信息网，向社会提供种质信息的在线查询、分析和共享，以及实物资源的在线索取等服务，目前网站年访问量达 40 万人次以上，为作物种质资源发展奠定了坚实基础。

二、种质资源鉴定评价

种质资源鉴定评价是深度发掘和利用优异种质的前提条件。通过对种质资源进行鉴定评价，可以全面了解种质资源的遗传本底，加速种质资源的开发利用。近年来，种质资源的表型鉴定正从单一环境、单一性状向多环境、综合性状转变。开展大群体、多生态区的种质资源表型精准鉴定，准确观察鉴定性状的变异水平或表达稳定性，揭示遗传构成与综合性状间的协调表达，并依据育种与生产需求，准确评判种质资源的可利用性，已成为种质资源重要性状鉴定评价的常规技术路线。随着组学技术、智能与信息技术的快速发展，结合传感器、物联网、大数据、人工智能等现代信息技术进行高通量数据采集、传输和分析，使表型鉴定从田间人工测量鉴定向数字化和智能化设施辅助鉴定转变，日趋规模化、精准化。

截至目前，已完成了保存在国家种质库（圃）中的各类农作物种质资源的基本农艺性状鉴定，发掘出许多农艺与产量性状突出的种质用于新品种选育或生产推广，取得了显著的经济社会效益。例如，‘矮仔占’等一批携带半矮秆基因的种质为水稻矮化育种提供了重要亲本，引发了水稻育种的第一次绿色革命，使产量提升 20%～30%；“太谷核不育小麦”是我国特有的小麦显性雄性不育天然突变体，我国首创了矮秆基因标记的矮败小麦，在此基础上育成的‘轮选 987’不仅在北部冬麦区大面积推广，而且建立了轮回选择育种平台，成为北部冬麦区育种的骨干亲本；以鉴定出的早熟大豆种质为亲本培育的超早熟大豆品种‘东农 36 号’，打破了我国高纬度大豆栽培的禁区，使我国大豆生产区域向北推进了 100km 多。

为满足新发展阶段对绿色优质多抗新品种的需求，我国要进一步强化具有抗病虫、抗逆、资源高效利用等性状的种质资源的鉴定评价工作。据不完全统计，我国在 130 余种粮食作物、经济作物、蔬菜作物、果树作物、牧草绿肥作物上完成了针对 538 种病虫害的抗性鉴定约 183 万份次，有力支撑了各种作物在不同育种阶段的抗病虫新品种选育，为减轻病虫害作出了贡献。例如，江苏省农业科学院 2010～2020 年连续十年筛选鉴定出对小麦纹枯病具有稳定抗性的‘Niavt14’‘Scout’‘09R1-13’和小麦-簇毛麦‘2DS.2VL’易位系等。另外，鉴定出抗多种病害的玉米种质‘X178’‘齐 319’‘沈 137’等，由于抗病谱广，其作为亲本分别培育出抗病品种‘农大 108’‘鲁单 50’‘沈单 10 号’。同时，在小麦、玉米、水稻、棉花、大豆等主要作物的抗逆性鉴定方面取得了显著成果，已在近 100 种作物中鉴定了 27.8 万份次种质。例如，中国农业科学院作物科学研究所历时 40 年对 2.4 万份种质进行了抗旱性鉴定，遴选出强抗旱耐热种质 110 多份。此外，我国还筛选出一批耐土壤低氮、低磷环境及可对氮磷及水分高效利用的优异种质资源，并发现了一些耐低氮和低磷的水稻、玉米、小麦品种，以及具有高效水分利用特征的小麦、玉米、大豆、谷子品种。

随着我国经济的发展，人民对膳食的要求由“吃得饱”逐渐向“吃得好”转变。因此，可充分发掘和利用营养平衡且具有保健功能的特色农作物种质资源，以满足国民的营养健康需求。作物种质资源品质性状鉴定主要聚焦于淀粉、蛋白质、脂肪等营养品质，微量元素、膳食纤维、生物活性物质及其功能活性等功能品质，磨粉、碾米、食品加工等加工品质上。迄今为止，我国已完成 25 万份各类作物种质资源的品质鉴定，获得一批优质资源，如蛋白质含量高、直链淀粉含量低的水稻双优种质‘New bonnet’‘BNA66’‘BNA85’，具有优异蛋白亚基组合的小麦种质‘晋麦 67’‘中江 971’‘保丰 09-2’，高油玉米种质‘78506’‘330 选 2’‘伊利诺 767b/susue’，高异黄酮含量的大豆种质‘野生 200627-11-8’、地方品种‘09-703’和‘09-67’，高蛋白质含量的豌豆种质‘Jugeva Kirju’‘PERFECTION’‘白豌豆’等。许多品质优异的种质或作为育种亲本利用，或直接进行生产推广，成效显著。

近年来，种质资源精准鉴定已经成为全球发掘优异种质资源和基因资源的重要手段。“十三五”期间，科技部在国家重点研发计划中启动水稻、小麦、玉米、大豆、油菜、棉花和蔬菜等主要粮食和经济作物种质资源的精准鉴定评价与创新利用研究，针对长期以来我国农作物育种遗传基础狭窄、种质资源利用效率低下的问题，以种质资源高效利用为目标，围绕区域育种和生产机械化的需求，制定了各类作物种质资源性状的精准鉴定技术规范，统一了各类性状的表型鉴定技术、方法、数据标准；构建了分布在我国不同生态区的针对农艺性状及抗旱、耐盐、抗倒等表型性状的鉴定平台；完成了 1.67 万份代表性种质资源多年多点农艺性状和基因型的精准鉴定，筛选出 1469 份遗传背景清晰且目标性状突出的优异种质资源，创制出近 2000 份有育种利用价值的新种质，为农作物种质资源收集保护和突破性品种选育提供了有力的理论与物质支撑（表 9-1）。“十四五”期间，科技部又加大力度实施水稻、小麦、玉米和大豆优异种质资源精准鉴定项目，针对我国农作物育种中绿色高效种质资源缺乏等关键问题，开展 1.2 万份种质资源产量、耐盐、抗旱、耐高温等性状的智能化高通量表型精准鉴定及基因型精准鉴定，并收集环境大数据，挖掘目标性状突出的优异种质，发掘重要性状的优异等位变异，建立表型、基因型和环境数据库，实现育种的高效利用。2021年，农业农村部启动“农作物种质资源精准鉴定”项目，立足国家作物种质资源库（圃）保存的种质资源，开展产量、抗病虫、抗逆、品质等性状的表型精准鉴定及基因型鉴定，重点发掘直播水稻、抗赤霉病小麦、高产抗旱籽粒机收玉米、高产广适耐荫大豆、优质油料作物、耐盐碱和抗旱作物等育种可利用的优异种质资源；构建农作物种质资源的分子身份证对比鉴别系统，阐明优异种质可进行育种利用的技术途径，建立全国统筹、分工协作的种质资源精准鉴定评价体系，为我国从种质资源大国转变为资源强国及增产、提升产业核心竞争力提供种源支撑。迄今已启动开展48种农作物、4万份库存种质资源的精准鉴定，目标是通过长期的精准鉴定工作，将优异种质资源丰富优势逐步转化为基因资源和育种可利用亲本材料优势，实现农作物种质资源从实物保护到以发明专利为核心的基因资源保护的全面转变，为种业科技原始创新和自主创新提供根本保障（王晓鸣等，2022）。

表9-1　主要粮食作物种质资源精准鉴定情况

物种	表型鉴定		基因型鉴定		研究机构
	鉴定规模	性状	鉴定规模	鉴定方法	
小麦	3037份	4年6点重复鉴定 农艺性状：播种期、抽穗期、开花期、成熟期、株高、穗长、有效分蘖数、每穗小穗数、不育小穗数、小穗粒数、穗粒数、千粒重、粒色、饱满度、小区产量、冬春性、抗倒性；赤霉病、条锈病、白粉病抗性；抗旱、耐热	3037份	660K SNP芯片基因分型	中国农业科学院作物科学研究所
水稻	1495份	2年2点重复鉴定 产量、抽穗期、抗病、品质等	1495份	全基因组重测序	中国科学院上海生命科学研究院植物生理生态研究所
	3000份	3年7点重复鉴定 产量、抗病虫、抗逆、品质、适宜精简作业	3000份	全基因组重测序	中国农业科学院作物科学研究所
			1529份	全基因组重测序	中国科学院上海生命科学研究院植物生理生态研究所
			3010份	全基因组重测序	中国农业科学院作物科学研究所
大豆	2003份	3点重复鉴定 产量相关性状（株高、百粒重等）、抗病虫（胞囊线虫病、蚜虫、疫霉根腐病等）、抗逆（抗旱、耐盐碱等）、品质（蛋白质、脂肪、脂肪酸、异黄酮等）	2003份	全基因组重测序	中国农业科学院作物科学研究所
			2898份	全基因组重测序	中国科学院遗传与发育生物学研究所
玉米	7000份	生育期	7000份	测序基因分型技术	中国农业科学院作物科学研究所
	2000份	3年4点重复鉴定 产量、株型、花期等	2000份	全基因组重测序	中国农业科学院作物科学研究所

三、基因资源挖掘

基因资源挖掘是对种质资源在分子水平上进行鉴定评价的重要内容，主要包括基因发掘和等位变异挖掘，其中等位变异的分布、遗传规律、演化及优异等位变异的应用是核心内容。随着表型组、基因组、泛基因组等技术的快速发展，以及连锁分析和关联分析等新算法、新工具的不断涌现，基因资源挖掘效率和速度大幅度提高。近年来，我国在产量、品质、养分高效利用、抗病虫、育性、杂种优势等重要性状的分子形成机制与调控网络研究，以及关键基因优异等位变异挖掘等基因资源研究方面取得了系列重大进展（陈凡等，2022）。

1）产量。迄今为止，约有 100 个农作物产量相关基因被解析，重要基因有水稻粒重和粒长基因 *GS3*、*GW7*、*OsSPL13*，粒宽和粒重基因 *GW2*、*GS5*、*GW8*，灌浆和籽粒充实度基因 *GIF1*，高产基因 *OsDREB1C*（Wei et al.，2022）；玉米高产基因 *KRN2*。这些基因大多在水稻、玉米和小麦中存在同源基因，并且功能相对保守，可用于定向改良作物产量。

2）品质。我国在水稻粒形、垩白、蒸煮食味与营养品质，玉米营养品质、油分、微量营养元素，蔬菜品质的相关基因挖掘以及小麦品质性状功能基因组学研究等领域取得突破性进展，如克隆和解析了水稻淀粉（*Wx*）、蛋白质（*SSIIIa*、*GPA2*、*GPA3*、*GPA4*、*GPA5*）、外观品质（*Chalk5*、*OsAAP6*、*BADH2*、*GW2*、*OsTUB1*、*GS3*、*DEP1*、*GW5*、*GS5*）等相关基因，玉米胚乳发育基因 *Opaque1*、*OPAQUE11* 等，玉米高蛋白品质形成基因 *THP9*，番茄风味基因 *ALMT9*，黄瓜苦味合成和调控基因等（Shang et al.，2014）。

3）生殖育性。我国在作物雌雄配子体发育过程的调控机制及作物雄性不育等分子机理方面进展突出。作物生殖发育功能基因组的重点研究方向是鉴定控制重要作物如水稻、玉米、小麦等花序、花器官形成的分子机制，并解析雄性和雌性生殖细胞发育、种子形成的分子机制及其与环境因子的互作机制，如克隆解析了水稻籼粳不育和广亲和性基因 *ORF3*、*ORF4*、*ORF5*（Yu et al.，2018），杂种不育自私基因 *qHMS7*，恢复育性基因 *Rf4* 与 *Rf3*，花粉半不育基因 *PSS1*，不育基因 *TMS5*，生育期基因 *Ghd7*、*DTH2*、*DTH7*、*SDG724*；小麦育性基因 *Ms1*，太谷核不育基因 *MS2*，春化基因；大豆生育期基因 *E1*、*J*，休眠基因 *G*。

4）抗病。我国在重要农作物中鉴定、克隆和验证了大量调控抗病性状的重要功能基因，并对部分基因的抗病分子机制进行了深入剖析。代表性成果主要包括稻瘟病（Li et al.，2017a）、白叶枯病、玉米丝黑穗病、小麦赤霉病等研究，克隆和解析了水稻稻瘟病（*Pigm*、*Bsr-d1*）、白叶枯病（*Xa13*、*Xa4*）、玉米丝黑穗病（*ZmWAK*）和小麦赤霉病（*Fhb1* 和 *Fhb7*）相关基因。

5）抗逆。我国近年来在主要作物抗旱性、耐盐性、低温或高温耐受性的功能基因组研究方面取得一系列有影响的进展，鉴定和克隆了一大批基因，主要有水稻耐寒、耐冷基因 *COLD1*、*CTB4a*、*bZIP73*、*OsMAPK3*、*CTB4a*，耐镉基因 *CAL1*；玉米抗旱基因 *NAC111* 和 *VPP1*；小麦耐盐基因 *Ta-SRO1*；大豆耐盐基因 *GmSalt3* 等。

6）株型。作物株型是重要的产量性状，我国在作物株型功能基因组研究方面取得系列进展，如克隆和解析了水稻株高和分蘖数基因 *D53*、分蘖数基因 *MOC1*、分蘖角度

基因 *PROG1*、理想株型基因 *IPA1* 等。

7）抗虫。我国在抗虫资源筛选、基因定位和克隆、机理解析研究等方面取得重大进展，如克隆和解析了水稻抗褐飞虱基因 *Bph3*、*Bph14*、*Bph6* 等。

8）养分高效利用。我国在作物必需矿质营养元素氮、磷、钾等吸收、同化、分配利用及信号调控的功能基因及其分子调控机制方面取得系列进展，如克隆和解析了水稻氮素利用效率基因 *OsTCP19*、*GRF4*、*NGR5* 等。

9）杂种优势机理。我国克隆了光敏感核不育调控基因 *PMS1T*、*PMS3* 等，发现了“方向变换的等位基因特异表达”的杂种优势分子形成机理；克隆了具有降秆能力的关键基因 *Epi-df*，揭示了杂种优势的形成受表观遗传学调控；深入解析了亚非稻种间生殖隔离的遗传基础，发现了杂种不育的非对称遗传互作机制；通过对 17 套代表性杂交水稻遗传群体进行全基因组测序，鉴定出控制杂种优势的 *HD3a*、*TAC1*、*LAX1*、*Ghd8* 等主要基因位点，阐述了水稻花期、株型、产量等方面杂种优势的基因组合模式。

作物种质资源中蕴含着大量的优异等位变异，如何鉴定并将这些变异应用于作物遗传改良是种质资源研究的核心任务之一，也是实现种质资源到基因资源转变的关键所在。近年来，在水稻、小麦、玉米等作物中已经分离鉴定到一系列与产量、抗病性等重要农艺性状相关的优异等位基因，基于等位变异开展了遗传多样性评估、作物起源与演化研究、重要性状形成的遗传和分子机理阐释、作物育种利用价值评估等。对小麦中 *PPD*、*BT1*、*NAM-B1*、*Rht-D1*、*CKX* 等基因的等位变异进行序列分析，能够帮助我们更好地理解关键基因的进化过程，并指导育种家有目的地利用种质资源。在水稻中，对直立密穗基因 *DEP1* 的等位变异进行研究，发现我国东北和长江中下游地区大面积种植的直立与半直立穗型的高产粳稻品种都含有突变的 *dep1* 基因，表明 *dep1* 基因已在我国水稻增产中发挥了关键作用；在 3000 份水稻材料中对抗稻瘟病的水稻地方品种‘地谷’的 *bsr-d1* 基因开展等位变异分析，发现 313 份材料携带有 *bsr-d1* 优异等位变异，为利用优异等位变异奠定了基础。在玉米中，*BR2* 基因的等位变异 *qph1* 在降低株高和增加产量上有显著作用，玉米超亲突变最有可能发生在温带玉米育种过程中，而 SNP5259(T) 突变是最近才发生的，在育种中尚未得到广泛的应用，在今后的育种中将有较好的应用前景。在大豆中，对 *J* 基因的等位变异分析表明，至少存在 8 种功能缺失型的单倍型，其在大豆生态适应性的形成中起到至关重要的作用，同时发现等位变异已经在低纬度地区（我国南方）被广泛应用于提高大豆产量的育种中，对大豆生产起着极其重要的作用。

随着测序技术的快速发展，对大量种质资源进行重测序正发展成挖掘种质资源蕴藏的优异等位变异的一条高效途径（Khan et al.，2020）。例如，通过对 419 份棉花全基因组重测序，鉴定到 5753 个优异等位变异，该数据在野生品种到早期品种的驯化过程中和早期品种到现代品种的选择过程中都有增长，说明对重要经济性状的表型选择使优异等位变异保留。国内研究人员完成了 350 份玉米育种材料的全基因组重测序，用于挖掘穗位、雄穗分枝数、叶夹角、开花期和耐密植等关键性状的优良等位基因，说明控制上述性状的位点受到育种过程的人工选择，育种家会逐渐保留优异等位变异，淘汰劣势等位变异。泛基因组图谱构建也已经应用于等位基因挖掘。目前，在水稻、玉米、大豆、辣椒等作物上开展的泛基因组研究为下一步的等位基因挖掘奠定了基础（Liu et al.，2020）。例如，通过构建栽培稻-野生稻的泛基因组图谱，鉴定出了水稻基因组的各类遗传变异，并发现很多功能基因存在有多种等位变异类型。

四、种质创新

遗传基础狭窄是导致作物育种发展缓慢的主要因素，围绕这一问题，我国建立了染色体工程、细胞工程、分子标记技术与常规技术相结合的“育种家参与式”种质创新和高效利用技术体系，针对多样化的地方品种和野生近缘种中优异特性，创制出一大批高产、优质、抗病虫、抗逆、氮磷高效利用等作物新种质。我国稻作历史悠久，品种资源丰富，20 世纪 50 年代发现的籼稻‘矮仔占’‘矮脚南特’‘低脚乌尖’和粳稻‘农垦 58’等资源具有秆矮、分蘖强、耐肥、抗倒、高产等特性，经不断改良利用成为我国最重要的籼、粳稻骨干亲本，实现了水稻从高秆到矮秆的革命性重大突破；“野败型”“冈 D 型”“印水型”“红莲型”“温敏”不育系等新种质的创制及广泛利用，开启了我国杂交水稻育种历程，使我国杂交水稻育种技术领先国际。在小麦中，创新育成的骨干种质‘繁 6’‘矮孟牛’‘鲁麦 14’‘周 8425B’等在国内育种中发挥了重要作用，由其选育出的一大批品种在我国大面积推广；用长穗偃麦草后代育成的‘小偃 6 号’，已成为国内优质小麦的骨干亲本，成为小麦染色体工程育种的成功范例；通过生物技术和染色体工程相结合，将簇毛麦的抗白粉病基因、中间偃麦草的抗黄矮病基因导入小麦，培育出抗病小麦品种；把冰草的多花多实基因导入普通小麦成功选育出高产新品种。在玉米中，‘旅大红骨’‘塘四平头’是中国利用最为成功的地方品种，由‘旅大红骨’创制出“丹 340”“旅 28”等一批旅系自交系，形成“旅大红骨”杂种优势亚群；由‘塘四平头’创制出骨干亲本‘黄早四’，衍生出‘昌 7-2’‘吉 853’‘Lx9801’‘京 92’等优良自交系品种，其主要特性为雄穗发达、花粉量大、生育期适中、灌浆速度快、结实性好、适应性好、配合力高等，形成具有中国本土特色的玉米杂种优势群——“四平头群”，培育出‘郑单 958’‘京科 968’等大面积推广品种，对我国玉米育种和生产贡献巨大。在大豆中，‘铁丰 18’由以‘丰地黄’和‘熊岳小黄粒’两个地方品种杂交后创制的优异种质‘铁 5621’作为直接亲本培育而成，该品种使得东北地区大豆平均亩产增加 20%以上，以‘铁 5621’作为骨干亲本选育出近 20 个品种；应用分子标记技术创制出具有水平抗性的聚合 5 个耐疫霉根腐病数量性状位点（QTL）的‘CH19’和‘00-23’，兼抗疫霉根腐病和灰斑病、耐盐，含油量 23.75%，已经成为新品种培育的重要亲本。新种质的创制显著提升了我国种质资源的原始创新能力和作物种业发展的核心竞争力。

近年来，基因编辑技术在精准设计和新种质创制方面展现出巨大潜力，如创制出具有重要育种应用价值的水稻高产新种质（针对 *Gn1a* 和 *DEP1*）、番茄矮秆新种质（针对 *DELLA*）、小麦耐除草剂新种质（针对 *TaALS* 和 *TaACCase*）、油酸含量为 78%的棉花新种质等。应用基因编辑技术实现了多个优异等位变异的聚合，如在冬小麦品种‘郑麦 7698’中实现了同时靶向 2 个、3 个、4 个和 5 个基因的定点敲除编辑，成功获得了无转基因、聚合多个优异等位变异的小麦新种质。在水稻上，对控制落粒性、芒长、株高、粒长、茎秆粗度及生育期等性状的基因进行了敲除和单碱基替换等基因编辑，成功创制了落粒性降低、芒长变短、株高降低、粒长变长、茎秆变粗、抽穗时间不同程度缩短的各种基因编辑材料，实现了野生植物的从头驯化，为创制新的栽培物种提供了新的策略

（Huang et al.，2020b）。此外，应用合成生物学技术创制了水稻高光效新种质、大米高虾青素种质、富含黄色β-胡萝卜素的黄金大米、富含角黄素的橙红色大米和富含虾青素的高抗氧化活性大米等。

如何将生物技术与传统种质创新方法融合，充分发挥二者的优势，从而提高种质创新效率，缩短种质创新周期，创制育种家从“能用”到“好用、想用”的新种质，是未来作物种质资源创新的重要方向。

第三节　育 种 技 术

我国农作物育种技术先后经历了优良农家品种筛选、矮化育种、杂种优势利用、细胞工程、分子育种等多个发展阶段，推动了农作物品种矮秆化、杂交化、优质化的三次跨越（林敏，2021）。近年来，以转基因、基因编辑、分子智能设计、合成生物学等技术为代表的农业生物育种前沿技术正在引领新一轮的绿色农业革命，为解决制约人类发展的食物、环境、资源和健康等问题提供了重大机遇（梁瀚文等，2018）。目前，我国已建成较完整的生物育种前沿技术研发体系，初步建成世界上为数不多的包括基因发掘、遗传转化、良种培育、产业开发、应用推广及安全评价等关键环节的生物育种创新和产业开发体系。伴随人类社会步入互联网、大数据、人工智能育种“三位一体”的新时代，生命科学、信息科学与育种科学将深度融合，农作物遗传改良技术正跨入智能化设计新阶段（图9-1）（李新海等，2020）。

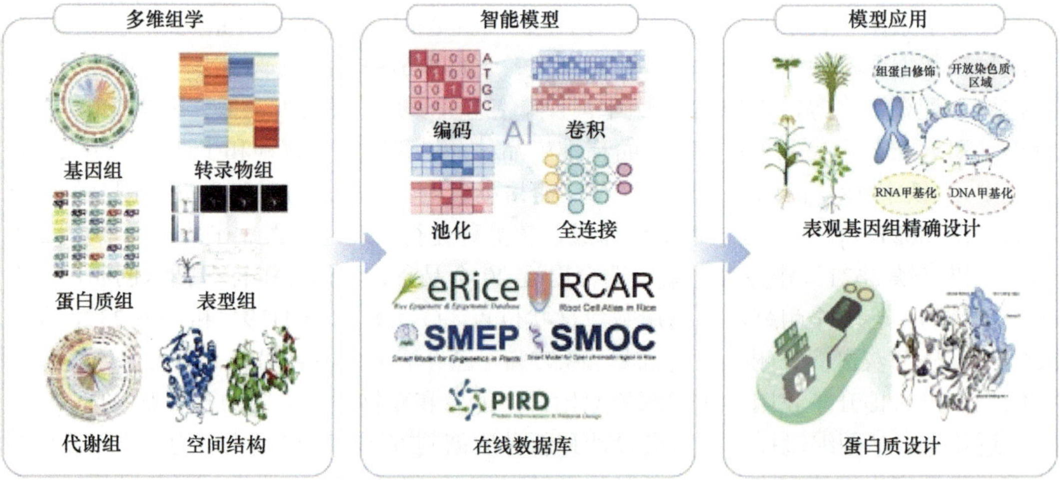

图9-1　农业生物智能设计技术体系

一、杂种优势利用技术

杂种优势利用是大幅提高作物单产、改良作物品质、提高作物抗逆性和适应性的重要途径。玉米是较早大规模利用杂种优势的作物，1960年以后我国玉米育种进入从选育双交种转向选育单交种的阶段，逐渐形成杂种优势利用理论体系和育种技术体系。我国水稻杂种优势利用技术经历了“三系法”和“二系法”两个阶段，实现了水稻单产的飞跃，使得我国水稻杂种优势利用技术处于世界领先地位。水稻杂种优势的利用带动了其他作物的杂种优势研究，小麦、大豆等作物的杂种优势利用技术也达到国际领先水平（刘杰和黄学辉，2021）。随着小麦光温敏不育系的发现及其不育机制、恢复性与强优势规律、异交生物学等理论的探索与揭示，相继攻克育性恢复、高效制种、优势组合三大技术瓶颈，建立了二系杂交小麦育种体系，培育出的‘京麦 9 号’等杂交品种实现了产业化推广。我国是世界上第一个实现大豆“三系”配套的国家，近年来不断突破杂交大豆制种产量低的产业化技术瓶颈，2019 年百亩连片实收测产达到 110.26kg/亩，创制种产量新纪录。

随着分子生物学技术的发展和关键基因的克隆，以普通核不育系为遗传工具的新一代杂交育种技术逐步取得突破，将水稻杂种优势利用提升到了一个新的水平。目前第三代杂交水稻正迈入应用阶段，2020 年第三代杂交晚稻经过专家首次测产，平均亩产超过 1040kg，将推动杂交水稻的换代升级。经过 50 多年的研究，逐渐形成以籼粳稻亚种间杂交与理想株型为基础的北方粳型超级稻育种理论与技术体系，使我国成为通过籼粳稻亚种间杂交进行种质创新、株型改良和高产育种最成功的国家，促进了东北粳稻的跨越式发展。利用无融合生殖固定杂种优势是杂种优势利用的新突破，2019 年我国对杂交水稻中 3 个减数分裂关键基因（*REC8*、*PAIR1*、*OSD1*）和参与受精的 *MTL* 基因 4 个内源基因进行编辑，实现了 F_1 杂交水稻的杂合性状固定，证明了利用无融合生殖固定水稻杂种优势的可行性，为实现一系法育种提供了可行的技术路径。

二、单倍体育种技术

单倍体育种技术作为可快速获得纯系的现代育种技术，能够大大缩短育种进程，提高新品种选育效率，展现出巨大的商业育种价值，成为种业巨头争相研发的新一代育种技术（陈海强等，2020）。

目前国内应用单倍体育种技术最成功的作物是玉米，先后突破高效诱导、精准鉴别和高效加倍三大关键技术，并实现广泛的应用。目前常用的是孤雌生殖单倍体技术，即以单倍体诱导系作父本和以期望获得单倍体的材料作母本进行杂交，从而在后代中获得一定频率的单倍体。其中，诱导系的选育是该技术的前提，单倍体的诱导、鉴别和加倍是三个关键环节。在单倍体诱导方面，中国农业大学利用北农大高油种质和‘Stock6’进行杂交，选育了诱导率达 5.8%的孤雌生殖单倍体诱导系‘农大高诱 1 号’，近期选育的高频诱导系‘CAU5’的诱导率达 8%～15%，已向全国近百家单位发放使用；吉林省农业科学院选育出了诱导率高达 10%的‘吉高诱 3 号’。在单倍体鉴别方面，我国创新性地提出把籽粒油分作为标记进行单倍体鉴别并发展了相关的技术方法，在此基础上开发了国际上首台单倍体自动鉴别仪。在单倍体加倍方面，借鉴国际经验我国建立了切芽法加倍技术体系；创新建立了组培加倍技术体系，可将双单倍体系的生产周期从一年缩短至 7 个月，进一步缩短了育种周期。此外，我国建立了基于基因编辑的高频单倍体诱导系创制技术体系，解决了高频诱导系缺乏问题；研发了单倍体自动化鉴别设备，建立了玉米单倍体组培加倍及 DH 系工厂化创制技术体系。

此外，我国在单倍体诱导机理研究方面处于国际领先地位，较早地系统提出了基于单受精和染色体排除的单倍体诱导机制。在较早进行单倍体诱导基因精细定位的基础上，报道了位于 1 号染色体的 *ZmPLA1* 基因的克隆，并独立报道了 *ZmDMP* 基因的克隆，其中 *ZmDMP* 为国际上首个得到克隆的非‘Stock6’来源的玉米单倍体诱导关键基因。目前，*ZmDMP* 基因已经被证实可以在其他植物如小麦、水稻、拟南芥等中实现单倍体诱导，有望建立起跨作物通用的单倍体育种技术体系。基于玉米单倍体诱导基因 *MTL/ZmPLA1* 在各物种的保守性，其在水稻、小麦中也实现了高效率的单倍体诱导作用，成为主要农作物纯系创制与性状快速改良的共性关键技术。我国在国际上首次报道了利用近缘植物远缘杂交和染色体加倍技术创制出具有单倍体诱导特性的八倍体油菜新材料‘Y3380’和‘Y3560’，较传统方法提高育种及材料创新效率 2 倍以上，可代替油菜小孢子培养技术。

三、染色体工程和诱变育种技术

自 20 世纪 60 年代后，我国在远缘杂交和染色体工程育种技术领域取得显著进展，小麦育种成效尤为突出。近年来，通过不断改进和优化染色体制片与分子探针的标记及检测技术程序，研发出高灵敏度的多色基因组原位杂交技术，结合分子标记与表型性状鉴定，建立了完善的小麦外源基因组区段/基因快速追踪与多基因聚合的染色体工程高效育种技术体系。通过染色体工程技术，成功将黑麦、偃麦草属、簇毛麦等物种的优异基因导入栽培小麦品种，育成‘矮孟牛’‘周 8425B’‘小偃’系列等骨干亲本和品种并在生产上大面积推广应用。从 1988 年历时近 30 年，我国攻克了小麦与冰草属间杂交的国际难题，将冰草携带的多花多实、高千粒重、广谱抗白粉病等基因转入小麦，创制出一批有重要应用潜力的新种质，并在育种中得到广泛利用。

我国是核能辐射育种领先国，到 2020 年育成和审定的农作物突变品种数为 1033 个，为保障国家粮食安全、全面实现乡村振兴发挥了独特作用。此外，太空育种，也称航天诱变育种，是利用太空的特殊环境诱使作物种子发生基因变异，进而选育植物新品种的育种高新技术，其最大优势在于空间诱变材料的有益变异率高、育种周期短，可在较短时间内创制出高产、抗病等性状优良的新种质。其中，利用航天突变系‘9940168’和‘济麦 19’进行杂交后系统选育出的高产小麦新品种‘鲁原 502’，累计推广面积近 1 亿亩，年最大推广面积超过 2000 万亩，2018 年成为我国第二大主推小麦品种。

四、分子标记育种技术

分子标记育种技术可实现表现型和基因型选择的有机结合，通过早期选择缩短世代间隔，从而解决复杂性状表型鉴定受环境影响的问题，减少田间种植数量，大幅度提高育种效率，成为现代作物育种的“加速器”。分子标记是分子育种的基础，其发展经历了三代，第一代分子标记主要包括限制性片段长度多态性（RFLP）、随机扩增多态性 DNA（RAPD）、扩增片段长度多态性（AFLP）等；第二代主要包括简单重复序列（SSR）等，其因数量丰富、多态性高、操作简便等优点被广泛应用于基因连锁图构建、分子辅助育种、品种鉴定、遗传资源分析等方面；第三代为单核苷酸多态性（SNP）。我国自主开发了 6K、56K、90K 等水稻芯片，50K、660K 等小麦芯片，3K、55K、6H90K 等玉米芯片，600K、200K、5K 等“中豆芯”系列大豆芯片，有力推动了分子育种技术的发展。

我国开展了主要农作物重要性状的基因定位和分子标记研究，研制出逐代跟踪式的分子标记辅助育种技术，选育出一批优质抗病虫育种新材料和新品种，并在抗条纹叶枯病高产优质水稻分子标记聚合育种、小麦品质育种等方面得到实践应用。通过聚合 *GW5*、Wx^{b}/Wx^{mq}、*lox3*、*SSIIa-j*、*badh2*、*LGC1* 等基因，培育出优质耐储藏、优质功能专用及优质高产水稻新品种。水稻等作物功能基因组的快速发展，催生出“分子设计育种”理论和技术体系（万建民，2006），基于已克隆的理想株型基因 *IPA1* 等在水稻高产优质分子设计育种中成功应用，创建多基因聚合分子育种技术体系，聚合广亲和性、早熟、感光抑制和部分显性矮秆基因，实现了水稻高产、早熟、抗倒的有机结合（景海春等，2021）。全基因组选择是标记辅助选择在全基因组范围内的扩展，其能够根据已知群体的标记信息和表型信息，建立标记和表型之间的关联，在全基因组范围内同时估计出所有标记的效应，进而对表型未知的群体或个体作出高效预测。与标记辅助选择相比，全基因组选择技术无须鉴定与目标性状显著相关的位点，即使单个位点的效应很小，导致表型变异的全部遗传效应也都能够被高密度的遗传标记捕获，并且能够在得到个体基因型时即对其育种价值进行评估，可大大缩短育种周期，提高育种效率，实现精准育种。但目前我国农作物分子设计育种刚刚起步，全基因组选择技术尚处于研究阶段。

五、转基因育种技术

转基因技术是现今世界上发展最为迅速的作物生物技术。我国转基因技术研究可以追溯到 20 世纪 80 年代，当时开展了重要目标基因的克隆，建立了主要农作物的遗传转化技术体系，获得了一批转基因育种材料。90 年代研发出转基因抗虫棉，国产转基因抗虫棉市场占有率从 1997 年的 7%提高到 2007 年的 95%，夺回了被国外品种抢先占据的市场份额。2008 年我国启动转基因生物新品种培育重大专项，以转基因新品种培育及产业化为核心，突破基因克隆、转基因操作和生物安全关键技术，转基因技术研究和产品研发达到国际先进水平。目前，我国已建立起涵盖基因克隆、遗传转化、品种培育、安全评价等全链条的转基因育种技术体系；克隆了一批具有重要育种应用价值的重要性状关键基因，部分重要基因已开始应用于转基因新材料创制；构建了主要农作物的规模化转基因技术体系，攻克了优良品种遗传转化技术瓶颈，主要农作物遗传转化效率大幅度提高，水稻、棉花产量领先国际。除持续推出转基因棉花新品种外，‘DBN9936’‘瑞丰125’等 13 个抗虫耐除草剂玉米和‘中黄 6106’‘DBN9004’等 5 个抗虫耐除草剂大豆获得生产应用安全证书，转育的品种达到审定标准。此外，还创制出一批具有重要应用前景的抗虫、耐除草剂、耐旱节水和营养功能型棉花、玉米、大豆、水稻、小麦等转基因新品系，其中抗虫水稻、抗旱节水小麦和玉米、高抗性淀粉水稻、人血清白蛋白水稻等转基因作物新品系具备了与国外同类产品抗衡和竞争的能力。

转基因品种产业化发展能力不断提升，2008 年以来，转基因抗虫棉累计推广面积 5.3 亿亩，减少农药使用 70%以上，国产抗虫棉市场份额达到 99%以上。目前，我国正在有序推进转基因抗虫玉米和耐除草剂大豆的产业化应用，加快培育壮大生物育种龙头企业。总体上，我国在转基因技术研究和新品种培育方面与发达国家的差距明显缩小。

六、基因编辑育种技术

基因编辑是生命科学新兴的颠覆性技术，在作物遗传育种方面有巨大的应用潜力（Zhu et al.，2020）。在转基因专项的资助下，我国在挖掘新型 CRISPR 系统方面取得了重要进展，从微生物宏基因组中发掘了新型底盘核酸酶 CRISPR-Cas12i 和 CRISPR-Cas12j，并于 2021 年 5 月获得了中国发明专利授权，且两个专利已经进入美国、日本、欧洲、韩国、以色列、澳大利亚、巴西、加拿大、印度、新加坡、菲律宾、墨西哥、中国香港、柬埔寨 14 个国家或地区，打破了美国 Cas9 和 Cpf1 核酸酶国际专利权的垄断。目前已证明这两个新型核酸酶能够在玉米、水稻、大豆、拟南芥等植物中实现对目标基因的有效编辑。2013 年以来，相继在水稻、小麦、玉米、棉花、番茄、苜蓿等重要植物上建立包含基因敲除、基因替换或插入、基因转录调控、单碱基定向突变等环节的基因组定点编辑技术体系。植物单碱基编辑系统 nCas9-PBE 成功地在三大重要农作物基因组中实现了高效、精确的单碱基定点突变，新的单碱基编辑系统 A3A-PBE 在小麦、水稻及马铃薯中实现了比 PBE 更加高效的 C-T 单碱基编辑。此外，优化了 CRISPR-Cpf1 系统，扩大了编辑靶位点的范围，且目前已开始应用于水稻、大豆等植物中，并获得了系列基因敲除突变体。

在基因编辑技术应用方面，我国率先在小麦中实现了 CRISPR/Cas9 介导的多基因编辑，成功获得抗白粉病小麦新材料，利用单碱基编辑技术创制了非转基因耐除草剂小麦新种质。应用单碱基编辑介导的植物内源基因定向进化技术，开发出具有除草剂抗性的水稻新种质。利用 CRISPR/Cas9 基因编辑技术在‘春优 84’中同时敲除了 *PAIR1*、*REC8*、*OSD1* 和 *MTL* 四个内源基因，建立了水稻无融合生殖系，得到了杂交水稻的克隆种子，从而实现了杂种优势的固定。创制了玉米雄性核不育系与保持系、智能分拣系，以及在株型紧凑、糯性、超甜、高直链淀粉、耐除草剂、矮秆与早熟等育种中具有重要应用价值的材料。应用基因组编辑技术实现了野生稻和野生番茄的从头驯化，展示了野生种加速驯化作为作物分子设计育种新途径的可行性。

第四节　品 种 改 良

我国自品种审定制度推出后，已经育成品种 4 万多个，推动了主栽品种 5～6 次的更新换代，推广了一批高产稳产多抗的品种，粮食作物良种综合增产贡献率已达 35%左右，为保障我国粮食安全发挥了重要作用。

一、高产稳产品种

新中国成立以来，由于新品种的持续更新换代，粮食单产水平大幅度提高，亩产从 1949 年的 69kg 提高到 2021 年的 387kg，农作物良种覆盖率达 96%以上，自主选育品种面积占比超过 95%。2004 年以来，我国粮食生产取得历史性的“十九连丰”，近 8 年都超过了 1.3 万亿斤，人均粮食占有量已经超过 480kg，保证了粮食基本自给，成功解决了 14 亿多人口的吃饭问题。当前，我国小麦稻谷等品种库存处于历史最高水平，为我国实现口粮绝对安全、谷物基本自给的战略目标奠定了重要的基础。

（一）水稻

我国水稻育种主要经历了 20 世纪五六十年代的矮化育种、70～90 年代的杂种优势利用及 2000 年以后的生物育种三次重大更新换代，推动我国水稻单产不断创出新高，产能持续增长。当前，全国水稻平均亩产超过 470kg，其中良种对单产提高的贡献率约为 35%，是提升水稻产量的核心要素。

1975 年我国水稻亩产达到 234.3kg，比 1949 年提高 108.1kg，增幅 85.7%。代表性品种主要有‘广场矮’‘珍珠矮’‘广二矮’‘广陆矮 4 号’等。这些品种解决了新中国成立初期生产上推广的高秆水稻品种和农家自留种易倒伏、施肥受限、单产较低等突出问题，同时表现出广泛的适应性和丰产性，单产潜力比原有高秆品种增加 30%左右，带动全国水稻亩产稳定迈上 200kg 台阶，总产突破 1.2 亿 t，实现了我国水稻产量的第一次飞跃。

1989 年我国水稻亩产达到 367.2kg，比 1976 年提高 135.7kg，增幅 58.6%。1988 年我国杂交水稻品种推广面积占比首次达到 50%，最具代表性的品种‘汕优 63’单品种推广面积达到 6954 万亩，占全国杂交水稻面积的近四成，其他代表性品种还有‘南优 2 号’‘矮优 2 号’‘汕优 2 号’‘威优 6 号’‘桂朝 2 号’‘威优 64’等。这些品种解决了常规品种分蘖不足、用种量大、抗逆性差等问题，进一步释放了水稻单产潜力，带动全国水稻亩产稳定迈上 350kg 台阶，总产突破 1.8 亿 t。

2000 年我国水稻亩产达到 418.1kg，比 1990 年提高 36.4kg，增幅 9.5%。代表性品种有‘汕优 63’‘汕优 64’‘冈优 22’‘博优 64’‘D 优 63’‘汕优 10 号’等。这些品种解决了第一代杂交水稻品种对稻瘟病和稻飞虱抗性不足、广适性较差等问题，同时两系法杂交水稻育种解决了三系法受恢保关系制约、配组不自由、周期长、产量徘徊不前等问题，带动全国水稻亩产稳定迈上 400kg 台阶，1997 年我国水稻总产首次突破 2 亿 t。

2012 年我国水稻亩产达到 451.8kg，比 2001 年提高 40.9kg，增幅 10.0%。2001 年第一代最具代表性的超级稻品种‘两优培九’相继通过国审及湖南、湖北、广西等多省审定，推广面积迅速扩大，其他代表性品种还有‘Ⅱ优 838’‘金优 207’‘冈优 725’‘武运粳 3 号’‘扬两优 6 号’‘中优 402’‘中优桂 99’‘中浙优 1 号’‘内 5 优 8015’等。这些品种很多兼具穗大粒多、高产优质、抗逆抗病、适应性广等特征特性，产量潜力更大，带动全国水稻亩产突破 450kg，总产稳定迈上 2 亿 t 台阶。

2019 年我国水稻亩产首次突破 470kg，2021 年水稻亩产达到 474.2kg，比 2013 年提高 26.4kg，增幅 5.9%。代表性品种有‘龙粳 31 号’‘中嘉早 17’‘绥粳 18’‘黄华占’‘南粳 9108’‘Y 两优 1 号’‘天优华占’‘宁香粳 9 号’‘中早 35’‘中早 39’‘中浙优 8 号’‘春优 84’等。这些品种的产量更高，稳产丰产性更好，而且优质食味稻、加工专用稻等类型更加多样，综合性状的协调性得到明显提升。2021 年，我国水稻总产为 21 284.3 万 t，连续 11 年稳定在 2 亿 t 以上水平。

（二）小麦

新中国成立初期我国小麦平均亩产42.8kg，到2021年平均亩产达到387.3kg，增长8.05倍，品种改良在提高小麦单产中发挥了举足轻重的作用。我国小麦品种遗传改良从评选地方品种起步，同时引入国外品种试验试种，并择优与本地品种杂交进行品种改良。按照小麦生产发展对品种的需求，我国小麦品种研发历程大体分为三个阶段。

20世纪90年代初期以前，我国相继育成了一批半矮秆和矮秆的丰产品种。‘泰山1号’‘矮丰3号’‘博农7023’‘济南9号’‘徐州14’‘百农3217’‘济南13’‘鲁麦14’‘小偃6号’‘豫麦13’等品种的年最大推广面积均超过1000万亩，其中半矮秆小麦品种‘泰山1号’因矮秆抗倒伏性强、株型紧凑耐密植，在我国黄淮麦区大面积种植，年最大种植面积曾达到5600万多亩，1976年在山东烟台高产栽培条件下产量达到了500kg/亩。

21世纪头十年，我国先后育成‘济南17’‘矮抗58’‘郑麦9023’‘济南19’‘济麦22’‘扬麦13’‘郑麦7698’等一批高产优质小麦品种。其中，‘郑麦9023’累计推广面积2.5亿亩，是我国种植区域最广、累计种植面积最大的优质强筋品种，连续6年位居我国小麦品种种植面积第一，实现了我国优质小麦出口零的突破。2006年育成的‘济麦22’，以超强的适应性和丰产能力得到了大范围的推广应用，2021年推广面积超过1600万亩，为我国小麦生产作出了突出贡献。

2010年至今，我国小麦单产能力进一步提升，育成‘鲁原502’‘西农511’‘郑麦1860’‘济麦44’‘百农207’‘众信麦998’等一批高产品种，并在生产上获得大面积应用。‘鲁原502’是利用航天诱变技术选育出的高产稳产广适小麦品种，年最大应用面积超2000万亩。‘西农511’实现了丰产性、优质强筋特性和赤霉病抗性的结合，累计推广面积超1800万亩。‘郑麦1860’集成高产、优质、节肥等优异特性，累计应用面积超过1500万亩，2021年被中国农学会评为“中国农业农村重大新技术新产品”，在黄淮南部麦区表现出广阔的应用前景。‘众信麦998’于2021年在我国小麦主产区创造了亩产981kg的高产新纪录。

新中国成立之初到1973年，我国小麦单产显著低于世界平均水平，处于追跑阶段；1974～1980年，我国和世界单产水平相当，为并跑阶段；1980年后，我国小麦单产持续快速提升，每12～13年增产约1.2t/hm^2，远高于世界平均增产水平0.5t/hm^2，处于领跑阶段。以2020年为例，我国小麦平均单产为5.74t/hm^2，是世界（3.51t/hm^2）、美国（3.34t/hm^2）和印度（3.44t/hm^2）单产水平的1.6～1.7倍。

（三）玉米

2022年，我国玉米总产达到了0.55万亿斤，比新中国成立之初提高了20.94倍，其中单产和种植面积分别提高了5.54倍和2.35倍。良种是增产的核心要素，优良品种的选育和推广在我国玉米单产与总产提高中发挥了重要作用。回顾我国玉米育种发展历程，在杂种优势利用上先后经历了品种间杂交种、双交种和单交种3个发展阶段，伴随着6次单交种品种的更新换代，大幅提高了单产和总产，为我国粮食安全作出了重要贡献。

从新中国成立初期到50年代后期，在整理和评选出‘金皇后’‘金顶子’‘白马牙’等地方品种的基础上，我国开展了品种间杂交种选育工作，先后育成和推广了‘坊杂2

号’‘百杂2号’‘春杂2号’等一批品种间杂交种，其中‘坊杂2号’1952年在山东省推广面积近200万亩，比当地农家品种增产20%～30%。在此期间，全国玉米平均单产从64.41kg/亩提高90.51kg/亩，增产40.52%。

20世纪50年代后期到60年代中期是双交种利用时期。1957年李竞雄撰写了《加强玉米自交系间杂交种的选育和研究》一文，系统论述了玉米杂种优势理论，奠定了我国玉米杂交育种的理论基础。我国选育推广的代表品种有‘农大3号’‘农大4号’‘川农7号’‘双跃3号’‘新双1号’等，比品种间杂交种增产22%～27%，比农家品种增产30%～33%，特别是‘双跃3号’高产稳产、适应性广，遍布全国19个省份，种植面积最多时达3000万亩。双交种的选育与推广体现了杂种优势利用在玉米生产上的应用价值，使全国玉米平均单产从50年代后期的90.51kg/亩，提高到60年代中期的105.84kg/亩，增产16.94%。

之后是单交种利用时代，由于其大面积推广，全国玉米单产由20世纪60年代中期的105.84kg/亩，增加到70年代初期的141.38kg/亩，增产33.58%。70年代初期到80年代初期‘中单2号’‘丹玉6号’‘郑单2号’等重大品种的成功育成，标志着我国玉米单交种的组配和推广已经进入了相对成熟的时期。在此期间，全国玉米单产由141.38kg/亩增加到231.62kg/亩，增产63.83%。80年代初期到90年代初期，选育推广了以‘丹玉13’‘烟单14’‘掖单2号’‘四单8号’等为代表的品种，单产由231.62kg/亩增加到318.43kg/亩，增产37.48%。90年代初期到90年代后期，选育推广了以‘掖单13号’‘掖单12号’‘沈单7号’等为代表的品种，单产由318.43kg/亩增加到330.05kg/亩，增产3.65%。20世纪90年代后期到21世纪初，选育推广了以‘农大108’‘豫玉22’‘鲁单50’‘鲁单981’等为代表的品种，这一时期的全国玉米平均单产变化不大，基本徘徊在320kg/亩左右。21世纪初以来，选育推广了以‘郑单958’‘先玉335’‘浚单20’‘京科968’‘登海605’等为代表的品种，其中‘郑单958’集高产稳产、优质耐密植、广适多抗于一身，2004年以来已经连续18年为全国推广面积最大的玉米品种，最高年份达6857万亩，累计推广面积8.68亿多亩，成为我国玉米育种史上的一个里程碑品种。这一时期，全国玉米单产由21世纪初期的331.24kg/亩，增加到2021年的419.4kg/亩，增产26.62%。

（四）大豆

新中国成立以来，我国大豆育种工作取得了巨大进步，为大豆产业发展提供了强力支撑，保证了食用大豆的完全自给。1949年以来，我国育成大豆品种3600多个，大豆平均亩产从40.76kg提高到132.43kg，提高了2.25倍，平均每年递增1.29kg。品种的更新换代在大豆产量提升中发挥了举足轻重的作用。我国大豆单产提升可以分为4个阶段，分别为波动增长期、稳步增长期、徘徊增长期和快速增长期。

第一阶段是波动增长期（1949～1976年）：全国大豆平均亩产由40kg提高到65kg。这一阶段系统选育品种逐步替代地方品种，如东北地区推广的‘小金黄1号’‘丰地黄’‘满仓金’‘荆山璞’和黄淮海地区推广的‘平顶黄’‘牛毛黄’等。大豆育种方法由系统选育发展到以杂交育种为主。20世纪六七十年代许多大豆育种单位建立了杂交育种体系，利用有性杂交方法选育了一系列大豆品种，东北地区代表性品种有‘东农4号’‘黑河3号’‘吉林3号’‘铁丰3号’等，黄淮海和南方地区育成了‘跃进5号’‘文丰7号’‘鄂豆2号’‘南农493-1’等。

第二阶段是稳步增长期（1977～1994年）：全国大豆平均亩产由65kg提高到115kg。大豆杂交育种技术全面普及，东北地区育成‘合丰25’‘丰收19’‘绥农8号’‘开育8号’‘吉林20’等，黄淮海地区育成‘鲁豆4号’‘科丰6’‘冀豆7号’等，南方地区育成‘浙春3号’‘苏协1号’等。东北地区培育的大豆品种由无限结荚习性转向亚有限结荚习性，株高降低，耐肥性增强，抗倒性显著提高。抗倒品种的推广应用推动了模式化栽培技术的推广，东北地区在生产上实现机械条播和模式化栽培，大豆单产稳步提升。

第三阶段是徘徊增长期（1995～2015年）：全国大豆平均亩产由115kg提高到120kg。这一阶段我国大豆主产区向东北北部高寒地区、黄淮海南部地区转移，在产区转移情况下，大豆单产出现徘徊增长。东北地区育成一批早熟、抗逆品种，其中‘黑河45’‘黑河49’等极早熟、超早熟大豆品种的育成，使东北北部第五、第六积温带等高寒地区的大豆产量水平明显提升；‘黑河43’‘疆莫豆1号’等品种适合东北北部第三、第四积温带规模化、机械化生产的需要，实现了连作条件下的大豆稳产高产；‘垦丰16’‘合丰55’‘吉育47’等品种提升了东北中南部大豆较适宜种植区的产量水平。黄淮海地区育成的以‘中黄13’为代表的早熟抗逆品种的大面积推广应用，使黄淮海南部地区在劳动力大量转移、耕作栽培仍显粗放的条件下实现了大豆面积逆势扩展和单产稳步提升。‘贡选1号’‘南豆12’‘中黄30’等耐荫抗倒品种的推广应用则满足了西南、西北地区间套作栽培的需要。

第四阶段是快速增长期（2016年至今）：全国大豆平均亩产由120kg提高到132kg。主要得益于国家大豆振兴发展计划和良种攻关等项目的实施，“十三五”期间我国大豆科技进步明显加快，新品种、新技术不断涌现，良种良法结合，在各产区创造了高产高效典型。2020年，在西北灌区采用膜下滴灌水肥一体化技术，‘吉育86’实收亩产达到453.54kg，创造了全国大豆单产新纪录。

二、抗逆抗病虫品种

我国农业生产面临资源短缺和生态安全挑战，是我国粮食生产的主要限制因素。其中，干旱、半干旱农业区约占全国总耕地面积的51%，全国每年农作物受旱面积4亿亩左右，因干旱导致的产量损失约3000万t。我国盐碱地面积达7亿亩，土地荒漠化、盐碱化趋势尚未根本改变。我国农作物生产受病虫害影响严重，每年病虫害发生面积在60亿～70亿亩次，如小麦赤霉病发病区域已由长江中下游麦区扩大至黄淮麦区，不仅造成严重的产量损失，而且危害人畜健康。2020年我国水稻、小麦、玉米三大粮食作物农药利用率为40.6%，比2015年提高4个百分点，化肥利用率为40.2%，比2015年提高5个百分点。长期以来，抗逆抗病虫品种的培育和推广为支撑我国农业绿色发展发挥了重要的作用。

水稻方面，抗虫品种‘华恢1号’和‘Bt汕优63’获转基因生物安全证书，已有7个新品种具备产业化条件，抗虫效果达95%以上；‘华恢1号’及其衍生品种的大米及米制品获美国上市许可。‘T1C-19’和‘T2A-1’等新型抗虫耐除草剂水稻已申报转基因生物安全证书。将抗褐飞虱基因转育到‘宁粳3号’和‘93-11’，选育出抗褐飞虱新品系‘R2256’和‘R3-166’。

小麦方面，早在20世纪50年代，针对我国小麦条锈病发生空前大流行造成大减产的不利局面，以‘碧玛1号’‘南大2419’‘甘肃96’等为代表的第一批改良品种，以‘济南2号’‘北京8号’‘内乡5号’‘丰产3号’等为代表的第二批改良品种和引自国外的‘阿勃’‘阿夫’等品种的推广，有效控制了条锈病的流行危害。其中，‘碧玛1号’年最大推广面积达到了9000万亩，覆盖了整个黄淮流域及河北北部地区，是我国年推广面积最大的小麦品种。利用簇毛麦的抗白粉病基因 *Pm21* 育成了50余个抗病小麦品种，近年来育成的赤霉病抗性品种‘扬麦33’实现了抗病性与丰产性的有效结合。利用生物技术培育的节水转基因小麦新品系‘MG11-1’的水分利用效率较受体提高15%以上，高光效转基因小麦新品系‘12T3-8’的产量较受体提高10.8%，养分高效利用转基因小麦新品系‘OsT5-28’在低肥条件下的产量较受体提高8.82%。通过编辑感病基因 *MLO* 相关遗传位点，创制出广谱抗白粉病又高产优质的小麦新种质，通过精准敲除小麦中 *TRE1* 基因，获得具有高产和氮高效利用潜力的小麦新种质。

玉米方面，2009年转植酸酶 *Phy A2* 基因“BVLA430101”玉米自交系获得农业部颁发的转基因生物安全证书，成为我国首个获批的转基因玉米。2019年以来先后有4个转基因玉米获得转基因生物安全证书，分别是大北农耐除草剂型转基因玉米‘DBN9858’、抗虫耐草甘膦除草剂复合型转基因玉米‘DBN9936’、抗虫耐草铵膦除草剂复合型转基因玉米‘DBN9501’及杭州瑞丰生物技术有限公司和浙江大学创制的抗虫耐草甘膦除草剂型转基因玉米‘瑞丰125’，为促进玉米绿色生产奠定了重要的品种基础。

大豆方面，耐除草剂大豆‘中黄6106’‘SHZD3201’‘DBN9004’等获批转基因生物安全证书，这些转基因大豆对广谱、低残留除草剂草甘膦表现出高耐受性，喷施4倍生产上使用剂量的草甘膦除草剂不影响大豆生长。转 *Cry1IE* 基因抗虫大豆对大豆食心虫表现为高抗，虫食率<5%，转 *Cry1C* 基因抗虫大豆对我国主要大豆食叶性害虫具有较强的抗性。广谱抗大豆花叶病毒转基因大豆对我国大豆产区主要花叶病毒小种表现为高抗；抗疫霉根腐病转基因大豆对疫霉菌主要生理小种表现为高抗，室内接种死亡率<9%。基因编辑技术也开始在大豆品种的品质、株型等重要育种性状改良过程中得到应用，对 *GmMYB118* 等基因编辑，实现了耐盐性、耐旱性、耐热性、耐涝性、庇荫性的改变及花叶病毒、疫霉菌、菌核菌抗性的改变。

针对耐盐碱作物新品种培育的重大需求，我国建设了国家耐盐碱水稻技术创新中心，建立了规范化的水稻全生育期耐盐碱鉴定和评价技术，组织了不同生态区的国家耐盐碱水稻品种区试，已审定了‘荃9优1393’‘春两优121’等11个水稻耐盐碱品种。开设了环渤海耐盐碱杂交小麦品种试验和南疆耐盐碱冬小麦品种试验2组区试验，覆盖环渤海滨海盐碱区和南疆内陆盐碱区，‘京麦12’‘京麦188’‘京麦189’‘小偃60’4个品种成为我国首批通过国审的耐盐碱小麦新品种，2022年‘京麦189’百亩示范方（土壤含盐量0.4%）平均亩产达690.8kg；玉米品种‘京科968’等在萌发出苗期及全生育期对盐碱具有较强耐受性，并已在内蒙古、吉林等中轻度盐碱地示范种植。筛选出‘科豆35’‘中吉602’等耐盐大豆新品系（种），在山东东营和吉林乾安等盐碱地示范1000亩以上；筛选出‘中油351’‘华油杂62’等耐盐碱新品种，增产效果显著。

三、优质功能型品种

国民营养健康已经成为衡量经济社会发展和人民生活幸福水平的综合尺度，是民族昌盛和国家富强的重要标志。党的十九大报告提出“实施健康中国战略”，把人民健康放在了优先发展的战略地位。我国在培育优质和功能专用型新品种方面取得了快速进展，为满足国民对营养健康的重大需求发挥了重要作用。

在水稻上，利用低谷蛋白基因 *lgc-1* 培育出适合肾脏疾病患者食用的新品种‘W3660’‘W1721’‘W0868’，其中‘W0868’谷蛋白平均含量为 2.63%，仅为普通稻米的一半，且产量已与主栽品种相当，该品种的推广应用将造福全国乃至全球数以亿万计的慢性肾脏疾病患者。利用突变技术育成的‘中紫 4 号’总蛋白、总脂肪、铁、锌、膳食纤维、维生素 A、维生素 B2、维生素 B6 含量比普通全米和普通白米均显著增加，最高增加 10 倍以上。选育出的高抗性淀粉转基因水稻新品系，抗性淀粉含量最高可达 15%，可填补国内外糖尿病患者主食的空白。

我国优质麦育种取得了显著进展，先后育成‘藁城 8901’‘师栾 02-1’‘中麦 578’‘济麦 44’等优质强筋品种和‘扬麦 13’‘郑麦 004’等弱筋品种。其中，‘济麦 44’在 2019 年全国首届黄淮麦区优质强筋小麦品种质量鉴评会上被鉴评为“超强筋、面包、面条优质强筋小麦品种”，年推广面积已经接近 1000 万亩。优质强筋小麦新品种‘中麦 578’的面粉色泽亮白，适宜制作优质面包，配麦配粉还能生产优质面条粉和饺子粉，深受小麦加工企业欢迎，2022 年度订单收购量达到 50 万 t，相当于百万亩小麦地的产量，每千克加价约 0.16 元，仅优价部分助力麦农增收 8000 万元。‘泛麦 8 号’作为酿酒专用品种，对白酒品质提升发挥了重要作用。通过定点编辑淀粉分支酶基因 *TaSBEIIa*，成功创制了高抗性淀粉小麦新种质，对于降低糖尿病、高脂血症等慢性疾病发病风险具有重要意义。分别对籽粒硬度相关 *Pinb* 基因、淀粉品质相关 *Waxy* 基因、面团褐变相关 *Ppo* 基因及面粉黄色素含量相关 *Psy* 基因进行精准编辑，获得了一批优质小麦新种质。

在营养功能型大豆研发方面，转 *Gmfad2-1B* 反义 RNA 和 RNA 干预（RNAi）高油酸大豆的油酸含量达到 70%以上。对 *GmFAD2* 等基因进行编辑，创制出高油酸、脂氧合酶缺失、高油/低蛋白质、低棕榈酸/硬脂酸等大豆新种质。

四、宜机化早熟品种

随着我国作物种植主体、栽培方式和耕作制度的演变，宜机收早熟品种的培育和推广对促进我国作物种植方式朝机械规模化、信息精确化、可持续简化、气候变化适应性等多方向发展起到了重要的支撑作用。当前，水稻和小麦的机械化作业程度已达 95%以上，玉米和大豆宜机化早熟品种培育也取得了突破性进展。

玉米方面，以早熟、矮秆、耐密植、高抗、籽粒灌浆和脱水速度快等性状为重点的宜机收玉米品种已成为育种的主导方向，培育审定的‘京农科 728’‘泽玉 8911’等机收籽粒品种填补了国内空白，引领了新时代玉米产业的发展。以‘郑 58 等’为代表的 PA 种质、以‘昌 7-2’为代表的四平头种质及国外跨国公司引入我国的 PH6WC 等早熟、耐密植、脱水快种质的广泛应用，改变了我国传统的高秆、大穗玉米育种模式，而是将耐密植作为育种目标的核心，品种适宜轻简化栽培管理和机械化作业。‘先玉 335’具有高产、稳产、早熟、脱水快、出籽率高、商品品质好等优点，深刻影响了我国玉米产业的发展，累计推广面积 3.44 亿亩。

大豆方面，我国东北地区育成和推广了一批早熟、抗逆大豆新品种。其中，‘黑河 45’‘黑河 49’等极早熟、超早熟大豆品种的育成，使东北北部第五、第六积温带等高寒地区的大豆产量水平明显提升；‘黑河 43’‘疆莫豆 1 号’等品种适合东北北部第三、第四积温带规模化、机械化生产的需要，实现了连作条件下的大豆稳产高产。黄淮海地区育成的以‘中黄 13’为代表的早熟抗逆品种的大面积推广应用，使黄淮海南部地区在劳动力大量转移、耕作栽培仍显粗放的条件下实现了大豆面积逆势扩展和单产稳步提升。‘中黄 301’分别通过了国审和三个省份的审定，高产潜力好、稳产、抗倒、耐密植、适宜全程机械化作业，2016～2018 年连续 3 年实收测产亩产超过 310kg，提升了大豆的机械化作业水平和生产潜力。

第五节 种 业 体 系

改革开放特别是进入 21 世纪以来，我国农作物种业发展实现了由计划供种向市场化经营的根本性转变，尤其是“十二五”时期以来，通过深入贯彻落实习近平总书记关于种业工作的重要指示精神和国务院关于加快推进现代农作物种业发展的部署要求，坚持市场化方向，强化企业主体，深化体制改革，加快科技创新，我国农作物种业发展快速推进，取得显著成效，为夯实国家粮食安全根基作出了重要贡献。

一、种业体系创新布局

针对制约农业科技发展的体制机制问题，我国开展了一系列科研体制改革与探索。坚持发挥集中力量办大事的制度优势，探索跨区域、跨学科、跨部门开展协同攻关模式，有效解决了制约我国农业生产发展的重大关键技术问题。2007 年国家现代农业产业技术体系的建设和运行开创了科技体制改革的先河，探索了符合农业科技自身规律的管理运行模式。以农产品为单元，进行布局和结构设计，形成了涵盖从产地到餐桌、从生产到消费、从研发到市场的全产业链条，符合全链条设计、一体化实施的改革要求，建立了不唯论文、不唯奖励、注重成果落地的考评机制，与当前的科研机构分类改革和人员评价改革相一致。2014 年以来，强化行业性重大品种联合攻关，组织开展了水稻、玉米、小麦、大豆四大作物良种的联合攻关，改“单兵作战”为“集团攻坚”，构建了政产学研结合的育种新体系，并继续向纵深推进，组织启动了甘蔗、火龙果、西兰花、甘薯、香蕉、荔枝、青梗菜、马铃薯、花生、油菜、食用菌 11 种优势特色作物的良种攻关。通过实施遗传改良计划，推进了种业“放管服”改革，通过改革品种审定制度，激发了育种创新的积极性，增强了企业的创新活力。中国特色种业科技创新格局正在形成，科研院所正逐步转型为以基础研究为主、以应用研究为辅，企业商业化育种体系逐步建立，科企合作多种模式并存。以海南、甘肃、四川三大国家级育制种基地为核心，以 52 个制种大县和 100 个区域性基地为骨干的种业基地“国家队”的构建，保证了全国七成以上的作物用种需求。种子储备项目有序推进，国家每年储备 5000 万 kg 农作物种子。2018 年主要农作物种子质量合格率稳定在 98%，良种覆盖率超过 97%。

二、育繁推一体化

我国已成为全球潜力最大的种业市场，2021 年种子市场规模达 1180 亿元，市值位居全球第二。企业是种业发展之基，应以提升产业竞争力为重点，以打造领军企业、大力发展创新链特色企业两条路径相结合的模式，做强做大中国种子企业。一方面，坚持育繁推一体化发展方向，培育壮大一批世界一流的种子企业，加快形成国家级种业航母；按照“产权清晰、权责明确、政企分开、管理科学”的要求，完善现代企业制度，营造优良企业文化，弘扬企业家精神。另一方面，按照“做精做专”“做优做特”的思路，立足我国不同区域和产业的资源禀赋与自身优势，打造在科技内涵、技术专长、独特模式等方面具有核心竞争力的区域性、特色化、专业型企业，形成布局结构合理、大中小各具特色、上下游相互补充的种业发展新局面。

改革开放以来，我国种子企业实力稳定增长，2020 年我国有种子企业 6118 家，资产总额 2425.21 亿元，资产总额 1 亿元以上的有 432 家，其中 10 亿元以上企业有 27 家，实现种子销售收入 777.10 亿元，利润 69.57 亿元。“育繁推”一体化种子企业有 98 家，前 50 强的市场份额占到 35%以上，上市企业有 60 多家，总市值超千亿元。企业创新能力快速增强，2018 年前 50 强企业研发投入超过 15 亿元，占销售收入的 7.5%；企业选育的国审水稻品种和玉米品种占比均超过 80%；种子企业农业植物新品种权申请量和授权量占比均超过 50%。我国目前有 2 家企业已跻身全球种业前十强，20 多家企业在境外设立研发机构。

三、种子生产加工

“十二五”时期以来，我国农作物种业产业化得到快速发展，建立了一大批制种基地和种子加工厂，农作物杂交种高效高产规模化制种技术、亲本繁育技术、种子加工技术、种子检验技术等研发取得显著进展，提升了制繁种技术规模化和种子综合加工技术标准化水平，从而提高了种业产业化水平。

1）种子生产机械化率不断提高。近些年，国家种子基地建设取得实质性突破，相继建成一大批“规模化、机械化、集约化、标准化、信息化”的国家级制种基地，推动了两杂种子制种迅速向国家级种子基地集中。2017 年，玉米国家级种子基地制种面积占到全国制种面积的 76.7%，产量占到 87.3%，杂交水稻国家级种子基地制种面积占到全国制种面积的 67.3%，产量占到 73.73%，为破解杂交玉米和杂交水稻制种成本高的难题奠定了基础。依托农业科技公益性行业专项，重点针对水稻父母本插秧和无人机赶粉、玉米机械去雄及父本后期割除等关键环节的机械化短板，开展大协作，集成两杂种子全程机械化生产技术体系和高产高质量生产模式，在国家级制种基地试点推广。试点区域玉米制种耕种收机械化率达到 100%，种子实现不落地进仓；试点区域杂交水稻种子制种耕种收机械化率达到 90%，种子实现全部烘干，发芽率提高到 85%以上。

2）种子生产质量控制体系逐步完善。骨干企业及部分规模种子企业普遍建立起较为严格的亲本纯度控制体系和种子生产技术规程，种子生产过程质量控制水平不断提高。绝大多数种子企业规范了种子标签，通过二维码实现了对种子质量和相关信息的全程可追溯。全国农作物种子质量监督抽查结果表明，农作物种子质量水平稳步提升，2018年质量合格率达到98.5%。从质量指标来看，净度、水分、发芽率合格率基本保持在98%以上，纯度略低一些，真实性合格率相对最低。为解决此问题，制修订种子检验技术标准，初步建立玉米、水稻等主要农作物DNA指纹图谱技术并用于品种的纯度和真实性鉴定，推进玉米、水稻、小麦、棉花、油菜、大豆、蔬菜七大作物SNP检测技术研发、标准制定和指纹数据库构建，构建90K水稻SNP芯片、660K小麦SNP芯片和200K、6H60K玉米SNP芯片等，为品种真实性、纯度、特异性鉴定等提供必要的数据支撑，SNP指纹数据库管理系统为跨实验室、跨时间、跨平台、跨作物的指纹数据整合与分享提供了基本平台。

3）种子加工装备达到国际先进水平。经过多年发展，我国种子加工装备已经形成相对完善的工业体系。目前，我国规模以上种子企业制造的种子加工设施设备已经达到国际先进水平。玉米、水稻、小麦、棉花等主要农作物的种子加工能力与技术水平完全能够满足农业生产用种需求。在玉米种子加工领域，集成创新研发出1000t/批、1200t/批、1500t/批的系列化、规模化、模块化玉米果穗烘干室，建成处理能力为10～15t/h的系列大型规模化种子精选加工成套设备，玉米种子发芽率达到92%以上。应用光电分选技术对清选后的棉种进行分选，棉种发芽率达到90%以上。研制商品种子智能加工成套装备，集成优化种子低损加工、包衣丸化、无损输送、智能控制等绿色、节能、智能配套设备及其智控系统。利用基于虚拟仪器的计算机智能测控技术，实现种子加工工艺过程和设备高度集成、远程多参数同步测试与多点实时控制，具有种子加工流程一键选择、各设备独立启动、振动筛振动频率控制、风速及转速控制、各工作台面气动快速控制等功能，解决了我国种子加工装备单机作业效率低、作业流程不连贯等问题。

四、种子售后服务

种子质量是企业的生命，而种子服务是企业生命的灵魂。服务作为销售的一部分已经成为众厂家和商家争夺消费者的重要领地，是提升消费者满意度和忠诚度的主要方式，是树立企业口碑和传播企业形象的重要途径。

种子销售市场中，服务与种子产品一样，都是企业核心竞争力的体现，服务与种子企业发展关系密切，要保证我国农业的现代化发展，需要完善种子售后服务，用具有差异性和特色性的服务增加企业发展的核心竞争力。现如今我国农业发展中，农村多数劳动力转移到城市，农业活动由青壮年转移到妇女、儿童和老人身上，种子购买的主力军是种植大户和家庭农场，这两类购买者更需要企业提供产业链水平的全方位指导，用立体式的服务保证种子种植、收获等符合种植业的需求。

目前“互联网 + 种业”战略已成为种业产业链提供售后等服务的重要手段，利用互联网技术向种子购买人员推广平台，在平台上共享和交流种子资源，并进行沟通和指导，利用交流平台实现种子种植技术推广和农作物防治等，并将市场需求推广给群众，便于提高种植生产率。采用 B2B 模式和 O2O 模式进行网上销售与服务指导，在电商平台上进行产品销售，并提供产品供应、销售和市场信息及用户的消费记录等各项内容，解决售后服务问题。

五、种业知识产权保护

随着 2000 年《中华人民共和国种子法》的颁布实施，特别是国务院 2011 年国办发 8 号、2012 年国办发 59 号、2013 年国办发 109 号 3 个种业工作文件的发布，以及 2016 年新《中华人民共和国种子法》的正式实施，我国种业顶层设计基本完成，种业发展的“四梁八柱”已经建立。目前，种业支持政策体系不断完善，法律法规制度体系更加健全，种业行政管理体系逐步建立。随着种业知识产权保护加强、种业大数据平台建设、市场监管力度持续加大，制售假劣、套牌侵权等违法行为大幅减少，“劣种子”问题基本解决，“假种子”问题得到有效遏制。

改革开放 40 多年来，种业法规建设从无到有，从办法到条例再到法律，位阶不断提高，体系不断完善，已形成《中华人民共和国种子法》《中华人民共和国植物新品种保护条例》《农业转基因生物安全管理条例》《植物检疫条例》《农作物种子生产经营许可管理办法》《主要农作物品种审定办法》等 18 个配套规章，建成涵盖种子科研、生产经营、质量管理等产前、产中、产后管理全过程的法律法规体系。2016 年新《中华人民共和国种子法》及配套规章的颁布实施，将植物新品种权保护上升到法律层面，种业法律法规进一步健全，营商环境进一步优化。

第六节　展　　望

党的十八大以来，我国农作物种业发展成效显著，种业体制机制改革取得重大进展，育种创新水平显著提升，种子企业竞争力显著增强，供种保障能力持续增强，种业发展环境显著改善（解沛等，2022）。我国农作物种业科技近些年来得到迅速发展，育种基础科学原始自主创新能力显著提升，步入“领跑、并跑和跟跑”并存的格局，农业科研整体水平大幅提升。我国农作物种业科技计划实现了从单一到全面、从跟踪研究到自主创新，从“资源配置碎片化”到“全产业链设计，一体化组织实施”的布局，不断推动种业科技进步与应用。良种繁育和加工水平快速提升，供种保障能力明显增强，农作物良种覆盖率超过 96%，农作物种业产业化得到快速发展。

一、面临的新形势

一是确保国家粮食安全是实现经济发展、社会稳定、国家安全的重要基础。粮食既是关系国计民生和国家经济安全的重要战略物资，也是人民群众最基本的生活资料。我国的粮食需求总量将长期保持刚性增长趋势，水稻、小麦、大豆、玉米等粮食供给压力不断增大。科技进步对农业增产的贡献潜力巨大，科技创新已成为全球种业竞争的核心，是粮食等主要农产品产量和质量不断提高的主要推动力。二是新的发展阶段对我国种业在保护生态环境和保障营养健康方面提出更多需求。我国农作物种子对“有没有、保生存”方面的需求是能够满足的，但在“好不好、高质量”方面还存在差距。在新的发展阶段，“推进农业绿色发展是农业发展观的一场深刻革命”，种业科技在适应和带动我国农业绿色发展的过程中作出了重要贡献。营养健康已成为衡量经济社会发展和人民生活幸福水平的综合尺度，农作物种业是支撑国民营养健康的源头保障。三是面临国际竞争压力，部分种源对外依赖过高。农作物种业是增强国家农业国际竞争力的核心，面对跨国种业的竞争和我国农业竞争力的提升，我国种业的原始创新能力在国际上总体处于少量领跑、大部分并跑和跟跑的格局。水稻、小麦两个最基本的口粮产量领先，但玉米、大豆单产水平只有世界先进水平的60%左右。强化科技创新驱动，确保农产品有效供给，有力促进农业增效、农民增收、农村增绿，引领和支撑我国现代农业发展。四是种业科技发展带来新机遇。孟德尔经典遗传学理论的提出和再发现，促进了杂交育种技术的广泛利用，成为现代种业市场繁荣的巨大驱动力。DNA 结构解析和分子生物学技术飞速发展，使转基因技术和基因编辑技术成为世界上推广最快的生物技术。随着基因组学的飞速发展，以及生物技术与信息技术的深度融合，转基因、基因编辑、全基因组选择、合成生物学、智能设计育种等成为引领当今和未来种业发展方向的前沿技术，新一轮种业变革的时代已经到来。

二、面临的机遇与挑战

与发达国家和新时代国家相比，我国的种业科技还存在科技成果与产业发展需求不匹配，科技研发力量分散、原始创新不足，产学研脱节、商业化育种体系尚未完全形成问题。一是科技成果与产业发展需求不匹配。面向未来产业发展需求的技术成果供给不足问题还很突出，表现为优质农产品存在巨大供需缺口，高端优质专用产品供给不足；适应农业机械化等产业现代化发展需求的品种仍短缺；面向绿色发展的抗病抗逆、资源高效利用品种缺乏。2019 年国审的主要农作物品种中，绿色水稻、优质一级水稻分别占水稻总数的 2.41%和 4.02%，强筋小麦占小麦总数的1.69%，机收玉米、绿色玉米分别占玉米总数的 2.41%和 3.01%。二是科技研发力量分散、原始创新不足。虽然目前我国专门从事种业科技创新的机构数量居世界首位，然而大部分种业科技人员集中在科研单位，80%的种子企业缺乏自主创新能力，高学历人才匮乏；同时由于科研力量分散，不能形成有效的合力，种业科技相关基础和技术研究的原始创新能力仍然薄弱。三是产学研脱节、商业化育种体系尚未完全形成。由于产学研脱节和农业企业创新能力弱等，我国“点片式”创新突出，集成式、全产业链创新能力不足。尽管国审品种中企业选育品种占比达到 60%，但从整体上看，我国企业的商业化育种仍处于体系构建阶段，以市场为导向的应用基础研究和技术创新体系尚未建立，企业对该领域的参与度不足。

在作物种质资源保护评价、作物育种基础理论与技术竞争力和创新性、作物遗传改良和科技创新体系等方面我国与发达国家仍存在较大差距。从国内国际两个维度研判，推动种业科技革命，加快种业科技自主创新，全面构建中国特色种业科技创新体系是保障我国现代种业健康发展、加快提升民族种业国际竞争力的有力措施，我国农作物种业必将迎来新的技术革命和蓬勃的发展期。

三、目标与愿景

围绕育种科技发展前沿，以主要粮食作物、经济作物等战略物种为对象，面向我国经济建设主战场，以保障国家食物安全和国民营养健康、推进农业高质量发展为主要目标，构建国家农业生物育种创新体系，抢占农业科技创新战略制高点，实现育种技术向以“BT+IT”[全基因组选择等生物技术（BT）和人工智能等现代信息技术（IT）]为核心的智能育种技术体系跨越发展；创制突破性核心种源、重大农业生物新产品，推进新兴生物产业和新业态快速发展，引领未来农业发展方向，提升农业发展质量，全面支撑乡村振兴。到2035年，形成以农业生物育种等前沿技术体系为核心的农业科技国家战略力量，农业科技创新整体实力进入世界前列，迈入以“领跑与并行”为主的全面跨越发展新阶段，为建成农业科技和农业现代化强国提供支撑。

四、战略与路径

统筹产业需求和技术基础，重点强化事关农作物种业长远发展的重大基础科学问题阐析、前沿关键技术突破，重点培育突破性重大新品种，为建设农作物种业强国提供强有力的科技支撑。

1）种质资源向基因资源跨越。随着组学技术、信息技术、人工智能技术等在种质资源领域的应用越来越广泛，种质资源的鉴定评价趋于规模精准化，基因资源挖掘趋于高效化和新型基因资源创制趋于精准定向化。未来依托国家作物种质库，突破作物种质资源精准化鉴定、基因资源规模化挖掘和新基因资源设计技术，使基因、种质能满足不同生态区的育种和生产需求。到 2035 年，全面厘清国家作物种质库遗传本底，形成规模化、精准化的基因资源挖掘技术体系，获得具有自主知识产权和重大育种价值的新基因，实现基因自主可控；建立优异基因资源高效创制技术体系，精准创制突破性优异新种质，实现我国从种质资源大国转变为基因资源强国。

2）育种技术向智能化数字化发展。伴随人类社会步入互联网、大数据、人工智能“三位一体”的新时代，生命科学、信息科学与育种科学将深度融合，农作物遗传改良正跨入革命性新阶段。智能设计育种是伴随人类社会步入“三位一体”新时代提出的革命性育种理念，涵盖生命科学领域的基因组技术、表型组技术、基因精准操作技术、生物信息学、系统生物学、合成生物学，以及信息领域的人工智能技术、机器学习技术、物联网技术、图形成像技术，必将支撑作物育种科学向更高水平发展。

3）品种改良向多性状协同改良突破。新时期，随着人口结构和消费结构的改变，我国面临种植业结构调整和供给侧结构性改革对品种改良的重大需求，因此育种方向需要由产量导向向多性状协同改良转变。随着作物科技的不断创新，未来 5 年我国作物的单产能力将持续提升，因此国家粮食安全保障能力得到进一步提升；到 2035 年，我国粮食生产总量在现有基础上增加 5000 万 t 以上，对外依存度进一步降低，粮食生产效率大幅提升；到 2050 年，粮食生产实现绿色化，投入品和秸秆资源化利用形成良性循环，完全实现优质安全食品的按需生产。

4）种业体系向一体化迈进。建立完善以科研院校为主的公益性研究和以种业企业为主的商业化育种相互支撑的种业科技创新体系。加强支持育繁推一体化企业的科技创新能力建设，促进种业科技创新和产业发展形成良性循环，构建高质量高效率创新体系，充分发挥企业在良种培育、种子生产、技术推广中的主体作用，提升产业链协同发展能力。通过完善和优化现行种业相关制度与政策，营造良好的种业创新发展环境。建立包括基因资源、技术、品种和商标等多层次的知识产权保护体系，建立科技创新的奖励和促进机制，促进科技成果的合理转让与转化。

（本章执笔人：万建民、马有志、邱丽娟、郭勇、黎裕、谷晓峰、谢永盾、武晶）

第十章　耕地质量提升技术

第一节　概　　述

耕地是粮食生产的命根子，是保障粮食安全的重要物质基础。自新中国成立以来，我国在农业土壤资源的高效利用和耕地的质量建设方面取得了突破性进展，从当初以提高现有耕地单产为主要目标转变为以地力提升促进大面积均衡增产为主要目标。我国土壤资源利用技术的进步，为我国耕地地力提升与粮食增产作出了重大贡献。

一、耕地质量总体现状与问题

（一）耕地质量总体现状

我国农业基础较为薄弱，耕地质量整体偏低。为摸清我国耕地质量的总体情况，农业部分别于 2014 年和 2019 年发布《全国耕地质量等级公报》。2019 年数据显示，我国耕地面积共 20.23 亿亩。2019 年全国耕地质量平均等级为 4.76 等，较 2014 年提升了 0.35 个等级，其中黄淮海区、黄土高原区和长江中下游区耕地质量等级提升速度较快，分别提高了 0.36 个、0.41 个和 0.36 个等级。全国评价为一至三等的耕地面积为 6.32 亿亩，占耕地总面积的 31.24%。这部分耕地基础地力较高，障碍因子不明显，应按照用养结合方式开展农业生产，确保耕地质量稳中有升。评价为四至六等的耕地总面积为 9.47 亿亩，占耕地总面积的 46.81%。这部分耕地环境气候条件基本适宜，农田基础设施条件相对较好，障碍因子较不明显，是今后粮食增产的重点区域和重要突破口。评价为七至十等的耕地面积为 4.44 亿亩，占耕地总面积的 21.95%。这部分耕地基础地力相对较差，障碍因子突出，短时间内较难得到根本改善，需持续开展农田基础设施建设和耕地内在质量提升建设。

从区域上看，不同区域耕地质量状况差异较大，且部分区域存在较为突出的障碍因子。2019 年，东北区耕地质量整体较好，平均耕地质量等级为 3.59 等（表 10-1）。评价为一至三等和四至六等的耕地面积分别为 2.34 亿亩和 1.80 亿亩，分别占东北区耕地总面积的 52.01%和 40.08%（图 10-1）；评价为七至十等的耕地基础地力较差，存在盐碱化、瘠薄、潜育化等障碍因子，土壤结构松散，伴有风蚀和水蚀危害。黄淮海区平均耕地质量等级为 4.20 等，评价为一至三等和四至六等的耕地面积分别占该区域耕地总面积的 40.15%和 49.22%；该区域耕地的主要障碍因子是土层浅薄、灌溉设施缺失、土壤盐碱化等。长江中下游区、西南区和华南区的平均耕地质量等级分别为 4.72 等、4.98 等和 5.36 等，评价为七至十等的耕地面积占比分别为 18.17%、21.67%和 34.54%。这三个区域的耕地都存在较为严重的酸化问题，pH≤5.5 的强酸性土壤耕地面积占比分别为 27.4%、57.3%和 12.3%。甘新区总耕地面积为 1.16 亿亩，平均耕地质量等级为 5.02 等，其中 0.27 亿亩耕地质量等级不高，水资源缺乏，盐分含量高，沙化、荒漠化严重，养分贫瘠，生产力水平较低。内蒙古及长城沿线区、黄土高原区和青藏区的耕地质量与全国平均水平有较大差距，平均耕地质量等级分别为 6.28 等、6.47 等和 7.35 等，评价为七至十等的耕地面积占比分别为 48.45%、54.76%和 65.79%。

表 10-1　2014 年和 2019 年全国各区域耕地质量等级变化

地区	2014 年平均等级	2019 年平均等级	5 年提升
全国	5.11	4.76	0.35
东北区	3.88	3.59	0.29
黄淮海区	4.56	4.20	0.36
长江中下游区	5.08	4.72	0.36
西南区	5.20	4.98	0.22
华南区	5.64	5.36	0.28
内蒙古及长城沿线区	6.56	6.28	0.28
黄土高原区	6.89	6.47	0.42
甘新区	5.22	5.02	0.20
青藏区	7.56	7.35	0.21

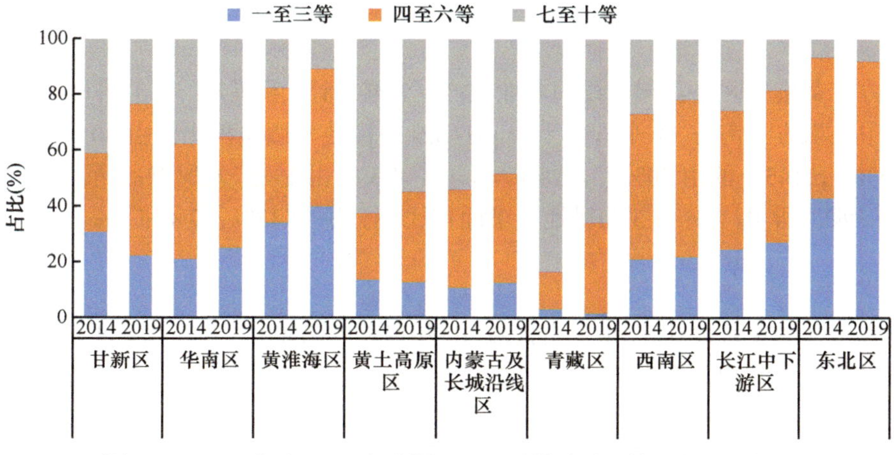

图 10-1　2014 年和 2019 年我国不同区域耕地质量等级占比分布

近几年来，随着“藏粮于地、藏粮于技”战略的有效实施，我国耕地质量稳中有升。根据国家耕地质量长期定位监测结果，我国土壤有机质总体上呈稳定上升趋势，从 20 世纪 80 年代上升到 2014 年的 21.7g/kg，再到 2019 年的 25.4g/kg，上升了 17%。土壤有效磷呈显著上升趋势，从 80 年代的 7.2mg/kg 上升到 2014 年的 26.21mg/kg，再到 2019 年的 29.52mg/kg，上升了 30%。土壤速效钾稳中有升，从 80 年代中期的 91mg/kg，上升到 2014 年的 141.76mg/kg，再到 2019 年的 147mg/kg，增加了 61.5%。全国耕层土壤有效微量元素与十年前相比均有不同程度的提高，但部分有效微量元素仍然缺乏。2019 年有效硼、钼处于缺乏水平的耕地分别占总面积的

49.30%和 91.17%（李荣，2020）。耕地土壤酸化明显，40 年间土壤酸碱度（pH）平均下降了 0.8 个单位，其中南部和东部地区土壤 pH 在 6.5 以下的耕地面积增加显著。耕层厚度略有增加，随着我国对耕地质量的重视和农业机械化水平的提高，种植粮食作物的旱地/水浇地监测点耕层厚度平均为 21.5cm，水田为 19.6cm。2021 年全国耕层厚度≤20.0cm 的监测点比例仍然在 60%以上，2015 年以来水田土壤容重≤1.0g/cm^3 的监测点比例呈下降趋势，旱地/水浇地土壤容重>1.3g/cm^3 的监测点比例各区均呈上升趋势。

（二）耕地质量存在的主要问题

近年来，我国先后实施了中低产田改造、高标准农田建设、耕地质量保护与提升、退化耕地治理、国家黑土地保护等一系列耕地质量建设与保护行动，耕地质量总体稳中有升，2019 年全国耕地质量等级较 2014 年平均提高 0.35 个等级。

1. 东北黑土地“变薄、变瘦、变硬”

东北黑土地是我国极为重要的粮食生产基地，其粮食总量和商品粮总量分别占到全国总量的 1/4 和 1/3。目前，东北黑土区土壤有机质平均含量在 40g/kg 以下，远低于黑土地开发初期含量水平（80～100g/kg），与第二次全国土壤普查时相比，有机质含量下降了 35%左右。同时，黑土地因水土流失、不合理耕作等，土层变薄和地力下降问题依然存在（汪景宽等，2021）。

2. 南方地区土壤酸化

南方红黄壤地区是我国重要的农业生产区，据统计，我国 14.5%的耕地已严重酸化，大多集中在南方。南方 14 个省份土壤 pH<6.5 的耕地土壤面积比例由 30 年前的 52%扩大到 65%，pH<5.5 的由 20%扩大到 40%，pH<4.5 的由 1%扩大到 4%。酸化最严重的有广东、广西、四川，pH<4.5 的耕地土壤面积比例分别为 13%、7%和 4%。

3. 北方耕地次生盐渍化

北方有盐碱化耕地约 1.14 亿亩，较 40 年前增加 2600 万亩，增长近 30%。其中，次生盐碱化问题突出，在西北地区由灌溉不当导致的耕地土壤次生盐碱化面积为 2100 万亩，占全国次生盐碱化面积的 70%。

4. 南方水稻土低产障碍

我国南方低产水稻土总面积为 1.1 亿亩，约占总面积的 1/3，集中分布在广西、广东、江西、福建、海南、云南、湖南等省份。低产水稻土主要存在有机质不高、耕层浅薄、还原物质毒害、土壤酸化、土温低冷等“瘦、板、烂、酸、冷”问题，是水稻增产的重要限制因子。

二、耕地质量提升成效

20 世纪 60 年代，中国农业科学院依托建立在南方丘陵的红壤实验站，重点围绕红壤低产田改良利用开展研究，总结提出了“冬干坐秋、坐秋施磷、磷肥治标、绿肥治本、一季改双季、晚稻超早稻”改良利用鸭屎泥田的一套技术措施，成为我国南方改良低产田提高水稻产量、发展农业生产的重要途径，在短短的三四年时间内，使水稻产量翻了一番。这项研究成果在 1964 年被国家科学技术委员会授予国家重大科技成果奖。国家“七五”“八五”“九五”科技攻关期间，农业部组织中国农业科学院等有关单位开展了南方红（黄）壤丘陵低产土壤综合利用改良、集约化农业配套技术、综合治理和红壤稻田持续高产等研究，这一时期的研究主要以通过平衡养分来提高作物的抗逆性和结实率等措施促进水稻增产。“红壤丘陵区立体农作制度及配套技术”研究提出了丘陵沟谷底部水田三熟高产技术，丘陵坡麓高岸田节水栽培技术，丘陵下部旱地粮、经作物高产的土、肥、水调控和抗旱栽培技术，丘陵中部发展果茶优质高产技术，丘陵上部草林结合防止水土流失技术等，使整个丘陵区形成山、水、田、土综合治理，粮、经、果、林、牧全面发展的立体农业新格局。

新中国成立以来，盐碱地改良一直是土壤改良的重点内容之一。在过去的半个多世纪里，我国盐碱地改良研究重视农业措施与工程措施相结合，围绕调控水盐运动和加速土壤脱盐，开展了盐碱地综合治理和高效利用技术与模式等研究，取得了重大突破和显著成效。20 世纪五六十年代，人们对盐碱土的认识不够充分，我国的盐碱土改良工作从 1960 年开始进入高潮，研究工作的重心转移到面积更为广大的内陆盐碱土上。“以冲沟躲盐巧种”为核心的棉麦苗保苗增产技术措施促进了当地棉麦增产，得到了中央和地方各级政府的重视。70 年代中期开始，为进一步扩大内陆盐碱土改良面积，农业部协调组织中国农业科学院、北京农业大学等单位共同实施了“黄淮海平原中低产地区综合治理的研究与开发”项目，提出了“两线作战”的总体战略部署，其中包括由 12 个试验区和 6 个重大技术研究专题组成的方案。这一计划依托旱、涝、盐碱、瘠薄试验区和示范区，开展包括区域水盐运动规律和水盐监测预报，大面积培肥地力，经济施肥技术，灌排技术措施，主要作物优质、高产、抗逆配套栽培技术，不同类型区域综合防护林体系配套技术和生态经济效益，黄淮海平原中低产地区综合治理和农业资源开发利用的总体方案及农业结构、布局与种植制度等方面的技术研究和协作攻关。80 年代以来，黄淮海平原开展了旱涝盐碱的整治工作，主要目标是以综合治理旱涝盐碱为中心改善生产条件和农业生产环境，深度开发黄淮海平原的资源潜力，提高农业生产水平。历经 20 多年，针对盐碱地综合治理的技术成果“黄淮海地区农业综合开发研究”与“两弹一星”在 1993 年获国家科学技术进步奖特等奖，标志着我国盐碱地的治理工作取得重大突破。至 90 年代初，中国盐碱化耕地面积已降至 520 万多公顷。针对黄淮海平原土壤盐碱治理后“生态脆弱、农业低而不稳”的情况，继续开展以当地水、土资源高效利用为基础的区域农业持续发展关键技术研究，以进一步促进农业的可持续发展。

黄土高原地区的土壤侵蚀是该区域中低产田产能提升的重要障碍因子。20 世纪 50～70 年代国家主要开展植树造林、梯田和淤地坝建设；八九十年代后主要开展小流域治理和三北防护林建设，1998 年以来随着退耕还林（草）政策的实施，黄土高原植被面积显著增加；2016 年黄土高原地区作为国家第一批山水林田湖草生态保护修复工程试点，统筹山水林田湖草系统治理工作，结合乡村振兴和生态文明建设，水土流失治理工作进入新的阶段；2017 年黄土高原植被覆盖率较退耕还林还草前的 1999 年增加了约 33%，流入黄河的泥沙减少至每年 2 亿 t 以下。

自“九五”国家科技攻关计划实施以来，近 20 年来主要通过土壤养分供应研究、有机质提升、沃土工程、土壤侵蚀治理等项目的实施及推广应用来提升耕地地力水平。集成创新了可提升不同区域土壤有机质的综合技术模式，研创了低产水稻土改良与地力提升新产品，创建了极强酸性土壤降酸治理、强酸性土壤调酸增产、中度酸性土壤阻酸培肥及弱酸性土壤控酸稳产等综合防治技术模式，经大面积推广应用成效显著，代表性成果“主要粮食产区农田土壤有机质演变与提升综合技术及应用”“南方低产水稻土改良与地力提升关键技术”“我国典型红壤区农田酸化特征及防治关键技术构建与应用”先后获得 2015～2017 年国家科学技术进步奖二等奖。

2017 年农业部印发的《耕地质量保护与提升行动方案》，进一步推动了我国耕地地力提升与保护行动的实施，提出了包括提升土地生产力的技术保障战略、区域优化战略和政策保障措施等内容的土地生产力可持续提升战略体系，为保障国家粮食安全、生态安全和农业可持续发展提供了有效的科技支撑。近年来，我国在退化耕地治理、耕地质量提升与保育等基础理论创新和关键技术研发方面开展了针对农田生态系统养分循环及耕地质量长期演变规律的研究，发展了典型土壤类型质量管理的指标体系、培育理论与技术体系，探索了土壤贫瘠、酸化、盐碱化、潜育化等障碍因子形成的机制与消减途径，集成了典型区域耕地退化治理与土壤培肥改良综合技术模式。我国耕地质量建设与保护方面的技术进步有力地支撑了“藏粮于地”战略的实践，为保障国家粮食安全作出了重大贡献。

三、耕地地力提升对产能的支撑作用

耕地地力是保证粮食产量的基础。良好的施肥管理条件下土壤基础地力与作物产量呈正相关，基础地力越高，对作物产量的相对贡献越大，提升基础地力有利于提升土地的生产潜力。近 30 多年来我国粮食作物产量和耕地基础地力随时间变化整体呈现增加趋势。在我国小麦、玉米、水稻作物系统中，耕地地力每提高 1 个等级，产量平均提高 15.1%～18.7%、10.4%～13.6%、9.3%～14.9%。

提升耕地地力是水肥土等资源高效利用的重要基础。目前我国约 69%的耕地为中低产田，其保水保肥、耐水耐肥性能差，对干旱、养分不均衡敏感，对农田管理技术水平的要求苛求，严重限制了高产品种的增产潜力发挥，导致耕地更加“吃肥、吃水、吃工”，为了增加产量或维持高产需要消耗大量的化肥、农药。例如，1980 年至今，虽然我国单产水平提高了 56%，但粮食总产仅提高 41%，而化肥投入增长了 225%，导致我国三大粮食作物化肥利用率目前仅为 35%～40%，比欧美和日本等发达国家低 10～30 个百分点。耕地地力的提升会增加作物对土壤养分的依存度，降低其对化肥的依存度，从而减少化肥的使用，提高肥料的利用率。在相同的养分投入下，高地力土壤的氮肥偏生产力和磷肥偏生产力均高于低地力土壤，在低投入的情况下表现更为明显。基于农业部为评价耕地地力而进行的综合肥力指数分析可知，综合肥力指数每提高 0.1 个单位，小麦、玉米和水稻的氮肥利用率分别显著提高 5%～13%、4%～12%和 6%～10%，磷肥利用率分别提高 2%～5%、2%～9%和 2%～4%。总体来说，耕地地力的持续提升是支撑农业资源高效利用、实现农业绿色发展目标的重要途径。

科技创新是耕地质量提升和保证粮食产能的重要途径。我国耕地资源有限、人多地少，是典型的资源约束型国家，科技进步是有限资源利用率持续增加和粮食生产能力持续提升的源泉。在以往较长时间内，我国的农业增长主要依靠要素投入，科技进步的贡献份额相对较小。近几十年以来，我国农业科技创新与应用水平得到了显著提高，农业科技领域取得了一批标志性成果，我国的科技进步贡献率从 2000 年的 35%上升到 2022 年的 62.4%，标志着我国农业科技支撑水平迈上新台阶（钱加荣等，2023）。农业科技进步能够有效提升土地资源利用率及农业生产管理水平，帮助农业在生产过程中融合更多的知识、信息和技术，使各生产要素配比更加合理，以提高耕地质量和耕地资源利用率。耕地科技水平的提高能够在耕地面积有限的情况下增加粮食单产，提高耕地生产能力，稳定粮食产量（陈雨生等，2021）。例如，我国从 2004 年开始推广测土配方施肥，根据农业部的调查，该项政策的实施可以使小麦、水稻、玉米亩产均增加 110kg 以上，增产率在 40%以上，每千克养分投入可增加粮食 5.5～7.5kg。此外，黄淮海盐碱地和南方酸化红壤改良技术的推广，提高了耕地地力，促进了粮田单位面积产量的持续增加。近年来，随着农业现代化的发展，农业科技水平提升，一定程度上促进了先进生产技术的推广，进一步提升了耕地资源利用率和耕地质量。科技创新将在耕地质量提升和粮食生产中发挥越来越重要的作用。

第二节　土壤改良与地力提升

我国耕地整体质量偏低，中低产田比例大，障碍因子复杂。部分自然要素形成的耕地障碍因子，由于其自然属性没有改变或难以改良，障碍因子消减存在改造成本过高、效果不理想等问题。在当今的技术与经济条件下，尚有 1/3 存在障碍因子的耕地难以改造。如果障碍因子得到消减的耕地增产潜力为每亩 100kg，目前可改造的障碍因子耕地面积约为 $2.6\times10^7hm^2$，可实现增加粮食生产能力约 390 亿 kg，对于实现我国新一轮千亿斤粮食产能提升行动具有重大意义。

一、中低产田主要障碍因子及消减途径

（一）中低产田评价理论框架初步确立

中低产田通常指产量较低、存在障碍因子、改良难度大的耕地，其通常是依据耕地的粮食产量、障碍因子和地理等级来进行划分的。20 世纪七八十年代，中低产田通常是指粮食年产量在 3000～5000kg/hm^2 的耕地，受生产力提高等诸多因素的影响，其粮食产量有了较为明显的提升，因此在 1990 年开展的全国范围“四荒四低”资源调查中，中低产田主要是以 3 年的粮食平均标准单产（将不同作物产量折算为当地代表作物的产量）为计算指标来划分的，由于不同区域的气候、土壤、水文、地形地貌存在较大差异，其划分标准也不尽相同。例如，山西省以单产在 2250kg/hm^2 以下的耕地为低产田，单产在 2250～4500kg/hm^2 的耕地为中产田；而江苏省以单产在 7500kg/hm^2 以下的耕地为

低产田，单产在 7500～9000kg/hm^2 的耕地为中产田；天津将 3 年平均粮食单产上、下20%之间划分为中产田，高于上限为高产田，低于下限为低产田。近十年来，随着《农用地质量分等规程》(GB/T 28407—2012）和《耕地质量等级》(GB/T 33469—2016）的发布，中低产田的划分更加侧重于以耕地质量为依据。其中，《耕地质量等级》将耕地划分为基础地力较高、障碍因子不明显的一至三等地，基础地力中等、障碍因子不明显的四至六等地，以及基础地力相对较差、障碍因子突出、短时间内难以得到根本改善的七至十等地。农业部门从生产角度出发，按照质量将耕地划分为高、中及低产田，为中低产田的改造和持续利用提供了理论依据。

（二）中低产田主要障碍因子

1. 土壤瘠薄，有机质含量偏低

我国土壤有机质水平偏低的耕地有 0.22 亿 hm^2，约占全国耕地面积的 16.3%；耕地土壤有机质含量低于 1%的面积占 26%。我国耕地土壤的有机质含量不及欧洲同类土壤的一半，如我国棕壤有机质含量多为 1%～1.5%，欧洲棕壤多在 3%以上；我国褐土多在1%左右，欧洲褐土多在 2%以上；我国黑钙土多在 3%左右，欧洲黑钙土多在 8%左右。

2. 土壤酸化或酸性过强

目前我国强酸性（pH 4.5～5.5）耕地面积达 0.172 亿 hm^2，约占全国耕地面积的12.76%；极强酸性耕地（pH<4.5）达 13.27 万 hm^2，急需改良治理的酸化耕地面积约 0.07 亿 hm^2。目前除西北地区的碱性风沙土耕地外，其他耕地土壤的 pH 均有所下降。

3. 土壤盐渍（碱）化

我国盐碱化耕地有 0.05 亿 hm^2，约占全国耕地面积的 3.7%。受地理位置、水文条件及水分管理、保护地施肥与种植模式等因素的影响，盐碱化耕地主要分布在华北和西北等干旱、半干旱和半湿润地区。目前，大棚土壤因不合理的灌溉和施肥发生次生盐渍化的问题十分普遍。

4. 土壤沙化或沙性过强

我国沙化型耕地有 0.04 亿 hm^2，约占全国耕地面积的 3.0%。沙化型耕地耕作困难，作物种植后容易缺水缺肥，生长差、产量低。耕地沙化及沙性过强除与母质关系密切外，还与不合理轮荒、过度开垦或利用、作物根茬较少及连年干旱少雨等有关。

5. 土壤板结

我国板结型耕地有 0.08 亿 hm^2，约占全国耕地面积的 5.9%。板结型耕地的表土因黏粒含量高而易板结（黏韧性强)，犁底层或心土层因黏粒含量高而不利于水分下渗，易发生土壤上层滞水，并影响作物根系下伸等，同时不利于土壤通气，且犁耕阻力大、耕性差，导致作物低产。

6. 土壤潜育化

我国渍潜稻田型耕地有 0.04 亿 hm^2、渍涝排水型耕地有 0.03 亿 hm^2，潜育化耕地约

占全国耕地面积的5.2%。由于潜育化耕地氧化还原电位（Eh）低（-100mV以下），有机质发生厌氧分解，有毒有害物质如 Fe^{2+}、Mn^{2+}、S^{2-}等含量偏高，有机酸等其他还原性物质累积，因此土壤结构变差，作物生长差、产量低。

7. 土壤侵蚀

我国坡地梯改型耕地有0.16亿 hm^2，约占全国耕地面积的11.9%。由于植被覆盖少且降水多等，坡地梯改型耕地表层肥沃、结构良好的土壤流失，耕作层变薄，表层土壤向沙化发展，有机质和养分含量降低，养分供应能力减弱，土体结构变差，生产力大幅度下降。

8. 土壤干旱

我国干旱灌溉型耕地有0.21亿 hm^2，约占全国耕地面积的15.6%。区域降水量严重不足且季节分配不均，以及季节性干旱时灌溉条件差等，导致干旱灌溉型耕地有效水分含量低，为作物提供的水分严重不足，甚至使作物干枯、死亡。水资源紧缺、水分利用效率低、耕作制度不当、灌溉粗放等均可能导致干旱发生而使作物产量严重下降。

9. 土壤污染

我国重金属污染的土壤面积达0.2亿 hm^2，占全国耕地面积的14.8%。另外，目前我国受农药污染的耕地土壤面积达0.09亿 hm^2，单位面积用量比发达国家高出1倍，是世界平均水平的2.5倍；农药使用后在土壤中的残留率为50%～60%，已经长期停用的六六六、滴滴涕目前仍然在少数耕地中检出。

10. 其他障碍因子

我国耕地其他障碍因子主要有设施连作障碍、侵入体类等，面积为0.01亿 hm^2，约占全国耕地面积的0.7%。

（三）典型障碍因子消减途径

从20世纪60年代开始，根据中共中央政治局提出的《1956年到1967年全国农业发展纲要（草案）》和关于深耕和土壤改良的指示，科技人员深入生产实际，开展了以平整土地、增施有机肥、兴修水利、修筑梯田、黏土掺沙、沙土掺黏、放淤压沙等措施为主的深耕改土工作，明确了深翻深耕以25～35cm为宜。由于改善了土壤的耕性，增强了土壤的保水保肥性能，冬小麦平均增产14.3%，夏玉米平均增产27.3%。在七八十年代，开展了旱涝保收、高产稳产农田管理技术研究，总结研究了高产稳产田的土壤特征、肥力指标、培肥技术与途径。

在多年国家科技计划的大力支持下，通过黄淮海平原、松嫩—三江平原、北方旱作区、南方红黄壤区等区域农业综合治理项目的实施，我国有效推进了耕地障碍因子消减技术的发展，并取得了十分显著的经济和社会效益。但是，由于耕地障碍因子的相对性和复杂性，以及其消减难度和强度较大、投入较高、见效较慢等，我国耕地障碍因子消减技术研究整体上还处于以农艺措施为主，局限于低成本技术等，所研发的技术及产品大多停留在提高耕地肥力、改善土壤的某些理化性质等方面，即停留在改善土壤理化性状、增强土壤养分固持或供给能力方面。这些“治标”技术很少能彻底消除障碍因子，缺乏真正的“治本”技术。我国高标准农田建设项目的实施，有效地消除或消减了导致耕地障碍因子的水分、坡度等不利自然要素，结合农艺措施、生物措施等，可形成一些消减耕地障碍因子的“治标”与“治本”相结合的技术。

1. 工程措施

工程措施包括水利工程措施、农业工程措施和节水灌溉措施等。水利工程措施主要包括渠系配套和渠道防渗、小水利工程建设和加固利用及农田排涝；农业工程措施包括坡改梯、薄改厚等耕地改造整理工程；节水灌溉措施包括障碍因子暗灌工程和膜下滴管工程。这些工程措施的实施极大地提高了耕地质量和资源利用率，减少了土壤径流和侵蚀，改善了土壤理化性状，增强了土壤养分供给能力。

2. 农艺措施

农艺措施包括土壤改良剂、施肥、耕作栽培措施改良、秸秆还田、种植模式优化、良种选育及病虫害防治等技术措施，是障碍因子消减研究的主体或核心内容。其通过提升有机质、改善土壤结构和水分状况、提高养分含量和有效性、增强微生物活性等措施提升耕地地力，从而促进作物生长以获取高产。土壤改良剂包括天然改良剂、合成改良剂和生物改良剂，其在改善土壤理化性状、提高土壤入渗率和水分含量、改善土壤团粒结构、活化土壤矿质养分、修复重金属和有机物污染及增强宿主抗病与抗逆性等方面作用显著。耕作栽培措施改良是指保护性耕作（少免耕技术）和不同土体构型的构建等各种技术及其与间套复种等种植制度的合理结合。保护性耕作可减少土壤侵蚀和水分蒸散，提高有机质含量，强化土壤团聚作用，增加作物产量；不同土体构型的构建通过深松、深翻、旋耕等机械化手段，协调水、肥、气、热，为作物创造良好的生长环境，进而提高土壤生产力。

3. 生物措施

生物措施包括生物性屏障构建、植物改良、微生物改良等。生物性屏障的构建在有效降低地表径流的同时，截留表层的侵蚀土壤，是一种简单有效的土壤侵蚀控制方法。植物改良则包括种植绿肥、先锋性植物等。微生物改良主要是利用微生物的代谢产物、分泌物或适应性等，部分缓解甚至消除土壤的某些障碍因子如强酸性、盐碱化、板结等，如利用丛枝菌根真菌改善土壤的团粒结构和通气性等。在多数情况下，微生物改良通常与植物改良或农艺改良等措施相结合，以获得更好效果。

实际上，由于耕地障碍因子成因的复杂性、综合性等特点，其消减措施往往是多种措施的综合。例如，黏瘦型、沙漏型、盐渍型等障碍因子的消减，大多是通过开沟排水、客土改良、调整种植结构和合理施肥等技术手段来实现的。

二、南方丘陵区红黄壤改良与关键技术

我国南方红黄壤的面积为 2.18 亿 hm^2，主要分布在长江以南的大部分地区及四川盆地的部分地区。南方丘陵区红壤是我国南方地区重要的土地资源，总面积 5690 万 hm^2。

红壤成土母质多样，主要有第四纪红黏土、红砂岩、紫色砂页岩、石灰岩、花岗岩、变质岩等。其中以红黏土发育的红壤分布最广，其自然特性为土层深厚、酸性强、黏重板结、有机质含量低、保肥保水性能差，以“酸瘦”为基本特征，生产力较低。与红壤相比，黄壤有机质含量相对较高，富含水合氧化物，发生土壤侵蚀的风险较大。南方丘陵区人多地少的矛盾十分突出，由于高复种指数和高度集约化种植，加之高温多雨导致强烈的风化和淋溶作用，近 30 年来红黄壤快速酸化、养分贫瘠与非均衡化、钙镁等盐基离子严重流失，因此土壤肥力下降、重金属活性增强、微生物多样性降低，强酸区域作物减产 20%以上，严重威胁国家粮食安全和生态安全，制约“藏粮于地”和“绿色发展”战略的实施。

（一）耕地酸化综合防治基础理论

耕地土壤酸化过程与防治理论研究取得明显进展。自然界的土壤酸化是一个十分缓慢的自发过程，土壤 pH 下降 1 个单位需要数百万年（Jiang et al.，2011），但人为活动大大地加快了该过程的发生。中国农业科学院衡阳红壤实验站的长期定位施肥试验表明，连续施用尿素（300kg N/hm^2）仅十年，就使红壤的 pH 从 5.7 下降到 4.2，下降 1.5 个单位。近 30 年我国 21.6%的耕地已严重酸化（pH 降低了 0.85），需要改良的酸性耕地（pH < 5.5）面积已达 2.26 亿亩，其中强酸性（pH < 4.5）耕地为 2285 万亩（增加 148.5%），主要分布于红壤区（湖南、江西、福建、重庆、湖北、安徽、广东、四川、广西）和黑龙江及胶东半岛。简而言之，酸化已成为我国耕地尤其是红壤区耕地退化的主要形式，威胁粮食安全和人类健康。土壤酸化的过程是外源 H^+进入土壤，与固相表面反应，释放交换性盐基离子，产生交换性 H^+和交换性 Al^{3+}（总称交换性酸）。中国农业科学院 20 世纪八九十年代在农业部设置的耕地质量长期定位监测点进行了长期定位施肥试验，在时间尺度上对我国耕地酸化速率及其作用机制开展了系统研究。自 *Science* 报道中国农田土壤显著酸化（Guo et al.，2010）以来，我国耕地酸化受到高度重视，科研上启动了“东南丘陵区红壤酸化过程与调控原理”（“973”计划项目）、“湖南省典型耕地土壤的酸化机制与调控原理”（国家自然科学联合基金重点项目）、“耕地土壤酸化防控与绿色发展技术研究与示范”（广东省重点领域研发项目）等科技攻关，在南方典型红壤区农田酸化特征及防治关键技术构建与应用方面取得了进展。生产实践上，农业部连年发布“耕地质量保护与提升行动方案（土壤酸化治理）”，推动土壤酸化改良与耕地质量提升。耕地土壤酸化科技创新在提升基层农业技术人员及农民对土壤酸化原因、危害及改良等的认知并促进其进行实践方面起到了重要的作用。

我国红壤酸化有明显的阶段性。总体来看，土壤酸化并非呈现均一速率，是一个快速酸化阶段后接较稳定慢酸化的过程，呈现“慢—快—慢”的近“S”形演变规律，是集约化管理下氮肥过量输入及土壤缓冲体系改变综合作用的结果。长期定位观测和模型计算都表明，化学氮肥的输入是农田酸化的最主要驱动力，一方面微生物硝化产氢诱导盐基离子淋失，另一方面通过作物收获移除其吸收的盐基离子。湖南省祁阳的估算结果表明，氮素循环的致酸贡献远大于植物吸收和酸沉降。长期定位试验结果显示，红壤旱地年施 300kg N/hm^2，十年使红壤 pH 下降至 4.2 左右；而年施 120kg N/hm^2，需要 30 年 pH 才能降至 4.2。我国数十个长期施肥试验（时长 12～35 年）的统计数据表明，在平均施氮量 215kg N/(hm^2·a)下，每 100kg N 每十年使 pH 下降 0.08～0.55 个单位，平均为 0.27 个单位，即年下降 0.027 个单位。基于有机肥富含碱性物质能中和土壤酸度和化学氮肥硝化产生的酸，且含丰富的含氧官能团能与土壤活性铝形成稳定络合物等特点，其具有阻酸降酸的双重作用。定位试验显示，配施有机肥 20 年后红壤交换性酸较单施化肥降低 90%以上，土壤酸缓冲容量增大了 66%～81%。该成果明确了有机肥的阻酸机制是降低氮的硝化潜势，等氮量下有机氮较化学氮的硝化潜势和氢离子产生量均降低了 57%，证实了有机肥阻控酸化的效应机制，拓展了利用有机肥防治红壤酸化的新认知。因此，有机肥替代不同比例化肥的施肥方案，为酸化防控提供了新思路。

（二）红黄壤酸化改良与综合治理

自新中国成立以来，国家和地方政府高度重视红黄壤的开发与利用，科技部实施了沃土计划，农业部实施了公益性行业专项等。这些项目的实施均侧重于红黄壤培肥相关技术的研究与示范。21 世纪以来，随着测土配方施肥、高标准农田建设、秸秆还田、绿肥种植和还田的大规模推广，特别是随着近年来化肥减施增效行动和果茶园有机肥替代技术的实施，南方丘陵区红黄壤酸化防治与培肥成效十分显著，形成了系列改良与综合治理技术和模式。

针对酸化土壤的酸化程度与类型，中国农业科学院基于建立的作物产量对红黄壤 pH 响应的双指数曲线方程，明确了主要作物酸害阈值（产量降低到最大产量 95%时的 pH）：水稻为 5.2、玉米为 5.5、小麦为 5.3、花生为 5.4，确定了红黄壤酸化防控 pH 临界值为 5.5；提出了“分类管控”“防治结合”“防治与培肥并重”的理念，以石灰类物质精准施用降酸、有机肥阻酸、减氮控酸等关键技术为核心，集成创新了以下 4 种适宜不同酸度土壤的综合防治技术模式。

1. 极强酸性土壤（pH < 4.5）降酸治理技术模式

极强酸性土壤铝毒害极其严重、中微量元素养分缺乏。目前，快速提高土壤酸度最有效、最廉价、最常用的措施依然是施用石灰类物质。基于土壤酸缓冲曲线和作物-土壤体系产酸效应，以及红壤区各石灰施用试验，建立了系列国家和地方的酸化改良技术规范（DB34/T 1017—2009、NY/T 3443—2019），且优先用于旱地强酸性土壤改良。其他石灰类物质按生石灰使用量的相应倍数调整用量：熟石灰 1.2～1.5 倍、白云石 1.5～1.8 倍、石灰石 1.5～1.7 倍、牡蛎壳灰 1.9～2.2 倍、草木灰 2.2～4.4 倍、粉煤灰 3.2～6.5 倍。考虑到土壤质地和有机质的影响，上述用量在黏土和高有机质土壤上分别增加 15%～20%和 20%～25%；在砂土和低有机质土壤上分别减少 15%～20%和 20%～25%。采用石灰类物质精准施用降酸关键技术，结合施用钙镁磷肥等配套技术，连续 3 年示范，土壤 pH 提高 0.8～1.0 个单位，作物增产 15%～27%。石灰类物质施用经农业部在南方多省市多年推广，酸性土壤已基本实现“一斤石灰一斤粮”，取得明显的生态、经济、社会效益。

2. 强酸性土壤（pH 4.5～5.0）调酸增产技术模式

强酸性土壤具有酸害铝毒较重、修复后增产潜力大的特点，主要采用石灰类物质精准施用降酸和有机肥阻酸关键技术，结合施用钙镁磷肥、秸秆还田等配套技术进行改良和培肥。有机肥不仅可阻止土壤酸化，而且可增加有机质含量及肥力水平，是实现改酸与培肥协同发展的最好举措。有机肥种类繁多，不同有机肥延缓酸化的效果不同，在实际应用中应灵活选择，首先选择粪肥，如猪粪、牛粪、羊粪等，其碱度高；对于秸秆，优先选择豆科物料，其碱度较高，而且 C/N 低易分解。由此引申，果园生草尤其是豆科牧草（南方圆叶决明、北方长柔毛野豌豆）是一举多得的举措，既可提高酸度、增加肥力，又可减少水土流失、保持水分，具有重大的经济、环境、生态效益，应当作为酸化果园的优选经营模式。当前，大量研究证实生物炭（biochar）在提高酸度、提升缓冲容量及微生物和酶活性、N/P 有效性等方面有十分突出的效果，并且通过田间试验得到验证。然而，生物炭成本相对较高，而且生产 1t 生物炭要消耗约 2.5t 秸秆，将加剧有机肥源的不足。将生物炭作为一种添加剂，配合石灰、碱渣、有机肥、化肥等施用，会大大增强其改酸调养分促生态功能的效应，在酸性调理剂/结构改良剂等研发中可以适当添加，或有条件的农民可以在实施石灰类物质降酸或有机肥阻酸时适当添加。

3. 中度酸性土壤（pH 5.0～5.5）阻酸培肥技术模式

针对中度酸性土壤酸害较小但酸化风险大的问题，应注重防治与培肥相结合，采用有机肥阻酸关键技术，结合水旱轮作、水肥一体化等配套技术，通过有机肥替代提高土壤氮素供应，并降低化肥氮的损失。有机肥配合施用，可基于酸碱平衡理论通过其携带的碱基中和土壤酸度，不同类型有机肥的碱基含量存在较大差异，堆腐发酵过的厩肥高于新鲜的畜禽粪便和绿肥，因此选择灰化碱含量高的以畜禽粪肥等为原料的堆肥与商品有机肥来提升红壤的 pH 和抗酸化能力，并结合水肥一体化等优化施肥配套技术提高氮肥利用率、降低系统产酸量、维持土壤 pH 稳定，从而实现中度酸性土壤酸化阻控与长效控酸、地力提升和作物高产。

4. 弱酸性土壤（pH 5.5～6.5）控酸稳产技术模式

由于化肥氮是土壤酸化的主要驱动者，减少化肥氮施用并提高其利用率是控酸的关键。减少化肥氮施用需要基于作物需肥规律和土壤供肥特征等多种条件，采用配方施肥/精准施肥等氮管理策略来完成，核心还是通过提高氮肥利用率来减少氮的投入，除了减少氮投入外，降低铵态氮硝化及 NO_3^- 淋失也是降酸的主要途径，其中硝化抑制剂能发挥重要作用。针对弱酸性土壤氮肥使用量大、酸化风险高的问题，应采用添加硝化抑制剂、氮肥深施、平衡施肥等减氮控酸关键技术，并结合秸秆还田、冬种绿肥、水肥一体化与氮磷钾平衡施肥等配套技术，能够发挥显著的控酸作用。最近研究表明，“以碳控氮”模式（添加活性炭使微生物对氮的同化加强）可显著提高土壤固氮能力和氮肥利用率，明显减弱硝化及随之的酸化，已成为一种具有较高可操作性的控酸方式。

上述技术模式自 2009 年开始在典型红壤区酸化农田逐步推广应用，产生了显著的社会经济和生态效益。相关技术指标已纳入湖南、江西、福建、广东、广西和安徽等省份的“酸化土壤改良培肥综合技术”项目，对南方丘陵区酸性土壤改良及综合治理起到了重要的支撑作用。

（三）低产水稻土改良技术

南方水稻常年种植面积为3.76亿亩，占全国水稻面积的82.7%，其中低产水稻土约占1/3。南方低产水稻土具有“瘦、板、烂、酸、冷”的特性，分别对应黄泥田、白土、潜育化水稻土、反酸田/酸性田、冷泥田5种典型低产水稻土类型。广西、广东、江西、福建、海南及云南是我国南方低产水稻土的主要分布区，浙江、湖北、湖南、贵州、四川、安徽等省份也有少部分低产水稻土分布，主要涉及406个区（县）。目前，低产水稻土改良研究更多关注新技术和新方法，稳定性同位素核酸探针技术、傅里叶变换红外光谱法（FTIR）和固相交叉极化魔角自旋 ^{13}C 核磁共振（CPMS13C-NMR）波谱技术的应用，将土壤有机碳的微团聚体分布、腐殖质的转化及其与土壤矿物结合的机制研究深入到微观水平；同时高通量测序、土壤宏基因组学、宏转录组学等方法将相关研究推向分子水平。

低产水稻土改良与管理技术主要涉及冷潜型、黏结型、沉板型、毒质型四大类低产水稻土。在低产水稻土质量评价方面，开展不同低产水稻土类型的障碍因子个性化土壤质量评价，如白土的质地和耕层厚度，加强引入土壤生物学指标进行土壤质量评价研究。在低产水稻土改良方面，研究稻田障碍层次的形成机理与调控途径，研发其他低产水稻土类型如新垦水稻土、盐渍化水稻土、石灰化水稻土和污染水稻土的改良技术，分析长期改良措施对不同粒级团聚体腐殖质结构、酶类、微生物多样性和功能基因的影响。在低产水稻土管理方面，研究秸秆还田技术、推荐施肥技术、抗逆品种技术、群体控制技术。低产水稻土作为低产田的重要基础，其肥力特征及改良技术研究缺乏系统科学的调控管理策略。因此，应从低产水稻土类型、新的改良研究方法角度探索可能的技术突破。

1. 黄泥田改良关键技术

针对浙江和湖北等华中双季稻区黄泥田熟化程度不高、有机质含量低、土质黏重、易板结、酸性大、透水性差等特点，以土壤有机熟化为核心，综合集成氮磷高效品种、新型有机肥施用、养分诊断与推荐施肥、高效水分调控、新型轻型化耕作和栽培技术，构建了华中双季稻区黄泥田改良与产量提升技术模式。该技术模式的主要内容包括冬种绿肥，中稻和晚稻增施有机肥或秸秆还田，配施部分氮肥及秸秆腐熟菌剂等，并结合一些耐低氮和低磷水稻品种的种植，经推广示范，增产效果显著，在湖北、浙江等地大面积推广应用。

2. 白土改良关键技术

针对安徽和江苏等华中水旱轮作单季稻区白土漂洗严重、砂质土壤易淀浆板结、黏粒大量流失、粉砂含量过高、养分贫瘠且保肥供肥性差的特点，以改良土壤结构和提升基础肥力的厚沃耕层技术为核心，集成土壤深松改良机械化耕作、秸秆全量还田及快速腐解、增施有机肥、绿肥种植与轮作和养分优化管理技术，构建了华中单季稻区白土改良与产量提升技术模式。该技术模式通过小麦秸秆粉碎还田（水稻高留茬或粉碎还田）、增施氮肥并配施秸秆快速腐熟剂30kg/hm^2，或配施有机肥结合深翻，使表层的粉砂与底层的黏土充分掺和，同时在土壤深翻前配施腐熟的有机肥以培肥土壤，从而构建厚沃的耕层，该技术模式在安徽和江苏推广应用，效果显著。

3. 潜育化水稻土改良关键技术

针对江西、湖南、湖北、浙江等沿湖稻区潜育化水稻土因深水久灌而经常处于还原状态、通气性差，但土壤养分有机质趋于丰富、潜在养分含量较高等问题，以提高土壤氧化还原电位的排水氧化技术为突破，集成工程排水、冬季晒田、应用耐潜品种、施用改良剂及水分管理等技术，构建了沿湖稻区潜育化水稻土改良与产量提升技术模式。该技术模式的主体是，水稻移栽前开排水沟，排水沟间隔 50m，沟宽 30cm、沟深 30cm；如无工程排水措施，也可采取冬季晒田、垄作结合关键生育期湿润灌溉的水分管理技术，垄高 5cm、垄宽 60～80cm，垄间用 15cm 宽、15cm 深的排水沟隔开，整个生育期稻田宜浅灌（2～3cm 水层），但分蘖末期（9～10 片叶）须及时排水晒田；同时配施硅钙肥及过氧化钙，前者用量为 225～300kg/hm^2，后者用量为 30kg/hm^2（有效成分 75%）。耐潜早稻品种有‘金优 458’‘陵两优 268’‘湘早籼 45’‘金优 402’‘荣优 9 号’，耐潜晚稻品种有‘湘晚籼 13’。与习惯施肥比较，该技术模式使江西双季稻平均增产 8.3%～20.0%，湖南双季稻平均增产 10.7%～24.9%。

4. 反酸田/酸性田改良关键技术

针对华南稻区广东和福建滨海反酸田/酸性田酸度高、还原性有毒物多、土质黏重、耕性差的特点，以土壤酸性消减为核心，集成耐酸品种应用、强化灌排、增施土壤改良剂、中性磷肥（钙镁磷肥）替代酸性磷肥、增施有机肥等技术，构建了华南稻区反酸田/酸性田改良与产量提升技术模式。该技术模式的主体是，反酸田/酸性田 pH 低，含有大量交换性 H^+，应强化灌排，一般在水稻移栽前 20d 进行，最好灌排 2 次，以排酸压酸；同时增施土壤改良剂，为石灰、碱渣［农用 $Mg(OH)_2$］、粉煤灰、钙镁磷肥等，基施，石灰用量 1125～1500kg/hm^2，碱渣用量 750～1125kg/hm^2，粉煤灰用量 1500kg/hm^2，钙镁磷肥用量 750～1500kg/hm^2，其中碱渣、粉煤灰、钙镁磷肥为新型土壤酸性改良剂。反酸田/酸性田氮磷钾适宜使用量分别为每亩 9kg N、3～4kg P_2O_5、6～9kg K_2O，据此研发出反酸田/酸性田专用肥；同时研发出生物有机肥，用量为 1500～3000kg/hm^2，在翻耕或耙田时全部施入，用于缓解酸害、提高生物肥力。耐酸早稻品种有‘中早 22’‘天优 122’；耐酸晚稻品种有‘合丰占’‘两优 287’。另外，‘胜泰 1 号’‘野籼占 8 号’‘金农丝苗’‘五山丝苗’‘粤晶丝苗 2 号’‘玉香油占’‘台秀占’等品种也具有较强的耐酸性。与习惯施肥比较，该技术模式使广东双季稻平均增产 23%～28%，结合土壤改良剂，该技术模式使广东双季稻平均增产 25%～40%。

5. 冷泥田改良关键技术

针对四川、重庆等西南梯田稻区冷泥田水多渍害、土壤质地黏重和通气性差、春季土温低、水稻前期分蘖缓慢及后期成穗率低与产量低等问题，以提高土壤温度、消除土壤有毒有害物质的厢垄除障技术为核心，集成抗逆品种应用、开厢、增施土壤改良剂和优化施肥等技术，构建了西南梯田稻区冷泥田改良与产量提升技术模式。该技术模式的主体是，在整田施肥后、水稻移栽前开厢或起垄，厢宽 3m 左右，沟宽一般 30cm 左右、深 20～30cm，厢沟贯穿整个稻田，水稻收获后保持原垄，在原垄上连续垄作、连续免耕。对于 pH<5 的稻田，在起垄前施用碱性改良剂，撒施生物炭或草木灰 1500kg/hm^2

或者石灰1500kg/hm^{2}或硅钙肥等土壤调理剂750kg/hm^2，其中生物炭、石灰和硅钙肥是理想的冷泥田改良剂。耐冷浸品种包括‘蓉18优188’‘蓉稻415’‘泰优99’‘香绿优727’‘川香优3203’‘内5优5399’‘宜香1108’‘川香优727’8个。该技术模式使四川单季稻平均增产5.9%。

三、北方盐碱土改良与综合治理技术

我国盐碱地主要分布于西北内陆、东北松嫩平原、黄淮海平原及滨海地区等区域。根据第二次全国土壤普查数据，全国约有各类盐碱土资源5.5亿亩。2011年，农业部组织重新对盐碱地面积较大的18个省份开展调查，查明可利用盐碱地总面积约2.99亿亩，其中盐碱化耕地1.14亿亩，占比38%，盐碱化荒（草）地1.85亿亩，占比62%。耕地盐碱化不仅直接影响作物生长，还会影响土壤理化性状，造成肥力下降。盐碱地是我国极为重要的后备耕地资源，挖掘盐碱地生产潜力，开展盐碱地综合利用，对于粮食安全有重要意义。

近年来，为应对粮食安全和耕地保护面临的新形势，国家进一步加大对盐碱地综合利用的支持力度，要求研究制定盐碱地综合利用规划和实施方案，分类改造盐碱地，进而充分挖掘提升盐碱化耕地的粮食生产能力。针对西北、东北、黄淮海和滨海等不同地区盐碱地的特点，采用工程、农艺、生物措施相结合的方法改良盐碱地，在盐碱地工程和农业改良技术集成、新型土壤调理剂研发、耐盐作物品种选育等方面取得一系列进展。

（一）我国盐碱地改良研究进展

盐碱地的改良与综合利用历来受到党和国家的高度重视。我国开展盐渍土研究已经有70年的历史，新中国成立初期到50年代国内组织开展的大规模盐渍土资源考察、勘测、垦殖、改良和利用实践，为我国现代的盐渍土改良科学奠定了基础。从六七十年代开始，我国盐渍土研究从理论向应用实践转变，改良思路是“农水结合，防治并重”，在盐碱地工程改良、农艺改良方面取得重大进展，研发出灌溉渠系、竖井排水、沟畦台田、生物排水、有机肥改土等系列措施，在解决生产问题的同时，极大地促进了盐渍土改良科研理论的发展。70年代以后，我国开创了盐碱地治理的“科技大会战模式”，从国家层面开启盐碱地科技攻关，启动了多项与旱涝盐碱综合治理相关的项目，如“黄淮海平原中低产地区的旱涝盐碱综合治理”，盐碱地改良进入“综合治理”阶段。根据不同盐碱土类型在黄淮海平原建立了多个综合治理试验站（区），如新疆、宁夏等地的排水种稻、吉林的综合改良苏打盐土、江浙鲁冀诸省的海涂开发、内蒙古一些地区的井排等均取得显著进展。进入21世纪以来，随着农业发展速度加快和土地资源开发利用强度提高，出现了一些新的盐渍化问题，促使科学界在灌溉区扩展、节水灌溉技术大面积应用、设施农业技术推广应用、绿洲开发、劣质水资源利用、沿海滩涂资源开发、后备土地资源开发利用等领域取得系列研究成果。通过治理实践和科学研究，我国科学界认识到，应该以现代科学理论和技术为指导，根据区域条件，建立相应的综合治理模式，推动盐碱地治理工作的开展。

目前，我国科学界对国内盐渍土类型的分布及盐渍化发生、演化的机理与趋势都有了比较系统的认识。盐碱地改良的理论框架主要集中在以下几个方面：①水盐运移理论。其是盐渍土改良的基础理论，土壤水盐运移过程及其机理研究是盐渍土研究的核心问题，主要针对盐分随水分在土壤中迁移转化的生物地球化学过程，结合热、气等其他因素，对土壤水盐平衡关系和水盐运移机理进行模拟与预测，并定向调节土壤盐分的运动与聚集过程。②盐分离子的毒害理论。其是降低作物盐碱生理危害、提高作物产量的关键基础理论，目前提出了渗透抑制论、矿质营养失调理论、离子毒害论和氮素代谢影响论等。土壤中盐分离子的集聚会引起植物生理性缺水，抑制植物对其他养分的吸收，钠离子和镁离子的增加会引起植物细胞发生结构性损伤，土壤盐分的提高能引起植物通过氮素代谢过程产生具有毒性的中间产物等，而改良措施的实施将极大程度地降低盐分离子的毒害。③不同技术措施的改良机理。第一，灌排管理改良机理，主要基于“盐随水来，盐随水去”的土壤盐分运动规律，通过不同类型的灌溉手段，结合明沟、暗管、竖井等排水方式，控制或降低地下水位、维持耕层或植物根系分布区的水盐平衡、促进土体盐分排出。第二，物理调控机理，通过改变耕层土壤物理结构、降低蒸散量、增加深层渗漏量来调节土壤水盐运动，从而提高土壤入渗淋盐性能，抑制土壤盐分上行并减少其耕层聚集量，包括平整土地、隔层、客土改良、土壤深松及覆盖改良等技术措施。第三，化学调控机理，以离子代换、酸碱中和、离子均衡为主要原理，运用 Ca^{2+}置换出土壤胶体中的 Na^{+}并淋洗出土体以降低土壤碱度，利用无机酸释放、有机酸解离和 Fe^{2+}、Al^{3+}水解形成的 H^{+}中和土壤溶液中的 CO_3^{2-}、HCO_3^{-}以清除 OH^{-}，通过降低土壤碱化度（ESP）和 pH 的方式消除盐碱危害。第四，生物改良机理，通过提升植物的耐盐抗逆能力并在盐渍土上进行适应性种植，利用植物根系生长来改善盐渍土理化性质，或最大化植物生物量并结合收获物收获移除根区部分盐分，主要机制表现为植物耐盐性、植物生长对土壤质量的提升、植物收获物除盐三个方面。

（二）盐碱地综合治理技术与创新模式

盐碱地问题具有复杂性、长期性和反复性特点，需要对不同区域的盐碱地特征进行深入分析，因地制宜形成配套的治理技术方式。盐碱地治理利用是一项系统工程，从 20 世纪 50 年代我国就开始探索盐碱地治理的技术模式，并在各盐碱区形成了一些区域特色明显的关键技术，如东北盐碱区的种稻洗盐改碱技术、西北盐碱区的“上膜下秆”控抑盐增产系列技术、滨海盐碱区的“上覆下改”控盐培肥技术、中北部盐碱区的生物节水农艺技术、华北盐碱区的有机培肥盐斑改良技术等。

1. 东北苏打盐渍土区盐碱地改良技术模式

东北苏打盐渍土多分布于松嫩平原和三江平原，具有地形平坦、季节性干湿交替现象明显、年降水量适中的特点。土体以重碳酸盐或碳酸盐类的盐离子为主，碱化程度较高。盐碱地典型改良模式包括：①盐碱地种植水稻改良模式，水稻田表层土壤盐分被淋洗并不断随水排走，淹水条件进一步阻止了高矿化度地下水的上升，消除了耕层土壤盐碱化过程，改良效果极其显著。②耐盐碱植物种植改良技术，利用植物根系具有的吸水、蓄水能力，稀释盐碱土中的盐分、碱量，从而达到改良目的。种植作物包括苜蓿、羊草、碱茅、碱蓬及冰草等。③微生物修复改良技术，利用微生物分泌物，降低土壤盐碱含量，改善盐碱地土壤的理化性质及生物特性。微生物包括丛枝菌根真菌和荧光假单胞菌等。④土壤调理剂改良技术，利用石膏、磷石膏、脱硫石膏等调理剂中的Ca^{2+}交换土壤胶体中的Na^{+}，从而达到改良目的。⑤工程整治装备改良技术，主要包括基于自润减阻技术的深松与改良剂分层喷施复式作业机、基于隔层阻延技术的土壤亚表层秸秆翻埋作业机、基于有机培肥技术的组合非驱动秸秆根茬压埋复式作业机等。

2. 黄河上中游盐渍土区盐碱地改良技术模式

该区多为由灌溉导致的次生盐渍化土壤，集中分布于黄河上中游沿黄灌区，具有蒸降比大、地形平坦、径流不畅、地下水埋藏较浅等特点，盐分以硫酸盐-氯化物或氯化物-硫酸盐为主，也有碱化土壤分布。盐碱地典型改良模式包括：①有机肥改良技术，施入粪肥、厩肥、绿肥、秸秆、沼渣等有机物料，降低土壤盐分，提高土壤有机质含量，降低土壤容重、紧实度，提高土壤毛管孔隙度、持水量、保水量，保苗增产。②开沟排盐技术，在地势较低的地块，加高畦埂，地块四周开挖排水沟，有效降低地表返盐。③土壤调理剂改良技术，施用磷石膏、脱硫石膏等土壤调理剂。④地表覆盖技术，覆盖地膜、秸秆等，有效降低土壤水分蒸发，降盐保苗。⑤地膜覆盖+秸秆隔层改良技术，切断盐分上升的毛管通道，降低潜水蒸发，抑制盐分在根层聚集。⑥掺沙改土技术，降低土壤耕层容重，提高土壤通气透水性，改良土壤严重板结，降低土壤盐分，提高出苗率。⑦种植耐盐植物、隔年压青技术，种植耐盐植物如燕麦、大麦、苕子等，增加地表植被覆盖，利于盐碱含量逐年下降；在重盐碱地块可以隔年压青，有效降低盐碱含量，改善土壤结构，实现耕层培肥。

3. 西北内陆盐渍土区盐碱地改良技术模式

该区大多为绿洲和荒漠盐渍土，具有气候干旱至极端干旱、降水量少到极端稀少、蒸降比非常高、盐渍土类型多样等特点，盐分在土体表层聚集的现象比较明显，许多区域的土壤表层经常会产生硬而厚的盐结壳。盐碱地典型改良模式包括：①盐碱地工程性排水技术，有水平式和垂直式（竖井排灌）两种，浅水位逐年下降，防止土壤返盐。②灌溉洗盐技术，利用灌溉水将土壤盐分淋洗至耕层以下。③生物改良技术，包括施用有机肥、种植绿肥、种植耐盐碱植物等，以减轻盐碱危害，增加作物产量，提高经济效益。④耕作制度改良措施，实行旱水轮作，一般按“三旱一水”制度进行种植，最多不超过“七旱一水”，旱作灌溉可采用膜下滴灌。

4. 黄淮海盐渍区盐碱地改良技术模式

该区多为盐化潮土，具有降水和蒸发相对强烈、土壤水盐运动活跃的特点，盐渍化现象一般发生在较低的区域或者洼地的四周，盐渍化土壤常呈斑块状分布于农田中。盐碱地典型改良模式包括：①实施耕作改良措施，通过正确的耕作技术，实现局部改良盐碱地的目的，包括平整土地、平底挖沟压盐碱、高筑台田等。②种植耐盐作物，选择生物耐盐力高于 0.3%的作物，包括甜菜、向日葵、高粱、棉花、苜蓿等。③以肥改盐技术，进行有机物料还田，或者增施化学酸性废料过磷酸钙，可有效抑制返盐。

5. 滨海盐渍区盐碱地改良技术模式

滨海盐碱地主要分布在近海滩涂和河流三角洲，属氯化物盐渍土，受季风和海潮影响及成土过程制约，土壤含盐量随离海远近而呈规律性变化。大多区域地势低平，往往地下水出流不畅、土壤瘠薄、有机质和磷含量低。盐碱地典型改良模式包括：①水利工程改良技术模式，通过灌排管理、非常规水的安全利用来淋洗盐分，从而实现水盐平衡，包括明渠排水、铺设排碱管（沟）、暗管排水排盐、冬季咸水结冰利用、咸水灌溉等技术措施。②耕作改良技术，包括"池田"模式、深耕深翻、粉垄耕作、地面覆盖、设置隔层等措施，可抑制土壤盐分上行，防止土壤返盐。③土壤改良剂技术模式，通过添加钙质改良剂、酸性改良剂、有机改良剂和矿物资源改良剂等不同类型材料，加速盐碱离子的淋洗，增加盐基代换容量，实现快速治盐改碱的目的。钙质改良剂包括石膏、脱硫石膏、亚硫酸钙、熟石灰等；酸性改良剂包括腐植酸、硫酸亚铁、硫酸铝等；有机改良剂包括腐植酸、生物炭、泥炭、糠醛渣等。④生物改良技术模式，包括种植盐生或高耐盐植物、引种和驯化耐盐碱植物新品种、施用生物肥料等，从而提高作物产量和质量，提高盐碱土壤系统的功能和可持续性。吸盐植物包括碱蓬、苜蓿、芦苇、旱柳、柽柳等；生物肥料包括微生物菌剂和生物有机肥料等。

四、西北低产黄土改良与综合治理技术

黄土高原是我国的四大高原之一，总面积大约 64 万 km^2，主要位于黄河中游，平均海拔约 2000m。该地区土地广阔，资源丰富，具有发展农林牧业的优越条件，有适宜发展林果业的大面积山地丘陵，适宜发展畜牧业的 3 亿多亩草原，适宜耕种的 2 亿多亩土地，是西部开发的关键地域。黄土高原是典型的丘陵沟壑地貌，长度大于 500m 的沟道约有 27 万条，地形破碎度高，土质疏松，年均降水量少，夏秋多暴雨且降水集中，是我国乃至世界上水土流失最为严重的区域之一，因此水土流失是该区域耕地最关键的障碍因子。其严重的土壤侵蚀带来生态危机、资源危机和社会经济危机，事关国计民生。

（一）土壤侵蚀综合防治现状及进展

土壤侵蚀是自然和人为因素共同作用的结果，气候、地貌、植被、土壤等自然因素和人类生产实践活动是导致土壤侵蚀发生的潜在因子。黄土高原的土壤侵蚀地区主要分为 4 个。①风蚀地区：位于长城沿线以北的鄂尔多斯高原，包括毛乌素沙漠、银川河套平原及其边缘山区，属于半荒漠或干草原地带，风蚀普遍发展迅速，草原退化、土地沙化现象严重，不少地方已被流沙所覆盖。②水蚀风蚀地区：大致位于神池、兴县、绥德、庆阳、固原、定西、东乡一线以北及长城沿线以南的黄土丘陵区，大部分属于半干旱草原地带，水蚀强烈，风蚀亦很显著，是黄土高原生态环境比较脆弱、水土流失最为严重的地区。③水蚀地区：北接水蚀风蚀区，南接秦岭北坡，主要属于森林草原地带，由于雨量较丰、植被较好，土壤多为中壤或重壤，有利于农、林、牧、副业的综合发展。④冰水冻融侵蚀地区：位于青藏高原边缘的草甸草原，由于海拔较高，气候寒冷湿润，多天然林和牧场，水土流失微弱。

在土壤侵蚀防控的理论研究方面，主要涉及土壤侵蚀过程与机制研究、土壤侵蚀动

态监测和模型预测及水土保持防蚀机制研究等。自20世纪90年代以来，在土壤侵蚀过程与机制研究方面，通过分析小流域尺度的水土流失过程，总结了流域土壤侵蚀、水土资源的时空分异规律；通过开展大尺度水土流失与水土保持格局与规律研究，为黄土高原区土壤侵蚀阻控技术的研发奠定了理论基础（史志华等，2020）。在土壤侵蚀与水土流失动态监测方面，主要通过集成遥感（RS）、全球定位系统（GPS）和地理信息系统（GIS）（即3S）和设备、地面监测、模型计算等技术，建立了黄土高原水土流失区生态农业动态监测系统，利用GPS开展地貌、水土流失的监测。在流域尺度上，通过综合气候、流域下垫面特征和人类活动等因子对土壤侵蚀—输移—堆积过程的影响，深入阐明了土壤侵蚀产沙的机制；结合坡面模型研究的小流域定位观测和模拟实验数据，建立了基于GIS的区域土壤侵蚀模型。整合不同空间尺度的模型极大地推进了土壤侵蚀预报的发展，为土壤侵蚀防治、水土保持规划及效益评价提供了科学依据。

（二）生态环境脆弱区耕地改良与综合治理技术

水土保持耕作法是治理水土流失严重的坡耕地与风蚀耕地的较优方法。黄土高原地区宜农耕地后备资源质量普遍较差，且大多处于生态环境脆弱区。采用水平沟种植，有助于改变地面小地形，增加地面粗糙度和降水入渗率，从而达到拦蓄降水、减缓地面径流、减少土壤冲刷和养分流失的目的，具有较大的增产效应。抗旱丰产沟是利用降水资源发展农业的一项耕作措施，具有蓄水蓄肥、抗旱保墒的作用，其吸收了坑种、沟垄种植、深耕施肥等农业的优点，作物增产幅度高达50%～120%，拦泥蓄水率达90%。地孔田是指在坡耕地田间打孔，使地面均匀分布有一定深度的地孔，以缩短坡面径流运动的距离、减少其冲刷力，从而达到蓄水保土的目的，可使粮食增产5.4%～21.4%。坑田一般坑深30cm左右，比大田活土层加深8～15cm，有利于蓄水保墒，同时根系密有利于作物吸收养分，按照“梅花”外形掏坑，有利于根系发育，从而促进作物增产。大垄沟种植技术主要适宜土层深厚、土质肥沃、坡度小于20°的湾塌地、山坡地，用偏犁及单铧沿山地等高线自上而下开沟，形成大垄大沟，结合中耕回填表土来保墒抗旱。垄膜沟植法是在前茬作物收获之后，对农田进行翻耕、耙耱，然后按一定的宽度起垄，使地面呈沟、垄相间状态，垄上覆盖地膜，使垄面降水以径流形式向沟内汇集，渗入土壤深层。

沟道土地生产力提升关键技术对丘陵沟壑区生态环境恶化起到了有效的遏制作用。黄土高原沟道土地养分贫瘠、有机质含量低、土体结构稳定性差、盐渍化风险高，利用快速提升生产力的“有机+无机+生物”土体分层有机耦合技术，在耕作层结构重构的基础上，综合施用土壤矿物材料、有机物料、微生物菌剂等改良材料，结合测土配方施肥技术，构建以有机、无机物料和微生物菌剂作为土壤生产力提升型改良材料的方法，形成“黄土高原沟道土地生产力提升关键技术与示范推广”模式。

五、土壤重金属污染现状与防治措施

（一）土壤重金属污染现状及成因

我国重金属污染耕地面积大、范围广、污染来源复杂、污染程度不等。一般而言，重金属是指密度≥5.0g/cm^3、原子序数大于 23 的金属元素，其来源包括成土母质和外源人为输入，具有显著的生物毒性。2014 年《全国土壤污染状况调查公报》显示，我国约有 2000 万 hm^2 耕地受到了不同程度的重金属污染，其中重度、中度污染面积近 333.3 万 hm^2，主要重金属污染物为镉、砷①、镍等元素（表 10-2）。重金属污染不仅减少了可利用耕地面积，而且降低了耕地质量。落实重金属污染耕地的农业安全利用，关系到我国粮食安全和农产品质量安全，也关系到“两型社会”建设和绿色发展。

表 10-2 2014 年我国污染物超标情况

污染物类型	点位超标率（%）	不同程度污染点位比例（%）			
		轻微	轻度	中度	高度
镉	7.0	5.2	0.8	0.5	0.5
汞	1.6	1.2	0.2	0.1	0.1
砷	2.7	2.0	0.4	0.2	0.1
铜	2.1	1.6	0.3	0.15	0.05
铅	1.5	1.1	0.2	0.1	0.1
铬	1.1	0.9	0.15	0.04	0.01
锌	0.9	0.75	0.08	0.05	0.02
镍	4.8	3.9	0.5	0.3	0.1
六六六	0.5	0.3	0.1	0.06	0.04
滴滴涕	1.9	1.1	0.3	0.25	0.05
多环芳烃	1.4	0.8	0.2	0.2	0.2

农药、化肥、地膜、畜禽粪便和污泥堆肥产品等不合理施用导致农田土壤重金属含量超过阈值。2008～2018 年基于国家土壤环境监测网发现，主要重金属 Cd、Cu、Zn 主要来自施肥等农业活动，部分地区还来源于工业活动甚至以其为主；Hg 则主要来源于工业活动及其产生的大气沉降，局部地区叠加高 Hg 农药的贡献；Pb 的来源则比较复杂多样；As、Cr、Ni 则主要受土壤母质控制。现阶段我国土壤中重金属来源的解析研究仍以定性的传统多元统计方法（相关分析、主成分分析、聚类分析等）为主。重金属在土壤环境中的迁移转化和作物对重金属的吸收受土壤类型、土地利用方式与土壤理化性质（如 pH、Eh、有机质含量）等因素影响，其行为特征主要表现为沉淀溶解、氧化还原、胶体吸附、离子交换、络合螯合等作用。

（二）土壤重金属污染综合治理技术

目前农田重金属污染土壤修复技术主要包括：原位稳定化技术，如原位化学钝化、微生物吸附及植物固定等；工程修复技术，如植物修复、客土改良、深翻稀释及土壤淋洗修复等；农艺调控措施，如水肥管理、土壤 pH/Eh 调节、间套作等；植物阻控技术，包括叶面生理阻控、低吸收作物品种应用、基因工程、种植结构调整等（陈世宝等，2019）。这些技术按照污染治理途径可划分为去污染技术和阻控技术。其中，去污染技术是一种以降低土壤重金属浓度为目的的污染物清除方法，主要包括工程处理技术（如客土法、

① 砷为非金属，鉴于其化合物具有金属性，此处将其归入重金属中一并统计。

电动修复技术、热解吸法等）和超富集植物提取技术；阻控技术是一种以降低农产品可食部位重金属积累为核心的治理方法，主要包括钝化阻控技术、农艺调控技术和植物阻隔技术（曾晓舵等，2019）。

农田重金属污染综合治理技术实施的原则是中轻度污染风险农田安全利用、高度污染风险农田管控。2015 年由农业部环境保护科研监测所牵头，启动了我国南方地区稻米重金属污染综合防控协同创新项目，形成了以“净源”“失活”“减量”“低吸”技术为主要途径的稻米重金属污染综合防控技术体系。重金属污染耕地农业安全利用综合技术与模式集成了轻中度污染耕地农艺综合调控与原位钝化安全利用技术、基于“断链改制”的重度污染耕地替代种植与土壤修复技术（黄道友等，2018）。2022 年，针对不同污染程度水稻田、污灌旱地和矿区污染超标农田，农业农村部环境保护科研监测所等单位构建了钝化阻控与植物阻隔耦合技术、钝化阻隔与植物萃取移除耦合技术、钝化阻控与农艺调控耦合技术、植物萃取+微生物活化与钝化阻隔耦合技术的应用模式，提升了重金属污染农田原位修复技术的产业化应用水平。

1. 中轻度污染风险农田安全利用技术

不同程度重金属污染土壤根据风险等级的不同而采取不同的安全利用与修复技术。目前，在我国农田重金属污染修复实践中，轻度污染风险农田安全利用技术主要包括低吸收作物品种筛选与田间应用、水肥管理调控及轮间作等技术或不同技术的组合等，如通过“V-I-P”[低镉品种（variety）+全生育期盐水灌溉（irrigation）+施用生石灰调节酸碱度 pH]综合修复技术的实施，在湖南省镉含量超标 66.7%（0.5mg/kg）的土壤上可以生产出 83%的合格大米。目前，在轻度风险污染农田安全利用技术研究中还存在一些问题亟待解决，如低吸收品种的快速鉴定及在田间条件下土壤、气候等因素对其的影响，低吸收品种的稳定性，低吸收品种的抗病性与品质及品种供应等问题。针对中度污染风险农田，土壤修复技术主要包括土壤钝化、叶面阻控、植物修复、水肥调控及深翻稀释等。目前，土壤原位钝化技术是中度污染风险农田基于“无害化”目标最常采用的修复技术之一。

2. 重度污染风险农田管控技术

对于重度重金属污染风险农田，传统的土壤修复技术已无法满足农产品安全生产的需要，必须进行种植结构调整，实施禁产区划分，开展限制性生产。由于重度污染风险农田所占比例不大，因此需要调整结构的比例有限，面积较小。

第三节　高产田保育与可持续利用

从 20 世纪 60 年代开始，我国进行了以平整土地、增施有机肥、兴修水利、修筑梯田、黏土掺沙、沙土掺黏、放淤压沙等措施为主的深耕改土工作，开展了旱涝保收、高产稳产田管理研究，形成了高产稳产田土壤特征、肥力指标、培肥途径等方面的理论框架。1987 年，由国家计划委员会下达的国家重点工业性试验项目“全国土壤肥力和肥料效益长期监测基地建设”开始实施，监测基地的建成，在及时掌握土壤肥力与肥料效益变化动态、及时为国家提供监测信息、寻求培肥地力和提高肥料利用率的对策及评价土壤高产潜力等方面发挥了重要作用，进一步推动了我国土壤保育与地力提升理论的发展与创新。自“九五”国家科技攻关计划实施以来，近 20 年主要通过土壤有机质提升、黑土地保护等工程项目的实施及推广应用来提升耕地地力水平。

一、有机质演变规律与提升技术

土壤有机质不仅是土壤肥力的核心和养分循环的重要物质基础，作为维持土壤结构的胶结物质，其在调节土壤水分、通气性、抗蚀力、供保肥能力等方面也起着关键作用，土壤保持较高的有机质水平是土地持续利用和作物高产稳产的先决条件。土壤有机质提升是耕地质量提升的关键，其变化是一个十分漫长的过程，需要十几年甚至几十年才能观察到其明显变化。

（一）有机质提升原理与技术

土壤有机质的形成和积累过程非常复杂且缓慢。早期的研究利用酸、碱浸提法提取土壤腐殖质，包含富里酸、胡敏酸和胡敏素等一系列褐色或暗褐色、具有不同分子量和大量含氧官能团、结构复杂且较稳定的高分子胶体物质。此后，土壤学界逐渐形成了土壤有机质形成的经典腐殖化理论。随着先进的仪器分析技术及现代分子生物学技术的引进和应用，微生物群落在植物残体等有机物质分解过程中所起的关键作用受到重视。土壤有机质形成与积累理论已经从腐殖化理论的趋同论，逐渐演变为植物残体物质组成决定论、微生物分解者决定论及微生物碳泵理论，初步明确了微生物在土壤有机质转化及固存中的核心作用，解析了微生物通过“体内周转”和“体外修饰”双重途径调控土壤有机质转化，通过“激发效应”和“续埋效应”调控土壤有机质储存。土壤有机质形成与积累的原理，主要包括物理学、物理化学及生物学保护 3 个方面，其中植物源有机质可能主要起到包裹团聚体的物理学保护作用，而微生物源有机质主要起到形成矿物-有机复合体的物理化学及生物学保护作用。在农田生态系统中，进一步定量地辨识出植物源和微生物源土壤有机质的组成成分、数量及其对土壤有机质的贡献，以及土壤、植被、气候等内在和外在因素之间的作用，对于理解集约化管理下土壤有机质的积累过程具有重要意义，也为制定基于平衡农业生产与生态环境功能的土壤有机碳综合管理技术途径和方案提供了理论依据。

农田土壤有机质提升是耕地质量提升的关键。提升有机质的主要技术包括构建厚沃耕层、轮作换茬、增施有机肥、秸秆还田及种植绿肥等方式。东北黑土区开展了基于“深（翻）、免（耕）、浅（旋）”耕作组合的玉米连作优化模式、基于“一深一浅加两免”耕作组合的米—豆轮作模式及基于“深、免、浅”耕作组合的米—豆—豆轮作模式、秸秆深混-黑土层扩容增碳技术、熟土心土双层混合-肥沃耕层构建技术等关键技术研究；长江中下游开展了绿肥与秸秆还田碳氮调节、绿肥混播套种、机械化种植利用、酸性土壤改良等关键技术研究，种植经济绿肥如紫花苜蓿、油菜和紫云英等可提高 10%～15%的肥料利用率。同时，研发了适合不同区域主要土壤类型的可快速恢复肥力的秸秆快速分解制剂、缓释肥、水溶性肥、有机肥、绿肥、生物肥、机械配套施用肥料、高效螯合肥料、根际养分增效剂、高肥效生长调节剂等绿色替代产品与技术。主要技术如下。

1）施用有机肥。可维持较好的土壤团聚体结构及养分化学计量平衡，从而影响微生物群落特性，进而提高土壤生物学肥力和作物产量。施入的有机肥首先进行有机物矿化，条件适宜后通过腐殖化过程产生腐殖质并提高土壤水分和养分有效性。以黑土地保护利用关键技术为核心的肥沃耕层构建与保育技术，通过一次性增施秸秆、有机肥和化肥，可有效补充因熟土层和心土层混合后导致的土壤肥力下降，实现白土有机质提高9.1%以上，玉米增产7.5%以上、大豆增产8.6%以上。此外，将有机肥与其他功能材料进行复合一体化，构建多功能的经济环保堆肥技术体系和产品库，能显著提高有机肥效率与成效。通过马铃薯加工淀粉废渣+牛粪发酵有机肥+矿物质材料比例为1∶8∶1、马铃薯加工淀粉废渣+牛粪发酵有机肥+生物质炭比例为 1∶8∶1、马铃薯加工淀粉废渣+牛粪发酵有机肥+生物质炭+矿物质材料比例为0.5∶8∶1∶0.5的扩蓄增容技术实施，可实现农村环境治理与土壤培肥的有机融合，为土壤健康保育和乡村振兴提供技术支撑。

2）秸秆还田。是驱动农田土壤有机质良性循环的关键。根据有机物料腐解速率，当秸秆还田量为 4500～6000kg/hm^2 时，可稳定土壤有机质含量。但秸秆直接还田后如未及时腐解，会影响下茬作物的播种、出苗和生长，而施用木霉、曲霉、芽孢杆菌等高效腐解微生物制剂，可加快农田植物残体的分解。渐进式肥沃耕层培肥技术通过逐步增加有机物料的还田深度，实现了棕壤黑土层与耕作层的培育。水田秸秆粉碎翻埋与旱地灭茬还田结合的还田技术阐明了秸秆分解的氮素调节机理，秸秆深混-黑土层扩容增碳技术、熟土心土双层混合-肥沃耕层构建技术、黑土层与白浆层梯次混合-厚沃耕层培育技术等的构建为黑土层原位退化、迁移退化和原生障碍问题解决提供了关键技术。同时，建立了肥沃耕层构建、控蚀增肥保育、障碍土层快速改良培肥三个核心技术模式，分别与玉米连作、玉米—大豆和玉米—大豆—大豆三个典型种植模式进行融合，形成了9个子模式。

3）合理的轮作制度。能够充分发挥作物可改善土壤结构的优势。建立耦合深翻、浅旋和免耕等耕作措施的周期性轮耕制度，通过有机物料（有机肥和秸秆）还田，打破犁底层，增加耕层厚度，提高耕层有机质含量和水养库容，促进耕地质量提升，如在东北黑土区建立的基于“深（翻）、免（耕）、浅（旋）”耕作组合的玉米连作优化模式、基于“一深一浅加两免”耕作组合的米—豆轮作模式及基于“深、免、浅”耕作组合的米—豆—豆轮作模式。粮草轮作及水肥高效利用技术通过马铃薯与燕麦等作物轮作，可显著提升土壤质量，实现可持续耕作，从而促进区域农田水肥资源平衡利用和传统耕作制度改革。不同生态区通过“优质稻+”水旱轮作周年高效技术体系，建立了“稻茬蚕豆云豆147免耕规模化种植”稻—豆、“云薯304/云薯902冬季高效生产”稻－薯、稻茬油菜“菜薹、赏花、蜜源、油用”多功能开发利用、大蒜“一种三收”稻蒜周年资源高效利用4种模式，同时创建了“水稻－冬马铃薯－鲜食玉米”和“水稻－再生稻－马铃薯”2种种植新模式。

4）种植绿肥。我国绿肥种质资源达4000余份，包括10科42属60种，有1000多个品种，如紫花苜蓿、油菜和紫云英等。利用豆科绿肥作物的光合作用和共生固氮作用，可增加土壤-豆科植物系统中碳、氮总量，从而富集和活化土壤养分库。基于绿肥种植及翻压利用的豆科绿肥—小麦（油菜）生产技术通过种植一年生豆科绿肥作物如救荒野豌豆、长柔毛野豌豆，可减少后茬作物小麦化肥用量 20%～30%，实现土壤氮库、有机质增加。以云光早苕为代表的旱地豆科绿肥-烟草技术体系，突破了烟草前茬忌种豆科绿肥的禁区，明确了豆科绿肥翻压的适宜数量及豆科绿肥氮肥的施用比例，同时有助于显著降低烟草根结线虫病危害。另外，在盐碱地综合改良中，施用脱硫石膏等改良剂、种植田菁等耐盐碱绿肥，可有效增加土壤有机质和养分，同时促进排水洗盐。采用绿肥与主作物轮间作（如玉米与苜蓿间作）、田中培养固氮蓝藻技术，可以促进秸秆分解和土壤肥力提升。长江中下游水旱轮作区进行了高效施肥关键技术研究与示范，研发了绿肥与秸秆还田碳氮调节、绿肥混播套种、机械化种植利用、果园生态改良、酸性土壤改良、水肥统筹、经济绿肥、饲用绿肥等新技术，可实现肥料利用率提高 10%～15%。

5）生物培肥。是一种新型的土壤培肥方式，主要通过生物特性存在的差异提升肥效。目前生物培肥方式主要包括：①蚯蚓培肥，施加腐熟的农家肥与蚯蚓相结合，通过蚯蚓利用土壤养分的过程分解有机质。一般每亩地放置蚯蚓约 25kg，不仅能有效提高有机肥的转化率，蚯蚓粪便也能改善土质。②微生物肥料，一般作为益生菌类肥料与矿质肥结合使用，不仅能有效增加矿物质分解，还有助于释放微量元素。生物技术筛选、追肥枪注施菌剂、增施复合菌肥等方式，可快速培肥熟化生土，真菌、细菌、放线菌三大微生物菌群数量显著提升，玉米、土豆等作物可增产 15%～20%。目前，微生物菌肥在我国仅占肥料总量的 2%，远低于发达国家的 20%。我国现有菌肥产品菌株功能单一、田间生产力和稳定性较差，无法大规模应用。因此，研制基于固氮解磷功能菌的微生物肥料产品对于突破养分资源高效利用关键瓶颈具有重要意义。

（二）有机质提升技术模式与应用

农田土壤有机质提升的限制因素主要为有机物料投入量及土壤水分、温度和 pH 等。针对适合秸秆高效利用的土壤环境条件，以土壤调理剂和耕作为核心，利用增施有机肥和秸秆还田共性技术配合障碍因子消减技术，创新集成了 5 类 13 种具有区域独特性和适宜性的土壤有机质提升技术模式，为全国农田土壤有机质提升提供了技术样板，取得了显著的经济、社会和生态效益。

1. 东北深埋有机肥促腐技术模式

针对东北地区气温低、有机物料腐解慢、秸秆还田处置期短的难题，研发了秸秆秋季深翻起垄+增施有机肥技术和留茬带状深松+垄沟种植技术，可实现有机质快速提升。东北地区低温环境下的秸秆自然降解困难成为秸秆还田的最大障碍，且秸秆直接还田后腐解较慢，严重影响下茬作物的播种、出苗和生长。通过施用木霉、曲霉、芽孢杆菌、乳杆菌等高效腐解微生物制剂，可加快秸秆腐解。该模式在东北地区示范，秸秆腐解速率加快 13%～21%，示范区十年土壤有机质提高 12%～16%。

2. 华北以氮增碳双还技术模式

针对华北地区秸秆量大、水分缺乏、旋耕浅等问题，提出了氮肥基肥重施+控磷减钾技术和机械化小麦秸秆条带覆盖+玉米秸秆粉碎深耕翻压技术，可显著提升土壤保墒能力。示范区十年土壤有机质提高12%以上，小麦、玉米亩产分别提高48kg和62kg。

3. 西北水分有机质双增技术模式

针对西北地区夏播干旱、冬春低温和季节性干旱区秸秆翻耕还田加速土壤跑墒的问题，提出了高留茬麦秸覆盖延后翻压技术和玉米秸秆粉碎翻压+轻施有机肥促腐解技术，可提高土壤含水量7%～11%，示范区十年土壤有机质提高8%～12%。

4. 南方旱地降酸增碳互促技术模式

针对南方地区土壤酸化、秸秆腐解及利用效率低的问题，提出了酸化调理技术和秸秆覆盖还田+有机肥增施技术，红壤示范区实施十年可使土壤pH提高0.3～0.5个单位，有机质提高9%～15%，增产18%～29%。

5. 长江流域水田养分均衡稳步提升技术模式

针对长江流域秸秆还田加剧土壤酸化、冬闲期长、面积大的问题，研发与施用了相关酸化改良剂，结合增加有机肥施用、闲田绿肥种植还田，提出了水稻收割和秸秆粉碎一体化技术和酸化调理剂+晚稻秸秆还田套作绿肥技术，示范区推广十年土壤pH提高0.2～0.3个单位，土壤有机质增加5%～7%，水稻平均每亩增产49～65kg。

（三）有机质提升与固碳减排

气候变化会影响土壤碳氮循环及其地-气交换通量。土壤有机碳是保障农业生态系统稳产高产和环境安全的最重要因素，耕地土壤碳库为全球碳库中最活跃的一个组成部分。人类活动及气候变化对区域及全球环境产生了深刻的影响，严重威胁粮食安全。同时，农业还是甲烷（稻田）和氧化亚氮（施用氮肥引起）两种温室气体的主要来源。研究表明，合理的耕地保护措施不仅有助于实现“碳中和”、积极应对气候变化，还能够保障粮食安全，达到固碳减排与农业发展相协调的双赢目标。

最新研究表明，通过施用有机肥、免耕或提高秸秆还田比例等措施（假设所采取的措施间具有最大的互补性），全球农田固碳潜力为0.44～0.68Pg C/a（$1Pg\ C=10^{15}g\ C$）（Malte et al.，2022）。我国农田土壤由于长期耕作，碳损失较为严重，当前土壤碳储量水平比欧美发达国家和地区低至少1/3。近30年来我国农田表层土壤碳库整体上呈现增加的态势，固碳潜力为20.3～88.4Tg C/a（$1Tg\ C=10^{12}g\ C$），主要是化肥和有机肥施用、秸秆还田等措施发挥了关键作用，即使目前不同措施提高土壤碳的作用机制及其稳定性在很大程度上还是未知的（Li et al.，2023；Song et al.，2022），但未来其仍有让农田碳库进一步增加的可能（赵永存等，2018），目前农业农村部正在实施的高标准农田建设、黑土地保护行动、中低产田改造工程等推动了我国农田固碳潜力的提升。

在国家自然科学基金项目、农业农村部公益性行业（农业）科研专项等支持下，我国已经初步建立起农业源温室气体监测体系，覆盖了我国主要农区11种典型种植模式（春玉米、冬小麦/夏玉米、设施蔬菜、水稻/小麦等），制定了静态箱-气相色谱法农田温室气体监测方法与技术标准（草案），基本实现了农田温室气体的监测及数据的质量控制。提出了我国北方粮食作物N_2O年排放量基本在0.76～2.67kg N/hm^2（Cui et al.，2012），

设施蔬菜 N_2O 年排放量则是粮食作物的 3.1～4.6 倍，显著高于其他种植模式；水稻田温室气体年排放量表现为冬水田>双季稻>水稻-小麦（水稻-油菜）。构建了符合我国农业生产实际的不同种植模式的 N_2O 排放因子，且均小于 IPCC 的缺省值（1%），填补了我国在设施蔬菜、粮食/露地蔬菜、马铃薯、人工种草等种植模式方面 N_2O 排放因子的空白（Yang et al.，2015）。在“协调产量和环境效应”研究思路的指导下，研发、优化和遴选了肥料减量优化施用、抑制剂类添加、水肥耦合、固碳减排协同四大类温室气体减排技术 30 余项，揭示了不同种植模式稳产减排的调控途径及机制，并在相应的代表区域开展了示范推广，取得了显著的经济和生态效益。

二、东北黑土地保护

黑土是世界上最肥沃的土壤，也是极为珍贵的自然资源。我国东北黑土地是世界四大黑土地之一，其生产的粮食总量和商品粮总量分别占全国总量的 1/4 和 1/3。但多年来由于部分地区在开发垦殖过程中“只用不保”“只耕不治”，东北黑土土层厚度、有机质含量等不断下降，加之自然因素制约和人为活动破坏，其土层变薄、变瘦、变硬的现象较为严重。该区粮食生产正面临着耕地质量下降、生态健康失衡，以及农业生产投入报酬递减等诸多问题的严峻挑战。保护和提升东北黑土地耕地质量，促进农业可持续发展，是守住“中国粮，中国碗”战略底线的重要保障。

（一）黑土地水土流失防控

东北黑土地历经 100 余年的农耕，土壤侵蚀面积逐渐扩大、侵蚀强度不断增强、黑土层厚度显著薄化（刘宝元等，2008；刘晓冰等，2022）。《2019 年中国水土保持公报》显示，东北黑土地水土流失面积为 21.87 万 km^2，占黑土地总面积的 20.11%，且黑土层厚度以年均降低 0.1～0.5cm 的速度越来越“薄”。20 世纪 50 年代黑土层厚度基本为 60～70cm，但目前典型黑土区已有近 40%的区域黑土层厚度不足 30cm（刘晓冰等，2022；全国农业技术推广服务中心等，2017）。据不完全统计，在退化较为严重的区域黑土层厚度大都只有 20～30cm，甚至部分地方的黄土母质已经出露，基本失去了生产能力（张兴义等，2018）。深耕开荒、粗放管理及区域水土流失是黑土层薄化的最主要原因。

黑土层的存在对于保持农田作物产量具有十分重要的意义。为探明黑土层厚度与土壤生产力之间的关系，国际、国内众多学者开展了大量的野外观测（李鹜和段兴武，2014；王志强等，2009），甚至利用消减土层的模拟方法开展了大量研究（Bakker et al.，2004；刘晓冰等，2022），但结论不一而同。有研究通过分析多年产量发现，黑土层每变薄 1cm，玉米减产 80kg/hm^2，大豆减产 14.9kg/hm^2（Zhou et al.，2015）。Bakker 等（2004）发现，土壤厚度每侵蚀 10cm，作物产量会损失 26.6%。此外，也有研究表明，黑土层厚度与土壤生产力呈对数关系，当黑土层厚度小于 50cm，随着黑土层厚度的增加土壤生产力显著增加；当黑土层厚度大于 50cm 时，土壤生产力随黑土层厚度增加而增加的速度减慢（李鹜和段兴武，2014）。

为有效防控东北黑土地区水土流失，维持并保护黑土地这一“耕地中的大熊猫”，生态环境部、农业农村部近年来相继出台系列文件，并在国家科技重大专项和国家重点研发计划中，将复合侵蚀过程机理及防控技术作为重要专题进行研究。在相关政策和项目的支持下，东北四省份开展了农田防护林建设及退耕还林还草工程，有效缓解了风蚀、水蚀和溶蚀等多营力复合侵蚀，强化了水土流失治理，改善了生态环境。据统计，“十三五”时期以来，通过实施水土保持重点工程，如坡耕地综合整治、小流域综合治理和侵蚀沟综合治理等，治理了大面积的水土流失。另外，相关科研单位通过多年在东北区的研究及探索，形成了以“梨树模式”为代表的十余种黑土地综合治理模式。其中，“梨树模式”是按照国际保护性耕作技术的定义，在吉林省梨树县不同区域先后设立了玉米秸秆全覆盖加免耕的保护性耕作长期定位试验，并在少免耕和秸秆覆盖机械装备研制、农机农艺技术方面集成创新（王影等，2022）。拜泉构建了以工程措施为支撑，以生物措施为主体，以地形特点为依据，以蓄水保土为目标的工程-生物综合防治技术体系“拜泉县水土综合防治模式”(以下简称拜泉模式)。拜泉模式显著降低了该区域耕地土壤侵蚀强度，与2000年相比，2015年99.5%的强烈侵蚀区演变为中度以下侵蚀区，2011～2015年水土流失总面积减少 193.8km^2（张爱玲等，2018），拜泉成为黑龙江省中部漫川漫岗区的水土流失综合治理代表区域。

中国农业科学院针对漫川漫岗黑土地区坡缓且长、雨季地表径流大、突然侵蚀严重的问题，在国家自然科学基金项目、农业农村部公益性行业（农业）科研专项和协同创新专项等支持下，积极探索总结了系列综合治理措施。例如，应用于东北坡耕地的垄沟深松筑挡技术，可使径流减少 85%～100%，作物增产 5%以上（孔德刚等，2013）。该技术的田间试验结果表明，在中耕封垄期实施垄沟深松筑挡技术，玉米试验地土壤含水量平均提高 2.1 个百分点，平均增产 6.8%，大豆试验地土壤含水量平均提高 1.95 个百分点，平均增产 13.9%。针对垄沟深松筑挡作业劳动强度大、效率低的问题，使用系列配套垄沟深松筑挡农机装备，效率比人工高 100～500 倍，适用于东北黑土地区缓坡耕地（<8°），凡是垄作的耕地，不论横坡垄、顺坡垄或横顺兼坡垄均可采用（聂美玲等，2014）。该技术在黑龙江嫩江农业技术推广中心、嫩江临江乡、黑龙江海伦前进乡试验示范4000余亩。2015年和2016年该技术作为配套技术被列入“黑龙江农垦国家农业综合开发水土保持项目”计划，累计推广辐射面积7.6万余亩。

（二）黑土地肥沃耕层构建

有机质下降和由不合理机械化耕作导致的土壤压实被认为是黑土地区耕地面临的共性问题。黑土地被开垦为耕地后，经过长期高强度利用，地力持续透支，土壤有机质含量持续降低。中国黑土地区的监测数据显示，东北黑土地存在变“瘦”现象。近 70年，黑土地耕层土壤有机质含量降幅超过 1/3，甚至有些黑土地土壤有机质含量已不足20g/kg（全国农业技术推广服务中心等，2017）。有机质含量降低导致黑土地耕地地力越来越差，农业生产对化肥的依赖性越来越强。此外，东北大部分黑土地区机器翻耕深度不足 20cm，且受农机具碾压、水蚀和风蚀等因素影响，犁底层上移加厚，土壤出现硬化、板结，黑土地变“硬”，导致作物根系下扎困难，容易发生倒伏，且黑土蓄水保墒能力下降，影响作物产量，威胁粮食安全（马常宝和王慧颖，2022）。

因此，东北黑土地合理耕层构建以改造耕层土壤为核心内容，利用地块轮换、种植制度调整，结合现代化耕作技术来改善土壤容重、水分和结构状况等物理性质，并通过将农业生产中产生的秸秆、畜禽粪便等外源碳源施入土壤中，补充黑土层有机质，构建一个深厚肥沃的耕作层。国家、地方政府和相关科研单位一直致力于探索符合本地实际且有利于农民持续采用的黑土地利用措施，从而增厚耕层土壤、构建肥沃的耕层。20世纪50年代，随着东北黑土地深耕开荒，较为粗糙的少免耕措施在坡耕旱地上实施；60年代初，黑龙江国有农场开展了免耕种植小麦试验；70年代中期，出现间隔深松代替深翻；80年代初，出现耙地和原垄免耕代替连年翻地。2015～2020年，中国农业科学院通过在黑龙江和辽宁多地布置的联网试验研究，探明了不同耕作深度配合深松耕（30cm）和有机物还田技术的效果与原理。在黑龙江省一熟粮作制条件下，优化集成了秸秆还田+有机肥+深翻+中耕垄沟深松筑挡/秋整地起垄筑挡技术，实施后土壤质量指数提升度>0.6，径流减少85%～100%，作物产量提升8%以上（从聪等，2020）。在辽宁薄层黑土地区发现了坡地防蚀与耕层增厚措施的协同效应，构建了垄膜沟植+深松留茬+有机物料还田农艺农机技术，与传统春季旋耕相比，该技术的间隔交替深松（25～31cm）可发挥深松及其后效作用，土壤质量指数提高50%，玉米平均根冠比增加32%，土壤贮水量平均增加13.2mm，作物单产增加11.3%，实现了有效蓄水、耕层增厚。

（三）黑土地保护与综合利用模式探索

农业系统是复杂的巨系统，目前已经很难依靠“点”上的技术突破实现整体质量的提升，需要从系统的要素构成、互作机理和耦合作用方面来探索问题的解决途径。为全面落实国家黑土地保护与利用战略，中国科学院2020年依托“黑土粮仓”战略性先导科技专项，以地理学理论为指导，运用综合性和系统性思维，于齐齐哈尔（中厚层黑土地区）构建了包含剖面、地块、流域、县域等不同尺度的黑土地保护利用全域定制方案。中国农业科学院近年依托各类项目及区域创新联盟平台，在我国黑龙江北安、海伦、青冈、佳木斯、齐齐哈尔和哈尔滨，吉林梨树、公主岭及内蒙古通辽、辽宁昌图和阜新建立了系列定位试验，在黑龙江哈尔滨（薄层黑土地区）建立了黑土地保护与利用长期定位试验，将近年的技术、模式及产品进行了集成示范，构成了一个整体的研究网络。依托该研究网络，中国农业科学院相关科研团队将围绕轮作制度和增产技术、保护性耕作技术、秸秆分解及病虫草害防控技术、健康土壤保育和管理技术、耕作装备创制和集成等基础性与长远性技术问题开展长期研究。这些综合利用方式和整体研究网络将为中国东北乃至全球黑土地区提供黑土地高质利用与长效保育的示范样板。

三、华北潮土保育

潮土是我国重要的旱作农业土壤，我国潮土面积约38 488万hm^2，约占全国总耕地面积的15.9%。潮土地区大多地势平坦开阔、土层深厚、水热资源丰富、生产性状良好、适种性广，历来是我国粮棉油及一些名特优产品的重要产区，其农田生产潜力的挖掘成为亟待解决的问题。华北平原是潮土分布最为集中、面积最大的区域，据统计，华北平原农业主产区潮土总面积为1201.1万hm^2，其中主要土地利用类型为耕地，总面积为1045.12万hm^2（水浇地占地86.28%，旱地占地12.29%，水田占地1.43%）。

华北平原潮土区光热条件充足，土壤有机质及有效态的大中量元素含量普遍处于中等水平，土壤物理条件适中，因而土壤综合肥力水平总体较为适中。但该区域大田耕作常年采用机械旋耕，土壤常出现耕层变浅、犁底层加厚的现象，致使土壤养分及水分利用效率降低，作物根系分布浅、易倒伏。除不合理的耕作和利用方式外，潮土自身成土过程特有的潮化作用，也极易引起“盐随水来”，发生土壤盐渍化问题，严重影响耕地生产能力。因此，发展适宜的培肥模式，改善种植结构，同时加强基本建设，是华北平原潮土区土壤保育和可持续利用的基本模式。

（一）华北潮土地力提升技术

1）机械收获秸秆还田技术。机械收获小麦和玉米时将秸秆粉碎，长度≤10cm，其中小麦收获时留高茬 10～15cm，玉米深耕深度要大于 25cm，以保留水分利于腐烂。将粉碎后的秸秆均匀抛撒到地表，套种宜在秸秆抛撒前 10～15d 播种，干旱无雨时需及时灌水以加速秸秆腐解，也可喷洒腐熟剂再耕翻；翻耕应注意增施秸秆量 1%的纯氮，同时注意防治病虫害。

2）增施有机肥技术。作基肥用的有机肥可采用撒施、条施或穴施等方式。撒施在前茬作物收获后、后茬作物种植前整地时结合土壤翻耕施入，均匀撒施在土壤表面后，翻耕入土壤深 20cm 左右，然后整地作畦。条施或穴施在土壤耕翻整平后、畦面开沟（或开穴）前，均匀撒施后覆土整平作畦。一般粮田每亩施用 2000kg，蔬菜、果园每亩施用 4000kg。商品有机肥作追肥，一般每亩用量在 200～300kg。

（二）厚沃耕层构建技术与模式

深耕改土技术具有明显的保水保肥及增产效果。目前铧式犁是生产中应用最广泛的深耕机械，具有良好的翻垡覆盖性能，耕深一般为 25cm。深松机械主要包括凿形铲式深松机和带翼柱式深松机两大类。通常，在铧式犁的犁体后面加装深松铲可实现“上翻下松不乱土层”的要求，深松深度可达 25～32cm。在实施深耕的同时，配套耙地、镇压，有助于减少失墒；根据秸秆量增施氮肥和有机肥，可调节土壤养分平衡；实施配方施肥技术，有助于维持土壤氮、磷、钾及中微量元素供给水平；根据土壤墒情，适时浇水，有利于土壤微生物活动，促进作物吸收土壤养分。

（三）次生盐渍化防治技术与模式

1）工程措施。是改良盐渍化土壤的根本措施。深沟排盐工程根据降低地下水位、控制返盐、改良盐渍化土壤的要求，设计支沟、斗沟、农沟和毛沟的间距与断面。平地挖沟压盐工程适用于地下水位高、面积大的轻、中度盐渍化耕地，一般在条田内挖深 2.5～3m 沟，与外围主引、排水沟渠相通，做到排、灌结合，条田长度根据具体情况而定。高筑台田工程一般高出原地面 1.8～2m，宽 30m 左右，台田两侧有较大的引、排水沟，并与外围主引、排水沟渠相通，做到旱能引、涝能排、碱能改。暗管排盐工程利用人工或机械将排盐滤管埋入 1.6～2.0m 深的地下，用于排出土壤盐分，是改良盐碱地的一种新技术。平整土地工程是农田水利工程得以充分发挥作用的基础，同时是实现灌水冲洗压盐的基础，一般以方田为单位进行，秋冬实施后进行冬灌压盐和冬伐。

2）农艺改良措施。主要包括耕作、躲盐和培肥等几个方面。采用合理的耕作技术可以达到局部改良盐渍化耕地的目的，强烈返盐的季节采用沟种躲盐技术、水资源丰富区采用种稻改盐技术均能取得较好成效；充分利用畜禽粪便、土杂肥等有机肥料资源并增加有机肥料用量，可改善土壤结构，增强土壤保水保肥能力，减少钠离子毒害；采用覆盖技术如秸秆和地膜覆盖，能够减少土壤表层蒸发，抑制返盐。

3）化学措施改良。主要指施用化学改良剂，一般持续时间较为有限。改良剂具有的膨胀性、分散性、黏着性等，使因盐碱而分散的土壤颗粒聚结，从而改变土壤的孔隙度，提高土壤通透性，利于盐分淋洗。同时，改良剂本身含有的或者通过发生化学反应产生的离子能够置换 Na^+，从而促进盐分淋洗。采用酸性改良剂可直接中和土壤中的碱性物质，并且溶解 $CaCO_3$，从而释放 Ca^{2+}以置换土壤中的 Na^+。

4）生物措施改良。主要是优选生理耐盐作物，如田菁、苜蓿、黄花草木樨等，采用粮食作物—牧草、粮食作物—绿肥、棉花—牧草、棉花—绿肥等间作模式，可有效抑制土壤返盐。

四、长江中下游水稻土可持续利用

水稻土是我国粮食生产中的一类重要土壤类型，面积大，分布广，高、中、低产水稻土分别占土壤总面积的 10%、58%和 32%，其中南方地区的高产水稻土面积约为 252 万 hm^2。从水稻土肥力评价看，高产水稻土多集中于平原圩区与河谷盆地，是自然因素与人为培肥措施共同作用的结果，其特点是田块平整、高低适中、渠系配套、灌排合理，还具有土壤肥沃、耕层养分丰足、土体构型均匀、水气协调能力强、土壤疏松、耕性较好、供肥保肥能力强和抗逆性强等特点。由于秸秆还田等技术的推广，我国水稻种植区的土壤肥力总体上得到改善。在化肥使用量相同的情况下，提高土壤肥力可以明显促进作物增产，特别是在高产目标的驱动下，通过提高土壤肥力来保证作物高产就显得十分重要。

（一）水稻土可持续利用的施肥及耕作技术

对于水稻土，不合理的施肥制度可致土壤肥力降低、土壤微生物活性减弱，同时引起作物减产和土壤退化。长期不施肥会显著降低土壤有机碳含量，施用有机肥对土壤有机碳提升和养分有效性增加有显著作用，有利于土壤生态系统功能增强。在红壤性水稻土上，多样性指数（香农指数和均匀度指数）显示秸秆还田处理的土壤细菌多样性最高；有机肥处理可提高稻田土壤微生物的碳源利用率和微生物群落的功能多样性；有机无机肥配施可显著增加土壤细菌和放线菌的数量，提高土壤真菌的多样性。

耕作措施主要包括翻耕、旋耕、（少）免耕、垄耕等，其中翻耕是传统的土壤耕作方式，耕翻后土壤的结构会发生变化，其对土壤含水量、总孔隙度、水稳性团聚体含量及团聚体结构稳定系数均有较大影响，有利于土壤通气孔隙的形成，从而改善土壤结构。水稻垄作比平作的单株分蘖数增加，有效穗数增加，结实率增加，空秕率减少。耕作措施会对水稻土容重、土壤紧实度和孔隙度等物理性状产生不同的影响。保护性耕作能使土壤形成较高的毛管孔隙度和适宜的通气孔隙，有利于增加土壤蓄水量，且其留茬免耕和覆盖免耕方式的土壤容重均大于灭茬免耕与传统耕作方式。与免耕相比，常规深翻耕使土壤容重明显下降，免耕稻秆覆盖和免耕地膜覆盖较传统耕作更能改善土壤蓄水性能。不同耕作措施对不同土壤剖面有机质及全氮含量的影响不同，在0～20cm土层，免耕土壤有机质和全氮累积量高于常规耕作土壤，而在20～40cm土层，常规耕作土壤有机质和全氮累积量明显高于免耕土壤。不同耕作措施均可改变土壤氧化还原电位、通气性、结构、水分动态、微生物活性及作物根系生长等土壤理化及生物学性状，进而影响CH_4排放或吸收，这与土壤厌氧状态和氮素存在形式有关。

（二）红壤区双季稻田地力提升的主要机制

针对红壤区双季稻田肥力的时空变化规律不明确、产能提升关键驱动因子不清晰等问题，“红壤区双季稻田地力提升机制与关键技术”项目通过点面结合（持续35年以上的5个长期定位试验、28个国家级水稻土地力定位监测点，以及湖南和江西等省区域调查）、长短结合（长期定位与短期/模拟试验）等方法，探究了红壤区双季稻田地力的提升机制。

1. 红壤区双季稻田土壤肥力近30年显著提升，增速呈现先快后慢的趋势

基于土壤肥力要素的时空演变规律，明晰了土壤有机碳和有效磷含量的平衡点，明确了不同肥料对水稻产量的贡献率。近30年红壤区双季稻田土壤有机碳、碱解氮、有效磷和速效钾含量均得到显著提升，增速先快后慢（或后稳）；土壤pH整体下降，降速先快后慢。明确了土壤有机碳和有效磷的平衡点分别为26g/kg和22g/kg，现阶段红壤区双季稻田约85.5%的土壤有机碳含量低于平衡点，71.3%的土壤有效磷含量超过平衡点，41.6%的土壤速效钾含量未达到较丰富水平（<75g/kg），25.2%的土壤pH处于较强酸性范围（pH<5.5）。有机肥、化肥氮/磷/钾对早稻、晚稻产量的贡献率依次递减。

2. 秸秆还田配施适宜氮磷肥有助于增加土壤中外源碳氮有效性

结合土壤基础地力贡献率变化规律和产能关键驱动因子，系统评估了秸秆还田在双季稻田的固碳效率，探明了秸秆还田对土壤有机碳组分的贡献及其关键机制。近30年来，红壤区双季稻田的基础地力呈现先降低后稳定的趋势，在前15年内快速降低，后15年逐渐稳定（基础地力贡献率为59.2%）。秸秆还田和有机肥配施等调控土壤碳氮的措施，是维持较高基础地力水平的重要途径。水稻秸秆在双季稻田的固碳效率平均为9.2%。秸秆还田可促进土壤中外源碳的积累，其以向腐殖质碳、矿质键合碳、颗粒碳转化为主（80%）。

（三）红壤区双季稻田地力提升的关键技术与模式

基于红壤区双季稻田肥力要素的时空变化特征，根据土壤肥力和产量水平，结合地形地貌特征，将双季稻田划分为4类典型稻田，分别为氮磷养分富余的稻田（土壤碱解氮大于150mg/kg或有效磷大于22mg/kg）、水网条件优越的高产田（旱能灌涝能排，土壤有机碳大于20g/kg，双季稻单产大于6750kg/hm^2，即高标准农田）、丘陵中下部的中低产田（土壤有机碳低于20g/kg，双季稻单产低于6000kg/hm^2）和丘陵中上部的瘠

薄田（土壤有机碳低于 15g/kg，双季稻单产低于 5250kg/hm^2）。针对上述 4 类典型稻田，以秸秆循环利用和固碳丰产为核心，结合养分运筹和有机肥施用等措施，分别集成了固碳节肥保育、固碳调肥丰产、调碳增效改良和调碳增肥改土 4 套技术模式。近 3 年 4 套技术模式在湖南和江西等省推广应用 1902 万亩，增产粮食 19 亿 kg，节本增效 26.97 亿元，每年固碳约 906 万 t，减少氮肥用量约 9 万 t，取得了较好的经济、生态和社会效益。

第四节　展　　望

一、整体形势

新中国成立以来，我国始终高度重视耕地保护工作，从 20 世纪五六十年代对耕地资源保护的初步探索，到改革开放后对耕地质量建设的逐步拓展，均为耕地质量综合治理体系的构建奠定了坚实的基础。党的十八大以来，我国贯彻实施"藏粮于地、藏粮于技"战略，形成了比较系统的针对耕地综合保护利用的治理政策体系和耕地治理机制。在耕地数量方面，全面落实永久基本农田特殊保护制度，防止耕地"非农化"、遏制永久基本农田"非粮化"，完善耕地占补平衡制度。在耕地治理方式和体系上，从"重用轻养，分头治理"向"用养结合、综合治理"方式转变，基本实现了耕地数量、质量、生态并重的"三位一体"综合保护利用体系，在推进耕地治理体系和治理能力现代化的同时，也为保障耕地永续利用、确保耕地产能持续稳定增长、促进农业绿色高质量发展、加快推进农业现代化奠定了重要基础（韩杨，2022a）。

在一系列耕地保护利用政策措施的实施下，我国耕地的保护利用取得了明显成效。在耕地数量方面，根据 2022 年度全国国土变更调查，我国 2022 年耕地总面积为 19.14 亿亩，其中永久基本农田 15.46 亿亩。在耕地质量方面，我国 2019 年平均耕地质量等级为 4.76 等，较 2014 年提升了 0.35 个等级。在高标准农田建设和黑土地保护利用工程进展方面，到 2022 年，我国建成了 10 亿亩左右高产稳产的高标准农田，实施了东北黑土地保护性耕作 8200 万亩，实施了耕地轮作休耕 4000 万亩以上。在耕地系统生态环境方面，目前已经落实安全利用和严格管控耕地土壤环境质量措施的面积有 5700 万多亩，土壤环境总体保持稳定，土壤污染风险基本得到管控，耕地的修复治理初有成效。

此外，我国致力于推进耕地质量提升核心技术攻关，强化科技在耕地质量提升中的支撑作用。过去近 20 年围绕耕地地力与质量提升开展了系列基础理论与关键技术研究，取得了一系列成就。在土壤有机质提升方面，以增施有机肥和秸秆还田共性技术+障碍因子消减技术为核心，创新集成了具有区域独特性和适宜性的土壤有机质提升技术模式。开展中低产田障碍因子消减技术攻关，集成了极强酸土壤降酸治理、强酸性土壤控酸增产、酸性土壤调酸增效及弱酸土壤阻酸稳产等综合防治技术模式；针对低产稻田，研发并集成了低产水稻土改良技术与模式。针对东北黑土地的区域特点，形成了以免耕少耕秸秆覆盖还田为关键技术的防风固土"梨树模式"，以秸秆粉碎、有机肥混合深翻还田，结合玉米—大豆轮作为关键技术的深耕培土"龙江模式"，以秋季秸秆粉碎翻压还田、春季有机肥抛撒搅浆平地为关键技术的水田"三江模式"等黑土地综合治理模式。

这些耕地质量提升核心理论和技术的发展及应用为稳定耕地产能、保障粮食安全发挥了重要作用。

二、机遇与挑战

尽管我国实施了最为严格的耕地保护制度，在保耕地数量、提耕地质量方面取得了巨大成就。但面对人均耕地少、高质量耕地少、后备耕地少的基本国情，我国耕地的可持续高效利用仍然面临严峻挑战。此外，耕地不合理利用、耕地向边际土地转移导致了耕地质量退化及耕地利用生态环境风险加剧等问题。目前我国耕地保护与建设战略以“保数量”和“提质量”为主，要实现党的二十大提出的保障粮食安全和绿色低碳发展战略，必须全面管理耕地的环境质量、生物多样性和生态服务功能，建设健康耕地。健康耕地的建设应重点关注耕地的数量保障、质量提升，耕地生态系统的智慧观测、污染物防控及加快耕地提升科技的集成创新等几个方面。

1）高度重视优质耕地和永久基本农田的数量保障。第三次全国国土调查显示，在2009～2019年的10年间，耕地总面积从20.31亿亩降低到19.18亿亩，总计减少了1.13亿亩，人均耕地面积由1.52亩降低到1.36亩。此外，土地整理复垦补充的耕地多为低产田，补充的新增耕地并未达到同等同质同级；同时，农业结构调整中的耕地地类转换导致部分地区适宜耕作的平地被调整为他用。虽然我国具有11.7亿亩边际土地，但其标准粮产量低于200kg/亩，主要分布于尚未开发的耕地后备资源区和现有低等级耕地分布区，难以在短期内进行有效利用。因此，长期保障我国耕地、永久基本农田的数量是耕地产能提升及高效利用、确保粮食安全的前提。

2）耕地质量保护任务仍然艰巨。一是耕地“北扩南缩”导致耕地适宜性降低。第三次全国国土调查与第二次相比，水土匹配程度相对较差的北方地区耕地面积增加0.29亿亩，光热条件好、农田基础设施较为完善的南方地区耕地面积减少1.42亿亩，导致中国耕地空间适宜性下降2.6%（黄海潮等，2021）。二是耕地障碍因子突出，我国耕地质量退化及障碍情况占比高达40.82%。其中，东北黑土地区土壤侵蚀退化、黄淮海地区耕层变浅、西北地区盐渍化、西南地区石漠化、南方地区酸化加剧等障碍因子严重限制了耕地地力的提高，亟待针对各地区的障碍因子开发中低产田产能快速提升技术对其进行改造。

3）缺乏耕地生态系统智慧监测网络体系。我国现有的耕地资源调查以数量调查为主，耕地质量和生态调查与监测相对薄弱。近年来，我国提出耕地数量-质量-生态“三位一体”的耕地保护理念，这就要求调查耕地质量等级和产能的同时，要摸清耕地的健康情况及生态服务功能，然而我国当前的耕地质量监测体系不能同时满足上述需求。因此，需要从耕地生产、环境质量、生物多样性和生态服务功能的内涵出发，构建耕地生态评价指标体系，研制快速诊断耕地健康的技术（李超等，2022）。此外，由于目前获取和挖掘“耕地系统”信息的手段相对较少，需要开展实验与新技术手段的现代化与多学科交叉融合，构建动态化、精细化、智能化、定量化的耕地监督体系与包含耕地大数据获取、存储、分析、预测、决策等环节的技术体系。

4）新兴毒害物质检测和风险防控体系有待完善。根据《土壤污染防治行动计划》，到 2030 年，土壤环境风险得到全面管控，受污染耕地占比和污染地块安全利用率均达到 95%以上。目前，我国耕地污染问题仍然十分严峻，污染老问题没有得到根本解决，由于各类污染的复杂性，被污染的耕地呈现隐蔽性、滞后性、积累性和不可逆等特征，耕地修复周期长且修复技术要求高（骆永明和滕应，2020）。不仅一些剧毒重金属元素铊、锑的污染风险尚未得到重视，而且耕地新兴毒害物质问题不断叠加，同时微塑料、全氟化合物等可能对我国食物安全与人体健康产生新的潜在危害。因此，需要建立新兴毒害物质监测和风险防控方法与技术对耕地污染问题进行监测、修复及治理。

5）耕地质量提升科技有待进一步突破和创新。“藏粮于地、藏粮于技”战略的有效实施需要依靠耕地质量提升科技的攻关与突破，加快耕地科技的基础研究、应用研究和工程技术模式创新迫在眉睫。总体来看，耕地科技创新能力仍然比较薄弱，耕地科技创新发展也存在一些亟待解决的问题。一是耕地科技创新的体制机制与保障国家粮食和农产品安全的战略不相适应；二是耕地科技创新的投入与促进土地可持续利用、推动农业绿色发展的要求不相适应；三是耕地科技创新的手段和能力与提高农业质量效益与竞争力、支撑乡村振兴的要求不相适应（唐华俊，2021）。具体表现为：科技经费投入不足，研究平台薄弱；基础理论、技术标准、工程规范等尚不成熟；研究力量分散，协同整合和资源共享不够等（陈萌山，2021）。针对我国耕地质量提升面临的“卡脖子”难题，需要从优先序、空间关系上厘清耕地质量提升与高效利用所需的核心科技。研究长期集约化种植条件下土壤质量演变的关键过程、揭示耕地质量的时空演变规律、开发相应的耕地质量提升关键技术、集成示范障碍因子消减和地力提升技术模式，是快速推动我国地力提升和耕地保护的主要手段。近年来，我国在东北地区黑土地地力提升及可持续利用、黄淮海地区盐碱土改良、南方红壤区农田酸化防治等关键科学技术方面取得一系列进展，但相关技术模式并未大规模推广。将新近积累的先进耕地质量提升科技尽快转化为管理实践，进行产能提升技术模式的集成与示范，应是未来一段时间内我国实现耕地资源可持续高效利用的优先事项。

三、目标与愿景

新时代背景下，我国在已有耕地数量保护与质量建设机制和政策体系的基础上，实行了最为严格的耕地保护制度，陆续发布了《耕地草原河湖休养生息规划（2016—2030 年）》《全国国土土地规划纲要（2016—2030 年）》《土壤污染防治行动计划》《东北黑土地保护规划纲要（2017—2030 年）》《全国高标准农田建设规划（2021—2030 年）》等重要规划。这些规划明确提出了我国耕地保护利用的目标：到 2030 年，我国耕地总量和永久基本农田分别保持在 18.25 亿亩和 15.46 亿亩以上，建成 12 亿亩高标准农田，实施黑土地保护性耕作 2.5 亿亩。

近几年我国颁布的各项规划和相关的政策在耕地数量、耕地质量及生态系统维护方面的侧重点不同，主要可分为三类。第一类是以规划、用途管制为重点的耕地数量保护措施。这类政策措施主要通过规划明确各类耕地用途、农田数量，设定耕地数量保护的底线目标和重点任务，确保我国的耕地、永久基本农田和高标准农田面积，以保障粮食安全。第二类是以质量建设为重点的耕地利用政策措施。这类政策措施主要通过在耕地开发利用过程中采取土壤培肥措施、障碍因子消减技术，如实施东北黑土地保护性耕作、耕地轮作休耕等，激励在用地、养地中保护、提升耕地基础地力。第三类是以生态系统维护为重点的耕地系统性措施。这类政策措施主要通过修复、治理问题耕地进而对耕地生态系统进行全方位的维护，以确保耕地产能稳定增长，从而促进耕地资源的永续利用。具体为，采取措施治理退化耕地、重金属污染耕地等，对以耕地为基础的农田综合生态系统进行维护治理，如对农业面源污染的治理，对畜禽粪污的资源化利用，对农膜废弃物的回收利用，对农作物秸秆的综合利用，发展绿色种养循环农业等。统筹推进山水林田湖草沙的整体保护、系统修复、综合治理，既要维持耕地产能，把“藏粮于地”落实到位，又要改善农田生态环境，实现整个耕地生态系统的可持续利用。

我国未来将长期坚持科技创新助力耕地地力提升，发挥科技创新在耕地质量提升中的中坚作用。2022 年，科技部在《科技支撑耕地质量提升三年行动方案》指出，大力开展耕地质量提升科技攻关，突破障碍因子消减、耕地质量保育等重大科学问题，以确保国家粮食安全的战略需求。在“十四五”期间，结合不同区域的耕地现状和障碍因子，围绕提升耕地质量、保障粮食产能两条主线，开展“监测检测、机理揭示、技术研发、模式构建”四大领域的科研攻关。到“十四五”时期末，完善部分区域耕地保护创新体系、技术体系、推广体系，初步构建耕地保护利用长效机制，促进耕地质量提升科技取得较大进展，耕地质量等级稳中有升。

四、战略与路径

2023 年中央一号文件提出，全力抓好粮食生产，确保全国粮食产量保持在 1.3 万亿斤以上，全方位夯实粮食安全根基，强化“藏粮于地、藏粮于技”的物质基础，实施新一轮千亿斤粮食产能提升行动。文件明确指出，要加强耕地保护和用途管控，严格耕地占补平衡管理，加强耕地动态监测。此外，要加强高标准农田建设，重点补上土壤改良、农田灌排设施等短板，统筹推进高效节水灌溉，健全长效管护机制（郧文聚，2015）。未来耕地资源保护与利用要立足于新发展阶段，在我国耕地资源保护和利用取得重要成就的基础上，以耕地资源数量维持和质量提升的成功经验为借鉴，针对性地解决我国耕地资源保护利用方面的问题。确保耕地资源开发利用的长期稳定，守好优质耕地红线，确保良地良田粮用，也要统筹完善用好各项耕地质量建设相关政策和措施，使耕地资源保护更有力、质量建设更有效、生态治理更有序，发挥好耕地数量、质量、生态“三位一体”政策的合力，加快促进耕地质量提等升级（汤怀志等，2023）。落实耕地资源与要素保障安全，不仅仅要最严格保护和高标准建设，更需要先进技术的支撑。推动将新近积累的先进耕地科技尽快转化为管理实践，加速土地系统科学的基础研究、应用研究和工程技术模式创新。针对耕地保护利用的“卡脖子”难题，提升耕地地力，强化土壤生物功能在耕地健康中的作用，突破耕地系统智能监测技术，实现耕地生态服务系统的永续利用。

（一）以“地力培育”为核心建设高标准农田

高标准农田建设已成为有效提升耕地质量的重要抓手，围绕提升农田综合生产能力，开展田块整治、灌溉与排水、田间道路、农田防护与生态环境保护、农田输配电等农田基础设施建设和农田地力提升活动，到2022年底全国已累计建成10亿亩高标准农田，稳定保障1万亿斤以上粮食产能。但目前高标准农田建设存在“重工程、轻地力”“重外在、轻内在”的问题，重点在农田基础设施建设上，而对土壤改良、土壤培肥、障碍因子消减等地力培育方面投入不足。在农田基础设施逐渐完善的基础上，高标准农田的建设重点要从工程建设转变为地力培育。围绕土壤“水肥气热生”等主要过程，全面深入开展耕地地力提升机制和定向培育对策研究；进一步揭示粮食主产区耕地地力的演变规律及关键驱动机制，阐明主要生态区耕地地力提升的潜力与途径；研究土壤肥沃耕层结构形成机制与构建技术，创制耕地地力提升、土壤障碍因子消减等关键技术与产品，集成重点区域耕地地力与产能协同提升的系统方案和技术模式，为大面积中低产田地力的全面提升提供理论和技术支持。

（二）以地力提升为目标强化退化耕地综合治理

围绕东北黑土地、南方酸化耕地、北方盐碱化耕地等重点区域，开展耕地退化关键过程机理与综合治理重点技术攻关。研究主要生态区中低产田障碍因子类型及驱动因素，解析土壤酸化、（次生）盐渍化、潜育化、瘠薄化等典型障碍因子的形成机制与关键过程，阐明障碍因子的消减与调控机理。重点攻关北方冷凉区秸秆快速腐熟、黑土地退化治理、土壤酸化阻控、盐碱地综合治理等关键技术。分区分类系统梳理已有耕地质量保护提升技术措施，综合工程措施、农机装备、种植布局、农艺技术、抗逆适生品种选育等措施，集成水土流失治理、合理耕层构建、酸化阻控、盐碱化治理、耕地污染防控等技术措施，因地制宜形成综合技术模式，构建耕地质量建设技术体系。

（三）聚焦土壤生物功能挖掘促进耕地健康

土壤生物是农业生产的核心生物资源之一，在维持和促进耕地健康方面发挥着不可替代的作用。随着土壤生物学理论与现代分子生物学技术发展，土壤生物功能研究已成为土壤学研究的前沿，在土壤改良与肥力提升方面发挥了越来越重要的作用。未来土壤生物研究应主要以土壤生物多样性产生和维持机制、生态过程机理及功能调控和应用为重点（朱永官等，2021）。通过组学技术（宏基因组、宏转录物组、宏代谢组和宏蛋白质组等）研究不同土壤生态系统中生物多样性的空间分布规律、时间动态变化、群落构建机制，阐明不同时空尺度土壤生物多样性的驱动和维持机制、演化特征及影响机制。研究环境变化下土壤生物群落的演替规律和生态过程，揭示土壤生物群落与功能对环境变化的响应和反馈机制（褚海燕等，2020）。阐明土壤生物、植物根系及环境之间的互作关系，量化生物互作的影响因素，从而形成土壤生物的调控理论体系；构建支持农业可持续发展和环境友好的土壤微生物组，从而形成土壤生物的调控技术体系，以增加地下生物多样性，提升土壤多种生态系统功能，促进土壤健康。

（四）构建耕地质量智慧监测网络与评价基础理论

面对耕地质量建设与保护的新要求，完善耕地质量长期定位监测网络建设，创新完善耕地质量监测与评价的基础理论和技术方法体系，构建区域适宜的耕地质量长期监测指标体系和评价方法，重点完善土壤生物学指标的测试方法和标准。以促进耕地质量监测调查评价信息化、智能化、高效化为导向，加强现代化信息技术在耕地质量监测与评价工作中的应用研究（马常宝，2020）。创新土壤信息获取技术，借助近地传感、遥感等现代化探测技术，建立天-空-地一体化的耕地智慧监测技术与系统。创新土壤物理、化学、生物学指标的准确、快速、无损检测技术。基于土壤质量自动化监测设备和遥感、全球定位系统等信息化技术，探究耕地质量监测数据自动化收集和实时更新技术。基于“大数据+云技术+人工智能”，构建多源融合数据库，发展全国耕地质量大数据信息决策理论与支持系统。

（五）协调耕地生产与生态服务功能

耕地具有社会、生态、经济等多层面价值，在生物质生产、环境净化、气候变化缓解、生物多样性维持等方面发挥了重要作用。实现耕地生态系统服务功能的协同是提升耕地健康的重要目标。重视耕地土壤固碳增汇功能在实现“碳达峰”“碳中和”目标中的贡献，研究典型农业生态系统的碳氮生物地球化学循环特征、碳氮气体排放强度及固碳减排潜力，解析土壤碳氮循环过程的生物化学驱动机制，探究温室气体产生和转化的生物学机理及其对全球变化的响应，探索不同农业生态系统温室气体减排与作物高产高效的耦合途径及综合对策，发展全球环境变化下不同区域土地利用方式的农业绿色生产技术体系（沈仁芳等，2020）。加强土壤污染物风险防控，探索土壤环境污染物的多尺度效应及其转化研究的新方法和新技术，研究区域土壤复合污染物的生物地球化学过程与环境质量演变，解析土壤中污染物与生物的相互作用及其致毒机理与调控机制，研发有机污染物削减与阻控修复工程化技术与产品，构建复合污染区域特征下土壤-作物-水体系统的立体综合防治技术和协同修复手段。

（本章执笔人：张文菊、张燕卿、徐明岗、李鑫、黄亚萍、李玉义、艾超、尧水红、乔磊、卢昌艾、王立刚）

第十一章　肥料与施肥技术

第一节　概　　述

粮食安全是“国之大者”。改革开放40多年来，我国粮食总产由1978年的3.05亿t提高至2021年的6.83亿t，人均粮食产量由208kg提高至483kg，成绩举世瞩目。与此同时，我国化肥用量由1978年的884万t提高到2021年的5191万t，增长近5倍，成为保障国家粮食安全的基础战略物资。过去40多年，肥料与施肥技术的科技创新推动我国建立了完备的化肥产业体系及高效施肥技术系统，为保障作物增产和国家粮食安全作出了巨大贡献。

一、肥料产业的发展概况

20世纪八九十年代，我国化肥严重依赖进口，为满足农业生产对氮肥的需求，我国在1982～1987年动用外汇进口了2400万t尿素，磷肥对外依存度曾高达39%，钾肥则超过90%依靠进口，肥料短缺严重威胁国家粮食安全。然而，经过改革开放40多年的发展，我国氮肥和磷肥年产量已居全球第一，钾肥产量居全球第四，结束了化肥产品大量依赖进口的被动局面。

我国氮肥产量从1978年的752万t（折纯N，下同）发展到1991年的1510万t，跃居世界第一；到2022年，我国氮肥产量4131万t，其中尿素产量2650万t，占氮肥的64%。我国磷肥产量由1978年的仅103万t（折纯P_2O_5，下同）发展到2005年的1206万t，实现产量世界第一；到2021年，我国磷肥产量1684万t，其中磷酸一铵、磷酸二铵占比合计超过80%。1981年，我国钾肥产量仅为2.44万t（折纯K_2O，下同）；到2016年，我国钾肥产量726.1万t，其中资源型钾肥578.3万t、加工型钾肥147.8万t；2021年，我国钾肥产量达883.2万t，氯化钾和硫酸钾是主要的钾肥品种，合计占钾肥产量的95%以上。从20世纪80年代开始，我国化肥的复合化率和专用化水平逐年提升，全国复合肥料使用量（折纯养分量，下同）和复合化率分别从1980年的27.2万t和2.1%提高至2021年的2294万t和44.2%。作物专用复合肥料年产量由21世纪初的不足100万t（实物），发展至当前的超过4000万t（实物），占复合肥总量的2/3。

过去40多年，我国有机肥料、微生物肥料和绿肥产业也得到了快速发展。新中国成立以来，随着化肥产业的不断发展壮大，农田有机肥提供的养分比例从1949年的近100%下降到2000年的30%；近年来，我国开始重视有机肥的施用，该比例维持在40%左右。到2021年，我国有机肥生产企业有1400多家，商品有机肥总产量达1500万t。我国微生物肥料产业在过去40多年尤其是进入2000年以来也得到了快速发展，迄今有微生物企业近3000家，产品上万个，菌种约200种，年产量超过3000万t。新中国成立后，绿肥曾在我国化肥短缺时期发挥过重要作用，70年代，我国绿肥作物播种面积达到$1.3\times10^7hm^2$；尽管自80年代起，绿肥种植面积迅速减少（曹卫东和黄鸿翔，2009），但进入21世纪后，由于在提升耕地质量、推动化肥减施增效和农业绿色发展等方面发挥了独特的作用，绿肥的种植利用越来越受到重视。

二、化肥产业与施肥技术的科技创新

包括大宗氮肥、磷肥、钾肥在内的基础肥料产业是支撑粮食安全的支柱产业。过去40多年，我国通过引进和自主创新，建立了以先进煤气化、大型氨合成为代表的氮肥产业技术，以料浆浓缩工艺为代表的磷铵产业技术，以反浮选冷结晶氯化钾和硫酸镁亚型卤水制取硫酸钾为代表的钾肥产业技术等，推动我国氮肥和磷肥产量跃居全球第一、钾肥产量居世界第四，结束了化肥产品大量依赖进口的被动局面。肥料复合化率、专用化水平是衡量一个国家化肥工业发展水平的重要标志。我国通过创新作物专用复合肥料科技，建立了不同区域尺度的作物专用复合肥配方制定技术方法，构建了料浆、高塔等主流复合肥工艺和作物专用肥灵活配方生产技术，创立了以企业农化服务为纽带、“配方-生产-销售-服务”一体化、面向小农户体制的作物专用复合肥产业“中国模式”，系统解决了我国作物专用复合肥“想生产无配方、有配方难生产、有产品难推广”的三大产业难题，推动了我国复合肥料年产量超过5000万t（实物），化肥复合化率提升至44.2%（2021年），塑造了我国复合肥料新业态。绿色高效肥料具有供肥性好、利用率高、有利于协调作物高产施肥环境矛盾的特点，受到国内外高度重视。我国绿色高效肥料发展起步于20世纪七八十年代，先后开发出包膜缓释肥料、包裹型肥料、稳定性肥料、脲醛肥料、增值肥料等系列绿色高效肥料产业技术并实现产业化。迄今，我国绿色高效化肥年产量达到2000万t，应用面积超过5亿亩，实现作物增产上百亿公斤，节肥超过200万t。

我国围绕粮食高效、生产高效、资源高效、环境高效，系统性开展了高效施肥技术研究，建立了测土配方、精准施肥、灌溉施肥、轻简施肥、有机/无机配合施肥等科学施肥技术，使我国氮肥利用率由长期以来的30%左右，提高至当前的40.2%，推动了资源可持续利用和农业绿色高质量发展。

三、肥料与施肥技术发展存在的问题和挑战

（一）肥料资源可持续利用面临巨大挑战

我国是一个肥料资源约束型国家，人均磷、钾矿产资源仅分别为世界平均水平的39%和7%，资源现状不容乐观。我国磷矿石储量为37亿t，仅占全球的5.5%，可采储量磷矿石的平均品位仅23%（P_2O_5），90%以上为中、低品位磷矿。我国的钾矿资源匮乏，区域分布不均，且品位较低。据美国地质调查局2021年的钾盐（折纯K_2O）数据，全球钾盐储量大约为35亿t，中国占比约10%，主要集中在青海和新疆，且98%以上钾盐资源为卤水矿，钾盐矿品位较低（卤水K_2O含量为0.9%～1.92%），钾肥生产成本是

加拿大等国家的2倍。当前，我国仍有约50%的钾肥依赖进口。

（二）绿色高效肥料产业发展迟缓

我国尿素、磷铵、复合肥大宗产品占化肥用量的80%以上，肥料利用率较低，高产施肥环境矛盾十分突出。绿色高效肥料在促进作物增产、环境保护和资源可持续利用等方面发挥了重要作用。经过近50年的发展，虽然我国绿色高效肥料中的缓释肥料、稳定性肥料、脲醛肥料、增值肥料年产量（实物）分别达到90万t、200万t、20万t、1500万t，但其占化肥用量的比例仍不足20%。大宗化肥绿色转型升级是化肥减施增效、“双碳”目标实现和农业绿色发展国家战略实施的需求，绿色高效肥料产业亟待快速发展。

（三）绿色低碳化肥产业技术亟待突破

氮肥方面，年产60万t以上的大型天然气合成氨、年产100万t级的大型煤炭合成氨成套技术装备，年产100万t以上的先进节能型尿素生产技术等亟待实现国产化。我国空分压缩机较国外机组能耗高3%～5%，合成气压缩机、氨冰机国内机组蒸汽消耗比国外高10%～15%；在氮肥催化剂、净化剂等开发和应用领域我国与发达国家的差距仍然较大。在磷肥生产过程的节能降耗减排方面，我国现有工艺装备的粉尘和含氟尾气等污染物排放较高；磷肥生产过程中污水磷等循环利用技术亟待突破。我国磷矿资源品位低、杂质多，随着精细磷化工行业的发展，利用萃余酸生产的养分浓度较低的磷铵将成为我国重要的磷肥产品类型，也将产生含有大量枸溶性磷及中微量元素的中和渣等副产品，低养分浓度增值磷铵开发及中和渣绿色高效利用技术将成为磷肥行业的重点和难点。另外，为缓解我国钾肥资源匮乏问题，难溶性钾的低成本、绿色低碳、高效活化工艺技术亟待突破。

（四）高效施肥技术水平亟待提升

过去40多年，施肥技术的发展为保障我国粮食安全发挥了巨大作用。然而，随着我国现代农业的推进，施肥技术仍面临诸多问题和挑战，主要表现在：一是科学施肥水平低，由于我国农业高度分散，农民对科学施肥知识的了解还十分欠缺，大部分还停留在利用肥料经销商的宣传和经验施肥，真正通过科学知识进行施肥的农户不足40%。二是测土配方施肥的社会化服务薄弱，目前测土配方施肥是最成熟的方法，但是存在土壤养分测试环节，国外大多通过社会化服务来解决。我国从2005年开始开展的测土配方施肥行动，对科学施肥的普及起到了十分重要的作用，然而在土壤养分测试环节，过去多由政府主导，社会化服务水平较低，极大地限制了科学施肥水平的提高。三是施肥机械与肥料的配合不足，我国目前的基肥施用大部分能够依靠机械进行，但追肥特别是密植作物的追肥，基本上靠手工进行，对农业生产成本降低十分不利。四是水肥一体化水平有待提高，虽然智能化的水肥一体化管理研究进展很多，但在实际生产中，水肥一体化主要还是通过施肥罐进行压差式供肥，虽然这种供肥方式所采用的设备坚固耐用，但施肥的均匀度差，不能进行养分配比的自动调节，且对肥料的水溶性要求高，所以研发自动化、智能化的水肥一体化装备势在必行。

第二节　肥料产品与科技创新

一、基础肥料

包括大宗氮肥、磷肥、钾肥在内的基础肥料是支撑粮食安全的支柱产业。改革开放40多年，我国通过引进和自主创新，建立了以尿素、磷铵、氯化钾为代表的基础肥料产业技术，为保障国家粮食安全奠定了坚实的产业基础。

（一）氮肥

氮是植物需求量最大的必需矿质营养元素，施用氮肥是保障作物高产最为重要的农艺措施。改革开放以来，国家为满足粮食生产对氮肥的需求，采取大、中、小氮肥并举发展和技术引进与自主创新并重的策略，不断提升氮肥生产技术和装备水平。特别是进入21世纪以来，国产化水煤浆和粉煤气化技术及大型合成氨成套设备国产化技术取得突破，为我国氮肥产量稳步提升提供了重大科技支撑。如图11-1所示，1978年我国氮肥产量（折纯N，下同）752万t；1983年氮肥产量增至1109万t，居世界第二位；1991年氮肥产量达到1510万t，跃居世界第一；1999年实现尿素完全自给；2007年成为世界最大尿素出口国；2015年氮肥产量达到历史最高值4971万t，占世界总量的38%（李寿生，2019）。据中国氮肥工业协会统计，2022年全国累计生产合成氨6095.8万t，氮肥产量4131.0万t，尿素实物产量5761.3万t。而我国粮食单产从1978年的168kg/亩提高至2022年的387kg/亩，氮肥工业的科技创新和产业发展，对保障国家粮食安全起到了“压舱石”的作用。

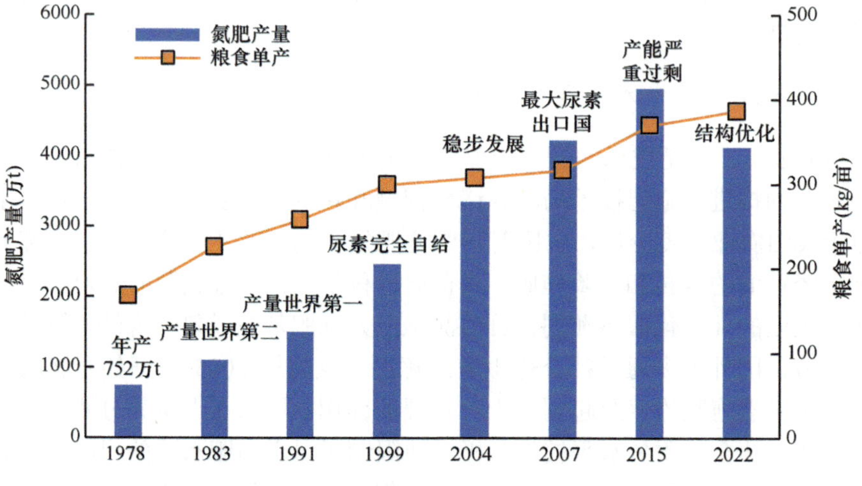

图11-1　1978年以来我国氮肥产业发展与粮食单产变化

1. 我国小氮肥科技创新与产业发展

1958年，我国首套采用“碳化法流程合成氨制碳酸氢铵工艺”的年产2000t合成氨的县级示范厂在上海化工研究院试车投产。之后，化工部安排建设省、专区、县级氮肥示范厂生产合成氨并联产碳酸氢铵，开启了我国氮肥工业创新发展的历程（顾宗勤，

2018）。70 年代初，国家提出“化肥不进口，自力更生发展化肥生产，以满足农业需要”的要求，随之投资少、建设快、符合我国国情的小氮肥厂如雨后春笋般发展起来。1976 年碳铵产量占到全国氮肥总产量的 63%（历史产量占比最高）。到 1979 年，全国小氮肥厂总数达到 1533 个，成为这一时期氮肥行业发展的主力军。

20 世纪 80 年代，为了满足农业对高浓度氮肥的需求，国家动用大量外汇进口尿素，1982～1987 年，我国进口尿素达 2400 万 t。80 年代末至 90 年代初，我国对中小氮肥厂进行了大规模的技术改造，建设了 120 多套小尿素装置，氮肥自给率迅速提升。1986 年，国务院同意了化工部的“关于‘七五’期间小化肥技术改造方案”，拉开了全国小氮肥厂产品结构调整“碳铵改尿素”的序幕。同年，我国第一套以煤为原料的碳铵改尿素装置在山东邹县化肥厂试车成功。与 1979 年相比，1988 年全国小氮肥厂数量有所减少，降至 1070 家，而合成氨产量显著增加至 1129.2 万 t，增幅达到 74.1%。1996 年，我国碳酸氢铵产量 1013.8 万 t，达历史最高水平。

20 世纪 90 年代末期，我国进行老厂技术改造与产品结构调整。1998 年，我国小氮肥厂减少至 612 家，平均规模达到 3 万 t 氨/a，碳铵占比由历史最高的 60%下降至 30%。1999 年，小氮肥厂生产尿素 987 万 t，占全国尿素产量的 33.6%；这一年我国尿素不再进口，自此摘掉了世界尿素进口大国的帽子，“尿素不进口，我们自己干，小厂挑重担”的豪言壮语变成了现实。至 2020 年，碳铵生产企业仅有 29 家，产量 76.2 万 t（折纯 N），仅占全国氮肥总产量的 1.89%。小氮肥工业是适应我国资源和经济情况的在中国特色发展道路上不断发展壮大的民族工业，与大、中氮肥工业融合，共同构建我国氮肥工业体系，在我国粮食安全保障中作出了突出贡献。

2. 我国大氮肥自主创新与国产化进程

我国自 1973 年开始从国外引进大氮肥装置，在很长一段时间内依赖进口，在技术、材料、装备上落后于人、受制于人。进入 21 世纪以来，我国氮肥行业对德士古水煤浆气化、壳牌煤气化等引进技术进行消化、吸收、再创新，形成了以多喷嘴对置式水煤浆气化技术、HT-L 航天炉煤气化技术及水煤浆水冷壁加压气化技术为代表的多项具有自主知识产权的新型煤气化技术，从根本上改变了氮肥行业的原料结构，为氮肥技术和装置国产化、大型化奠定了基础。目前我国氮肥行业已具备 8 万等级空分，3000t 级水煤浆气化、2000t 级干粉煤气化、大型低温甲醇洗、60 万 t 级氨合成、80 万 t 级尿素等装置的设计、制造能力，有力支撑了我国氮肥工业的发展（顾宗勤，2018）。

（1）大型合成氨装置国产化进程

2004 年，山东华鲁恒升集团有限公司采用国产化多喷嘴对置式气化技术，建成产能 30 万 t/a 合成氨装置，国产化率达 93.8%，创造了全国第一套国产化大型洁净煤气化装置、第一套国产化大型空分装置、第一套国产化大型氨合成装置等“十个全国第一”，标志着我国大型氮肥工业具备了完全自主的先进成套生产装置设计和制造能力。2005 年，在四川美丰化工股份有限公司建成国内第一套以天然气为原料、产能 20 万 t/a 的国产化大型合成氨装置。

2015 年，沧州正元化肥有限公司采用国内首创的还原态催化剂及国内最大的国产液氮洗装置，建成我国第一套国产化 60 万 t 合成氨装置，推动我国合成氨技术迈上一个新的台阶。2018 年，中国石油天然气股份有限公司宁夏石化分公司国产化 45 万 t 合成氨装置一次开车成功，实现一段转化炉、氨合成等主要装置、材料立足国内，国产化率 95%以上，结束了我国大型化肥技术依赖进口的局面。

（2）大型尿素装置国产化进程

1966 年，石家庄化肥厂采用水溶液全循环法建成第一套国产化尿素装置，年产尿素 11 万 t。在此基础上，尿素生产技术朝减成本、降能耗、提效益、减污染方向发展，多套国产化大型尿素装置顺利投产，代表性技术有中国寰球工程有限公司开发的全流程节能尿素工艺（TRIP-Ⅰ水溶液全循环改进工艺）和中国五环工程公司开发的高效合成、低能耗尿素工艺（THESES 工艺）。

2004 年，山东华鲁恒升集团有限公司采用 TRIP-Ⅰ水溶液全循环改进工艺建成产能 30 万 t/a 大氮肥项目；2018 年，中国石油天然气股份有限公司宁夏石化分公司采用该工艺建成国产化 45/80 大化肥装置，标志着我国已经具备大型尿素成套工业化技术开发和装备制造能力，是氮肥工业发展史上的重要里程碑。

THESES 工艺突破了传统 CO_2 气提法能耗过高、框架过高、操作难度大等问题，先后应用于中型、大型尿素装置。2018 年 5 月，山东华鲁恒升集团有限公司建成国内首套百万吨级尿素装置；2021 年安徽昊源化工集团有限公司年产 70 万 t 尿素项目实现一次性投料试车成功。

我国通过对引进技术的消化、吸收、再创新和技术攻关，实现了从改造引进技术到形成多种具有自主知识产权的尿素生产国产化技术的跨越，为实现大型氮肥装置国产化奠定了坚实的基础。目前，我国氮肥产量居世界第一位，并逐步从世界大国向强国迈进。截至 2021 年底，在全国百余家尿素企业中，产能达到 100 万 t 及以上的有 19 家，产能占比达到 48%，集中度不断提高。

（二）磷肥

磷是作物所需的三大营养元素之一，磷肥是保障农业生产的重要基础性肥料。纵观我国磷肥发展历程，在磷矿资源短缺、技术装备落后、对外依存度高的大背景下，走出了一条从无到有、由弱到强的发展之路，在自主研发、引进消化吸收等过程中不断创新，磷肥生产技术和装置达到国际先进水平，磷肥产品从以过磷酸钙、钙镁磷肥为代表的低浓度磷肥发展到以磷铵为代表的高浓度磷肥。目前，我国以占全球 5%的磷资源，生产了全球 39%的磷酸、49%的磷铵，发展成为世界产量第一的磷肥生产大国。

我国磷肥工业始于 20 世纪 50 年代中期，至 80 年代我国磷肥工业完成了过磷酸钙和钙镁磷肥等低浓度磷肥的探索与创新发展。如图 11-2 所示，1978 年我国磷肥产量（折纯 P_2O_5，下同）仅 103 万 t（高永峰，2018）。1980～2000 年，我国磷肥工业实现了初具规模的创新发展，1990 年磷肥产量 375 万 t，2000 年磷肥产量 663 万 t。2001～2010 年，我国磷肥产量完成了从初具规模到世界第一的跨越，从此稳居世界首位，2005 年我国磷肥产量 1206 万 t，实现产量世界第一，2007 年磷肥产量 1339 万 t，首次成为磷肥净出口国（胡敏，2018）。2016 年，我国磷肥产量 1859 万 t，达历史顶峰。此后，磷肥行业积极推进转型升级和结构调整，落后装置和产能加速退出，据中国磷复肥工业协会统计，2021 年我国磷肥产量 1684 万 t，其中磷酸一铵、磷酸二铵占比合计超过 80%。当前，我国已建立了完备的磷肥产品和工业体系，为保障我国粮食安全提供了基础磷肥产品和产业支撑。

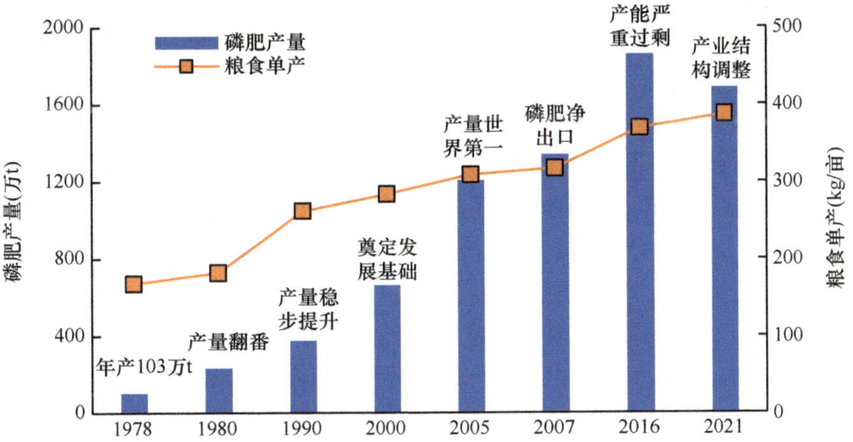

图 11-2　1978 年以来我国磷肥产业发展与粮食单产变化

1. 低浓度磷肥科技创新与产业发展

20 世纪 50 年代中期到改革开放初期，我国磷肥工业发展以普通过磷酸钙和钙镁磷肥等低浓度磷肥为主。1955 年，在哈尔滨、辽阳和衡阳建设了小型过磷酸钙厂，拉开了我国磷肥生产的序幕。1958 年，采用立式搅拌、回转化成工艺分别在太原和南京建成了年产 20 万 t 和 40 万 t 的大型粒状过磷酸钙装置（曾宪坤，2000）。90 年代，郑州大学张保林教授开发了添加活化疏松剂的短熟化、不结块的过磷酸钙生产工艺，该工艺可显著改善酸解磷矿过程中的吸附、反应、结晶状况和发泡透气性，可取消堆置熟化过程，生产能力提升 30%，被广泛应用（许秀成和侯翠红，2020）。

20 世纪 60 年代初，江西东乡磷肥厂先后将 $13m^3$ 和 $14m^3$ 两台高炉改造成热风腰鼓型，炉腹采用水夹套冷却，连续生产钙镁磷肥取得成功，年产能分别达到 3 万 t 和 6 万 t，开创了中国采用高炉生产钙镁磷肥的历史。1976 年，郑州工业大学许秀成教授提出玻璃结构因子配料方法，为钙镁磷肥直接利用低品位磷矿开创了一条新路（许秀成和侯翠红，2020）。

在历史上，我国低浓度磷肥为保障粮食安全作出了突出贡献。1980 年，我国磷肥产量 230 万 t，其中过磷酸钙 164.6 万 t（占比 71.2%）、钙镁磷肥 61.5 万 t（占比 26.7%）、磷铵 1.3 万 t（占比仅为 0.56%），低浓度磷肥占比接近 100%（汤建伟，2018）。80 年代末，我国磷肥工业中过磷酸钙和钙镁磷肥等低浓度磷肥占比仍达 95.0%（胡敏，2018）。1995 年，我国磷肥产量 619 万 t，其中过磷酸钙 391 万 t（占比 63.2%）、钙镁磷肥 120 万 t（达历史最高水平，占比 19.4%），低浓度磷肥占比达 82.6%。随着高浓度磷肥的发展，到 2021 年我国低浓度磷肥占比降至 5%。

2. 高浓度磷肥科技创新与产业发展

1966 年，南京化学工业公司磷肥厂建成我国第一套产能 3 万 t/a 磷酸二铵工业装置（王志强，1994）。80 年代中期至今，我国大力发展磷酸一铵、磷酸二铵等高浓度磷肥产品。80 年代初，我国科研院校组织开展了针对国内磷矿资源特点的高浓度磷肥生产技术研究，国家科学技术委员会下达了“六五”国家科技攻关计划，上海化工研究院完成了以浓缩磷酸制造磷酸一铵新工艺技术开发研究中间试验，并于 1984 年通过化工部鉴定，随后在上海市青浦磷肥厂、江苏徐州化肥总厂分别建成产能 1.5 万 t/a 和 3 万 t/a 磷酸一铵生产装置（张锦源，1985）。

为加快磷肥工业的发展和技术进步，20 世纪七八十年代我国先后从国外引进了多项先进的传统法磷酸和磷铵生产技术，主要有美国 DAVY-MCKEE 管式反应-转鼓氨化造粒技术、法国 AZF 管式反应器技术、西班牙 ERT-ESPINDESA 单管反应一次氨化生产磷铵技术。在对引进的大型磷酸、磷铵技术进行消化、吸收、再创新并实现国产化的过程中，国产技术的磷铵生产装置快速发展。

20 世纪 80 年代，成都科学技术大学（现四川大学）的钟本和教授率领团队成功首创“中和料浆浓缩法制磷铵新工艺”，于 1988 年获得国家科学技术进步奖一等奖。料浆法制磷铵是我国自主开发的生产工艺，结束了国产中低品位磷矿不能生产磷铵的历史，解决了我国自给自足生产磷肥的关键问题，彻底扭转了我国磷铵长期依赖进口的局面（王辛龙等，2020）。

进入 21 世纪以来，通过引进、消化、吸收和再创新，我国高浓度磷肥的湿法磷酸和磷铵技术装备不断取得突破。湿法磷酸萃取槽、过滤机、真空浓缩等二水法磷酸工艺技术装备，磷铵预中和-氨化粒化造粒、管式反应器-氨化粒化造粒、双管-氨化粒化造粒等工艺及关键大型设备，均实现了自主研发突破或引进技术再创新，装置规模实现了大型化。我国磷肥单系列装置最大生产规模，湿法磷酸达到了 45 万 t/a（李志刚和邹文敏，2018），磷铵达到了 60 万 t/a，均具备了完全自主的成套生产装置设计和制造能力，整体达到国际先进水平（高永峰，2018），为满足国家农业生产对磷肥的需求奠定了坚实的工业基础。

（三）钾肥

我国钾矿资源匮乏，区域分布不均，且品位较低。据美国地质调查局 2021 年的钾盐（折纯 K_2O）数据，全球钾盐储量大约 35 亿 t，中国占比约 10%，且主要集中在青海和新疆。国内 98%以上钾盐资源为卤水矿，钾盐矿品位较低，卤水 K_2O 含量为 0.9%～1.92%，钾肥生产成本是加拿大等国家的 2 倍左右。20 世纪八九十年代，我国氯化钾严重依赖进口，对外依存度超过 90%，严重制约农业发展和粮食安全。我国经历了艰苦的钾盐探矿、产品研发、技术创新和装置开发过程后，钾肥产业技术水平显著提升。目前，国产钾肥自给率维持在 50%以上。

我国找钾工作自 20 世纪 50 年代开始，开展了数轮的第四纪盐湖和古代钾盐矿资源调查、普查及预测研究工作，发现并建成了青海察尔汗盐湖、新疆罗布泊盐湖两个主要大型钾肥工业基地。由于我国可溶性钾资源缺乏，国产钾肥不能满足农业发展的需要，钾肥（主要是氯化钾）依赖进口。1980～1990 年，我国氯化钾进口量不断攀升，由 61 万 t 快速增至 200 万 t，钾肥进口量占表观消费量的 90%以上，氯化钾的平均对外依存度达到 95.1%。

据中国无机盐工业协会钾盐钾肥行业分会统计，自 1981 年以来，受国内钾肥需求增长及国际市场的影响，我国钾肥产量增势明显。1981 年我国钾肥产量仅为 2.44 万 t（折纯 K_2O，下同），1991 年突破 10 万 t，2005 年突破 100 万 t，2015 年达到 611.9 万 t，这是中国钾肥产量首次突破 600 万 t 大关，对保障国内供给、降低国内对国际钾肥的依赖具有积极作用。2016 年我国钾肥产量 726.1 万 t，其中资源型钾肥 578.3 万 t、加工型钾肥 147.8 万 t。我国资源型钾肥生产能力最高达到 2019 年的 696 万 t，产量达到 590 万 t。2020～2021 年，我国资源型钾肥产品类型调整，钾肥产能略有下降，2021 年产量为 521.96 万 t。氯化钾和硫酸钾是主要的钾肥品种，合计占钾肥产量的 95%以上。青海盐湖工业股份有限公司、国投新疆罗布泊钾盐有限责任公司是我国氯化钾、硫酸钾产业科技创新的代表。

1. 以青海盐湖为代表的氯化钾科技创新

青海察尔汗盐湖总面积为 5856km^2，蕴藏了极为丰富的钾、钠、镁、硼、锂、溴等自然资源，其中氯化钾资源量为 5.4 亿 t，居全国首位。青海盐湖工业股份有限公司在钾盐资源开采方面研发了低品位固体钾矿的浸泡式溶解转化开发技术，建成了世界上唯一的低品位固体钾盐开采工程，使固体钾盐工业品位由 8%降至 2%，进一步增加了低品位固体钾矿的利用，可采储量成倍增加；在钾盐加工方面开发了利用光卤石生产氯化钾的反浮选冷结晶技术，形成新一代高品位、高回收率氯化钾生产集成技术，能够稳定生产全国 98%的氯化钾产品；2013 年 9 月，承担的国家产业振兴项目新百万吨钾肥生产装置建成投产；2014 年 6 月，启动 500 万 t 钾肥挖潜扩能工程，进一步巩固了中国钾肥的龙头地位；从 2015 年起，氯化钾年产量均保持在 470 万 t 以上。

2. 以新疆罗布泊盐湖为代表的硫酸钾科技创新

我国硫酸钾行业的发展起步较晚，包括加工型和资源型两种生产方式。20 世纪 90 年代，我国资源型硫酸钾生产尚处于空白状态，国内开始引进加工型硫酸钾工艺，主要有曼海姆法、硫酸铵转化法、缔置法等工艺。经过科研人员及工程技术人员的持续努力，21 世纪初，我国在罗布泊地区建成了国内第一个资源型硫酸钾生产基地。据中国无机盐工业协会统计，2021 年，我国资源型硫酸钾产量约占国内总产量的 51%，加工型硫酸钾产量约占 49%；硫酸钾生产企业共计 110 余家，其中资源型企业 8～10 家，加工型企业 100 多家。

罗布泊盐湖位于新疆巴音郭楞蒙古自治州若羌县境内，处于塔里木盆地东端，是我国继柴达木盆地之后发现的第二大钾盐成矿聚集区，蕴藏有我国最大的硫酸盐型卤水钾矿床。其中，罗北凹地钾盐资源量总计孔隙度储量为 3.1 亿 t，埋藏浅，矿层厚，含钾量较高，富水性极强，平均品位 1.52%。国投新疆罗布泊钾盐有限责任公司的钾肥项目以盐湖卤水为原料，通过兑卤人为改变原卤水的结晶点和结晶路线，获得高产量、高质量的钾混盐及光卤石盐田产品，再经过分解、转化、浮选、结晶直接生产硫酸钾。“罗布泊硫酸镁亚型卤水制取硫酸钾”工艺技术获得了 2005 年国家科学技术进步奖一等奖。2012 年，国投新疆罗布泊钾盐有限责任公司的钾硫酸钾产能达到 130 万 t/a，实现了单厂生产规模全球最大、产品质量世界第一，标志着我国迈入世界硫酸钾生产大国行列。2016 年，国投新疆罗布泊钾盐有限责任公司建成年产 150 万 t 硫酸钾生产装置和 10 万 t

硫酸钾镁肥生产装置，成为全球最大的单体硫酸钾生产企业。

二、复合肥料

肥料复合化率、专用化水平是衡量一个国家化肥工业发展水平的重要标志。与单质肥料相比，复合肥料养分全面，一次施肥可同时满足作物生长对多种养分的需求，并能发挥各种营养元素间的协同效应，促进作物对养分的吸收利用，促进作物增产，提高肥料利用率。我国复合肥料产业发展始于20世纪80年代，肥料复合化率和专用化水平逐年提升。国家统计局的数据显示，全国复合肥料使用量（折纯养分量，下同）和复合化率分别从1980年的27.2万t和2.1%提高至2021年的2294万t和44.2%（图11-3）。与通用型复合肥料（如N-P-K=15-15-15）相比，作物专用复合肥料在小麦、玉米、水稻、马铃薯、棉花、大豆、油菜等作物上的增产幅度达5%～40%，肥料利用率提高10个百分点以上（方天翰，2003；林葆和沈兵，2004）。

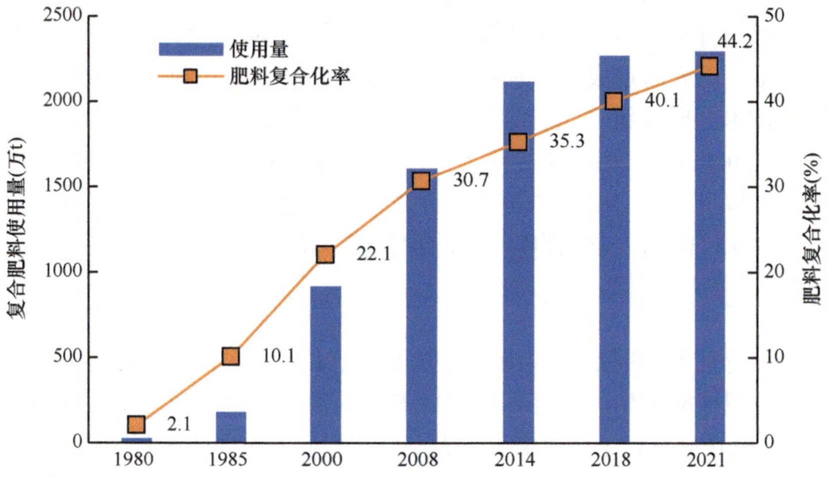

图11-3　我国历年复合肥料使用量与肥料复合化率

复合肥料配方与作物-气候-土壤相匹配，由通用型走向专用化，是实现精准配肥、养分协同增效、提高肥料利用率的战略途径。我国农业生产以极度分散的小农户经营为主，科学施肥水平相对较低，照搬欧美作物专用掺混肥模式无法实现一家一户田块精准配肥。因此，根据不同尺度的作物区划，研制与区域作物-土壤-气候相匹配的肥料配方，走区域作物专用复合肥料发展的道路，是中国农业的可行和现实选择（赵秉强等，2021）。发展作物专用复合肥料是一个系统工程，2000年之前，由于缺少系统的作物专用复合肥配方理论与方法，我国复合肥料生产由工业主导，生产工艺单一，料浆工艺无法生产尿基高氮肥、高塔工艺无法生产高磷配方肥，产业技术不能满足灵活配方专用肥生产的需求，肥料以通用型（N-P-K=15-15-15）为主，难以与区域作物、土壤和气候相匹配，养分利用率低。研制科学的作物区域专用复合肥料配方、突破复合肥料灵活配方的产业化关键技术、探索和创建“配方—生产—服务—销售”一体化专用肥产业发展新模式，成为复合肥料实现作物专用化、推动我国复合肥料产业升级的关键所在。中国农业科学院等单位在区域作物专用复合肥料配方制定、主流工艺灵活配方生产技术研究和产业化应用方面取得许多原创性成果（赵秉强等，2015，2021），推动我国作物专用复合肥料年产量由 21 世纪初的不足 100 万 t（实物量），发展至当前的超过 4000 万 t（实物量），占复合肥总量的 2/3，塑造了我国复合肥料新业态。

（一）产品配方由通用型向专用化发展

专用配方是复合肥料发展的核心技术，涵盖氮磷钾科学配比、大中微量元素协同增效、养分形态科学配伍等技术内容。作物专用复合肥料配方是通过施肥量确定的，区域作物施肥量是由作物-土壤-气候因素综合决定的，由区域作物最佳施肥量确定的养分配比即成为与区域作物-土壤-气候相匹配的作物专用复合肥料配方（赵秉强等，2021）。自 2000 年以来，我国相继创建了“延伸平衡法”“肥效反应法”“农田养分综合平衡法”三种不同尺度的区域作物专用复合肥料农艺配方制定方法（沈兵，2013；赵秉强等，2015，2021）。目前，作物专用复合肥料配方几乎涵盖了全国主要农业区域、土壤类型和作物（徐贺等，2022）。

延伸平衡法：是在通用型配方（如 N-P-K=15-15-15）的基础上，根据作物需肥规律、区域土壤养分丰缺状况、气候特征等，对配方进行相应调整和延伸设计，形成作物专用复合肥料初始配方，再利用田间试验对配方进行验证和反馈调节，结合生产工艺，形成生产配方（沈兵，2013）。该方法可以根据农业生产条件变化开展配方的周期性循环延伸设计，已经成为我国复合肥料企业制定作物专用肥生产配方的主导方法。肥效反应法：通过田间肥效试验获得区域作物的氮磷钾最佳施肥量，进而研制作物专用复合肥料农艺配方（赵秉强等，2015），为中尺度省域作物专用肥配方制定提供了方法。因需要布置持续一定时间的定位试验，该配方制定方法工作量相对较大，但试验结果综合反映了土壤、肥料效益、养分平衡、环境等因子的影响，制定的配方科学性和适用性强。农田养分综合平衡法：通过大数据分析，将不同区域作物带出农田的养分、环境输入养分、养分损失率、土壤肥力、气候等影响因子定量化，建立养分平衡施肥模型，通过确定模型参数，获得区域作物施肥量，从而研制出我国小麦、玉米、水稻、马铃薯、棉花、油菜、花生、大豆八大作物全国区划尺度的专用肥配方 300 个，为全国大尺度区域制定作物专用肥配方提供了方法（赵秉强等，2021）。

（二）生产工艺创新，实现专用肥灵活配方生产

复合肥料生产工艺主要有团粒法、料浆法和高塔熔融造粒法等。在我国复合肥料发展过程中，通过技术引进和自主创新，料浆、高塔、转鼓工艺成为我国复合肥料的主流生产工艺。自 2000 年以来，随作物专用复合肥料配方制定方法理论的建立和农业对专用肥的需求增长，作物专用复合肥料发展较快，但受生产工艺限制，往往不能生产出符合农艺配方要求的作物专用复合肥料，无法实现灵活配方生产。例如，料浆工艺无法生产尿基高氮肥，高塔工艺无法生产高磷配方肥，不能满足专用肥灵活配方生产的需求，产业面临“有配方难生产”的难题。

在国家“863”计划、科技支撑计划等科研项目的资助下，中国农业科学院、

中国-阿拉伯化肥有限公司、深圳市芭田生态工程股份有限公司等单位通过科研攻关，取得一系列重要成果。①攻克了料浆工艺无法生产尿基高氮专用肥的世界性难题。由于尿素与其他氮、磷原料复配后吸湿性增强，易形成大颗粒影响造粒机运转，导致生产负荷大幅增加，难以连续生产；原料预处理和干燥工序易大量产生缩二脲，影响产品质量和安全使用。因此，料浆工艺尿基高氮肥在国际上极少生产，大型装置更无先例，不能满足高氮型农艺配方的需求。通过发明料浆工艺“尿素-MAP 共熔”增氮技术，以及造粒机、干燥机、冷却机、物料平衡、热量平衡等 200 多项技改，实现了液固比提高 1 倍、熔融温度降低 40℃、干燥热风<130℃、缩二脲产量降低 80%、含氮量提高 60%，系统解决了料浆少、液固比低造粒困难，物料吸潮、系统堵塞、开车率低，熔融温度高、缩二脲超标等技术难题，形成了料浆工艺尿基高氮专用肥产业化生产成套技术，实现了尿基肥 N 10%～28%、P_2O_5 0%～23%、K_2O 5%～30%的灵活配方生产。②突破料浆工艺硝态氮安全阈值，实现硝基专用肥氮素形态灵活配伍。硝铵为氮素的重要来源，在高温时存在爆炸风险。因此，为保证安全生产和顺利造粒，传统料浆工艺一般将硝态氮含量限制在 4%以下，无法满足作物生产对较高含量硝态氮的需求。通过创立以“硝铵-MAP 共熔”为核心的料浆工艺低温造粒技术，以及优化物料结构、改进热量平衡、优化造粒参数等 40 多项技改，实现了液相量提高 1 倍，解决了造粒困难的问题，干燥热风由 180℃降低至 150℃以下，消除了爆炸风险，使专用复合肥料中硝态氮安全阈值由 3.8%提高至 7.2%，建成了料浆工艺专用肥氮素形态灵活配伍产业化技术，实现了硝基肥 N 10%～22%、P_2O_5 0%～23%、K_2O 5%～30%的灵活配方生产。③突破高塔工艺高磷配方专用肥生产技术。传统高塔工艺以尿素或硝铵作为料浆母液，一般只能生产高氮低磷配方肥。生产高磷配方时，要加入大量固体磷素，导致复合肥料料浆黏度大、流动困难，并堵塞造粒喷头，使高塔工艺不能生产低氮高磷配方复合肥料。通过开发高塔工艺“管式反应料浆”增磷技术，解决了高磷配方液相量不足的关键技术难题，突破了高塔工艺难以生产低氮高磷配方专用肥的技术瓶颈，产品 P_2O_5 含量从<12%提高至 20%，集高磷、水溶、聚磷配伍于一体，建成了高塔工艺高磷专用肥生产线。复合肥料主流工艺实现氮、磷、钾养分灵活配方生产，搭建了我国作物专用肥灵活配方产业技术平台。

（三）创立作物专用复合肥料产业发展“中国模式”

复合肥料是实现科学施肥的物化载体，中国小农户体制下的农业施肥技术水平相对不高，将作物专用配方技术物化到复合肥料产品中，引导农户正确认识、选择和施用专用肥，是提高科学施肥水平、保障农业高产高效的有效途径（赵秉强等，2021）。

我国复合肥料产业经历了由计划经济向市场经济发展的转变。在 1998 年国家实施化肥流通市场改革以前，我国化肥实行统购统销，企业负责肥料生产，销售、推广由国家工商业、农业部门分别负责，复合肥料产、供、销分离，生产和应用相脱节，农户应用积极性不高，复合肥料“有产品推广难”。自 2000 年以来，以中国-阿拉伯化肥有限公司为代表的复合肥料企业，创建了以企业农化服务为纽带、“配方-生产-销售-服务”一体化、面向小农户体制、有中国特色的作物专用复合肥料产业主导模式，将作物专用复合肥料“产前—产中—产后”有效链接，实现产业发展与现代农业发展需求相对接，并由“生产经营型”向“服务经营型”转变，引领中国复合肥料产业走上专用化道路，使我国极度分散的小农户普遍用上专用肥，解决了“有产品推广难”的行业难题，为世界复合肥料产业提供了中国模式（沈兵，2013），与欧美规模化农场测土配方掺混肥产业主导模式一起，形成世界专用肥两大主流产业模式。

三、绿色高效肥料

（一）化肥产品创新

化肥产品创新主要包括无效养分有效化和有效养分高效化两个过程（赵秉强等，2020）。化肥无效养分有效化产品创新，目标是将肥料资源中的无效养分形态转化为有效形态，创制化肥新产品，为植物提供有效养分；化肥有效养分高效化产品创新，目标是不仅要使化肥产品养分有效、可以被植物吸收利用，而且要实现高效利用。过去 170 多年，通过化肥无效养分有效化产品创新，建立了以合成氨和湿法磷酸为代表的现代化肥产业技术与产品体系，对世界农业发展和粮食安全作出了巨大贡献。然而，无效养分有效化产品创新创制的尿素、磷铵、复合肥料等大宗传统产品，存在损失性、固定性、移动性等性能短板，供肥性差、效率低，作物高产需建立在高量施肥基础之上，高产施肥环境矛盾十分突出。20 世纪 70 年代以来，化肥有效养分高效化产品创新日益受到重视，通过优化产品的养分释放、转化、移动，减少损失和固定退化，改善肥际和土壤环境，调动根系吸收功能等技术途径，创制高效化肥新产品，实现有效养分高效利用，理论、产业技术和产品体系不断丰富与发展。

（二）我国绿色高效化肥产品类型与产业发展

国外绿色高效化肥产品创制和产业化研究从 20 世纪六七十年代开始，代表性产品主要有包膜缓释肥料、生化抑制稳定性肥料、合成微溶脲醛肥料等（Trenkel，2010）。我国从七八十年代开始研究长效碳铵、硝化/脲酶抑制剂及包裹型缓释肥料等高效化肥产品（许秀成等，2000；赵秉强等，2004，2013a），但真正开始大量研究是 90 年代以后的事情，尤其是 2000 年以后包膜缓释肥料、包裹型肥料、稳定性肥料、脲醛类肥料等在我国陆续实现产业化，并在农业生产中逐渐发挥重要作用（赵秉强，2016）。2000 年以后，我国开始研发增值肥料（赵秉强等，2020）。2010 年以后，增值肥料在我国逐渐实现产业化，形成增值肥料新产业。根据肥料增效原理、技术策略和产业途径的不同，目前已经实现产业化的绿色高效化肥产品主要分为四大类型。

1. 包膜缓释肥料

包膜缓释肥料主要以包膜技术方式，通过优化化肥养分的释放和供应模式来改善肥效。控制养分释放的包膜材料主要有树脂、硫磺、枸溶性肥料和有机质材料等；包膜的核心肥料通常为速溶性大颗粒尿素，速溶性复合肥、钾肥等亦可作为核心制备相应的包膜缓释肥料，但远不及包膜尿素普遍。

包膜缓释肥料在 20 世纪 50 年代起源于欧美、日本等发达国家。我国从 70 年代开始研究包膜缓释肥料，发展历程可分为三个阶段。第一阶段从 70 年代初到 80 年代初，是缓释肥料探索起步阶段，主要开展的工作是探索研究和开发长效碳铵等缓释肥料产品。第二阶段从 80 年代到 2000 年，是缓释肥料探索发展阶段，缓释肥料开始实现小规模产业化。开发的主要产品包括郑州大学研制的 Luxacote 包裹型缓释肥料和北京市农林科学院研制的热塑性树脂包衣缓释肥料等。1983 年，郑州工业大学许秀成等率先利用营养材料研究和开发了系列包裹型缓释肥料，先后研制出钙镁磷肥包裹尿素（1983 年）、磷矿粉部分酸化包裹尿素（1991 年）和二价金属磷酸铵钾盐包裹尿素（1995 年）3 类升级换代产品，养分控制释放时间超过 95d，突破了国内外营养材料包膜养分释放控制难度大的关键问题。建成年生产能力万吨的产业化生产线，产品注册品牌为 Luxacote，出口美国、澳大利亚、新加坡、日本等国家，成为国际知名的缓释肥料品牌，1999 年被《国际肥料》（*Fertilizer International*）誉为“中国的首创-未来的肥料”。关于树脂包膜缓释肥料研制，我国起初主要借鉴日本经验。1992 年，北京市农林科学院徐秋明等在国内率先系统开展了树脂包膜尿素研究，在借鉴日本技术的基础上，在溶剂、包衣材料、设备等方面均有较大的改进和突破。研究筛选出低毒溶剂，溶剂回收率达 98%以上；包衣材料选用廉价的聚丙烯酰胺，并进行降解改性；研制出年生产能力 3000t 的树脂包衣尿素生产线，生产出养分控释 30～200d 或更长时间的系列包衣尿素，产品养分释放模型分为线形和“S”形，产品于 2002 年获得国家重点新产品证书。第三阶段在 2000 年以后，是缓释肥料快速发展阶段。国家将新型肥料发展列入《国家中长期科学和技术发展规划纲要（2006—2020 年）》，科技部从“十五”计划开始，通过“863”计划、科技支撑计划和重点研发计划等科研项目立项，持续资助研发缓释肥料、专用复合肥料等绿色高效肥料，极大地推动了我国绿色高效化肥产品创新发展，使中国成为新型肥料研制研究的全球热点。缓释肥料各种包膜工艺不断创新，无论是聚合物反应成膜还是溶剂型淀积成膜工艺，都实现了连续化生产，产能大幅度提高，单套装置年产能超过万吨乃至 5 万 t 以上，树脂包膜尿素、硫包衣尿素、肥料包裹型缓释肥料等大面积实现产业化。我国的缓释肥料主要针对大田作物应用，在玉米上率先实现缓释肥料一次性施肥，在水稻、冬小麦上应用缓释肥料一次性施肥技术也取得了重要进展。我国目前的包膜缓释肥料技术经过引进、集成和创新，整体上已经达到国际先进水平，缓释肥料大田作物应用技术也达到国际领先水平。

在借鉴国外缓释肥料性能指标要求和测试方法的基础上，我国制定和发布实施了树脂包衣缓释肥料（HG/T 4215—2011，GB/T 23348—2009）、硫包衣尿素（HG/T 3997—2008，GB/T 29401—2012）、包裹型缓释肥料（HG/T 4217—2011）的化工行业标准或国家标准，并制定了控释肥料（ISO 18644—2016）和硫包衣尿素（ISO 17323—2015）的国际标准。农业部制定了《缓释肥料 登记要求》（NY 2267—2012）农业行业标准，并将缓释肥料作为新肥料产品纳入登记管理。目前，我国树脂膜尿素、硫包衣尿素、肥料包裹型缓释肥料、有机质包膜缓释肥料的年产量分别达到 50 万 t、10 万 t、15 万 t 和 10 万 t，总产量近 90 万 t，缓释肥料通过掺混等形式施入大田，每年应用面积 0.5 亿亩左右，作物增产 8 亿～10 亿 kg，节约氮肥 3 万～5 万 t。包膜材料绿色环保，生产技术大产能、低成本、连续化，产品面向大田作物应用，是包膜缓释肥料未来的技术趋势。

2. 稳定性肥料

稳定性肥料是指通过一定工艺向肥料中加入脲酶抑制剂和/或硝化抑制剂，施入土壤后能通过脲酶抑制剂抑制尿素的水解和/或通过硝化抑制剂抑制铵态氮的硝化，使肥效期得到延长的一类含氮肥料（包括含氮的二元或三元肥料和单质氮肥）（赵秉强等，2013a）。脲酶抑制剂主要通过抑制土壤脲酶活性，减缓尿素在土壤中的水解速率，降低土壤中铵离子（NH_4^+）浓度和氨（NH_3）分压，从而减少氨挥发损失；硝化抑制剂主要通过抑制亚硝化细菌活性，减缓铵离子向硝态氮（NO_3^-）转化速度，减少反硝化过程中温室气体（N_2O 和 NO）的排放，从而降低硝酸盐淋失风险。

国外从 20 世纪 50 年代开始开发脲酶/硝化抑制剂类产品，应用广泛的脲酶抑制剂类产品主要有氢醌（HQ）、*N*-丁基硫代磷酰三胺（NBPT）等，硝化抑制剂类产品主要有双氰胺（DCD）、3,4-二甲基吡唑磷酸盐（DMPP）等（赵秉强等，2013a；Trenkel，2010）。我国从 60 年代开始重视研究稳定性肥料，中国科学院南京土壤研究所率先开始硝化抑制剂的研究。之后，中国科学院沈阳应用生态研究所从 70 年代开始研究 HQ 作为脲酶抑制剂如何提高氮肥利用率，在盘锦化肥厂、大庆化肥厂等通过添加脲酶抑制剂生产稳定性尿素，并且应用到大田作物上（武志杰和陈利军，2003）。特别是自 2000 年以来，中国科学院沈阳应用生态研究所开发出一批新型脲酶抑制剂和硝化抑制剂，并应用在尿素、复合（混）肥中，以生产稳定性肥料，实现了大面积产业化，并且制定了《稳定性肥料》（HG/T 4135—2010）化工行业标准和国家标准（GB/T 35113—2017），规范了相关定义术语，统一了检验方法，从而规范了稳定性肥料市场，标志着我国稳定性肥料产业的发展步入一个新的阶段。目前全国已有 50 余家化肥企业从事稳定性肥料生产和推广，年产量达到 200 万 t，应用面积超过 5000 万亩，作物增产 10 亿 kg，节约氮肥 6 万～8 万 t。稳定性肥料未来的技术趋势，一是研发廉价、绿色、高效、性能稳定的脲酶抑制剂和硝化抑制剂；二是提高稳定性肥料在不同类型土壤、气候条件下的效果稳定性；三是研究稳定性肥料产品如何走向作物专用化（赵秉强，2016）。

3. 脲醛类肥料

脲醛类肥料是尿素与醛类的缩合物，主要有脲甲醛（UF/MU）、异丁叉二脲（IBDU）、丁烯叉二脲（CDU）等，其中最常见的是 UF。脲醛类肥料的溶解性较尿素显著降低，具有缓效长效性，有利于减少氮的损失。在我国，将脲醛类肥料称作脲醛缓释肥料（urea aldehyde slow release fertilizer）（HG/T 4137—2010，GB/T 34763—2017），定义为由尿素和醛类在一定条件下反应制得的有机微溶性氮缓释肥料。

国际上，1924 年德国 Badische Anilin & Soda-Fabrik AG 公司取得了第一个制造脲醛类肥料的专利，1955 年投入工业化生产。德国 1924 年发表了用乙醛和尿素制备 CDU 的专利，1962 年完成肥料制备流程。日本三菱株式会社于 1961～1962 年提出了尿素和异丁醛反应制备 IBDU 的专利，1964 年日本市场上开始有少量脲醛类肥料销售。到 90 年代初期以前，世界缓/控释肥料仍以微溶性尿素反应物为主，占到 50%以上。欧洲使用传统的微溶性含氮化合物缓释肥料，其比例占到缓/控释肥消费量的 70%以上。该类肥料因养分释放速度受土壤水分、pH、微生物等因素影响较大，且售价高，主要用于草坪、苗圃、庭院绿化等非农领域，在大田作物上应用较少。我国对脲醛类肥料的研究始于 20 世纪 70 年代。早在 1971 年前后，中国科学院南京土壤研究所就采用脲醛树脂作为材料，制得了少量包膜肥料样品，但之后发展不快。90 年代，大家又重新开始审视发展脲醛类肥料的意义（田玉，1995；郭振铎等，1998），尤其是进入 2000 年以后，随着国内新型肥料研发热潮的到来，脲醛类肥料研发进入快车道。2008 年 7 月，化工部经济技术委员会化肥组组长任宏业与许秀成、林葆等国内化工、农业专家，共同向国家提出“关于发展化肥工业，提高我国粮食增产潜力的建议”，建议提出增加脲甲醛生产装置，发展脲甲醛缓释肥料（伍宏业等，2009；许秀成等，2009）。2009 年 6 月 25 日，中国化工信息中心组织国内部分专家，针对中国未来脲醛类肥料的研究和发展作了专题研讨。与会专家肯定了脲醛类肥料的作用效果，但要将其应用到大田作物上，价格问题是重要的制约因素（许秀成等，2009）。因此，基于大田作物的需肥规律，建议用脲甲醛部分替代尿素或其他水溶性氮源，形成速缓相济的供氮模式，既满足作物对氮素缓释长效的需求，也利于降低肥料价格。例如，日本三井东压肥料株式会社生产的 UF 尿素组合、硫酸钾、磷铵复合肥料（N-P-K=17-17-13），其中 9%的 N 由 UF 提供，用作水稻基肥；北京海依飞科技公司及郑州乐喜施磷复肥技术研究推广中心以 UF 全部或部分代替尿素生产的高利用率根际肥、大粒化成肥、包裹型复合肥，分别出口马来西亚、日本、澳大利亚，用于油棕种植、蔬菜及花卉栽培（许秀成等，2009）；日本住商肥料（青岛）有限公司在中国农业市场推广了以脲甲醛为缓释剂的复合肥料。同时，我国发布了《脲醛缓释肥料》（HG/T 4137—2010）化工行业标准和国家标准（GB/T 34763—2017），适用于由尿素和醛类反应制得的脲甲醛、异丁叉二脲和丁烯叉二脲，也适用于肥料中掺有一定量脲醛缓释肥料的脲醛缓释氮肥、脲醛缓释复合肥料、脲醛缓释掺混肥料。在此基础上，针对固态脲醛缓释肥料的国际标准（ISO 19670—2017）制定。目前，我国各类脲醛类肥料年产量约 20 万 t，以脲醛缓释复合肥料或掺混肥料为主，每年应用 500 万亩，作物增产 0.5 亿～1.0 亿 kg，节约氮肥 0.5 万 t。

4. 增值肥料

增值肥料是利用载体增效制肥技术，将微量高效生物活性增效载体与化学肥料科学配伍，通过综合调控“肥料-作物-土壤”系统改善肥效的一类高效产品，可简称为含微量有机生物活性增效载体的一类高效肥料。增值肥料是继缓/控释肥料、稳定性肥料、脲醛类肥料之后发明的新一代绿色高效肥料产品类型。

增值肥料属于中国发明（赵秉强等，2020）。针对高效肥料普遍存在二次加工、产能低、成本高、产业化推广难度大等问题，从 2000 年开始，中国农业科学院新型肥料团队致力于利用腐植酸、海藻提取物、氨基酸等天然/植物原材料，开发绿色安全、高生物活性、肥料专用型增效载体，载体微量添加（5‰左右）至常规化肥中，即可实现对“肥料-作物-土壤”系统的高效综合调控，大幅度改善肥效，开辟了生物活性载体增效制肥新途径，发明了增值肥料新技术。研发的系列生物活性增效载体、增值肥料产品及其制备技术获 26 项发明专利授权，形成增值肥料专利群（赵秉强等，2005，2008，2012，2013b；袁亮等，2011，2012，2014），并获得 5 项中国发明专利优秀奖。增值肥料的主要技术特点：①载体增效制肥，增值肥料利用环保安全的有机生物活性增效载体与肥料科学配伍制备高效化肥产品，属载体增效制肥技术范畴。②增效载体绿色环保安全，增值肥料的增效载体主要由腐植酸类、海藻提取物、氨基酸类、糖类等天然/植物原材料制成，绿色安全，不对植物、土壤、环境造成危害和产生负面影响。③综合调控“肥料-作物-土壤”系统增效，增值肥料从系统角度出发，除了注重减损失、防固定和优化供肥性外，还重视促根和调动根系吸收功能，并对大中微量元素综合调控，活化土壤中的营养元素。④增效载体微量高效，增效载体具有高生物活性，在肥料中的添加量一般为5‰（有效成分）左右，基本不影响肥料的养分含量。⑤增值肥料与大型化肥生产装置结合一体化生产，增值肥料利用微量高效载体增效制肥技术，与尿素、磷铵、复合肥等大型化肥生产装置结合一体化、大产能、低成本生产，避免二次加工，突破了高效肥料普遍存在的产能低、成本高的产业化技术短板。

增值肥料的发明改变了过去单纯依靠调控肥料营养功能改善肥效的技术策略，开启了依靠综合调控“肥料-作物-土壤”系统增效的技术新途径，为推动我国尿素、磷铵、复合肥大宗化肥产业整体实现绿色转型升级铺平了道路。2011 年 3 月 20 日，锌腐酸增值尿素、海藻酸增值尿素、聚合谷氨酸增值尿素在瑞星集团股份有限公司型尿素装置上实现产业化，同年 11 月 1 日，瑞星集团股份有限公司在山东省质量技术监督局备案了我国第一个增值尿素企业标准《海藻液改性尿素》（Q/3700DRX 002—2011）。2012 年 12 月 5 日，化肥增值产业技术创新联盟在北京成立，推动增值肥料产业化步入快车道，联盟的成立载入了 2018 年的中国氮肥工业发展 60 周年大事记。2012 年 5 月，增值复合肥料技术在中农舜天生态肥业有限公司应用并实现产业化。2013 年 3 月，湖北大峪口化工有限责任公司在产能 30 万 t/a 磷铵装置上首次成功实现了锌腐酸增值磷铵产业化。2014 年 5 月，锌腐酸增值复合肥料在昊华骏化集团有限公司年产 20 万 t 高塔生产装置上实现产业化。2015 年 7 月 20 日，腐植酸、海藻酸、氨基酸增值肥料被列入《关于推进化肥行业转型发展的指导意见》（工信部原〔2015〕251 号），增值肥料发展上升为国家战略。2015 年 12 月，江西开门子肥业集团股份公司的海藻酸增值复合肥料在年产 20 万 t 大型高塔生产装置上实现产业化。2017 年 5 月，海藻酸增值磷铵在贵州开磷集团股份有限公司年产 20 万 t 磷铵装置上实现产业化。2017 年 1 月 22 日至 3 月 7 日，云南水富云天化股份有限公司在产能 80 万 t/a 大型尿素装置上实现 10 万 t 锌腐酸增值尿素连续不间断生产，创造增值尿素一次性不间断生产最高产量的世界纪录，于 2018 年载入中国氮肥工业发展 60 周年大事记。2017 年 4 月 1 日，《含腐植酸尿素》（HG/T 5045—2016）、《含海藻酸尿素》（HG/T 5049—2016）、《海藻酸类肥料》（HG/T 5050—2016）、《腐植酸复合肥料》（HG/T 5046—2016）4 项增值肥料化工行业标准正式实施。2020 年 1 月 1 日，含腐植酸磷酸一铵、磷酸二铵（HG/T 5514—2019），含海藻酸磷酸一铵、磷酸二铵（HG/T 5515—2019）2 项增值磷铵产品化工行业标准正式实施。2022 年 4 月 1 日，《肥料增效剂 腐植酸》（HG/T 5931—2021）及《肥料增效剂 海藻酸》（HG/T 5932—2021）2 项增值肥料增效载体产品化工行业标准正式实施。系列增值肥料化工行业标准的发布实施，标志着增值肥料成为新产业。化肥绿色增值技术入选 2021 中国农业农村十大新技术。

迄今，增值肥料在中海石油化学股份有限公司、中化化肥控股有限公司、湖北宜化集团有限责任公司、瑞星集团股份有限公司、江西开门子肥业集团有限公司、昊华骏化集团有限公司、云天化集团有限责任公司、贵州磷化（集团）有限责任公司、安徽六国化工股份有限公司等国内数十家大型企业实现产业化，我国增值肥料年产量达1500万t，居全球之首（2020年新华社报道）；形成了系列增值肥料知名品牌，如锌腐酸、聚氨锌、天野、金沙江、大黑牛、力普加、黑力旺、东平湖等增值尿素，美麟美、翔燕、富岛、开磷海藻酸、锌硼酸等增值磷铵，以及聚氨锌、开门子海藻酸、恩宝海藻酸、六国氨锌、骏化锌腐酸等增值复合肥料；增值肥料年推广应用5亿亩，作物增产100亿kg，农民增收200亿元，已经成为全球产量最大的绿色高效肥料产品类型，为我国化肥减施增效、农业高质量绿色发展作出了重要贡献。以增值肥料产品为核心的黄淮海小麦玉米绿色肥料减排减碳增产技术入选农业农村部2022年粮油生产主推技术。

四、有机肥料

我国有施用有机肥的传统，其为保障粮食安全和土壤可持续利用作出了重要贡献。然而，随着化肥产业的发展壮大，我国农田有机肥提供的养分比例从1949年的近100%下降到2000年的30%。近年来，我国开始重视有机肥的施用，该比例维持在40%左右。我国有机废弃物资源量大，养分资源储量丰富，每年产生畜禽粪便、作物秸秆、食品加工厂有机废弃物等超过60亿t（鲜），含有的N、P_2O_5和K_2O养分量超过7000万t，超过化肥消费量（2021年5191.3万t）；含有的铜、锌、铁、锰等微量元素资源量超过300万t。大量的有机废弃物被利用起来就是宝贵的资源，若弃之不用，不仅仅浪费资源，更重要的是给环境带来巨大压力（张福锁等，2008）。

近年来，随着我国对农业绿色发展的重视，化肥减施增效、有机肥部分替代化肥受到广泛关注，农业生产对商品有机肥料的需求日益增加。2021年，我国有机肥生产企业约为1420家，总产量约1500万t。商品有机肥是以畜禽粪便、动植物残体等富含有机质的资源为主要原材料，经发酵腐熟后制成的有机肥料，并进入流通领域，产品符合农业农村部行业标准（NY/T 525—2021），与农家肥相比具有养分含量高、质量稳定的特点。

堆肥是在人工控制和一定的水分、C/N和通风条件下通过微生物的发酵作用，将废弃有机物转变为肥料的过程。通过堆肥过程，有机物由不稳定状态转变为稳定的腐殖质，堆肥产品不含病原菌、杂草种子等。堆肥实际是废弃物稳定化的一种形式，需要一定的湿度、通气和温度条件等，一般温度要高于45℃，保持高温可以使病原菌失活，并杀死杂草种子。堆肥方式有条垛式、膜覆盖、槽式、反应器堆肥等多种（李季和彭生平，2011；周纬，2012；王涛，2013；赵天涛等，2017；沈玉君等，2019）。条垛式堆肥是将原料混合物堆成长条形的堆或条垛，在好氧条件下进行分解，是一种常见的好氧发酵系统。近年来，通过对条垛式堆肥工艺不断改进与优化，衍生出覆膜式堆肥。膜覆盖堆肥指高温好氧发酵过程在功能膜（半透性柔性复合膜）覆盖的环境中进行，可控制料堆与周围环境的物质和能量交换，使料堆排放的污染物（臭气、气溶胶）浓度低于规定的限值，是一种改良的静态堆肥技术。槽式堆肥实际上是一种介于条垛式堆肥与搅拌槽式堆肥间的特殊类型，堆肥过程发生在长而窄的“槽”内，槽式通道墙体的上方架设轨道，以便翻堆机对物料进行翻堆，槽的底部铺有曝气管道，以便对堆料进行通风。20世纪80年代以后，各国开始研发反应器堆肥系统。反应器堆肥将原料在容器中由内向外，由下向上堆放。常见的反应器类型有筒仓式堆肥系统、塔式堆肥反应器、滚筒式堆肥反应器及槽式堆肥反应器。

五、微生物肥料

微生物肥料特指含有特定微生物活体的制品。自20世纪80年代以来，我国微生物肥料产业发展可分为两个阶段：第一阶段为1980～2000年，微生物肥料产业发展经历“三起三落”，从企业科学认知到行业管理，属于概念范畴探索与行业规范萌动阶段；第二阶段为2000年后，从企业菌种运用、产品设计到市场推广，产业整体处于稳定发展阶段。目前我国可执行的微生物肥料标准共计21项，涵盖通用、菌种/安全、产品、方法和技术规程等，按照农用微生物菌剂、生物有机肥和复合微生物肥料三类12个品种登记，涉及企业近3000家，产品近1万个，菌种约200种，年产量超过3000万t，产值在400亿元以上（李俊等，2020）。

微生物菌种应用技术是微生物肥料产品创制的核心。周法永等（2015）依据微生物肥料的菌种、组成和功能，将微生物肥料产业技术发展历程分为3个阶段：20世纪80年代到90年代初，以“单一营养”型微生物肥料产品为主体；90年代，“养分互补型”微生物肥料产品占主体；2000年以后，“营养、调理、植保”多效合一的“肥药兼效型”复合微生物肥料成为研发重点，木霉、曲霉、青霉、拟青霉等普遍应用。2000年后，微生物肥料菌种生产技术呈现跨越式发展，包括：指数级提升液体发酵吨级，从“5t”级提升到“50t”以上发酵水平；发酵模式从单一“液体”发酵转到“液体”“固体”“液-固”发酵等多元模式，“浅盘”和“转仓”固体发酵设备设施实现半自动化；菌种生产从“单一菌种”发酵发展到“混合菌种”发酵。微生物肥料企业的生产菌种以产芽孢类细菌居多，非产芽孢类细菌、丛枝菌根菌根、“菌丝型”真菌发酵生产技术进展缓慢。我国微生物肥料产品前期多采用草炭作为载体，2000年后多元化利用秸秆粉、生物碳、凹凸棒石、轻质碳酸钙等载体，生物有机肥和复合微生物肥料中腐植酸类的添加应用较为普遍，液体剂型普遍应用保护剂和单向透气阀包装技术。

2000年以来，我国微生物肥料产业政策、项目和资金虽然持续呈利好形势，但是微生物肥料产业链的科研、企业、用户、管理等环节，普遍缺乏在地域、土壤、作物水平上对微生物肥效作用阈值进行甄别，产业菌株多样性弱，对菌种组合与微生物组重构的规律缺乏认知，存在菌株水平监管难度和知识产权保护短板，制约着微生物肥料产业的升级与发展。李俊等（2020）虽然对新形势下微生物肥料产品的重点研发方向进行了归纳，但缺乏“微生物-土壤-作物”组学解析、菌株知识产权保护、田间应用技术等核心数据，阻碍了微生物肥料产业质量水平跃升，需构建肥效微生物菌株知识库，关联微生物菌株资源信息与应用大数据（顾金刚等，2020），建立产业菌株溯源与甄别信息系统，开展肥效微生物的基础性长期性监测，解析肥效微生物组原理，攻关新型菌种发酵生产技术。

六、绿肥

绿肥具有培肥和改良土壤、改善生态环境等作用（沈洁等，1989；赵秋等，2013；

常单娜等，2018；樊志龙等，2020；高嵩涓等，2020）。绿肥作物氮钾养分含量较高，并含有一定量的中微量元素，可直接或经堆沤后施入土壤，为作物提供多种养分。施用15t/hm^{2}绿肥可为后季作物提供30%～60%所需氮量，氮的总利用率高达85%～90%，远高于化学氮肥。与单施化肥相比，绿肥与化肥配施可显著提升土壤有机质和全氮含量。

20世纪五六十年代，我国化肥工业发展水平还较低，绿肥是农作物的主要肥源之一，对保障我国粮食安全起到了重要作用。据统计，1949～1964年，江苏省涟水县绿肥种植面积从10万亩发展到25万亩，粮食总产由0.6亿kg增加到1.15亿kg，平均每年增产366.5万kg。同时，绿肥作物是优质的饲草原料，可替代饲料粮进一步保障粮食安全。70年代，我国绿肥播种面积达1.3×10^7hm^2。然而，随着化肥的应用推广，自80年代起，绿肥种植面积迅速减少（曹卫东和黄鸿翔，2009；曹卫东等，2017）。进入21世纪，农业进入绿色发展新时代，绿肥在化肥减施、耕地质量提升中的作用日益凸显，其种植利用也越来越受到重视。

生产实践与研究证明，绿肥具有替代化肥、减少化肥用量的作用。在氮肥使用量一定时，绿肥还田量与水稻产量呈显著正相关（季春娟和周燕，2007）；在冬种紫云英的条件下，化肥用量减少20%水稻增产4.15%，用量减少40%水稻不减产（高嵩涓等，2020）；在翻压绿肥的条件下，化肥用量减少15%玉米仍可获得高产，用量减少30%～45%玉米产量可达常规水平（陈正刚等，2014）。综上所述，绿肥在减少化肥用量的同时仍能保持稳产高产，是耕地质量提升和化肥减施的重要技术支撑，对于促进我国农业绿色可持续发展和保障粮食安全具有重要作用。

近年来，我国绿肥种植利用技术创新得到快速发展（曹卫东，2007；曹卫东和徐昌旭，2010；赵秋等，2013；鲁艳红等，2014；曹卫东等，2017；樊志龙等，2020）。①挖掘选育新品种，丰富绿肥种质资源。近年来，针对绿肥种质资源缺失、优良种质缺乏，我国通过挖掘、抢救和引进国内外品种资源，使在库绿肥种质资源量达3000多份。同时，加强肥、粮、菜、饲兼用型新品种的培育与应用，认定了紫云英、长柔毛野豌豆、山黧豆、肥田萝卜等25个绿肥新品种，特别是早熟种可以使绿肥留种田避开恶劣气候、减轻病虫害等不利因素，从而获得高产。②因地制宜，发展粮/草种植新模式。由于绿肥种类多，且种植利用区域性强，结合区域气候、土壤、作物特点种植利用绿肥是推动绿肥发展、提高绿肥种植利用效益的有效措施。在小麦/玉米轮作区行间套种绿肥，在西南冬闲旱地种植节粮型绿肥饲草，在北方一熟制下玉米间套绿肥、麦田复种豆科饲草绿肥及在半干旱瘠薄地实行粮/草短期轮作等种植模式，是集约化农区促进粮草双高产与畜牧业发展的优良模式。在华北黄淮海平原区结合盐碱地改良建立盐碱地麦田复种和玉米间作绿肥技术，在华东、中南和西南稻区通过选育紫云英、救荒野豌豆、菽麻等优良稻田绿肥新品种建立水稻绿肥高产栽培技术，促进农业绿色发展。③创新绿肥轻简化生产技术。通过研发绿肥专用播种、翻压、种子收获、开沟管理等轻简化装置装备及基于绿肥的主作物配套生产技术，实现水稻收获、绿肥播种和稻田开沟同步操作及绿肥生产全程机械化，在稻田通过机械化收割留高茬延长绿肥播种期，以保障绿肥安全越冬，解决稻区冬闲田多及秸秆环境问题，形成节肥培肥、水稻稳产高产的绿肥高效利用技术。

第三节　高效施肥技术

在可预见的未来，粮食-资源-环境矛盾将在全球范围内影响社会的发展。化学肥料的发明与应用极大地促进了粮食生产，同时消耗了大量的能源和资源。随着社会的发展和人口粮食需求的日益增长，化学肥料的施用将不可避免，有机农业不可能养活人类。所以，为了利用有限的肥料资源生产更多的粮食，保护人类赖以生存的生态环境，最有效的方法就是科学、高效地施用肥料。这种以提高作物产量和肥料利用率、保护生态环境为主的施肥技术统称高效施肥技术。20 世纪末，人们提出了施肥的“4R”概念，即正确的肥料（right source）、正确的用量（right rate）、正确的时间（right time）和正确的位置（right place）（Bindraban et al.，2015）。这个概念贯穿了施肥的各个环节，是高效施肥的基础。

在目前的社会条件下，高效施肥的内涵首先是粮食高效，在人类发展的历史长河中，粮食供应与日益增长的人口粮食需求的矛盾一刻也没有缓解过，从肥料诞生开始，就伴随着测土施肥的开展。测土施肥的主要目的是充分满足植物对营养元素的需求，平衡供给作物养分，从而实现高产、优质。所以，在人类粮食需求紧迫的今天，高效施肥的重要内涵：一是生产更多的粮食，以满足人类对食物的需求，对于中国是这样，对于世界同样如此；二是生产高效，农业同其他行业一样，需要保证一定的经济效益。众所周知，农业生产的成本分两大部分，一部分是物资投入，另一部分是劳动力投入。在物资投入中，肥料占 40%以上，所以通过技术手段特别是高效施肥技术手段减少肥料投入，对于提高农业生产效益具有十分重要的作用。在农业生产管理中，即劳动力投入部分，施肥的劳动力投入也是整个环节中投入较多的一项，采用轻简的高效施肥技术，对于减少劳动力投入也十分重要。所以，高效施肥不仅可以减少肥料的投入，也可以减少施肥过程中劳动力的投入。近年来发展的缓控释肥料、一次性施肥技术等都是针对节约施肥劳动力而研发的产品和技术。三是资源高效，肥料特别是化学肥料是高度资源依赖和能源依赖性产品，如磷肥和钾肥的生产必须有磷矿和钾矿的支持，氮肥生产需要消耗大量的能源。浪费肥料，就是对自然资源的浪费，因此高效施肥也蕴含着资源高效利用的含义。四是环境高效，施肥对环境的影响已经被人们所证实。Land 等研究发现，美国切萨皮克湾的氮、磷污染大约 50%来源于不合理的农业施肥。肥料对地下水、大气环境都会产生一定的影响。以大气污染为例，农业源排放的氨会在大气中形成硫酸铵和硝酸铵，其是大气雾霾的组成部分，也是影响大气透明度的关键物质，因此减少农业源特别是农田氨排放，对于提高肥料的利用率、减少肥料对大气环境的影响都具有十分重要的意义（白由路，2018）。

实际上，目前在国际范围内采用的高效施肥技术都是围绕粮食高效、生产高效、资源高效和环境高效研发的，如最早进行的测土施肥就是以平衡土壤养分、提高作物产量和品质为目的所研发的高效施肥技术措施；20 世纪 90 年代开始的精准施肥是为解决全球燃油价格上涨、农业化学品污染等问题所研发的高效施肥技术措施；灌溉施肥是在节约用水的基础上，为大幅度减少施肥劳动力投入所研发的高效施肥技术措施；一次性施肥是为减少追肥所带来的施肥劳动力投入所研发的高效施肥技术措施；叶面施肥是为最大限度利用养分以减少肥料浪费所研发的高效施肥技术措施等。

100 多年来，科学施肥技术的研究从来没有停止过，也可以认为，高效施肥技术的研究从来没有停止过。但由于历史原因，不同的时期，高效施肥的内涵、研究的侧重点和采用的技术方法不尽相同，这里主要描述近 30 年以来高效施肥的概念、内涵及世界各地所采用的高效施肥技术。

一、测土施肥技术

测土施肥技术是现代施肥技术的基础，也是最早研究的施肥技术。有人研究指出，早在公元前 50 年人们就开始测定土壤酸度，以判断土壤肥力的高低。现代植物营养学的奠基人尤斯图斯·冯·李比希（Justus von Liebig，1803—1873 年）坚信，通过分析和研究植物的元素组成就可以建立一套肥料推荐系统，足见土壤和植物测试在科学施肥中的重要性。长期以来，通过化学分析方法，实现了从最开始的土壤养分快速提取到土壤化学组成与植物生长关系建立，再到植物最佳产量模型构建等，经过 100 多年的研究，目前可以认为，土壤测试与推荐施肥是现代施肥技术最基础、最成熟的技术。世界各国纷纷把测土施肥技术作为国家策略推广应用。

美国在 20 世纪 60 年代就已经建立了比较完善的测土施肥体系，每个州都有相应的土壤测试化验室和测土工作委员会，负责土壤养分测定与作物养分反应相关研究及方法制定，以指导农民施肥。目前，美国测土施肥技术覆盖 80%以上的土地面积。欧洲许多国家有相关的测土施肥技术规范，如英国每隔几年都要修订肥料手册，该手册既描述了作物营养管理与肥料利用的基本原理，也介绍了不同肥料的性质与使用方法，同时明确了不同土壤营养管理的具体数值范围和不同作物的具体施肥方法等。该手册在指导当地肥料的施用方面发挥了重要的作用（DEFRA，2014）。

中国的测土施肥工作开展也较早，20 世纪 70 年代末农业部土壤普查办公室组织了有 16 个省份参加的“土壤养分丰缺指标研究”，随后开展了大规模的配方施肥技术推广。1992 年组织了联合国开发计划署（UNDP）平衡施肥项目的实施。1995 年前后在全国部分地区进行了土壤养分调查，并在全国设置了不同层次的多种类型的土壤肥力监测点 4000 多个，分布在 16 个省份的 70 多个县，涵盖了 20 多种土壤类型。

2005 年以后，中国在全国范围内开展了大规模的测土配方施肥行动。政府出资，免费为农民测试土壤样品，以政府为主导，开展了测土施肥的技术指导等工作。至 2010 年，中国测土配方施肥基本覆盖了全国所有的农区县，同时每年农业部发布 1～2 次施肥指导，为全国科学施肥提供了有力的技术支撑（白由路和杨俐苹，2006）。

但是，由于中国农业高度分散，农民虽有高涨的积极性，但以政府为主导的测土配方施肥工作很难满足全国农民对测土配方施肥的技术需求。

二、精准施肥技术

精准施肥技术的理论基础是地块内的土壤养分变异，核心是变量管理技术。长期以来，农业的基本操作包括施肥都是以地块进行的，在同一地块上，肥料是按统一的用量均匀地施在土壤中。众所周知，在同一地块内，土壤养分的分布是不均匀的，如果在不同养分含量的土壤上施用同样数量的肥料，则会出现有的区域施肥量过多，而有的区域施肥量不足，这样就会增加农业生产成本，降低农业经济效益。这是由土壤性状存在空间异质性导致的，土壤性状出现变异的原因是多方面的，有土壤形成地质学和土壤学过程方面的原因，也有农田管理特别是肥料施用等方面的原因。20 世纪 60 年代初，法国著名学者 Matheron 创立的地统计学方法，为定量描述土壤性状的空间分布奠定了基础，人们可以通过数学插值方法准确地描绘出土壤性状的空间分布图（Vieira et al.，1983）。尽管人们了解了土壤性状的空间变异性，也可定量表述其空间变异性，同时能绘制其空间变异图，但当时没有机械可以实施针对土壤性状空间变异的施肥方法。在美国，一些农场根据土壤性状的变异情况，把一整块土地分成几个小的管理单元，在同一管理单元内，施肥是均一的，但不同管理单元的施肥量是不同的，这就是精准施肥的雏形。然而，在一些地方由于土壤性状的空间变异过于复杂，有时很难以把性状相同的田块划分成一个管理单元。

20 世纪 90 年代以后，随着信息技术的高速发展，特别是地理信息系统（GIS）、全球定位系统（GPS）、遥感（RS）和计算机在农业中的应用，使得农业生产的田间管理可以实现自动化，首先把这些技术应用于农业生产环节的就是变量施肥技术。同时，人们根据土壤性状空间变异制定的农业管理方法扩展到其他农业管理环节，如农田病虫草害防治。这些根据田块内土壤性状空间变异所进行的农事操作过程通称精准农业（precision agriculture 或 precision farming）。精准农业的含义是按照田间每一操作单元（区域、部位）的具体条件，精细准确地调整各项土壤和作物管理措施，最大限度地优化使用各项农业投入，以获取单位面积最高产量和最大经济效益，同时保护农业生态环境和土地等农业自然资源。精准施肥技术是精准农业最早涉及的领域，经过 20 多年的发展，其一直引领着精准农业技术的进步（Zhang et al.，2002）。

也可以认为，精准施肥技术是在其他相关技术的支持下发展起来的。20 世纪 70 年代以后，微电子、机电一体化、监控技术智能化、农田信息采集智能化等技术的迅速发展和广泛应用，推动了农业机械装备的现代化，这都为精准施肥提供了技术支持。80 年代以后，发达国家的农业经营管理出现了资源紧缺和环境质量下降等一系列问题，迫使这些国家开始采取更有效的方法，以充分利用各种投入、节约成本、提高利润，从而提高农产品的市场竞争力，减少环境污染，这是精准施肥技术的社会需求。

为了实现施肥的精准变量管理，可将精准施肥分为基于 3S 技术和基于传感器技术的精准施肥技术体系。基于 3S 技术的精准施肥技术体系也称为基于地图的精准施肥技术体系，包括 GIS、GPS、RS 和计算机自动控制系统。该技术体系的特点是，应用 GIS，将获取的土壤养分、作物生长等信息进行整理和分析，矢量化成地图数据，制成具有实效性和可操作性的田间土壤养分管理信息系统，然后农业机械按照田间每一操作单元（位点）的具体特性，通过变量控制等技术调整肥料的施入量，从而达到最大限度地满足作物需求、减少浪费、提高经济效益、保护农业资源和生态环境的目的。

基于传感器的精准施肥技术体系是利用传感器实时测定所需的特性数据，如土壤养分、作物生长信息等，这些信息经过计算机快速处理后，直接控制变量管理机具。所以，该技术体系既不需要 GPS 也不需要 GIS 的支持，但由于田间实时传感器价格高、精确度不够等，该技术体系应用还不十分普遍。另外，利用 GIS 结合 GPS 进行土壤采样、作物产量实时监测、土壤图绘制等较为方便，加上地统计学和作物模拟等方法的发展与应用，使得基于 3S 技术的精准施肥技术体系应用更普遍。

根据我国农业高度分散的特点，中国农业科学院的技术团队创新性提出了“田块精准”（field specific）的精准施肥理念，即以农户小田块为管理单元，地块内实行衡量施肥，地块间采用变量施肥，既解决了我国农业高度分散的问题，又解决了变量施肥机械缺乏的问题，这种技术正在我国农村大力推广。以村为单位，可节约肥料 15%，提高作物产量 10%以上（白由路等，2019）。

三、灌溉施肥技术

把肥料直接注入灌溉水中进行施肥的方法称为灌溉施肥（fertigation），在中国称为水肥一体化。有关灌溉施肥的研究始于 1958 年（Hagin and Lowengart，1996），60 年代初开始迅速发展。40 多年来，灌溉施肥技术在全世界范围内迅速发展，可满足植物不同生育时期的水分和养分需求，以获得肥料的最大利用率。综合起来，与传统施肥相比，灌溉施肥有四方面的优点：一是水分和养分可直接供给到作物的根系活动区，使作物更容易吸收；二是水分和养分可均匀供给所有的植株，从而获得更高的产量；三是可减少水分和肥料的用量，提高肥料的利用率；四是灌溉与施肥同时进行，节约了时间和劳动力，还可节约能源。由于灌溉施肥技术的载体是灌溉水，因此根据灌溉方式的不同，目前可将灌溉施肥大致分为以下几种。

（一）表面灌溉施肥（surface fertigation）

表面灌溉施肥是在常规的无压灌溉条件下，将肥料溶入灌溉水中，通过灌溉水将肥料带入田间的施肥方法。表面无压灌溉（沟灌和畦灌）是最传统的灌溉方式，但其研究始于 20 世纪末，主要原因是有的学者认为其较有压灌溉的效率低，且过程控制复杂。也有人认为，农业化学品污染与表面灌溉的关系十分密切。在可预见的未来，表面灌溉施肥研究十分有必要，原因有四个方面，一是世界很多地方由于经济和社会原因，有压灌溉还很难实现；二是先进计算机软硬件的出现有助于表面灌溉施肥技术的设计与实施；三是有研究表明表面无压灌溉的均匀性与有压灌溉基本相同；四是在表面灌溉实施中，水和肥的效率是独立的。所以表面灌溉施肥技术在未来一段时间内还会发展，但是在研究中，表面灌溉施肥的模拟模型，如表面水流、地下水流、表面溶质运移、地下溶质运移模型都需要进一步优化，特别是弥散效应对地表溶质运移的影响需要研究，有人认为弥散效应可以忽略，也有人认为不能忽略。弥散效应似乎与肥料种类、进水流量、灌溉方式、沟畦长度、土壤入渗和土壤粗糙度有关。目前表面灌溉施肥的模拟模型大部分是针对一次性灌溉施肥事件，长期来看，从农业、环境和经济角度研究一个作物生长季节的表面灌溉施肥很有必要，同时，作物模型应与施肥模型结合，以评估施肥措施对水分和养分吸收、作物产量、经济效益和肥料淋失等的影响。表面灌溉施肥的效率最终体现为作物对肥料的利用率，田间试验和模型模拟都需要关注表面灌溉施肥的利用率问题。

中国现有耕地 1.35 亿 hm^2，有效灌溉面积 0.66 亿 hm^2，占中国耕地面积的 48.8%，其中一半以上采用的是常规无压灌溉，即表面无压灌溉。农民为了节省施肥的劳动力投入，常常将肥料溶入灌溉水中进行施肥，这些方法虽然在技术上归为表面灌溉施肥，但是针对其的研究和指导基本上还是空白的，所以加强表面灌溉施肥研究与应用在中国十分必要，也十分迫切。

（二）滴灌施肥（drip fertigation）

滴灌施肥是将肥料注入滴灌系统中，通过滴灌系统将肥料带入田间的施肥方法。根据滴灌方式的不同，可将滴灌施肥分为表面滴灌施肥（surface drip fertigation）和地下滴灌施肥（subsurface drip fertigation）。一般认为，滴头处于 20cm 土层以下且不影响表面耕作的滴灌方式称为地下滴灌；而滴头处于 20cm 土层以上且田间管路每年都需更换的滴灌方式称为地表滴灌。所以，地表滴灌施肥与地下滴灌施肥的不同点在于滴头所处的深度不同，而其他设备基本相同。

滴灌施肥研究与应用始于 20 世纪 60 年代初的美国盐土实验室，1964 年以色列工程师也报道了滴灌技术实验。在滴灌施肥中，滴灌带、滴头、注肥器、田间管路分布及自动控制是中心内容。在滴灌施肥技术方面，存在诸如滴头由于化学物质沉淀、微生物生长、根系侵入等因素发生堵塞和田间水肥分布不匀等问题，还需要进行大量的研究；在设备生产方面，塑料材料选择、生产工艺、滴头设计等一直是研究重点。

目前滴灌及滴灌施肥系统已在全球广泛应用，地表滴灌施肥是目前应用最多的灌溉施肥方式，地下滴灌多为理论研究。目前，滴灌已从园艺作物扩展到大田作物，已从高价值作物扩展到普通作物，可节水 40%以上，节肥 20%以上，比常规省工 90%，节约土地 5%～7%，增产幅度达 30%～50%，从而可有效保护生态环境。滴灌施肥技术被认为是最高效的施肥技术，目前正在运用信息技术来实现水分-养分管理的全自动化。

（三）微喷施肥（sprinkler fertigation）

通过微喷灌系统将肥料带入田间的施肥方式称为微喷施肥，是最早进行研究的灌溉施肥方式，目前已被滴灌施肥所取代，但是在温室等保护地种植、园艺作物等方面还有应用。微喷施肥与滴灌施肥的最大区别在于其肥料通过微喷灌系统直接喷施在植物叶面上，特别是更加适宜微量元素采用。再者，通过微喷灌系统可将肥料以外的其他农用化学品如杀虫剂、杀菌剂等喷洒到作物上，也就是目前应用最广泛的化学灌溉（chemigation）方式。

近年来我国水溶性肥发展迅速，加上节水灌溉技术的普及，为水肥一体化提供了良好的实施条件，根据农业农村部的规划，我国 2020 年水肥一体化的推广面积达 1.5 亿亩，主要集中在西北地区和经济作物特别是果树方面（高祥照等，2015）。然而，在我国重要的粮食产区——华北和东北地区，由于作物和气候限制，水肥一体化施肥技术在大田作物上的应用比例还较低。所以，为在华北和东北地区推广水肥一体化技术，需在政策和技术方面进行进一步探讨。

四、轻简施肥技术

随着农业劳动力成本的提高，通过减少劳动力投入来提高效益的技术成为农业生产的重要方面。由于施肥的劳动力投入占作物生产管理过程劳动力投入的一半左右，因此减少施肥次数从而节省劳动力的技术备受关注。顾名思义，“轻”是机械代替人工，减轻劳动强度；“简”是减少不必要的作业环节和次数。所以，轻简施肥也可以理解为用现代化的施肥技术代替人工施肥操作，从而减轻施肥过程的劳动强度、简化施肥方式、减少施肥次数的施肥方法。在实际操作中，用一次性施肥替代多次施肥、种肥同播替代种肥分播的施肥方式都属于轻简施肥范畴。与轻简施肥相伴而生的就是肥料缓/控释技术。近年来，由于中国劳动力成本的提高，以及缓/控释肥料的大力发展，轻简施肥越来越受到人们的重视（董建军等，2017）。

近十年来，我国在轻简施肥方面得到了长足的进步，主要表现在玉米、棉花的种肥同播和水稻的侧深施肥方面。利用缓控释肥料在玉米上进行种肥同播的技术近十年来已经发展得较为完善，相应的播种施肥机械也日趋成熟，只要种子与肥料相间 10cm 以上，对种子发芽都是安全的，通过肥料的缓慢释放，基本上可满足整个生育期的养分需求，可以做到一次性施肥，由于施肥是和播种同时同机进行，极大地提高了生产效率，同时玉米生长期主要在夏季，避免了农民在高温条件进行户外施肥劳动，深受广大农民的欢迎。据估计，目前我国玉米种肥同播技术的普及率达 70%以上。水稻的侧深施肥技术是将肥料均匀地施在秧苗一侧距秧苗 3cm 的 5cm 深土壤中，将肥料直接输送至根区，实现肥料的定量精准深施，提高了氮肥利用率，提升了生态效益、环境效益和经济效益。这项技术在水稻上实施可防止后期植株早衰，从而提高产量，达到提高肥料利用率、实现减肥增产的目的，目前推广应用的面积也较大。由于小麦生育期较长，冬小麦生长需要经历一个漫长的冬季，加之小麦株行距较小，一次性轻简施肥技术在小麦上的实施还有待研究。

五、有机/无机配合施肥技术

有机肥料是农业生产中最传统的肥料，有 3000 多年的施用历史，在化学肥料出现之前，有机肥料承担着为植物提供养分的主要任务。20 世纪 70 年代以后，我国十分重视有机/无机肥料的配合施用，绿肥也得到了很大发展。90 年代以后，由于我国化学肥料工业的发展，加之其养分浓度高、使用简便，人们便开始忽视有机肥料的使用，致使有机废弃物不能充分利用，成为现代社会的重要污染源。自 2017 年农业部开展“果菜茶有机肥替代化肥行动”后，加上国家对有机肥料的补贴，全国对有机肥料的施用空前重视，生产有机肥料的厂家由十年前的 2000 多家，增至 2020 年的 11 000 家左右。有研究统计认为，我国 2020 年商品有机肥料产量达 1560 万 t，比 2012 年的 1100 万 t 增长了 42%。其施用主要集中于经济作物，特别是应用在保护地和果园（杨帆，2013）。但是，随着商品有机肥料的发展，其表现出生产规模较小、生产质量不稳定等问题，2021 年海南省市场监督管理局对市场有机肥料抽查的结果显示，不合格率达 24.2%。需要注意的是，植物对养分的吸收是有一定数量要求的，尽管有机肥料养分全面，但养分含量较低、速效性较差、比例不平衡，需要和一定数量的化学肥料相结合才能使作物达到高产、优质的效果。

高效施肥技术在我国取得了长足的发展，近年来减肥增效技术也取得了明显成效，主要表现在：从新中国成立至 2015 年的 60 多年时间里，化学肥料的用量一直处于增长状态。1990 年之前我国肥料施用年增加率一直在 8%以上，1990～2015 年也在 3%以上，尽管 2005 年开始在全国范围内开展测土配方施肥行动，但是化学肥料用量的增加速度也没有明显减少。但是，2009 年以后我国华北地区特别是北京地区开始出现雾霾，2012 年以后引起社会广泛关注，由此农业部出台《化肥使用量零增长行动》《农药使用量零增长行动》，以应对日益严重的环境问题。之后，在政府部门的强力推动下，我国肥料特别是化学肥料的用量 60 多年来出现首次下降，从高峰期 2015 年的 6022.6 万 t（折纯养分，下同）降至 2021 年的 5191.26 万 t，6 年间减少约 831 万 t，年均下降 2.4%。需要指出的是，尽管我国化肥用量在不断减少，但复合肥料用量没有减少，一直保持在年用量 2200 万 t 左右。2015 年以后，我国单位化肥的粮食生产量由 2012 年的 10.49kg/kg 提高到了 2021 年的 13.15kg/kg（数据来源：《中国统计年鉴（2021）》）。

需要注意的是，多年来我国化学肥料用量与粮食产量密切相关，2015 年之前我国化学肥料用量与粮食产量的相关系数达 0.95 以上，2015 年以后随着化学肥料用量的减少，我国粮食产量的增加速度降低，2005～2015 年的十年间我国粮食产量的年均增产率为 3.17%，而 2016～2021 年的 6 年间年均增产率仅为 0.56%。所以，减肥的基础是增效，没有增效的减肥则是盲目减肥，在全世界都极为关心粮食安全的今天，增效减肥、科学减肥成为肥料生产创新与科学施肥的重要课题。

第四节　展　　望

过去 40 多年，我国在化肥产品、生产技术、施肥技术及装备创新等方面取得了重大进展，建立了较为完备的具有自主知识产权的肥料产品体系和生产技术体系，化肥装置国产化、大型化水平显著提升，为满足农业生产需求、保障国家粮食安全奠定了坚实基础。然而，我国肥料产业依然存在资源短缺的“卡脖子”问题，绿色高效肥料发展缓慢，大型绿色低碳化肥生产技术及装备相对落后，应用于大田作物的低成本智慧化施肥装备缺乏。未来，我国肥料行业将围绕资源高效、绿色低碳、持续丰产和农业可持续发展等方面开展科技创新，肥料产业实施质量替代数量发展，构建国家绿色肥料体系将成为国家化肥产业发展的重大战略。

一、磷肥和钾肥资源可持续利用水平不断提升

随着我国精细磷化工行业发展，利用杂质含量高的萃余酸生产磷铵快速发展，养分浓度分别为 53%、57%、60%的磷铵产品将成为我国最主要的磷肥产品，而产生的中和渣含有 6%～10%的 N、30%～40%的 P_2O_5 及丰富的中微量元素，同时尾矿含有 6%～10%的 P_2O_5。未来 5～10 年，低养分浓度磷铵、中和渣及尾矿资源高效利用技术将成为磷肥行业的创新热点和重点，也将是我国磷肥资源高效利用的重要突破口。

我国钾肥需求持续增长，对外依存度较高。虽然我国钾肥产量较过去亦有所提升，但受制于资源条件和开采成本，后期很难继续维持增长，供需矛盾突出。初步查明，我国难溶性钾资源量有 3000 亿 t 以上，通过技术革新将这些钾肥资源利用起来，丰富硅钙钾肥等产品类型，将有效缓解我国钾肥资源短缺的问题。

二、国产化大型绿色低碳化肥生产技术和装备取得突破

加快提升行业特别是企业的创新能力，走自主创新发展之路，是我国氮肥行业发展壮大的根本途径。目前，我国氮肥行业创新能力基本还处于“跟跑”和“并跑”阶段，距离“领跑”还有一定差距，特别是大型氮肥成套设备、节能技术及关键装备、氮肥催化剂等领域亟待突破。未来 10～20 年，我国将实现年产 60 万 t 以上大型天然气合成氨、年产 100 万 t 级大型煤炭合成氨、年产 100 万 t 以上先进节能型尿素生产技术和成套装备的国产化，国产空分压缩机、合成气压缩机、氨冰机等机组的能耗和蒸汽消耗降低 5%～10%。

在磷肥生产过程的节能降耗减排方面，一是优化现有磷肥产品生产工艺，提高技术装备水平，减少粉尘和含氟尾气等污染物排放；二是进一步研究改进半水-二水法、半水法湿法磷酸等绿色磷酸工艺，提高其适应性，加强其产业化推广应用；三是不断开发副产盐酸分解中低品位磷矿、低品位磷矿生产钙镁磷钾肥等磷肥生产新工艺，提升资源利用水平；四是研究开发磷肥生产过程中污水磷等循环利用技术，全面实现磷肥生产过程的节能降耗减排，实现绿色产品、绿色工艺和绿色工厂。

三、大宗化肥产品绿色转型升级步伐加快

绿色高效肥料发展，以绿色增产为总目标，多学科交叉、多策略集成、多途径调控，实现产品功能化、高效化、绿色化，满足农业生产的多样化需求，推动农业绿色高产。未来 20 年，我国尿素、磷铵、复合肥料、水溶性肥等大宗绿色高效肥料的产品体系、产业化技术体系和标准体系将逐步建立起来，绿色高效肥料占比将由不足 20%提高至 60%以上，实现化肥产品整体绿色转型升级，为保障粮食安全和农业绿色发展提供产业支撑。

四、施肥技术向信息化、自动化、智能化、轻简化发展

随着人口的日益增长，其对粮食的需求不断提高，同时其对环境的要求也越来越高。所以，高效施肥技术必须以提高肥料利用率、减少肥料对环境的影响为主要目标。

高效营养诊断技术、数字化养分管理系统、养分高效利用基因筛选、营养链一体化管理、作物营养调控技术和生态环境保护施肥技术等将是未来高效施肥技术研究与应用的主要方向。①高光谱无损探测技术、土壤养分原位监测技术、高效土壤养分测试技术等高效营养诊断技术将进一步发展，诊断效率大幅度提升。②建立与作物生育时期相匹配的空间-时间精准化、数字化的作物营养需求模型，是实现养分数字化管理的关键，特别是将数字化养分管理应用于灌溉施肥技术中，是提高灌溉施肥效率的关键技术之

一。③筛选养分高效利用基因并导入作物，是提高作物养分利用率的有效方法。④长期以来，肥料的概念只限于植物，如果将其扩展到食物链下端的人和动物健康，通过对植物进行营养补充实现植物-动物-人体营养链一体化管理，将给人和动物健康带来事半功倍的效果。⑤欧美发达国家肥料企业强力推进的植物生物刺激素通过改善植物代谢来提高植物养分利用、增强作物抗性、改善作物品质、提高作物产量和品质。通过影响作物生长和代谢来影响作物养分吸收的技术，也是提高植物养分高效利用的有效方法。⑥长期以来，施肥的目的是提高作物产量、保证人类发展对粮食的需求，化学肥料的发明大大缓解了人口增长与粮食需求的矛盾。但是，随之而来的肥料施用带来的农产品安全、生态环境安全问题引起人们的广泛关注。如何在提高肥料效益保证粮食产量与减少肥料施用保证环境安全之间找出一个平衡点，成为施肥技术研究必须面临的问题，也是未来高效施肥技术研究的重要驱动力。

（本章执笔人：赵秉强、白由路、袁亮、李燕婷、张水勤、许猛、顾金刚、卢艳丽、王磊）

第十二章　灌溉与旱作技术

第一节　概　　述

水利是国家农业的命脉和大国粮仓的根基。习近平总书记指出，人的命脉在田，田的命脉在水，深刻阐明了灌溉与农业生产、人民生活稳定的关系。农民眼中的一等地，首先是看能不能方便地浇上水，其次才看土质是否肥沃。虽然我国水资源短缺和干旱灾害频发重发，但能依靠有限的水资源长期保障国家粮食安全生产和持续丰收，归根结底在于高效节水农业的持续发展及科技创新。

一、灌溉与旱作技术对保障粮食安全的重要性

我国单位耕地面积水资源量约 1440m^3，仅为世界平均水平的 67%。我国有效灌溉面积由 1949 年的 2.4 亿亩发展到 2021 年的 10.37 亿亩，有力地支撑了粮食总产由 1949 年的 0.226 万亿斤增长到 2021 年的 1.3657 万亿斤，充分证明了灌溉是保障粮食安全的基础。灌溉面积的扩大，一是得益于我国农田水利建设取得的巨大成就，二是得益于节水灌溉技术的广泛应用，实现了省水扩面积。

在全球气候变化背景下，极端天气气候事件增加，干旱化趋势加剧，据农业农村部统计，全国多年平均受旱灾面积约为 3.22 亿亩，占播种总面积的 14.9%左右，每年因旱灾损失粮食约 570 亿斤，占全部气象灾害损失的 60%左右。在农业用水减少和干旱加剧的严峻态势下，通过灌溉和旱作技术持续创新来不断提高水资源利用率与粮食作物水分利用效率，从而减少因旱灾造成的粮食损失，是保障我国粮食安全的关键。

多年来，我国建设了高水平的农业节水创新平台和团队，研究突破了一系列灌溉与旱作关键核心技术和装备，提升了灌溉与旱作技术的自主创新能力，推动了产学研的有机结合，强化了灌溉与旱作技术的转移能力，增强了灌溉与旱作技术成果的持续产出能力，提升了粮食生产科技的支撑能力，从而为粮食安全提供了长期的、持续的科技保障。

二、农业用水不同时期存在的问题

我国水资源总量多，但人均亩均水资源量较低，水资源短缺问题突出。随着国家人口增长、经济快速发展、城镇化进程加快，农业水资源利用先后出现了一系列问题，严重制约了农业的可持续发展。

（一）农业用水总量零（负）增长

1949 年新中国成立后，全国农业用水总量快速增长，到 1990 年达到历史最高的

4367.0 亿 m^3，而后呈现波动下降态势，2003 年降到一个低值 3432.8 亿 m^3，2013 年又上升至 3920.3 亿 m^3，2020 年又下降到 3612.4 亿 m^3。总体而言，全国用水总量持续上升。随着中国城镇化、工业化进程加快，工业和生活用水大量增加，农业用水必将被挤占，导致农业用水只能是“零”增长，甚至呈现“负”增长态势，农业用水的“天花板”高度在降低。

（二）“水减粮增”矛盾突出

全国人均水资源量由 1990 年的 2500m^3，下降到 2019 年的 2029m^3 和 2030 年的 1960m^3，预测到 2035 年则下降到 1900m^3 以下。全国人均用水总量徘徊在 450m^3，略呈增长态势。全国人均农业用水量由 1990 年的 385m^3，下降到 2019 年的 263m^3 和 2030 年的 257m^3，预测到 2035 年则下降到 250m^3 以下（图 12-1）。在农业用水总量和人均水资源量减少的同时，受农业比较效益的驱动，灌溉农田向非粮农田转变，加上国家对粮食总量增加的刚性需求，“水减粮增”的矛盾将越来越突出。

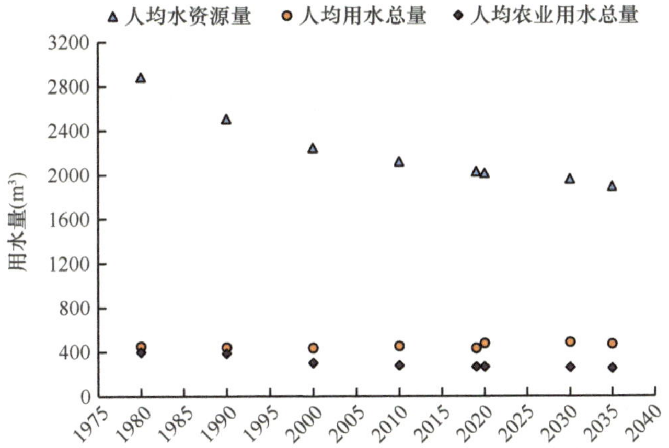

图 12-1　全国人均水资源量、用水总量和农业用水总量

（三）“北粮南运”加剧北方缺水

中国水资源呈现南方多而北方少。南方地区（包括 17 个省份，含台湾）的降水量大多在 1000mm 以上，而北方地区（15 个省份）的降水量则多小于 750mm，其中绝大多数地区小于 400mm。南方地区拥有的水资源量占全国的 81.2%，北方地区仅占 18.8%（水利部水利水电规划设计总院，2014）。耕地资源则相反，南方地区占 35.2%，而北方地区占 64.8%（刘江，2001），水土资源分布不匹配。历史时期，南方地区生产的粮食远比北方地区多，有“江浙熟，天下足”和“湖广熟，天下足”之美誉，呈现“南粮北运”的格局。但自 1990 年以来，“南粮北运”格局发生重大改变，南方地区由原来粮食净调出转变为净调入，而北方地区由粮食净调入转变为净调出，形成“北粮南运”新格局。1990～2008 年从北方地区调入南方地区的粮食总量年平均为 2689 万 t，约占北方地区历年粮食产量均值的 12.0%（吴普特等，2010）。粮食生产需要消耗大量的水，“北粮南运”相当于由北方缺水的地区向水资源丰富的南方输送水。2011 年和 2012 年，北方地区向南方地区分别调运粮食 7643 万 t 和 7945 万 t，折合虚拟水量 753 亿 m^3 和 826 亿 m^3（吴

普特等，2013，2014），分别相当于黄河年均径流量（535 亿 m^3）的 1.4 倍和 1.5 倍。

华北平原是我国粮食主产区，但其降水不能满足现行的主要种植制度。根据研究，华北地区冬小麦-夏玉米一年两熟制的周年耗水量为 800mm 左右，而年降水量仅为 500～600mm，缺口达 200～300mm。为满足农业生产需求，华北地区大量开采地下水，导致地下水漏斗大面积出现。说明中国北方地区粮食生产与水资源的分布严重错位，这种错位将进一步加剧北方地区的水资源压力，使缺水的北方地区更缺水（王庆锁和梅旭荣，2017）。

三、灌溉与旱作科技创新发展及解决的主要问题

（一）农业节水科技创新的总体情况

经过多年的持续攻关，我国突破了农田精量高效灌溉、灌区高效输配水、作物节水提质灌溉等关键核心技术，研制了一批耐用、可靠、经济的抗旱节水产品或设备、灌区输配水装备和绿色集雨保墒制剂产品，显著提升了灌溉水利用率和作物水分利用效率。旱地农业以提高作物单产和降水综合利用效益为重点，创新了高强度利用条件下旱地雨水“集、蓄、保、提”关键技术与产品，集成了主要旱地作物雨水高效利用技术体系和模式。建立了华北节水压采、东北节水增粮、西北节水增效、长江中下游节水减污、北方旱作农业等适合不同区域的作物节水灌溉模式，为我国粮食生产提供了稳定可靠的水资源安全保障。

我国虽然创建了节水优质高效灌溉理论，初步形成了主要作物高效节水灌溉技术体系，节水产品装备也在一定程度上摆脱了完全依赖国外进口、仿制改进的落后状况，但与国际先进水平相比仍差距明显。物联网、大数据、云计算、人工智能等新技术的快速发展，以及未来农业从业人员的进一步减少，将加速农业节水向精准化、智能化、智慧化发展。与国际先进水平相比，我国农业智慧节水仍处于快速追赶阶段。

（二）改革开放以来农业节水科技创新的发展成效

经过 40 多年的系统攻关，我国突破了作物节水调质灌溉、农田精量高效灌溉、灌区高效输配水、旱作雨水高效利用等技术，研制了一批耐用、可靠、经济的节水灌溉产品或设备、灌区输配水装备和绿色集雨保墒制剂产品，显著提升了作物水分利用效率。我国已针对不同缺水地区建立了新疆棉花膜下滴灌、华北冬小麦和夏玉米低压管道输水灌溉、乌兰察布马铃薯喷灌、南方水稻控制灌溉、黄土高原旱地雨水利用等具有区域特色的主要粮棉作物节水模式。

1. 节水灌溉技术与装备

我国创新改进了以地面灌溉为主的节水灌溉技术体系，建设了符合国情的高效灌溉设备生产体系，其中以微灌产品种类和系列配套最为齐全，微灌水肥一体化设备体系包括灌水器、管材与管件、净化过滤设备、施肥设备、控制及安全装置五大类。全国共有滴灌管（带）生产线近 2000 条，其中侧翼滴灌带生产线 1300 多条、扁平滴头生产线 30 余条、圆柱滴头生产线 10 余条、管上式滴头生产线 2 条。

目前，南方各省微灌主要应用于甘蔗、香蕉（广西、广东）、茶树、柑橘（江苏、浙江、上海、江西、福建）、花卉、苗木、药材（云南、贵州）和蔬菜等；东北、山东果树和蔬菜大棚微灌、北京设施农业或都市农业微灌、内蒙古马铃薯和红干椒微灌得到了较大面积的推广；在严重缺水的西北地区，棉花、番茄、瓜果、啤酒花、温室蔬菜、红干椒、荒山绿化、荒漠化为微灌推广应用的主要对象。我国先后对粮食作物、果树和温室蔬菜的节水调质灌溉技术进行了系统深入的研究，确立了节水调质灌溉技术参数、精准控制模型和平台工具，创建和应用了典型作物的节水调质高效灌溉模式，取得了显著的技术效果和生态环境效益。

大中型灌区仍是节水农业的重要支柱。研究实践表明，灌区通过取用水总量控制和定额管理，结合渠道防渗、管道输水、用水计量和量水控制等技术与设备，可显著提升用水效率和效益。最近我国对数字灌区的关键核心技术和产品进行了攻关。近年来，我国以精准化、集约化、低能耗和智能化为目标开展了节水灌溉模式的集成研究和应用，形成了华北节水压采、东北节水增粮、西北节水增效和南方节水减污等技术模式。

2. 旱作节水技术与模式

我国旱区耕地占总面积的53%，但仅生产了全国43%的粮食，其中70%左右的生态脆弱区战略地位举足轻重。经过40多年的协同攻关，针对旱地作物需水与降水匹配难、降水有效性低、蓄水保水性能差等问题，以提高降水利用率为核心，以旱作节水技术措施为手段，我国开展了旱作节水技术与模式研究，在系统揭示旱地农业若干重大基础规律的基础上，突破了集雨、蓄水、保墒、提效等旱作农业共性关键技术，形成了旱地主要作物抗旱适水技术体系，集成创建了半湿润偏旱、半干旱、半干旱偏旱和西南季节性干旱等不同类型区的综合技术体系与典型模式，区域降水利用率提高了10个百分点，作物水分利用效率提高了1倍，实现了粮食总产、农民收入和可持续发展水平同步提高。

3. 地膜覆盖技术与产品

过去20多年来，我国地膜用量一直处于稳定增长中，最高年用量接近150万t，占全球地膜应用总量的70%以上，农作物覆盖面积近3亿亩，大幅度提高了作物水分利用效率和产量，作物水分利用效率提高30%以上，产量提高50%以上，为保障我国粮食安全作出了突出贡献。通过过去40多年的研究和应用，地膜覆盖技术成为农业生产的关键技术，为保障农业生产发挥了重大作用。与此同时，长时间大规模的地膜覆盖技术应用造成的残留污染问题日益严重，受到社会各界的广泛关注。农田地膜残留污染防控的路径为“减量、替代、回收”，但总体而言，地膜减量和替代都只能解决局部地区污染问题，重点还是要在回收上下功夫，包括采取高强度地膜、优化种植模式、研制合适的回收机具进行回收。为此，在地膜产品方面，新型功能地膜、生物降解地膜、具有高回收性的加厚地膜受到重视；一体化智能化的覆膜作业机具、回收机具的研发、推广应用受到国家高度重视。

（三）农业节水科技的发展趋势

当前，农业节水核心技术与物联网、人工智能、新材料、机械电子等现代高科技的融合日趋紧密，呈现出绿色化、精准化、智慧化、系统化发展态势，将会在旱地海绵田快速构建、高水效品种筛选方法与适水栽培、智慧化作物节水控肥提质、绿色抗旱化控制菌剂和多功能材料等方面取得重大突破。区域农业缺水和抗旱问题的解决越来越依赖于系统性、全局性、集约化技术体系和发展模式的探索，需要用全新的视角和理论方法作为指导，从区域角度系统性提出整体的技术解决方案。

1. 农田水分高效利用技术体系更加系统化

利用现代生物技术挖掘植物抗旱节水基因和培育抗旱节水优良作物新品种，依据作物自身的需水规律和生理调节功能进行水分生理调控与作物群体结构优化，通过不同品种间的合理配置建立与区域水资源相适应的农作制度等方面的研究，成为作物品种节水技术研究的重要方向。将蓄水于田的集雨旱作和蓄水于井（窖）的集雨节灌有机结合，将少免耕、秸秆覆盖等农艺技术与大型农机具融合，将集雨技术与节水灌溉技术组装，形成农田水分“调—集—蓄—保”高效利用技术体系，呈现出系统化和集成化的发展趋势。

2. 抗旱节水材料呈现绿色化、多功能化

目前国内外节水新材料已由单一功能型向绿色环境友好型农业新材料快速转变。我国在有机-无机复合、低成本、多功能型保水材料、液态生物质土壤水分保持新材料、植物蒸腾抑制活性物、专用型节水制剂、土壤扩蓄增容材料等研究方面已经有一定积累，并取得一定成果和进展，也带动一些产业的发展。近十年来，以新型生物刺激素等为代表的新型化学节水材料的创新发展，为提高作物水分利用效率、最大限度增加物质向子实运移开拓了新的方法和思路，成为节水新材料研究的前沿热点。寡糖是近年来发现的一类不同于植物激素的绿色生态制剂，适应性很广，为小分子化合物，很容易被植物吸收利用，已成为国外学者广泛关注的热点之一。随着地膜残留污染问题日益突出，生物降解地膜已成为有望部分替代传统地膜的绿色替代品。

3. 抗旱节水装备精准化、智慧化

通过研发先进传感装置（水肥感知与诊断设备）和智能决策技术及其控制系统，实现对作物灌溉施肥过程的高效与智能化管控。自动及时与精准诊断土壤及作物中水肥状态是现代节水装备的核心研发环节，也是现代智慧农业能否推行实施的关键所在，是现有灌溉施肥决策系统的“眼睛”。在智慧感知传感器及控制器方面，研发了一系列土壤水分、温度和速效养分等方面的监测传感器装置及灌溉控制器，引领了智能节水灌溉的发展方向。在智能决策技术及其系统研发方面，利用模糊控制方法构建作物蒸腾量模型，以相对简易少量的输入参数，如以太阳辐射和空气湿度两参数作为输入，经过模糊推理决策来判断作物所需灌溉量，获得了较为精准的估算；研发的红外湿度计能自动获取作物叶面湿度数据，根据叶片湿润程度来制定灌溉制度；一些科研人员以土壤湿度和作物果径为输入，研制出基于模糊控制的实时灌溉施肥系统，还有学者将神经网络应用于控制器，以环境参数和作物本身物理量来对神经网络进行训练，将神经网络预测值应用于灌溉施肥的控制决策。开发了灌溉与施肥自动化控制系统，通过智能系统决策及运行，

实现灌溉水和肥料的有效混合，准确调控营养液的 EC、pH。这些研发成果有力地促进了以传统经验和人为主观判断为主的灌溉施肥管理向智能化决策与管控转变。

四、灌溉与旱作科技对保障粮食安全的贡献

我国在水资源短缺、农业用水负增长的情况下，仍能长期保障国家粮食安全，这个奇迹与高效节水旱作农业科技发展是分不开的。

（一）有限的水资源长期保障国家粮食安全

中国是人口大国，长期奉行“民以食为天”的发展战略，国家粮食安全至关重要。虽然我国水资源短缺，但利用全球 6%的水资源养活了全球近 1/5 的人口。自 20 世纪 80 年代中期起，我国基本解决了温饱问题（魏正果，1987）。1990～2020 年，虽然农业用水总量波动下降，但全国粮食总产仍由 4.46 亿 t 增至 6.69 亿 t，人均粮食占有量由 391.4kg 增至 474.8kg（图 12-2）。到 2020 年，我国全面建成了小康社会，历史性地解决了绝对贫困问题。这充分说明我国利用有限的水资源长期保障了国家粮食安全。

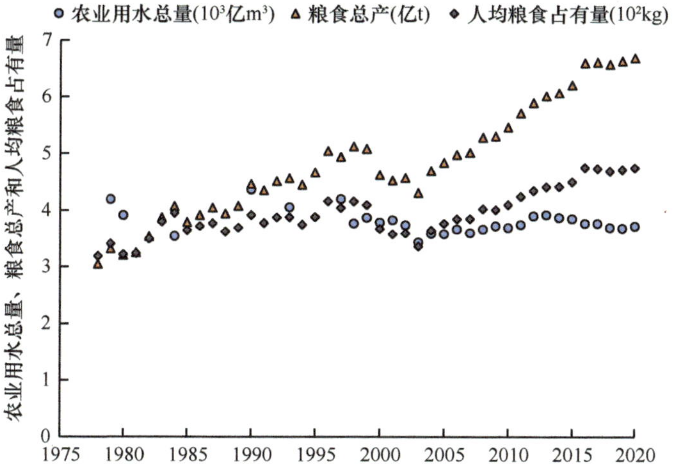

图 12-2 全国农业用水总量、粮食总产和人均粮食占有量

（二）国家粮食安全依赖于高效节水旱作农业发展

我国粮食安全是以高效节水旱作农业科技发展为基础的。虽然我国农业用水总量自 1990 年后波动下降，但农田灌溉面积持续增加，即由 1949 年的 2.39 亿亩增加到 2020 年的 10.37 亿亩，主要依赖于喷灌、微灌、低压管灌、渠道防渗等节水灌溉技术的发展（图 12-3）。1990 年以前，农田灌溉面积增加是以水源开发为基础的，农田灌溉水有效利用系数较低，到 20 世纪 80 年代末，我国农田灌溉水有效利用系数仅为 0.35（山仑等，2004）。1990 年以后，以发展节水灌溉为重点，节水灌溉比例（节水灌溉占农田灌溉面积的比例）由 2000 年的 29.8%增加到 2020 年的 54.7%，其中微灌和低压管灌等高效节水灌溉尤为突出。微灌占比（微灌占节水灌溉面积的比例）由 2000 年的 0.9%激增至 2020 年的 19.1%，低压管灌占比由 2000 年的 21.8%增至 2020

年的 30.1%，喷灌、渠道防渗、其他节水灌溉占比呈下降态势。高效节水灌溉的发展，大大提高了农田灌溉水有效利用系数（图 12-4），为农业用水总量减少态势下的灌溉面积增加提供了保障。

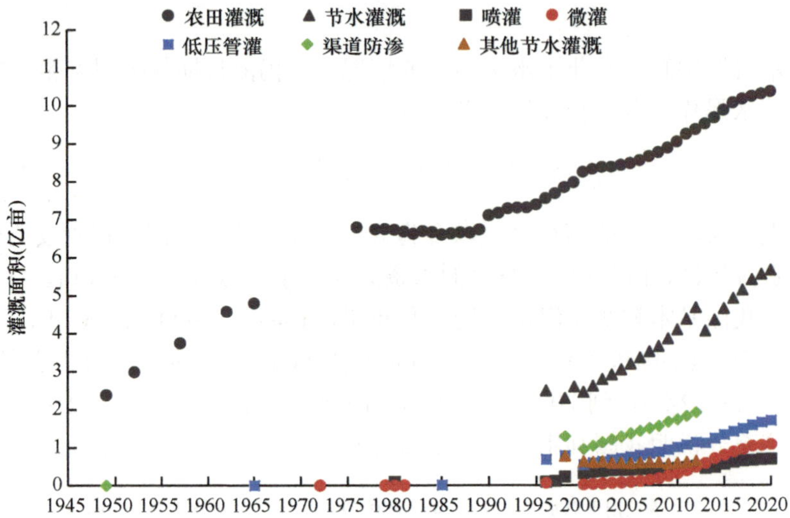

图 12-3　全国农田灌溉和节水灌溉面积

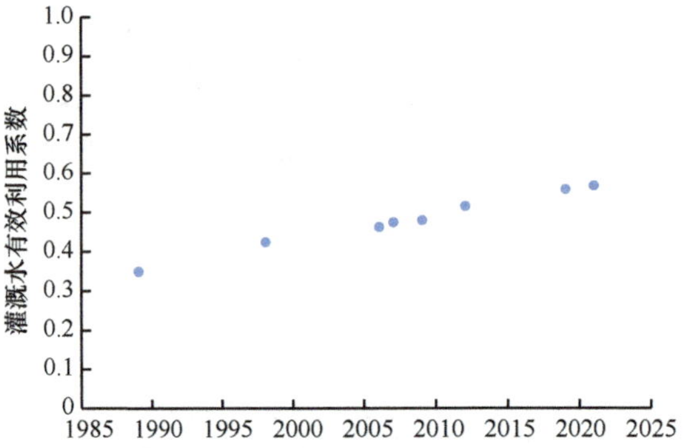

图 12-4　全国农田灌溉水有效利用系数

20 世纪 80 年代末，我国灌溉水有效利用系数仅为 0.35，到了 90 年代末达到 0.4～0.45（山仑等，2004），2009 年为 0.48，2012 年为 0.516（农业农村部，2019），2019 年农田灌溉水有效利用系数提高至 0.559（水利部农村水利司，2019），2021 年为 0.568（农业农村部，2022）

另外一个重要基础是大力发展高效旱作农业，主要是通过农田降水汇集、土壤蓄水、覆盖保墒等措施，提高作物产量。通过田间试验大数据分析，2011～2015 年北方旱地小麦和玉米平均产量分别达到 4584kg/hm^2 和 9533kg/hm^2，比 20 世纪 80 年代分别提高了 60.2%和 54.5%（孙东宝，2017），旱地覆膜春玉米产量突破 15t/hm^2。

近年来，农业农村部每年建设高标准农田 8000 万～1 亿亩，每年在西北、华北和东北等干旱缺水地区支持示范推广旱地节水农业技术，大力推广覆盖保墒、水肥一体化、集雨补灌、测墒节灌、耕作保墒等旱作节水技术，每年节水技术应用面积（按播种面积）超过 1 亿亩次。“十三五”期间累计建设高效节水灌溉面积 1.2 亿亩。随着节水农业科技发展和工程化应用，我国抗旱节水小麦品种覆盖率提高到40%以上，农田降水利用系数由 0.58 提高到 0.63，全国农田灌溉水有效利用系数由 0.52 提高到 0.57，全国粮食水分生产力由 1.19kg/m^3 提高到 1.23kg/m^3，吨粮耗水从 844m^3 下降到 813m^3，有力保障了国家粮食持续增产的水资源安全供给。

第二节 节水灌溉技术与装备

灌溉为支撑我国粮食安全发挥了举足轻重的作用，面对水资源长期处于短缺的局面，未来在农业用水总量不增加的情况下，我国需要大力发展节水灌溉技术，以支撑农业持续发展的用水需求和粮食安全。从工程节水角度上讲，节水灌溉技术主要包括渠道防渗技术、低压管道输水灌溉技术、改进地面灌溉技术、喷灌、微灌（滴灌、微喷灌）等。我国现有的节水灌溉技术大都是 20 世纪 70 年代以后从国外引进，后经过消化形成的适合我国国情的相对配套的节水灌溉技术体系。从近 20 年的发展过程来看，以低压管灌、喷灌、微灌为代表的高效节水灌溉技术发展尤为迅速，从图 12-5 中可以看到，高效节水灌溉面积从 2000 年的不到 1 亿亩，发展到 2018 年底的近 3.3 亿亩，应用面积翻了 3 倍多，真正支撑了农业持续发展的用水需求，在用水总量增幅不大甚至零增长的约束下，对保障国家粮食安全起到了重要作用。

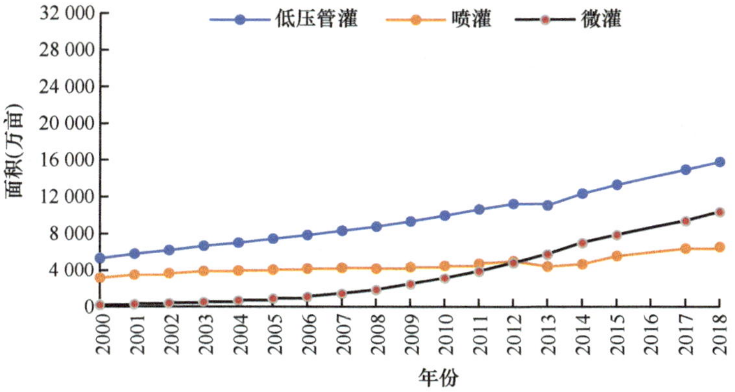

图 12-5 主要节水灌溉技术发展历程和规模

一、改进地面灌溉技术与设备

（一）改进地面灌溉技术

基于地面灌溉以田面作为灌溉水流运动载体和灌溉可控性差的特点，国内外重点从农田土地平整、地面系统优化、灌水过程控制等方面提出对地面灌溉技术进行改进（Bai et al.，2004；Bautista et al.，2009；Bautista and Schlegel，2017；白美健等，2016）。

1. 激光控制平地技术

激光控制平地技术是目前世界上最先进的农田土地平整技术。其利用激光在平地工作面上空产生一个平地控制标准面，代替常规机械平地作业中由操作人员根据田间木桩标出的挖填指示目测判断，可自动、敏捷地控制平地铲升降，具有操作自动化、平地精度高、作业效率高等优点，在国外已得到广泛应用。激光控制土地精细平整设备由激光发射与接收及控制器、精平铲运机械及液压伺服控制系统和作为牵引动力的拖拉机等构成，其中激光发射、接收与控制设备是整个系统的关键核心装备（图 12-6）。

图 12-6　激光控制土地精细平整设备构成

激光控制平地技术在我国的应用研究起步于 20 世纪 90 年代。90 年代中后期，国内自行研制了两种激光平地机械，即应用于盐业生产的 GP1 型激光校准平地机和应用于农田基本建设的 1PJY6 型激光平地机，但这些产品一直处于试验和试用阶段。1995 年中国水利水电科学研究院水利研究所利用与欧盟开展国际科研合作项目“黄淮海平原农业持续发展水土资源管理”的机会，引进了一套激光控制平地设备。

在“九五”至“十一五”时期，以“产、学、研”相结合的方式，针对农田土地平整度差、进口激光平地设备贵和应用推广难等问题，以研发形成国产化激光控制平地成套设备和土地精细平整技术体系为目标，我国开展激光控制土地精细平整技术及其推广应用研究。

研发了适合中国国情的激光控制平地成套设备，与进口设备相比，价格降低 50%以上，为大面积推广激光控制土地精细平整技术提供了核心产品和设备；发明了田面微地形空间分布状况模拟方法，有效解决了土地平整设计和灌溉系统设计中难以获取任意给定条件下田面高程数据的问题，以此为基础提出了田面平整精度阈值，解决了平整施工作业中平整到什么程度最为经济的问题；建立了以田面适宜平整精度下微地形空间分布为基准面的土地精平工程优化设计方法，开发了土地精平工程优化设计和施工作业路径优化决策平台，为多维约束下开展土地精平施工作业路线优化设计提供了有效手段，可使平地作业效率提高 18%、平地效能提高 12%；形成了适合我国国情的激光控制平地技术应用体系，为农田土地平整的测量、设计、设备开发、产业化生产、推广应用及评价等各阶段提供了技术支撑。

2. 面灌溉系统设计与评价技术

地面灌溉系统设计与评价技术在采用灌溉模拟模型评价地面灌溉技术要素对灌

溉性能影响机制的基础上优化地面灌溉系统设计和管理参数，从而提出节水型的地面灌溉技术。在影响地面灌溉系统性能的田块几何参数（长度、宽度、田面微地形、纵坡、尾部封闭状态）、灌溉管理参数（灌水量、入流量、灌水时间）和土壤特性参数（土壤入渗特性和田面糙率）中，田块几何参数和灌溉管理参数属于可控因子，采用与改变或调节与这两类参数相关的措施及活动可有效改善地面灌溉系统性能，而土壤特性参数为不可控因子，在作物生长期间受灌溉、土壤质地和土壤水分布状况、表土固结程度、耕作栽培措施等影响表现出的时空变异性会对地面灌溉系统性能产生不确定影响。

为此，作为优化与决策支持手段的地面灌溉系统模拟模型和优化设计与评价方法的应用，可为用户采用适宜的地面灌溉系统设计方案、获得优化的地面灌溉技术要素组合、合理地评价地面灌溉系统的性能、鉴别更为有效的地面灌溉管理活动、分析短期内得到的地面灌溉效益和田间灌溉试验的成本提供了行之有效的手段，从而达到改善地面灌溉系统性能、提高地面灌溉质量的目的。

地面灌溉水流运动过程的精准模拟是地面灌溉系统设计、评价和管理的核心，因此许多学者围绕各类地面灌溉水流的特点开展模型开发工作，基于灌溉水流推进锋在田面扩展的过程分为一维灌溉模型和二维灌溉模型，其中一维模型方面成果较多，但真正熟化为软件产品的很少；二维模型方面成果偏少，且基本都基于浅水动力学方程进行开发，这些模型有成果发布，但都没有熟化为供大家使用的软件产品。地面灌溉系统评价和设计方法研究主要针对评价指标、评价方法、入渗参数确定和设计软件开发等方面，其中入渗参数确定一直是大家关注的焦点，从最初采用均值到后来参数空间变异的影响都受到重视。

目前节水型地面灌溉技术主要包括改进的常规沟畦灌溉技术、波涌灌溉技术、覆膜灌溉技术和水平畦田灌溉技术。在对影响灌水质量的主要灌溉技术要素进行分析评价的基础上，结合典型区域对常规沟畦灌溉系统、波涌沟畦灌溉系统、覆膜沟畦灌溉系统的优化设计，提出典型区域各种改进的地面灌溉技术的要素优化组合方案。

改进的常规沟畦灌溉技术在华北井灌区得到一定的推广应用，覆膜灌溉技术在西北严重缺水区得到大面积推广应用，波涌沟畦灌溉技术受灌溉设备的限制至今没有得到较好的应用，主要局限在示范研究层面。基于典型区试验和大量数值模拟结果，分析总结获得节水型畦灌和节水型沟灌的技术要素组合，见表 12-1 和表 12-2。

表 12-1 节水型畦灌技术要素组合

土壤渗透系数（m/h）	畦田坡度 S_p（‰）	畦田长度 L（m）	畦田宽度 W(m)（农机作业宽度整数倍）	入畦单宽流量 q[L/(s·m)]	关口成数（关口时水流推进距离与畦长的比值）
> 0.15（土质偏砂性）	$1<S_p<2$	<50	<3	4～7	1
	$2<S_p<5$	<70	<5	4～6	1
0.10～0.15（壤质土）	$1<S_p<2$	<60	<4	4～6	1
	$2<S_p<5$	<80	<6	4～5	0.90
<0.10（土质偏黏性）	$1<S_p<2$	<80	<5	4～5	0.85
	$2<S_p<5$	<100	<6	3～4	0.85

表 12-2　节水型沟灌技术要素组合

土壤渗透系数（m/h）	沟底坡度 S_p（‰）	沟长 L（m）	入沟流量（L/s）	关口成数（关口时水流推进到的距离与沟长的比值）
＞0.15（土质偏砂性）	$1<S_p<2$	<40	1.0～1.5	1
	$2<S_p<5$	<60	0.7～1.0	1
	$5<S_p<8$	<80	0.7～1.0	0.90
0.10～0.15（壤质土）	$1<S_p<2$	<60	0.6～1.0	0.95
	$2<S_p<5$	<80	0.6～0.8	0.90
	$5<S_p<8$	<100	0.4～0.6	0.85
<0.10（土质偏黏性）	$1<S_p<2$	<80	0.4～0.6	0.90
	$2<S_p<5$	<100	0.3～0.5	0.85
	$5<S_p<8$	<120	0.2～0.4	0.80

3. 地面灌溉控制技术

地面灌溉控制技术包括实时反馈控制和经验控制两种情况，前者适用于规模化大尺度灌溉管理方式，后者适用于当前的小规模土地经营模式。

经验控制通常主要围绕合理关口时间的优化，借助数值模拟和试验获得一些经验控制规则，并分析总结形成一些指导性文件，对信息采集设备及控制方案生成时效性的要求不高。关口时间受田面平整精度、坡度、畦长和入流量等多因素影响，基于 106 176 个灌溉技术要素组合方案的模拟结果，形成了不同灌溉条件下的关口时间控制规则。实际应用中，对于畦长小于 70m 的田块，畦灌关口控制指标 R 值建议不小于 1，若坡度大于 3‰，在田面平整精度很好的情况 R 值建议不小于 1.1；对于畦长大于 70m 的田块，坡度小于 1‰时，R 值的范围为 0.8～1，坡度大于 1‰时，R 值的范围为 0.75～0.95（对于水流不需要推到畦尾就关口的畦田，采用改水成数作为关口控制指标，指标值 R 为关口时水流推进距离与畦长的比值，其值小于 1；对于水流推到畦尾后才能关口的畦田，采用灌溉延时率作为关口控制指标，指标值 R 为灌溉关口时间与水流推进到畦尾所需时间的比值，其值大于 1）。

实时反馈控制主要围绕如何基于实时灌溉信息，借助灌溉模型实时优化决策入田流量和关口时间，可称为“由部分指导整体”，即在灌溉过程中实测前半段数据，带入灌溉模拟模型，模拟预测后续灌溉过程，从而优化决策能够使灌水质量达到相对最优的灌溉控制方案，以指导本田块的后续灌溉。实时反馈控制由于要在灌溉过程中实时生成控制方案，对信息采集传输、灌溉过程模拟、土壤特性参数计算及决策方案生成时效性的要求较高。随着计算机、通信和人工智能等新兴技术的快速发展，实时反馈控制技术成为地面灌溉过程控制技术的研究重点。地面灌溉实时反馈控制技术要求在灌水过程中实时采集信息并传输到控制系统供方案决策采用，故对信息采集和传输设备要求较高，且满足参数估算精度要求的信息量与全过程信息量之间的比值不能太大，以确保在灌溉完成前制定出控制方案。因此，实时反馈控制技术有一定的适用条件，对于难以利用部分灌水信息满足参数估算精度要求的畦田则不宜采用。已有研究表明，地面灌溉实时反馈控制技术适用于畦长大于 100m，田面平整度小于 3cm，入畦单宽流量不小于 4L/(s·m)的灌溉田块。同时要求由部分数据推求整个地面灌溉水流运动过程的模拟值与实测值的平均相对误差控制在10%以内，所需的实时观测合理数据量需大于整个田块的70%，即需要利用水流推进到田块长度70%区域的推进时间和田面水深数据对入渗特性与田面糙率进行估算才较为合理。

地面灌溉反馈控制技术应用于实际时，需构建以灌溉信息实时采集与传输设备、计算机处理系统及灌溉水流控制设备为组成部分的精准地面灌溉过程实时反馈控制系统，该系统在灌溉过程中实时采集灌溉信息，传输给计算机处理系统后，由后者生成优化决策灌溉控制方案，再由灌溉水流控制设备完成对灌溉过程的控制。目前该技术还在示范应用阶段，需要进一步熟化为灌溉管理工具，供灌区决策者使用。

（二）改进地面灌溉设备

地面灌溉控制设备主要由以闸管、喷水管、平折膜管为代表的田间末级灌溉输配水管道和以波涌控制阀、绳索控制装置为代表的灌溉自控设备构成，前者单独使用或与后者组合应用可分别形成田间闸管灌溉系统、波涌灌溉系统和绳索控制灌溉系统。目前国内应用相对较多的是田间闸管灌溉系统，其在替代毛渠完成末级输水功效的同时，还通过安装在柔性或硬质输水管道上的出流闸孔实施配水，在上游水头压力或水位相对稳定的状态下，通过调节闸门开度实现量控入地流量的目的。在井灌区，田间闸管灌溉系统的进水口可与低压管道输水系统的出水口直接相连，实现有压状态下的闸孔出流灌溉，而在渠灌区，则与农渠出水口相连，可在一定水位差条件下实施灌溉配水。

波涌灌溉系统由波涌控制阀和输配水闸管构成，具有末级输水和田间灌溉配水的双重功效，通过间歇供水方式达到提高地面灌溉性能的目的。在井灌区，波涌控制阀入水口可通过软管与低压管道给水栓相连，其两侧出水口与输配水闸管直接连接，而在渠灌区，控制阀入水口经软管与农渠出水口相连。目前，国内研发的波涌控制阀采用双阀开关结构形式，以太阳能蓄电池为动力，控制波涌阀工作的操作程序被固化在自控器内，用户只需根据菜单输入必要的基本参数，即可通过阀门的交替启闭对供水过程实施间歇控制，自动完成波涌灌溉过程。由于研发的该类控制阀具备自动切断水流的功能，可作为地面灌溉系统中的单个配水节点，故应用多台波涌控制阀可实现地面灌溉过程的自控。

但是，我国常规地面灌溉系统往往在田间缺乏有效的工程措施，田间输配水渠道大多为临时土渠，且通常忽略最末级配水口控制设备的配备，这一方面与小型农田水利工程投资标准和建设标准低有关，另一方面与小型配水设施缺乏标准化、定型化的生产模式有关。为了真正实现地面灌溉可控，提高田间灌溉管理水平，与小型生产企业联合研发灵活方便易控实用的田间配水设施是十分必要的。

二、微灌、喷灌及水肥一体化技术与设备

（一）微灌技术的创新发展

微灌技术主要包括滴灌、微喷灌和小管出流技术等，被视为最为高效的节水灌溉技术，从发展速度来看，我国的微灌面积从2000年的不到300万亩，发展到2018年1.04亿亩（图12-7），位居世界第一，近20年增加了33倍多，推广应用面积呈现了暴发式

增长。新疆、甘肃等地大面积的棉花、番茄膜下滴灌及葡萄滴灌，山东、辽宁、山西、浙江、甘肃等地的温室大棚蔬菜和花卉、果树微灌，成为全国微灌发展的主战场和典型示范工程。

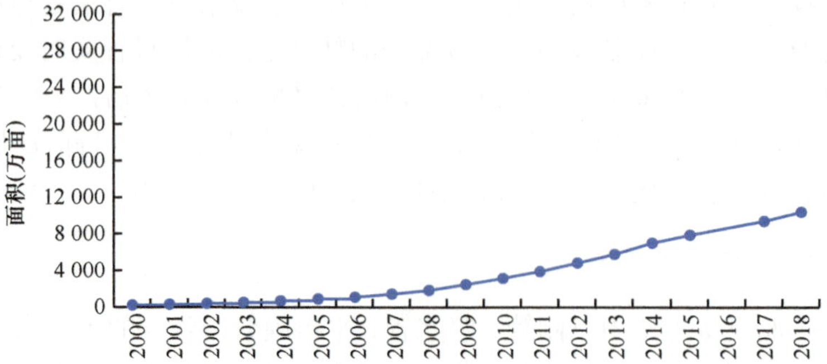

图 12-7 我国微灌面积 2000～2018 年发展历程和规模

目前，基本形成了符合我国国情的微灌设备生产体系，微灌产品种类和系列基本配套包括灌水器、管材与管件、净化过滤设备、施肥设备、控制及安全装置五大类。全国共有滴灌管（带）生产线近 2000 条，其中侧翼滴灌带生产线 1300 多条、扁平滴头生产线 30 余条、圆柱滴头生产线 10 余条、管上式滴头生产线 2 条。拥有新疆天业股份有限公司、大禹节水集团股份有限公司、绿源（北京）环保设备股份有限公司、河北国农节水工程有限公司等一批具有一定规模的微灌设备生产企业，达到了年可配套 1200 万～2000 万亩的生产能力，虽然产品质量与以色列相比还有差距，但凭借产品价格低廉、一次性投资低等优势，占据了国内 95%的农业滴灌市场，有些产品还出口到国外。在国产微灌技术和设备不断成熟的情况下，大部分的国外公司已基本退出中国农业微灌市场。2003 年以后，我国基本停止了生产设备的引进，在消化吸收国外先进技术的基础上，相关企业和科研单位研究开发了多种滴灌管生产线类型，如扁平滴头式滴灌管生产线、圆柱滴头式滴灌管生产线、迷宫侧翼滴灌带生产线、管上式滴灌管生产线。廊坊盛大滴灌设备有限公司成功研制开发了“内镶扁平滴头滴灌管生产设备”，已经成为我国提供该设备的主要企业，该生产线的价格仅为进口生产线的 50%左右。生产迷宫侧翼滴灌带生产线设备的企业已有 10 余家，该生产线的价格仅为 1999 年从德国引进的第一条同类生产线价格的 1/10（李光永等，2004；龚时宏和王建东，2007）。

此外，至今已有与微灌技术相关的技术标准 37 部，其中行业标准 15 部，国家标准 22 部，工程技术类标准 3 部，基础术语类标准 2 部，管理类标准 4 部，产品类标准 28 部，这些标准涉及微灌系统各个组成部分。更为可喜的是，有些省市根据自身的发展条件和发展目标，为加强工程建设质量，还制定了地方标准，如北京市制定了涉及工程设计和管理的标准 4 部。有些省市还根据当地的实践经验，出台了一些技术操作规程，如新疆呼图壁县制定了《棉花地埋式滴灌高产栽培配套综合技术操作规程》《节水灌溉工程规划设计及运行管理操作手册》等。

我国各地气候、作物和社会经济条件差异很大，经过长期的实践探索，逐步形成了区域适宜的具有明显地区特色的微灌技术应用模式。其中，长江以南气候湿润，属于多雨地区，但近年来福建、广东等南方各省连年持续干旱，加快了微灌的快速发展。与北方各省微灌工程主要依靠国家投资不同，这些地区的大部分微灌系统是由农户自己投资的，目前南方各省微灌主要应用于甘蔗、香蕉（广西、广东）、茶树、柑橘（江苏、浙江、上海、江西、福建）、花卉、苗木、药材（云南、贵州）和蔬菜等；东北、山东果树和蔬菜大棚微灌、北京设施农业或都市农业微灌、内蒙古马铃薯和红干椒微灌得到了较大面积的推广；在严重缺水的西北地区，棉花、番茄、瓜果、啤酒花、温室蔬菜、红干椒、荒山绿化、荒漠化已经成为微灌推广应用的主要对象，取得了良好的经济、社会和生态效益。

（二）喷灌技术的创新发展

1900 年喷灌开始用于城市草坪灌溉，初期的喷灌大多采用铸铁管固定系统；20 世纪 20 年代出现了旋转式喷头和喷灌车；30 年代研制成功双悬臂喷灌机；第二次世界大战后，高效喷头、轻质管道、快速接头的出现和改进，使喷灌可以用于不同的地区与作物。同时，端拖式（1948 年）、机械滚移式（1951 年）、中心支轴式（1955 年）、绞盘牵引式（1966 年）及平移自走式（60 年代末）等大型机组相继问世，从而促进了喷灌技术的迅速发展（龚时宏等，2004）。我国的喷灌面积呈现相对平稳的发展态势，在 2000 年时已发展至近 3200 万亩，到 2018 年喷灌面积为 6616 万亩，增长了 1 倍多（图 12-8），相比微灌技术，面积发展相对比较平稳。

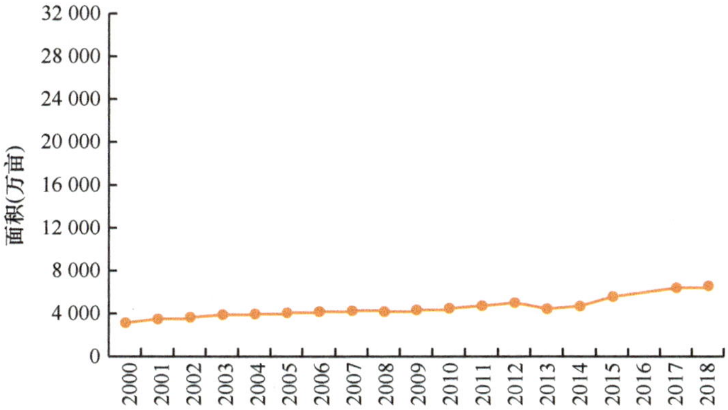

图 12-8　我国喷灌面积 2000～2018 年发展历程和规模

我国先后研制生产了 PY 系列喷头、全射流喷头，并引进技术生产了 ZY 系列喷头。其中，全射流喷头是我国于 20 世纪 70 年代率先开发出的产品，具有十多种型号，但由于射流元件易损耗、射流导向小孔易堵塞，实际生产中未大量应用；PY 系列喷头也是 70 年代由水利部及机械部等部门联合攻关研制生产的系列喷头，有近 20 种型号，是当时我国应用的主流喷头，但由于耐久性、可靠性及制造工艺、成本等方面的原因，目前应用越来越少；ZY 系列喷头是 80 年代中后期引进奥地利鲍尔公司技术及设备生产的，是我国目前农田喷灌的主流产品，有 1 型和 2 型两种型号，在此基础上有关单位又开发了 3 型喷头，但应用较少。初步估计目前我国喷头的年生产能力可达百万只以上，从量上而言，可满足我国农田喷灌发展的需要，但在质及系列化方面与国外水平还存在一定差距。表 12-3 显示了国产喷头与以色列和美国喷头的能量转化率比较结果，由此可知，由引进技术生产的喷头和美国、以色列的喷头具有较高的能量转化率，比我国自行研制的喷头要高出 10 个百分点左右，其主要原因表现在喷头流道的设计及加工工艺上。

表 12-3　国产喷头与国际喷头的能量转化率比较

喷头型号	喷嘴直径（mm）	工作压力（kPa）	喷头流量（m^3/h）	能量转化率（%）	备注
PY20	7	300	2.96	77.55	国产
PY30	9	300	4.88	77.14	国产
$15PY_2$	6	300	2.22	80.82	国产
$20PY_2$	7	300	3.02	80.73	国产
$30PY_2$	9	300	5.00	80.98	国产
ZY-1	6	300	2.35	90.56	引进技术
ZY-2	9	300	5.29	90.64	引进技术
雷欧 L60D	3	300	0.59	89.79	以色列
雨鸟 80E	8.7	350	5.54	97.59	美国
雨鸟 80E	11.9	350	9.88	88.67	美国

我国于 20 世纪 70 年代中期开始研制适合我国国情的喷灌机，先后研制开发了一些大中型喷灌机，如中心支轴式、平移式、双悬臂式、绞盘式等，目前在我国使用最多的是轻小型喷灌机，中型喷灌机如绞盘式喷灌机的数量也有所增加，大型机组多用于大型农场或草原灌溉。大型喷灌机主要包括圆形、平移式和滚移式喷灌机，其中电动圆形喷灌机技术水平已达到世界 90 年代初期的水平。与国外同类产品相比的技术差距主要表现在制造精度较差、电机减速器效率较低、桁架和喷洒器规格种类偏少等方面。中型喷灌机主要包括绞盘式、双臂式、悬挂式远射程喷灌机，我国绞盘式喷灌机目前已有近十种规格，整体上达到了国际 80 年代同类产品技术的水平，主要差距是品种、规格少；制造质量不稳定，特质聚乙烯（PE）软管性能不过关；水力驱动装置尚不成系列等。

为了规范喷灌技术与工程的快速发展，自 1986 年我国发布第一部喷灌国家标准《喷灌工程技术规范》（GBJ 85—1985）以来，至今已发布与喷灌技术相关的技术标准 36 部，其中国家标准 12 部，行业标准 24 部，涉及水利、农业、机械等。此外，部分地方省市为加强喷灌工程管理水平，根据当地的实践经验，出台了一系列喷灌技术操作规程与管理办法，如 80 年代上海市出台的《喷灌站检查评分标准》，河南省出台的喷灌管理 8 条标准，河北省赞皇出台的《喷灌服务公司经营管理办法》；2000 年黑龙江省农垦总局制定的《黑龙江垦区喷灌机及喷灌井管理办法》，2008 年内蒙古自治区多伦制定的《喷灌工程技术管理规程》等。

（三）高效灌溉水肥一体化技术模式

1978～2018 年，我国粮食产量约翻一番，农用化肥用量增加却超过 5 倍。我国农作物亩均化肥用量远超世界平均水平，为美国、欧盟等发达国家的2.5～2.6倍，然而三大主粮的化肥利用率仅为35%左右，比发达国家约低出20个百分点。为提高水资源和肥料利用率，减少不合理的投入，我国相继出台了《到2020年化肥使用量零增长行动方案》和《国家节水行动方案》。方案提出，主要农作物肥料利用率在2020年达到40%以上，农田灌溉水有效利用系数到2022年提高到0.56以上。面对制约农业可持续发展的瓶颈因素——水肥资源约束，大力发展节水农业，推广普及水肥一体化农田节水技术，是全面提升水分生产效率和化肥利用率的必由之路。

“十三五”时期以来，国家陆续出台了一系列方针政策来加大规模化节水设施建设，持续推进化肥减量增效，大力推广喷灌、微灌、低压管灌、种肥同播、水肥一体化、覆膜保墒等绿色高效技术。2016～2020年全国拟增加1亿亩高效节水灌溉面积，包括低压管灌面积4015万亩，喷灌面积2074万亩，微灌面积3911万亩。2020年水肥一体化技术推广面积达到1.5亿亩，主要农作物化肥使用量实现负增长，测土配方施肥技术覆盖率达到90%以上。

近十几年，针对我国各区域大田粮食作物、山区果树、大田蔬菜和设施作物，集成推广了一系列区域适宜的高效灌溉水肥一体化技术模式，应用面积超过500万亩的具有区域代表性的高效灌溉水肥一体化技术模式主要有如下几种。

1. 棉花膜下滴灌技术

棉花膜下滴灌是在结合滴灌技术与棉花覆膜种植技术优点的基础上，针对新疆棉花规模化种植特点，组装集成的一种适于机械化大田棉花栽培的现代化节水灌溉技术。压力水流经滴灌首部枢纽净化处理后，进入输水干管（常埋设在地下）、支管、铺设在地膜下方的滴灌带（或管）即毛管，再由毛管上的灌水器灌入棉花的根层土壤，供棉花根系吸收（图12-9），构成大田棉花膜下滴灌技术系统。其中，地膜下方的滴灌带是在棉花下种时，由联合播种机将播种、铺膜、铺管同时一次完成，这是实施膜下滴灌的一项关键技术。在新疆生产建设兵团，经过近几年不断的实践和探索，大田棉花膜下滴灌毛管已形成一膜两管四行（一幅地膜内布置两条滴灌带、种植四行作物）、一膜一管四行等布置模式。

图12-9　棉花膜下滴灌技术田间管网布置

2. 小麦地埋式伸缩喷灌技术模式

地埋式伸缩喷灌技术是在管道固定式喷灌技术的基础上，针对大田作物应用环境和生产作业需求而发展起来的一种新颖的喷灌技术（图 12-10），该技术较早由中国灌溉排水发展中心联合相关企业组织在研制“地埋式自动伸缩喷滴灌设备”系列产品的基础上逐步发展应用和推广起来的，目前在华北地区的小麦种植上应用较多。

图 12-10　地埋式伸缩喷灌技术模式田间布置与应用

3. 玉米膜下滴灌技术模式

玉米膜下滴灌技术是将作物覆膜栽培种植技术与滴灌技术相结合的一种高效节水灌溉技术（图 12-11）。滴灌利用管道系统供水，使灌溉水以滴状缓慢、均匀、定时、定量地浸润到作物根系发育区域，从而使作物主要根系区的土壤始终保持在最优含水状态，地膜覆盖则进一步起到增加地温、促进作物早发并减少作物棵间水分蒸发的作用。玉米膜下滴灌在黑龙江省大庆市取得大面积推广应用后，在全国同类地区迅速推广开，目前主要集中在东北四省的西部地区。

图 12-11　玉米膜下滴灌技术模式田间布置

4. 玉米浅埋滴灌技术模式

在内蒙古通辽，一些科技推广部门和科研院所在 2016～2017 年开始率先尝试推广小面积的露地浅埋滴灌技术（图 12-12）。该技术的主要特点是在地表铺设滴灌带时，在滴灌带上覆盖 2～5cm 的土层，具有浅埋和不覆膜等显著特征。该技术在作物生育期积温足够的地区，如内蒙古通辽和河北等地，正呈现快速发展态势，据 2019～2022 年不完全统计，玉米浅埋滴灌技术在内蒙古和河北地区已经累计推广 2000 万多亩，浅埋滴灌技术的应用替代了传统的膜下滴灌技术，在缓解薄膜白色污染的同时，实现了与膜下滴灌相接近的节水增产效果。

图 12-12　玉米浅埋滴灌技术模式田间布置

三、作物节水调质灌溉技术

节水调质灌溉是一种从作物水分-品质响应的生理机制出发，在确立水分敏感性品质参数的基础上，建立作物水分-品质-产量-效益综合模型，然后构建综合考虑作物产量和籽粒或果实品质的优化灌溉决策方法，并通过非线性规划、动态规划、目标规划等优化方法获得最优灌溉制度，通过精量的实时亏缺灌溉调控作物体内的能量流动和代谢物质转化，进而调控籽粒、果实的品质，从而在保证一定产量的前提下用较少的耗水量产出更高质量的农产品，最终实现节水、丰产、优质、高效和环境友好目标的节水新技术。

基于水分-品质响应关系的节水调质灌溉技术，其实施途径是在精确测定植株水势、液流、茎秆与果实微变化、冠层温度、声波等作物信息的前提下，通过不同尺度耗水分析，实现作物耗水过程由单株向农田、区域尺度转换，可为水分调控提供精准的可控指标；根据作物品种、生育期、地块位置、气象条件等的不同，实时制定动态的灌溉制度，利用遥感、自动控制、人工智能等技术实现变量施肥和灌溉。在此基础上，分析不同作物品质指标与不同阶段、不同程度、不同方式控水的关系，筛选出水分敏感性的主要品质参数，建立水分-品质响应函数，面向不同作物的产品用途建立受水分调控驱动的作物品质指标体系，确立品质指标采集与综合效益评价标准，构建不同区域灌溉调控品质数据库，分析比较各种灌溉模式的应用条件及适用性，基于水分-品质-产量-综合效益模型，优选出适于不同作物的节水调质高效灌溉模式，分析各种模式应用的条件及适用性，用于指导土壤水管理和精量控制灌溉决策（康绍忠，2009）。我国相继对粮食作物、果树和温室蔬菜的节水调质灌溉技术进行了系统深入的研究，确立了节水调质灌溉技术参数、精准控制模型和平台系统，创建和应用了典型作物的节水调质高效灌溉模式，取得了显著的技术效果和生态环境效益。

（一）小麦、玉米调亏灌溉技术

调亏灌溉根据作物的遗传和生态生理特性，在其生育期的某一或某些适当阶段，人为主动地对其施加一定程度的水分亏缺，以影响作物的生理和生化过程，对作物进行抗旱锻炼，提高作物的后期抗旱能力，调节其光合产物向不同组织器官的分配和运转，调控地上和地下生长动态，促进生殖生长，控制营养生长，从而提高经济产量和改善品质，即通过作物自身的变化实现高水分利用效率，从而达到节水高产、优质高效和增加灌溉面积的目的。

调亏灌溉研究的重心在于节水增产功效与机理，并涉及作物品质问题。调亏灌溉可以有效地控制作物的营养生长而增加或不降低果实生长和产量，增加可溶性固体浓度和果实生长前期的淀粉含量，提高果实硬度，改善果实品质。康绍忠和蔡焕杰（2002）把调亏灌溉研究拓展到粮食作物小麦和玉米上，研究了调亏灌溉对玉米生理指标及水分利用效率的影响，结果表明，苗期中度亏水结合拔节期轻度亏水，既能提高作物产量，又能提高水分利用效率。

调亏灌溉可使产量降低不显著，而其增产效果是通过与密植相结合调整作物群体结构从而增加灌溉面积来实现的。试验研究表明，适时适度地调亏灌溉可以不减少或增加产量。莱阳试验点的水分试验研究结果表明，小麦产量为6000～7500kg/hm^{2}水平，调亏灌溉的耗水量下限较常规下降了1500～3000mm/hm^2，表明水分利用效率的提高起到了增产作用。孟兆江（2008）在对夏玉米进行调亏灌溉研究时发现，其经济产量的变化趋势是：产量最高的处理比对照提高54.2%，并节水14.8%；另有3个处理分别比对照增产39.7%、17.4%和11.9%，且节水6.7%～16.0%；其余处理与对照相比减产不明显。

（二）水稻控制灌溉技术

水稻控制灌溉技术是指在秧苗移栽本田后的各个生育期，田面基本不再长时间建立灌溉水层，以不同生育期的根层土壤水分作为下限控制指标，确定灌水时间、灌水次数和灌水定额的一种灌溉新技术。1996年河海大学彭世彰教授开始研究水稻的控制灌溉，并取得了成功。目前，水稻节水灌溉技术已在山东、江苏、宁夏引黄灌区、黑龙江等示范应用或大面积推广，取得了显著的经济效益和社会效益（彭世彰和徐俊曾，2008）。该技术的优势包括：一是增产效果明显，控制灌溉技术对水稻的根系生长、株型及群体结构形成具有促进作用。研究成果显示，控制灌溉水稻实收产量比常规灌溉提高5%。二是稻米米质明显改善，通过土壤水分的适度亏缺和胁迫调控，作物籽粒品质得到相应改善，物理指标与化学指标均发生变化。三是节水效果十分显著，与常规灌溉相比，全生育期水稻亩用水量由450m^{3}降到320m^3，每亩节水130m^3。四是投入少收益高，主要体现在增产、节水和节支（油、电、人工等）三个方面，平均每亩增收节支84元。五是抗倒伏能力大大提高，控制灌溉后水稻底部节间长度、壁厚、节间充实度等均优于常规灌溉。六是抗病能力大大增强，在稻瘟病防治方面具有非常好的效果，病情指数控制灌溉区为2.9，常规灌溉对比区为6.8，发病程度大大降低。七是减少了面源污染和温室气体排放，试验研究表明，深水灌氨挥发显著高于控制灌溉；控制灌溉排水少、渗漏少，减少了农药化肥对地下水和河流的污染；通过适时的水分调控，利用控晒结合，使稻田土壤Eh迅速上升，降低甲烷细菌活性，最终降低稻田甲烷排放速率和排放量。

（三）果树节水调质灌溉技术

分析苹果、葡萄、柑橘等的滴灌耗水特性与水分生产率对不同水分亏缺的响应机理，建立主要品质指标、产量对水分、养分调控及水肥一体化调控的响应模型；构建特色经济作物综合品质评价体系与综合品质评价模型，定量表征果实单项主要品质指标、综合品质指数对水分、养分调控及水肥一体化调控的响应规律；探明光合产物与果实品质形成对滴灌水肥一体化下水分、养分调控及水肥耦合调控的响应规律及其节水提质机理；基于 Jensen、Minhan 等模型构建山丘区特色经济作物滴灌水肥一体化“水肥-品质（产量）生产函数”，提出不同生育期品质敏感指数，形成山丘区特色经济作物滴灌非充分灌溉制度与滴灌水肥一体化最优管理模式。

崔宁博等 2017 年的成果，针对设施果树开展膜下滴灌灌溉制度研究，探明膜下滴灌不同水分亏缺模式对设施果蔬叶片光合过程、营养生长与生殖生长过程及产量品质形成过程的调控效应，提出山丘区设施水果产量、品质对膜下滴灌亏缺的响应特性，阐明山丘区设施果树膜下滴灌水分亏缺技术的节水增产提质机理，提出基于果实和茎秆直径微变化实施智能化灌溉决策的方法，确定节水高产优质型设施果树的膜下滴灌水分亏缺补偿阈值、膜下滴灌灌溉制度及最优管理模式。

（四）温室作物节水调质高效灌溉技术

近年来，针对传统的非充分灌溉技术，主要基于作物水分生产函数，寻求有限水量对作物产量的最大贡献或追求有限水量条件下的产量损失最小，较少考虑水分-品质响应关系问题。结合日光温室产业发展对节水高效灌溉技术的需求，从长期定位观测入手，采用室内试验、理论分析与数值模拟相结合的方法，以深入研究温室作物需水信息和水分-品质响应关系为主线，以协同提高水分利用效率、改进作物品质和提高综合效益为突破口，进行了温室作物节水调质高效灌溉理论探索、试验研究、技术开发、设备研制、模式集成与示范应用（杜太生等，2005；Du et al.，2008，2015；杜太生和康绍忠，2011）。①创建了适于温室作物的耗水过程监测与模拟方法。构建了温室作物耗水估算模型，揭示了温室作物耗水组成与主控因子，明确了温室中主要灌溉方式下水热通量分配与作物耗水的差异，探明了不同对流条件对温室作物瞬时耗水量的影响，建立了考虑温室对流条件的耗水计算与模拟方法。②构建了温室作物综合品质指数及水分-品质评价方法。提出了基于水分-产量-品质响应关系的灌溉控制指标和灌溉制度优化决策方法，揭示了温室作物产品外观、营养、贮藏等十余项品质指标与全生育期及不同生育阶段耗水、养分的定量响应关系和评价方法，建立了综合考虑产量和品质的温室作物灌溉制度优化方法及决策支持系统。③研制了适于温室作物的节水调质高效灌溉设备。开发了适于温室作物的局部根区小定额高效施灌设备，研制了适于温室作物小定额灌溉的变管径和变孔径多孔管，研发了基于毛管束的灌水器和兼作温室作物爬蔓绳的有芯微管灌溉系统。④提出了温室作物节水调质高效灌溉技术体系与应用模式。建立了日光温室主要作物水-肥-质-量一体化综合技术体系，提出了温室作物水氮管理、灌溉与栽培组合模式。通过系统的试验研究和技术示范应用，由以往单纯考虑温室作物水分-产量关系的节水灌溉发展到综合考虑作物水分-产量-品质耦合关系的节水调质高效灌溉。研究成果在甘肃、陕西、北京、山东等省市得到了较大面积的示范与推广应用，改变了温室种植户传统的大水大肥管理模式，实现了节水节肥和高效优质生产，取得了显著的经济、社会与生态效益。

四、非常规水灌溉技术

多渠道开发利用非常规水资源是世界各国高度重视和积极探索的水资源可持续利用模式之一，对于缓解农业水资源短缺具有重要意义。非常规水资源主要包括再生水、微咸水、海水等，农业用非常规水资源以再生水和微咸水为主。具体来讲，再生水是指污水经适当工艺处理后，达到一定的水质标准并能满足某种使用功能的要求，可以进行有益使用的水；微咸水一般指矿化度为2～5g/L的含盐水。若在农业灌溉中合理开发利用非常规水资源，既增辟了灌溉水源，又提高了灌溉保障率，是缓解水资源短缺问题的重要举措之一（胡雅琪和吴文勇，2018）。淡化海水、微咸水可用于粮经作物、蔬菜和水果灌溉，中水可用于花卉等非食用作物灌溉，腾出清洁淡水可用于粮食作物灌溉。

（一）再生水灌溉技术

再生水灌区利用湿地、坑塘处理与调蓄再生水，实现了季节性调蓄，促进了再生水的高效利用。对于经过土地处理系统或湿地处理系统深度处理后的再生水，在采用合适的灌溉方式与灌溉时机下，一般可以灌溉所有作物或园林植物。概括来说，根据再生水灌溉系统中预处理工程的组成可以将再生水灌溉模式分为4种，即“4R”模式，包括二级出水经土地处理系统（SAT）净化后用于灌溉的土地净化再生水灌溉（SR）模式、二级出水经湿地处理系统（WTS）净化后用于灌溉的湿地净化再生水灌溉（WR）模式、二级出水经自然水系循环联调改善后用于灌溉的自然水循环净化再生水灌溉（CR）模式及深度处理出水直接用于农林绿地灌溉的深度处理再生水灌溉（DR）模式（胡雅琪和吴文勇，2018）。此外，再生水安全灌溉技术还包括作物类型识别、风险评估与污染控制、再生水喷滴灌等关键技术。

（二）微咸水灌溉技术

微咸水灌溉技术模式分为3类，分别为微咸水直接灌溉（DI）模式、咸淡水混灌（MI）模式和咸淡水轮灌（AI）模式，即“3I”模式。DI模式主要用于土地渗透性好且淡水资源十分紧缺的地区，同时选择耐盐类植物进行种植；MI模式是将淡水与咸水混合，通过冲淡盐水的办法进行灌溉；对于苗期对盐分比较敏感的作物，可采用AI模式。微咸水灌溉主要针对耐盐、抗旱作物，在充分考虑作物品质、水质状况、土壤类型、气象条件、地下水埋深等状况的基础上，结合地面灌、喷滴灌等灌溉方式及相应的农艺措施，合理控制灌水量和灌水次数，选取适宜的灌溉模式。

混灌是将两种不同的灌溉水混合使用，包括咸淡混灌、咸碱（低矿化碱性水）混灌和两种不同盐渍度的咸水混灌，目的是降低灌溉水的总盐渍度或改变其盐分组成。混灌在提高灌溉水水质的同时，也增加了可灌溉水总量，使以前不能使用的碱水或高盐渍度咸水得以利用。

轮灌是根据水资源分布、作物种类及其耐盐性和作物生育阶段等交替使用咸淡水进行灌溉的一种方法，如旱季用咸水，雨后有河水时用淡水；强耐盐作物（如棉花）用咸水，弱耐盐作物（如小麦、玉米、大豆）用淡水；播前和苗期用淡水，而在作物生长的中、后期用咸水。轮灌可充分、有效地发挥咸淡水各自的作用和效益。

农业非常规水的资源利用将有效缓解区域水资源短缺形势。中国非常规水资源开发利用潜力巨大，预计到 2030 年，再生水和微咸水农田灌溉量分别为 $1.645\times10^{10}m^3$ 和 $2.48\times10^9m^3$。在淡水资源缺乏而非常规水资源相对丰富的地区，特别是北方干旱地区，开发利用非常规水资源不失为解决当地淡水资源短缺问题的重要途径。

（三）非常规水安全利用技术模式

海河平原传统水资源的开发利用已达到极限，除了对传统的水资源进行开源、节流外，开发利用非常规水是解决水资源危机的重要途径之一。科学合理地开发利用非常规水源，不仅可以提供新的水源，增加可利用的水资源量，缓解区域水资源供需矛盾，而且具有十分显著的生态与环境效益。通过研究海河平原非常规水的利用量及分布规律，提出了安全合理的利用模式及关键技术。①完成了海河相关背景资料调查，明确了再生水分布规律，并预测了再生水的可开发利用量；调查分析了海河咸水微咸水资源量、分布和埋深；调查了海河近十年再生水和微咸水的开发利用情况，总结分析了非常规水的利用方式及存在的问题。②完成了 2 茬冬小麦与 1 茬夏玉米的再生水灌溉试验，得出了再生水灌溉对冬小麦和夏玉米生长状况、产量、千粒重、籽粒品质及土壤环境的影响；提出了粮食作物再生水灌溉制度；建立了再生水灌溉适宜性分区的评估方法，提出了各分区的再生水安全灌溉模式；针对排水河道下游平原地区的再生水灌溉，提出了再生水灌区调蓄与灌溉利用模式；对于海河流域广泛种植的冬小麦和夏玉米，提出了再生水的灌溉方式、灌溉制度及相应的灌溉定额。③研究了不同含盐量咸淡水混合灌溉对海河流域常见作物小麦、玉米、棉花、苹果、梨、大白菜产量、品质及不同土壤盐分累积的影响，提出了适宜开展微咸水灌溉的区域；构建了海河流域的微咸水灌溉含盐量指标体系和淋洗灌溉制度，为不同作物咸水直接灌溉、咸淡水混合灌溉、淋洗灌溉提出了合理的灌溉制度；从咸淡水混灌的适宜作物、适用区域、混水方式、灌溉方式、水质和水量、适宜灌溉土壤质地与盐分、农艺措施七个技术方面和政策、管理、资金等方面提出咸水微咸水安全灌溉利用技术示范推广的具体办法和保障措施。根据周潮洪等 2018 年的数据，微咸水安全利用的研究成果在河北省沧州市推广微咸水灌溉面积 15 万亩，累计利用微咸水 1500 万 m^3，降低了灌溉用水能耗；再生水安全利用的研究成果在北京大兴区推广再生水灌溉面积 2.3 万亩，累计利用再生水 2500 万 m^3。

五、灌区输配水与数字灌区

目前我国大中型灌区共有 7880 多处，有效灌溉面积 5.2 亿亩，年均灌溉用水量 2150 亿 m^3 左右，占全国农业灌溉用水总量的 61%，但与此同时，大型灌区农田灌溉水有效利用系数仅为 0.525，中型灌区仅为 0.540，与国际先进水平相比仍有较大差距，因此大中型灌区仍是农业节水的重要领域。实践表明，灌区通过取用水总量控制和定额管理，结合渠道防渗、管道输水、用水计量和量水控制等技术与设备，可显著提升用水效率和效益。

（一）渠道防渗技术与产品

渠道防渗技术主要包括渠道防渗及修复材料、渠道防渗断面形式、渠道防渗工程冻害防治和渠道防渗工程施工等方面。在渠道防渗及修复材料方面，提出了利用灰土、水泥土、砌石或混凝土作为防渗时改善防渗效果的辅料配方，成功采用和推广了薄膜等新型防渗材料与新型复合材料防渗结构形式；研制出了纳米基混凝土改性剂、改性沥青混凝土、聚丙烯纤维混凝土、膨润土防水毯、复合土工膜、石油沥青聚氨酯接缝材料（PTN）、喷涂用聚脲弹性体和模袋混凝土等。在渠道防渗断面形式方面，研究并推广了小型“U”形断面刚性材料防渗渠道，对于大、中型渠道，研究提出了弧形坡脚梯形断面和弧形底梯形断面渠道。在渠道新型抗冻胀结构与新材料方面，提出了刚柔相济、适应冻胀、变形性能好的新型渠道连锁板衬砌结构，研制开发了具有防渗保温双重功能的新型卷材（SDM）。在渠道施工机械方面，已研制开发了系列的小型渠槽开挖机和混凝土衬砌机，大中型“U”形渠道衬砌采用喷射法混凝土施工和预制与现浇相结合的方法，并研制开发了多种渠道衬砌预制块压块机和混凝土衬砌机。

随着我国国民经济能力的提高和科学技术的不断发展，水资源供需矛盾日益加剧，从而对渠道防渗技术提出了更高的要求。同时，目前我国渠道防渗技术由单一防渗材料向复合防渗材料，由单一防渗结构向复合防渗结构，由以人工施工为主向半机械化、机械化施工方向发展，技术涉及面越来越广，技术要求越来越高，新材料、新技术研究及应用越来越广泛。

（二）管道输水技术与产品

管道输水技术具有成本低、节水明显、管理方便等特点，是世界上应用较为普遍的节水灌溉技术之一，已成为许多发达国家进行灌区技术改造的一个方向性技术措施。从 20 世纪 50 年代开始，管道输水技术就已经在国外一些国家得到广泛的应用，特别是 70 年代以来，随着塑料管道的广泛应用，更加速了管道输水技术的推广，相应的制管新技术、水力学理论和结构设计方法日渐成熟，施工安装和运行管理都有成熟的经验。例如，美国早在 20 世纪 20 年代就开始发展管道输水灌溉，到 1984 年管道输水灌溉面积已占全美国地面灌溉面积的 46.9%，美国管道灌溉系统中，地下部分多采用素混凝土管，地面采用柔性聚乙烯或铝管闸管系统。日本从 20 世纪 60 年代开始发展管道输水灌溉，旧灌区、干渠仍为明渠，支渠以下改为地下管道，采用明渠与管道相结合的形式，而新建灌溉系统大都实现了管道化输水，并于 1973 年制定了输水管道的设计标准，1977 年 10 月对该设计标准进行了修订。以色列目前已基本实现了管道化输水灌溉，全国主要水系连接成统一管网，并把地表水、地下水和回归水互相连通，综合调节用水，并由国家统一管理。

我国管道输水灌溉应用时间较早，但集中连片应用是在 20 世纪 50 年代以后，如 70

年代河南温县有10万多亩井灌区实现了管道输水灌溉。到了80年代以后我国北方地区连年干旱，水资源日益紧缺，适应节水灌溉的管道输水技术得到迅速发展，到2000年底，全国管道输水灌溉面积达6000万亩，但主要应用在井灌区。渠灌区从80年代开始进行大量的试验示范研究，在管网设计、分水量水、防淤堵等方面取得了许多成功的经验。在管材应用方面，我国已研制出多种材料的管道，如薄壁PVC塑料管、双壁波纹管、石棉水泥管、混凝土管等。

国外用于农田管道输水的高分子材料管材主要有硬聚氯乙烯管（最大口径可达800mm）、聚乙烯管（最大口径可达3000mm）和玻璃钢复合管（最大口径可达3000mm），且大口径管材和管件的生产具有统一的标准，相应的管网规划设计、配套建筑物结构、施工安装和运行管理都有成熟的经验。国内目前常用于农田输水灌溉的管材有金属管材、塑料管材、复合管材、其他管材四大类。金属管材主要有离心球墨铸铁管、钢管；塑料管材主要有聚氯乙烯管、聚乙烯管、聚丙烯管；复合管材主要有钢塑管、钢塑复合压力管；其他管材主要有普通预应力钢筋混凝土管、预应力钢筒混凝土管、玻璃钢管（图12-13）。其中，普通预应力钢筋混凝土管具有耐腐蚀、不结垢、不污染水质、全部承插橡胶圈柔性连接、密封性能良好的优势，有良好的抗震性能，但是重量大，运输、安装、就位不方便，其工作压力为0.4～1.2MPa，常用管径为DN500～2000mm。预应力钢筒混凝土管是目前使用非常广泛的一种非金属管材，是由钢板、预应力钢丝和混凝土构成的复合管材，此种管材充分而又综合地发挥了钢材的抗拉、易密封及混凝土的抗压和耐腐蚀功能，兼有水泥管和钢管的优点。其从造型上可分为两种：一种是内衬式预应力钢筒混凝土管（PCCP-L，内径ϕ600～1200mm），是在钢筒内部衬以混凝土后在钢筒外面缠绕预应力钢丝，再辊射砂浆保护层；另一种是埋置式预应力钢筒混凝土管（PCCP-E，内径ϕ1400～4000mm），是将钢筒埋置在混凝土里面，然后在混凝土管芯上缠绕预应力钢丝，再辊射砂浆保护层。玻璃钢管（简称RPM）是近几年发展起来的新管材，口径大，重量轻，耐压力1.0～2.0MPa，一般使用的工作压力为0.6MPa，我国大多应用于DN600～2400mm大中口径管道。

玻璃钢管

普通预应力钢筋混凝土管

图12-13 常见的大口径输水管道

（三）灌区测控一体化技术与设备

近些年，基于堰流特性开发的测控一体化设备在大中型灌区现代化改造中得到初步应用。从结构来分，主要包括堰槽式、底升式、弧底式、活页式和卷帘式五大类型测控一体化闸门（谢崇宝，2021，2022）。从水力学特性来看，这些闸门均为堰顶高度可以调节的薄壁堰，其过流能力的计算遵循一般的堰流规律，但目前只有堰槽式测控一体化闸门进入规模化应用阶段（图 12-14），其他四类仍在逐步完善或刚开始应用，具体特征和应用环境各有不同。

堰槽式测控一体化闸门

现场应用

图 12-14　堰槽式测控一体化闸门

此外，箱涵式测控一体化闸门和管涵式测控一体化闸门（图 12-15）在灌区也得到了广泛应用。所谓的测控一体化闸门是集流量计量、闸门控制、能源供给和无线通信等功能于一体的高度集成式轻型闸门，其中箱涵式为前后贯通的长方体测流设备与孔口式闸板高度融合而成的测控一体化闸门，管涵式为前后贯通的圆柱体测流设备与孔口式闸板高度融合而成的测控一体化闸门。这两种测控一体化闸门实质上为超声波时差法测量设备和平面闸门的组合体，测量箱完成计量功能，平面闸门完成控制功能，测控信息在控制器中实现融合。很显然，这种模式既可分拆也可融合，分拆时测控分置，合体时测控一体。

箱涵式测控一体化闸门

管涵式测控一体化闸门

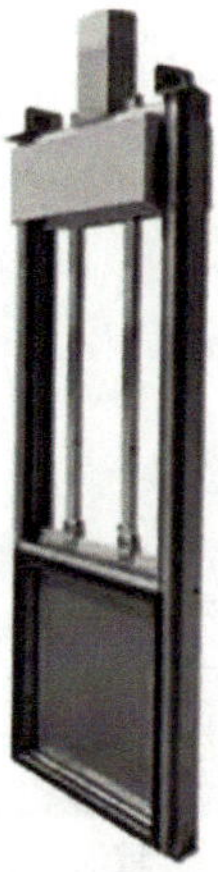

孔口式闸门

图 12-15　孔口出流的测控一体化闸门

（四）数字灌区

打造现代化数字灌区是我国进一步提高粮食综合生产能力的关键举措。数字灌区是以物理灌区为框架、时空数据为底座、数学模型为核心、水利知识为驱动，以需求牵引、应用至上，统筹谋划、分步实施，整合共享、集约建设，融合创新、先进实用，整体防护、安全可靠为原则，对物理灌区全要素和建设运行全过程进行数字映射、态势感知、前瞻预演，与物理灌区孪生运行、虚实交互、迭代优化，实现对物理灌区的实时监控、趋势预测、决策预判、发现问题、优化调度的新型基础设施。数字灌区在灌区信息化的基础上，充分利用智慧水利、数字孪生流域、数字孪生水利工程和数字孪生水网建设等相关成果，强化信息感知、资源共享、决策支持、泛在服务等体系构建；以数字化场景、智能化模拟、精准化决策为路径，推进灌区数字化、监控自动化、调度智能化建设，提高灌区预报、预警、预演、预案（“四预”）能力，动态优化灌区水资源调度，充分发挥灌区综合效益。

六、典型节水灌溉模式

近年来，我国以精准化、集约化、低能耗和智能化为目标开展了节水灌溉模式的集成研究和应用，形成华北节水压采、东北节水增粮、西北节水增效、长江中下游节水减污等技术模式，最近对数字灌区的关键核心技术和产品进行了攻关。

（一）华北节水压采灌溉模式

在华北地区，围绕主要粮食作物的精量灌溉和滴灌技术规模化及低能耗要求，以低压高均匀性灌水器的研发应用为核心，结合水肥一体化技术，构建起低压高均匀性地表滴灌技术集成应用模式，突破了现有滴灌系统在低压下难以实现高灌水均匀度的技术难题，与常压滴灌系统相比，提高灌水均匀度 8%～10%和灌溉水利用率 10%，减少一次性投资 8%以上，降低系统能耗 16.8%。针对由地形起伏较大引起的压力变异大、出流不均等状况，以压力补偿式灌水器的研发应用为核心，结合复杂地形下管网优化布局技术，构建起具有低压启动、宽幅压力调节特点的压力补偿式滴灌技术集成应用模式，有效解决了复杂地形条件下现有滴灌系统灌水均匀度低和投资大的难题，适应地形高差变化由 10～35m 扩大到 4～45m，显著提升了对复杂地形的适应程度，减少工程投资 25%，灌水均匀度达到 97%以上。上述技术模式依托国家科技支撑计划项目“大型灌区节水技术及设备研究与示范”等的实施，在华北粮食主产区开展规模化应用，取得良好的节水增产效益。

（二）东北节水增粮灌溉模式

在东北粮食主产区，围绕水稻、玉米两种主导作物，创新了东北粮食主产区水田、旱田的主要作物耗水协同调控技术集成应用模式。构建了以高效耗水耦合调控、高效节水灌溉方式、生态标准化灌排工程、多水源优化调配等为关键技术的规模化水田生态高效节水灌溉技术集成应用模式，建立了以适水栽培、灌溉制度优化、多功能喷滴灌、智能水管理等为关键技术的集约化旱田绿色高效节水灌溉技术集成应用模式。依托国家重点研发计划项目“东北粮食主产区高效节水灌溉技术与集成应用”的实施，上述技术模式示范应用2万余亩，成果辐射面积近1800万多亩，实现作物水分利用效率提高15%以上，灌溉效率提高10%以上，促进了东北粮食主产区农田高效节水灌溉的标准化和模式化。

（三）西北节水增效灌溉模式

在西北干旱区，针对干旱缺水与生态环境脆弱并存、农业用水浪费严重、作物水分利用效率较低的状况，以区域主要粮油作物和特色经济作物为对象，集成创新了灌溉节水和降水资源利用技术，建立了基于土壤水分消耗与补给相平衡的黄土高原特色经济林综合节水技术模式。针对河套灌区盐渍化问题，提出了地面畦沟灌、膜下滴灌及地表水与地下水联合灌溉技术模式。针对高含沙水的特征，构建了适用于喷、微灌的复杂水质综合净化处理技术模式。针对极端干旱的南疆绿洲区，集成了作物生理、化学、工程、管理调控措施，耦合水、盐、热关系，构建了“节水、增效、优质”的典型经济作物水肥高效利用技术模式，为西北典型农区提供了具有针对性的技术措施和节水灌溉综合技术解决方案。依托国家重点研发计划项目“西北典型农区高效节水灌溉技术与集成应用”的实施，在陕北黄土高原、甘肃内陆河区、宁夏扬水灌区、南疆绿洲灌区和内蒙古河套灌区建立了5个上述技术模式试验示范区2500亩，辐射推广面积20 000亩以上，作物水分利用效率提高15%。

（四）长江中下游节水减污模式

研究创建了基于能量守恒定律并考虑流量变化及自净作用的生态型排水沟系统水质模拟模型，定量表征了多情景配水模式下不同灌溉子单元的水分利用效率、水分生产率和氮磷污染物迁移通量。研发了水旱轮作农田控制排水-净化复合装置，其兼具水旱轮作下农田排水沟的水位动态调控与污染物净化处理一体化的排水控制功能，氮、磷污染物去除率分别提高33%和18%。构建了“多时空动态感知需水+有限水量优化配置+渠道闸群联调联控+稻田水肥一体化负水位调控灌溉”的水稻灌区节水减污增效用水调控模式。

（五）西南山丘区清洁能源节水灌溉技术应用模式

在西南山丘区，结合典型山丘区的自然地理特点，将清洁能源、节水灌溉、农业生产条件有机结合，通过集成风力气压扬水机和高均匀性低压滴灌系统的核心技术成果，采取“下蓄—风力提水—上蓄—自压灌溉（包含滴灌和喷灌等灌水方式）”模式，构建了山丘区清洁能源节水灌溉技术应用模式，有效解决了山丘区灌溉动力和灌溉手段缺乏的问题。依托水利部科技推广计划项目“山丘区清洁能源节水灌溉模式的推广应用”的实施，在典型山丘区开展了近5年上述技术模式的推广应用，推广面积达5万多亩，取得了显著的经济、社会和环境效益。

第三节　旱作农业技术与模式发展

干旱缺水困扰全球农业发展。因缺水和灌溉成本上升，全球 14.4 亿 hm^2 耕地中，以降水利用为核心的旱作耕地约占 84%。我国旱区耕地占总面积的 53%，是棉花、油料及水果等农产品的主产区，但仅生产了全国 43%的粮食，其中 70%左右的生态脆弱区战略地位举足轻重。发展现代旱地农业既是缓解水资源短缺、保障国家粮食安全、消除贫困和保护生态环境的重大战略，也是国际社会共同面对的科学难题。

经过 30 多年的协同攻关，我国系统揭示了旱地农业的若干重大基础规律，突破了集雨、蓄水、保墒、提效等旱作农业共性关键技术，形成了旱地抗旱适水技术体系，集成创建了半湿润偏旱、半干旱、半干旱偏旱和西南季节性干旱等不同类型区综合技术体系与典型模式，区域降水利用率提高了 10 个百分点，作物水分利用效率提高了 1 倍，实现了粮食总产、农民收入和可持续发展水平同步提高。

一、旱地集雨技术

运用垄沟覆盖技术（全膜双垄沟播技术）、微地形技术、集雨窖技术，开展旱地玉米和小麦的集雨技术开发、示范和推广应用，可为旱地农业大幅提高单产奠定基础。

（一）垄沟覆盖技术

垄沟覆盖技术集覆盖抑蒸、垄沟集雨、垄沟种植技术于一体，实现了保墒蓄墒、就地入渗和雨水富集的效果。采用垄膜沟植营造集雨面和蓄水沟，将降水有效转化为土壤水，渗入作物根部，大大提高了天然降水的利用率。综合考虑集雨效率和产量因素，垄膜集雨面（比例）随降水量减少而增大，半湿润偏旱、半干旱和半干旱偏旱区春玉米适宜垄沟宽幅比分别为 60cm∶60cm、60cm∶40cm 和 70cm∶70cm。垄膜沟植集雨丰产技术显著改善了沟区耕层水分状况，春玉米、谷子和马铃薯等作物在正常降雨年增产 30%～60%，在少雨年增产 1 倍左右。半湿润偏旱区以新型起垄覆膜机为基础，研制出一次作业完成起垄、覆膜、播种的春玉米机械化集雨保墒高效轻简技术，降水利用率和水分利用效率分别为 74.9%和 1.83kg/(mm·亩)，沟川旱地平均亩产达 939.0kg。同时，秋覆膜和顶凌覆膜避免了秋冬早春休闲期土壤水分的无效蒸发，又减轻了风蚀和水蚀，保墒增墒效果显著。全地面覆盖地膜和大小垄相间的种植方式，增大了地表表面积，增加了土壤的太阳辐射能，基本切断了水分向空气的气化消耗，从而阻止了太阳辐射能随水汽的散失，因此可以显著地提高土壤温度，增加积温，扩大中晚熟品种的种植区域。此外，膜边重叠平压在宽垄上要比常规平铺覆盖更容易清理残膜，从而减少土壤污染，有效减少水土流失，有利于保持土壤环境。

在辽宁阜新，基于长期定位监测数据，建立了风蚀量与垄底宽度、起垄高度的回归模型，确定垄底宽度为 24cm、起垄高度为 11cm、垄沟宽幅比为 2.13 时，风蚀量最小，具有防蚀、增产和便于机械作业的效果，玉米水分利用效率提高（表 12-4）。

表 12-4 防蚀型地表构建的玉米水分利用效率 [kg/(mm·亩)]

处理	垄沟宽幅比	2017 年	2018 年	平均	增加（%）
防蚀型地表构建	1∶2	2.119±0.152*	1.464±0.039*	1.792±0.463*	18.2
防蚀型地表构建	1∶4	1.984±0.323*	1.365±0.066	1.675±0.438*	10.5
CK	—	1.790±0.059	1.242±0.142	1.516±0.387	—

注：*表示不同处理间差异显著，下同

在防蚀型微地形的基础上，建立了垄膜沟植（图 12-16）条件下玉米产量与种植密度和施氮量之间的效应方程及产量与集水面宽度之间的效应方程，确定最优种植密度为4200～4800 株/亩，施氮量为 14.9～22.8kg/亩，集水面宽度为 42cm。

图 12-16 垄膜沟植技术及自主研发的配套机具

（二）微地形技术

农田垄沟集雨种植是集雨农业的一种技术模式，不但能够收集降水所产生的地表径流，还可以降低无效蒸发，增加种植区土壤含水量，同时可以显著降低风蚀，有效减少表面径流和土壤侵蚀，显著提高肥料利用率，是目前我国旱区应用范围较广的一种节水保墒种植技术模式。

通过田间垄沟相间排列，垄上覆膜集雨，沟内种植作物，“沟”与“垄”相互联系、相互作用，共同构成微集雨种植作物水分环境系统，称为垄沟系统，其也是垄沟集雨种植技术特有的内涵和水分调控方式，亦是该技术增加降水生产潜力的关键所在。

垄沟集雨种植技术的水分调控作用如图 12-17 所示，降落在垄面的雨水除了少部分留在垄面外，多数形成径流汇集到沟中，连同沟中降水共同入渗，其主要部分形成下渗流，另有相当可观的一部分形成侧渗流，因为土壤物理因素及作物根系因素，垄下的水分可以形成逆流反补到沟中。棵间土壤蒸发、作物蒸腾及垄面残留雨水蒸发共同构成垄沟集雨种植农田水分的支出；同时，因垄面覆膜，侧渗至垄下的土壤水分蒸发受到抑制。

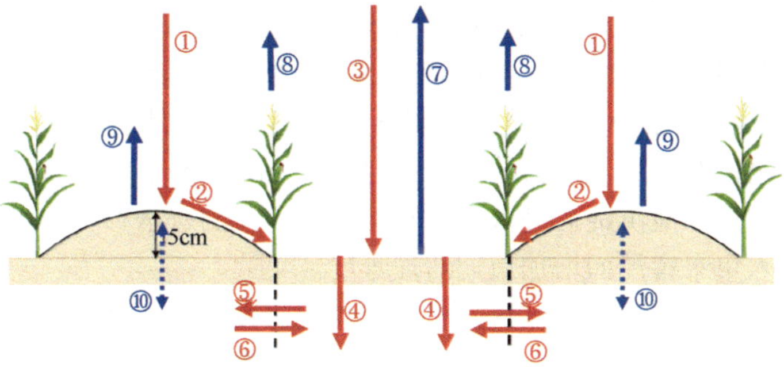

图 12-17 垄沟集雨种植技术的水分调控原理

①降落在垄面的雨水；②垄面形成的径流；③沟中的降水；④沟中形成的下渗流；⑤沟中部分水分向垄的侧渗流；⑥垄下部分水分向沟的侧渗流；⑦棵间土壤蒸发；⑧作物蒸腾；⑨垄面残留雨水蒸发；⑩垄下蒸发受到抑制的土壤水分

在不同的旱作区，农田垄沟集雨种植技术的开发和设计因集水时间、种植模式、覆盖措施、技术组合方式等的不同而呈现多样化的表现形式。近年来各地出现的与农田垄沟集雨栽培有关的技术可作如下分类。

1）按集水时间的不同，可分为休闲期集水保墒技术和作物生育期集水保墒技术。

2）按种植模式的不同，可分为垄沟集雨单作和间作套种技术。

3）按覆盖方式的不同，可分为垄沟半覆盖集雨种植技术、垄沟全覆盖集雨种植技术（即双垄沟）、一元覆盖垄沟集雨种植技术（如“膜盖垄、不盖沟”及“膜盖垄、半盖沟”）和二元覆盖微集水种植技术（如“膜盖垄，秸秆/砂石盖沟”）。

4）按技术组合形式的不同，可分为垄沟集雨种植单一技术和组合技术（如全程地膜覆盖高产栽培技术及覆膜沟穴播集雨增产技术等）。

垄沟集雨种植技术因增温保墒、防病抗虫和抑制杂草等功能使旱地作物增产 20%～50%，带动了北方旱作区农业生产力的显著提高和生产方式的改变，为保障食物安全供给作出了重大贡献。目前垄沟集雨种植逐渐由粮田作物向果蔬生产延伸和扩大，农业生产对地膜的依赖性越来越强，地膜覆盖垄沟集雨种植“装满了米袋子、丰富了菜篮子”，是农业生产的非革命性技术，被称为“白色革命”。以全膜双垄沟集雨种植为例，该技术的应用突破了旱地玉米种植的降水量界限和海拔限制，扩大了种植区域范围与面积，使玉米生育期地温增加 2.4～3.5℃，积温增加 250～300℃，目前垄沟集雨种植玉米仅在甘肃年应用面积就超过 1500 万亩，以占全省 36%的粮食播种面积贡献了粮食增产的 78.2%，已成为旱作农业的重大支持技术，为旱作区粮食生产和种植业结构调整作出了重要贡献。

（三）集雨窖技术

在丘陵山区自然条件差、耕地不集中、不适合建设较大水利设施的地方，通过建设集雨蓄水窖池，可截留降水形成的地面径流，从而用于农业生产。修建集雨窖池蓄水补灌与深松深耕、增施有机肥、覆盖保墒等农艺节水技术组装配套，能提高自然降水利用率，延长作物抗旱时间，并对减轻农民劳动强度、增加作物产量、提高农产品品质起到重要作用。建设好集雨窖池需要做到：①选好窖址，窖池必须选择在地表径流和雨水汇流，且土层比较深厚的地方，并确保窖池的上部有 3330m^2 以上的集雨面积。②开挖窖池，集雨窖池设计为圆柱形，蓄水容积一般不要低于 25m^3，且越大越好。窖底建成锅底形，窖底与窖壁用水泥现浇，厚 10cm 以上。窖池要求不漏水，窖顶要安装安全防护栏。③建设附属设施，包括引水沟与沉沙池。要在窖池上部地表径流来水方向修建通向集水窖池的引水沟，在接近集雨窖池的上方建一个 2m×1m×1m 的沉沙池，引水沟连接沉沙池，雨水经过沉沙池沉淀后进入集雨窖池。沉沙池的进水口与出水口位置要错开，防止泥沙直接冲入集水窖池而增加后期清理难度。

针对近些年我国农村干旱地区日益广泛的水窖建设需求，开发了以环保的高分子增强型聚氯乙烯（enhanced polyvinyl chloride，EPVC）织物涂层材料为膜材、专利设计、无缝接合的雨水集储一体化“软体集雨水窖”。与传统集雨窖（池）相比，软体集雨窖（池）强度高寿命长，密封不蒸发渗漏，耐高温严寒，安装简便快捷；不硬化耕地，不破坏原土地植被体系，可保持原有生态环境；无任何无机污染和有机污染；无土壤污染渗透，无污染物残留；存储水质无绿苔异味，水质透亮安全；使用后无须进行生态修复。在 2017 年 12 月，软体集雨窖水肥一体化技术被农业部遴选为具有前瞻性、引领性的十项农业适用技术之一（图 12-18）。

图 12-18　集雨窖应用实例

二、蓄水技术

针对土壤耕层变浅、土壤水库蓄存能力降低等问题，在东北、华北等地区开展了土壤有机培肥、深松耕、秸秆还田等土壤水库调控技术，形成了东北风沙半干旱区全方位深松、交替间隔深松技术配套，玉米产量较秋季旋耕提高 21.5%～27.6%，玉米水分利用效率提高 0.6～0.8kg/m^3；形成了华北山地丘陵土壤有机培肥技术、深松密植技术、免耕覆盖技术，华北平原玉米深松秸秆还田和“秸秆还田+麦季深松（耕）+玉米季免耕直播”小麦-玉米周年土壤调控技术。西北春玉米秸秆还田秋施肥技术在秋作物收获后将全量秸秆和化肥一次性深耕翻入 30cm 耕层，有效解决了春季施肥与保墒、秸秆腐解和作物争水分养分的矛盾。

从维持提升褐土土壤有机质、促进褐土农田养分均衡化、消除土壤障碍因子（如犁底层）入手，根据旱区不同微域农田水肥供给特征、作物产量目标、上年降水（底墒）

状况，确定施肥培肥方案，同其他优化栽培措施组装配套，区别指导农田水肥管理，创新集成了水肥耦合互效、轻简高效的两种旱地玉米秸秆还田施肥技术模式，即“沟川坝地玉米秸秆粉碎还田秋深施肥技术模式”“垣坪地玉米秸秆冬春覆盖深施肥技术模式”（表 12-5）。

表 12-5 褐土农田“扩容增效”技术模式

技术模式	适宜农田类型	模式内容		科学核心
		关键技术	配套措施	
沟川坝地玉米秸秆粉碎还田秋深施肥技术模式	沟川坝地，水肥充裕	秸秆直接还田 冬前全耕层深施肥 控氮稳磷增钾补微	精选耐密种子 增密壮苗 沟播覆膜 化控防倒	维持和提升土壤有机质 降低硝态氮淋失 集雨增温保墒
垣坪地玉米秸秆冬春覆盖深施肥技术模式	垣坪旱田，春旱严重	秸秆秋冬覆盖春还田 春深耕深施肥 稳氮磷补微钾及速缓氮肥施加结合	精选耐密种子 播前精细整地 宽膜穴播 适度增密	维持和提升土壤有机质 保墒提墒保苗

沟川坝地玉米秸秆粉碎还田秋深施肥（图 12-19）技术模式适于墒情良好、中高肥力的沟川坝地。利用沟川坝地良好的土壤水分条件，以秸秆等有机物料还田来提升褐土有机质；通过在全耕层施肥、速缓氮肥，降低硝态氮淋失，提高肥料利用率；配合精选耐密高产玉米种子、增密防病虫害减少、田间微集雨沟播覆膜保墒增温、化控防倒技术等，合理组装集成。

图 12-19 玉米秸秆粉碎还田秋深施肥现场

应用效果：2016～2018 年，在寿阳县进行旱地玉米秸秆粉碎还田秋深施肥技术模式示范，2016 年寿阳县范村最高亩产达到 1070.7kg，平均亩产 939.0kg，较相邻对照农田亩增产 282.7kg，亩增收 469.3 元；3 年间水分利用效率平均提高了 3.29kg/(mm·hm^2)，硝态氮淋失率降低了 12.1%～25.4%，表观肥料利用率提高了 2.7～4.5 个百分点（表 12-6）。同时，杜绝了玉米秸秆焚烧和废弃现象发生，秸秆还田率在 95%以上，农田耕层加厚到 25～35cm，土壤水肥库容和作物根系容积扩大，降水入渗和保蓄能力增强，玉米抗旱和耐涝抗倒伏能力得到明显提高。

表 12-6 褐土农田“扩容增效”技术体系推广应用效果（2016～2018 年）

示范地点	秸秆还田方式	0～20cm 土壤有机质（g/kg）	0～20cm 土壤孔隙度	2018 年秋季土壤贮水量（mm/m³）	3 年平均水分利用效率 [kg/(mm·hm²)]	2018 年秋季 3m 土体硝态氮累积量（kg/hm²）	冬春季氨挥发量（kg/hm²）	表观肥料利用率（%）	
								N	P_2O_5
范村沟川坝地	不还田	16.24	0.448	646	15.07	1430	6.9	35.1	16.2
	粉碎秋还田	17.79	0.482	703	18.36	1110	7.2	39.6	18.9
禹家寨垣坪旱地	不还田	18.61	0.506	650	12.77	1562	13.1	32.4	12.5
	还田	19.97	0.543	702	16.56	1233	13.6	35.3	15.7

垣坪地玉米秸秆冬春覆盖深施肥技术模式（图 12-19）适应于墒情和肥力中等的垣坪旱地。针对垣坪旱地的水分胁迫，采用秋季秸秆粉碎冬春覆盖保墒，春播前连续快速完成施肥还田整地作业，可有效协调秸秆还田和确保播种质量；全耕层深施缓控释配方肥，避免玉米中后期可能的脱肥和追肥难等问题；配合精选高产玉米种子、适度增加播种密度、抗旱种衣剂、宽膜覆盖等措施，合理组装集成。

应用效果：2016～2018 年，在寿阳县景尚乡禹家寨村垣坪旱地建设了该技术模式 220 亩的玉米高产样板田，秸秆还田率在 80%以上，播前耕层土壤含水量提高 2.3%～5.1%，出苗率达到 94.6%，平均亩产 815.28kg，增产幅度 23.18%，表观肥料利用率提高 3.0～4.9 个百分点。

三、保墒技术

针对北方旱地土壤蒸发严重、玉米苗期低温等问题，研发形成了秸秆覆盖、地膜覆盖、保护性耕作等关键技术。

（一）覆盖技术

1. 秸秆覆盖

秸秆覆盖是指将农业生产中产生的农作物秸秆及残茬覆盖于农田地表，以达到保墒增温的效果，具有抑制土壤蒸发、提高降水保蓄率的重要作用。地表覆盖秸秆后，在土壤表面与大气间形成了一道物理遮蔽层，阻隔了太阳辐射能直接到达地表，削弱了土壤热量向大气散发的程度，抑制了土壤水分外蒸作用，调节了土壤温度。同时，秸秆覆盖改变了土壤表面环境，使地表更加粗糙，减弱了地表径流和雨水对土壤的直接击打，使得土壤结构更加疏松，提高了土壤透水性，增加了雨水下渗量，收集及保蓄了更多的水分供作物生长。此外，农作物秸秆富含有机物质和氮、磷、钾等营养元素，将其覆盖还田，可提高土壤有机质、氮、磷和钾等养分含量，还田后其通过腐解作用释放大量氮素，提高了土壤微生物氮和有机质的含量，使得土壤吸附和固持更多的铵态氮，及时补充了农田因水土流失损失的氮，进而提高了土壤的供氮能力。我国北方旱作区秸秆覆盖可使旱地小麦和玉米分别平均增产 9.6%和 9.4%，水分利用效率分别平均提高 7.7%和 8.0%。不同降水类型区秸秆覆盖效果不同，在年降水量分别为 350～450mm 和 450～550mm 的区域，秸秆覆盖使小麦增产的效果较好，可增产 10.0%以上；玉米则在年降水量为 450～550mm 和小于 450mm 的区域效果最好，产量和水分利用效率分别提高 8%和 10.2%（图 12-20）。

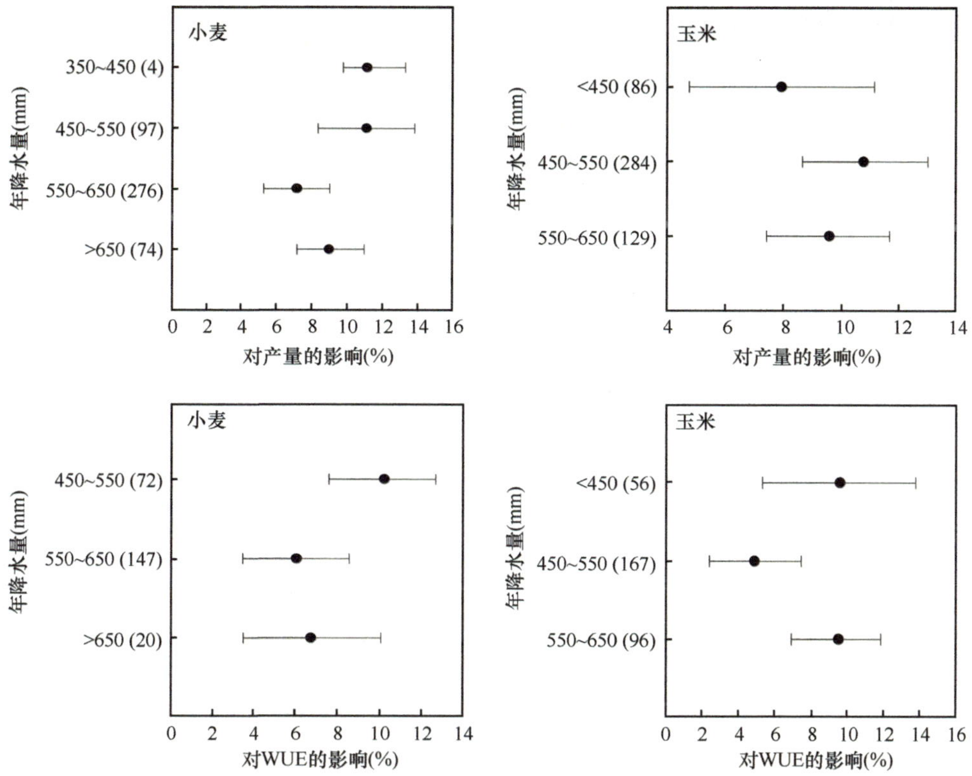

图 12-20　秸秆覆盖对作物产量和 WUE 的影响

括号中的数字为每对处理的样本量，误差线为 95%置信区间

覆盖量是影响秸秆覆盖作用效果的重要因素，不同作物适宜的秸秆覆盖量不同。低量秸秆覆盖对小麦和玉米产量与 WUE 的影响均较小，如在秸秆覆盖量<2500kg/hm^2 的条件下，小麦和玉米产量仅分别提高 1.6%和 3.5%，随着秸秆覆盖量增加，小麦和玉米增产效果显著提高。但过量秸秆覆盖增产效果降低，小麦和玉米适宜的秸秆覆盖量分别为 5000～7500kg/hm^2 和 7500～10 000kg/hm^2，可使小麦和玉米产量分别提高 15.8%和 18.1%。小麦与玉米相比，适宜的覆盖量相对较小，可能是由于覆盖量大对分蘖作物小麦群体质量的负面影响更大。

2. 地膜覆盖

我国北方旱作区面积广阔，不同区域气候条件差异大，作物生长的环境限制因子不同。其中，水分是限制北方旱作区作物生长的重要因子。地膜覆盖是指以农用塑料薄膜覆盖地表的一种措施，具有显著抑制土壤蒸发、改善作物水分状况的作用。由于水分限制程度不同，地膜覆盖在不同降水类型区的作用效果不同，随着区域降水量的增加，其增产节水效果降低。在年降水量≤350mm 的区域地膜覆盖可以使小麦产量和 WUE 分别提高 50.5%和 24.6%，玉米产量和 WUE 分别提高 133.43%和 159.94%；在年降水量为 350～450mm 的区域地膜覆盖仍具有较好的效果，小麦产量和 WUE 能分别提高 42.3%和 31.0%，玉米产量和 WUE 能分别提高 85.2%和 92.3%；但在降水量较高的区域地膜覆盖效果降低，如在年降水量>650mm 的区域小麦和玉米分别增产 17.8%和 21.3%，WUE

分别提高 24.6%和 28.4%（图 12-21）。

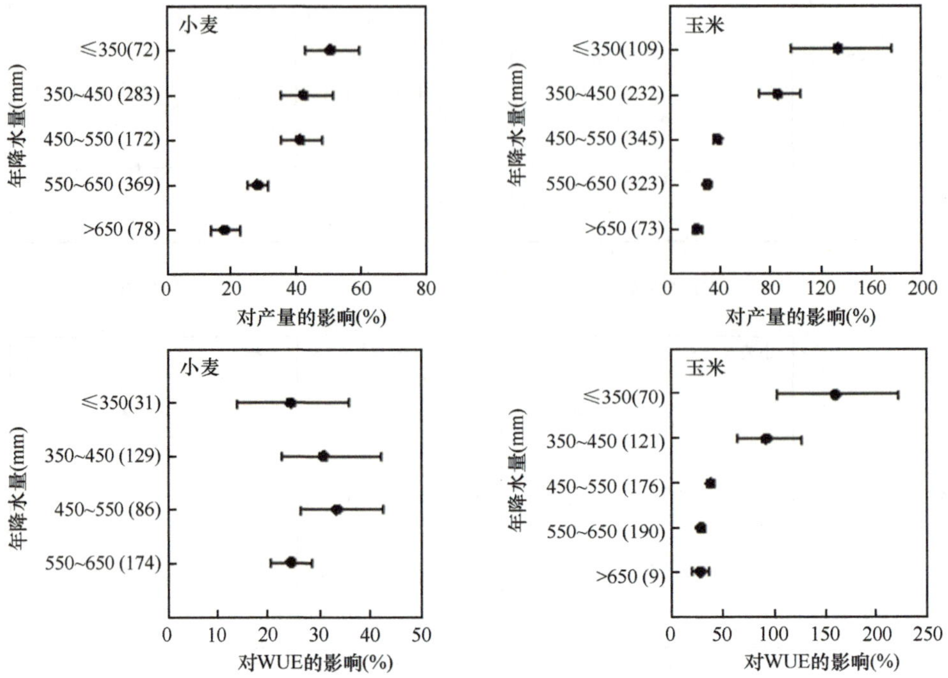

图 12-21　地膜覆盖对作物产量和 WUE 的影响

括号中的数字为每对处理的样本量，误差线为 95%置信区间

地膜覆盖还具有增加土壤温度、协同作物生产发育的功能，尤其是在温度较低的区域。地膜覆盖还扩大了作物种植边界，使我国玉米种植边界往北扩展了 2～3 个纬度。通过分析不同温度条件下地膜覆盖的效果可以看出，地膜覆盖使小麦增产的效果随着年均温度升高而降低，玉米则是年均温度为 5～7℃的区域增产效果更好，在温度更低或更高的区域增产效果降低。除此之外，地膜覆盖还可以改善土壤理化性质、提高土壤肥力、抑制杂草生长、减轻作物病害。

为了进一步明确不同生态类型区地膜覆盖技术对作物产量和水分利用效率的影响，我们对该技术进行了整合分析。总体上看，地膜覆盖可使小麦产量和 WUE 分别提高 35.9%和 28.5%，使玉米产量和 WUE 分别提高 61.4%和 69.5%。

（二）耕作技术

保护性耕作是以机械化作业为主要手段，以水土保持和培肥地力为特点的一种可持续农业技术，通过采取少耕、免耕、地表微地形改造及地表覆盖、合理种植等综合措施，提高地力，减少农田土壤侵蚀。该技术省时省力，具有较高的经济效益，是实现科学种田养田的重要手段。

1. 秋夏年际交替间隔深松技术

以春季旋耕为对照（CK），研究了秋季全方位深松（BS）、秋季连年垄台深松（RS）、初夏连年垄沟中耕深松（FS）和秋夏年际交替间隔深松（AS）4 种深松耕作方式的蓄水与增产效应。将不同耕作处理土壤容重特征表述为：CK 为上虚下实型、BS 为均匀疏松型、RS 为垄虚沟实型、FS 为垄实沟虚型（相对 RS）、AS 为年际疏松交替型。

定位试验证明，该技术（秋夏年际交替间隔深松）能够充分发挥深松及其后效作用，可以在土壤中形成虚实并存的耕层结构，在保留间隔深松优点的同时，实现全方位深松的蓄水和防蚀效果，作物生育期 50cm 土壤贮水量平均增加 17.2mm，作物产量平均增加 17.22%，水分利用效率平均提高 0.18kg/(mm·亩)以上（表 12-7）。

表 12-7 不同耕作方式玉米产量、贮水量和水分利用效率

处理	产量（kg/亩）			贮水量（mm）			水分利用效率[kg/(mm·亩)]		
	2016 年	2017 年	2018 年	2016 年	2017 年	2018 年	2016 年	2017 年	2018 年
CK	631.6d	716.8c	544.8e	459.4a	433.2a	303.2b	1.37d	1.65c	1.80c
BS	767.2b	852.5a	633.1b	444.8d	406.3c	326.0a	1.73b	2.10a	1.94b
RS	715.9c	795.7b	598.8c	455.8b	421.5b	305.8b	1.57c	1.89b	1.96ab
FS	715.1c	784.5b	576.9d	451.8c	413.1b	312.7a	1.58c	1.90b	1.85b
AS	812.5a	840.3a	639.5a	437.1e	416.1b	311.7b	1.86a	2.02a	1.98a

注：不同字母表示不同处理间差异显著（$P<0.05$），下同

2. 少免耕技术

为了分析不同耕作方式对冬小麦产量的影响，在青岛农业大学胶州试验站开展研究，试验设置了 CK、旋耕、免耕、深松、深耕 5 种处理（表 12-8）。结果表明，秸秆还田处理明显增加了灌浆中期的叶绿素含量，其中免耕和深松处理最高，比对照分别高 15.5%和 15.3%。净光合速率、气孔导度、气孔限制值等光合指标各时间段均为深松处理最高，变化曲线都表现为双峰曲线，峰值都出现在上午 11:00 和下午 2:00 左右，其中深松处理的双峰现象最不明显，免耕次之，对照最明显。产量以深松处理最高，免耕次之，二者比对照分别高 18.04%和 10.84%。深松处理主要是增加了小麦的千粒重和穗粒数，从而提高了产量（表 12-9）。在本试验中秸秆全量还田，深松处理能够减缓光合午休现象，具有较高的净光合速率和产量，是试验地区适宜的秸秆还田耕作方式。

表 12-8 试验处理

处理	处理	操作方法
对照	旋耕+秸秆不还田	传统耕作方式，前茬玉米秸秆不还田，旋耕两遍，普通小麦播种机（播种行间距 18cm）播种
旋耕	旋耕+秸秆还田	前茬玉米收获时秸秆粉碎全部还田，旋耕两遍，小麦普通播种机播种
免耕	免耕+秸秆还田	前茬玉米秸秆收获时粉碎全部还田，小麦免耕播种机（播种行间距 25cm，播种深度 8cm 左右，施肥深度 13cm）播种
深松	深松+秸秆还田	前茬玉米秸秆收获时粉碎全部还田，深松一遍，小麦免耕播种机播种，深松深度 40cm
深耕	深耕+秸秆还田	前茬玉米收获时秸秆粉碎全部还田，深耕一遍，旋耕两遍，普通小麦播种机播种

表 12-9　不同耕作方式对旱地小麦产量及其构成因素的影响

处理	出苗率（%）	穗粒数	千粒重（g）	穗数（10^4/hm^2）	产量（kg/hm^2）
CK	61.12a	28.72c	36.17b	773.99b	7913.55c
旋耕	60.75a	30.03bc	36.24b	804.40ab	8742.16b
免耕	44.62b	34.07ab	39.30a	672.57c	8770.99b
深松	39.87b	38.71a	39.51a	580.56d	9341.30a
深耕	60.99a	29.18c	36.13b	829.21a	8743.42b

四、提效技术

（一）生物性节水

小麦是我国灌溉用水量最大的作物。我国大部分小麦产区以种植冬小麦为主，冬小麦生育期内水热不同季。以黄淮麦区为例，小麦生长季内自然降水量不足其需水量的40%，因而农业灌溉用水约70%用于小麦作物。如何在保障高产的前提下有效地减少冬小麦用水是农业节水的最大潜力所在。

节水品种的鉴选技术是生物性节水中的重要研究领域。鉴定节水品种，可为常规的节水育种提供亲本材料，从而为节水关键功能基因的发掘提供物质基础。更重要的是，应用可靠的方法体系与指标鉴选出节水品种后，保证在正常年份和灌溉条件下其高产、节水，在干旱胁迫条件下其稳产、节水，是发展节水农业最经济有效的途径。

长期以来，专家已经提出了多种鉴定评价作物抗旱节水性状的指标，包括表观指标、生理生化指标及相关基因或分子标记，其数量相当庞大。遗憾的是，好多指标因为与产量的相关性不高而难以应用。胁迫期间的生长状况与最终的产量表现并不一致。抗旱性弱的水地品种在干旱胁迫期间表现出较高的光合速率，脯氨酸急剧升高，虽然胁迫期间生物量损失较低，但是最终产量损失较大；而抗旱性强的旱地品种则表现出与之截然相反的趋势。相关机理研究发现，重度干旱胁迫下，这些抗旱性弱的品种大量积累氨基酸和有机酸以维持细胞膨压，进而维持细胞代谢，从而获得较高的生物量；而抗旱性强的品种则积累有益氨基酸和酚酸以增强细胞自我保护，从而减轻干旱损伤，最终产量损失较低。因此，迄今为止，在抗旱节水品种的鉴定中，依然是以产量为核心指标的鉴定方法可靠性最高。

在节水品种鉴选中发现，一些优良的旱地品种不仅在经历重度干旱后产量稳定，在良好的水分条件下也不乏优良的产量表现，证明品种抗旱性和高产潜力是可以兼具的。国际冬小麦改良项目（IWWIP）每年对中亚、西亚和北非的小麦品种进行鉴定，同样发现几个产量最高的旱地品种和水地品种在灌溉条件下产量相当，因此提出专门为旱地选育的优良品种兼具高产潜力。我国目前大部分高产的优良小麦品种为水地品种，通过对这些品种的环境适应性进行改良，可以获得地区适应性强的优良抗旱品种。

随着我国水资源危机日趋加剧，通过抑制气孔导度降低来减少作物蒸腾耗水的技术研究受到关注。然而，研究发现，在正常水分条件下，光合作用对CO_2的需求是植物气孔运动的重要驱动因子。人为设法降低气孔导度，抑制有利于光合作用的气孔蒸腾，就会降低光合效率，也就不可避免地带来产量损失。以色列农学家 Blum 曾提出，众多影响因素中，只有蒸腾量是干旱条件下产量降低的主要驱动因素（但不是唯一因素），干旱条件下能够最大化获取土壤水分用于蒸腾才是最重要的高产育种指标。所以，除受重度水资源危机所迫需要牺牲产量换取节水的特殊情况外，要在保障高产的前提下实现节水，努力的方向不是减少蒸腾耗水量，而是努力提高有利于光合作用的气孔蒸腾量的比例，将在节水方面下的功夫有效地花在改良作物光合效率，减少表皮蒸腾和夜间蒸腾等不参与光合作用的无效蒸腾，以及通过优化群体结构、加强地表覆盖等措施降低土壤无效蒸发方面。而任何试图抑制气孔蒸腾的节水技术固然可以实现节水，但难以实现高产和节水的双重目标。

群体调控途径是生物性节水的另一条有效途径。小麦株型是影响群体结构的重要指标。研究发现，相同群体密度下，叶片平展、株型松散小麦品种形成的群体，与叶片直立、株型紧凑品种相比，不仅因为有更好的遮蔽效应可减少地表蒸发，而且形成的冠层小气候利于群体的蒸腾节水。因为在相同水平的叶片气孔开度下，水分子经气孔蒸腾扩散的速率受冠层小气候影响。因此改良冬小麦的株型，结合适宜的种植密度与种植模式，建立合理的群体结构，不仅是提高群体产量的有效途径，也是实现群体节水的重要途径。

（二）东北风沙区谷子花生间作模式

在东北风沙区谷子花生间作模式中，土地当量比（LER）变化范围为 1.15～1.19，水分当量比（WER）变化范围为 1.17～1.22（表 12-10 和表 12-11），由此说明谷子花生间作能够显著提高土地利用效率和水分利用效率，使农田生产力提高 15%～19%，水分利用效率提高 17%～22%。

表 12-10　不同间作模式土地当量比

年份	间作模式	LERA	LERB	LER
2015	2P2M	0.43 ± 0.05	0.73 ± 0.04	1.16 ± 0.07
2016	2P2M	0.45 ± 0.05	0.72 ± 0.04	1.17 ± 0.06
	4P2M	0.66 ± 0.02	0.50 ± 0.05	1.16 ± 0.07
2017	2P2M	0.43 ± 0.05	0.76 ± 0.03	1.19 ± 0.07
	4P2M	0.64 ± 0.06	0.51 ± 0.04	1.15 ± 0.05

注：P 代表花生，M 代表玉米，字母前面的数字代表行数；下同

表 12-11　不同间作模式水分利用效率

年份	间作模式	ΔWU（%）	WERA	WERB	WER
2015	2P2M	0.45 ± 2.48a	0.40 ± 0.02a	0.77 ± 0.04a	1.17 ± 0.06a
2016	2P2M	0.36 ± 3.54a	0.39 ± 0.03b	0.81 ± 0.08a	1.21 ± 0.11a
	4P2M	−0.80 ± 2.67a	0.65 ± 0.05a	0.53 ± 0.09b	1.18 ± 0.08a
2017	2P2M	−0.59 ± 2.42a	0.41 ± 0.04b	0.81 ± 0.02a	1.22 ± 0.09a
	4P2M	−2.35 ± 4.10a	0.64 ± 0.11a	0.55 ± 0.06b	1.19 ± 0.08a

如表 12-12 所示，对比玉米（LERm）和花生（LERp）的土地当量比，LERm 均大于 LERp，说明在玉米花生间作条件下玉米呈间作优势，花生呈间作劣势。对比不同间作种植模式，随着玉米间作条带宽度的增加，玉米产量呈现下降趋势，LERm 值逐渐下

降，说明玉米的间作优势随着间作条带宽度增加而降低。相反，花生随着间作条带宽度的增加，产量呈现增加趋势，LERp 值逐渐增加，说明花生的间作劣势随着间作条带宽度增加而缓解。玉米花生间作的土地当量比（LER）均大于 1，说明该模式能够提高土地利用效率和农田生产能力，几种间作模式中 M4P4 的 LER 值最大，说明玉米和花生的间作比例为 4 垄∶4 垄时生产力最高，最为适宜，土地当量比为 1.11～1.15。

表 12-12 不同间作群体作物产量和土地当量比

年份	处理	产量		土壤当量比		
		玉米	花生	LERm	LERp	LER
2015	M2P2	667.2b	77.9d	0.80a	0.28b	1.08a
	M4P4	646.0b	99.4cd	0.78a	0.35ab	1.13a
	M6P6	553.7c	122.2bc	0.67ab	0.43ab	1.10a
	M8P8	505.3d	138.0b	0.61b	0.49a	1.10a
	玉米单作	830.1a	—	—	—	—
	花生单作	—	281.2a	—	—	—
	SE	38.3	19.2	0.03	0.03	0.03
2016	M2P2	718.6b	63.1c	0.74a	0.30b	1.04b
	M4P4	665.5c	89.2	0.68a	0.43a	1.11a
	M6P6	593.7d	93.5	0.61ab	0.45a	1.06b
	M8P8	532.9d	101.7b	0.55b	0.49a	1.03ab
	玉米单作	973.5a	—	—	—	—
	花生单作	—	208.6a	—	—	—
	SE	49.5	21.4	0.04	0.03	0.04
2017	M2P2	684.8b	51.6b	0.86a	0.24	1.10b
	M4P4	672.6c	67.0b	0.84ab	0.31	1.15a
	M6P6	603.8c	78.7b	0.76ab	0.37	1.12ab
	M8P8	542.9c	88.3b	0.68b	0.41	1.09b
	玉米单作	798.7a	—	—	—	—
	花生单作	—	215.3a	—	—	—
	SE	35.4	20.0	0.03	0.02	0.02
平均	M2P2	690.2b	64.2d	0.80a	0.27c	1.07b
	M4P4	661.4b	85.2c	0.76ab	0.36b	1.12ab
	M6P6	583.8c	98.1bc	0.67b	0.42ab	1.09ab
	M8P8	527.0d	109.3b	0.61b	0.47a	1.07b
	玉米单作	867.4a	—	—	—	—
	花生单作	—	218.4a	—	—	—
	SE	38.4	19.9	0.03	0.03	0.02
	处理	0.000	0.000	0.001	0.001	0.793
	年份	0.135	0.003	0.499	0.095	0.257
	处理×年份	0.394	0.276	0.691	0.231	0.416

（三）华北山丘区玉米甘蓝、玉米大豆、谷子大豆间作模式

在华北山地丘陵区进行了玉米甘蓝间作模式（图 12-22）试验研究，具体模式是玉米∶甘蓝（行比）=2∶4；玉米大行距 130cm、小行距 30cm、株距 25cm，甘蓝行距 30cm、株距 40cm。间作玉米带光截获量是相对应甘蓝带的 1.20～1.44 倍。如表 12-13 所示，间作玉米带产量为 5625kg/hm^2，水分利用效率为 11.7kg/(mm·hm^2)，以 1.8 元/kg 单价计，产值 10 125 元/hm^2；甘蓝产量为 34 180kg/hm^2，水分利用效率为 119.1kg/(mm·hm^2)，以 0.7 元/kg 单价计，产值 23 926 元/hm^2，折合模式总产值 34 051 元/hm^2。而单作玉米的产量为 14 130kg/hm^2，产值为 25 434 元/hm^2。故玉米甘蓝间作模式的水分利用效率当量比达到 1.16，产值比玉米单作提高 33.9%。

图 12-22　玉米甘蓝间作模式

表 12-13　玉米和甘蓝耗水量、产量、产值和水分利用效率

处理	产量（kg/hm^2）		总产值（元/hm^2）	土地当量比	耗水量（mm）		WUE[kg/(mm·hm^2)]		水分利用效率当量比
	玉米	甘蓝			玉米	甘蓝	玉米	甘蓝	
2∶4	5625	34 180	34 051	1.12	481.0	374.1	11.7	91.4	1.16
甘蓝	—	47 852	33 496	1.00	—	401.9	—	119.1	1.00
玉米	14 130	—	25 434	1.00	472.0	—	29.9	—	1.00

华北山丘区采用玉米大豆间作可显著提高冠层光截获，玉米带光截获量是相对应大豆带的 1.44 倍。玉米和大豆以 4∶4 间作的水分利用效率当量比达到 1.13，产值比大豆单作提高 36.1%。

五、节水抗旱制剂

开发新型节水抗旱制剂，提高土壤肥力和抗旱能力，增加作物产量，是旱区节水农业需要研究的重要问题。外源施用植物抗旱生长调节制剂具有减少蒸腾散失、提高根系活力、减缓土壤水分消耗等功能，进而增强作物的抗旱能力。抗旱制剂可用来抗御长年存在的旱灾，在中国干旱、半干旱地区的推广应用均显示实用、有效。抗旱制剂首先是促进作物根系的发育，增强作物根系的吸水、吸肥能力，尤其是吸收土壤深层的水分和

养分；其次是减小叶片的气孔开张度，增加气孔阻力，抑制叶面蒸腾，从而减少叶层水分散失，保持植株体内水分；再次是补充作物营养；最后是通过抑制或增强作物的生理生化过程（光合作用等）来增强作物的抗旱性。

近年来，在作物生产上研究应用较多的抗旱制剂包括旱地龙（FA）、保水剂、生根粉、MOC 抗旱剂、MFB 多功能抗旱剂等。旱地龙含有植物所需的多种营养元素、氨基酸和多种生物活性物质，能有效地降低植物叶片气孔开张度，减少植物水分散失，提高根系活力，促进根系发育，从而调节作物生长发育。保水剂又称吸水性树脂或高吸水性高分子，可以吸收并保留大量水分，通过缓慢释放水分满足作物生长需要，从而增强土壤保水性能、改良土壤结构、减少水的深层渗漏和土壤养分流失、提高水分利用效率。生根粉是一种植物生长调节剂，可以促进植物内源生长素合成，促进植物生根发芽，增强植物抗逆性和根系稳定性，从而提高植物成活率，适用于植物生长的各个阶段。MOC 抗旱剂具有经济、无毒、适用广泛等特点，能够抑制蒸腾、补充营养、促根壮苗、调节植物部分生理生化过程。MFB 多功能抗旱剂是采用天然甜菜碱制成的一种抗旱剂，能够改善作物内部代谢，提高含水量，维持绿叶功能期，促进籽粒灌浆，使用过程中可以明显提高作物耐旱性和产量。

不同地区不同作物施用的抗旱制剂种类、用量具有差异。生物质类抗旱制剂的吸水率大于 100%，释水效率大于 85%，添加磷钾肥类的保水剂可持续释水能力提高 10～20 倍，新型蒸腾抑制剂的蒸腾抑制率在 35%以上。玉米苗期施用不同种类和用量抗旱制剂的研究结果表明，2,4-芸苔素内酯（EBR）、氯化钙、混合微量元素最佳浓度分别为 0.15mg/L、20mmol/L 和 160mg/L；不同用量可提高玉米出苗率 4.01%～8.70%、玉米苗期株高 0.85%～8.39%、苗期整齐度 33.45%～41.22%。选择不同浓度抗旱制剂（富里酸、氯化胆碱和烯效唑）在樱椒上进行抗旱效果测试，3 种抗旱剂均提高了樱椒的保水能力，叶片相对含水量显著增加，叶片萎蔫比例和脱落叶片数显著降低；300mg/L 富里酸、500mg/L 氯化胆碱和 20mg/L 烯效唑为最适施用浓度。

在施用抗旱制剂时要注意：抗旱制剂不是生水剂，在干旱季节应配合灌溉使用，特别极端干旱年份且无灌溉条件时应减少其用量；豆科作物在施用保水剂时建议减少 10%的氮肥用量；抗旱制剂在轻度盐渍化土地上使用要适当增加用量，建议为常规种植用量的 1.5 倍；叶面喷施与灌根等不同喷施方式间抗旱制剂用量存在差异。

六、旱作农业抗旱适水模式

我国旱作农业区包括半湿润偏旱、半干旱、半干旱偏旱及西南季节性干旱等主要类型，干旱缺水加剧和农业用水负增长态势下，旱作农业的战略地位上升，粮食增产、农民增收和生态保护需求进一步增强。目前已系统集成了与主要类型区降水特点相吻合的旱作农业综合技术体系，建立了主要类型区典型模式（表 12-14），实现了核心技术与配套技术的有机结合。确立了“降水高效利用增粮、生物多样性利用提效、资源循环利用增益”的旱作区综合治理策略，即针对主要类型区降水特点，利用“集、蓄、保、提”等关键技术提高粮食单产和总产，利用作物及品种多样性和适雨立体栽培技术，提高种植业效益，结合秸秆等资源循环利用增益，集成创建了农林牧综合、农林复合、农牧结合及集雨补灌等旱作农业综合技术体系和模式，同步提高了区域降水利用率、水分利用效率和效益，实现农业稳产增效、农民增收和生态文明。

表 12-14 主要类型区旱作农业技术体系和模式

项目		半干旱偏旱区	半干旱区	半湿润偏旱区	季节性干旱区
80%保证率年降水（mm）		200～250	250～400	400～500	春夏旱频率 90%
技术体系与模式		农牧结合	农林复合	农林牧综合	集雨补灌
核心技术		粮经饲间作轮作 等高集雨种植	垄作秋覆膜 林粮经间作	垄膜沟植集雨 秸秆还田秋施肥 培肥聚墒丰产	垄播沟覆集雨 集雨补灌
配套技术		短季耐寒耐旱品种 地膜覆盖 粮草轮作 带状留茬生物篱	高光效耐旱品种 中耕深松 抗旱坐水种 残茬覆盖	抗旱丰产品种 高留茬全程覆盖 秸秆饲料 粮经、粮果间作	耐瘠抗旱品种 麦（油）—玉/薯 经济植物篱 三池配套
试验区实施效果	降水利用率（%）	实施前：62 实施后：72	实施前：58 实施后：70	实施前：60 实施后：71	实施前：47 实施后：58
	水分利用效率 [kg/(mm·亩)]	实施前：0.57 实施后：1.15	实施前：0.87 实施后：1.61	实施前：0.66 实施后：1.43	实施前：0.56 实施后：1.20
	粮食增产幅度（%）	单产：15.5 总产：8.8	单产：193.1 总产：182.5	单产：86.0 总产：83.6	亩增产：62kg
	收入年增长率（%）	10.8	16.6	12.2	亩增益：83 元
	生态效益	侵蚀减少 40%	林木覆盖率由 21%提高到 32%	秸秆还田率由 31%提高到 65%	径流减少 67%

（一）半湿润偏旱区稳粮增效循环农林牧综合技术体系与模式

半湿润偏旱区是中国的主要麦区和商品粮基地，主要包括陕西中部、山西、河南西部等干燥系数在 1.3～1.6 的区域，年降水量为 500～600mm，降水量年际间变化大且分布不匀，农作物生长过程中常会受到干旱胁迫。以秋雨春用和抑制秋冬季地表蒸发稳粮、立体高效种植增效、秸秆循环利用增收为重点，集成应用抗旱丰产作物品种、秸秆还田秋施肥、机械化集雨保墒、高留茬少耕全程覆盖等技术提高春玉米、冬小麦等作物单产和稳定粮食总产，通过玉米（谷子）‖大豆（甘蓝）、冬小麦‖苹果等适雨立体栽培技术发展经济作物，增加种植业效益，利用秸秆饲料技术发展草食畜和畜粪还田，实现了粮食稳产、农业增效和循环增收。此外，实施抗旱作物品种、地表覆盖栽培和节水抗旱制剂等工程措施与生物措施相结合的农业节水技术，合理、有效地利用有限的环境水资源和最大限度地提高作物本身的用水效率，是我国半湿润偏旱区农业可持续发展的重要途径之一。

对山西寿阳旱地试验区进行案例研究，获得了山西试验区在 2015 年随机水文年型条件下冬小麦、春玉米、高粱、大豆、马铃薯 5 种主要粮食作物的最优种植面积、产量及作物耗水总量。由图 12-23 可以看出，2015 年该地区的作物优化种植结构与优化调整前相比的变化是：考虑产量和经济效益，应适当减少大豆种植面积 4.6 个百分点；由于小麦是高耗水作物，且产量和经济效益一般，因此种植面积应满足作物最低用水的要求，降低

7.2 个百分点；相应可替代种植春玉米、高粱和马铃薯，可使系统水分利用效益从 2.97 元/(mm·亩)增加到 3.24 元/(mm·亩)，提高 9.1%，使产量、经济效益、作物耗水得到协调统一，有利于提高农业综合效益，并且该种植结构具有应变性和稳定性。

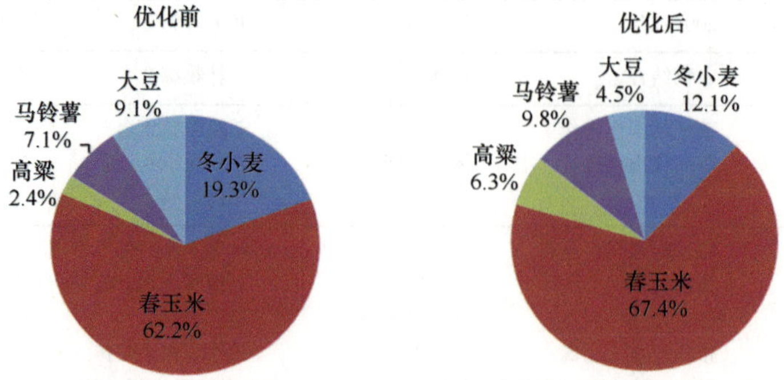

图 12-23　山西寿阳试验区适水种植优化前后种植比例变化

（二）半干旱区增粮提效防蚀农林复合技术体系与模式

半干旱地区降雨少，蒸发大，降雨周年分配不均，年降水量为 300～400mm，60%集中在 7～9 月，蒸发量达 1800～2500mm。以玉米 ‖ 花生、谷子 ‖ 花生和农林复合种植为核心技术，集成了间作比例优化、品种选择、种植方式与密度、整地与施肥、残茬立秆越冬等配套技术，实现了防风蚀与资源高效利用（图 12-24）。以抑制秋冬春裸地失墒增粮、林粮经间作提效、经济林防风保土增益为重点，集成应用抗旱作物品种、垄作秋覆膜、施培肥、深中耕等技术提高玉米和花生等作物产量，通过优化仁用杏 ‖ 玉米 ‖ 花生等作物配置结构提高用水效率和效益，结合仁用杏等经济林带防风护土，实现了粮食增长、经济效益提高和生态改善。

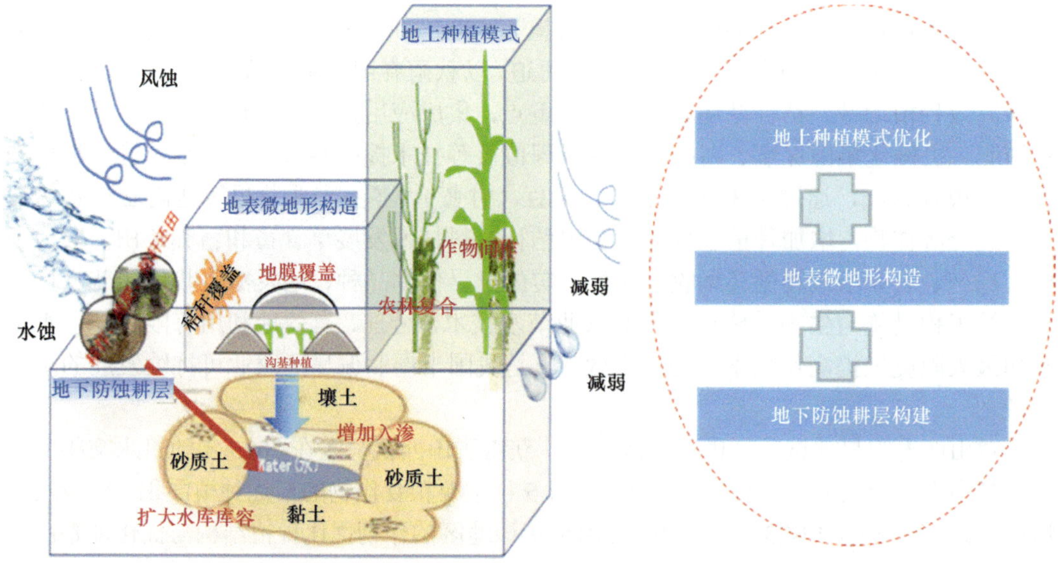

图 12-24　半干旱区增粮提效防蚀林粮复合技术与模式

（三）半干旱偏旱区防蚀稳产增益农牧结合技术体系与模式

半干旱偏旱区广大的旱平地无径流源可利用，需采用农田内径流农业栽培技术，即采取工程或农艺手段实现自然降水在地表的二次分配和空间聚集，以等高田集雨稳产、粮经饲带状间作轮作提效、生物篱防蚀增益为重点，按集雨等高田合理配置莜麦‖箭豆（苜蓿）、莜麦‖马铃薯、油菜（向日葵）‖马铃薯等留茬间作和轮作，以麦类或油料作物收获后的留茬带保护裸露带，实现了粮食稳产、农业增效和减少了水土流失，促进了“为牧而农、以农促牧”的农牧业综合发展，创建了防蚀型地表构建技术。基于长期定位监测数据，建立了风蚀量与垄底宽度、起垄高度的回归模型，确定垄底宽度为24cm、起垄高度为11cm、沟垄宽幅比为2.13时，风蚀量最小，具有防蚀、增产和便于机械作业的效果（图12-25），玉米水分利用效率提高0.27kg/(mm·亩)。

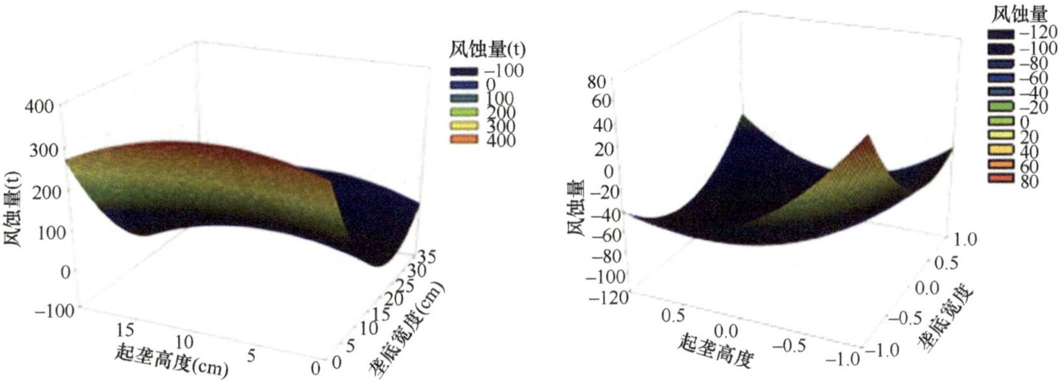

图12-25　防蚀型地表构建交互效果图

（四）季节性干旱区增产增效集雨补灌技术体系与模式

农业气候资源的时空分布格局受到气候变化影响而发生显著改变，降水资源和热量资源时空分布差异明显，因气候变化引起的季节性干旱加剧了农业生产的不稳定性，严重制约着农业生产潜力的发挥。因此，在雨季适时搜集储存降水资源并在旱季有效进行灌溉的集雨补灌技术成为解决季节性干旱首选的工程节水措施之一。以坡耕地垄作聚水和集雨补灌增粮、复种间作套种提效、经济植物篱增益为重点，研制集成了垄播沟覆培肥集雨保墒技术（即改小麦或油菜平作为垄作，改甘薯栽前作垄为利用小麦垄免耕栽插，改玉米平作为沟植，改秸秆地表覆盖为整秆沟底覆盖填埋），并选用耐瘠抗旱玉米、小麦、薯类、大豆和短季饲草等品种（图12-26），在坡面农田构建“麦（油）—玉/薯”复种和秋冬间套作多熟种植模式，在坡坎种植多年生饲草和果树等经济植物篱，同步建设“三池”配套就地集雨补灌工程，实现了增产增效。根据作物的需水规律，合理采用调亏灌溉和分根交替灌溉等方法是提高作物抗性及水分利用效率的有效途径。

图 12-26　旱池和雨养条件旱地小麦节水丰产品种的筛选

第四节　地膜覆盖技术与产品

地膜作为一种农业生产资料，在全球得到了广泛应用，据 FAO（2021）统计，全球每年地膜用量大概在 540 万 t，主要集中在亚太地区和欧洲。中国是世界上地膜用量最多、覆盖面积最大的国家，在过去 20 多年，地膜用量一直处于稳定增长中，最高年用量接近 150 万 t，占全球地膜使用总量的 70%以上（图 12-27），农作物覆盖面积近 3 亿亩（严昌荣等，2021），大幅度提高了作物水分利用效率和作物产量，为保障我国农产品安全作出了巨大贡献。

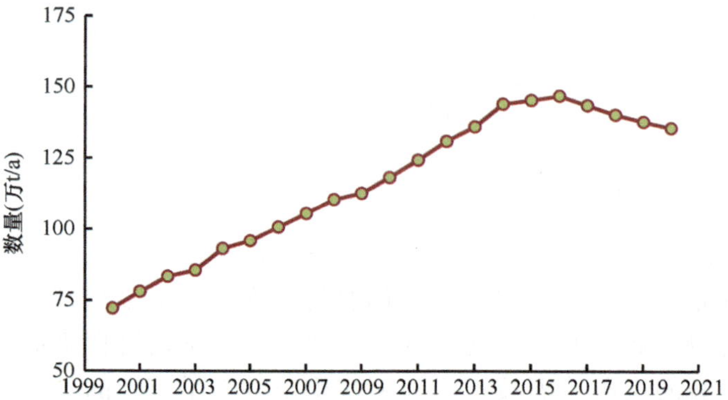

图 12-27　2000 年以来中国地膜年用量变化情况（张金瑞等，2022）

一、地膜覆盖技术的演进

自 1978 年我国从日本引进地膜覆盖技术，到现在已经走过风风雨雨 40 多年，根据技术研发应用特点，中国地膜覆盖技术的发展分为 4 个阶段。

（一）引进试验阶段（1979～1984 年）

20 世纪 70 年代末，我国从日本引进地膜覆盖技术，我们除了向发达国家学习、引进相关产品和技术外，还开始了地膜产品的研发，并于 1981 年在湖南长沙和辽宁大连相关塑料厂研发出 0.015～0.020mm 的地膜产品，同时在全国多个地区和不同作物上开始小规模应用及进行模式研究。国家相关部委为推动地膜覆盖技术的应用开展了大量相关工作，并于 1984 年成立中国农用塑料应用技术学会。

（二）技术完善阶段（1985～1992 年）

随着地膜覆盖技术良好效益的显现，地膜产品及相关应用技术的发展得到极大推动。在地膜产品制造方面，特别是随着材料科学、制造工艺的进步，地膜产品逐渐实现薄型化、规模化和高效率的技术完善。在地膜应用方面，应用作物从最初的蔬菜类逐渐扩大到经济作物，高效便捷小型覆膜机具研发生产取得实质性突破。标志性的事件是聚乙烯地膜产品和应用技术获得国家科学技术进步奖一等奖，《聚乙烯吹塑农用地面覆盖薄膜》（GB 13735—1992）国家标准颁布，基本解决了农业生产对地膜产品性能需求与成本高等方面的问题，形成了具有大规模应用潜力的种植模式。

（三）技术应用阶段（1993～2012 年）

地面覆盖技术经过近 15 年的引进、吸收、改进和完善，在地膜产品质量、性价比、适合的应用作物、模式和配套机具方面都逐渐发展得十分成熟。主要表现在地膜企业生产工艺得到优化，能稳定生产农业生产需要的各种颜色、厚度的地膜产品，价格已经下降为发达国家同类产品的 1/3；与区域和农作物相适应的种植模式得到进一步完善，包括垄覆沟种、全膜双垄种植、覆膜平作、半膜覆盖等；覆盖作物从原有的蔬菜、经济作物扩大到玉米、马铃薯、杂粮等大田作物，并突破了规模化种植所需要的多功能覆膜播种等作业机具。标志性的事件是棉花地膜覆盖播种一体化作业机具获得国家科学技术进步奖一等奖，解决了地膜大规模应用中铺设速度慢、成本高的关键瓶颈。

（四）技术升级阶段（2013 年至今）

通过过去 30 多年的研究和应用，地膜覆盖技术成为农业生产关键技术，为保障我国农业生产发挥了重大作用。与此同时，长时间大规模的地膜覆盖技术应用造成的残留污染问题日益严重，受到社会各界的广泛关注。为此，在地膜产品方面，新型功能地膜、生物降解地膜、具有高回收性的加厚地膜受到重视；一体化的智能化覆膜作业机具和回收机具的研发、推广应用受到国家重点支持。标志性的事件是地膜国标进行了修订（GB 13735—2017），强化了地膜可回收性，颁布了生物降解地膜产品的国家标准（GB/T 35795—2017）；国家有关部委组织了全国性的生物降解地膜产品试验评价；启动了 2022～2026 年国家地膜科学应用与回收工程项目。

二、地膜覆盖技术的作用与贡献

地膜覆盖是保障我国农产品安全供应的关键举措之一，已经成为我国农业生产不可或缺的关键技术之一，已浸入农业的骨髓，在西北一些地区，没有地膜农民就不知道怎么种地，已经成为一种事实存在。

（一）有效解决了农业低温干旱问题

地膜覆盖技术应用对我国农业生产和农产品安全供给的贡献应该得到充分肯定，如果没有地膜覆盖技术，我们一些农产品肯定会出现短缺，如棉花、蔬菜等，从宏观上来说，已经回不到不用地膜的时代了。

北方地区春季低温干旱是我国农业生产面临的一个巨大挑战，低温干旱影响农作物播种和出苗，在地膜覆盖技术应用之前，部分地区农作物产量低且不稳是一个常态现象，一些高产作物无法正常完成整个生命周期，呈现年年抗旱年年旱的局面。而地膜覆盖技术的增温保墒功能恰恰有效解决了这一问题，如宁夏中南部山区、西南山区，由于热量不足，玉米成熟不了，通过地膜覆盖技术应用，这些地区的玉米种植都实现了高产稳产，产量提高 50%以上，水分利用效率提高 30%以上（Gao et al.，2019；Sun et al.，2020）（图 12-28）。

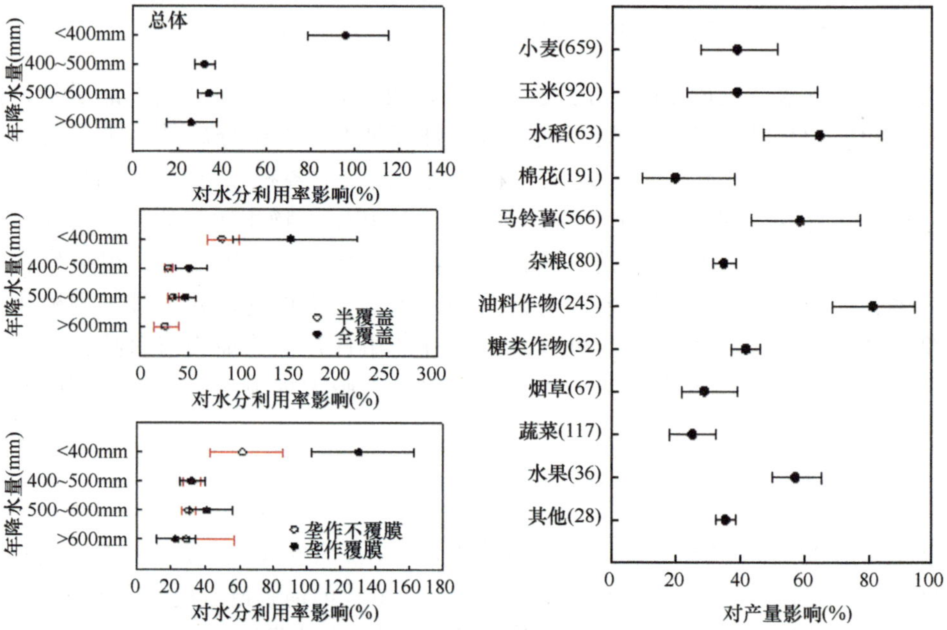

图 12-28 地膜覆盖对地温和作物产量的影响（Sun et al.，2020）

括号中的数字为每对处理的样本量，误差线为 95%置信区间

20 世纪八九十年代，我国棉花种植主要分布在黄河流域和长江流域，二者的播种面积接近全国的 90%。之后由于地膜技术的应用，新疆成为我国的棉花主产区，种植面积占全国 70%以上，产量占 83%。20 世纪 70 年代以来，我国棉花单产一直处于稳定增长状态，其中新疆棉花单产达 135kg/亩左右，长江和黄河流域棉花单产为 75kg/亩左右。从图 12-29 中可以看出，1985 年以前，新疆棉花单产均不到黄河和长江流域棉花单产的 80%，此后新疆棉花单产快速提高，且分别在 1986 年、1996 年出现 2 个快速上升的拐点，是与 80 年代末大规模应用地膜覆盖技术，以及 20 世纪末规模化应用膜下滴灌技术密切联系在一起的，二者是促进新疆棉花单产大幅度跃升的关键技术（丁凡等，2021）。

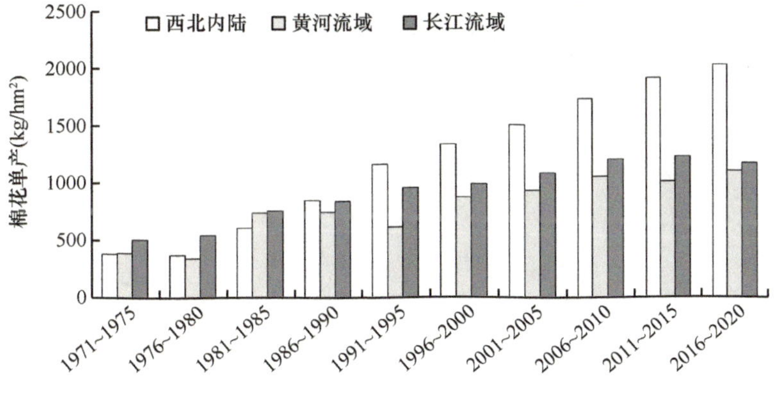

图 12-29 中国三大主要棉区棉花（皮棉）单产变化情况（丁凡等，2021）

（二）一定程度解决了农业杂草防控难题

杂草是农业在生产过程中面临的一个重大问题，地膜覆盖防除杂草是一个重要的物理措施，能够避免大量使用除草剂带来的环境危害和农产品质量安全问题，具有高效、安全的特点。在发达国家和地区如日本和欧洲，地膜覆盖的第一要务是抑制杂草生长，其次才是保墒和增温，所以这些国家的地膜产品以黑色（图 12-30）为主，大约占地膜投入量的 70%，无色透明地膜占 30%。在我国，由于巨大的空间差异和季风气候的影响，南北地区农业生产环境差异大，因此地膜覆盖的功能需求也存在差异。在北方地区，增温和保墒是地膜覆盖的关键点，而在南方地区，地膜覆盖的功能在杂草防除方面占据第一位，如长江三角洲、珠江三角洲和海南岛等地。目前，在水稻种植中利用生物降解地膜防除杂草显示出良好的效果，尤其是在旱直播水稻上具有防草、增温和保墒作用，且方便、快捷，显示出良好的应用前景，有望成为水稻生产颠覆性的技术措施（图 12-31）。

图 12-30 日本生菜生产中利用黑色地膜抑制杂草（严昌荣摄于 2018 年）

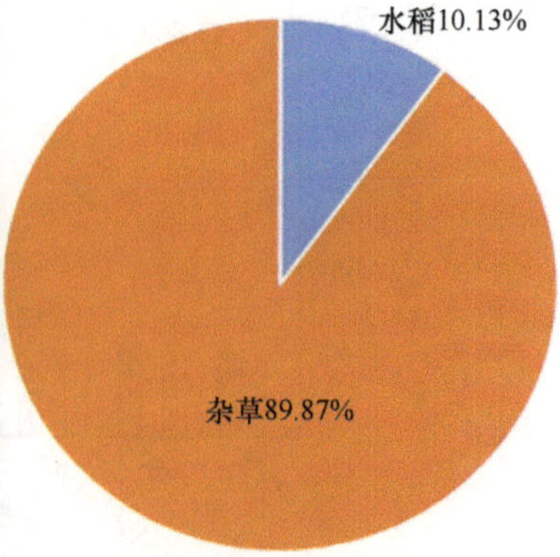

图 12-31　生物降解地膜覆盖稻田防除杂草的效果（左）及不覆膜田杂草和水稻苗占比情况（右）（毕俊国和严昌荣提供）

（三）降低农田土表蒸发和抑制盐分上移

在许多区域，土壤盐渍化是农业生产面临的另一个挑战，是土壤盐分随水分上升到地表，在水分蒸发后盐分留在地表导致的。地膜覆盖改变了土壤中水分的运动和分布状态，使地膜下的表层土壤形成一个微型水循环，从而间接影响土壤中盐分的运移和聚集，即含有盐分的土壤水分受地表增温诱导上升到地表，而地膜阻隔水分蒸发到大气，其不得不再次凝聚成小水滴重新返回土壤，因此地膜覆盖使得膜下形成特殊环境和水分小循环，而这种循环在某种意义上是对表层土壤中盐分淋洗的过程，可以减少土壤耕层中盐离子浓度，形成相对的"低盐耕作层"，为种子萌发和幼苗生长提供有利条件。地膜覆盖虽然不能减少土壤含盐量，但可以改变盐分在土壤中的分布，达到抑盐保苗效果，也为中轻度盐碱地开发利用开辟了新技术途径。有研究显示，在内蒙古河套灌区，地膜覆盖与秸秆深埋能够对向日葵田土壤的水盐时空运动产生明显影响，从向日葵播前到收获，地膜覆盖与秸秆深埋能够使土壤积盐量降为 0.06g/kg，分别比耕翻、地膜覆盖和秸秆深埋降低 35.1%、133.8%和 276.9%，形成一个"高水低盐"的土壤溶液系统（王婧等，2012）。同样，在河套地区春玉米行间进行地膜覆盖能减少土壤水分蒸发，提高灌水利用率和降水利用率，通过降低耗水量来抑制土壤返盐，行间覆膜处理条件下，0～80cm 土层可溶性盐分降低 1.30g/kg，可有效预防土壤板结（吕佳雯等，2013）。

（四）解决了贫困区农产品供给不足并提质增效

过去 40 多年，地膜覆盖技术作为一项主导技术，在西南山区、云贵高原、黄土高原、北方风沙区、太行山区等得到了广泛应用，在前 20 年，该技术的应用重点是解决玉米、马铃薯、杂粮生产中低温、干旱的问题，实现粮食作物产量由低且不稳过渡到高产稳产，彻底解决贫困地区的农民温饱问题，使这些贫困地区的玉米、马铃薯和杂粮单产提高了 40%～50%，使农业生产水平和粮食产量都站上了一个新台阶；近 20 年，地膜覆盖技术除应用在粮食作物生产方面外，在农业的提质增效方面也发挥了巨大作用，如西南云贵高原的烟草种植几乎 100%应用地膜覆盖技术，其他经济作物也高比例应用地膜覆盖技术，如绝大多数蔬菜（高原夏菜、反季节蔬菜）、黄土高原的苹果等。我国每年农作物播种面积近 25 亿亩，主要作物覆膜面积近 3 亿亩（官方数据 2.6 亿亩），农作物地膜覆盖占比在 12.7%左右；初步估算，我国地膜覆盖技术使农作物增产所带来的直接经济效益在 1200 亿～1400 亿元/年。

三、主要地膜产品及其性能

地膜是塑料产业发展的结果，在最开始的时候，没有专门的地膜产品，其是由覆盖在田面上的比较厚的塑料薄膜逐渐发展起来的，最早的地膜原料也不只线性低密度聚乙烯，还有聚氯乙烯、低密度聚乙烯等。随着地膜产品的研发和应用，现阶段传统地膜的原料除了线性低密度聚乙烯，还有一些生物降解材料，如聚己二酸丁二醇酯和对苯二甲酸丁二醇酯聚合物、聚乳酸等。地膜主要包括无色地膜、功能地膜和全生物降解地膜。

（一）无色地膜及其特点

传统无色地膜主要是由线性低密度聚乙烯吹制的地面覆盖薄膜，其主要特点是透光性好，一般在 85%以上，是目前使用量最大、应用范围最广的种类，约占地膜总量 90%以上。这种地膜有良好的力学性能，尤其是最大拉伸负荷、断裂标称应变等。在 20 世纪 80 年代，地膜厚度一般 20μm 左右，随着材料技术进步和生产工艺完善，地膜厚度逐渐降低，1992 年制订国家标准时候要求地膜厚度为 8μm，但实际上生产了大量超薄地膜（5～8μm）。目前随着地膜应用规模的逐渐扩大，残留污染成为一个重要的环境问题，因此 2017 年对地膜国标进行了修改，要求聚乙烯吹塑农用覆盖薄膜的最低标称厚度要大于 10μm。为了进一步提高地膜可回收性，近年来国家相关部委提出通过补贴政策，将传统地膜厚度进一步提高到 15μm，以提高地膜的可回收性。这种地膜另一个特点是性价比高，市场价格一般在 12.5 元/kg。

（二）功能地膜及其特点

为了发挥地膜的其他功能，如降温、抑草、提高作物特定部位光照强度，从传统的透明地膜衍生出一系列的功能地膜，这一类功能地膜的原料仍然是线性低密度聚乙烯，产品价格一般为传统地膜的 1.2～1.5 倍（严昌荣等，2015）。现在应用比较广泛的功能地膜主要如下。

黑色地膜/半黑地膜：黑色地膜是在原料中加入 3%～5%的黑色母料经挤出吹塑而制成的，可见光透过率在 5%以下，灭草率在 100%，除草、保湿、护根效果明显；半黑地膜系在原料中加入少量黑色母料经吹塑而制成的，除草、透光增温效果介于透明地膜与黑色地膜之间，根据地区、作物种类和杂草滋生状况可选择性应用。

银灰色地膜：突出的特点是能反射紫外线，驱避蚜虫，减轻病毒病的危害和蔓延，主要应用于夏秋季节高温期防蚜、防病的抗热栽培，在西甜瓜、烟草、番茄、芹菜、结球莴苣、白菜上应用效果良好。

银色反光地膜：是在吹塑制模中加入含铝母料、镀铝或复合铝箔制成的地膜，对阳光的反射率可达 70%～100%，具有反射强光、降低地温、隔热、灭草作用，覆盖番茄、苹果、葡萄，可增加近地面反射光，改善中下部光照条件，提高果实着色指数，增加糖度，提高品质。

黑白双面膜或银黑地膜：是双层复合高档地膜，有降地温、保湿灭草、护根、避蚜等功能；主要用于夏秋季节各种蔬菜、瓜类的抗热栽培，与小拱棚配合使用，生产白菜、菠菜、结球生菜，能增加产量、提高品质、保障淡季蔬菜供应。

配色地膜：地膜纵向由透明/黑色/透明不同颜色匹配组成，能有效调节根区生育环境，阻止高温或低温的不利影响，是根据气候与土壤温度变化设计的一种特殊地膜，用于蔬菜、西甜瓜、烟草效果很好。

（三）全生物降解地膜

全生物降解地膜是以具有完全生物降解特性的脂肪族-芳香族共聚酯、脂肪族聚酯、二氧化碳-环氧化合物共聚物及其他可生物降解聚合物中的一种或者多种为主要成分，在配方中加入适当比例的淀粉、纤维素及其他无环境危害的无机填充物、功能性助剂，通过吹塑或流延等工艺生产的农用地面覆盖薄膜，具有普通地膜的保温、保墒、除草等功能。使用后，在自然界如土壤和/或沙土等条件下和特定如堆肥化条件下或厌氧消化条件下或水性培养液中，由自然界存在的微生物进行降解，并最终完全降解变成二氧化碳（CO_2）或/和甲烷（CH_4）、水（H_2O）及其所含元素的矿化无机盐与新的生物质[《全生物降解农用地面覆盖薄膜》（GB/T 35795—2017）]。

目前全生物降解地膜的主要原料有聚己二酸丁二醇酯和对苯二甲酸丁二醇酯聚合物（PBAT）、聚乳酸（PLA）。与传统聚乙烯地膜相比，全生物降解地膜不是一个单一原料的产品，目前主要原料为PBAT，占70%以上，为了提高阻隔性、改善物理机械性能，会加入一些 PLA 和其他助剂。与传统聚乙烯地膜相比，全生物降解地膜的物理机械强度有一定程度降低，阻隔性要远远弱于传统地膜，因此其增温保墒能力较弱，同时成本较高，为传统地膜的 2～3 倍。通过过去十多年的研究和完善，目前我国全生物降解地膜产品的性价比大幅度提高，其功能期能够在 60～90d 调控。根据调查，2019 年的全生物降解地膜出厂价在 20～26 元/kg（大部分含运费），如果按照 8μm 厚度、1.3g/cm^3 密度计算，全生物降解地膜投入量在 4.5～6.9kg/亩，投入成本在 117.2～180.4 元/亩，与 10μm 厚度 PE 地膜的投入成本相差 68.8～106 元/亩。如果按照 10μm 厚度计算，全生物降解地膜投入量在 5.6～8.7kg/亩，投入成本在 146.5～225.4 元/亩，与 10μm 厚度 PE 地膜的投入成本相差 98.1～151 元/亩。具体投入量与覆膜比例密切相关（表 12-15）。

表 12-15　不同厚度全生物降解地膜和覆膜比例下地膜投入

厚度（μm）	投入量（kg/亩）			价格（元/kg）	投入成本（元/亩）		
	100%	75%	65%		100%	75%	65%
8（全生物降解地膜）	6.9	5.2	4.5	26.0	180.4	135.3	117.2
10（全生物降解地膜）	8.7	6.5	5.6	26.0	225.4	169.1	146.5
10（PE 地膜）	6.2	4.7	4.0	12	74.4	55.8	48.4

四、农田地膜污染防控

地膜覆盖技术引进中国几十年来，在我国农产品增产增收、粮食安全保障、蔬菜周年供应等方面作出了巨大贡献，同时长时间大规模应用地膜产生的地膜残留污染成为一个十分棘手的环境问题。

（一）地膜残留污染基本特点

从全球范围看，我国使用了全球70%的地膜，地膜残留是中国特有的污染问题。我国农田地膜残留量有自北向南、自西向东递减的区域特征，这与地膜应用的情景完全一致。根据已有调查研究，我国农田地膜残留污染严重区域主要是西北地区，如新疆、河套灌区等，在一些地区残留地膜超 10kg/亩，极端情况下有些点位地膜残留超过 30kg/亩。综合来看，我国发生农田地膜残留污染主要有以下几个方面的原因。

第一，地膜质量差，可回收性差。随着技术和工艺发展，在追求低成本的驱动下，地膜越做越薄。农业农村部农膜污染防控重点实验室的全国地膜质量监测数据显示，全国能够满足地膜新国标的产品不到 50%，主要是地膜厚度、拉升负荷达不到强制标准，小于 8μm 地膜占比高达 40%以上。这种超薄地膜在应用后基本上都破裂严重，没有可回收性。而日本、欧洲应用的地膜厚度一般在 20μm 以上，在作物收获后仍然保持较高的机械强度，易于回收。

第二，应用规模大，模式多样，回收难度大。我国的农作物地膜覆盖比例高、涉及的农作物种类多，几乎从北到南所有省份都有应用。由于区域农业生产条件不同，不同区域应用目的也存在差异，北方要增温保墒，南方要防杂草，所以我们对地膜的依赖度是非常高的。我国主要作物覆膜面积近 3 亿亩，而全欧洲和日本分别只有 640 万亩和 200 万亩，主要用在蔬菜和园艺作物上，如萝卜、薯类、烟草等，没有大规模应用。多作物、多模式和区域广大也导致回收方法、工具和形式多样，从而导致回收难度大。

第三，回收技术和机具无法满足生产需要。地膜回收技术和机具的缺乏与性能不足，在一定程度上影响了地膜回收作业，尤其是地膜回收对作业机具的专用性、稳定性要求高，使得地膜回收的困难较大。

（二）地膜残留污染主要危害

地膜残留已给局部地区的农业生产和环境造成了不利影响与危害，主要体现在 3 个方面。一是影响农作物播种作业，增加劳动力投入，严重影响播种作业效率和质量。二是增加农事作业工序，降低农产品产量水平。由于地膜残留，每年作物收获后和第二年播种前需要进行地膜回收，每亩增加作业成本 30 元。同时，地膜残留污染严重的农田，播种和出苗受阻，研究结果显示地膜残留强度>240kg/hm^2 时，土壤中水肥均一性受到严重影响，作物种子发芽率降低，幼苗死亡率增加 20%以上，作物产量下降 10%以上。例如，新疆严重的残膜污染农田，棉花播种的空穴率、烂籽率会提高，产量也会受到一定程度的影响。三是降低农作物产品和质量，影响农民经济收入。例如，在新疆地区残膜随着机械采收混入棉花，是新疆棉加工品质差、价格低，从而无法适应高端纺织需求的主要原因之一。在山东省和河北省及东北地区，花生秸秆混入地膜后其饲料价值降低，为了利用花生秸秆作为牲畜饲料，农民不得不进行去膜处理（图 12-32），每亩处理成本在 30～50 元，全部处理需要增加 6 亿～10 亿元的投入（严昌荣等，2021）。

图 12-32　华北地区农民进行花生秸秆去膜作业（来源于中央电视台科教频道《我爱发明》）

地膜残留还有一系列其他危害和可能的危害，如地膜残留对土壤养分和水分的运移产生影响，其均匀性变差。研究结果显示，当残留强度在 90～150kg/hm^2 时，土壤水分横向、垂向运移距离分别缩短 15.5%和 16.7%，湿润体缩小 37.2%，土壤氮素在湿润体边缘含量下降 37.8%，水肥运移均一性下降；当残留强度在 150～240kg/hm^2 时（Li et al., 2020），土壤中水分运移受到不利影响。还有研究结果认为农田土壤塑化剂、重金属等超标与地膜应用和地膜残留有关，也有研究结果认为地膜应用和残留与土壤塑化剂超标没有关系。农业农村部农膜污染防控重点实验室的研究结果显示，我国地膜塑化剂平均含量为 13.4mg/kg；应用地膜塑化剂-土壤迁移量评估模型对地膜向土壤中释放的塑化剂进行了估算，在长期覆膜地区，地膜对土壤贡献 0.0004～0.001mg/kg 的塑化剂，与土壤塑化剂风险阈值（10mg/kg）相比，地膜应用对土壤塑化剂基本没有贡献（丁伟丽，2021）。此外，地膜源的微塑料是一个新研究热点，现有研究结果差异甚大，还无法给出确定结论，需要进一步研究证实。

（三）地膜残留防控路径与趋势

根据我国地膜覆盖技术的应用特点和残留污染情况，农田地膜残留污染防控的路径应该是“减量、替代、回收”。

我国现在利用地膜覆盖技术非常普遍，在全国范围内，并不是所有地方都必须采用地膜覆盖技术，一些区域存在一定程度的滥用或泛用问题。地膜覆盖技术很好，但也存在适宜性问题，并不是所有地方都适用，要从经济效益、生态效益、社会效益等各方面综合考虑。有些地方水土条件很好，用地膜覆盖技术效果不是太明显，采用地膜作物产量只增加 30～50kg/亩，如果综合考虑其功能、效益和对环境的影响，地膜覆盖在这个地区这种作物上的应用可能是得不偿失。例如，在东北黑土地的玉米生产中，玉米价格较低时，地膜覆盖应用的增收效果十分有限，甚至可能是负效益。因此，应该根据区域和作物生产特点进行综合评估，将部分可用可不用的农作物地膜覆盖面积坚决减下来。

随着科学进步，地膜产品的升级换代也在进行中。已有研究和应用结果表明，全生物降解地膜作为一种新产品具有很好的应用前景，可以在部分区域和部分作物上替代传统聚乙烯地膜，如西北地区的番茄、甜菜，华北地区的马铃薯、大蒜，大棚蔬菜、烟草、旱直播水稻等。同时需要强调的是，在目前技术水平下，全生物降解地膜无论是从经济性上还是从增温保墒功能上都不可能完全替代传统聚乙烯地膜。从经济性上看，传统地膜具有不可替代的优势，聚乙烯原料的价格一般只有生物降解材料的 1/3（聚乙烯在 7000～8000 元/t，PBAT 价格为 13 000～24 000 元/t），而且生物降解材料密度高，进一步增加了地膜单位面积的成本。从功能上看，全生物降解地膜的增温保墒性能明显弱于传统地膜，对于北方增温保墒要求比较高的作物明显不合适，很难代替。

总体而言，地膜减量和替代都只能解决局部地区的地膜污染问题，重点还是要在回收上下功夫。采用高强度地膜和合理的种植模式、研制合适的回收机具进行回收才应该是我国地膜残留污染防控的主流技术和措施。在回收问题上，我们迫切需要在重点区域和重点作物上取得突破，如新疆 3800 万亩棉花几乎 100%应用地膜覆盖技术，内蒙古河套灌区有近千万亩覆膜玉米和向日葵，西北旱地的覆膜玉米和马铃薯等。目前，回收的相关技术和配套机具已经有了长足进步，如新疆棉花加厚高强度地膜与卷式地膜回收机具配套作业，西北旱地玉米地膜机械化回收技术等。目前面临的一个重大挑战是回收地膜的处理问题，根据现有调查结果，回收地膜的含杂率一般在 60%以上（图 12-33），如采用现在推行的回收再造粒技术，运输和去杂成本太高，如果没有政府补贴，或是石油价格较低，这种处理方式基本上属于亏本运行，系统的可持续存在问题，研发环境友好和经济可行的地膜回收技术是我们迫切需要解决的问题。

图 12-33　我国西北堆积如山的回收地膜

第五节　展　　望

一、农业节水面临新的形势

改革开放以来，我国农作物种植面积、有效灌溉面积不断增加，粮食产量总体上逐年增长，粮食播种面积基本不变，而农业用水虽呈现波动但总体降低，党的十八大以来下降趋势更加明显。同时，在国家节水行动，农业节水增效、用水方式由粗放向节约集约转变政策的指引下，2021 年我国农田灌溉水有效利用系数达到 0.568，较 2012 年提高了 0.052（王浩等，2018）。

综合考虑农田灌溉需水量和农田灌溉可用水量，要保障未来 10×10^9 亩高标准农田用水需求，需进一步采用强化节水、适水种植、优化种植结构等综合“节流”措施，届时农田灌溉水有效利用系数将由现在的0.568提高到2025年的0.575和2030年的0.600；按有效灌溉面积计算，2025 年、2030 年农田灌溉需水量将分别达到 $3.705\times10^{11}m^3$ 和 $3.604\times10^{11}m^3$；按现在实灌面积占有效灌溉面积比例折算的灌溉面积计算，2025 年、2030 年农田灌溉需水量将分别达到 $3.12\times10^{11}m^3$ 和 $3.031\times10^{11}m^3$，缺水量分别为 $1.096\times10^{10}m^3$ 和 $6.44\times10^9m^3$（王浩等，2018）。

根据陈健鹏等 2021 年在中国智库报告中的研究，从变化趋势看，我国农业用水已达峰，综合研判，到 2035 年农业用水仍将处于“平台期”，农业用水与粮食增产的矛盾长期存在，南北方水资源与农业生产分布的空间不均衡矛盾或进一步凸显。我国北方多数地区地表水资源开发程度已超上限，地下水严重超采，黄河以北粮食主产区地下水利用濒临危机，难以持续。尽管我国农业用水效率持续提高，但与发达国家相比仍有较大差距。从长期看，进一步提高农业用水效率面临农业节水灌溉面积占比较低、农田水利工程管护体制不健全、深化水权和农业水价改革难度较大等挑战。

二、灌溉与旱作技术创新的机遇与挑战

近年来，我国在农业灌溉与旱作技术创新及应用上已取得重要进展和突破，但与美国、以色列等发达国家相比，仍有较大的差距，主要体现在以下几个方面。

（一）农田水分高效利用技术配套性差

经过多年的研究，我国在农田水分调控、水肥一体化等方面形成一批技术，但农艺措施与作业机具不配套，导致集成技术的整体效益难以发挥，如因缺乏适用的起垄覆膜机具，旱地垄沟集雨种植不能大规模应用；自主研发生产的免耕机具因耕作作业、施肥、播种效果差而不能大面积推广。

（二）抗旱节水装备产业化程度低

近年来我国高度重视精准灌溉施肥技术的研究，为提高灌溉施肥的精准性和智能化水平，我国科技工作者在智能控制决策方面进行了深入研究并取得了一定的进展，但由于起步较晚，与国外发达国家相比存在极大差距，存在的诸多问题有待进一步加强研究，尤其是在先进耐用传感器的研发方面与国外相比依然存在很大的差距，在水肥智能决策系统中，依然缺少完全自主的作物水肥诊断和作物生长模型等关键模块。此外，现有的一些研发成果，如水肥智能决策技术和产品依然只停留在论文研究阶段，或只是象征性地应用于一些科技园区，技术产品化水平低，装备产业化程度很低，离大面积推广应用还有很大距离。

（三）抗旱节水材料标准化程度低

大力推进绿色环保农用抗旱节水新材料、新技术和新产品的研发应用，是解决我国水资源短缺问题和发展高效、绿色与可持续农业的前沿科技手段之一。但从现状来看，我国绿色节水新材料研发和应用在支撑我国农业可持续发展、提高农田水资源利用效率等方面还存在许多不足，突出表现为绿色新材料创新研发能力不足，单一功能型产品较多，复合功能型产品较少；新材料应用效果不稳定，作用机理不明晰；田间应用技术有待深入挖掘，研究和应用结合不紧密，成果转化率和技术综合集成度低等。因此，迫切需要加快完善绿色抗旱节水新材料和新产品的创新研发与应用，突破提高作物水分利用效率和减轻干旱的创新技术瓶颈，把科技成果及时转化为生产力，从根本上解决我国干旱缺水的现状，为缓解水资源短缺、确保粮食安全、促进农业可持续发展提供技术和产品保障。

（四）作物绿色节水抗旱技术模式集成度低

美国大平原冬小麦保护性耕作实现了秸秆粉碎、起垄、精量沟播、施肥（液体肥）一次性作业。以色列建立了集气象预报服务、作物墒情监测、水分需求监测、灌溉施肥、病虫害防治等于一体的智能化、自动化生产体系。虽然多年来我国农业节水减灾的单项关键技术和组合技术已经有较好的突破研发与示范推广，但面对国家、产业和市场需求，兼顾国家粮食数量和质量安全、水资源安全、减灾增效多目标的技术集成方法还没有突破。虽然在农业水资源和农业旱灾监测预警与节水抗灾关键技术研发与信息平台的建设方面取得较为丰富的成果，但需要进一步加强技术的集成，形成农业绿色节水抗旱技术模式，扩大产业和市场应用。

进入新时期，随着我国工业化、城镇化的步伐加快，农业水资源供需矛盾将更加突出，全球气候变化带来的干旱频发重发对农业生产的威胁越来越大，充分发挥作物节水增产潜力显得越来越迫切，党中央、国务院越来越重视农业节水发展，不断加大高效节水灌溉工程和灌区节水改造工程的投入，同时将农业节水科技创新列入国家关键核心技术攻关。因此，农业节水发展机遇与挑战并存，形势喜人，形势逼人，前景广阔。

三、灌溉与旱作技术创新的目标与愿景

以“节水提质增效、绿色低碳发展、粮食安全保障”为核心目标，重点创新抗旱节水品种鉴选标准与方法，突破作物限额灌溉下最优耗水机理及调控机制研究，揭示旱地海绵田水肥高效“集、蓄、保、用”土壤构型定向培育机制，构建深度节水与极限节水理论及方法；优化农业水资源配置和适水种植制度，攻克多水源优化配置与水质水量联合调控技术，研发智慧型节水新技术与产品，创制抗旱节水绿色新材料与制剂；形成水资源刚性约束下农业节水绿色增效用水标准化技术体系和区域节水增效综合解决方案，并编制技术规程及指南，创新农业高效节水工程运行管护和最严格的农业用水管理机制，建设不同类型区农业节水绿色增效应用示范区，

大幅度提升降水、灌溉水利用率和作物水分利用效率，到 2030 年我国农业节水技术总体达到国际领先水平，实现农业生产过程的节水提质增效。到 2030 年基本实现灌溉现代化，全国灌溉用水量控制在 $3.73\times10^{11}m^3$，农田有效灌溉面积达到 1.035×10^9 亩，节水灌溉率达到 75%左右，农田灌溉水有效利用系数提高到 0.60 以上，单方灌溉水粮食产量超过 1.60kg。

四、灌溉与旱作技术的发展战略与路径

近年来，我国系统开展了灌溉与旱作农业基础理论、关键技术和模式的研究与集成示范，取得了重大进展和显著成效。当前，农业节水中存在水资源与作物需水时空不匹配、农业用水效率不高、节水技术与装备智能化标准化程度低、节水抗旱材料技术创新不足、可复制可落地可推广的农业节水集成技术缺乏、农业节水“最后一公里”仍未有效破解等问题。同时，农业用水红线和水权分配制度还未系统建立，最严格的农业用水制度还未落实，农民的节水意识亟待提高。

进入新时期，在农业灌溉用水零增长的背景下，如何进一步保障国家粮食安全、水安全和生态安全面临严峻挑战，强化农业节水、建设现代灌溉农业和现代旱作农业体系是当前及今后一个时期提高农业水资源效率的重要举措，急需从深度节水和极限节水等方向开展科技协同攻关，实现“藏粮于水”。因此，未来农业节水技术发展战略与路径主要包括在以下 4 个方面。

（一）加强生物性节水与工程技术的融合

针对新时期粮食安全保障、农业高质量发展等国家重大需求，以深度节水和极限节水为主攻方向，揭示农田海绵田水肥高效“集、蓄、保、用”土壤构型定向培育机制，阐明作物产量和品质形成过程与水肥协同调控机理，优化建立气候应变型节水农作制度，实现农田系统节水生态化重构。

（二）注重旱作节水与信息技术交叉

加强物联网、大数据、人工智能等方法和生物技术的应用，加强生物节水品种和技术研发，构建气候智慧型农业系统，提升我国节水农业现代化水平，推动农业节水化智能化。我国将优选有条件的大中型灌区，打造一批现代化数字灌区，启动数字孪生灌区先行先试建设，在促进业务协同、创新工作模式、提升服务效能方面不断取得突破，形成一批可推广、可复制的应用成果，以点带面，示范引领全国数字孪生灌区建设有力有序有效推进，为新阶段灌区高质量发展提供有力支撑和强劲驱动力。

（三）兼顾产量、品质和环境效应

围绕新时期国家农业高质量发展重大科技需求，选择适宜的关键技术和产品，集成应用西北、华北、东北和南方适水保土增产增效技术模式，提高区域综合产能和产品品质，降低水碳足迹和环境负面效应，实现主要作物节水优质生产与生态协

同发展。

（四）提高节水农业系统韧性、多样性

以提高农田干旱应变能力和水分适应弹性为目标，研究建立生物多样性丰富的种植制度，突破海绵田营造、绿色覆盖抑蒸、水肥协同提质增效、种养水肥循环和农田系统生态化重构等关键技术，研发抗旱节水作业机具、智慧灌溉装备，创新新型多功能抗旱制剂、微生物制剂、生物可降解地膜新材料，研制适应不同旱作类型区的土壤蓄水保水、绿色节水栽培和智慧灌溉施肥技术、产品规范与标准。

（本章执笔人：梅旭荣、王庆锁、严昌荣、龚道枝、刘恩科、王建东、张宝忠）

第十三章　农药及植保科技发展

农药是农业生产中重要的投入品，在防治病、虫、草、鼠等引起的农业灾害，促进农业增产增收方面发挥着重要的作用。我国是个病虫害等生物灾害频繁发生、农业生态环境脆弱的农业大国，农药是目前最经济、最有效的防治病虫草鼠害的技术手段。据统计，我国每年使用农药防治面积达 58 亿亩次，挽回粮食损失 5800 万 t 以上，其在保护人类健康和粮食安全方面起到了关键作用。需要关注的是，农药科学安全应用是个多学科领域交叉的科技行为，涉及新农药成分创制、农药制剂产品研制、农药科学应用、配套植物保护技术及新型植保技术等方面的内容。本章重点从以上几个方面进行阐述，以回顾和展望我国农药及植保科技发展对粮食安全的科技贡献度。

第一节　概　　述

民以食为天，食以安为先。粮食安全是国家安全的重要基础。我国农作物品种多、种植范围广，病虫草鼠害种类多、程度重、频次高，给农业造成巨大经济损失，农药及植保科技工作关系到国家粮食安全、农产品质量安全和生态环境安全。近年来，受全球气候变化、经济一体化和农业产业结构调整等诸多因素的影响，中国农作物病虫害问题趋于严重。草地贪夜蛾、沙漠蝗、境外黄脊竹蝗入侵我国，小麦条锈病、稻飞虱等病虫害多发重发，柑橘黄龙病等检疫性病虫害不断蔓延，严重威胁国家粮食安全。目前，通过植物检疫、化学防治、抗性品种利用、农业防治、生物防治、物理防治等措施综合应用，以及大力推进农作物重大病虫害数字化监测预警、绿色防控和科学治理，有效控制了病虫危害。我国农药及植保科技防控体系不断完善，创新能力和竞争力不断增强，农药及植保科技的发展成功地控制了如黏虫、棉铃虫、水稻螟虫、小麦黑穗病和条锈病等重大农作物病虫害的暴发，为保障我国的粮食安全与农业安全作出了重要贡献。

一、农药及植保科技对粮食安全的重要性

我国重大病虫草鼠害重发频发、连年发生，给农业造成巨大经济损失。据统计，国内常见农业害虫有 838 种、病害有 742 种、杂草有 64 种、鼠害有 22 种，而且分布广、突发性强、成灾频率高，重大农作物病虫疫情发生达 100 多种。全年农作物病虫草鼠害常年发生面积 60 亿亩次以上，草地贪夜蛾、黏虫、水稻“两迁”害虫等迁飞性、暴发性、流行性、检疫性病虫害发生程度呈加重趋势。例如，草地贪夜蛾于 2019 年入侵我国并不断扩散，为害玉米、高粱等 20 余种作物，严重威胁农业安全生产（姜玉英等，2019）。柑橘黄龙病等检疫性病虫害不断蔓延，对果树产业构成重大威胁。小麦赤霉病在我国年均发生面积已超过 567 万 hm^2，占全国小麦总面积的 1/4，大流行年份重病区发病率超过 50%，减产达 20%以上。我国全年农作物病虫草鼠害防治面积为 65 亿～80

亿亩次，经防治挽回产量损失 2000 亿～2500 亿斤，占全年粮食总产的 17%～20%，相当于 3 亿亩耕地的产量。因此，植保防治对于我国粮食产量连续 8 年站稳 1.3 万亿斤的台阶具有重要作用。

同时，受全球气候变化、耕作制度改变、经济贸易和旅游业发展、植物品种更换等影响，病虫害发生规律呈现新变化，一些流行性、暴发性重大病虫害危害性增强，一些局部地区发生或偶发性的病虫害发生范围逐渐扩大、所造成的危害逐渐加重，人为传播病虫害或外来入侵有害生物的威胁愈发严重（王海光，2022）。例如，全球气候变暖使害虫繁殖代数增加；随着全球经济一体化的发展，外来有害生物入侵的频率增加，跨区机收范围的扩大加快了病虫害跨区传播；连茬种植加重了土传病害，而秸秆还田与免耕种植改善了害虫的栖息和越冬场所。此外，随着我国城市化进程的加快，越来越多的农村人口涌入城市，导致农业劳动力结构性变化，农村青壮年劳动力的缺乏，导致农作物病虫害防治难度增加。因此，农药及植保科技的发展在保障粮食数量安全方面发挥了重要作用。

农作物病虫草鼠害除造成农业产量损失外，还可直接造成农产品品质下降，出现腐烂、霉变等，降低商品品质，影响农产品营养及口感，甚至产生有毒、有害物质。例如，黄曲霉、镰刀菌等部分农业病原物产生的毒素严重危害人身健康和生命安全。因此，做好植保防治工作也是保障粮食质量安全的重要途径。另外，随着人们生活水平的提高，农产品农药残留、食品安全、生态安全等日益受到关注和重视。一些农药的不合理使用、滥用，致使在个别地区的设施蔬菜、鲜食水果和茶叶等生产中仍存在农药残留超标等问题，因此对农药绿色高质量发展提出了更高要求。“十四五”时期，我国全面推进乡村振兴，加快农业农村现代化，农药产业对保障粮食等重要农产品有效供给和农业绿色发展的支撑作用越来越突出，任务越来越繁重。《“十四五”全国农药产业发展规划》提出，把绿色发展理念贯穿农药产业发展各环节，支持生物农药等绿色农药研发登记，推广绿色生产技术。在发展农药及植保科技措施方面，要淘汰高毒低效化学农药，推广高效低毒低风险农药，推进病虫害生物防治替代化学防治；大力推广高效施药器械、智能化精准化施药技术、交替轮换用药等措施，提高农药利用率；推广应用生物防治、生态控制、理化诱控、科学用药等绿色防控措施，减少化学农药使用；建设大数据农药使用监测平台，指导农药科学精准使用；同时，加强病虫害监测预警的数字化与信息化建设，增加预警的时效性；推进防控服务社会化体系建设，建立联防联控机制，增强应急反应能力；提升科技支撑与服务能力，发展早期监测预警技术，为保障我国粮食安全和农产品质量安全、减少环境污染、维护人民群众健康、促进农业可持续发展提供重要支撑。

二、农药及植保科技不同时期存在的问题

农药是现代农业不可或缺的生产资料，在防治农作物病虫草鼠害、保障粮食安全和重要农产品有效供给等方面有巨大贡献。我国农药行业在发展过程中面临着一些问题的同时孕育着新的机遇，可划分为四个阶段。

第一阶段，计划经济下的农药短缺阶段。新中国成立后到改革开放前，农药行业艰难起步，实行计划经济时代下的集中攻关、统一供给（1949～1978 年）。当时，农业灾

害十分严重，但存在农药品种少、产量低的问题，远不能满足农业生产需要，每年因病、虫、草、鼠灾害，农作物要减产30%左右，我国农业生产的主要任务是解决粮食总量不足问题。我国农药工业是在仿制国外品种的基础上发展壮大起来的，在20世纪四五十年代，仅有少数学者开展农药相关研究工作。在50年代到60年代中后期，我国多位农药学者在有机磷农药研究方面取得重大成果，先后研究并产业化了一批有机氯、有机磷及氨基甲酸酯类农药。与此同时，随着高效低毒农药产品的推广，到了70年代初，沈阳化工研究院研究和产业化多菌灵，在小麦赤霉病防治中发挥了重大作用，其间还研发了甲基硫菌灵、硫菌灵和甲霜灵等高效内吸性杀菌剂，三唑类杀菌剂系列如三唑醇、三唑酮、烯唑醇和丙环唑等也陆续产业化，并应用到我国农业生产中（宋宝安等，2019）。

第二阶段，市场经济初期的农药产能充分释放阶段。改革开放后到1997年，农药行业快速发展，大量引进仿制高效适用品种，1997年国务院出台了《中华人民共和国农药管理条例》，农药管理逐步进入法治化道路（1978～1997年）。改革开放初期以有机氯类为主，占到农药使用量的70%。甲胺磷等有机磷农药因急性毒性高，存在农药残留超标和发生中毒事故的问题。在1979～1985年，我国农业部门先后与瑞士等国的55个国外公司进行了农药合作试验，筛选了杀虫剂、杀菌剂、除草剂等高效、适用品种，并引入国内。改革开放以来，专利法的修改促进了我国农药创制进一步与国际接轨，加速了我国农药生产由以仿为主、仿创并举向自主创制转化。

第三阶段，农药产业扩容、调整升级阶段。从1997年第一部《中华人民共和国农药管理条例》出台到2017年新的《中华人民共和国农药管理条例》颁布，农药行业管理法治化深入推进，国际一体化加快，农药安全管理意识增强，高效低毒低残留农药品种快速发展（1997～2017年）。随着食物短缺问题的解决，农产品质量安全问题成为农业领域亟待解决的重要问题，为适应我国农业和农村经济发展新阶段的要求，2001年4月农业部在全国启动实施了“无公害食品行动计划”。与此同时，陆续发布农药管理相关规范文件，以加强农药安全管理，加大高毒农药淘汰步伐。

第四阶段，农药行业进入创新、高质量发展的新阶段。2017年6月至未来一段时期，农药法治化管理将进一步深入，农药进入新的全生命周期管理，行业整合加速，创新、高质量发展导向明显。目前，我国农药创制体系不断完善，创新能力和竞争力不断增强，正逐步迈进农药创制国家的行列。

（一）农药创制当前存在的问题

当前，在新农药创制投入相对不足的情况下，我国通过新化合物的设计与合成、化合物的生物活性筛选及作用机制研究等，初步形成农药科技创新基础理论体系和新农药发现平台。然而，新农药创制还存在一些问题。

1）目前的大多结构是基于国外已有品种的化学结构发现的，许多品种是通过“me–too”（根据他人已有的结构进行修饰改造）和“中间体衍生法”（沈阳中化农药化工研发有限公司农药创制团队提出的新农药创制策略，利用关键中间体通过直接合成、重要基团替换及衍生方式设计、合成新化合物）等途径获得的，在21世纪上市和研制的64个新农药品种中，属于模拟创制的达2/3左右，比较典型的有沈阳化工研究院通过中间体衍生法由烯酰吗啉开发的氟吗啉，江苏省农药研究所股份有限公司及大连瑞泽农药股份有限公司对虫酰肼及氟虫腈进行结构改造分别开发的2个同系列的新杀虫剂呋喃虫酰肼及异丁烯氟虫腈等。虽然我国农药创制成果众多，但多属于“me–too”研究，真正属于原始创新的结构为数不多，存在创制方面的知识产权风险。此外，通过“me–too”途径得到的结构即使在某些方面比先导结构具有优势，但使用者往往因为“先入为主”，弱化了“me–too”产品的市场竞争力（刘宏霞，2020）。

2）制剂研发和创新关注不够。农药研发思路要从粗放转向精细，从注重理化性质转向注重生物活性。省力化、精准化制剂类型、种衣剂、控释技术和纳米技术等是新剂型研发的热点。此外，与农药飞防技术相匹配的农药专用制剂和助剂的研发也是制剂企业升级换代的新机遇。

（二）植保机械当前存在的问题

我国农业经过几十年的发展，农机化水平已达60%，但在植保机械方面与欧美发达农业国家相比依旧存在很大的差距。当前植保机械主要存在以下问题。

1. 植保机械产品单一，专业化程度低

我国植保机械发展起步较晚，现阶段仍然以背负式手动喷雾器为主，且产品单一、种类较少，农民基本没有选择余地。2016 年，植保无人机在我国迎来了快速发展，深圳市大疆创新科技有限公司、广州极飞科技股份有限公司等公司的航空植保产品初具规模，但无人机喷施作业的专业性不高，基本为一机多人多作物：一架无人机同时对大田作物、果园作物进行无差别喷洒作业，造成农药滥用、药剂流失、危害环境等问题。

2. 制造工艺、核心技术落后

无论是传统的背负式喷雾设备，还是无人机喷洒平台，都存在制造工艺、核心技术落后的问题。我国喷头生产工艺落后，所生产的液压式喷头和离心式喷头的喷洒指标很难达到国际先进水平。黑龙江农垦系统已禁止国产喷头、液泵和防滴装置在植保机械上应用，深圳市大疆创新科技有限公司、广州极飞科技股份有限公司等无人机厂商现阶段主流机型也全部搭载进口喷头和液泵。植保无人机搭载的巡航系统也多是依靠美国GPS 导航系统开发的，虽然很多专家学者围绕北斗卫星导航系统在无人机的定点作业和自动巡航应用上都进行了很多研究，但距离实际应用仍有一段距离。

3. 植保机械和农药研究与生产脱节

现阶段，农药研究方向主要是药效的高低，忽略了与植保机械的结合，在作业过程中，最常见的就是因为风力、温度和湿度等因素造成的雾滴飘移而使农药沉积在非靶向区域的农药流失问题。国内目前农药对靶研究多集中在植保机械和农药喷施技术上，忽略了农药剂型的选择和农药与机械的结合问题。另外，由于我国背负式喷雾器的普及程度高，以至于农药剂型主要是可湿性粉剂，但是该剂型并不适用于现阶段更高效的植保无人机。无人机喷洒平台对液泵和喷头的要求很高，适合使用悬浮剂和水乳剂，国内已有研究和生产，但日本和美国已经开发出更适合无人机使用的纳米药剂。国内农药研究

与植保机械发展的脱节问题，在一定程度上制约了植保机械的进步。

4. 施药技术落后

施药技术的本质是提高农药对靶沉积量，减少或消除农药在非靶向作物或区域的沉积量。现阶段，我国施药技术存在农药脱靶率高、用药单一滥施药、大容量高浓度施药和相关研究滞后等问题。农药喷施技术和植保机械是一个整体，喷施技术的落后，在一定程度上阻碍了植保机械的发展。目前，国内没有针对不同作物的专业喷施方式，低容量低浓度农药喷施技术发展也很缓慢，静电喷雾技术的研究也比较落后。另外，我国机械施药技术规范不完整，农民缺少规范化的施药技术指导，施药作业明显不符合现代施药技术的要求，导致操作人员农药中毒、环境破坏等问题，危害广大群众的身心健康。

（三）生物防治技术存在的问题

我国利用生物防治的历史悠久，天敌资源丰富，成本低，有着广阔的发展前景。生物农药和化学农药相比有低毒低残留、高选择性、不易产生抗性、不易污染环境，对人畜安全、药效长、不会产生药害、可以提升农产品品质等特点。然而也存在一些问题。

1）生物农药本身存在的问题。生物农药生产工艺较化学农药更为复杂，生产成本高，因此价格相对较高；自身覆盖的靶标病虫范围小，杀虫杀菌谱窄；可供选择的生物农药品种或生物防治技术措施较少，不能完全覆盖农作物所有病虫害的防治（郭荣，2011）；同时，速效性差，应对突发性病虫害较为被动；生物农药使用技术要求较高，防效受环境因子影响大，部分生物农药需要专用的施用机具（刘芸荟，2019）；商品性差，制剂质量和防效不稳定，贮存较为麻烦，如在存储、运输环节因外界条件发生降解和活体微生物数量下降，在使用环节因温度、湿度和光照发生有效成分光解与水解、微生物失活或活性降低。

2）生物农药使用技术性强。在药剂功效、用药时间、使用剂量、防治范围等技术环节稍有偏差，就难以达到灭杀害虫的预期效果。同时生物农药较化学农药见效慢，农民多喜欢用速效农药，用药习惯一时难以改变。

3）使用技术指导存在问题。在农药购买使用过程中针对农民的指导工作有很大的欠缺。生物农药的防治效果受环境因子的影响较大，速效性较差，鉴于生物农药本身的一些特点，其推广使用需要为农民提供更多更详尽的全面农业技术指导，以增加生物农药的使用量和使用范围。农民在使用过程中无法通过已有的经验或产品包装上的说明来获取技术指导，使得生物农药施用后效果无法得到保障。

（四）综合防控技术存在的问题

第一，一些病虫害的发生规律、监测预警和防控技术等研究都不够深入，很难在生产实际中较好应用，适用性强的绿色防控关键技术还不多。第二，目前大面积推广应用的实用性强的绿色防控技术体系品种有限，田间应用技术尚不成熟，系统性不强，集成程度不强。第三，对许多重大病虫害的抗性情况仍然缺乏系统有效的鉴定和持续监测，抗性品种的布局与利用尚缺乏科学的整体规划。第四，推广模式不健全，应用规模不大。

三、农药及植保科技解决问题的途径

（一）植物检疫

植物检疫是根据国家颁布的法令，设立专门机构，对国外输入和国内输出及国内地区之间调运的种子、苗木和农产品等进行检疫，禁止或限制危险性病、虫、杂草的传入和输出，或者在传入以后限制其传播，避免其为害。植物检疫也称为法规防治，具有相对的独立性，但又是整个植物保护体系中不可分割的一个重要组成部分，其能从根本上杜绝危险性病、虫、杂草的来源和传播，是最能体现贯彻“预防为主，综合防治”植保工作方针的技术，尤其在我国加入WTO后，国际经济贸易活动不断深入，植物检疫任务越来越重，植物检疫工作就显得更为重要。植物检疫分对内检疫和对外检疫。对内检疫又称国内检疫，主要任务是防止和消灭通过地区间的物资交换，种子、苗木及其他农产品的调运而传播危险性病、虫及杂草。对外检疫又称国际检疫，即国家在沿海港口、国际机场及国际交通要道设立植物检疫机构，对进、出口和过境的植物及其产品进行检验和处理，防止国外新的或在国内局部地区发生的危险性病、虫、杂草的输入，同时防止国内某些危险性病、虫、杂草的输出。

（二）化学防治

化学防治就是利用化学农药防治有害生物。其优点是防治对象广，几乎所有的植物病虫草鼠害都可用化学农药进行防治，其防治效果显著，收效快，尤其能作为暴发性病虫害的急救措施，迅速消除其危害；使用方便，受地区及季节性限制小；可以大面积使用，便于机械化操作；可工业化生产、远距离运输和长期保存。因此，化学防治在综合防治中占有重要地位。但化学防治也会带来一些问题，如农药使用不当导致有害生物产生抗药性；对天敌及其他有益生物的杀伤作用，破坏了生态平衡，引起主要害虫的再猖獗和次要害虫的大发生；污染环境和威胁人类健康。为了充分发挥化学防治的优势，逐步克服和避免其存在的问题，目前我国一方面加强化学防治与其他防治方法的协调应用；另一方面致力于化学农药本身的质量提升和优化，研究创制高效低风险新农药，研发高效对靶农药新制剂产品和提高施药技术水平等。

（三）农业防治

农业防治就是运用各种农业技术措施，有目的地改变某些环境因子，创造有利于作物生长发育和天敌发展而不利于病虫害发生的条件，直接或间接地消灭或抑制病虫的发生和危害。农业防治是有害生物综合治理的基础措施，其对有害生物的控制以预防为主，甚至可能达到根治的效果。多数情况下农业防治是结合栽培管理措施进行的，不需要增加额外的成本，并且易于被群众接受，易推广，并且对其他生物和环境的破坏作用最小，有利于保持生态平衡，符合农业可持续发展要求。其不足是防治作用慢，对暴发性病虫的危害不能迅速控制，而且地域性、季节性较强，受自然条件限制较大，并且有些防治措施与丰产要求或耕作制度相矛盾。农业防治的具体措施主要有：①选用抗病虫品种；②使用无害种苗；③改进耕作制度；④加强田间管理。此外，利用植物的多样性（即利用植物与病、虫、草之间的相克作用及植被丰富使天敌资源增多来抑制病、虫、草的发生）来抑制有害生物的为害成灾，是农业生产的一个长远目标。在植物控害栽培技术中，可利用深耕改土和覆盖技术（如覆盖地膜、盖膜晒土）等来防治病虫害。

（四）物理机械防治

利用各种物理因子（如光、电、色和温、湿度等）、人工和器械防治有害生物的方法称为物理机械防治。例如，根据害虫的生活习性如群集性、假死性等，利用人工或简单的器械对其捕杀；又如人工挖掘捕捉地老虎幼虫，振落捕杀金龟甲，用铁丝钩杀树干中的天牛幼虫，用拍板和稻梳捕杀稻苞虫等；再如利用害虫的趋性或其他习性诱集并杀灭害虫。此法一般简便易行，成本较低，不污染环境，不足之处在于有些措施费时、费工或需要一定的设备，有些方法对天敌也会产生影响。常用方法有灯光诱杀、潜所诱杀、食饵诱杀、植物诱杀和色板诱杀。另外，还有驱避法、温度处理和阻隔法，还可用高频电流、超声波、激光、原子能辐射等高新技术防治病虫。

（五）生物防治

生物防治就是利用自然界中各种有益生物或生物的代谢产物来防治有害生物的方法。其优点是对人、畜及植物安全，不杀伤天敌及其他有益生物，不污染环境，往往能收到较长期的控制效果，并且天敌资源比较丰富，使用成本较低。因此，生物防治是综合防治的重要组成部分。但是，生物防治也有局限性，如作用较缓慢，使用时受环境影响大，效果不稳定；多数天敌的选择性或专化性强，作用范围小；人工开发技术要求高，周期长等。所以，生物防治必须与其他防治方法相结合，综合地应用于有害生物的治理中。生物防治主要包括：①利用天敌昆虫防治害虫；②利用微生物防治害虫；③利用微生物及其代谢产物防治病害；④利用其他有益生物防治害虫；⑤利用昆虫激素和不育性防治害虫。

四、农药及植保科技对保障粮食安全的贡献

党的十八大以来，植物保护工作不断得到强化，切实做好了病虫害预报和防治工作，为农民群众提供了科学合理的防治方法，确保了科学防治病虫害的效果，从而提高了作物产量和品质。为遏制病虫加重发生的势头，减轻农业面源污染，保护农田生态环境，提倡树立绿色、低碳、循环的现代生态农业发展理念，坚持走产出高效、产品安全、资源节约、环境友好的现代生态农业产业化发展道路。我国农作物重大生物灾害防控治理体系，随着人们对生物安全的认识不断提升，近年来得到了迅速发展，科学研究显著进步，基础理论、防控产品研发与应用及核心技术、配套体系创新与推广应用都取得了显著成效。农作物重大生物灾害防控策略与时俱进，从“预防为主，综合防治”到“公共植保、绿色植保、科学植保”，防治理念更加契合经济社会发展现实，“十三五”期间，植物保护工作对我国粮食作物生产的平均贡献率为 13.32%（表 13-1）（刘万才等，2021a）。2020 年，农药利用率达到 40.6%，比 2015 年提高 4 个百分点（表 13-2）（魏启文等，2023）。近年来，我国农药的使用

量连年减少。据 2019 年监测统计，农药使用量（折百量）26.29 万 t，比 2015 年减少 3.7 万 t，连续 4 年实现负增长。

表 13-1　2016～2020 年全国粮食作物病虫草鼠害防控植保贡献率分析

年份	发生面积（亿 hm^2）	防治面积（亿 hm^2）	挽回损失（万 t）	实际损失（万 t）	粮食总产（万 t）	挽回损失占比（%）	实际损失占比（%）
2016	4.470	5.407	9 170.18	1 709.20	66 043.51	13.89	2.59
2017	4.370	5.393	8 876.85	1 652.15	66 160.73	13.42	2.50
2018	4.159	5.161	8 837.38	1 522.91	65 789.22	12.43	2.31
2019	4.006	4.997	8 461.84	1 459.40	66 384.34	12.75	2.20
2020	4.144	5.336	8 794.17	1 448.86	66 949.00	13.14	2.16
平均	4.230	5.259	8 828.08	1 558.50	66 265.36	13.32	2.35

数据来源：全国农业技术推广中心《全国植保专业统计资料》（2016～2020 年）；粮食产量来自国家统计局网站 http://data.stats.gov.cn

表 13-2　近年来我国水稻、小麦、玉米三大粮食作物农药利用率

年份	农药利用率（%）
2015	36.6
2017	38.8
2019	39.8
2020	40.6

1）我国新农药创制能力快速增强，以沈阳化工研究院为代表的我国农药研究机构在新农药的基础研究方面开展了大量工作，尤其在农药靶标发现、作用机制研究新农药先导化合物发现平台创建等方面取得了重大研究进展，建立了农药先导化合物发现理论、方法和平台，推出了一批具有潜在开发价值的活性新先导化合物及候选药物。基于基础理论和方法，依托各类创新平台和项目，创新能力显现，并先后取得了一批创新性成果和产品。我国的新化合物合成能力已达到 3 万个/年，筛选能力达到 6 万个/年。

在杀菌抗病毒剂创制方面，创制出毒氟磷、丁香菌酯、氰烯菌酯、噻唑锌、丁吡吗啉、氟唑活化酯、甲噻诱胺、甲磺酰菌唑、苯噻菌酯、氯苯醚酰胺、氟苯醚酰胺、二氯噁菌唑、氟苄噁唑砜等多个具有自主知识产权的绿色新农药，具有很好的防治效果，对于我国绿色农药的创新研究具有极大的推动作用；在杀虫剂和杀线虫剂创制方面，战略目标转向高活性、易降解、低残留及对非靶标生物和环境友好的药剂研究，并在新理论、新技术和产品创制上取得了系列进展，创制出哌虫啶、环氧虫啶、戊吡虫胍、环氧啉、叔肟虫脲、硫氟肟醚、氯溴虫腈、丁烯氟虫腈、氯氟氰虫酰胺和四氯虫酰胺等新型农药；在除草剂方面，建立了基于活性小分子与作用靶标相互作用的农药生物合理设计体系，形成了具有自身特色的新农药创制体系，构建了杂草对除草剂的抗性机制及反抗性农药分子设计模型，创制出环吡氟草酮、喹草酮和甲基喹草酮等新品种；在有害生物抗药性方面，植物病害化学防治科技水平得到快速提高，药剂的作用靶标、病原菌和杂草抗药性的分子机制研究取得明显进展；同时，在重要害虫杂草抗药性的基础理论、抗药性监测与治理研究等方面取得了长足进展。

2）重大生物灾害防控装备水平明显提升，大型自走式植保机械、航空植保等广泛应用；重大生物灾害防控能力显著提高，病虫害预测预报、应急防治储备保障与处理能力和病虫防控标准化上升到历史最好阶段。探索并建立了化学农药减量控害技术，促进了农田生态系统恢复。通过精确预报农作物病虫害、加强检疫等措施，有针对性地进行科学防治，缩减农业生产过程中农作物药物的使用量和使用次数。坚持减量与保产并举，在减少化学农药使用量的同时，建立病虫害综合防治技术体系，积极推行生物防控、生态调控、理化诱控等绿色防控技术，大力推广高效低毒低残留农药和新型高效植保机械，加强配方选药、对症用药、精准施药技术宣传培训，加快推进农作物病虫害统防统治，做到病虫害防治效果不降低，促进粮食和重要农产品生产稳定发展，保障有效供给。坚持数量与质量并重，在保障农业生产安全的同时，更加注重农产品质量的提升，推进绿色防控技术和科学用药，保障农产品质量安全。坚持生产与生态统筹，在保障粮食和农业生产稳定发展的同时，统筹考虑生态环境安全，减少农药面源污染，保护生物多样性，促进生态文明建设。坚持节本与增效兼顾，在减少化学农药使用的同时，大力推广新药剂、新药械、新技术，做到保产增效、提质增效，促进农业增产、农民增收。

加快集成推广农药减量增效的绿色高效技术模式，生态调控、物理防治、生物防治和精准施药等节药技术得到大面积推广应用。减量增效技术遍地开花，在农药减量增效技术推广方面，集成推广了一批生物防治与化学防治相结合、农机与农艺相配套、农药与药械相适应的综合技术模式。分别在水稻、小麦和玉米等粮食主产区，蔬菜、水果和茶叶等主产区，油菜、棉花等经济作物主产区布局实施农药减施增效技术集成示范，初步形成了“产学研”一体的纵向创新体系和分区协同实施的横向联合攻关格局。实施过程中，各项目主动为各园区筛选推介新技术、新模式、新产品，实施区域覆盖了 28 个省份的 1022 个县，总示范推广面积超过 2.2 亿亩。赤眼蜂、捕食螨、丽蚜小蜂等天敌生物控制及苏云金杆菌（*Bacillus thuringiensis*，Bt）、蜡质芽孢杆菌、枯草芽孢杆菌、白僵菌、绿僵菌、寡雄腐霉、核型多角体病毒等生物制剂应用面积逐年增加，减少了化学农药使用。

重大生物灾害防控队伍不断壮大，覆盖全国的专业化统防统治队伍从无到有，人员培训满足生产需求，高效服务模式初步构建。“农药使用量零增长行动”带动社会化服务组织配置专业施药机械，统配统施、统防统治等专业化服务快速发展，专业化服务组织超过 9.9 万个，高效植保机械超过 63.4 万台套。通过控制病虫害发生、高效低风险农药替代高毒高残留农药、高效大中型药械替代低效小型药械、推行精准施药和病虫统防统治等技术措施，2021 年我国主要农作物病虫害绿色防控覆盖率达到 46%，比 2015 年提高 23 个百分点；主要农作物病虫害统防统治覆盖率达到 42.4%，比 2015 年提高 9.4 个百分点。

3）重大生物灾害防控法治建设日臻完善，《农作物病虫害防治条例》《中华人民共和国生物安全法》等法律的实施，保证了生物灾害防控工作的及时有效开展，减灾防灾能力明显提高，有效控制了农作物主要有害生物的为害，为保障我国生态安全、生物安全、粮食安全和农产品质量安全提供了理论与技术保障，为促进农业增效和农民增收作出了突出贡献。

第二节　新农药创制及产品

一、新靶标挖掘

长期反复使用针对较为单一的靶标分子开发的农药，是近年来农业病虫害抗药性呈暴发性发展的根本原因。因此，开发绿色安全的原创性分子靶标是解决农药抗药性的根本途径，也是农药创制研究的制高点。发现原创性分子靶标是2019年中国科学技术协会发布的60个重大科学问题和重大工程技术难题之一，也是2021年中国工程院和中国科学院发布的农业领域中的“卡脖子”问题之一。近年来，对原创性农药分子靶标及其作用机制的研究一直是人们关注的重点和热点，特别是随着研究手段及生物技术的发展和进步，一些新的农药靶标不断被挖掘出来。化学杀虫剂被广泛用于控制农业害虫和病媒昆虫，是维护粮食安全和人类健康不可缺少的重要工具。目前占80%以上市场份额的杀虫剂作用于昆虫的神经系统，但是这几百种神经毒剂聚焦在8个已知的分子靶标上，而最近30年只发现了瞬时受体电位香草酸（transient receptor potential vanilloid，TRPV）通道这一个新的靶点。2022年浙江大学黄佳团队通过CRISPR/Cas9基因组编辑技术揭示了杀虫剂氟啶虫酰胺的作用机制，发现了昆虫神经系统中第9个分子靶标——烟酰胺酶（图13-1）。烟酰胺酶在线虫和病原菌中广泛存在并具有重要的生理功能，而脊椎动物的基因组中不存在编码烟酰胺酶的基因，意味着潜在的烟酰胺酶抑制剂可以开发为杀线虫剂和杀菌剂在农业上使用（Qiao et al.，2022a）。

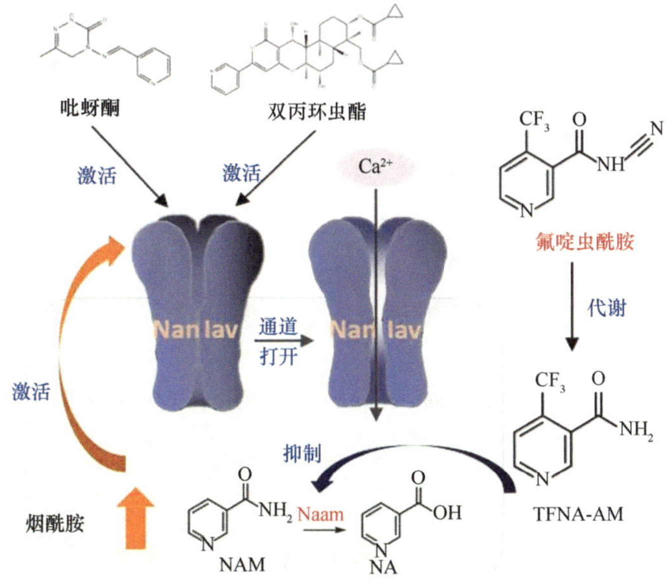

图 13-1　氟啶虫酰胺的作用机制示意图

氟啶虫酰胺在虫体内的代谢产物TFNA-AM通过抑制烟酰胺酶活性导致底物烟酰胺的累积，从而过度激活TRPV通道产生中毒症状

几丁质的生物合成是最古老的生物合成途径之一，对大量生物的生存和繁殖至关重要，这些生物包括许多种严重危害农业生产的害虫、病原真菌和卵菌等。几丁质不存在

于植物和哺乳动物中，因此几丁质合成酶是高效、安全、生态友好的农药创制的重要靶标之一。然而，靶向几丁质合成酶的绿色农药进展缓慢，其中一个重要原因是缺乏几丁质合成酶的准确三维结构信息，几丁质合成酶的结构-功能关系不明确，严重阻碍了针对该酶设计新的农药品种。2022 年中国农业科学院植物保护研究所杨青团队在 *Nature* 上发表了题为 *Structural basis for directional chitin biosynthesis* 的研究论文。该研究通过解析大豆疫霉几丁质合成酶 *Ps*Chs1 的冷冻电镜结构（图 13-2），阐明了几丁质生物合成的机制（图 13-3），从而为针对几丁质合成酶的新型绿色农药精准设计奠定了基础。几丁质合成机制在病虫中的保守性使得几丁质合成酶作为绿色农药分子靶标具有重要意义。此研究成果具有里程碑式意义，标志着中国农药研发水平提升到了基础理论原始创新的高度，也是近几十年来全球农药创新研究与开发领域最重要的基础性进展之一（Chen et al.，2022）。

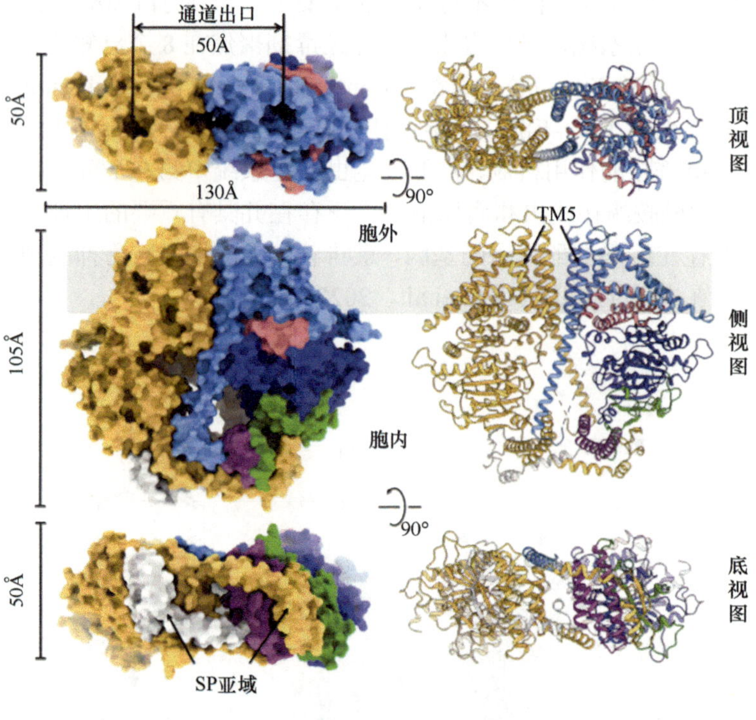

图 13-2 大豆疫霉（*Phytophthora sojae*）几丁质合成酶（*Ps*Chs1）的三维结构

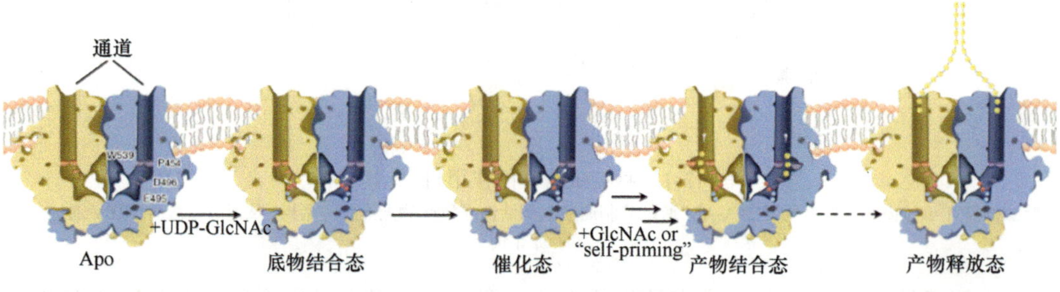

图 13-3 几丁质生物合成的机制

几丁质合成酶调控了从底物结合、催化合成、产物生成和转运到产物释放的完整的几丁质生物合成过程在近 140 年的现代杀菌剂发展史上，人类先后研发了 400 多种杀菌剂用于植物病害的化学防控，然而这些杀菌剂要么在消灭有害微生物的同时也对其他生物产生毒副作用，要么作用位点单一，有害病原物特别容易产生抗药性。受制于研究手段的不足，目前探明的这些杀菌剂作用的分子靶标或受体蛋白只有 20 多种，其中具有研发利用价值的更是屈指可数，而且至今没有在结构层面上阐明任何一个靶标蛋白与药剂是如何相互作用的。南京农业大学周明国团队经过近 20 年的不断探索，发现了一种极其重要的新靶标——肌球蛋白-5。2020 年该团队利用结构生物学方法开展了氰烯菌酯与其作用靶标肌球蛋白-5 复合物的三维结构研究，首次获得了小麦赤霉病菌肌球蛋白分辨率为 2.65Å 的晶体结构，揭示了植物病原丝状真菌肌球蛋白与其抑制剂的互作特征，同时揭示了氰烯菌酯抑制肌球蛋白 ATP 酶活性的分子机制（图 13-4）。以上创新性研究为肌球蛋白抑制剂的创制发展奠定了重要的科学基础。该研究解析的杀菌剂与靶标复合物的晶体三维结构是首个直接针对病原物开展研究的科学探索成功案例（Zhou et al.，2020）。

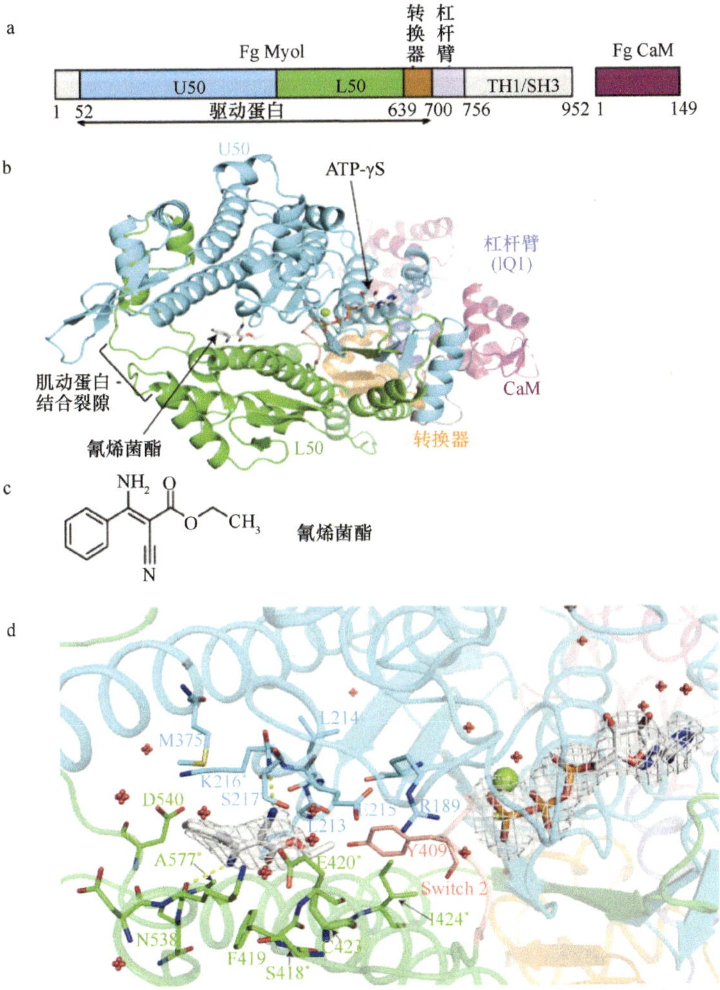

图 13-4　禾谷镰刀菌肌球蛋白结构

a. 禾谷镰刀菌肌球蛋白的结构域；b. 氰烯菌酯与禾谷镰刀菌肌球蛋白-5 复合物的晶体三维结构；c. 氰烯菌酯的分子结构式；d. 氰烯菌酯作用于禾谷镰刀菌肌球蛋白-5 复合物的催化中心

杂草对现有除草剂的抗性越来越强，对农业生产构成了严重威胁。目前，氨基酸类除草剂通常都含有氨基和磷酸基团，故将此类除草剂称为氨基酸类除草剂。在高等植物中，赖氨酸生物合成途径的限速步骤是由两种关键酶即天冬氨酸激酶（AK）和二氢二吡啶二羧酸合酶（DHDPS）催化的（da Costa et al.，2021）。2020 年上海科技大学免疫化学研究所饶子和与昆士兰大学 Luke Guddat 的联合科研团队在 *Nature* 上发表了题为 *Structures of fungal and plant acetohydroxyacid synthases* 的研究论文。该项工作在国际上首次成功解析了植物和真菌乙酰羟基酸合成酶的完整三维结构（图 13-5）。乙酰羟基酸合成酶（AHAS）是目前世界范围广泛用于水稻、小麦和大麦作物的 50 多种商用除草剂的靶标，也是抗菌剂作用于人类结核病致病菌（结核分枝杆菌）和侵袭性真菌病原体（白色念珠菌等）的新靶标。该研究成果是乙酰羟基酸合成酶研究领域的重要里程碑。目前，研究团队正充分利用这一结构和功能研究成果，积极开发新一代的除草剂和抗菌剂（Lonhienne et al.，2020）。

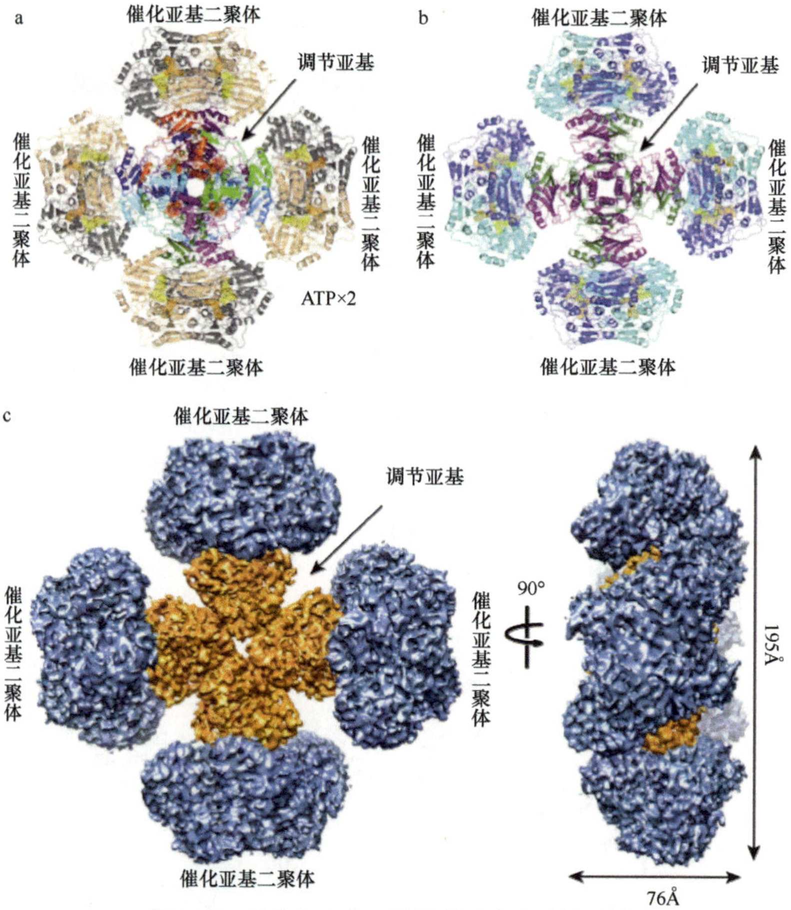

图 13-5　植物和真菌乙酰羟基酸合成酶的结构

a. 拟南芥（*Arabidopsis thaliana*）乙酰羟基酸合成酶（*Sc*AHAS）的结构；b. 酿酒酵母（*Saccharomyces cerevisiae*）乙酰羟基酸合成酶（*At*AHAS）的结构；c. *At*AHAS 的冷冻电镜图

植物细胞膜识别受体作为监控病原菌侵害的“前哨”，通过识别病原菌保守致病因子激活植物多层次防卫系统，从而产生对病原菌的抗性。2022 年，南京农业大学王源超团队和清华大学柴继杰团队合作在 *Nature* 上发表了题为 *Plant receptor–like protein activation by a microbial glycoside hydrolase* 的研究论文。该研究解析了细胞膜受体蛋白 RXEG1 识别病原菌核心致病因子 XEG1 激活植物免疫的作用机制，首次揭示了细胞膜受体蛋白具有可作为“免疫识别受体”和“抑制子”的双重功能（图 13-6）。木葡聚糖酶（XEG1）是在细菌、真菌和卵菌等多种病原菌中广泛存在的一类保守的糖基水解酶，可被烟草、大豆、番茄等多种植物识别而诱导免疫反应。因此，该研究突破对于改良作物的广谱、持久抗病性具有重要指导意义，同时为开发绿色新型植物免疫激活剂奠定了核心理论基础。通过人工智能的方法与手段，未来在大量化合物中筛选具有靶向性的 XEG1 抑制剂和靶向 RXEG1 的植物免疫激活剂将成为可能（Sun et al.，2022）。

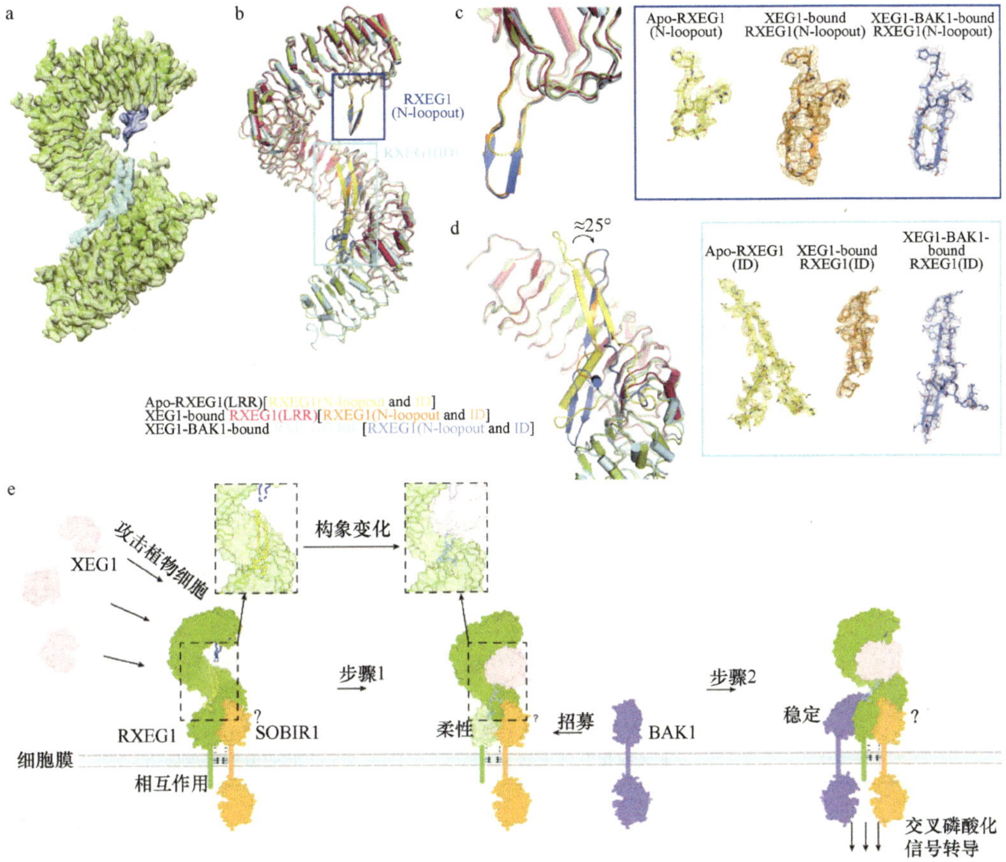

图 13-6　细胞膜受体蛋白 RXEG1 发挥“免疫识别受体”功能的具体机制

a. Apo-RXEG1（LRR）复合物的电镜结构；b. Apo-RXEG1（LRR）、XEG1- RXEG1（LRR）和 XEG1-BAK1- RXEG1（LRR）的结构比对；c. RXEG1（N-loopout）在三种形式 RXEG1（LRR）中的冷冻电镜电子密度图；d. RXEG1（ID）在三种形式 RXEG1（LRR）中的冷冻电镜电子密度图；e. RXEG1 受体识别致病因子 XEG1 活化免疫的示意图

二、新农药成分

绿色农药是农业生产、农业经济发展不可或缺的重要组成部分，是关系到全球粮食安全、食品安全、生态安全的重大战略物资。新农药创制需要多学科共同发力，过去成功开发一个新农药，大约需要合成 14 万个化合物，耗资 2.56 亿美元，历时超过十年。

近些年来，随着基因编辑、结构生物学、合成生物学、化学生物学等生物技术的发展，极大地提升了新农药创制的效率。

中国的农药创制是在新中国成立后才起步的，主要经历了3个发展阶段。第一个发展阶段是1949～1993年，中国农药创制以仿制为主，仿中有创、半创半仿、尝试创制，取得了一定的成绩，如1958年仿制合成了乙蒜素，1970年研发了氨基甲酸酯类杀虫剂混灭威，1976年研制了不含氟元素的苯甲酰脲类昆虫生长调节剂灭幼脲；1993年我国颁布了《中华人民共和国专利法》和《农业化学物质产品行政保护条例》，开始实施农药化合物专利保护制度，农药创制进入第二个发展阶段，由仿制转向创制，杀虫剂氟吗啉的研发成功，实现了我国农药创制零的突破，成为第一个具有自主知识产权的新品种农药。从“十五”时期开始，中国农药创制进入第三个发展阶段，农药创制投入不断加大，包括南北农药创制中心（农药国家工程研究中心、国家南方农药创制中心）、绿色农药与农业生物工程教育部重点实验室、国家高效低风险农药科技创新联盟在内的一系列国家级、省部级平台及创新联盟相继成立（表13-3），“973”“863”、国家科技支撑计划等国家项目连续立项（潘兴鲁等，2020），大幅提升了中国绿色农药的创新能力，取得多项具有国际影响的原创性成果，使中国成为继美、日、德、瑞、英之后第六个具有独立创制新农药能力的国家。

表13-3　我国农药科技创新平台

创新联盟	省部级平台	国家级平台
生物农药与生物防治产业技术创新战略联盟（成立于2013年10月，北京）	农业部农药化学及应用技术重点开发实验室（中国农业科学院植物保护研究所）	国家南方农药创制中心
国家高效低风险农药科技创新联盟（成立于2016年9月8日，南宁）	天然农药与化学生物学教育部重点实验室（华南农业大学）	农药国家工程研究中心
农药产业技术创新战略联盟（试点工作于2010年4月启动，北京）	绿色农药与农业生物工程教育部重点实验室（贵州大学）	新农药创制与开发国家重点实验室
中国农药制剂创新联盟（成立于2018年1月，北京）	农药与化学生物学教育部重点实验室（华中师范大学）	国家农药创制工程技术研究中心
	植物生长调节剂教育部工程研究中心（中国农业大学）	国家生物农药工程技术研究中心
	生物农药与化学生物学教育部重点实验室（福建农林大学）	绿色农药与农业生物工程国家重点实验室培育基地

通过70年的努力，我国在新农药创制理论和农药品种方面取得了丰硕的成果。2008～2016年全球关于农药的5857项专利中，中国的专利数达到2529项，占全球的43.18%。我国自主创制并获得登记的农药新品种有50余个（潘兴鲁等，2020）。此外，近年来涌现出一批重要绿色创制新品种（表13-4），通过开展分子靶标导向的新型杀菌抗病毒药剂创新，针对水稻、蔬菜和烟草等主要农作物病害，创制出包括氟吗啉、毒氟磷、啶菌噁唑、丁香菌酯、氰烯菌酯、申嗪霉素、丁吡吗啉、氟醚菌酰胺等在内的几十个具有自主知识产权的绿色杀菌抗病毒剂；在杀虫剂创制新理论、新技术和产品创制上取得进展，创制出乙唑螨腈、环氧虫啶、环丙氟虫胺、四氯虫酰胺、哌虫啶、戊吡虫胍等新型农药杀虫剂；构建了杂草对除草剂的抗性机制及反抗性农药分子设计模型，创制出单嘧磺隆、环吡氟草酮、双唑草酮、三唑磺草酮和苯唑氟草酮等除草剂新品种；基于

植物免疫诱抗理论，创制出毒氟磷、阿泰灵、氨基寡糖、甲噻诱胺等植物免疫诱抗剂。其中，氰烯菌酯是我国自主创制的新型杀菌剂产品，在防控农作物赤霉病暴发上显示出突出的防病控毒素效果，产业影响力大。毒氟磷是我国首个具有自主知识产权的抗植物病毒剂，具有免疫诱抗作用，在水稻黑条矮缩病和蔬菜病毒病防控示范区得到广泛应用；环氧虫啶作为新型新烟碱类农药，对蜜蜂行为、群势及子脾发育无任何影响，已经获得20余项PCT（专利合作条约）国际专利；环吡氟草酮是我国自主研发的新型对羟苯基丙酮酸双氧化酶（4-hydroxyphenylpyruvate dioxygenase，HPPD）抑制剂类除草剂，与主流药剂不存在交互抗性，对抗性及多抗性看麦娘、日本看麦娘高效，在实现同等除草效果的基础上，环吡氟草酮比常规除草剂有效成分用量减少50%以上。

表 13-4　我国国家科研计划中涌现出的绿色创制品种

有效成分名称	创制单位	产业化单位	类型
氰烯菌酯	江苏农药研究所股份有限公司	江苏农药研究所	杀菌剂
毒氟磷	贵州大学	广西田园生化股份有限公司	免疫诱抗剂
PMDD-5Y PMDD-19	中国农业大学		杀菌剂
戊吡虫胍	中国农业大学	合肥星宇化学有限责任公司	杀虫剂
丁吡吗啉	中国农业大学	江苏耕耘化学有限公司	杀菌剂
苯噻菌酯	华中师范大学	江苏七洲绿色化工股份有限公司	杀菌剂
氯苯醚酰胺、氟苯醚酰胺	华中师范大学	北京燕化永乐生物科技股份有限公司	除草剂
喹草酮、甲基喹草酮	华中师范大学	山东先达农化股份有限公司	除草剂
唑醚磺胺酯	华中师范大学	华中师范大学	杀菌剂
丁香菌酯	沈阳化工研究院	吉林省八达农药有限公司	杀菌剂
唑菌酯	沈阳化工研究院	沈阳科创化学品有限公司	杀菌剂
环吡氟草酮	青岛清原化合物有限公司	青岛清原化合物有限公司	除草剂
SYP-3810、SYP-3773	沈阳化工研究院		杀菌剂
氟唑活化酯	华东理工大学	江苏省南通泰禾化工股份有限公司	诱导抗病激活剂
哌虫啶	华东理工大学	江苏克胜集团股份有限公司	杀虫剂
环氧虫啶	华东理工大学	上海生农生化制品股份有限公司	杀虫剂

2022年4月底，山东清原农冠作物科学有限公司三大最新专利化合物氟氯氨草酯、氟草啶、氟砜草胺在柬埔寨首次获得批准登记，在国内的登记工作也已进入最后阶段，将于近期陆续上市，该公司迎来了继环吡氟草酮、双唑草酮、苯唑氟草酮、三唑磺草酮四大专利化合物之后的又一个新专利化合物上市高峰。沈阳中化农药化工研发有限公司刘长令团队采用中间体衍生化法发明的除草剂SY-1604解决了通常需要3种不同除草剂才可以解决的难题，填补了国际空白，预计2023年上市，先正达评估该除草剂上市3年销售额即可达到3.5亿美元，有潜力成为一枚行业公认的“重磅炸弹”。采用同样方法发明的SY-1602急性毒性比食盐还低，在防治病害效果相同的前提下，其用量仅是目前市场上同病害防治药剂用量的1/10～1/3，效果更好、更安全，性价比优势非常显著，攻克了半个多世纪以

来嘧啶胺类杀菌剂高毒性这一国际性难题，美国杜邦公司评价其是目前世界上最好的防治白粉病药剂，应用前景广阔，预计 2024 年上市。2022 年中国农业大学张建军团队通过对阿维菌素发酵副产物 B2a 的结构改造，发现了高效、广谱、安全并具有完全自主知识产权的候选杀虫剂活性分子——烯基甲维盐（图 13-7 和图 13-8），这一原创性发现有望减少由阿维菌素发酵产生的副产物 B2a 带来的资源浪费问题，可有效降低阿维菌素的发酵成本，并为我国绿色农药的创制添加重要的新品种（Xu et al.，2022）。

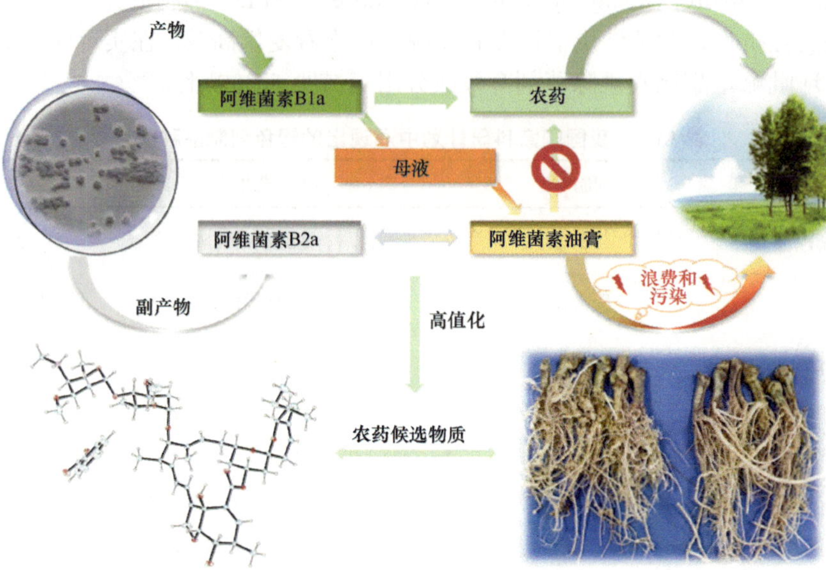

图 13-7 新型绿色农药烯基甲维盐的创制思路

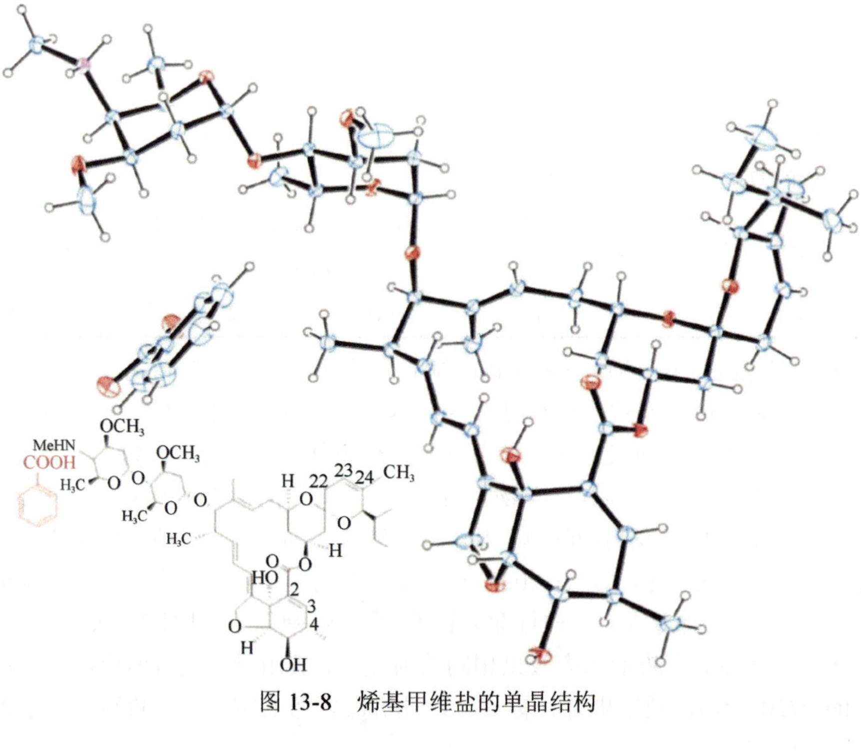

图 13-8 烯基甲维盐的单晶结构

以纳米材料作为农药活性成分的研究是目前农药创制的一个新兴方面。江南大学胥传来团队与中国农业科学院烟草研究所、美国密歇根州立大学等合作，在 *Nature Catalysis* 上发表了题为 *Site-Selective Proteolytic Cleavage of Plant Viruses by Photoactive Chiral Nanoparticles* 的研究论文。该研究独辟蹊径，以植物生长过程所需矿物质为原料，研制了独特形貌的手性纳米颗粒，发展了无残留、不产生抗药性的新型纳米农药。研究成果揭示了该新型农药的光剪切化学机制：手性纳米农药尺寸和形貌与病毒衣壳蛋白形成的中心孔尺度匹配，通过与衣壳孔内的多肽片段经超分子相互作用网络稳固在孔内部；纳米颗粒与孔中特定蛋白位点特异性亲和，使得衣壳蛋白单体第 101 位天冬酰胺和第 102 位脯氨酸之间的酰胺键水解断裂，实现了病毒的有效杀灭（图 13-9）（Gao et al.,

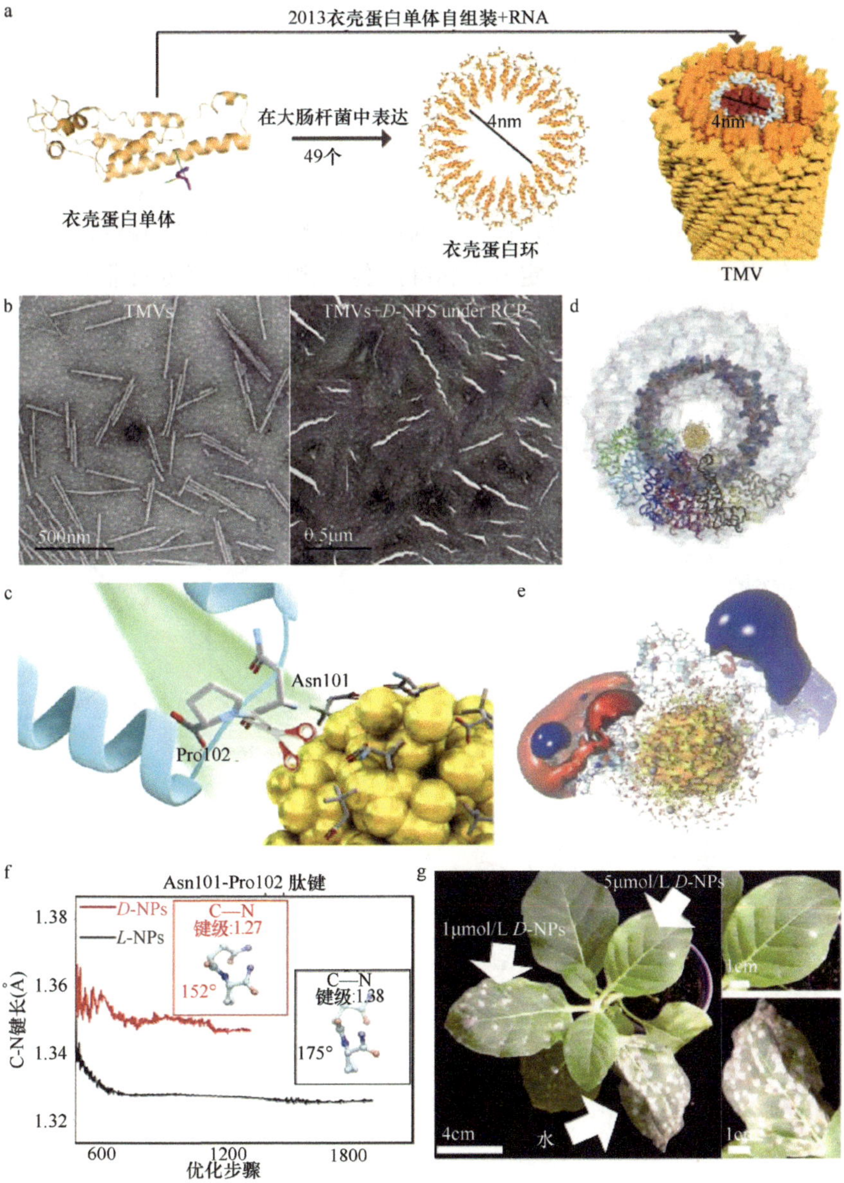

图 13-9　新型手性农药杀灭烟草花叶病毒的机制

2022）。目前，我国农药创制体系不断完善，创新能力和竞争力不断增强，正逐步迈进农药创制国家的行列。

三、新制剂产品

新农药创制的长周期和高成本问题急需通过制剂创新来突破。“一个农药的成功，一半在于剂型”，通过农药制剂加工可以使新的农药品种有效成分药效得到充分发挥，也可以使一些老的农药品种使用毒性降低，从而提高药效，重获新生，延长使用寿命，达到绿色农药的标准。根据剂型发展现状分析可知，当今农药剂型创新遇到了瓶颈。即技术上，很难颠覆现有认知创新出新的剂型；管理上，登记管理体系更加规范，新剂型的登记要求也很高。因此，剂型的创新主要体现在两个方面：一是对现有剂型的性能升级，二是开展场景导向的新剂型创新。

主要常规制剂形成与稳定的应用理论比较成熟，助剂性能、生产装备与工艺技术相对稳定，产品集群规模化程度高。因此，其性能升级主要体现在新型功能型助剂的使用和制备工艺的优化方面，不仅能提升产品性能，还能颠覆对传统剂型的认知，主要包括以下三个方面：降低农药的分散度，提高其对靶沉积效率和吸收传输性能；赋予农药控制释放功能，体现“定点、定时、定量”精准给药的靶向性；降低对非靶标的风险，最大程度提高其稳定性和安全性。相比传统乳化剂，采用高分子助剂加工的乳油制剂兑水稀释后的药液形成层状液晶或微交联结构，可降低雾滴空间运行的蒸发速率，减少雾滴飘移（图 13-10）；通过在农药微细颗粒表面形成高分子包覆层，可以大幅降低拟除虫菊酯类农药对皮肤的刺激性，从而降低农药喷雾作业人员的暴露风险。

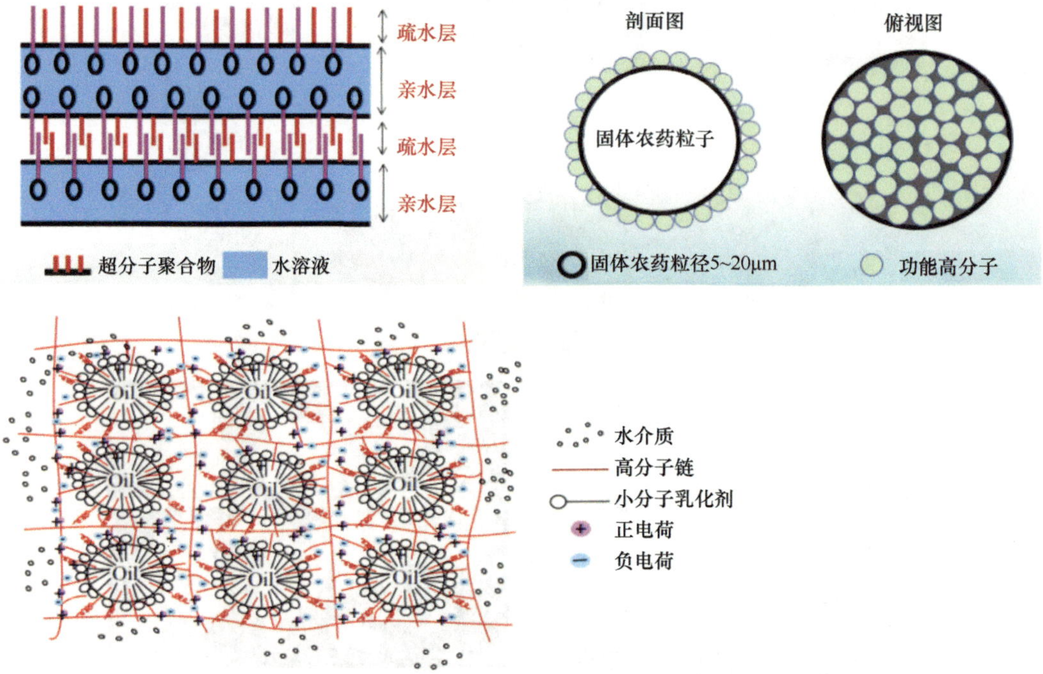

图 13-10　农药有效成分分散形貌示意图

近年来，纳米科技的迅猛发展为现代农业科学提供了新的方法，正在推动传统农业在许多交叉领域不断孕育新的重大突破。国内外学者在利用纳米技术和材料改善农药性能方面开展了广泛的研究，取得了一系列的进展，“纳米农药”已经成为农药剂型研发的前沿领域。中国农业科学院植物保护研究所曹立冬等利用正电荷修饰的介孔二氧化硅纳米颗粒为载体材料，可通过静电作用调控 2,4-D 钠盐的负载和释放，同时降低土壤淋溶，并使释放具有明显的环境因子（pH、温度和离子强度）敏感性，并且显示出良好的靶标生物活性和非靶标安全性。澳大利亚昆士兰大学的 Jain 等（2022）使用可降解黏土纳米颗粒（Mg-Fe 层状双氢氧化物，MgFe-LDH）作为双链 RNA （dsRNA）的保护性载体，研发出一种新型环保高选择性杀虫喷雾剂，通过诱导基因沉默，可有效提高棉花中烟粉虱的死亡率，从而实现非转基因植物上烟粉虱的防控（图 13-11）。山东农业大学的刘峰等将聚乙二醇和 4,4-亚甲基二苯基二异氰酸酯分别作为亲水软段和疏水硬段，在纳米反应器中通过单体聚合和聚合物自组装高效制备了柔性高效氯氟氰菊酯纳米凝胶，其不仅可通过柔韧性和黏附性调节为农药输送提供叶面亲和力与钉扎力，还具有良好的持效期和非靶标安全性。

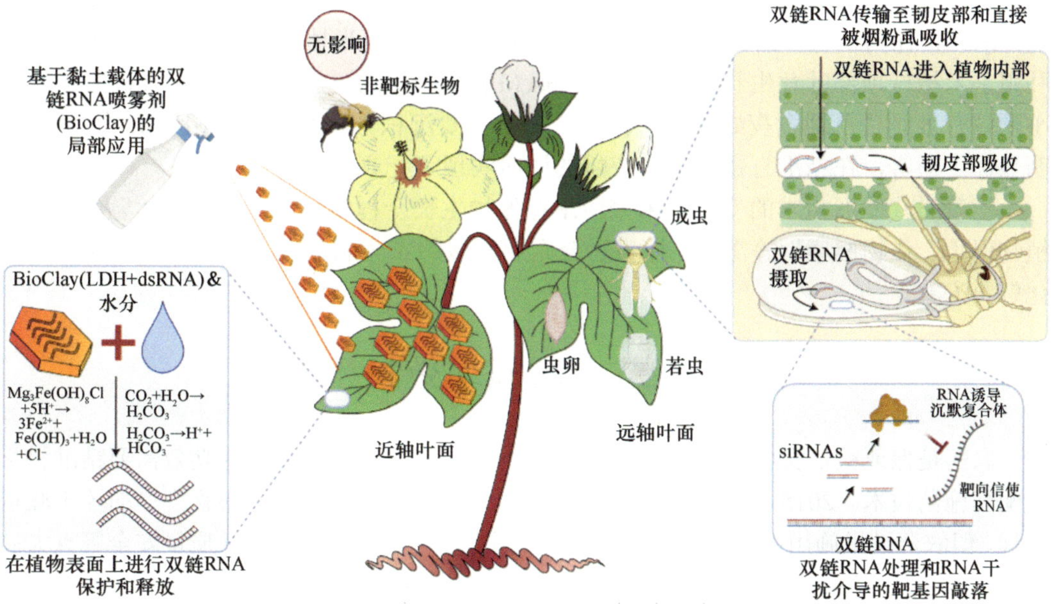

图 13-11　叶面喷施由层状双氢氧化物负载的双链 RNA（double-strand RNA loaded onto the layered double hydroxides, dsRNA-LDH）有效防控烟粉虱

农药控制释放制剂设计的核心在于利用各种功能性载体材料和巧妙的制备工艺，制备对环境因子敏感的可控制释放的微胶囊、微球、静电纺丝等（如 pH、温度敏感性微胶囊），根据有害生物的防控需求合理释放农药活性成分。巴斯夫通过对聚合物材料的精心筛选，成功开发出吡唑醚菌酯创新剂型——10%吡唑醚菌酯微囊悬浮剂（稻清®）。稻清®具有很好的亲脂性，独有的微胶囊技术使得其在水稻叶片上能够很好保留，待雾滴蒸发后，其在稻叶表面精准释放，产生最佳的稻瘟病防治效果；而少量落入稻田水中的微胶囊将保持完整并沉入底泥，微胶囊与底泥结合，最后被底泥中的微生物降解，极大地提高了对水生生物的安全性。多组分的昆虫性信息素具有易挥发性和化学性质稳定

特征，设计能够调控昆虫性信息素释放行为的缓控释载体是紧迫的现实需求和未来的研究方向。中国农业科学院植物保护研究所曹立冬等以聚羟基丁酸酯为载体材料，通过静电纺丝技术制备了斜纹夜蛾昆虫性信息素纳米载药复合纤维（PHB/TDDA）。PHB/TDDA 具有疏水和不透光特性，可以提高昆虫性信息素的环境耐受性，持续诱捕时间可达 7 周左右，总诱捕数与商业产品对照组具备可比性，具有很好的开发前景。

“十四五”期间我国农业种植模式发生改变，新技术不断涌现，农药减施增效技术尤其是农药制剂需要持续创新，以适应新的应用场景和新的发展阶段，即进行场景导向的新剂型创新。随着土地集约、托管的发展，专业化防治逐渐兴起，推动了农机、农艺、农药等作物种植体系中多要素的融合，一次作业完成多种农事及农艺操作的新模式将成为发展方向。通过载体材料的筛选和制备工艺的优化，可制备新型缓释药肥颗粒剂，在小麦播种时施用药肥缓释颗粒剂，药肥通过根部吸收并长效缓释向上传输，克服了在地上部生长期多频次过量施用方式存在沉积分布的位差、时差与剂量差等问题。中国农业科学院植物保护研究所杨代斌等创新性提出采用颗粒农药撒施代替农药药液喷雾，探索出植保无人机防治草地贪夜蛾的新方法。草地贪夜蛾具有钻蛀玉米心叶造成危害的特点，因此，在药剂喷雾防治时，需要把药剂雾滴喷洒到玉米植株喇叭口内。该研究充分利用玉米植株顶部叶片生长形成的天然喇叭口和无人机的下压风场，使无人机撒施的微小颗粒有效到达草地贪夜蛾的危害部位，颗粒主要沉积分布在心叶，田间防效□90%，明显优于喷雾，在精准打击草地贪夜蛾的同时实现了无飘移施药。

随着时代发展需求的变化，未来应站在作物生长全程角度，统筹考虑“营养平衡、植物保护、作物健康”等需求，探索适合企业发展的农药制剂创新研究策略和作物一体化解决方案。

第三节　减施增效技术

农药是保证粮食安全生产的重要高级农业投入品，要发挥其控害的功效需要精准科学地配套施药技术。2015 年之前，我国主要通过过量施用农药来实现粮食生产的控害减损目标，但农药过量施用不仅导致了资源浪费，还引起环境污染和农产品质量安全等重大问题。究其原因，主要是对不同种植体系农药损失规律和高效利用机理缺乏深入的认识，施药装备薄弱，农药跑冒滴漏严重，农药减施增效技术研发滞后，严重影响农药高效安全应用。因此，开展农药减施增效精准施药技术研究是保障粮食数量和质量安全的重要课题。

根据 2015 年中央一号文件关于农业发展“转方式、调结构”的战略部署，科技部实施了国家重点研发计划试点专项“化学农药减施增效综合技术研发”，聚焦粮食、蔬菜、果树等主要作物的农药减施增效重大关键科技问题，开展了农药高效利用机理与限量标准、农药技术创新与装备研发、农药减施增效技术集成与示范应用研究，提出了农药高效低风险理念，构建了农药减施增效与高效利用的理论、方法和技术体系，大力推进了绿色防控和精准科学用药，及时准确预报了病情虫情，推广了高效植保药械，推行了达标防治、对症用药、适时适量用药。2020 年我国化学农药利用率提高到 40.6%，高效低风险农药占比超过 90%，化学农药使用量连续负增长，农作物病虫害危害率稳定控制在 5%以下，为保障我国粮食生产“十九连丰”、降低农药用量、提高农产品质量、保障人民健康作出了重要贡献，实现了作物生产提质、节本、增效，为保障中国粮食安全提供了有力的科技支撑。

一、农药精准施药技术

中国农业科学院牵头全国优势科研团队，以化学农药防治靶标药剂敏感性变化机制、药剂间相互作用机制为基础，针对群体、生化及基因水平三级敏感性标志物，发明了精准选药试剂盒、药液沾着展布比对卡、雾滴密度测试卡、雾滴密度比对卡和雾滴密度指导卡等系列产品（图 13-12），填补了国内空白，实现了基于作物叶片和有害生物特征的雾滴粒径与密度的有效调控。

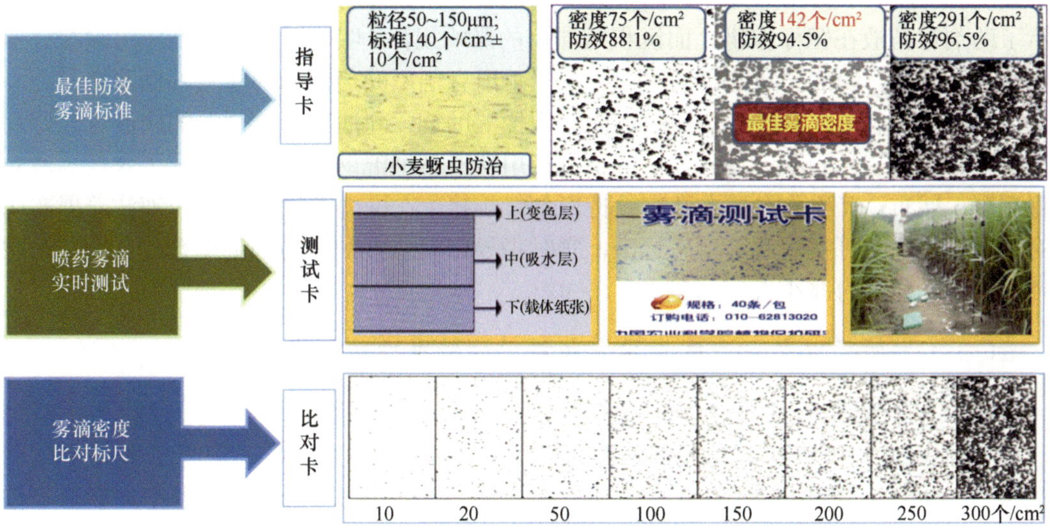

图 13-12 雾滴密度指导卡、测试卡、比对卡示意图

（一）创建了以试剂盒为核心的精准选药技术

以典型作物重大害虫为对象，研究了其对防治药剂的敏感性变化规律、药剂与害虫体内解毒酶系的互作特点，通过敏感性检测技术对比分析、最适承药载体筛选、储藏条件优化等，攻克了试剂盒标准化、诊断剂量和时间控制、货架寿命及田间种群适应性等技术难题，成功研制出瓜蚜、麦蚜、桃蚜、褐飞虱、烟粉虱、小菜蛾、棉铃虫等重要农业害虫的精准选药试剂盒 26 套，并开展了田间应用。试剂盒只需 1～3h 即可完成敏感性药剂选择，相对于室内生测选药缩短了至少 1d，提高了选药效率，针对目标害虫的选药准确率达到 80%以上。以抗性当季快速检测（RISQ）方法为基础，成功研制 6 个除草剂的精准快速选药技术及试剂盒；在酶蛋白水平上，利用莽草酸和植物 5-烯醇式丙酮酰莽草酸-3-磷酸合酶（EPSPS）基因单边特异性生物标志物研制出 2 个除草剂的精准快速生化选药技术；在基因水平上，利用环介导等温扩增（LAMP）分子生物技术研制出 7 个杀虫剂、1 个杀菌剂、1 个除草剂的精准快速选药技术，为当前农药应用中大量存在的盲目选药和药不对症等难题提供了重要的技术解决方案，降低了“选药不当”带来的农药应用风险，填补了国内空白。

（二）研发了以药液沾着展布比对卡为指导的合理配药技术

针对农药对靶沉积过程中雾滴在靶标植物叶面的弹跳滚落和聚并流失等问题，创新提出农药雾滴与疏水靶标植物叶面之间黏附力的大小是决定雾滴在疏水靶标植物叶面是否发生弹跳的主控因素，液-固之间的黏附力越大，雾滴在靶标植物叶面的弹跳高度越小，当黏附力达到阈值，农药雾滴不再发生弹跳。同时发现农药对靶动态沉积的本质是雾滴表面膜与靶标作物叶面相互作用的过程，农药雾滴的表面扩张流变性质是影响弹跳行为的重要因素，雾滴的极限弹性模量越大，弹跳高度越大，黏性模量就越大，则其在靶标作物叶面的弹跳高度越小。研究发现，可以通过不同结构和类型的助剂调控农药雾滴与靶标植物叶面的黏附力及雾滴表面极限弹性模量的大小，从而实现农药雾滴对靶有效沉积。研究了常见剂型在田间推荐使用剂量下常量喷雾对靶标作物的润湿性能，揭示了助剂对药液在靶标作物叶面沉积与滞留的影响规律，明确了桶混助剂应用须综合考虑农药、作物、助剂之间的协同关系，发现了现有剂型的药液均不能较好润湿水稻、小麦、甘蓝等难润湿作物叶片，需添加润湿型桶混助剂；乳油等液体剂型的药液可较好润湿黄瓜、棉花等易润湿作物叶片，可添加使用滞留型桶混助剂。系统研究了农药药液对靶润湿、展布、沉积分布形态及有效持留剂量规律，在国内首次发明了药液沾着展布比对卡，通过建立可视化液滴形态标准，实时指导田间适宜剂型与桶混助剂的使用，与常规施药方法比，可减少农药用量 20%～30%。

（三）发明了以雾滴密度指导农药施用的精准喷药技术

研究了不同显色剂与载体的互作关系及影响显色的关键因子，通过将惰性吸附载体、水敏感材料和黏结物的混合物在常规基片上涂层的技术，发明了雾滴密度测试卡、比对卡；研究了不同施药条件下药液在小麦、棉花、水稻、甘蓝、苹果等作物冠层的沉积分布规律，明确了药液浓度、雾滴大小、覆盖密度等因子与防治效果的关系，发明了药剂喷雾雾滴密度指导卡。雾滴密度测试卡、比对卡、指导卡的联合应用，可减少药液喷施量 30%～70%，实现了用“雾滴个数”指导农民用药，改变了“喷雨式”用药习惯，提高了农药应用水平，减少了农药应用风险。

二、农药施用限量标准

针对我国农药过量施用问题，系统开展了农药环境归趋特征、最低有效剂量和施用限量标准研究。揭示了我国大量使用的吡虫啉、啶虫脒等 45 种农药在我国不同种植体系 27 种作物中的沉积、迁移、消解、代谢规律，绘制了相应的沉积谱、消解谱、代谢谱，为农药施药限量制定和高效施药提供了基础数据。这是国际上首次提出农药施用限量标准概念，即在有效控制靶标对作物为害的基础上，最大限度降低农药的田间使用量，减少农药浪费和农药环境暴露，保护环境安全和农产品质量安全。创建了施药限量标准制定方法，以农药最低有效剂量为施用下限，膳食风险施药阈值、环境风险施药阈值和农药登记剂量高值三者中的最低值为施用上限。创建了我国农药最低有效剂量测定方法，制定了《农药田间最低有效剂量测定》农业行业标准，明确了典型农药防治有害生物的最低有效剂量。明确了施药剂量和农药风险之间的关系，测定了施药飘移因子、农药消解半衰期、作物拦截系数、地上部分生物量面积比和质量比等参数，创建了膳食风险施药阈值测算方法及模型计算器。选择鸟类、蜜蜂、非靶标节肢动物为敏感生物，研制了环境风险施药阈值测算方法；共制定了 57 项农药施用限量标准，将施药剂量细化到区域需求，实现了“按需施药，减量用药”的目标。系统解析了农药投入剂量与有害生物控害剂量不匹配的过量施药微观机制，现提出系列农药减量科学施用及再评价建议，包括农药减量施用推荐名单 20 个、农药施用风险再评价名单 6 个、农药限制施用推荐名单 22 个，为农药减量施药提供了重要理论指导，为开展农药再评价和提高科学安全用药水平提供了重要技术依据，有力增强了科学施药对保障粮食安全的贡献。

三、土壤消毒技术

随着农业结构调整，蔬菜、中药材等高附加值作物连年、集约化种植，土壤病原菌、虫卵积累，毁灭性土传病害如枯萎病、根腐病及根结线虫病等发生严重，引起土壤质量下降，导致连作障碍。加强土传病害预防和控制技术研究，重建土壤健康，对于提升耕地质量、保障耕地可持续发展意义重大。中国农业科学院研究发现，土壤消毒技术不仅可以有效控制土传病原物，还可通过阻断由氨氧化过程导致的可吸收态氮大量累积来促进作物增产。在此基础上建立了以病原物源头控制为重点，以土壤消毒技术为核心，以农业生态调控和土壤活化修复为必要补充的土传病害防控体系，配套自主创新研究的自走式精细旋耕施药一体机、电喷式注射施药机、自走式精旋火焰消毒机，一次应用可从源头有效控制土壤中有害真菌、细菌、线虫、地下害虫及杂草，可降低作物生长期农药用量 30%～100%、氮肥用量 25%。本技术在生姜上每年推广应用 10 万亩，生姜平均增产 35%，产量达 90t/ hm^2，出口合格率 100%。三七应用超万亩，亩产量达 1589kg，显著高于新地种植三七的产量；三七轮作间隔年限也由原来的 15～20 年缩短到 3～5 年；与新地种植相比，三七总皂苷含量无显著差异，农药残留和重金属含量低于国家限量标准，有效保障了三七品质，实现了三七产业的可持续发展。在设施蔬菜、草莓、山药等上应用增产 10%～50%。

四、生物熏蒸技术

针对保护地西瓜甜瓜严重发生的根结线虫病害，开展生物熏蒸替代化学杀线虫剂防控研究。休闲期采用新鲜粪便（牛粪最佳）接种短小芽孢杆菌，田间覆膜生物熏蒸 45d 左右，粪便发酵产生的氨气于 15d 左右可全部杀灭根结线虫 2 龄幼虫；产生的发酵热（25cm 深度土壤 55～60℃可持续处理 20d 左右）可有效杀灭卵块，杀灭率达 80% 以上。此措施可明显降低土壤内根结线虫的种群数量，解决传统根结线虫病害防治中的农产品残留和微生态破坏等难题，为生产提供了安全有效的控制途径，从而解决了长期以来过量或滥用化学农药防治土传病害的恶性循环状态。

五、新型植保机械施药技术

针对粮食生产有害生物的突发危害，研制了农药高效精准施药技术，建立了植保无人飞机农药飘移预测模型，研制出植保无人飞机变量施药装备和系列专用喷洒部件，解决了农药利用率低和施药均匀性不高等问题（图 13-13）。创立了基于气液两相流的雾滴群运动定量描述方法，构建了旋翼下洗气流与农田环境耦合作用下的施药飘移预测模型。发明了超低空变量施药控制技术与装备，提出了雾滴粒径与喷洒流量双参数耦合控制方法，研制了参数匹配、沉积均匀、飘移可控的变量施药控制装备。创新了智能化施药作业方式，明确了精量化飞防作业参数，建成了植保无人飞机施药技术体系。创新了植保无人飞机在复杂农田环境下的智能化施药作业模式，发明了自主避障技术，攻克了机具在田间有遮挡、狭窄等复杂环境下自主起降不稳的技术难题。发明了多机系统操控技术，提出了多目标多任务优先级评估方式，形成了“单人多机”的集群智能化施药作业模式。针对我国不同区域农业生产经营模式和地貌特点，将农机和农艺有机融合，开发出系列化航空施药高工效智能化平台，创立了低空、低量、高浓度的高效施药作业技术体系。经应用，减少农药使用量 20%、节省用水 90% 以上，有效保障了粮食安全生产。

图 13-13　植保无人飞机精准施药技术装备

目前果园风送喷雾机在农药非靶标区域（空中、果树行间与地面）的飘失和流失导致农药有效利用率仅为 30%。为解决农药利用率低的问题，研发了果园高效精准变量施药技术，其可有效阻断地面摩擦湍流、射流卷吸引发的雾滴飘失，农药利用率由应用前的 30% 提高到 50%。果园高效精准变量施药技术的原理是，根据树冠冠形自适应精准对靶施药和根据树冠枝叶密度自适应精准变量施药。此外，依据该项技术研制出适合不同果园和树体的果园精准变量喷雾机 4 套。3WGF-300C 型果园对靶喷雾机：适用于传统密植、棚架、老旧密闭果园或低缓丘陵小规模果园。3WG-8B 型果园多通道精准变量喷雾机：适用于树体差异较大、特殊化栽培的果园。3WGF-1600A 型果园对靶喷雾机：适用于平原及低缓丘陵规模化果园。3WGF-500A 型果园精准变量喷雾机：适用于平原及低缓丘陵规模化果园。目前该技术在全国山东、安徽、江苏、河北、北京、新疆等 25 个省份大面积推广应用，推广作业面积 632 万亩，作业效率提高 10～20 倍，农药有效利用率平均提高 20%，节本增效 12.65 亿元，累计新增收益 14.38 亿元。

有人驾驶飞机航空施药具有施药液量大、作业速度快、空中作业环境复杂的特点，喷施药量难以有效调控，导致单位面积施药量不一致，药液沉积不均、重喷、漏喷现象严重。“有人驾驶飞机变量喷雾系统”根据航空施药管道中药液振荡频率、幅度特点，利用激励响应获得压力、流量值和流量指令响应，在反馈控制中加入预测模型，超前计算管道振荡流量脉冲值，提升系统响应速度；利用迭代优化调整控制参数，以施药累计误差最小为目标动态调整控制参数，实现流量随速度响应的动态调节，保证单位作业面积施药量一致（图 13-14）。通过多年多点实践证明，该系统实用性强，受到通航公司、飞防服务企业的广泛欢迎。该系统自 2015 年起在北大荒通用航空有限公司、山东瑞达有害生物防控有限公司等通航龙头企业应用，作业范围覆盖山东、安徽、黑龙江、湖北、重庆、江苏等省份。该系统通过了中国软件评测中心和中国计量认证检测，流速平均稳态误差为 0.68%，经应用企业测算，使用该系统后航空施药过程中的漏喷率下降 80% 以上，农药损失比使用前减少 30%以上，在减少农药投入、提升农药利用率的同时，降低了农药对环境的污染。

图 13-14　有人驾驶直升机变量喷施系统

六、药肥精准施用大数据平台

农药减量施用需要智能化和大数据的支撑，如利用卫星遥感、无人机遥感实时采集水稻生长状态与环境数据，整合地面传感监测站、气象站、病虫害监测站等多源信息；通过拥有自主知识产权的大数据平台研发，实现复杂环境下水稻种植面积估算、长势监测、病虫害监测预警、植保服务等水稻生产全链条数据与技术支持。推出的“水稻药肥精准施用大数据平台”，集合了多维度的水稻植保大数据采集、存储、分析与可视化模块，为用户带来了稳定、高效、精准的水稻种植服务。用户可以通过个人电脑、智能手机，随时随地快速了解和预估水稻生长情况与病虫害发生动态，从而及时进行施肥、病虫预防等农事活动，大幅度实现增产增效，同时降低生产成本。该成果已在贵州岑巩县应用一年，帮助降低生产成本 26%以上，同时药肥用量的减少减轻了农业面源污染，从而保护了农田环境和生态安全，提升了稻米质量。

第四节　生物防治技术

一、天敌昆虫的保护利用

发掘和评价了一批新型天敌资源：近十年来，为防控粮食作物水稻和玉米、经济作物蔬菜及果树害虫，采集与鉴定了标本，研发了天敌防控效能快速评价技术，筛选评价了大量天敌昆虫，从中挖掘出新型天敌昆虫近 100 种并建立了室内种群，如云食蚧蚜小蜂、长柄匙胸瘿蜂等新天敌，可有效防控草地贪夜蛾等新发害虫、粮经作物和果树重大害虫；研发了天敌昆虫的遗传特征信息分析技术，获取了多种天敌的DNA条形码信息，利用二代测序技术测定了姬蜂总科种类的线粒体基因组和瓢虫科种类的转录物组，构建了我国天敌昆虫DNA指纹数据库、天敌昆虫综合性数据库、天敌昆虫活体资源库。

建立了多个天敌产业化生产基地：近十年来，在国家动植保护工程、国家科技重大专项等支持下，累计建立天敌昆虫产业化生产基地近20个，包括在黑龙江、吉林、北京、新疆、广东等地建立了赤眼蜂、蚜茧蜂、蚜小蜂、黑卵蜂等寄生性天敌昆虫生产基地；在吉林、北京、河北、山东、湖北、浙江、贵州等地建立了瓢虫、草蛉、蠋蝽、小花蝽等捕食性天敌昆虫生产基地；在福建、重庆、北京等地建立了捕食螨生产基地。

建成或升级了多条天敌产品规模化生产线：近十年来，各地建立了天敌产品规模化生产线约30条，创制了天敌昆虫、捕食螨产品30余种，累计扩繁各类天敌产品万亿余头，包括在黑龙江、吉林、北京、河北、山东、山西、广东、福建、浙江、湖北、贵州、重庆等地建立了夜蛾黑卵蜂、稻螟赤眼蜂、螟黄赤眼蜂、玉米螟赤眼蜂、松毛虫赤眼蜂、烟蚜茧蜂、食蚜瘿蚊、半闭弯尾姬蜂、丽蚜小蜂、七星瓢虫、多异瓢虫、大草蛉、中华通草蛉、丽草蛉、蠋蝽、小花蝽、平腹小蜂、智利小植绥螨、巴氏钝绥螨、黄瓜新小绥螨、剑毛帕厉螨、中华甲虫蒲螨等天敌生产线，天敌生产线数量、自动化机具、生产能力等都在“十三五”期间实现了重大跨越。

研发创制了多项天敌昆虫扩繁与释放关键核心技术：近十年来，各地科研机构、高等院校、植保机构等不断完善生产流程和工艺参数，研发或改进了扩繁设施设备，突破了多项关键共性技术，包括捕食性与寄生性天敌昆虫和捕食螨工厂化生产过程中的人工饲料优化、繁育环境温光参数调控、滞育诱导与解除、替代寄主与猎物、替代产卵基质、工厂化扩繁工艺、生产器具、关键设备等都有长足进步。

制定了系列的天敌生产、产品质量及生物防控技术标准：近十年来，在行业主管部门的支持下，累计制定了农业行业标准、地方标准、企业标准近30件，覆盖了全部天敌昆虫扩繁生产环节和释放利用技术，包括天敌生产、产品包装、贮存、运输、质量检测、释放应用、发育调控技术，基于功能基因诱导表达的调控技术，捕食性天敌产品和寄生性天敌产品逆境温度/光环境产后改良特种饲料，捕食螨生产技术，玉米螟赤眼蜂、稻螟赤眼蜂工厂化繁育技术，针对果蔬害虫的各种天敌昆虫组合释放与协同控害技术等方面，大幅度补充了我国天敌昆虫的产品生产标准、田间防控标准。

在各地开展了天敌昆虫防控技术及产品推广示范：近年来，按照粮食作物、经济作物害虫的防控需求，在全国农业主产区分别建立了东北地区玉米和水稻害虫防控示范区、京津冀鲁地区设施蔬菜和露地蔬菜害虫防控示范区、中原小麦害虫防控示范区、长江流域水稻害虫防控示范区、闽粤滇渝蔬菜和水稻害虫防控示范区、藏蒙边疆生态脆弱农牧带害虫防控示范区六大示范区，成功在我国水稻和玉米等主要粮食作物核心种植区进行了以稻二化螟、螟赤眼蜂、玉米赤眼蜂、螟黄赤眼蜂、松毛虫赤眼蜂、中红侧沟茧蜂为主的防控稻纵卷叶螟、稻飞虱、玉米螟、黏虫、玉米蚜等害虫的示范应用；在北方露地蔬菜如白菜、番茄、西兰花和设施果蔬如番茄、草莓等核心栽培区，开展了以松毛虫赤眼蜂、螟黄赤眼蜂、蠋蝽、瓢虫、草蛉、食蚜蝇、捕食螨等天敌昆虫为主的防控蔬菜蚜虫、粉虱、蓟马、红蜘蛛等害虫的示范应用；在苹果等果树核心种植区，开展了以赤眼蜂、捕食螨释放与天敌昆虫保育为主的防控苹果蠹蛾、叶螨、梨小食心虫等害虫的示范应用；在青稞和牧草害虫防控核心区，开展了保护土著天敌和助迁有益天敌防控害虫的示范应用。项目的实施有效促进了农药减量控害和农产品提质增效，通过天敌昆虫防控技术及产品大面积推广示范，核心试验示范区化学农药减量40%以上，取得了显著的社会、生态和经济效益。

二、微生物农药

微生物杀虫剂产品较多，针对优良生物防治资源开展了系统搜集，创新发展了虫生真菌的液固两相发酵工艺，提升了产品效价及得率，而生物农药助剂能显著提升产品货架期和防治效果。真菌类产品包括防治蝗虫的绿僵菌制剂、防治玉米螟及其他害虫的白僵菌制剂，病毒类产品包括防治棉铃虫、斜纹夜蛾、甜菜夜蛾、茶尺蠖等害虫的核型多角体病毒（NPV），细菌类产品包括防治鳞翅目、双翅目及鞘翅目等害虫的苏云金杆菌（Bt）杀虫制剂等。苏云金杆菌制剂目前年产量达 3 万 t，在 20 多个省份的粮、棉、果、蔬菜和林业作物上应用，防治 20 多种害虫，使用面积超过 330 万 hm^2。近年选育的 Bt 菌株对抗药性强的小菜蛾、棉铃虫也有很好的防治效果，通过开发杀虫 Bt 双毒制剂、Bt 高含量可湿性粉剂，使相关产品进入了国际市场。

我国利用的昆虫病原细菌主要是苏云金杆菌，其制剂有乳剂和粉剂两种，用于防治棉花、蔬菜、果树等作物上的多种鳞翅目害虫。目前国内已成功地将苏云金杆菌的杀虫基因转入多种植物体内，培育成抗虫品种，如转基因抗虫棉等。此外，实现商品化生产的还有乳状芽孢杆菌，主要用于防治金龟子的幼虫蛴螬。

我国生产和使用的真菌杀虫剂有蚜霉菌、白僵菌与绿僵菌等，其中应用最广泛的是白僵菌，主要用于防治鳞翅目幼虫、蛴螬、叶蝉、飞虱等。

目前发现的昆虫病毒以核型多角体病毒最多，其次为颗粒体病毒（GV）和质型多角体病毒（CPV）等，其中棉铃虫、茶毛虫和斜纹夜蛾核型多角体病毒、菜粉蝶和小菜蛾颗粒体病毒及松毛虫质型多角体病毒等均已应用于生产。

放线菌产生的抗生素对昆虫和螨类有毒杀作用，这类抗生素称为杀虫素。常见的杀虫素有阿维菌素、多杀菌素等，前者可用于防治多种害虫和害螨，后者可用来防治抗性小菜蛾和甜菜夜蛾。

近年来，其他昆虫病原微生物在害虫的防治方面也有一定的应用，如利用原生动物中的微孢子虫防治蝗虫，利用昆虫病原线虫防治玉米螟、桃小食心虫等。

新型植物免疫诱抗剂及生物农药产品发展迅猛，其通过诱导激活植物免疫系统，激活水杨酸、茉莉酸和乙烯等抗病通路，促使植物中的植保素和病程相关蛋白等变化，使植物本身获得系统性抗性，从而减轻和防止病害发生。研究发现，植物胞质类受体激酶 1（BSK1）通过磷酸化丝裂原活化蛋白激酶激酶激酶 5（MAPKKK5）来调节植物免疫，提出了从免疫复合体向丝裂原活化蛋白激酶（MAPK）级联信号转导的免疫调控模式，研究开发了氨基寡糖素、“阿泰灵”、植物蛋白、香菇多糖等一批具有影响力的生物农药品种作为作物病虫害的重要防治手段，发展潜力更加巨大。

RNAi 制剂的研发进展较快，该技术对靶标害虫专一性强，不伤害天敌及其他生物，是绿色环保、有应用前景的新兴技术。针对我国主要粮食及经济作物棉花、玉米、大豆和果树的重要害虫，通过注射法、饲喂法及转基因作物测定技术等方法，积累了大量高效的抗虫 RNAi 靶标基因，为开发新型绿色环保 RNAi 制剂及其商品化生产奠定了基础。

三、生物化学农药

生物化学农药主要包括化学信息物质、昆虫生长调节剂、植物生长调节剂、植物诱抗剂和其他生物化学农药等类别（宋俊华和杨峻，2021），是来自自然界或人工合成的与天然化合物结构相同的物质，但对靶标生物无直接致死作用。因此，生物化学农药对非靶标生物相对安全，天然存在的化合物在环境中会自然代谢，参与能量与物质循环，不易产生残留，不易引起生物富集，有强的专一性而对哺乳动物较为安全，且不会产生抗药性。

化学信息物质可用于农业或非农领域的虫情预测、诱杀诱捕、使昆虫迷向及干扰昆虫交配等；昆虫生长调节剂可在昆虫个体发育时期阻碍或干扰昆虫的正常生长发育过程，使其生活能力降低而死亡，进而有效地控制其种群密度；植物生长调节剂在进入植物体后发挥植物激素或相似的生理和生物学效应，以调控植物生长发育、株型、根茎膨大、性别分化，提升植物抗逆性、产量和品质等；植物诱抗剂包含糖类、蛋白质类、多肽类和脂肪酸类等类别，主要通过调控植物体内的多级信号分子和内源性激素，激活植物防卫或过敏反应，引起防卫基因表达，因此相关蛋白酶和次生代谢产物产生并不断积累，从而增强植株对生物和非生物胁迫的耐受力，同时刺激植株的生长发育。除以上类别的品种外，胆钙化醇和双链寡聚核苷酸等也属于生物化学农药。其中，胆钙化醇在摄食后的老鼠体内被代谢成 2,5-二羟基胆钙化醇，后者可增加肠道对钙和磷的吸收并促进骨骼基质中储钙进入血液，使老鼠因高钙血症死亡；双链寡聚核苷酸通过 RNA 干扰（RNAi）使同源的信使 RNA（mRNA）高效特异性降解，特异性基因沉默后在转录后水平和翻译水平上阻断基因的表达，从而实现对有害生物的控制。糖类植物诱抗剂还可通过诱导抗（逆）性、激活土壤微生物增殖和活动、刺激微生物产生分解酶和产物氨等途径实现对植物寄生线虫的抑制作用，酰氨寡糖素（乙酸盐）对小菜蛾等害虫还存在驱避作用。

生物化学农药在药效稳定性方面强于活体生物农药，在对环境、生态安全方面一般要优于化学农药。因此，我国创制了系列生物化学农药产品，对我国粮食安全生产产生了重大影响。

生物化学农药芸苔素内酯（brassinolide，BR）甾醇类植物激素：芸苔素内酯最早提取自油菜花粉。芸苔素内酯及其极高的生理活性的发现是植物生长调节物质研究一个新的里程碑。芸苔素内酯类化合物是广泛存在于许多植物体中的一类天然甾体化合物，在各种器官如种子、根茎和叶中均发现油菜素内酯类化合物，目前该类化合物已发现 18 个。芸苔素内酯的处理浓度极低，一般 10^{-5}～10^{-1}mg/L 就显示出强大的生理活性，其主要特点：促进作物生长，增加营养体收获量；提高坐果率，促进果实肥大；提高结实率，增加千粒重；提高作物耐冷性，减轻药害，增加抗病性。芸苔素内酯在农业上已应用十余年，其效果引起了世界各国的广泛重视。应用于小麦：经芸苔素内酯处理后有明显增产作用；0.05～0.5mg/L 的芸苔素内酯对小麦浸种 24h，对根系（包括根长、根数）和株高有明显促进作用；分蘖期以上述浓度进行叶面喷雾处理增产效果明显，处理后 2 周，旗叶的叶绿素含量高于对照，穗粒数、穗重、千粒重均有明显增加，一般可增产 7%～15%；经芸苔素内酯处理的小麦幼苗耐冬季低温的能力增强；此外，处理后植株下部功能叶长势好，可增加小麦抗逆性，减少病害侵染。应用于玉米：玉米田用 0.01mg/L 的芸苔素内酯进行全株喷雾处理，能明显减少玉米穗顶端籽粒的败育率，可增产 20%左右，处理后的玉米植株叶色变深，叶片变厚，干叶重和叶绿素含量增高，光合作用速率增强，果穗顶端籽粒活性增强。另外，吐丝后处理也有增加千粒重的效果，可使玉米增产 9.8%～18.4%。

生物化学农药植物生长调节剂谷维菌素（guvermectin）：谷维菌素是放线菌 NEAU6 的代谢产物（图 13-15）（Shi et al.，2022）。其特性：用量低，增产显著，水稻亩有效用量 0.1～0.2g，亩增产>100 斤或提高 10%；水稻浸种（包衣）仅应用 1 次，整个生育期株高、茎粗、叶长叶宽、产量增加能直观看到，分蘖期提前 3～5d，苗壮，早熟 3～5d，可有效防止冷害冻害和抗倒伏；水稻正常浸种（包衣）用，不增加任何工序和工时，为最经济、最安全、最简单的用药方式；毒性低，大鼠经口急性毒性半致死数量（LD_{50}）>5000mg/kg，毒性低于食盐；用量低，且为浸种或者包衣处理，作物无残留，对环境基本没有影响。谷维菌素与中国市场销售额分别达到近 30 亿元和超 20 亿元的芸苔素、赤霉素的主要生理功能不同：赤霉素促进种子萌发，芸苔素持效期短（持效期一般 5d）地促进植物生长和抗逆，而谷维菌素促进植物分叉（持效期 60d 左右）。从应用后的表型差异看：芸苔素和赤霉素主要是促进植物长高，而谷维菌素显著促进植物长粗和分叉（Liu et al.，2022），因此其应用于水稻、辣椒、茄子等有非常独特的增产优势。同时谷维菌素与芸苔素一样，都有较强的增强作物抗逆性的作用。芸苔素和赤霉素多次（2～3 次）应用才达到使作物增产的效果，而谷维菌素仅需浸种或苗期应用 1 次。谷维菌素基于其零劳动成本，整个生长期独一无二的直观效果，显著的增产效果，对我国粮食生产产生重大作用。

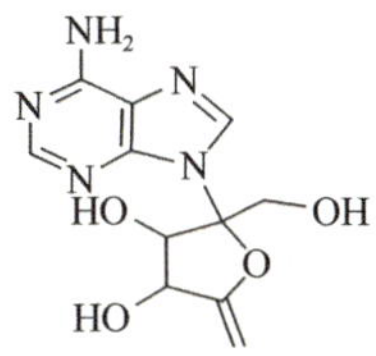

图 13-15　谷维菌素的化学结构

生物化学农药绿盲蝽性信息素——丁酸-反-2-己烯酯：丁酸-反-2-己烯酯属昆虫性信息素，低毒，是绿盲蝽性诱剂的主要成分之一。其最早在盲蝽类昆虫体内发现，是天然昆虫源物质的仿生合成物，作用机理是通过与其他同类产品配合使用，对特定的盲蝽类害虫产生诱集作用，主要用于盲蝽类昆虫的生物防治。在用药剂量范围内对作物安全，未见药害发生，对捕食天敌、寄生天敌低毒或无影响（Zhang et al.，2020c）。

四、转基因和基因编辑技术

（一）转基因技术

转基因技术是指利用现代生物学技术手段，挑选可以满足人们某种需求的目标基因，将其人工分离、重组或特异性改造，然后导入并整合到生物体基因组中，从而实现可以明显改善生物原有性状或赋予其新的优良农艺性状的目的（图 13-16）。通过目标基因的定向改良，转基因作物可以获得许多有益性状，如抗虫、抗病、抗逆、抗（耐）除草剂、改良营养成分及提高作物营养价值等（董刚刚等，2022）。转基因技术应用于病虫害防治主要包括转基因昆虫和转基因农作物两方面。转基因昆虫主要是通过基因重组使害虫产生能够使自身致残或死亡的新性状，从而起到防治作用。目前，黑腹果蝇、地中海实蝇、埃及伊蚊、冈比亚按蚊等多种昆虫都已进行转基因技术的应用。转基因农作物是指将通过一系列的分离和修饰过程获得的目标基因导入目标农作物的基因组中，从而产生抗虫、抗病、耐旱、耐寒、高产和优质等新性状，使作物自身更能抵抗病虫害。

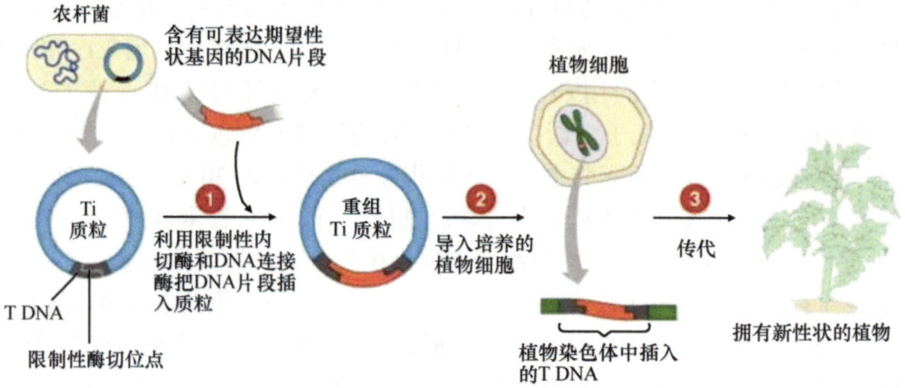

图 13-16　转基因植物研发过程

目前获得转基因抗虫农作物的主要途径是通过基因工程技术将外源抗虫基因导入农作物，使其表现出抵抗害虫的能力。常见的外源基因包括苏云金杆菌 δ-内毒素基因、几丁质酶基因、α-淀粉酶抑制剂基因、外源凝集素基因和蛋白酶抑制剂基因等。转基因抗虫农作物抵抗害虫的机理：①通过内毒素蛋白影响害虫中肠上皮纹缘细胞的渗透压平衡，使细胞裂解，促进害虫死亡；②通过几丁质酶破坏害虫表皮或外壳的完整结构，使害虫变得脆弱、敏感而死亡；③通过 α-淀粉酶抑制剂抑制害虫消化道内的 α-淀粉酶活性，使害虫无法水解淀粉来补充自身的能量需求，同时刺激害虫分泌大量消化酶且产生厌食反应而死亡（图 13-17）；④通过外源凝集素影响害虫肠道黏膜上的糖配体吸收营养物质的功能，使害虫缺乏营养物质而死亡；⑤通过蛋白酶抑制剂抑制害虫肠道的蛋白酶发挥功效，导致害虫厌食而死亡。转基因抗虫棉和转基因抗虫玉米是当前被广泛推广种植的转基因抗虫作物（沈超等，2023），如转基因抗虫玉米于 20 世纪 90 年代就已经在国外得以商业化种植，是防治草地贪夜蛾等鳞翅目害虫最有效的措施，可有效减少化学农药的施用。中国一直高度重视作物转基因技术的研究，到目前为止，我国获得生产应用安全证书的 13 个玉米品种转化体中，有 9 个转化体具有抗虫性状（表 13-5）。2020 年中央经济工作会议提出，要尊重科学、严格监管，有序推进生物育种产业化应用。2021 年农业农村部开展了转基因玉米的产业化试点工作，结果表明转基因抗虫玉米不仅可高效防控害虫，还提高了玉米产量和品质，也减少了化学杀虫剂的应用，保护了生态环境（李国平和吴孔明，2022）。此外，转基因抗虫烟草、抗虫水稻和抗虫番茄等也已经培育成功。截至目前，我国已基本具备对各种作物进行转基因研究的基础条件与能力，如我国已建立了水稻、小麦、玉米、棉花和油菜等主要转基因农作物的技术体系，并已批准 Bt 抗虫棉、抗病番木瓜、抗虫杨树的商业化种植（严海连和白晓拴，2022）。

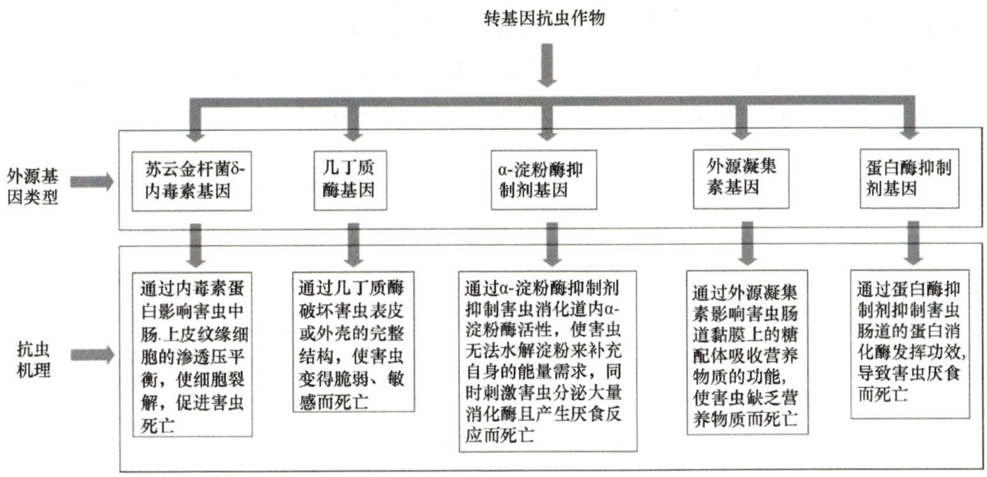
转基因抗虫作物
外源基因类型
苏云金杆菌δ-内毒素基因
几丁质酶基因
α-淀粉酶抑制剂基因
外源凝集素基因
蛋白酶抑制剂基因
抗虫机理
通过内毒素蛋白影响害虫中肠上皮纹缘细胞的渗透压平衡，使细胞裂解，促进害虫死亡
通过几丁质酶破坏害虫表皮或外壳的完整结构，使害虫变得脆弱、敏感而死亡
通过α-淀粉酶抑制剂抑制害虫消化道内α-淀粉酶活性，使害虫无法水解淀粉来补充自身的能量需求，同时刺激害虫分泌大量消化酶且产生厌食反应而死亡
通过外源凝集素影响害虫肠道黏膜上的糖配体吸收营养物质的功能，使害虫缺乏营养物质而死亡
通过蛋白酶抑制剂抑制害虫肠道的蛋白消化酶发挥功效，导致害虫厌食而死亡

图 13-17　转基因抗虫作物抵抗害虫的作用机理

表 13-5　我国农业转基因玉米生产应用安全证书（生产应用）批准清单

序号	转化体	申请单位	外源基因	目标性状	现行有效期
1	抗虫耐除草剂玉米 DBN9501	北京大北农生物技术有限公司	*vip3Aa19* 和 *pat*	抗鳞翅目害虫和耐草铵膦	2020 年 12 月 29 日至 2025 年 12 月 28 日
2	耐除草剂玉米 DBN9858	北京大北农生物技术有限公司	*epsps* 和 *pat*	耐草甘膦、草铵膦	2020 年 6 月 11 日至 2025 年 6 月 11 日
3	抗虫耐除草剂玉米 DBN9936	北京大北农生物技术有限公司	*cry1Ab* 和 *epsps*	抗鳞翅目害虫和耐草甘膦	2019 年 12 月 2 日至 2024 年 12 月 2 日
4	抗虫耐除草剂玉米 DBN3601T	北京大北农生物技术有限公司	*cry1Ab*、*epsps*、*vip3Aa19* 和 *pat*	抗鳞翅目害虫和耐草甘膦、草铵膦	2021 年 12 月 17 日至 2026 年 12 月 16 日
5	抗虫玉米浙大瑞丰 8	杭州瑞丰生物科技有限公司	*cry1Ab* 和 *cry2Ab*	抗鳞翅目害虫	2021 年 12 月 17 日至 2026 年 12 月 16 日
6	耐除草剂玉米 nCX-1	杭州瑞丰生物科技有限公司	*CdP450* 和 *cp4epsps*	耐除草剂嘧啶磺隆	2022 年 4 月 22 日至 2027 年 4 月 21 日
7	抗虫耐除草剂玉米瑞丰 125	杭州瑞丰生物科技有限公司	*cry1Ab/cry2Aj* 和 *g10evo-epsps*	抗鳞翅目害虫和耐草甘膦	2021 年 2 月 10 日至 2026 年 2 月 9 日
8	抗虫玉米 ND207	中国林木种子集团有限公司 中国农业大学	*mcry1Ab* 和 *mcry2Ab*	抗鳞翅目害虫	2021 年 12 月 17 日至 2026 年 12 月 16 日
9	耐除草剂玉米 CC-2	中国林木种子集团有限公司 中国农业大学	*maroACC*	耐草甘膦	2023 年 1 月 5 日至 2028 年 1 月 4 日
10	抗虫耐除草剂玉米 Bt11×GA21	中国种子集团有限公司	*cry1Ab*、*pa* 和 *mepsps*	抗鳞翅目害虫和耐草铵膦、草甘膦	2022 年 4 月 22 日至 2027 年 4 月 21 日
11	耐除草剂玉米 GA21	中国种子集团有限公司	*mepsps*	耐草甘膦	2022 年 4 月 22 日至 2027 年 4 月 21 日
12	抗虫耐除草剂玉米 Bt11×MIR162×GA21	中国种子集团有限公司	*cry1Ab*、*pat*、*vip3Aa20* 和 *mepsps*	抗鳞翅目和鞘翅目害虫、耐草铵膦和草甘膦	2022 年 4 月 22 日至 2027 年 4 月 21 日
13	抗虫耐除草剂玉米 BFL4-2	袁隆平农业高科技股份有限公司 中国农业科学院生物技术研究所	*cry1Ab*、*cry1F* 和 *cp4epsps*	抗鳞翅目害虫和耐草甘膦	2023 年 1 月 5 日至 2028 年 1 月 4 日

病毒、细菌和真菌等病原微生物常年危害农作物，给农业生产带来巨大损失。抗病育种技术的出现对杜绝病原微生物产生的危害起到积极作用。目前，比较常见的转基因抗病农作物包括抗病毒马铃薯、水稻、小麦、甜椒、烟草和番茄，抗疫病马铃薯和大豆，抗病原微生物柑橘等（沈超等，2023）。

（二）基因编辑技术

基因编辑技术作为近年来生命科学领域的重大突破，已然成为新的技术窗口。基因编辑也称为基因组编辑或基因组工程，指利用精准的基因序列编辑工具对动植物本身具有的基因序列进行有目的的改变，通过基因失活、过表达或功能变化改变动植物表型性状，从而实现对动植物品种有效改良或其他特定目标。常见的基因编辑技术包括锌指核酸酶（ZFN）和转录激活因子样效应物核酸酶（TALEN），CRISPR/Cas9 基因编辑技术是继前两个技术之后的新一代基因组定点编辑技术，研究人员通过设计不同的 sgRNA，引导 Cas9 核酸酶特异性地在预设的任何基因位点进行基因编辑。CRISPR/Cas9 介导的精准基因编辑技术有植物基因组定点编辑、单碱基替换、引导编辑和同源重组体系等，近年来相关技术在农作物基因功能鉴定、研究、开发和精准分子育种中发挥了重要作用，展现了广阔的发展潜力和重大应用价值。CRISPR/Cas9 技术因专一性好、基因定点突变效率高，已经在生产高产水稻、抗病小麦、耐储藏马铃薯和健康油料大豆等作物性状改良中成功应用。例如，中国科学院遗传与发育生物学研究所高彩霞研究组利用 TALEN 和 CRISPR/Cas9 基因组编辑技术，对小麦 *MLO* 基因进行了定向突变，获得了对白粉病具有广谱抗性的小麦材料（董刚刚等，2022）。

五、技术模式与应用

我国近年启动“化学使用量零增长行动”“农药使用量零增长行动”等，实施农业病虫害的绿色防控，以生物防治、生态调控、理化诱控、科学用药为植物保护的核心措施。对水稻、小麦、玉米、棉花、大豆、蔬菜、林木等农林植物重大有害生物防治新技术和已有的有效技术措施进行科学配套组装，根据耕作栽培制度、生产水平、主要害虫的种类和发生特点，分别在不同农林生态区组建以充分发挥自然控制和生态调控作用为核心的重大害虫防控技术体系，并在试验示范基地和技术辐射区进行试验、示范和应用，组建我国大区域病虫害可持续防控技术体系，大规模应用技术成果。

在东北玉米、大豆、向日葵主产区，针对本区重大害虫玉米螟、大豆食心虫、大豆蚜、向日葵螟等，在黑龙江、吉林等地推广应用了“赤眼蜂、白僵菌生物防治害虫技术”，生产并应用的生防产品有松毛虫赤眼蜂、玉米螟赤眼蜂、多种瓢虫、白僵菌粉剂等，年应用面积在 650 万 hm^2 次以上。

在华北蔬菜水果主产区，中国农业科学院创建了天敌昆虫“接种式+接力式+饱和式”释放的不同应用模式，以增加天敌昆虫自持能力和定殖能力，维持棚内种群数量的较高水平，结合生态调控措施，持续控制小型刺吸式口器害虫危害；针对蛴螬等重大害虫，建立了天敌昆虫土蜂的保护区，散播蜜源植物，保护助迁土著天敌数量增长；引入高效杀虫生物制剂金龟子绿僵菌微粒剂、金龟子绿僵菌乳粉剂，以及高效杀菌制剂芽孢杆菌、木霉菌、粉红粘帚霉可湿性粉剂和武夷菌素 2%水剂，防治害虫的大棚蔬菜农药用药量降低 75%以上、水果农药用药量降低 90%以上，保障了蔬菜、水果的绿色生产，显著降低了农药污染。该技术每年应用面积在 25 万 hm^2 以上。

在华中水稻主产区，针对本区重大病虫害水稻纹枯病、稻曲病、稻纵卷叶螟等，在江苏等地推广应用了“微生物制剂结合天敌综防技术”，生产并应用了枯草芽孢杆菌制剂、解淀粉芽孢杆菌制剂、杀稻瘟菌素、赤眼蜂等生防产品，以菌治病为主、以虫治虫为辅，结合统防统治措施，组建了专业生物防治服务队，农药投入量降低 60%，年应用面积 1000 万 hm^2 次。

在华南蔬菜、甘蔗、柑橘、荔枝主产区，针对本区重大害虫小菜蛾、粉虱、蔗螟、椿象等，在云南、福建、广东、广西、云南等地推广应用了“天敌结合绿僵菌工程菌株制剂”“寄生蜂组合的生防技术”，生产并应用的生防产品有夜蛾黑卵蜂、赤眼蜂、平腹小蜂、半闭弯尾姬蜂、恩蚜小蜂、丽蚜小蜂、小黑瓢虫等，并采用无人机释放、天敌助迁技术等，同时利用木霉菌制剂、芽孢杆菌制剂、粘帚霉制剂防治灰霉病、霜霉病等叶部病害及土传病害，利用免疫诱抗剂提高甘蔗、柑橘、荔枝等果树抗病能力；另外，果园种草或种植牧草绿肥等植物，可减少土壤水分蒸发，增加土壤有机质。同时，营造果园小气候改善生态环境，丰富食料，提高瓢虫、草蛉、食蚜蝇、小花蝽等多种寄生蜂、捕食螨等天敌的种群数量，有助于生态系统的稳定。相关技术提高防治效率 60%，年应用面积 420 万 hm^2 次。

在北方草原，针对本区重大害虫草地螟、蝗虫及有毒有害杂草，在内蒙古等地推广应用了“虫菌互补防控技术”，发掘、保护与利用天敌昆虫和有益微生物，有效保护了我国北方的牧区、农牧交错带及天然草原生产，有力支持了草原生态康复及畜牧业发展，年应用面积 120 万 hm^2。

在青藏高原，针对本区重大害虫西藏飞蝗、青稞蚜虫等，推广应用了“生态调控与生防制剂主打型技术”，通过政府引导，引入虫菌互作防控技术，严控化学农药使用，保护土著天敌瓢虫、寄生蝇、寄生蜂等，提升了青藏高原农牧区病虫害防治的生防治理水平，减少了大量化学农药的使用，有效保护了我国水源地生态环境，保障了本区域生态系统平衡，年应用面积达 260 万 hm^2。

在全国主要农作物种植区，推广应用了作物多样性控制病虫害关键技术，针对作物品种单一化、病虫害暴发流行的问题，从生态角度探索了利用作物多样性解决问题的新路径，探明了作物多样性控制病虫害的效应及关键因子，揭示了关键因子控制病虫害的主要机理，创建了关键技术并大面积推广应用，产生了显著的社会经济效益和生态效益，并作为我国面向东盟技术辐射的农业新技术，培训东盟地区多个国家农业技术专家，促进了我国“一带一路”农业科技合作发展。

第五节　综合防控技术

一、灾变规律

系统揭示了小麦赤霉病致病机理，明确了赤霉病菌在小麦穗部的初侵染位点、侵染方式和扩展途径，首次完整地提出了赤霉病菌在小麦穗部的侵染和扩展模式，为赤霉病防治关键时期的确定提供了理论依据；明确了病菌侵染过程中毒素产生与寄主病变的时空关系，阐明了赤霉病菌毒素在病菌致病中的作用；证实了病菌分泌产生的细胞壁降解酶导致寄主细胞壁成分的分解及细胞壁的松弛，从而有利于病菌的扩展；发现了抗病小麦品种可迅速通过乳突、胞壁沉积物的形成，细胞壁的修饰及水解酶类的增加等形态结构和生化协同防卫反应抵御病菌在体内的扩展；根据我国小麦种植区域赤霉病发生规律与杀菌剂抗性监测结果，提出了我国小麦赤霉病分区治理策略，为小麦赤霉病的防治提供了理论指导。

揭示了稻瘟菌、水稻条纹叶枯病和黑条矮缩病的致病机理与灾变规律，发现了蛋白乙酰化、糖基化、泛素化等蛋白质翻译后修饰调控稻瘟菌孢子在叶片形成附着胞并促进其发育的特征，探明了分支菌丝侵入细胞质膜并在第一个侵入的表皮细胞扩展，导致水稻细胞质膜的完整结构丧失，同时其生存能力也丧失的菌丝、分生孢子及附着胞的细胞自噬过程，阐明了细胞自噬介导的稻瘟病菌侵染水稻的致病机制。研究揭示了水稻条纹叶枯病与黑条矮缩病在稻麦轮作区的流行规律和暴发成因，揭示了病毒致害分子机制，攻克了病害监测预警难关，创新了病毒病绿色防控理念。

在真菌和卵菌的效应蛋白方面，从小麦条锈菌基因组中鉴定出大量分泌蛋白基因效应蛋白，并揭示了条锈菌效应蛋白存在高度杂合性、高频率遗传变异和局部遗传重组，对于调控条锈菌毒性变异具有重要作用。针对大豆疫霉菌侵入早期，发现了其逃避寄主抗性反应的新策略，即利用效应蛋白的失活突变体 *Ps*XLP1 作为诱饵干扰 *Gm*GIP1，突破大豆抗性反应。由于糖基水解酶 XEG1 在真菌、卵菌和细菌中广泛存在，上述研究结果为研发诱导植物广谱抗病性的生物农药提供了重要的理论依据。在细菌效应蛋白方面，激活环区保守的丝氨酸和苏氨酸对寄主植物靶标蛋白 BIK1 和 RIPK 的功能至关重要，研究发现黄单胞杆菌效应蛋白通过对这两个氨基酸进行尿苷单磷酸修饰来掩盖这两个位点，阻止其磷酸化，并抑制这两个受体激酶的活性，进而抑制由其所介导的植物免疫信号转导，即对同源蛋白修饰后，发挥“诱饵”功能，激活其介导的免疫反应。

系统开展了植物病毒学理论研究，明确了病毒基因组序列及其遗传变异特点，完成了南方水稻黑条矮缩病毒中国分离物全基因组序列测序，研究了水稻矮缩病毒蛋白抑制系统性 RNA 沉默的机制，发现其能够抑制由正链 mRNA 所诱导的局部和系统性 RNA 沉默，增强病毒在侵染叶片中的复制或者其 RNA 稳定性，加速病毒的系统性侵染，使病毒进入茎尖分生组织。研究发现，双生病毒卫星 DNA 编码的 βC1 通过与甲基循环中的关键酶 *S*-腺苷高半胱氨酸水解酶互作，达到抑制甲基化和转录水平基因沉默（transcriptional gene silencing，TGS）的目的。研究还发现，甜菜曲顶病毒的沉默抑制子 C2 蛋白通过与 *S*-腺苷甲硫氨酸脱羧酶 1 互作，催化 *S*-腺苷甲硫氨酸（*S*-adenosylmethionine，SAM）脱羧成脱羧 *S*-腺苷甲硫氨酸（decarboxylated *S*-adenosylmethionine，dcSAM），从而减少甲基化供体而干扰 DNA 甲基化介导的基因沉默，对于诠释作物抵御双生病毒侵染及双生病毒逃避作物防御的分子机制具有重要意义，并为植物抗病毒研究提供了新理论和新策略。

在病毒-介体-寄主互作研究方面，针对水稻矮缩病毒（rice dwarf virus，RDV）在其传毒介体叶蝉细胞内的侵染循环过程，揭示了其从介体叶蝉口针、食道到达滤室腔道，通过识别滤室上皮细胞专化性受体以内吞作用进入细胞，并在非结构蛋白聚集形成的病毒基质内复制、装配，然后通过由非结构蛋白装配形成的管状结构扩散到邻近细胞及前肠、中肠、后肠等器官的过程，阐明了 RDV 在介体叶蝉体内扩散的机制。

在农田杂草群落及其演替规律方面，研究揭示了夏熟（麦、油）作物田以猪殃殃属为优势的旱作地杂草和以看麦娘属为优势的稻茬田杂草的植被类型与分布。提出了杂草群落复合体的概念和相应的治理策略。调查明确了冬小麦田优势杂草以越年生杂草和春季萌发的杂草为主，春小麦田优势杂草则以春季萌发和夏季萌发的杂草为主，但麦田杂草群落构成和优势种不断演替变化。研究明确了节节麦、雀麦、大穗看麦娘、多花黑麦草等杂草的生物学特性、扩散机制。明确了细交链格孢菌酮酸的作用机理，发现了空心莲子草生防菌假隔链格孢菌的毒素能够抑制光系统Ⅱ电子传递活性和叶绿体 ATPase 活性。从椰子中分离得到的具除草活性的化合物羊脂酸，能够导致小飞蓬类囊体结构紊乱、叶绿体变形甚至破裂等。

二、监测预警

我国相继对黏虫、褐飞虱、白背飞虱、稻纵卷叶螟、草地螟、甜菜夜蛾、小地老虎和飞蝗等迁飞性害虫进行了系统深入的研究。随着信息技术、生物技术广泛应用，利用昆虫雷达对害虫迁飞行为进行实时监测，利用地面高光谱和低空航空遥感技术对害虫为害程度进行监测，利用空中气流场轨迹分析技术研究高空气流对害虫迁飞的影响，对于指导该类生物灾害的有效治理具有重要作用。

对于黏虫、褐稻虱、白背飞虱、稻纵卷叶螟、小地老虎、草地螟、麦蚜、棉铃虫、甜菜夜蛾等重大害虫的越冬迁飞扩散宏观规律，采用大规模标记回收、海面捕捉、高山捕虫网、飞机和汽艇空捕、雷达实时监测、雷达观测、灯诱、气流场轨迹分析、分子遗传标记、3S 技术等手段进行深入系统研究，揭示了黏虫等害虫迁飞行为的规律，阐明了其迁飞行为的发生、运转及降落特征和主要环境影响因子，明确了其迁飞时间和迁飞路线，确定了其为害规律、发生世代及世代为害区，明确了其越冬规律与越冬区划及各发生区虫源性质与虫源的关系，从而实现“异地”测报与治理，为制定预测预报技术提供了科学依据。其中，我国在黏虫、草地螟等害虫迁飞行为及迁飞规律方面的研究已达世界领先水平。此外，自 1995 年开始，我国开展了环渤海区昆虫跨海迁飞规律的研究，并于 2002 年建立长岛昆虫迁飞监测站。通过研究明确了我国北方主要迁飞害虫的种类组成，迁飞的行为规律、数量动态和路线，并基于此构建了国家迁飞害虫监测预警技术体系。

系统揭示了中国小麦条锈病大区流行体系，查明了我国小麦条锈病菌越夏和越冬区域，并完成了精准勘界，将条锈病发生区划分为越夏区、越冬区和春季流行区；探明了甘肃陇南和川西北是我国条锈病菌最大的越夏区与新小种产生的策源地；明确了条锈病菌变异和新毒性小种出现并成为优势小种是生产品种抗病性“丧失”的主要原因；首次获得了条锈病菌在自然条件下存在有性繁殖的直接证据，证实了有性生殖是我国小麦条锈病菌毒性变异的主要途径，发现了转主寄生小檗的广泛发布与有性生殖的常年发生是我国条锈病菌新小种策源地形成的根本原因；在国际上率先破译了高度杂合的条锈病菌基因组，阐明了其专性寄生、毒性变异的分子机理。建立了我国小麦条锈病准确预测预报体系、条锈病菌早期检测分子体系，实现了小麦条锈病的准确预测。这些研究结果对于病害流行、病菌变异、品种抗性等研究领域具有重要的借鉴和指导作用，同时在控制小麦条锈病发生和为害中发挥了重要作用（陈万权等，2013）。

我国对智慧农业和农业信息化的重视推动了农作物病虫害识别预警技术的快速发展。近年来，我国研发了自动虫情测报灯、农田小气候自动监测站、智能孢子捕捉仪、农作物病虫害实时监控物联网设备、病虫害田间调查智能识别应用程序等多种智能化设备（图 13-18）；构建了来自粮、棉、油、麻、桑、茶、糖、菜、烟和果等农作物的 177 种常见病虫鼠害（虫害 99 种、病害 63 种、鼠害 15 种）的识别、监测及预警方法，并收集了相关的大数据资料；对农作物病菌孢子的捕捉和检测技术进行了完善，融合了农作物病虫害 GIS 开发技术和计算机数据传输与网络技术、农田小气候自动监测技术和对病虫害造成影响的主要气象因素分析提取及预警指标技术。这些成果促进了我国农作物病虫害识别预警技术的进步，提升了高新技术在此领域的应用水平。1986 年，我国吉林省农业科学院植物保护研究所与澳大利亚国防军学院的 Alistair Drake 博士合作，首次组装了厘米波扫描昆虫雷达，并将其应用于观测草地螟和黏虫等的迁飞；2004 年，我国首次构建了厘米波垂直监测昆虫雷达，以监测草地螟、黏虫等害虫；2007 年，我国首次构建了毫米波扫描昆虫雷达，对稻飞虱等水稻“两迁”害虫进行了监测，首创了雷达三维回波显示技术，攻克了提升雷达监测精确度及确定害虫飞行方向等重要技术难关；2009 年，农业部正式启动了农作物重大病虫害数字化监测预警网络系统建设项目，初步创建了农作物（水稻）重大病虫害数字化监测预警平台；2010 年，进一步扩展了数字化监测预警网络的覆盖区域，创建了小麦病虫害监测预警系统，开启了新一期的病虫害监测预警建设项目，并在 2011 年 1 月正式投入使用。如今，我国已构建了由 170 个地方测报站、61 个区域测报站及 9 个雷达测报站组成的国内迁飞昆虫测报网络系统。此外，从 2010 年以来，经农村部批准，我国与越南联合开展了“中越水稻迁飞性害虫监测防治”项目，两国互相设置了联合测报站点，对迁飞性害虫等进行实地调研、系统监测、信息互通及技术交流，此举进一步提高了我国对水稻重大病虫害的早期预警及治理水平，使国内水稻重大病虫害发生率在近十年内一直处于下降状态。

图 13-18　远程信息化虫情测报系统

三、理化诱控

（一）诱虫灯

诱虫灯主要是利用害虫的趋光特性对其进行诱杀，具有延缓有害生物抗性、防控成本低等优点，常用于农业害虫的预测预报和防控。大多数诱虫灯诱杀的是害虫的成虫，故而能减少虫卵的产生，从根本上降低田间害虫的数量。其中，太阳能杀虫灯的使用较为便利，可大面积对害虫进行防治，适合的应用范围也相对比较广，因而被广泛地应用于害虫的防治（图 13-19）。而频振式杀虫灯的原理则相对复杂，除了光以外，害虫还会对波、色、味等产生趋向性，因此频振式杀虫灯结合害虫的多种趋向性对其进行诱杀，较其他诱虫灯更具特异性，更能有针对性地诱杀害虫，并保护天敌。

图 13-19　太阳能杀虫灯

（二）捕虫板

捕虫板是一种正反面均具有无毒黏合剂，并借助害虫对色彩的趋向性来捕杀害虫的硬塑板。不同种类的害虫偏好的颜色不尽相同，如黄板更适于蚜虫、粉虱、叶蝉、斑潜蝇等小型害虫的防治，而蓝板则可用于各种蝇和蓟马的防治（图 13-20）。这一方法的使用也较为方便，只需将想要防治的害虫对应颜色的捕虫板悬挂于农作物中，害虫便飞向对应颜色的捕虫板，从而起到防治的作用。

（三）防虫网

防虫网防虫是通过人工安装阻碍害虫与农作物接触的防御屏障来防治害虫的一种方法，其原料是优质的聚乙烯，耐高温，耐腐蚀，且不易老化和不含有毒有害物质，废弃后也易于处理，使人们在防治病虫害时广泛接受这一方法。此外，其使用也较为便利和直接，可直接覆于地表或温室大棚的门窗上，几乎能完全防止蚜虫、白粉虱、斑潜蝇等害虫的侵入，且能控制病毒害发生，还可保护天敌（图 13-21）。

图 13-20　捕虫板

图 13-21　防虫网

（四）性诱剂等性信息素诱杀

围绕害虫行为调控，利用昆虫或植物来源的性信息素可以特异性地调节靶标昆虫行为的原理，将人工合成的来源于昆虫、植物等的性信息素用释放器缓释到田间，干扰昆虫的交配、取食、产卵等正常行为，减少靶标害虫的种群数量，达到控制靶标害虫的目的。从生产和应用上看，该项技术在我国有着巨大的发展空间和前景。例如，昆虫性信息素常用于鞘翅目、直翅目、同翅目等害虫的大量诱杀防治，被称为第三代农药，在害虫的防治上具有广阔的发展前景（图 13-22）。我国对昆虫性信息素的研究始于 1966 年，到 70 年代研究工作全面展开，到目前为止，已有梨小食心虫、桃潜蛾、枣黏虫、小菜蛾、斜纹夜蛾、甜菜夜蛾、甘蓝夜蛾、棉铃虫、烟青虫、水稻二化螟、二点委夜蛾、黏虫和茶小卷叶蛾等 150 余种性信息素产品，使用类型有性诱剂、迷向丝、干扰交配释放器等，并获得数十项科技奖和技术专利。突破传统的昆虫性信息素研究手段，按照“反向化学生态学”研究思路，阐明害虫识别性信息素高度特异性和灵敏性的原理，并据此开发出一种以昆虫嗅觉识别关键基因为靶标的性信息素高通量筛选技术，以此为基础大量筛选各类害虫的不同类型的性信息素素，创制出新的高效昆虫性信息素用于害虫防治，从而解决性信息素应用过程中配比困难、稳定性差、成本高等问题，从根本上突破性信息素开发过程的瓶颈，提升我国昆虫性信息素的研究水平，加速性信息素产品的开发。

图 13-22　昆虫性信息素诱芯及诱捕器典型图

（五）食诱

食诱剂是针对植食性害虫而言的，是利用其对某种食物或者挥发物的喜好配制成的一类害虫诱杀剂。这一方法在 20 世纪初已有了实践，如人们利用发酵糖水、糖醋酒液、植物伤口分泌液等对多种鳞翅目、鞘翅目及双翅目害虫进行诱杀，均显示效果较显著。食诱剂与化学农药相比虽然没有农药残留的风险，但为了更好地达到防治目的，有些食诱剂仍然需要与化学杀虫剂混合使用，所以不能完全排除安全性问题，因此食诱剂的应用范围受到了一定的限制。

四、生态调控

（一）选用抗病虫品种

选用抗病虫品种在各类防治措施中是最经济易行且能较好地预防病虫害发生的一种方法，与化学类防治方法相比较，这一方法不会产生新的投资，也不会造成环境污染和农药残留，特别是对于大范围暴发且传播速度快的病虫害，防治效果更加显著。但在应用这一方法时要根据当地的农作物及其病虫害的不同，因地制宜地选用抗性品种，尽可能地减轻病虫害所造成的损失。抗病虫品种的培养首先是收集和鉴定相关种质资源，然后利用杂交育种、诱变育种、回交转育等方法进行抗性品种的培育。

（二）优化作物布局

在作物布局优化方面，可以通过对农作物进行合理的轮作、间作及套种等来达到控制病虫害的目的。例如，实施合理的轮作倒茬，不仅有利于平衡植物对土壤养分和水分的吸收利用，还可调节土壤的理化性状，提高土壤肥力，使农业资源得到充分的利用，作物的抗病虫能力也有所增强，从而减轻病虫害对主要农作物的危害。合理的间作套种也是防治病虫害的有效措施之一，通过不同农作物的穿插种植，可以增强农作物的整体抵抗力，降低病虫害的发生率。虽然这一方法较为传统，但通过不同作物的合理配套种植能很好地起到预防病虫害发生的作用，且简单易行。

（三）加强栽培管理，控制病源

通过田园卫生的管理，可以使病原物接种体和害虫数量减少，达到减轻或控制病虫害的目的。具体措施有对土地进行深耕灭茬处理，及时去除已感染病虫害的植株、病叶、病虫梢或病花朵，及时清理发病中心和田间病虫残体等。此外，水肥管理与病虫害的消长有着极为紧密的联系。若施用的氮肥过多，则会使稻瘟病和水稻白叶枯病的发生加重，过少则易引起水稻胡麻斑病的发生。而水的管理不当亦不利于农作物生长，同时水又可以调节植物对肥料的利用效率，因此，水和肥的管理应结合进行，充分发挥水肥的综合调控作用，增强作物本身的抗害能力和调节能力，从而达到降低作物受害率、提高田园生产量的目的。近年来，围绕病虫害生态调控研究集成了一批新型技术体系，如植物载体技术、保育生物防治技术、天敌推拉技术、生态免疫技术等新型生物防治技术，探索了有效的生物防治轻简化实用技术，包括低碳环保型新技术与生物防治技术集成，如高效释放技术、隔离阻断技术、诱捕诱杀技术、迷向趋避技术等，同时通过优选试验组合、优化配套措施、科学组装单项技术，实现多种技术手段的高效集成。充分利用农田生态系统的自身免疫功能，通过调整作物布局，引入伴生植物，调节农田昆虫及微生物种类和结构，创造有利于有益生物类群生存繁衍的环境，充分发挥生物多样性的调节效能，提升农田环境的自我修复能力，实现对农业病虫害的可持续治理。

自绿色防控的新植保理念和“预防为主，综合防治”的植保方针提出以来，我国通过一系列措施的推广，经过各方面的努力已取得了一定的植保成效。截至 2021 年底，全国共建立了各类绿色防控示范区 17 000 多个，年核心示范面积超过 6000 万亩，带动绿色防控推广应用面积近 11.2 亿亩。此外，还推动了传统防控方法的改进和创新及新技术的研发，促进了不同防控技术的配套使用模式发展，如在南方稻田区形成了“统一翻耕+深水灭蛹+灯诱”“性诱+适时搁田+统防统治+高效低毒农药”防控模式；在东北春玉米区形成了“秸秆粉碎还田+白僵菌封垛+灯诱”“性诱诱杀成虫+释放赤眼蜂+生物农药”防控模式；在果菜茶优势区形成了“灯诱、色诱、性诱、食诱+生物防治+高效低毒农药”防控模式；在东亚飞蝗滋生区基本形成了以绿僵菌和微孢子虫为主的绿色防控技术模式等。

第六节　展　　望

一、面临的新形势

近年来，我国农作物病虫害经过多年综合治理，传统的老病虫呈现出相对平稳的态势，但受气候和耕作制度变化及疫情传播等因素影响，重大病虫害突发重发的风险依然存在（魏启文，2021）。一是气候变暖和耕作制度变化导致病虫害重发风险增大。由于气候变暖，小麦条锈病源区向高海拔地区扩展，小麦赤霉病重发区向黄淮华北地区北扩，蚜虫、飞虱、螨类等小型昆虫繁殖速度加快、发生代次增加，水稻“两迁”害虫、黏虫等迁飞路径出现偏移等。另外，随着秸秆还田、轮作休耕、高茬口收割等措施推广，土传病害、地下害虫和钻蛀越冬害虫基数增加；因跨区机收，吸浆虫、孢囊线虫、农田杂草等随收割机迁移扩散，增加了病虫草害传播蔓延的风险。二是重大病虫害入侵导致防控形势严峻。2019 年草地贪夜蛾入侵我国，已定殖成为又一个“北迁南回”的重大迁飞性害虫。2020 年沙漠蝗、黄脊竹蝗先后从尼泊尔和老挝边境入侵我国西藏与云南。这些情况在以往植保工作中实属罕见，对防控工作构成重大挑战。三是植物疫情对生产安全的威胁越来越大。据各地植物检疫机构监测，2010 年以来，1007 个县级行政区报告新发植物疫情，对农业生产、农民增收造成不利影响。红火蚁、稻水象甲、马铃薯甲虫、苹果蠹蛾等重大疫情在部分地方严重影响产业安全乃至人民群众生命健康。同时，境外新传入疫情频率越来越快，近年来各地报告水稻细菌性谷枯病、马铃薯帚顶病毒、番茄潜叶蛾等十多种境外检疫性有害生物新传入我国，并在局部地区已造成了严重危害。

“十四五”期间，农业发展进入加快全面绿色转型的新阶段，对农药减量增效提出新的更高的要求。既要保障国家粮食安全和重要农产品有效供给，又要推进化学农药减量，迫切需要强化农药科学合理使用，提高农药利用效率；守护好人民群众“舌尖上的安全”，迫切需要建立农药使用监管制度，规范农药使用行为；践行“绿水青山就是金山银山”的理念，持续改善农业农村生态环境，迫切需要转变过度依赖化学农药防病治虫的方式，大力推进绿色防控，实施病虫害综合防治、可持续治理。

二、机遇与挑战

（一）新农药创制及产品面临的机遇与挑战

绿色农业发展需要加强高效、低毒、低风险农药的原始创新，研发和推广更多环保型、无害化绿色农药。我国原创性靶标还很少，缺乏基于分子设计技术和基于原创性靶标创制的高效低风险小分子农药。随着生物技术的日新月异，新的生物技术引领、生物信息技术的应用、多学科交叉渗透促进农药创新的发展已成为农药研究创新的机遇。一是新的生物技术引领：以功能基因组学、蛋白质组学及结构生物学为代表的生命科学前沿技术，尤其是以基因编辑为代表的颠覆性技术与新农药创制研究的结合日益紧密。二是生物信息技术的应用：高性能计算、大数据及人工智能等新兴技术开始应用于新农药创制研究，极大地提高了农药创制效率。三是多学科交叉渗透促进农药创新的发展：世界农药科技的发展已经开始进入一个新时代，多学科之间的协同与渗透、新技术之间的交叉与集成、不同行业之间的跨界与整合成为新一轮农药科技创新发展的机遇。

农药制剂产品质量和性能在农药高效利用与药效发挥中起着至关重要的作用。伴随着有害生物种类及其发生规律、种植结构、植保策略、土地集约化及劳动力结构等因素的不断变化，以及人们对农产品质量和环境安全的要求不断提高，农药使用逐步进入高效、低毒、智能、精准的新时期。这些变化对我国农药制剂的开发提出了更高的要求和挑战。农业实际生产需求推动了农药制剂的创新，农药制剂开发的精细化、功能化及农药的高效利用已经成为现阶段乃至未来一段时期的主要研究方向。农药制剂由粗放的、经验式的研发方式，转变为注重生物活性和环境安全的精准、量化、微观开发模式，积极开发新的农药剂型，建立针对靶标和施药场景的农药与靶标之间高效的剂量传递调控机制，也是农药制剂产品发展的新机遇（马英剑等，2022）。

（二）减施增效技术面临的机遇与挑战

当前，我国植保机械和施药技术层面的发展仍比较滞后，导致实际植保作业中存在农药利用率低、环境污染、植物毒害等挑战（李建伟等，2020）。植保和人类医学一样，最好的方式是早发现、早预警、早防治，防患于未然。因此，植保技术产品的创新方向是更加绿色安全、更加自动化智能化。另外，植保技术模式也需要创新，当前我国农业发展越来越多样化，传统的小农户和新型的集约化生产者对实用技术的需求不尽相同，不同区域也需要不同的防控模式，如平原地区、农牧交错带、生态脆弱区等都需要更科学更精准的技术体系，以便为农业绿色安全生产、乡村振兴提供更好的植保科技服务。

（三）生物防治技术面临的机遇与挑战

尽管农作物有害生物生物防治技术措施有了长足的发展，但在研究开发和应用等方面仍存在一些挑战，如一些产品应用技术要求高、产品储存稳定性差和对环境的敏感及药效低等问题。生物防治技术发展机遇与挑战并存，在政策机遇方面， 2021 年 9 月中共中央政治局就加强我国生物安全建设在第三十三次集体学习会议上指出，要加快推进生物科技创新和产业化应用，推进生物安全领域科技自立自强，打造国家生物安全战略科技力量，集成推广生物防治、绿色防控技术和模式，协同规范抗菌药物使用，促进人与自然和谐共生；2022 年农业农村部制定了《到 2025 年化学农药减量化行动方案》，提出了大力推广生物防治，推广应用天敌昆虫、植物源农药、微生物农药和发酵生物农药，逐步降低化学农药使用强度。市场方面也迎来发展新机，当前广大消费者对农产品绿色安全的需求迫切，生物防治等绿色防控技术成为健康餐桌背后的重要抓手。

（四）综合防控技术面临的机遇与挑战

目前我国仍面临新发突发病虫害监测预警能力弱、重大病虫害难控制、防控高新技术原创能力不足和病虫害防控化学农药用量大等挑战。在机遇方面，大数据技术和农业信息化的发展，提升了高新技术在农作物病虫害识别预警中的应用水平，使病虫害识别预警技术逐步智能化、精准化（李杨，2022）。自“公共植保、绿色植保”理念提出以来，人们在绿色防控技术的发展和完善中表达了对这一理念的深刻认同，目前政策支持力度的加大为绿色防控技术的发展提供了广阔空间。2020 年颁布的《农作物病虫害防治条例》明确提出，坚持农作物病虫害绿色防控，推进病虫害防控的智能化、专业化、绿色化，倡导使用生态治理、健康栽培、生物防治、物理防治等绿色防控技术，为农作物绿色防控提供了坚强的法律保障（刘万才等，2021a）。

三、目标与愿景

近年来我国在病虫害防治方面取得了巨大进步，基本实现了对重大农作物病虫害的持续有效控制，有效地保障了我国粮食安全生产。由于耕作制度改变和气候异常，病虫害的发生呈加重趋势，农作物灾害防控仍任重而道远。在 21 世纪，国家启动“植物保护工程”项目，对植物保护基础设施进行全面建设。面向未来，应在坚持“预防为主，综合防治”方针的基础上，贯彻“面向国家重大需求，面向农业主战场”的总体要求，满足“产业振兴、提质增效”的发展需求，建立健全环境友好、生态包容的农作物病虫害综合防控技术体系，使农药使用品种结构更加合理，科学安全用药技术水平全面提升，力争化学农药使用总量保持持续下降势头；尊重自然生态系统的客观规律，进一步改进和完善适应新型耕作制度和异常气候条件的病虫测报技术，提高病虫预测的精准性和时效性；快速转变植保技术的应用主体，由个体农户、小规模种植户向种植大户、有机农场转变，逐步扩大专业化、市场化的植保服务专业化统防统治队伍，提升植保技术的应用覆盖率、规范率及应用效果；持续强化农作物灾害防控的信息化、智能化水平，向大田作物扩展，推陈出新以适应新的生产方式，发挥新的作用；持续坚持“绿色植保”理念，大力推广环境友好型农作物灾害防控技术，实施不同区域、不同农田生态系统重大病虫害综合生态治理，充分利用生态系统自身对病虫草害的调控能力，辅以药剂进行防治，加快推进中高毒化学农药退出农业生产，提高生物农药和低毒化学农药使用率，普及生物防治、理化诱控、生态调控技术，在保障农业生产的同时，减少化学农药用量、降低生产成本、保护生态环境，实现我国农业可持续发展。

四、战略与路径

（一）新农药创制及产品战略与路径

针对绿色农药创新的关键科学问题，加强天然产物的活性化合物库构建，组合化学及仿生合成、农药分子设计、绿色农药分子靶标发现与验证等技术研究，农药制剂开发向精细化、功能化及高效利用发展。

一是原创性绿色农药分子靶标的发现。组合功能基因学、功能蛋白质组学、生物信息学、大数据等，从调控动植物及病虫害重要功能基因出发，通过比较生物学研究靶标生物和非靶生物的功能因子，搜寻潜在靶标，揭示其分子机制，解析候选靶标的结构与功能、靶标与药物的互作关系，为农业药物的设计与创制奠定基础。

二是绿色农药的分子设计。基于天然产物及化学小分子数据库，发展基于人工智能和计算机辅助技术的农药分子设计新方法与合理药物设计新平台；基于计算机辅助设计平台，构建覆盖广泛化学空间的小分子化合物库和发展高通量筛选方法，设计出易于修饰和衍生的新型农药分子骨架；发展基于靶标抗性预测的药物合理设计新方法，从源头上降低新农药创制抗性和交互抗性产生的风险，创制高效、环境安全、绿色化学的农药新产品。

三是农药制剂研发向精细化、功能化及高效利用发展。转变制剂产品的研发思路，打破粗放的、经验式的研发模式，建立以防治对象、施药方式和施药器械为场景的精准、量化、微观研究方法，同时引入新的表征手段和方法，对制剂产品的分散稳定、润湿、沉积、铺展及渗透、吸收和传导等作用机制进行深入研究，在提升制剂理化稳定性的前提下，最大限度地提高产品的生物活性及其对非靶标生物的安全性，使制剂的功能更丰富、用途更多样、靶标更精准、使用更安全，以最大限度地提升农药的利用效率。

（二）减施增效技术战略与路径

农药喷施未来向着机械化喷施和减量高效喷施发展，低浓度、低容量施药会成为主流。而植保机械、施药技术、农药制剂三者是一个有机整体，植保机械的发展必须要与农药喷施技术和农药制剂的发展相结合。

一是调整产业结构，提高植保机械的专业化、标准化水平。中国地域广阔，耕地众多，作物种类多且种植制度复杂，为适应各地区不同作物的栽培条件，需调整植保机械产业结构，开发专业化、标准化的植保机械产品。整体而言，应逐步扩大植保无人机和自走式喷雾机的市场份额，取代背负式手动喷雾机。结合我国普遍的个体农业模式，针对丘陵、水网、山地等地形，开发小型自动喷雾设备，如单旋翼植保无人机，以提高农药的利用率。针对平原地区和大规模种植模式，应开发大中型植保器械，如自走式喷雾机和多旋翼植保无人机等设备，其具有效率高、见效快等优势。针对不同的大田作物、果园作物甚至牧草等特色作物，应开发对应的专业化喷施设备，研究专业化喷施技术，解决多种作物一种喷法的农药浪费问题，以此实现农药减量高效喷施的目标。

二是加快基础部件研发。配套专用农药喷头、喷杆和液泵是植保机械的基本构件，对于药剂喷洒性能、农药合理利用及增强植保作业效果有重要作用。现有的植保无人机主要搭载扇形喷头 11001～11005 系列，提高喷头的雾化性能，可以直接提高农药的利用率，喷头的延展喷雾性能和稳定性也是农药喷施技术研究当中的重要内容。更稳定的液泵和更轻量坚固的喷杆，有利于提高施药平台的喷洒性能。施药平台专用农药的开发，有利于提高药剂的定靶率、减少农药流失、延长植保机械的使用寿命。现阶段，植保无人机和自走式喷洒机适合应用水乳剂与悬浮剂，农药生产中应转换重心使更多的农药药剂完成剂型转换，另外，研发纳米药剂和植保助剂是实现减量施药与推动植保机械发展的重要手段。基础部件和专用农药的研发与投入，可以缩短植保机械的设计周期，加速科研成果向产品转化。

三是加强施药技术研究，促进施药技术的发展可以推动植保机械的进步。近些年来流行的航空喷施技术直接推动了植保无人机行业的发展。国内现阶段主要研究方向为静电喷雾技术、低容量喷施技术及雾滴减飘技术等，下一阶段应将施药技术和植保机械结合起来，进一步优化植保器械的结构参数，研究精准施药技术和智能施药技术。现阶段，我国较流行的航空喷施应进一步发展空间定位能力和巡航喷洒技术，与此同时，对有利于提高雾滴沉积均匀性和雾滴沉积穿透性的结构参数与工作参数进一步优化，并加大对飞防专用助剂的研究，以此研发出更加先进智能的无人机施药平台。对于自走式喷杆施药机和温室内药剂喷施系统也是如此，通过对施药技术的研究，优化系统结构，从而带动整个植保机械的发展。

四是健全行业标准，完善植保体系。近年来，植保机械行业在市场上已经取得了一部分的份额，因此，健全现行的植保机械技术标准体系，完善现有的质量鉴定与检测系统，强化市场管理和产品品质管理，对于植保机械的发展具有很强的促进作用。不仅仅要对设计人员、生产厂家和销售商层层把关，更要对操作人员进行充分的培训。另外，对农民也要加强宣传和培训，一方面要让农民接受新的植保方式，另一方面要让农民对植保机械有一定的辨识能力。要把植保发展成一项产业，不能仅仅研究农药制剂，也要加大力度研究施药技术和植保器械，完善整个植保体系（李建伟等，2020）。

（三）生物防治技术战略与路径

一是以活体微生物、活性代谢产物为有效成分创制安全高效的生物农药新品种，建立绿色高效、低成本、低污染制造工艺，创制安全高效、环境适应性强、持效期长的生物农药。优化天敌工厂化扩繁技术，提升天敌昆虫货架期。

二是新型植物免疫激活剂与生长发育信号调控剂创制与应用。开展植物免疫及生长发育信号调控的分子机制研究，发现新的免疫信号通路和免疫蛋白及免疫受体，针对免疫蛋白和免疫受体及信号调控受体，创制基于天然产物及其修饰物的植物生长发育信号调控剂和免疫诱抗剂，发展植物免疫调控和生长发育信号调控技术；建立配套的综合防治新技术体系并示范推广。

三是多靶标生物源农药与核酸农药。构建高通量多靶标生物农药筛选平台，在特殊环境中筛选发现并挖掘能够防控多种有害生物的生物农药资源，开展生物合成机制研究和菌种改造，发展现代生物发酵工程技术和制剂加工技术；利用基因沉默技术、基因编辑技术等，设计新型核酸农药。

四是抗病虫转基因和基因编辑技术品种培育与利用。当前以全基因组选择育种、转基因、基因组编辑等为代表的生物育种技术已成为国际育种的前沿和核心，为新的植保产品研发提供了技术支撑（吴孔明，2018）。例如，通过转基因技术对多种病虫害的抗性基因进行聚合，将多个抗性基因整合到作物基因组中，培育可以同时抵抗多种病虫害的多抗转基因作物。当前，以转基因技术、基因编辑技术为代表的农业生物育种技术开启了新一轮农业科技革命，生物育种向智能化、精准化、工程化发展。融合人工智能、大数据等现代信息技术，形成“BT（生物技术，biology technology）+IT（信息技术，information technology）”高效生物育种技术体系（张文，2022）。随着组学技术的发展、生物数据的积累、遗传转化技术的建立及生物技术的迭代升级，转基因作物涉及的种类和性状将会更加多元化，转基因作物的研发也将向抗虫、耐除草剂、抗旱、营养高效等多性状复合及基因编辑和代谢途径重构等发展（王旭静等，2023）。在基因编辑技术发展方面，围绕 CRISPR 技术的改进工具将不断涌现，推动基因编辑技术向更精准、高效、安全可调控、多靶点编辑发展。

（四）综合防控技术战略与路径

灾变规律研究方面，一是开展病害灾变机制与可持续防控技术研究，针对柑橘黄龙病、小麦赤霉病、松材线虫病等重大农林病害的防控难点，阐明区域性流行灾变机制，突破监测预警与防控关键技术瓶颈，构建区域性高效综合防控技术体系并示范应用。二是开展害虫灾变机制与可持续防控技术研究，针对草地贪夜蛾、稻飞虱、蝗虫等重大农林草原害虫，解析其迁飞扩散与区域性暴发机制，研发精准监测预警和防控关键技术，构建区域性可持续控制技术体系并示范应用。三是开展草害灾变机制与可持续防控技术研究，针对稗、马唐等农田恶性杂草和狼毒、长芒苋、少花蒺藜草等草原重大草害，阐明其种群演化成灾机制，突破预测预报和防控关键技术瓶颈，构建区域性可持续控制技术体系并示范应用。四是开展鼠害灾变机制与可持续防控技术研究，针对褐家鼠和布氏田鼠等重要农田与草原害鼠，阐明其种群演化成灾机制，突破预测预报和绿色防控关键技术瓶颈，构建区域性可持续控制技术体系并示范应用；五是开展病虫害与农作物互作机制及关键防控技术创新，明确病原微生物的致病机理及作物免疫防卫机理，研制作物病害绿色防控新技术；解析作物-害虫-天敌互作关系及机制，开发作物害虫绿色防控关键技术和产品（张凯等，2022）。

监测预警研究方面，建设重大病虫疫情监控信息系统。通过建设基础设施、改进病虫监测手段、构建病虫害监测体系等工作，能有效实现加强重大病虫监测预警的目标。通过网络技术构建监控网络是目前提升病虫害防控能力的主要发展方向，充分利用互联网技术构建病虫害监测预警平台和监控信息系统，实现重大病虫疫情的实时远程自动化监测、网络化传输、数字化分析、图形化展示和智能化决策，提高重大病虫疫情监测预警能力。随着新型昆虫雷达、高灵敏度孢子捕捉器等仪器设备的研发应用，针对迁飞性、流行性、暴发性农作物有害生物的监测预警技术将更加精准。对东南亚、南亚国家的草地贪夜蛾、稻飞虱、稻纵卷叶螟等迁飞性害虫入侵我国的时间、规模、降落区域等预警，可满足提前防控的要求；对于我国境内的小麦锈病、白粉病、棉铃虫、黏虫等重大病虫害，针对其越冬越夏基地、扩散蔓延程度等中长期预测准确率想要进一步提升，区域迁飞阻断等植物保护新手段或将成为可能途径。深化 3S 技术、分子定量技术、计算机网络信息交换技术，结合大数据、云计算等手段，采用空间分析、人工智能和模拟模型等手段共同进行农作物有害生物的预测预报。深入探索可满足农作物病虫害监测预警需求的先进检测、监测及信息化、数字化技术，建立远距离、高精度的监测预警技术，推进检测技术、监测方法及预警水平的标准化，为病虫害及时阻截、快速扑灭、科学防治提供技术支持。依靠科技进步，革新病虫害持续控制技术，研究植物免疫、性信息素防控、理化诱杀、性信息素迷向及生态调控等新技术。

（本章执笔人：郑永权、董丰收、张礼生、曹立冬、向文胜、李如男）

第十四章　农业装备与智慧管理

农业装备是转变农业发展方式、提高农业生产力的重要基础，是农业农村现代化的重要支撑。智慧管理是将互联网、大数据和人工智能等高新技术应用于农业的生产控制、监测、品质管理、物流调度等环节，从而提升农业产出，提高农产品品质，降低粮食损耗。农业装备与智慧管理能够全面提升农业综合生产能力和经济效益、生态效益，对于提高土地产出率、保障粮食安全，提高劳动生产力、促进工业化和城镇化发展，提高资源利用率、促进农业可持续发展，促进农民增收、推进乡村振兴，促进新型农业经营主体产业化和规模化发展及提高我国农业的国际竞争力均具有重要作用。

第一节　概　　述

农业装备与智慧管理作为提高劳动生产力、降低农业劳动力需求的主要手段，在我国城镇化不断发展、老龄化不断加剧、农业人口持续下降的今天，对于保障我国粮食安全具有重要意义。

一、农业装备与智慧管理发展的成就

新中国成立尤其是 2004 年以来，我国农机制造水平稳步提升，农机装备总量持续增长，促进了农机作业水平快速提高，农业生产已从主要依靠人力畜力转向主要依靠机械动力，进入了以机械化为主导的新阶段。一是大田农机装备快速发展。2021 年，我国农业机械化率达到 72%，基本实现了主要粮食作物耕种收全程机械化，并由产中向产前产后延伸，由粮食作物向经济作物和园艺作物扩展，由种植业向畜牧业、渔业、农产品初加工等各产业全面拓展，由粮食主产区、平原地区向全区域覆盖，进入了推进农业机械化全程全面发展的新阶段。二是设施农业装备进展迅猛（图 14-1）（罗锡文等，2021）。截至 2022 年，中国设施农业总面积超过 280 万 hm^2，占世界设施总面积的 80%以上，设施蔬菜（含设施食用菌）年产量 2.65 亿 t，占蔬菜食用菌总生产量的 1/3，占商品菜的 50%以上，年人均近 190kg，设施水果和西瓜甜瓜年产量近 0.5 亿 t，年人均 35kg。我国当前设施农业用不足 3%的耕地生产出种植业总产值 25.3%的产品，为我国食物周年供应作出了不可磨灭的贡献。三是智慧管理有声有色。在近十年，得益于信息通信、人工智能和大数据等行业的快速发展，农业智慧管理实现广泛应用，党的十八大以来，相关部门在全国建立了农产品质量安全追溯、农兽药基础数据、重点农产品市场信息、新型农业经营主体信息直报等多个平台，完善了监测预警体系，逐步实现了用数据管理服务，有效降低了生产投入，并采取适当的措施进行了智能化生产来引导产销。

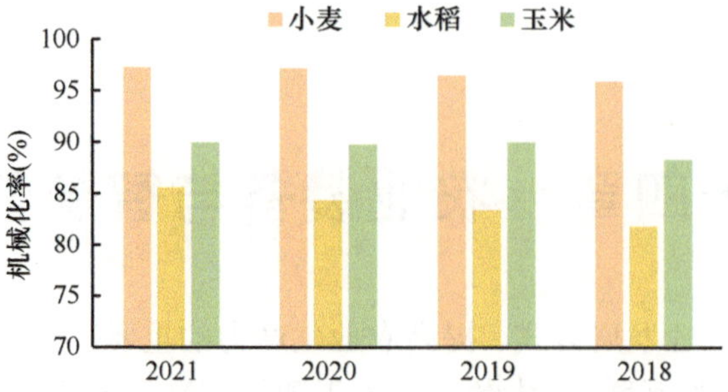

图 14-1　主要粮食作物近年来机械化率

二、农业装备与智慧管理科技发展的态势

近年来，在市场需求带动和农机具购置补贴政策引导下，国产农机具在技术升级、制造技术、质量控制、工业设计等方面取得不俗成绩，初步改变了进口农机长期垄断高端市场的局面，多数机型及部分核心部件的自主研发制造取得一定进展，出现了若干新兴的龙头企业。在技术上，农业装备与智慧管理取得了一系列重要突破。首先，农用柴油发动机的高压共轨喷射技术及动力换挡和无级变速技术、农机装备液压系统技术、农机具动力电池技术等核心技术不断取得突破，带动我国大马力、高效率农机具逐渐迈向世界一流（马赫，2022）；其次，农机农艺融合水平不断提升，先后形成了多熟制地区的水稻机插秧关键技术、玉米精量播种关键技术、油菜少耕精量联合直播技术等一系列特色技术，直接服务我国农业生产；再次，设施农业技术紧跟实际潮流，已经实现了塑料大棚、日光温室技术的大面积市场应用，连栋温室技术的全面成熟，植物工厂技术的迅猛发展，服务了我国设施农业生产规模全球领先；最后，农机装备与智慧农业不断加深融合，农业机械与人工智能、北斗卫星导航、5G 通信等技术相集成，进一步提升了自动化水平（周再恒，2022）。

当前，以“企业+科研单位”为主导的科研模式已经成型，科技研发和集成能力都得到有效提升，必将在未来一段时间取得更多成果。

三、农业装备与智慧管理发展对粮食安全保障的意义

新中国成立以来，以农机为主的农业装备科技发展为我国粮食增产作出了较大贡献，而进入 21 世纪以后，随着信息科学的发展，智慧农业成为新的风潮，传感器、智慧平台等新装备新技术大大促进了农业管理水平提升，保障了农产品品质稳步提升，服务了人民对高质量食物的新需求。

（一）提高土地产出率，保障粮食安全

农业装备和智慧管理的快速发展，在保障粮食安全方面发挥了重要作用。据测算，仅 2004～2013 年的十年间，主要农作物耕种收综合机械化率每提高 1 个百分点，就可以促进粮食增产 50 亿 kg 左右。三夏期间，依靠农机作业小麦收获时间能够缩短 4d 以上，可有力保障夏粮丰收，为夏播赢得宝贵农时。机插秧比传统手工插秧的稻谷产量提

高 600kg/hm^2，节约秧田 80%以上，节约稻种 40%以上；水稻精量穴直播与人工撒播相比增产 8%以上。东北地区应用玉米精量播种技术每公顷增产 400kg 左右（刘欣，2013）；采用玉米籽粒低破碎机械化收获技术减少损失 28%以上，大幅降低了籽粒破碎率，解决了玉米摘穗收获后在转运、晾晒、脱粒过程中的霉变损失，提高了收获质量，改善了玉米品质。另外，据农业农村部统计，水稻、玉米、小麦三大主粮机收损失率平均每降低 1 个百分点，就能挽回 100 亿斤损失，对粮食安全也具有较大的贡献。

（二）提升食物周年供应率，保障人民生活品质

农业装备与智慧管理的快速发展，尤其是在设施农业方面的快速进步，使得我国可以在有限的土地资源上提升食物的产量和质量，实现全国范围内农作物的全年生产，实现种植周期的缩短，减少资源浪费，提高生产效率。此外，通过对温室内环境的控制，提升了农产品品质，丰富了蔬菜、水果等农产品类型，帮助我国人民摄取了更多更全面的营养成分，保障了人民身体健康水平。

（三）提高劳动生产力，促进工业化和城镇化发展

农业装备与智慧管理的快速发展，可以大幅度提升劳动生产力，促进农业人口向非农业人口转变。例如，2013 年全国耕种收综合机械化率达到 59%，比 2003 年末增长了 70.9%，同期我国转移农村劳动力 2.69 亿人到二、三产业就业，基本结束了农忙时节大范围劳动力返乡支农的情况。可以说，正是由于机械化带来的劳动生产力提升，我国才能在保障粮食安全的前提下，快速释放劳动力，实现工业化和城镇化大发展。

（四）提高资源利用率，促进农业可持续发展

农业装备与智慧管理的快速发展，可以提升农业资源利用率，降低面源污染。我国人均耕地面积小，水资源分布不均，农业集约化水平总体有限，水资源压力较大，面源污染问题相对突出。而智慧管理与智能灌溉装备的结合，能够实现节水灌溉的快速发展，解决黄河流域等我国产量大区粮食生产与生态保护的矛盾；智慧管理与新型植保和施肥手段的结合，能够优化施肥技术，提升肥料利用率，提升绿色防控率，从而解决粮食生产与面源污染之间的矛盾。

（五）促进农业增收，推进乡村振兴

农作物实行机械化生产，可大幅度降低生产成本，并在多个环节实现增产效果，增产幅度 1%～15%。例如，根据湖南省在“十三五”期间的测算，农机化水平每提高 1 个百分点，农民人均纯收入增加 270.27 元；在水稻播栽和收获两个环节实现机械化生产可节约成本 1650 元/hm^2，油菜机播同人工相比增产 295.5kg/hm^2，深松过的小麦可增产 9%（刘长华，2018）。同时，农机化的发展使机械替代了人力，填补了农村“空心化”带来的后顾之忧，解决了农村“谁来种地”的难题，为土地适度规模经营提供了可能，为农村更多劳动力转移到其他产业创造了条件。此外，农机精准施药施肥施水技术的应用，有效减少了化肥、农药和水资源的使用，促进了农业绿色发展；而机械烘干可有效提高粮食品质，产后加工可有效延伸农业产业链条，增加农产品附加值。

第二节　大田农机装备及机械化科技支撑

农机装备尤其是大田农机装备的发展，是实现农业机械化、提高劳动生产力、保障粮食安全的重中之重。新中国成立以来，我国农机装备快速发展，为粮食安全作出了重要贡献。

一、大田农机装备的发展及成就

新中国成立以来，尤其是改革开放后 40 多年，我国大田农机装备的发展走过了一条从无到有，从仿制到创新，从通用到个性的道路，对于提高劳动生产力、保障粮食安全具有重要意义。

（一）动力结构持续调优

1978 年我国农机总动力为 11 749.9 万 kW，至 2021 年，全国农机总动力达到 10.78 亿 kW，亩均动力 0.6kW；拖拉机保有量 2173.06 万台、配套农具 4022.93 万部，其中大、中型拖拉机保有量同比分别增长 8.49%、3.65%，与 58.8kW 及以上拖拉机配套的农具增长 4.41%；粮食作物生产机具继续较快增长，稻麦联合收割机、玉米联合收割机、水稻插秧机、谷物烘干机保有量分别达 162.72 万台、61.06 万台、96.32 万台、14.42 万台，同比分别增长 1.28%、3.76%、1.04%、5.92%；粮食生产环节中高性能机具占比持续提高，结构调整与优化特征明显（农业机械化管理司，2022）。

（二）农机产能规模持续增长

随着我国农机产业环境的不断优化，尤其是自我国加入 WTO 以来，出口增长叠加国内市场需求扩大，我国农机工业持续高速增长，农机规模以上制造企业具备了一定生产能力，形成了专业化分工、社会化协作、相互促进、协调发展的行业结构，形成了大、中、小企业相结合的产业链，建成了较为完整的农机工业体系。至 2022 年，我国农机总产值超过 5000 亿元，规模以上农机企业 2000 多家。

（三）农机种类和功能不断丰富

经过几十年的发展，我国现在已能生产 14 个大类 113 个中类 468 个小类的近 4000 种农机产品。其中，按照《农业机械分类》（NY/T 1640—2015）标准目录，大田农机约有 200 个小类近 2000 种产品。通过农机企业的技术引进和自主开发，一批科技含量高的农机产品应运而生。在小麦上基本攻克了大多数机械化技术问题；玉米收获环节关键技术与装备取得重大突破；基本解决了与农艺技术配套的水稻种植机械问题；拓展了甘蔗、番茄、油菜等大宗经济作物的收获机械，大大缩短了我国农机工业与国外先进水平之间的差距，产品性能进一步提高。例如，近几年大中型拖拉机年产量均超过 30 万台，2017 年达到 41.8 万台，160～180 马力大型拖拉机实现批量生产；自走式玉米联合收获机技术逐步成熟，并批量投放市场。从整体上看，随着生产能力和技术水平的提高，我国农机制造业已经形成了涵盖科研、制造、销售、服务等环节的比较完整的体系，已能生产农用拖拉机、农田基本建设机械、耕整地机械、播种栽植机械、中耕机械、植物保护机械、排灌机械、收获机械、谷物烘干机械及农产品加工机械等主要农业机械，形成了大中小相结合的产品结构，品种和生产数量基本上能满足市场需求，国产农机的市场满足度达到90%以上。

（四）作业水平和效劳水平稳步提升

从作业水平来看，至2021年，全国农业耕种收综合机械化率已超过71%，较去年提高0.78个百分点，农业劳动力占全社会从业人员的比例已经降至36%左右，农业生产进入以机械作业为主的新时代；小麦耕种收机械化率达到97.29%，水稻耕种收机械化率达到85.59%，玉米耕种收机械化率达到90%。

至2022年，农机大户、农机合作社等新型农机效劳组织不断壮大，农机效劳领域不断拓宽，农机效劳产业化进程不断加快，农机销售、作业、维修三大市场蓬勃开展。2021年，全国农业机械化作业效劳组织达18.5万个，作业效劳总收入达3700亿元。特别是农机专业合作社从无到有，2021年超过2万个，入社人员33万人，农机手超过4000万人。

二、产前设施装备的科技支撑

我国产前农机装备不断发展，结合我国实际产业需求，在水稻育秧、浸种包衣等种子处理方面，都形成了与农艺相结合的独特农机技术。

（一）育秧装备

在水稻育秧方面，我国走出了一条从无到有、从仿制到创新的路线。20世纪50年代到20世纪末期，我国先后发展了简易单户催芽盘、催芽箱、人工育秧大棚、自动化育苗设施装备等，逐步追赶上日、韩等先进发达国家。目前，我国在吸收外来技术的基础上进行创新，将水稻育秧技术与南方稻区栽培和耕作制度相结合，研发了多熟制地区水稻机插栽培关键技术，创建了机插毯苗、钵苗两套“三控”育秧新技术，促进了多熟制地区水稻机插栽培与生产水平的提升（米长生等，2014）。

在蔬菜育秧等方面，我国也奋起直追，形成了槽轮、窝眼、型孔等机械式育秧播种装备，以及吸针、吸盘和滚筒等气力式育秧播种装备，满足了番茄、甘蓝、辣椒等多种蔬菜的育秧需求。

（二）种子处理装备

在种子处理方面，与选种技术相结合，形成了种子自动化风选、机选装备；与小麦、花生、棉花等土传病害防治技术相结合，开发了滚筒喷雾式包衣机、连续供给式包衣机等包衣机械，大幅度降低了种子加工过程中的破碎率，并做到了机械、种衣剂与播种手段的适配，减少了病害发生。此外，针对小区育种实验中批次多、纯度要求高等特殊需求，我国还于近年开发了育种实验小区脱粒机，能够保证高速处理、自动清洁无残留。

三、产中设施装备的科技支撑

在产中，设施装备与耕作制度呈现出更加紧密的耦合关系，发展了一系列适用于间套作、秸秆还田等农艺技术的特色装备。

（一）耕整地机械装备

农业耕整地装备与种植制度和栽培制度相结合，形成了一系列特色装备。从 20 世纪 50 年代开始，先后研发了水田犁等新式畜力农具、绳索牵引机、机力水田犁、船形拖拉机（机耕船）、机力牵引水田耙和旋耕机。我国南方地区针对部分深泥脚水田的需要，在机耕船的基础上，80 年代发明了水田耕整机，基本解决了水田作业难题；90 年代研发了驱动圆盘犁、稻麦秸秆还田机及多种旋耕联合作业机具，重点推广旋耕机、水田驱动耙等驱动型耕整地机具，适应了插秧移栽方式的农艺要求。同时，为了保证耕整地质量，如满足地表平整、覆盖严密、碎土起浆、避免后续作业机具壅泥等要求，国内研制了 IPJY-6 型激光平地机，配套东方红-75/802 拖拉机，用于高差不超过 20cm 的旱田改水田及水田旋耕后的精平作业，填补了国内空白（韩豹等，1996）。随着绿色农业发展，在南方稻麦两熟区耕整地环节中应用机械化秸秆还田技术和旋耕复式作业水田平整技术，一次性完成水旋、埋茬、起浆、平整等作业，在南方大面积运用。在旱田耕整地方面，研究了多功能联合耕整地技术，打破了过去耕翻、耙磨、起垄等单一整地模式，朝深松、旋耕、灭茬、秸秆还田、起垄、施肥等技术集成化方向发展，应用了激光、电子等先进技术，提高了耕整地质量。深松旋耕整地一次完成犁、耙、平地作业，在不翻土、不打乱原有土层结构的情况下，打破坚硬的犁底层，加厚松土层，改善土壤耕层结构，从而增强土壤蓄水保墒和抗旱防涝能力。在保护性耕作方面，利用秸秆残茬覆盖地表、实行少免耕施肥播种、尽量减少耕作、合理深松深耕、用化学药物控制杂草和病虫害，从而减少土壤风蚀、水蚀并提高土壤肥力和抗旱能力的先进农业耕作技术，具有改善土壤结构、培肥地力、提高土壤抗旱能力、减少土壤风蚀水蚀、节本增效等优点。重点突破了秸秆还田、秸秆覆盖、免耕播种、轮作倒茬等装备的关键技术，形成了干旱、半干旱保护性耕作技术体系，在北方一年一熟区、北方一年两熟区、黄土高原一年一熟区、东北垄作区和黄淮海水旱轮作区得到推广应用。

（二）播种装备

在水稻种植方面：以插秧和直播为主线，20 世纪 90 年代开发与应用了抛秧机等浅栽机械；近年来水稻种植机械化技术快速发展，研发了水稻精量穴直播技术与机具，首创了“三同步”水稻机械化精量穴直播技术，为水稻机械化生产提供了一种先进的轻简化栽培技术。在小麦种植方面：20 世纪五六十年代，西安农机厂改进设计了 ZBF-24A 牵引式 24 行谷物播种机等，基本满足了小麦播种要求；七八十年代，研发了气力式精密播种机，可满足包括小麦在内的多种作物的播种要求；90 年代至今，研发了小麦免耕施肥播种机，采用种肥分施技术，不烧种，可充分发挥肥料的作用。在玉米播种方面：20 世纪 50 年代从苏联引进小麦播种机，经过调整可以实现玉米播种功能，在东北地区和农场被采用；60 年代新疆生产建设兵团从国外引进玉米精密播种机；70 年代玉米精播在东北地区开始推广应用，并不断在华北地区进行技术示范；90 年代以前，在华北一年两作地区主要发展半机械化玉米套种，随着农机化整体发展水平的提升，农作物生产周期缩短，同时短生长期玉米品种开始应用，使玉米直播成为可能；90 年代，开始进行玉米机械直播技术的示范推广；近年来研发了机械式玉米精量播种机，保护性耕作技术广泛应用，推进了玉米免耕播种技术快速发展。在马铃薯种植方面：20 世纪，我国马铃薯种植以人工为主，种植机具研制工作起步较晚，只有少数半机械化马铃薯种植机推广应用；我国也引进了国外马铃薯种植机，可播种 2 行、4 行、6 行、8 行，播种速度高，生产效率高，配备有固体肥料施肥器，行距在 70～90cm 可调；国内农机企业在“十五”国家科技攻关计划的支持下，成功开发了 2CM-2 型马铃薯播种施肥联合作业机，在东北、西北、华北等地区进行田间播种试验，效果良好，同时在 2 行机型的基础上生产了 2CM-4 机型。

（三）排灌装备

我国区域雨量分布不均匀，农业生产容易受到旱涝灾害威胁，因此农业机械化优先发展排灌机械。排灌机械经历了以解放式水车为主的半机械化机具、农用水泵、喷灌机、滴灌设备等发展历程。1953～1955 年，平均每年推广解放式水车 12 万～16 万部。机电动力排灌机械研究发展较快，1955 年底全国水泵保有量已达 1.3 万台；1957 年底全国排灌动力机械总动力达 41.48 万 kW。这个阶段以解放式水车为主的半机械化机具大幅度增加，电动机、柴油机、煤气机和蒸汽机等机电动力机械次之。机械排灌在抗灾增产中发挥了巨大作用，1956 年全国受旱涝威胁的农田有 1733.3 万 hm^2，但粮食总产仍比灾情较小的 1955 年增加 880 万 t；1957 年受灾面积达 2526.7 万 hm^2，成灾率却比上年下降 21%。七八十年代排灌机械发展比较快，研究出 DYD 型圆形电动喷灌机和平移式喷灌机，灌溉效率高，可在田间移动灌溉。90 年代至今，在灌溉机械方面主要有低压管道输水工程、轻小型喷灌机、折移管道式喷灌机等，机型可靠性显著提高，关键部件喷头由铜材或合金材料改为塑料材料，实现了轻质化、低成本，部分地区开始应用大型移动式喷灌机。21 世纪以来，水泵研发逐步大型化、高速化、机电一体化，产品逐渐成套化、标准化、系列化和通用化，喷灌设备研发朝低压喷洒、降低能耗、机型变种、系列成套、智能控制和综合利用方向发展，同时研发了膜下滴灌技术，进一步实现了节水增效。

（四）植保装备

我国长期以来以小型植保机械为主，包括手动式与背负式。1949～1962 年是机械化植保技术发展的初始阶段，主要特征是人力手动植保机械的研发与生产。1961～1962 年，相关部门组织标定了人力手动植保机械的三种图纸，即 WD-0.55 型单管喷雾器、552 丙型压缩喷雾器和 FY-5 型手摇喷粉器，以上产品大多延续生产到 80 年代。1963～1970 年，机械化植保技术科研与生产不断加强，小型机动植保机械研发起步，人力手动植保机械生产掀起高潮。1971～1990 年，植保机械处于产品的科研、生产和推广全面发展阶段，到 1984 年已先后研制定型的产品型号达百余种，其中批量投产的有 20 个品种 70 多个型号；1980～1984 年仍在生产的手动药械有 8 个品种 20 余个型号，小型机动植保机械有 7 个品种 15 个型号，大型植保机械有 3 个品种 6 个型号。90 年代，研发了新型背负式机动喷粉喷雾机，兼有喷雾、喷粉、喷颗粒等喷施功能，广泛用于南方稻、麦等作物病虫害防治。近年来，围绕高秆作物、水稻、果树及蔬菜等主要农产品对现代施药机械产品的迫切需求，创制了高效宽幅远射程机动喷雾机、水田用风送低量喷杆喷雾机、果园自动对靶静电喷雾机、高效低污染循环喷雾机、大田风幕式防飘喷杆喷雾机、超高地隙自走式喷杆喷雾机、农用超低空轻型直升飞机、无人植保机及低量施药装备、密植型果园仿形定向喷雾机、篱架型作物专用喷雾机、温室专用无人驾驶自走式智能喷雾机等用于农作物病虫草害防治的现代施药装备，实现了施药的精量化、机械化、自动化和安全化。其中，无人植保机采用无人驾驶自动导航低空施药技术，融合了现代航空技术、GPS 导航技术、GS 技术及数字信息技术，实现了喷幅精确对接，避免了漏喷与重喷，可远距离遥控操作而避免农药对作业人员的危害，作业对象覆盖水稻、玉米、小麦等。

（五）收获机械装备

在稻麦收获方面，小麦收获机械在 20 世纪五六十年代主要是分段的割晒机和脱粒机等，割晒机主要有 GT-4.9 型割晒机、引进的摇臂式收割机等，采用往复式切割器，帆布或链条铺放，仅完成田间收割并铺放在田间；脱粒机主要有畜力脱粒机、机动脱粒机等，均为简易式。七八十年代，小麦收获机械在完善分段作业机具的基础上，形成系列产品如北京-185 型等，自走式谷物联合收割机迅速发展，代表机型有新疆-25 型、东风-5 型和红旗-69 型等，这些机型采用纹杆滚筒或双滚筒，脱粒能力强，装有逐藁器，收获性能较好，技术水平较低，但都实现了机械化。90 年代以后，谷物收获机械发展迅速，自走式谷物联合收割机和背负式联合收割机并驾齐驱，分段作业的收割机、脱粒机数量呈逐年下降趋势。21 世纪后，稻麦联合收割技术快速发展，以全喂入型为主，半喂入联合收割技术发展放缓。在轮式稻麦联合收获机方面，中小型稻麦联合收获机喂入量逐步稳定在 5～7kg/s，并逐步向 8kg/s 喂入量产品发展，10～12kg/s 的纵轴流技术也逐步成熟，逐渐成为大型稻麦联合收获机主推技术，产品功能向兼收多种作物拓展，实现一机多用；静液压驱动底盘逐渐被用户接受，后侧排草的轮式稻麦联合收获机需求增加。在履带式稻麦联合收获机方面，4～5kg/s 纵轴流产品成为主导产品，中小型农场所用产品正向 5～6kg/s 纵轴流产品发展，丘陵山区重点以 1.5～2kg/s 纵轴流产品为主导，多数产品逐渐向多种作物收获拓展，高地隙底盘驱动技术、大排量静液压无级变速传动装置（hydraulic-stepless-transmission）差动转向技术、切流与轴流多级脱粒技术、潮湿物料高效清选技术、智能化监控技术、整机系统集成与可靠性技术得到稳步发展。在玉米收获方面，20 世纪 90 年代末开始研制玉米收获机，机型以 2 行、3 行悬挂式和 3 行、4 行自走式为主，国家科技攻关计划“自走式穗茎兼收型玉米联合收获机研制”项目成功研制了玉米联合收获机，“玉米收获技术与装备研究示范”项目研发了悬挂式和自走式穗茎兼收玉米收获机。近几年，研发了玉米籽粒低破碎机械化收获技术装备，通过适宜籽粒机收的玉米品种、栽培技术、收获机械及烘干设施等方面的集成配套，以及适当调整收获机械割台、脱粒、清选系统结构和作业参数，实现了玉米高效、籽粒低破碎率直接收获。在马铃薯收获方面，到 20 世纪 90 年代中期，国产小四轮拖拉机大量推广应用，马铃薯收获机加速研发，挖掘机代表机型为 MAE-1520 型马铃薯挖掘机、与小四轮拖拉机配套的 4SG 系列悬挂式薯类收获机、4SM-40 和 80 型单行马铃薯挖掘机等。在国家科技攻关计划、“十一五”国家科技支撑计划项目支持下，开发了马铃薯联合收获机和适用于分段收获模式的机型，即先采用打秧机灭秧，再采用分段收获机（挖掘机）完成薯块的挖掘、分离、铺放集条作业，最后人工捡拾装袋。

四、产后设施装备的科技支撑

农产品产后烘选分等初加工环节及储运等物流环节，衔接了一产种植业和二产食品生产加工工业，具有重要意义。产后设施装备科技的进步，能够大幅度提升农产品品质，降低损耗。目前，我国发展的相关装备主要包括烘干装备、脱壳装备、分选装备、仓储装备和运输装备等。

（一）脱壳脱粒装备

在花生方面，先后开发了打击式、气爆式等多种脱壳装备，尤其是我国自主研发的打击式滚筒脱壳设备，大幅度提升了脱壳速度，降低了果仁损伤。在油茶果、无患子、菱角等方面，开发了多种针对性脱壳设备，实现了多种中国特色作物脱壳机械的从头研发和自主创新。

（二）分选装备

在物理分选装备上，不断根据我国农作物自身特征进行研发，形成了风选、形选、重选等设备，支撑了谷物、水果、薯类等多种作物的自动化分选。在机器视觉分选方面，我国积极开发了基于机器视觉的分选设备，已经初步形成了针对菌菇、柑橘、苹果等的多种视觉分选设备，初步达到国际先进水平。

（三）烘干装备

从能源上看，结合我国自身能源特征，先后发展了燃煤热风间接干燥机、柴油干燥机、电力干燥机、生物质干燥机等多种烘干装备，能量利用效率不断上升。从过程控制上看，从最初的全手动干燥装备，逐渐发展过渡为半自动和全自动式装备，大大降低了装备损耗。从干燥机制上看，从单一的热量烘干装备，发展为烘干、电场干燥、辐射干燥、低温干燥等多形式干燥装备，能够满足从粮食到菌类、蔬菜等各种作物的烘干需求。

（四）仓储和运输装备

仓储上，先后完成了大功率制冷装备、保鲜气调装备、大功率通风换气装备、保温材料等的自主研发和生产。运输上，依赖多尺寸货柜车、大型冷链集装车厢、冷藏货轮等载具的发展，初步建立起覆盖全国的生鲜农产品运输配送网络。

五、丘陵山区农机装备的科技支撑

我国丘陵山区耕地面积占全国的比例超过 50%，覆盖的人口超过 60%，但是丘陵山区的地形复杂、坡度不一、道路崎岖，不适合大型农机具作业，因此我国大力研发了一系列结构紧凑、操作灵活、利于爬坡和适用性强的小型机械，支撑了山地丘陵机械化率不断提升。

（一）微耕机械装备

在我国丘陵山区，微耕机得到了快速发展和广泛应用。得益于技术进步，当前微耕机械装备已经具有一机多用、结构小巧紧凑、机动性好等特点，适用于平原、山区、丘陵的旱地、水田和果园等，可完成旋耕、开沟、培土、铺膜、中耕锄草、播种施肥和喷药等多项作业，还可以实现抽水、发电及短途运输等。目前，南方 12 个典型丘陵山区省份中，微耕机械应用率逐年上升。

（二）专用运输装备

为解决大型轮式运输机在丘陵山区运输方面的不足，我国研制了小型四轮运输车、履带式运输机及自走式、牵引式、遥控式、轨道式运输机械和链式循环货运索道机械等多种专用运输装备，节约了运输成本，提高了运输效率，解决了丘陵山区散碎地块无车适用的局面。

（三）小型挖坑机械装备

小型汽油挖坑机主要应用于种植方面，适合于坡度为 20°以下的坡地果树栽植挖坑作业。水果采收是果园生产过程中的重要环节之一，具有季节性强和劳动密集的特点，所用劳动力占整个生产过程所用劳动力的 35%～45%。

（四）手扶拖拉机配套机械

手扶拖拉机作为适用于丘陵山区的重要设备，可以通过配套机械增加作业范围。我国从 20 世纪 70 年代起先后研制出与手扶拖拉机配套的机械振动式山楂采果机、气囊式采果器、手持电动采果器、气动剪枝机和辅助升降平台等机具。1992 年，浙江省金华市农业机械研究所研究了安装于拖拉机上的用于采摘水果的升降机，上升高度可达 7m；2007 年，新疆机械研究院股份有限公司研制了我国第一台多功能果园作业机。另外，对振动式山核桃采摘机、伸缩式林果采摘机械臂和采摘机器人也开展了相关研究。

六、大田农机装备的展望

近年来，随着经济、科技、社会等发展，我国大田农机装备体现出新的发展趋势。经济方面，随着国民生活水平的提升，我国人民对食物的需求完成了从“吃饱”到“吃好”再到“吃健康”的转变，对食品生产提出了更高的品质要求。科技方面，大数据、人工智能、新能源等一系列技术的发展，为农机装备发展提供了新的基础科技支撑。社会方面，一方面人口老龄化加剧农业劳动力缺失，另一方面节能减排成为世界重要潮流，这对农机提效减排提出较高要求。

（一）科技发展趋势

1. 大型农机联合化

随着现代农业的快速发展，大型农业机械开始向联合化发展。大型联合农机可以实现单次作业同时完成多种工序，从而提升作业效率，如大型联合收割机能够同时完成收割、脱粒、堆垛等操作。在未来，随着农机智能化水平的提升和农机合作社的负担成本下降，大型农机的联合化趋势将会日益显著。

2. 小型农机灵活化

随着机械化进程的推进，小型农机在未来将发挥越来越重要的作用，特别是在农村基础设施不完善的地区及山地、丘陵等不适合大型农业机械使用的地区，主要有园林机械、果茶机械、小型遥控植保机械、小型棚膜机械、小型深松机械、小型收获机械等，小型农机轻便、易用、灵活、成本低，更能因地制宜地发挥其特点，既省力又高效。在未来，小型农机体积更加紧凑、使用更加方便、功能更加灵活，同时在边角地块、农户庭院、林下空间等区域将发挥更大作用，使得农业生产更加高效、省力、省时。

3. 农机动力电动化

得益于乡村电网的不断完善，以及动力电池和电动机技术的不断成熟，未来除大马力拖拉机等装备外，农业机械装备将集体实现电动化。相较于柴油等动力源，电动农机具有零排放、体积小、补能方便等特点。在未来，传统农机的电动化改造将成为研究热点。

4. 大中型农机无人化

由于农田具有空旷、行人少、场景相对单一等特征，比家用汽车更适合发展无人驾驶和无人操作技术。目前，植保无人机、无人收割机、无人拖拉机已经开始投入实际应用。在未来，随着人工智能的进一步发展，大中型农机将进一步发展，其无人化应用场景也将大幅度扩大。

5. 多种装备联动化

随着大数据和通信技术的发展，整合多种不同农业机械，实现智能平台支配下的多种装备智能联动，最大限度减少人工，提升标准化水平，将会成为研究热点。多机通信、集群智能、田间自组网等技术，将成为多装备联动攻关的重点支撑。

（二）产业发展趋势

当前，我国农机产业快速发展，产能和品类数量都位居世界前列。在未来，受技术发展和行业背景影响，我国农机产业将呈现出如下趋势。

1. 小型低端机械向大型高端机械转化

目前农机装备存在小型机械多、大型机械少，低端机械多、高端机械少，老旧机械多、新式机械少的问题。开发中高端水平的农业机械，可扭转这一传统落后局面。因为劳动力的逐渐减少，有相当多的农民将土地承包给农场，农场种植面积扩大，促进大型农业机械的发展。大型农业机械作业性能好，粮食收得净，秸秆打得碎，作业效率高。

2. 节能型农业生产机械快速发展

节能是一个世界性的课题，其直接影响世界经济的发展，因此，作为经济的重要组成部分，农业机械必须朝着节能型发展。简单来说，就是要延长农业机械的使用寿命，提高农业机械的性能，利用先进的科学技术手段来降低污染，促进能源利用率的提高。也就是说，要采取现代化的技术来促进农业机械化技能的提高，从而满足人们对高品质、高质量生活的追求。

3. 农机农艺融合发展

农机与农艺是一个相互影响、相互约束的有机辩证整体。当前我国人多地少的矛盾日益突出，要在有限的耕地资源条件下确保农业生产产量和国家供给，就必须实现农业生产的高质量、高效率发展。生产粮食所采取的先进农艺技术要标准化、大规模、高速度推广，只有与农机化技术相结合才能转化为现实生产力。然而，由于种种原因，许多农艺措施尚不能通过机械化手段加以实现，只有推进农机与农艺有机融合，才能实现农业生产关键环节机械化的突破，使先进适用的农业技术得以推广普及应用，从而促进农业稳定增产和农民持续增收，保障我国粮食安全。

4. 农机整体向信息化智能化发展

农业机械发展的其中一个方向就是实现自动化和信息化，这就需要应用物联网技术将各个方面的信息进行有效整合，从而更好地保障农业机械设备的稳定运行。农业机械物联网技术需要将传感器技术、通信技术及控制技术有机结合起来，利用各种传感器传输的数据来掌握待测目标的相关信息参数，如土壤温度、湿度等信息，然后将搜集到的相关数据传输到控制器中进行分析计算，得到相关数据结论，再发送给执行器进行机械作业，这样就能够更好地保障机械操作的质量和效率。未来随着传感器技术、通信技术及控制技术的不断进步，一定能够实现物联网技术在农业机械中的应用，彻底将人从繁重的工作中解放出来。

（三）对策与建议

从我国发展需求来看，粮食安全关键装备必须自主可控。核心技术、关键技术买不来也讨不来，为保障口粮绝对安全，我国必须在农业生产全产业链的关键环节实现自主可控，需进一步加速高质量发展农机装备，加快实现高水平科技自立自强，不断提高护航国家粮食安全的能力。重点体现在以下五个方面。

1. 补短板，解决薄弱环节农机化技术

重点围绕双季水稻机械化育秧移栽、南方丘陵山区玉米机种机收、冬小麦节水灌溉、马铃薯机种机收、夏大豆免耕播种、玉米大豆带状复合种植等薄弱环节，以及适宜稻区再生稻、西南丘陵山区玉米和马铃薯、南方大豆、高原青稞等生产机械化，推进适用机具研发，提高机具适应性、可靠性，强化机械、栽培、品种集成配套，加强试验示范总结，推广适宜技术路线和解决方案，切实补齐粮食生产机械化短板。

2. 攻核心，突破关键核心装备技术

针对部分关键共性技术与重大产品依赖进口、国产装备可靠性和适应性低等问题，按照“提升水平、完善功能、增加品种”的总体要求，围绕“智能、高端、高效、环保”

的目标，重点解决基础零部件、材料与制造工艺、动力机械、农机传动系统、生产装备等方面的“卡脖子”关键技术问题，形成包括基础研究、关键攻关、装备研制与示范应用环节的农机装备技术体系，实现关键核心技术与重大装备国产化，显著提升国产农机装备的国际竞争力。

3. 强智能，提升农机装备智能化水平

以提升粮食作物种植智能化绿色化水平为目标，按照“信息在线感知、精细生产管控、高效运维管理”的产业需求，重点突破农机装备专用传感器、农机导航及自动作业、精准作业和农机智能运维管理等关键装备技术，推进农机农艺和信息技术等的集成研究与系统示范，实现农机作业“信息感知、定量决策、智能控制、精准投入、个性服务”，构建适应我国农业高质量发展要求的高效智能精准装备技术体系。

4. 抓节约，推进粮食机械化生产减损提质

重点是完善粮食作物精量播种、机收减损作业标准和操作规范，加强粮食作物在用播种机、收获机质量调查和作业机具田间测评选型，引领改进播种、收获机械产品性能，切实发挥节粮减损这一渠道保障粮食安全的重要作用。

5. 稳生产，构建粮食生产全程机械化高效生产体系

大力推进保护性耕作，促进粮食生产机械化与耕地保护相得益彰。加快选育宜机化粮食品种，提升育种机械化水平，推进良种良机协同。深入推进主要粮食作物生产全程机械化，探索适合不同作物、不同区域、不同规模的全程机械化生产模式，形成高效机械化技术路线和解决方案。加快种子处理、高效植保、产地烘干、秸秆综合利用等环节与耕种收环节的机械化集成配套，推动建立健全区域化、标准化的高质量粮食机械化生产体系。

第三节　设施农业发展及科技支撑

设施农业，亦称环境控制农业，是利用工程技术手段和工业化生产方式，为农业生物创造适宜的生长环境，使其在最经济的生长空间内获得最高的产量、品质和经济效益的一种高效农业。设施农业的显著特征是环境可控性强，受四季气候影响小，对土地依赖相对较弱，产量高，品质易于控制，并可实现周年连续生产，因而被认为是保障食物安全尤其是“菜篮子”有效供给的重要手段。广义上的设施农业包括设施种植业和设施养殖业两部分，但一般所提的设施农业仅指设施种植业。基于设施蔬菜高产和对土地依赖较弱的特点，发展设施农业可大幅节省土地，为粮食生产腾出农田空间，意义重大。

一、设施农业发展迅速支撑粮食安全

（一）设施农业快速发展保障农产品周年供应

近 40 多年来，中国设施农业快速发展（图 14-2）。截至 2022 年，中国设施农业总

面积超过 280 万 hm^2，占世界设施总面积的 80%以上。其中，日光温室 81 万 hm^2（占 29%），大中棚 152 万 hm^2（占 53%），大型连栋温室 1.8 万 hm^2（占 0.6%），小拱棚 51 万 hm^2（占 17.4%）。在这些设施中，蔬菜（含食用菌）、果树和花卉种植面积分别占 81%、11%和 7%。设施种植业为中国经济社会发展和人们生活水平提高作出了重要的历史贡献。

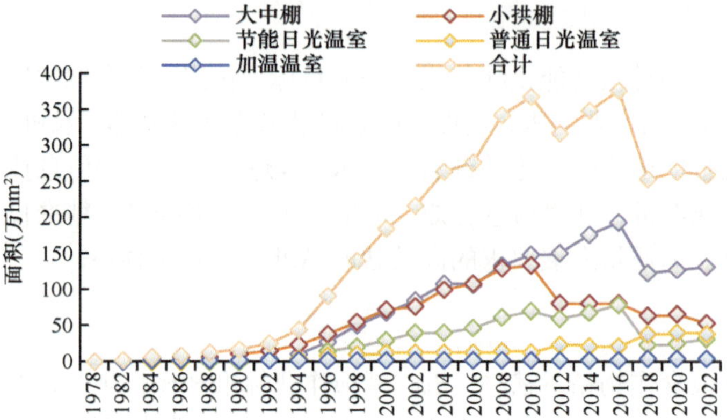

图 14-2　1978～2022 年中国不同类型设施农业栽培面积

20 世纪 80 年代以前，中国北方冬淡季蔬菜市场以白菜、萝卜、马铃薯等耐贮蔬菜为主，南方夏淡季蔬菜市场以叶菜为主。随着设施农业的快速发展，蔬菜供应得到显著改善，2022 年设施蔬菜（含设施食用菌）年产量 2.65 亿 t，占蔬菜食用菌总产量的 1/3，占商品菜的 50%以上，年人均近 190kg，很好地实现了蔬菜周年均衡供应；核果类、浆果类、热带果树等不耐贮运水果及西瓜甜瓜的设施生产，丰富了周年果盘子，2022 年设施水果和西瓜甜瓜年产量近 0.5 亿 t，年人均 35kg，丰富了不耐贮运瓜果的市场供应。

2022 年，中国设施农业产业产值超过 1.4 万亿元，占园艺总产值 2/5 以上，占农业总产值 1/4 以上，占农牧渔业总产值 1/8 以上，用不足 3%的耕地生产出种植业总产值 25.3%的产品，其经济效益是大田作物的 20 倍以上、是露地园艺作物的 4～5 倍。设施农业已成为促进农民增收和助力脱贫的重要支柱产业。

（二）设施农业拓展耕地空间潜力巨大

“大食物观”对粮食安全、食物生产提出了新要求：“践行大食物观，向森林要食物，向江河湖海要食物，向设施农业要食物，多途径开发食物资源，更好满足人民群众日益多元化的食物消费需求”。因此，“大食物观”拓展丰富了食物内涵，粮、油、肉、蛋、奶、果、蔬、菌等各种食物构建成多元化的食物体系。

发展设施农业对于保障食物安全、粮食生产意义重大。设施农业是工程技术、生物技术和信息技术交叉融合的产物，科技创新对产业发展起到了重要的支撑作用。通过 40 多年的发展，我国设施农业产业已经形成结构形式多样、栽培种类丰富的局面，塑料大棚实现了蔬菜的春提前、秋延后供应，日光温室解决了北方冬季蔬菜的供给难题，避雨棚与遮阳网室提高了南方夏秋蔬菜的产能和丰富了其特色品种，智能连栋温室突破了工厂化育苗及周年连续生产的难题，植物工厂作为设施农业的最高级形态，可实现作物在垂直立体空间上的周年计划性高效生产，也为践行“大食物观”、落实“向设施农业要食物”奠定了重要的科技支撑。

设施农业在保障未来食物供应方面具有巨大潜力，是适应“大食物观”条件下蔬菜保供和营养健康的重要发展趋势，主要通过扩展土地生产空间、提高生产效率、提升产量、减少储运损耗、智慧化改造等手段来实现。截至 2022 年，我国 85%以上的土地资源为非耕地资源，其中沙漠和戈壁等荒地面积约占陆地面积的 1/7。若科学合理开发非耕地资源，将设施蔬菜面积再增 1 倍，可减少露地蔬菜播种面积 667 万 hm^2，如我国甘肃、新疆、宁夏等地的戈壁设施蔬菜生产已初具规模，技术可复制推广。若考虑加强技术研发与装备推广，充分为粮油生产拓展空间，发展戈壁生态农业 30 万 hm^2，以播种面积计算，可替代 133 万 hm^2 露地蔬菜。发展戈壁农业既可以使我国耕地保有量坚守 18 亿亩红线，也能解决蔬菜瓜果等经济作物与粮争地的矛盾。另外，设施蔬菜周年生产空闲期和产出率还有 30%的提升潜力。综合来看，保守估计中国蔬菜生产用地尚有 333 万 hm^2 以上节省潜力。同时，我国现有城市可用农业空间 350 万 hm^2，如通过植物工厂和垂直农业等高技术手段进行蔬菜周年连续生产，甚至可节省耕地 700 万 hm^2 以上。

二、设施农业结构类型多样支撑产业发展

我国气候区域多样，各地根据生产条件及产业需求，形成了多样的设施结构类型。按照建筑结构形式，基本上以塑料大棚、日光温室、连栋温室、人工光植物工厂为主。

（一）塑料大棚在我国南北方地区广泛应用

塑料大棚，俗称冷棚（图 14-3），是一种简易实用的保护地栽培设施，由于其建造容易、内部空间大、便于机械化操作、投资较少，随着塑料工业的发展，被世界各国普遍采用。塑料大棚一般用竹木、钢材等材料组成骨架，然后覆盖塑料薄膜，搭成拱形棚，供蔬菜栽培用，能够提早或延后供应，可提高单位面积产量，有利于防御自然灾害。利用塑料大棚进行蔬菜、花卉的设施栽培，对缓解蔬菜淡季的供需矛盾起到重要作用，具有显著的社会效益和巨大的经济效益。

图 14-3　塑料大棚

早期的塑料大棚一般为竹木结构，近年来随着社会水平的提高，其大多为焊接钢结构和镀锌钢管结构。焊接钢结构拱棚，其拱架是采用钢筋、钢管或两种结合焊接而成的平面桁架，上弦用 16mm 钢筋或 6 分管，下弦用 12mm 钢筋，纵拉杆用 9～12mm 钢筋；温室跨度 8～12m，脊高 2.6～3m，长度 30～60m，肩高 1～1.2m；纵向各拱架间用拉杆或斜交式拉杆连接固定成整体；拱架上覆盖薄膜，拉紧后用压膜线或 8 号铅丝压膜，两端固定在地锚上。这种结构的大棚，骨架坚固、无中柱、棚内空间大、透光性好、作业方便，是较好的农业设施。但这种结构需涂刷油漆防锈，1～2 年涂刷一次，使用寿命可达 6～7 年。

镀锌钢管结构大棚，其拱杆、纵向拉杆、端头立柱均为薄壁钢管，并用专用卡具连接形成整体，所有杆件和卡具均采用热镀锌进行防锈处理，是工厂化生产的工业产品，已标准化、规范化；大棚跨度 4～12m，肩高 1～1.8m，脊高 2.5～3.2m，长度 20～60m，拱架间距 0.5～1m；纵向用纵拉杆（管）连接固定成整体；可用卷膜机卷膜通风、保温幕保温、遮阳幕遮阳和降温。该结构为组装式结构，建造方便，并可拆卸迁移，棚内空间大、遮光少、作业方便，有利于作物生长；构件抗腐蚀、整体强度高、承受风雪能力强，使用寿命可达 15 年以上，是目前最先进的塑料大棚结构形式。

（二）日光温室保障北方地区越冬生产

日光温室是一种我国自主研发的农业设施类型，由于其能够充分利用太阳能，又被称为节能日光温室（图 14-4）。日光温室由两侧山墙、保温蓄热后墙、支撑骨架及覆盖材料组成，由于独特的设计，在我国北方大部分地区应用一般不需要辅助加温即可实现喜温果菜安全越冬生产，具有较高的经济和社会效益。日光温室主要分布在我国北方地区，在辽宁、山东、河北三个省份的应用面积最大。日光温室不同结构的区别主要体现在保温蓄热后墙和前屋面的形状方面。

图 14-4　日光温室内部

日光温室的分类方法较多，按照墙体材料可分为单质墙体日光温室和复合型墙体日光温室等，单质墙体主要包括砖墙（图 14-5）、土墙（图 14-6）、石墙等，复合型墙体包括双层复合墙体和三层复合墙体，双层复合型墙体如砖+彩钢板、砖+挤塑板，三层复合墙体如砖+空气+砖、砖+聚苯板+砖等；按后屋面长度分，有长后坡温室和短后坡温室；按前屋面形式分，有二折式、三折式、拱圆式、微拱式等；按结构分，有竹木结构、钢木结构、钢筋混凝土结构、全钢结构、全钢筋混凝土结构、悬索结构、热镀锌钢管装配结构。

图 14-5 砖墙日光温室

图 14-6 土墙日光温室

（三）连栋温室适宜规模化生产

连栋温室（图 14-7），又称为多跨温室，是将两个或两个以上的单栋温室通过天沟连接且中间无隔墙的温室。连栋温室主体主要为钢结构和铝合金，覆盖材料可采用单层薄膜或双层充气膜等软质材料，或采用 PC 板、玻璃等硬质材料。相较于单栋温室而言，连栋温室土地利用效率更高、单位面积耗能更少、室内温光环境更均匀、更便于智能化和机械化生产，更适合现代化设施农业的发展要求，可满足未来设施农业要融入高科技的发展需求，是现代机械化农业的必然发展趋势。

图 14-7　连栋玻璃温室

连栋温室的总体尺寸决定了温室的平面与空间规模。一般来讲，温室规模越大，其室内气候稳定性越好，单位造价也相应降低，但总投资增大，管理难度增加。因此，对于温室的适宜规模难以作出定论，只能根据要求、场地条件、投资等因素综合确定，近几年连栋温室单体建筑规模逐年递增，连栋温室一般在 $1hm^2$ 以上。

目前，连栋温室的分类依据主要是屋面形式，可分为屋脊型温室、锯齿型温室、圆拱型温室和 Venlo 型温室。屋脊型温室以门式刚架结构为主，“人”字形屋面跨在每排立柱中间，随着屋面结构从单纯的增加拉杆到桁架结构再到桁架加拉杆，其跨度也不断增大。这类温室屋面坡度较大，有利于雨雪滑落，屋面覆盖材料多采用玻璃、PC 板等硬质材料，故采光性能好。锯齿型温室屋面材料多采用塑料薄膜或 PC 板，比圆拱型温室的通风口大，所以通风效果要好，但保温效果一般，所以建造锯齿型温室时，应特别注意当地的预风向。圆拱型温室采用半圆或合理的曲线骨架形式作为屋面结构，是塑料薄膜温室最常用的建筑外形，该结构也可用于 PC 板温室，其结构简洁、受力明确、屋面坡度较平缓、开窗位置灵活，并且造价低廉。Venlo 型温室是一种小屋面双坡面温室，其将屋脊型温室的屋面拆分成 2～4 个 3.2m 宽的小屋面，降低了屋面高度，从而降低了风荷载的影响；屋面骨架是铝合金型材，覆盖材料多采用玻璃，也可采用 PC 板。Venlo 型温室构件截面小，因此透光率更高，同时其使用寿命长，环境调控能力强，操作空间大，是目前世界范围内应用最广的大型连栋玻璃温室。

（四）植物工厂是现代设施农业发展的高级阶段

植物工厂是在完全密闭或半密闭条件下，通过高精度环境控制，实现作物在垂直立体空间上周年计划性生产的高效农业系统。由于植物工厂充分运用了现代工业、生物工程与信息技术等手段，技术高度密集，被认为是设施农业的最高级发展阶段。植物工厂根据采用的光源类型可分为人工光植物工厂（图 14-8）、太阳光植物工厂和人工光与太阳光兼用型植物工厂，一般所言的植物工厂是指人工光植物工厂。

图 14-8　人工光植物工厂

与传统植物生产方式（露地、大棚或温室）相比，植物工厂具有明显的优势：①环境（光照、温度、湿度、CO_2浓度及根际营养等）完全可控，不受或很少受外界自然条件的制约，可实现周年按计划均衡生产、稳定供给；②单位土地资源利用效率高，垂直空间立体栽培可使单位面积产量达到露地生产的几十倍甚至上百倍；③不施用农药，不存在土壤重金属污染，产品洁净安全；④操作省力，机械化、自动化程度高，工作环境相对舒适，可吸引年轻一代务农；⑤不受土地约束，可在非耕地上进行生产；⑥可建在城市周边或城区内，实现就近产销，大大缩短产地到市场的运输距离，降低物流成本和碳排放。基于以上独特的优势，植物工厂被认为是未来世界各国解决由人口增长、资源紧缺及新时代劳动力不足等引起的食物安全问题的重要途径，同时是为国防、空间站及星月探索等特殊场所补给新鲜食物的重要手段。

近 20 年来，我国植物工厂从无到有发展迅速。2006 年，中国农业科学院建成了国内第一座科研型人工光植物工厂（图 14-9），面积为 $20m^2$，人工光源一半采用 LED，一半采用荧光灯，并配置智能环境控制与营养液栽培系统，由计算机对室内环境要素和营养液进行自动检测与控制。2009 年，中国农业科学院建立了 $100m^2$ 的 LED 植物工厂试验系统，并开展了人工光育苗、叶菜栽培及药用植物栽培试验研究，为我国植物工厂的研究奠定了基础。

图 14-9　国内第一座人工光植物工厂实验室

在我国政府的积极支持和引导下，近十年来一些LED制造企业、新能源领域企业、电商，如鸿海精密工业股份有限公司、北京京东世纪贸易有限公司等纷纷加入植物工厂行业中，植物工厂规模逐渐增大，生产型植物工厂逐渐增多，应用范围也逐渐扩展到家庭、科普教育、餐饮、航天、航海、岛礁等领域。据统计，目前我国人工光植物工厂数量已经超过150家，甚至还出现了栽培层超过20层的垂直立体植物工厂。

基于植物工厂技术，2018年中国农业科学院都市农业研究所开始进行世界首座垂直农场（图14-10）的设计与建设。该垂直农场地上部高度为36m，包括人工光植物生产区、工厂化水产养殖区、食用菌工厂化生产区、药用与功能植物生产区、太阳光植物生产区等功能区，并按各自的特点在垂直空间上进行分层布局，不同功能区的冷热源、水、氧气、二氧化碳、固体废弃物等物质和能量都能按一定的规律进行循环利用，实现垂直大厦型农业的可持续生产。

图14-10　中国农业科学院都市农业研究所垂直农场设计图

三、设施农业农机装备全过程作业稳定发展

设施农业因内部空间有限，与露地大田相比需要专门的配套农机具。目前使用的设施农业典型农机具主要包括耕整地装备、种植装备、收获装备等。

（一）设施耕整地装备与温室小环境配套发展

土壤整备是后续直播、移栽、田间管理和收获机械化作业的前提与基础，主要包括灭茬、基肥撒施、耕翻、起垄、铺管及覆膜等环节，依据不同作物的生长土壤环境、耕作模式和作业习惯，各环节的作业次数和作业顺序稍有差异。设施环境主要种植蔬菜，蔬菜对土壤整备的要求远高于粮食作物，不仅需满足土壤碎土率和耕深稳定性等方面的农艺要求，还需满足“表虚底实、上细下粗、垄平沟直”的精耕细作要求。连栋温室、8m跨度塑料大棚和设置机具进出口的日光温室等设施，常采用耕作机具三点悬挂装置挂接于中型拖拉机（功率通常在47.7kW以内）后方的方式耕整地，小拱棚和无法进出拖拉机的日光温室仍采用微耕机或手扶拖拉机开展作业，但市场份额逐年减少。

1. 清园装备

灭茬还田技术即利用根茬粉碎还田机具，将农作物地上部收割后遗留在土壤中的根茬粉碎后直接均匀地混拌于 8～10cm 深的耕层中，实现清茬。设施条件下难以采用大型秸秆收储运装备清理蔬菜尾菜，因此常用旋耕灭茬机实现土表 10cm 耕层中的秸秆粉碎、抛撒和还田。

旋耕灭茬机通过灭茬刀刀轴反转切削完成旋耕和碎茬，可分为反转灭茬型和双轴灭茬型。反转灭茬型工作时刀轴反向旋转，完成旋耕和碎茬，一般采用宽直弯刀型结构，对易缠绕的蔬菜秸秆藤蔓粉碎效果更好；双轴灭茬型则采用灭茬部件在前、旋耕部件在后的整机配置设计，两轴不同转速的刀具可分别实现灭茬和旋耕作业，减少了机具进地次数。

2. 施肥装备

设施条件下，由于常采用水肥一体化的方式进行灌溉，因此追肥装备使用很少，常在种植前施足有机肥或化肥基肥。根据肥料对象可分为粉状肥撒施机、颗粒状肥撒施机和厩肥撒施机；根据撒肥部件可分为刀辊破碎抛撒式、离心圆盘式、锤爪侧抛式、外槽轮式、自重下落式等。受设施条件空间限制，一般使用离心圆盘式和外槽轮式施肥机，分别适用于粉状、颗粒状有机肥和复合肥。

小型离心圆盘式有机肥施肥机通过三点悬挂装置与拖拉机连接，根据施肥量要求，通过液压调节装置控制出料口的开度，肥料靠自重通过排料口下落到撒肥盘上，后者以一定速度旋转，肥料颗粒在自身离心力和推料板推力的作用下向外抛撒。

外槽轮式施肥机是复合肥施肥机的常见施肥关键部件，但由于设施条件空气湿度大，复合肥吸湿、结块后易堵塞槽轮或施肥管，逐渐有部分机型创新配置气吹机构（图 14-11），有助于防堵和保证施肥量均衡。国内科研机构研发的立式螺旋分层施肥机构（图 14-12），施肥管端部以动态形式深入土壤，既可在蔬菜根部形成圆柱状均匀肥区，显著集中化肥施用区域，减少化肥使用量，也可通过旋转扰动有效避免肥料堵塞施肥管，实现均匀施肥。

图 14-11 气吹式施肥机

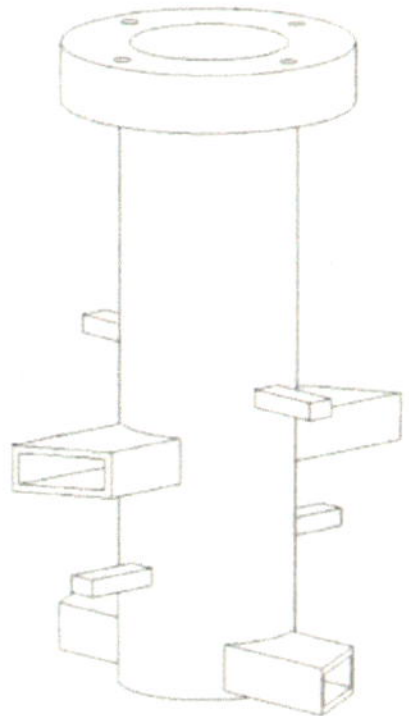

图 14-12 立式螺旋分层施肥机构示意图

3. 耕地装备

土壤长期种植农作物后会形成较厚的犁底层，导致后茬作物的根系不易深扎，同时降低土壤的蓄水保墒能力。尽管保护性耕作已成为大田作物的重要耕作管理方式，但在缺少雨水淋溶、连作茬口安排紧密、作物自毒作用更易发生的设施条件下，仍然应2～3年深松一次，以打破犁底层，改善土壤物理及生物特性，从而有利于蓄水保墒。目前，设施条件下主要使用深松机、回转犁和旋耕机完成耕地作业。

深松机主要有凿式深松机和镐式深松机，通过工作部件的向前运动对土壤产生剪切挤压作用，从而使深松区域的土壤破碎。近年创新研发的振动式深松机，通过增加偏心转动机构为工作部件提供垂直振动，增强了对土壤的扰动作用；犁可将深层土壤翻至表面，深耕深度在 25～60cm，受设施空间限制，常使用体积较小的回转犁；工作原理与旋耕机相似，但回转刀片采用弯曲的犁铲，均布于刀轴上，通过刀轴的旋转带动多组犁铲同时回转，通过铲尖对土壤的多次切削完成犁翻作业。

旋耕机是菜地耕作中应用最为广泛的机具，一次作业能完成耕地、碎土及地表平整等工序。部分平作蔬菜生产中，旋耕是耕整地工序的最后一个环节，旋耕质量直接影响后续播种和移栽作业。旋耕机作业深度一般为 10～17cm，可通过加长旋耕刀或增加刀盘直径的方法，提高耕作深度至 30cm 以上，但黏土条件下的碎土质量较差，因此近年来在旋耕机土壤切削方面的研究主要集中在通过仿生学和采用不同的刀具材料表面处理方式，实现刀具的减黏降阻，从而提高碎土质量。在开展獾爪趾构型仿生与抗黏材料（氟硅改性丙烯酸+聚四氟乙烯复合材料）涂层协同作用的碎土刀齿减黏降阻研究后，仿生刀齿土壤黏附量降低了 60%，平均功耗降低了 30%（图 14-13）。

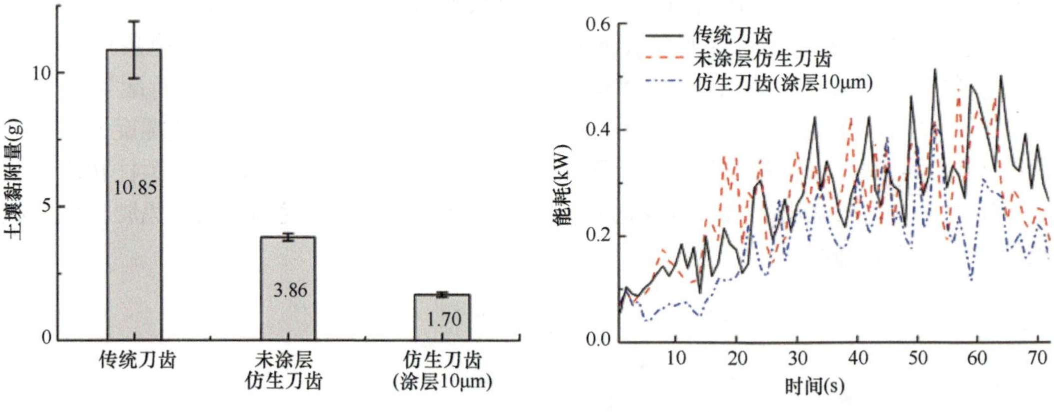

图 14-13　涂层对仿生刀具减黏降阻的影响

此外，小拱棚和未设置机具进出口的日光温室可使用微耕机、田园管理机等机具进行表土浅耕作业，大多数微耕机采用小于 6.5kW 的柴油机或汽油机作为配套动力，并使用独立的传动系统和行走系统，一台主机可搭配多种农机具，具有体积小、作业灵活、动力不足、效率较低等特点。

4. 起垄装备

起垄装备一般不单独使用，常与旋耕装备组合开展旋耕起垄作业，或与施肥、播种装备联合开展施肥、旋耕、起垄、播种复式作业。机械化起垄主要有起垄整形板和成型镇压辊两种方式，起垄整形板方式较为常见，适于沙土、壤土等土壤条件的作业；成型镇压辊方式则创新采用了旋耕刀轴+碎土刀轴的双刀轴土壤精细破碎方式，通过液压带动镇压辊旋转来形成垄面，更适用于黏土的耕整地作业。此外，铺管覆膜部件也常与起垄装备联合进行复式作业，可一次性完成旋耕、起垄、铺管和覆膜作业（图 14-14）。

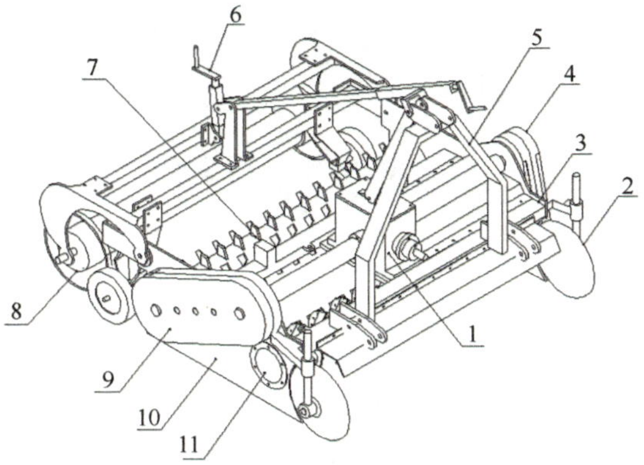

图 14-14　双轴精整型起垄机

1. 主变速箱；2. 扶土盘；3. 机架；4. 左侧变速箱；5. 牵引架；6. 高度调节装置；7. 碎土辊；8. 镇压辊；9. 右侧变速箱；10. 侧板；11. 旋耕轴

（二）设施种植装备向全自动拓展

设施蔬菜种植主要有直播和育苗移栽两种方式。直播，即将种子直接播于土壤中的作业，减少了烦琐的育苗及运输流程，具有节省人工、提高作业效率的优点，常用于小白菜、芹菜、菠菜等种植密度高的叶菜和白萝卜、胡萝卜等不能进行移栽的根茎类蔬菜。移栽，即将育成的秧苗移栽到土壤中的作业，与直播方式相比，具有提高幼苗成活率、缩短作物生长周期、提高土地利用效率等优点，常用于番茄、黄瓜等果菜和西兰花、花椰菜等结球类蔬菜。我国目前 60%以上的蔬菜种类采用育苗移栽的方式。

1. 播种装备

根据排种器结构，播种装备可主要分为窝眼轮式、气力盘式和气力滚筒式。

窝眼轮式排种器主要由排种轮、排种器壳体、清种毛刷等部分组成，排种轮圆周均匀分布窝眼，落入窝眼内的种子随排种轮转动落入土壤中，是目前最常用的直播装备，由于尺寸小、维护简便，大部分自走式直播机均采用窝眼轮式排种器。适用于播种精度要求不高的各类叶菜，尤其适用于小青菜、鸡毛菜等种植密度高的叶菜。

气力盘式播种器主要由播种盘、清种部件、风机等部分组成（图 14-15），播种盘上均匀分布吸种孔，风机在吸种孔上形成负压并吸附种子，当转至正下方时负压消失，种子脱离排种盘落入土壤。盘式播种器的播种精度高，可实现单粒精播，对种子适应性强，常与旋耕起垄机联合实现复式作业。适用于播种精度高的萝卜等根茎类蔬菜和种子价格较高的进口直播蔬菜品种。

图 14-15　气力盘式精量播种机

气力滚筒式播种器主要由播种滚筒、清种装置、风机等部分组成，播种原理与气力盘式相似。其播种精度高，可实现单粒精播，对种子适应性强，不伤种，土壤直播装备中较为少见，常用于育苗播种流水线。此外，育苗播种流水线还有针式、板式育苗播种机，原理均为负压吸种、正压排种。

2. 移栽装备

根据是否人工分苗，移栽机可分为全自动移栽机和半自动移栽机。半自动移栽机是指需要人工自穴盘中取苗，再将其送入栽植机构的移栽机，是目前国内的主流移栽机种类。分类较多，常见有鸭嘴式和钳夹式。鸭嘴式半自动移栽机是主流机型，人工将秧苗逐棵放入投苗筒内，当秧苗随后者转动至落苗点时落入鸭嘴式栽植器中，栽植器破土打穴、打开落苗，土壤回流镇压后完成移栽；鸭嘴式半自动移栽机可以实现开沟、移栽、覆土、镇压作业，还可以实现膜上打穴移栽作业，适用于穴盘苗和基质块苗。钳夹式半自动移栽机是主要的裸苗移栽机型，人工将秧苗放到栽植钳夹上并夹紧，当夹有秧苗的栽植钳夹运转到与地面垂直位置时张开，秧苗靠自身重力垂直落入已开好的沟槽内，覆土镇压后完成栽植；钳夹式半自动移栽机无法实现膜上移栽，适用于裸苗。受人工取苗投苗速率的限制，半自动移栽机移栽速率通常约为 45 株/(min·行)，且通常 2 行至少需要一名投苗手，如 6 行半自动移栽机在作业时，共需要 3 名投苗手和 1 名驾驶员，显著降低了劳力强度，但存在“省力不省工”的现象。

全自动移栽机是指不需要人工投苗的移栽机，只需要 1 名驾驶员即可作业（图 14-16）。按照取苗方式，可分为迎苗夹取式和顶夹组合式。迎苗夹取式全自动移栽机采用多根取苗指同时扎入穴盘钵体或夹住秧苗茎秆，将秧苗从穴盘内成排取出，然后放入投苗移栽机构内，这种取苗方式对育苗时种子与穴盘孔的对中性要求高，更适合 72 穴等较大规格的穴盘。顶夹组合式全自动移栽机利用顶杆从穴盘底孔插入将钵苗成排顶出，然后接苗爪将顶出的成排钵苗对应夹住并送入投苗移栽机构内，这种取苗方式不容易伤根、伤叶，适合 128 穴等中、小规格穴盘苗的移栽，但因穴盘底孔直径小，对苗盘输送的精准度要求较高，常通过电气穴盘定位控制系统，或专用可弯曲穴盘和机械定位来解决穴盘精准定位问题。全自动移栽机移栽速率可达 95 株/(min·行)，是设施蔬菜移栽机的必然发展方向。

图 14-16 全自动移栽机

（三）设施蔬菜收获装备尚未实现选择性作业

蔬菜收获作业平均占整个生产过程用工量的 40%以上，采用收获机械可显著提高作业效率。设施内常见的小青菜、芹菜、菠菜、韭菜等叶菜，可根据农艺要求实现土上或土下收获；但黄瓜、辣椒、番茄等果菜，尚无成熟的选择性收获装备。

叶菜收获装备主要适用于生菜、小青菜、空心菜、韭菜、菠菜、芹菜、鸡毛菜等，其根系较浅，生长期短，种植密度高，株行距小，生产量大，通常宜就地收获、就地供应（图 14-17）。土上叶菜收获装备作业时，随着收获机前进，喂入机构将蔬菜推至往复式切割器前进行切割，被切割后的蔬菜经输送带运送到收集箱，适时卸出。土下收获机则通过特制材料的剪式振动割刀贴地入土切割及振动式输送带的改进优化实现土下收获，适用于上海青、生菜等需要贴地收获及菠菜等需要带根收获的蔬菜。

图 14-17 叶菜收获机

四、设施农业科技发展展望

（一）面临的新形势

1. 设施农业数字化、智能化管控技术是重要发展方向

在详尽研究作物生理与环境互作关系的基础上，形成从苗期到成熟阶段不同生育时期作物生理与环境关系的量化指标体系和控制模型，实现对设施内温度、湿度、光照、水分、营养、CO_2浓度等环境因子的自动监测与调控，已经成为当前国际上设施农业研究的热点。目前，主要研究方向有如下两个。一是温室作物高效生产管理模型研究，通过对温室作物生理信息与环境、营养之间定量规律的多年研究，建立作物数字化模型，为温室精准化管理提供理论依据。二是基于网络的温室数据采集与控制系统软硬件开发，通过环境、生理、营养等生物物理传感器的开发，以及人工神经网络、遗传算法、模糊控制策略等智能控制技术、网络在数据传输与控制技术的应用等，开发出基于网络的温室数据采集与控制系统。

2. 温室节能与新能源应用研究受到普遍重视

基于化石能源日益枯竭、温室气体（CO_2）限制排放等原因，目前温室领域最重要的研究课题是节能技术。连栋温室对化石燃料（天然气和石油等）的依赖较大，急需开展温室节能和新能源技术应用研究。主要节能研究方向包括：①大幅度提高覆盖材料的透光率，从而增加太阳能的入射量，关注覆盖材料的光转化及分波处理；②在热能的多用途利用和余热回收方面，尽可能减少热损耗；③热泵技术应用，包括空气源热泵、地源热泵、水源热泵技术应用与温室加温与降温；④节能光源应用，LED 节能效果极为显著，逐渐实现了在温室补光、组培、育苗及植物工厂等领域的应用。

3. 温室环境友好、资源高效利用技术得到广泛关注

由于对资源高效利用和环境保护的关注，一些发达国家近年来投入大量的精力进行温室精确施肥、雨水收集、水资源和营养液循环利用及土壤、大气保护等相关技术的研究，尽量减少资源的浪费和对环境的破坏。在病虫害防治方面，采用生物防治和物理防治手段相结合的方式进行综合防控，尽量减少化学药剂的使用，实现蔬菜自身的品质安全和对环境的零污染。

4. 植物工厂高技术研究逐渐受到重视

近年来，由于土地资源的限制及人类开发太空的考虑，日本、美国、荷兰等国家积极进行植物工厂高技术的研究与探索，美国国家航空航天局（NASA）甚至研究在太空采用人工光植物生产技术实现宇航员食物的自给。日本政府出于对本国农业劳动力老龄化、生产成本急剧上升及人们对安全食品需求提高的考虑，多年来积极开展节能、环保、安全型植物工厂的研究与开发，并通过政策与资金扶持，大大地推动了植物工厂高技术的发展。

5. 温室管理机器人研究已经进入中试阶段

随着电子和计算机技术的发展，特别是工业机器人、计算机图像处理技术和人工智

能技术的日益成熟，以日本、荷兰、英国和美国为代表的一些西方发达国家在温室管理机器人方面进行了大量的探索，研制成功了多种人工智能机器人，如番茄采摘机器人、黄瓜收获机器人、西瓜收获机器人、甘蓝采摘机器人及喷药、嫁接、搬运机器人。一批温室管理机器人已经进入中试阶段。

（二）目标与愿景

设施农业在保障未来食物供应方面具有巨大潜力，是适应“大食物观”条件下蔬菜保供和营养健康的重要发展趋势，主要通过提高生产效率、提升产量、减少储运损耗、智慧化改造等手段来实现（表 14-1）。

表 14-1 设施农业未来食物供给潜力预测

项目	增加种养产量	提高生产效率	减少储运损耗	生产、经营、管理、服务智慧化改造
提升途径	拓展城市空间、戈壁沙漠等非耕地	结构优化、品种培育、栽培技术创新、装备研发及应用	冷链运输、储运加工	自动化、信息化、数字化、智慧化改造

（三）机遇与挑战

1. 蔬菜产量与品质间的不平衡

目前中国蔬菜人均占有量已超过每年 500kg，但灾害气候造成的季节性供给不足和种植结构不合理导致的蔬菜供需矛盾时有发生。同时，随着人们对蔬菜的需求已由高产量向高品质、产品多样化发展，蔬菜产品质量亟待提高，外观品质如大小、色泽、整齐度等，内在品质如糖度、维生素、风味物质等与人民需求存在较大差距。蔬菜产品质量安全追溯等制度还不健全，标准化生产仍难以大规模实现。

2. 资源利用低效与环境污染问题日益凸显

蔬菜生产高度专业化和集约化带来水资源与化肥农药等大量投入，不合理施肥造成的土壤酸化、次生盐渍化、土传病害等连作障碍频发，亟待创新栽培模式，研发更为有效的水肥供应技术，提高水肥利用率。蔬菜种植区域的土壤、水体等污染问题不仅影响蔬菜的产量和品质，也破坏了生态环境，阻碍了设施农业的可持续发展。

3. 轻简化生产技术不足与劳动力短缺之间的矛盾

蔬菜产业是典型的劳动密集型产业。目前中国设施农业生产中耕作、播种、移栽、整枝、施肥、收获及采后清洗、分级、包装等过程的机械化率低，小型机械缺乏；同时，随着社会经济发展，农村青壮年劳动力大量流失，劳动力成本占比逐年提高。因此，推进设施蔬菜轻简化生产、提高机械化率、降低劳动力成本刻不容缓。

4. 基础研究与产业技术创新衔接不够紧密

高校和科研院所仍是中国蔬菜科技创新的主要力量，近年来从事基础和应用基础研究的人员比例不断提高，而研究产业重大科技问题的人员比例则有所下降。同时，农业企业技术研发投入不足，创新能力仍然薄弱，产学研结合的技术创新与转化体系没有完全建立。自21世纪以来，中国在国际刊物发表的论文占比显著上升，主要果菜相关论文国际占比已高达30%～40%，但中国蔬菜单产水平与荷兰等发达国家相比仍然存在较大差异。如何让高校和科研院所针对蔬菜产业发展所存在的实际问题开展技术创新，将科技成果转化为现实生产力并服务于产业发展，是设施农业产业发展中长期需要解决的问题。

（四）战略与路径

1. 加快关键核心技术装备攻关

针对我国设施农业产出效能低、核心技术产品对外依存度高等突出问题，立足中国特色设施农业实际，推动核心技术原始创新与关键产品自主化发展。在关键技术方面，着力攻克现代低碳设施设计、环境精准调控、生命生产生态信息感知、生长发育智能调控模型、大数据和人工智能核心算法、生物安全/疫病智能诊断防控、废弃物综合化利用、低碳减排等技术；在核心装备方面，创制设施农业高效种养系统、小型设施园艺机械、智能环控器、自主作业装备/机器人等装备，引领我国设施农业进入世界先进行列。

2. 培养跨界融合的研发力量

设施农业涉及农业、信息、装备、材料、制造等多个领域，促进多学科交叉融合是推动设施农业发展的重要途径之一。一方面积极推进先进技术与农机农艺农技融合，培养一批爱产业、懂技术、创新能力强的人才团队；另一方面充分利用国家农业科技园区、国家农业高新技术产业示范区等平台优势，结合甘肃、新疆等具有设施生产条件的戈壁、沙漠非耕地空间，建立设施农业示范基地，打造设施农业领域战略科技力量，加强科学规划和前瞻性部署，做好设施农业科技的协同创新和联合攻关。

3. 培育设施农业高新技术企业和产业集群

通过政府资金引导，鼓励现代农业、先进制造、新能源、信息化等技术领域的企业承担以核心产品研发和产业化服务为导向的攻关任务，提升企业创新主体能力。围绕品种、结构、装备、生产等产业链环节，培育一批具有引领作用的设施农业高新技术企业，壮大一批具有国际市场竞争优势和特色的现代设施农业生产企业，形成产业集群和影响力。

第四节　智慧管理科技支撑

农业智慧管理也称智慧农业，采用以互联网为代表的信息手段对农业实现全程信息服务与指导，采用创新商业运营模式外延扩展到农业经济范畴。虽然智慧农业还是一个新兴学科，但是近年来我国智慧农业发展势头迅猛，已经实现了“从田间到餐桌”的全流程管理和控制，为农产品品质提升和粮食安全作出了一定贡献。

一、概述

进入21世纪以来，我国将物联网技术、云计算技术、大数据技术应用于传统农业生产中，运用传感器和软件，通过移动平台或电脑控制农业生产，使更具“智慧”的智慧农业迎来发展风口。智慧农业与电脑农业、精准农业等农业信息化发展模式既相关又有所不同，电脑农业、精准农业是将关键信息技术应用到农业生产过程中，实现提高农业生产效率和效益的目标；智慧农业不仅仅依托 3S 技术等现代化技术手段，更是与云计算、物联网、移动互联网等新技术深度融合，在农业产前、产中、产后全方位地引入智慧化的思想和技术应用，以实现耕种作业精准化、基础设施智能化和产业发展现代化。与精准农业相比，智慧农业涵盖的范围更广，狭义上包括通常所理解的大田农业、设施农业、安全追溯、农业电子商务等涉农领域；广义上则是采用以互联网为代表的信息手段对农业实现全程信息服务与指导，采用创新商业运营模式外延扩展到农业经济范畴（周洋和钱国英，2023），是由基础设施智能化到产业发展现代化的发展过程。其通过先进的手段实现生产全过程的智能化监管之后，带动涉农全产业链条的健康发展，如涉农信息服务产业、农产品安全溯源、涉农电子政务、涉农电子商务产业、都市涉农观光等涉农活动，从全方位实现农业“六化”，包括农业资源利用环保化、生产技术科学化、生产过程标准化、农业监管便捷化、农副产品安全化和经营循环市场化。通过以上几个步骤，打通信息孤岛，实现农业信息的互联互通，完成农业资源的有效整合，逐渐形成全产业链条智能化的闭环，最终形成可持续发展的农业经济。智慧农业通过生产领域的智能化、经营领域的差异性及服务领域的全方位信息服务，推动农业产业链改造升级，实现农业精细化、高效化与绿色化，保障农产品安全、农业竞争力提升和农业可持续发展。

（一）农业智慧管理发展成就

20 世纪 80 年代初，我国农业领域引进信息技术，农业部首次将农业计算机应用研究列入“七五”国家科技攻关计划。1986 年，创刊并公开发行的《计算机农业应用》是第一本农业信息技术专业刊物。1994 年，农业部提出了“金农工程”，极大地推进了我国农业信息化的发展，建立了农业综合管理和服务信息系统。1996～2002 年，国家“863”计划持续在全国开展以农业专家系统为核心的智能化农业信息技术应用示范工程建设，农业专家系统技术取得了重大突破。“十一五”期间（2006～2010 年），科技部先后在“863”计划的现代农业领域设立了“数字农业技术专题”和“精准农业技术与装备”重大项目，至 2010 年国内数字农业关键技术研究取得了重大突破。“十三五”到“十四五”时期，我国以产业政策倾斜、科技计划项目支持、政策文件引导等形式大力支持智慧农业发展，并取得了累累硕果，为稳固农业供应链、保障粮食安全发挥了重要作用。

（二）农业智慧管理的意义

近年来，在政府大力支持下，我国智慧农业快速发展。在政策引领与规模经营驱动下，常用环境类农业传感器、农业遥感、农业无人机、农机北斗卫星导航、农业大数据与智能算法等智慧农业技术研发应用取得了长足进步，部分产品基本实现国产替代。

1. 服务了农业生产管理精准化转型

当前，我国智慧农业已经能够通过大数据技术将农耕文明形成的数据进行挖掘和分析，提取出有价值的信息后，采用神经网络算法和其他传统机器算法相结合，设计出智能化系统对农业发展和农作物生长环境等数据进行分析，助推农业精准种植、智能管理和高质量发展。在农作物种植中，通过卫星遥感技术、无人机航拍、传感器或视频设备等对农作物生长、土壤成分及温湿度、气象和病虫害进行实时数据采集，形成海量数据，进而通过大数据分析提供数据支撑，实现不同地区、不同生长环境条件下农作物种植类别的精准匹配，以达到充分利用自然环境不同优势的目的，根据土壤和气候等多种因素确定不同地区最适宜种植的农作物。在不同地区农作物种植的选择方面，应结合逐年采集的市场需求数据进行动态分析，对不同时期需要种植的作物类型和数量进行精准分析，以缓解农作物产品供大于求或供不应求的矛盾，总体实现供需平衡，保障农民收益，防止供需大幅度波动造成的资源浪费等负面影响。

2. 服务了农业管理高效化发展

当前，伴随着 3S 技术等的快速发展，可利用卫星导航系统对耕地定位，规范出最优作业路径，实现高效率生产管理。结合地理位置等各种因素，农业经营者可以对农业、林业、畜牧业、水产业和副业进行精准选择，因地制宜实现集中式和分散式农业生产的有机结合，通过多种方式结合来实现农业生产管理的便捷化和收益的最大化。结合卫星遥感技术实时监测农作物生长环境中温度、湿度、雨量、风量和病虫害等信息，通过手机 APP 对农作物进行精准作业，实现一键控制农作物灌溉、施肥、植保和收割，实现产量的有效提升。通过综合利用多种技术，智慧农业能够促进信息及时交流和共享，利于资源科学合理配置，从而推动农业管理简单化和高效化。

3. 服务了农业产品安全化发展

当前，已经实现了基于物联网的农作物生长环节全过程视频采集和重要基本信息数字化，为农产品采购方和消费者提供了监督平台并实现了食品可追溯，从原材料、加工环节到商品供应均通过数据采集进行信息记录，实现了数字化处理，对农产品产地、各个加工环节的时间、产品成分和质检数据等全部信息做记录，实现了全程监督，为食品安全提供了保障。

4. 服务了粮食品质和损耗控制智能化发展

当前，智慧农业已经在质检质控、农产品初加工等方面大幅度降低了劳动力需求，提升了劳动生产力和单位投入产出比。在田间植保等环节，通过多种传感器的图像等数据，为农作物病虫害提供预警服务，通过智能除虫和智能除草，确保及时合理防控，降低农残量，实现对农作物的实时保护。在收获方面，利用智能机器人和自动收割机在高温或严寒等恶劣天气环境下高效率地完成农作物收割，降低收获损耗。在收获分选等质量控制方面，已经实现基于人工智能的机器视觉检测，用机器代替人眼完成分选等品控任务，人工耗费少，检测结果稳定。在初加工关键指标控制方面，利用神经网络智能模型的自动化系统控制烘干温度、时间等关键指标，提升加工品质，降低加工损耗。在产地仓储方面，通过多种传感器进行智能计算，以降低仓储损耗，保障粮食安全。

5. 服务了全生产链条的信息交互和整合

智慧农业通过各种传感器、无人机、人工智能等技术手段，实现了从田间到餐桌的全生产链条的信息交流和整合。在种植阶段，智慧农业可以通过农业物联网和大数据技术实现对农作物的实时监测与管理。例如，通过气象传感器、土壤传感器等设备对土壤、温度、湿度等因素进行实时监测和分析，从而及时调整农作物的生长环境，提高农作物的产量和品质。在生产阶段，智慧农业可以帮助农民实现智能化的生产管理。例如，利用无人机进行农田巡查，自动识别病虫害并定向喷药，从而减少农药的使用量，降低农业生产成本。同时，智慧农业还可以通过智能化设备实现对农产品的自动采摘、清洗、包装等工序，提高生产效率和产品品质。在销售和配送阶段，智慧农业可以通过电子商务、物流配送等手段实现对农产品的全程跟踪和管理；消费者可以通过手机或电脑了解农产品的产地、生产过程、品质等信息，从而实现从田间到餐桌的全生产链条的信息交流和整合。

二、智慧生产过程管理的技术支撑

（一）大田智慧管理的技术支撑

大田生产是保障粮食安全的重要环节，也是农业产业链中劳动力需求高、管理投入大的重要环节。在我国人口结构整体不断老龄化、乡村农业人口不断流失、技术农民平均年龄上涨的大趋势下，发展大田智慧生产，能够降低劳动力需求，对于持续保障粮食生产具有重要意义。

1. 物联网

物联网能够实时更新生产情况、辅助精细化生产。农业生产对物联网的需求较大，其中温度感应器、湿度感应器、牛羊定位分析仪等多种智能种养殖设备都需要借助物联网实现精准化。基于物联网的指引，农场主可以实时更新了解农作物生长情况并进一步对精细化生产进行指导，从而极大程度地提高其生产经营效率、降低生产成本（王琦玮，2018），进而提高农业生产质量和产量。

2. 大数据与人工智能

大数据和人工智能能够促进生产经营决策“数字化”，全面提升生产效率。物联网在辅助农场主进行生产经营的同时，会生成大量的数据。而人工智能可以对数据进行清洗和分析，从而挖掘大数据背后的潜在含义，进而更精准地为农场主提供种植指导。埃森哲曾提到，人工智能可能给中国的 15 个行业带来影响。其中，制造业、农林牧渔业及批发零售业将是最有可能受益的行业，预测到 2035 年人工智能将会推动这三大行业的年同比增速分别提高 2%、1.8%、1.7%。由此可见，人工智能可能为农业生产提供巨大的帮助。而在人工智能中起重要作用的技术将会是机器学习，其可以利用前文物联网采集到的大数据，提高种养殖过程中某个环节的生产效率或生产附加值，从而帮助农民极大程度地提高农作物生产总量、降低生产成本、提高效益。在种植方面，人工智能可以帮助农民根据土壤肥沃程度合理种植，从而提高产量；依据通过无人机、温度感应器、湿度感应器等采集的数据，借助机器学习，可以深度分析种植环境，从而为农民在播种、施肥、收割等环节提供最精准的建议。

3. 智能装备

智能装备在自动化农业机械的基础上，与大数据系统深入整合，从而进一步提升自动化程度，大幅度降低劳动力需求。当前，不仅植保无人机、智能喷排灌机等农机装备已经实现了智能化，收割机等机械也已经逐步向智能化发展。

（二）农情监测的技术支撑

我国近年来初步构建了空天地农情信息获取与解析技术体系，但由于起步晚、底子差，目前空天地一体化农情信息获取和解析能力还较弱、覆盖率低。此外，相比于美国和欧盟的农业现状，中国耕地地块破碎分散、种植结构复杂、品种和管理千差万别，给农情信息获取和解析带来的挑战更大。国内已对农情遥感监测研究多年，如中国农业科学院较早利用卫星遥感数据构建了 CHARMS 系统（黄青等，2010），中国科学院研发了基于卫星遥感的 CropWatch 系统并每年基于该系统发布全国农情监测简报，但这些工作主要服务于政府宏观决策，精度要求不高，在指导农户生产种植决策方面，尤其是水、肥、药等精准决策上，目前获取的农情信息分辨率、频次、时效性、精度等还远远不能满足需求。具体而言，当前的主要农情信息获取技术主要包括如下几种。

1. “天”——航天卫星遥感技术初步摆脱对国外的依赖

得益于近些年来实施的“高分辨率对地观测系统”重大专项、国家民用空间基础设施建设、中国全球综合地球观测系统（China GEOSS）建设，我国不同时空分辨率的卫星数据源越来越丰富。例如，高分系列卫星的时空分辨率都达到较高的水平（2m、8m、16m 等），尤其是高分六号卫星，其为我国首颗针对精准农业观测的卫星，与高分一号卫星组网后对全国农业监测的分辨率从 4d 缩短到 2d，还有红边等适合农业监测的专属波段；最新发射的高分多模卫星机动灵活，具备高分辨率监测农业灾害的能力；自然资源部的 ZY-1E 高光谱卫星、珠海欧比特宇航科技股份有限公司发射的高光谱卫星、中国科学院长春光学精密机械与物理研究所发射的吉林一号高光谱卫星、环境减灾卫星二号等，具有高光谱观测能力和定量监测农作物长势、病虫害等能力。目前，我国农业遥感卫星数据需求的自给率达 80%，初步摆脱依赖国外的局面。

2. “空”——航空遥感异军突起

我国无人机产业异军突起、后发先至，带动了无人机遥感的快速发展。在以深圳市大疆创新科技有限公司、广州极飞科技股份有限公司等公司为代表的无人机植保产业的带动下，我国农业无人机发展方兴未艾，2020 年植被无人机保有量超过 10 万架，无人机作业面积超过 10 亿亩次，无人机遥感数据获取手段迅速完善。目前，无人机遥感已经在农作物苗情监测、长势监测、水肥胁迫诊断、高通量表型性状监测辅助育种、农业灾害快速监测定损等领域应用并发挥了重大的作用。

3. “地”——地面物联网发展迅猛

由于各种传感器技术的发展，以及国家各种政策的鼓励，我国农业物联网发展迅速。中国气象局在全国构建了 653 个农业气象观测站，连续定点记录站点的生育期、苗情、生物量和产量要素等，不过以人工监测为主。农业农村部利用土壤水分传感器构建了全国土壤墒情监测平台，目前有超过 2000 个站点，以土壤传感器自动监测为主。此外，农业农村部建成了全国农情监测调度平台，基于 640 个农情基地县抽样调查和 1545 个农情监测点定点监测，从面上监测三大粮食作物的农情状况，但以人工上报为主，目前缺乏地面自动监测装置。目前，传统的农情地面自动监测等物联网设备主要是对空气/土壤的温度、湿度等环境因素进行监测，缺乏对农作物自身生长状况的自动监测。此外，我国农业专用传感器较为落后，目前自主研发的农业传感器数量不到世界的 10%，且稳定性差。

（三）耕地监测及质量评估的技术支撑

常规土壤采样和实验室分析方法前处理复杂、周期长、时效差、费用高，无法满足快速检测需求，土壤原位检测与快速诊断成为研究和应用热点。当前，基于土壤传感器、空天遥感等多种数据获取技术，以及云计算和人工智能技术，已经可以实现智能化的耕地监测及质量评估。例如，我国企业开发的“耕简单”等应用程序，可以智能判断马铃薯种植田块中的土壤问题，通过软件算法分析，利用用户用智能手机相机捕获的图像识别可能的缺陷，然后为用户提供土壤修复技术、技巧和其他可能的解决方案。

（四）气象监测预警的技术支撑

应用现代智慧农业技术进行农业气象环境监测，不仅能够弥补常规气象站的不足，还能够为气象决策服务提供有力依据，大大提高气象监测预警水平。智能农业服务在引导农民实施科学农业、促进产量和收入增加方面发挥了重要作用。

对于农田尺度，自动气象站可以连续监视和调整与植被及农作物生长密切相关的农业气象环境因素，为农业生产经营提供科学依据。对于大范围尺度，遥感技术可以进行有效监测并预报异常天气，通过获取的地表蒸发量、作物表面温度、土壤热容量、土壤水分含量、植物水分胁迫及叶片含水量等参数，对土壤含水状况、作物缺水或供水状况、植被指数等指标所反映的作物生长状况进行分析，间接或直接对作物旱情进行研究。无人机的应用可以弥补地面自动站、卫星、雷达等的观测精度不足问题，还可以作为卫星观测的校验手段。

各种监测技术应用下，相关数据呈指数级增长，而云计算和人工智能的应用进一步提高了计算能力，其在观测数据质量控制、数值模式资料同化、数值模式参数化、模式后处理、天气系统识别、灾害性天气监测和临近预报、预报公文自动制作等很多方面都得到了实际应用。例如，对各地区可能发生的冷害、热害、干旱、暴雨等春播常见灾害进行实时预报，制定相应的农事防范措施，最大限度地保障作物出芽率，减少倒春寒、土壤干旱等不良气象条件带来的损失。特别是随着气候变暖、极端天气气候事件增多，气象监测预警技术的重要性不断加强。

（五）水资源监测的技术支撑

随着水利遥感定量技术应用的深入，利用卫星遥感影像提取水体面积、几何形态、水质状况和水体生态环境等信息已在水资源调查、水资源宏观监测、环境保护、自然灾害预报、土地分类等领域得到了应用，当前主要形成的重要技术如下。

1. 基于卫星遥感的水体信息提取日益成熟

利用遥感数据进行水体信息提取的数据源主要包含雷达遥感数据、光学遥感数据及两者的结合数据。然后，不同的数据源采用不同的分析方法，进而完成水体信息的提取。目前，我国已经形成了基于雷达遥感数据的提取方法、基于光学遥感数据的提取方法、基于雷达与光学遥感结合数据的提取方法等，实现了对水体信息的多维度提取。

2. 地下水资源遥感评估技术日益丰富

当前，随着技术的发展，基于遥感的地下水评估技术，尤其是数据模型构建和分析技术已经日益丰富，已经形成了单因子模型评估法、多因子综合模型评估法、重力卫星数据评估法等，能够利用不同的数据高精度地评估地下水资源。

三、智慧初加工及流通的技术支撑

（一）智慧仓储技术高速发展

马铃薯、红薯、大白菜等农产品在窖藏过程中，需要花费大量人力盯牢，时刻监测窖内温度、湿度、二氧化碳浓度等环境因素的变化，从而及时调整窖藏环境，但人工监测全凭经验，耗时费力又不精确，常因仓库环境条件控制不当而发生霉变、腐烂，造成巨大粮食损失。

目前已经诞生了智慧仓储技术，可实现对仓库环境的实时监测、即时预警，并能够自动控制通风、加温设备，确保仓储安全，并对监测数据进行科学分析，进而智能匹配农产品贮藏的最佳环境条件，有效预防和减轻农产品腐烂，确保农产品安全过冬减少损失，同时避开上市销售高峰时期，实现反季节销售，大幅提高销售价格，增加农民收入。当前，智慧仓储技术与不同农产品保存技术联合，已经形成了肉类产地智能预冷仓、果蔬智能气调仓、智能粮仓等多种设备，支撑了我国农产品持续减损。

（二）智慧加工减损技术方兴未艾

我国是农产品生产大国和消费大国，其中粮食、水果、蔬菜、肉类、禽蛋、水产品等主要农产品总量均居世界首位。农产品产地初加工即在农产品产后进行的首次加工，使农产品性状适于流通和精深加工的产地初加工环节主要包括产后净化、分类分级、干燥、预冷、储藏、保鲜、包装等，其作用是减损、增供、保质、增效，目的是保障农民生产的农产品能够存得住、卖得出、挣得多。大力发展农产品产地初加工是保障农产品品质安全的必要手段，是农业增效、农民增收的重要途径，是现代农业的重要标志，是一二三产业融合的具体体现，是城乡一体化的重要内容，是四化同步的重要平台，是统筹城乡发展的重要环节。粮食干燥、粮食贮藏、果蔬贮藏保鲜、果蔬干制都是农产品产地初加工的重要组成部分。农产品产地初加工是支撑农产品加工业发展的重要前提和基础。加快农产品加工业发展，建设现代农业，必须研究农产品产地初加工的发展路径。

近年来，我国农产品加工业发展迅速，但在产地初加工环节由于设施简陋、方法原始、工艺落后，农产品产后损失严重，品质下降。农产品产地初加工是联结农产品生产与农产品流通及精深加工的纽带，是现代农业产业链的重要组成部分。大量的产后损失，不仅严重侵蚀了农业增效、农民增收的基础，也给农产品的有效供给和质量安全带来了压力与隐患。据不完全统计，我国农户储粮、马铃薯、水果、蔬菜的产后损失率分别为7%～11%、15%～20%、15%～20%和 20%～25%，远高于发达国家的平均损失率，折算经济损失达 3000 亿元以上。

因此，为降低粮食产后损失、提升初加工效率，智慧农业与初加工工业发生了深入整合（图 14-18）。当前，低温干燥、电场干燥、高效分拣等一系列新的产地初加工技术不断发展，已经在产业中投入应用。但是，当前这些新型产地初加工设施设备一般需要对参数进行精准控制，且对操作者的文化水平和熟练程度都有较高要求。在这种情况下，借助多种农业传感器，自动化获取农产品色泽、重量、形态等参数，以及产地温、湿、光等环境参数，在人工智能模型的处理下，自动化控制机械设备，可以大幅度降低对人工数量和质量的需求，并避免人为原因造成的隐患。当前，这种自动化、智能化的产地处理装备已经开始在马铃薯、胡椒等多种农产品上应用（基于机器视觉的马铃薯加工原料分选系统，人工智能在胡椒机械加工装备技术升级中的研究进展）。

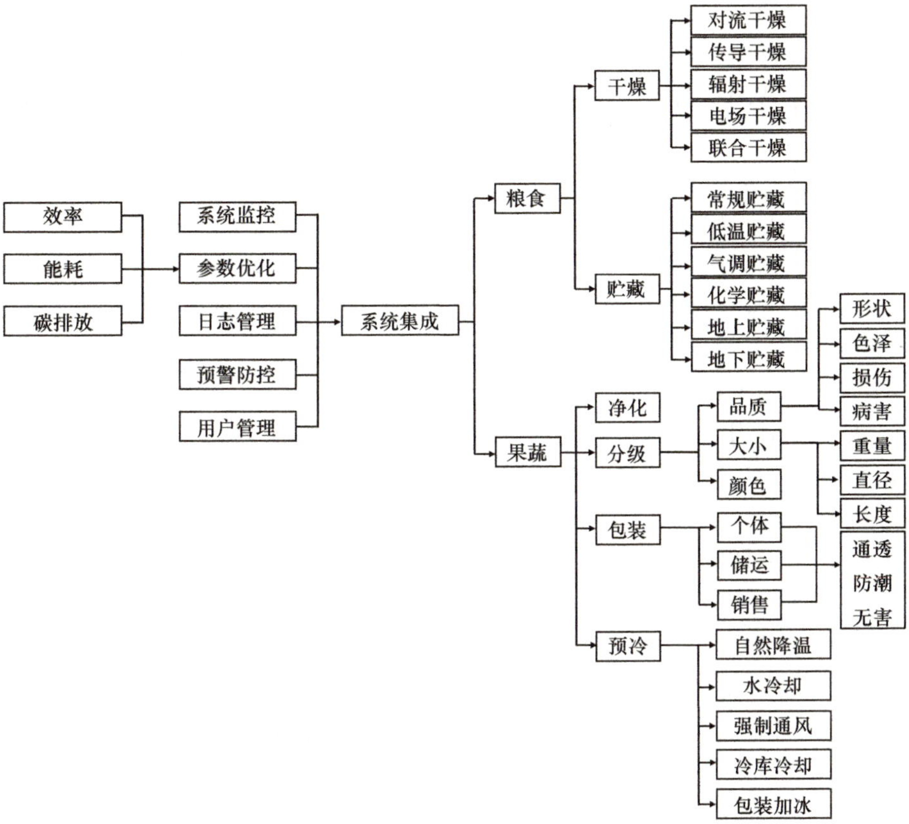

图 14-18 粮食与果蔬产地智慧加工减损技术框架

（三）公共信息平台技术层出不穷

农产品生产加工及流通公共信息平台根据供应链管理的思想，以为农产品消费者提供优质服务为核心，依托互联网、物联网、大数据及云计算等技术，上游整合农产品供应商（包括散户、大户、种植基地、海外进口农产品提供商等），中间整合冷链资源拥有者（冷库、冷链物流配送中心、其他单位或个人冷链资源拥有者）、冷藏运输服务公司，以及引入医疗机构、第三方云健康平台、健康设备生产商、合作共享数据平台等，下游整合各种不同需求的生鲜农产品消费者，分门别类做好农产品消费服务工作，除了提供基本的农产品消费服务之外，还利用用户历史消费数据，参考健康饮食标准，提供智慧推荐生鲜农产品等增值服务。我国积极践行市场化竞争方式，目前已经形成了多种公共信息平台，支撑了北京京东世纪贸易有限公司、顺丰控股股份有限公司、深圳百果园实业（集团）股份有限公司等企业多种农产品的信息交换和流通。

（四）关键标准规范技术初成体系

农产品种类繁多、产量大，具有鲜活、保质期短的特点，但农产品需求范围广，流通时涉及领域、环节较多，且由于流通相关主体小而散、组织程度低，在大规模远距离运输时成本高、损耗大，而保证农产品的质量和安全则要求在流通过程中在实现农产品保鲜的同时也要保障流通的时效性。农产品流通是我国现代农业发展的重要组成部分，目前，我国农业发展的瓶颈已经从生产领域向流通领域转变，推进农产品流通各环节的标准化，是促进农产品流通提质增效、破解农业发展瓶颈的有效措施。

建立相关标准规范体系并实施，一是可避免重复建设同类信息平台，有助于农产品信息数据协同共享，消除“信息孤岛”，便于农产品安全质量追溯与监管；二是可对农产品资源有效调控，促进相关方按需合作，减少流通环节，降低流通成本；三是可建立可扩展的、兼容未来发展变化的信息平台，促进农产品流通信息适应信息技术、市场环境的动态变化。

农产品流通相关标准规范体系主要包括通用基础标准、领域标准和相关应用标准规范三大类。通用基础标准是在一定范围内作为其他标准的基础、普遍适用又具有广泛指导作用的标准，应随着标准化基础工作的发展适时完善，包括但不限于：标准化导则与指南、术语与缩略语标准、符号与标志标准、物流模数标准、量和单位标准、物流测量标准、物流分类和代码标准等。领域标准包括整个初加工和流通环节所涉及的不同领域的标准，主要包括技术、信息、管理、作业、服务标准，覆盖质量安全、分等分级、采后处理、储藏保险、包装和运输配送各个环节。相关应用标准规范则具体规定农产品流通各个环节所涉及的商流、物流、信息流、资金流，规范农产品流通相关主体在参与电子商务时的技术互操作与商务互操作，应随着流通技术、电子商务业务和技术的发展适时完善，包括但不限于：加工标准规范、电子商务标准规范、通用技术标准等。

目前，我国已经初步形成了以《农产品流通信息管理技术通则》（GB/T 37060—2018）

为核心，以行业和地方标准为辅助，以行业龙头等市场主体的企业标准规范为细节的标准规范体系，极大地保障了行业发展。

（五）通信技术全球领先

农产品初加工与流通场景具有场景空间大、数据维度多、数据组织方式复杂等特征，其产生的数据必须通过高速低延迟、大带宽、高可靠的方式进行传输。目前，我国主导的5G通信技术已经在本领域广为应用。

5G通信技术提升了农产品初加工的智能化程度。随着5G通信技术的快速发展，农产品初加工生产过程将越来越智能化。例如，利用遍布生产线的传感器采集生产过程中的各种数据，然后借助高宽带、低功耗、低时延、广接入的5G网络将收集到的数据快速、准确地传输到数据中心，进行智能分析后反馈给各台机器，达到智能加工目的。

5G通信技术提升了农产品初加工的精准化程度。利用传感器采集加工过程中的农产品色泽、重量、含水量、品质光谱等信息，以及后续加工需要的其他信息，利用现代信息技术对收集的各种信息进行综合智能分析、处理，从而对生产线进行智能调整，然后将分析整理的结果以命令的形式反馈给各台机器，从而迅速执行相关操作。

5G通信技术提升了农产品初加工的透明化程度。5G通信技术实现了全加工链条上数据的全程无缝传输，可以有效地加强管理者对各工艺环节的了解程度，提升整体透明化。

四、农产品安全监管溯源的技术支撑

发展农作物安全监管溯源技术具有重要意义。第一，农产品安全溯源建设可为产品召回机制提供可靠的信息平台。第二，建设农产品安全溯源体系可提高农产品物流信息采集识读的准确性，避免人工失误，减少错发。第三，监管部门可利用农产品安全溯源技术加强对市场的管理与控制。第四，农产品安全溯源建设可帮助企业加强对生产现场的管理，提供可视化手段，动态反映生产进程。第五，农产品安全溯源建设可提高我国对农产品质量安全突发事件的应急处理能力，提高政府管理部门对农产品质量安全的监管效率，增强消费者的安全感，提高生产企业诚信意识和生产管理水平，从而提升我国农产品的国际竞争力。

（一）溯源码技术百花齐放

安全监管和溯源技术离不开对农产品的精准标记与检索。只有保证农产品具有可供简便快速识别的电子身份证——溯源码，并建立对应数据库，才能对农产品生产、加工、物流和销售数据进行整合，支撑农产品安全监管溯源。

当前，主要溯源码技术包括二维码、射频识别器、磁卡、接触式IC卡等。这些技术的主要区别见表14-2（章海荣，2019）。

表 14-2　溯源码主要技术分类

属性	二维码	射频识别	磁卡	接触式 IC 卡
信息载体	纸等介质表面	存储器	磁条	存储芯片
信息量	大	大	较小	大
读写性	读	读或写	读或写	读或写
保密性	好	好	一般	好
智能性	无	有	无	有
属性	二维码	射频识别	磁卡	接触式 IC 卡
抗环境污染能力	较弱	较强	较强	较强
抗干扰能力	较强	一般	较差	一般
识读距离	0～0.5m	0～2m	接触	接触
使用寿命	很长	很长	短	长
基材价格	低	高	中	中
扫描器价格	中	高	低	低
优点	数据密度高、输入速度快、设备价格适中、可以非接触式识读	可在油垢环境下使用；可非接触式识读	输入速度快	数据密度高、输入速度快
缺点	不可以修改数据	识别成本高	不可以非接触式识读	不可以非接触式识读

如表 14-2 所示，二维码和射频识别技术由于独特的技术优势，支撑了农产品溯源的发展。尤其是近年来，随着移动互联网和手持智能终端的不断进步，二维码的应用成本快速下降，已经作为产中、销售环节的主要溯源码使用方案；而在智能货架等环节中，射频识别由于可以实现盲视和定位，也开始了广泛应用。目前，全程追溯中，溯源码的物料和人工成本已经降至 0.5 元/件以内，具备了大规模推广应用的价值。

（二）智慧物流技术发展态势良好

“智慧物流”既是学术研究观点，也是行业发展概念，指通过智能硬件、物联网、大数据等智能技术和手段，提高物流系统的分析、决策、智能执行能力，增强其整体的智慧化、网络化与自动化水平。农产品智慧物流指在农产品采后的运输、仓储、包装、装卸搬运、流通加工、配送等各个环节，实现系统感知、全面分析、及时处理、自我调整等先进功能。农产品智慧物流的建设与发展取决于物流基础设施的条件，物流基础设施是驱动和实现农产品智慧物流的主要载体。

农业发展是关系国民经济发展、社会和谐稳定的全局性重大战略问题，而农产品本身具有抗自然风险能力较弱的高风险性和弱质性特征，这就决定了农业智慧物流企业更需要有效地合作和相互协调，以减少供应链上的风险。农业智慧物流的发展有助于农户得到专业机构的帮助，从而提高生产效率，也有助于农产品加工企业获得高效优质的农产品，以更好地应对激烈的市场竞争、日益严峻的食品安全要求和满足消费者的多元化需要。

在我国，农产品智慧物流起步较晚，必要的物流基础设施尚不够成熟，在政策制定、标准化体系建设与监管、专业人才培养等方面仍明显滞后；高精度、低成本感知传感器较为缺乏，北斗卫星导航系统发展与应用的耦合工作尚需推进，环境与品质耦合的预测模型尚属空白，后续需要持续开展针对性工作，以保障农产品智慧物流的快速健康发展。

（三）智慧品控技术支撑有力

农产品品质与多种因素密切相关，当前，农产品品控的关键环节正从产后质检向产前、产中和产后全过程质量控制发展。智慧品控技术即将智慧化的管理模型应用到从产前土壤病害、重金属风险分析，到产中农产品及时管理和风险预警，再到产后及时采收、分级筛选、初加工及仓储物流的全过程，并通过构建统一平台将信息进行整合，从而实现全程质量控制的新技术。

产前智慧品控技术主要包括土壤重金属检测、土传病害风险模型等方面，通过综合多维度的土壤气候信息构建智能模型，从而服务于农民选地，进而避免系统性的质量风险。产中智慧品控技术则包括自动化气象预警、智能管理提醒等方面，可为一线生产者提供智能化的生产管理建议，从而保障农产品品质。产后智慧品控技术则主要包括产后各环节的自动化智能化控制方面，其中重心是产品的分级分类加工和运输，从而实现优质优价。

目前，我国智慧品控技术呈现出“注重单环节发展，整体整合缓慢”的态势。即在产前产中产后的各个环节领域，相关科技都在快速发展，但是如何整合全流程，跨越不同环节市场主体的藩篱，从而真正实现全程质量控制，还需要进一步研究。

五、智慧农业发展的展望

近年来，我国智慧农业作为新兴领域，发展速度日新月异。从 20 世纪末开始发展的遥感农业，到 21 世纪初的精准农业，再到今天的智慧农业，其中的科技和理论内涵不断丰富。未来，智慧农业发展将呈现新趋势、新特点。

（一）科技发展趋势

目前，国际上以美国为代表的大田智慧农业、以德国为代表的智慧养殖业、以荷兰为代表的智能温室生产及以日本为代表的小型智能装备业，均取得巨大进步，形成了相对成熟的技术与产品，而且形成了商业化的发展模式，为我国发展智慧农业提供了可借鉴的经验。

1. 农业传感器日益基石化

传感器作为智慧农业的信息之源，在推动智慧农业发展中起到举足轻重的作用。目前，农业传感器主要包括农业环境信息传感器、动植物生命信息传感器、农产品品质与安全信息传感器、农机工况与作业传感器等。近年来，农业传感器新原理、新技术、新材料和新工艺不断突破，已由简单的物理量传感走向化学、生物信息快速感知，纳米等新材料技术的发展使得传感器向着微型化、智能化、多样化发展。例如，美国正在发展利用激光诱导光谱技术测量土壤养分和重金属含量，利用微纳米技术研制可进入动植物生命体新陈代谢循环系统的传感器等。总体判断，美国、德国、日本等国家在农业传感器领域处于领先地位，垄断了感知元器件、高端农业环境传感器、动植物生命信息传感器、农产品品质在线检测设备等相关技术产品。未来5～10年，研发准确、精密、便携的传感器将是各国农业传感器创新发展的重点领域。这类传感器不仅可以实现一次连续监测多个环境和动植物生命信息的特征参数，还可以对环境、生物及非生物胁迫等进行持续监测，具备在植物和动物发病之前检测疾病的能力，有助于实现各种食品和农业学科相关指标的快速检测与监测。例如，柔性纳米传感器能够简单便捷地贴附安装于动植物组织不规则表面进行信息的精准监测；微纳米尺度的传感器可植入动植物等生物体内，并进入新陈代谢循环系统中，实时监测动植物生命体的生物信息；纳米传感器阵列具有多功能探测与分析能力，匹配有强大的数据处理、存储与分析能力及传感网络，具备远程分析处理复杂数据的能力，能够让监测结果更加精准。

2. 农业大数据智能渗透率快速攀升

国际上通过图像识别、机器学习等技术，将农业领域大量结构化和非结构化数据（天气、土壤、动植物生长发育、市场、社交媒体等数据）转化为知识，并提供智能决策，实现部分或全部替代人工决策，在节省时间、增加安全性的同时减少潜在的人为错误，大幅度提高了决策的科学性和准确性。得益于强有力的基础研究水平和能力，美国、荷兰、以色列、日本等国家在农业数字模型与模拟、农业认知计算与知识发现、农业可视交互服务引擎等技术、算法、模型等方面处于国际领先地位。例如，美国位于新泽西州的纽瓦克垂直农场，利用大数据技术分析温度、湿度、二氧化碳及作物长势信息，与传统农场相比，每0.093m^2用水减少95%、肥料减少50%、农药零投入、年产量高出390倍；意大利图西亚大学利用大数据和人工智能技术，加快气候适应性植物的育种研究，或将重塑未来农场。综合判断，未来大数据驱动的知识决策将替代人工经验决策，知识决策主导的智能控制将替代简单的时序控制，大数据技术将在从育种到产品销售的整个农业产业链得到广泛应用。

3. 农业智能装备智能化水平不断上升

美国、德国、英国、日本等国家的农业智能装备研究与应用发展迅速，主要农业生产作业环节（包括果蔬嫁接、移栽、施药、采摘，畜禽饲喂、清粪、奶牛挤奶，农产品在线分级、标识、包装等）已经或正在实现“机器换人”或“无人作业”，大幅度提高了劳动生产力和农业资源利用率。例如，美国Abundant Robotics公司开发的苹果采摘机器人可准确识别成熟的苹果，并且可以平均1个/s的采摘速度连续工作24h；瑞士EcoRobotix公司开发的田间除草机器人可以准确识别杂草，并通过机械手臂对杂草喷洒除草剂，农药使用量可下降95%，农业相关成本节约30%；爱尔兰MagGrow公司开发的农药喷洒机器人使用永久性稀土磁体产生电磁荷，可解决农药飘移问题，农药的使用量减少65%～75%。

（二）产业发展趋势

智慧农业产业将会保持高速增长态势。根据国际市场研究机构（Research and Market）分析，2019年全球智慧农业市值167亿美元，2027年将达到292亿美元，2021～2027年全球智慧农业市值年复合增长率（compound annual growth rate，CAGR）将达到

9.7%（赵春江，2019）。在此前提下，未来智慧农业产业发展将表现出以下趋势。

1. 整体化与协调化发展

从当前我国智慧农业的发展情况来看，其呈现出地区化发展特征，即智慧农业仅在某些信息化建设良好的地区开展，大多数经济条件较差的农村甚至完全没有接触过智慧农业。我国是一个幅员辽阔的大国，仅仅依靠几个地区来发展智慧农业是不行的，事实上，由于目前普及不足，智慧农业的成效尚未达到预期。作为我国的重点发展项目之一，智慧农业在此后的发展过程中必然会逐渐普及到较为落后的农村，这将驱动我国不断加快全国农村信息化建设，降低农村通信费用的同时，推动农村网络体系的构建，优化农村物流的结构，确保智慧农业能够在这些农村逐步落实，增大智慧农业区域在全国的占比。

2. 经济效益最优化发展

智慧农业本就是为了提升农业效益而生的，因此其在发展过程中应当遵循经济效益最优化原则，在保证发展成本逐步减少的同时，收益不断提高，而所获得的收益又能够进一步推动智慧农业的发展。互联网服务质量是智慧农业的关键，各地政府要重视当地农村互联网建设，引入互联网专业人才，基于城市网络建设方案来制定符合农村实际要求的网络布局，实现资源利用最大化，节约智慧农业建设所用成本。此外，政府要关注环保对经济效益的重要作用，放大智慧农业的环保优势，以智慧农业带动农村旅游业，将农业中的要素拆解出来，同旅游业结合在一起，推出独具当地特色的农村旅游项目，建设一条可持续发展的乡村振兴道路，提升农村整体收益，帮助农民过上高质量的生活。

3. 人才培养同步化发展

智慧农业的发展离不开人才，而其所需要的人才既需要掌握信息化、智能化技术，又需要具备良好的农业知识与技能，且应当拥有创新精神和创新理念，属于复合型人才。因此，政府要积极推动智慧农业同教育的结合发展，做好智慧农业人才培养工作，为产业发展提供源源不绝的动力。

（三）发展对策和建议

当前，我国智慧农业尚处于起步发展阶段，为促进其快速发展，应在以下五个方面采取措施。一是加强政府支持。统筹各类资源，加强政策扶持，突破重点核心技术，实现自立自强。围绕农业重点领域、重点产业实施一批智慧农业重大项目工程，加强智慧农业关键技术研究与应用示范，总结经验，建立可复制、可推广的模式与经验。二是制定相关资金补贴政策。鉴于农业的社会公益性、生态区域性、高度分散和个性化特点，建议对智慧农业技术产品研发和应用主体给予政策性补贴，减免以智慧农业为核心业务的企业税收，减免农村地区互联网接入和数据传输通信费用。三是加强技术标准与检测平台建设。依托联盟、协会等团体和组织，快速建立数据、产品、市场准入等方面的团体标准，并积极推动国家和行业标准建设。建立国家和行业认可的第三方产品、技术检测平台。四是建立数据开放共享机制。农业数据具有散乱杂、孤岛林立等特点，建议政府部门加强农业数据的收集和整合，并在一定范围内按流程开放相关数据，建立共享机制。对于进入国内市场的外国企业，要求其产品提供数据接口标准。五是加强人才队伍建设。培养农业与信息多学科交叉人才，建议教育机构在高校研究生课程中开设智慧农业相关课程，鼓励信息领域人才进入农业领域开展相关科学研究与应用推广。积极开展技术培训，建设一支懂技术、会操作、善管理的智慧农业推广队伍。

第五节　总结和展望

农业装备与智慧管理，是实现“机器换人”、解决我国农业劳动力下降等问题、保障粮食安全、实现农产品品质稳步提升的关键。改革开放以后，我国农业装备快速发展，机械化率稳步提升；21 世纪以来，农业智慧管理的内涵不断丰富，应用领域和面积都持续扩大。随着我国全面建设社会主义现代化国家的步伐加快，农业装备与智慧管理必须更快更好发展才能满足新形势下社会对农业生产的更高要求。

一、农业装备与智慧管理的成绩和问题

新中国成立以来，我国农业装备科技既实现了从无到有的突破，又踏上了从有到优的征程。在高速发展的机械工业支持下，我国已经形成了较为完整的农业装备工业体系，已能生产 14 个大类 113 个中类 468 个小类近 4000 种农机产品。目前，我国农业机械化率已经超过 72%，小麦、水稻、玉米等主要粮食作物已经接近实现全程机械化，一系列适应我国实际情况的特色农机具被开发并推广，为保障我国粮食安全作出了重要贡献。

进入 21 世纪以来，我国农业智慧管理开始进入高速发展期。从最初的遥感农业，到精准农业，再到智慧农业，农业智慧管理所涉及的领域从产中逐步扩展到产前产中产后全程，并向自动化、平台化发展。在智慧农业工作者的不懈努力下，我国智慧农业在通信组网、传感器、管理软件等方面进步迅速，全行业产值超过 600 亿元，年增长率稳定在 10%以上。

经过农业装备与智慧管理相关一系列科技的发展，我国粮食生产面貌发生了翻天覆地的变化。农用动力机械的不断进步，使得中国全面实现了“耕牛换机械”；育秧和播种机械的发展，改变了千百年来水稻种植“手把青秧插满田，低头便见水中天”的生产面貌；收获机械的发展，让全国普遍实现了及时收获；植保、温室和灌溉装备的发展，使得中国五千年来首次告别了“靠天吃饭”；仓储、初加工和物流装备的发展，提高了我国粮食储备和调运能力，大大强化了我国从时间和空间上抵御风险的能力；智慧农业的发展，为农业管理从经验转向数据提供了坚实的支撑。

但是，当前仍然存在一些问题制约了农业装备与智慧管理的发展。第一，我国农机在动力装置、电液控制系统、安全保护等方面仍然相对落后，芯片、大功率发动机等关键零部件仍受制于人；第二，适用丘区、林下等特殊场景的农机开发滞后，部分区域部分生产环节“无机可用”；第三，设施农业自动化水平相对较低，受劳动力供给影响较大；第四，大田和设施农机低碳节能技术储备不足，“双碳”目标要求

下，农业装备和智慧管理的发展势必受到一定冲击；第五，智慧管理技术相对落后，对国外开源框架和系统依赖度过高；第六，存在良田-设施“争地”现象，设施农业发展空间急需调整。

二、农业装备与智慧管理的发展趋势

当前随着大数据、人工智能等计算机科学，以及农艺、育种等农业科学的进步，农业装备与智慧管理作为交叉学科，也体现出“四合”的新发展趋势。

（一）农机农艺相结合

当前，随着我国城镇化和老龄化进程的发展，农业劳动力供给能力进一步削弱。新的农艺技术必须从一开始就要考虑如何机械化应用才能满足标准化、大规模、高速度推广并快速形成生产力的需求。同样，在耕地总量有限、粮食需求总量不断上升、单产压力不断上行的客观压力下，机械化也必须与先进农艺相结合，只有保证粮食单产稳中有升才能满足客观需求。例如，近年来先后出现的水稻轻简化直播等技术依赖于农机农艺的深度融合。

（二）装备智慧相融合

当前，一方面随着农业人口的老龄化，掌握大量农业作业经验的农民出现断档趋势；另一方面，随着人民生活水平的提高，其对农产品品质提出了更高要求。这些客观情况使得农业装备加速拥抱逐渐成熟的智能管理系统，实现“经验管理”到“大数据管理”的变革，从而逐渐降低对从业者经验的要求，提升农产品的品质。目前，已经出现了无人驾驶收割机、全自动水肥管理设备等多种智能化农机装备，并投入实际应用。

（三）全程信息相统合

当前，随着农业管理进一步精细化，农业产业链条进一步贯通，我国对农产品安全监管和溯源的需求进一步提高，农产品生产环节的信息必须加速流通和统合。产中的智慧管理依赖产前土地利用情况、历史管理数据的支持，而产后的分级、加工和仓储同样依赖产中数据的支持。因此，只有做到对产前、产中、产后数据的全程统合，才能进一步推动产业向信息化发展。

（四）提效减排相耦合

当前，为顺利完成“双碳”目标，我国对各行业都提出了节能减排要求。但是农机需求具有刚性，无法通过降低使用频率、削减整体工作量等方式来减少碳排放。这就需要一方面通过改善动力源，推进柴油机热效率改造和电动农机换装；另一方面通过智慧管理，优化仓储物流等“耗能大户”，尽量实现末端物流环节的“化零为整”，实现高效低碳物流调度。因此，只有耦合农机装备的“提效”，才能实现全产业的“减排”，最终顺利实现“双碳”目标。

（五）拓荒节地相联合

当前，我国设施农业提供的食物在居民消费中占据较大比例。但是，设施农业当前占据大量平原的良好耕地，造成了“棚-田争地”的局面。而大西北的荒漠具有丰富的光照资源，尚属未开发利用的闲置土地。因此，应当大力发展戈壁农业，将设施农业转移至西北荒漠，腾退的设施用地恢复粮食生产，从而实现“西部拓荒”与“东部节地”的联合。

三、农业装备与智慧管理的发展目标

农业装备与智慧管理，不仅是机械制造业、食品加工业、种植业、农业经营管理业和信息工业的关键结合点，而且是食物、能源、营养三大系统的关键调节点。农业装备的制造和运行，尤其是农产品加工和物流装备的制造与运行，在食物全生产过程的能量消耗、碳排放和环境污染中占了较大比例。

因此，在未来发展中，农业装备和智慧管理必须强化关键技术的创新能力，实现“两大一小三个平衡”，即营养需求与食物结构的大平衡、能源消耗与食物生产的大平衡及区域生产与区域消耗的小平衡。营养需求与食物结构的大平衡是指根据人民健康需求，在整个国土空间尺度上，动态调整和安排全国种植区划，并依据种植区划定以田块为主的种植方案，从而优化供给，减少产后浪费；能源消耗与食物生产的大平衡是指通过优化农业生产物流流程，开发低碳高效农业装备和农艺手段，在保障粮食安全的前提下实现节能减排；区域生产与区域消耗的小平衡是指利用智慧管理，在满足人民需求的前提下，全面优化全国种植结构和区划，尽量缩短生产区与消费区之间的物流距离，减少由当前农产品“大调大运”带来的能源浪费和储运损失，从而优化产业结构。

依上述发展要求，我国农业装备与智慧管理的发展目标为：结合我国自身节能减排需求、人民健康需求，立足我国当前食品消费和生产区域不平衡的实际情况，力求在机械化和智能化的基础之上，通过农业机械和智慧管理的发展，实现营养需求与食物结构、能源消耗与食物生产、区域生产与区域消耗的平衡。到 2025 年，主要农作物基本实现全程机械化，基本解决薄弱环节农机装备问题，初步实现农机装备管理与服务信息化；构建完善的农机装备现代化人才培养体系。至 2035 年，基本实现农业机械化，农机装备关键核心难题得到基本解决，农机科技创新能力基本达到发达国家水平，基本形成符合我国国情的低碳高效农业机械技术体系，初步解决节能减排与食物生产机械需求之间的矛盾。至 2050 年，全面实现农业智能化，并向更高水平发展；通过全国农业的智慧管理，实现食物生产结构与人民健康营养需求的动态平衡，实现对全国种植结构和区划的调整与优化，基本实现主要食物的就近生产和就近消费。

（本章执笔人：刘旭、赵春江、王秀东、杨信廷、程瑞锋、闫燊、高延雷、黄思捷、张义、伍纲、杨雅婷）

第十五章　科技发展战略与路径

随着脱贫攻坚与全面建成小康社会取得决定性胜利，我国已经开启第二个百年奋斗目标新征程。然而，我国农业发展依然面临诸多问题和挑战。规模化养殖业在扩张的同时，导致的环境压力持续加大；种植业小农户和规模化生产之间的矛盾将长期存在，大幅提升劳动生产力和农民收入难度很大；农业生产体系、农产品流通体系难以满足消费者不断增长的食品安全、营养、健康等多样化与个性化需求；农业资源高效和循环利用体系、支撑未来农业发展的人才体系依然是我国农业发展的短板；全球呈通货膨胀的趋势，中美关系面临脱钩的严峻挑战，经济全球化的不确定性日趋增强。

为实现农业强而永续、农村美并生态、农民富且体面的乡村全面振兴美好愿景，需要进一步转变发展思路，以破解农业发展难题，确保粮食安全、主要农产品安全供给和农业可持续发展，强化农业的基础战略地位，实现从“农业大国”向“农业强国”的飞跃。为此，未来我国农业科技将以服务“确保国家粮食安全、高效绿色高值农业永续发展”两个目标为出发点，集聚资源，推动原始创新，攻克“卡脖子”环节，助力我国农业向“现代智慧生态农业”转型升级。

现代智慧生态农业，就是通过先进的科技与生产方式大幅提升农业生产力和效率，通过人工智能、大数据、云计算实现产前生产资料科学衔接、产中生产要素精准配置、产后产品供需完美对接，通过生产系统和物质系统循环实现资源高效利用与生态功能持续提升。要发展现代智慧生态农业，农业科技必须重视三方面的科技创新。

一是效能提升科技。加强生物种业、生物制品和生物处废等方面科技的创新与应用，建立现代智慧生态农业科技创新体系；大力推进农业生产全程机械化、装备智能化、管理智慧化等方面科技的创新和集成，实现农产品生产和加工现代化；发展农业资源利用、生态修复与环境保护的新技术和新模式，提升农业资源生产力与农业系统生态价值。

二是系统优化科技。利用多组学综合技术解析生物物质形成机制，以精准调控动植物生长发育及其代谢途径，形成现代智慧生态农业的生产技术体系，实现精准种养殖，提高农业资源利用效率和农业生产效率，逐步推进智慧农业技术在农业生产全过程的应用；建设智慧农产品供应链，提高农产品流通效率，满足城乡居民的个性化与多元化消费需求；构建智慧化的农业农村综合信息服务网络，促进科技、人才、土地、资金等要素科学化配置。

三是资源高效循环科技。发掘多样种植、种养结合、农林复合、景观优化等农业生态系统配套生产技术体系，实现农业生产系统物质的有效循环；推进生物处废、水肥精准控制等技术的创新和应用，实现农业生产全过程的废物处理，减少农业生产的环境影响；通过区域资源、生态与产业布局优化配置和农业功能拓展，提高农业生态系统的功能与农业生产的生态化水平。

第一节　现代智慧生态农业愿景下的关键技术发展

在未来要实现现代智慧生态农业的愿景，必须重视生物、信息、装备和生态四个方面的关键技术。首先，生物技术是现代智慧生态农业的基础，其核心是针对农作物、畜禽等生物体进行基因改造、育种、疾病预防和控制等。利用先进的生物技术手段，不仅可以提高作物的产量和品质，还可以降低农业生产的成本和能源消耗，有效地推动农业的可持续发展。其次，信息技术的快速发展，为现代智慧生态农业的发展提供了重要支撑。例如，利用物联网、云计算等技术可以实现农业生产过程的数字化、智能化和信息化，提高农业生产的效率和精度，同时实现农产品的溯源和安全。再次，装备技术是现代智慧生态农业的重要环节。现代农业需要高效、节能、环保的农业装备，如自动化机械化设备、无人机、智能传感器等，这些装备可以有效地提高农业生产效率和质量，降低劳动强度和成本，也有助于实现农业生产的智能化和精准化。最后，生态技术是现代智慧生态农业的重要组成部分，主要涉及土壤改良、水资源利用、农业废弃物综合利用等方面。通过生态技术的应用，可以有效地保护土地和水资源，提高农业生产的可持续性和环境保护水平，为人类的粮食安全和生态文明建设作出贡献。这些技术互相支撑、相互促进，共同推动现代农业的转型升级和可持续发展，有助于实现人类的粮食安全和可持续发展目标。

一、生物技术的重大突破是实现现代智慧生态农业的基石

生物技术在现代智慧生态农业中扮演着越来越重要的角色，特别是育种 4.0 技术的应用。通过基因编辑技术，农作物的关键基因可以被编辑和调控，从而使其具有更强的逆境适应能力、更高的产量和更好的品质。同时，育种 4.0 技术还可以通过提高农作物的基因多样性和利用遗传学信息，加速新品种的选育和推广，从而为农业产业带来更大的生态效益和经济收益。

此外，生物技术在现代智慧生态农业中的应用还涉及精准施肥和病虫害防治等方面。通过对植物吸收、转运和利用营养素进行了解，建立精准施肥技术，可以在不浪费资源的同时，提高农作物的产量和品质。利用生物技术还可以提高农作物的抗病性和抗虫性，减少其对农药的依赖，从而使农业生产更加环保和可持续。

二、信息技术的广泛应用是实现现代智慧生态农业的前提

随着新一代信息技术的不断涌现，现代智慧生态农业将进一步走向数字化、智能化、网络化，实现更高效、精准、可持续生产。首先，基于互联网和物联网技术，农业生产的精准性将大幅提升。利用传感器技术实现农业生产数据的实时监测和分析，结合人工智能技术进行预测和决策，从而实现农业生产全过程的可视化和精准化，使农民能够更好地掌握农田情况和农作物生长状况，提高农业生产的效率和质量。其次，基于机器人和自动化设备，农业实现全程无人化。利用机器人实现种植、收获、包装等环节的自动化，提高生产效率和质量。同时，利用无人机、机器人等技术实现农田

巡查、病虫害诊断等，可及时采取措施进行预防和治理。最后，通过数字化农业平台和共享经济模式，农业生产将进一步实现规模化和集约化。农民可以将自己的农田出租给农业平台，由平台进行管理和运营，并通过互联网将农产品销售和分发给全国各地的消费者，这将实现农业生产的资源共享，提高资源利用率和生产效益。

三、装备技术的进步和推广是实现现代智慧生态农业的基本条件

未来随着农业生产规模的不断扩大和农业科技水平的不断提高，传统的人工农业生产已经无法满足农业发展的需求。首先，位置智能化的农机装备将实现人工劳作的普遍替代，大幅度提高农业生产效率，减少农民的劳动强度，降低生产成本，提高农业生产效益。其次，先进的装备技术可以提高农业生产的质量和稳定性。例如，通过使用先进的施肥机、喷雾机等装备，农民可以实现精准施肥、喷药，减少农药的使用量，从而保证农产品的质量和安全。最后，先进装备技术的推广及其与农艺的融合，将大幅度变革农业生产经营模式和水平，实现农业全程生产技术的深入整合。

四、生态技术的飞跃是实现现代智慧生态农业的长期保障

在未来，农业生态科技将包括但不限于种质资源保护、耕地生态修复、生态系统重建等方面，这些技术的进步和应用将真正实现农业的可持续发展。首先，种质资源保护方面的进步将为我国农业生物多样性的维持奠定基础，保证我国子孙后代享有丰富的遗传资源。其次，生态修复技术通过植被改造、水土保持、土壤修复等，恢复或重建受到污染或破坏的自然环境，从而保持或提高土地的肥力和产量，增加生态系统的稳定性和可持续性。最后，生态系统重建技术能够通过模拟自然生态系统中的生物群落互惠互利关系，建立多样性丰富的生态系统，提高农作物产量，降低耗水量，减少病虫害发生率，从而实现农业可持续发展。

第二节　发展远景与目标

一、总体目标

在确保口粮绝对安全的基础上，实现绿色高效多功能的现代智慧生态农业全面发展，实现农业永续发展和现代化。到 2035 年和 2050 年，口粮自给率分别达 97%和 99%，谷物总体自给率分别达 90%和 85%，禽肉蛋基本自给，蔬菜水果和水产品适度出口，实现粮食安全的自主可控；农业全要素生产率年均增长 2%～2.5%，农业科技基本实现自立自强；守住耕地和农业用水双红线，顺利实现“双碳”目标，并于 2035 年基本实现和 2050 年全面实现农业向现代智慧生态农业转型。

二、阶段目标

至 2035 年发展目标：谷物总产量达 6.5 亿 t，谷物自给率达 90%，其中水稻和小麦

口粮自给率保持97%左右，玉米自给率达90%；蔬菜水果适度出口；农业全面进入绿色高效多功能的发展阶段；全程社会化服务普遍推广，基本实现全程全面机械化；农作物产品产业链延伸和三大产业融合成为农民增收的重要来源；现代智慧生态农业体系基本形成；农业用水保持3550亿m^3左右，严守18亿亩耕地红线；化肥和农药利用率超过50%，农业废弃物综合利用率超过90%；优势区域农业生产率先进入现代智慧生态农业阶段。

至2050年发展目标：谷物自给率达90%，其中口粮自给率达99%；农业全面实现绿色高效多功能发展；所有农作物生产实现全程全面机械化和智能化；农产品产业链、三大产业融合和现代智慧生态农业得到全面发展；农业用水保持3500亿m^3以上，耕地面积不低于18亿亩，全面形成农业资源休养生息和地力提升的长效机制；化肥和农药利用率超过60%，农业废弃物综合利用率达95%以上；全面实现高值种植业绿色高效多功能发展、区域农业可持续发展及种植业现代化的目标，农业生产整体进入现代智慧生态农业阶段。

第三节　发展战略与路径

在未来，农业必将发展为以生态为主线，以智慧为手段，发展由现代生物技术、现代数字技术、现代装备技术等全面支撑的现代智慧生态农业。实施现代智慧生态农业发展战略是中国农业跨越式发展的关键。

推进现代化，必须立足科技发展潮流，以生物技术为切入点，以精准育种和标准化栽培为近期着眼点，以合成生物学为远期方向，实现科技驱动下农业生产面貌的整体跃进。

推进智慧化，必须以物联网、云计算等新一代信息技术为手段，实现农业生产经营集约化、自动化、智能化和信息化，因地制宜地对农业生产进行精准管理，节约人力物力资本，减少农业资源消耗和生态环境破坏，提高农产品产能与质量，推动农业全产业链升级。

推进生态化，需要在厘清现代生态农业内涵和作用的基础上，构建适应多维、多目标、多功能、多层次的现代生态农业技术体系，建立适合不同地区、不同产业和不同尺度的生态农业发展途径、模式与技术支撑体系。

在2035年前分别在各地开始探索、逐步建立和加快推进现代智慧生态农业的发展模式，到2050年全面实现适合各地和不同产业的现代智慧生态农业。

一、总体战略

至2035年农业科技发展战略：基于国家食品安全、生态安全和营养健康等重大需求，我国将以农学和生物学应用基础研究与技术创新为核心，围绕农业生物资源、农业生物育种、农业生物药物、肥料和农膜生物替代、农业废弃物资源化利用和循环农业、动物疫病防控与健康养殖、农业环境生物改良等方面开展研究，构建农业生物学基础研究体系。同时，面向区域农业发展重大科技需求，突破一批重大科学问题和重大共性关键技术，创制一批重大产品，形成农业生物技术产业支撑体系。建设国家农业资源与环境观测网络和农业重大气象灾害模拟舱，加强农业资源和环境监测，以及重大农业气象灾害的系统研究，为国家农业防灾减灾、气候变化应对策略制定和农业可持续发展提供科学依据。

2035～2050 年农业科技发展战略：在 2035 年战略的基础上，我国将进一步加强农业生物资源保护、利用和创新，加强农业生态环境保护和修复，实现“一带一路”共建国家农业技术交流与合作。同时，深入推进数字农业、智能农业、生态农业等现代农业模式的发展，提高农业生产效率、质量和安全，满足国家和人民日益增长的粮食需求。此外，我国将进一步建设农业生物技术产业支撑体系，促进农业生物科技创新，尝试取得一批合成生物学成果，发展一批合成生物学产业，从而加速农业现代化进程，推进农业可持续发展，实现“农业强国”目标。

二、发展路径

（一）夯实基础科学研究，提高原始自主创新能力

加强粮食作物种质资源和高产高效、动植物灾害发生防控机理、农业资源与生态等方面的基础性研究，夯实原始创新，取得一批原创性重大成果，为农业可持续发展提供依据和持续发展的动力。

重点开展动植物产量、品质、抗病虫、抗逆、养分高效利用等重要性状形成的分子基础研究，以及主要动物生殖发育、胚胎发育、干细胞克隆的遗传学基础与调控机制研究，挖掘动植物高产、优质、抗病虫、抗逆、养分高效利用等重要性状的相关基因。开展主要农作物产量形成规律和调控机制、作物高产优质生理生态机制、作物高产高效与土肥水资源耦合机制、有害生物控制与粮食质量安全关系等基础研究。开展农业土壤-作物养分运转、动植物生长发育过程信息感知机理、农业地物遥感及解析机理等基础研究。开展旱区作物用水过程与调控机理研究，探索灌区水转化与节水减污调控机理。开展耕层土壤快速熟化与耕地生产力提升、土壤障碍因子形成与快速修复机理等基础研究。开展土壤-动植物-设施环境-机器系统应用基础研究，揭示设施环境和机器作业对土壤及动植物生长的影响规律。开展农林物质循环高效利用、森林湿地等陆地生态系统过程与服务功能等基础研究。开展主要农作物和森林重大病虫害暴发成灾规律与防控机制等研究。开展气候变化、极端天气气候事件和气象灾害对我国农林业生产的影响机理等基础研究。开展二氧化碳到淀粉的人工合成、单细胞油脂和蛋白质合成等重要生物合成技术研究。

（二）攻克关键技术瓶颈，实现产业技术升级

加快实现产业技术从跟踪模仿为主向自主创新为主的转变，将新材料、生物技术、空间技术和信息技术等应用到农业领域，注重单项技术突破向系统集成创新转变；不断取得基础性、战略性、原创性重大成果，满足现代农业升级发展重大需求，解决学科和产业发展关键问题，从根本上扭转关键核心技术对外依存度高的局面，实现技术升级，把握发展主动权。

重点研究动植物分子标记、分子设计育种、细胞工程、植物空间诱变、杂种优势利

用等关键技术，创制一批动植物新品种、生物反应器等重大产品。以信息技术为主导、生物技术为引领，开展土壤-动植物-环境、信息与机器系统应用基础理论及技术研究，突破信息感知、大数据与云计算、农业物联网、农机装备智能设计、试验检测与智能调控等技术，开发面向大田、设施农业、果园、畜禽水产等领域的新型农业传感器及农业智能决策系统，建设以农业物联网和精准装备为重点的农业全程信息化与机械化融合的技术体系。针对现代农业可持续发展面临的资源短缺、质量安全隐患、环境污染等重大问题，突破农用微生物工程菌高密度发酵、牧草和传统饲料资源开发与精深增值加工、生物药物靶向输送和精准控释、高效堆肥和生物有机肥二次固体发酵及重大动物疫病新型诊断检测等关键技术，创制生物饲料添加剂、牧草添加剂、稳定性肥料、缓控释肥料、全元生物有机肥、新资源饲料、生物农药和生物调节剂等一批拥有自主知识产权的新产品。针对农业用水效率低下、土壤盐碱化和重金属污染等突出问题，突破农业高效用水技术、灌区次生盐渍化防控与生态修复技术、农业作物水土生境优化与旱涝灾害防控技术与产品、农田生物降解地膜及地膜污染控制技术与装备、低产田障碍因子消减技术与土壤改良产品，以及农田土壤重金属污染植物修复技术及收获物安全处理技术等，创制一批有重大应用前景的农业节水和生态修复关键技术与产品。

（三）实现工程技术升级，加快农业现代化进程

针对制约农业产业升级发展的瓶颈和薄弱环节，加强战略谋划和前瞻部署，对农业工程各相关产业进行技术改造，促使产业技术升级，占据未来农业科技竞争制高点，稳步提升自主创新能力和产业引领支撑能力，切实提高产业的核心竞争力和可持续发展能力。积极扶持和培育一批农业工程科技相关高科技企业，提升我国农业工程产业国际化水平。

重点围绕发展现代农业和保证食物安全，加快提高农业综合机械化水平和设施装备水平，促进农业增长方式转变。大力振兴农业装备制造业，为用现代物质条件和先进适用产品装备农业提供坚实保障。大力发展农业和农村信息化技术，为实现农业的跨越式发展提供科技保障。大力开展农业高效用水和提高农田等级的科技振兴战略，为保证粮食的稳产和高产提供基础保证。多方位开展农业生物质资源化利用发展战略，为发展绿色农业、低碳农业提供技术保障。

（四）发展资源替代技术，促进农业可持续发展

由于自然资源过度开发与耗费、污染物大量排放，全球出现资源短缺、环境污染和生态破坏等问题，“先污染后治理”的农业发展模式已走到尽头，必须寻求农业生产新的发展模式，实现重要农业投入品农药、化肥等有效替代，实现贮粮于地和资源高效利用，实现农业收获物全利用和循环发展、农林废弃物资源化能源化利用，构建循环农业的理论和技术发展模式，促进农业可持续发展。

重点围绕化肥减量和新型肥料使用，开展关键功能微生物筛选、分子调控及微生物肥料开发研究，有机废弃物堆肥发酵及有机肥生产技术与装备研究，抗病、耐盐碱、污染修复等不同功能生物有机肥研制，有机-无机复混肥及复合肥生产技术与装备研究，用于沙化、盐碱等退化土壤改良的土壤调理剂开发研究，用于无土栽培的各种有机基质

开发研究，各种液体肥料包括水溶肥、有机液肥、微生物液肥等开发研究。根据植物微生态学理论，挖掘利用作物植株体表体内的有益微生物，以重要作物病害为靶标，筛选有防病及促生功能的高效菌株，构建植物微生态防病虫体系及抗逆有益微生物资源库；利用获得的高效菌株开发生物农药新产品，建立高效价发酵工艺流程、环保型制剂加工技术和适用于现代农业的应用技术。围绕农业生物质资源化、能源化开发和实现炼化生产，开展非粮生物质原料育种和高产高效生产研究，主要农作物秸秆、畜禽粪便收储运及秸秆炭化、固化、资源化开发研究，生物天然气、燃料乙醇、燃料丁醇、生物柴油等重大产品高效生产研究，生物基塑料、生物树脂材料等生物基新产品研发研究，以提升生物经济发展能力。构建农田复合生物循环、农牧循环、农菌循环及农牧沼循环等循环农业模式，实现经济效益最大化、物质投入高效率、废弃物全部循环利用、污染物和温室气体排放最低。

（五）突破农业新兴技术，保障国家食物安全

树立大农业、大食物观，推动粮经饲统筹、农林牧渔结合、种养加一体、一二三产业融合发展，拓展草原、淡水湖、海洋、森林、沙漠等成为生产食物的理想场所，鼓励发展林下种养殖，开发盐碱地、荒漠化土地等，科学解决我国粮食生产中数量安全与质量安全之间的矛盾，保障国家食物安全。

重点发展人工草地种植，进行草田轮作，实施天然草原改良工程，积极发展高效草地畜牧业，生产更多优质畜产品。积极实施蓝色粮仓工程，拓展海洋空间，开发海洋生物资源，生产优质水产品。合理开发盐碱地和荒漠化土地，实施土壤改良工程，种植耐盐、耐旱等优质农作物和经济作物，生产粮食和经济作物。

（六）加强平台和人才队伍建设，提升科技创新能力

继续强化农业科技平台建设，加大对农业工程科技平台的投入，优选和建设一批农业工程科技创新国际实验室、国家重点实验室、工程中心、产业创新中心和台（站）等，强化我国农业工程科技创新能力建设。

重点培养和造就一批勇于创新、拼搏实干的高水平研究群体与队伍，加大国家重大人才工程对农业领域的倾斜支持力度。实施创新人才推进计划，加快培养农业科技领军人才和创新团队，着力培养中青年科研骨干。完善农业科技人才激励机制和评价体系。

（本章执笔人：刘旭、赵春江、王秀东、杨信廷、谭光万、宝明涛、闫燊、高延雷、程长林、闫琰、臧良震）

第三篇　行业发展篇

第十六章　中国农业产业发展概述

改革开放以来，我国农业产业发展取得巨大成就，农业综合生产能力大幅提升，农业产业结构持续调整优化，大食物供给格局逐渐形成。同时，农业产业发展在耕地资源、供应链韧性、科技创新、组织模式及竞争力方面仍面临着一些问题和挑战。立足世界百年未有之大变局，在实现中华民族伟大复兴的战略全局下，面对我国食物安全存在的问题和未来食物消费供需形势的变化，须在确立新型大食物安全观的基础上，将农业产业建成更高效强韧、更绿色低碳、更营养健康的国家食物安全保障体系。

第一节　理 论 基 础

一、产业结构变迁理论

产业结构是指在社会再生产过程中，一个国家或地区的产业构成、产业发展水平及产业间的技术经济联系。其中，产业组成即资源在产业间的配置状态，产业发展水平即各产业所占比重，产业间的技术经济联系即产业间相互依存、相互作用的方式。产业结构变迁理论认为，在社会生产力发展的不同阶段，由于社会分工的主导形式转换及不断向深层发展，形成了具多层次的产业范畴；产业和产业之间存在着极其复杂的直接和间接经济联系，形成自变与因变之间的函数运动，使全部产业成为一个有机的系统。产业结构变化的一般规律：一是第一产业的比重逐步下降；二是第二产业的比重先上升后下降；三是在第二产业比重下降的同时，第三产业比重由缓慢上升变为迅速上升。在三次产业结构升级的同时，一二三产业的内部也在调整。产业结构协调问题是国家或地区经济发展过程中的主要矛盾之一。产业结构的优化协调是产业发展实现效益最大化的关键。

我国产业结构变迁总体符合产业结构演变的一般规律。1978 年我国三次产业比为 27.7∶47.7∶24.6；1985 年第三产业规模首次超过第一产业，三次产业比调整为 27.9∶42.7∶29.4；2012 年第三产业规模超过第二产业，成为推动国民经济发展的主导产业，三次产业比调整为 9.1∶45.4∶45.5。党的十八大以来，党中央提出了推动供给侧结构性改革的重大理论，并将协同发展确定为新发展理念的重要组成部分，为进一步调整和优化三次产业结构及各产业内部结构提供了理论指导。随着我国经济发展步入新阶段，经济结构战略性调整和转型升级加快推进，“三二一”产业格局更加巩固，经济发展的全面性、协调性和可持续性显著增强，2022 年我国三次产业比为 7.3∶39.9∶52.8。

在三次产业结构不断升级的同时，各产业内部结构也在调整中持续优化。对于农业产业而言，基础地位更加巩固，以粮为纲的传统农业转变为农林牧渔业全面发展，农业综合生产能力稳步提高。农林牧渔业总产值中，传统农业比例不断下降，由 1978 年的

80.0%降至 2021 年的 54.0%；林、牧、渔业比例上升，分别由 3.4%、15.0%和 1.6%升至 4.4%、27.2%和 9.9%。唯有实现农业产业结构的协调发展，才能实现农业资源的合理配置，提升农业生产效率，提高农产品市场竞争力，以更好地满足民众的高层次需求，发挥出农业生产综合效益最大化的优势。

二、市场需求拉动理论

市场需求拉动理论认为，供应链的形成、存在和重构都是基于一定的市场需求而发生的，并且在供应链的运作过程中，需求是供应链中信息流、产品服务流、资金流运作的驱动源。基于市场需求拉动理论的供应链运作模式，是一种逆向拉动运作模式，与传统的推动式供应链运作模式有着本质的区别。传统的推动式运作模式以制造商为中心，驱动力来源于制造商，而基于市场需求拉动理论的拉动式供应链运作模式以消费者为中心，驱动力来源于消费者。从推动式运作模式向拉动式运作模式的转变，是从以生产为中心向以市场需求为中心的转变。

马斯洛需求层次理论由著名心理学家马斯洛先生于 1943 年在《人类激励理论》一书中提出，即人的需求有五个层次：一是基本生理上的需求，即对食物、水、空气和住房等基本生存条件的需求；二是安全上的需求，即对安全保障的需求，需要在生理和心理上免受潜在的危险与威胁；三是感情上的需求，人作为社会的一员，需要友谊和群体归属感，需要人际、友情、相互帮助和信任；四是尊重需求，需要受到他人尊重和自我尊重；五是自我需求实现，发挥自己全部的潜能，实现自己的理想目标。后续，马斯洛的五阶段模型扩展到八阶段模型，包括后来的认知需求、审美需求和后超越需求。马斯洛指出了人的需求是由低级向高级不断发展的，这一趋势反映了需求变迁规律。

改革开放以来，我国城乡居民消费升级态势明显。改革开放前，城乡居民消费支出主要用于解决温饱。1978 年，城、乡居民恩格尔系数分别高达 57.5%和 67.7%。改革开放以来，我国消费水平大幅提高，居民精神文化生活更加丰富。尤其是党的十八大以来，居民生活进一步改善，向全面小康大步迈进。2022 年，城、乡居民恩格尔系数分别下降至 28.6%和 32.7%。

纵观农产品消费历程，人们对农产品的消费是从满足数量需求向满足质量需求逐步转变的，即由较低消费层次向较高消费层次发展。随着收入水平的提高，我国城乡居民对农产品的消费需求正由“吃得饱”向“吃得好”“吃得营养健康”加快转变。城乡居民食物消费升级在为农业产业结构调整、农业高质量发展等创造了成熟条件的同时，也对其提出了更高的要求。

三、科技创新驱动理论

科技创新驱动是指经济增长的动力和引擎从生产要素转向科技创新，而科技创新的源头，一是科学新发现所产生的创新性技术成果，二是先进技术的推广应用。早在 20 世纪 70 年代，速水佑次郎和弗农·拉坦就共同提出了著名的诱致性技术创新假说，又称为资源禀赋诱导技术变革理论，其核心思想是农业技术的发展是人们对资源禀赋变化和需求增长的动态反应。因土地供给缺乏弹性给农业发展带来的限制可以由生物技术的发展而抵消；因劳动供给缺乏弹性给农业发展带来的限制可以由机械技术的发展而抵消。技术本身不能替代劳动或土地，但选择合理的技术可以促进相对丰富、廉价的要素对相对稀缺、昂贵的要素进行替代。诱致性技术创新假说认为，不仅私人部门会对生产要素相对价格变化作出反应，公共研究部门也会在市场价格信号的诱导下进行技术革新。随着科技创新驱动理论的发展不断深化，科技创新的作用和贡献不断提升，创新要素和资源的制度化保障功能更加凸显。

产业发展转型升级的根本出路在于创新，我国经济已经开始从“要素驱动”向“创新驱动”转变。2006年国务院印发的《国家中长期科学和技术发展规划纲要（2006—2020年）》，明确了国家创新体系建设的方向；2012年党的十八大作出“必须把创新作为引领发展的第一动力”的重大战略抉择，正式确立创新驱动发展战略，加快建设创新型国家，自此我国步入创新发展的全新轨道；十八届五中全会把创新放在新发展理念之首；党的十九大提出创新是引领发展的第一动力；十九届五中全会强调坚持创新在我国现代化建设全局中的核心地位，把科技自立自强作为国家发展的战略支撑。创新驱动发展战略实施以来，我国重大创新成果竞相涌现，科技体制改革取得实质性突破，创新主体活力和能力持续增强，国家创新体系效能大幅提升。《2022年全球创新指数报告》显示，我国创新能力全球排名第11位，2010～2022年的12年间上升32位，连续4年位居世界前15行列。创新优势为包括农业在内的各产业转型升级提供了坚实的支撑和新的动力源。

第二节　农业产业发展的成就

一、粮食产量稳定登上6.5亿t台阶

粮食综合生产能力大幅提升，粮食产量稳定登上6.5亿t台阶，从根本上扭转了供给严重短缺的状况，并实现了由“吃得饱”到“吃得好”的重大历史性转变。1978～2022年，我国粮食单产水平由2527.0kg/hm^{2}增长到5801.7kg/hm^2，增长了1.30倍，粮食总产量由30 476.5万t增长至68 652.8万t，增长了1.25倍；油料产量由552.0万t增长至3653.0万t，增长了5.62倍，油料人均产量由5.5kg增长至25.9kg，增长了3.71倍；糖料产量由2381.9万t增长到11 444.0万t，增长了3.80倍；棉花产量由216.7万t增长到598.0万t，增长了1.76倍。此外，我国木本油料树种主要有油茶、核桃、油橄榄、油用牡丹等，年产食用油约100万t，占国产植物食用油产量的8%左右，占全国植物食用油消费量的3%左右，为维护国家粮油安全作出重要贡献。

我国园艺生产快速发展，主要园艺作物的种植面积逐年增长，产业规模世界第一。改革开放以来，我国水果生产发展可以分为三个阶段，第一阶段是1978～1998年的飞速发展阶段，第二阶段是2000～2010年的快速发展阶段，第三阶段是2010～2021年的平稳发展阶段；我国蔬菜总产量增长可分为三个阶段，第一阶段为1978～2002年，该阶段蔬菜产量快速增长；第二阶段为2002～2010年，蔬菜总产量保持相对稳定；第三阶段为2010～2021年，蔬菜总产量呈现稳步持续增长的趋势。2021年我国园艺作

物种植总面积约为 3562 万 hm^2，占全国种植业的 25%。2021 年，我国水果产量达到 29 970.2 万 t，比 1978 年的 657.3 万 t 增长了 44.60 倍，增势迅猛；蔬菜产量达到 77 548.8 万 t，比 1978 年的 8243.0 万 t 增长了 9.4 倍。

二、肉蛋奶等畜产品供应能力显著提升

畜牧业作为农业乃至国民经济发展的重要组成部分，是保障国家食物安全的重要抓手。改革开放 40 多年来，我国畜牧业规模化、资本化、设施化进程加快，体量迅速扩大，产业整体素质发生了质的飞跃，扭转了供给短缺的局面，成为农业农村经济发展中不可撼动的主导产业。2022 年，我国肉类产量 9227 万 t、禽蛋产量 3456 万 t，居世界第一位；牛奶产量 3932 万 t，居世界第三位。2022 年我国人均肉、蛋、奶占有量已分别达到 63.64kg、24.13kg 和 26.07kg，分别是 1978 年的 7015 倍、10.49 倍、25.02 倍。

改革开放 40 多年来，我国畜牧业发展经历了改革发展阶段（1978～1984 年）、全面快速增长阶段（1985～1996 年）、提质增效发展阶段（1997～2014 年）、以环保为重点的全面转型升级阶段（2015 年以来）大致四个阶段，总体上实现了由数量快速扩张向质量提升和环境友好发展，产业发展质量显著提升，主要表现在：主要畜产品生产有效保障了国内需求，畜产品供给结构逐步趋于合理；规模化程度稳步提升，生产效率不断提高；优质饲草的重要性得到认可，种养结合、农牧循环养殖模式开始推广；有效壮大了农业农村经济，提升了农牧民收入。

三、水产品生产能力稳定提高

我国捕捞和水产养殖均获得大发展，2021 年我国水产品总产量为 6690 万 t，是 1978 年 465.4 万 t 的 14.4 倍，年均增长率达到 6.4%。水产品人均占有量从 1995 年起超过世界平均水平，到 2021 年达到 47.36kg。2021 年我国水产品养殖产量为 5394.4 万 t，占世界养殖水产品总量的 60%以上，捕捞产量为 1295.89 万 t，养殖产品与捕捞产品的产量比为 80.6∶19.4，是世界上唯一一个水产品养殖量超过捕捞量的渔业国家。我国水产品产出三大来源为国内的淡水养殖、海水养殖、海洋捕捞，2021 年这三项产量总和达到 6345.87 万 t（相应为 3183.27 万 t、2211.14 万 t、951.46 万 t），占当年水产品总产量的 94.85%，淡水捕捞和远洋渔业仅占 5.15%。

我国水产品品种丰富，具有经济效益的品种超过 200 个，从种类上分为鱼类、甲壳类（虾、蟹）、贝类、藻类及其他。2021 年国内水产品产出鱼类 3561.84 万 t、甲壳类 842.36 万 t、贝类 1595.72 万 t、藻类 274.34 万 t、其他 191.39 万 t，占国内水产品总产量的比例分别为 55.09%、13.03%、24.68%、4.24%、2.96%。我国水产品产出中，鱼类占据绝对优势，贝类次之，且自 1997 年以来我国水产品种类结构相对稳定。

四、草业和草牧业不断发展壮大

我国草业发展历史悠久，第三次全国国土调查数据表明，我国有各类草地面积 26 453.01 万 hm^2，占国土面积的 27.6%。草地在农业生产和生态方面均发挥着重要的作

用。近 20 年来，我国天然草原平均地上生物量（above ground biomass，AGB）呈现南方高、北方低，东西部高、中部低的空间分布格局。总体而言，东南区和西南区平均 AGB 较高，在 2000kg/hm^2 以上。近 20 年来，全国各省区 AGB 和产草量均有增加趋势，天然草地产草量从 2000 年的 5 亿 t 增长到现在的近 6 亿 t，产草量的增长有利于满足我国日益增长的牛羊等食草牲畜的饲草需求，保障我国牛羊肉等畜产品供给。产草量与牛羊养殖数量的协同增长是保障食物安全的重要一环。

随着我国农业供给侧结构性改革的深入推进和粮经饲三元种植结构的调整，各地大力发展草业，近年来，我国广大农区已经形成以种草养畜、舍饲圈养、专业化育肥为主，打造饲草产业带和规模化养殖基地的业态。北方农区主要种植苜蓿、燕麦、青贮玉米等，南方地区主要种植黑麦草、杂交狼尾草等。草牧业在保障食物安全，尤其在畜产品保供方面做了巨大的贡献。2015～2020 年，我国牧区和半农半牧区为全国提供了年均 153 万 t 的牛肉（占全国 22%）、146.6 万 t 的羊肉（占全国 33.8%）、930 万 t 的奶类（占全国 33.8%）和 24.3 万 t 的毛绒（占全国 50.7%）。

五、农业产业结构持续调整优化

在改革开放的推动下，我国农业产业结构不断调整优化，由以粮食为主的种植业向多种经营和农林牧渔业全面发展转变，以粮食供给安全为根本的大食物供给格局逐步形成和巩固，为小康社会全面建成作出了巨大的历史性贡献。从产值结构来看，1978 年农业产值为 1117.6 亿元，占农林牧渔业总产值的比例为 80.00%，处于绝对主导地位，林业、畜牧业和渔业产值分别为 48.1 亿元、209.3 亿元和 22.1 亿元，所占比例分别为 3.44%、14.98%和 1.58%。经过 40 余年的持续发展，产业结构日趋协调合理，2021 年农业产值为 78 339.5 亿元，占农林牧渔业总产值的比例为 53.29%，较 1978 年下降 26.71 个百分点；林业、畜牧业和渔业产值分别为 6507.7 亿元、39 910.8 亿元和 14 507.3 亿元，所占比例分别为 4.43%、27.15%和 9.87%，较 1978 年分别提高 0.99 个百分点、12.17 个百分点和 8.29 个百分点。

近年来，我国农业主要矛盾已由产品总量不足转化为结构性矛盾，通过深入推进农业供给侧结构性改革，实施质量兴农战略，农业产业结构调整向纵深迈进。从种植面积结构来看，在保持粮食生产稳定发展的基础上适度扩大了油料、糖料、蔬菜、水果、茶、药等作物种植面积，1978～2021 年，粮食作物和经济作物的播种面积分别从 120 587×10^{3}hm^2、29 517×10^{3}hm^2 调整为 117 631×10^{3}hm^2 和 51 064×10^{3}hm^2；粮食作物占农作物播种面积的比例从 80.34%调整为 69.73%，经济作物播种面积的比例从 19.66%调整为 30.27%，分别下降和提高了 10.61 个百分点。

第三节　农业产业发展面临的问题和挑战

一、耕地资源约束趋紧

耕地“非农化”表现为耕地面积呈减少态势。第三次全国国土调查数据显示，我国耕地面积为 12 786.19 万 hm^2，与第二次调查相比，减少较大。中国科学院地理科学与资源研究所的土地利用遥感数据表明，2020 年我国粮食主产省的耕地面积比 2005 年减少 2.3%。从粮食主要生产区域来看，只有东北平原地区耕地面积在 2005～2020 年呈增长态势，增加 0.5%，华南沿海平原地区耕地面积减少 2.9%，黄河中上游灌区及河西走廊地区耕地面积减少 2.6%，长江中下游平原地区耕地面积减少 2.3%，黄淮海平原地区耕地面积减少 1.5%，西南盆地平坝地区耕地面积减少 1.4%。

耕地“非粮化”表现为粮食播种面积占农作物总播种面积的比例呈下降趋势。2003 年，我国粮食播种面积的比例降至 65.2%的历史最低水平，随后在一系列政策的影响下逐渐回升至 2016 年的 71.4%。随着农业供给侧结构性改革的推进和其他种植业品种的快速发展，粮食播种面积占农作物总播种面积的比例再次呈现小幅下降的态势，2020 年和 2021 年均为 69.7%，是自 2009 年以来的最低点。

二、小农户融入现代农业产业体系难度大

“大国小农”“人多地少”的基本国情农情，决定了在相当长的历史时期内以家庭为单位的小农户经营方式是我国农业生产的基本组织形式，土地细碎化程度高，兼业生产的现状短期内难有根本性改变。根据第三次全国农业普查数据，中国小农户数量占农业经营主体的比例超过 98%，大于 100 亩的农户、股份合作社、工商企业和土地托管企业等占比不到 2%，离“二八格局”愿景相差甚远。小农户经营耕地面积占总耕地面积的比例约为 70%。

分散的小农户经营方式制约了经营主体生产能力最大化，增加了农民增收的实现难度，无法支持现代农业发展，无法保障大农小农共同富裕。一方面，小规模经营生产组织模式下，农户自身能力有限，资金投入也不足，缺乏技术支撑、社会化服务和稳定政策支持，仅靠自身的能力采用先进生产管理技术和现代化生产要素来扩大生产规模、提升生产效率的难度很大（李军，2022），标准化生产难以推广实施，粮食等农产品质量整齐度差、稳定性弱等问题突出。另一方面，小规模经营下生产效率低，难以分散和消化生产成本不断上涨对效益的挤出效应，更缺乏规模效益，无法通过粮食等农产品生产实现家庭富裕，粮食生产的内生动力不足和再生产能力不足。

三、农业科技创新效能不高

农业科技创新力度仍有待进一步加大。我国农业发展仍存在一系列“卡脖子”技术，包括主导种养殖品种和新模式特定品种缺乏，农产品生产、加工和精准化使用技术和装备不足，农作物病害精准防控与免疫技术不足，智慧农业的传感器芯片和材料、人工智能工具框架（模型）、大数据管控平台基础软件及水下机器人等方面均存在短板，受国外关键技术的限制，不排除国外将农业“卡脖子”技术列入制裁我国的清单之中。

农业科技成果供给与需求严重脱节，农业科技成果供需错位问题突出。节本、增效、绿色等提升农产品国际竞争力的技术需求不断增长，而当前粮食科技成果多以高水高肥高产为导向。农业高质高效生产的信息化、精准化、智能化水平低，轻简化、可复制、

可推广的农业高质高效集成技术模式缺乏。

四、国际竞争力明显不足

生产效率与农业发达国家相比仍有明显差距。经过长期发展，我国粮食等主要农产品生产效率显著提升，但仍明显低于农业发达国家水平。我国谷物、稻谷、玉米与美国、澳大利亚等单产水平较高的国家相比，分别还有约20%、15%、40%的差距；小麦与荷兰、新西兰等单产水平较高的国家相比，仍有约 40%的差距；大豆单产水平比世界平均水平低约30%，与土耳其、美国等单产水平较高的国家相比，有40%～50%的差距。我国每年每头能繁母猪出栏育肥猪数量（market pigs per sow per year，MSY）平均水平为16头，水平高的可达到20头，而欧美发达国家普遍在20头以上，水平高的可达到30头以上（王明利，2018；朱增勇等，2020；高海秀等，2020）。

生产成本持续上涨，从成本优势演变为成本劣势。城镇化和工业化对土地的需求增加，抬高了土地租金，增加了农业生产的机会成本。同时，伴随着农村劳动力的大量转移及土地流转需求的增加，农业生产的劳动力成本和土地成本也由隐性转为显性，且在总成本中所占的比例不断攀升。此外，受国际石油价格上涨等因素的影响，种子、农药、化肥、饲料等农业生产资料成本居高不下。尤其是近年来，在新冠疫情和俄乌冲突的影响下，全球能源、化肥等价格又出现了大幅上涨。2010～2020年，稻谷、小麦和玉米三大粮食平均每亩化肥成本由110.94元上涨至143.56元，上涨了29.40%。对于畜产品，我国与欧美发达国家生猪等畜产品生产成本的优势翻转，是国内外畜产品价格倒挂乃至价差扩大，以及我国畜产品竞争力不断下降的主要原因。国内生产成本增长、国外生产成本下降两方面的因素，导致我国生猪等畜产品生产成本从低于欧美发达国家转变为高于欧美国家。

五、供应链韧性有待进一步加强

气候变化导致农业生产的不稳定性风险增加。目前，全球气候正经历着以变暖为主要特征的变化过程。在气候变暖的趋势下，降水的区域性和季节性分布将更加不均匀，旱涝将更加频繁，高温热害对农业生产也将产生较大影响。《中国气候变化蓝皮书（2022）》的数据显示，1951～2021年中国平均气温每十年升高约0.26℃，升温速率高于同期世界平均水平（0.15℃/10a），近20年是20世纪以来中国的最暖时期，20世纪90年代后期以来极端高温事件显著增加。

生物安全风险对生产系统稳定性的影响进一步加深。随着全球气候变化及农业贸易流通范围扩大，植物病虫害和动物疫病防控难度加大。2020年草地贪夜蛾、稻飞虱、稻纵卷叶螟和小麦条锈病等病虫害的发生，对玉米、水稻、小麦生产造成了严重危害。近些年我国生猪疫病的暴发呈现出一种多发的趋势，而且疫病暴发不受时间、地域和季节等影响，具有高度随机性。2018年非洲猪瘟疫情暴发以来，生猪生产遭受到剧烈打击，生猪产能短时间内急剧下降30%～40%，活猪和猪肉价格也经历了暴涨暴跌，给生猪产业经营主体和消费者都带来巨大影响，也充分暴露出我国畜牧业在生物安全防控方面的短板。

政策不稳定影响生产主体的决策。政府对农产品价格的调控通常是在农产品价格高涨后才出台应急政策，价格调控政策还需要经过不同部门层层审批、反复协商，具有一定的滞后性。从“云南洱海铲大蒜”到“严格划定禁养限养区”再到“全力恢复生猪产能”，表明政策的出台和执行呈现应急导向型特征，产业政策与生态保护政策协同性、稳定性及融合度欠佳，生态环保政策没有融合产业发展的需求，产业政策对水土资源承载力及环境污染负荷考虑不足，导致环境污染、产能短缺与产能过剩等问题交替、交织出现。此外，农业部分领域数据的不准确性，也影响了政策制定的精准性，不利于经营主体稳定生产。

国际形势的复杂性和不确定性增加了利用国际市场保障粮食安全的风险。一是新冠疫情对粮食供应链产生不利影响。伴随着粮食海运费用持续上涨，疫情导致各粮食主产国严控和减少粮食出口。全球新冠疫情呈现常态化趋势，将加大我国利用国际市场保障粮食安全的难度，未来粮食供应链的不确定性风险增强。二是未来通胀预期强烈将助推粮食价格上涨，增加我国利用国际市场保障粮食安全的成本。美国万亿级的刺激计划导致结构性的通货膨胀，货币流动性过剩，通胀预期增强，加之国际大粮商和投机资本炒作，粮食进口的成本具有大幅增加的趋势。

第四节　农业产业发展的愿景

一、供需预测及发展趋势

未来，稳产保供能力持续巩固，粮食等重要农产品产量进一步提升。农业产业发展中，践行“大食物观”理论是必然要求，农业科技是关键支撑，绿色发展是必然选择，产业体系全面升级是必由之路。

（一）供需预测

粮食可实现“确保口粮绝对安全、谷物基本自给”的战略目标，食用油、糖、棉生产可保持基本自给。随着国家财力的增强，党和国家对农业尤其是粮食产业发展的政策支持体系将更加优化和完善，支持力度将持续加大，农业生产条件将不断改善，粮经作物生产发展根基将更加稳固。到 2035 年，我国粮食生产可以实现“确保口粮绝对安全、谷物基本自给”的战略目标，食用油、糖、棉生产亦可以保持基本自给的水平。根据中国农业产业模型（CASM），2021 年为人口高峰值，达 14.13 亿人，2035 年人均粮食消费量达到最大值 600kg，粮食供需缺口将在 2030 年达到 1.56 亿 t 的峰值；粮食自给率持续下滑，但仍能够确保“谷物基本自给，口粮绝对安全”。2035～2050 年粮食供需缺口有所减少，但减少幅度不大。在 2035 年和 2050 年，粮食需求总量预计分别达到 8.50 亿 t、8.43 亿 t，国内产量分别为 6.79 亿 t、7.07 亿 t，粮食自给率分别为 82.08%、83.89%。

蔬菜产量高位缓慢增长，净出口态势继续保持；水果总量供给充足，贸易逆差或持续存在。随着生活水平提升，消费水平提档升级，净菜消费、预制菜消费增加，将促进蔬菜消费增长。随着中国居民蔬菜消费升级、对特色品种和高端蔬菜的需求增加，蔬菜进出口数量均有增长，将继续保持净出口优势，2020～2050 年蔬菜的总产量和消费量均将呈增长趋势。预计在 2035 年和 2050 年，蔬菜产量将分别达到 8.54 亿 t、8.66 亿 t，自给率均为 100.0%。水果产量增速放缓，供给充足，消费持续增长，进出口规模扩大，贸易逆差或持续存在，供需结构性矛盾有望得到明显改善。预计在 2035 年和 2050 年，中国水果产量将分别达到 3.59 亿 t、3.76 亿 t，自给率分别为 99.4%、97.6%。

肉类产量稳中有升，畜产品结构进一步优化。我国畜产品的总产量及总需求呈增长趋势，畜产品净进口呈不断增长趋势，畜产品结构进一步优化。肉类产量稳中有升，猪肉占比趋降；消费量平稳增长，消费结构优化；贸易稳中有减，其中出口较为平稳。预计在 2035 年和 2050 年，肉类（猪、牛、羊和鸡肉）需求量将分别达到 9685.86 万 t、10 892.64 万 t，供需缺口仍然较大，自给率分别为 93.35%、87.54%；其中，猪肉需求量将分别达到 5744.66 万 t、6393.43 万 t，自给率将分别增至 96.8%、92.1%。禽蛋产量和消费量均将保持增长态势，出口将保持稳中有增。预计在 2035 年和 2050 年，禽蛋需求量将分别达到 3128.20 万 t、3162.00 万 t，自给率均保持在 100%。奶制品国内供给能力稳步提高，生鲜乳产量有望明显增加，而经济社会快速发展和人民生活水平不断提高将带动奶类消费量增长。预计在 2035 年和 2050 年，牛奶需求量将分别达到 7054.25 万 t、8272.90 万 t，供需缺口仍然较大，自给率分别为 73.3%、62.4%。

水产品产量进一步增长，水产品在保障食物安全中的作用将进一步提升。随着经济社会发展和居民消费升级，作为公认的优质蛋白，水产品在保障粮食安全中的作用将进一步提升。综合我国养捕业资源禀赋及其潜力、水产行业生产与消费现实形势等因素，水产养殖是未来我国水产品产量增长的主要贡献者，重点在于深远海和大水面生态渔业、盐碱地等宜渔资源的挖掘及开发利用。新发展阶段和新征程中，市场及消费将在水产行业供需转换中起到更强的诱导作用，有利于水产行业的供给侧结构性改革、转型升级，以适应新阶段消费特征及形势。预计在 2035 年和 2050 年，水产品需求量将分别达到 8640.00 万 t、10 433.28 万 t，自给率分别降至 96.10%、95.85%。

木本粮油产业开发潜力巨大，将成为国家粮油安全的重要支撑。木本粮油具有不与粮争地的显著特点，大力发展木本粮油产业，是缓解粮油供需矛盾、保障国家粮油安全的重要途径，也是优化食物结构、提高人民生活水平的现实需要。从长期目标来看，木本粮油产业有巨大的开发潜力。预估到 2025 年，木本食用油年产量达 250 万 t，其中茶油产量超过 200 万 t，其他木本油料产量超过 50 万 t，届时木本食用油占国内食用油产量的比例达到 17%左右，将成为国家粮油安全的重要支撑。

（二）发展趋势

“大食物观”是我国粮食安全观在新时期的发展。大食物安全观的确立，是为了全面应对未来食物安全风险挑战、保障多元化食物供给安全（樊胜根，2022）。一是膳食结构优化是解决营养过剩与隐性饥饿的关键有效路径。随着居民对食物安全、品质、功能等方面要求的提高，食物的改善型消费人群数量激增。同时，我国居民的食物消费观念存在着诸多误区，引导消费者根据人体需要合理选择食品，通过宣传倡导营养、健康、节约、绿色的新型消费方式提高消费者对营养健康和食物安全形势的认识，从而减少过度消费和浪费，是未来食物安全保障的重要着力点。二是践行“大食物观”是保障粮食安全的必然要求。新形势下，“大食物观”为粮食安全赋予了新内涵，也对建立可持续的食物安全保障体系提出了更高要求。同时，我国“大食物观”为推动全球食物系统转型升级，更好保障全球食物安全提供了中国思路。尤其是当前我国正面临膳食结构有待优化、资源环境约束趋紧及国际环境复杂多变等多重风险挑战，树立“大食物观”，在深刻把握人民群众食物需求结构变化的基础上构建多元化食物供给体系，是新时期保障国家粮食安全、更好满足人民群众日益多元化的食物消费需求的必然要求。

农业科技是保障粮食安全的关键支撑，生产效率是提升产业竞争力的关键着力点。一是在水土资源不足的基本国情下，农业科技是农产品增产的关键支撑。未来，在耕地面积持续减少的情况下，我国粮食安全将面临严峻挑战，持续提升粮食供给保障能力，依靠科技进步不断提升单产水平，是保障粮食安全的必然选择。二是生物技术和信息技术迅速发展，为农产品增产带来新机遇。以基因组学、基因编辑技术和合成生物学等为核心的现代农业生物技术快速发展，带动农业产业新的绿色革命。以大数据、云计算和互联网技术为核心的现代农业信息技术方兴未艾，催生智慧农业和智能装备产业异军突起。人工智能、区块链、基因编辑等智能技术驱动的农业科技变革使农业发展呈现出系统性颠覆的趋势。新科技的蓬勃发展，为农产品增产增添了新的动力。三是生产效率是提升产业竞争力的关键着力点，农业产业发展更加注重技术革新。经过长期发展，我国粮食等主要农产品的单产水平显著提升，稻谷、小麦、玉米的单产水平已明显高于世界平均水平，但与农业发达国家的水平相比，仍明显偏低。依靠科技实现各产业生产效率的提升，也是提升产业竞争力的关键。

在环保约束常态化的背景下，加快推动绿色发展成为农业产业的必然选择。一是农业向绿色发展转型成为必然选择。资源环境刚性约束下，未来我国将采取更严格的政策举措来坚守耕地面积，更具突破性的科技来修复和提升耕地质量，从而提高农业生产的水土资源利用效率，实现在水土资源刚性约束趋紧的条件下保障食物绿色安全生产。二是农牧结合、种养结合是实现农业生态循环发展的重要路径。我国作为碳排放大国，未来农业减排路径将更加陡峭。化肥的大量使用、低效率使用，造成耕地污染。由于缺乏合理的种养布局，大量畜禽粪便集中排放，但缺乏匹配的耕地对其消纳，造成环境污染。强化种养结合是集约化畜禽养殖粪便资源化利用最经济、最有效的途径，是保护生态环境、实现畜禽养殖业绿色发展的关键。三是生产效率提升是实现绿色化发展的基础和关键支撑。提高农业要素资源利用率和农业生产效率，是实现绿色化发展的基础和关键支撑。通过科技节约粮食的潜力非常可观，并将成为未来畜牧业节粮的主流趋势。

农业产业体系全面升级发展，农业现代化水平持续推进，是强产业的必由之路。一是农业生产适度规模化，经营主体职业化，城乡收入逐渐缩小。对于种植业，未来以家庭农场（平均两个劳动力）为主，耕地面积超过 100 亩的大农场占 20%，低于 100 亩的小农场占 80%。其中，20%大农场将生产 80%的农作物产量或贡献 20%的增加值，80%小农场将生产 20%的农作物产量或贡献 80%的增加值，即形成种植业生产的“二八格局”。大农场主要生产粮食等大宗农产品以保障国家粮食安全，小农场主要发展高值农业以保障收入持续增长，最终大小农场劳动生产力趋同，实现共同富裕。二是智慧农业将从狭义向广义转变，智能化向全产业链现代化拓展。随着智慧农业从狭义向广义发展，其将更全面地支撑农业现代化水平的提升，全方位实现农业“六化”，即农业资源利用环保化、生产技术科学化、生产过程标准化、农业监管便捷化、农副产品安全化和经营循环市场化。智慧农业通过生产领域的智能化、经营领域的差异性及服务领域的全方位信息服务，推动农业产业链改造升级，实现农业精细化、高效化与绿色化，保障农产品安全、农业竞争力提升和农业可持续发展。三是农业产业化发展加速推进，三次产业加速融合。提高农业产业的综合效益和整体竞争力，让农民分享农业产业链条各环节的利益，必须从农业产业体系整体谋划，实现一二三产业融合发展，延长产业链、提升价值链。大力推进农业产业化经营，加快发展农产品精深加工，形成产业集群，实现农业全产业链效益的提升，是未来农业产业发展的方向。

二、发展思路、战略重点及保障措施

（一）指导思想

立足世界百年未有之大变局，在实现中华民族伟大复兴的战略全局下，面对我国食物安全存在的问题和未来食物消费供需形势的变化，确立新型大食物安全观，坚持“以我为主、立足国内、确保产能、适度进口、科技支撑”，以“保口粮、保安全、强产业”为指导思想，实施“谷物基本自给、口粮绝对安全、主要农产品自主可控，确保国家食物主控权”的总战略。

以“保口粮、保安全、强产业”为指导思想，即对接农业生产国家需求、消费者要求及生产者诉求，以发展草牧结合、提升营养健康、促进三产融合为手段，坚持结构调整、绿色生产、创新发展。其一，保口粮。坚持底线，确保口粮完全自给；对接需求，调优生产结构；以养定种，发展草牧结合。其二，保安全。以绿色生产方式保障农产品品质安全，以环境改善促进农业生态安全，以改变消费观念提升营养安全。其三，强产业。依靠科技创新降低农业生产成本，依靠金融创新扩大农业经营规模，依靠制度创新转变农业经营方式。

（二）战略目标

确保食物数量安全。稳步提高食物供给保障能力，实现食物供需总体基本平衡，口粮绝对安全，粮食总体安全自主可控，水产品、蔬菜、水果等部分产品自给有余。坚守口粮自给率 97%，谷物自给率 90%，粮食自给率 80%的战略底线不突破。

全面提升食物质量安全水平。加强食物质量全产业链全流程的监管，健全食物安全保障体系，全面提升国家食物质量安全。到 2035 年，全面建成供给稳定、产品高端、运转高效、标准健全、体系完备、监管到位的食物质量安全保障体系。到 2050 年，建成与社会主义现代化国家相适应的国家食物质量安全体系。

实现食物消费营养健康。引导食物消费结构和消费习惯朝绿色营养健康方向转变，形成具有中国特色的更加营养健康的东方膳食营养消费结构和习惯。到 2035 年，人均热量供给和宏量营养素供给基本保持稳定。引导居民形成科学合理的具有中国特色的东方膳食营养消费结构和习惯。到 2050 年，全面形成以人民健康为中心的中华食物消费结构和习惯。

（三）战略重点及重大工程

重点围绕“藏粮于地、藏粮于技、防灾减灾、高效低碳”十六字方针部署重大工程和举措，推动种植业、草地农业、畜牧业、水产业协同发展，在确保食物数量和质量安全的基础上，满足居民对食物营养健康的多样化需求，建成更高效强韧、更绿色低碳、更营养健康的国家食物安全保障体系。

重点实施现代种业提升工程、高标准农田建设工程、区域食物安全保障工程、农业绿色低碳工程、饲用蛋白替代工程、动物重大疫病与人兽共患病防控工程、养殖设备智能化创新工程、深远海渔业生产平台技术研发与应用工程、近浅海渔业资源养护和修复工程、牧区草原修复与生产力提升工程和农区藏粮于草与土地生产力提升工程。

（四）保障措施

一是强化耕地水资源保护。要严格保证耕地的数量与质量，坚守 18 亿亩耕地红线不动摇，多措并举适度开发能够利用的潜在耕地，持续推进高标准农田建设，加强水资源管理，开发高效节水的新农作物品种和耕作技术，提高水资源利用效率和效益。

二是加大粮食生产政策保障力度。继续加大对主产区的政策倾斜力度，并进一步完善粮食安全党政同责考核制度，真正压实各级党委政府的粮食安全责任。

三是增强农业产业内在发展动力。加快完善粮食等大宗产品和主要畜产品的价格形成机制，合理确定进口规模，防止超需进口对国内农产品市场和效益造成挤压。增加财政投入力度，优化支持方式，在充分发挥市场对资源配置的决定性作用的同时，更好地发挥政府的调控作用和加强社会保障机制建设。

四是提升自然灾害及疫病风险防控能力。牢固树立风险防范意识，着力完善机制建设，最大限度地减少自然灾害及疫病风险对粮食等重要农产品供给保障的冲击。

五是加快农业科技进步。结合当前我国农业生产所面临的目标任务与突出问题，继续推进农业科技进步，加大农业科技投入，推动农业科技创新发展，强化农业科技和装备支撑。

六是推进高效化绿色化生产方式。推广化肥和农药投入品减量化技术、节水节肥节药等清洁生产技术、种养结合生态循环技术，推进标准化生产，在增产的同时保护和改善产地生态环境。

七是加强国际国内市场风险管控机制建设。发挥制度优势，从强化体系建设入手，加强国际国内市场风险管控机制建设。

（本章执笔人：王济民、辛翔飞）

第十七章　粮经作物产业发展

第一节　粮经作物产业发展成就

粮经作物产业是关系国计民生的重要产业。改革开放以来，我国粮食生产实现了由长期短缺向小康水平下供需基本平衡的历史性跨越。总体上，我国粮食生产的发展速度明显高于世界平均水平，为世界粮食安全作出了突出贡献。现阶段，我国粮食安全处于历史最高水平。同期，我国油、糖、棉生产也取得较快的发展，目前油菜籽、花生、糖和棉花产量均位居全球前列，为我国保障重要农产品供给提供了重要支撑。

一、粮食生产能力显著提升

基于对粮食自给水平的重视和粮食消费刚性增长的客观现实，我国对粮食生产一直高度重视。改革开放以来，我国粮食生产整体呈现出产量大幅上升、播种面积基本稳定和单产不断提高的趋势，生产水平显著提升，为我国粮食安全水平的提高奠定了坚实的基础，实现了“确保口粮安全、谷物基本自给”的战略目标，在我国粮食安全保障中发挥了“压舱石”的作用。

（一）粮食产量在波动中显著增长，主要粮食品种均实现 1.5 倍以上增幅

我国粮食总产量虽然出现过几次大幅波动，但是增长趋势明显，总体呈现出波动中上升的趋势特征。1978～2022 年，粮食产量从 30 477 万 t 增长到 68 653 万 t，增长了 1.25 倍（图 17-1）。

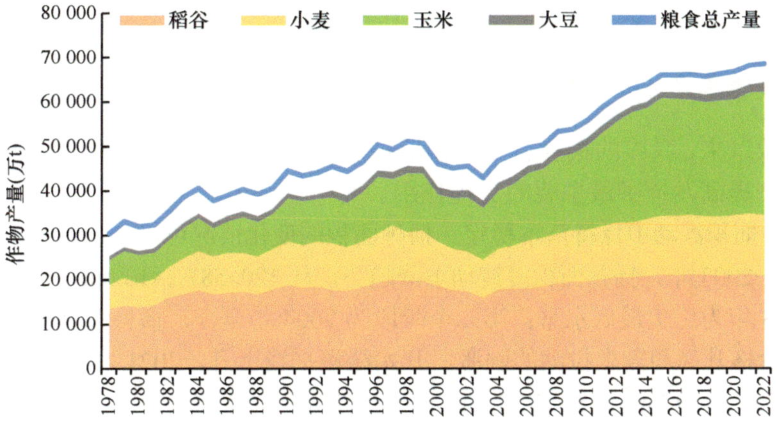

图 17-1　1978～2022 年我国稻谷、小麦、玉米和大豆产量

数据来源：历年《中国统计年鉴》

从粮食总产增长趋势来看，我国粮食产业发展大致可以分为四个阶段：第一阶段为1978～1984年，是我国粮食总产量跨越4亿t的阶段。在这一阶段，得益于家庭联产承包责任制，我国粮食生产能力得到了极大的释放，仅6年时间粮食总产量就增加1亿t，年均增长率达到4.95%。第二阶段为1985～1996年，是我国粮食总产量跨越5亿t的阶段。这一时期，技术水平的提高拉动了我国粮食单产水平的明显增长，带动了我国粮食总产量的增加。第三阶段为1997～2011年，是我国总粮食产量跨越6亿t的阶段。这一时期，我国粮食总产量呈现徘徊上升趋势，单产增长变慢，粮食总产量在5亿t上下波动。其中，1999～2003年出现了新中国成立后史无前例的粮食总产量"五连跌"，下跌幅度达到15.28%；在"五连跌"的教训下，我国开始出台各种政策支持鼓励粮食生产，总产量实现了恢复性增长，并于2012年首次跃上了6亿t台阶。第四阶段为2013年至今，是我国粮食生产能力巩固提升的阶段，粮食总产量持续保持在6亿t以上，尤其是2015年以来，粮食生产能力进一步提升并稳定在6.5亿t以上。

从粮食总产量波动情况来看，1978～1996年，我国粮食总产量呈现出"小波动、大上升"的态势，波动幅度不大，呈现出较为坚挺的上升趋势。这一时期的总产量上升和生产能力提高为我国粮食生产的进一步发展奠定了坚实的基础，确保了今后粮食生产在面临风险和波动的情况下能够基本满足人民的生活需求。而1997～2003年，我国粮食总产量出现了连续的下跌，2003年甚至低于1990年的水平。这主要是由于制度改革对增产的拉动力已经几乎释放完毕，粮食作物与经济作物发生竞争，播种面积大幅减少。2004年至今这一阶段，对粮食生产的重视和各种补贴政策的出台刺激了粮食生产的持续上升，粮食总产量出现了历史性的"十九连丰"。

粮食主要品种产量均呈增长趋势。1978～2022年，粮食作物中稻谷、小麦、玉米和大豆产量均呈增长趋势。其中，玉米产量增长幅度最大，由1978年的5594.5万t增长到2022年的27 720.0万t，增长了3.95倍，并于2011年超过稻谷，成为第一大粮食作物，2015年之后保持小幅度波动增长趋势；稻谷产量由1978年的13 693.0万t增长到2022年的20 849.0万t，增长了52.26%；小麦产量由1978年的5384.0万t增长到2022年的13 772.0万t，增长了1.56倍；大豆产量由1978年的756.5万t增长到2022年的2028.0万t，增长了1.68倍。

（二）粮食单产水平稳步提升，是粮食总产量增长的最主要支撑

改革开放以来，我国的粮食总产量在播种面积基本稳定的趋势下仍然能保持大幅增长，粮食单产提高发挥了最主要的支撑作用。

粮食播种面积波动中保持基本稳定。播种面积的变化情况可以分为两个阶段，第一个阶段为1978～2003年，播种面积呈波动下降趋势，从120 587.2×$10^3$$hm^2$下降到99 410.4×$10^3$$hm^2$，2003年为历史最低水平；第二个阶段为2004年至今，播种面积受粮食生产支持政策、粮食价格升高和需求拉动的刺激，开始缓慢平稳上升，2021年我国粮食播种面积恢复到118 332.1×$10^3$$hm^2$（图17-2）。同时，在分析粮食播种面积占农作物播种面积的比例时发现，其呈现出较为明显的下降趋势，1978年粮食播种面积比例为80.34%，2003年下降至最低点65.22%，后续逐步回升并稳定在70%左右。从各粮食作物播种面积来看，主要粮食作物稻谷、小麦、玉米和大豆的播种面积总体有17.17%的增长，从1978年的

90 708.3×10^3hm^2，增加到 2022 年的 106 278.7×10^3hm^2。其中，稻谷和小麦分别下降了 4970.8×10^3hm^2 和 5664.1×10^3hm^2，降幅分别为 14.44%和 19.41%；玉米实现了 23 109.0×10^3hm^2 的较大增长，增幅达到 115.77%；大豆实现了 3096.3×10^3hm^2 的增长，增幅达到 43.34%（图 17-3）。

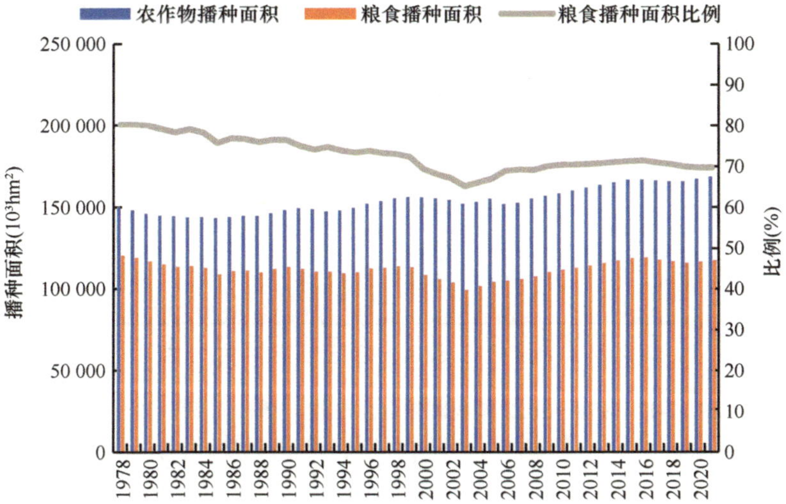

图 17-2　1978～2021 年我国粮食播种面积占农作物播种面积的比例

数据来源：《中国农村统计年鉴（2022）》

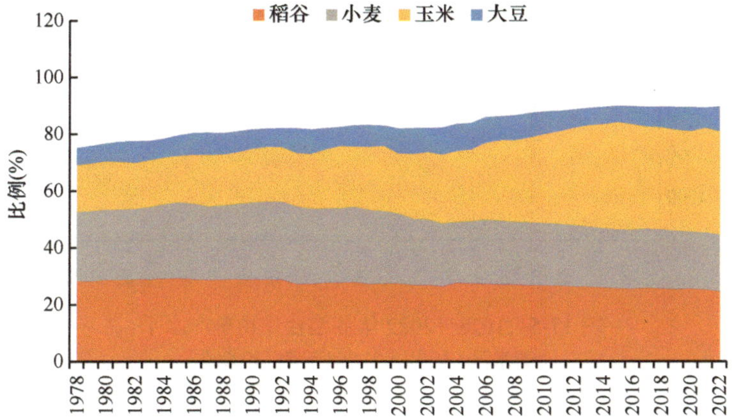

图 17-3　1978～2022 年各粮食作物播种面积的比例

数据来源：《中国农村统计年鉴（2022）》

粮食单产水平稳步提升。随着我国农业科技水平的不断提高、农业技术推广体系的不断完善，以及农业基础设施的逐步改善，我国粮食单产从 1978 年的 2527.3kg/hm^2 提升到 2022 年的 5801.7kg/hm^2，增长了 1.30 倍（图 17-4）。我国粮食单产水平的提高（图 17-5），为总产量提升作出巨大贡献。按与国际可比口径计算，我国谷物单产从 1978 年的 2792.0kg/hm^2 增加到 2021 年的 6316.4kg/hm^2，增长了 1.26 倍，年均增长 1.94%；而同期世界谷物单产由 2212.6kg/hm^2 增加到 4152.8kg/hm^2，增长了近 90%，年均增长 1.47%。1978 年和 2021 年，我国比世界谷物平均单产水平分别高出 579.4kg/hm^2 和

2163.6kg/hm^2。

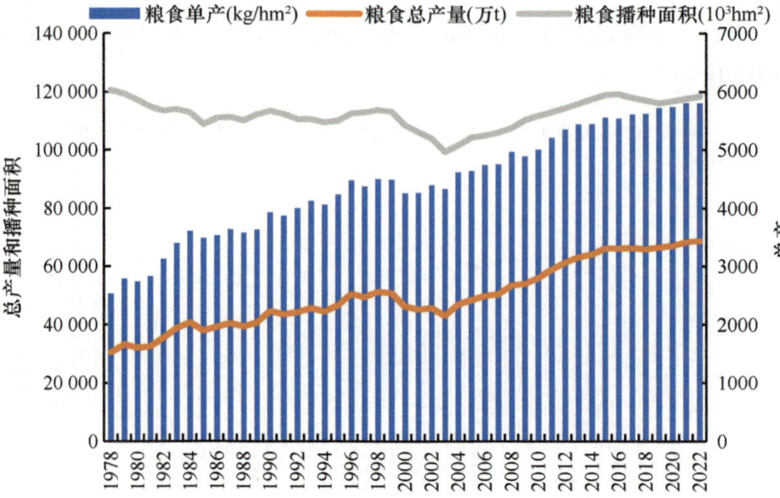

图 17-4　1978～2022 年我国粮食总产量、播种面积和单产水平

数据来源：《中国农村统计年鉴（2022）》

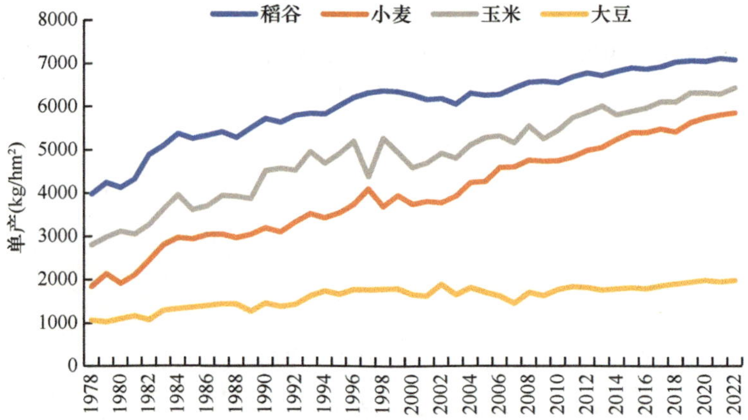

图 17-5　1978～2022 年各粮食作物单产水平

数据来源：《中国农村统计年鉴（2022）》

二、油料、糖料作物和棉花产量位居世界前列

（一）油料作物生产逐步回升，油菜籽和花生产量位居世界前列

油料作物是食用植物油脂的重要来源。我国是油料生产和消费大国，油菜籽和花生在我国油料市场的占有量合计约为 90%。改革开放以来，我国油料生产取得了显著成就，为人民生活水平的改善作出了重大贡献。随着经济社会的快速发展和人民生活水平的日益提升，城乡居民对植物性油脂的消费需求不断增长，供需缺口逐步扩大。

油料作物生产快速增长后波动下滑再逐步回升。1978～2022 年，我国油料生产经历了快速增长后波动下滑再逐步回升的过程。1978 年我国油料作物播种面积仅为 6622.3×10^{3}hm^2，产量为 521.8 万 t。2000 年油料作物播种面积达到历史最高点的

$15\ 400.3\times10^3hm^2$，产量达到 2954.8 万 t，播种面积和产量分别比 1978 年增长了 1.33 倍和 4.66 倍。2022 年我国油料作物播种面积为 $13\ 140.0\times10^3hm^2$，比 2000 年减少 14.68%；在单产增长的作用下，油料作物产量达到 3653.0 万 t，比 2000 年增长 23.63%（图 17-6）。其中，1978 年油菜籽和花生产量分别为 186.8 万 t 和 237.7 万 t，2000 年则增长为 1138.1 万 t 和 1433.7 万 t，分别比 1978 年增长 5.09 倍和 5.03 倍；2021 年油菜籽和花生产量分别增长至 1471.4 万 t 和 1830.8 万 t，比 2000 年增长 29.29%和 27.70%。我国油菜籽和花生产量位居全球前列。根据 FAOSTAT 数据，1978 年我国油菜籽产量占全球总产量的 17.7%，2000 年提高到 28.8%，2021 年下降至 20.63%。同期，花生（不含壳）产量分别占全球总产量的 13.37%、41.72%和 34.04%。从全球来看，1978 年我国花生产量仅次于印度，排名第 2 位，2000 年和 2021 年均位居第 1。1978 年油菜籽产量仅次于加拿大，排名第 2 位，2000 年和 2021 年均居第 1 位。

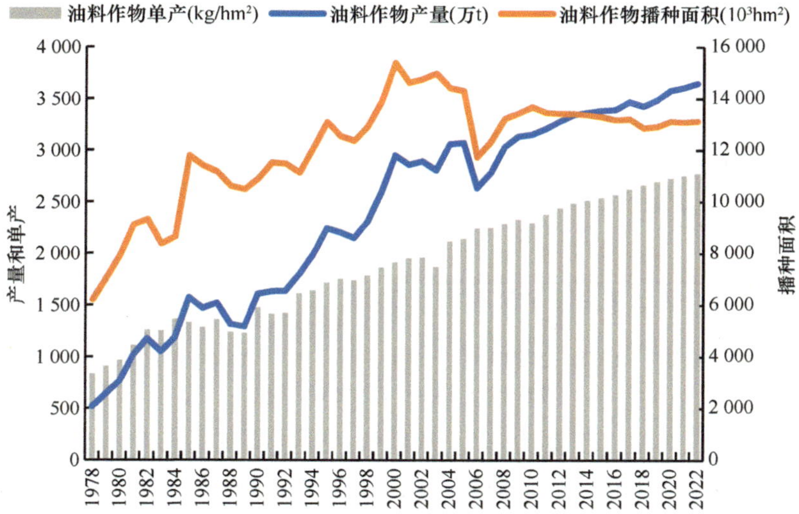

图 17-6　1978～2022 年我国油料作物产量、播种面积和单产水平

数据来源：历年《中国统计年鉴》

2000 年之前油料作物产量的增长源自播种面积和单产的双增长，2000 年以来油料作物产量的增长主要依靠单产水平的持续提升。改革开放以来，随着农业生产条件的改善和农业科技的进步，油料作物单产持续增长。2021 年全国油料作物单产达到 $2757.7kg/hm^2$，比 1978 年增长 2.29 倍。其中，油菜籽单产达到 $2104.5kg/hm^2$，比 1978 年增长 1.93 倍；花生单产达到 $3809.9kg/hm^2$，比 1978 年增长 1.83 倍。

（二）糖料作物产量周期性波动上升，产业结构“甘蔗为主、甜菜为辅”

糖是我国重要的战略性农产品，而糖料产业是农产品国际贸易中最敏感的产业之一，按照“入世”承诺，我国食糖市场进一步放开，在贸易上只采取关税配额管理政策，成为世界上食糖贸易开放程度最高的国家之一。

糖料作物产量呈周期性波动上升趋势。1978～2022 年我国糖料作物产量呈现周期性波动上升趋势，波动周期为 4～6 年。1978 年我国糖料作物播种面积仅为 $879.5\times10^3hm^2$，产量为 2281.87 万 t。2000 年播种面积则达到 $1514\times10^3hm^2$，产量达到 7635.33

万 t，分别比 1978 年增长 72.1%和 2.3 倍。2022 年播种面积达到 $1470\times10^3hm^2$，产量达到 11 444.0 万 t，播种面积较 2000 年降低 2.9%，产量较 2000 年增长 49.9%（图 17-7）。我国糖料作物产量呈现先快速上升后趋于稳定的态势，并且位居世界前列。根据 FAOSTAT 数据，1978 年我国糖料作物产量占全球总产量的 3.03%，2000 年占比提高至 5.28%，2021 年该占比进一步提升至 5.40%。从全球糖料作物产量位次来看，1978 年我国排世界第 7 位；2000 年居世界第 4 位，位于印度、巴西、欧盟之后；2021 年位居世界第 4，在巴西、印度、欧盟之后。

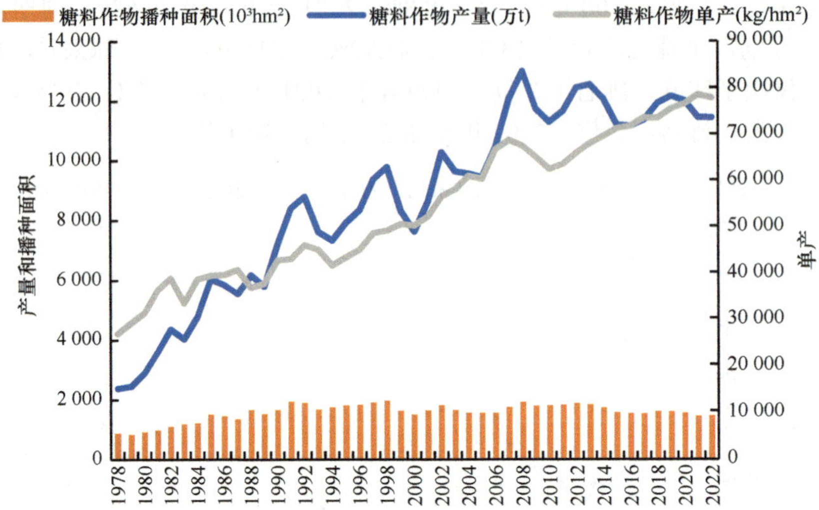

图 17-7　1978～2022 年我国糖料产量、播种面积和单产水平

数据来源：历年《中国统计年鉴》

产业结构“甘蔗为主、甜菜为辅”。从糖料产业结构变化来看，改革开放初期，甘蔗播种面积为 $548.5\times10^3hm^2$，甜菜播种面积为 $330.9\times10^3hm^2$（图 17-8）；改革开放后短期内，甘蔗播种面积连续下降，甜菜播种面积逐渐攀升，1980 年甘蔗、甜菜播种面积大约各占半壁江山。后续甘蔗、甜菜播种面积双增长，但甘蔗播种面积呈现出更快的增长速度，2010 年前后达到糖料作物播种面积的 90%左右，并持续稳定在该水平，而甜菜

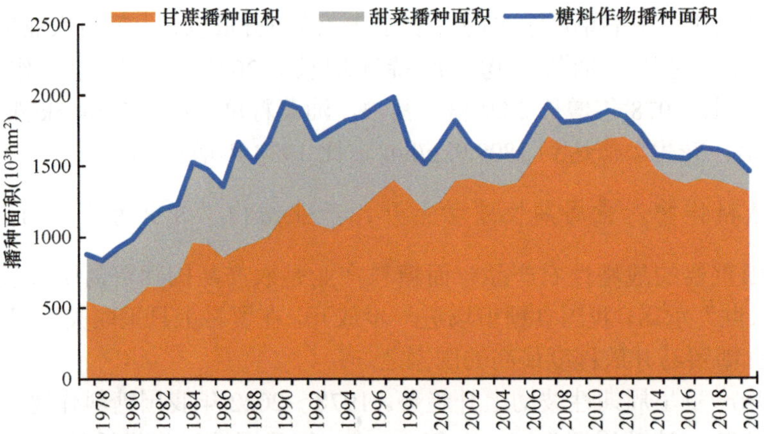

图 17-8　1978～2021 年我国主要糖料作物播种面积

数据来源：历年《中国统计年鉴》

播种面积经过长期的波动徘徊，特别是在 20 世纪 90 年代中期与北方主要种植区棉花、番茄等经济作物发生竞争，播种面积开始大幅萎缩，糖料产业呈现出显著的“甘蔗为主、甜菜为辅”的格局特征（图 17-9）。

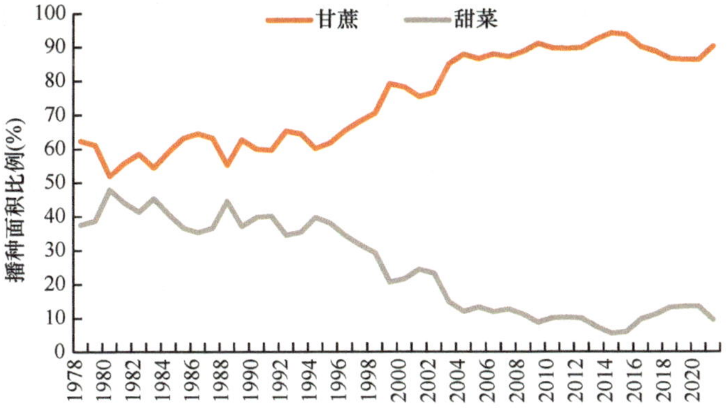

图 17-9　1978～2021 年我国糖料产业结构

数据来源：历年《中国统计年鉴》

（三）棉花产量先增后降，对外依存度较高

棉花是重要的纤维作物，也可作为油料作物，同时是纺织、经济化工原料和我国重要的战略物资。我国是棉花生产和消费大国，棉花也是我国农产品中产业链最长的经济作物。

改革开放以来，我国棉花播种面积经过一段时间的明显增长之后，呈现出波动下降趋势。1978 年我国棉花播种面积为 $4866.4\times10^3hm^2$，2022 年降至 $3000.0\times10^3hm^2$。同期，由于棉花单产增长幅度较大，我国棉花产量在播种面积波动下降的情况下仍实现了一定幅度的增长。1978 年棉花单产为 $445.3kg/hm^2$，2022 年增至 $1993.3kg/hm^2$，比 1978 年增长了 3.48 倍；1978～2022 年，我国棉花产量从 216.9 万 t 增至 598.0 万 t，增长了 1.76 倍，其间 2007 年达到历史最高点 762.4 万 t（图 17-10）。

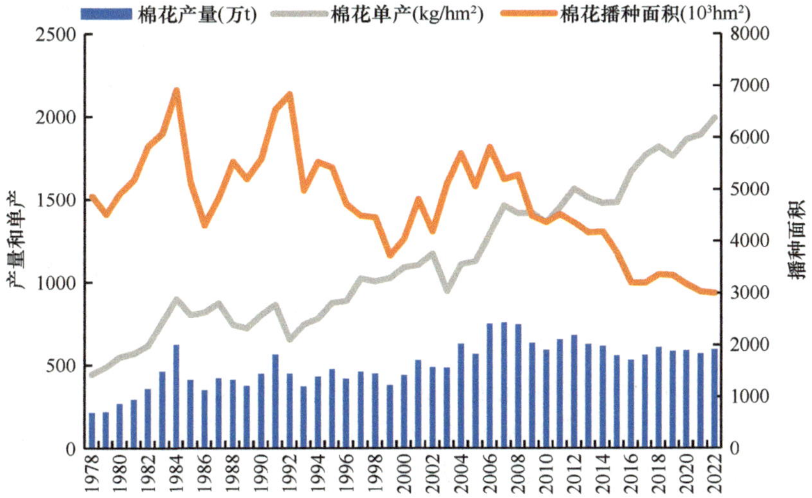

图 17-10　1978～2022 年我国棉花产量、播种面积和单产水平

数据来源：历年《中国统计年鉴》

棉花贸易长期处于逆差状态，对外依存度较高。我国是纺织品大国，棉花需求长期维持在较高水平。自2000年以来，我国棉花贸易一直处于净进口状态。从2003年开始，我国成为世界第一大棉花进口国，2011年棉花进口量一度高达544万t，对外依存度高，约达40.39%。受中国纺织品服装出口量下降影响，2016年棉花净进口量下降至122万t，后续多维持在200万t左右，2022年净进口为167.0万t，对外依存度为21.83%。

第二节　粮经作物产业发展面临的问题和挑战

习近平总书记指出，世界正经历百年未有之大变局，新冠疫情全球大流行使这个大变局加速演变，两者深刻交织，不稳定不确定因素明显增多。从国际形势来看，世界经济陷入低迷期、国际贸易环境错综复杂及全球食物系统急需转型等新形势，给我国农产品安全保障带来巨大挑战。从国内形势来看，社会发展方式正在从高速发展向高质量发展转变，人民的生活方式逐渐从吃饱吃好向营养健康转变，对保障粮食安全提出了更多更高的要求。粮食安全是维持经济发展、维护社会稳定最重要的压舱石，而实现中华民族伟大复兴对我国粮食安全的要求更高。当前和今后一个时期，认清我们面临的新形势、新挑战，对于保障国家粮食安全具有重要的现实意义和战略意义。

一、粮经作物质量和数量需求仍将刚性增长

（一）居民食物消费转型升级

全面建成小康社会后，居民膳食结构继续转型升级。随着收入水平提高，我国消费者对食品的消费正在向营养导向型发展，供给和消费格局发生了根本性变化，营养健康逐渐成为第一需求，人们在追求数量满足的同时，对优质粮食及畜产品的消费也迅速增加。当前粮食等农产品供给和人们消费需求之间仍不平衡，质量好、品牌优、受青睐的产品供给不足；食物消费和营养素摄入结构不平衡，人均碳水化合物、蛋白质、脂肪三大营养素总体充足，但维生素、矿物质等微量营养素摄入普遍不足。因此，不仅需要保障粮食等重要农产品数量充足，还要保障其质量安全、营养健康。

（二）人口数量增长及结构改变

当前，我国总人口已经超过14亿人。虽然我国人口的增长量和增长速度在20世纪80年代后期达到顶峰后开始回落，而且出现了稳步降低的趋势，但随着人口新政的实施，我国人口总量仍保持增长趋势，人口数量增长对我国粮油消费需求的巨大拉动力仍不容忽视。此外，从城乡结构看，城镇化进程加快导致的城镇人口规模扩大，会造成畜产品消费增加，将使饲料粮消费需求增加更多；从年龄结构看，随着人口老龄化进程的加快，老年人口的粮食需求有所下降，粮食消费虽然有所减少，但可能会转向消费高品质的食物（如高端牛肉等），从而增加饲料粮消费需求。

二、资源环境承载压力不断加大

（一）耕地数量不断减少

有限的耕地资源下粮食增产压力不断增大。第三次全国国土调查数据显示，我国耕地面积为 12 786.19 万 hm^2，相较于 2015 年减少了 719.5 万 hm^2，减少了 5.33%；比 2010 年减少了 14.8 万 hm^2，减少了 0.12%。可见，尽管近年来我国实行了一系列耕地数量保护政策，但耕地数量仍在不断减少，给我国粮食增产带来了较大的压力。

（二）粮食生产重心北移

近些年耕地重心逐渐向北移，北部地区耕地质量相对较差，水资源相对贫乏，气候相对干旱，而适宜粮食作物生长的南部地区耕地在不断减少，增大了粮食增产压力。我国北方地区粮食主要生产省份河北、内蒙古、辽宁、吉林、黑龙江、山东、河南及新疆耕地面积合计为 7992.8 万 hm^2，占全部耕地的比例为 45.2%，我国近一半的耕地集中在以上 8 个省份，而从 2005～2020 年耕地面积变化来看，吉林、黑龙江及新疆耕地面积均保持增长趋势，分别比 2005 年增加 1.11%、0.63%和 15.12%；而南方地区耕地面积均呈下降趋势，其中安徽、云南、江苏、浙江耕地面积下降幅度较大，2020 年耕地面积分别比 2005 年下降 3.30%、1.63%、8.89%和 7.93%。

（三）熟制下降

熟制下降背景下粮食增产能力不断降低。根据中国土地利用遥感监测数据，我国历年平均熟制为中国农业熟制区划 37 个农业区理论熟制的上、中、下限值（如两湖平原丘陵水田中三熟二熟区，理论熟制上限为 3 熟制、中限为 2.5 熟制、下限为 2 熟制）与相应农业区耕地面积的期望值。1980～2020 年我国平均熟制变化情况如图 17-11 所示，按理论上、中、下限熟制计算的平均熟制均呈现出下降趋势，表明耕地面积减少将会造成我国平均熟制的不断下降，从而导致粮食增产能力不断下降。

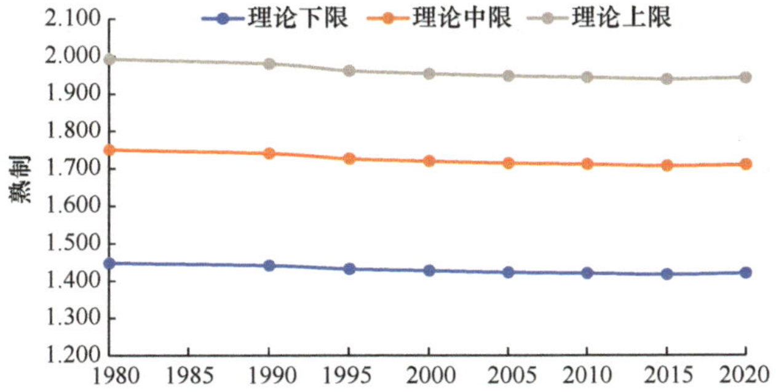

图 17-11　1980～2020 年我国平均熟制变化情况

数据来源：中国土地利用遥感监测数据

（四）耕地质量变差

目前，我国中低等级质量耕地占主要份额，近 70%。化肥农药长期过量使用导致大量耕地受到污染。我国受重金属污染的土壤面积达 2000 万 km^2，占耕地总面积的 1/6。东北黑土地有机质含量大幅下降，较 30 年前降幅超过 30%，黑土层由开垦初期的 80～100cm 下降到 20～30cm。南方土壤酸化、华北耕层变浅、西北耕地盐渍化等土壤退化问题突出。

（五）水资源安全风险加剧

由于我国水资源总量不足及其时空分布极不均衡，因此地下水严重超采，造成全国地下水大量累计亏空，如华北地区地下水超采累计亏空 1800 亿 m^3 左右，地下水降落漏斗问题日益突出，并伴生严重的地面沉降问题。耕地数量和质量下降、水资源短缺加剧已对粮食稳定生产构成重大风险。

三、科技支撑作用明显不足

（一）农业科技投入不足

面对水土资源不足的刚性约束，粮食增产更加需要科技支撑。我国农业科技投入经费虽然持续增长，但投入增速明显降低，农业科技支撑作用仍然不足，粮食单产水平提升乏力，生产成本上涨迅速。虽然我国科技总投入和农业科技投入持续增长，但我国农业科技投入强度有所下降。“十三五”时期以来，我国农业科技投入占农业 GDP 的比例只有 0.71%，远低于发达国家 2%～3%的投入强度，也远低于全国所有行业平均 2.14%的投入强度（王静，2021）。农业科技投入在科技总投入中的占比由 2001 年的 6.8%下降到 2018 年的 4.5%，呈现显著递减趋势，且农业科研重论文、轻成果转化应用的情况依然突出，如此延续下去，必将对我国粮食安全产生重大负面影响。我国粮食单产自 2015 年跃上 5000kg/hm^2 台阶后，增速明显放缓，2022 年我国粮食单产为 5802kg/hm^2，比 2015 年的 5553kg/hm^2 增长 4.48%，年均增长 0.6%。根据中国农业科学院农业经济与发展研究所计算，2005 年以来我国农业科技进步年均增长率由之前的 3.77%下降为 2.20%，技术创新年均增长率由之前的 4.08%下降至 0.23%，科技创新和技术转化推广对农业科技进步的贡献率分别为 10.45%和 89.55%。2021 年三大粮食作物平均生产成本相比 2010 年的增幅均超过 60%。在生产资料价格上涨的背景下，科技创新不足难以有效支撑粮食生产效率提升，无法有效避免生产成本大幅上涨带来的种粮效益持续下降。

（二）我国粮经作物产业科技创新缺乏重大突破

目前，粮食绿色高质高效生产的信息化、精准化、智能化水平低，轻简化、可复制、可推广的粮食绿色高质高效集成技术模式缺乏，区域粮食绿色发展落地方案有待完善，粮食生产绿色化发展的“最后一公里”仍未有效破解。农业科技成果供给与需求严重脱节，节本、增效、绿色等提升农产品国际竞争力的技术需求不断增长，而当前粮食科技成果多以高水高肥高产为导向，粮食绿色发展等方面的技术供给存在短板，科技成果供需错位。存在一系列“卡脖子”技术，缺乏主导品种和新模式特定品种，农产品生产、加工和精准化使用技术与装备不足，农作物病害精准防控与免疫技术不足，智慧农业的传感器芯片和材料、人工智能工具框架（模型）、大数据管控平台基础软件等方面均在存在短板，受国外关键技术的限制。不排除国外将农业“卡脖子”技术列入制裁我国的清单之中。

四、小农户为主体的经营格局短期内难以改变

（一）单产水平与农业发达国家相比仍有明显差距

经过长期发展，我国粮食等主要农产品单产显著提升，稻谷、小麦、玉米单产水平已明显高于世界平均水平。但与农业发达国家的水平相比，仍明显偏低。现阶段，我国谷物、稻谷、玉米与美国、澳大利亚等单产水平较高的国家相比，分别还有约20%、15%、40%的差距；小麦与荷兰、新西兰等单产水平较高的国家相比，仍有约40%的差距；大豆单产水平比世界平均水平低约30%，与土耳其、美国等单产水平较高的国家相比，有40%～50%的差距；油菜籽和棉花目前亦低于世界平均水平，油菜籽与英、法、德等单产水平较高的国家相比约有30%的差距，棉花与澳大利亚、土耳其等单产水平较高的国家相比有50%～60%的差距。

（二）生产成本持续上涨

城镇化和工业化对土地的需求增加及种植业内部不同作物的竞争，抬高了土地租金，增加了粮食生产的机会成本。2010～2021年，我国三大粮食作物生产平均土地成本由133.28元上升到257.54元，上涨了93.23%。同时，伴随着农村劳动力的大量转移及土地流转需求的增加，农业生产的劳动力和土地成本也由隐性转为显性，且在总成本中所占的比例不断攀升。劳动力方面，农业生产季节性用工普遍增多，价格不断攀升。粮食生产成本中，人工成本从2010年的226.90元上涨至2021年的413.95元，上涨了82.44%，劳动力价格上升也成为种粮收益递减的重要原因。此外，受国际石油价格上涨等因素的影响，种子、农药、化肥等农资成本居高不下。尤其是近年来，在新冠疫情和俄乌冲突的影响下，全球能源、化肥等价格又出现了大幅上涨。2010～2021年，三大粮食作物平均每亩化肥成本由110.94元上涨至154.47元，上涨了39.24%。

（三）产品质量和效益缺乏竞争力

基本国情农情决定了在相当长的历史时期内我国农业经营格局仍将以小农户为基本主体。全国现有2.3亿农户，户均经营规模7.8亩，经营耕地10亩以下的有2.1亿户。在此经营格局下，土地细碎化程度高、兼业生产现状短期内难有根本性改变，粮食产业竞争力明显不足。一是小规模经营下标准化生产难以推广实施，粮食质量整齐度差、稳定性弱等问题突出。二是小规模经营下生产效率低，难以分散和消化生产成本不断上涨对效益的挤出效应，更缺乏规模效益，无法通过粮食等农产品生产实现家庭富裕，粮食生产的内生动力不足和再生产能力不足。

五、食物供应链韧性有待进一步加强

（一）气候变化和生物风险导致生产不稳定性风险增加

农业生产高度依赖于气候条件。目前，全球气候正经历着以变暖为主要特征的变化过程。在气候变暖的趋势下，降水的区域性和季节性分布将更加不均匀，旱涝将更加频繁，高温热害对农业生产也将产生较大影响。《中国气候变化蓝皮书（2022）》的数据显示，1951～2021 年，中国平均气温每十年升高约 0.26℃，升温速率高于同期世界平均水平（0.15℃/10a），极端高温事件也显著增加，年累计暴雨日数和极端强降水事件亦呈增多趋势，而年平均降水日数则明显减少。同时，生物安全风险对粮经作物生产系统稳定性的影响进一步加深。随着全球气候变化和农业贸易流通范围扩大，植物病虫害防控难度加大，对农业生产系统的影响持续加深。2020 年草地贪夜蛾、稻飞虱、稻纵卷叶螟和小麦条锈病等病虫害的发生，对玉米、水稻、小麦生产造成了严重危害。

（二）碳达峰、碳中和将显著提高种植业生产成本

农业是重要的温室气体排放源，农业农村温室气体排放占全国排放总量的 15%左右。在“双碳”目标的约束下，粮经作物产业必须采取有效措施，以减少碳排放，提高农田的固碳增汇能力。例如，通过保护性耕作、秸秆还田、有机肥施用等措施提升农田有机质，从而增强农田吸收温室气体和固定二氧化碳的能力。但是，上述各项措施的实施必然需要加强农业生产投入，并且部分技术操作烦琐，使得劳动力投入和生产成本均有所增加，粮经作物农产品的“成本地板”被抬高。此外，“双碳”目标加剧了粮经作物生产保障和环境破坏之间的矛盾。我国粮食生产重心已逐渐向东北、黄淮海和长江中下游三大主产区集中，但东北、黄淮海和长江中下游地区分别面临黑土地保护、黄河流域生态保护与地下水超采、长江生态环境保护的环境压力。“双碳”目标要求粮食生产必须减少投入，粮食生产保障和环境破坏的矛盾进一步加剧。

（三）国际市场调剂风险加大

我国面临的外部环境复杂严峻，以美国为代表的部分西方国家对我国的全面打压阻遏已升级，粮食很可能成为美国遏制我国的手段之一。尽管中国是世界上最大的农产品进口国，但是缺乏对农产品国际市场价格掌控的能力，我国稳定粮食等重要农产品进口的风险会进一步加大。尤其是我国粮食进口来源地高度集中，进口渠道和结构相对单一，容易受制于出口国政策变化和产量变化的国际贸易格局。综合来看，目前我国粮食进口主要来源国集中在美国、巴西、加拿大、澳大利亚、阿根廷等少数几个国家。一方面，我国粮食进口运输必经巴拿马运河、马六甲海峡等地，一旦被封锁或限制，我国粮食进口将面临巨大风险；另一方面，若美国、加拿大、澳大利亚等国与我国的摩擦继续加深，我国粮食安全保障将面临严峻的地缘政治风险挑战。此外，原油已经渗透到农产品生产、加工、运输、贸易等各个环节，国际油价剧烈变动会影响农产品产业链中各个环节的成本，尤其是对运输成本影响显著，我国农产品进口量大，原油价格波动将导致农产品运输成本发生大幅变动，增加进口成本的不确定性。

第三节 粮经作物产品供需预测

一、供需形势预测

以中国农业产业模型（CASM）的预测结果为基准，面向2035年、2050年分析我国粮经作物产品供需形势。其中，粮食包括稻谷、小麦、玉米、大豆及其他粮食，谷物包括稻谷、小麦和玉米。

（一）粮食供需形势预测

1. 粮食供需均呈增长趋势，但仍产不足需

根据中国农业产业模型（CASM），2021年为人口高峰值，达14.13亿人，2035年人均粮食消费量达到最大值600kg，粮食供需缺口将在2030年达到1.56亿t的峰值；粮食自给率持续下滑，但仍能够确保“谷物基本自给，口粮绝对安全”。2035～2050年粮食供需缺口有所减少，但减少幅度不大。在2035年和2050年，中国粮食需求总量预计分别达到8.50亿t、8.43亿t，国内产量分别为6.79亿t、7.07亿t，净进口量分别达到1.52亿t、1.36亿t，粮食自给率分别为82.08%、83.89%；谷物需求总量分别为6.44亿t、6.35亿t，国内产量分别为6.11亿t、5.98亿t，净进口量分别达到0.32亿t、0.38亿t，谷物自给率分别为94.98%、94.07%。2035年粮食的净进口主要来源于大豆和玉米。总体来看，我国在2035年与2050年依然有能力确保“谷物基本自给，口粮绝对安全”。

从粮食消费的不同用途来看，食用消费呈下降趋势，饲料与加工消费带动的粮食消费将明显增长。到2035年，粮食食用消费量占粮食需求总量的比例降至24.30%，比2020年的27.80%下降3.50个百分点；粮食饲料消费量占粮食需求总量的比例达到35.38%，比2020年的30.69%上升4.69个百分点；粮食加工消费量占粮食需求总量的比例达到27.87%，与2020年基本持平。需要说明的是，粮食的食用消费、饲料消费和部分加工消费（酿酒等）与食物相关，在食物提供的热量足以满足人体正常需求的情况下，粮食消费量存在“峰值”。但部分加工产品（燃料乙醇、工业用淀粉、柠檬酸等）本质上属于工业品，与食物无关，并不存在或很难判断消费量的“峰值”。

2. 不同粮食品种供需形势变化差异较大

口粮绝对安全的总体形势基本不会改变。我国稻谷和小麦生产能力较强，库存充足，从中、长期来看，稻谷和小麦产量仍将保持稳定，供需缺口较小，需通过进口来调剂国内品种和年度余缺。到2035年，我国稻谷和小麦自给率预计分别为99.33%、98.95%，供需缺口预计达到131.76万t、141.39万t（表17-1）。

玉米供给压力不断增加，主要来源于饲料需求增加。在未来一段时期内，在饲用和加工需求增长的拉动下，玉米需求将不断增加，而国内供给将不能满足国内需求，玉米进口量将大幅增长。需求方面，预计到2035年，玉米食用需求比例由2020年的6.26%下降至5.68%；玉米加工需求比例由2020年的25.59%上升至29.00%；玉米饲料需求比例由2020年的58.86%上升至61.23%。2035年玉米需求总量为31 065.92万t，国内产量为28 107.69万t，净进口量将达到2958.23万t，自给率为90.48%。

表 17-1　2035 年和 2050 年粮经作物供需预测　（万 t）

类别	2035 年		净进口量	自给率	2050 年		净进口量	自给率
	需求总量	国内产量			需求总量	国内产量		
粮食	84 963.56	69 733.98	15 229.59	82.08%	84 329.59	70 744.07	13 585.52	83.89%
谷物	64 368.23	61 136.85	3 231.38	94.98%	63 528.15	59 759.80	3 768.35	94.07%
口粮	33 302.31	33 029.16	273.15	99.18%	31 044.03	30 535.21	508.82	98.36%
稻谷	19 809.84	19 678.08	131.76	99.33%	18 516.77	18 114.86	401.91	97.83%
小麦	13 492.47	13 351.07	141.39	98.95%	12 527.26	12 420.35	106.91	99.15%
玉米	31 065.92	28 107.69	2 958.23	90.48%	32 484.12	29 224.59	3 259.53	89.97%
大豆	13 683.79	4 207.49	9 476.30	30.75%	13 933.10	6 594.68	7 338.42	47.33%
油菜籽	1 695.82	1 398.93	296.89	82.49%	1 795.63	1 398.91	396.72	77.91%
花生	2 102.58	1 963.48	139.10	93.38%	2 371.94	2 040.86	331.08	86.04%
糖	1 513.74	956.22	557.52	63.17%	1 624.95	956.22	668.73	58.85%
棉花	788.61	566.54	222.07	71.84%	832.43	566.50	265.93	68.05%

数据来源：中国农业产业模型（CASM）

大豆饲料需求保持高位，食用需求有所增长，仍将以进口为主。受我国大豆单产远低于国外水平等因素影响，大豆中长期生产能力仍不能满足国内需求，而且随着饲料需求增加，大豆供给远不能满足国内需求，国内供给仍将以进口大豆为主。需求方面，2020～2035 年，大豆食用和饲料需求比例将一直维持在 85%左右。2035 年大豆需求总量为 13 683.79 万 t，国内产量为 4207.49 万 t，净进口量将达到 9476.30 万 t，自给率为 30.75%。

3. 粮食供给潜力分析

采用中国农业产业模型（CASM），基于历年县域统计数据，选取粮食播种面积和产量两个指标，根据我国农业科技发展情况，从转基因技术、技术到位率及可能的技术突破三个角度分析我国农业科技可能带来的粮食增产潜力。测算方法主要分为四种：第一种依据历年粮食最大产量进行测算，第二种依据历年粮食最大单产和播种面积进行测算，第三种依据我国农田生产潜力数据进行测算，第四种依据农业科技潜力进行测算。

（1）最大产量替代法

首先，筛选出 1990～2020 年各县粮食产量的最大值，并且以该值作为目标产量。其次，以上述粮食目标产量为基准，与 2020 年各县实际的粮食产量进行对比，其差值为粮食的增产空间。结果显示（表 17-2），六大区域粮食总增产潜力为 3908.7 万 t。各区域均具有一定的粮食增产潜力，其中东北平原粮食安全产业带增产潜力最大，预计可增产 1394.0 万 t；西南盆地平坝粮食安全产业片和长江中下游平原粮食安全产业带增产潜力也较大，预计分别可增产 785.3 万 t 和 662.0 万 t；华南沿海平原粮食安全产业片增产潜力预计为 513.5 万 t；黄淮海平原粮食安全产业带增产潜力预计为 298.4 万 t；黄河中上游灌区及河西走廊粮食安全产业片增产潜力预计为 255.5 万 t。

表 17-2 不同计算方案下各区域粮食增产潜力测算结果 （万 t）

区域	最大产量替代法	最大单产和播种面积替代法	农田生产潜力法
长江中下游平原粮食安全产业带	662.0	746.1	−120.4
西南盆地平坝粮食安全产业片	785.3	376.6	−66.7
黄河中上游灌区及河西走廊粮食安全产业片	255.5	419.0	53.5
华南沿海平原粮食安全产业片	513.5	276.3	−19.2
东北平原粮食安全产业带	1394.0	2795.6	603.6
黄淮海平原粮食安全产业带	298.4	443.4	−64.0
合计	3908.7	5057.0	386.8

（2）最大单产和播种面积替代法

首先，筛选出 1990～2020 年各县粮食单产的最大值。其次，筛选出 1990～2020 年各县粮食播种面积的最大值。最后，利用粮食单产最大值与 2020 年各县粮食单产的差值乘以最大播种面积测算粮食增产空间。总体来看，六大区域粮食总增产潜力为 5057.0 万 t，相较于最大产量替代法高出 1000 万 t 以上。分区域来看，东北平原粮食安全产业带粮食增产潜力依然最大，预计为 2795.6 万 t，远高于最大产量替代法测算结果；长江中下游平原粮食安全产业带次之，增产潜力预计为 746.1 万 t；黄河中上游灌区及河西走廊粮食安全产业片、西南盆地平坝粮食安全产业片和黄淮海平原粮食安全产业带增产潜力预计分别为 419.0 万 t、376.6 万 t 和 443.4 万 t；华南沿海平原粮食安全产业片增产潜力预计为 276.3 万 t。

（3）农田生产潜力

农田生产潜力法是基于中国耕地分布、土壤和数字高程模型（DEM）等数据，采用 GAEZ（global agro-ecological zone）模型，综合考虑光、温、水、CO_2 浓度、病虫害、农业气候限制、土壤、地形等多方面因素来估算耕地生产潜力。本研究主要考虑小麦、玉米、水稻、大豆和甘薯 5 种作物，这 5 种作物为中国主要的粮食作物，约占总产量的 97.7%。考虑到中国大部分地区为多熟制耕作，在对粮食总生产潜力进行估算时需要引入作物熟制变量。具体而言，根据中国实际的种植制度，通过考虑多种熟制的经验组合（包括一年两熟、两年三熟、一年三熟）来估计粮食的生产潜力。本研究依据 1980～2010 年每隔十年的生产潜力增长趋势测算了 2010～2025 年的生产潜力增长趋势。在此基础上，根据 2020 年粮食产量数据进一步对 2025 年各区域粮食产量进行了预测。总体来看，2025 年粮食总增产潜力约为 386.8 万 t，主要源于东北平原粮食安全产业带，预计该地区可以增加约 603.6 万 t。部分区域粮食存在减产问题，如长江中下游平原粮食安全产业带预计 2025 年减产 120.4 万 t，西南盆地平坝粮食安全产业片预计减产 66.7 万 t。

（4）农业科技潜力法

在有限的耕地资源下，我国仅依赖于扩大粮食种植面积来增产的潜力十分有限，而且从农田生产潜力法测算的粮食增产结果来看，增产潜力较小。但粮食生产能力仍存在较大的增长空间，因此粮食单产水平仍需要不断提高，所以在农业科技上寻求粮食增产突破是可行的战略方向。

转基因技术的粮食增产潜力。转基因技术是当前国际上应用较为广泛的生物育种技术，是现代科技手段下农作物品种选育的产物，主要通过将一个或多个基因转移到生物体内来使其获得新的性状。目前，在农业领域通过转基因技术已经培育出一批具有抗虫、抗病、耐除草剂、优质、抗逆等优良性状的转基因作物新品种，为保障粮食安全提供了重要的技术支撑。从转基因技术的应用实践效果来看，大豆、玉米转基因产业化试点成效显著，其中国产转基因大豆除草效果在95%以上，可降低除草成本50%，增产12%，若以此增产幅度为测算依据，大豆种植面积的10%、30%、50%用来种植转基因品种预计分别增产19.7万t、59.0万t、98.4万t；国产转基因玉米对草地贪夜蛾的防治效果可达95%以上，增产10.7%，并且可以大幅减少防虫成本，若以此增产幅度为测算依据，玉米种植面积的10%、30%、50%用于种植转基因品种预计分别增产291.6万t、874.9万t、1458.1万t。因此，转基因技术在农业技术领域的应用与推广具有较大的粮食增产潜力。

农业技术到位率提高的粮食增产潜力。农业技术推广的最终环节是农户，其对技术的应用水平决定了我国农业发展的整体水平。当前，我国农业技术到位率仍然较低，农业技术的推广范围较小，仅合作社、农场等规模经营主体的农业技术到位率较高，而普通农户仍然不高，严重影响了我国粮食增产能力的提高。例如，根据在东北调研的情况，我国东北农场大豆单产达到300～400斤/亩，而普通农户单产在240～300斤/亩，存在差异的主要原因在于农户农业技术到位率处于低位。因此，提高农业技术到位率是增加我国粮食生产潜力的重要途径。

未来可能的农业科技突破。未来，可促进粮食增产的科技突破主要包括农作物种质资源创制、农作物分子生物育种、农作物绿色高效生产技术、农业生物灾害监测预警防控、智慧农业等方面。具体而言，一是将破解种业“卡脖子”难题，实现高效高抗高产等特质良种 100%覆盖；二是农业生产节地节水节肥节药节能的绿色高效生产技术将实现高到位率，引领粮食生产更为绿色高效和资源环境友好；三是空天地海一体的农业生物灾害监测预警防控体系将更为健全，粮食生产防灾减灾能力大为提升。

（二）油料供需形势预测

1. 油菜籽和花生供需形势预测

油菜籽总产量略有增长，需求总量呈增长趋势，净进口量保持增长。预计在2035年和2050年，油菜籽总产量分别达到1398.93万t、1398.91万t，需求总量分别达到1695.82万t、1795.63万t，净进口量分别增至296.89万t、396.72万t，自给率分别降至82.49%、77.91%。花生总产量呈增长趋势，需求总量将继续增长，净进口量保持增长。预计在2035年和2050年，花生总产量达到1963.48万t、2040.86万t，需求总量分别达到2102.58万t、2371.94万t，净进口量分别增至139.10万t、331.08万t，自给率分别降至93.38%、86.04%。

2. 油料作物生产潜力分析

若有效利用长江流域的冬闲田，油菜播种面积可提高1400万亩，油菜籽自给率可提高至95%左右，菜籽油和菜籽粕自给率将均提高10个百分点左右。冬小麦和冬油菜是长江流域主要的冬季作物，两者面积之和的减少基本上可以反映冬闲田面积的增加。

根据国家统计局的数据，与 2010 年（油菜播种面积达到历史最高值）相比，2019 年四川、贵州、重庆、湖北、湖南、江西、安徽、江苏、浙江长江流域 9 省份的冬小麦和冬油菜播种面积减少约 1400 万亩。因此，在不减少现有冬小麦播种面积的情况下，长江流域油菜播种面积拥有 1400 万亩的潜在增量，按照 2019 年全国油菜籽平均亩产 136.5kg 估算，油菜籽增产潜力为 180 万 t，相当于 2019 年全年油菜籽进口量的 78%；按照 35% 的出油率，180 万 t 油菜籽可以生产 63 万 t 菜籽油和 117 万 t 菜籽粕。如果其他因素均不发生变化，充分利用长江流域冬闲田种植油菜，我国油菜籽自给率将提高至 95%左右，菜籽油和菜籽粕自给率将均提高 10 个百分点左右。

将新疆作为扩大花生播种面积的主战场，增加花生播种面积 2100 万亩，可实现花生粕和花生油完全自给。新疆花生生产具有产量高、口味好、无黄曲霉毒素污染、茎蔓和壳可以作为饲料等特点，且花生种植耗水量少，能够在新疆大面积推广。一是棉花和花生轮作。为了避免土地连续种植棉花造成地力下降，可以采取种三年棉花和种一年花生倒茬轮作。2020 年新疆棉花播种面积为 3090 万亩，意味着每年有超过 1000 万亩棉田可以种植花生。二是果林和花生套种。枣树株型紧凑，对花生的遮阴并不严重，而且花生几乎没有病虫害，环塔里木盆地周边有超过 1000 万亩的果林，通过套种有可能增加 600 万亩的花生播种面积。三是麦收后复播花生。选择 120d 成熟品种，配合适宜的栽培技术，麦收后种植花生。南疆仅喀什和阿克苏地区就种植有超过 550 万亩冬小麦，如果其中半数土地冬小麦收割后复播花生，就能增加近 300 万亩的花生播种面积。初步估算，以上三种方式可种植花生近 2100 万亩，为市场供给 765 万 t 花生，可压榨约 400 万 t 花生粕和 365 万 t 花生油，花生粕和花生油的自给率将均达到 100%。

其他油料的生产潜力相对有限。首先，棉籽是棉花生产的附属品，受生产成本过高等问题的影响，黄河流域地区、长江中下游地区的棉花生产大幅萎缩，未来增加播种面积的可能性也相对较低。适当鼓励油分含量高的棉花品种种植，改进棉籽榨油工艺，可以在一定程度上提升棉籽油和棉籽粕的产量，从而分别作为食用油和反刍动物饲料的有效补充。其次，2019 年我国葵花籽生产区域主要集中在内蒙古（885 万亩）和新疆（200 万亩），占全国播种面积的比例分别为 62%和 14%，但内蒙古葵花籽的单产水平（182kg/亩）明显低于新疆（210kg/亩）。据测算，内蒙古存在 500 万亩的闲置耕地，若全部推广种植向日葵，可以使葵花籽产量增加 90 万 t，可压榨约 36 万 t 葵花籽油和 54 万 t 葵花籽粕。

综合分析，通过上述措施，可使我国油菜籽、花生和葵花籽分别增产 180 万 t、530 万 t 和 90 万 t。

（三）糖料和棉花供需形势预测

1. 糖料供需形势预测

2020～2050 年，我国糖料总产量略有下降，需求总量将继续增长，净进口量保持增长。预计在 2035 年和 2050 年，中国糖料总产量分别达到 956.22 万 t、956.22 万 t，需求总量分别达到 1513.74 万 t、1624.95 万 t，净进口量分别增至 557.52 万 t、668.73 万 t，自给率分别降至 63.17%、58.85%。

2. 棉花供需形势预测

2020～2050 年，我国棉花总产量、需求总量和净进口量将保持增长。预计在 2035 年和 2050 年，我国棉花总产量分别达到 566.54 万 t、566.50 万 t，需求总量分别达到 788.61 万 t、832.43 万 t，净进口量分别增至 222.07 万 t 和 265.93 万 t，自给率分别降至 71.84%和 68.05%。

二、未来发展趋势

从整体看，未来我国农业产值在经济总体中的占比将进一步下降；农业劳动力占比和农村人口占比将继续下降，我国农业生产效率的进一步提升将推动我国农业与工业、服务业的劳动生产力逐渐趋同，粮经作物产业发展既存在诸多困难和挑战，也将迎来新的发展机遇。

（一）粮经作物生产更加绿色高效

粮经作物作为农业的重中之重，面对农村劳动力人口下降和耕地面积“非粮化”，必须转型升级，并实现规模经营和形成专业分工生产格局。科技是驱动粮经作物高产出的重要抓手。生产模式转型是一个长期的过程，粮经作物产业在实现规模化种植的过程中，受劳动力和资源约束，或将面临较大的供给压力。

1. 专业分工更强，逐步向“二八格局”转变

养殖业规模化、现代化经营的经济效益为粮经作物产业的发展方向提供了良好参考。未来粮经作物产业以家庭农场（平均两个劳动力）为主，耕地面积超过 100 亩的大农场占 20%，低于 100 亩的小农场占 80%。20%大农场将生产 80%的农作物产量或贡献 20%的增加值，80%小农场将生产 20%的农作物产量或贡献 80%的增加值，即种植业生产的“二八格局”。大农场主要生产粮食等大宗农产品以保障国家粮食安全，小农场主要发展高值农业以保障收入持续增长，最终大小农场劳动生产力趋同，实现共同富裕。

2. 口粮供给能力基本稳定，饲料粮供给仍需增长

依据我国人口总数先增后减和人口老龄化的发展趋势，粮食食用消费总量在未来将呈现先增加后保持基本稳定的态势，但由于饲料粮消费的持续增长，会带动粮食消费总量的增加，因而给保障粮食不同品种的数量安全带来了较大挑战。玉米和大豆作为饲料粮，受畜牧业发展带来的需求快速增长影响，供需缺口加大，单产的提高会在很大程度上缓解饲料粮供给压力，未来作物新品种选育和生产技术创新是挖掘提升大豆、玉米产量的重要路径。

3. 耕地和水资源约束趋紧，生产向绿色高效转型

随着工业化和城镇化的快速发展，我国粮经作物生产资源约束集中体现在耕地、水资源刚性约束方面。耕地面积减少和质量下降，粮食主产区水资源利用效率不高、地下水超采、水污染等问题严重制约我国粮食生产。未来我国将采取更严格的政策举

措来坚守耕地面积，通过科技创新和推广来有力支撑粮经作物生产效率的提升，实现在水土资源刚性约束趋紧的条件下保障食物绿色安全生产。以节地节水节肥节药节能为目的的农作物绿色高效生产技术集成，将在农业生物药物、生物肥料、智能灌溉装备制造等技术取得重大突破的条件下得以实现，并进行推广，引领粮经作物生产更为绿色高效。随着农业大数据、物联网、智慧农机、农业传感器等技术和产品的创新突破，空天地海一体的农业生物灾害监测预警防控体系将更为健全，粮食生产防灾减灾能力将大为提升。

（二）智能技术将深度介入全产业链条

进入 21 世纪以来，我国将物联网技术、云计算技术、大数据技术应用于传统农业生产中，运用传感器和软件，通过移动平台或计算机控制农业生产，使更具“智慧”的智慧农业迎来发展风口。

1. 智慧农业将从狭义向广义转变

智慧农业与计算机农业、精准农业等农业信息化发展模式既相关又有所不同，计算机农业、精准农业是将关键信息技术应用到农业生产过程中，从而实现提高农业生产效率和效益的目标；智慧农业不仅依托 3S 技术等现代化技术手段，更是与云计算、物联网、移动互联网等新技术深度融合，是在农业产前、产中、产后全方位地引入智慧化的思想和技术应用，从而实现耕种作业精准化、基础设施智能化和产业发展现代化。与精准农业相比，智慧农业涵盖的范围更广，狭义上包括通常所理解的大田农业、设施农业、安全追溯、农业电子商务等涉农领域；广义上则是综合使用传感、遥感、大数据分析、生产力评估等技术手段对农业实现温度和湿度监测、农田养分遥感监测与变量施肥决策、作物产量与品质预测、农情遥感监测与预报等决策支持，并通过大数据技术分析海量性状数据，为农业“产—加—销”全过程提供信息服务与指导。未来，我国智慧农业将从狭义向广义发展，以更全面地支撑粮经作物产业发展。

2. 智能技术将从基础设施智能化向全产业现代化发展

未来，智慧农业通过先进的手段实现生产全过程的智能化监管之后，将带动涉农全产业链条的健康发展，如涉农信息服务产业、农产品安全溯源、涉农电子政务、涉农电子商务、都市涉农观光等涉农活动，从全方位实现农业“六化”，即农业资源利用环保化、生产技术科学化、生产过程标准化、农业监管便捷化、农副产品安全化和经营循环市场化。通过以上几个步骤，打通信息孤岛，实现农业信息的互联互通，完成农业资源的有效整合，逐渐形成全产业链条智能化的闭环，最终形成可持续发展的农业经济。智慧农业通过生产领域的智能化、经营领域的差异性及服务领域的全方位信息服务，推动农业产业链改造升级，实现农业精细化、高效化与绿色化，保障农产品安全、农业竞争力提升和农业可持续发展。

（三）生物育种技术成为破局关键

农业生物育种技术是借助现代生物技术，打破常规育种物种间遗传物质难以融合的技术瓶颈，精准高效改造目标作物性状，培育出更多优质和高产新作物品种的技术。生物育种技术包含基因工程育种技术和分子设计生物育种技术。其中，基因工程育种技术是通过对不同或相同物种基因片段的分离和重组，将分离的目标基因转移到目标作物品种的 DNA 上，从而产生新的高抗、高产优质农作物品种的技术；分子设计生物育种技术基于农作物遗传资源信息，根据控制不同性状基因的遗传规律，设计出杂交组合及相应的后代选择方案，并利用分子标记追踪携带目标基因的后代植株进行逐代选择，直到选育出拥有育种目标所有特征的农作物新品种。当前，全球农业生命技术原始创新与集成应用加快突破，推动了新一代生物工程技术研发向更加精确、定向、标准化、智能化和工程化发展；基因编辑技术实现了农业生物产品的精准改良，全基因组选择技术加快了传统农业品种的升级换代，已成为大国生物产业核心竞争的战略高地。在未来，我国农业生物技术发展将呈现以下趋势。

1. 基因组大数据库构建日新月异

近十年来，基因组测序技术突飞猛进，随着第二代和第三代甚至更新的基因组测序仪的出现，从头测序、重测序、外显子测序、简化基因组测序、基因组区段测序等高通量基因型鉴定技术的成本大幅度降低，可鉴定出大量的单核苷酸多态性（single nucleotide polymorphism，SNP）及其他结构变异。同时，已在 25 种农作物和多年生林木上开发了 50 余种 SNP 芯片，涉及水稻、玉米、小麦、大麦、燕麦、黑麦和马铃薯等粮食作物，大豆、棉花、油菜、花生和向日葵等经济作物，苹果、梨、桃、葡萄、樱桃和草莓等果树作物，辣椒、莴苣、十字花科蔬菜和番茄等蔬菜作物，黑麦草等牧草，杨树和玫瑰等林木花草。迄今为止，水稻、玉米、小麦、大豆、棉花、油菜、黄瓜、马铃薯、谷子等主要作物全基因组测序已经完成，多种作物的泛基因组测序数据已经发布，并获得了 4100 多份水稻、3000 余份小麦、6000 余份玉米、15 000 余份大豆、13 000 余份大麦及其他多种农作物均数百份种质材料的重测序或 SNP 海量数据，为基因组变异数据库的构建提供了契机。

2. 基因叠加新技术广泛应用

多基因转化的载体系统和转化系统、基因敲除技术发展迅速，使外源基因的操作、转化和表达效率大幅度提高，从而实现多基因聚合、多性状叠加，使生物工程产品抗性更强、抗谱更广，拓宽了其应用范围，如抗虫、耐除草剂及乙醇产量提高的转基因玉米（8 个基因叠加），能降低天冬酰胺含量、抑制还原糖形成、阻止黑点瘀伤扩展和抗晚疫病的转基因马铃薯（5 个基因叠加），耐除草剂且油酸含量高、饱和脂肪酸含量低的转基因大豆（4 个基因叠加）等。在动物方面，获得了转植酸酶基因和粘病毒抗性基因 A 的双转基因猪、载脂蛋白 E 和低密度脂蛋白受体双基因敲除猪，唾液腺特异共表达植酸酶-木聚糖酶-葡聚糖酶的环保型转基因猪、嗜碱性成纤维细胞生长因子 5-肌肉生长抑制素双基因敲除山羊等。

3. 基因编辑技术精准化

基因编辑是近年发展起来的基因定向精确修饰技术，可实现对基因组靶位点进行缺失、敲入、核苷酸修正等操作。基因编辑技术已广泛应用于主要农作物、农业动物、林木种质资源创制与性状改良。现已获得抗旱和高产玉米、抗病小麦和水稻、油分品质改良的大豆、存储质量改良的马铃薯、抗腹泻猪、抗蓝耳病猪、双肌臀猪牛羊、基因编辑无角牛等基因编辑作物和动物。此外，基于基因编辑的不变褐蘑菇、糯性玉米已经推向市场。基因编辑技术已经显示出巨大的发展潜力，未来 3～5 年，预计会有一大批基因编辑农业产品推向市场。

4. 全基因组选择不断深化

全基因组选择不仅借助分子标记辅助选择（marker assistance selection，MAS）实现了早期选择，大幅缩短了育种世代间隔，还进一步拓展到拥有可同时对多个性状进行选择、对低遗传力性状进行选择、加快育种进程（时间缩短 3 倍以上）、大幅度提高选择准确性和育种效率的多重优势。因此，其很快成为研究前沿和热点，并被看作是“育种史上革命性的事件”。由于动物育种的特殊性，全基因组选择在美国、英国、澳大利亚、以色列、加拿大及我国等的部分动物物种育种中得到深入研究和广泛应用。当前植物全基因组选择研究大都集中在统计方法建模、预测方法和试验数据交叉验证等方面，全基因组选择育种应用还很有限，主要是孟山都和先锋等跨国公司在应用。全基因组选择作为一种新型育种技术，已经在动物种业展现出巨大潜力和优势，世界主要畜牧业大国均通过加大研发投入，结合本国产业特点，建立了全基因组选择技术体系，并快速开展产业应用。未来，全基因组选择将作为世界各国常规育种技术推广应用。

第四节　粮经作物产业发展战略

一、指导思想

以习近平新时代中国特色社会主义思想为指导，深入贯彻党的二十大精神，立足新发展阶段，完整、准确、全面贯彻新发展理念，构建新发展格局，准确把握新时期我国粮经作物产业产品消费需求变化的特征和国内外供给形势的变化特征，守牢国家粮食安全底线，以提升农业现代化水平、满足居民食物消费需求为目标，确保口粮绝对安全、谷物基本自给、油料自主可控、其他农产品供给有力，坚持高质量发展，坚持“大食物观”，大力推进低碳生产和绿色发展，为基本实现社会主义现代化和建成社会主义现代化强国提供有力支撑。

二、基本原则

（一）坚持稳定供给数量和适应消费结构并重的原则

统筹保证供给和适应结构，实施“藏粮于地、藏粮于技”战略，抓住种子和耕地两个“要害”，持续提升产能，保障粮食等重要农产品供给安全。同时在多目标平衡中抓要害，准确研判消费需求变化，立足资源禀赋调整优化种植结构，有保有压，在优先确保粮食、油料、糖料、棉花、果蔬等重要种植业产品数量供给的同时，持续推进供给侧结构性改革，构建适应新阶段新格局的区域布局、产品结构和品质结构。

（二）坚持立足国内生产和利用国际市场相结合的原则

立足我国资源禀赋实际和保障粮食基本自给两大前提，坚持底线思维，增强风险意识，补齐粮经作物产业生产短板，全面提升粮食等重要农产品供给保障能力，挖掘释放国内生产潜能，提升保障食物安全的能力，维持产品的高水平自给率。同时开拓国际进口渠道，加强国际农产品生产和加工方面的合作，推动食物进口多元化，丰富国内农产品供给。

（三）坚持保障安全与低碳生产兼顾的原则

遵循绿色发展理念，正确处理保障安全与低碳生产的关系。坚守水资源红线和生态保护红线，推广“低碳”“减碳”生产方式，优化食物生产布局，提高粮食生产规模化、集约化水平，确保国家食物安全和主要农产品有效供给。加快粮经作物产业生产方式绿色低碳转型，提高水肥药等投入品的利用效率。在提升粮食等重要农产品供给水平的同时，实现粮经作物产业节本增效统一、生产生态协调。

（四）坚持强化科技支撑与创新体制机制双轮驱动的原则

充分依靠科技进步和农业农村体制机制改革，打造现代粮经作物产业生产体系，提升我国保障国家食物安全的能力。强化科技创新保障我国食物安全的重要支撑作用，突破高产优质高效生产的瓶颈，推进品种培优、品质提升、品牌打造和标准化生产。创新经营方式，加快发展多种形式的适度规模经营，健全农业专业化、社会化服务体系，大力提升全产业链现代化生产经营能力和食物保供能力。

三、发展目标

立足世界百年未有之大变局，在实现中华民族伟大复兴的战略全局下，面对我国粮食等重要农产品安全存在的问题和未来消费供需形势的变化，全方位夯实粮食安全根基，坚持“以我为主、立足国内、确保产能、适度进口、科技支撑”的方针，实施“谷物基本自给、口粮绝对安全、主要农产品自主可控，确保国家食物主控权”的粮油安全总战略，有效保障粮食等重要农产品数量安全、质量安全和营养安全，确保中国人的饭碗牢牢端在自己手中。坚守口粮自给率97%、谷物自给率90%、粮食自给率80%、油料自给率40%的战略底线不突破。预计到2035年，我国粮食总产量达到6.97亿t，口粮自给率达到99%，谷物自给率达到94%，粮食自给率保持在82%；油料总产量达到3798.40万t，油料自给率保持在88%；糖料总产量达到1513.74万t，自给率保持在63%；棉花产量达到788.16万t，自给率保持在71%。

四、战略重点

（一）实施粮经作物产业产品生产能力提升和结构优化战略

保持耕地面积，提升耕地质量。严守18亿亩耕地红线，全面提高农田的基础设施建设水平，提高建设标准，加快建设步伐，做到“农田就是农田，而且必须是良田”。明确国内生产发展优先序。在保障“口粮绝对安全、谷物基本自给”的战略目标下，平衡玉米、大豆、油料作物、糖料作物、棉花的需求，根据不同作物生产优势区域制定区域产业发展优先序列，实现产业合理布局和有限土地资源高效利用。分品种明确重要农产品保障战略，优先确保粮油等必保产品的生产。将水稻和小麦作为必保品种，稳定玉米生产，增加大豆生产；在大豆和棉花优势产区，大力发展大豆和棉花生产，提高产量，增加供给。

（二）实施资源高效利用与低碳生产推进战略

在粮经作物生产中重视资源的保护和高效利用，加强环境保护，推广绿色、低碳的生产方式。深入开展食物产地环境保护工作，推进食物产地污染检查与分级管理，加强耕地污染管理与修复。从源头预防、过程控制和末端治理等环节入手，闭环管理农业面源污染定位检测，推进生物农药替代化学农药和农药包装废弃物回收工程，加强农村废弃物资源化利用。推广高效生态循环农业模式，建设绿色发展示范区。

（三）实施质量安全全面提升战略

加强食物质量全产业链监管，健全食物安全保障体系，全面提升国家食物质量安全。到 2035 年，全面建成供给稳定、产品高端、运转高效、标准健全、体系完备、监管到位的食物质量安全保障体系。到 2050 年，建成与社会主义现代化国家相适应的国家食物质量安全体系。

（四）实施农业科技创新与装备支撑战略

提升农业科技自主创新能力。实施农业关键核心技术攻关行动，加快突破生物种业、智能装备、绿色发展等领域的关键技术瓶颈；加强农业领域国家重大科研基础设施建设，加快先进实用技术集成应用。大力发展现代种业。完善农业种质资源保护利用体系，加大作物新品种保护力度；开展良种重大科研联合攻关，培育具有国际竞争力的种业龙头企业；深入实施现代种业提升工程，建设国家级制繁种基地。着力推进农业机械化转型升级。加快主要作物生产全程机械化，开发推广新型智能农机装备，对丘陵山区农田进行“宜机化”改造，推动无人农场示范建设。

（五）实施新型经营主体创新战略

加快农业组织与制度创新，因地制宜地发展多种形式的适度规模经营。在严格保护耕地的同时，积极稳妥地推进土地流转，采取灵活多样的方式实现粮经作物产业适度规模经营。加快要素市场改革，创新体制机制，促进要素更多地向农业农村流动，为新型经营主体提供更多的物质基础和人才支持。加快建立现代种植业经营体系，以家庭农场、农民合作社为重点，以龙头企业为引领，培育扶持新型经营主体，赋予双重经营体制新的内涵，促进小农户与现代农业发展有机衔接。

五、重大工程

（一）现代种业提升工程

聚焦重点行业和关键环节，实施现代种业提升工程，推动种业全面振兴。在粮经作物产业方面，大力发展现代种业，完善农业种质资源保护利用体系，加大新品种保护力度；开展良种重大科研联合攻关，培育具有国际竞争力的种业龙头企业；建设国家级制繁种基地；强化转基因大豆、玉米技术发展，提升产业化发展水平。

（二）高标准粮田建设工程

围绕粮食产能提升，以改善粮田基础设施、增强防灾抗灾减灾能力为重点，加大高标准粮田投入力度。优先在粮食生产功能区和重要农产品生产保护区建设旱涝保收、高产稳产的高标准粮田，引导农民种植目标作物，提高粮食等重要农产品综合生产能力。在土肥条件较好的粮食核心产区，以提升土壤有机质含量、培肥地力、改善土壤养分结构为主，逐步提高耕地质量，持续加大建设力度，确保现有粮食主产区稳定增产。重点对农业潜力较大的地区进行中低产田改造，在保留耕层熟土和保持土壤质量的前提下，在南方丘陵等地区逐步推进机械化，通过盐碱综合治理，使环渤海地区低产田综合生产能力提升，在原有单产的基础上提高亩均产量。以可持续提升全国粮食综合生产能力为目标，因地制宜加强中低产田改造。强化“天空地”数字农业技术集成在高标准粮田建设中的引领作用，加强遥感、物联网、大数据、云计算、人工智能等数字农业技术的基础设施、硬件装备、软件系统和公共平台建设。“十四五”时期，优先在 3.4 亿亩水稻生产功能区、3.2 亿亩小麦生产功能区建设高标准口粮田。力争到 2030 年建成 10 亿亩、亩产达 500kg 以上、使用年限达 30 年以上的高标准粮田。

（三）区域食物安全保障工程

推动区域食物安全保障工程，着眼于谷物供需基本平衡，通过“北方稳定性增长、南方恢复性增长、西部适水性增长、全国均衡性增长”总体布局的科学调整，实现“谷物基本自给、口粮绝对安全”的核心目标。在资源环境承载力适度的前提下，稳定北方粮食保障功能，适当放缓谷物增长态势，着力缓解水资源紧缺压力，为农业生态系统恢复和农业生产能力稳定提升腾出空间。适当发挥南方经济比较优势，恢复南方区域食物自给保障能力水平，重点通过耕地整理、土地流转和农机作业等措施，保持现有播种面积不变，走提高单产、增加总产的路子。开创多模式发展，拓展西部农业大食物保障功能，以高效利用降水资源为核心，大力推行高效旱作节水、覆膜及双垄沟播等技术，提高谷物单产。

（四）农业绿色低碳工程

在粮经作物产业方面，加快生产方式绿色低碳转型，提高水肥药等投入品的利用效率；加强资源保护、高效利用和农业环境保护，挖掘、提升、推广绿色、低碳的生产方式；开展食物产地环境保护工作，推进耕地污染管理与修复；推进生物农药替代化学农药和农药包装废弃物回收工程，加强农村废弃物资源化利用；推广高效生态循环农业模式，建设绿色发展示范区。

（五）食物减损工程

强化损耗控制，开展食物减损工程。在农业生产环节，配套现代精准农业设备和信息装备，推行大面积精量播种、施肥、植保、耕作和收获，以节约要素投入、增加食物生产收益。在农产品储运环节，完善仓储设施建设和装卸运输方式，推广安全高效节能的储运新技术，支持引导农户科学储粮，完善粮食运输物流体系，开发专用技术和装置，建设粮食接卸专用平台，开展物流标准化示范，特别重要的是要更大范围地开辟鲜活农产品绿色通道。在农产品加工环节，加快研发和引进先进加工技术，促进农产品加工方式转变，研发各种新型生物的、低温的、温和的分离技术、灭菌技术、粉碎技术、成型技术等；研制食品资源梯度增值开发技术，提高食品原料利用效率和附加值，重视食品营养保全加工技术的推广和应用，减少过度加工对食物营养物质的损耗和浪费，对食物生产进行全程控制，减少资源浪费和灾害损失。在农产品消费环节，引导节约理性消费，健全餐饮业服务规范、行业标准，提倡“光盘行动”，避免“舌尖上的浪费”，推进餐厨废弃物资源化利用。

第五节　粮经作物产业发展保障措施及政策建议

2020～2035年，我国粮油糖棉消费需求持续增长、高品质产品消费需求增加及其结构不断变化均对我国粮油糖棉供给提出了巨大的挑战，而且未来我国粮油糖棉供需将长期处于紧平衡态势。因此，从长期来看，为满足国内的粮油糖棉多元化需求并确保国内供给安全，提出以下建议。

一、加强耕地和水资源保护

耕地面积是粮经作物生产的基本依托与根本保证，要严格保证耕地的数量与质量。做好耕地的维护与监测，牢牢守住18亿亩耕地红线不动摇，在城镇化推进过程中，各地区要做好相关的土地利用规划，严格规定城镇用地与农业用地的区别和界限，在城市发展过程中，优先考虑占用非农业用地，最大限度地减少对耕地资源的占用。适度开发能够利用的潜在耕地，将部分可利用的荒地通过改造变成可以进行农业生产的耕地。多措并举，持续推进农田基本建设，逐步把永久基本农田全部建成高标准农田，提高我国耕地综合生产能力。同时，加强高标准农田管护，开展土壤污染源头防控，遏制土壤质量下降趋势。

加强水资源管理，合理开发、高效利用、优化配置、全面节约、有效保护和科学管理水资源，严格控制地下水开采。加快灌区水管体制改革，对农业用水实行总量控制和定额管理，提高水资源利用效率和效益。同时，有针对性地开发高效节水的新农作物品种和耕作技术，并尽快推广形成生产力。

二、拓展粮经作物产业布局

新阶段，面对有限的粮食耕地面积和不断增长的粮食需求之间的矛盾，粮食生产功能区的作用愈发明显。建成高标准农田，优先划定粮食生产功能区，确保 10 亿亩高标准粮田粮食复种指数在 150%以上，2030 年和 2035 年亩产分别达到 400kg 和 450kg。将粮食播种面积和粮食生产供给任务落实到具体的区域，确保粮食供给持续稳定和我国粮食需求得到有效保障。

多措并举扩大粮经作物播种面积。加大力度支持新疆等西部地区继续扩大高效节水灌溉面积，研发突破水肥一体化、农机农艺结合等关键技术瓶颈，扩大粮食作物播种面积，将西部地区打造为“后备粮仓”。积极开发南方冬闲田扩种油菜，将南方地区打造为“冬季油桶”。此外，鼓励农村集体因地制宜地开发利用“四荒地”发展多种油料作物，在南方丘陵山地发展油茶、核桃、油用牡丹等木本油料，利用沙漠、滩涂等发展油沙豆等新型油料作物，拓展油料来源。同时，绝不放松糖料和棉花生产，努力稳定和提高自给水平。

三、推进农业科技进步

粮经作物单产水平的不断提高，对于促进我国粮油产量提升具有重要意义。继续推进农业科技进步，加大农业科技投入，推动农业科技创新发展，强化农业科技和装备支撑。加大政府公共财政对公益性农业领域科技的投入力度，发挥好财政资金的激励和引导作用，创造良好的农业科技创新环境，力争实现农业研发公益投入占农业增加值 1.5%的目标。积极探索多元化的农业科技投入融资机制，吸引各类创新主体投资农业科技，确保农业研发总投入占农业增加值的 2.5%以上，重点支持农业国家战略科技力量和区域创新中心，避免“撒胡椒面”式的支持方式。加强育种制种科技投入，支持创建集生物技术和智能化、数字化及信息化技术于一体的大型种业企业，强化生物学基因和区域性原种等领域的基础研究。推进以农机农艺融合为重点的配套技术和智能装备研发与应用，推动粮食作物与主要经济作物生产全程机械化，提高农业机械化水平。加强农业科技社会化服务体系建设，增加农业科技服务有效供给，提高农业科技服务效能。

深入开展粮油绿色高产高效创建，集成推广一批粮经作物绿色高产高效生产技术、节本增效技术及周年高产、立体种植、农牧结合、多元多熟等绿色高效模式，示范带动大面积提质增效。加快培育和更新高产优质多抗粮食新品种，大面积推广杂交水稻、耐密型玉米等品种，促进粮食稳产增产。加快培育优质高产油料作物、糖料作物、棉花品种，推动粮经作物一二三产业融合发展，增加产量和农民种植收益。

加快推进转基因大豆和玉米产业化发展，实现饲料粮生产节本增效。转基因大豆和玉米种植不但能提升产量、降低成本，还能在一定程度上提升玉米、大豆的加工和饲用品质，推进转基因大豆和玉米的产业化发展已成为突破饲料粮产业“卡脖子”问题的关键技术措施之一。加快政策调整，加大力度鼓励推广通过 3 年安全试验的转基因玉米、大豆品种，尽快把最新的生物种业成果运用到生产实践，助推新的绿色革命进程，全面提升玉米和大豆的产量与品质。

四、构建以国内大循环为主体的双循环发展格局

在国际形势日益复杂、贸易保护主义抬头、经济全球化遭遇逆流、新冠疫情影响和国内粮油糖棉需求不断增加和升级等多重挑战下，我国必须保障国内粮油糖棉供给，确保供给的自主性、可持续性，增强供给韧性，畅通国内大循环。加快推进粮油糖棉产品的供给侧结构性改革，确保满足居民多元化的消费需求。随着我国居民生活水平的提高，居民消费结构不断发生转变，而且从未来一段时期内我国粮食等重要农产品消费的预测结构来看，居民对粮食的直接消费呈现不断下降趋势，而对肉禽、蛋、奶、水产品和油脂类的消费呈现上升趋势。因此，应坚持深化粮食等重要农产品的供给侧结构性改革，提高供给体系满足国内需求的能力，在满足口粮和食用油、糖、棉充足供给的前提下，增加饲料粮和高品质粮油糖棉供给，以满足我国居民对粮食等重要农产品的多元化需求。

同时，充分利用好国际市场，提高对外开放水平，利用国际贸易满足国内的多元化需求，调节国内紧缺品种，提高我国粮油糖棉安全水平，加快构建以国内大循环为主体、国内国际双循环相互促进的粮经作物产业新发展格局。

五、加强风险管控机制和体系建设

随着我国消费规模高位水平的持续增长，粮经作物产业面临的自然灾害风险及国内外市场风险管控压力将愈加突出。必须牢固树立风险防范意识，着力完善机制建设，强化重大自然灾害、病虫害、国际禁运等重大危机应对战略技术、方案的前瞻性研究和设计，健全国家食物重大危机应对战略体系，确保做到各种风险的影响完全可控。

一是提高粮经作物产业的自然灾害风险防控能力。其一，进一步加强以水利为重点的农田基本建设。按照除涝防洪标准，持续加强农田灌排设施建设，不断提高农业抗灾减灾能力。大力推进灌排工程建设与升级改造重点项目，加快大中型灌区改造、现代大中型灌区建设、大中型灌排泵站更新改造等工程建设。推进防洪除涝与抗旱工程，开展重点地区中小河流治理、重点平原洼地治理，通过技术装备提升和应急管控能力建设，建立水旱灾害减灾防灾体系和流域防洪体系。其二，全面提升农业预测、预警、防灾、减灾能力。积极应用高分卫星遥感、人工智能等新技术，结合大数据技术，根据国家粮食安全、重要流域防灾减灾的重大需求，整合现有国家农业科学数据工作体系、农业农村部农业长期性基础性监测体系等资源，构建重要粮食主产区农业数据网络和实时辅助决策体系，实现包括区域性重大灾情预警、小范围突发灾情预警、灾情减产预警在内的实时预警。整体实现以数据支撑抗灾、容灾、减灾，为后续处理突发灾情提供数据保障，提升响应速度，服务精准快速施策。其三，完善病虫害防控机制。尤其是完善突发性病虫害的预报、监测、研判和应对机制。其四，在重大自然灾害下，制定分区域分品种的应对方案，统一部署高产作物生产，保障基本需求。

二是提高国内市场的风险防控能力。高度重视国内部分粮食等重要农产品市场周期缩短、波动幅度加大趋势的出现，从产业发展源头和市场消费终端两侧入手，完善供需信息的采集、报告、预警和调控机制，降低市场风险对产业发展的非常态冲击。在进口依存度高的品种（如大豆）面临国外封锁而断供的情况下，实施包括人工合成、蛋白来源替代等战略储备技术的应急方案。

三是提高国际市场的风险防控能力。完善国际市场风险防控机制，加强粮油糖棉贸易风险监测及预警体系建设，强化对大宗农产品国际市场进行监测、研判、预警等基础性工作，全过程跟踪重点国家、市场、产品的供需和贸易状态，以更充分地发挥好国家在国际市场风险防控方面的作用，并为国内农业企业和贸易主体应对国际市场风险提供高质量的信息服务与相应的指导。

六、加大政策支持力度

充分认识加强粮经作物生产尤其是粮食作物生产的极端重要性，把思想认识统一到中央的决策和部署上，加大政策支持力度，健全种粮农民收益保障机制和主产区利益补偿机制。进一步健全粮食生产价格、补贴、保险和奖励“四位一体”的支持政策体系，加大中央财政对粮食主产区的支持和奖励力度，将所有粮食主产区纳入完全成本和收入保险范围，确保主产区种粮农民增收预期。持续加大对粮食生产者的补贴力度，使其收入达到社会平均水平，确保种粮有收益，调动和保护农民生产积极性；提高粮食调出区的转移支付水平，形成调入区支持调出区的政策氛围，调动主产区地方党委政府重农抓粮的积极性。

全面落实粮食安全党政同责，完善粮食安全党政同责考核办法，压实地方党委政府责任。随着粮食供给压力的加大，自 2008 年以来，我国不断强调主销区和产销平衡区要稳定自给率，但其自给率下滑趋势并未有效改变，甚至部分主产区省份亦出现自给不足的问题，重要原因在于粮食生产的责任没有压实。健全完善粮食安全党政一把手责任制，细化粮食主产区、产销平衡区、主销区考核指标，推动地方全面加强粮食生产、储备、流通、节粮减损能力建设，共同承担好维护国家粮食安全的政治责任。建议修改 2015 年出台的《粮食安全省长责任制考核办法》，既要明确党政一把手的职责，也要大幅提高对种植面积和粮食产量的考核赋值，或将粮食总产量设定为否决性指标，压实主销区和产销平衡区的粮食生产责任，亦需明确目前已经自给不足的主产区省份应坚决守住粮食自给底线。

（本章执笔人：刘旭、吴孔明、傅廷栋、喻树迅、王秀东、李新海、胡培松、韩天富、辛翔飞）

第十八章　园艺产业发展

第一节　园艺产业发展形势

园艺产品与居民生活密切相关，园艺产业是我国农业中最重要的种植业之一。园艺产业包括果、菜、花、茶四大主要组成部分，其中果、蔬是我国城乡居民餐桌不可或缺的基本食物，而且果、蔬含有丰富的人体不可或缺的维生素、矿物质和纤维素等，具有很高的营养和医疗保健价值。园艺产业健康发展是保障我国国民健康的基础、带动农民致富的手段、平衡农产品进出口贸易的工具和反映社会进步的标志。本研究基于粮食安全的视角，主要研究果、蔬产业。

改革开放 40 多年来，在市场驱动、科技支撑和政策支持下，我国园艺产业迅速发展。园艺产业是我国重要的种植业，产值位列第一。在世界范围内，我国园艺产业具有举足轻重的地位，产业规模世界第一。近年来，我国园艺产业不断向高质量发展，区域布局日趋合理，生产技术显著进步，质量安全状况良好，产业竞争力不断提高，进出口贸易增长迅速。以“高产、高效、优质、生态、绿色”为发展理念，促进园艺产业可持续发展。

一、生产快速发展

改革开放以来，我国主要园艺作物的种植面积逐年增长，2021 年为 3479.37 万 hm^2，占全国种植业的25%。1978 年水果种植面积为 165.67 万 hm^2，2021 年增长到 1280.80 万 hm^2，增长了 6.73 倍，年均增加 25.93 万 hm^2；蔬菜种植面积由 1978 年的 333.10 万 hm^2 增加到 2021 年的 2198.57 万 hm^2，增长了 5.6 倍（表 18-1）。从近十年的发展趋势看，我国水果和蔬菜种植面积稍有波动，但基本保持稳中有升的趋势。根据 FAO 统计数据，中国蔬菜（鲜菜）种植面积和产量均居世界第一，分别占世界的 51.1%和 58.9%。

表 18-1　1978～2021 年中国主要园艺作物种植面积　（万 hm^2）

年份	水果	蔬菜
1978	165.67	333.10
1988	506.61	603.19
1998	853.51	1229.28
2007	1011.95	1755.66
2008	1022.07	1785.93
2009	1045.44	1781.76
2010	1068.10	1743.12
2011	1080.81	1790.99

续表

年份	水果	蔬菜
2012	1098.97	1849.69
2013	1104.33	1883.63
2014	1160.77	1922.41
2015	1121.22	1961.31
2016	1091.66	1955.31
2017	1114.86	1998.11
2018	1187.49	2043.89
2019	1227.67	2086.27
2020	1264.64	2148.55
2021	1280.80	2198.57

数据来源：《中国农业统计资料》（2013～2022）

改革开放以来，我国水果生产发展可以分为三个阶段。第一阶段是 1978～1999 年的飞速发展阶段，1978 年水果产量为 656.97 万 t，1993 年中国水果产量跃居世界第一位，其中苹果、柑橘、梨、桃、李、柿子和核桃的产量都位居第一，1998 年水果产量达到 5452.85 万 t，是 1978 年的 8.3 倍。第二阶段是 2000～2010 年的快速发展阶段，2002 年水果产量为 6225 万 t，2010 年达到 20 095.37 万 t，是 2000 年的 3.2 倍，2002～2003 年水果产量又出现了一次大幅增长，仅一年时间水果产量从 6951.98 万 t 增长到 14 517.41 万 t，增长了 1.09 倍。第三阶段是 2011～2021 年的平稳发展阶段，2021 年水果产量达到 29 970.20 万 t，是 2010 年的 1.5 倍，比 1978 年增长了近 45 倍（表 18-2 和图 18-1）。

改革开放以来，我国蔬菜产量增长可分为三个阶段。第一阶段为 1978～2002 年，该阶段蔬菜产量快速增长，从 8243.00 万 t 增长到 52 860.56 万 t，翻了 6 倍多；第二阶段为 2003～2010 年，蔬菜产量保持相对稳定，2010 年产量为 57 264.86 万 t，仅是 2003 年的 1 倍多。第三阶段为 2011～2021 年，该阶段蔬菜产量呈现稳步持续增长的趋势，2021 年产量为 77 549.78 万 t，是 2011 年的 1.30 倍，年均增长率为 2.5%左右。

表 18-2　1978～2021 年中国主要园艺作物产量　（万 t）

年份	水果	蔬菜
1978	656.97	8 243.00
1988	1 666.10	
1998	5 452.85	38 484.00
2007	17 659.36	57 537.82
2008	18 279.10	58 669.21
2009	19 093.71	59 139.48
2010	20 095.37	57 264.86
2011	21 018.61	59 766.63
2012	22 091.50	61 624.46
2013	22 748.10	63 198.00
2014	23 302.63	64 948.65

续表

年份	水果	蔬菜
2015	24 524.62	66 425.10
2016	24 405.24	67 434.16
2017	25 241.90	69 192.68
2018	25 688.35	70 346.72
2019	27 400.84	72 102.60
2020	28 692.36	74 912.90
2021	29 970.20	77 548.78

数据来源：《中国农业统计资料》（2013～2022）

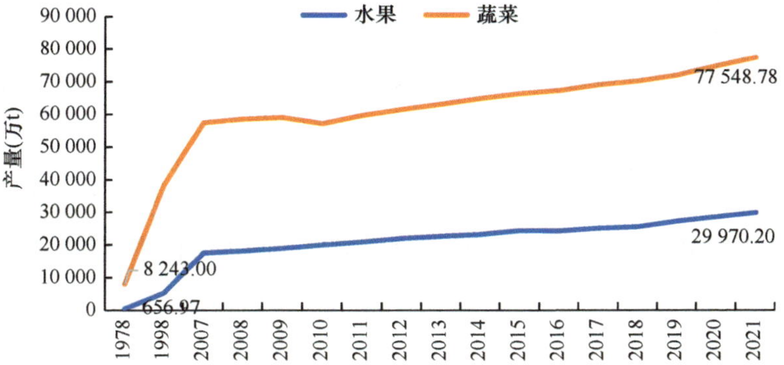

图 18-1 1978～2021 年中国蔬菜和水果作物产量

二、区域布局日趋合理

（一）水果

当前，我国种植面积和产量居前 6 位的树种分别是柑橘、苹果、梨、桃、葡萄和香蕉。我国水果生产主要分布在山东、河北、广东、陕西、福建、广西、河南、辽宁、黑龙江、江苏、浙江、安徽、湖北、湖南等省份。2002 年及 2008 年国家分别实施苹果、柑橘和梨等的优势区域发展规划，主要果树优势生产区域基本形成，生产集中度进一步提高。2021 年，苹果生产主要分布在环渤海湾和西北黄土高原两大优势区，主产地是山东（977.2 万 t）、陕西（1242.4 万 t）、河南（407.5 万 t）、河北（249.1 万 t）、辽宁（260.5 万 t），5 省的苹果产量占全国苹果产量的 68%以上；柑橘则主要在南方种植，主产地是浙江、福建、江西、湖南、广东、湖北、广西、四川等省份；梨的主产地是河北、山东、辽宁、河南、新疆等省份；香蕉的主产地是广东、广西、福建、海南、云南等省份，其中广东是香蕉产量最大的省。中国果树总体生产布局的演变趋势是由东部沿海向西北黄土高原、西南高地等内陆地区推移，由平原向江河湖海滩涂地、高海拔山坡地发展。

（二）蔬菜

经过几十年的发展，我国蔬菜生产进一步集中、竞争优势进一步提高。“近郊为主、远郊为辅、农区补充”的生产格局逐步向“农区为主、郊区为辅”转变。综合考虑地理气候、区位优势等因素，《全国蔬菜产业发展规划（2011—2020 年）》将全国蔬菜产区划分为华南与西南热区冬春蔬菜、长江流域冬春蔬菜、黄土高原夏秋蔬菜、云贵高原夏秋蔬菜、北部高纬度夏秋蔬菜、黄淮海与环渤海设施蔬菜六个优势区域，重点建设了 580 个蔬菜产业重点县（市、区），以提高全国蔬菜均衡供应能力。规划期内提高了全国蔬菜生产的均衡供应和防范自然风险、市场风险的能力。2021 年，山东、河南、江苏、河北、湖北、湖南、广西、广东、贵州、云南等省份为我国重要的蔬菜生产区。其中，山东省为我国蔬菜生产第一大省，其次分别为河南、江苏、河北、湖北、湖南、广西、广东、贵州、云南。

园艺作物的生长对光、热、温度有特殊要求，因此园艺产品的上市具有明显的季节性特点。由于园艺产品（尤其是蔬菜）不耐储运，因此在温度较低的冬春之交和温度较高的夏秋之交，蔬菜市场往往供应比较紧张，价格上涨，这就是传统的“春淡”和“秋淡”。近年来，在农业主管部门的统一规划下，我国不断调整园艺产品生产布局，基本形成了设施蔬菜、高山蔬菜、冷凉蔬菜搭配的格局，加上全国蔬菜大生产、大市场、大流通格局的逐渐形成和储运条件的改善，蔬菜周年均衡供应能力显著提升，传统的“春淡”和“秋淡”明显改善。即使在传统蔬菜价格最高的 3～4 月，蔬菜市场依然品种丰富、数量充足，且价格相对稳定。

三、生产技术显著进步

改革开放以来，我国园艺产业生产技术水平显著提升。先进的育种技术在园艺作物育种中得到应用，优良品种不断出现，单产不断提高。

（一）水果

改革开放以来，我国引进国外果树品种 1700 余个，其中葡萄 230 余个、苹果 750 余个、梨 150 余个，促进了我国水果主栽品种的更新。截至 2021 年底，我国从国外引入果树种质资源 5390 份，其中葡萄 1334 份、柑橘 574 份、桃 544 份、苹果 605 份、梨 476 份、李 177 份、草莓 245 份、杏 112 份、猕猴桃 420 份、香蕉 109 份、杧果 67 份，极大地丰富了我国果树资源的多样性，为果树生产及育种利用提供了物质支撑。

中国产量较大的水果主要有柑橘、苹果、梨、桃和香蕉等。目前中国是世界上鲜果生产最多的国家，苹果、柑橘、梨、桃的产量居世界首位。苹果、柑橘和梨是我国三大水果，其中柑橘是我国产量最大的水果品种，占全国水果总产量的 16%以上。

（二）蔬菜

据张杨勇等（2013）的研究，1978～2012 年我国通过审定、认定、登记（或备案）、国家鉴定的蔬菜品种有 4825 个，主要蔬菜作物均经过 3～4 代的更新换代，良种覆盖率达到 90%以上；《全国蔬菜产业发展规划（2011—2020 年）》指出，全国选育各类蔬菜优良品种 3000 多个，主要蔬菜良种更新 5～6 次，良种覆盖率达 90%以上。2020 年，大白菜、萝卜、黄瓜、甘蓝、番茄、茄子、芹菜、大葱、胡萝卜 9 种蔬菜播种面积占全国蔬菜总播种面积的 43%。其中，9 种蔬菜中大白菜播种面积占 15%，产量占 18%；萝卜播种面积和产量均约占 5.6%；黄瓜播种面积约占 6%，产量占 10%左右；甘蓝播种面积约占 5%，产量约占 2%；番茄播种面积约占 5%，产量约占 8%；茄子播种面积约占 4%，产量约占 5%；芹菜和大葱播种面积均约占 3%，但芹菜产量约占 4%，大葱产量约占 3%。

技术的进步促进了园艺作物单产的大幅度提升。1978～2021 年，水果单产从 3.9655t/hm^2 增长到 23.3997t/hm^2，增长 4.9 倍。1978～2012 年，蔬菜单产从 24.7463t/hm^2 增长到 33.3162t/hm^2，增长 34.6%，2013 年单产为 33.5513t/hm^2，基本稳定，之后开始稍有提高，到 2021 年达到 35.2724t/hm^2。最近十年，水果单产呈稳中略升趋势，蔬菜单产保持基本稳定（表 18-3 和图 18-2）。

表 18-3　1978～2021 年中国园艺作物单产　（t/hm^2）

年份	水果	蔬菜
1978	3.9655	24.7463
1988	3.2887	—
1998	6.3887	31.3061
2007	17.4508	32.7729
2008	17.8844	32.8508
2009	18.2638	33.1916
2010	18.8141	32.8519
2011	19.4472	33.3708
2012	20.1020	33.3162
2013	20.5989	33.5513
2014	20.0752	33.7850
2015	21.8732	33.8678
2016	22.3560	34.4876
2017	22.6413	34.6291
2018	21.6326	34.4180
2019	22.3194	34.5605
2020	22.6884	34.8668
2021	23.3997	35.2724

数据来源：根据历年《中国农业统计资料》计算

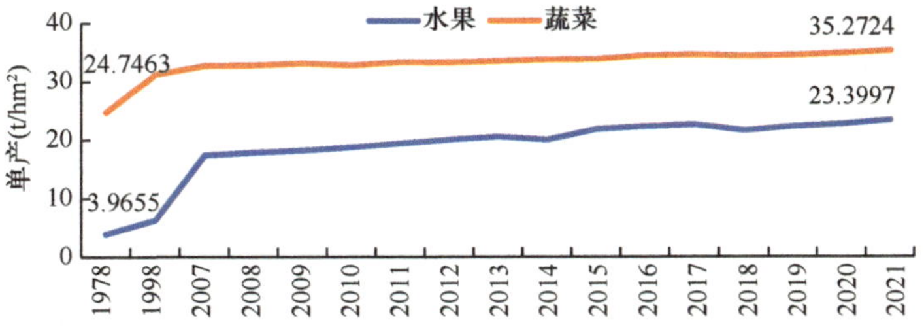

图 18-2　1978～2021 年中国蔬菜和水果作物单产

根据蔬菜单产情况，可以将有关蔬菜作物的科技进步分为两个阶段，第一阶段是 1978～1998 年，该阶段我国大量引进国外先进设备和技术，再加上蔬菜播种面积的快速增长和机械化的普及，蔬菜单产从 24.7463t/hm^2 增长到了 31.3061t/hm^2；第二阶段是 1999 年至今，蔬菜单产稳步增长，蔬菜产业相关技术和设备也从以引进为主逐渐转变为以研究开发为主，科技进步缓慢增长。

根据水果单产情况，可以看出有关水果作物的科技技术进步和蔬菜类似，改革开放后由于新品种、新设备、新技术的引进，水果单产快速增加，2012 年之后水果单产呈波动增长，到 2021 年水果单产达到 23.3997t/hm^2。

四、质量安全状况良好

近年来，国家对园艺产品质量安全问题高度重视，先后组织实施了无公害食品行动计划、蔬菜标准园创建等活动，园艺产品的质量安全状况正在逐年改善。农业部的农产品质量安全例行监测结果显示：多年来园艺产品合格率一直保持较高的水准且呈现上升的趋势。以蔬菜为例，2009 年我国蔬菜农药残留的合格率达到 96.4%；2010 年三次农产品质量安全例行监测的蔬菜产品合格率分别为 95.4%、96.9%和 96.6%；2011 年三次农产品质量安全例行监测的蔬菜产品合格率分别为 97.1%、97.9%和 98.1%；2012 年三次农产品质量安全例行监测的蔬菜产品合格率分别为 97.3%、98.0%和 98.0%；2013 年第一、二、三季度的蔬菜产品合格率分别为 95.1%、96.7%、97.8%；2014 年农产品质量安全例行监测的蔬菜产品合格率为 96.3%；2015 年农产品质量安全例行监测的蔬菜产品合格率为 96.1%；2016 年农产品质量安全例行监测的蔬菜产品合格率为 96.8%；2017 年农产品质量安全例行监测的蔬菜产品合格率为 97%；2018 年农产品质量安全例行监测的蔬菜产品合格率为 97.2%；2019 年农产品质量安全例行监测的蔬菜产品合格率为 97.4%；2020 年农产品质量安全例行监测的蔬菜产品合格率为 97.6%；2021 年农产品质量安全例行监测的蔬菜产品合格率为 97.1%。可见，最近十年，蔬菜产品质量安全水平仍然维持在较高的水准，但 2021 年合格率较 2020 年有所下降。

面对广大消费者对名牌园艺产品的需求不断增长的趋势，我国大力推进园艺产品品牌建设。第一，政府鼓励园艺产业中的龙头企业和种植大户创立创建园艺产品品牌，名果、名茶、名菜等各种品牌园艺产品如雨后春笋般不断涌现。第二，根据地方资源禀赋条件发展具有地方特色的园艺产业并积极申报地理标志产品。例如，享有“世界硒都”之称的恩施大力发展富硒茶，目前拥有茶园面积 100 万余亩，年产量 5 万 t，年产值近 30 亿元。第三，重点加强园艺产品的品牌建设和推广，提高园艺产品的附加值。国内外闻名的安溪铁观音通过各种品牌建设，带动了品牌价值的提升和销量的大增，在 2012 年销售额已达到 12 亿元。

五、产业竞争力不断提高

名特优园艺产品竞争力提高。随着人们环保、健康、美观等意识的不断提高，我国生产的环保、安全、高效、美观的特色园艺产品正在成为市场上极具竞争力的农产品。通过多年的努力，我国园艺产业的结构得到了不断调整，发展壮大了一批“名、特、优、精、深”园艺产品，提高了特色园艺产品在全球市场上的国际竞争力。例如，伴随食用菌产业的发展，我国形成了以广东福田，福建漳州，浙江龙泉、庆元、景宁和磐安，河南西峡，湖北随州，河北平泉，山东莘县、邹城及四川大邑、金堂等为主的具有国际竞争力的出口基地。

进出口贸易增长迅速。加入 WTO 以后，我国园艺产品的进出口贸易得到快速发展，进出口贸易量和贸易额均呈现持续增长的趋势（表 18-4）。出口方面，出口额由 2000 年的 38.14 亿美元上升到 2021 年的 294.40 亿美元，增长了 6.7 倍；其中，2003～2007 年可视为中国园艺产品出口的五年“黄金增长期”，2007 年出口额突破 100 亿美元，2011 年中国园艺产品出口额突破 200 亿美元，之后到 2021 年总体仍然呈增长态势。进口方面，进口额从 2000 年的 5.53 亿美元增长到 2021 年的 223.87 亿美元，增长幅度超过 39 倍，进口产品中增长最快的是水果，2020 年水果进口额占到总进口额的 71%。从变化趋势看，水果在整个园艺产业中的进口比例正在逐步提高；园艺制品和茶叶进口比例基本稳定；蔬菜、花卉进口比例呈现上升趋势。

表 18-4　1995～2021 年中国园艺产品进出口贸易状况　（百万美元）

年份	进口额	环比增长率（%）	出口额	环比增长率（%）	贸易顺差
1995	197.94	—	3 769.41		3 571.47
1996	322.66	63.01	3 572.16	–5.23	3 249.50
1997	345.76	7.16	3 606.29	0.96	3 260.53
1998	367.35	6.25	3 498.52	–2.99	3 131.16
1999	419.54	14.21	3 589.86	2.61	3 170.32
2000	553.45	31.92	3 813.61	6.23	3 260.16
2001	705.40	27.45	4 254.49	11.56	3 549.09
2002	738.28	4.66	4 789.52	12.58	4 051.24
2003	945.29	28.04	5 772.62	20.53	4 827.32
2004	1 249.51	32.18	6 960.74	20.58	5 711.23
2005	1 449.32	15.99	8 218.24	18.07	6 768.92
2006	1 815.35	25.26	9 873.87	20.15	8 058.53
2007	2 149.37	18.40	12 332.07	24.90	10 182.70
2008	2 314.66	7.69	13 631.52	10.54	11 316.86
2009	3 281.97	41.79	13 573.37	–0.43	10 291.40
2010	4 371.07	33.18	17 564.38	29.40	13 193.30
2011	5 812.61	32.98	21 141.17	20.36	15 328.56
2012	7 281.40	25.27	20 438.54	–3.32	13 157.14
2013	7 741.45	6.32	22 416.25	9.68	14 674.80
2014	9 021.97	16.54	23 041.64	2.79	14 019.67
2015	10 128.67	12.27	24 406.68	5.92	14 278.01
2016	9 603.99	–5.18	26 679.46	9.31	17 075.47
2017	10 257.25	6.80	27 463.64	2.94	17 206.39
2018	13 048.30	27.21	27 509.44	0.17	14 461.14
2019	15 949.39	22.23	28 456.71	3.44	12 507.32
2020	16 879.65	5.83	28 854.34	1.40	11 974.69
2021	22 387.48	32.63	29 440.74	2.03	7 053.27

数据来源：根据 UN Comtrade 数据整理；表中园艺产品（horticultural product）数据主要包含蔬菜、水果、花卉和茶叶

在园艺产品出口贸易中，规模最大的是蔬菜，其次是园艺制品，水果和茶叶的出口规模也比较大，花卉等活植物出口最少。从出口贸易的变动趋势看，蔬菜的出口地位比较稳定，在总出口中的比例一直维持在 30%以上；园艺制品在总出口中的比例维持在 30%左右；水果在总出口中的比例维持在 10%～20%；茶叶在总出口中的比例比较稳定，2021 年占园艺产品出口总额的 14.23%（图 18-3）。

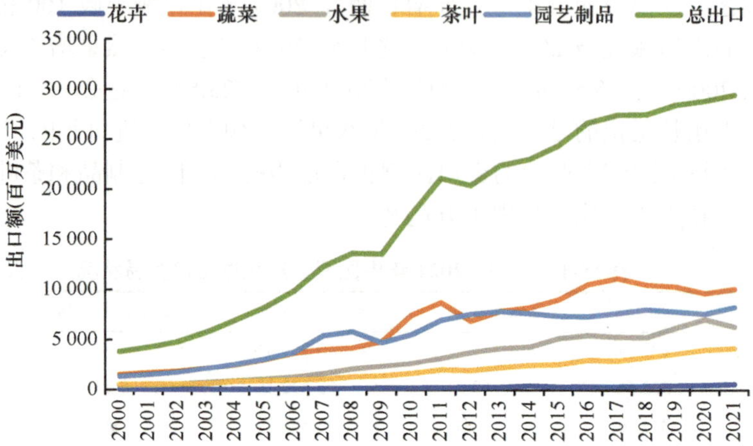

图 18-3　我国园艺产品的出口额变动情况

数据来源：UN Comtrade 数据库

在我国园艺产品进口贸易中，蔬菜和水果进口显现出明显的增长态势，水果进口占园艺产品总进口的比例逐步上升，2021 年占到进口总额的 71.06%；园艺制品和蔬菜在园艺产品总进口中的比例基本稳定，2021 年蔬菜占到进口总额的 12.75%；茶叶和花卉虽然进口也有一定的增长，但由于增速较慢，在进口总额中的比例不断下降（图 18-4）。

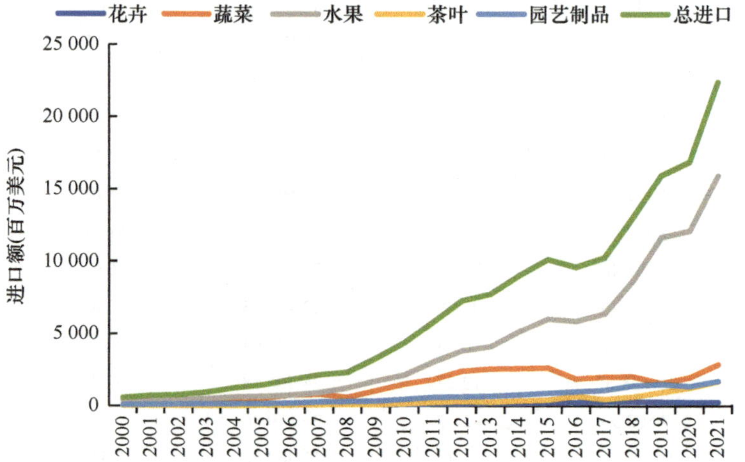

图 18-4　我国园艺产品的进口额变动情况

数据来源：UN Comtrade 数据库

六、绿色发展方式转型持续推进

秉承“高产、高效、优质、生态、绿色”的发展理念，促进产业可持续发展。消费者对果、蔬、茶等园艺产品的需求是动态变化的。过去，由于产品相对短缺，园艺产业生产主要是为了满足人们对园艺产品数量的需求，但随着园艺产业的发展，人们对园艺产品数量的需求逐渐得到了满足，正在逐渐向对园艺产品品质的需求转变。根据居民消费需求的变化，在近 30 年的发展过程中，我国园艺产业逐步形成了“高产、高效、优质、生态、绿色”的发展理念并在实践中践行。产业的发展不仅强调产量提高和农民收益增加，还强调品质优良、实用放心、发展持续，园艺产品的良种使用率、品牌化率不断提高。随着我国“由农田到餐桌”的食品安全检测体系不断完善和安全优质园艺产品的价值逐步被消费者接受，未来有机、绿色、无公害园艺产品的生产空间更为广阔，发展前景乐观。

七、政策支持力度加大

政府重视和支持是园艺产业得以迅速发展的重要原因。园艺产业是促进农民增收、农业增效和提高城乡居民生活水平的重要产业，相对于大宗农产品而言，园艺作物种植效益较高，因此成为各级地方政府调整农业产业结构的重点目标，许多地方出台了相关政策对园艺产业加以扶持。一是支持主要园艺作物产区的基础设施建设；二是投入资金对园艺产业相关主体加以培训，提高园艺产品生产大户、专业协会、农民合作经济组织和龙头企业的生产经营能力；三是针对信誉度高、带动面大、对农民增收贡献大的园艺产业龙头企业，通过制定政策引导金融机构给予支持；四是加大对园艺产业的科研投入力度，设立各种科研和科技推广专项，提高园艺产业的技术水平。例如，“948”计划、丰收计划、优势农产品重大技术推广项目、种子工程、农业综合开发专项、旱作节水农业项目、测土配方施肥项目等的实施，使得园艺产业良种培育、病虫害防治、优良栽培模式推广等得到了较大改善；五是加强园艺产业重点产区和市场的基础设施建设，初步实现了以较好的生产、加工、储运设施条件保证园艺产品的生产和营运。例如，遍布全国各地的“绿色通道”网络化设施有效解决了“南菜北运”“北果南调”等产品调运问题，有力推动了全国园艺产业的发展。

第二节 园艺产业发展面临的问题和挑战

目前我国园艺产业发展取得了巨大的成就，但随着社会发展、经济转型、产业升级、资源生态约束等内外部环境的变化，其在发展中面临着一些突出问题和诸多挑战，需要清醒认识和深入研究，并采取应对策略措施，以促进园艺产业更好更快发展。

一、存在的主要问题

目前，我国园艺产业发展主要存在 7 个问题，包括生产组织化程度、生产布局、流通体系、质量安全、科技支撑力及国际竞争压力等方面。

（一）生产组织化程度低

1. 经营规模偏小

改革开放以来，我国园艺产业发展迅速，但是园艺产业的快速增长主要是依靠种植面积的增长实现的，粗放的经营方式并没有带来相应的规模效益。近十年来，尽管我国园艺生产经营规模化、专业化水平在逐渐提升，但仍然以小规模农户生产为主。农户年龄偏大、受教育程度较低、经营规模狭小、兼业化现象普遍、主要采用传统的生产方式、抵御自然灾害和应对市场变化的能力很弱、没有形成规模效应的格局仍然没有改变。园艺产品合作社规模小、实力弱、技术服务程度低，小的仅有几十名成员，大的也不过联系 200～300 家农户，“五统一”（统一建设、统一种苗、统一肥料、统一技术、统一销售）远远没有实现。

以山东省德州市蔬菜产业为例，当前蔬菜种植散户比例较大，其生产规模小，而推广的新生产方式和技术不适合小面积栽植与管理，且农业生产人员逐渐老龄化，工作效率偏低，限制了蔬菜科学技术的推广和应用。根据德州市 25 个行政村的乡村振兴调研结果，644 份问卷（共发放问卷 650 份）显示，从性别来看，男性占比 63.51%，女性占比 36.49%；从文化程度来看，高中以下占比 77.64%，高中以上占比 22.36%；从人口年龄来看，以 35 岁以上为主。这类人群存在接受新技术、新生产方式、新农机事务慢的特点，且整体文化程度较低，过度依赖传统种植经验，缺乏合理轮作、整地消毒意识等。

2. 兼业化现象普遍

农户兼业是指农户既经营农业，又从事非农产业的一种跨部门经营现象。改革开放以来，我国农村转移出了大量剩余劳动力，但这些劳动力并没有完全脱离农业，农村家庭兼业农业发展十分普遍。在园艺产品的生产中，同样存在普遍的兼业化现象。根据大宗蔬菜产业技术体系研究团队的调查，在调查的 3859 户农户中，兼业户为 3483 户，农户兼业率已高达 90.02%；专业户 376 户，仅占 9.98%。农户兼业生产分散了其对农业的投入，加之小农户的生产模式决定了其规模报酬是递减的，导致农民对生产投入没有积极性，限制了农业自身积累投入机制的形成。除此之外，兼业农户误农时、专业性不强、技术不娴熟等问题也制约着园艺产业的发展。

3. 合作社发展滞后

合作社是园艺产业生产经营的重要组织主体。国家市场监督管理总局 2022 年 6 月 29 日公布的数据显示，截至 2022 年 5 月底，我国有农民专业合作社 222.7 万户，比上年底增长 0.4%。尽管农民专业合作组织在数量上有明显增长，但高速增长的背后仍然隐藏着规模小、实力弱、技术服务程度低等诸多问题。园艺产品专业合作社小的仅有几十名成员，大的也不过联系 200～300 家农户，为合作社成员提供的服务仅仅停留在原料供给等低层次上，“五统一”远远没有实现，而且很多从业人员的知识水平不够，只凭借自己的经验或跟风种植植物，园艺作物种植方式往往一成不变或水平不高。具有一定规模和效益的现代园艺产品生产企业数量不多，部分企业以占有土地、套取补贴等为经营目的，没有真正地发挥龙头企业应有的作用。

4. 品牌化率较低

虽然我国蔬菜、水果及花卉等园艺产品的生产量位居世界第一，部分品种也存在一定的国际比较优势，出口增长较快，但是我国园艺产品多以原料和半成品形式出口，产品附加值低，尤其是缺少精深加工或者高附加值产品，并未形成竞争力很强的品牌。虽然近 30 多年来我国蔬菜出口增长很快，但出口均价几乎没有变化，如 1995 年均价为 1011.7 美元/t，到 2012 年为 1070.7 美元/t，2021 年也只有 1195.78 美元/t。可见在全球市场竞争中，尽管我国是世界上的花卉、蔬菜及水果生产大国，特别是梨和水果的产量位居世界第一，柑橘也仅次于美国及巴西，历年的出口率均较高，但我国园艺产业出口获得的不过是廉价劳务费。当前我国劳动力成本处于上升时期，以往园艺产品的低成本优势将有所减弱。

我国水果特别是鲜果的出口经常出现“高产量无高价值”的局面。以苹果、柑橘为例，中国是世界上的苹果和柑橘生产大国，但出口量占总产量的比例都较小，出口价格也均处于较低水平。苹果出口地集中在美国、俄罗斯和东南亚地区，而柑橘出口则以东南亚市场为主，向其他发达国家和地区出口的鲜苹果虽呈现增长趋势，但数量仍然不多。其中一个重要的原因就是中国水果品牌在国际市场上不够响亮，名气不够大，缺乏国际公认的品牌产品。近年来，在国家高度重视农产品品牌建设、积极指导营销、强化服务监管等一系列措施的推动下，我国水果品牌已呈现快速增长态势，包括区域品牌、企业品牌、产品品牌。其中，区域品牌如栖霞苹果、安徽砀山梨、河北鸭梨等，产品品牌如“褚橙”“17.5 度橙”等，在国内消费者中虽然有一定的认知程度，但总体来说蔬菜、水果、花卉品牌较少，产品品牌化率低，在国际上的认知度更低。总体上，我国水果行业依然缺乏国际知名品牌。

（二）生产布局不尽合理

经过多年发展，我国园艺产业在规模上增长较快，布局也正逐步优化，但仍然存在着生产比较集中、大中城市供给保障能力下降等问题，这些问题在蔬菜产业中表现得尤为突出。随着工业化和城镇化建设步伐加快，我国大多城市近郊地区的园艺作物生产基地迅速消失，中心城区市场所销售的园艺作物大量依靠外调和农区供应，加剧了园艺作物价格波动的风险。北方设施园艺作物在发展中不可避免地在上市时间和品种上与南方出现部分交叉，导致南北园艺作物之间呈现出竞争的新态势；同时南方园艺作物各产区间未能形成合理分工，产业结构趋同。

1. 生产比较集中

我国蔬菜生产比较集中，空间上呈现聚集的趋势。据统计，1990 年蔬菜播种面积位列全国前 10 位的省份分别是山东、河南、江苏、广东、四川、湖南、河北、湖北、广西、安徽，共计 $2238.7\times10^3hm^2$，占全国的 63.3%（图 18-5）；产量位列全国前 10 位的省份分别是山东、四川、河南、河北、江苏、广东、湖北、湖南、辽宁、黑龙江，共计 13 368.8 万 t，占全国的 68.4%（图 18-6）。2021 年蔬菜播种面积位列全国前 10 位的省份分别是河南、广西、山东、贵州、四川、江苏、广东、湖南、湖北、云南，共计 $14\,802.1\times10^3hm^2$，占全国的 66.80%（图 18-7）；产量位列全国前 10 位的省份分别是山东、河南、江苏、河北、湖北、湖南、广西、广东、贵州、云南，共计 50 049.96 万 t，占全国的 64.40%（图 18-8）。在 40 多年的时间里，位列前 10 位的省份产量和播种面积占全国的比例仍然达到 65%上下，说明蔬菜生产的集中度一直较高。

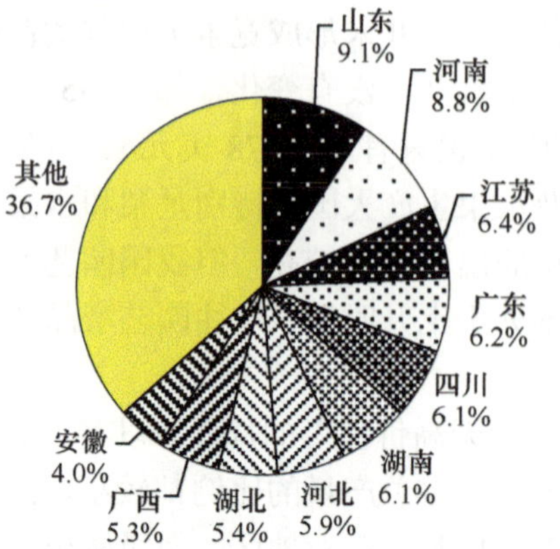

图 18-5　1990 年蔬菜播种面积分布图

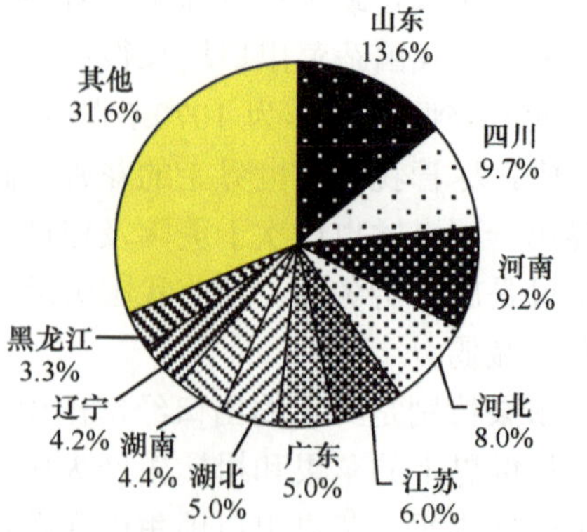

图 18-6　1990 年蔬菜产量分布图

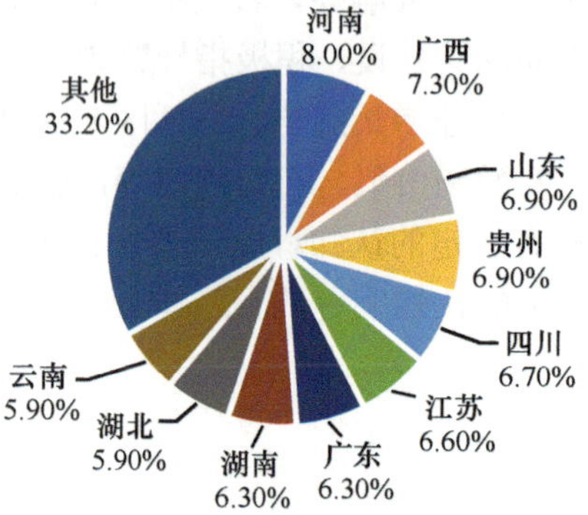

图 18-7　2021 年蔬菜播种面积分布图

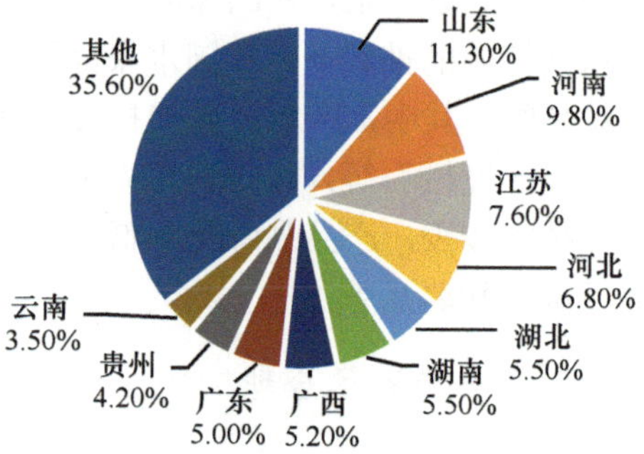

图 18-8　2021 年蔬菜产量分布图

2. 大城市郊区蔬菜播种面积骤减，蔬菜种植过度向农区集中，加剧了蔬菜价格波动的风险

近年来，随着工业化和城镇化建设步伐加快，城市周边地租不断上涨，用于工业开发区建设、房地产开发等的土地收益远超过蔬菜种植收益，我国大多城市近郊地区的专业菜地很多被征收用于道路、房产等城镇建设开发，尚未征用的也被纳入城镇建设规划，导致城市周边大量的蔬菜生产基地迅速消失，菜农也无心投入和专心生产，虽然制定了菜地占补平衡政策，但由于实际落实过程中打了折扣，加之新菜地生产力明显不如老菜地，因此中心城区市场所销售的蔬菜大量依靠外调和农区供应。据课题组在中部某省的调研，菜地占补不平衡、先占后补、占多补少、补后又占、征占不补的现象依然存在。

蔬菜产业大流通的格局已逐步形成，蔬菜生产的地域限制逐渐弱化。目前蔬菜生产已由“就地生产、就地销售”逐步向“一地生产、全国销售”转变。各蔬菜主产地的资源禀赋优势得到较好发挥，蔬菜生产专业化分工进一步细化，资源配置效率提高。另外，我们应看到蔬菜在产区集中生产的风险，主产区突发的自然灾害会直接影响大中城市蔬菜的供应；连作障碍、病虫害防治的困难进一步加大；蔬菜主产区的供给波动会放大零售终端价格波动的幅度。此外，大中城市城郊蔬菜生产急剧萎缩，城市等主销地的蔬菜供应依赖于长距离运输。自然灾害对运输效率的负面影响会加剧蔬菜供需的结构性矛盾，导致主产区“卖难”和主销区“买难”同时出现。逐步向外扩的城镇远郊蔬菜生产基础设施薄弱，设施蔬菜建设水平低，减灾抗灾能力差，病虫害控制缺乏经验，进一步加剧了市场供需矛盾，引起价格波动加剧。

3. 南北、南南蔬菜主产区竞争加剧

我国园艺产品区域消费市场格局是经过长期形成的，同时市场容量是有限的，盲目快速发展某一区域的园艺生产可能会导致区域间的无序竞争。北方设施蔬菜在发展过程中虽然很注重尽量同南方露地蔬菜在上市时间和品种结构上有一定的差异，但由于近年来发展较快，不可避免地在上市时间和品种上与南方出现了部分交叉。虽然目前南北蔬菜供给还以互补为主，但随着南北蔬菜产业规模的发展，将出现南北蔬菜之间竞争的新态势；在南方蔬菜产区，由于当地政府的支持和农户对蔬菜产业效益的追求，相关地区蔬菜产业均有较大的发展，但各区域间的蔬菜生产未能形成合理分工，产业结构趋同较严重，区域比较优势未得到真正发挥，南方不同蔬菜产地间也初现竞争态势。据课题组调查，2013 年 1 月是海南冬季瓜菜上市季，但由于气候好，广西、云南等地青瓜、茄子、番茄等提前上市，与海南的瓜菜相撞，几省份菜农在丰收年却遭遇了菜价低迷，广西番茄和黄瓜价格只能卖到 1.4～1.8 元/kg，种植户亏损较严重。

（三）流通体系不健全

1. 现代冷链物流建设滞后，成为制约园艺产品流通的瓶颈

园艺产品属于鲜活易腐农产品，对流通设施及设备的要求较高。在投入不足的条件下，我国园艺产品流通过程中仓储和运输环节的冷链建设相对滞后，加上园艺产品贮藏保鲜技术手段不发达，造成我国园艺产品在流通过程中损耗较大，在很大程度上限制了我国园艺产品特别是蔬菜的长距离流通。

目前我国农产品冷链物流企业所采用的制冷工艺和技术方法都较为滞后，技术无法突破，导致农产品冷链物流损耗过高的现象得不到改善，行业飞速发展与冷链物流基础设施建设脱节。农产品冷链物流所需的运输仓储设备陈旧落后，冷藏车数量不足，现代化冷库容量不足，直接影响物流企业的服务水平和运营效率。目前，我国初级农产品冷链运输率相对发达国家一直偏低，发达国家已经达到 80%～90%的水平，而我国果蔬冷藏运输率仅有 15%。目前，美国、澳大利亚等发达国家在农产品运输过程中普遍采用现代冷链物流，在仓储环节采用冷库预冷，在运输环节采用低温冷藏车装运，基本能将长途运输过程的蔬菜损耗率控制在 5%以下。水果方面，尽管我国水果贮藏技术与投入越来越多，但损耗率依然较高。以贮藏水平较高的赣州为例，2012 年某公司有 18 个贮藏库，水果贮藏量接近 3000 万 kg，贮藏成本为 0.5 元/kg，但损耗率仍高达 8%～10%。相关资料显示：中国柑橘一年的损耗量就有 300 万 t 以上，超过日本、韩国全国产量。

2. 流通环节较多，流通成本高

园艺产品销售周期短、销售渠道窄。园艺产品自身的鲜嫩程度至关重要，多数情况下在鲜嫩状态利用价值最高，尤其是水果、蔬菜、花卉。新鲜的果蔬不仅鲜艳美观，拥有优质的风味和口感，而且营养价值较高，越是鲜嫩价值越高。园艺产品还存在季节性、

易损性、变价性等特点，都与产品鲜嫩程度有关，大部分蔬菜、水果等园艺产品的易腐性客观上要求高效便捷的流通体系。国外园艺产品流通渠道短、中间所经过的环节少，各种产销直挂模式常见，流通效率高、成本低。在美国，约有 78.5%的农产品实行产销直挂，该模式直接连接产地和连锁超市、餐饮等农产品需求大的需求方。其他 21.5%虽然经过了中间运销商，但一般所经历的流通环节也只有三个。反观我国，园艺产品在从田间生产到消费者餐桌的整个流通过程中，依次需要经过中间商或经纪人的田间（地头）收购、产地批发、长途运输、销地批发、销地零售等多个环节，各个环节层层加价，致使流通成本较高，零售价格居高不下。特别是交通落后的乡村，园艺产品销售渠道窄且短，对中间商的依赖性较强，往往仅依赖某中间商进行销售，若存在产量较高的情况，则因销售渠道不足无法将产品在鲜嫩状态下尽快出售，从而影响生产的顺利进行和农民的利益。短的销售渠道流通环节少，能减少产品在流通过程中的损耗，能迅速将产品转移到销售者手中，但也存在着市场覆盖范围小、覆盖速度慢的问题。

（四）质量安全隐患仍然存在

1. 生产中使用农药、化肥的现象仍然普遍

在我国园艺产品生产过程中，不当使用农药、化肥的情况比较普遍，主要表现在两个方面：一是农药、化肥使用量大。出于对高额收益的追求，为了增加产量，在生产过程中大量使用化肥、农药成为一种普遍现象，化肥、农药投入量和成本大幅度增加。2021年，我国大中城市蔬菜生产每亩投入的化肥、农药成本分别为 401.56 元和 182.14 元（图 18-9）；苹果生产每亩投入的化肥、农药成本分别为 477.9 元和 266.04 元（图 18-10）；橘子生产每亩投入的化肥、农药成本分别为 462.62 元和 387.79 元（图 18-11）。2003 年，我国大中城市蔬菜生产每亩投入的农药、化肥成本分别为 65.64 元和 137.73 元，苹果生产每亩投入的化肥、农药成本分别为 128.55 元和 123.73 元；橘子生产每亩投入的化肥、农药成本分别为 593.82 元和 340.89 元。2021 年大中城市蔬菜生产投入的化肥、农药成本比 2003 年分别增长 191.56%和 177.48%，二者之和占到蔬菜生产每亩投入物质与服务费用的 31.85%，比 2003 年的 26.7%增加 5.15 个百分点。结果表明，无论是农药、化肥的投入成本，还是农药、化肥投入成本在物质与服务费用中所占的比例，均有所上升。

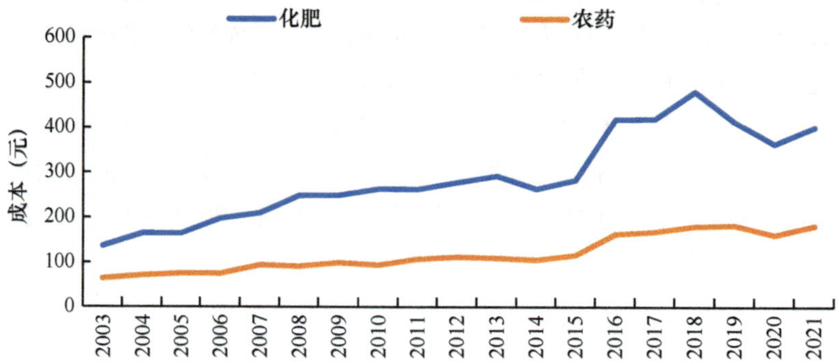

图 18-9　我国大中城市蔬菜生产每亩投入的化肥和农药成本

数据来源：历年《全国农产品成本收益资料汇编》

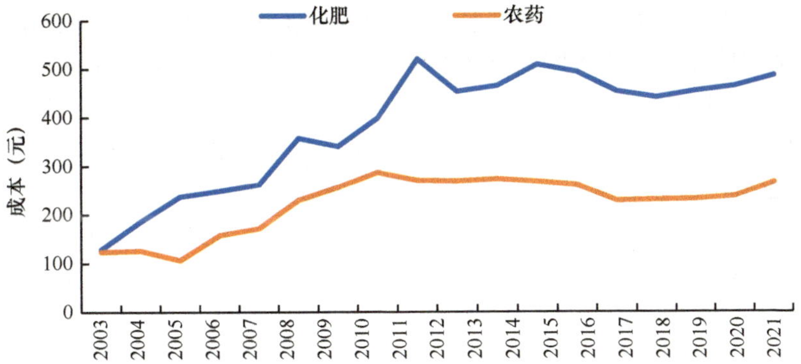

图 18-10 我国苹果生产每亩投入的化肥和农药成本

数据来源：历年《全国农产品成本收益资料汇编》

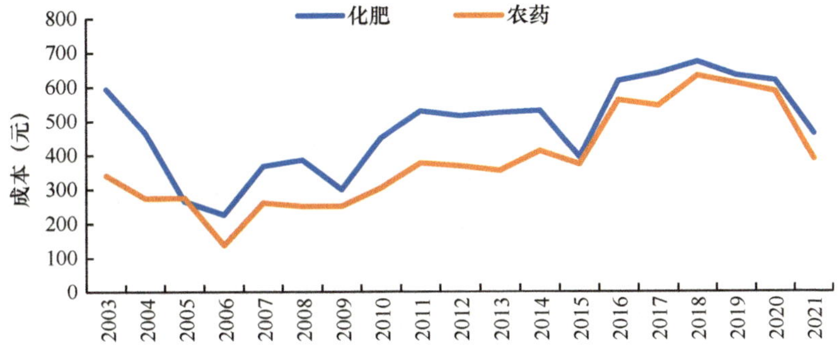

图 18-11 我国橘子生产每亩投入的化肥农药成本

数据来源：历年《全国农产品成本收益资料汇编》

二是农药产品结构不合理、剂型不配套。据统计，我国农药产品组成为：杀虫剂占 72%、杀菌剂占 11%、除草剂占 15%、其他占 2%。不当使用农药、化肥不仅对当期园艺产品的质量安全产生影响，而且对园艺产品生产所处的自然环境造成污染，影响蔬菜产业的可持续发展。

2. 园艺产品加工品质量安全问题仍然存在

2020 年，全国蔬菜制品抽检了 18 498 批次，其中不合格样品 439 批次，不合格率为 2.37%。在检测工作中发现，蔬菜制品存在的主要问题是超限量使用防腐剂和甜味剂。分析原因是蔬菜制品含水量大，容易受到周围微生物的污染，有些企业便通过增加蔬菜制品的盐分和加大防腐剂的用量来防止蔬菜制品变质，增加盐分后为了避免过咸而又增加糖精钠、安赛蜜、甜蜜素等甜味剂的用量，使蔬菜制品在防腐剂和甜味剂的使用上普遍存在安全质量问题。

3. 出口产品因质量安全问题频遭退货

农药残留问题仍然是我国蔬菜加工品存在的质量安全隐患，也是技术壁垒的主要内容。主要的蔬菜进口国美国、日本、韩国近年来实行更加严格的食品标准，日本“肯定列表制度”对 255 种农兽药和饲料添加剂在 186 种食品、农产品中设立了 9321 个限量标准，对没有制定限量标准的农兽药，只要发现含有该物质，就不允许在日本销售。通关时间长、检测费用高导致的出口成本大幅增加，已经成为目前我国蔬菜出口的主要障碍。加大蔬菜基地建设并严格控制农药的使用是提高蔬菜加工品质量的重要方面。

2022 年，美国 FDA 扣留（召回）我国不合格农食产品 651 批次。其中，位列前三位的产品类别为：蔬菜及制品类 217 批次，占总批次的 33.33%；干坚果类 80 批次，占总批次的 12.29%；糕点及饼干类 65 批次，占总批次的 9.98%。其中，由于品质不合格被扣留（召回）的产品 238 批次，占总批次的 36.56%，列第一位，由于含有非食用添加物和农兽残超标被扣留（召回）的分列二三位，分别为 157 批次和 70 批次（资料来源：技术性贸易措施网 http://www.tbtsps.cn）。2022 年，日本厚生劳动省扣留（召回）我国不合格产品 172 批次。其中，位列前三位的产品为：蔬菜及制品类 51 批次，占总批次的 29.65%；水产及制品类 29 批次，占总批次的 16.86%；轻纺类产品 26 批次，占总批次的 15.12%。其中，由于微生物污染被扣留（召回）最多，共计 50 批次，其次为农兽残超标和生物毒素污染（资料来源：技术性贸易措施网 http://www.tbtsps.cn）。

（五）质量标准化体系不健全

中国大多数水果在个头大小、口感、成熟度等方面仍不具有严格、专业、统一的测量标准，尚未实现标准化生产，与国外优质品种相比，许多国产水果的品质仍存在相当大的差距。此外，国际上许多进口国的水果安全标准种类繁多，也比较严格。中国水果及其制品的农药残留限量标准在检测种类和检测标准上与发达国家及地区的差距依然比较明显，一方面使得我国水果质量安全令消费者担忧，另一方面使得我国水果出口易遭受发达国家和地区设置的技术性贸易壁垒的限制，导致我国水果及其制品出口受限。

（六）科技支撑力弱

1. 蔬菜种子市场遭遇国外种子的挑战

种子是园艺产业核心竞争力的根源所在，蔬菜种子市场正遭遇国外种子的挑战。据《经济参考报》2009 年 12 月 25 日报道，国产的茄子、辣椒、番茄等看家品种的种子基本上已经被挤出市场。在我国最重要的蔬菜产区寿光，国外品种种子的市场占有率：长茄在 90%以上，番茄在 60%以上，辣椒在 60%以上，彩椒近 100%，并且大葱、胡萝卜、苦瓜、菠菜品种种子的市场占有率呈快速上升势头；国产蔬菜品种种子的市场占有率不断下降，只有密刺黄瓜、芸豆、苦瓜等种植规模较小的品种种子占有一定的市场份额。

黄山松等（2014）的研究显示：2012 年我国蔬菜种子年用量为 4 万～5 万 t，其中国外种子消费量（含进口种子和外资公司在国内繁育销售部分）为 1 万 t 左右，占蔬菜种子市场总量的 20%～25%，部分国外高端蔬菜种子甚至占到 40%～50%的市场份额；由于国外种子主要控制着高端蔬菜种子市场，因此外资企业以 20%左右的种子市场份额占据着 50%左右的厂商环节利润。

全国农业技术推广总站的张真和研究（表 18-5）发现：2012 年，全国进口蔬菜和瓜类种子 10 356.24t，可播种面积为 2362.96 万亩，而同年我国蔬菜和瓜类作物播种总面积为 34 083.95 万亩，进口种子可播种面积占 6.93%，在部分年份这一比例曾达到 9.1%，因此认为全国进口种子可播种面积占全国蔬菜和瓜类作物总播种面积的 6.9%～9.1%。

不同蔬菜品种进口种子可播种面积占实际播种面积的比例各不相同，如花椰菜、蕹菜、青菜、苋菜、结球甘蓝、莴苣、芹菜、大白菜等比例较高。2012 年蕹菜、青菜、花椰菜进口种子可播种面积占实际播种面积的比例最高，分别为 44.58%、30.23%和 24.99%，在部分年份个别品种这一比例甚至高达 50%以上。

表 18-5 2012 年全国进口蔬菜瓜类种子情况

蔬菜种类	总播种面积（万亩）	进口种子量（t）	进口种子可播种面积（万亩）	进口种子可播种面积比例（%）
合计	34 083.95	10 356.24	2 362.96	6.93
蕹菜	315.20	4 215.01	140.50	44.58
青菜	901.69	545.20	272.60	30.23
花椰菜	806.27	50.37	201.49	24.99
结球甘蓝	1 757.71	79.53	265.10	15.08
莴苣	758.83	18.13	90.63	11.94
胡萝卜	823.49	276.65	55.33	6.72
芥菜	786.28	195.05	39.01	4.96
菠菜	1 251.71	1 517.17	60.69	4.85
芹菜	1 103.90	43.32	43.32	3.92
洋葱	1 126.81	153.65	38.41	3.41
其他瓜菜	25 293.05	3 253.67	577.94	2.28

2. 轻简化生产技术需求迫切、进展缓慢

园艺产业是典型的劳动密集型产业，在生产中需要投入大量的劳动力。近些年来，蔬菜、水果生产人工成本的上涨速度较快。2003 年蔬菜种植每亩投入的人工成本为 495.11 元，占蔬菜生产总成本的 37%，到 2010 年蔬菜种植每亩投入的人工成本已高达 1334.38 元，超过物质与服务费用成为蔬菜生产最重要的成本组成部分，占蔬菜生产总成本的 49.4%（图 18-12），到 2021 年蔬菜种植每亩投入的人工成本达到 3162.53 元，超过蔬菜的物质费用和土地成本，在蔬菜生产成本中占据主导。在一些蔬菜主产区，蔬菜劳动力日工价达到 100～120 元，劳动强度较大的工种如高山蔬菜种植地区的背菜日工价甚至高达 300 元。人工成本的快速增长给我国蔬菜产业的发展带来了严重的挑战，随着劳动力成本的提高，蔬菜劳动力投入机会成本不断提高，菜农经营蔬菜的积极性有所下降。水果产业的发展同样受到了生产人工成本上涨的冲击，图 18-13 显示了 2003～2021 年苹果生产各类成本变化的情况。横向来看，物质费用和人工成本为苹果生产的主要成本构成。2004 年以前，物质费用在苹果生产总成本中所占的比例最大；2004 年以后，人工成本所占的比例逐渐上升，成为影响苹果生产的重要因素。纵向来看，2006 年以前，苹果生产的物质费用和人工成本较为稳定；2006 年以后，物质费用和人工成本增长速度迅速加快，成为推升苹果生产总成本上涨的关键因素；到 2021 年，物质成本达到 1705.42 元/亩，相比于 2004 年增长了 3 倍，人工成本达到了 3366.87 元/亩，相比于 2004 年增长了 4 倍。图 18-14 显示近十几年来柑类生产各类成本变化情况和苹果类似，物质费用和人工成本为柑类生产最为重要的影响因素，土地成本在柑类生产总成本中的比例较低。由于劳动力成本的过快上涨，东南沿海的浙江、福建及广东等传统主产区，水果业

退缩现象明显。可以预见在未来的一段时间里，我国园艺产品生产的劳动力成本还会进一步上升，从而挤压园艺产品生产的利润，影响园艺产业的可持续发展。因此，发展轻简化生产技术势在必行。但是从我国园艺产品轻简化生产发展的实际情况看：由于园艺产品品种繁多，生产周期较短，生产时田间管理复杂，因此机械的普适性差。特别是很多蔬菜是一次播种多次收获，农民采用混套种等蔬菜种植模式使得机械化操作比较困难，同时园艺机械相对于小规模生产的农户而言价格较高。另外，国家对园艺机械的发展不是很重视，科研人员更多关注粮油机械，造成园艺产业轻简化生产技术研发和推广都比较缓慢。

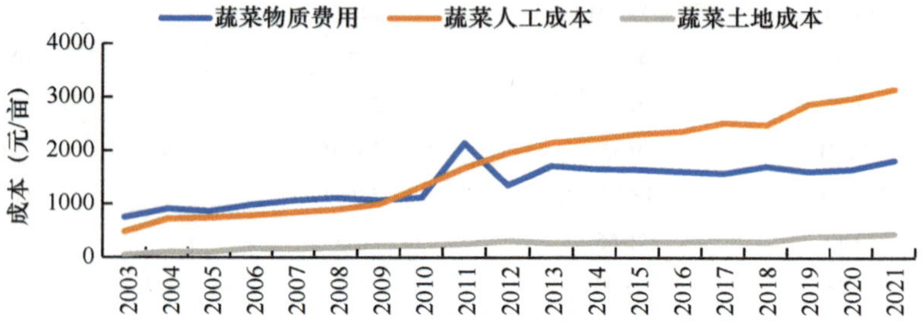

图 18-12　蔬菜生产各类成本变化曲线图

数据来源：历年《全国农产品成本收益资料汇编》

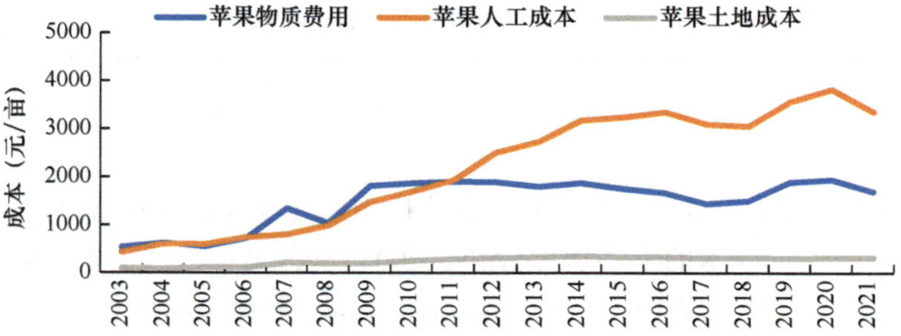

图 18-13　苹果生产各类成本变化曲线

数据来源：历年《全国农产品成本收益资料汇编》

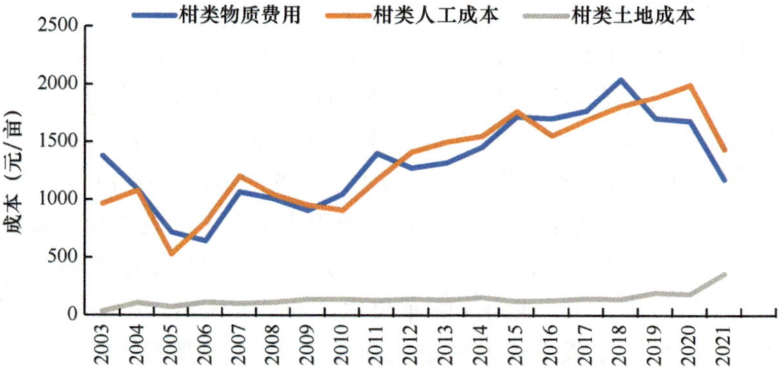

图 18-14　柑类生产各类成本变化曲线

数据来源：历年《全国农产品成本收益资料汇编》

3. 缺乏绿色生产集成技术手段

绿色生产是蔬菜产业高质量发展的核心内容。园艺产业大力发展，在不断满足人民对优质多样园艺产品需求的同时，也面临着产业质量难以提升、绿色发展不足等新的挑战。其中，蔬菜生产和病虫害防控中长期存在品种选择和耕作制度不合理、有机肥替代率低、化学药剂滥用、病虫害物理防治手段单一、生物防治使用率低等问题。生物防治等绿色防控技术难以长期规模化应用，以化学药剂投入为主的生产模式不仅破坏了生态平衡，还影响了蔬菜的品质，同时加剧了病虫害发生（周杰等，2022）。当下，园艺产业缺乏支撑其绿色高质量发展的基础和绿色集成生产技术，高端绿色产品的研发和生产、推广困难，急需解决质量和绿色难题，推进园艺产业转型升级（张宪智等，2022）。

（七）国际竞争压力大

据农业农村部公布，2021年中国蔬菜出口157.7亿美元，同比增长5.6%；进口11.9亿美元，同比增长14.8%；贸易顺差145.8亿美元，同比增长4.9%；2021年中国水果出口75.1亿美元，同比减少10.1%；进口145.2亿美元，同比增长31.5%；贸易逆差70.1亿美元，同比增长1.6倍。蔬菜、水果虽然出口额居世界前列，但仍然面临巨大的国际竞争压力。

1. 中国蔬菜出口比较优势和国际市场占有率不匹配

蔬菜产品出口的国际市场占有率是指某国家或地区蔬菜产品出口额占世界蔬菜产品出口总额的百分比。从国际市场占有率来看，2016年中国蔬菜出口的国际市场占有率居世界首位，其中调理加工蔬菜和脱水蔬菜占比较大。

显示性比较优势指标可以反映某国家或地区蔬菜产品出口在国际市场上的竞争力。从显示性比较优势指数来看，2016年中国蔬菜出口的比较优势处于中等水平，其中调理加工蔬菜和脱水蔬菜具有较强的比较优势，保鲜蔬菜、冷冻蔬菜和蔬菜汁的比较优势相对较弱。动态来看，中国蔬菜出口的显示性比较优势指数整体变化较为平稳，比较优势属于中等水平，其中调理加工蔬菜、冷冻蔬菜和脱水蔬菜比较优势最强的三类产品的显示性比较优势指数都呈现出下滑的趋势。横向来看，中国蔬菜出口的显示性比较优势指数相对较低，明显低于西班牙、荷兰等国家，其中调理加工蔬菜和脱水蔬菜尚有一定比较优势，但两者的显示性比较优势指数近年来都呈现出波动下降的趋势，蔬菜汁、保鲜蔬菜和冷冻蔬菜的竞争优势同样不容乐观。

中国蔬菜出口的比较优势和国际市场占有率并不匹配，2016年中国蔬菜出口的国际市场占有率位居世界第一，但比较优势属于中等水平，弱于西班牙、荷兰、墨西哥、加拿大等国家，单纯考虑蔬菜产品的竞争力，我国仍有不小的进步空间。我国蔬菜出口的发展潜力巨大，包括保鲜蔬菜在内的众多蔬菜产品的比较优势有待加强，根据出口潜力分析，目前我国主要出口国家或地区中半数以上属于潜力巨大型，相当多国家或地区的产品市场结构有待进一步优化调整。

2. 水果国际市场占有率提高，但比较优势呈下降态势

我国水果出口的国际市场占有率呈现上升态势，从2008年的2.73%上升为2021年的6.88%，增长了1.5倍左右，而2020年美国的国际市场占有率为12.14%。可见，我国虽然国际市场占有率在不断提升，但与主要出口国相比仍存在规模差距。细分水果行

业来看，不同水果的国际市场占有率呈现出明显异质性。苹果、柑橘、鲜梨作为我国出口的主要水果产品，出口规模和国际市场占有率均处于世界前列，但鲜梨和柑橘整体呈现波动下降趋势，国际市场占有率有所减少，国际竞争力有减弱的风险。甜橙、葡萄、桃的国际市场占有率呈上升趋势，而香蕉的国际市场占有率有明显下降，国际竞争力明显下降。总之，我国水果的国际市场占有率呈现上升趋势，出口额不断扩大，在国际市场中所占的份额不断提高。

我国是世界第四水果出口大国，但并不是水果出口强国，水果的附加值低，出口价格连年攀升，价格优势较弱，比较优势呈现不断下降的趋势，国际竞争力在逐渐减弱。从不同的水果行业来看，苹果作为我国水果出口的"领头羊"，在比较优势上也显示出较强的相对优势，但呈现波动上升的趋势，2008～2014 年比较优势不断增强，国际竞争力提高，2014～2020 年总体有所下降，但仍处于比较优势区间，2021 年呈上升趋势。鲜梨的竞争力下降幅度相对更大，比较优势正从较强向较弱过渡。柑橘已经从比较优势向比较劣势转变，急需提高产品质量，提升产业链增加值。相较而言，甜橙、葡萄、香蕉和桃处于比较优势区间且呈现下降的态势，比较优势的减弱程度进一步加深。总体来看，我国未有水果产品处于较强比较优势的区间，转变发展方式、培育新的贸易增长点，打造特有的水果国际竞争力，从而促进水果高质量出口是我国未来水果发展的主要任务。

二、面临的主要挑战

在目前和今后一段时期，园艺产业由于自身产业特点，其发展面临的挑战主要来自劳动力资源、土地资源、水资源、加工能力、环境压力和经济效益等方面，未来其可持续发展可能会受到影响。

（一）劳动力资源的制约

1. 农村人力资本缺乏

园艺产业属于典型的劳动密集型农业，对劳动力资源的要求较高。虽然我国农村地区劳动力丰富，但多数从业者年龄偏大，教育水平不高，且呈现出较大的地区间差异。2016 年第三次全国农业普查数据显示，全国农业生产经营人员 31 422 万人，其中女性 14 927 万人。在农业生产经营人员中，年龄 35 岁及以下的 6023 万人，36～54 岁的 14 848 万人，55 岁及以上的 10 551 万人。同时，我国农村劳动力教育水平在初中及以下占比最多。我国农村劳动力很少有接受职业技术和培训等方面教育的机会，造成具有职业技能的劳动力不足。另外，随着我国工业化与城市化进程的加快，大量的农村劳动力尤其是受教育程度相对较高的青壮年涌入城市，导致农村的青壮年劳动力尤其是男性劳动力大大减少，留在农村的往往是妇女、儿童及老人等劳动能力较弱的群体。劳动力资源素质低下及过度流出，将直接导致园艺产品生产成本的飙升，而替代劳动力的园艺产业轻简化生产技术进展缓慢，将对我国园艺产业的可持续发展产生非常不利的影响。

2. 园艺产业对从业人员要求相对较高

现代园艺产业发展需要具备一定科学文化素质和管理能力的从业人员，需要劳动者具备将先进的科学技术转化成现实生产力的能力，尤其是当前的设施园艺发展对从业人员提出了更高的要求。园艺产业对从业人员的要求较高主要源于两个方面：一方面作为一种受控农业，园艺产业受管理技术的影响程度比自然农业大得多；另一方面园艺产业是我国市场化程度最高的农业产业之一，所以市场风险相对较大，相对于大宗农产品生产经营者而言，园艺产品生产者要求具有更高的市场能力。从现阶段园艺产业从业人员的实际情况看，以下状况和行为严重制约了产业发展：不能准确把握市场信息，盲目生产，重栽培、轻管理，重数量、轻质量，轻视产品安全，滥施禁用农药。从业人员的素质直接关系着设施园艺的质量及园艺产业现代化的实现。

（二）土地资源的制约

1. 土地资源禀赋的先天性制约

我国土地资源虽然总量较大，但相对量小，土地质量不高。我国国土总面积约为 960 万 km^2，居世界第三位，但从人均占有量考量，我国只有世界平均水平的 30%。我国土地资源类型丰富多样，地形复杂，山地约占土地总面积的 33%，高原约占 26%，盆地约占 19%，平原约占 12%，丘陵约占 10%。地势高、气温低而不太适宜园艺作物生长的山地，特别是海拔 3000m 以上的高山、高原占我国土地总面积的 25%。还有近 20%的国土总面积是人类无法利用的沙质荒漠、戈壁、寒漠、永久积雪、冰川及岩石裸露山地等。

土地的后备资源潜力不大。由于我国垦殖历史悠久，质量好的土地后备资源已为数不多，估计今后可供开垦的宜农荒地为 3500 万 hm^2。同时，受到水利、耕作技术等限制，开垦的投入是巨大的。

2. 现有的土地资源面临着各方面的侵蚀

在土地资源先天不足的情况下，既有的耕地资源还面临着各方面的侵蚀，主要来自自然因素及社会发展因素两个方面。一是沙漠化、水土流失。全国荒漠化和沙化监测（2004 年）显示，全国荒漠化面积约 2.64 亿 hm^2，沙化面积约 1.74 亿 hm^2。截至 2014 年，全国荒漠化土地面积 261.16 万 km^2，占国土面积 27.20%的喀斯特地区石漠化土地面积为 1007 万 hm^2。据 2021 年统计，我国是世界上荒漠化面积最大、受影响人口最多、风沙危害最重的国家之一。二是社会发展对土地资源的侵蚀。在我国城镇化发展进程中，城市面积不断扩大，交通基础设施建设越来越完善，城市建设用地的大幅度增加侵占了大量的耕地。2000 年以来我国每年建设用地都在 300 万 hm^2 以上，2018 年我国的城市建设用地为 56 075.9km^2。根据冯 • 杜能的“孤立国”模型，包括果蔬在内的园艺产品生产圈处于城市核心之外的第一层，也就是说，城市扩张用地中首先被占用的是园艺产品等经济作物的种植用地。部分农村只重视土地利用的经济效益，对农村土地资源的盲目开发、过度开垦导致农村土地资源被过度占用。另外，农户的种植经营观念落后，缺乏完善的水利设施和高效的农业设备，导致农民在有限的土地资源上获得的收益较低，大量劳动力选择外出务工，进而导致越来越多的农田被撂荒。

3. 园艺产业发展面临与粮争地的矛盾

我国现有的耕地资源，既要解决 14 亿多人口的吃饭穿衣问题，又要发展园艺产品等相对高附加值产品，统筹发展难度非常大。由于粮食事关国家稳定，在我国农业发展过程中保障国家粮食安全一直是农业面临的第一要务，所有农业产业发展都要以“不与粮食争地”为前提。纵观我国近 20 年来园艺产业的发展，科技进步固然起到了非常关键的作用，但规模扩张也是一个非常重要的因素。相对于粮、棉、油等大宗农产品，园艺产业生产的经济效率更高，但在有限的土地资源约束下，作为“用地大户”的园艺产业与粮争地的矛盾将更加突出，依靠扩张种植规模的发展模式将不可持续。因此，在耕地资源有限甚至是缩减的状况下，园艺产业与粮食争地的问题会逐渐显现并成为一个突出问题，而耕地资源是制约园艺产业进一步发展的一个重要因素。

（三）水资源的制约

1. 水资源贫乏，时空分布不均衡

我国是一个严重缺水的国家，淡水资源总量为 28 000 亿 m^3，占全球水资源总量的 6%，居世界第四位，但人均只有 2200m^3，为世界平均水平的 1/4，美国的 1/5，是全球 13 个人均水资源最贫乏的国家之一。此外，我国水资源地区分布很不平衡，长江流域及以南地区土地面积占全国的 36.5%，但水资源量占全国的 81%，长江流域以北地区土地面积占全国的 63.5%，而水资源仅占全国的 19%。水资源的缺乏对我国园艺产业有一定的影响。蔬菜生产用水来源于地表淡水和地下水，降水是地表淡水和地下水的主要补给来源，也是制约蔬菜空间布局的影响因素。我国非水资源禀赋（降水）优势区域的蔬菜生产大省主要分布在华北和华东地区，非水资源禀赋区的中黄淮海地区蔬菜生产比例也过大。

2. 水资源质量不高

由于人们在经济发展初期保护水资源的意识不强，以及污水处理需要投入较高的成本，大量的工业废水和生活废水未经任何处理就直接排放，加上农业生产中农药和化肥的大量使用，我国水环境持续恶化，水资源质量持续下降，但近十年国家加强了环境治理，水资源质量有所提高，但仍需要改善。《2012 年中国环境状况公报》显示：2012 年长江、黄河、淮河、珠江、辽河、海河、松花江、浙闽片河流、西北诸河和西南诸河十大流域的国控断面中，Ⅰ～Ⅲ类水质的断面占到 68.9%，Ⅳ～Ⅴ类水质的断面占到 20.9%，劣Ⅴ类水质的断面占 10.2%。各个流域水质状况各不相同，水质优的流域有珠江、西南诸河和西北诸河，水质良好的有长江和浙闽片河流，轻度污染的有黄河、松花江、淮河和辽河，海河处于中度污染。《2021 年中国环境状况公报》显示：在长江、黄河、珠江、松花江、淮河、海河、辽河七大流域和浙闽片河流、西北诸河、西南诸河主要江河监测的 3117 个水质断面中，Ⅰ～Ⅲ类水质的断面占到 80.7%，劣Ⅴ类水质的断面占 0.9%。长江、西北诸河、西南诸河和珠江流域水质为优，黄河、辽河和淮河流域水质良好，海河和松花江流域为轻度污染。监测的湖泊（水库）中，贫营养状态的占 10.5%，中度富营养状态的占 62.2%，轻度富营养的占 23%。

3. 水资源利用效率低

我国是一个淡水资源严重缺乏的国家，人均实际可再生水资源占有量在逐年下降。

农业用水量占用水总量的比例超过10%，为最大的淡水资源需求行业。目前我国农业用水基本处于一种免费状态，农民生产过程中水资源浪费现象严重，利用效率较低，新型节水灌溉技术的推广使用范围不宽、效果有限，2006年配备完全控制局部灌溉设施的面积仅为754 900hm^2，占灌溉总面积的1.21%。近年来，我国通过加强水资源高效利用，实现了农业灌溉总用水量控制和定额管理，推进了品种节水、农艺节水、工程节水，2022年农田灌溉水有效利用系数达到0.568，较十年前提高了0.052（农业农村部，2022），但仍低于发达国家。

4. 园艺作物需水量大

园艺作物的生物学特性决定了其在生长周期内需要大量的水资源，相关资料显示，蔬菜90%～95%的成分是水，水果的含水量也在75%以上。园艺作物对水的需求几乎贯穿于整个生长周期，因此灌溉和排水是园艺作物生产的重要环节。由于淡水资源供应逐渐减少，提高了园艺作物灌溉对节水技术的要求。虽然新型节水灌溉技术在园艺产业中的应用普及度略高于粮食作物，滴灌技术在蔬菜、花卉、水果、药材、林木等种植中应用广泛，微喷技术在园林、运动场、花卉和果树种植中使用较多，但相比园艺产业发达的国家仍有相当的差距。水资源已经成为我国园艺产业发展的重要制约因素之一，甚至因为出口蔬菜相当于出口水资源而出现过对蔬菜出口是否经济的质疑，因此对于我国这个水资源缺乏的园艺产品生产和消费大国来说，节水灌溉是未来园艺产业发展的技术方向。

（四）加工能力的制约

园艺产业生产出的产品属于典型的鲜活农产品，产品收获后如果不能迅速消费或加工处理就会腐败变质，因此加工事实上可以看作是园艺产品的蓄水池，对产业的健康发展起着重要的调节作用。一方面加工业的发展能够增加人们对园艺产品的需求，提高园艺产品的附加值，从而增加相关主体发展产业的积极性。另一方面通过加工可以延长园艺产品的保鲜保质期，调节园艺产品供给和需求在时空上的不平衡，保证园艺产业的健康持续发展。但我国园艺产品加工业发展严重滞后，加工能力严重不足，成为影响我国园艺产业可持续发展的又一重要因素。

园艺产品采后处理包括收获、分级、清洗加工、包装、预冷、贮藏、运输等环节。近年来，我国在园艺产品加工增值方面取得了一些成绩，蔬菜加工企业规模不断扩大，开发了出口脱水蔬菜和精加工制品，增加了出口品种，行业集中度日益提高，产生了一批农业产业化龙头企业，产业规模得以迅速扩张，但整个行业依然处于企业加工规模小、抗风险能力差、产品单一、产品销路不畅、竞争力差的发展阶段。相对国外而言，我国园艺产业加工业发展较为滞后。我国果蔬以鲜销为主，产后加工所占份额较低，加工层次较低。2005～2011年，在蔬菜食品消费中鲜菜消费大约占90%，加工蔬菜消费大约占10%。水果加工率同样较低，在1%～8%（表18-6），低于世界平均水平，而发达国家水果加工率一般在50%以上。当前我国蔬菜加工业的“一家一户”分散式传统生产模式占比较大，以脱水蔬菜为例，70%的产品由小作坊生产，技术投入、设备投入和人力投入严重不足，生产企业不能达到一定的工业规模是没有办法建立起有效、完善的食品质量安全体系的，并且出口蔬菜产品以初级加工保鲜蔬菜为主，产业链纵深延伸不足，可以延伸链条的精深加工领域的产品过少，特别是许多具有特殊保健功能的食用菌加工开发程度明显不足；产品低价竞争，引发蔬菜加工无序竞争的局面，给蔬菜产品质量带来安全隐患。另外，我国园艺产品采后分级、包装处理量不到总产量的 1%；果品贮藏保鲜量只占总量的 20%，其中冷藏库和气调库贮藏量占总量的 6.5%。国内蔬菜使用的运输车辆大部分是没有冷源的汽车或者火车，或者是普通汽车、货车加冰运输，真正的冷藏车只有 10%。

表 18-6　我国水果加工率

年份	水果加工率（%）		苹果加工率（%）	
	中国	世界	中国	世界
1978	1.87	18.98	3.29	8.21
1988	3.83	13.67	5.67	6.18
1998	7.65	10.88	11.54	8.09
2008	6.06	9.08	14.84	10.55
2009	5.67	8.70	13.62	9.89

数据来源：FAOSTAT 数据库计算整理，水果数据不包括葡萄酒

（五）环境压力的制约

1. “白色污染”问题突出

园艺产业已经成为一个四季产业，塑料制品保温技术的发展在其中发挥了巨大作用。该技术的推广大大提高了农业生产效率和经济效益，缓解了果蔬产品的淡旺季供需矛盾。但塑料制品的大量使用导致“白色污染”日益严重。一些用于保温控温的覆盖材料在使用后被废弃在田间地头，成为农业“白色污染”的重要来源。园艺产业生产中常见的保温控温覆盖材料主要有棚膜（含温室棚膜、大棚膜、小拱棚膜）和地膜。其中，棚膜易于收集，回收价格高，所以回收率也高；但地膜厚度一般在 0.01mm 左右，使用后回收价值低且费工费力，多被废弃在田间地头，这些由聚乙烯材料制成的地膜由于自身难以降解又得不到有效回收处理，在 15～20cm 的土壤层形成不易透水、透气很差的难耕作层，对耕地和农村生产生活环境都造成严重的污染。据国家统计局统计，我国地膜使用量和覆盖面积在逐年增加，2009 年我国地膜使用量将近 112 万 t，覆盖面积超过 1550 万 hm^2，比 2008 年分别增加 2.01%和 1.26%。据了解，我国每年约有 50 万 t 农膜残留在土壤中，残膜率达到 40%。搜狐新闻网报道，在山东部分长期使用地膜的土地中，地膜残留量一般在每亩 4kg 以上，最高的已经达到 11kg。残留地膜可在土壤中存留 200～400 年。2019 年，我国农用塑料薄膜使用量 2 407 658t，相比 2018 年降低 1%左右。以江苏省盐城市为例，农业园区或种植其他蔬菜的种植户虽然能主动把废旧的地膜从耕地里清理出来回收，但废旧地膜清理出来以后的去向有时会成为严重问题，因为经济价值低，有废弃在沟边田边的，有废弃在垃圾堆的，也有少量焚烧现象。总的来看，废旧大棚膜单靠市场行为基本能做到回收再利用，而废旧地膜虽回收率高（即废旧地膜被农户从地里清理出来），但再利用率低，回收后被废弃的现象较为严重。部分废旧地膜由于在田间破碎，回收清理困难。

2. 化学污染危害严重

农药是园艺产品生产中的一个主要污染物，农药污染对大气、水体、土壤和生态系统都造成一定程度的破坏。2009 年我国农药使用量接近 171 万 t，比 2008 年增加 2.20%，从 2017 年开始呈现逐年下降的趋势，2020 年为 139.17 万 t，目前及未来园艺产品生产中减少农药使用也是必然要求（数据来源：国家统计局）。蔬菜、果树都是使用农药较多的作物。在园艺产品生产中，虫害难以防控的品种其农药污染都比较严重，白菜类（小白菜、青菜、鸡毛菜）、韭菜、黄瓜、甘蓝、花椰菜、菜豆、苋菜、番茄等都属受污染较严重的蔬菜类别。以江西为例，研究居民日常食用蔬菜中的氯酸盐和高氯酸盐污染情况，发现蔬菜中氯酸盐和高氯酸盐的来源主要有两个：一是种植过程中使用了受氯酸盐和高氯酸盐污染的灌溉用水与土壤，二是通过二氧化氯对蔬菜进行保鲜和防腐带来氯酸盐残留。研究同时发现，不同种类蔬菜的氯酸盐污染程度差异不明显，其中块根块茎类、鲜豆类、叶菜类的污染程度相对较高，单一品种中氯酸盐含量最高的是香菜，不同种类蔬菜的高氯酸盐污染程度存在较大差异，可能与不同种植方式相关。高氯酸盐在叶菜类中的污染程度最高，其次为鳞茎类、甘蓝芸苔类和葫芦科瓜菜类，单一品种中高氯酸盐含量前三的蔬菜分别是菠菜、香菜和茼蒿。园艺产品生产的另一种重要化学污染来自化肥。园艺作物生长对肥料的需求远大于普通作物，需要持续周期性补充肥料。但如果超量施用无机肥，如尿素等氮肥，肥料在作物体内未转化成营养成分，反而以硝酸盐、亚硝酸盐形式存在，既污染地下水和地表水，又对作物和人体产生毒害。朱兆良项目组的调研显示：东部地区农民对谷物施肥和施药过量 10%～30%，对蔬菜施肥过量可达 50%甚至更高，蔬菜种植区地下水的硝酸盐污染程度明显增加，山东寿光地下水污染超标率达 60%，网上甚至有消息称寿光的土壤在别的地方可以当肥料。与化肥使用过量相比，当前人畜粪便等有机肥利用率低，且得不到合理处置，进一步加剧农村的环境污染。搜狐新闻网报道，近年来蔬菜主产区山东土壤酸化速度加快，胶东地区尤为突出，pH 小于 5.5 的酸化土壤面积已超过 980 万亩。全省 1300 万亩设施菜地中，有 260 万亩发生次生盐渍化。近年，蔬菜生产高度专业化和集约化带来的水资源与化肥农药等大量投入及不合理施肥，造成土壤酸化、次生盐渍化、土传病害等连作障碍频发，亟待创新栽培模式，研发更为有效的水肥供应技术，提高水肥利用效率。蔬菜种植区域的土壤、水体等污染问题不仅影响了蔬菜的产量和品质，还破坏了生态环境，阻碍了蔬菜产业的可持续发展。

（六）经济效益的制约

1. 生产流通成本增长较快

首先是园艺产品生产成本大幅度增长。2001～2010 年，我国大中城市蔬菜生产每亩平均成本稳步上升，2001 年为 1288.21 元，到 2010 年高达 2263.9 元，比 2001 年净增 975.69 元，年均增长 9.16%（图 18-15）。2011 年以后大中城市蔬菜生产每亩平均成本呈现快速上升趋势，到 2018 年已经达到 5329.9 元，比 2010 年增加 3066 元，年均增长率 11.35%。2018 年之后，我国大中城市蔬菜生产每亩平均成本有小幅下降，2021 年降到

4836.9 元。水果的情况与蔬菜相似，2004～2014 年我国亩均苹果生产成本从 1248.73 元增加到 5072.4 元，增长 3.06 倍，2014 年之后有所下降，2017～2018 年约降至 4500 元，直到 2019 年开始恢复，2021 年达到 5072.29 元。2004～2020 年我国亩均柑生产成本呈现波动性增长，从 2004 年的 2177.24 元增加到 2020 年的 3681.92 元，增长了约 70%，但 2021 年大幅下降，降至 2026.66 元。2004～2015 年我国亩均桔生产总体呈上升趋势，从 1256.38 元增加到 3301.55 元，增长 1.63 倍，2015 年之后四年呈下降趋势，2019 年降至 2364.18 元，然后又快速上升，2020 年和 2021 年分别升至 4080.72 元和 4034.58 元（图 18-16）。其次是流通成本大幅度增加。流通成本主要取决于流通费用的高低，因此与石油价格息息相关。据统计，以 2000 年 1 月为基期，2001 年 1 月我国柴油价格定基指数为 135.92，2012 年 1 月柴油价格定基指数为 357.91，上涨幅度达 163.32%，柴油价格的上涨直接推动了园艺产品的流通费用提高。另外需要注意的是，国际技术和非技术贸易壁垒的限制对我国园艺产品的生产成本也产生了一定影响。例如，目前日本"肯定列表制度"对我国食用菌的检查费用为每批产品一个品种 2.3 万日元，如果同时检查多个品种，则需要更多，增加了企业出口成本。表面上看这些检查费用是进口商自己承担，但实际上由于我国食用菌出口的议价能力有限，这笔费用最终必然被转嫁到国内出口商身上。

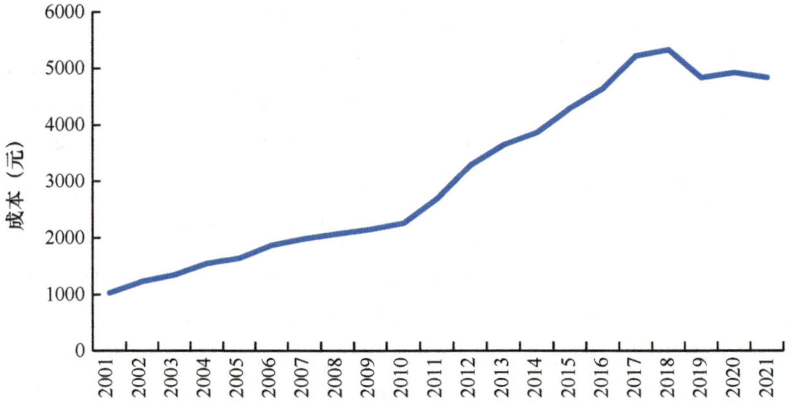

图 18-15　大中城市蔬菜生产成本变化

数据来源：历年《全国农产品成本收益资料汇编》

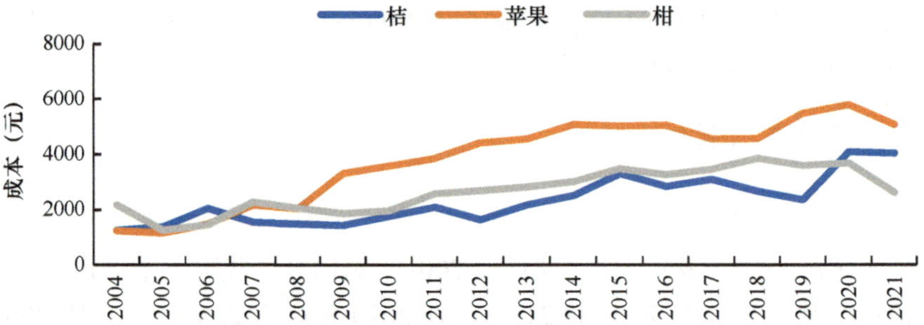

图 18-16　三种水果生产成本变化

数据来源：历年《全国农产品成本收益资料汇编》

2. 生产者的相对经济效率有下降趋势

由于园艺产品市场化程度较高，产品价格波动较大，因此种植收益波动也较大，很难以一年的收益来说明收益的变化状况，所以我们以五年为一个周期来说明收益的变化。以蔬菜为例，从实际情况看，无论是产值还是净利润，蔬菜、粮食、棉花、油料 2006～2010 年的均值均比 2001～2005 年的均值有所增加，蔬菜产值增加 50.64%，净利润增加 48.25%；粮食、棉花、油料产值分别增加 62.88%、53.33%、83.00%，净利润分别增加 137.94%、56.38%、234.63%；相对于粮食、棉花、油料，蔬菜产值和净利润的增幅明显偏小（表 18-7）。从成本利润率的变化看，粮食和油料的近 5 年成本利润率增长幅度远远高于蔬菜与棉花，蔬菜的成本利润率增长幅度最低，为–4.47%。2001～2005 年，蔬菜平均产值分别是粮食、棉花、油料的 6.24 倍、3.01 倍、6.59 倍，平均净利润分别是粮食、棉花、油料的 17.78 倍、5.53 倍、16.69 倍；2006～2010 年蔬菜平均产值分别为粮食、棉花、油料的 5.88 倍、2.96 倍、5.42 倍，平均净利润分别为粮食、棉花、油料的 11.08 倍、5.24 倍、7.39 倍，表明蔬菜生产相对于大宗农产品的效益优势正在逐步下降。

表 18-7 我国蔬菜生产与粮食、棉花、油料生产的收益比较

类别	2001～2005 年平均			2006～2010 年平均			后五年增长率（%）		
	产值（元/亩）	净利润（元/亩）	成本利润率（%）	产值（元/亩）	净利润（元/亩）	成本利润率（%）	产值	净利润	成本利润率
蔬菜	2892.27	1414.26	96.43	4356.92	2096.63	92.12	50.64	48.25	–4.47
粮食	463.22	79.52	20.03	741.50	189.21	34.45	62.88	137.94	71.99
棉花	961.31	255.72	35.85	1474.13	399.90	35.76	53.33	56.38	–0.25
油料	439.59	84.75	23.27	804.46	283.60	55.62	83.00	234.63	139.02

数据来源：历年《全国农产品成本收益资料汇编》

随着园艺产品市场竞争的加剧和国家对大宗农产品支持力度的加大，园艺产品生产流通成本不断攀升，相对于大宗农产品生产的效益优势逐渐减小，加之其市场化程度较高，风险相对较大，对劳动力的要求相对较高，未来农户从事园艺产业的积极性将会面临一定的挑战。

第三节 园艺产业供需预测

一、蔬菜产业供需预测

目前关于我国蔬菜产业供需预测比较权威的主要是中国工程院、中国农业科学院农业信息研究所和中国农业科学院农业经济与发展研究所的研究，三家研究机构分别采用三参数 Gompertz 模型、趋势分析法和中国农业产业模型（CASM）模型，预测了 2020～2030 年、2021～2031 年、2022～2035 年我国蔬菜产业的供需数据。本书在以上研究基础上，综合考虑各种因素，对 2035 年和 2050 年蔬菜产业供需情况进行了预测。

（一）中国工程院关于园艺作物产业可持续发展战略研究中的Gompertz模型趋势外推法预测

1. 蔬菜供给预测

中国是世界上最大的蔬菜生产国，自20世纪80年代中期实施蔬菜产销体制改革以来，全国蔬菜生产快速增长，种植面积逐年增加。截至2012年，蔬菜播种面积由1995年的1.43亿亩增加至3.03亿亩；蔬菜单产也大致呈递增态势，由1995年的1802.5kg/亩增加至2012年的2321.8kg/亩，单产水平年均提高1.5个百分点（图18-17）。

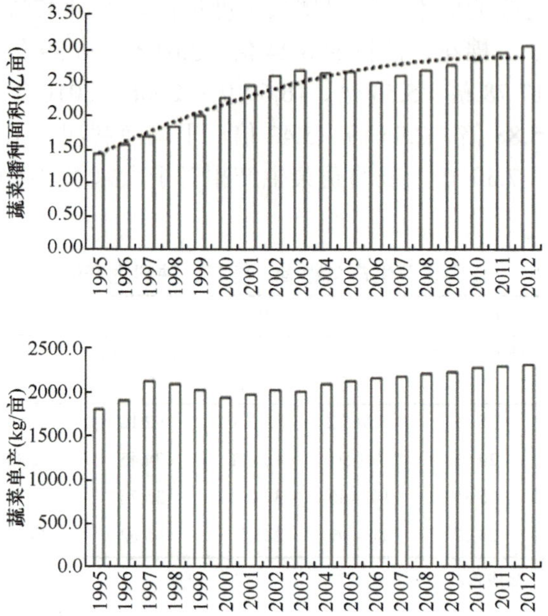

图18-17　1995～2012年中国蔬菜播种面积和单产

数据来源：《中国农业统计年鉴》

综合考虑政府主管部门和蔬菜行业人士的观点后认为，在一定时期内中国蔬菜产业发展应保持播种面积基本稳定（数据来源：《全国蔬菜产业发展规划（2011—2020年）》等）。由图18-17可知，1995～2012年全国蔬菜播种面积呈递增态势，且增速逐渐放缓。考虑到土地资源有限，蔬菜播种面积不可能无限扩张，故研究采用具有最高上限的三参数Gompertz模型对2020～2030年中国蔬菜播种面积进行了预测，结果见图18-18，可知2020年和2030年蔬菜播种面积分别为3.11亿亩和3.18亿亩。

根据《全国蔬菜产业发展规划（2011—2020年）》，预计全国蔬菜2020年单产达到2500kg/亩；如果单产水平年均提高1.5个百分点，则2030年全国蔬菜单产预计达到2917kg/亩。据此预测，2020年和2030年全国蔬菜产量将分别达到7.79亿t与9.28亿t（图18-19）。

从蔬菜生产布局来看，2008～2011年中国蔬菜产量排名前10的省份分别为山东、河北、河南、江苏、四川、湖北、湖南、辽宁、广东、广西（图18-20）。这10个省份2008～2011年的蔬菜产量占全国蔬菜总产量的68%左右，且基本保持稳定。

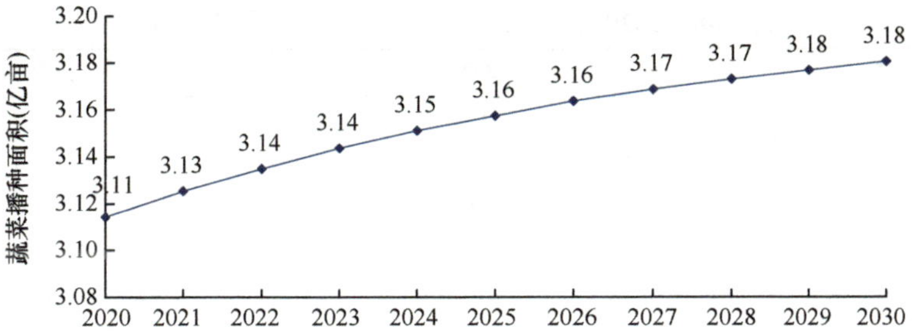

图 18-18　2020～2030 年蔬菜播种面积预测

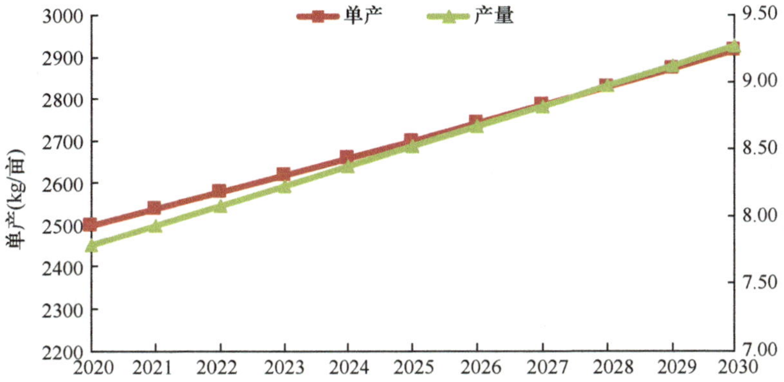

图 18-19　2020～2030 年蔬菜单产与产量预测

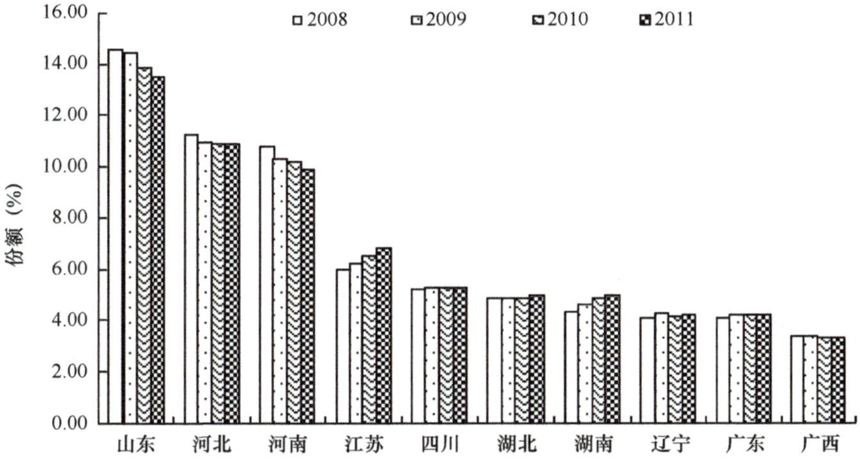

图 18-20　2008～2011 年产量排名前 10 的省份蔬菜产量占全国的份额

数据来源：根据历年《中国农业年鉴》整理

基于我国 31 个省份蔬菜产量所占比例相对比较稳定的现状，根据 2008～2011 年比例均值预测 2020 年和 2030 年中国各省份蔬菜产量，见表 18-8。

如表 18-8 所示，2020 年和 2030 年中国最为重要的蔬菜产地为山东、河北和河南，其蔬菜产量占全国总产量的比例均超过了 10%，而北京、宁夏、天津、青海和西藏蔬菜产量的比例则低于 0.5%。从蔬菜区域间的流向来看，山东、河北和河南等是蔬菜主要输出地，而北京、宁夏、天津、青海和西藏的蔬菜供应将主要依赖外部输入。

表 18-8　2020 年和 2030 年各省份蔬菜产量预测值　（万 t）

地区	2020 年	2030 年
山东	10 982.33	13 086.32
河北	8 550.30	10 188.36
河南	8 010.20	9 544.79
江苏	4 953.60	5 902.60
四川	4 070.76	4 850.63
湖北	3 786.95	4 512.45
湖南	3 632.60	4 328.53
辽宁	3 230.71	3 849.65
广东	3 236.93	3 857.05
广西	2 591.98	3 088.55
安徽	2 543.95	3 031.32
浙江	2 188.55	2 607.83
福建	1 897.87	2 261.46
内蒙古	1 698.46	2 023.84
云南	1 532.55	1 826.15
江西	1 366.87	1 628.73
甘肃	1 464.12	1 744.62
陕西	1 571.02	1 871.99
黑龙江	785.07	935.47
重庆	1 492.52	1 778.45
贵州	1 383.11	1 648.09
新疆	1 807.87	2 154.22
吉林	1 187.40	1 414.89
山西	1 114.70	1 328.25
上海	494.75	589.54
海南	520.30	619.98
北京	380.99	453.98
宁夏	463.89	552.76
天津	469.78	559.78
青海	157.47	187.64
西藏	67.69	80.65

2. 蔬菜需求预测

（1）蔬菜出口需求的预测

根据 FAO 统计数据，1990～2009 年中国蔬菜出口占蔬菜总产量的比例在 1.17%～2.28%浮动，且在 2005 年以后围绕 2.11%上下波动且趋于稳定（图 18-21）。在我国蔬菜产量逐年递增的前提下，中国蔬菜出口增长势头强劲，1999～2011 年年均增长率为 11.4%（图 18-22）；由于国际金融危机导致国外需求下降，2008 年、2009 年和 2010 年我国蔬菜出口的环比增长率仅为 0.34%～4.13%，其他年份环比增长率均大于 8%，而 2011 年环比增长率达到 17.94%。

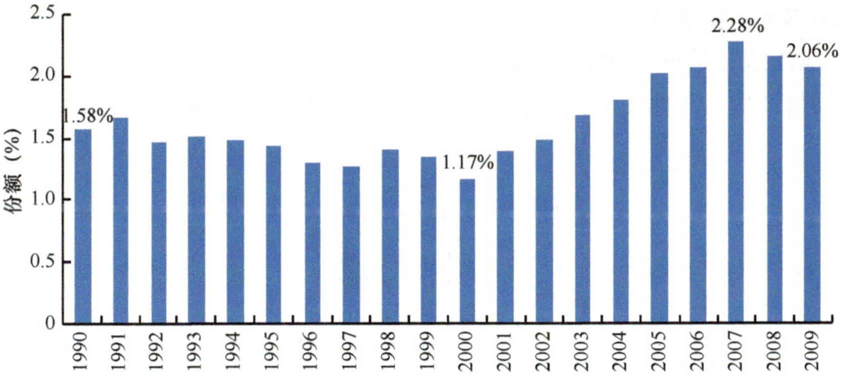

图 18-21　1990～2009 年蔬菜出口占国内产量份额

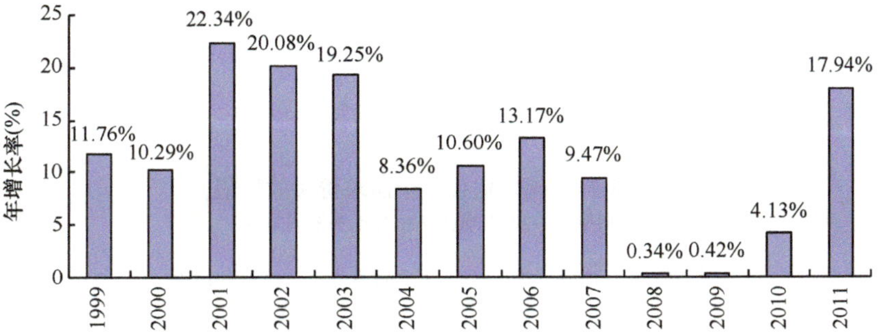

图 18-22　1999～2011 年蔬菜出口年增长率

数据来源：根据 FAO 历年食物平衡表、历年《中国农业年鉴》整理

考虑到蔬菜出口占中国国内蔬菜产量的份额相对稳定，据此可以预测，2020 年、2030 年蔬菜出口占蔬菜产量的比例也将在 1.17%～2.28%浮动。根据前面预测可知，2020 年和 2030 年全国蔬菜产量将分别达到 7.79 亿 t 与 9.28 亿 t，故 2020 年蔬菜出口量将在 0.0911 亿～0.1775 亿 t 波动，而 2030 年蔬菜出口量将在 0.1085 亿～0.2115 亿 t 波动（图 18-23）。

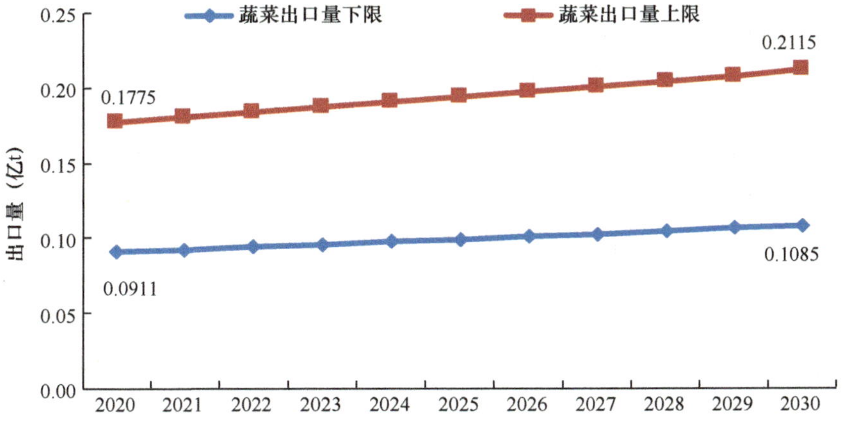

图 18-23　2020～2030 年蔬菜出口量预测

（2）蔬菜国内需求的预测

根据 FAO 统计数据，1990～2009 年平均有 88.53%的蔬菜用于食品消费，3.32%的蔬菜用于饲料消费，其他用途仅占 0.16%，而损耗率高达 7.99%（图 18-24 和图 18-25）。

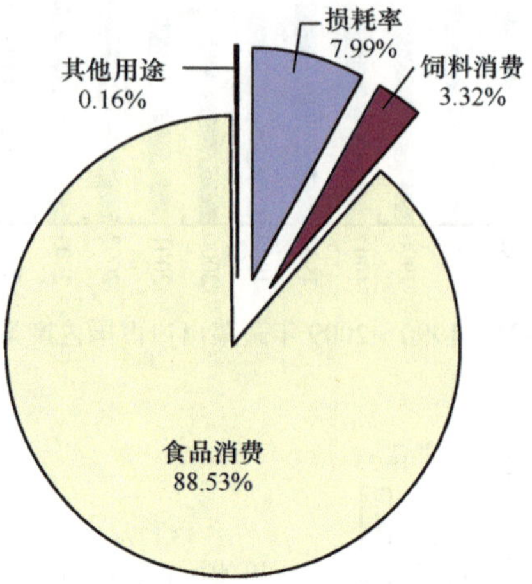

图 18-24　国内蔬菜各类需求份额的均值

数据来源：根据 FAO 历年食物平衡表整理

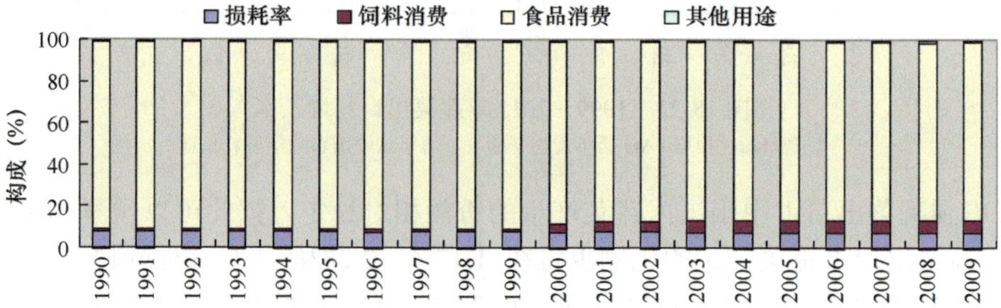

图 18-25　1990～2009 年国内蔬菜需求构成

数据来源：根据 FAO 历年食物平衡表整理

第一，蔬菜食品消费的预测。

根据《中国农业发展报告》统计数据，1994～2012 年中国城乡居民人均蔬菜消费呈平稳波动态势。其中，1994～2012 年城镇居民人均蔬菜消费均值约为 117.4kg，而农村居民人均蔬菜消费均值约为 103kg（图 18-26）。而美国 1980～2012 年的数据显示，人均蔬菜年消费也大致趋于平稳，且围绕均值 124kg 小幅波动（图 18-27）。由此可见，当一国收入结构与消费结构相对稳定时，人均蔬菜消费也大体趋于稳定。故可以推测，2020 年、2030 年中国城镇、农村居民人均蔬菜消费也均基本稳定在 1994～2012 年的平均消费水平，即分别为 117.4kg 和 103kg。

根据 FAO 统计数据可知，近几年蔬菜食品消费占蔬菜产量的比例非常稳定，且围绕 84%小幅波动。由前面分析可知，2020 年、2030 年全国蔬菜产量将分别达到 7.79 亿 t 与 9.28 亿 t，若假定 2020 年、2030 年蔬菜食品消费比例也均为 84%，则 2020 年、2030 年蔬菜食品消费分别为 6.5436 亿 t 和 7.7952 亿 t。

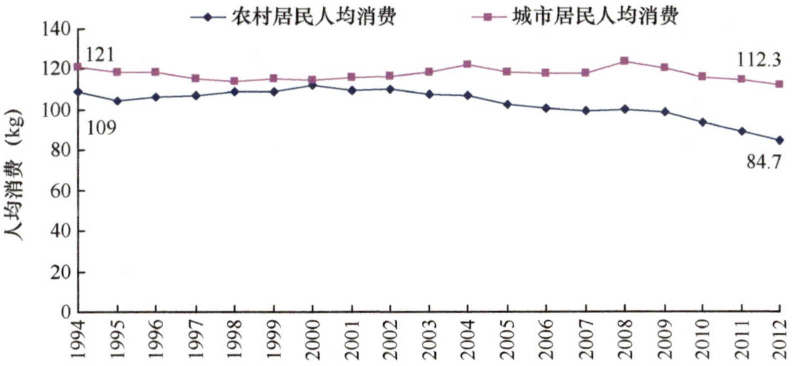

图 18-26 中国城乡居民人均蔬菜消费

数据来源：历年《中国农业发展报告》和美国农业部国家农业数据统计，下图同

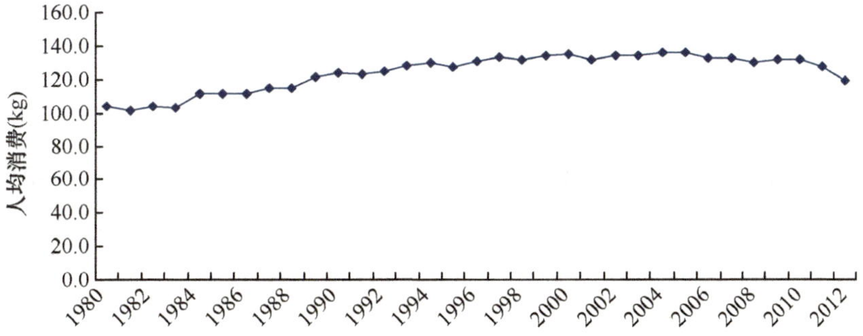

图 18-27 美国居民人均蔬菜消费

就蔬菜消费结构而言，中国城镇居民蔬菜消费以鲜菜为主（图 18-28）。具体而言，2005～2011 年鲜菜消费大约占 90%，加工蔬菜消费大约占 10%。随着人均收入的提高，中国居民对高品质加工蔬菜的需求也会提升。假定 2020 年和 2030 年加工蔬菜消费比例增至 15%，则 2020 年加工蔬菜消费将达到 0.98 亿 t，2030 年将达到 1.17 亿 t。

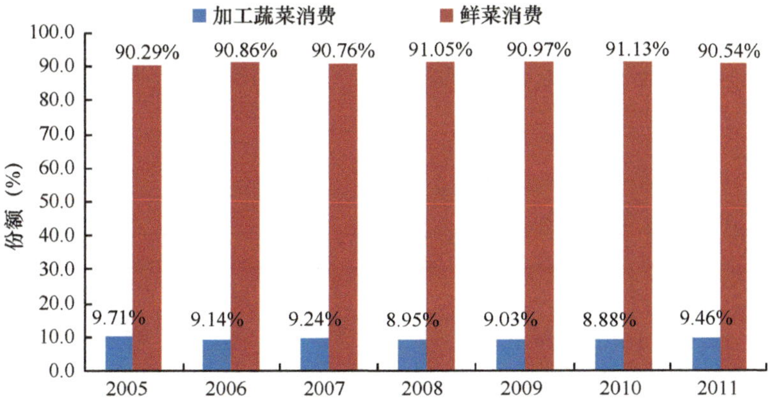

图 18-28 2005～2011 年城镇居民蔬菜不同品种消费的份额

数据来源：历年《中国城市统计年鉴》

第二，蔬菜饲料消费的预测。

根据 FAO 统计数据，1990～2009 年蔬菜饲料消费比例大致呈上升态势，由 1990 年的 1.09%增加至 2009 年的 5.76%。进一步观察发现，2003 年之后的蔬菜饲料消费比例大致呈稳定状态，且围绕 5.7%上下波动。若 2020 年、2030 年蔬菜饲料消费比例维持在 5.7%左右，则 2020 年、2030 年蔬菜饲料消费将预计分别达到 0.44 亿 t 和 0.53 亿 t（图 18-29）。

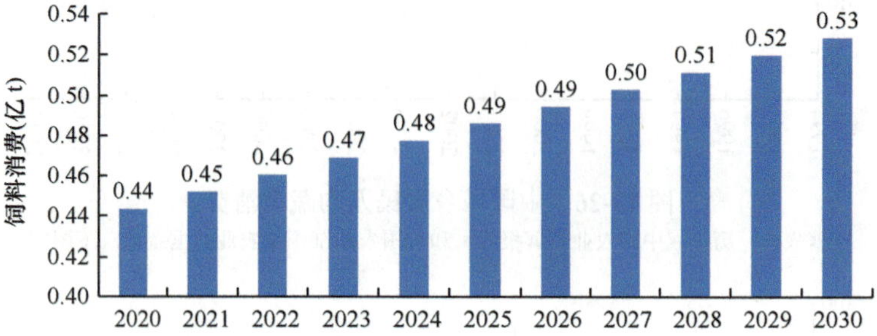

图 18-29　2020～2030 年蔬菜饲料消费预测

第三，蔬菜损耗的预测。

根据 FAO 统计数据，1990～2009 年蔬菜损耗率大致呈下降趋势，由 1990 年的 8.26%降至 2009 年的 7.65%，年均降幅达到 0.03%（图 18-30 和图 18-31）。据此推测，2020

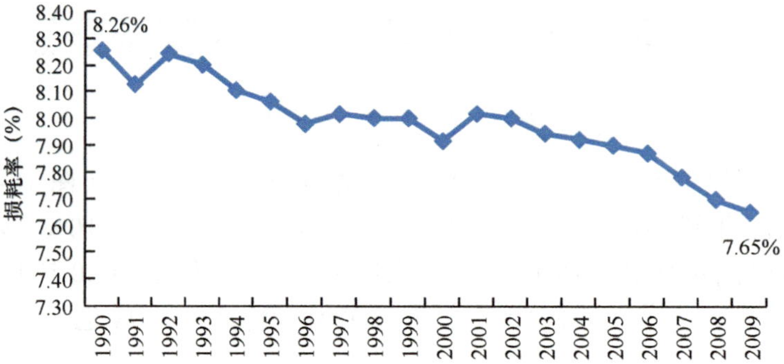

图 18-30　1990～2009 年蔬菜损耗率

数据来源：根据 FAO 历年食物平衡表整理，下图同

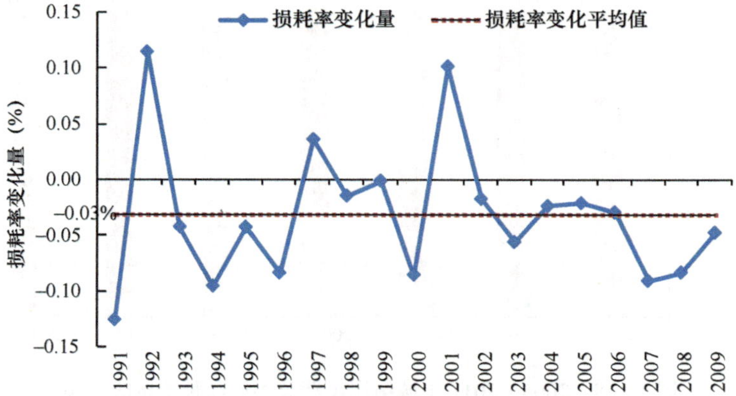

图 18-31　1990～2009 年蔬菜损耗率变化量

年、2030 年蔬菜损耗率将分别降至 7.32%和 7.02%，则预测 2020 年、2030 年蔬菜损耗分别为 0.57 亿 t 和 0.65 亿 t。

3. 我国蔬菜供需整体趋势判断

按照预测，由于单产的增加，在控制种植规模的情况下，2020 年和 2030 年全国蔬菜产量将分别达到 7.79 亿 t（2020 年蔬菜实际产量为 7.49 万 t）与 9.28 亿 t。蔬菜需求主要包括蔬菜出口、国内食品消费、饲料消费和损耗四大部分。按预测，2020 年蔬菜出口将在 0.0911 亿～0.1775 亿 t 波动，国内食品消费将达到 6.5436 亿 t，蔬菜饲料消费将达到 0.44 亿 t，蔬菜损耗为 0.57 亿 t；2030 年蔬菜出口将在 0.1085 亿～0.2115 亿 t 波动，国内食品消费将达到 7.7952 亿 t，蔬菜饲料消费将达到 0.53 亿 t，蔬菜损耗为 0.65 亿 t。故 2020 年我国蔬菜需求总量在 7.64 亿～7.73 亿 t 波动，2030 年在 9.08 亿～9.19 亿 t 波动，因此中国蔬菜产业基本能够实现供需平衡，且供给略大于需求。

（二）中国农业科学院《中国农业展望报告（2022—2031）》对蔬菜的预测

1. 中国蔬菜未来十年预测

根据中国农业科学院农业信息研究所发布的《中国农业展望报告（2022—2031）》，以 2019～2021 年平均数为基数水平，展望 2022～2031 年蔬菜生产消费趋势（表 18-9）。

表 18-9 展望未来十年中国蔬菜供需平衡表 （万 t）

类别	2021 年	2022 年	2023 年	2024 年	2025 年	2026 年	2027 年	2028 年	2029 年	2030 年	2031 年
生产量	75 000	75 604	76 235	76 740	77 086	77 419	77 760	78 100	78 457	78 779	79 160
自损量	17 561	17 451	17 579	17 686	17 758	17 765	17 684	17 556	17 442	17 352	17 259
商品产量	57 439	58 153	58 657	59 054	59 328	59 654	60 076	60 543	61 014	61 427	61 901
进口量	49	52	53	55	57	58	60	60	62	65	67
消费量	56 080	56 425	56 818	57 217	57 614	58 048	58 487	58 934	59 382	59 827	60 281
鲜食消费量	24 114	24 350	24 483	24 662	24 937	25 190	25 443	25 854	26 156	26 457	26 676
加工消费量	12 898	13 099	13 270	13 408	13 512	13 638	13 784	13 831	13 930	14 046	14 204
其他消费量	6 169	6 224	6 316	6 410	6 463	6 528	6 577	6 594	6 647	6 701	6 741
损耗量	12 898	12 752	12 748	12 737	12 702	12 691	12 683	12 655	12 650	12 623	12 661
出口量	1 111	1 295	1 305	1 312	1 321	1 328	1 335	1 342	1 348	1 351	1 353
结余变化	297	484	587	580	450	336	314	327	346	313	334

注：基期为 2019～2021 年，展望期为 2022～2031 年

近年来，全国蔬菜产业稳定发展，保持净出口和贸易顺差局面；品种结构趋优，质量安全可靠。2021 年，供需基本平衡，市场运行以稳为主，生产量 75 000 万 t，比上年增长 0.1%，其中商品产量 57 439 万 t；消费量 56 080 万 t，比上年增长 0.5%；出口量 1111 万 t，比上年下降 7.3%；进口量 49 万 t，比上年增长 4.1%；价格整体偏高。

未来十年，蔬菜生产有保障，产量保持高位稳定，全面小康时期蔬菜保供不再以扩大规模为主要目标，蔬菜产业继续向高质量发展转型，品种结构进一步调优，预计未来菜地面积新增速度将快速收窄，长期保持动态平衡，蔬菜播种面积稳中有增，单产将继续提高，产量增速放缓，并保持高位稳定，商品产量占比逐渐增大，自损率继续下降。

预计 2022 年，蔬菜生产量 75 604 万 t，比上年增长 0.8%，2026 年生产量 77 419 万 t，2031 年生产量 79 160 万 t，十年年均增速 0.7%（图 18-32）。

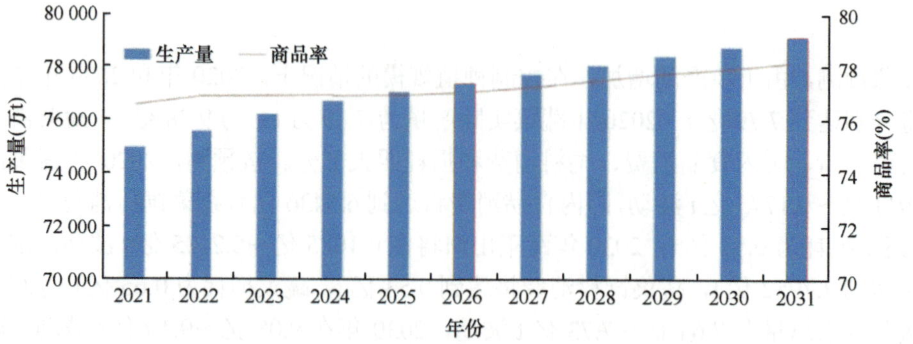

图 18-32　2021～2031 年中国蔬菜生产量和商品率变化趋势
数据来源：中国农业科学院农业信息研究所 CAMES

未来十年，蔬菜消费平稳发展，蔬菜产销理念模式持续发生更新与变革，涉及电商、社区团购等的营销模式快速发展，成为推动蔬菜消费升级、跨区流通的重要力量，随着生活水平的提升和消费水平的升级，净菜和预制菜消费增加，也将促进蔬菜消费增长，预计蔬菜消费量 2022 年、2026 年和 2031 年将分别达 56 425 万 t、58 048 万 t 和 60 281 万 t，十年年均增长率为 0.9%（图 18-33）。其中，鲜食消费占比在 43%以上，增长较为明显，十年年均增速为 1.3%；加工消费和其他消费稳中有增；损耗占比有所下降。预计 2022 年蔬菜价格较上年上涨 5.0%～8.0%；长期来看，蔬菜生产成本持续升高，价格水平波动上行。

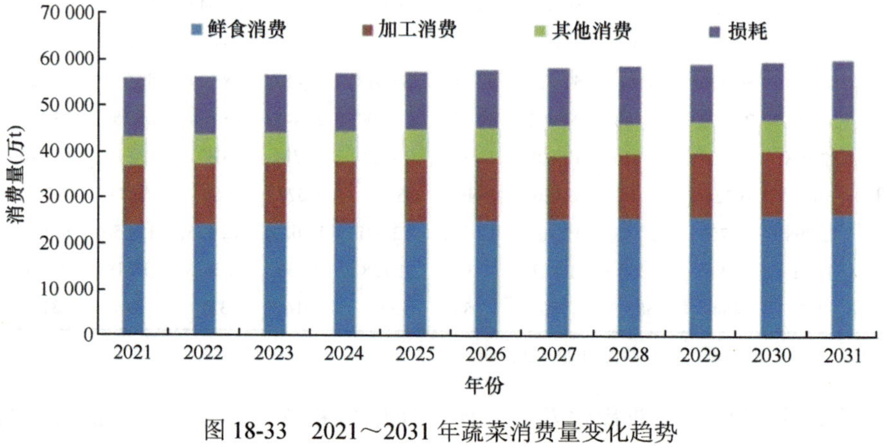

图 18-33　2021～2031 年蔬菜消费量变化趋势
数据来源：中国农业科学院农业信息研究所 CAMES

未来十年，蔬菜贸易保持净出口态势，随着蔬菜消费升级，中国居民对特色品种和高端蔬菜的需求有所增加；同时，蔬菜外向型加工业逐渐发展，贸易活跃度提升。未来蔬菜进出口数量均有增长，将继续保持净出口优势，预计出口量十年年均增速 1.6%，进口增长或快于出口增长，贸易顺差增幅收窄，主要特点有进出口数量均有增长，进口规模仍相对较小，出口优势品种集中度高，蔬菜种子对外依存度下降。

（三）中国农业科学院农业经济与发展研究所的中国农业产业模型预测

中国农业科学院农业经济与发展研究所采用中国农业产业模型（CASM），以 2021 年数据为基期，预测了 2022～2035 年中国蔬菜的供需情况（表 18-10）。2025 年，蔬菜总供给为 78 499.09 万 t，2035 年达到 78 856.16 万 t。2025 年，蔬菜总需求为 78 499.09 万 t，2035 年达到 78 856.16 万 t，达到供需平衡。

表 18-10　中国农业产业模型（CASM）预测的蔬菜供需情况

项目	2021 年（基期）	2022 年	2025 年	2030 年	2035 年
总供给（万 t）	75 875.42	79 100.00	78 499.09	78 288.03	78 856.16
生产量（万 t）	75 875.42	79 100.00	78 499.09	78 095.27	78 094.66
播种面积（万 hm^2）	2 174.43	2 213.57	2 211.75	2 210.50	2 210.49
单产（kg/hm^2）	34 894.40	35 734.14	35 491.91	35 329.16	35 329.16
总需求（万 t）	75 875.42	79 100.00	78 499.09	78 288.03	78 856.16
人均需求（kg）	124.44	133.70	135.08	137.38	139.30
加工需求（万 t）	—	13 006.00	13 406.35	13 994.44	14 525.71
损耗（万 t）	40 124.08	45 634.82	45 288.14	45 055.17	45 054.81
其他需求（万 t）	16 628.39	—	—	—	—
净出口（万 t）	1 545.09	1 583.75	760.72	—	—

数据来源：中国农业产业模型（CASM）

（四）蔬菜供需的综合预测

综合以上三种预测结果，得出中国蔬菜未来供需形势的基本判断是一致的。无论采用何种预测方法，均考虑了蔬菜面积稳定、科技发展、品种改善、质量提高和市场需求变化等综合因素。根据 2022 年实际值与预测值来看，第一种方法的预测值偏高，2030 年产量是 9.28 亿 t；第二种方法的预测相对比较保守，2031 年产量是 7.92 亿 t；第三种方法的预测值稍低于第二种，2030 年产量是 7.8 亿 t。因此，本研究把三种预测值进行折中，生产量和消费量取三种预测的平均值，得到 2022～2030 年蔬菜供需预测值（表 18-11）。在 2030 年数据的基础上，预测 2035 年和 2050 年数据。预测时基于两个前提，一是当蔬菜生产量达到较高水平时，数量增长向质量提高转变，人均消费量和产量增长速度放缓；二是根据相关结构预测，我国人口数量目前处于高峰阶段，2035 年和 2050 年会呈下降趋势，会影响消费量，从而影响生产量。具体方法是，计算出 2025～2030 年蔬菜生产量的年均增长率为 0.9%，假定 2030～2035 年增长率趋缓，为 0.5%，以 2030 年为基期，得到 2035 年蔬菜生产量为 8.54 亿 t；假定 2035～2050 年蔬菜生产量增长率为 0.1%，以 2035 年为基期，计算得到 2050 年蔬菜生产量为 8.66 亿 t。消费量、损耗量和出口量按照第一种预测方法采取的各项在生产量中的比例进行预测（即消费量=生产量×0.84，鲜食消费量=消费量×0.85，加工消费量=消费量×0.15，损耗量每年减少 0.03%，出口量=生产量×0.017 25），得到 2035 年和 2050 年的消费量、损耗量及净出口量数据（表 18-11）。

表 18-11　蔬菜供需综合预测值　（亿 t）

项目	2021 年（基期）	预测值				
		2022 年	2025 年	2030 年	2035 年	2050 年
生产量	7.50	7.82	7.93	8.33	8.54	8.66
消费量	5.61	6.22	6.83	7.00	7.17	7.27
鲜食消费量	2.41	4.61	4.83	5.95	6.10	6.18
加工消费量	1.29	1.29	1.21	0.89	1.08	1.09
损耗量	1.29	1.15	1.17	1.17	1.17	1.17
总需求量	6.90	7.37	8.00	8.17	8.34	8.44
净出口量	0.60	0.45	−0.07	0.16	0.20	0.22

按照预测，以 2021 年为基数，2021 年的蔬菜生产量为 7.50 亿 t，2035 年达到 8.54 亿 t，2050 年达到 8.66 亿 t；2021 年的蔬菜总需求量为 6.90 亿 t，2035 年达到 8.34 亿 t，2050 年达到 8.44 亿 t；2021 年的蔬菜鲜食消费量为 2.41 亿 t，2035 年达到 6.10 亿 t，2050 年达到 6.18 亿 t；2021 年的蔬菜加工消费量为 1.29 亿 t，2035 年降为 1.08 亿 t，2050 年为 1.09 亿 t；2021 年的蔬菜损耗量为 1.29 亿 t，2035 年和 2050 年均为 1.17 亿 t，相比较 2021 年有所减少；2021 年的蔬菜净出口量为 0.60 亿 t，2035 年和 2050 年分别为 0.20 亿 t 和 0.22 亿 t，相比 2021 年有所下降。

二、水果产业供需预测

水果产业供需预测与上述蔬菜产业的预测方法相同，以中国工程院、中国农业科学院农业信息研究所和中国农业科学院农业经济与发展研究所分别预测的 2020～2030 年、2021～2031 年、2022～2035 年水果产业供需值为基础，综合考虑各种因素，对 2035 年和 2050 年我国水果产业的供需情况进行了预测。

（一）中国工程院关于园艺作物产业可持续发展战略研究中的 Gompertz 模型趋势外推法预测

1. 水果供给预测

中国是世界上最大的水果生产国，播种面积逐年平稳增加。截至 2012 年，水果播种面积由 1995 年的 1.21 亿亩增加至 1.81 亿亩（图 18-34）。水果单产也大致呈递增态势，由 1995 年的 347.0kg/亩增加至 2012 年的 1321.1kg/亩，其中 2002～2003 年为水果单产水平大幅提升的转折点，增幅达到 101%，2003 年之后水果单产增长幅度大致趋于平稳，年均提高约 2.9 个百分点（图 18-35）。

1995～2012 年水果播种面积平稳增长，且增速逐渐趋缓。与蔬菜类似，考虑土地资源有限，水果播种面积不可能无限扩张，故本研究采用具有最高上限的三参数 Gompertz 模型对 2020～2030 年中国水果播种面积进行了预测，结果见图 18-36，2020 年、2030 年水果播种面积分别为 1.89 亿亩和 1.98 亿亩。

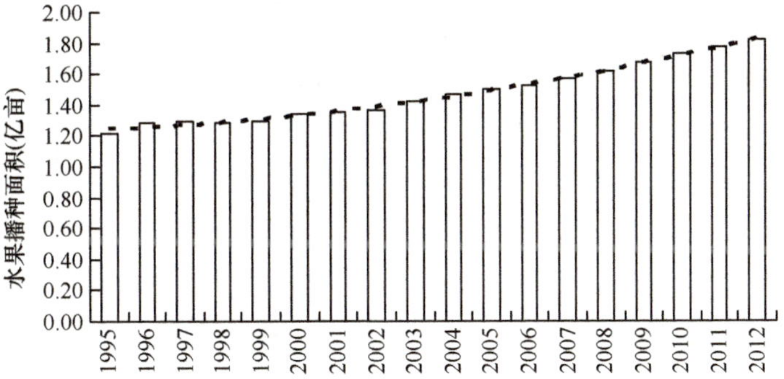

图 18-34 1995～2012 年中国水果播种面积

数据来源：《2013 年中国统计摘要》《2012 年中国农业发展报告》，下图同

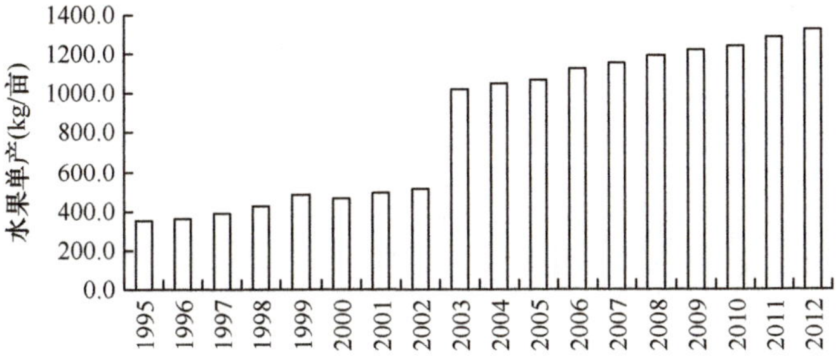

图 18-35 1995～2012 年中国水果单产

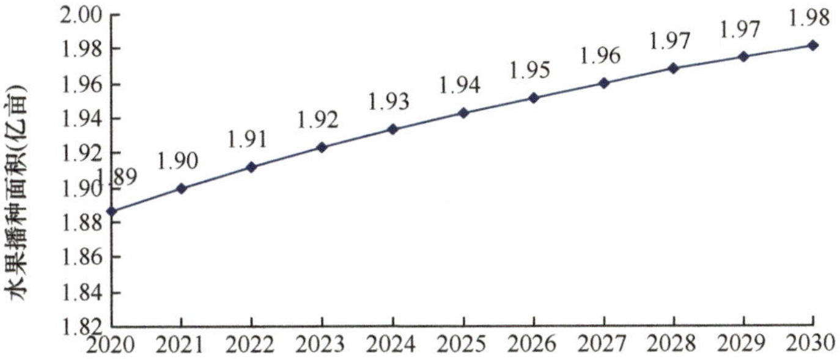

图 18-36 2020～2030 年水果播种面积预测

由于 2003 年之后，水果单产水平年均提高 2.9 个百分点，预计 2020 年、2030 年水果单产分别达到 1655kg/亩和 2194kg/亩。据此预测，2020 年、2030 年全国水果产量将分别达到 3.12 亿 t 与 4.35 亿 t（图 18-37）。

从水果生产布局来看，2008～2011 年中国水果产量排名前 10 的省份分别为山东、河南、河北、陕西、广东、广西、新疆、浙江、安徽、湖北（图 18-38）。这 10 个省份 2008～2011 年的水果产量占全国水果总产量的 65%左右，且基本保持稳定。

基于我国 31 个省份水果产所占比例相对比较稳定的现状，根据 2008～2011 年比例均值预测 2020 年和 2030 年中国各省份水果产量，见表 18-12。

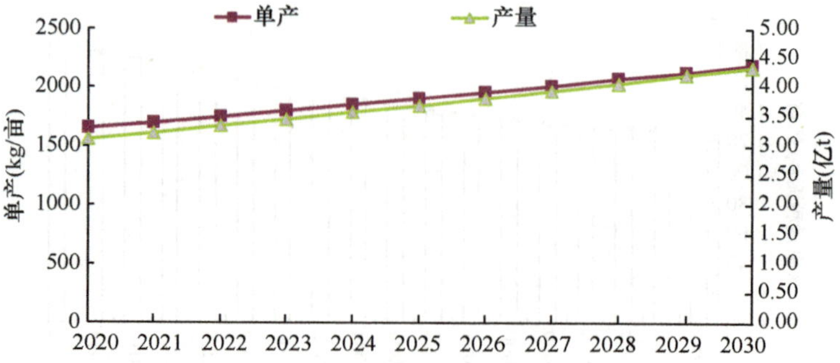

图 18-37　2020～2030 年水果单产与产量预测

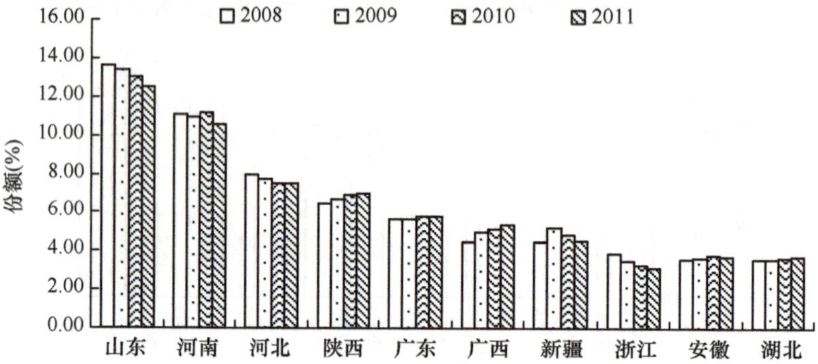

图 18-38　2008～2011 年产量排名前 10 的省份水果产量占全国的份额

数据来源：根据历年《中国农业年鉴》整理

表 18-12　2020 年和 2030 年各省份水果产量预测值　（万 t）

省份	2020 年	2030 年
山东	4098.53	5714.29
河南	3415.90	4762.55
河北	2402.43	3349.54
陕西	2110.35	2942.32
广东	1783.45	2486.53
广西	1551.68	2163.40
新疆	1480.82	2064.61
浙江	1075.62	1499.66
安徽	1149.54	1602.73
湖北	1132.76	1579.33
江苏	1079.41	1504.94
湖南	1127.79	1572.40
四川	1050.95	1465.26
福建	973.29	1357.00
辽宁	1035.77	1444.10
江西	740.27	1032.11
甘肃	698.79	974.28
山西	723.19	1008.29
黑龙江	449.31	626.44
海南	540.99	754.27

续表

地区	2020 年	2030 年
云南	566.47	789.79
吉林	364.88	508.72
内蒙古	381.13	531.38
重庆	336.24	468.79
宁夏	317.53	442.71
北京	177.55	247.54
贵州	181.03	252.39
上海	152.41	212.50
天津	94.22	131.36
青海	5.49	7.66
西藏	2.19	3.05

如表 18-12 所示，2020 年和 2030 年，中国最为重要的水果产地为山东、河南、河北和陕西，其水果产量合计占全国总产量的比例超过 38%，而贵州、上海、天津、青海、西藏水果产量的比例则低于 0.6%。从水果区域间的流向来看，山东、河南和河北等是水果主要输出地，而贵州、上海、天津、青海、西藏的水果供应将主要依赖外部输入。

2. 水果需求预测

（1）水果出口需求的预测

根据 FAO 统计数据，1992～2011 年中国水果出口占水果产量的比例在 2.15%～5.92%浮动，且在 2003 年以后围绕 4.93%上下波动并趋于稳定（图 18-39）。在我国水果产量逐年递增的前提下，中国水果出口增长呈现 4～5 年的周期性波动。例如，2002 年中国水果出口增速达到波峰，环比增长 39.51%，随后增速逐渐下降，且在 2006 年降至波谷。此后，2007 年水果出口增长又呈现反弹并达到波峰，环比增长 21.21%。具体而言，2001 年、2006 年、2010 年、2011 年为水果出口负增长的波谷，且波谷相隔 4～5 年。进一步由图 18-40 可知，由于国际金融危机导致国外需求下降，2008 年、2009 年和 2010 年中国水果出口环比增长率呈递减趋势，且在 2010 年降到 9.09%的负增长率；2011 年以后中国水果出口市场开始回暖，2012 年水果出口环比增长率达到 5.19%，但仍低于 2007 年 21.21%的环比增长率。

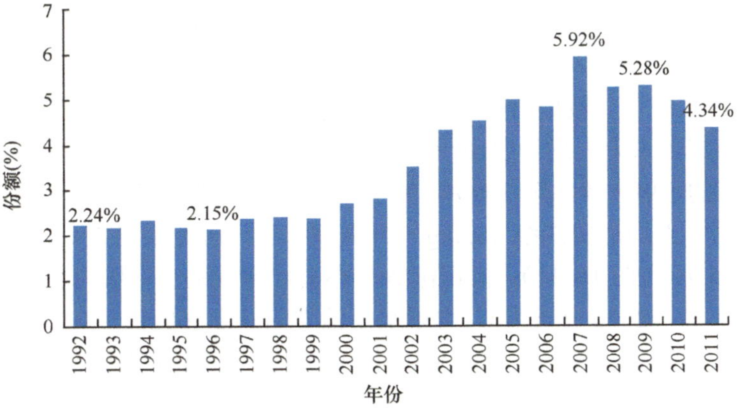

图 18-39　1992～2011 年水果出口占国内产量份额

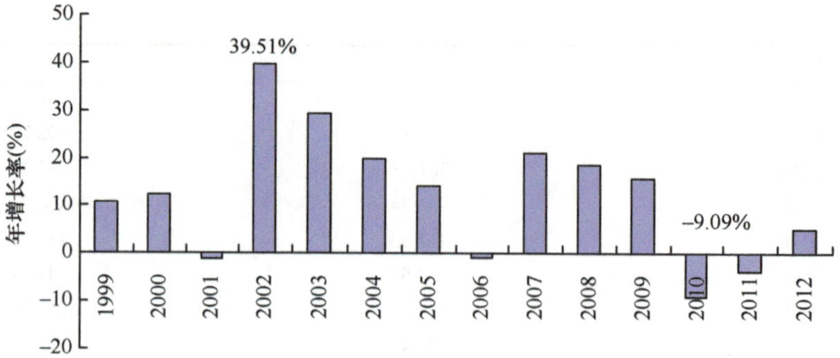

图 18-40　1999～2012 年水果出口年增长率

数据来源：根据 FAO 历年食物平衡表、历年《中国农业年鉴》整理

考虑到水果出口占中国国内水果产量的份额相对稳定，据此可以预测，2020 年、2030 年水果出口占水果产量的比例也将在 2.15%～5.92%浮动。根据前面预测可知，2020 年和 2030 年全国水果产量将分别达到 3.12 亿 t 与 4.35 亿 t，故 2020 年水果出口量将在 0.0671 亿～0.1849 亿 t 波动，而 2030 年水果出口量将在 0.0935 亿～0.2574 亿 t 波动（图 18-41）。

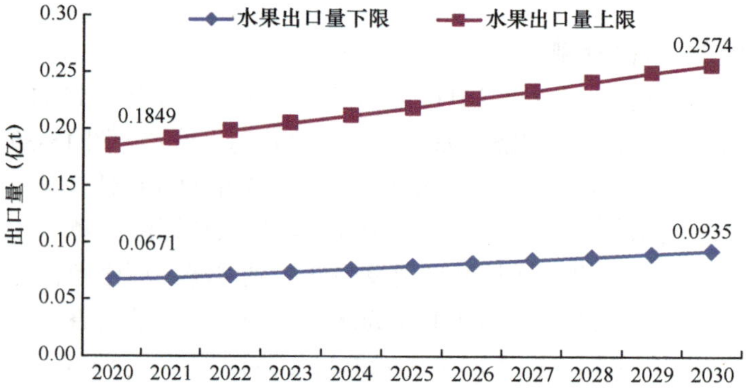

图 18-41　2020～2030 年水果出口量预测

（2）水果国内需求的预测

根据 FAO 统计数据，1992～2011 年平均有 85.93%的水果用于食品消费，6.40%的水果用于食品制造，而损耗率高达 7.68%（图 18-42 和图 18-43）。

第一，水果食品消费的预测。

根据中国国家统计局数据，1990～2000 年中国城乡居民人均水果消费大致呈递增态势。其中，城镇居民水果人均消费由 1990 年的 41.1kg 增加至 2000 年的 57.5kg，而农村居民由 1990 年的 5.9kg 增加至 2000 年的 18.3kg。2000 年之后，城镇居民水果人均消费大体趋于平稳，人均消费围绕 55.3kg 上下浮动；农村居民水果人均消费则缓慢上涨，年均增幅约为 5.9%（图 18-44）。根据国务院办公厅印发的《中国食物与营养发展纲要（2014—2020 年）》，2020 年全国人均年水果消费将达到 60kg。考虑到城乡居民水果消费需求最终趋于平稳，故可推测 2030 年中国人均水果消费将与 2020 年接近，约为 60kg。

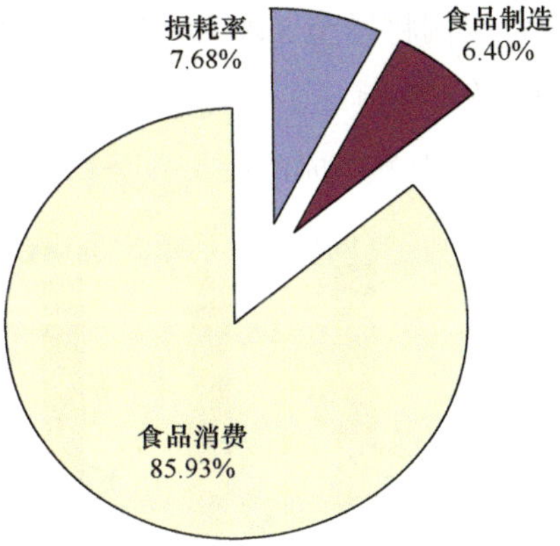

图 18-42　国内水果各类需求份额的均值

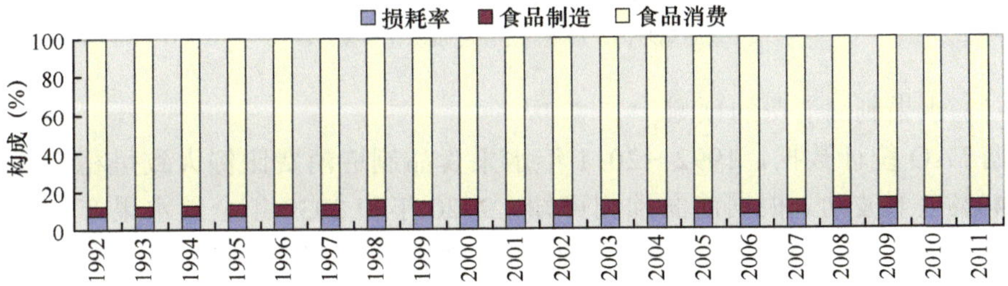

图 18-43　1992～2011 年国内水果需求构成

数据来源：根据 FAO 历年食物平衡表整理

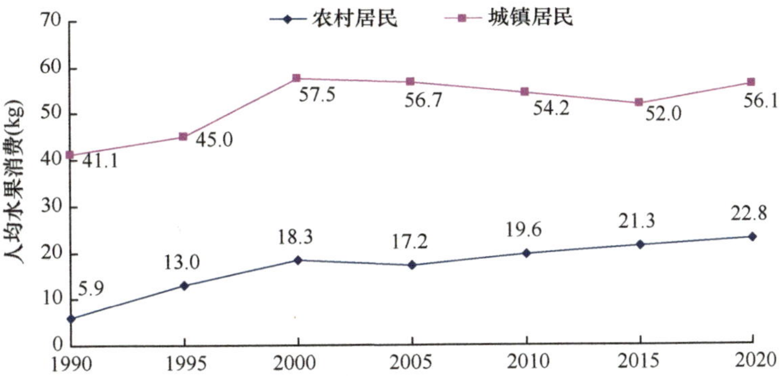

图 18-44　中国城乡居民家庭人均水果消费量

数据来源：《中国统计年鉴（2013）》

根据 FAO 统计数据，近几年中国水果食品消费占水果产量的比例非常稳定，且围绕 85%小幅波动。由前面分析可知，2020 年、2030 年全国水果产量将分别达到 3.12 亿 t 与 4.35 亿 t，若假定 2020 年、2030 年水果食品消费比例也均为 85%，则 2020 年、2030 年水果食品消费分别为 2.6520 亿 t 和 3.6975 亿 t。就水果消费结构而言，中国城镇居民水果消费以鲜瓜果为主（图 18-45）。具体而言，2005～2011 年鲜瓜果消费大约占 75%，其他干鲜瓜果及制品消费大约占 25%。随着人均收入的提高，中国居民对高品质加工水果的需求也会提升。2006～2011 年加工水果消费比例每年大约上升 1%，据此推测，

2020 年、2030 年加工水果消费比例将增至 34%和 44%，则 2020 年加工水果消费将达到 0.9017 亿 t，2030 年将达到 1.6269 亿 t。

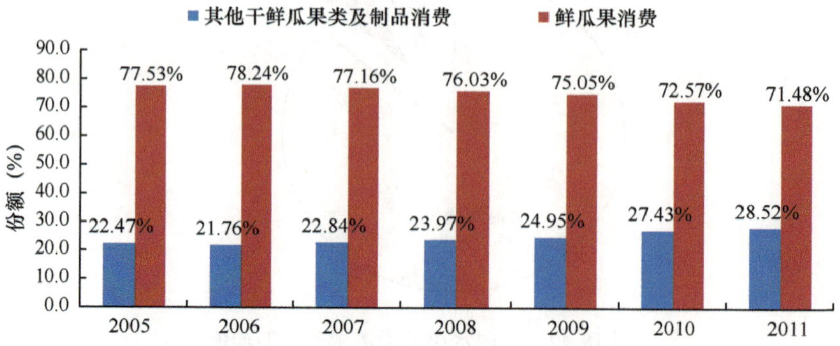

图 18-45　2005～2011 年期间城镇居民水果不同品种消费的份额

数据来源：历年《中国城市统计年鉴》

第二，水果制品消费的预测。

根据 FAO 统计数据，1992～2011 年水果食品制造消费比例大致呈稳定状态，且围绕 6.40%上下波动。根据前面预测可知，2020 年和 2030 年全国水果产量将分别达到 3.12 亿 t 与 4.35 亿 t，若 2020 年、2030 年水果食品制造消费比例维持在 6.40%左右，则 2020 年、2030 年水果食品制造消费将预计分别达到 0.20 亿 t 和 0.28 亿 t（图 18-46）。

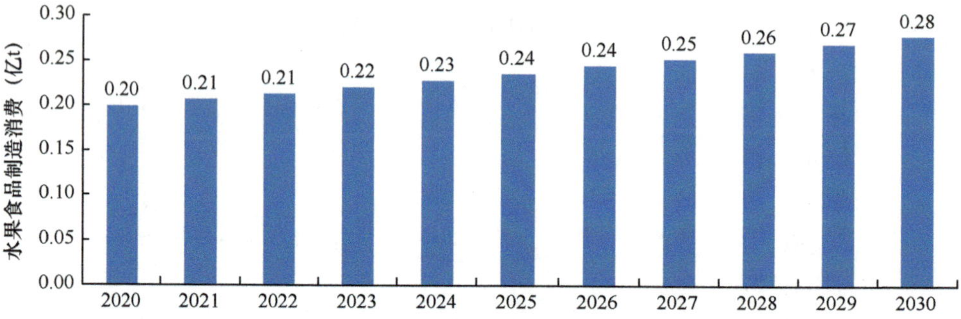

图 18-46　2020～2030 年水果食品制造消费预测

第三，水果损耗的预测。

根据 FAO 统计数据，1992～2006 年水果损耗率在 7%上下浮动，而 2008 年以后损耗率在 9.6%上下浮动。之后，水果损耗率由 1992 年的 7.01%上升至 2011 年的 9.63%，年均增幅约为 0.14%（图 18-47 和图 18-48）。随着水果仓储与物流技术的进步，水果损耗率势必有所下降。如果 2020 年、2030 年水果损耗率能够控制在 7%左右，根据前面预测可知，2020 年和 2030 年全国水果产量将分别达到 3.12 亿 t 与 4.35 亿 t，故 2020 年、2030 年水果损耗分别为 0.2184 亿 t 和 0.3045 亿 t。

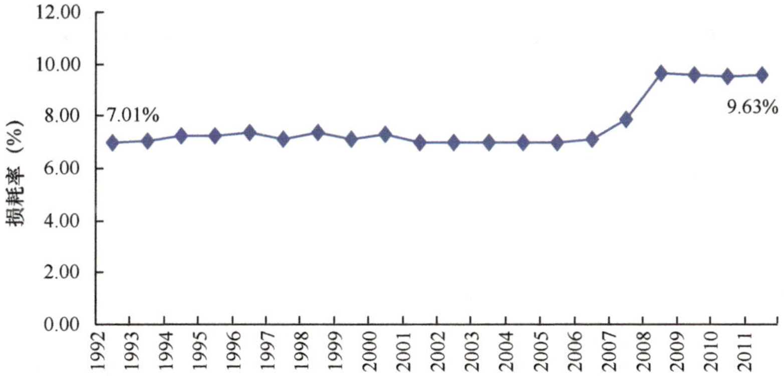

图 18-47 1992～2011 年水果损耗率

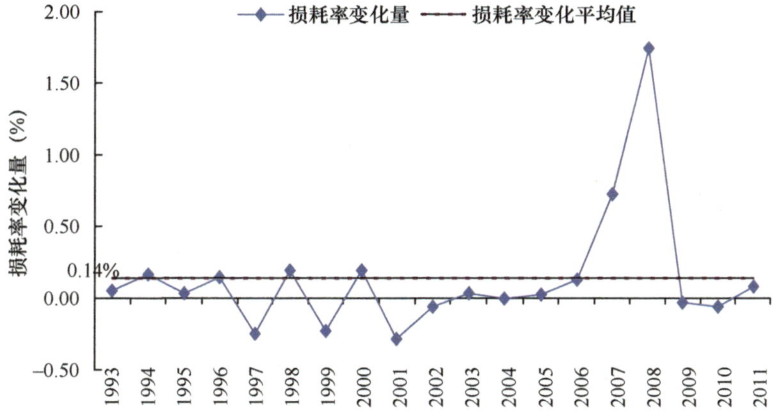

图 18-48 1992～2011 年水果损耗率变化量

数据来源：根据 FAO 历年食物平衡表整理

3. 水果供求整体趋势判断

按照预测，由于单产的增加，在 2020～2030 年控制种植规模的情况下，2020 年和 2030 年全国水果产量将分别达到 3.12 亿 t 与 4.35 亿 t。水果需求主要包括水果出口、国内食品消费、食品制造和损耗四大部分。按预测，2020 年水果出口将在 0.0671 亿～0.1849 亿 t 波动，国内食品消费将达到 2.6520 亿 t，水果食品制造消费将达到 0.20 亿 t，水果损耗为 0.2184 亿 t；2030 年水果出口将在 0.0935 亿～0.2574 亿 t 波动，国内食品消费将达到 3.6975 亿 t，水果食品制造消费将达到 0.28 亿 t，水果损耗为 0.3045 亿 t。故 2020 年我国水果需求总量在 3.14 亿～3.26 亿 t 波动，2030 年在 4.38 亿～4.54 亿 t 波动。根据预测可知，中国水果产业基本能够实现供需平衡，且供给略小于需求。随着收入水平的提高，中国居民对水果食品及其加工制品的需求会大幅提升，水果需求的增加可能导致水果供给短缺。需要指出的是，中国目前的水果产业还存在损耗率高、加工率低、出口量少等问题，因此，改善水果种质、降低损耗率、优化水果生产布局，并淘汰生产效率低下的果园是未来水果产业的发展方向。

（二）中国农业科学院《中国水果展望报告（2022—2031）》的预测

1. 中国水果未来十年预测

未来十年，即到 2031 年，中国水果产量增速放缓，有效供给增加，消费持续增长，进出口规模扩大，价格波动上涨，分化趋势明显，水果供需结构性矛盾有望得到明显改善。

一方面，为防范化解耕地“非粮化”带来的粮食安全问题，各地逐步落实严格的耕地利用优先序，水果面积扩张受到的约束显著增强。另一方面，品种改良和生产管理水平改进推动单产提高，预计到 2031 年，中国水果产量可达 3.46 亿 t，比基期增长 2%，低于过去十年 2.9%的年均增长率（图 18-49）；产量增加的同时，品质进一步提升，供给结构优化，水果有效供给增加。

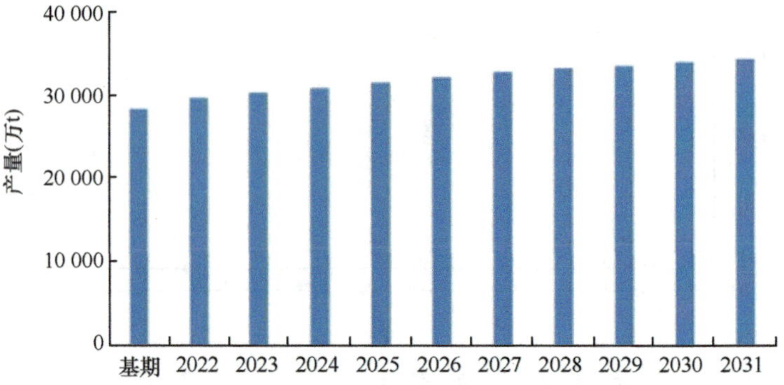

图 18-49　2022～2031 年中国水果产量预测

数据来源：中国农业科学院农业信息研究所 CAMES

城乡融合发展，居民可支配收入增加，食物结构优化，推动水果直接消费和加工消费增加，预计到 2031 年，水果直接消费量为 1.67 亿 t，比基期年均增长 2.1%，并加快由数量型向质量型转变（图 18-50）。加工消费是水果消费的重要增长点，预计到 2031 年，水果加工消费量可达 4922 万 t，比基期年均增长 2.9%，十年时间城乡冷链物流体系建设完善和供应链水平提高，水果损耗占比将显著降低。

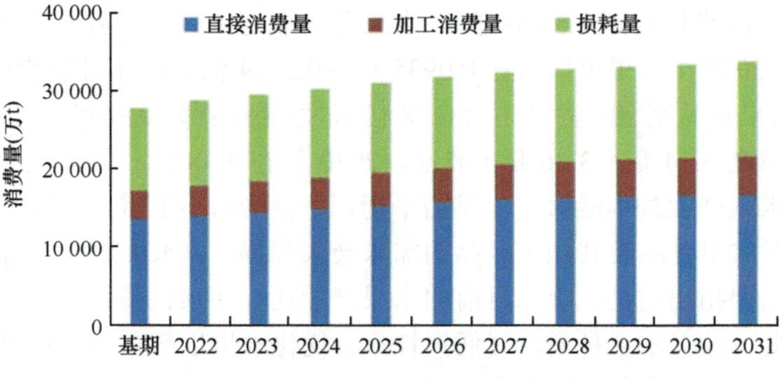

图 18-50　2022～2031 年中国水果消费预测

数据来源：中国农业科学院农业信息研究所 CAMES

在国内需求拉动和贸易愈加便利化的推动下，水果进口持续增长，国内水果产业加快推进向绿色高质量发展，果品优质化和品牌化水平显著提升，推动出口增长。未来十年前期，水果进口增长预计大于水果出口增长，贸易逆差或将持续存在。

（三）中国农业科学院农业经济与发展研究所的 CASM 模型预测

中国农业科学院农业经济与发展研究所采用中国农业产业模型（CASM），以 2021 年数据为基期，预测了 2022～2035 年中国水果的供需情况（图 18-51 和表 18-13）。2025 年，水果总供给为 30 312.20 万 t，2035 年达到 31 239.10 万 t；2025 年，水果生产量为 29 618.55 万 t，2035 年达到 29 866.30 万 t；2025 年，水果总需求为 30 312.20 万 t，2035 年达到 31 239.10 万 t。

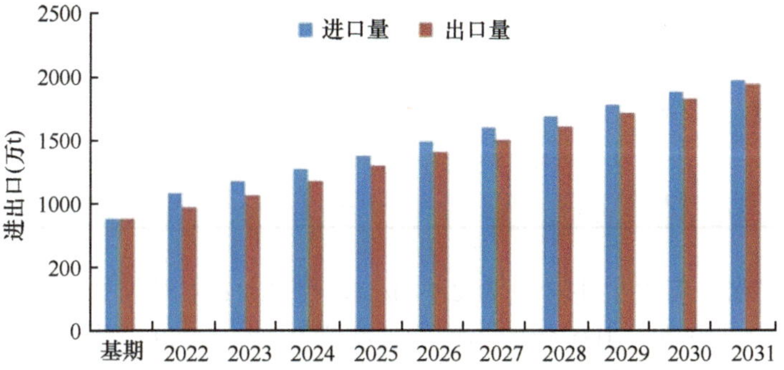

图 18-51 2022～2031 年中国水果贸易预测

数据来源：中国农业科学院农业信息研究所 CAMES

表 18-13 2022～2035 年水果供需情况

项目	2021 年（基期）	2022 年	2025 年	2030 年	2035 年
总供给（万 t）	29 959.10	29 927.18	30 312.20	30 866.11	31 239.10
生产量（万 t）	29 611.00	29 600.00	29 618.55	29 718.58	29 866.30
净进口（万 t）	348.10	327.18	693.65	1 147.53	1 372.79
播种面积（万 hm^2）	1 220.00	1 280.00	1 280.70	1 281.14	1 281.09
单产（kg/hm^2）	24 271.31	23 125.00	23 126.93	23 197.06	23 313.28
总需求（万 t）	30 044.48	29 927.18	30 312.20	30 866.11	31 239.10
人均需求（kg）	100.19	101.60	104.16	108.34	111.87
加工需求（万 t）	8 100.06	8 126.98	8 165.48	8 208.10	8 234.81
损耗（万 t）	7 792.25	7 457.18	7 461.85	7 487.05	7 524.27
国内需求（万 t）	30 044.48	29 927.18	30 312.20	30 866.11	31 239.10

数据来源：中国农业产业模型（CASM）

（四）水果供需的综合预测

综合以上三种预测结果，得出中国水果未来供需形势的基本判断是一致的。无论采用何种预测方法，均考虑了果园面积稳定、科技发展、品种改善、质量提高和市场需求变化等综合因素，根据2022年实际值与预测值来看，第一种方法的预测值偏高，2030年产量是4.35亿t；第二种方法的预测相对比较保守，2031年产量是3.46亿t；第三种方法的预测值稍低于第二种，2030年产量是2.97亿t。因此，本研究把三种预测值进行折中，2035年的生产量和消费量取三种预测的平均值，然后以2035年为基期，以中国农业科学院发布的《中国水果展望报告（2022—2031）》中的增长率为基础，并考虑未来人口下降、消费向质量提高转变、数量增长趋势，综合判断出未来需求和供给增长率均会呈现较明显的下降，以此预测出2035～2050年年均增长率，得到2050年水果供需预测值（表18-14）。

表18-14　2022～2050年水果供需综合预测值　（亿t）

项目	2021年(基期)	预测值				
		2022年	2025年	2030年	2035年	2050年
生产量	2.93	2.99	3.18	3.59	3.65	3.76
总需求量	2.82	2.79	2.96	3.56	3.61	3.67
加工消费量	0.37	0.63	0.72	0.88	1.00	1.16
净出口量	0.11	0.20	0.22	0.03	0.04	0.09

按照预测，2022年水果生产量为2.99亿t，比2021年增长2.01%；2035年水果生产量达到3.65亿t，2030～2035年的年均增长率为0.3%；2050年水果生产量为3.76亿t，2035～2050年的年均增长率为0.2%。2022年水果总需求量为2.79亿t，比2021年减少了1.06%；2035年水果总需求量达到3.61亿t，2030～2035年的年均增长率为0.3%；2050年水果总需求量达到3.67亿t，2035～2050年的年均增长率为0.1%。2022年水果加工消费量为0.63亿t，2035年达到1.00亿t，2050年增长至1.16亿t。2022年水果净出口量为0.11亿t，2035年和2050年分别为0.04亿t和0.09亿t。

第四节　园艺产业发展战略

一、指导思想

无粮不稳，无蔬不康，无肉不富，无棉不贵。园艺产业是市场化程度较高、关系国计民生、保障城乡居民营养健康和增加农民收入的重要农业支柱产业。经过20多年的高速发展，2011年园艺产业已超过粮食成为我国种植业的第一大农作物产业，在保障城乡居民消费和营养需求、增加农民收入、拉动城乡就业和平衡农产品进出口贸易四个方面发挥着重要作用。园艺产品富含丰富的在人体生长发育、正常代谢中起到重要作用的矿物质和维生素，因此园艺产业是保障城乡居民营养健康的重要支柱产业。

现阶段，我国园艺产业仍然处于传统产业或刚刚开始由传统产业向现代产业过渡阶段，在今后10～20年，我国园艺产业发展的重点是顺利完成传统产业向现代产业的过渡，即逐步实现用现代工业、现代科学技术、现代经营理念等武装产业，促进产业快速转型升级，向现代园艺产业发展。

二、发展原则及目标

（一）总量基本平衡，产品自给有余

园艺产业关系国计民生，具有需求量大、产品季节性强和不耐储运的特点，决定了我国主要园艺产品的供应必须依靠国内生产。园艺产品供给不仅要保障城乡居民日常消费，还要保证为国家工业化提供充足的原料，以及满足国际出口贸易需求。同时，园艺产业生产受自然条件影响，自然风险较大，年际产量具有一定的不确定性，因此产量应该保持比需求略高的水平，自给略有余。

（二）市场相对稳定，品种丰富多样

周年均衡供应、区域调运合理、品种丰富多样、价格相对平稳、波动幅度小，是园艺产业发展的目标。通过合理地搭配早、中、晚熟品种，提高园艺产品的商品化处理能力、保鲜贮藏能力，延长产品上市期及发展园艺产品加工业、流通业及相关服务业，保证园艺产品市场稳定，避免大起大落。

由于收入水平提高，人们对园艺产品的需求呈现出越来越多样化的特点，因此园艺产业要实现可持续发展必须满足这一需求变化趋势。品种丰富多样的要求，即保障在任何时段、任何地点城乡居民都能在市场上购买到各种各样的园艺产品。

（三）人与自然和谐，产业发展持续

园艺产品生产要求能够实现人与自然的和谐共处，不破坏产地的土壤、水资源、植被等自然条件，菜农、收购商、零售商等各个产业链主体都能获得合理、稳定的利润。保持自然生态、资源条件和产业链生产与经营可持续发展。

（四）生产布局合理，流通畅通高效

生产布局合理的实质是充分发挥不同地域的比较优势，使各种资源能够产生更大的使用效率。我国园艺产业生产布局合理主要体现在两个方面，一是发挥优势产区生产的比较优势，进一步提高优势产区的产业集中度。二是对于蔬菜而言，大中城市周边应具备一定的蔬菜供应保障能力，主要生产一些供应大中城市的速生菜。

建立以批发市场为主体的比较完善的园艺产品市场体系；市场交易条件、交易方式、交易主体的素质都有较大幅度提升；市场信息网络完整高效；农超对接、农校对接、农批对接、农企对接、电子商务等先进的交易模式和流通业态成为主流；流通环节少、成本低、效率高。

（五）科技支撑雄厚，产品质量安全

科技要在未来园艺产业发展的单产提高、品质提升、效益增加方面起到支撑作用。园艺产业的科技进步贡献率进一步提升，国产种业与进口种业的差距缩小，在占据绝大部分国内市场的基础上努力提高国际竞争力。园艺生产机械化程度有较大提高，先进的育种技术、科学的植保和土肥技术、合理的栽培模式在园艺生产中广泛应用。

全面推进标准化生产，从源头抓起，保障园艺产品质量安全。完善质量安全管理制度，加大对农药、化肥等生产投入品的监管力度，积极推动“三品一标”发展，大力推广绿色植保和安全用药技术，全面强化质量安全监管工作，建立健全园艺产品全程质量控制体系。全面提高园艺产品品质、质量安全水平和商品档次，坚决杜绝重大园艺产品质量安全事件发生。

（六）要素合理配置，加强技术推广

2012～2018年中国蔬菜绿色全要素生产率年均增长率为1.56%，其中技术效率指数年均增长率为−0.42%，技术进步指数年均增长率为1.99%。因此，一方面要注重新技术的推广和应用指导，关注蔬菜生产过程中的环境污染问题，将高产高效型和环境保护型两类技术综合推广，以向产量增长和环境保护双赢的蔬菜生产方式发展；另一方面生产和管理技术的应用水平不足是阻碍蔬菜绿色全要素生产率提高的主要因素，为促进中国各地区蔬菜生产技术效率的提高，推广蔬菜绿色生产保险和加强对蔬菜绿色生产的扶持力度，降低蔬菜绿色生产经营风险，从而促进各地区蔬菜生产过程中要素的合理配置。中国辽宁、黑龙江、湖南等东部地区的蔬菜绿色全要素生产率增长表现为技术效率提高与技术退步并存；而广西、重庆、四川、云南、陕西、甘肃等多数西部地区的蔬菜绿色全要素生产率增长呈现出技术效率降低与技术进步并存。因此，建议中国东部地区立足当地先进资源，保持效率优势，利用现有的优秀科研团队、先进的科研技术条件和水平加快研发蔬菜绿色环境友好型新技术，进一步提高其蔬菜绿色生产的技术水平；西部地区则应该在承接和学习东部地区先进技术水平的基础上，加大技术推广和技术指导力度，提升蔬菜绿色生产技术效率水平。

（七）优化产业体系，加快经济发展

当前我国蔬菜产业主要沿用劳动密集型生产模式，管理比较粗放，相对更重视蔬菜产量。面对蔬菜产业高质量发展需求和人们日益增长的美好生活需求，精细化、机械化、自动化和数字化是今后蔬菜产业发展的方向，需要标准化提供强大的保障和支撑。随着我国蔬菜产业发展的持续加速，蔬菜全产业链标准化工作具备广阔的发展空间。新形势下，应立足当地传统优势和特色资源，通过构建以产品为主线的蔬菜全产业链标准体系，集成以质量提升为导向的蔬菜标准综合体，加强蔬菜全产业链标准化示范基地建设，利用标准化加强蔬菜“区域公用品牌”建设，坚持推动蔬菜全产业链走高质量发展之路。

促进比较优势上升的水果发展，即增加中国葡萄、橘子及柚子的产销，对这些水果进行品种改革，突破季节限制，以适应市场上消费者的需求。同时在质量方面严格要求，不能忽略国际上各个国家的不同标准要求，提高水果产品质量，实现标准化，打破贸易壁垒。虽然中国是个农业大国，但由于以劳动密集型产业为主，中国水果产品的产量与世界平均水平还存在一定的差距，因此，继续提高水果的产量仍然是中国提高竞争力的战略目标。

（八）加强农业现代化，增加资金投入

以市场为导向提升蔬菜产业竞争力，通过提升现代生产要素的投入，如生物化肥、低毒无公害农药、信息技术等，提高机械化、水利化水平，同时增加人力资本投资及加强农业农村人才引进等，整体提升蔬菜产业现代化程度，进而提升农业现代化水平。

按照“助强扶弱、补强短板弱项”的原则，优先考虑已经取得绿色有机认证或有条件认证的蔬菜生产基地、流转土地规模化经营且带动能力较强的生产基地、优势品种集中种植区、产业扶贫基地，统筹考虑当地产业发展定位、产业体系、产业结构、产业链、空间布局、经济社会环境影响等，合理确定蔬菜产业水肥一体化发展重点区域。加大投入，夯实基础，建立完善争取国家资金、积累集体资金、激励个人投资、引进外来资金的立体式、多元化投入格局，放大财政支农资金的引导效应，引导社会资金投入蔬菜产业水肥一体化，助推蔬菜产业提升核心竞争力。加大投入力度，组织实施好一批支持水肥一体化发展的大项目、好项目。在本级财政方面，进一步优化财政支出结构，加大向“三农”倾斜，形成财政扶持稳定增长机制。利用好农村“一事一议”政策，调动集体投入和个体投入，并着力整合土地整理、高标准农田建设、高效节水灌溉各方面投入，重点解决蔬菜生产基地水肥一体化基础设施投入保障问题，加强已形成的蔬菜优势集中产区的交通建设。

（九）保障产品安全，完善质检标准

必须提升相关技术的水平，以支撑更严格的质检标准，引导蔬菜行业安全生产，对蔬菜安全的重视要贯穿蔬菜种植的各个阶段，从根源杜绝蔬菜安全问题的出现。另外，要和国际接轨，不断提升产品质量，尽可能使质检标准向国际标准靠拢，引导蔬菜种植者生产更高质量、更安全健康的蔬菜产品。

三、战略重点

围绕满足国民需求和顺应产业发展趋势，今后一个时期园艺产业发展应着力实施“五大战略”，实现“五大转变”。

（一）实施“布局优化”战略，实现以产区生产为主向优势产区与大中城市周边生产共存的转变

因地制宜地制定全国和地区主要产品优势区域发展规划，明确主导产业、主攻方向和发展目标，突出优势区域的资源特色，积极争取当地政府的支持，促进要素资源向园艺产品最适产区集聚，着力推进主产区和优势产区的重点项目建设，促进产业集群，打造优势产业带。水果产业的总体思路为“强化基础、壮大产业、因地制宜、突出优势”，坚持向最适产区集聚，果园发展提倡“上山”“下滩”，不与粮争地。蔬菜产业应根据南方和北方在光、热、水等自然资源上的禀赋差异，充分发挥各地的比较优势，合理进行生产布局。充分发挥南方高纬度地区水资源丰富和冬季气候温暖的自然资源优势，积极发展南方冬春蔬菜的种植，通过“南菜北运”缓解北方冬春蔬菜生产供应不足的困局；针对北方地区光照资源丰富和水资源不足的特点，重点发展以日光温室为代表的设施蔬菜，利用设施蔬菜节水高产高效生产技术，加强水资源的循环利用；在人口密集的大中城市，适度发展郊区设施蔬菜，保持一定的城市蔬菜自给率，主要种植不适合长距

离运输的叶菜类，减少蔬菜在流通过程中的损耗和成本。

（二）实施“深化市场化发展”战略，实现园艺产业发展中市场资源配置基础性作用向决定性作用的转变

园艺产业既是高度市场化的产业，又是关系国计民生的产业。园艺产业在发展中不够尊重市场规律，政府干预较多，“市场看不见的手”作用发挥得不够，往往导致市场供需关系扭曲发展，加剧价格波动。

市场应在产业发展中发挥决定性作用，主要作用体现在三个方面：一是在园艺产业发展中配置资源，二是调节园艺产品产量，三是决定园艺产品价格。

加强政府调控，规范政府行为。政府在产业发展中的调控作用应该规范而不是退出，主要职责：一是保障园艺产业基础设施建设；二是提供园艺产业生产与市场信息；三是监控园艺产品的质量安全；四是制定引导园艺产业发展的政策。

（三）实施“走出去”战略，实现由利用国内资源和市场向利用国内和国际资源与市场的转变

园艺产业的发展要充分利用国内和国际两种资源，努力开拓国内和国际两个市场。一方面在产品质量提升的基础上，巩固现有优势市场，大力开拓新兴市场，逐步实现出口市场和出口产品多元化，减少国际市场波动对园艺产品市场的冲击；另一方面实施“走出去”战略，针对俄罗斯及周边国家、亚洲发展中国家、非洲国家园艺产品种质资源丰富、园艺产业技术总体滞后及园艺产品市场开发潜力大等特点，我国政府及园艺产业界应该充分利用自身资本充裕和技术成熟的优势，设置涵盖科学研究、技术及产品创新和商业模式创新在内的园艺国际发展项目，鼓励相关生产主体到资源相对丰富的国家建立园艺产品生产基地，破除土地要素和水资源紧缺对产业发展的制约，利用当地的资源生产园艺产品。

（四）实施“提质增效”战略，实现由数量型增长向质量效益型增长的转变

转变“以量取胜”的传统园艺产业发展模式，树立“以质取胜”的新理念。加大对园艺产业研发的投入，提高园艺产品生产的技术水平和科技进步贡献率；推进园艺产品标准化生产技术体系建设，确保园艺产品质量安全；打造园艺产品品牌，提高园艺产品市场竞争力和生产经营效率。

（五）实施“产业链延伸”战略，实现由注重生产环节向产前、产中与产后并重的转变

大力推行园艺产品采后商品化处理、精深加工和废料加工、下脚料综合开发利用，联合攻关商品化处理与加工技术中的关键环节，减少采后损失，提高商品化处理及精深加工能力和加工原料资源利用率，促进产品多样化和产业链延伸，增加产品附加值，切实提高园艺产业的整体效益；提高产地商品化处理能力和水平，在叶菜收获的同时进行分级、包装；在根茎菜、果菜、水果规模产区合理布局商品化处理场所，并配备分级、

清洗、包装设备。重点建设园艺产品的绿色保鲜、安全储藏和冷链物流体系，构建流畅的流通体系，提高全国园艺产品运输“绿色通道”覆盖率，保障新鲜安全的园艺产品及时、畅通供给。

第五节 园艺产业发展保障措施及政策建议

未来我国蔬菜和水果消费仍会持续增长，质量需求也不断提高。同时，我国园艺产业在发展中面临着突出问题和诸多挑战，保障蔬菜和水果长期供需平衡的压力依然较大。为促进园艺产业高质量发展及保障供给安全，提出以下政策建议。

一、稳定种植面积

从我国主要园艺产品的供需变化趋势看，在未来一段时间内我国主要园艺产品供给基本能够满足国内需求；从我国主要园艺产品近些年市场的运行情况看，园艺产品市场基本平稳。因此，未来我国园艺产品需求的增长主要依靠人口的增加来拉动，依靠单产的增长基本能满足蔬菜产品需求的增长，现有种植面积在正常年份（无大灾）基本能够满足国内需求；过多增加种植面积，将导致园艺产品季节性、区域性过剩，价格下跌的风险增加，容易造成市场价格大起大落。此外，考虑到 18 亿亩耕地红线下园艺产品与粮、棉、油竞争耕地的问题，园艺产品的发展应以稳定面积、提高单产及品质为主。争取到 2030 年，果园总面积稳定在 2.0 亿亩左右；蔬菜播种面积稳定在 3.15 亿亩左右。

重点开展园艺作物种质资源的挖掘、开发和利用，改善种质资源的品质、产量、抗性、熟期等重要农艺性状，并加紧培育具有自主知识产权、经济效益高、应用前景好的优良新品种。因地制宜地加大国内外优质新品种推广，加快制定及规范各园艺作物的良种苗木繁育技术规程，依据“标准化、规模化、集约化、机械化、商品化”的原则，重点建设一批优势园艺作物良种苗木繁育基地，逐步形成部级资源保存与育种中心、省级繁育场、县级繁育基地相配套的三级良种苗木繁育体系。规范和加强繁育基地与种子种苗市场的监督管理，推广良种良法配套措施，切实提高我国园艺产业的优质种苗覆盖率。在优势产区创建一批标准化、集约化程度高的标准化生产基地，推进基地与现代产业技术体系结合，创建现代园艺产业技术集成示范基地，引领全国园艺产业提档升级。继续在全国创建蔬菜、水果、茶叶等园艺作物标准园，重点做好“落实标准、培育主体、创响品牌、整合资源、强化服务”的工作，通过建设园艺作物示范县区，带动全国范围内水果、蔬菜、茶叶等园艺产品质量提升，并提高生产园艺产品的效益，力求供需平衡。此外，通过综合考虑经济、生态、社会及我国农业整体发展现状来确定我国园艺产业的布局，充分发挥园艺产业扶贫增收、改善生态环境、提高国民健康水平的多功能性。

二、加强质量监管

尽快制定和完善园艺产品产地环境、生产技术规范和产品质量安全标准，特别是有毒有害物质（农药残留、生长激素等）限量标准的制定、完善，建立适合中国的园艺产品综合生产（integrated fruit production，IFP）制度。按照技术、生产资料、销售三统一原则，实施 IFP 制度，在生产优质、安全园艺产品的同时，有效地保护环境和劳动者自身安全。

以园艺产品主产区所在地县区为切入点，加大宣传，注重保护主产区的生态环境，大力推行标准化建设，加强对标准园生产者生产行为的引导和规范，促进有机肥料使用比例的提升，统防统治标准园病虫害，提高园艺产品数量和质量，注重标准园园艺产品品牌的建设，提高标准园园艺产品的知名度和美誉度，增加园艺产品生产者的效益，促进主产区农业经济的发展，辐射带动周围县区推进园艺产品的标准化生产。

严格按照《中华人民共和国农产品质量安全法》和《中华人民共和国食品安全法》的要求规范园艺产品产业链，完善园艺产品质量安全责任体系，落实园艺产品质量安全责任，并逐步建立园艺产品质量安全监管长效机制。提高园艺产品生产者道德风险和逆向选择成本。加强乡镇等基层单位园艺产品质量安全监管服务能力，增加园艺产品质量检测频率和力度。加强对基层农资经营户的监管，重点扶持放心农资下乡进村，并推行高毒农药购买实名制度，园艺主产区地方政府可根据各地实际情况，适时实行高毒农药的专营，并逐步取代高毒农药的使用。采取有效的激励方式，调动相关企业、行业组织的积极性，鼓励企业积极参与危害分析与临界控制点（hazard analysis and critical control point，HACCP）、国际标准化组织（International Organization for Standardization，ISO）等国际认证，逐步实施可追溯制度，加强安全生产管理。

三、优化区域布局

园艺产业的发展要坚持以科学发展观为指导，坚持总量与结构平衡、充分发挥比较优势、统筹兼顾的原则。综合考虑经济、生态、社会及我国农业整体发展现状，进一步优化我国园艺产业布局，充分发挥园艺产业扶贫增收、改善生态环境、提高国民健康水平的多功能性。

水果产业要通过科学规划和政府引导，逐步实现向优势产区集中，坚决淘汰非适宜种植区，调整压缩非优势区域。水果的生产和发展必须让位于粮、棉、油。因此，必须以《全国优势农产品区域布局规划》为指导，继续坚持果树“上山”“下滩”，不与粮、棉、油争地的方针，在适宜区选择集中成片的荒山、荒丘、盐碱沙滩发展果树生产，坚决压缩非适宜区种植面积。对于水果与粮、棉、油生产有重叠的产区，要优先保证粮、棉、油的生产。

蔬菜产业要进一步优化和调整优势区域的主栽品种结构和产品上市期，一方面要发挥优势产区蔬菜生产的比较优势，主要生产一些相对耐储运的蔬菜品种，通过大流通解决大中城市蔬菜常年性消费与季节性生产间的矛盾及消费的品种多样化问题；另一方面是根据大中城市人口需求合理布局，大中城市周边要具备一定的蔬菜供应保障能力，避免长途运输，主要生产一些供应大中城市的速生菜，实现即使因极端的气候导致物流困难也能保障大中城市的基本供应。

四、健全市场体系

园艺产品流通主体以个体户为主的现状使得其抗御市场风险能力低下、经营管理水平不高，导致园艺产品价格波动频繁、波动幅度较大，故要提高园艺产品流通组织化程度，保障园艺产品市场平稳。一是通过公司化、规模化、品牌化经营加强经纪人、运销户、经销商队伍建设，帮助其做大做强，提高产业集中度。二是以农民专业合作社为依托，加大农民经纪人队伍的培育力度，在条件许可的情况下鼓励农民专业合作社实现从生产领域向流通领域的延伸，以提高农民讨价还价的能力，使农民能够分享产业链延伸带来的部分利润。三是制定政策鼓励流通企业和组织涉足生产领域，通过建立流通企业与农户之间的利益联结机制，将流通企业和农户建成利益共享、风险共担的利益共同体，实现农户的产品有可靠市场，流通企业的货源有稳定保障，实现农户与流通企业的双赢。四是积极培育大型园艺产品流通企业，提高流通组织化水平，鼓励龙头企业通过兼并、重组和投资合作等手段及建立跨地区行业协会构建跨地域营销网络。

继续发展新的产销对接模式，将产业链上下游之间简单的买卖关系变为合作关系，使产销之间、产业链不同主体之间真正成为利益共享、风险共担的利益共同体，实现生产与市场的良性互动，提高产业抵御市场风险的能力，稳定产业市场供需和价格。在认真总结近年来蔬菜企业与消费者之间的电子商务交易（business to customer，B2C）、消费者与消费者之间的电子商务交易（customer to customer，C2C）经验的基础上大力培育农产品期货、电子商务等新型流通业态，推动园艺产品企业间的电子商务交易（business to business，B2B），逐步规范中远期商品交易合约，促进园艺产品流通业态的创新与发展。

加强冷链系统建设，一是在园艺产品优势产区加强预冷设施建设，提高优势产区商品化处理能力；二是积极发展保温、冷藏运输，减少园艺产品运输损耗；三是提高主销区园艺产品冷链配送能力，鼓励各级主体推动冷藏与冷链运输设备设施升级，培育具有一定规模的专业化冷链物流服务企业。

五、培育新型经营主体

未来园艺产业的发展必然要走规模化经营的道路，因此培育与规模化经营相适应的园艺产业新型生产主体是园艺产业可持续发展的一个重要环节。结合我国当前的实际情况，园艺产业新型生产主体主要包括家庭农场、农民专业合作社和企业三种类型。

培育园艺产品家庭农场很重要的一点在于提高菜农、果农素质，培养适应家庭农场经营的职业菜农、果农。一是贯彻落实好九年义务教育，确保没有新“文盲”出现和菜农、果农基础教育年限稳步提升；二是关注菜农、果农年龄结构偏大且难以得到改善的问题，通过制定切实可行的政策，鼓励接受过一定种植技术培训的年轻人前往园艺产品主产区创业，投身园艺产业；三是通过实施优惠政策，吸引和支持返乡务农的优秀人才、高等学校毕业生、退役军人到农村创办现代蔬菜企业，鼓励有兴趣、有能力的城市青年和工商界人士成为新型职业菜农、果农；四是以农业技术推广战线、农函大等为阵地，通过实施“跨世纪青年农民科技培训”工程等，抓好乡村干部、专业合作社负责人、农业技术人员及广大经纪人、种植大户的教育培训，提高受训者的生产技术能力和经营管理水平。

园艺产品专业合作社是未来推动我国园艺产业可持续发展的最重要主体，培育和规范农民专业合作社是培育职业农民、实现主体突破的最重要工作。积极引导农民专业合作社按照《中华人民共和国农民专业合作社法》建立健全合作社的财务、人员管理等各项规章制度，完善合作社的监督约束、利益分配、民主管理和风险保障等机制，并推进这些运行机制落到实处，促进合作社的长远发展；通过联合大专院校、阳光工程、一村一名大学生等多种形式，对现有农民专业合作社负责人进行有关政策法规、生产技能、营销知识等方面的培训，提高其经营管理水平。制定优惠政策，继续鼓励引导各类科研人员、农业技术推广人员和大中专毕业生扎根农村创业，培养农民专业合作社负责人；选择一批有一定基础、管理比较规范且有一定发展潜力的农民专业合作社作为“示范社”加以重点培育，使其逐步发展成有一定规模和实力、进入良性自我发展轨道的示范性合作社，通过“示范社”的典型带动，促进我国农民专业合作社经营能力的整体提升。

园艺产业生产企业在最近几年随着社会资本进入园艺产业而得到较大发展，但必须看到的是部分社会资本进入园艺产业并非基于长期战略思考，而是以占有土地、套取补贴等为出发点，所以一方面应该制定优惠政策鼓励社会资本流向园艺产业，创办新型园艺企业，另一方面应采取措施对社会资本流向园艺产业加以引导和规范。

六、强化产后加工

园艺产业的可持续发展亟待全面转型升级，要全力打造园艺产业发展的 2.0 版。园艺产业全面升级是指全产业链升级，即包括生产基地基础设施、生产技术条件、储藏加工设备、冷链物流装备、市场交易环境等在内的各个环节都要实现改造升级。在今后一段时期，中国园艺产业发展必须走“市场主导、政府引导、科技引领”的协同发展之路，突出科技在中国园艺产业振兴中的位置，推行以市场为导向、企业为主体、产学研无缝对接的可持续发展新模式。重点加强园艺产品贮藏保鲜及深加工技术的研发和应用，包括速冻、超高温和超高压杀菌、无菌包装等贮藏保鲜技术，以及腌制、脱水、保鲜、糖制、速冻、水煮等深加工技术。以基地建设为着力点，促进品种结构调整，全面推进标准化建设；以产业技术需求为导向，加强科技研发，促进集成简化技术的推广与应用；以增强竞争力为中心，加强产业链各环节基础设施建设，夯实产业发展基础；以品牌建设为重点，加快体制机制创新，构建新型园艺产业经营体系。

七、完善政策措施

一是处理好市场导向与适度调控的关系。我国园艺产业发展主要是坚持市场导向。近年来，大蒜、生姜等蔬菜价格剧烈波动，以及大宗蔬菜价格普遍上涨，尤其是在面对各种突发自然灾害时，稳定蔬菜供应和价格至关重要，但调控措施和手段十分有限。因此，园艺产业发展不能完全依靠市场，适度调控还是必要的。二是完善和落实各项保障政策。重点支持园艺作物种质资源保护、新品种选育、技术研发、新品种推广等；重点加强园艺作物生产基础设施建设，改善园艺作物生产条件；重点推进现代园艺产业生产技术的推广应用，实现园艺产业向省力化、机械化、现代化发展，制定土地、税收、品种自主知识产权保护、品牌创建、现代产业园区建设等方面的支持政策。三是多渠道筹措产业发展资金。在资金筹措上，坚持“企业、农民、合作组织自筹为主，社会投资为辅”的投资原则，通过“政府引导、市场运作”的模式，多渠道、宽领域、多形式地筹措资金，形成中央、地方、企业、社会共同投资产业的多元化资金筹措机制，吸引资金流入园艺产业。四是搭建全国联网的园艺产品产销信息平台。加快园艺产业信息化建设，建立全面覆盖园艺产品生产信息、流通信息和零售信息的公共服务平台。五是加强灾害和突发事件预警机制建设，提高减灾与抗风险能力。根据园艺作物历年来的灾害发生规律，适时调整作物布局，改革种植制度；重点加强防旱抗旱、排水防涝、防风抗冻、避虫、病虫害生物防控等设施建设，推广一系列有效避灾技术；推进灾害性天气和有害生物预警预报机制建设；加快制定完善的防灾减灾预案，提早做好物资、资金和技术准备；加快建立灾害和突发事件应急响应制度，降低灾害损失；加大园艺作物病虫害检疫检测执法力度，重点支持水果无检疫性病虫害疫区建设。

（本章执笔人：邓秀新、肖红波）

第十九章　畜牧产业发展

第一节　畜牧产业发展形势

我国经济已进入“新常态”，农业生产也进入转型升级的新发展阶段。随着经济的快速发展，人们的消费需求从“吃得饱”向“吃得好”“吃得营养健康”转变，对养殖业提出了更高要求。但我国养殖业发展本身面临着养殖效率低下、安全问题突出、环境污染严重等发展瓶颈，依靠科技创新走经济、生态、社会效益并重的高质量绿色低碳发展之路是必然选择。随着畜产品需求的增加，整个养殖业发展的对外依存度有增加趋势，如何通过高质量发展降低对外依存度，是养殖业发展在支撑国家粮食安全战略方面必须面对的紧迫命题。

一、改革开放以来畜牧产业的发展形势

改革开放以来，我国畜牧产业体量快速扩大、整体素质发生了质的飞跃，完全扭转了畜产品供给短缺的局面，畜牧产业已经成为农业和农村经济中主体地位不可撼动的主导产业。畜牧产业发展大致经历了四个阶段。

（一）改革发展初期（1978～1984年）

1978年开始，在全国范围内快速实施的家庭联产承包责任制，使畜牧产业生产释放出巨大活力，这一时期国家采取了一系列改革措施和政策，有效激发了畜牧产业发展的动力，推动了畜牧产业的大发展。这一阶段肉类产量快速增长，缓解了城乡居民吃肉难的问题，1984年肉类产量达到1540.6万t，比1978年增长79.9%；生猪出栏达到2.2亿头，比1978年增长36.9%；其他大牲畜的存栏和出栏量、人均肉类占有量均有大幅上升。

（二）全面快速增长时期（1985～1996年）

该阶段畜牧产业经营体制实现了根本转变，畜产品市场和价格逐步放开，国家取消了多数畜产品的统一定价，从而使畜牧产业成为农业中最早引入市场机制的行业。随着1992年我国农村改革全面向市场经济转轨及后续各项改革不断深入，逐步形成了有利于畜牧产业发展的社会环境和开放的市场条件，其得到快速发展，实现了主要畜产品供需基本平衡的历史性跨越，夯实了其在农业中的支柱产业地位。主要畜禽产品生产快速增长，长期严重短缺的局面得到了根本扭转，实现了供需基本平衡。1996年，我国肉类产量达到4584万t，比1985年增长1.4倍，年均增长率达8.2%；禽蛋产量1956.2万t，比1985年提高267.5%；奶类产量735.8万t，比1985年提高154.3%；畜牧产业

产值占同期农业产值的 26.9%，比 1985 年提高 4.8 个百分点。

（三）提质增效发展时期（1997～2012 年）

随着畜牧产业的快速增长，到 20 世纪 90 年代后期其出现了阶段性、结构性过剩；随着经济的发展，人们对优质畜产品、花色多样的畜产品日渐青睐；随着市场的逐步开放，国际市场竞争压力越来越大，迫切需要调整畜产品结构、提升畜产品质量和安全、提高生产效率和产业效益。2014 年，我国生猪年出栏 500 头以上规模比例达到 41.9%、肉牛年出栏 100 头以上规模比例为 17.3%、羊年出栏 500 只以上规模比例为 12.9%、肉鸡年出栏 50 000 只以上规模比例为 43.7%、蛋鸡年存栏 10 000 只以上规模比例为 35.8%；生猪、肉牛、羊和家禽出栏率分别达到 157.0%、46.3%、94.8%和 204.3%；牛羊肉占肉类产量的比例达到 13.2%；奶类产量比 1997 年增长 524.6%，是增幅最大的畜产品；畜牧产业科技进步贡献率从“六五”时期的 34%增加到 2014 年的 54%左右；畜产品生产进入追求质量安全的阶段，并逐步朝区域集中、产业整合方向发展，“龙头企业+家庭农场（或养殖大户）”模式已成为我国畜牧产业发展的主导力量。

（四）高质量全面转型升级阶段（2013 年至今）

2013 年以来，国家密集出台若干政策方案，以促进畜牧产业提质增效、实现高质量绿色发展。2021 年，我国肉类、禽蛋、牛奶产量分别达到 8989.99 万 t、3408.81 万 t 和 3682.70 万 t，较改革开放初期有了显著的提高（图 19-1），畜牧产业产值达到 3.991 万亿元，占农林牧渔业产值的 27.15%，已经成为大农业领域中极为重要的部分。

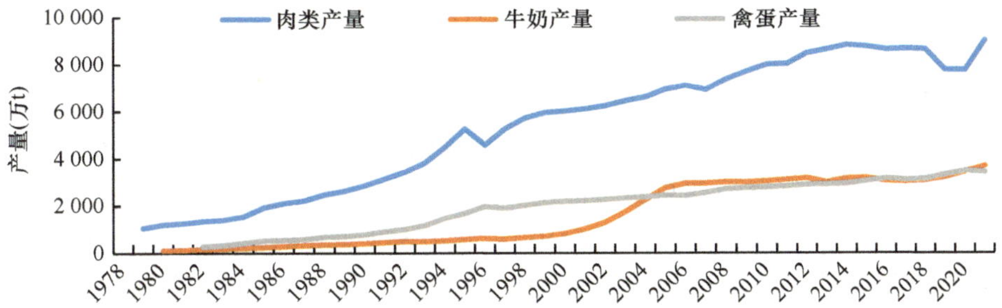

图 19-1　改革开放以来我国肉蛋奶的产量变化趋势

数据来源：国家统计局

各项环保政策的落实，有效规范和扶持了畜禽粪污的资源化利用与养殖场的达标排放。围绕畜牧产业环保和粪污资源化利用，规范和扶持政策不断发力，有效提升了畜牧产业环境保护和粪污资源化利用的水平。截至 2020 年底，全国规模养殖场粪污处理设施装备配套率达到 95%，畜禽粪污综合利用率达到 75%以上。

科技创新水平不断提升，智慧养殖渐成雏形。在前沿科技应用方面，基因组选择育种技术已经在生猪、肉牛、奶牛、绵羊、鸡和鸭等物种中开始尝试应用，并研发了具有自主知识产权的芯片及育种软件。近年来，智能化养殖发展非常迅速，养殖企业在个体识别、表型测定、生物安全监测、环境控制等方面广泛应用人工智能技术，助力整个养殖业的转型升级。

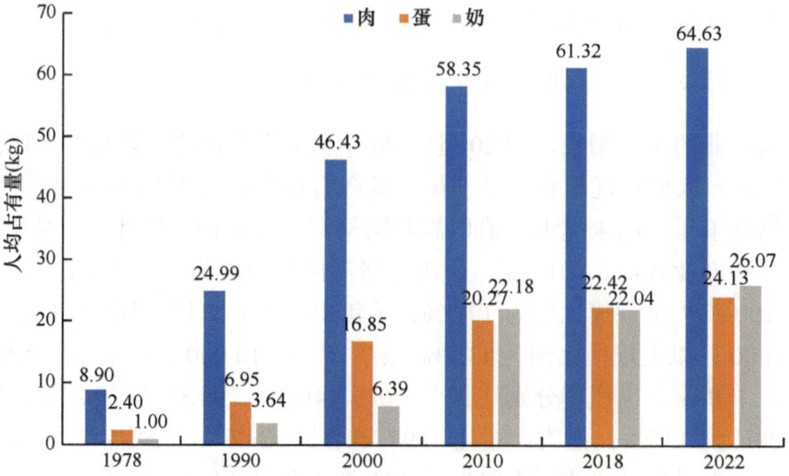

图 19-2 改革开放以来我国肉蛋奶人均占有量变化趋势

数据来源：根据国家统计局发布的年度产量除以当年人口数量计算所得

二、新发展阶段畜牧产业发展的主要趋势特征

（一）促进养殖业稳健发展是满足消费升级的内在要求

依据世界银行数据，2021 年中国人均 GDP 达到 1.25 万美元。依据清华大学国情研究院对中国经济增长前景的预测，中国 2035 年人均 GDP 可能增长到 20 658 美元。伴随经济的快速发展，人民的收入与生活水平也将得到极大改善和提高，食物消费结构必将发生显著变化。基本变化趋势是，以谷物为主的传统饮食模式正在向现代饮食模式转变，谷物消费减少，而动物性食物消费增加。

2014～2021 年，我国粮食人均占有量为 470～480kg，其中人均肉类占有量为 53.7～64.47kg。根据辛良杰参照台湾地区饮食变化规律的分析预测，当我国 2026 年人均 GDP 达到 13 617 美元时，膳食消费总量可能达到峰值，届时人均膳食消费总量为 563kg，粮食消费总量为 456kg；当 2035 年人均 GDP 达到 20 658 美元时，膳食消费结构基本稳定，届时人均膳食消费总量为 499kg，粮食消费总量为 412kg，肉蛋奶消费占比合计大约为 30%。据此推测，2026 年我国居民肉类消费达到峰值时人均肉类消费为 78.3kg，而 2035 年膳食消费结构稳定时人均肉类消费为 75.7kg。因此，目前我国人均肉类占有量与未来肉类消费峰值及稳定时平均水平的差距为 11.23～22kg，意味着我国猪牛羊禽肉类食品消费还有很大增长空间。

肉蛋奶等动物性食物消费的增加，必然要求畜牧产业增强产品供应能力。根据预测，2035 年我国人民对肉、蛋、奶的需求将分别增长 2110 万 t、507 万 t 和 1268 万 t，增幅分别达 26%、19%和 46%。需求增长为养殖业的可持续发展创造了机遇，同时肉蛋奶供给的增加将直接导致我国饲料粮需求的增长。因此，如何满足未来城乡居民对畜产品的需求是我国养殖业发展亟待解决的重要任务。

（二）促进养殖业高效发展是实现产业升级和“双碳”目标的必然选择

经过几十年的快速发展，我国畜牧产业取得了巨大成绩，基本保障了我国居民的肉蛋奶需求，但也面临着养殖效率低下、安全问题突出、环境污染严重等一系列发展瓶颈。

效率低下是我国各类畜牧产业面临的共性问题。主要原因包括：①各类畜禽疫病暴发与流行导致生产水平急剧下降；②重繁殖、轻选育，品种生产性能低下，持续选育工作亟待加强；③规模化养殖管理水平落后等。因此，通过疾病防控、品种改良和现代化饲养管理等措施实现“生得多、死得少、长得快”的高效养殖目标，是我国畜牧产业转型升级必须解决的关键问题。

安全问题突出既包括养殖业面临各类人兽共患病或传染性动物疫病对人类和动物健康形成的挑战，也包括动物性食品存在的药物残留、病原微生物污染超标等造成的公共卫生风险。依靠现代生物科技和管理机制体制创新构建全局性生物安全体系，实现“一个世界，一个健康”的大健康理念，确保人民生命健康和食品安全，是现代养殖业必须回答的紧迫问题。

养殖业造成环境污染主要体现在规模化养殖的粪污排放、病死畜禽的非法处理、二氧化碳的排放等方面。畜禽粪污和病死动物仍富含植物生长所需的营养，通过无害化和资源化处理将其变废为宝而真正实现种养结合是我国畜禽养殖废弃物治理的主要努力方向。破解养殖废弃物资源化利用和种养结合的痛点难点问题，是现代畜牧产业实现高质量内涵式发展必须面对的重大关切。

《2021 年国务院政府工作报告》首次提出“碳达峰、碳中和”的“双碳”目标。实现“碳达峰、碳中和”，是我国实现可持续发展、高质量发展的内在要求，也是推动构建人类命运共同体的必然选择。联合国粮食及农业组织报道，畜牧产业排放的温室气体占全球 14.5%，其中 41%通过饲料生产、加工和运输全过程排放，另有 44%通过动物肠道排出。因此，畜牧产业节能减排是实现“碳达峰、碳中和”目标的重要保障。

畜牧产业在面临日益严峻的资源环境约束条件下，将必然由数量增长转向经济、生态、社会效益并重的高质量绿色低碳发展之路。整个畜禽养殖产业链也必须只能依靠科技创新应对发展中的瓶颈，实现整个产业的转型升级；在国家层面应该思考建立与现代畜牧产业甚至整个农业食品加工相配套的政策措施及综合治理体系，提升综合管理与重大病原或公共安全危机处置能力，从而为养殖业健康发展提供稳定环境，促进畜牧产业高质量发展。

（三）促进养殖业健康发展是落实国家粮食安全战略的重要支撑

粮食安全是筑牢国家安全的重要支柱，养殖业健康发展是落实国家粮食安全战略的重要支撑。习近平总书记指出：“中国人的饭碗任何时候都要牢牢端在自己手中，饭碗主要装中国粮”。当前，我国畜牧产业面临着高端种质依赖进口、饲料资源短缺、畜产品周期波动剧烈等潜在安全问题。

种业是现代农业的“芯片”，种业安全是粮食安全的重要前提。近年来，我国种业发展取得明显成效，农作物自主选育品种面积占比超过 95%，做到了“中国粮主要用中国种”，为粮食连年丰收提供了关键支撑。但是，畜牧产业高端种质对外依存度较高，如我国白羽肉鸡的祖代鸡 95%依赖进口，高端奶牛和肉牛种牛对外依存度超过 70%。培育符合我国生态环境与消费特点、具有自主知识产权的畜禽新品种或品系是确保我国养殖业稳健发展的迫切需要，是落实国家粮食安全战略的重要支撑。

动物性食物消费的增加，必然导致饲料粮需求的增加。我国整体上是饲料资源短缺型国家，尤其是蛋白饲料如豆粕对外依存度持续超过 85%，玉米进口也呈现逐年增加趋势。我国养殖成本整体比发达国家高 40%～50%，随着畜产品需求持续增长，畜禽良种、饲料资源和动物性产品进口必将逐年增加，畜牧产业发展受国际贸易形势影响而波动的可能性进一步增大。因此，科学合理地规划调整整个农业的产业结构，提高养殖业生产效率和资源利用效率，确保畜牧产业高效稳健发展，是摆在我们面前的现实紧迫问题。

（四）促进畜牧产业繁荣发展是推动农业现代化与乡村振兴的必由之路

农业是国民经济的基础，畜牧产业发展水平可反映一个国家农业经济甚至是整体经济的发展水平。发达国家畜牧产业产值占现代农业产值的比例普遍超过 50%，而我国这一比例仅为 30%。我国畜牧产业发展面临的瓶颈也是农业现代化转型升级必须解决的问题，畜牧产业实现了现代化，农业才能真正实现现代化。因此，高质量发展畜牧产业对我国农业实现现代化有决定性影响。

乡村具备生产、生活、生态、文化等多重功能，实施乡村振兴战略是建设现代化经济体系的重要基础。乡村振兴，产业兴旺是重点。畜牧产业作为农牧民增收的支柱产业，品类多、规模大、链条长，是农牧区基础性、支撑性产业，且与生态环境密切相关，在乡村振兴战略中扮演着极其重要的角色。因此，促进农业农村畜牧产业的繁荣发展是推动乡村振兴的重要抓手。

立足新发展阶段，如何依靠科技创新、贯彻新发展理念，加快畜牧产业向数量质量并重、资源节约高效发展，满足人们对美好生活的向往，确保国家粮食安全，实现健康中国和乡村振兴战略，是畜牧产业发展与安全面临的重大课题。

第二节　畜牧产业发展面临的问题和挑战

尽管过去几十年里我国畜牧产业发展迅速，存栏规模非常庞大，但是普遍存在生产效率低下、饲料资源短缺、环境污染严重、安全风险突出、产业波动剧烈等一系列瓶颈。

一、畜禽育种工作相对滞后

优质畜禽品种对产业发展起着引领带动作用，对养殖效益的科技贡献率超过 40%。当前，我国畜禽主流商业品种的高端核心种质不同程度依赖进口，优良品种的供给和持续选育已成为畜牧产业发展的重要瓶颈。

生猪：与发达国家相似，我国 90%以上规模化养殖都是饲养‘杜洛克’‘长白’和‘约克夏’等瘦肉型种猪，平均每头母猪每年所能提供的断奶仔猪头数（pigs weaned per sow per year，PSY）约为 20 头，全国核心育种场 PSY 平均为 25.6 头，最好的育种场 PSY 可以达到 30 头。而养猪发达国家如丹麦核心群母系种猪平均 PSY 高达 36 头，最好的育种场 PSY 接近 41 头。我国种猪整体性能水平同国外养猪发达国家相比存在巨大差距，原种猪对外依存度接近 20%。

奶牛：我国奶牛主导品种是‘荷斯坦’，平均单产已达到 8.3t，但是仍与美国、德国、瑞士等国家存在一定差距。优秀奶牛种公牛对外依存度高达 70%，50%以上优质种牛精液和胚胎从国外引进；奶牛生产性能测定（dairy herd improvement，DHI）参测比例尚不足 30%，测定数据的规范性和准确性仍有待提高。

肉牛：我国肉牛品种较多，平均胴体重不到 160kg，与发达国家 300kg 以上的平均胴体重相比差距较大。肉牛品种良种登记、体型鉴定、生产性能测定、遗传评估、杂交配合力测定等基础工作开展不足，后裔测定数量严重偏少。

羊：无论是绵羊还是山羊，我国品种都很多，但是适合规模化生产的高性能品种同样依赖进口；产业集中度较低，育种基础差，机制不健全，普遍对地方品种、育成品种和引进品种的选育重视不够，群体一致性差。

家禽：我国黄羽肉鸡全部自主培育，但是白羽肉鸡没有独立自主的育种群系和曾祖代种鸡群；蛋鸡的引进品种占有率超过 60%。

我国在前沿基因组育种技术算法和软件开发方面已经走在世界前列，无论是在家畜还是家禽上，基因组育种技术都已经开始尝试应用。但是各类畜禽行业的整体育种工作都相对迟缓，大部分主流品种对外依存度较高。究其原因有以下几个方面。

（一）各类动物疾病威胁严重，企业长期育种信心不足

我国各类畜禽整体上养殖密度较高，而且养殖密集区与人口密集区存在较大程度重叠，人口流动大，活畜或动物食品流通管控难度大；各类畜禽养殖相关从业人员素质整体较低，规模化养殖水平参差不齐，生物安全防控意识和水平整体相对较弱；此外，从国外引种较为频繁。因此，各类畜禽养殖都受到多种疫病威胁。而育种工作需要一个稳定安全的外部环境，持续选育，久久为功，才能出成绩，我国动物疫病长期存在“老病未灭，新病频发，各类病原交叉感染严重”等特点，因此很多企业对需要坚持长期主义的育种工作信心不足，不愿意做育种。

（二）种业企业门槛低，拿来主义思想严重

由于国家对种业企业的资质没有强制性法律限制，各类畜禽种业企业的市场准入门槛很低，似乎只要是注册的农牧企业都可以销售种畜禽。因此，我国并不缺少所谓的育种企业，相反，各类畜禽种业企业很多，但是普遍存在“重繁育、轻选种”及“拿来主义”的思想。大部分企业习惯从国外引种，然后在国内进行生产扩繁，再高价卖出以快速获利。这样，真正愿意做育种的企业需要冒很大风险进行长期资金投入，但是在市场竞争中未必能获利，而通过引种扩繁获利的企业却可能获得高额利润，因此很多企业不愿意做育种。

（三）种业人才相对缺乏，产学研协同机制有待完善

我国畜禽种业高端人才、实用型人才缺乏问题已成为制约我国动物种业发展、打赢种业翻身仗的重要因素。伴随着我国养殖企业的规模化，掌握现代动物育种与健康养殖技术的高端人才需求逐年上升，但是每年动物种业相关硕士毕业生仅有 1500 人左右，而且很多研究生的研究课题与育种实践技能要求相差甚远。前沿育种技术依赖统计遗传学、基因技术和数学算法，我国此方面的顶尖人才主要在高校和科研院所，而农牧企业

则十分匮乏。尽管存在一些科研项目鼓励产学研合作，但是企业育种需求与科研攻关之间的协同机制几乎缺失，导致产学研脱节非常严重，客观上限制了我国种业的发展。

（四）前沿育种技术转化应用迟缓

以基因组选择和选配技术为代表的前沿育种技术在养殖业发达的国家已经全面应用于奶牛、肉牛、生猪和家禽的育种工作中。我国在基因组选择算法开发方面走在世界前列，但是相关软件开发相对迟缓，高通量基因分型技术仍依赖芯片，成本太高，限制了基因组育种技术的大规模应用。

二、畜禽动物疫病频发

动物疫病尤其是人兽共患病，是制约畜牧产业持续健康发展的重要因素。近年来，我国老的人兽共患病（如结核病、布鲁氏菌病等）没有根除，新发和突发人兽共患病（如新冠病毒感染、动物流感、伪狂犬病等）肆虐，导致了多起危害人类健康的严重公共卫生事件。非洲猪瘟在我国的暴发再次证实了我国动物疫病防控体系的脆弱，以及外来病防控技术储备的不足。究其原因主要有以下几个方面。

（一）病原种类繁多，变异频繁，外来病不断传入

我国动物疫病一个突出情况是老病未灭、新病不断涌现，同时部分病原高频变异，多种病原混合感染引起明显的并发症和继发感染，因此疫病防控面临困难与复杂的局面。同时部分病原在不同宿主之间存在交叉传播，传播途径多样，防控难度更大。此外，随着动物类食物、饲料和种猪的进口，很多外来疾病传入中国，使得我国疫情更加复杂。

（二）养殖密度大，规模多样，生物安全防控水平参差不齐

我国各类畜禽整体养殖总量都很大，而且养殖密集区与人口密集区存在较大程度重叠；随着养殖模式由散养向集约化发展，饲喂方式和免疫流程发生了重大改变，但是各类畜牧场生物安全防控水平参差不齐，导致疫病一旦发生，极易造成大面积传播。

（三）活畜禽及动物性产品交易频繁，加工和销售方式多样

我国生猪尽管是集中屠宰，但是屠宰场的病原检测未必做到位，猪肉常常以白条肉形式在菜市场销售，对疾病防控非常不利；家禽活体销售仍然大量存在，还有冷鲜、冷冻或分割产品多种销售形式，产品销售方式多样化进一步增加疫病防控难度。

（四）科技创新不足，防控技术与产品缺乏，生物安全体系不完善

我国动物疫病防控工作存在“重疫苗药物，轻生物安全”问题，疫病诊断和监测相关技术与产品研发及市场开发滞后，疫苗研发滞后于病原毒株的变异速度，导致包括疫病流行监测、疾病诊断、疫苗研发、发生疫情后的处理等环节的整个生物安全体系不完善，难以及时发现病原和阻断病原传播。

三、饲料供给保障面临多重制约

饲料成本占畜禽养殖成本的70%～80%，我国畜禽饲料工业主要存在以下问题。

（一）饲料原料资源高度依赖进口

我国主要的蛋白饲料原料大豆需求约为 1.1 万 t，但年产量约为 1600t，仅占不足15%，对外依存度超过 85%。造成这种局面的主要原因在于我国大豆品种性能比国外差，种植成本高，农民种植积极性低。我国能量饲料玉米需求为 2.5 亿～2.7 亿 t，尽管国内玉米产量逐年提升，但是随着养殖业的快速发展，玉米进口比例逐年增加，2020 年进口超过 1100 万 t，约占需求的 5%。玉米最大的问题在于霉菌毒素超标严重，也是动物抵抗力低下、疫病频发的重要原因。

（二）非常规蛋白资源、非粮型能量饲料资源开发不足

我国有庞大的杂粕（菜籽粕、棉籽粕）资源未得到充分利用。菜籽粕分为普通菜籽粕和双低菜籽粕，其中普通菜籽粕硫苷含量高（大于 30μmol/g）、有毒且适口性差。双低菜籽粕含有丰富的含硫氨基酸、硒和磷，蛋白含量较低，粗纤维含量较高，抗营养物质含量高，因此在饲料中添加量有限。这些资源进行开发利用，一方面需要准确评估其内在营养价值，另外一方面需要建立针对新型饲料资源的开发利用工艺。

（三）现有工艺流程和配方模型不适应我国国情

我国种畜禽生产中，现有饲料生产工艺和配方模型都是照抄发达国家的，并没有考虑我国自身的资源特点，因此有必要针对我国各资源特点，建立针对性的饲料生产工艺流程和配方模型。

四、畜禽养殖周期波动剧烈

尽管我国畜禽养殖总体上相对平稳，但是个别物种受动物疫病影响，周期波动非常剧烈。例如，生猪养殖自 2006 年蓝耳病发生以来，已经经历四轮猪周期。引起畜禽养殖周期波动的主要原因及对策如下。

（一）重大动物疫情暴发

疫情暴发是引起我国畜禽养殖周期剧烈波动的最主要原因。以生猪养殖为例，2006～2007 年生猪存栏锐减是因为高致病性蓝耳病暴发；2018 年发生非洲猪瘟疫情，造成 2019 年和 2020 年猪肉价格屡屡突破历史高位，而在 2021 年又由于产能过剩整个行业大面积亏损。因此，防止畜禽养殖周期出现剧烈波动的关键举措就是做好动物疫病流行监测与预防，防止重大疫情暴发。

（二）畜禽逆生产周期调控制度不完善

2021 年 7 月国务院常务会议首次提出建立生猪逆生产周期调控制度，这是一个十分

积极的信号。对于生猪产能调控，重点是管控好能繁母猪这个生猪生产和市场供应的“总开关”，以能繁母猪存栏量变化率为核心调控指标，建立异常变化自动触发调控机制，保持能繁母猪处于合理存栏水平。但是，这个制度能否落实的关键是建立全面准确的数据追踪系统，而我国目前畜牧生产相关数据统计工作亟待加强。

（三）市场预警机制失效

市场存在一定程度的盲目性是合理的，但是国家层面应该加强数据统计工作，尤其是针对大家畜如猪、牛、羊等，以精准监控种畜禽存栏数量及性能水平，并及时向外公布，为农牧企业生产提供市场预警，防止由于产能过剩或不足对行业健康发展和食物稳定供应造成巨大影响。

五、资源环境压力大

（一）环保压力大，种养结合模式未能很好形成

近年来，我国养殖业每年产生直接排泄的粪便约 18 亿 t，养殖过程产生的污水约 20 亿 t，病死畜禽高达数十亿头，畜禽动物尸体无害化处理形势非常严峻，粪污资源化利用水平落后。主要体现在小农户种植与规模化养殖脱节，单一种植业或单一养殖业导致种养主体分离，无法实现种养的有机结合；有机粪肥施用粗放，粪便养分利用效率低，农民利用积极性不高，动物粪便作为有机肥还田难度大。

（二）农业资源约束趋紧，粮食生产布局与资源禀赋不匹配

我国人口众多，动物性蛋白需求巨大，但是口粮安全是最重要的，因此可以生产饲料粮的耕地存在不足。结合消费升级趋势与各地资源现状，科学合理谋划各类作物种植面积，从而提升土地综合利用效能是一个十分重要的研究课题。

第三节　畜牧产业竞争力分析

一、畜牧产业贸易竞争力分析

中国畜产品（不含禽类产品）始终不具备贸易竞争力。中国出口畜产品的国际市场份额一直很低，自 2008 年起低于主要发展中国家，一直明显低于主要发达国家；中国出口畜产品由竞争优势转为竞争劣势，净进口相对规模自 1999 年起明显大于主要发展中国家，且持续明显大于主要发达国家；中国畜产品一直不具有出口比较优势，且从 1997 年起弱于主要发展中国家，自 2005 年起明显弱于主要发达国家。

已有的研究主要是针对单一农产品或者农产品整体的竞争力研究，比较单一，缺乏对主要农产品贸易国分农产品竞争力进行分析的研究。本研究以显示性比较优势指数（revealed comparative advantage index，RCA）为主要代表指标，建立包括中国在内的多个主要农产品贸易国的约 10 种主要农产品近十年的显性比较优势指标体系。RCA 的计算方法如下，表 19-1 展示了 RCA 指数结果与对应的贸易比较优势情况。

$$\mathrm{RCA}=\frac{x_i/x_t}{W_i/W_t}$$

x_i表示一国某种农产品的出口值；x_t表示一国农产品出口总值；W_i表示世界某农产品的出口值；W_t表示世界农产品出口总值。

表 19-1 RCA 指数与对应优势

RCA 值	该国竞争力和比较优势
RCA>2.5	极强
1.25≤RCA≤2.5	较强
0.8≤RCA<1.25	中度
RCA<0.8	较弱

根据文献分析，中国猪肉产品在 20 世纪 90 年代还具有较强的国际竞争力，但是对 2001 年以后的数据计算发现，21 世纪以来，中国猪肉产品整体处于弱势状态，并且竞争力还在持续减弱。表 19-2 显示，与世界其他猪肉产品出口大国相比，中国在出口贸易中基本不具备竞争力。根据其他文献分析，世界范围内，德国、美国、巴西的猪肉产品竞争力在保持稳定的基础上有所提高。

表 19-2 2001～2021 年主要农产品贸易国猪肉显示性比较优势指数（RCA）

年份	中国	美国	泰国	日本	德国	巴西	阿根廷	澳大利亚
2001	2.7667	0.9516	0.1584	0.0022	0.7535	3.2224	0.0016	1.0522
2002	0.3797	1.0079	0.1761	0.0001	0.8917	4.5845	0.0008	1.3220
2003	0.3690	1.0261	0.1086	0.0001	0.8676	4.3217	0.0000	1.2056
2004	0.4366	1.1547	0.0525	0.0001	0.8860	4.3395	0.0007	0.7940
2005	0.2980	1.2758	0.0559	0.0004	1.1559	5.2986	0.0009	0.5300
2006	0.2528	1.3088	0.0297	0.0006	1.2971	4.3893	0.0000	1.4905
2007	0.1487	1.3678	0.0276	0.0010	1.3755	4.6237	0.0003	1.3227
2008	0.1124	1.7003	0.0337	0.0015	1.5652	4.0207	0.0040	0.8582
2009	0.1132	1.5590	0.0141	0.0013	1.8325	3.7647	0.0010	0.8644
2010	0.1258	1.6505	0.0077	0.0017	1.9051	3.7145	0.0000	0.8677
2011	0.1012	1.8649	0.0119	0.0017	1.9554	2.9582	0.0000	0.2444
2012	0.0842	1.8308	0.0108	0.0018	2.0755	3.2475	0.0002	0.2032
2013	0.0875	1.6695	0.0193	0.0022	2.1718	3.0105	0.0007	0.1839
2014	0.1048	1.7483	0.0124	0.0041	1.9590	3.7328	0.0005	0.2053
2015	0.1629	3.0814	0.0310	0.0098	3.4393	7.0482	0.0106	0.5125
2016	0.1422	2.6532	0.0231	0.0076	3.6523	8.0623	0.0004	0.6443
2017	0.1023	3.0564	0.0256	0.0084	3.7565	7.5454	0.0005	0.6745
2018	0.1005	2.6785	0.0245	0.0056	3.4521	8.2151	0.0004	0.6521
2019	0.1102	2.3451	0.0264	0.0069	3.6528	8.1254	0.0004	0.5217
2020	0.0985	3.5621	0.0296	0.0054	2.6954	7.5896	0.0003	0.5471
2021	0.0875	3.1251	0.0198	0.0042	2.7852	8.1245	0.0002	0.4125

数据来源：根据 UN Comtrade 数据库测算获得

表 19-3 显示，2001 年至今，中国牛肉 RCA 均小于 1，并且全部小于 0.1，不具有比较优势，国际竞争力较弱。在国际市场上，2001～2011 年，澳大利亚、巴西牛肉 RCA 均大于 1，并且澳大利亚大部分年份大于 10，具有较强的比较优势，国际竞争力强。此外，本次研究并未将新西兰作为主要农产品贸易国列入，但是全球范围内牛肉竞争力最强的国家是新西兰，其次澳大利亚和巴西。新大陆国家在牛肉方面的强贸易竞争力主要体现在价格优势上。

表 19-3　2001～2021 年主要农产品贸易国牛肉显示性比较优势指数（RCA）

年份	中国	美国	泰国	日本	德国	巴西	阿根廷	澳大利亚
2001	0.0045	1.7274	0.0000	0.0024	1.0248	3.3144	1.7192	12.0231
2002	0.0047	1.5261	0.0000	0.0000	1.1460	3.2906	6.3769	9.8565
2003	0.0021	1.7449	0.0000	0.0001	0.9436	4.2874	7.1304	10.4262
2004	0.0099	0.4319	0.0001	0.0000	1.0590	4.8642	9.2310	14.0050
2005	0.0197	0.6178	0.0000	0.0000	1.0179	4.1195	11.3249	12.1901
2006	0.0262	0.9455	0.0001	0.0036	1.1372	3.8961	3.6975	29.6217
2007	0.0227	1.0256	0.0001	0.0145	0.9128	3.9363	4.5433	25.2230
2008	0.0206	1.1388	0.0000	0.0170	1.0666	1.2232	3.6168	21.4169
2009	0.0129	1.0628	0.0002	0.0176	1.0749	1.6744	3.2248	18.9401
2010	0.0175	1.2094	0.0000	0.0166	1.0834	2.0250	2.4531	20.5926
2011	0.0119	1.3856	0.0009	0.0136	1.0901	2.0890	7.1474	5.8994
2012	0.0061	1.4448	0.0001	0.0208	1.0525	2.8823	7.2538	6.5194
2013	0.0015	1.5925	0.0000	0.0316	0.9968	3.0184	7.3263	6.5841
2014	0.0005	1.5375	0.0042	0.0457	0.8529	2.9861	7.8199	7.7860
2015	0.0000	2.4230	0.0022	0.1113	1.3281	4.9650	12.2707	18.2233
2016	0.0002	1.5856	0.0020	0.1243	1.2443	2.6545	10.6586	17.4544
2017	0.0002	1.8756	0.0015	0.0986	1.1223	2.0973	10.3465	18.3454
2018	0.0002	1.9654	0.0014	0.1025	1.1254	2.0578	11.2542	19.6542
2019	0.0002	1.7894	0.0016	0.1165	1.2187	2.1254	10.9845	18.2365
2020	0.0001	1.9524	0.0015	0.0954	1.1542	2.0587	11.3658	15.5841
2021	0.0001	1.8525	0.0014	0.0895	1.1224	2.1253	10.2541	16.3565

数据来源：根据 UN Comtrade 数据库测算获得

中国禽类产品一直具有出口比较优势，但总体上不断减弱。根据图 19-3 可知，1995～2018 年，中国禽类产品的 RCA 值呈现持续下降趋势；1995～2001 年均大于 2.5，出口比较优势很强；2002～2007 年处在 1.25～2.5，出口比较优势较强；2008～2018 年多位于 0.8～1.25，具有一定的出口比较优势。

中国禽类产品的出口比较优势明显弱于巴西和泰国，但要显著强于印度和墨西哥。对于 4 个主要发展中国家（图 19-3），从 RCA 值看，1995～2018 年巴西和泰国多高于 2.5，出口比较优势很强；印度和墨西哥均一直低于 0.3，不具有出口比较优势。从 RCA 值变化趋势看，巴西和泰国总体上均稳中有增，印度和墨西哥则均比较稳定。

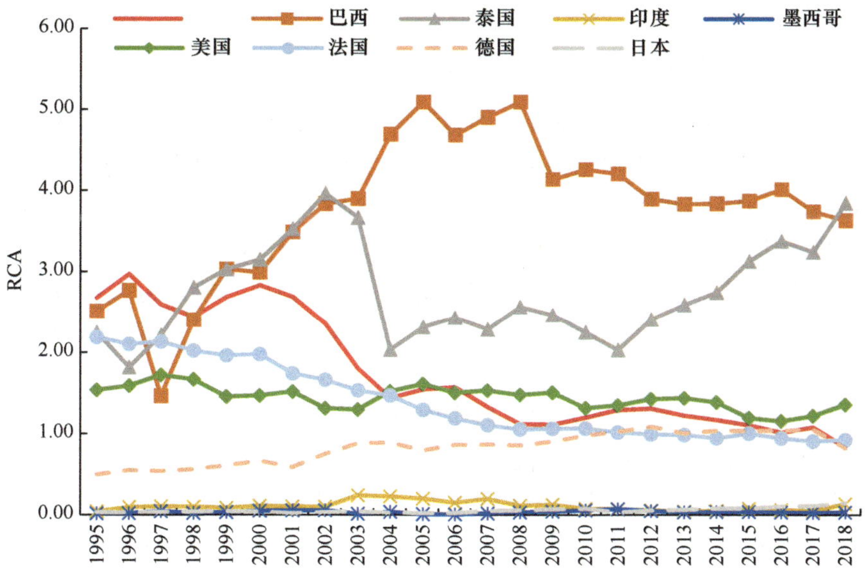

图 19-3　中国与 8 个国家禽类产品的显示性比较优势指数比较

数据来源：1995～2017 年禽类产品进出口额数据来自 FAOSTAT 数据库，界定为禽肉及禽类产品；2018 年禽类产品进出口额数据来自 UN Comtrade 数据库，采用的产品类别为海关编码，编号分别是：HS0207、HS0407 和 HS0408；农产品出口额数据来自 WTO 数据库，根据 WTO 贸易统计口径，农产品不包括水产品及其制品

中国禽类产品的出口比较优势略弱于美国，但略强于法国和德国，明显强于日本。对于 4 个主要发达国家（图 19-3），从 RCA 值看，1995～2018 年美国多在 1.25～2.0，出口比较优势较强；法国 1995～2005 年处在 1.25～2.5，出口比较优势较强，2006～2018 年则处在 0.8～1.25，具有一定的出口比较优势；德国自 2003 年多位于 0.8～1.25，具有一定的出口比较优势；日本一直低于 0.2，不具有出口比较优势。从 RCA 值变化趋势看，美国较为稳定，法国以降为主，德国和日本以增为主。

二、畜牧产业生产竞争力分析

从生产效率来看，我国与主要发达国家存在较为显著的竞争力差距。尽管我国是世界上最大的生猪和肉羊饲养国，是世界上第三大养牛国，但是单位动物的生产效率与世界主要发达国家相比仍有较大差距，肉牛、生猪和绵羊及奶牛的单位产量分别仅为美国 40.6%、81.0%、51.7%和 53.2%（表 19-4）。

表 19-4　2020 年中国与主要发达国家牲畜单位产量对比

畜种	中国	美国	德国	澳大利亚
肉牛（kg/头）	146.40	360.40	325.30	270.20
生猪（kg/头）	78.20	96.50	94.80	78.00
奶牛（kg/头）	5 632.20	10 590.40	8 246.00	5 616.90
绵羊（kg/只）	14.90	28.80	21.70	23.00

数据来源：FAOSTAT

三、畜牧产业成本竞争力分析

根据现代农业产业技术体系项目提供的资料，我国畜禽主要产品生产成本同样高于发达国家。从 2008 年开始，我国生猪生产成本超过加拿大，2010 年超过美国，2012 年超过部分欧洲国家。2013 年我国生猪生产成本达到 1.78 欧元/kg，高于西班牙、法国、丹麦、荷兰、比利时和奥地利，只低于德国和欧盟平均水平，但也已经非常接近。2013 年我国饲料成本所占比例达到 74.57%，每千克猪肉所需要的饲料成本投入为 1.33 欧元/kg，明显高于美国、加拿大、巴西、西班牙、丹麦等国。我国生猪养殖的人工成本为 0.36 欧元/kg，是北美的 3 倍多，欧洲的 2 倍多。

2007 年以前我国牛肉生产相比进口牛肉具有成本优势，但这种优势在逐年降低。2008 年以后国产牛肉生产成本开始高于其他国家，逐步转化为成本劣势。我国肉牛养殖以家庭经营为主，农户经营分散、规模小，生产成本日益提高，分摊到单位肉牛产品的成本显著高于其他国家。从我国肉牛养殖的生产成本构成来看，物质与服务费用显著高于美国，导致其市场竞争力日益下滑，很难抵御发达国家牛肉的低成本优势。

对比我国与典型国家主要畜禽产品的生产者价格，猪肉、羊肉、肉鸡、牛奶四大主要畜禽产品的生产者价格增长速度明显快于典型国家，自 2010 年单位畜禽产品的生产者价格高于美国、法国等典型国家，不具有竞争优势。以肉鸡为例，我国肉鸡在 2002 年以前具有较高的生产者价格优势，但是由于我国肉鸡生产成本及汇率不断上升，2003 年之后肉鸡生产者价格呈现快速增长态势，明显高于美国和巴西这两个肉鸡生产国，也明显高于其他发达国家（表 19-5）。

表 19-5 中国与典型国家主要畜禽产品的生产者价格比较 （美元/t）

品种	国家	2000 年	2005 年	2010 年	2011 年	2012 年	2013 年
猪肉	美国	1332.39	1539.44	1680.28	2028.17	1992.96	2087.32
	法国	1187.48	1555.08	1581.61	1884.99	1915.20	2019.88
	中国	1064.20	1475.59	2400.30	3540.25	3350.24	3234.75
	中美价格比	0.80	0.96	1.43	1.75	1.68	1.55
	中法价格比	0.90	0.95	1.52	1.88	1.75	1.60
肉鸡	美国	1027.40	1328.77	1489.04	1386.30	1543.84	1809.59
	巴西	—	976.58	1452.40	1961.66	2100.10	2526.86
	中国	774.78	1437.76	2484.49	2910.22	2839.94	3041.05
	中美价格比	0.75	1.08	1.67	2.10	1.84	1.68
	中巴价格比	—	1.47	1.71	1.48	1.35	1.20

注：根据 FAO 数据整理

第四节 畜牧产业发展供需预测

一、模型预测基础

学术界通常使用推算法和模型法两种方法就农产品供需进行预测。第一，推算法主要依据历史经验对现实趋势和国际形势进行分析，并结合粮食需求影响因素及其变化趋势等相关变量来预测中长期粮食需求变化。第二，模型法利用数学模型进行中长期粮食供需预测，本质上就是概率估计问题，即由过去推算将来的可能性。大部分粮食供需模型建立的理论基础是市场均衡理论，依据该理论粮食供需模型可分为两种类型，一种是大多数粮食供需预测模型采用的局部均衡模型，另一种是可计算的一般均衡模型（CGE）。此外，短期粮食供需预测通常使用时间序列模型，此类模型的短期预测精度相对更高。两种预测方法各有利弊，用于政府决策的粮食供需预测方法通常是推算法和模型法的有效结合。第一，推算法是一种合理的推断，在很大程度上其合理性取决于研究者个人对社会经济整体的宏观把握能力，通常不会出现严重脱离实际的预测结果。但是，该方法对粮食供需问题过度简化，通常会忽略经济增速变化、居民收入变化、科技进步、市场价格变化等决定粮食供需的重要因素，也不具备分析中美贸易摩擦、新冠疫情等外部环境变化对粮食供需形势影响的能力。第二，模型法通过数学模型模拟市场供需形势，通过综合各类影响市场供需的因素得到预测结果，具有严谨的理论支撑，是学术界最常用的中长期粮食供需预测方法。但是，该方法也存在明显的缺陷，纯靠模型得到的预测结果可能脱离实际，依据不同假设（如 GDP 增速）、不同参数（如料肉比）得到的预测结果也存在较大差异。因此，OECD、FAO、美国农业部、中国农业科学院等机构构建的粮食供需预测模型均为模型法和推算法的有效结合，先依据模型得到初步预测结果，再根据专家判断进行修正。

二、2035 年和 2050 年畜产品供需形势预测

国内外的预测普遍认为，2020～2050 年，中国畜产品的产量呈增长趋势，需求保持增长态势，净进口呈不断增长趋势。OECD 的预测数值较国内的展望报告、《中国农业展望报告（2022—2031）》等的预测数值要更为保守，日本国际农林水产政策研究中心的预测结果与中国国内的预测结果大致相当。

根据 CAPSiM 模型，中国许多畜产品的生产和供需缺口将在很大程度上取决于饲料粮贸易政策和草牧业发展政策。预测未来 20 年水产品供需基本平衡、略有进口，但畜产品供需平衡存在不确定性。预测结果表明，中国未来的食物安全主要是畜产品供给安全，是通过增加畜产品进口还是通过增加饲料粮进口来实现，需要有明确的战略和稳定的政策。如果放开饲料粮市场，通过进口饲料粮发展国内畜牧产业，除了牛羊肉和奶制品以外，其他畜产品供需基本保持平衡。但在限制玉米进口且不重视草牧业发展的情况下，中国畜产品进口将显著增长，并高度依赖于不可靠的国际市场供给；除了进口猪肉和禽肉外，牛羊肉和奶制品的进口增速将更为显著，2035 年后这些产品自给率将下降到 70%～80%。

根据《中国农业展望报告（2022—2031）》，到 2031 年，肉类产量稳中有升，猪肉占比趋降；肉类消费平稳增长，消费结构优化；肉类贸易稳中有减，其中出口较为平稳。长期来看，禽蛋产量和消费均将保持增长态势；蛋价呈震荡上涨态势，并保持周期性、季节性波动；禽蛋贸易以出口为主，出口将保持稳中有增。奶制品预计国内供给能力稳步提高，生鲜乳产量有望明显增加，而经济社会快速发展和人民生活水平不断提高将带

动奶类消费需求增长。

根据日本国际农林水产政策研究中心的预测，作为世界上最大的猪肉生产和消费国，随着新冠疫情影响的逐渐消退，经济逐渐恢复正常增长，中国及其周边国家的猪肉产量将迅速恢复，消费也将逐渐升温，尽管仍然会受到非洲猪瘟的影响，但是需求增长将快于产量增长，预计 2030 年中国的猪肉净进口将增加到 297 万 t。此外，牛肉净进口将在 2030 年增加到 284 万 t。

本研究主要依据中国农业科学院农业经济与发展研究所 CASM 模型进行估计，2020～2035 年，中国畜产品的产量呈增长趋势，需求保持增长态势，净进口呈不断增长趋势，其中奶及奶制品净进口增长幅度较大。预计 2035～2050 年，中国畜产品的产量还将呈现增长趋势，随着人均消费在 2035 年达到高峰和总人口数量下降，畜产品需求和净进口将有所下降。预计在 2035 年和 2050 年，中国肉类产量（猪、牛、羊和鸡肉）将分别达到 9041.31 万 t、9535.57 万 t，需求将分别达到 9685.86 万 t、10 892.64 万 t，供需缺口仍然较大，自给率分别为 93.35%、87.54%。其中，猪肉产量将分别达到 5561.31 万 t、5888.62 万 t，需求将分别达到 5744.66 万 t、6393.43 万 t，2035 年净进口将下降到 183.35 万 t，2050 年为 504.81 万 t，自给率分别增至 96.8%、92.1%（表 19-6）；牛肉产量将分别达到 808.72 万 t、832.07 万 t，需求将分别达到 1108.28 万 t、1274.29 万 t，净进口分别达到 299.56 万 t、442.22 万 t，自给率分别降至 73.0%、65.3%（表 19-7）；羊肉产量将分别达到 609.95 万 t、670.01 万 t，需求将分别达到 668.89 万 t、730.39 万 t，净进口分别达到 58.94 万 t、60.38 万 t，自给率分别达到 91.2%、91.7%（表 19-8）；鸡肉产量将分别达到 2061.33 万 t、2144.87 万 t，需求将分别达到 2164.03 万 t、2494.53 万 t，净进口分别达到 102.70 万 t、349.66 万 t，自给率分别降至 95.3%、86.0%（表 19-9）；禽蛋产量将分别达到 3173.30 万 t、3186.56 万 t，需求将分别达到 3128.20 万 t、3162.00 万 t，净出口分别达到 45.10 万 t、24.56 万 t，自给率均保持 100.0%（表 19-10）；奶及奶制品产量将分别达到 5172.66 万 t、5165.35 万 t，需求将分别达到 7054.25 万 t、8272.90 万 t，净进口分别增至 1881.59 万 t、3107.55 万 t，供需缺口仍然较大，自给率分别为 73.3%、62.4%（表 19-11）。

表 19-6　猪肉主要研究的预测情况　　（万 t）

研究	项目	2025 年	2030 年	2031 年	2035 年	2050 年
经济合作组织与联合国粮农组织农业展望（OECD-FAO 的 outlook 数据库）	产量	5532.400	5672.420	5705.056		
	进口	242.581	183.295	175.084		
	出口	19.698	19.554	19.456		
	需求	5755.283	5836.162	5860.684		
日本国际农林水产研究中心	产量		5840	5110		
	净进口		300	420		
	需求		6140	5530		
《中国农业展望报告（2022—2031）》	产量	5524	5580	5591		
	进口	243	150	120		
	出口	10	12	12		
	需求	5767	5730	5711		

续表

研究	项目	2025 年	2030 年	2031 年	2035 年	2050 年
黄季焜 CAPSiM	产量	5814			6415	
	进口	104			132	
	出口	20			16	
	需求	5898			6531	
本研究预测	产量	5550.89	5557.86		5561.31	5888.62
	净进口	184.77	206.87		183.35	504.81
	需求	5735.67	5764.32		5744.66	6393.43

表 19-7 肉牛主要研究的预测情况 （万 t）

研究	项目	2025 年	2030 年	2031 年	2035 年	2050 年
经济合作组织与联合国粮农组织农业展望（OECD-FAO 的 outlook 数据库）	产量	699.423	719.021	721.571		
	进口	317.387	325.756	327.950		
	出口	2.100	2.108	2.108		
	需求	1014.709	1042.669	1047.414		
日本国际农林水产研究中心	产量		800	780		
	净进口		280	350		
	需求		1080	1130		
《中国农业展望报告（2022—2031）》	产量	739	768	772		
	进口	259	280	284		
	出口	0.02	0.03	0.04		
	需求	998	1048	1056		
黄季焜 CAPSiM	产量	623			696	
	进口	111			211	
	出口	0			0	
	需求	734			907	
本研究预测	产量	749.17	786.15		808.72	832.07
	净进口	289.19	297.93		299.56	442.22
	需求	1038.36	1084.08		1108.28	1274.29

表 19-8 羊肉主要研究预测情况 （万 t）

研究	项目	2025 年	2030 年	2031 年	2035 年	2050 年
经济合作组织与联合国粮农组织农业展望（OECD-FAO 的 outlook 数据库）	产量	527.332	552.982	557.775		
	进口	37.555	39.170	39.561		
	出口	0.023	0.024	0.024		
	需求	564.865	592.128	597.313		
《中国农业展望报告（2022—2031）》	产量	544	568	571		
	进口	44	45	46		
	出口	0.3	0.4	0.4		
	需求	588	613	617		

续表

研究	项目	2025 年	2030 年	2031 年	2035 年	2050 年
黄季焜 CAPSiM	产量	451			492	
	进口	47			89	
	出口	0			0	
	需求	498			581	
本研究预测	产量	547.43	584.20		609.95	670.01
	净进口	39.73	48.12		58.94	60.38
	需求	587.16	632.32		668.89	730.39

表 19-9　禽肉主要研究预测情况（万 t）

研究	项目	2025 年	2030 年	2031 年	2035 年	2050 年
经济合作组织与联合国粮农组织农业展望（OECD-FAO 的 outlook 数据库）	产量	2270.263	2416.207	2444.839		
	进口	84.879	79.598	79.891		
	出口	51.249	49.762	49.286		
	需求	2303.893	2446.043	2475.445		
日本国际农林水产研究中心	产量		1540	1650		
	净进口		130	110		
	需求		1660	1760		
《中国农业展望报告（2022—2031）》	产量	2504	2618	2634		
	进口	51	60	58		
	出口	52	52	53		
	消费量	2525	2625	2639		
黄季焜 CAPSiM	产量	2007			2166	
	进口	51			65	
	出口	42			41	
	需求	1996			2188	
本研究预测	产量	1825.80	1944.26		2061.33	2144.87
	净进口	16.36	67.07		102.70	349.66
	需求	1841.16	2011.33		2164.03	2494.53

表 19-10　禽蛋主要研究预测情况（万 t）

研究	项目	2025 年	2030 年	2031 年	2035 年	2050 年
经济合作组织与联合国粮农组织农业展望（OECD-FAO 的 outlook 数据库）	产量	3502.335	3606.966	3630.026		
	进口	0.003	0.002	0.002		
	出口	11	11	11		
	需求	3491.337	3595.968	3619.028		
《中国农业展望报告（2022—2031）》	产量	3516	3620	3639		
	进口	0	0	0		
	出口	11	12	12		
	需求	3502	3609	3620		

续表

研究	项目	2025 年	2030 年	2031 年	2035 年	2050 年
黄季焜 CAPSiM	产量	2387			2389	
	进口	0			0	
	出口	7			6	
	需求	2269			2384	
本研究预测	产量	3004.43	3097.57		3173.30	3186.56
	净出口	17.62	30.92		45.10	24.56
	需求	2986.81	3066.65		3128.20	3162.00

表 19-11　奶及奶制品主要研究预测情况　（万 t）

研究	项目	2025 年	2030 年	2031 年	2035 年	2050 年
经济合作组织与联合国粮农组织农业展望（OECD-FAO 的 outlook 数据库）	产量	4484.62	4816.62	4898.9		
	进口	0	0	0		
	出口	0	0	0		
	需求	0	0	0		
《中国农业展望报告（2022—2031）》	产量	4499	5259	5392		
	进口	2916	3506	3586		
	出口	19	20	20		
	需求	7397	8745	8957		
黄季焜 CAPSiM	产量	5121			5652	
	进口	1978			2677	
	出口	5			4	
	需求	7094			8325	
本研究预测	产量	4282.87	4933.28		5172.66	5165.35
	净进口	1849.26	1734.95		1881.59	3107.55
	净出口					
	需求	6132.13	6668.23		7054.25	8272.90

第五节　畜牧产业发展战略

一、指导思想

以习近平新时代中国特色社会主义思想为指导，深入贯彻党的二十大精神，认真落实党中央、国务院决策部署，立足新发展阶段，完整、准确、全面贯彻新发展理念，构建新发展格局，准确把握新时期我国畜牧产业和畜产品消费需求变化的特征和国内外供给形势的变化特征，以实施乡村振兴战略为引领，以农业供给侧结构性改革为主线，转变发展方式，强化科技创新、政策支持和法治保障，加快构建现代畜禽养殖、动物防疫和加工流通体系，不断增强畜牧产业质量效益和竞争力，形成产出高效、产品安全、资源节约、环境友好、调控有效的高质量发展新格局，更好地满足人民群众多元化的畜禽产品消费需求。

二、基本原则

（一）坚持市场主导，政府引导

以市场需求为导向，充分发挥市场在资源配置中的决定性作用，消除限制畜牧产业发展的不合理壁垒，增强畜牧产业发展活力。更好发挥政府作用，优化区域布局，强化政策支持，加快补齐畜牧产业发展的短板和弱项，加强市场调控，保障畜禽产品有效供给。全面提升畜产品供给保障能力，挖掘释放国内生产潜能，提升食物安全保障能力，维持畜产品的高水平自给率。

（二）坚持防疫优先，科技支持

将动物疫病防控作为防范畜牧产业风险和防治人畜共患病的第一道防线，着力加强防疫队伍和能力建设，落实政府和市场主体的防疫责任，形成防控合力。强化畜牧产业科技创新对我国食物安全保障的重要支撑作用，突破高产优质高效瓶颈，推进品种培优、品质提升、品牌打造和标准化养殖。

（三）坚持绿色发展，统筹环境保护与保供

统筹资源环境承载能力、畜禽产品供给保障能力和养殖废弃物资源化利用能力，协同推进畜禽养殖和环境保护，促进可持续发展。加快畜牧产业生产方式绿色低碳转型，提高饲草料、添加剂等投入品的利用效率。在提升畜产品供给水平的同时，实现畜牧产业节本增效统一、生产生态协调。

三、总体目标

（一）确保食物数量安全

稳步提高食物供给保障能力，实现食物供需总体基本平衡，猪肉自给率保持在90%以上，鸡肉自给率保持在90%以上，牛羊肉自给率保持在85%以上，禽蛋自给率保持在100%左右，奶及奶制品自给率保持在70%以上。到2035年，肉蛋奶总产量达到1.76亿t；到2050年，肉蛋奶总产量达到1.79亿t。

（二）食物质量安全全面提升

加强食物质量全产业链全流程监管，健全食物安全保障体系，全面提升国家食物质量安全。到2035年，全面建成供给稳定、产品高端、运转高效、标准健全、体系完备、监管到位的食物质量安全保障体系；到2050年，建成与社会主义现代化国家相适应的国家食物质量安全体系。

（三）食物消费营养健康

引导食物消费结构和习惯向绿色营养健康转变，形成具有中国特色的更加营养健康的东方膳食营养消费结构和习惯。到2035年，人均热量供给和宏量营养素供给基本

保持稳定。引导居民形成科学合理的具有中国特色的东方膳食营养消费结构和习惯。到 2050 年，全面形成以人民健康为中心的中华食物消费结构和习惯。

四、战略重点

（一）种业促进战略

坚持“引种为辅、育种为主”的原则，以我国动物品种优势资源挖掘和国外高性能品种引进为基础，培育具有中国特色、国际竞争力强大的畜禽和水产动物新品种。提高我国畜禽和水产品种资源保护能力、科技创新育种能力和良种生产及推广能力，进一步加强和完善良种繁育基础设施建设，构建与现代畜牧产业、现代水产业生产相适应的育繁推一体化生产供应体系；组织开展种畜、种用水产动物的登记，建立种用动物性能测定体系；开展遗传交流与遗传评估，建立健全种公猪站、种公牛站和人工授精体系等；加强地方品种的保护、选育与利用。扶持一批大型畜禽、水产良种企业集团，通过企业之间的联合、兼并、重组等，逐步确立这些种业集团在国内种用动物市场的主导地位，推进企业联合育种进程。

（二）饲料资源保障战略

除了积极调整种植业结构，进一步增加我国粮食单产和种植面积外，还必须坚持新饲料资源开发与现有资源高效利用相结合的方针，充分开发非常规饲料资源，提高饲料转化率。一是调整种植业结构保障有效供给。通过优化种植品种结构，大力发展饲料粮种植；通过增加农业投入，改善生产条件，提高科技进步贡献率，提升土地有效产出，大幅度提高粮食综合生产能力。二是加大非粮饲料资源开发利用。我国非常规饲料资源数量庞大、种类多、分布广，资源总量逾 10 亿 t，由于非常规饲料资源的饲料化开发意识淡薄，加工工艺不当，抗营养因子清除力度不够，加之饲料配方技术落后等，其工业化利用率仅 10%左右，造成了现有资源的严重浪费。因此加强渣液、屠宰厂下脚料、饼粕糟渣和薯类等非常规饲料资源的开发和利用，可为我国养殖业健康可持续发展提供物质保障。三是提高饲料转化率。采取经济有效的物理、化学及生物技术措施，测定主要饲料资源的营养成分含量及其生物学利用率，建立并完善实用且具有我国特色的饲料营养成分参数表，构建估测主要饲料原料养分利用率的数学模型，形成满足代表性饲养模式和饲养要求的饲料营养成分表与饲养标准，通过研发推广饲料生产加工技术和营养调控技术，提高饲料利用效率。

（三）牧草产业化开发战略

发展优质牧草生产可以充分利用土地和气候资源潜力，能够将大量人类无法直接利用的植物性资源转化为高质量的动物性产品，从而缓解饲料资源不足的问题。我国牧草产业的总体战略是，适度调整农业种植结构，推行“粮经饲草”四元种植结构，大力发展人工牧草尤其是优质牧草的种植，重点包括饲草资源保障、科技发展、产业发展三个方面。饲草资源保障方面，以加强草种繁育基地建设为核心，重点围绕人工草地建设、天然草地保护与建设两大体系，完备相关保障体系（政策法规、资金投入、科技教育）

并启动一批重大工程，逐步实现我国牧草的产业化发展，并成为畜牧产业生产的重要饲草供给保障，其中应积极开发南方草地资源等。科技发展方面，加大牧草产业科技投入力度，形成以国家为主、企业和个人参与的牧草产业科技投入体系；从高新技术研究、基础研究、成果转化方面，推进牧草科技创新与成果转化，提升草原生产能力；确立牧草产业的优先研究领域；构建完备的牧草技术体系。产业发展方面，在科学定位我国牧草产业地位的基础上，从区域化、规模化、专业化三个方面合理规划，逐步规范投资，并进一步探索现代化经营模式，包括壮大龙头企业、培育专业合作社、组织管理农牧户等，在此基础上，从完善市场体系、培育专业协会、规范产品标准等方面，逐步构建稳定的牧草产品市场。归纳来说，我国牧草产业发展的战略重点包括：实施牧草产业化发展战略；鼓励家庭牧场，提高草畜耦合能力；完善牧草保障体系建设；实施科技重大工程项目；重抓牧草科技教育发展。

（四）养殖模式优化战略

国情和资源环境决定了我国养殖业不能与欧美发达国家一样全部规模化，逐步降低散养户比例，引导农户向适度规模饲养发展应是畜牧产业发展的主要方向。在生产模式方面，坚持服务小农户，加快建设标准化、集约化和产业化现代畜牧产业；在专业养殖户和大型养殖场建立畜禽标准化生产体系，重点对专业户推广标准化生产规程，严格规范规模养殖专业户的生产行为；积极吸引现代化大企业介入养殖业，与农户建立稳固的利益联结机制，提升其对农户的带动能力；建立与农户散养牲畜相适应的服务体系，为散养户提供及时、优质的全方位服务，促进散养户规模逐步扩大。

此外，还应加快实施优势畜产品区域布局发展规划。针对不同区域的比较优势，加强优势产业带建设。加强畜产品优势区畜牧产业标准化生产基地和优势畜产品出口基地建设，在继续深化无规定动物疫病区兽医管理体制改革的基础上，加快建设现代畜牧产业出口基地。积极推进畜牧产业循环经济发展。大力发挥种植业和养殖业的互补优势，依托畜牧产业和饲料工业发展循环经济，通过秸秆青贮、氨化及发展全混合日粮，促进农作物秸秆的合理利用，增加养殖效益，为种养有机结合创造条件，实现以农养牧、以牧促农。

五、重大工程

（一）畜禽种业科技与产品的研发工程

针对我国“畜禽育种工作相对滞后，部分高端种质依赖进口”的问题，我们建议加大对畜禽种业的投入力度，抢占种业前沿科学与技术制高点；特别是设立针对重要畜禽国家核心育种场的产学研一体化联合攻关项目，通过项目落地实施完善我国产学研协同创新制度，强化对国家核心育种场的监督管理与科技帮扶，选育和培育适合我国国情、具有国际竞争力的高端畜禽品种。

（二）畜禽重大疫病、人兽共患病与外来病的研发工程

针对我国“动物疫病频发，部分生物防控产品研发滞后”的问题，我们建议加

强畜禽重大疫病、人兽共患病与外来病的研究与产品开发，抢占疫病科学前沿研究与新产品开发的制高点；加强生物安全与公共卫生安全研究，特别是研发快速便捷的食品病原检测试剂盒，保障食品安全；研制具有国际竞争力的疫苗、药物和诊断试剂。

（三）非粮饲料资源的开发与利用工程

针对我国“饲料资源短缺，大量杂粕资源未能开发利用”的问题，我们建议加大非粮饲料资源的开发与利用，研究其营养价值与标准参数；设立适合我国国情的针对饲料生产工艺和流程的产学研一体化研发项目；加强精准营养和精准饲喂技术与设备及抗生素替代品研发。

（四）规模化智能化养殖设备设施的研发与创新工程

结合我国实际，针对不同畜禽、规模化程度与养殖模式，研发针对不同生产环节的各类设备设施；对于规模化发展水平较高的畜禽，重点支持运用人工智能与大数据、物联网技术的新型养殖设备与产品研发。

（五）畜禽粪污的资源化利用工程

加大畜禽粪污治理转化技术的研发力度，重点支持将畜禽粪便转化为饲用蛋白或有机肥技术与产品研发，加大种植业与养殖业的结合力度。

第六节 畜牧产业发展保障措施及政策建议

一、完善全产业链协调发展机制

畜牧产业是农业农村经济的支柱产业，是推进乡村振兴的战略产业，也是促进农民增收的重要产业。推动畜牧产业高质量发展，既需要加强顶层设计，科学谋划产业及区域发展规划，发挥政策的引导作用，加快产业体系优化，以提高全国畜牧产业乃至整个农业的综合效能，也需要建立全产业链协调发展机制，提升全产业链各要素的科学创新能力，推动现代畜牧产业转型升级，实现畜牧产业平稳健康可持续发展。

（一）结合资源禀赋和生态承载力，优化现代畜牧产业发展规划

为促进我国畜牧产业顺利向现代畜牧产业跨越转型，首先明确产业布局和战略重点。根据不同区域的资源禀赋，明确资源优势和分区功能定位，统筹发展优先序，逐渐形成特色不同的畜产品优势产区。其次确定国内畜牧产品资源底数。科学确定中国畜牧产品自给率适宜范围及最低自给率，为制定相应政策提供决策参考，满足人民对畜牧产品日益增长的多元化需求。最后优化畜禽生产数量和规模比例。充分发挥市场主导、政府引导的作用，落实“以地定养”的平衡发展理念，提高畜牧产业与环境匹配度。

（二）延伸产业链条，健全畜牧产业体系

畜牧产业链条上连种植，下接屠宰加工，还能带动饲料工业、环保等产业发展，在农业结构调整中是承前启后的纽带产业。第一，加快推进现代饲料产业体系建设。积极推进饲料工业的产业重组，扩大生产规模，增加科技含量，提升饲料加工技术水平。第二，聚焦畜牧产业规模化主导产业。非洲猪瘟及新冠疫情影响下，生猪供给半径拉长，建立形成区域产、供、销及加工一体化的规模化生猪生产体系十分有必要。第三，建立健全畜牧产业物流链。不断完善现有畜牧物流法律法规，逐步达到“无缝链接”的目标。充分利用大数据、人工智能等现代信息技术手段，降低畜牧产业经营风险，避免社会资源的浪费。

（三）坚持科技创新，提高畜牧产业现代化水平

破解畜牧产业发展瓶颈、促进畜牧产业转型升级、加快推进农业现代化，技术创新是必然选择。一方面，要紧紧依靠国家宏观经济政策和科技创新。政府及相关部门应加大对科技服务体系和技术推广体系的投入，明确良种繁育体系建设的重点工作，加快畜禽品种改良节奏，提高良种繁育能力。另一方面，要加快研究开发与产业生产结合的速度，提升畜牧企业核心竞争力。加大对大数据技术、基因组育种技术、繁殖技术、杂交利用技术等原创性技术研发的力度，以满足高产、优质、生态、安全的现代畜牧产业发展的实际需求，促进畜牧产业可持续发展。

（四）加快绿色发展，构建畜牧产业可持续发展机制

绿色可持续发展是现代农牧业的重要标志和发展方向。第一，加快推进畜牧产业转型升级。通过引入现代生物技术、信息技术与人工智能技术，推进畜牧产业形态重塑，提高畜牧产业创新力和竞争力。第二，建立畜禽粪污长效治理机制。有效执行畜禽养殖场扩建和新建备案制度，强化污染源头管控。同时，将畜禽养殖污染防治工作纳入当地生态环境建设考核指标之列，有效解决畜禽粪污排放问题。第三，大力推进种养循环模式。以畜禽污染综合治理为重点，建立“畜禽—沼气—作物”“畜禽—肥料—作物”等生态养殖模式，实现粪污处理的就近还田利用。

二、科学调控畜产品周期

畜牧产业生产的一个重要特征是存在周而复始、峰谷交替的周期性现象，“猪周期”问题在我国表现得尤为突出。以本轮猪周期为例，2016～2019 年受环保政策和非洲猪瘟疫情影响，生猪产能断崖式下滑，导致 2019～2020 年生猪价格创历史新高，后续市场价格信号与保供促产政策信号叠加又导致生猪产能过剩，2021 年生猪价格大幅下跌，本轮猪周期价格波动剧烈，对相关产业和人民基本生活造成重大影响。面对周期性波动给畜牧产业生产带来的不确定性，既要加强科学调控，又要不断发挥市场力量，助力畜牧产业有序健康发展。

（一）保持政策连续性，加强市场预期引导

纵观国际经验，畜牧产业发展不可避免地存在一定的周期性，要通过保持政策的可

持续性和稳定性来合理引导养殖主体的养殖预期。第一，稳定财政、金融、保险、用地等长效性支持政策，保护畜牧养殖主体的生产积极性。第二，建立和完善畜牧生产逆周期调控机制，当养殖主体连续严重亏损三个月时，给予规模养殖主体一次性临时救助。第三，各地区农业主管部门加大对畜牧产业政策的宣传力度，采用传统媒体与新媒体相结合的方式宣传产业发展政策和实施细则。第四，针对畜牧农产品供需与价格预期，农业主管部门要勤于发声，并配合其他政府主管部门严厉打击扰乱市场行为，合理引导市场预期。

（二）全面提升生物安全防控水平，筑牢安全生产防线

构建生物安全防护体系，首先需要引导养殖主体充分认识到构建生物安全防护体系的重要性和必要性，将生物安全防护意识内化为相应的管理制度和管理规范。其次政府部门应重点支持中小规模养殖场改造和升级生物安全防控设施，完善生物隔离带、洗消设施、高温加压消毒设备等基础设施建设，提升生物安全防控水平和效果。最后监管部门要积极强化重大动物疫情的检测和排查制度，重点加强对饲养、运输、屠宰加工等关键环节的监管，建立和完善疫情预警和应急处置机制。

（三）完善市场稳定机制，强化周期风险调控能力

政府部门要不断完善重要畜牧农产品的风险防控机制，一方面，建立以适当高于国际公认安全标准的合理储备量为基础的市场稳定机制；另一方面，改进重要畜牧农产品市场化储备机制，培育多元化收购主体，并根据企业收储和代储发展，构筑储备监督和管理体系。此外，科学把握畜牧农产品投放节奏，做好适时投放、补贴结算和资金保障工作，保持畜牧农产品供应动态平衡。充分发挥市场调节作用的同时，更好地发挥宏观调控政策的兜底保障作用，确保重要畜牧农产品有效供给，提高畜牧周期风险调控能力。

（四）发展纵向一体化模式，激发畜牧经济活力

过于分散的畜牧生产易受到价格周期的影响，造成产能的剧烈波动。第一，支持养殖者探索育繁养加一体化等发展模式，打造闭合式产业链、供应链，进一步发展畜牧规模养殖。第二，鼓励各地畜牧龙头企业发挥产业链主体优势，打造畜牧养殖紧密型利益联结机制，创新发展“公司+家庭农场”“公司+合作社”“公司+农户”等经营模式。第三，建立健全畜牧养殖业联盟机制，充分发挥联盟服务产业特别是中小规模养殖场（户）的作用，确保多元养殖主体形成合力，在应对猪周期负面影响方面发挥“稳定器”作用。

三、构建市场化的畜牧产业绿色低碳发展补偿机制

妥善处理好产业配置、经济效益与碳排放之间的关系是畜牧产业绿色低碳发展的重要内容，对于推进新时代乡村生态振兴具有重要作用。畜禽养殖废弃物进行资源化利用能够降低碳排放、保护生态环境，具有显著的正外部性，是一种典型的“公共物品”，其推广与发展离不开政府、市场和社会的共同努力。

（一）科学确定畜禽养殖废弃物资源化利用的减碳价值核算，完善碳排放权交易制度

畜禽养殖废弃物资源化利用是将“上游废弃物变成下游原料”的典型形式，延长了畜牧产业的生命周期，减少了原材料生产加工、产品废弃处理等环节所造成的资源消耗，从而减少了碳排放。故而，畜禽养殖废弃物资源化利用具有纳入碳排放权交易制度的潜在可能性。第一，依托高校、科研机构、行业部门认证企业等，依据国家相关政策，开发编制“畜禽养殖废弃物资源化利用碳减排”项目的方法学，为该项目纳入碳排放权交易市场提供方法指南和标准依据。第二，建设完善“畜禽养殖废弃物资源化利用碳减排”项目的碳减排计量、监测体系，准确反映畜禽养殖废弃物资源化利用的减碳价值，保证项目的真实性和准确性。第三，明晰“畜禽养殖废弃物资源化利用碳减排”项目的交易受益主体和收益份额，统筹有序地将项目纳入碳排放权交易市场控排企业交易履约范围，引导控排企业购买项目的碳减排量。

（二）深入推动一二三产业融合发展，构建乡村旅游产业与畜牧产业的利益联结机制

按照“宜融则融，能融尽融”的原则，将注重生态环境保护与绿色低碳发展的畜牧产业融入乡村旅游产业，既能够发挥协同增效作用，增强两大产业的竞争力，又能借助乡村旅游产业的门票、食宿及关联性产品的销售，帮助畜禽养殖主体获得溢价收益，推动畜禽养殖废弃物资源化利用的外部性内部化。第一，优先支持农业合作社等与养殖主体具有密切联系的经营组织，构建“乡村旅游企业+合作社+养殖主体”的农企融合共赢模式，确保一二三产业融合发展更好惠及养殖主体。第二，建设一批乡村休闲旅游产业与畜牧产业融合发展的示范区，确保示范区生态环境容量、旅游承载力、环境保护措施达到国家相关标准，通过“以农兴旅、以旅富农”形成示范带动作用。

（三）建立完善绿色低碳标识制度，增加绿色低碳畜禽养殖产品的有效供给

畜牧产业绿色低碳发展的实现，既有赖于科技创新，也离不开社会公众认知改变从而提高其对绿色低碳畜禽养殖产品的经济承受能力。第一，以“碳”为主线，开展绿色低碳畜禽养殖产品的方法学研究，探索建立完整的区域畜禽养殖碳足迹核算、认证、监管体系。第二，贯彻落实国家绿色低碳产品标准、认证、标识整合改革制度，在引导和支持畜禽养殖主体加大对节能低碳技术（如太阳能）采用与清洁生产、畜禽废弃物资源化处理投入的基础上，对于符合条件的畜禽养殖主体赋予其绿色低碳标识使用权。

（四）积极探索绿色低碳采购项目，扩大绿色低碳畜禽养殖产品的市场容量

积极采购使用绿色低碳畜禽养殖产品，能够对全社会节能减排、绿色环保起到良好的引导作用。第一，通过修改《中华人民共和国政府采购法》及相关法规，将绿色低碳

畜禽养殖产品纳入绿色政府采购体系，让政府采购在绿色采购和“碳中和”等方面发挥示范引领作用。第二，在上述基础上，严格执行政府对绿色低碳产品的优先采购和强制采购制度，探索提高政府对绿色低碳畜禽养殖产品的采购要求和采购比例要求，扩大政府对绿色低碳畜禽养殖产品的采购规模。第三，鼓励大型商超优先引入具有绿色低碳标识的畜禽养殖产品，满足人民群众的个性化需求。

四、完善促进畜牧产业健康发展的保障措施

以保障畜牧产业健康发展为核心，面对农业绿色低碳发展与农业产业立体互动的挑战，从资金、人才、舆论、国际合作等方面提出有效措施，全面落实促进我国畜牧产业健康发展的目标与任务。

（一）健全多元化投入支持机制，为畜牧产业健康发展提供资金保障

第一，将畜牧产业健康发展工作纳入中央和地方财政预算，统筹政策项目，并在畜禽种业、动物疫病与生物安全、畜禽饲料原料安全、畜禽养殖废弃物资源化利用、畜禽养殖设备设施等专项中予以经费保障，重点支持前沿技术、主要品种和关键环节，集中力量保障国家粮食安全。第二，拓展资金来源渠道，探索“项目补助+市场化运作”机制，引导和鼓励民营企业、私人资本投入畜牧产业。第三，将政府和社会资本合作模式（public-private-partnership，PPP）、绿色保险、生态彩票、生态资本市场等融资方式作为畜牧产业健康发展资金的重要“源头活水”之一。

（二）构建多层次人才培育体系，为畜牧产业健康发展提供人力资本保障

第一，加大高等教育对包括畜牧产业人才在内的“三农”人才的培养扶植力度，通过增加高校资源投入、扩大高校招生规模、减免涉农专业学费等方式，引导有志有为青年进入畜禽养殖领域学习农业知识、掌握农业技能。第二，引导和鼓励高校毕业生到基层工作，构建“下得去、留得住、干得好、流得动”的长效机制，让大学生愿意成为畜牧产业人才，扎根基层、服务农村，并能够凭借畜牧产业人才身份获得良好的职业生涯前景。第三，通过公益性和市场化相结合的培训、论坛、夏令营、分享沙龙等方式，培养有文化、懂技术、善经营、会管理的高素质农民队伍，造就更多畜牧产业人才。

（三）开展多渠道宣传教育工作，为畜牧产业健康发展提供社会共识保障

努力营造有利于畜牧产业健康发展的环境氛围，让社会认识到加快畜牧产业健康发展是促进农民增收、推进乡村振兴建设、保障国家粮食安全的重要手段。为此，一要综合利用网络、广播、电视、报纸等媒体，加大对畜牧产业健康发展在农业转型、农村发展和农民增收等方面重要作用的宣传力度。二要灵活运用宣传方式，尤其是结合各地风俗习惯、农民兴趣爱好，以群众喜闻乐见的活动形式进行针对性宣传。三要以畜牧产业健康发展过程中涌现出的先进典型为榜样，做好典型示范工作。

（四）统筹利用国际国内两个市场两种资源，为畜牧产业健康发展提供全球视野

第一，深入开展畜禽养殖产品国际市场调研分析，鼓励和支持高等院校、科研机构等开展畜禽种业、动物疫病与生物安全、畜禽饲料原料安全、畜禽养殖废弃物资源化利用、畜禽养殖设备设施等领域的国际科学研究与技术交流。第二，加强对畜牧产业“走出去”的引导，重点推动“一带一路”共建国家和地区企业间的投资合作，积极为畜禽养殖企业搭建合作平台，支持并推动国内与国外畜禽养殖企业建立直接稳定的贸易关系、科技研发合作关系。

（本章执笔人：陈焕春、李德发、王济民、周慧）

第二十章　水产行业发展

在“大食物观”和社会经济跃迁伴随的消费升级背景下，水产品作为优质蛋白在粮食和食物安全保障中的作用愈加重要。明晰水产行业发展形势，剖析其面临的问题及挑战，预测其未来的供需目标和明确为实现目标所做的重大工程谋划，对于充分挖掘渔业潜力、有效增加水产品供给具有重要意义。

第一节　水产行业发展形势

水产行业已成为中国式现代化最具代表性和基础坚实的产业之一，除了体现在其是最早放开市场价格的行业之一方面，还集中体现在我国水产品生产、出口和进口（量）是全球第一大国的体量和通过国际渔业合作引领全球渔业尤其是水产养殖快速增长的影响力，以及近年来水产行业绿色高质量发展、对自然资源依赖程度进一步降低、养殖智慧化、挖掘利用新空间、居民消费升级伴随的买方市场倾向等行业转型进程显著的形势方面。

一、绿色高质量发展

经过改革探索期（1978～1994 年）、优化与协调期（1995～2011 年），我国水产行业在新时代进入转型升级期（2012 年至今），绿色高质量发展趋势明显，“生态优先”的政策体系和实践路径逐步构建。

（一）政策转向

第一，首次提出“生态优先”发展方针。2013 年国务院出台《关于促进海洋渔业持续健康发展的若干意见》（国发〔2013〕11 号），并召开全国现代渔业建设工作电视电话会议，首次提出了“坚持生态优先、养捕结合和控制近海、拓展外海、发展远洋”的生产方针。同时正式明确提出了包含水产养殖、增殖、捕捞、加工和休闲的现代渔业五大产业。2019 年农业农村部等十部委印发的《关于加快推进水产养殖业绿色发展的若干意见》（农渔业〔2019〕1 号），是新中国成立以来经国务院同意公开印发的第一个针对水产养殖业的文件，为今后一个时期的水产养殖绿色发展指明了方向和作出了具体部署。

第二，首次提出“减量”一词。2016 年全国渔业渔政工作会议首次提出了渔业“减量”一词，并明确了“提质增效、绿色发展、减量增收、富裕渔民”的政策目标，并要求推进渔业供给侧结构性改革，加快渔业转方式、调结构，通过“四转变”“四调优”，促进渔业转型升级。《全国渔业发展第“十三”个五年规划（2016—2020 年）》明确提出，要调减控制捕捞业，优化捕捞空间布局，调减内陆和近海，逐步压减国内捕捞能力，实行捕捞产量负增长，逐步实现捕捞强度与渔业资源可捕量相适应。2022 年的《“十四五”全国渔业发展规划》综合水产行业的绿色高质量发展形势，提出了“稳产保供、创新增效、绿色低碳、规范安全、富裕渔民”的二十字渔业发展方针，为新发展阶段下渔业多功能性的发挥提供了思路与方向。

第三，水产行业主要矛盾已转变的判断。根据党的十九大报告对我国社会主要矛盾转变的判断，2018年渔业转型升级推进会明确提出，渔业发展的主要矛盾已经转化为人民对优质安全水产品和优美水域生态环境的需求，与水产品供给结构性矛盾突出和渔业资源环境过度利用之间的矛盾。根据渔业主要矛盾，提出加快推进转方式、调结构，切实将渔业从高速增长转到高质量发展上来。2019年，渔业高质量发展推进会强调了“提质增效、减量增收、绿色发展、富裕渔民”的政策目标，提出了围绕实施乡村振兴战略和坚持以渔业供给侧结构性改革为主线的实现路径。

第四，渔业支持政策导向调整。针对2006年渔业燃油补贴带来的过度捕捞及其引致的资源衰退问题，2015年中国政府明确了“至2019年渔业燃油直接补贴减少至2014年40%”的要求，开始进行减少直接补贴的改革。2021年《关于实施渔业发展支持政策推动渔业高质量发展的通知》明确提出了“取消成本直补，改变补贴方式”。渔业发展补助资金重点用于支持纳入国家规划的重点项目，以及具有外部性的基础设施更新升级，如国家级海洋牧场的人工鱼礁、近海渔船设施配备、深远海养殖设施、水产品加工仓储设施、渔港基础设施等，其他一般性转移支付主要用于统筹推动各地渔业高质量发展，主要包括近海渔船渔业资源养护、渔民减船转产、水产养殖绿色发展、执法船艇配备、渔业信息化等。总体来看，渔业燃油补贴调整方向是朝绿色、生态、高质量发展。

（二）实践行动

养殖业方面，绿色健康养殖模式与技术深入推进。一是一批生态养殖技术模式得到示范推广，包括池塘生态工程化、工厂化循环水养殖、稻渔综合种养、池塘流水槽循环水养殖、盐碱地绿色养殖、鱼菜共生生态种养、集装箱式循环水养殖、大水面生态养殖、多营养层级立体综合养殖、深远海设施养殖、增殖型海洋牧场技术等绿色水产养殖典型技术。二是自2020年以来农业农村部及省市县各层级相关部门连续3年部署和开展水产绿色健康养殖“五大行动”，包括生态养殖技术模式推广、养殖用药减量、饲料替代鲜幼杂鱼、养殖尾水治理、水产种业质量提升等重点行动。三是水产健康养殖示范场数量不断增加，仅2020年公布的第十四批国家级水产养殖健康养殖示范场就达945个，2021年创建的国家级水产健康养殖和生态养殖示范区达65个，其中以县级政府为主体的达19个，将在区域水产绿色养殖转型方面起到示范引领作用。

捕捞业方面，通过延长近海伏季休渔期、推行捕捞限额试点和资源总量控制、压减机动渔船数量和功率等实践行动来实现减量目标。在1999年三大海域实施伏季休渔制度、2003年长江开始实行春季禁渔期制度等基础上，我国于2017年通过延长近海伏季休渔期实施“史上最严休渔制度”，2018年内陆七大流域实现禁渔期制度全覆盖，2020年长江流域重点水域正式实现“十年禁渔”，2022年黄河流域实行禁渔期制度等。在实施休禁渔以降低捕捞强度的同时，还通过增加和调整水生生物保护区、水产资源保护区来加强“三场一通道”养护，以及采取水生生物资源增殖放流等措施来提升水生生物资源的自然种群，从而促进捕捞资源恢复与养护目的的实现。“十三五”时期，国家累计投入超过120亿元大力推进海洋捕捞渔民减船转产，全国累计压减近海捕捞渔船总数超过4.5万艘，压减总功率超过 208 万 kW，超额完成了 2 万艘、150 万 kW 的压减任务。

二、养殖增长趋势明显

国内外水产行业养殖份额都呈现增长势头，在捕捞资源的总量上限约束和衰退背景下，养殖份额增长势头将进一步增强。

（一）全球水产养殖在水产产量中的份额呈增加态势

从全球水产品供给来看，水产养殖的作用明显增加。一方面，水产养殖产量在全球水产品中的份额提升。FAO 的《2022 年世界渔业和水产养殖状况》数据显示，2020 年全球水产品产量为 177.8 百万 t，其中水产养殖为 87.5 百万 t，占 49.21%，创历史新高，分别较 2000 年、1990 年增加近 17 个百分点和 30 个百分点（图 20-1 和表 20-1）。另外，水产养殖产量超过捕捞产量的国家或地区数也呈增加态势。据 FAO 预测，到 2030 年，全球水产品产量增加至 202 百万 t，增量将主要来源于水产养殖，水产养殖产量、捕捞产量将分别达 106 百万 t、96 百万 t，养捕比为 52.48∶47.52。

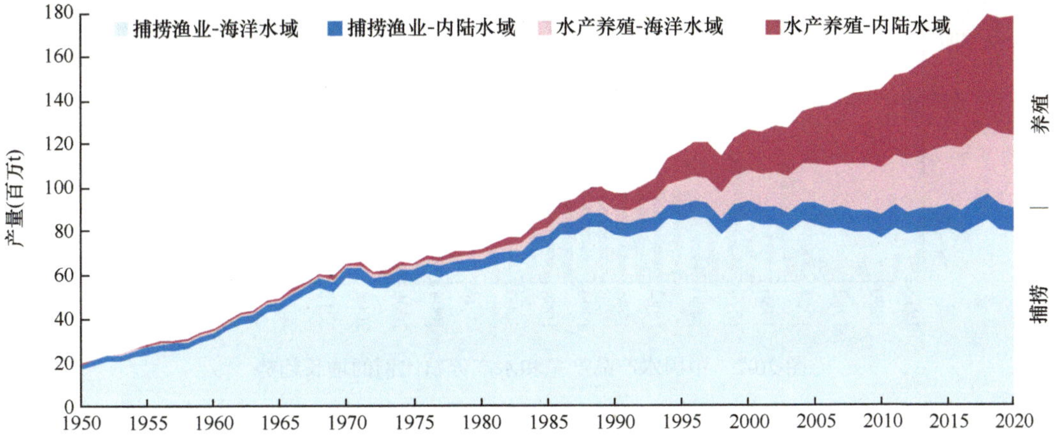

图 20-1　全球水产养殖产量增长趋势

数据来源：FAOSTAT；不含水生哺乳动物、鳄鱼、短吻鳄、凯门鳄和藻类，数据用鲜重当量表示

表 20-1　全球水产养殖产量增长趋势　（百万 t）

全球	20 世纪 90 年代	21 世纪头十年	21 世纪 10 年代	2018 年	2019 年	2020 年
捕捞	88.9	90.9	91.0	96.5	92.2	90.3
养殖	21.8	43.4	71.5	82.5	85.2	87.5
合计	110.7	134.3	162.5	179.0	177.4	177.8
养殖比例（%）	19.69	32.32	44.00	46.09	48.03	49.21

数据来源：FAOSTAT

（二）中国水产养殖比例持续增加至近 81%

改革开放之初，水产养殖占我国水产品产量的比例仅为 26.04%。在经过争鸣和论

证后于1985年确定的“以养为主”发展方针的作用下，我国水产养殖业快速发展，至1988年和2000年，占我国水产品产量的比例分别超过50%和达60%以上，2016年增加至75.13%。“十三五”时期以来，在近海渔业资源养护和远洋渔业有序发展的前提下，我国水产养殖成为水产品产量增长的主要来源，2021年达到5394万t，占全国水产品产量（6690万t）的80.6%（图20-2）。我国水产品产量增长不仅解决了国内居民“吃鱼难”的问题，还通过产量全球第一、出口全球第一和进口（量）第一，在全球尺度上优化配置了渔业资源。同时，通过国际渔业合作，我国引领了全球渔业尤其是养殖业的快速增长大势。预测我国水产品产量2035年需要增加至近8000万t才能满足国内消费需求（赵明军等，2019），考虑到我国近海捕捞产量近年刚降至最大可持续捕捞量1000万t以内，加上远洋渔业受捕捞限额限制产量增长的可能性较小和内陆长江十年禁捕、黄河禁渔期等，未来我国水产行业增长的主要来源为水产养殖，预计其比例将达到85%以上。

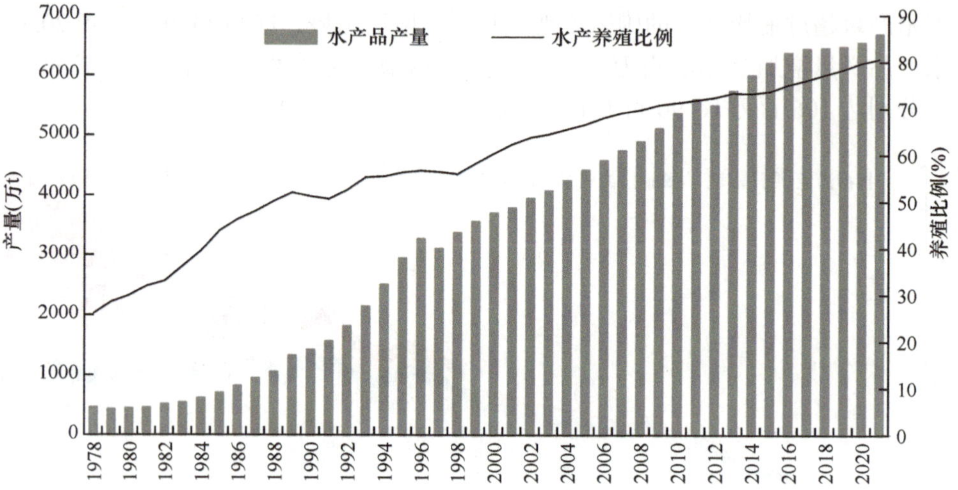

图 20-2　中国水产品产量和水产养殖比例的增长趋势

三、水产行业智慧化

我国水产行业科技水平持续提升，2020年渔业科技进步贡献率达到63%，较2015年增加了5个百分点。这得益于近年水产行业技术与装备的研发及应用推广，尤其是在互联网和信息技术外溢的作用下，水产养殖快速集约化、自动化、标准化发展，同时对“互联网+”的需求逐渐增多，以“互联网+”为主要特征的智慧化、信息化发展为水产行业升级提供了动力。主要包括渔业传感器及采集器研制、鱼类生长调控模型应用、智慧渔业大数据管控云平台构建、渔业数字化装备和渔业机器人研发四个方面，这些平台装备与设施技术大大提升了我国水产行业的智慧化水平。

（一）渔业传感器及采集器研制

重点在于对水质参数进行在线检测，进而防范水体恶化、病害风险，确保水产品安全。水产养殖水质参数主要包括溶解氧、pH、盐度、氨氮、硝酸盐、亚硝酸盐和重金属离子等。水质环境因子间由于互相影响，极易发生变化，水质在线快速准确检测一直是困扰水产养殖界的公认难题。我国水产养殖面积为 1.2 亿亩，实地调研发现，传统的非智能化增氧设施或设备仍占主流，目前智能化传感器、采集器应用率低于 50%。主要原因是智慧化传感器、采集器等探头价格较高，同时管理维护（如清洗、换新）较烦琐，对于众多的散小水产养殖经营者而言是非经济的选择。

从需求来看，我国水产养殖面积的 70%左右需要使用溶解氧与 pH 监测探头，也就是约 8000 万亩，其中每十亩需要使用一套溶解氧与 pH 监测探头，则需要约 800 万套传感器。

就市场占有率而言，目前养殖专用溶解氧传感器的市场占有率为：原电池法（50%）>极谱法（40%）>光学法（10%），三者的平均维护时间分别为 3 个、6 个、12 个月。养殖专用 pH 传感器的市场占有率为：复合玻璃电极法（70%）>差分测量（28%）>光学法（2%），三者的平均维护时间分别为 1 个、3 个、6 个月。

（二）鱼类生长调控模型应用

鱼类生长调控算法与模型在智慧渔业的发展道路中起到至关重要的作用，在准确信息与业务模型的指导下，可以得到更准确、更科学的数据，实现智能化作业；同时，模型摆脱了人的约束，可以优于人为控制的合理性与准确性保持更长时间的运行，对于我国渔业转型升级意义重大。近年，为提升水产行业经营主体的管理精准性，推进繁重和成本较高生产环节或过程的机器代人，鱼类生长调控模型机器装备得到快速研发及应用推广，主要有针对水体循环所需营养物构建的数字化表征模型、重要水质参数精准控制（预测、预警）模型、鱼类生长过程精准控制（投喂、生物量监测）模型等得到广泛示范应用。

（三）智慧渔业大数据管控云平台初步构建

智慧渔业大数据管控云平台是为渔业全产业链提供决策和服务的平台，覆盖渔业生产、经营、管理、服务等各个环节。目前我国渔业信息化平台包括渔业监管部门管理服务系统、渔业智能化生产管控系统两大模块（图 20-3），通过物联网、大数据、云计算等信息技术，实现现有渔业数据资源的有效整合，为经营主体提供生产决策、经营服务，为政府部门提供决策支持和行业服务，从而推动渔业现代化建设。

（四）渔业数字化装备和渔业机器人研发

渔业数字化装备和渔业机器人是实现渔业生产智能化控制、精准化决策、无人化作业的基础与关键。

近年来，物联网、大数据、人工智能与渔业装备技术得到深度融合，在经典池塘养殖、工厂化循环水养殖和网箱养殖方面突破了渔业装备数字化关键技术，推动了渔业数字化装备的应用示范，大大促进了渔业生产转型升级。目前，水产行业正在加快渔业数字化装备研发，加强人工智能等新一代信息技术与渔业装备技术的融合，并研发环境信息物联网监测设备，推进增氧装备、投饵装备、循环泵、蛋白分离器等养殖装备配备数字化计量设备、运行状态监测与远程控制设备，以进一步实现养殖装备智能控制及水平提升（图 20-4）。

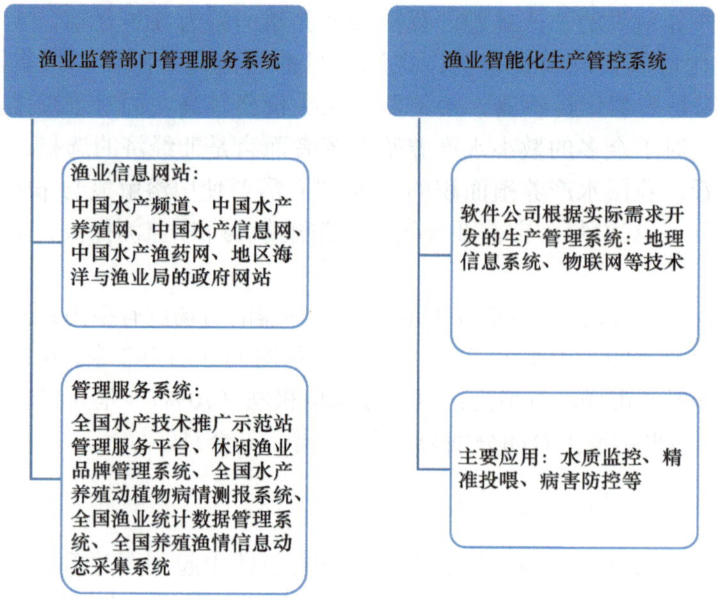

图 20-3　我国渔业信息化平台

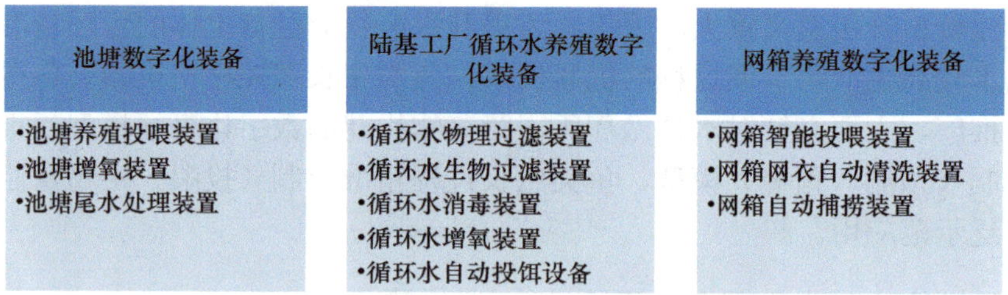

池塘数字化装备
•池塘养殖投喂装置
•池塘增氧装置
•池塘尾水处理装置
陆基工厂循环水养殖数字化装备
•循环水物理过滤装置
•循环水生物过滤装置
•循环水消毒装置
•循环水增氧装置
•循环水自动投饵设备
网箱养殖数字化装备
•网箱智能投喂装置
•网箱网衣自动清洗装置
•网箱自动捕捞装置

图 20-4　我国渔业数字化应用环节和装备

随着人工成本上升、现代化智能装备研发及其可获得性提高，渔业机器人在水产行业中的应用越来越多。在水产养殖实践中，水下机器人首先应用于水产养殖监测。通过搭载摄像机、声呐、水质传感器等设备，借助水产养殖水下机器人机动灵活的运动能力，已初步实现对养殖环境及对象的大范围监测。利用水产养殖水下机器人开展水质监测作业，能够大大提升水质监测的机动灵活性、效率与监测范围。目前水产养殖水下机器人还可搭载机械手、捕捞网、清洗装置等工具，基于作业目标识别与定位、制导与控制，完成养殖产品收获、网箱清洗、死鱼捡拾、漏洞检测及修补等复杂任务。

四、宜渔资源和新空间初步拓展利用

随着关键养殖技术的突破和实践探索，一些宜渔新资源不断得到挖掘利用，包括稻渔综合种养模式的水稻人工湿地、“以渔改碱”立体养殖模式的盐碱地、养殖装备和工程模式的深远海、生态渔业模式的大水面等在内的重点宜渔资源的拓展，为水产行业的产量增长和供给保障提供了有力支撑。

（一）以水稻田为主的人工湿地资源的挖掘利用

我国稻渔综合种养历史悠久，20 世纪 80 年代初纳入国家相关项目后逐步普遍推广，至 1986 年全国稻田养鱼面积达 1038 万亩，产量 9.8 万 t。90 年代进入快速发展阶段，至 2000 年稻田养鱼面积超过 2000 万亩，成为全球稻田养鱼第一大国家。进入 21 世纪，主要受模式单一、经营分散、技术滞后和效益低等影响，我国稻渔种养发展缓慢，2004～2011 年养殖面积出现大幅下降趋势，由 2445 万亩下降至 1812 万亩。党的十八大以来，得益于对生态种养循环的科学认知和稻渔综合种养新模式、新品种、新技术的探索与示范，除稻鱼模式外，还示范推广了稻虾、稻蟹、稻鳖、稻蛙、稻鳅（鳝）等技术模式，稻渔综合种养面积和产量在前期基础上止跌回升后持续增长，至 2020 年我国稻渔综合种养面积突破 3800 万亩，产量 325 万 t，均创历史新高（全国水产技术推广总站，2022a）。稻渔综合种养不仅仅直接充分利用了稻田这一广大的人工湿地资源，增加了水产品这一优质蛋白的供给，更重要的是增加了种植业收益，提升了经营主体的种粮积极性，间接地保障了国家粮食安全。

（二）大水面生态渔业对江河湖库等资源的挖掘利用

大水面生态渔业是在江河、湖泊、水库等开放性水体中，依据其生产力或渔产潜力，通过因地制宜地选取适宜品种、增养殖方式，实现充分利用宜渔资源为人类提供所需水产品的渔业生产方式。我国大水面生态渔业思想及实践历史久远，但是规模一直相对较小①，直到“四大家鱼”人工繁殖技术取得成功，尤其是改革开放实施水域滩涂等宜渔资源的承包责任制后，大水面生态渔业开始较快发展。20 世纪 90 年代，规模化“三网”大水面渔业进入“高投入、高产出”和快速扩张阶段（全国水产技术推广总站，2022b），至 2015 年湖库养殖面积达 303.48 万 hm^2，产量 553.18 万 t，分别占全国淡水养殖面积的 49.37%和 18.06%。以千岛湖、查干湖、三峡渔业等为典型的大水面生态渔业，在解决我国居民“吃鱼难”和“吃好鱼”问题，以及创造就业、净化水域环境等方面作出了巨大贡献（刘子飞等，2022）。虽然“十三五”时期以来受环保“一刀切”等主要因素影响，湖泊、水库养殖面积和产量大幅下降，2020 年分别为 214 万 hm^2 和 366 万 t，但 2019 年三部委印发的《关于推进大水面生态渔业发展的指导意见》和长江十年禁渔政策的落实等，为大水面生态渔业的发展提供了重大发展机遇和资源基础（刘子飞，2022）。

（三）盐碱地资源的挖掘利用

我国东部沿海、华北、东北、西北等区域盐碱地（水）资源丰富，面积约 9913 万 hm^2，居世界第三位，遍及 19 个省份（全国水产技术推广总站，2022c），但一直存在应用开发难、利用率低的问题。不过，随着近年淡水和近海渔业资源环境约束趋紧，以及盐碱水水质优化与环境质量控制、品种研发与良种培育、生态养殖与技术规范、综合利用与生态修复等方面的科学创新及示范推广，盐碱地宜渔资源得到初步挖掘和利用，如西北

① 此处是相对之后的发展规模而言，而非某个时点该渔业生产方式在渔业中的重要性。

地区的盐碱池塘大宗淡水鱼类养殖、棚塘接力盐碱水对虾养殖、盐碱回归水流水养鱼、次生盐碱地台田-池塘渔农综合利用等养殖模式，华北地区的盐碱池塘养殖、盐碱水大棚对虾养殖和大水面草鱼-对虾生态养殖等养殖模式，华东地区的盐碱水中华绒螯蟹养殖、盐碱池塘标准化鲫养殖等养殖模式等，为拓展水产行业发展空间、增加水产品供给、富民（渔）增收、保障粮食安全等提供了新方案。

（四）深远海资源的开发利用

深远海资源利用模式起始于20世纪80年代中期的发达国家，90年代中后期引入我国，并于近年根据我国海域情况进行了关键技术改进与突破，我国深远海养殖的大发展在缓解近海和淡水渔业资源紧张、提升水产品供给能力和向海洋要食物方面作出了巨大贡献。我国深远海养殖装备主要分为大型养殖网箱和浮式养殖平台（养殖工船）两种。大型养殖网箱的代表是高密度聚乙烯（HDPE）管材结构的重力式网箱，针对中国沿海恶劣的风浪流条件，进行多轮改进，可以设置在–20m水深、半开放的湾口地区，已经成为深水网箱的主要类型。重力式网箱又可分为半潜式或潜式网箱。新型大型养殖网箱平台的研发一直在持续，总体上向大型化发展，随着这些网箱系统的工业化水平显著提高，可以成为面向深远海的综合生产平台，产业化效应值得期待。养殖工船是具有自主航行功能的浮式海上渔业生产平台，是一种综合的海上渔业生产平台，其生产功能以深远海封闭式阶段式养殖为主体，兼具水产品加工与储运功能，可作为捕捞渔船的中转平台；其锚泊位置设定在不同海域，可根据季节变化选择适宜的水温，也可有效地躲避超强台风的正面袭击。

总体而言，“十一五”时期以来，我国深远海养殖设施选址、工程化围栏养殖设施及构架与材料、设施安装、中间投入品运输、监测及运维等方面的技术相继取得突破并不断成熟。至2020年我国有离岸网箱约8000只，养殖产量达到8.8万t，养殖品种从北到南主要有河豚、六线鱼、鲈、真鲷、大黄鱼、卵形鲳鲹、军曹鱼等（全国水产技术推广总站，2022d）。深远海设施渔业的代表有“国信1号”“深蓝一号”“德海1～3号”“海峡1号”“长鲸1号”等。

五、水产供需的买方市场趋势增强

根据供需基本理论，在经济社会发展、偏好、替代品及不确定性等因素的作用下，水产行业的产品供给与需求达到平衡是二者相互围绕平衡线上下波动均衡的过程。然而，分阶段来看，相对于供给短缺阶段，当前水产品处于供给充足甚至相对过剩阶段，需求在产业发展和诱致产业变革中的作用正趋于增强，水产行业由卖方市场发展到买卖双方均衡再到目前转向买方市场的特征明显。

（一）水产品需求不断增长

随着居民收入提高，水产品这一优质蛋白的需求不断增长。国家统计局《中国统计年鉴》的人均水产品消费（仅指家庭消费，未包括社会消费）数据显示，自2013年以来，除2018年同比基本持平外，我国人均水产品消费均呈增加态势，至2021年达14.2kg，较2013年的10.4kg增加36.54%（图20-5）。从城乡居民水产品消费差异来看，农村居民人均水产品消费水平（10.3kg）较城市居民的（16.6kg）明显偏低。赵明军等（2019）研究认为，水产品家庭消费仅占居民消费的 50%，结合近年调查，以家庭消费约占 40%进行估算，2020 年居民人均广义水产品消费（家庭消费与社会消费的总和）约为 34.75kg。

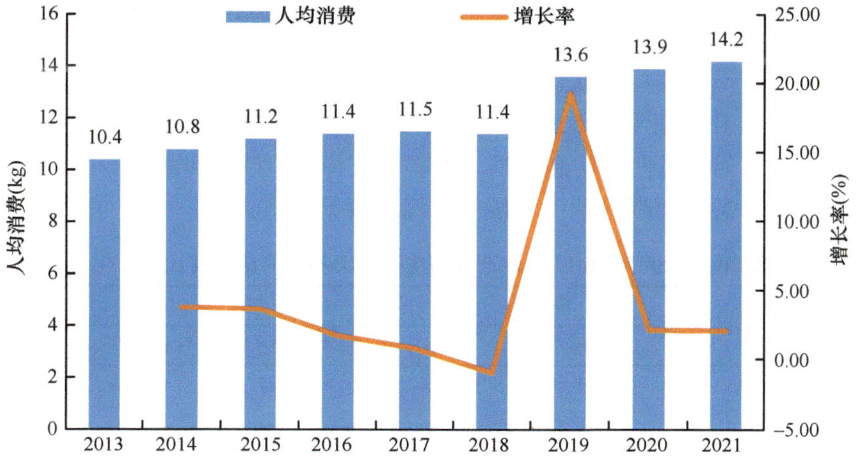

图 20-5　我国居民人均水产品消费及趋势

数据来源：国家统计局

从膳食营养需求来看，居民人均水产品消费将进一步增加。根据《中国居民膳食指南（2022）》，我国居民水产品平均推荐摄入量为 42.9～71.4g/d（根据 300～500g/周的水平测算得到），按 1.84 折合成统计当量，为 28.81～47.95kg/(人·a)。

（二）需求消费升级正在引致水产品供给结构和适量维度变化

水产品供给结构和适量维度变化不仅体现在水产品产量中鱼、虾、蟹、贝、藻、参等的相对变化（供给由单一转向丰富多元，鱼类趋降，虾蟹贝等增加）方面，还体现在水产品质量安全的提升，以及居民对绿色、有机、高品质和安全营养水产品的需求明显增加方面，也体现在供给形态的变化方面，即鲜活或冷冻产品需求相对下降，加工水产品、预制鱼品需求明显增加，如小龙虾、烤鱼、佛跳墙、鱼丸鱼糜制品、“三去”鱼品、虾仁等成为消费爆点。据估算，2021 年水产预制菜的产值近 900 亿元，预计至 2026 年将达到 2600 亿元，水产品消费的便捷化趋势明显。

以上水产品消费端的变化形势，为水产行业绿色发展、生产端结构调整，以及全产业链条质量安全保障、便捷化产品供给增加等提供了发展动力，并提出了更高要求。

第二节　水产行业发展面临的问题和挑战

一、资源环境约束趋紧

（一）生态与环境污染挑战

养殖业内外部环境的不确定性污染问题给产业可持续发展和水产品安全稳定供给带来较大的不确定性。

一方面，养殖本身导致的污染形势严峻。根据全国两次污染源普查数据，2007～2017年水产养殖各项水污染物排放量占全国总体的份额均明显上升，在大农业中的比例也增长非常显著，其中总磷、化学需氧量（COD）的比例分别增加39%、48%，总氮更是增加130%（表20-2）。此外，无论是生态文明建设，还是“双碳”目标，都对偏碳源特性的渔业发展形成了“碳约束”。据前期研究，我国渔业一产仅在柴油耗能、养殖增氧用水耗电、饲料等方面的碳排放就达6600万t左右，较2010年增加1300万t，单位产量碳排放强度趋于上升（李雪等，2022）。当前，各行各业都在开展“双碳”目标的战略谋划与实践探索，如何贯彻落实和助推“双碳”目标，是目前和未来一个阶段渔业必须面对的现实难题，急需明晰渔业“双碳”目标及政策措施。

表20-2　2007～2017年水产养殖主要污染物排放量及其比例变化

	指标	排放量（万t）		比例（%）		
		农业	水产	农业占全国	水产占农业	水产占全国
第二次全国污染源普查	COD	1067.13	66.60	49.77	6.24	3.11
	氨氮	21.63	2.23	22.45	10.31	2.31
	总氮	141.49	9.91	46.52	7.00	3.26
	总磷	21.20	1.61	67.22	7.59	5.10
第一次全国污染源普查	COD	1324.09	55.83	43.71	4.22	1.84
	氨氮	—	—	—	—	—
	总氮	270.46	8.21	57.19	3.04	1.74
	总磷	28.47	1.56	67.27	5.48	3.69

注：原始数据来源于第一次和第二次全国污染源普查

另一方面，外部水域污染造成的水产品质量安全风险和宜渔空间挤压问题。由于工业、生活污染乱排乱放和治理不到位，我国重要养殖区的水环境恶化，威胁着养殖水域安全。据《2020年中国海洋生态环境状况公报》数据，海水重点增殖区、60个沿海渔港、7个海洋水产种质资源保护区的超标物除无机氮外，还有活性磷酸盐、COD、石油类等。江河主要超标物为总氮、总磷，相较2019年，2020年总氮、石油类和非离子氨超标面积比例均有所上升。湖泊水库还在高锰酸钾指数上超标，同时总氮、挥发性酚和铜超标面积比例均有所上升①。

（二）内陆和近海等典型方式的养殖面积普遍减少

现有政策法规对养殖水域保持的保障不足，导致养殖水域面积减少。《中华人民共和国民法典》规定，依法取得的“使用水域、滩涂从事养殖、捕捞的权利”受法律保护。养殖水域滩涂规划划定了“禁止养殖区、限制养殖区和养殖区”，以维护水产养殖主体权益。然而，受环保督察层层加码甚至是一些区域的“一刀切”影响，拆“三网”、禁养等风暴在水产养殖业肆虐，导致近年我国重要养殖方式的水域面积大幅下降，养殖水域空间受到压缩。据《中国渔业统计年鉴》数据，2016～2020年我国水产养殖总面积减

① 数据来源：《2020年中国海洋生态环境状况公报》。

少超过 40 万 hm^2，降幅 5.5%，其中海水养殖面积下降近 5%、淡水下降近 6%，海水养殖中普通网箱、滩涂分别减少约 59%、14%，淡水养殖中湖泊、水库、河沟分别减少约 21%、14%、33%，淡水养殖中围栏和网箱减少幅度更是分别高达约 96%、90%（表 20-3）。养殖水域面积减少给产业发展带来的负面效应正在显现，如 2021 年以来以淡水鱼为主导的水产品价格上涨。

表 20-3 近年我国主要养殖方式水域面积减少情况

	指标	2016 年	2020 年	变化（%）
	养殖总面积	74 45.54	7 036.11	−5.5
海水	总面积	2 098.10	1 995.55	−4.89
	普通网箱	48 213.71	19 759.46	−59.02
	滩涂	652.72	561.99	−13.90
	底播	878.47	872.52	−0.68
淡水	总面积	5 347.44	5 040.56	−5.74
	湖泊	914.71	720.65	−21.22
	水库	1 644.14	1 420.87	−13.58
	河沟	220.01	147.45	−32.98
	围栏	2 128 331.35	8 1114.75	−96.19
	网箱	135 931.24	13 509.22	−90.06

注：原始数据来源于《中国渔业统计年鉴》（2017 和 2021）；普通网箱、围栏、网箱单位为 m^2，其他为 10^3hm^2；因绝对数值的四舍五入，变化幅度可能有误差

二、捕捞资源持续衰退

（一）国际捕捞资源不可持续份额增加

国际捕捞资源不可持续份额明显增加，在最大产量上可持续捕捞资源的份额呈增加态势，而未充分捕捞资源的份额则大幅下降，挤压了我国海外渔业尤其是远洋捕捞增长的可能性。根据 FAO 数据，1974 年处于生物可持续水平范围内的渔业种群比例为 90%，2019 年降至 64.6%，其中未充分捕捞的仅为 7.2%，处于可持续捕捞上限的高达 57.3%（图 20-6）。

除资源衰退的客观约束外，还存在一定程度的政治或主观色彩限制，集中体现于国际渔业资源在利用过程中偶尔面临“无端指责”、负责任大国形象压力等方面，因此我国的国际渔业话语权弱、渔业故事传播度低等深层次问题急需解决。

（二）国内捕捞资源衰退势头未彻底扭转

为应对近海渔业资源衰退、渔场荒漠化问题，近年我国采取了包括减船转产、零增长、“双控”、加大水生生物资源增殖放流力度等在内的近海渔业资源养护措施。然而，近海捕捞资源仍呈现局部改善、总体持续衰退的现象，现有船网证等政策未能有效破解国内近海捕捞资源“公地悲剧”的困境。

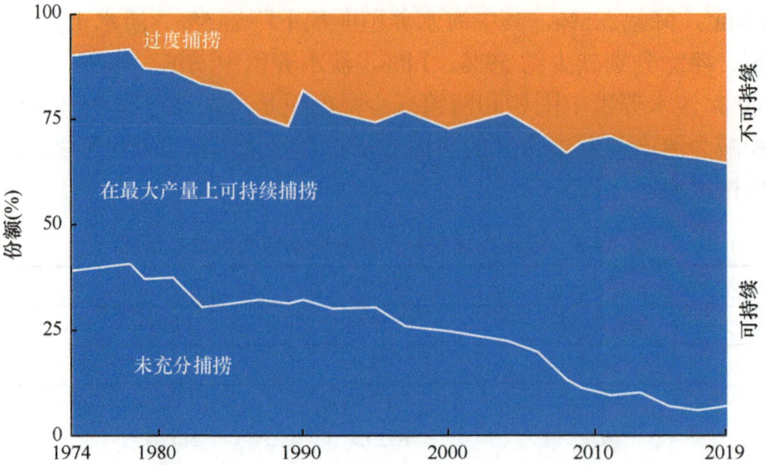

图 20-6　1974～2019 年全球海洋渔业资源捕捞趋势

数据来源：FAO《2022 年世界渔业和水产养殖概况》

渔业资源衰退数量维度：捕捞产量在水产行业中的占比下降、鱼汛大范围消失、无鱼可捕。全国传统渔场至少一半以上鱼汛完全消失，80%以上已形不成鱼汛。渤海海域渔业资源于 21 世纪初还有生产“大小年”式的鱼汛，而目前渤海渔业资源已经全面处于过度开发状态，几乎无法形成鱼汛。针对烟威渔场传统渔民的调查表明，20 世纪 80 年代一网可以捕获经济鱼万斤，1995 年为 1000 斤，2000 年减少至 100 斤，2020 年前后只有 50 斤。

渔业资源衰退质量维度：幼小化、低值化、优质或传统鱼类减少是集中体现。据 2017 年绿色和平组织的有关调研，上岸流通的鱼类个体中食用经济鱼类仅有 38.61%，食用经济鱼类中 75%是尚未发育成熟的幼鱼。这些捕获上岸的幼杂鱼因为商业价值低，绝大多数用作养殖饲料。同时，在资源评估信息确定的 44 种鱼类中，40 种已经过度利用，资源衰退甚至是枯竭，另外 4 种也基本处于完全开发或数量呈下降趋势。1983～2013 年东海海域低、中营养层鱼类比例分别增长 60%、129%，高营养级鱼类下降至近 51%（李继龙等，2017）。

资源养护及监督执法困难是国内渔业资源衰退的直接原因，而捕捞资源治理体系不健全导致难以形成养护资源和难以减少酷渔滥捕集体行动是制度性或根本原因。2017 年农业农村部印发《关于进一步加强国内渔船管控实施海洋渔业资源总量管理的通知》，明确提出了海洋捕捞总产量控制目标，并在当年开始实施总可捕量制度（total allowable catch system，TAC）和限额捕捞试点，然而目前仍处于个别品种、个别区域的小范围试点阶段，推广 TAC 并无明确的时间节点。此外，虽然伏季休渔制度更加完善，但违法违规偷捕盗捕事件时有发生。据《农业农村部办公厅关于 2022 年度海洋伏季休渔执法典型案例的通报》数据，2022 年伏季休渔期间沿海各地累计查办涉渔违法违规案件 8690 起，移送司法案件 522 起，移送涉嫌犯罪人员 1157 名，清理取缔涉渔“三无”船舶 6339 艘、非法网具 25.4 万张（顶）。

内陆渔业资源也面临着类似的困境，如为应对水生生物“无鱼”等级问题，长江十年禁渔全面铺开和得到各级重视，但违法违规偷捕、使用非法网具垂钓等现象仍普遍发生，并正在形成灰色利益链条，成为长江流域十年禁渔和内陆捕捞资源养护最大的威胁之一。

三、渔业现代化治理水平低

（一）水产种业管理政策需完善

水产种业是中国水产养殖取得举世瞩目成就的基础。《水产苗种管理办法》是规范单位和个人开展水产苗种生产、经营、管理、进口、出口活动的主要法规，但在实际执行过程中出现了至少两个问题。

一是部分苗种生产单位无证生产，混乱使用不明来源种质资源、低劣种质资源和野生种质资源现象突出，导致低质或劣质苗种进入养殖生产环节，容易引发病害或减少养殖经济效益。

二是部分养殖种类属于外来物种，在种源控制和外来物种风险防控方面预警管理不足，如鳗、鲑鳟和凡纳滨对虾等种类在种业安全方面容易“受制于人”，而福寿螺、鳄雀鳝、清道夫等外来物种已造成了一定程度的水生生物入侵及破坏问题。

（二）产业调控政策需明晰

随着我国水产养殖业的快速发展，水产品市场从整体供给不足逐步演变为大路货供给过剩、名特优种类供给不足并存的结构性矛盾格局。虽然《农业部关于加快推进渔业转方式调结构的指导意见》（农渔发〔2016〕1号）和《关于加快推进水产养殖业绿色发展的若干意见》（农渔业〔2019〕1号）等文件也意识到这一结构性问题，但全国或省域、县域范围内缺少科学的调控措施出台，体系化预警监测机制尚未有效建立和运行，2021年出现的淡水鱼价格暴涨就是一个例证。

（三）全产业链发展机制缺失

渔业是我国农业领域最早进行市场改革的产业，且成效较好，很快解决了“吃鱼难”的问题。然而，市场化发展好的产业，往往受到政府和社会关注的程度就低。渔业是大农业的重要组成部分，但在水产品加工、冷链物流、储藏、保险补贴、园区认定及品牌建设方面受到政府部门的关注和保护较少，针对性扶持和鼓励政策措施更少，如水产养殖保险至今未纳入中央财政农业保险费补贴范围；水产品加工率、养殖生产过程机械化率、水产品产地加工收储率和水产园区数占各类农业园区的比例等指标严重低于农业产业的其他领域。

（四）质量安全问题时有发生

水产品质量安全一直受到各级政府部门的重视，产地水产品兽药残留监控、水产养殖用投入品白名单制度、水生动物疫病监测等措施陆续实施。从渔业主管部门和市场监督管理部门对水产品产地与市场监测的数据看，氧氟沙星、硝基呋喃类代谢物、氯霉素、诺氟沙星和孔雀石绿5种禁（停）用药残留超标问题仍时有发生，监管力量不足、养殖主体众多、技术手段落后等问题导致守护“舌尖上的安全”任重道远。

四、科技持续创新能力弱

水产行业的技术与装备重点存在水产种业需振兴、主养品种病害防控技术需突破、水产饲料保障不足、节能减排压力大等问题。

（一）水产种业技术需要攻关突破

种业是水产行业持续发展的基础保障，但是我国面临优质、高产、多抗水产优良品种匮乏的问题。不仅虾、鳗、鲑鳟类品种面临“卡脖子”难题，大宗养殖水产品种也存在因优良品种不足导致的病害频发、效益低等问题，草鱼出血病、鲤科鱼类疖疮病、对虾白斑症、河蟹颤抖病等都是困扰。据《2020年我国水生动物重要疫病状况分析》数据，2019年我国水产养殖因疾病造成的经济损失达408亿元，约占渔业产值的3.2%。此外，据《中国渔业统计年鉴（2021）》数据，适宜深远海的养殖品种急需加强培育和技术示范及推广。

（二）病害防控技术需要突破

第一，精准生态防控技术。对于绝大部分的水产养殖品种病害，我国仍未建立精准的生态防控技术。具体需要解决三个问题：一是建立病原净化体系，从亲本、种苗、饵料、养殖等方面全方位消除传染源等，切断传播途径；二是建立基于疫病防控的生态养殖模式；三是建立基于养殖环境容量的养殖模式。

第二，“一条渔”免疫技术。我国急需针对主要水产养殖脊椎动物，以“一条渔”为单元开展多种疾病2联及多联疫苗等开发，建立浸泡免疫和口服免疫新途径，开发自动化疫苗接种装备。

第三，抗病遗传资源与抗病良种培育技术。我国水产病害主要病原的致病机制及主要养殖品种的免疫应答机制研究有待深入，其严重制约了抗病遗传多样性研究、抗病个体精准鉴定、抗病基因挖掘、分子设计育种技术开发及抗病良种培育。

第四，病害防控涉及的原材料及主要设备需研发及推广应用。一是主要高端耗材如微生物发酵原料、病毒扩增细胞系、水产疫苗佐剂、培养基及添加物等对外依存度较高。高端耗材市场中，国内产品占30%，国外产品占70%；细胞培养所需的血清、细胞转染试剂等主要依靠进口；主流病毒病基本都有国产化传代细胞系，但也有部分重要病毒滴度低（如多种鱼类疱疹病毒、呼肠孤病毒等）或无敏感细胞系（如鲤水肿病毒），达不到疫苗的制苗要求，需要进一步发展新型敏感细胞系；灭活疫苗和基因工程疫苗的高品质白油佐剂主要依赖进口（法国、美国、新加坡等），国产矿物油等替代佐剂的品质有待加强；对于新兴的纳米颗粒脂质体佐剂，技术储备研究不足或缺失；细胞因子等分子生物佐剂的研发整体上也非常落后，目前尚无临床试验级的相关佐剂；病毒疫苗商业化生产需要的常规培养基基本依赖进口，实验室内研究用途高质量牛血清依赖进口，规模化生产的国产牛血清基本可满足需求。二是高端装备对外依存度高。国产水体净化设备价格低，但在质量稳定性方面与国外相比存在较大差距；国外精密过滤器设备价格较高，但在产品质量、稳定性方面相对国产设备更胜一筹；国内自产设备在核心膜技术方面与进口设备也存在较大差距；国外厂家的水质指标检测设备知名度更高，质量比国产的更稳定，国外探头的检测指标种类更多，集成程度要比国内的更高，近几年国产探头的质量/检测准确性较早年有一定提升；国外品牌的自动化实时监测设备和传感器技术沉淀久、价格高、数量精准、产品质量稳定，国内品牌价格低、品牌历史不长、产品质量鱼龙混杂；主要生物检测仪器设备如 PCR 仪、高通量测序设备、生物反应器、病毒浓缩超速离心机、疫苗接种设备等核心技术和高端设备对外依存度仍然很高。

（三）水产饲料技术需进一步研发应用

结合我国水产绿色健康养殖的迫切需求，水产饲料技术需在新型饲料原料及添加剂、精准营养与条件营养需求机制及评价技术两方面加强研发应用。

新型饲料原料及添加剂方面，随着我国水产养殖的发展，新型饲料原料尤其是非粮饲料原料及安全环保的添加剂开发越来越重要。受耕地限制，新型饲料原料不仅需要在营养上有较好的平衡性，还应实现工业化生产、不占用或少占用耕地、易于加工等。细菌蛋白、酵母蛋白、藻类蛋白等周转期短，采用合成生物学技术利用一碳原料创制新型菌蛋白从而实现“无中生有”，以及利用一些工农业废弃物生产昆虫蛋白等需要加大产业化力度，同时可改善动物健康、提高饲料利用效率、提升水产品品质的绿色水产专用饲料添加剂急需开发。

精准营养与条件营养需求机制及评价技术方面，我国水产饲料加工工艺和装备存在四方面的短板：一是大型膨化机设计理论空白，导致挤出颗粒品质不一、能耗高居不下（高于国际水平 20%）；二是饲料颗粒烘干理论空白，导致国产饲料烘干机烘干强度低、能耗高、污染排放高；三是生产过程在线监控体系弱，设备停机频繁，产品品质稳定性差，生产线整体运营效率低（低于国际水平 15%）；四是缺乏系统的养殖动物条件营养需求机制研究和饲料原料利用率高、加工工艺先进、动物和环境监控精准的设备，导致水产养殖标准化精准生产的营养调控技术及智能装备缺失和智能监控能力较弱，支撑智能控制的生物数据库不全。

（四）节能减排压力大

我国水产养殖与捕捞业净碳排放总量较大且总体波动上升，2011～2020 年由 3023.33 万 t 增加至 3456.33 万 t，除 2013 年、2015 年、2019 年和 2020 年下降外，其他年份均增加。各年份碳汇总量占碳排放总量的比例均不足 50%（44%～49%），且没有明显增加势头。从生产方式来看，除淡水捕捞净碳排放量有所下降外，其他生产方式（海洋捕捞、海水养殖、淡水养殖）净碳排放量总体均呈增加趋势，2020 年仍有约 3456 万 t 的碳未实现中和，是当年碳汇量的 1 倍以上。结合未来水产品增量主要来源于养殖的趋势，如果不进行生产方式的重大改变，我国水产养殖与捕捞业的碳排放将持续增加，不可能实现行业内的碳中和（李雪等，2022）。

五、产品竞争力下降

我国是水产品生产第一大国，也是水产品出口第一大国，同时是当量计算下的水产品进口第一大国。通过国际水产品贸易发挥我国水产行业的比较优势，高效地保障了我国渔业资源在全球尺度上得到优化配置，提升了我国水产行业的安全水平。然而，受多重因素叠加影响，我国水产品竞争力下降和国际贸易不确定性增加，对我国水产行业的安全水平产生了不利影响，集中体现在以下四方面。

（一）水产品出口形势不容乐观

新冠疫情冲击叠加世界经济增速放缓、贸易保护主义抬头、WTO 秩序面临严峻挑战、中美贸易争端未彻底解决、海洋利益争端频繁发生、全球水产品需求市场疲软，导致近年我国水产品出口增速明显下降，出口水产品平均单价下降趋势明显。

（二）国际竞争力下降

近年来，作为我国出口水产品的主要来源，水产养殖的劳动力、饲料、塘租等价格快速上涨，由于这些要素占养殖成本的比例较大，而替代要素推广程度不足或一次性投入较大，我国出口水产品竞争力总体下降趋势明显，传统的依靠粗放增长的水产品出口能力减弱。同时，我国水产品出口与印度尼西亚、泰国、越南、印度、菲律宾等国的同质竞争形势严峻，尤其是在欧美等主要目标市场上竞争激烈，进一步挤压了我国水产品的国际市场增长空间。

（三）出口主体需优化提升

中国的水产品生产企业和出口贸易公司规模偏小，缺乏龙头企业和大型出口公司，国际市场竞争力不强，质量管理认证水平不高。同时，在目前官方统计口径下，我国水产品进口总量明显低于实际，说明灰色渠道进口猖獗，越南、朝鲜及中国香港地区成为高端海鲜产品灰色贸易的重要通道。

（四）外部不确定性加大

以俄乌冲突为代表的政治或战争因素，不仅阻断了我国水产品出口的部分航运路线，还直接或间接减少了我国水产品的进口来源（2020 年以前，俄罗斯是我国第一大进口来源国）及出口市场需求（俄罗斯及欧盟地区是我国水产品出口的主要市场之一）。

第三节　水产行业发展供需预测

本节分别预测水产品的产量、需求，并结合近年水产行业发展形势、面临的问题与挑战进行可行性分析，以考察水产行业未来的供需情况。

一、供给预测

（一）国内水产品生产预测

考虑到水产行业供给的影响因素比较复杂，加上投入要素的数据统计因口径不一致而变动和缺失等，基于生产函数模拟预测未来我国的供给水平可行性不高。因此，本研究主要基于 21 世纪以来的水产品产量时间序列，应用灰色关联度 GM（1，1）模型和时序趋势外推法进行综合预测。选择 2001 年而不是改革开放以来的数据进行预测，主要是考虑改革开放至 2000 年，得益于改革释放的生产力，我国水产品增长速度过快，作为参照的意义不大，而未来的增长趋势与潜力与 21 世纪以来的增长更紧密相关、更一致。预测结果如表 20-4 和图 20-7 所示。

表 20-4　水产行业供给 2035 年预测结果分析

方法	产量（万 t）		进口量（万 t）	
	2035 年	拟合度	2035 年	拟合度
灰色关联度 GM（1，1）模型	7553.00	相对误差=1.61%	823.91	相对误差=1.61%
时序趋势外推法	9093.05	Ad_j R^2=0.9630	877.03	Ad_j R^2=0.3276
综合平均	8303.23		850.47	
可行性分析				
2021 年基期（万 t）	6690.29		574.74	
2021～2035 年变化率（%）	24.11		47.97	
2021～2035 年年均增长率（%）	1.55		2.84	
实际值年均增长率（%）	3.00（2001～2021 年）		3.69（2006～2021 年）	
结论	可行		可行	

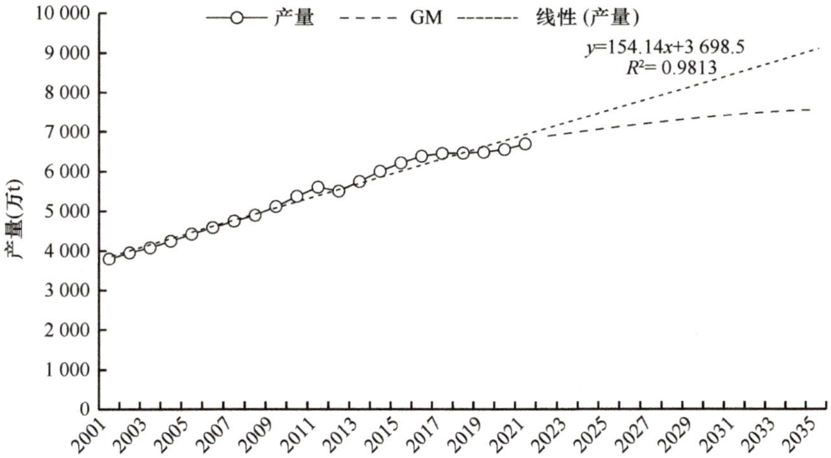

图 20-7　2001～2021 年水产品产量及其预测

预测结果显示，时序趋势外推法较灰色关联度 GM（1，1）模型得到的数值更大，二者的拟合度都比较好。综合二者平均来看，至 2035 年我国水产品产量可达到 8303.23 万 t。

从增速来看，2035 年实现 8300 万 t 以上的水产品产量具有较高可行性。按照此预测结果，2021～2035 年增长率为 24.11%，年均增长率为 1.55%，远低于 2001～2021 年实际的年均增长水平（3%）。同时，考虑到未来水产品生产处于增长阶段，以及随着宜渔资源挖掘利用、科技进步替代有形要素、现代产业体系加速构建等，这一增长水平大概率是可以实现的。

（二）水产品进口预测

进口是我国水产品供给的重要来源。利用灰色关联度 GM（1，1）模型和时序趋势外推法对水产品进口量进行预测，综合平均结果表明，2035 年我国水产品进口量将增加至 850.47 万 t，较 2021 年增长近 47.97%，年均增长率为 2.84%，低于 2006～2021 年实际的水平（3.69%）（图 20-8）。考虑到渔业是开放程度最高的基础产业之一，未来一个阶段我国将进一步扩大开放，而且渔业的诸多规划也提出要“扩大渔业开放程度”，加上国内居民消费升级对高质量水产品进口上涨的拉动力，该预测结果具有较高可行性。

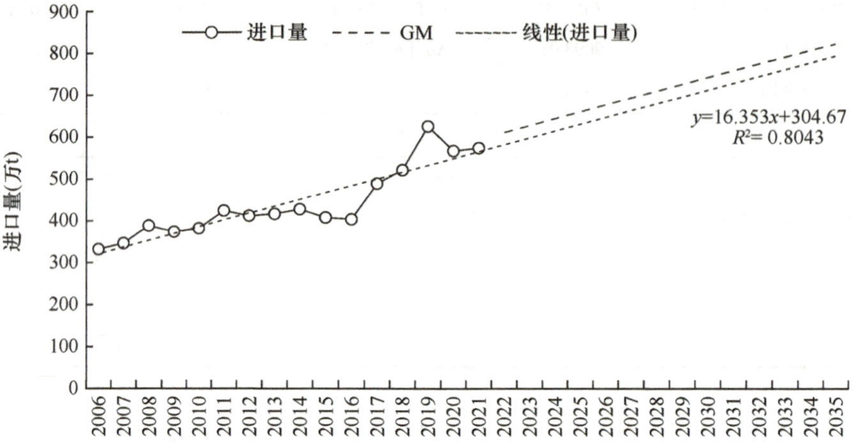

图 20-8　2006～2021 年水产品进口量及其预测

二、需求预测

人口数量、膳食营养是影响水产品需求的最重要两个因素。为考察我国长期的水产品需求，研究基于人口数量和膳食营养的可能消费，从而对水产品国内需求和出口进行预测。

（一）国内水产品需求预测

如水产行业发展形势部分有关供需内容所述，2021 年我国居民广义人均水产品消费约为 35.50kg。可以肯定的是，随着收入水平、营养健康意识提高，以及水产品优质蛋白属性相关科学的普及，未来我国居民水产品消费将进一步增加。根据前期研究，从膳食营养视角，设定 2035 年居民人均水产品消费的悲观、稳健、乐观三种增长情景，具体以《中国居民膳食指南（2022）》推荐的人均水产品消费统计当量[28.81～47.95kg/(人·a)]中值和上限[38.38～47.95kg/(人·a)]三等分为参考，悲观、稳健、乐观三种情景分别设定的消费量如表 20-5 所示。

表 20-5　2035 年我国居民人均水产品消费量情景设定

项目	2021 年基期	悲观	稳健	乐观
消费量[kg/(人·a)]	35.50	38.38	43.17	47.95
年均增长率（%）		0.56	1.41	2.17
2013～2021 年增长率（%）		3.97		

人口数量是影响消费需求预测的一个重要因素。联合国发布的《世界人口展望2022》预计，2035年中国人口将降至14.01亿人，按照三种情景，2035年中国相应的居民广义水产品消费量约在5377万～6048万t。根据未来预制菜、渔业废弃物资源化利用、水产品加工业的发展等，将2035年居民食用水产品占水产品需求量的比例设定为70%，则稳健情景下的水产品需求量为8640.17万t（表20-6）。综合比较2013～2021年的增长率和预测期间的增长水平，研究认为2035年我国水产品需求量达到8600万t以上是大概率事件。从FAO《2022年世界渔业和水产养殖状况》的预测结果可以看到，至2030年全球水产品消费量将增加至21.4kg，较2020年的20.2kg增加5.94%。所以，对比我国和全球水产品需求情景，本研究的预测结果可信度较高。

表20-6 我国居民人均水产品消费量及2035年预测

项目	人均广义水产品消费量[kg/(人·a)]	人口（亿）	居民广义水产品消费量（万t）	居民食用水产品量占水产品总产量比例（%）	水产品需求量（万t）
2021年	35.5	14.12	5012.6	74.93	6690
2035年悲观	38.38	14.01	5377.038	70	7681.48
2035年稳健	43.17	14.01	6048.117	70	8640.17
2035年乐观	47.95	14.01	6717.795	70	9596.85
2021～2035年年均增长率（稳健，%）	1.41	—	1.35	—	1.84
2013～2021年年均增长率（%）	16.73	—	—	—	1.92
2013年基期	10.3	—	—	—	5744.22
结论	稳健情形下2035年增至8640万t具有较高可行性				

（二）水产品出口预测

综合平均灰色关联度GM（1，1）模型和时序数据趋势外推法的预测结果，至2035年我国水产品出口量将增至500万t以上，较2021年增长36.62%，年均增速为2.25%以上。预测期的增长速度远高于2006～2021年实际的年均增长水平（1.23%）（图20-9和表20-7），但考虑到2006～2021年是加入WTO以后我国水产品出口快速增

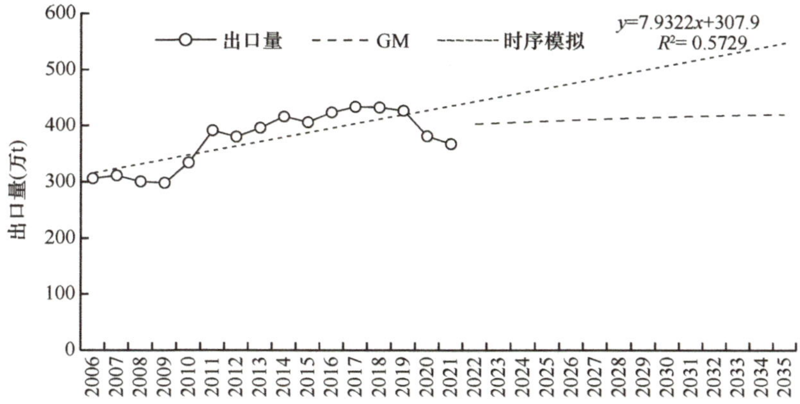

图20-9 2006～2021年水产品出口量及其预测

表 20-7 2035 年我国水产品出口量预测校正结果

方法	2035 年出口量（万 t）	拟合度
灰色关联度 GM（1，1）模型	418.54	相对误差=1.61%
时序趋势外推法	585.42	Ad_j R^2=0.3276
综合平均	501.98	—
2021 年基期	367.43	—
较 2021 年变化率（%）	36.62	—
2021～2035 年年均增长率（%）	2.25	—
2006 年出口量	305.95	—
2006～2021 年实际值年均增长率（%）	1.23	—
结论	偏高	—
校正结果	以年均增速 1.23%为下限，则最终得 435.92 万～501.98 万 t	

长的阶段，而我国渔业开放和走出去会进一步加强，如对区域全面经济伙伴关系协定（RCEP）地区、“一带一路”共建国家、东盟等的水产品出口大幅快速增加，同时我国渔业发展进入调整转型升级、更依赖于科技的阶段，可能带来出口利好，因此在较大基数上增速大概率不会大幅度高于前期实际水平。因此，选取前期增长速度为参考下限，得到 2035 年我国水产品出口量可能在 430 万 t 以上，上限值为 502 万 t。

第四节　水产行业发展战略

一、指导思想

以习近平新时代中国特色社会主义思想为指导，全面贯彻落实党的二十大精神，认真落实党中央、国务院决策部署，立足新发展阶段、贯彻新发展理念、构建新发展格局、推动高质量发展，结合水产行业的结构性供给过剩、优质蛋白属性和显著的多功能性等现实，以深化渔业供给侧结构性改革为主线，按照“保供固安全，振兴畅循环”的工作定位，坚持稳产保供、创新增效、绿色低碳、规范安全、富裕渔民的发展方针，全面推进渔业现代化建设。在巩固提升水产行业综合生产能力的基础上，扎实推进水产行业绿色高质量发展，加大渔业风险防范，深化渔业对外合作，健全渔业治理体系，强化渔业科技支撑，全面提高渔业质量效益和竞争力，更好满足人民对优质水产品和优美水域生态环境的需求，助力促进人与自然和谐共生，更好服务国家政治外交大局，更好助力提升粮食安全水平、支撑全面推进乡村振兴和助推农业农村现代化。

二、基本原则

（一）坚持绿色发展

牢固树立和践行“绿水青山就是金山银山”理念，充分发挥水产在生态系统治理中的特有优势，因地制宜发展净水渔业、保水渔业，加大水生生物资源保护和修复力度，改善水域生态环境。挖掘渔业治污、减排、增汇潜力，提升水产行业可持续发展能力，为促进国家更有效地实现“双碳”目标贡献渔业力量。

（二）坚持市场主导

构建水产品统一大市场，深化渔业供给侧结构性改革，增加优质水产品供给，提高水产行业供给适应引领创造新需求能力。以顺应城乡居民消费结构升级趋势为导向，培育消费新理念新模式新市场，通过品牌培育、品种优化、品质改进，提升水产品供给体系适配性，更好满足个性化、差异化、品质化的水产品消费需求，促进新发展格局构成。

（三）坚持科技兴渔

把科技创新作为水产行业发展的第一动力，提升科技的战略支撑作用，扎实推进“藏粮于技”战略在水产行业的贯彻落实。重点突破制约水产行业发展的关键技术和装备工程，瞄准水产养殖新模式、新资源，研发核心装备、培育适宜品种。以涉渔现代农业产业体系、水产院校联盟为重点健全科研体制机制，引导和鼓励企业开展行业科技研发及应用，强化科研技术与装备研发及示范推广，以创新引领水产行业转型升级。

（四）坚持开放发展

统筹利用国际国内两个市场、两种资源，坚持走出去和引进来相结合，畅通国内国际双循环，扩大优势水产品出口，适度增加优质水产品进口，高质量发展远洋渔业，加强水产养殖业对外合作交流，积极参与全球渔业治理。

三、发展目标

立足水产行业发展形势，瞄准其为国民经济发展的重要基础产业之一和优质蛋白的重要来源，提升水产品供给保障能力和水产行业可持续发展水平，服务中国式现代产业体系建设、乡村振兴战略、健康中国战略和第二个百年奋斗目标实现。分阶段目标如下。

（一）2035 年目标

考虑到我国水产行业的优势地位和未来发展的稳定性，研究认为，2035 年前水产行业基本实现现代化，我国迈入水产科技强国行列，有力助推乡村振兴战略、健康中国战略等；水产品产量达 8300 万 t，85%以上来自水产养殖；渔业科技进步贡献率达 75%以上。

加强基础研究和技术创新，充分利用新一代信息技术，大力推进智能化和精准化水产养殖发展。突破深远海养殖主养品种苗种繁育、饲养工艺、生殖生理、病害防控等关键技术，研发关键养殖装备，建立深远海规模化养殖生产体系与示范平台。

构建集卫星遥感、水声探测和渔业现场数据于一体的全球海洋生境与渔业资源大数据库及其分析技术，研发全球各重要渔场的渔情预报技术体系，掌握全球 40%公海重要渔业种类的重要生境和资源状况，深度参与全球海洋渔业治理和谈判协商。因海制宜发展海洋牧场，在我国黄海、渤海、东海和南海建立代表性强、生态功能突出、具有典型示范和辐射带动作用的海洋牧场基础研究与技术研发平台，构建完善的海洋牧场管理体系，初步实现海洋牧场管理的标准化、机械化、自动化和智能化。

初步建立包括养殖水产品产地初级加工、精深加工和综合利用的梯次加工技术体系。基本形成适应国情渔情的行业顶层设计，水产安全支持稳定有效，渔业政策法规与“无形的手”有机协调，水产安全政策与法规明显改善，保障渔业如期甚至率先基本实现现代化。

（二）2050 年目标

至 21 世纪中叶，中国水产行业引领世界水产科技，全面实现智慧渔业；水产品产量达 1 亿 t，约 90%来自水产养殖；渔业科技进步贡献率达到 85%以上；全面构建渔业现代化水产安全政策与法规保障体系，为第二个百年奋斗目标的实现和社会主义现代化国家的全面建成贡献坚实的力量。

实现水产“绿色、安全、营养、环保、高效”可持续发展，确保水产品优质安全供给，保障渔民持续稳定增收，推进渔村建设和谐发展，积极应对全球气候变化，有效保障国家食物安全，为创造美好生活、建设健康中国、生态文明建设和建设农业现代化强国提供重要支撑。

主导养殖品种更普及、养殖技术更精准、国产装备更智能、渔业管理更智慧，实现产业优化、产地优美、产品优质。构建智能化协同、陆海联动的深蓝渔业产业模式，布局远海海疆与海上丝绸之路沿海地区，发展优质海水鱼工业化养殖，使其成为我国水产品及优质蛋白供给的新兴保障产业，实现海洋渔业由“捕”向“养”的根本性转变，建立领先于世界的工业化蓝色农业生产体系。

实现全球公海重要渔业资源的科学调查全覆盖，打造海洋生物产物资源新兴产业。建立陆海空天一体化监测网，建立完善集技术研发、实时监测和监管评估等于一体的海洋牧场管理体系，实现海洋牧场管理的标准化、机械化、自动化和智能化。

四、战略重点

以服务新发展阶段国家重大战略为总体取向，瞄准行业发展现实问题和关键瓶颈，从全产业链视角，深入推进水产行业绿色高质量发展，提升水产行业对粮食安全的贡献。以水产养殖作为未来水产品增量的主要来源，在稳定现有养殖水域、方式、主体等基础上，通过种苗、饲料、尾水、装备、品牌等保障能力提升和政策制度设计，促进水产养殖转型升级，同时通过新品种、新模式、新技术和新装备的研发与示范，加快探索新养殖资源的开发与推广，实现水产养殖业数量和质量的提升。针对近海捕捞和远洋渔业，以稳定数量为基础，以促进有序规范质量化发展为取向，具体策略是设计与落实资源总量管理制度或配额制度及其配套措施，实现捕捞渔业资源的恢复与保护。针对极地渔业，以南极磷虾资源开发利用为重点方向，提升水产行业在我国粮食安全保障中的作用。

（一）水产养殖绿色水平提升战略

以贯彻新发展理念、保护水域生态环境、实施乡村振兴战略、保障国家粮食安全、促进渔业转型升级为基本落脚点，以水产养殖业绿色可持续发展为目标，创新发展理念，加强技术创新，转变发展方式，推行生态健康养殖，拓展发展空间，提高发展质量，促进产业化，构建全产业链，建设“稳量增收、提质增效、绿色发展”的现代水产养殖体系，促进渔业产业兴旺和渔民生活富裕，加快推进水产养殖业绿色高质量发展。

发展生态健康养殖模式。开展国家级水产健康养殖和生态养殖示范区创建，加快发展池塘标准化养殖、工厂化循环水养殖、稻渔综合种养、大水面增殖等生态健康养殖模式。推广疫苗免疫、生态防控措施，推进水产养殖用兽药减量。推动配合饲料替代野生幼杂鱼，严格限制冰鲜杂鱼等直接投喂。

提高养殖设施和装备水平。大力实施池塘标准化改造，完善循环水和尾水处理设施。鼓励深远海大型养殖、自动饲喂、环境调控、产品收集、疫病防治等设施装备研发和推广应用，提高水产养殖规模化、集约化、机械化、智能化、标准化水平，提高单位水体产出率、资源利用率、劳动生产力。

发挥水产养殖生态修复功能。有序发展滩涂和浅海贝藻类增养殖，构建立体生态养殖系统，增加渔业碳汇潜力。鼓励在湖泊水库发展不投饵滤食性、草食性鱼类等增殖渔业，实现以渔控草、以渔抑藻、以渔净水。

（二）渔业资源养护战略

围绕国家海洋强国战略需求，以发展海洋经济、养护近海资源、开发深海资源、拓展生存和发展空间及维护国家海洋主权与权益为目标，瞄准世界海洋渔业科技发展重要前沿技术和我国亟待突破的关键技术，以技术创新带动装备和产业升级，抢占未来发展高地，使我国成为世界海洋渔业领域的技术引领者、标准引领者和装备引领者。

（三）渔业发展空间拓展战略

随着国内捕捞资源衰退及水生生物资源养护政策收紧，要满足国内中长期增长的消费需求，除通过科技进步提高单位生产效率、适度进口外，更需要挖掘新的宜养水域、国外可能的捕捞资源，根据资源现状和增长潜力，前者重点在于深远海、大水面、盐碱地等水域资源的开发，后者重点在于远洋极地渔业资源潜力的开发。

（四）产业链延伸战略

有效推进水产行业二、三产业发展，提升水产品供给的全产业链保障能力，延长水产行业价值链。提升水产品加工能力，开展大宗水产品的菜品研发与加工及消费市场培育。加快水产品冷链仓储建设，示范推广活鱼运输，降低水产品流通损耗。大力促进休闲渔业产业发展，挖掘和传承优秀渔文化，满足居民对优质水产品和优美水域的升级需求，助推水产行业融合发展、富民增收。

（五）现代产业体系关键技术支撑战略

按照党的二十大报告提出的建设现代产业体系要求，结合我国水产行业转型升级现实需求，以及水产关键科技面临的联合攻关不足、渔业智慧化水平不高、循环技术示范推广度低、激励机制弱等问题，使水产品生产从主要依靠资源和低成本劳动力等要素投入转向创新驱动，以科技创新为发展动力，替代传统有形要素和推动我国水产行业新旧动能转换，为我国水产行业生产能力提升和高质量发展提供科技保障。

（六）渔业“两种资源，两个市场”优化战略

结合我国水产品比较优势和国内粮食安全现实需求，在传统的经济成本基础上，将生态成本纳入水产品国际贸易，同时充分考虑地缘政治、主要目标市场弹性、国际不确定风险等因素，优化我国水产品进出口战略，以充分利用渔业的“两种资源，两个市场”，从而提升水产品国际贸易在我国粮食安全保障及其韧性提高中的作用。

五、重大工程

在中国式现代化的道路上，应充分发挥我国水产行业的资源禀赋优势，继承和传承水产行业“因地因时制宜”“以养为主，养捕加并举”的成功经验，提升水产行业的粮食安全保障作用。通过绿色健康养殖以提升水产行业的稳定可持续供给能力、捕捞资源修复与保护以巩固“蓝色粮仓”、宜渔空间拓展以落实“藏粮于地”、水产加工与流通以有效满足消费升级需求、科技研发及应用以贯彻“藏粮于技”六方面重大工程的实施系统性来实现重点任务的顺利完成。

（一）绿色健康养殖科技创新工程

聚焦和围绕提升水产养殖的绿色发展水平，推进相关渔业科技创新及应用。

第一，淡水绿色健康养殖工程。重点是调优养殖产品结构，创新组织制度，改变“散、小、乱”的传统经营模式，推进绿色健康养殖。加快水产养殖自主创新和科技基础支撑，夯实绿色水产养殖发展的理论基础，研发前沿创新技术，占领未来优势领域发展的制高点；构建高效可持续发展的新技术、新模式、新途径，培育高质量发展的水产养殖产业；突破制约现有产业发展的关键和共性技术，改造与提升传统产业。攻克若干制约水产养殖可持续发展的关键科学问题；建立一批可持续水产养殖新模式；研发一批轻简化、工业化水产养殖装备；突破一批水产养殖新空间、新资源利用关键技术；提高水产养殖配套技术标准化、专业化程度，推广应用绿色养殖新模式。

第二，近海养殖容量示范推广工程。我国是世界海水养殖开发强度最大的沿海国家。对沿海网箱和筏式养殖强度研究表明（FAO，2013），全球 93 个开展海水养殖的国家，2004～2008 年每千米海岸线平均养殖强度为 15t，中位数为 1t；中国最大为 519t，是世界平均值的 34.6 倍。从 2018 年我国沿岸水域水产养殖情况（表 20-8）看，与 2008 年（1340 万 t）相比，我国海水养殖产量 2018 年为 2022.22 万 t，2021 年持续增加至 2211 万 t。随着海水养殖业的发展，沿岸水域开发强度不断增大，增量发展空间非常有限。“调结构，转方式”是海水养殖实现转型发展的根本出路。“调结构”的重点在于提高鱼产品的产量比例，以实现优质水产动物蛋白的保障供给；“转方式”的关键在于面向深远海水域发展工业化鱼类养殖生产方式。

表 20-8 我国 2018 年沿海水产养殖强度比较

项目	大陆（海南岛岛屿）岸线长度（km）	海水养殖产量（万 t）	海岸线养殖强度（t/km）	
			2018 年	2021 年
黄海、渤海	6 862	940.03	1 370	1 465.78
东海	5 746	599.73	1 043	1 188.76
南海（广东、广西）	5 792	453.04	782	854.56
南海（海南）	1 740	29.42	169	156.90
合计或平均	20 140	2 022.22	1 004	1 097.89
2004～2008 年世界平均	—	—	15	—
2004～2008 年中国平均	—	—	519	—

注：南海的岸线长度为广东、广西大陆岸线，海南为岛屿岸线；2004～2008 年的世界平均和中国平均数据以大陆海岸线长度计，不含陆上海水养殖量；数据来自《中国近海水文》（苏纪兰，2005）

第三，重点水产种质资源保障提升工程。国际上针对罗非鱼、虹鳟、大西洋鲑等主导养殖物种，创制了具有市场竞争力的商业化产品。例如，世界鱼类中心①实施了罗非鱼遗传改良计划，获得了生长速度比基础群提高 85%的品种；挪威采用人工染色体操作，批量化生产三倍体虹鳟种质，大大缩短了育种周期和降低了饵料系数。因此，我国应尽快启动“水产种业领跑”科技创新工程，重点选择符合国家战略需求、国际竞争紧迫、产业基础较好、市场需求旺盛的物种，瞄准种业科技前沿技术，开展协同创新。聚焦种业产业链协同发展的瓶颈，增强企业自主创新能力，围绕产业链部署创新链，围绕创新链完善价值链，实现科技与经济对接、创新成果与产业对接，全面构筑现代水产种业自主创新体系，建成商业化育种体系，培育自主创新能力强的企业集群，推出新一代突破性产品，做大做强水产种业，支撑我国海洋农业与淡水渔业现代化，为国家粮食安全提供有效保障。

第四，水产养殖饲料保障提升工程。针对水产养殖饵料系数高、利用率低、污染较大等问题，解决我国水产饲料发展的瓶颈，如新型饲料原料开发、精准营养与条件营养需求评估、饲料加工工艺与装备、养殖过程中动物及环境指标监控系统等，均需要国家做好顶层设计，通过多学科联合攻关，在标准化生产的基础上，达到产业可控。

第五，病害防控技术支撑能力提升工程。水产健康养殖是一个系统工程，具有生态复杂性和环境不稳定性，是贯穿于养殖全过程的技术和方法；水产健康养殖同时是一个不断发展的理论，随着技术创新和实践验证而不断积累、发展与完善。因此，对于不同的养殖品种和产业发展时期，“绿色健康养殖”有着不同的内涵。针对水生动物养殖特性和我国目前产业发展现状，从养殖环境、投入品种、疫病防控、生产管理等方面进行描述，我国水产健康养殖的内涵应该是根据不同养殖种类的生态和生活习性，选择和构建最适宜的养殖模式，繁育无疫病健康苗种，选育针对具体养殖模式要求的抗病和快速生长良种，采用合理的养殖密度，严格管理和调控养殖环境，投喂优质全价配合饲料，充分利用疫苗、益生菌和无公害渔药等疾病预防措施，以较高的效率生产品质优良的无公害海水养殖产品，同时尽可能减少养殖废物排放和保护养殖水域环境，以保障我国养殖业的长期可持续发展。

① 原国际水生生物资源管理中心（ICLARM），其通过遗传性状改良计划培育出了吉富罗非鱼，成功推动了罗非鱼产业在全球范围的快速扩张和产量增长。

（二）捕捞渔业资源养护工程

捕捞渔业技术创新驱动发展工程。以习近平新时代构建海洋命运共同体理念为引领，以参与全球海洋与渔业治理、高质量发展我国海洋渔业等重大需求为导向，坚持生态优先，加强技术攻关，大幅提升渔业捕捞技术与设备自主创新能力，推动近海渔业创新持续发展、远洋与极地渔业优质高效发展。防范和治理水生生物入侵及其通过竞争排斥、杂交和携带病原体、改变食物网和破坏栖息地等方式对土著鱼类资源和生物多样性产生的影响。

捕捞渔业关键技术与装备研发应用工程。围绕落实国家战略，培养渔业科技创新研究专业化队伍，加大长期科研投入。通过集成创新开发拥有自主知识产权的高技术渔业专业化装备，突破近海捕捞渔业绿色发展关键技术与模式，创新渔业资源评估技术，提高我国参与国际治理的话语权。突破制约远洋渔业产业发展的关键技术，打破国外在渔业资源高清精准探测技术和自动化捕捞装备技术方面的垄断地位，建立远洋捕捞装备产业技术体系，发展与壮大战略性渔业新兴产业，为保障国家食物安全和实施海洋强国战略作出积极贡献。

基础理论与技术提升工程。坚持以国家需求与科学目标带动技术发展，坚持“重大国家需求与科学发展前沿相结合、基础理论研究与技术发展相结合”的原则。以支撑海洋渔业强国建设为战略目标，针对养护近海、高效开发深远海资源及维护国家海洋权益的战略需求，重点发展近海捕捞业、远洋与极地渔业、海洋渔业捕捞技术与装备、海洋牧场等领域重大关键技术，全面解决捕捞重点环节在智慧化方面的“卡脖子”技术，以推动整个海洋渔业产业健康、快速发展。

（三）宜渔空间拓展工程

深远海水域开发利用工程。针对我国不同海区的环境、海况、资源等特点，按照统筹布局、远近结合、突出重点、分步实施的原则，围绕主要养殖品种、设施装备、生产系统、保障补给等开展联合攻关，突破一批关键技术，研发先进装备，建立可推广的生产模式。针对深远海养殖对养殖品种生物学和养殖特性的需求，开发深远海养殖新种质资源，研究重要苗种繁育和育种基础理论与前沿关键技术，建立目标品种养殖工艺。针对深远海大型智能养殖装备科技瓶颈，开展集设施装备、作业生产、加工补给等于一体的多组合、多功能、多模式的深远海大型智能养殖平台设计研究，研制机械化、信息化海上养殖装备，构建养殖模式和体系。探索深远海“锚居”和“游弋”相结合的渔业生产方式，形成规模化、工业化深远海养殖生产体系，集成构建示范模式，实现规模化生产。

大水面宜渔空间利用工程。在大水面渔业方面，全面深入贯彻党的十九大精神和习近平总书记重要论述，以《农业部关于加快推进渔业转方式调结构的指导意见》（农渔发〔2016〕1号）和《关于加快推进水产养殖业绿色发展的若干意见》（农渔发〔2019〕1号）为指导，落实“创新、协调、绿色、开放、共享”的新发展理念，按照生态优先、科学利用、创新机制、融合发展的原则，以绿色发展为重点，总结大水面渔业发展经验和先进模式，研究制定大水面生态渔业增殖容量标准和技术规范，组织共性关键技术研发，组织实施科技创新和技术推广重大项目，推进技术成果转化，形成一批新的科技成果和绿色产品品牌，探索管理运行和利益分享机制，促进大水面三产融合，协调渔业发展与生态环境保护的关系，探索保护水质、适度开发、永续利用、三产融合的绿色高质量发展好路子，不断提升生态渔业科技创新能力、协同创新水平和转化应用速度，为现代渔业发展提供强有力的科技支撑。

盐碱地资源开发及利用工程。我国西北地区、东部沿海区域等分布有大量的盐碱地资源。随着渔业技术的示范探索，盐碱地已经成为可供开发的潜力较大的宜渔资源。未来推进盐碱地资源开发及利用的阶段性重点任务大致包含三方面：一是进一步的技术探索，加强该模式主养品种投苗密度、病害防治、水质调控及其与其他作业（如水稻）协调发展等方面的技术探索；二是品种的培育，在现有的虾类养殖品种基础上，实验探索其他适宜于盐碱地资源的水产品种及模式；三是对照产业转移的趋势和结构问题的变化，通过盐碱地水产养殖技术的研发和新品种的培育，拓展盐碱地开发区域，既要向新增空间要产量，也要向新增空间要品质。

稻渔综合种养模式巩固与拓展工程。稻渔综合种养在我国大范围区域得到广泛发展，为国内的水产品供给增长和区域富民增收、解决农民种粮积极性不高问题等作出了显著贡献。据实地调查，目前可以进一步发展稻渔综合种养的资源有限，即稻渔综合种养的面积增加潜力不大，在充分挖掘潜在资源的基础上，更重要的任务是巩固拓展已利用的稻渔综合种养潜力，主要包括加强监管以促进种养主体按照《稻渔综合种养技术规范》发展生产，防止“池塘化”倾向，避免整改导致的养殖空间被压缩风险；打造稻渔综合种养产品品牌，促进形成产品“优质优价”的市场机制。

远洋极地渔业开发能力提升工程。一是远洋渔业的规范发展，重点任务是争取国际配额不减少。这要求加强远洋渔业企业的规范管理，推进远洋渔业燃油补贴调整为“生态导向、资源友好型”政策，继续实施远洋渔船自主休渔行动，加大非法、不报告、不受管制（illegal, unreported and unregulated，IUU）渔业打击力度，提升我国远洋渔业捕捞主体的履约能力，将远洋渔业作为世界了解我国渔业的一个良好窗口，讲好中国渔业故事。同时，加大远洋渔船的节能化改造和新资源的勘查与开发利用。二是极地渔业的优质高效发展，重点任务是积极参与南极磷虾资源的评估、开发及利用。针对养殖饲料替代、高价值副产品等，推进磷虾资源的深加工及其产品的示范应用，为我国渔业发展注入来自极地空间的巨大潜力。

（四）水产品加工与流通技术研发工程

以加工和流通为重点的全产业链构建工程。构建以消费引导加工、加工引领养殖的现代渔业发展新模式，促进养殖、加工与物流业同步发展。过去主管部门和生产及研发主体一直将产量增长作为渔业发展的主攻方向，这一措施在解决居民“吃鱼难”问题等方面发挥了重要作用。但这种政策导向导致人们对水产品加工流通业在渔业产业链中的作用认识不足，忽视了水产品加工业对原料种类及品质的需求及加工流通对产业链延长、价值链提升的作用。因此，必须充分认识水产品加工流通业在现代渔业产业链中的巨大作用，构建集养殖、加工及流通于一体的现代渔业产业体系，只有形成消费带动加工、加工引领渔业生产的良性发展机制，才能统筹协调渔业生产、加工和流通，保障渔业产业健康发展。

水产加工与流通关键环节技术研发工程。进一步加大对水产品加工技术创新的投入，解决加工与流通环节的关键问题，提升加工率、降低损耗率。发达国家对农业产业的科技投入占农业产值的2%以上，而且产后农业的科技投入一般占整个农业科技投入的70%以上，依靠强大的产后农业科技投入，主要农产品加工转化率超过80%，农业利润的约 80%来自农产品加工和流通。2020 年，我国的水产品加工转化率仅为37.8%，水产品加工业产值与渔业产值之比仅为0.3∶1，不仅与世界发达国家水产品加工水平有较大差距，还与我国农产品整体加工水平有较大差距。水产品加工与流通在现代渔业发展中将处于主导地位，应首先从政府层面上建立逐年稳定增长的产后渔业科技投入机制，保障水产品加工与流通的基础研究、前沿技术研究和公益性技术研究。首先是加工环节，重点通过智能化、机械化设备替代人力以缓解成本上升问题，围绕经济鱼类初加工的暂养去腥、分等分级、输送、三去（去鳞、去鳃、去内脏）、放血、分割、快速冻结，虾类初加工的清洗、分等分级、剥制去壳，贝类初加工的清洗、净化、预冷、分级、取肉，藻类初加工的海上采收、运输和岸上漂烫、捋切、干燥，头足类初加工的剖杀、清洗、切割、蒸烤，海参初加工的分等分级、清洗、蒸煮、盐渍、干燥等环节研发智能化、机械化设备。其次是流通环节，重点是水产品降耗减损、高效冷链和仓储技术与装备研发，包括暂养净化、分等分级与保活运输设施设备的升级更新，捕捞渔船船上冷藏冷冻设备的配置及改造，初加工环节分等分级、清洗分割、保鲜冷冻、灭菌包装和生态环保设施设备的升级改造等。最后是水产加工副产物资源化循环利用，重点开展鱼头、鱼骨、内脏、外壳等副产物综合利用技术的研发及示范推广。

瞄准市场需求和消费升级，加快水产加工品研发及推广以增加优质水产蛋白供应。动物性水产品生产与陆生畜禽相比，在饲料消耗量及环境影响等方面有显著优势，不仅在保障优质蛋白供应方面发挥越来越重要的作用，以 ω-3 高不饱和脂肪酸为代表的海洋水产品功能性脂质等活性成分在保障人类健康长寿方面也具有独特优势，是目前其他任何陆生食物资源都替代不了的。因此，建议在国家层面实施水产品蛋白供应工程和海洋水产品脂质健康工程，利用现代生物加工与生物制造工程，在实现水产动物蛋白及脂质资源高效利用的同时，解决人造（细胞培养）鱼肉、微藻（细胞）功能性脂质高效生产关键技术，从以传统的单纯水产食品开发为主，拓展至营养健康食品、保健食品等未来食品开发，推动水产品加工业转型升级，为加快健康中国建设进程作出贡献。

（五）水产行业关键科技研发工程

加强跨学科联合攻关研究。开展多学科合作，提升养殖生产和管理的科学与智能水平。推动养殖生物学和信息化、智能化控制的合作，研究养殖过程生物学，将大数据应用于智能控制和养殖管理。促进育种与养殖模式的合作，选育适合不同养殖模式的品种，提升养殖效率。强化饲料原料生产和应用的跨学科合作，通过定向改良菌种、藻种、酵母等，生产合适的水产饲料用原料；通过大豆、油菜、棉花等种质改进及配方研发，改良生产低或者无抗营养因子的水产饲料饼粕；通过昆虫品种的选育，生产合适的水产饲料用动物产品。加强农产品加工与水产饲料的合作，提升农副产品加工副产物的营养水平，用于水产饲料。持续开展水产动物育种和营养饲料的合作，选育出适合特定饲料原料或高饲料利用效率的品种/品系，提高饲料利用效率，降低废物排放。推进水产养殖动物生物学研究与智能控制的合作，研发可监控动物生理生化过程、行为及环境条件的智能装备。强化水产饲料营养科学与机械科学的合作，研发加工装备、投饲装备等智能化装备系统。

加强智慧渔业关键科技研究。坚持引进消化吸收与自主研发并重，坚持产学研用协同创新，加强数学、信息、材料等基础研究，培养一批具有国际影响力的智慧渔业技术与装备企业，针对潜在“卡脖子”点，加大投入，精准开展技术创新与产业生态培育，实行智慧渔业关键技术与装备研发揭榜挂帅制。力争用 15～20 年实现智慧渔业关键技术与高端装备并跑，用 30 年左右实现国际领跑。鉴于水产养殖难以控制的问题，研发推广关键环节标准化生产技术，实现养殖全过程可控，降低产业风险，尤其是针对饲料精准使用、水环境调控的基础等开展攻关，实现养殖过程的工业化管理。

加强水产行业循环技术研究。一是水产“废弃物”资源化利用技术。水产品副产物的综合利用具有附加值高、科技含量高、市场占有率高、出口创汇率高的“四高”特点。对水产品副产物进行综合利用，不仅可提高资源的有效利用率，实现加工增值，缓解水产品市场供需矛盾，而且能带动如加工机械、包装材料和物流等相关产业的发展，具有明显的经济效益和社会效益。但如何做好安全防护及减少污染物通过食物链发生再累积需要在政策上或者国家标准上加以关注。二是陆生动物加工副产物替代鱼粉用于水产养殖的技术。我国水产行业对饲料依赖度较高，但需要针对病原问题进行技术攻关。由于陆生动物和水生动物之间的天然生物隔离有利于疫病防控等，建议政策上鼓励在水产饲料中使用更多的陆生动物加工副产物，以减少疫病传播，提升水产养殖安全。三是水产行业与其他农业产业融合的研究。水产养殖消耗饲料原料，这些原料一部分来自其他农业（包括畜牧业）生产产生的副产物，提高饲料利用效率，不仅需要对水产动物本身研究，还需要加强水产行业和其他农业的整合研究。

鼓励养殖短食物链和低营养级品种。我国的养殖品种多样，其中草食性和杂食性品种较多，这些低营养级品种可以直接作为一些廉价的饲料原料，从而减少水产行业对鱼粉鱼油的依赖，进而有效地利用当地的饲料原料资源，降低养殖成本，增强国家粮食安全保障能力。

创新科研机制。通过创新科研机制，形成面向生产一线的水产养殖科技创新制度。面向水产养殖的关键技术环节和重大科学问题，推进渔业科技机制改革和渔业科技创新体系建设，重点加强“官、产、学、研、金”等各类创新主体之间的联系和互动，形成渔业科研机构、涉海涉渔大学、渔业科技主管部门、金融机构、渔业企业及渔户相互联系的面向生产一线的创新体系，建立科研成果共享和转化机制，通过实施国家重大渔业科技创新计划（项目）推动机制建立，面向全社会特别是渔业生产一线提供服务。以企业为主的营利性渔业科技创新和以政府为主的公益性渔业科技创新相结合，构建多元化、市场化的渔业科技创新投入机制。在坚持以企业为渔业科技创新投入主体的基础上，继续增加政府对渔业科技创新投入的总量和比例。

（六）水产品国际贸易战略优化工程

水产品出口战略优化工程方面，重点是推进传统的“经济导向”出口观念转变。一是加大引导宣传。加大渔业生态优先的宣传，将生态资源环境成本纳入水产品出口战略考虑的重要因素，扭转传统竞争力优先的水产品贸易思维，引导贸易主体认识到这一“低贴现率”战略选择是有利于未来更好出口的路径，从而产生经济上可行的长期投资行为。二是理性认识水产品逆差。基于发达国家经验，存在水产品逆差并不代表不是渔业强国，而应基于国内外资源禀赋和水产品国际贸易形势，充分利用国内国外渔业资源满足国内消费需求。三是优化水产品出口退税政策，切实发挥水产品出口基地等的引领示范作用，提升出口水产品主要区域、主体的环境规制水平，构建形成可提升出口水产品质量和效益的良好政策环境。

水产品进口战略优化工程方面，重点是推进科学适度的水产品进口策略。对水产行业的供需预测表明，未来国内水产品生产难以满足消费的数量与质量需求，适度进口具有稳定出口目标市场和渠道、缓解我国渔业资源环境压力、满足国内消费升级需求等作用。尤其是养殖中间投入品鱼粉及国内无法生产或生产成本较高的高质量水产品，需要科学适当进口。一是从产品品类来看，应适度增加捕捞和高档水产品进口，包括鲑鳟类、鳕、虾类等，而鱼粉的进口需要考虑国际压力，设置一定的进口标准，保持现有进口量或略低水平。二是从区域来看，应适当增加从美国、俄罗斯、加拿大、日本、挪威等渔业生产或消费大国的进口。

第五节　水产行业发展保障措施及政策建议

水产行业是人类最传统的生产活动和现代农业最重要的组成部分之一，同时是中国式现代化中最典型和基础的产业。改革开放以来，在家庭联产承包责任制、“以养为主”发展方针、科技创新等的作用下，我国水产行业解决了“吃鱼难”问题，近年在绿色高质量发展方面取得显著进展。新发展阶段，水产企业发展的机遇与挑战并存，应顺应产业绿色、融合、高质的发展趋势，建立健全保障措施及政策机制，以引领行业立足新发展阶段、贯彻新发展理念、构建新发展格局，加快渔业现代化进程，服务海洋强国、乡村振兴、健康中国和农业强国等战略和目标。

一、深入推进依法治渔

（一）加快以《中华人民共和国渔业法》修订为主的顶层设计

根据现阶段渔业发展现实和现代水产行业建设需求，转变传统追求数量、经济增长导向为生态优先、绿色协调发展导向，以保障渔业经营主体合法权利、激发利益相关者进行帕累托改进和持续做大“蛋糕”为根本目标，加快《中华人民共和国渔业法》修订进度。重点是细化行业法律条文，明晰渔业权、入渔权的法律地位，完善伏季休渔、禁渔期制度，加强水域滩涂权益、渔港权属、海洋牧场建设、休闲渔船管理等。

针对主要的渔业经济物种进行专门管理，制定特定的法规条例，改变所有的渔业资源通用一个政策的局面，以实现精准有效管理、激发扩大再生产及其中的生态保护行为，进一步提升产业总体经济效率。

（二）加大违规作业查处和执法力度

扩充渔业执法队伍，升级执法装备，理顺执法责任与义务，增强执法力量。发挥社区等信息充分掌握者和社会组织、企业的作用，对现有近海资源监管体制进行有益补充。提升电毒炸鱼、偷捕滥捕、涉渔“三无”船舶等违法违规行为的处罚力度和发现概率，增加违规违法捕捞作业成本，提升法律震慑力和减少酷捕滥渔问题。

二、优化调整渔业燃油补贴和发展补助政策

（一）加大渔业支持力度

在顶层设计下，树立全面建成小康社会背景下水产品为重要粮食的“大食物观”，在重点区域将渔业或水产品纳入“菜篮子”等相关绩效考核，提升政策制定者、执行者对渔业重要性的认识。参考西方发达国家渔业补贴的成功经验，探寻战略性补贴的具体补贴方式，如渔业生态环境保护补贴、绿色补贴、清洁产品研发补贴和补贴量度，构建长期稳定、制度化、规范化的渔业支持政策体系，使渔业补贴形成一个基本制度，提高渔业补贴支持的运行效率。

（二）进一步优化燃油补贴政策

改“燃油补贴”为渔业绿色发展支持政策，完全与燃油脱钩，并进行至少三方面的优化。

第一，完全取消渔业燃油直接补贴。针对现行燃油补贴中饱受国际诟病且与当下生态优先阶段我国渔业发展目标存在明显矛盾的直接补贴问题，建议进一步改革和完全取消渔船燃油直接属性的补贴，不再与渔船生产用油、船长及马力大小等挂钩，调整为自主休渔、自愿减船转产、遵纪守法奖励，以及采取绿色健康养殖装备或技术及要素投入补助等。

第二，调减捕捞的支持份额，调增养殖的支持份额。养殖产量占我国水产品总产量的近 81%，面临的难题主要是资源环境约束趋紧，急需正向激励政策引导养殖转向绿色健康，集中增加养殖尾水治理、生态养殖模式、节能装备与技术研发及推广应用等方面支持资金。

第三，调减渔业生产经营补助，增加渔业绿色发展支持。减少或取消经营型海洋牧场、深远海养殖（设施设备）、水产品初加工和冷藏保鲜（设施设备配备）、渔港码头、休闲渔业等方面支持，改为对这些经营主体吸纳减船转产渔民就业、实行渔船定点上岸或捕捞限额政策、自主减船或休渔、增殖放流水生生物、建设公益性基础设施等行为进行奖励或补助。

三、完善渔业资源产权制度

（一）改革近海渔业资源产权制度

严格实施分级、分区、分船管理制度，加快推进近海资源由投入型管理向产出型管理转变。尝试和加快推广在适宜层面（如市、县、渔场、社区或渔船等）开展捕捞资源总量管理制度，推进捕捞资源产权与责任明晰，使资源的使用具有排他性，激发资源使用者维护资源的责任意识和积极性。适时允许捕捞权在一定范围内进行市场化交易，减少不利于资源持续利用的行为和促进资源优化配置。

（二）健全养殖资源产权制度

重点包括确权颁证、水域空间红线制度、养殖主体监管机制、资源增值保护费政策四方面。

第一，加快确权颁证。应借鉴耕地、林地、草地等自然资源确权的成功做法，由国家进行顶层设计，加快养殖水域滩涂的确权颁证，确保重点区域出台实施养殖水面征收补偿管理政策，保障养殖主体合法权益，促进和拓展抵押贷款等权益。

第二，建立渔业基本水域空间红线制度。树立和践行水产品为重要优质蛋白、可有效助推健康中国的“大食物观”。建议在《中华人民共和国民法典》《中华人民共和国渔业法》等基础上，以“菜篮子”市长负责制考核机制为契机，进一步夯实渔业在食物安全保障中的地位和作用。科学测算生态、资源承载力和水产品产量、消费量、损耗量、进出口贸易量，按照市域范围制定渔业主产区、主销区和产销平衡区，借鉴种植业经验做法，划定渔业基本水域和征占政策，建立捕捞渔业和水产养殖业赖以生产与发展的基本水域空间红线制度，真正确立基于水域生产空间的捕捞权和养殖权保障体系。

第三，完善养殖主体监管机制。加强农业产业园、养殖示范场等主体的市场变现能力及惩罚机制建设（如记分制、撤销名号、媒体曝光等），提升养殖主体遵从养殖管理政策法规的积极性。尝试推动建立全国统一的渔业生产主体违法违规记分制度，完善生产者责任，落实倒逼机制，从源头上强化监管，确保渔业生产安全和水产品质量安全。具体操作方面，以《农业综合行政执法事项指导目录》为基础，按照捕捞、水产养殖等分类规则，对涉渔违法违规事项建立记分、消分规则，并实现该记分制度联动各级各类渔业产业转移支付项目，直接与渔业生产主体的各类补贴申请和评价挂钩，对于严重的违法违规主体可限制行业准入，改变传统的渔业行政执法思路，逐步形成覆盖全国的渔业产业诚信体系管理制度。

第四，提升资源增值保护费使用效能。将征收的资源费用于渔业资源与生态养护、海洋牧场建设等方面，强化渔业资源与环境保护责任及意识。特别是针对近海捕捞中拖网作业和刺网作业等方式，可以提高渔业生产成本和经营门槛，降低捕捞强度和减少酷捕滥渔，淘汰过剩和落后产能，提升近海渔业可持续发展水平。同时，建议试行征收水域滩涂资源增殖保护费，可根据生态环境友好等级“奖优罚劣”，减少高污染、高消耗养殖，促进绿色健康养殖。

四、提升行业开放水平

（一）提高我国水产品国际竞争力

我国水产品国际竞争力的提升包括降低水产品生产成本和提升渔业绿色发展水平两方面。

第一，降低水产品生产成本。通过良种繁育、病害防治技术推广，加快水产生物科学技术在水产行业的应用，解决我国主要养殖出口品种（如对虾、鳗、罗非鱼、蟹类、大黄鱼、贝类）种苗对外依存度高或病害频繁导致养殖机会成本高的难题。培育壮大新型渔业经营主体，提升渔业组织化程度，加快渔业智能化、信息化等技术融合应用，提升渔业生产效率。

第二，提升渔业绿色发展水平。出台和落实水产养殖禁止投喂鲜幼杂鱼的规定，研发和推广主要出口水产品物种的替代饲料，引导企业探索水产饲料用豆粕替代的途径并降低饲料系数。根据出口目标市场产品质量标准，开发和改进适用我国水产品生产、加工和贸易的质量标准体系，促进其与 ASC（Aquaculture Stewardship Council）、MSC（Marine Stewardship Council）、最佳水产养殖规范（best aquaculture practices，BAP）等国际标准接轨。加大水产品质量安全监管力度，提升渔业生产经营主体的违规违法成本，促进其遵循“绿色发展”“减药”“降低违禁添加”生产行为。

（二）扩大渔业开放度

主要包括多元化出口形式、拓展市场、开放适度的贸易政策与减少灰关三方面。

第一，多元化水产品出口形式。巩固“国内产、国外销售”的传统出口形式，充分发挥国内水产养殖业的技术优势，积极鼓励国内企业走出去，通过投资、入股、收购和与相关国家及企业进行要素合作等形式，扩大“国外产、国外销售”的出口规模。在一般贸易方式的基础上，积极发展小额边境水产品贸易，对来进料加工贸易形式及企业实施财政金融优惠政策。

第二，积极拓展市场。依托“一带一路”建设、RCEP、农业走出去等项目，广泛开展与相关国家的渔业贸易合作，加深与东盟、非洲、欧盟、日本、韩国和我国台湾、香港地区等的水产品贸易，推进水产先进装备研发、共建项目、基础设施建设、互派人员、技术援助等领域或方式的渔业贸易合作。

第三，构建开放适度的贸易保护政策框架，减少水产品灰关。针对灰色渠道进口问题，建议以流通终端反向溯源的方式，倒逼灰色渠道进口逐步转入正轨，同时加快研究跨境电商监管政策和通关便利措施，正向引导进口贸易发展。

（三）提升我国渔业国际谈判能力

针对国际水产品市场多变、国际同质竞争和我国渔业话语权弱、竞争力下降等问题，提出如下三方面对策。

第一，加强重要目标市场研究。加强重要市场和品种的跟踪监测及目标市场动态变化的跟踪分析和预警，定期开展针对目标市场的出口规制调整。

第二，提升我国渔业的国际声音。在严格遵循和参与国际公约、国际组织资源配额等制度的基础上，传播好中国渔业故事，同时积极参与国际规范和制度的制定、修改。

第三，加强与有关国家的双边贸易协定，鼓励协会和贸易企业参加国际展览与会议。充分发挥我国作为水产品消费大国的作用，尝试我国渔业标准的推广和应用，提升我国水产品贸易话语权。

五、探索行业绿色发展市场机制

渔业具有碳源碳汇双重属性，在国家“双碳”目标下，水产行业发展应抓住重大战略机遇，通过发挥产业优势，形成行业绿色发展市场机制。

（一）开展渔业碳达峰碳中和科学研究

基于国家“双碳”目标，结合渔业碳源碳汇双重属性，开展渔业“双碳”目标研究，科学制定渔业碳达峰、碳中和的时间表及路线图，为水产行业实现生态安全提供战略导向。为实现“双碳”目标，需多方面应用减排增汇产业技术及建立配套市场机制，并强化政府政策支持引导。

（二）大力推进渔业节能减排

针对渔业耗能及温室气体排放主要环节，通过渔船标准化节能技术改造、智能化养殖设备与技术应用和精准管控及生态化养殖模式与技术、养殖尾水处理及资源化利用技术、工厂化及立体化循环水养殖模式等推广，重点实现渔船用油、增氧机水泵用电、养殖用水的节耗减排。

（三）加强渔业提质增汇

充分挖掘和发挥渔业碳汇功能，加强海草床、海藻场保护与修复，因水制宜调整碳汇能力强的贝藻类、滤食性鱼类产品养殖规模，推进近海水域多营养层级立体综合养殖模式，减少饵料投入及污染物排放，提升单位生态环境效率，增加行业内碳抵消能力。

（四）探索渔业碳汇交易机制

探索渔业碳汇交易机制和明晰渔业“双碳”目标，统筹推进水产行业实现“减污、降碳、扩绿、增长”。近年我国渔业碳排放呈现稳中趋降态势，主要碳排放环节中，机动渔船排碳达峰趋势明显，养殖用电小幅增加，饲料排碳初步呈现下降趋势。根据《“十四五”全国渔业发展规划》，“十四五”时期，水产品总产量预计将达到 6900 万 t，水产捕捞规模将控制在 1000 万 t 内，主要增量将来自水产养殖，故养殖用电和饲料投喂排碳有潜在增加压力。就当前趋势看，二者增量超过机动渔船排碳减量导致总体碳排放大幅上升的可能性不大，给渔业碳达峰带来的压力较小。

为改善国民膳食结构，至 2035 年，我国仍需要增加约 1300 万 t 的水产品供应，其潜力主要来自水产养殖。而渔业智能化、现代化将保持对能源特别是电力的需求强劲，同时渔业投饲大概率保持增长。因此，在未发生重大降碳增汇变革的前提下，渔业在 2035 年之前实现行业内碳中和的可能性较小。但为推动渔业高质量发展和现代渔业进程，可结合渔业产业现实，设定符合行业特色的碳中和目标——“推进净碳零排放进程”。

六、夯实渔业兴旺融合发展基础

（一）加强渔村社会保障体系建设

完善渔村社会保险体系，建立包括养老保险、医疗保险、失业保险、失海（失渔）保险及生产保险在内的综合性保险体系，重点健全传统渔民的养老保险与医疗保险，加强贫困渔民的生活保障，解决渔民上岸或转产转业的后顾之忧，加强渔村渔港公共基础设施建设，改善渔村生态环境。

（二）健全渔业从业准入制度

完善渔业从业人员管理制度，建立和提升渔业从业人员准入标准，建立渔民职业教育与考核认证体系，全面提升渔业从业人员的知识技能与实践能力。

（三）完善渔文化传承机制

建立渔文化传承、保护与利用机制，确定渔文化知识产权保护的权利主体、客体和内容，加强渔文化知识产权保护，建立文化遗产资源开发利用制度，加强对特色渔文化的传承、保护与利用。

（本章执笔人：麦康森、刘子飞）

第二十一章　林草及微生物产业发展

第一节　森林食品产业发展

森林食品，是源自大森林的食品。森林食品产业包括木本粮油产业和林下经济产业。木本粮油是可供榨油的木本植物的果实或种子的总称。木本粮油产业是我国的传统产业，也是提供健康优质食用植物油的重要来源。“向森林要食物”，加快森林食品产业发展，挖掘木本粮油和林下经济的发展潜力，对于保障我国粮食安全具有重要意义。

一、发展形势

（一）发展木本粮油产业是提高食用植物油生产能力、维护国家粮油安全的重要保障

“十三五”时期，全国新造油茶林 1080 万亩、改造低产林 1179 万亩，使我国油茶林结构发生了明显变化，高产林面积已超过 1400 万亩，2021 年全国新造油茶林 153 万亩、改造低产油茶林 161 万亩。2020 年全国油茶籽、茶油产量分别达到 314 万 t、72 万 t，2021 年油茶籽产量更是达到 394 万 t（图 21-1），随着升级良种逐步进入盛果期及抚育管理技术的进一步提高，油茶未来仍有巨大增产空间①。核桃等传统食用油料树种在我国分布很广，黑龙江、辽宁、天津、北京、河北、山东、山西、陕西、宁夏、青海、甘肃、新疆、河南、安徽、江苏、湖北、湖南、广西、四川、贵州、云南和西藏 22 个省份都有分布，2020 年中国核桃产量达 479.59 万 t，2021 年达 540.35 万 t。此外，油用牡丹、长柄扁桃、光皮梾木、元宝枫、翅果、杜仲等新型食用油料树种不仅可广泛栽培，而且产量高，具有广阔的发展前景。目前，我国还有 6 亿多亩宜林荒山荒地、6400 万多亩 25°以上坡耕地和大量的盐碱地、沙荒地等，利用这些土地大力发展木本油料，既不与粮争地，又能有效增加国内食用植物油供给，从而减少进口，对于维护国家粮油安全具有战略意义。

（二）发展木本粮油产业是提高生态资源总量、改善生态环境的重要措施

木本油料既有乔木树种，又有灌木树种，既有适合山区种植的树种，又有适合沙区和平原地区种植的树种，既有重要的经济价值，又有重要的生态价值。特别是在荒山荒地、陡坡耕地、沙化土地、盐碱地、河滩地上种植木本油料树种，有利于扩大生态资源总量、改善生态，从而有利于生态文明建设和美丽中国建设。我国各省区均有适合当地发展的优质木本油料树种，许多木本粮油树种为我国原产，具有很好的经济效益和良好

① 数据来源：国家林业和草原局 http://www.forestry.gov.cn/main/6221/20220421/095134873514679.html。

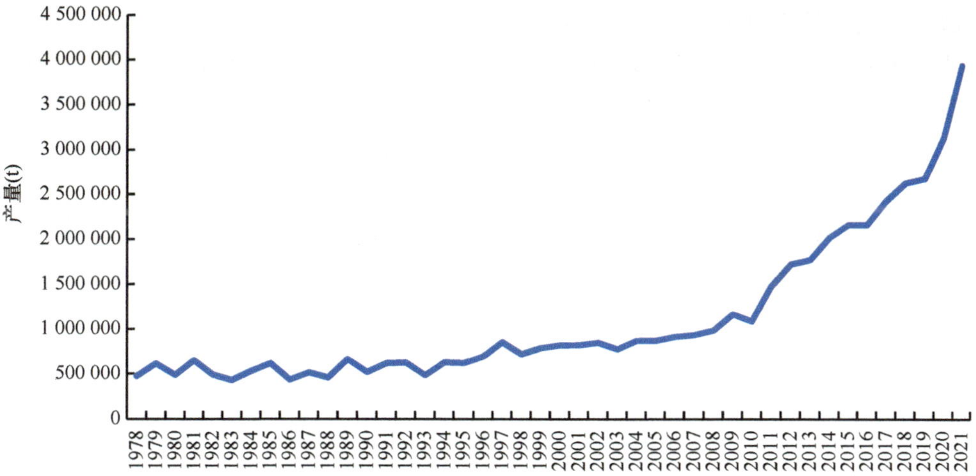

图 21-1　历年全国油茶籽产量

的产业化发展前景，是丘陵山区重要的产业门类，是不少地方财政收入和农民增收的重要来源，特别是经济相对落后、低收入人口相对集中、“三农”问题较为突出的山区更是如此，这些树种被林农称为“养老树”“铁杆庄稼”。加快木本粮油产业发展，对于促进农民增收、加快山区经济发展、推进社会主义新农村建设具有积极意义。我国木本粮油产品营养丰富、质量上乘，木本粮油树种多生长在环境未受到污染的偏远地区，其产品具有有机或绿色食品的独特优点，不仅是优质食物，还是极好的保健食品，深受国内外消费者的喜爱。例如，茶油中人体所需的不饱和脂肪酸含量高达 90%以上，而胆固醇含量只是动物油的 1/30。木本食用油已成为首选的绿色健康油。因此，大力发展木本粮油产业，既可以补充粮油的不足，又可以改善人们的膳食结构，提高人民的健康水平。

（三）发展林下经济是优化食物结构、提高人民生活水平的重要条件

发展林下经济是保障国家粮食安全的重要举措。林下经济的发展在我国粮食安全保障中发挥着重要作用，既能合理利用林区自然资源，促进当地经济发展，又能拓宽农副产品来源，更好地满足人民群众日益多元化的食物消费需求。截至 2019 年末，林下经济总产值达 9563 亿元，比上年增长 17.26%。林下经济产值达百亿元的省份有 15 个，其中 500 亿元以上的省份有 9 个，广西、江西林下经济产值超过千亿元。在乡村振兴战略实施中，通过发展林下经济，培育县域特色产业，可将生态资源优势转化为特色产业优势，促进“绿水青山”向“金山银山”转化，因此发展高质量林下经济是一条有效路径。

二、发展面临的问题和挑战

布局结构不尽合理。目前，虽然我国有宏观的政策，但是在树种的选择和引种上有一定的盲目跟风性。此外，结构性矛盾突出，产品单一，特色不鲜明。另外，由于交通不便等出现季节性、区域性产品过剩，并且存在苗木市场比较混乱、种质资源保护不力、

市场缺乏有效监管等现象。

我国木本粮油产业处于发展初期，集约化经营程度较低，管理粗放，产量较低。目前，我国木本粮油林以一家一户小规模分散经营为主，且木本粮油产业发展处于初期，很多树种还未到盛果期，加上管理粗放，导致产量偏低。同时，基地建设水平不高，水电路等基础设施条件落后，品种老化，品质退化，良种选育落后。

产业化水平低，经济效益潜力没有得到挖掘。目前，国内木本粮油产业整体上处于简单利用和初加工水平，深度加工不足，附加值不高。此外，加工企业规模小，数量少，技术较为落后，产业集中度不高，竞争力明显不足。大多数林下经济产品为区域性自产自销，在种养和经营品种选择上存在一定的盲目性。

科技支撑不足，产业效益低。目前林下经济科技水平有待提升，产品研发创新能力不足，成果转化较慢，产品品质良莠不齐，尚未形成有竞争力的优质产能，影响林下经济产品产量和质量的提高。林下种植、养殖多沿用传统方式，科学种养技术掌握不足，林下经济规模化、产业化发展成本高、效益低。

社会化服务体系不健全，市场体系不完善，经营主体数量少、规模小、交易量偏低。专业合作组织、行业协会发展滞后，产品流通、市场信息、专业化技术服务体系发育不良。基层技术力量薄弱，缺乏技术和人才。缺乏市场意识和品牌意识，尚未形成成熟的经营模式和稳定的销售渠道。经营主体对网络推广、电子商务等现代营销方式运用不多，市场开拓能力不足。缺乏带动力强的龙头企业和地方特色突出的知名品牌，品牌影响力不足。

政策扶持力度不够。长期以来，我国是依靠草本粮油来满足国家和市场需求的，对草本粮油生产有很多的政策支持，而木本粮油产业则缺少这些政策支持，其发展未被纳入农田基本建设规划之中，缺乏灌溉条件，没有种植补贴和最低收购价格，基本尚无产业投资，科研投资较少。同时，金融、税收、担保及市场流通等配套政策不尽完善，落实困难。

三、发展竞争力分析

一是我国木本粮油种质资源丰富，产量逐年增加。目前世界已知的油料树种有 150 多种，我国就有 100 多种；我国有木本粮食树种 200 多种，如红枣、柿子、板栗等都是营养价值很高的木本粮食，种植面积大，产量逐年提高。

二是木本粮油生产成本较低、收益较高，粮油加工企业有投资实力。木本粮油生产的投入成本平均为 937.5～1875 美元/hm^2，木本粮油产品目前是我国出口创汇的重要商品，板栗和核桃的出口额近年来都在 0.375 亿美元以上，除板栗、枣、核桃仁、银杏果、桐油等传统出口主打产品外，香榧、山核桃、榛子等新兴出口产品市场形势非常好。我国粮食加工业中，国有企业占主导地位，在木本粮油的储存、加工、销售上有着一定的经验，在技术上和资金上都能够得到保证。

三是木本粮油的土地资源供给潜力较大，劳动力资源充足。由于大部分木本粮油树种耐瘠薄，适应性比较强，我国适宜栽植木本粮油树种的面积近 0.3 亿 hm^2。据统计，我国现有木本粮油经济林地约 0.17 亿 hm^2（含野生橡子林），若改造利用 0.17 亿 hm^2 的荒山荒地，可规划发展 0.2 亿 hm^2 的木本粮食树种、0.13 亿 hm^2 的木本油料树种。此外，农村地区充足的劳动力资源，将为木本粮油产业的人力需求提供保障。据估计，到 2030 年我国木本粮油林的种植面积可新增 0.13 亿 hm^2。

四是可以分享替代商品的市场资源。我国木本粮油的销售渠道已经具有一定规模，如棕榈油、茶树油、橄榄油已经形成了具有一定规模的产业链，同时非木本粮油的销售网络也可以进行业务扩充，这为木本粮油的销售渠道建设打下坚实的基础，可以利用现有的粮库、企业及销售市场等比较成熟的网络来发展木本粮油产业。

五是"健康中国"战略激发了林下经济发展新动能。党的十八届五中全会明确提出推进健康中国建设，林下经济生产的各种药材、蔬菜、菌类、畜禽、山野菜、香料等产品能够提供无污染、无添加、品质优良的健康食品或原料，是健康饮食的提供者、健康生活的来源地，是扩大绿色生产、健康消费的新领域。

四、发展未来供需预测

我国木本油料树种资源丰富，主要有油茶、核桃、油橄榄、油用牡丹等，年产食用油约 100 万 t，占国产植物食用油产量的 8%左右，占全国植物食用油消费量的 3%左右①。2020 年全国木本油料树种种植面积已达 2.46 亿亩左右，年产食用油约 104 万 t，木本食用油产量占国产植物食用油生产总量的 8.5%，占全国植物食用油消费量的 2.9%。预估到 2025 年，新增或改造木本粮油经济林 5000 万亩，总面积保持在 3 亿亩以上，年初级产品产量达 2500 万 t，木本食用油年产量达 250 万 t，其中茶油的产量超过 200 万 t，其他木本油料（产量）超过 50 万 t，届时木本食用油占国内食用油（产量）的比例达到 17%左右，将成为我国粮油安全的重要支撑。在林下经济发展方面，我国现有林地 42.6 亿亩，森林面积 33 亿亩，其中生态公益林 18.6 亿亩，商品林 14.4 亿亩，丰富的林地资源为林下经济产业发展提供了广阔的空间。同时，居民膳食结构不断优化，更加注重健康饮食，对优质肉、蛋、奶、水果、蔬菜等产品的需求不断增长，更加注重优美环境对精神的愉悦作用，森林康养、森林人家、林家乐等森林景观利用需求旺盛，而中医药产业的快速发展对林下优质药材的需求增长较快，这些都为林下经济的发展提供了市场保障。

在未来发展过程中，木本粮油产业应注重以下方面：一是注重优良品种选育。培育矮化可密植的品种，便于机械化集约经营；选育高质优产品种，保证产品质量；选育大小年差异小、抗病性良好的品种，以增加产品数量和质量。二是注重集约化栽培及管理。根据不同品种的生态、生物学特性，采取相应的栽培技术和管理措施，如采用先进的节水灌溉设施，选择矮化高密度栽植、机械化采收修剪。实行标准化栽培、集约化经营，以最小的投入获得最大的效益。三是推进木本粮油市场化建设。建立完善的市场营销和信息发布体系，制定相关方针、政策保护木本粮油市场的可持续发展。四是政府在木本粮油产业发展规划、技术和信息上提供支持。在制定发展规划、建立健全发展机制时，努力向非木材林经营者推广管理与组织技术及木本粮油生产、保存和加工利用技术。五是注重木本粮油产品深度开发。根据生物学特性，除了充分利用木本粮油的果实种子之

① 数据来源：广东省林业局"我国木本油料种植面积超 2 亿亩 各地多举措推动木本油料产业健康发展"（http://lyj.gd.gov.cn/news/special/industry/content/post_3965247.html）。

外，深度开发产业链副产品，如药物、保健品研发，高级工业染料、润滑剂（高标电子管等）运用。六是注重木本粮油产业的基础性研究。从分子水平研究木本粮油树种生长发育机理，包括生殖发育、抗盐碱、果实成分的合成和调控、水分利用与灌溉、驯化培育、病虫害预防和管理等方面。

在未来发展过程中，林下经济产业应注重以下方面，一是加强林下经济品牌建设，完善林下经济标准体系，开展林下经济生态产品认证，建立林下经济产品品牌体系；二是加快经营主体培育，推动区域集群发展，拓展延伸产业链条；三是加快市场营销流通体系构建，优化传统市场，拓展线上市场，畅通物流体系；四是深化林下经济示范基地建设。

五、发展战略

（一）指导思想

坚持以习近平新时代中国特色社会主义思想为指导，全面贯彻落实党的二十大精神，深入贯彻习近平生态文明思想，完整、准确、全面贯彻新发展理念，坚持绿水青山就是金山银山，扎实推进涉林产业发展和生态环境保护工作，充分发挥市场在资源配置中的决定性作用和更好地发挥政府的作用，以全面深化改革为动力，以提升科技水平为支撑，以完善扶持政策为基础，以提高供给能力为目标，建立健全木本粮油种植、加工、流通、消费产业体系，全面推进木本粮油规模化、集约化、产业化经营，努力提高国产木本食用植物油的消费比例，为改善生态改善民生、维护国家粮油安全、提高国民健康水平作出积极贡献。

（二）发展原则

立林为民。切实践行“绿水青山就是金山银山”理念，加快绿水青山蕴含的丰富绿色产品的供给，满足人民对高品质生活的需要，推进生态经济型林业特色资源产业发展。

市场导向。统筹国内国际两个循环、两种资源、两个市场，坚持供给侧结构性改革，重塑资源培育—精深加工—市场一体化的内循环产业链，推动国内大循环，保障产业链供应链安全稳定。

创新驱动。构建支撑林业特色资源加工利用产业的科技创新体系，持之以恒开展源创新基础性研究，突破制约产业发展的瓶颈技术，加快成熟适用技术的示范、推广和应用，驱动林业特色资源加工利用产业高质量发展。

重点引领。围绕乡村振兴、粮油安全、健康中国等国家战略新需求，瞄准未来产业和新业态的变革方向，聚焦特色产业，打造特色产业集群，彰显区域特色，引领未来林业特色资源加工业发展。

跨界融合。促进学科交叉融合，增强原始创新能力和创新活力；促进资源培育—加工利用—保健康养一二三产业融合发展，提高特色资源全产业链价值；促进产学研融合，提高科技转化应用和产业链水平。

（三）发展目标

按照《关于科学利用林地资源促进木本粮油和林下经济高质量发展的意见》（发改

农经〔2020〕1753号），到2025年，促进木本粮油产业发展的资源管理制度体系基本建立，有关标准体系基本涵盖主要产品类别，木本粮油的产业布局和品种结构进一步完善，产业规模化、特色化水平全面提升，新增或改造木本粮油经济林5000万亩，总面积保持在3亿亩以上，年初级产品产量达2500万t，木本食用油年产量达250万t。到2030年，形成全国木本粮油经济产业发展的良好格局，木本粮油产品生产、流通、加工体系更加健全，产品供给能力、质量安全水平、市场竞争能力全面提升，机械化智能化水平大幅提高，特色产品竞争力、知名度、美誉度得到国内外市场充分认可。按照《全国林下经济发展指南（2021—2030年）》，到2025年，林下经济经营和利用林地总面积达到6.5亿亩，实现林下经济总产值1万亿元，国家林下经济示范基地达到800家，发展林下中药材生态培育面积500万亩，林下食用菌生态培育面积500万亩，林下养殖规模300万亩。到2030年，林下经济经营和利用林地总面积达到7亿亩，实现林下经济总产值1.3万亿元，国家林下经济示范基地达到1000家，发展林下中药材生态培育面积1000万亩，林下食用菌生态培育面积800万亩，林下养殖规模500万亩。

（四）战略重点

1. 木本粮油产业

（1）油茶

按照《全国油茶产业高质量发展规划（2021—2035年）》，实施分区建设，优先发展核心区，将重点发展现代油茶产业园，构建全产业链，培育龙头企业和企业集团，建立以骨干企业为龙头，大、中、小企业匹配，产业链衔接的产业集群。推进大型油茶交易市场建设，大力培育茶油知名品牌，加强油茶文化建设，深度推进一二三产业融合发展。

（2）核桃

加大对现有低产劣质实生核桃资源林的改劣换优力度，筛选推广薄壳、质感好、含油率高的主栽品种，特别是选用抗旱、抗寒、避晚霜品种及油用和鲜食核桃品种；推行核桃园土、肥、水的标准化栽培管理技术，加大嫁接繁殖和大树改接换优的比例；提高机械方式采收效率和采后处理核桃仁水平，强化核桃坚果晾晒、烘干、分级等商品化处理技术和贮存技术，扩大综合加工，开发高新技术产品，提高产品附加值，培育壮大龙头企业。

（3）板栗

选育早熟、高光效、高品质及加工专用新品种，推广良种化，优化区域布局；示范推广高光效树体控制技术、提高雌花比例技术、叶分析指导施肥技术、低产栗树改造技术、环境友好型病虫草综合管理技术等；推进板栗产品综合深加工，重点解决板栗的贮藏保鲜与加工难题，提高深加工产品附加值。

（4）枣

加强品种选育工作，培育不同成熟期的制干、鲜食及加工专用新品种，搞好新品种的区域化试验；传统枣产区重点攻关研究提高品质、防止裂果、控制病害的关键栽培技术；加强鲜食枣采后贮藏、保鲜等技术研究和推广，研发深加工产品，提高产品附加值。

（5）仁用杏（山杏、大杏扁）

加强品种改良，选育薄壳、抗晚霜能力强的新品种；建立优良苗木繁育体系，积极繁育和推广无病害苗木；调整品种结构，采用标准化生产方式，强化丰产稳产技术；提高果品采后商品化处理水平，加强果壳的深度加工利用，完善流通、服务体系建设。

（6）木本油料林

一是品种良种化。油橄榄、油用牡丹在引种筛选的基础上，通过杂交等方式尽快培育出本土品种；长柄扁桃目前还是资源状态，需要筛选和培育新品种；油桐和山桐子重点选育高出油率品种，扩大人工种植规模。二是提高产量，实现规模化、标准化种植。三是解决低温压榨、提高出油率问题，实现饼渣的综合利用。

2. 林下经济产业

（1）林下种植

依托森林、林地及其生态环境，遵循可持续经营原则，在林内开展种植活动，包括人工种植和野生植物资源抚育。

（2）林下养殖

依托森林、林地及其生态环境，遵循可持续经营原则和循环经济原理，在林内开展生态养殖活动，包括人工养殖和野生动物驯养繁殖。

（3）林下采集加工

充分利用大自然为人类提供的丰富资源，对森林中可利用的非木质资源进行采集与加工。

（4）森林景观利用

合理利用森林资源的景观功能和森林内多种资源，开展有益人类身心健康的经营活动。

六、发展保障措施及政策建议

（一）突出区域特色

按照因地制宜、适地适树的原则，综合考虑土地、资金、品种、市场等因素，突出资源优势和区域特色，科学确定产业种类、规模和布局。木本油料在南方重点发展油茶，北方重点发展核桃，并积极发展油橄榄、长柄扁桃、油用牡丹、沙棘等，木本粮食以板栗、枣和柿子三大类为主，增加种植面积，提高产量与品质，形成具有一定规模效益的产业带。鼓励各地因地制宜制定林下经济产品品牌发展规划，对现有品牌进行梳理，将市场潜力大、产业优势强、区域特色突出、附加值高的产品列入发展规划，形成主导产业。

（二）加快良种选育

良种是高效林业发展的基础和前提。目前，良种选育的推广还是薄弱环节，要紧紧围绕木本粮油产业发展对良种壮苗的需求，强化科技支撑，安排重大科研课题，组织研究攻关，大力开展林木良种选育，尽快培育出一批高产、优质的优良品种。根据不同品种的生态、生物学特性，采取相应的栽培技术和管理措施，选育可矮化密植品种，便于集约经营，从选种、育苗到整地、栽培、抚育、施肥、采摘等各个环节实行标准化栽培、集约化经营。广泛组织林下经济产品参与绿色食品、有机农产品、农产品地理标志、森林生态标志产品认定，积极参与国家地理标志产品、原产地保护标识等认证。

（三）提升产业化水平

组织科技人员加强新品种、新技术、新产品研发，鼓励科技人员通过技术承包、挂钩联系等方式，推广丰产实用技术，推进科技成果转化。强化产品加工技术和工艺创新，发展深加工，开发新产品，创建新品牌，延长产业链，提高附加值。深度开发，实现产品多元化，挖掘经济潜力，除注重生产木本淀粉和油脂初级产品外，开发系列食用、工业用产品。例如，油茶除可榨取优质食用油脂外，其油脂还可以用于开发高级化妆品、生物茶油等，茶饼可提取皂素等化工原料、用于开发优质环保的生物农药和洗涤剂，茶壳可以制取活性炭、糠醛等，也就是说通过产品开发可以形成一条很长的生物产业链，从而提高附加值，增加经济效益、社会效益和生态效益。

（四）扶持龙头企业发展

培植一批带动面广、竞争力强、产业关联度大、技术水平高的木本粮油加工龙头企业。鼓励龙头企业建基地，推动龙头企业和农户及专业合作社建立紧密关联的经营共同体，大力提升木本粮油产业素质。引导龙头企业加强新产品研发，打造属于我国的名牌产品，提高产品的国内外市场占有率和竞争力。支持各地开展林下经济特色产品推介、营销和宣传活动，打造具有市场影响力的知名特色区域品牌和中国驰名商标。重点做好品牌体系创建、运营管理推广、品牌价值维护与提升等工作，强化品牌保护，提升林下经济产品品牌影响力。

（五）健全市场体系

加快建设市场需求信息公共服务平台，健全流通网络，引导产销衔接，降低流通成本，帮助农民规避市场风险。制定木本粮油种植、仓储、加工、销售等生产标准，完善油脂产品和相关副产品质量标准及其检测方法。规范包装标识管理，保障消费者的知情权和选择权。建立质量认证体系，加大生态原产地产品保护认定工作力度，着力培育名牌产品。大力发展林下经济产品流通体系，统筹线上线下流通网络布局，建立健全覆盖林下经济产品收集、加工、运输、销售各环节的物流体系，逐步建设以示范基地、生产经营主体为基础，通过集散地、批发市场、集配中心中转，供应直销平台、连锁超市等多种销售终端，面向集团客户、城乡居民的林下经济产品流通体系。

（六）加大政策扶持力度

木本粮油产业涵盖种植、加工、销售等多个领域，产业链条长、涉及面广，特别是产业发展的前期投入大，需要多方面加大扶持力度。一是要用好用足现有扶持政策，提高资金使用效益。二是鉴于木本粮油建设初期投入多的特点，争取提高国家补贴标准，增加资金规模和支持的连续性，加大对道路、灌溉基础设施的投入。三是鉴于高、中、低水平的木本粮油现实产量差异和增产潜力很大的实际，从造林面积补贴转变为抚育和提高林分质量补贴，以提高单位面积产量为目标，而不是单纯追求扩大造林面积；从分散种植补贴逐步转变为适度规模种植补贴。四是扩大资金来源渠道，鉴于发展木本粮油产业在保障粮油安全中的地位和作用，在国家层面上，适度考虑把木本粮油纳入我国粮油生产补贴的范畴，积极争取从事木本粮油生产的农民能享受“粮食直补、良种补贴、农资综合补贴”等国家农业补贴政策，提高补贴标准，缓解林业财政的压力；鼓励各种社会资本参与木本粮油产业开发，形成多渠道的投融资体系，建立企业的原料林基地，鼓励企业申请生产环节无公害、绿色、有机认证和加工环节 HCPP 等认证；给企业以资金和政策支持，提高产业发展的规模化、组织化程度，培育龙头企业，加快提升产业化水平。五是国家重点林业工程建设的资金投入更好地与木本粮油基地建设结合起来，统筹安排。六是要加大信贷支持力度，积极争取将木本粮油产业发展作为林业贴息贷款的支持重点。

第二节　草地农业发展

我国食物安全观念亟待革新，饲料粮安全成为影响我国目前及未来一段时期粮食安全的重要因素。粮食既为国民生活所必需，也是战略物资。作为一个 14 亿多人口的大国，我们必须确保粮食安全。草业是调整农业结构的重要抓手，为了解决二元种植结构的弊端，党中央多个重要文件和多次会议提及要大力推行与切实落实调整并优化农业种植结构。

一、发展形势

粮食问题涉及众多方面，但不正确的粮食观是长久以来限制中国粮食生产和农业发展的关键因素之一。我国的饲养业一直以依赖粮食为主，“人畜共粮”“粮-猪农业”成为农业系统的显著特征，但这种模式与农业生产模式和食物安全保障逐步发生矛盾，不仅给粮食生产带来巨大压力，也限制了农业的均衡发展，阻碍了中国人口食物结构优化的进程。“民以食为天”“粮为天下先”，粮食安全历来是我国执政最重视的民生问题。长期以来，我国坚持“谷物基本自给、口粮绝对安全”的粮食安全战略。三大主粮品种——小麦、玉米、稻谷，被视为我国粮食安全的生命线。

随着中国经济持续增长、城镇化水平逐步提升及人均收入水平不断提高，不仅人均油脂类食物摄取量快速增加，而且居民食物消费结构正在从低热量的谷物、蔬菜等碳水化合物向高热量的畜产品等蛋白食物转变。我国 2010 年的食品消费结构相当于日本 20 世纪 60 年代末和韩国 20 世纪 80 年代末的水平。进入该时期后，日本和韩国的食品消费结构都经历快速转变，谷物在人均食物热量、蛋白和脂肪等摄取量中的比例快速下降，而动物产品和植物油的比例快速上升。根据日本和韩国的食品消费结构变化趋势，以及现阶段我国与日韩人均食物消费结构的差异，预计未来 15 年，我国动物产品的人均消费将保持较快增长，然后将进入一段相当长的人均动物产品消费缓慢增长时期。畜产品需求快速增长，意味着饲料的需要量急剧增加，这是一股不可遏制的历史潮流。

尽管我国非粮饲料资源有很大的开发潜力，但受自然与人为因素的制约（耕地面积、环境承载力及饲料供应等），饲料粮才是影响我国畜禽养殖业发展的主导因素。我国粮食能否供需平衡关键在于饲料粮能否供需平衡。因此，我国粮食安全观念亟待革新，饲料粮供给是否安全对国家粮食安全有着重要的影响，食物安全问题本质上是在口粮绝对安全的前提下解决饲料粮问题。

二、发展面临的问题和挑战

（一）饲料粮结构性短缺尤为突出

我国畜牧业对饲料粮的需求不断提高。20 世纪 80 年代初期，我国饲料粮需求无足轻重，但 2000 年后一路突飞猛进，2017 年饲料粮需求在我国粮食总需求中的占比高达 35%，相较于 20 世纪 80 年代初期的 15%增长了约 133%。我国饲料粮需求日益增长的原因主要有以下三点。

一是畜产品需求增长带动饲料粮需求增长。从总的趋势看，我国人民的食物结构正由温饱型向营养型过渡，口粮消费量在食物中的比例不断下滑，同时肉、蛋、奶、水产品等动物性食品消费量一路飙升。两者 2002 年走到交叉点，此后这种上升与下降的趋势日益明显。我国人均牛羊肉和奶类占有量分别约为世界平均水平的 2/3 和 1/3，是今后市场需求增长最有潜力的种类。但是，伴随着畜产品需求的持续增长，我国畜牧业对饲料粮的需求不断提高，据统计 2010 年之后，每年饲草的缺口为 1.4 亿 t 左右。

二是畜牧养殖逐渐偏向耗粮方向，单位产品的耗粮量逐年上升。我国草食家畜发展迅速，集中育肥和规模化养殖成为主流，饲料粮消耗量也大幅上涨。以我国散养肉牛为例，2019 年散养肉牛的饲料粮消耗量为 430.57kg/头，相较于 2009 年的 344.16kg/头增长了约 25%。

三是饲料粮比精饲料更优质，饲料消耗中饲料粮占比不断提高。近年来，我国平均每头散养肉牛饲料消耗中饲料粮占比呈现上升趋势。这主要是因为青贮、苜蓿等饲料粮的使用能在一定程度上提升草食家畜饲料结构合理性与饲喂效率，畜产品质量提升明显。饲喂青贮饲料，奶牛多产奶，肉牛肉羊膘情好且饲料消化率高，能减少疫病发生。另外，饲料粮还解决了牲畜冬春饲草短缺的难题，实现了冬草秋贮、长年利用和草食畜牧业稳定发展，实现了“粮变肉”与“草变乳”的优质转化。据农业部畜牧业司测算，与秸秆黄贮相比，667m^2 全株青贮玉米提供给牛羊的有效热量和有效蛋白均可增加约 40%；饲喂全株青贮玉米，奶牛的平均单产从 6000kg 提高到 7000kg，并且肉牛肉羊的出栏时间明显缩短。

（二）“三高”现象日益严重

扭曲的支持政策导致种植结构偏差，不仅带来了“高库存、高价格、高进口量”难题，而且破坏了生态环境。为了保障饲料粮安全，2008 年我国实施了玉米临时收储政策，即通过不断提高价格支持促进玉米生产，玉米产量从 2012 年开始超过水稻，成为第一大作物。然而，这种扭曲性的支持政策导致我国玉米出现了“高库存、高价格、高进口量”的“三高”现象。“三高”现象日益严重，已经成为国家性难题，不仅给国家财政带来沉重负担，还提高了下游玉米加工业和畜禽养殖业的成本，降低了下游产业的国际竞争力。另外，在片面追求粮食安全的政策指引下，粮食非优势产区的粮食种植面积不断增加，特别是在农牧交错带地区，草原被大量开垦成耕地，草地等生态用地数量减少，质量变劣，生态服务功能下降。

种粮出现利润瓶颈，较大的市场潜力使种草能获得高于种粮的经济效益。当前粮食种植成本逐年上升，且存在粮食价格波动造成市场风险的可能，粮食生产呈现利润不稳定趋势，出现利润瓶颈。而饲草料存在较大的市场潜力，在保证良好的土地资源和合理的田间管理条件下，种植饲草料具有较好的收益前景。因此，基于促进农户增收、保障国家食物安全、创造生态效益的目标，应适当引导农民适应市场需求，合理调整种养结构。因此，不论是消费端还是生产端，都对饲料粮生产提出了迫切需求。

三、发展竞争力分析

作为农业生产系统的重要组成部分，党中央非常重视草地农业的健康发展。表 21-1 显示了 2012～2021 年国家颁布的支持草地农业发展的相关政策。

表 21-1　近十年涉及种植业结构调整、发展饲草产业的重要文件和会议

年份	重要文件/会议	要点描述
2012	中央一号文件	振兴奶业支持苜蓿发展行动，中央财政每年安排 3 亿元支持高产优质苜蓿示范片区建设
2015	中央一号文件	加快发展草牧业，支持青贮玉米和苜蓿等饲草料种植，开展“粮改饲”和种养结合模式试点，促进粮食、经济作物、饲草料三元种植结构协调发展
2015	《农业部关于进一步调整优化农业结构的指导意见》	在农牧交错带，积极推广农牧结合、粮草兼顾、生态循环种养模式。以“粮草兼顾、农牧结合、循环发展”为导向，调整优化种养结构。充分挖掘饲草料生产潜力，大力发展草牧业，形成粮草兼顾、农牧结合、循环发展的新型种养结构。积极推进饲用粮生产，在粮食主产区，按照“以养定种”的要求，积极发展饲用玉米、青贮玉米等，发展苜蓿等优质牧草种植，进一步挖掘秸秆饲料化潜力，开展粮改饲和种养结合模式试点，促进粮食、经济作物、饲草料三元种植结构协调发展。拓展优质牧草发展空间，合理利用“四荒地”、退耕地、南方草山草坡和冬闲田种植优质牧草，加快建设人工草地
2015	中央农村工作会议	在有条件的地方开展“粮改饲”试点，把二元结构改成三元结构
2016	中央一号文件	扩大粮改饲试点，加快建设现代饲草料产业体系
2016	《农业部办公厅财政部办公厅关于做好 2016 年农业结构调整试点工作的通知》	继续实施“粮改饲”试点，2016 年在 17 个省（区）实施试点 600 万亩
2016	十二届全国人大四次会议第 9381 号建议答复《关于解决耕地丢荒的建议》	优化区域布局，部署调减东北等“镰刀弯”地区玉米种植面积，推进草食畜牧业发展。大力发展牛羊等草食畜牧业和草业，逐步将“镰刀弯”地区和牛羊养殖优势区纳入粮改饲试点实施范围
2016	《国务院关于印发全国农业现代化规划（2016—2020 年）的通知》	推进农业结构调整，加快发展草食畜牧业，发展安全高效环保饲料产品，加快建设现代饲料工业体系。促进区域农业统筹发展，长江中下游区适度开发草山草坡资源发展草食畜牧业；西北区调减小麦种植面积，增加饲用玉米、牧草种植，发展适度规模草食畜牧业；北方农牧交错区发展粮草兼顾型农业和草食畜牧业，调减籽粒玉米种植面积，扩大青贮玉米和优质牧草生产规模；西南区合理开发利用草地资源，发展生态畜牧业；青藏区严守生态保护红线，加强草原保护建设

续表

时间	重要文件/会议	要点描述
2016	《国务院关于印发“十三五”脱贫攻坚规划的通知》	通过实施退牧还草等工程和草原生态保护补助奖励政策，提高饲草供给能力和质量，大力发展草食畜牧业，坚持草畜平衡。积极推广适合贫困地区发展的农牧结合、粮草兼顾、生态循环种养模式
2017	中央一号文件	继续推进和扩大“粮改饲”试点，按照稳粮、优经、扩饲的要求，加快构建粮经饲协调发展的三元种植结构
2017	政府工作报告	粮改饲试点面积扩大到1000万亩以上
2017	《2017年推进北方农牧交错带农业结构调整工作方案》	加快推进以玉米为重点的种植业结构调整。开展草牧业试验试点。推行“引草入田、粮草轮作”耕作制度
2018	《农业农村部关于支持长江经济带农业农村绿色发展的实施意见》	推动畜禽养殖业转型升级，推进种养结合、农牧循环发展。支持上中下游地区重点发展以草食畜牧业为代表的特色生态农业，依托现有草原生态保护补助奖励政策、退牧还草工程、退耕还草工程和南方现代草地畜牧业推进行动等政策措施，开展人工草地建植，推进草食畜牧业转型升级
2018	《乡村振兴战略规划（2018—2022年）》	青海、西藏等生态脆弱区域坚持保护优先、限制开发，发展高原特色农牧业。推进农业结构调整，加快发展粮经饲统筹、种养加一体、农牧渔结合的现代农业，促进农业结构不断优化升级。有序调减非优势区籽粒玉米，大力发展优质饲料牧草，合理利用退耕地、南方草山草坡和冬闲田拓展饲草发展空间。优化畜牧业生产结构，大力发展草食畜牧业，做大做强民族奶业
2019	《中共中央 国务院关于坚持农业农村优先发展 做好“三农”工作的若干意见》	调整优化农业结构，继续推进粮改饲，大力发展青贮玉米、苜蓿等优质饲草料生产，促进草食畜牧业发展。实施振兴奶业苜蓿发展行动，支持优势产区大规模种植苜蓿
2019	中央一号文件	扩大退耕还林还草，稳步实施退牧还草。实施新一轮草原生态保护补助奖励政策。调整优化农业结构。实施奶业振兴行动，加强优质奶源基地建设，合理调整粮经饲结构，发展青贮玉米、苜蓿等优质饲草料生产。加快突破农业关键核心技术，加快选育和推广优质草种。扩大退耕还林还草，稳步实施退牧还草
2020	中央一号文件	稳定粮食生产。以北方农牧交错带为重点扩大粮改饲规模，推广种养结合模式。优先保障“三农”投入，研究本轮草原生态保护补奖政策到期后的政策
2020	《2020年畜牧产业扶贫和援藏援疆行动方案》	继续支持贫困地区牛羊养殖场户和专业化服务组织实施粮改饲项目，收贮利用青贮玉米等优质饲草，大力发展草食畜牧业
2020	《国务院办公厅关于促进畜牧业高质量发展的意见》	健全饲草料供应体系。因地制宜推行粮改饲，增加青贮玉米种植，提高苜蓿、燕麦草等紧缺饲草自给率。推进饲草料专业化生产，加强饲草料加工、流通、配送体系建设
2020	《国务院办公厅关于坚决制止耕地“非农化”行为的通知》	严禁违规占用耕地绿化造林，严禁超标准建设绿色通道，严禁违规占用耕地挖湖造景，严禁占用永久基本农田扩大自然保护地，严禁违规占用耕地从事非农建设，严禁违法违规批地用地，全面开展耕地保护检查，严格落实耕地保护责任
2020	《国务院办公厅关于促进畜牧业高质量发展的意见》	确保国家粮食安全，必须处理好发展粮食生产和发挥比较效益的关系，不能单纯以经济效益决定耕地用途，必须将有限的耕地资源优先用于粮食生产。各地区各部门要认真落实重要农产品保障战略，进一步优化区域布局和生产结构，实施最严格的耕地保护制度，科学合理利用耕地资源，防止耕地“非粮化”。明确耕地利用优先序。对耕地实行特殊保护和用途管制，严格控制耕地转为林地、园地等其他类型农用地。永久基本农田是依法划定的优质耕地，要重点用于发展粮食生产，特别是保障稻谷、小麦、玉米三大谷物的种植面积。一般耕地应主要用于粮食和棉、油、糖、蔬菜等农产品及饲草饲料生产。稳定非主产区粮食种植面积。严禁违规占用永久基本农田种树挖塘。加强耕地种粮情况监测。建立耕地“非粮化”情况通报机制

续表

时间	重要文件/会议	要点描述
2021	中央一号文件	鼓励发展青贮玉米等优质饲草饲料，稳定大豆生产。明确耕地利用优先序，永久基本农田重点用于粮食特别是口粮生产，一般耕地主要用于粮食和棉、油、糖、蔬菜等农产品及饲草饲料生产
2021	《关于统筹利用撂荒地促进农业生产发展的指导意见》	对平原地区的撂荒地，要尽快复耕，优先用于粮食生产，扩大粮食播种面积。对丘陵地区的撂荒地，根据立地条件，宜粮则粮、宜特则特，发展粮食、特色水果、中药材、优质牧草等生产，增加多样化产品供给。对确不适宜耕种的撂荒地，可按有关政策规定和规划要求用于设施农业用地等。对季节性撂荒地，应种植绿肥等养地作物，提高耕地质量。强化政策扶持，引导农民复耕撂荒地；加快设施建设，改善丘陵山区坡地或细碎地块撂荒地耕种条件。规范土地流转，促进撂荒地规模经营。加强指导服务，提升农业社会化服务水平。加大宣传引导，提高遏制耕地撂荒的自觉性
2021	《国务院办公厅关于加强草原保护修复的若干意见》	在水土条件适宜地区，实施退化草原生态修复，鼓励和支持人工草地建设，恢复提升草原生产能力，支持优质储备饲草基地建设，促进草原生态修复与草原畜牧业高质量发展有机融合。牧区要以实现草畜平衡为目标，减轻天然草原放牧压力。半农半牧区要因地制宜建设多年生人工草地，发展适度规模经营。农区要结合退耕还草、草田轮作等工作，大力发展人工草地，提高饲草供给能力

为了突显中央政府对种植结构调整政策的重视程度，2015～2020 年中央一号文件及其他重要文件、会议多次提到鼓励推进“粮改饲”政策、调整或优化种植结构。

2018 年的中央一号文件将“草”引入山水林田湖草生命共同体，统筹山水林田湖草系统治理。2021 年中央一号文件提出，坚决守住 18 亿亩耕地红线，采取“长牙齿”的措施，落实最严格的耕地保护制度，严格控制非农建设占用耕地，深入推进农村乱占耕地建房专项整治行动，坚决遏制耕地“非农化”“非粮化”，而种植结构调整、“粮改饲”政策等关键词消失。虽然“非农化”“非粮化”甚嚣尘上，但是从文件上看，主要是严禁占用耕地进行建房等其他用途，因此从“大食物观”出发，继续优化种植结构，因地制宜推行农牧交错带及边际土地的饲草料种植，是最大化发挥土地生产功能和食物供给功能的有效措施。

关于天然草原，近十年的政策焦点主要是继续实施“草原生态补奖政策”及相关实施细节配套政策，研究第二轮草原生态保护补奖政策到期后的政策。2021 年《国务院办公厅发布关于加强草原保护修复的若干意见》（国办发〔2021〕7 号）提出，要健全草原生态保护补偿机制。政策的焦点从“补奖”转到“补偿”，同时提出要支持优质储备饲草基地建设，在半农半牧区因地制宜建设多年生人工草地，农区要结合退耕还草、草田轮作等工作，大力发展人工草地，提高饲草供给能力。因此，各地方政府均应充分认识区域的特点，合理解读“非粮化”与饲草种植，树立食物系统观念，认清当前食物安全的重要制约因素为饲草料尤其是优质饲草料的短缺，切实发挥出各类耕地的食物保障功能。

四、发展未来供需预测

（一）天然草原保障食物安全潜力巨大

近 20 年来，我国天然草原平均地上生物量（AGB）呈现南方高、北方低，东西部高、中部低的空间分布格局。总体而言，东南区和西南区平均 AGB 较高，在 2000kg/hm^2 以上。其他较高的区域主要分布在呼伦贝尔和黑龙江、吉林、辽宁大部分地区，黄河中下游地区（包括陕西和山西部分地区，以及河北、北京、天津、山东大部分地区），青藏高原东北部区域（甘肃甘南、四川西北部甘孜和阿坝）及新疆伊犁河谷地区。草地地上生物量较低的区域主要分布在内蒙古锡林郭勒以西（包括乌兰察布、包头、鄂尔多斯、巴彦淖尔和阿拉善）、宁夏大部分区域、甘肃中部和东北部（包括白银、金昌、嘉峪关、酒泉）及新疆南部。近 20 年来，全国各省区 AGB 和产草量均有增加趋势，天然草地产草量从 2000 年的 5 亿 t 增到现在的近 6 亿 t，产草量的增长有利于满足我国日益增长的牛羊等食草动物的饲草需求，保障我国牛羊肉等畜产品的供给。产草量与牛羊养殖数量的协同增长是保障社会经济发展中食物安全的重要一环。

2000～2019 年，我国天然草原总体恢复状况较好，AGB 以增加趋势占主导（图 21-2）。其中，AGB 呈显著增加趋势的草地面积占我国草地总面积的 24.02%，主要分布在内蒙古东部（兴安盟、通辽市和赤峰市东部）、山西北部（朔州市、大同市和吕梁市）、陕西北部（延安市北部、榆林市）、宁夏中部（中卫市、吴忠市）、甘肃东部（临夏自治州、白银市、定西市和庆阳市）、青海东部（海南自治州）、西藏西南部（日喀则市）、云南东北部（曲靖市）和贵州西部（六盘水市）等地区。AGB 显著减少的草地面积最少，仅占我国草地总面积的 4.34%，集中分布在内蒙古阿拉善地区、甘肃西部（酒泉和嘉峪关）、新疆巴音郭楞地区、西藏昌都地区、四川甘孜南部和江苏扬州地区。

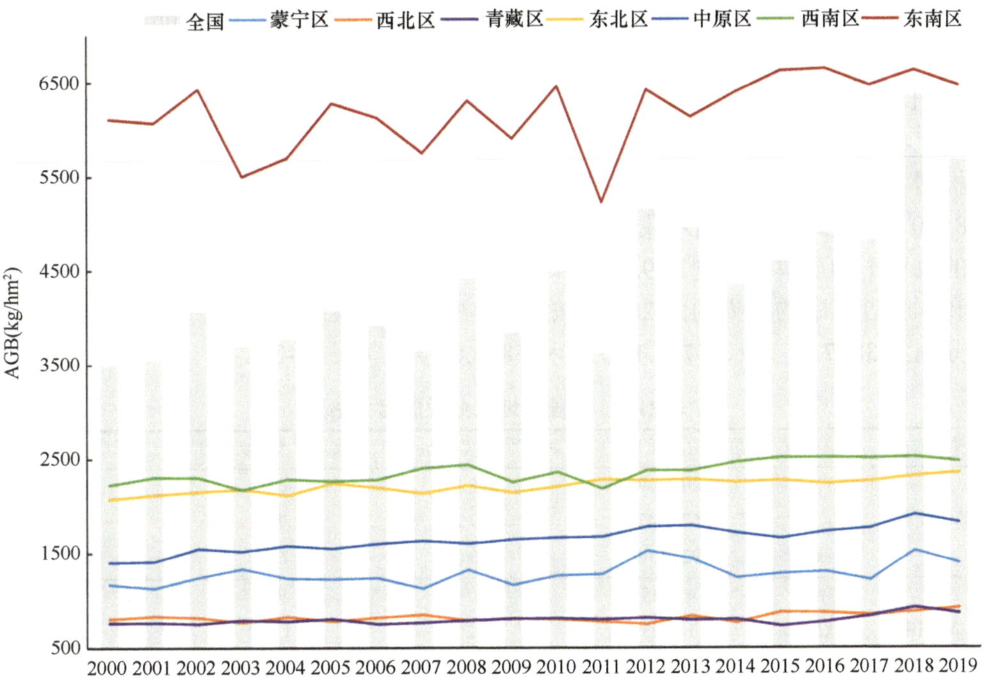

图 21-2　2000～2019 年全国及七大片区天然草地 AGB

天然草原在保障国家食物安全，尤其是保障畜产品供给方面作出巨大的贡献。2015～2018 年，我国牧区和半农半牧区为全国提供了年均 153 万 t 的牛肉（占全国的 22%）、

146.6 万 t 的羊肉（占全国的 33.8%）、930 万 t 的奶类（占全国的 33.8%）和 24.3 万 t 的毛绒（占全国的 50.7%）。在草原生态补奖政策等一系列措施的保护下，我国天然草原总体恢复状况较好，应合理利用草原，尤其是禁牧区的草原，我国实施禁牧的草原面积约 1.05 亿 hm^2，在发挥其生态功能的前提下，应充分发挥其对畜产品生产的供给保障功能。

（二）农田引草可进一步强化传统农区食物安全保障功能

1. 全国农区草地农业发展潜力

假设未来农田种草生产潜力分为以下低、中、高 3 种方案。低方案：假设中低产田有 50%用来发展草田轮作，且草田轮作为 7 年制（种植 6 年作物轮作 1 年牧草），外加农闲田（包括冬闲田和夏秋闲田）土地总面积的 5%用于种草。中方案：假设中低产田有 50%用来发展草田轮作，且草田轮作为 6 年制（种植 5 年作物轮作 1 年牧草），外加农闲田（包括冬闲田和夏秋闲田）土地总面积的 10%用于种草。高方案：假设中低产田有 50%用来发展草田轮作，且草田轮作为 5 年制（种植 4 年作物轮作 1 年牧草），外加农闲田（包括冬闲田和夏秋闲田）土地总面积的 15%用于种草。

我国现有中、低产田面积分别约为 $6.28\times10^7hm^2$ 和 $2.96\times10^7hm^2$。华北灌溉地区小麦平均产量约为 $4.5t/hm^2$，而如果在同一块土地上种植苜蓿，产量可达 $15t/hm^2$，如种植青贮玉米则产量会更高，仅以种植苜蓿作为计算依据，则牧草与作物的干物质之比约为 3∶1。相关数据显示，中、低产田的粮食单产分别平均为 $4.13t/hm^2$ 和 $3t/hm^2$，则其所对应的牧草干物质单产应分别为 $11.25t/hm^2$ 和 $9t/hm^2$。假设按照 1t 饲草干物质抵扣 1t 粮食计算，种植粮食的中、低产田改种苜蓿后可以使饲草干物质产量分别增加 $7.12t/hm^2$ 和 $6.00t/hm^2$。

根据农业农村部全国畜牧总站统计，全国冬闲田和夏秋闲田面积分别为 $4.8\times10^6hm^2$ 和 $1.8\times10^6hm^2$。此外，根据对我国多地区田间试验数据的综合分析，设定冬闲田和夏秋闲田的牧草干物质单产分别为 $9.00t/hm^2$ 和 $15.00t/hm^2$。依据上述假设计算，并假设收获、贮运和饲喂过程中的损失约为 20%，按照低、中、高方案进行预测，未来农田种草生产潜力分别为 3857.49 万 t、4728.42 万 t 和 5851.05 万 t（表 21-2）。

表 21-2　全国草地农业发展潜力估测

方案	种植系统	土地类型	总面积（万 hm^2）	种草面积（万 hm^2）	牧草单产（t/hm^2）	牧草总产（万 t）
低方案	草田轮作	低产田	2956.67	211.40	6.00	1268.42
		中产田	6283.47	449.27	7.12	3198.81
		合计或平均	9240.14	660.67	6.70	4467.23
	农闲田	冬闲田	479.85	23.99	9.00	215.93
		夏秋闲田	184.93	9.25	15.00	138.70
		合计或平均	664.78	33.24	9.80	354.63
	总计		9904.92	693.91	—	4821.86（3857.49）
中方案	草田轮作	低产田	2956.67	246.14	6.00	1476.84
		中产田	6283.47	523.09	7.12	3724.44
		合计或平均	9240.14	769.23	6.70	5201.28

续表

种植系统		土地类型	总面积（万 hm^2）	种草面积（万 hm^2）	牧草单产（t/hm^2）	牧草总产（万 t）
中方案	农闲田	冬闲田	479.85	47.98	9.00	431.86
		夏秋闲田	184.93	18.49	15.00	277.39
		合计或平均	664.78	66.47	9.80	709.25
	总计		9904.92	835.70	—	5910.53（4728.42）
高方案	草田轮作	低产田	2956.67	295.77	6.00	1774.60
		中产田	6283.47	628.56	7.12	4475.33
		合计或平均	9240.14	924.33	6.70	6249.93
	农闲田	冬闲田	479.85	71.98	9.00	647.79
		夏秋闲田	184.93	27.74	15.00	416.09
		合计或平均	664.78	99.72	9.80	1063.88
	总计		9904.92	1024.05	—	7313.81（5851.05）

数据来源：《关于全国耕地质量等级情况的公报》（农业农村部公报〔2020〕1 号）；牧草总产括号内数据为除去损失的净产量；牧草净产量按照牧草可利用率为 80%计算（去除牧草收获、贮运和饲喂过程中损失约 20%）

2. 草田轮作制度下不同区域中低产田草地农业发展潜力

中低产田受各种因素的制约，农作物产量低且不稳，生产潜力不大，这部分土地应尽可能转为种植牧草，以草养地。中低产田土壤有机质含量均仅为 1.8%，作物产量只有高产田的 40%～60%。但如果按照低、中、高方案进行预测，在中国九大区域中，长江中下游地区的中低产田种草生产潜力最高，分别高达 829.06 万 t、965.29 万 t 和 1159.91 万 t；其次是西南地区，分别为 737.01 万 t、858.11 万 t 和 1031.12 万 t；生产潜力最低的是青藏地区，分别为 37.12 万 t、43.22 万 t 和 51.94 万 t。

3. 不同省份农闲田草地农业发展潜力分析

我国的农闲田特别是南方地区的冬闲田，是牧草生产的宝贵土地资源。冬闲田地势平坦、土壤肥沃，牧草生产潜力巨大。计算各省份农闲田草地农业发展潜力，湖南、江西与四川的农闲田种草生产潜力位列全国前三。假设收获、贮运和饲喂过程中的损失约为 20%，并按照低、中、高方案进行预测，湖南的农闲田种草生产潜力分别为 55.00 万 t、110.00 万 t 和 164.99 万 t，江西分别为 28.40 万 t、56.80 万 t 和 85.20 万 t，四川分别为 23.86 万 t、47.72 万 t 和 71.58 万 t（表 21-3）。

表 21-3　各省份农闲田草地农业发展潜力估测　　（万 t）

省份	低方案			中方案			高方案		
	冬闲田	夏秋闲田	合计	冬闲田	夏秋闲田	合计	冬闲田	夏秋闲田	合计
河北	1.67	0.15	1.82	3.34	0.30	3.64	5.00	0.46	5.46
山西	0.39	0.78	1.17	0.78	1.56	2.34	1.17	2.34	3.51
吉林	0	0.01	0.01	0	0.02	0.02	0	0.02	0.02
江苏	2.93	3.53	6.46	5.87	7.06	12.92	8.80	10.58	19.38
安徽	4.09	1.63	5.72	8.18	3.26	11.45	12.28	4.90	17.17
江西	20.00	8.40	28.40	40.00	16.80	56.80	60.00	25.20	85.20
山东	6.80	0.40	7.19	13.59	0.79	14.39	20.39	1.19	21.58

续表

省份	低方案			中方案			高方案		
	冬闲田	夏秋闲田	合计	冬闲田	夏秋闲田	合计	冬闲田	夏秋闲田	合计
河南	2.22	0.40	2.62	4.44	0.79	5.24	6.67	1.19	7.86
湖北	10.43	4.14	14.57	20.86	8.29	29.15	31.29	12.43	43.72
湖南	34.16	20.84	55.00	68.32	41.67	110.00	102.48	62.51	164.99
广东	7.88	0.18	8.06	15.75	0.37	16.12	23.63	0.55	24.18
广西	11.83	0.19	12.03	23.66	0.39	24.05	35.50	0.58	36.08
海南	2.13	0.55	2.68	4.26	1.09	5.35	6.39	1.64	8.03
重庆	13.44	0.25	13.69	26.88	0.50	27.39	40.33	0.75	41.08
四川	23.17	0.69	23.86	46.34	1.38	47.72	69.52	2.06	71.58
贵州	11.66	0.49	12.15	23.33	0.98	24.30	34.99	1.46	36.46
云南	13.70	0.19	13.89	27.40	0.38	27.78	41.10	0.58	41.67
陕西	2.57	0.12	2.69	5.14	0.25	5.39	7.71	0.37	8.08
甘肃	3.29	0.64	3.93	6.58	1.29	7.86	9.86	1.93	11.79
青海	0.14	1.36	1.50	0.29	2.72	3.01	0.43	4.08	4.51
宁夏	0	2.83	2.83	0	5.66	5.66	0	8.48	8.48
新疆	0	0.93	0.93	0	1.86	1.86	0	2.80	2.80

注：合计一列数据与冬闲田和夏秋闲田加和数据略有差异是由小数修约造成的，本书余同

（三）农牧交错区是草食家畜产品的主要生产基地

我国农牧交错区自东北向西南纵贯整个中国，据其分布范围可分为北方农牧交错带、西南川滇农牧交错区、西北干旱区、绿洲荒漠过渡带等。常说的农牧交错区主要是指北方农牧交错带。我国北方农牧交错带大致分布在长城两侧，以长城以北为主。其北起大兴安岭西麓的内蒙古呼伦贝尔市，向南至内蒙古通辽市和赤峰市，再沿长城经河北北部、山西北部和内蒙古中南部向西南延展，直至陕西北部、甘肃东北部和宁夏南部，涉及 9 个省（区）的 106 个县（旗），总面积 654 564km^2。农牧交错区是我国农区与牧区交错和过渡的地带，其植被自东向西由森林草原带过渡到典型草原带和荒漠草原带，是阻挡西、北部沙漠向东、南入侵的重要生态屏障。

本区域素有种植苜蓿等优良饲草，发展草食畜牧业的传统。但限于小农户生产规模过小，加之粮食作物在生产系统中占主导地位，始终未形成粮草结合、种养结合模式及规模化、标准化生产。2012 年国务院和农业部启动“振兴奶业苜蓿发展行动”，截至 2018 年，已经建设高产优质苜蓿示范基地 36.7 万 hm^2，苜蓿商品草生产量达到 400 万 t。适于生产高质量苜蓿草的河西走廊、宁夏灌区、科尔沁沙区等核心产区均为农牧交错区。

退牧还草工程实施以来，草原植被生长状况明显好转，草原生态环境得到改善。监测评估结果显示，退牧还草工程区与非工程区相比，植被盖度、高度和干草产量分别高出 11.76%、8.88cm 和 24.14kg/亩。内蒙古各项重大生态工程建设面积与森林覆盖率都呈明显的正相关关系，随着生态工程建设面积的增大，内蒙古的森林覆盖率不断升高，退耕还林工程与森林覆盖率的相关系数最大，其次是三北防护林工程。生态环境质量方面，森林覆盖率达 23%，活立木蓄积量达 16 亿 m^3，湿地保有量达 9000 万亩，草原植被盖

度达 48%。根据近期目标，森林覆盖率达到 24%，草原覆盖率增加到 50%，生态系统服务功能将得到进一步改善，水涵养生态服务功能提高约 3%，土壤保持生态服务功能提高约 1.8%。

北方农牧交错带重点区域包括内蒙古、河北、辽宁等 7 省（区）的 146 个县（市），其中 29 个县（旗）在内蒙古（表 21-4）。内蒙古农牧交错带内耕地面积占全自治区耕地面积的近 65%，粮食单产低于 100kg/亩的县（旗）耕地面积占农牧交错带耕地面积的 1/3；低于 200kg/亩的县（旗）耕地面积占农牧交错带耕地面积的 1/2，粮食总产量只有 400 万多吨，占农牧交错带粮食总产量的 1/5。降水量低于 400mm 的农牧交错带地区如若全部退耕还草，自治区粮食产量将减少约 12%，草畜产品将增加约 10%。

表 21-4　内蒙古农牧交错带粮食产量、耕地与单产统计信息

单产（kg/亩）	耕地面积（hm^2）	占全区耕地比例（%）	粮食产量（t）	占全区粮食产量比例（%）	农牧交错带区县
X<100	1 806 541	19.02	1 567 508	5.64	东胜区、商都县、固阳县、化德县、多伦县、兴和县、准格尔旗、察哈尔右翼、丰镇市、霍林郭勒市、卓资县、察哈尔右翼、察哈尔右翼、克什克腾旗、清水河县、和林格尔县、武川县
100<X<200	1 148 759	12.10	2 582 128	9.29	太仆寺旗、巴林右旗、扎鲁特旗、敖汉旗、凉城县、巴林左旗、林西县、伊金霍洛旗
200<X<300	1 865 750	19.65	6 824 664	24.55	阿鲁科尔沁旗、科尔沁左翼后旗、库伦旗、奈曼旗、翁牛特旗、科尔沁左翼中旗、集宁区、喀喇沁旗、扎赉特旗、松山区
X>300	1 323 685	13.94	7 838 940	28.19	科尔沁右翼中旗、宁城县、科尔沁右翼前旗、突泉县、达拉特旗、开鲁县、托克托县、土默特左、土默特右旗

在不影响国家现行相关政策下，加大对农田种植饲草作物的支持力度，在粮食单产低于 100kg/亩的农牧交错带及呼伦贝尔、科尔沁、阴山北麓等农牧交错带实施退耕还草、发展草畜一体化与现代畜牧业，综合施策恢复生态屏障功能，全面实施退耕还草，加大多年生栽培草地建设力度，提高地表植被的常年覆盖率，减少水土流失；在河谷滩地、湖盆洼地、沙丘间低地等水位较高的土地上建立饲草基地，推行“种植一点、改良一块、保护一大片”的草原生态保护建设模式，发展粮改饲与现代畜牧业。科学核算退耕还草对牧民收入的影响，实施全额补偿的退耕退牧还草生态补偿政策。随后推广到粮食单产低于 200kg/亩的旗县。

（四）南方是草地农业发展的优势区

南方具有丰富的草业资源和巨大的生产潜力。

南方天然草地大体上有三种类型，一是海拔 500m 以下的红壤丘陵区，水热条件优越，地形起伏小，但水土流失严重，草地多为森林破坏后的次生类型，适宜农、林、牧综合发展；二是海拔 500～1500m 的低山区，自然条件也好，但因地形起伏大、交通不便，以林为主，草地零星；三是海拔 1500m 以上的中、高山草地，多在林线以上，地势和缓，气温较低，适于牧草生长，是南方草地面积最大和连片分布最多、牧草质量最好的一个类型。南方草地蕴藏着巨大的生产潜力，草地畜牧业尚有待发展。南方亚热天然草地的一个主要

限制因素是本地牧草饲用价值较低，牧草产量和品质均不能满足现代畜牧生产的需要。

以巫山—武陵山—云贵高原东缘一线为界，南方地区可分为东南和西南两个部分。东南部在 110°～123°E、18°～32°N 范围内，以丘陵、平原为主，草地总面积占土地总面积的 24%；西南部大多在 100°～112°E 范围内（纬度与东南地区相似），以山地、丘陵和高原为主，海拔大多在 500～2500m，草地面积占土地总面积的约 32%。南方天然草地资源，尤其是大面积连片草地，主要分布在西南地区。

南方天然草地多为零星草地，植被主要为草丛、灌草丛类，还有少量的低地草甸和山地草甸类。南方天然草地的产草量一般在 1500～2500kg/hm^2，干物质（DM）中粗蛋白质含量一般为 3.5%～10.5%，粗纤维含量一般为 30%～50%。相对而言，南方草甸类草地的粗蛋白质含量比草丛和灌草丛类草地高 1 倍左右，而粗纤维含量仅相当于草丛和灌草丛类的 60%左右。作为南方天然草地的主体，草丛和灌草丛类草地不仅干物质产量低，而且营养品质较差、适口性低，限制了其利用。因此，对南方天然草地进行改良是必要的。

随着经济收入增加，我国居民的食物消费结构有了较大变化，动物源食物的消费水平日益增长，牛肉、羊肉、牛奶等源自草食动物的食物消费增长尤为迅速。这就要求我们在食物安全问题上要更加重视草地农业。草地农业是生态农业的一种，由我国传统农业的精耕细作结合西方“有畜农业”发展而来。草地农业有别于传统农业的显著特点是其将牧草作为植物生产的重要组分纳入农业土地利用中，并突出草食家畜在食物生产和经济发展中的重要性。草地农业将植物生产与动物生产相结合，把食物生产系统作为整体来开发利用，符合节约资源、高效产出、生态和生产兼顾、可持续发展的现代农业特征。我国南方地区热量丰富、雨量充沛，有大面积的草山草坡、疏林草地、果园隙地、冬闲田等土地资源，可以发展不同类型的草地农业系统。

以南方地区主要作物稻谷的饲料代谢能产量为标准，将其他作物或饲草（可利用）与之比较，按单位面积饲料代谢能产量折算为相当于稻田的面积作为“稻田当量”，可以计算出南方地区草地农业的生产潜力，结果见表 21-5。

表 21-5　南方地区粮食作物和饲草的干物质、粗蛋白质、代谢能产量及“稻田当量”

产品种类	干物质（t/hm^2）	利用系数	可利用干物质（kg/hm^2）	粗蛋白质含量（%）	粗蛋白质产量（t/hm^2）	代谢能含量（MJ/kg）	代谢能产量（MJ/hm^2）	稻田当量
稻谷	5.5	1.0	5.5	8.5	0.47	13	71 500	1.00
小麦	2.5	1.0	2.5	13.0	0.33	13	32 500	0.45
玉米	3.8	1.0	3.8	9.5	0.36	13	49 400	0.69
冬闲田黑麦草	12.0	0.8	9.6	15.0	1.44	10	96 000	1.34
青贮玉米	20.0	0.8	16.0	8.0	1.28	10	160 000	2.24
多年生人工草地	8.0	0.7	5.6	15.0	0.84	10	56 000	0.78

注：稻谷、小麦、玉米谷粒产量根据《中国农业年鉴（2005）》2004 年的数据计算，干物质含量按 88%计算；冬闲田黑麦草、青贮玉米、多年生人工草地的产量根据文献报道的数据综合计算；粗蛋白质和代谢能含量根据文献报道综合计算

根据表 21-5 可知，如以饲料代谢能产量为衡量标准，每公顷小麦和玉米的稻田当

量分别为 0.45 和 0.69，而每公顷冬闲田黑麦草、青贮玉米和多年生人工草地的稻田当量分别为 1.34、2.4 和 0.78；冬闲田黑麦草、青贮玉米和多年生人工草地的粗蛋白质产量分别是稻谷的 3.1 倍、2.7 倍和 1.8 倍，是小麦的 4.4 倍、3.9 倍和 2.5 倍，是玉米（子实）的 4 倍、3.6 倍和 2.3 倍。

目前我国南方 15 省份（不包括台湾）水稻种植面积近 2500 万 hm^2，水稻冬闲田面积很大，假设其中 40%即 1000 万 hm^2 冬闲田能够在冷季种植一年生牧草，则相当于增加 1340 万 hm^2（2 亿亩）稻田的产能。南方玉米种植面积约 609 万 hm^2，而目前玉米主要用作饲料，如果将其中 1/3 即约 200 万 hm^2 的粮用玉米改为青贮玉米，则相当于 448 万 hm^2 稻田的产能，减去原来粮用玉米减少的 200 万 hm^2，相当于新增 248 万 hm^2（3720 万亩）稻田的产能。南方可利用天然草地面积达 6500 万 hm^2，如果将其中 1/3 即 2000 万 hm^2 建成高产人工草地，相当于增加 1560 万 hm^2（2.34 亿亩）稻田的产能。这 3 项合计，相当于 3148 万 hm^2（4.72 亿亩）的“稻田当量”，潜力十分可观。另外，南方还有 833 万 hm^2 的烤烟地，也可发展冬闲田种草；106.9 万 hm^2 的茶园、464 万 hm^2 的果园及大面积的疏林和隙地均可发展不同类型的人工草地。

由此可见，通过发展草地农业、以草代粮，能够更好地发挥资源的潜在优势，对于保障我国食物安全有重要意义，也是农民增收、农业增效的一个重要途径。

五、发展战略

（一）指导思想

全面贯彻落实党的二十大精神，以习近平新时代中国特色社会主义思想为指导，树立“大农业观”“大食物观”，全方位多途径开发食物资源，大力培育和合理利用草地资源，充分发挥草原生态系统的多种功能，促进资源可持续经营和产业高质量发展，有效增加优质产品供给，为保障国家粮食安全、推动乡村振兴和生态文明建设及建设美丽中国作出更大贡献。

（二）发展原则

坚持生态优先，绿色发展。正确处理草地资源保护、培育与利用的关系，建立生态产业化、产业生态化的草地生态产业体系，筑牢发展新根基。

坚持因地制宜，突出特色。根据草地资源禀赋，培育主导产业、特色产业和新兴产业，培植草地农业产品和服务品牌，形成资源支撑、产业带动、品牌拉动的发展新格局。

坚持创新驱动，集约高效。加快产品创新、组织创新和科技创新，推动规模扩张向质量提升、要素驱动向创新驱动、分散布局向集聚发展转变，培育发展新动能。

坚持市场主导，政府引导。充分发挥市场配置资源的决定性作用，积极培育市场主体，营造良好市场环境。加强政府引导和监督管理，完善服务体系，健全发展新机制。

（三）发展目标

到 2025 年，草地资源合理利用体制机制基本形成，草地资源支撑能力显著增强，优质草地农业产品产量显著增加；草地资源开发利用监督管理进一步加强，资源利用效率和生产技术水平进一步提升，产业质量效益显著改善；有效增进国家生态安全和粮油安全，有力助推乡村振兴、脱贫攻坚和经济社会发展，服务国家战略能力全面增强。到2035年，草地资源配置水平明显提高，草地农业产业规模进一步扩大，优质草地农业产品供给更加充足，产业结构更加优化，产品质量和服务水平全面提升。

（四）战略重点/重大工程

1. 牧区草原修复与生产力提升工程

在北方重点牧区退化草原，采取补播、施肥、合理利用等措施，促进退化草原恢复，使草原生产力提升30%以上；在禁牧区等草原生态明显好转区域，根据不同类型的草原计算合理载畜量，合理放牧，加大对草地农业投入，提升畜产品供给能力；利用牧区耕地建立栽培牧草地，建设饲草料储备设施，提高饲草供给能力。

2. 农区藏粮于草与土地生产力提升工程

在广大农区选择一批县市，充分利用弃耕地、撂荒地、冬闲地、坡地和盐碱地等低产田种植牧草，开展草地农业产业化试点示范，显著提升农区土地的蛋白饲料生产能力，并探索农区草地农业发展的技术支撑和产业化体制机制保障体系；在已建立了牛羊奶优势产业的农区县市，全面推进农田豆科牧草与粮食作物轮作，为草食家畜产业发展提供更充足的优质饲料，在进一步缓解肉类供需矛盾的同时，促进农区耕地永续利用和生态改善。

六、发展保障措施及政策建议

根据草地资源、草业经济结构和生产水平，各区域因地制宜地发展各具特色的草地农业系统。

（一）农区

黄淮海地区既是重要的粮食产区，又是畜产品的主要生产地。在黄淮海地区发展草地农业，把畜禽养殖与饲草生产、畜禽粪污资源化利用结合起来，把粮食生产与饲草生产相结合，推广草畜配套、循环的草地农业发展模式和粮草轮作模式是建设现代畜牧业的主要内容，充分体现中低产田土壤修复、防风固沙、节水等生态理念和功能相适应的商品草生态发展模式符合国家的发展战略，能实现可持续发展。

（二）南方草山草坡

我国南方草地是山区牧业的重要增长点，其中可利用草地8.4亿亩，理论载畜量占全国天然草地理论载畜量的41.4%。西南喀斯特地区水热丰沛，自20世纪80年代成功引种优质牧草以来，草地畜牧业健康发展，应借鉴贵州省灼甫草场试验示范经验、晴隆县科技扶贫经验、扶贫连片开发经验，在坡地上种草养畜，既可以增加农民收入，又能够保护生态，有效遏制了石漠化扩展，同时为我国提供了优质畜产品，充分发挥其食物供给功能和生态功能。

（三）北方农牧交错带

农牧交错带耕地面积大，但多数产量低。以内蒙古为例，耕地面积占全区耕地面积的近 65%，粮食单产低于 100kg/亩的县（旗）耕地面积占农牧交错带耕地面积的 1/3。可将降水量低于 400mm 的农牧交错带耕地全部退耕还草，发展草畜一体化与现代畜牧业，综合施策恢复生态屏障功能，加大多年生栽培草地建设力度，提高地表植被的常年覆盖率，减少水土流失；在河谷滩地、湖盆洼地、沙丘间低地等水位较高的土地上建立饲草基地，推行“种植一点、改良一块、保护一大片”的草原生态保护建设模式，发展粮改饲与现代畜牧业。全区粮食产量将减少约 12%，优质草畜产品将增加约 10%。农牧交错带是种养结合和农牧耦合的优势地区。

（四）撂荒地

研究显示，我国约 15%的耕地被撂荒或弃耕。针对撂荒地，应建立监测体系，摸清家底，在山区倡导土地流转，推动耕地的集中连片化利用，用扶贫或贷款方式扶助农户种草养畜、种养结合，既可以缓解耕地撂荒风险，也可以调动农民生产积极性，从而发挥边际土地的食物供给功能；对于南方经济发达地区的撂荒地，应合理建设现代化牧场，集草食家畜养殖、休闲旅游于一体。

总而言之，建立“大食物观”是保障食物安全的前提。当前，我国食物安全的短板在于饲料供给不足，尤其是蛋白饲料缺口比较大。认识草地农业、因地制宜推广草地农业，是保障食物安全的有效选择和必由之路。当前，不论是普通群众，还是科技界，对“草”的认识大多停留在田间杂草、荒草等概念上，大多数人没有将饲草作为一类重要的作物看待，因而很少像对待农作物一样投入精力和物质，亦未关注到草地农业对食物安全的巨大贡献。同时，草地农业作为新兴产业，以往的经验积累和技术储备并不多，技术培训和示范也比较欠缺。为此，需要进一步加强草地农业科学普及工作，同时加快有关农区草地农业的试验和示范，提高从决策层到社会大众对草地农业发展的广泛认识。

第三节　微生物及昆虫产业发展

一、发展形势

近年来，以合成生物学和食品组学为核心的未来食品技术极大地促进了微生物、细胞工厂等在食品资源领域的开发与应用。人类对微生物合成产物制造技术的驾驭和运用，正在颠覆传统的食品生产和供给方式。未来新兴食品具有巨大的研究价值和产业化潜力。

在蛋白的新兴合成技术方面，目前针对新型蛋白合成技术的研究主要集中在可食用菌种的筛选、大规模栽培和发酵技术的开发、致病性和致敏性的消除以及微生物蛋白替代肉制品工艺的研发等方面。随着食品合成生物学、食品安全检测、食品加工和食品大数据分析等诸多新技术的发展，更多和更新颖的微生物蛋白制品将会得到快速发展，进而实现工业化高效规模生产和制造。

在碳水化合物的新兴合成技术方面，精准调控微生物淀粉及其高附加值衍生物的合成并实现可持续供给，是当今世界科技创新的重大颠覆性战略方向。目前，利用合成生物学技术构建细胞工厂已实现了将纤维素转化为食用淀粉，这项技术不仅会对未来农业生产特别是粮食生产产生革命性影响，对于全球生物制造产业发展也有里程碑式意义。

在油脂的新兴合成技术方面，通过生物工程发酵技术可以生产出含有油脂的菌体或藻体，再经油脂工程技术提取和精炼，生产出合格的微生物油脂。生化工程、基因工程等策略可以通过调节油脂合成所需的关键中间代谢产物和阻断竞争途径，对油脂积累起到重要的调控作用。利用合成生物学技术改造微生物细胞工厂，高效合成多种维生素，已被用来解决微生物来源蛋白缺乏特定小分子营养组分的问题。

在益生菌资源的开发和创新利用方面，由于微生态系统在生命健康中扮演着关键的角色已被人所熟知，益生菌以其对人体微生态系统的支持、补充和调节作用，迅速成为食品领域最受关注的食物资源之一，在产业发展、市场需要和国家科学政策的推动下，中国益生菌的科学研究取得一系列的成果，江南大学、内蒙古农业大学等多所国内高校已建立了具有自主知识产权的益生菌菌种库。

在食用菌产业方面，2021 年中国食用菌产量达到 4189.85 万 t，产值达 3696.26 亿元。食用菌产业已经成为中国农业种植业中继粮食、蔬菜、果树、油料之后的第五大产业。近年来，国家对农业及食用菌加工业不断加大投入，食用菌加工涌现出诸多生产技术，使食用菌产品更加多样化、个性化，成为国民经济发展的“新兴产业”和新的经济“增长点”。

在昆虫产业方面，食用昆虫蛋白含量高，并且种类繁多、资源数量大、饲养增值效率高，是一种值得利用的宝贵资源。早在 2013 年，联合国粮农组织（FAO）就鼓励人们食用昆虫。从世界范围看，不仅许多地区都有食用昆虫的习惯，有些还通过昆虫的采集和养殖形成了比较完善的产业链。

二、发展面临的问题和挑战

（一）核心菌种筛选处于起步阶段

目前全球有超过 80 家食品公司从事微生物蛋白的研发和生产，主要集中在食用微生物蛋白开发、生产和蛋白品质改良技术方面。国外从事菌体蛋白生产的公司都拥有一株或几株具有自主知识产权的食用菌种，我国在菌种筛选应用于微生物蛋白肉生产研究方面还处于起步阶段，筛选适用于生产微生物蛋白的菌种是目前急需解决的技术难题。

（二）产业化开发应用亟待加强

虽然微生物合成食物可以替代传统食物，具有环境和资源友好、营养健康等诸多好处，但如何获得公众认可，并改变长期以来消费者的传统饮食习惯观念，从而增强市场竞争力是微生物合成食物产业发展面临的重要挑战。例如，虽然微生物蛋白具有很高的蛋白含量，包含所有的必需氨基酸，并且富含维生素和矿物质及其他各种营养物质，营养丰富且均衡，但改变长期以来以肉食为主要蛋白来源的传统饮食习惯观念仍存在挑战。

（三）产业标准规范有待完善

随着合成生物学、基因编辑、细胞工程等先进生物技术的发展，微生物蛋白、微生物淀粉、微生物油脂等新兴食品日渐变为现实。但是，微生物食品在法规层面还存在诸多亟待解决和规范的问题，全球范围内专门针对微生物食品产品质量规格的法规和标准也比较匮乏。此外，除了现有团体标准，还需要逐步发展行业标准、国家标准，从而更好地规范企业行为。

（四）食用菌产业链条亟待拓展

食用菌产业是密集型产业，需要在生产上实现各个环节的无缝对接，包括从设施、设备到菌种等方面突破多项核心技术。目前，我国食用菌产业发展已由高速增长向中低速增长换挡，在发展过程中还存在一些制约因素。在菌种方面，目前问题比较严重，如菌种混乱、品种混杂、质量标准不统一等。在质量标准方面，需要进一步完善全过程监管制度，建立食用菌食品产地可追溯质量标识制度。在精深加工方面，食用菌精深加工能力明显不足，精深加工产品少，研发刚刚起步，产品附加值低。

（五）昆虫加工水平有待加强

大部分消费者不能克服对昆虫的固有认同感。此外，食用昆虫目前仍然存在食源性风险。例如，竹虫肠道内可携带沙门氏菌、志贺菌等致病菌，食用不当会有被感染的风险；松毛虫幼虫体表的毛有毒，只有去除有毒部分后才能食用；还有少部分昆虫食用不当的话可能会产生过敏反应。只有经过现代加工，昆虫的病毒和细菌携带风险才会得到更好掌控。

三、发展竞争力分析

微生物及昆虫产业已高质量完成向“微生物要热量、要蛋白”的重大战略任务，但还需要着力研发真菌源蛋白产品、合成型替代蛋白产品、服务动植物生产的保障型产品。

（一）真菌源蛋白产品

真菌生长繁殖速度快，能将作物秸秆和林木生物质等废弃物转化为蛋白与热量，且生产蛋白的效率高于动物。真菌源蛋白产品按用途可分为三类：一是直接食用产品，包括香菇、平菇等食用菌，其干物质的蛋白含量约为22%，且能提供8种必需氨基酸，为优质蛋白；二是为合成“人造肉”和“人造奶”等食物提供蛋白原料的产品；三是为畜禽等动物饲养提供蛋白的产品，可替代植物蛋白，具有缓解“畜争粮”矛盾的作用。我国每年产生农作物秸秆9亿t和林木生物质9.2亿t，1/4的秸秆和林木生物质用于生产蘑菇，可生产蛋白约3150万t，相当于7879t大豆的蛋白总量，折合6亿亩农田种植大豆所生产的蛋白。未来 30 年内，若用真菌源蛋白替代全球 20%的牛肉消费量，可降低 56%的森林砍伐量和与之相关的碳排放。

（二）合成型替代蛋白产品

我国是动物肉制品和奶制品生产与消费大国。2021 年我国猪牛羊禽肉总产量 8887 万 t、奶类消费量 5972 万 t。传统的动物养殖方式面临资源超载、环境污染、疫病多发、投入产出比低等诸多压力。而基于酵母、藻类、芽孢杆菌等微生物细胞工厂，通过改善物质、能量代谢效率及产物性能，可合成蛋白主料及相关风味、色泽、营养配料，并采用特殊配方和工艺获得非动物源替代蛋白食品，即微生物合成型替代蛋白产品，主要包括替代蛋白肉、蛋、奶等。替代蛋白肉是模拟动物肉风味、口感、色泽和形态的仿真肉制品；替代蛋白奶是模拟牛奶风味、口感和营养的仿真奶制品。微生物合成型替代蛋白是变革传统养殖业、满足人民蛋白需求的有效方案。2035 年全球微生物合成型替代蛋白市场规模有望达到 600 亿美元。

（三）保障植物生产的微生物投入品

据研究，根瘤菌与豆科植物共生固氮每年为地球提供 1.2 亿～1.4 亿 t 纯氮（若为人工合成，需消耗相当于 3.92 亿～4.56 亿 t 煤）。欧美发达国家微生物农药和肥料的使用比例已达 45%～70%，接种根瘤菌可使大豆每公顷增产 25～300kg，花生增产 10%～50%。然而，我国微生物农药的使用比例仅约为 12%，根瘤菌接种面积不足大豆播种面积的 1%。保障植物生产的微生物投入品主要为微生农药和微生物肥料。微生物农药是用于农作物病虫害防控的有益微生物及其次生代谢产物制剂等，可以抑制甚至杀死农业生产中的有害生物，提高作物的抗病能力，其来源广泛，具体包括真菌、细菌和病毒等。微生物肥料是促进农作物生长、营养高效的有益微生物制剂，用于其创制的微生物包括根瘤菌、菌根真菌及解磷菌等。

（四）保障动物生产的微生物投入品

我国动物疫苗销售额从 2011 年的 73 亿元增至 2020 年的 142 亿元，年均复合增长率达 7.6%。同时，动物益生菌已替代抗生素成为维持人和动物健康的主要产品。2021 年全球益生菌市场规模约 610 亿美元，其中饲用益生菌市场规模约 40 亿美元。保障动物生产的微生物投入品主要为动物疫苗和动物益生菌。动物疫苗具体包括抗细菌、病毒和寄生虫疫苗，如口蹄疫疫苗、猪圆环疫苗、伪狂犬病疫苗、禽流感疫苗、非洲猪瘟疫苗等。动物益生菌具有保障畜禽健康、高效转化饲料的功能，包括产芽孢类、乳酸菌类、酵母类、肠道高丰度土著菌类和具有特定治疗功能的合成益生菌类等。

（五）食用菌产业

全国食用菌总产量 1978 年仅为 5.78 万 t，经过 40 多年的改革开放和食用菌产业的发展，2020 年总产量超过 4000 万 t，增长大约 700 倍，是继粮食、菜、果、油之后，我国农业第五大产值超过 3000 亿元的种植业，是真正的“大食物观”产业。食用菌具有不与人争粮、不与粮争地、不与地争肥、不与农争时、不与其他产业争资源等特点，在农业产业结构调整中成为生力军，在大健康产业发展中成为新引擎，在粮食安全中成为新抓手，在大格局构建中成为新推手。

（六）昆虫产业

我国食用昆虫已有数千年的历史，自古就有取食蟋蟀、蚂蚁和蛾类等昆虫强身健体或治病的习俗。例如，《本草纲目》记载，蝗虫、冬虫夏草、蝼蛄、蟋蟀、棕虫、蚕蛹等 80 余种昆虫具有药用价值。泰国是世界上蟋蟀养殖场最多的国家，每年的产量可达 7500t，每年还要从其他国家进口超过 800t 昆虫来填补国内的需求缺口。在欧洲，欧盟委员会已经将黄粉虫、蝗虫、蟋蟀定为可食用的新型食品，德国已经可以将玉米螟、家蚕等通过化学处理制成罐头，有些国家还推出了用蟋蟀制作的面包、饼干等昆虫食品。

四、发展未来供需预测

（一）微生物合成蛋白产业

微生物合成蛋白具有很高的蛋白含量（占干燥生物质的 75%），包含所有必需氨基酸，并且富含维生素和矿物质，营养丰富且均衡。国内已发现食用菌 1020 种，市场上常见的约 240 种，其中 80 种已实现商业化栽培，大规模生产的有 30 多种。一些珍稀品种的栽培产业正在不断发展，同时通过人工驯化不断有新的种类得到产业化栽培应用。此外，我国沿海地区和广阔的淡水系统中存在着大量的微藻资源，可以被加工成食用微藻蛋白产品。到 2035 年，全球微生物蛋白市场规模预计将达到 1500 万 t，预计还将以每年 20%的速度增长，微生物蛋白作为新型食品开发颇具潜力。

（二）微生物合成碳水化合物产业

淀粉的人工生物合成将可能成为解决粮食短缺问题的重要潜力途径之一。糖是最主要的副食品，是人民生活必不可少的物质。我国蔗糖消耗量远大于生产能力，每年需进口 600 万 t 左右。通过合成生物学技术构建细胞工厂种子，可以实现高附加值糖品等淀粉衍生物在工业车间的制造。预计未来 3～5 年，通过加快技术进步、降低生产成本，可以完成 100 万 t 健康稀少糖的产业化。通过颠覆技术改变糖产业结构，可满足我国不断增加的食糖需求，减少对国际市场的依赖。

（三）微生物合成油脂产业

随着全球人口增长和健康意识提高，功能性油脂缺乏的问题更加突出。目前，开发利用微生物进行功能性油脂的生产已经成为一大热点，如利用深黄被孢霉进行 γ-亚麻酸的生产，以及利用微生物培养生产二十碳五烯酸（EPA）、二十二碳六烯酸（DHA）等营养价值高且具有特殊保健功能的油脂。此外，利用食品工业废水、废气培养微生物进行油脂的生产也是保护生态环境的有效途径。

（四）微生物合成食品添加剂和营养素产业

为了实现更高质量、更安全和更绿色的食品添加剂和营养素生产，微生物生产菌种、发酵工艺及分离纯化技术仍在不断改进。其中，发酵菌种的改造一直是关注的重点，随着新型诱变育种方法的出现，为工业生产提供了更多高产菌种，且利用多重基因编辑技术构建的工业菌也将成为研究热点。随着越来越多食品添加剂和营养素的合成途径与调控机制被解析、食用安全级微生物表达宿主的构建、合成生物学和代谢工程工具箱的不断完善，对微生物进行系统改造升级以提高其合成食品添加剂和营养素的效率正在受到越来越多的关注。

（五）益生菌创新和利用产业

我国益生菌产业近 3 年的年均增长率超过 25%，已成为一个有 3000 亿元市场份额的健康朝阳产业。在国家“健康中国”战略、食品工业健康转型及技术创新等多方驱动下，我国益生菌消费市场保持较快增长，增速高于全球水平。预计到 2025 年，中国益生菌消费规模将占全球规模的 25%以上，产品规模将超过千亿元，发展潜力巨大。

（六）食用菌产业

食用菌是一个真正的大食物产业，已在农业产业结构调整中成为生力军，在大健康产业发展中成为新引擎，在粮食安全中成为新抓手，在“双循环”大格局构建中成为新动能。我国食用菌应用市场涵盖范围不断扩大，出现了以食用菌为原料的保健食品、保健饮料、酒及药品。新型食用菌产品日益广泛地应用于临床医疗和保健品市场，食用菌市场规模进一步扩大。

（七）昆虫产业

据统计，目前全世界有记载的食用昆虫有 3000 多种。因为生长环境和发育阶段的不同，不同的昆虫所含的营养物质也不同。其中，食用昆虫的蛋白可以占到其躯干重量的 30%～80%，超过一般畜禽、鱼和禽蛋的蛋白含量。我国高度重视发展昆虫食品产业。1987 年，中国昆虫学会专门成立资源昆虫专业委员会，加强了昆虫蛋白类食品的开发研究工作。目前，通过应用现代生物技术方式从食用昆虫中提取出的蛋白，既含有人体所需的各种氨基酸，又存在人体不能自行合成的赖氨酸、苏氨酸、蛋氨酸等，正在成为增强人类体质的优良食物成分、营养强化素和绿色健康食品。

五、发展路径

（一）真菌源蛋白产品

一是建立可用于生产优质蛋白的真菌种质资源库。采集、鉴定可用于转化农作物秸秆和林木生物质的真菌，阐明其转化能力及蛋白生产效率，解析真菌源蛋白的营养特性，建立真菌种质资源库，挖掘优质真菌蛋白资源。二是设计和改造真菌使其成为优质蛋白的生物反应器。采用转基因技术、基因编辑技术和合成生物学技术等，对可用于生产优质蛋白的食用菌进行分子设计和遗传改造，大幅度提高工程菌株的转化效益和蛋白品质，创制生产真菌源蛋白的真菌“奶牛”。三是研创真菌高效生物转化蛋白关键核心技术。包括碳氮高效协同转化技术、真菌蛋白智能化生产技术、真菌蛋白及其他营养物质高效绿色生产技术等。

（二）微生物合成型替代蛋白产品

一是通过食品组分的生物合成和重组加工开发合成型蛋白产品。通过人工智能和高通量筛选等手段挖掘优质原料组分，依靠合成生物学技术构建高光质原料的微生物细胞工厂，借助 3D 打印、双螺杆挤压等新技术对原料进行重组加工获得替代蛋白产品。二是通过微生物全性能改造直接发酵获得合成型蛋白产品。通过合成生物学技术改造微生物性能，获得模拟动物源蛋白制品风味、色泽、营养和口感的超级微生物细胞工厂，通过发酵方式直接复原获得动物源蛋白产品。

（三）保障植物生产的微生物投入品

一是系统阐明微生物与作物互作机制，挖掘促进植物生长、抗病虫的微生物新资源。利用分子生物学及微生物组学理论和技术深入解析有害生物致害机制、有益微生物促生和抗病虫作用机制，精准发掘出新型有益微生物（群），筛选出安全高效功能菌株及其活性物质。二是利用现代生物技术定向改造促生、抗病虫害有益微生物。结合多重基因组编辑技术、合成生物学技术和高通量筛选技术等定向、高效地改良杀虫、抗病和促进植物生长的有益微生物。设计、改造和创制新型根瘤菌资源，实现根瘤菌与豆科及非豆科植物高效共生固氮，创制高效的根瘤菌菌肥。

（四）保障动物生产的微生物投入品

一是通过研究微生物与畜禽等宿主互作机制，挖掘精准疫苗靶标。开发防控非洲猪瘟、禽流感、口蹄疫等重大动物疾病的基因工程疫苗、多价疫苗、多联疫苗，实现安全高效、一针多防，减少疫苗运输、存放、接种成本。二是系统阐明微生物与动物互作机制，挖掘和定向改造动物益生菌种质资源。筛选促进动物生长和保障动物健康的有益微生物，解析其促进动物健康和饲料高效的益生机制，克隆及解析益生菌的功能基因、产物及其合成途径，利用基因编辑技术、合成生物学技术等改造和设计新型动物益生菌，创制下一代动物益生菌产品和动物益生菌菌剂，实现更高效的动物疫病预防和治疗效果。

（五）食用菌产业

从菌物学和“大食物观”的视域看，发展食用菌产业具有补充人体构成和修补人体组织、运输各类物质、维持神经系统功能和提供热量等作用，是粮安、民安、国安的重要基础保障。我们要在“大食物观”的指导下，从更广阔的战略视野去研究和思考中国食用菌产业发展的方向与重点，充分发挥食用菌在粮食安全大格局构建中的作用。一是打造食用菌产业，实现农业废弃物的资源化。要把发展秸秆菌业摆到重要位置，我国是农业大国，每年产生大量农业废弃物，为食用菌产业发展提供了充足的资源。二是延伸食用菌产业链，助推食品高质量发展。要让食用菌进入更广阔的领域，加快发展菌物食品加工业。三是挖掘食用菌更多优势，满足人民追求高品质生活的需求。要挖掘食用菌的食药同源特性，重视菌物蛋白食品的研发和产业化。

六、发展保障措施及政策建议

我国是微生物资源大国，但并非微生物资源利用强国。与动植物种质资源的研究相比，微生物资源开发和利用尚未得到足够重视。建议按照“基础研究+应用基础研究+应用成果转化”三个层次，从平台创新、专项攻关、人才引育、产业开发等方面加强科技创新。

（一）打造农业微生物国家战略科技创新平台

在微生物领域谋划布局国家实验室建设，推动布局该领域基础前沿科学中心等基础研究类科技创新平台建设。按“综合+优势单项”组建原则，加快推动农业领域微生物方向国家重点实验室体系重组，纳入全国重点实验室建设规划。高标准推进该领域国家工程研究中心、国家技术创新中心等技术创新与成果转化类国家科技创新基地建设。加快微生物领域具有前瞻性、国家战略性的国家重大科技基础设施建设，有力支撑微生物领域共性关键技术突破性研究。

（二）进一步加大布局微生物食物资源开发重大科技项目

将微生物种业纳入国家种业体系，将微生物种质资源发掘与利用纳入国家“重大微生物产品创制工程”，将微生物种业提升至与动物、植物种业同等重要的地位。加快布局“食用美白提升研究计划”等国家重大育种专项，加强已有领域关键“卡脖子”技术定向协同攻关。农业微生物高效基因编辑与智能改造、活性化合物分子设计与微生物合成精准疫苗设计、微生物高效发酵和转化等前沿技术在基础研究领域采取“点将配兵”的项目组织方式，加快攻关速度。

（三）培育微生物领域高端创新人才队伍

打破常规，特殊学科领域人才引育实施“一人一策”；建立、跟踪和完善全球微生物领域领军人才专家信息库，重点引进活跃在微生物领域国际学术前沿且具有引领能力的优秀青年人才。完善微生物领域后备人才培养系统，改革人才培养模式，通过订单式、共培养、“嵌入式”等方式加强高校、科研院所与企业的人才合作培养。针对微生物领域基础理论应用研究、前沿技术攻关、产业化开发等创新链、产业链各个环节着力打造一支高水平科技创新人才队伍。

（四）壮大做强农业微生物产业化

促进微生物产业创新链、产业链、价值链的三链交叉融合，组建“微生物食物资源开发”技术创新联盟，实现科技创新与经济价值同步提升。推进微生物替代食品开发技术标准、食品标签、行业准入等领域的流程优化与管理改革，构建政府、市场、社会协同互补的微生物产业化新格局，支持市场主体牵头承担微生物创新中心等平台建设工作，提升微生物产业资源配置效率，降低产业化运行成本，发挥科创企业在科技创新、供应链升级与产业化中的引领支撑作用。

（五）完善昆虫产业发展相关法律法规

从食品加工的角度考虑，昆虫食品的加工必须符合食品相关法律法规。虽然昆虫食品正在逐步走入人们的生活，但目前昆虫食品的法规方面还相对滞后。在缺乏全球食品和饲料管理机构的情况下，我国要加快制定相关法规，进一步完善市场监管机制，确保昆虫蛋白制品的安全性，推动未来食品产业的绿色化、高质量、可持续发展。

（六）注重新技术在食用菌产业发展中的利用

食用菌产业线上化转型需要夯实基础设施支撑，加大对 5G 通信、物联网、工业互联网等配套新型基础设施的投入力度。进一步强化政府的食用菌信息化治理能力，利用平台技术挖掘行业、区域数据；依托优势企业解决各地区、各行业平台数据的对接技术瓶颈，打通区域间、行业间的数据壁垒，破除“数据孤岛”。食用菌产业加速发展需要加快推动人工智能、大数据等相关领域的工作，强化无人车、无人机等智能化新产品、新模式、新业态的相关法律保障；明确数据收集、使用的主体与权限，厘清信息化治理边界，推动信息化治理工作法治化、规范化。

（本章执笔人：南志标、张守攻、臧良震）

第二十二章　农产品加工业发展

第一节　农产品加工业发展形势

随着城镇化加快推进、居民收入不断提高、消费结构快速升级、资源环境约束持续加剧，我国农产品消费正在由以初级农产品为主向初级产品和加工制品并重转变，农产品原料正在由低水平、粗放利用向高效、集约和综合利用转变，农业农村经济发展正在向提升产业层次、延长产业链条、提高综合效益和增强国际竞争力转变。这为农产品加工业发展创造了广阔空间，但对其提出了更高要求，赋予了其新的历史使命。

在新时代下有必要系统和深入地探讨农产品加工业如何带动产业发展，实现农民增收、农业增效。当前，我国农产品加工业正处在需求拉动强劲、原料供给充足、增收带动明显的战略机遇期，同时面临着产业体系不健全、持续发展动力不足、支持政策不完善等突出问题，因此，迫切需要优化发展环境、加强行业指导、加大公共服务、强化政策扶持，推动农产品加工业持续、健康发展。

一、农产品加工业概况

（一）农产品加工业总产值

2020 年我国农产品加工业营收规模为 23.2 万亿元（图 22-1），较上年增长 57.9%，农产品加工转化率达到 67.5%，科技进步贡献率已达到 63%，农产品加工业产值与农业总产值比为 2.5∶1。农产品加工业在工业产值中的比例呈持续下降趋势，而农产品加工

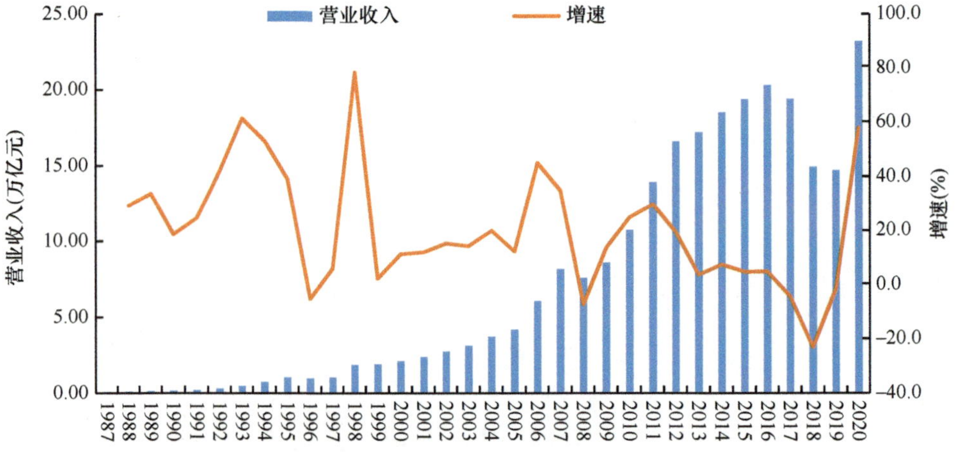

图 22-1　1987～2020 年我国农产品加工业营业收入及增速

数据来源：《2021 年中国农产品加工行业分析报告》《中国农产品加工业年鉴》

业产值与农业总产值的比值不断上升。规模以上农产品加工业实现利润总额1.03万亿元，同比增长6.9%，增速较上年提高5.4个百分点，是我国国民经济中发展最快、最具活力的支柱产业之一。规模以上农产品加工业营业收入14.4万亿元，利润率为7.2%，较上年同期提高0.6个百分点，比规模以上工业高出1.1个百分点，企业效益持续改善，实力逐步提升。

从发展阶段来看，农产品加工业发展经历了1978～2000年的快速发展期、2001～2020年的高速增长期、2020年后的恢复增长期三个阶段。新中国成立以后，农产品加工业取得了长足发展，初步形成了农产品加工业体系。但由于长期实行重工业优先发展的国民经济发展战略，农业及包括农产品加工业在内的轻工业在一定程度上受到抑制，截至改革开放之初的1978年，相比新中国成立初期的1952年，农产品加工业产值增长6.34倍，年均增长率为7.97%。

进入21世纪以来，中国农产品加工业增长呈现井喷态势，产值年均增长率达20.95%，比1979～2000年的年均增长率提高7.89个百分点，超过同期轻工业产值增速，与全国工业总产值增速保持接近。这一时期，农产品加工业高速增长的动力主要来自以下方面：首先，经过近几十年的改革与发展，中国农业综合生产能力显著增强，农产品的供需关系发生了根本性变化，农产品“卖难”问题凸显，农业产业化经营发展趋势加快，客观上推动了农产品加工业加速发展。其次，中国城镇化进程不断加快，城乡居民收入水平不断提高，对农产品及其加工品的需求迅速增加，且消费趋向深加工化，由此产生的市场需求变化成为农产品加工业加速发展的持久动力。加入WTO后，中国对外开放水平达到一个新的高度，为农产品及其加工品的出口提供了广阔的海外市场，极大地拉动了农产品加工业的增长。2008～2009年，受美国金融危机影响，我国生产原料进口价格明显下降，导致2009年农产品加工业产值有所下降；2014～2017年，世界经济复苏不及预期，国内经济运行进入新常态，经济增速放缓；2018～2019年，在中美贸易摩擦等因素影响下，农产品供应链的稳定性受到冲击，加剧农产品市场供需矛盾，使价格出现较大幅度的波动，加工业产值相应下降。

随着后疫情时代的到来，人们的消费需求、消费习惯和消费模式发生了改变，预制菜等方便快捷食品等新业态催生，食品行业成为仅次于清洁消毒和医药的高增长行业，推动农产品加工业的转型升级，2020年在前两年农产品加工业产值波动下滑的情况下逆势增长，达到了历史最高水平。农业农村部发布，随着2022年5月稳经济一揽子政策的持续显效，农产品加工业持续增长。2022年1～7月，规模以上农产品加工企业营业收入达10.65万亿元，同比增长5.1%，累计完成利润总额6528.6亿元。农业产业化龙头企业数量先降后升、加速恢复。

（二）农产品加工业结构

近年来，农产品加工业结构进一步改善，食品工业成为农产品加工业的重要组成部分，2021年我国食品消费市场总体呈现繁荣稳定、产销两旺的局面，食品工业仍然保持产销总体平衡状态。

2021年，全国规模以上食品工业企业产值增加值比上年增长7.0%，增速较2020年增加6.8个百分点，比2019年增长7.2%，两年平均增长3.5%。若不计烟草制品业，全年食品工业产值增加值比上年增长 8.7%。2021 年，全国规模以上食品工业企业实现利润总额 7369.5 亿元，比上年增长 5.1%，比 2019 年增长 15.3%，两年平均增长 7.4%；实现营业收入 103 541.2 亿元，比上年增长 11.4%；营业成本 80 706.5 亿元，比上年增长 12.3%；营业收入利润率 7.1%，比上年下降 0.4 个百分点。2021 年下半年以来，食品工业利润的增幅小于收入的增幅，营业收入的增幅小于营业成本的增幅，利润率逐步下滑。

（三）产品结构

分大类行业看，2021 年食品工业主要指标如表 22-1，农副食品加工业产值增加值比上年增长 7.7%，食品制造业增长 8.0%，酒、饮料和精制茶制造业增长 10.6%，烟草制品业增长 3.5%。分中类行业看，24 种主要产品中有 17 种产品产量比上年增长，7 种产品产量下降。食品工业是保民生的基础产业，为“六保”“六稳”作出重要贡献，主要产品供应充足，基本满足了消费需求，鲜、冷藏肉及乳制品产量比上年分别增长 24.5%、9.4%（表 22-2）。

表 22-1　2021 年食品工业分行业主要指标　（亿元）

类别	产值	主营业务收入	利润总额
农副食品加工业	61 118.9	55 223.8	2 240.5
食品制造业	23 797.5	21 619.6	1 738.9
酒、饮料和精制茶制造业	19 835.1	16 207.5	2 771.2
烟草制品业	16 149.0	12 144.3	1 188.1

数据来源：《中国统计年鉴（2022）》

表 22-2　2021 年食品工业主要产品产量

产品名称	产量	比上年增长（%）
精致食用植物油	4 973.1 万 t	−5.0
成品糖	1 457.1 万 t	0
鲜、冷藏肉	3 298.2 万 t	24.5
乳制品	3 031.7 万 t	9.4
白酒（折 65° 商品量）	715.6×10^7L	−0.6
啤酒	$3\ 562.4\times10^7$L	5.6
葡萄酒	26.8×10^7L	−29.1
饮料	$18\ 333.8\times10^7$L	12.0
卷烟	24 182.4 亿支	1.3

数据来源：中国食品工业协会

近年来，我国农产品加工业结构进一步优化，注重农产品精深加工的意识进一步加强，产品附加值进一步提高，通过统筹发展农产品初加工、精深加工和综合利用加工，完善产业结构，推进农产品加工业增值。2020 年，农产品初加工发展加快推进，新增 1.4 万座初加工设施，初加工能力达 700 万 t。综合利用加工不断发展，促进资源循环利用、高值利用、梯次利用，形成企业内循环、园区内循环和区域内循环等多种模式。加工业功能宽度拓展，中央厨房、加工体验、主食工厂等多元业态融合发展。

二、农产品加工业分领域情况

（一）粮食加工

1. 小麦加工

2020 年，小麦加工产能为 20 423.2 万 t，全国总计生产小麦粉 7472.8 万 t。目前，除广东、甘肃外，我国小麦粉生产主要集中在小麦主产区，尤以黄淮海小麦产区最为明显，这是加工企业立足于当地粮源，为降低采购成本、提高企业竞争力的理性选择。从各地区小麦加工产能看，2020 年河南、山东、河北、安徽、江苏 5 省的小麦加工产能均在 1500 万 t 以上，5 省产能达 15 508.9 万 t，占全国产能的 75.9%。其中，河南小麦加工产能 5454.6 万 t，占 26.7%；山东 4575.9 万 t，占 22.4%；河北 1994.2 万 t，占 9.8%；安徽 1903.7 万 t，占 9.3%；江苏 1580.5 万 t，占 7.7%（图 22-2）。

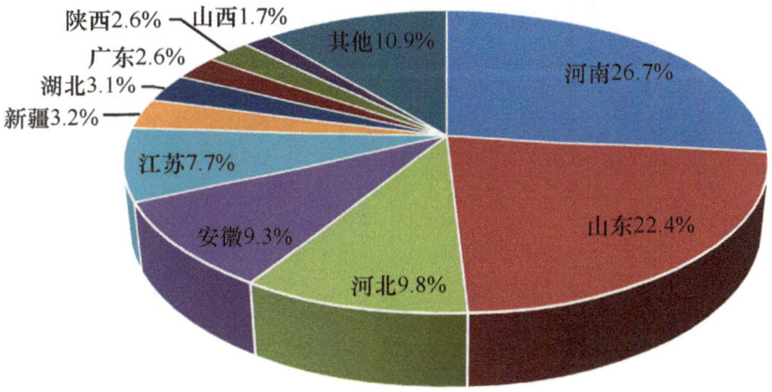

图 22-2 2020 年我国小麦加工产能区域布局

数据来源：《中国粮食年鉴（2021）》

从小麦粉产量看，2020 年年产量超过 1000 万 t 的省份有河南、山东和河北，分别为 1735.2 万 t、1654.4 万 t 和 1178.1 万 t，分别占全国小麦粉产量的 23.2%、22.1%和 15.8%；年产量在 500 万 t 以上的省份有安徽和江苏，分别为 781.4 万 t 和 544.5 万 t，占全国产量的 10.5%和 7.3%；年产量在 100 万 t 以上的省份有广东、陕西、新疆、福建和湖北，这 5 省小麦粉总产量占到全国产量的 12.7%（图 22-3）。

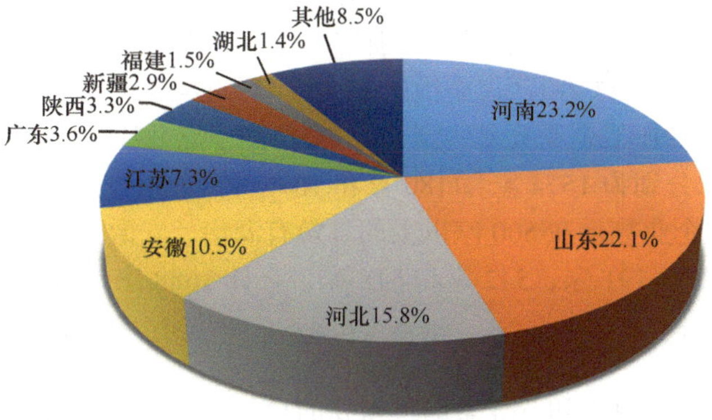

图 22-3 2020 年我国小麦粉产量区域布局

数据来源：《中国粮食年鉴（2021）》

根据国家粮食和物资储备局粮食储备司2021年的粮食行业统计资料，2020年我国规模以上小麦粉加工企业2566家。其中，河南有600家，河北有187家，山东有502家，江苏有164家，安徽有222家。

2. 稻谷加工

2020年我国稻米产量2.118亿t，加工过程中平均加工出糠率为10%，据此推算，我国米糠年产2118万t；大米产量同比增长1.07%以上，稻谷加工业年处理稻谷能力共计3.7亿t，大米统计产量为8614.1万t，稻谷加工业大米实际产量为8614.1万t。

稻谷加工产能和产量主要集中在长江中下游与东北部分省份（图22-4），黑龙江、湖北、江西、安徽、湖南、江苏、吉林、辽宁、四川、河南的产能列位前十，合计36 133.2万t，占规模以上企业总产能的95.6%。

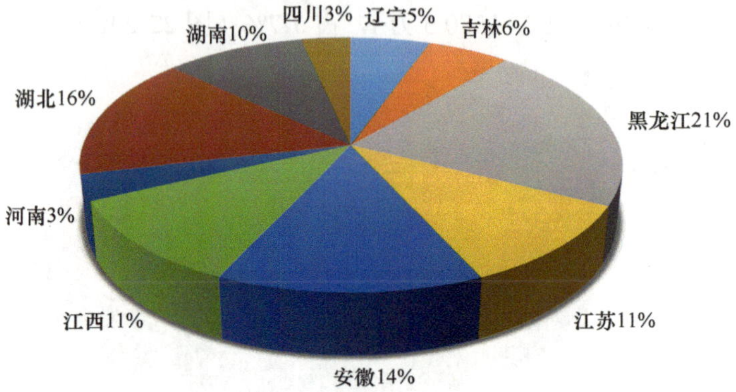

图22-4　2020年我国稻谷加工产能区域布局
数据来源：《中国粮食年鉴（2021）》

从大米产量来看，2020年年产量超过2000万t的省份有黑龙江、湖南和江西，分别为2896.2万t、2638.9万t、2051.2万t，分别占全国大米产量的13.67%、12.46%、9.68%；年产量在1000万t以上的省份有江苏、湖北、安徽、四川、广东、广西，分别为1965.7万t、1864.3万t、1560.5万t、1475.3万t、1099.58万t、1013.7万t，分别占全国的9.28%、8.80%、7.37%、6.96%、5.19%、4.78%；年产量在500万t以上的省份有吉林、云南、河南，分别为665.4万t、524.9万t、513.7万t，分别占全国的3.14%、2.48%、2.42%；产量在100万t以上的省份分别有重庆、浙江、辽宁、贵州、福建、海南和内蒙古，这些省份总产量达到2457.97万t，占全国的11.6%（图22-5）。

2020年全国稻谷加工企业数量达到9867家，其中黑龙江、江西和湖北的企业数量均在1000家以上，分别为1574家、1180家和1099家，分别占全国企业数的16%、12%和11%；稻谷加工企业数量在500家以上的省份有湖南、安徽、江苏、辽宁和吉林，分别为973家、864家、791家、542家和518家，合计3688家，占全国的37%。

（二）油料加工

油脂是为人类提供热量和营养素的最重要的食物之一。在人们日常生活中，食用植物油是重要的消费必需品，与人们生活息息相关。为此，食用油的保障供给在国家食物安全中占有重要地位。

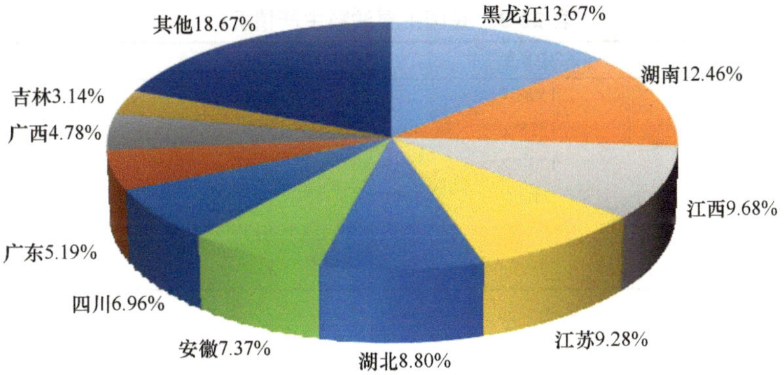

图 22-5 2020 年我国大米产量区域布局

数据来源：《中国粮食年鉴（2021）》

2020 年度，全国油料产量达到 6208.1 万 t，同比增长 1.85%，增长量和增长幅度都高于上年。2020 年全国油料作物播种面积相比上年有所增加，为 1312.9 万 hm^2，同比增加 1.58%；分作物看，主要油料作物播种面积增加，特色油料作物播种面积减少，花生为 473.1 万 hm^2，增加 9.8 万 hm^2，向日葵、胡麻等特色油料作物减少，特别是向日葵减少 4.2 万 hm^2。2020 年花生产量 1799.3 万 t，持续增加，较去年的 1752.0 万 t 增长 2.70%，占油料增量的 50.6%；油菜籽产量 1404.9 万 t，创历史纪录，较去年的 1348.5 万 t 增长 4.18%，占油料增量的 60%。全国油料产量超过 100 万 t 的 11 个省份中，花生产量居油料作物之首，是我国优势的油料作物，花生产量最高的省份是河南省，其次是山东省和广东省（图 22-6）。

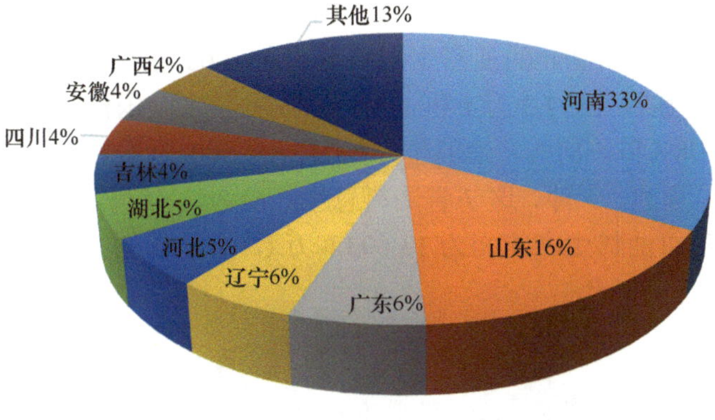

图 22-6 2020 年各省区花生产量百分比

数据来源：《中国统计年鉴（2021）》

食用植物油自给率总体稳定，2020 年油料作物增产 93 万 t，棉花增产 2.1 万 t，大豆增产 151 万 t。为满足我国经济发展和人民对美好生活的需要，国家在发展粮食生产的同时，高度重视发展油脂油料，促使油脂油料生产不断提高。根据国家粮油信息中心的统计，我国油料产量从 2019 年的 3493 万 t 增长到 2020 年的 3586 万 t。2020 年我国部分油料产量分别为：大豆 1960.2 万 t、油菜籽 1404.9 万 t、花生 1799.3 万 t、葵花籽 257.0 万 t、芝麻 45.7 万 t、胡麻籽 28.4 万 t（表 22-3）。

表 22-3　我国主要油料生产情况　（万 t）

油料	2018 年	2019 年	2020 年
大豆	1596.7	1809.2	1960.2
油菜籽	1328.1	1348.5	1404.9
花生	1733.2	1752.0	1799.3
葵花籽	249.4	266.4	257.0
芝麻	43.1	46.7	45.7
胡麻籽	33.5	33.2	28.4

数据来源：《中国粮食年鉴》

2020 年全国食用植物油加工企业 1637 家，同比增长 2.0%，全国食用植物油统计产量 3535.5 万 t，同比增长 8.1%。由于人们更加注重健康的饮食结构，我国食用植物油居民人均年消费保持稳定，由 2016 年的 10.0kg 下降到 2020 年的 9.8kg（图 22-7）。

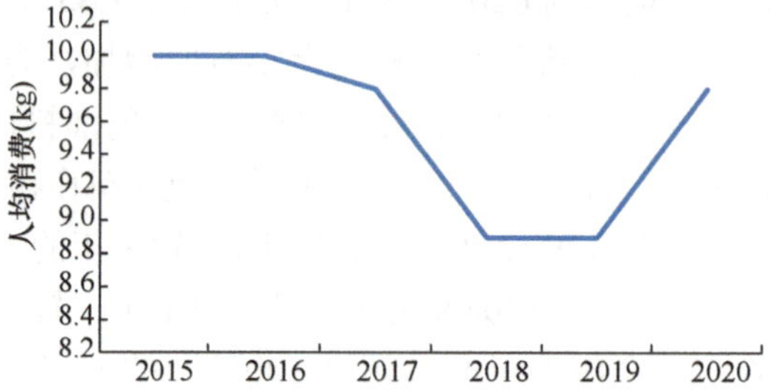

图 22-7　2015～2020 年我国人均年食用植物油消费

2020 年我国油料生产能力为 17 342.6 万 t，同比增长 2.8%，油脂精炼利用率为 39.3%。从油料生产能力来看，2020 年油料生产能力强的省份主要集中在油料主产区（图 22-8），山东、江苏、广西、广东和湖北的油料生产能力均在 1000 万 t 以上，分别为 2568.8 万 t、2482.3 万 t、1592.8 万 t、1557.2 万 t 和 1180 万 t，分别占全国油料生产能力的 14.8%、14.3%、9.18%、8.98%和 6.81%。油料生产能力超过 500 万 t 的省份有河南、黑龙江、辽宁、四川、河北、福建、天津，这 7 省油料总生产能力达 4811.3 万 t，占全国的 27.7%。位列前 10 位的省份总油料生产能力为 13 093.8 万 t，占全国的 75.5%（图 22-8）。

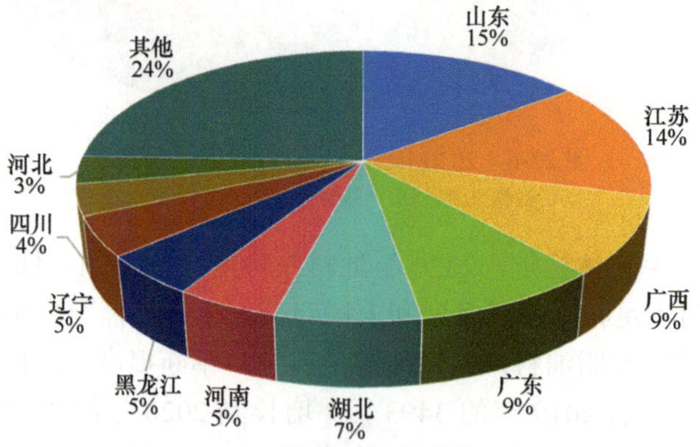

图 22-8　2020 年我国油料生产能力区域布局

数据来源：《中国粮食年鉴（2021）》

2020 年我国油脂精炼能力为 6815.4 万 t，同比增长 4.6%，精炼能力在 500 万 t 以上的省份有江苏、山东、广东和湖北，分别为 1014.7 万 t、740.8 万 t、662.7 万 t 和 562.5 万 t，分别占全国精炼总能力的 15%、11%、10%和 8%。位列前 10 位的省份总油脂精炼能力为 4889.3 万 t，占全国的 72%（图 22-9）。

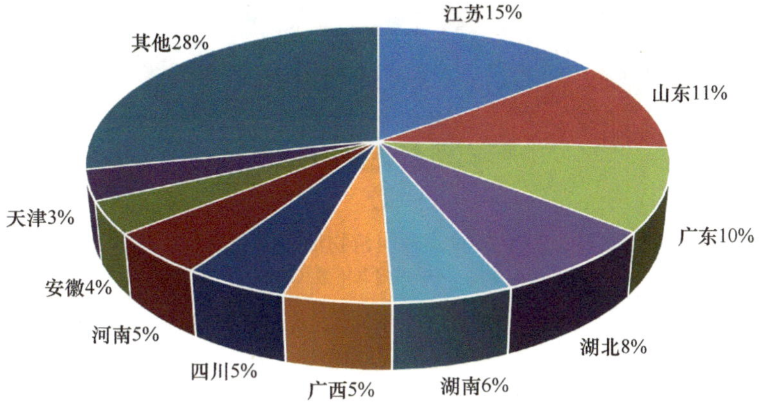

图 22-9 2020 年我国油脂精炼能力区域布局
数据来源：《中国粮食年鉴（2021）》

从食用植物油产量来看，2020 年我国生产食用植物油 3535.5 万 t，全国范围内只有江苏和山东两省食用植物油产量超过 500 万 t，分别为 653.2 万 t 和 512.6 万 t，分别占全国食用植物油产量的 18%和 14%；食用植物油产量超过 200 万 t 的省份有广东、广西和湖南，分别为 455.7 万 t、213.7 万 t、209.9 万 t，分别占全国的 13%、6%和 6%。位列前 10 位的省份总食用植物油产量为 2692.7 万 t，占全国的比例为 76%（图 22-10）。

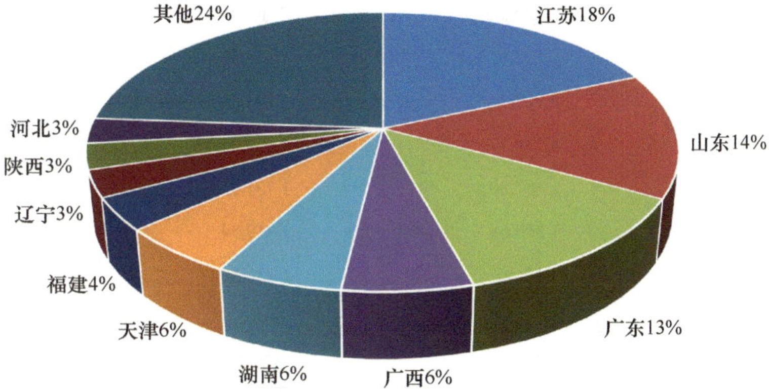

图 22-10 2020 年我国食用植物油产量区域分布情况
数据来源：《中国粮食年鉴（2021）》

2020 年全国食用植物油加工企业数量达到 1637 家，主要集中于油料主产区，其中湖北有 156 家，黑龙江有 96 家，江苏有 99 家，山东有 100 家，湖北省食用植物油加工企业数量占用全国数量的 10%，其他三省均占 6%（图 22-11）。

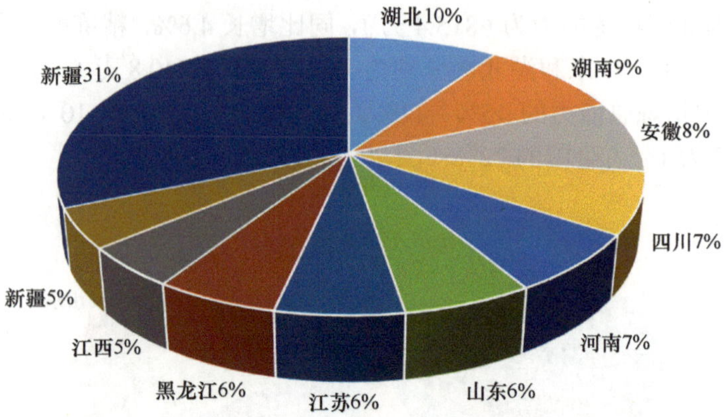

图 22-11　2020 年我国食用植物油加工企业数量分布

数据来源：《中国粮食年鉴（2021）》

（三）水果加工

1. 水果加工现状

2020 年我国水果总产为 28 692.36 万 t，2018～2020 年呈逐年增长趋势。除香蕉和梨外，其他水果如苹果、柑橘、葡萄的种植面积均有不同程度增加。2020 年苹果产量为 4406.61 万 t，同比增加 3.87%；柑橘产量增长幅度在所有水果中稳居第一，从 2018 年的 4138.14 万 t 增加到 2020 年的 5121.87 万 t，增加 23.8%。2018～2020 年柑橘产量在所有水果中位列第一，其次分别是苹果、梨、葡萄和香蕉（表 22-4）。

表 22-4　2018～2020 年我国水果产量　（万 t）

水果	2018 年	2019 年	2020 年
总量	25 688.35	27 400.84	28 692.36
香蕉	1 122.17	1 165.57	1 151.33
苹果	3 923.34	4 242.54	4 406.61
柑橘	4 138.14	4 584.54	5 121.87
梨	1 607.80	1 731.35	1 781.53
葡萄	1 366.68	1 419.54	1 431.41
菠萝	162.50	1 730.30	—
枣	735.76	746.40	—
椰子	314.26	329.40	—

数据来源：国家统计局

目前我国水果消费以鲜果和水果深加工产品为主。水果深加工产品主要包括水果干、果酱、果汁、果酒等多种果味副食零食。预计随着下游水果深加工市场的不断发展，未来我国水果需求将保持快速增长状态。自 2014 年以来，我国果酱市场规模稳步提升，数据显示 2020 年中国果酱市场规模为 40 亿元，同比增长 18.8%。近年来，受益于“绿色、天然”概念盛行，果酱市场规模保持稳定增长。数据显示 2020 年我国果汁饮料市场规模为 1272 亿元。果酒是采用新鲜水果发酵酿造而成的酒，具有度数低、口感香甜、健康微醺的特点，符合酒业未来发展趋势，近年来正被越来越多的消费者认可和接受，成为新的消费时尚。然而，与全球市场相比，我国果酒行业仍处于发展初期，果酒的市场渗透率仍然较低，目前人均果酒消费仅为 1～1.5L，而全球人均消费达 3.5L，因此相较于全球市场，国内果酒市场的增长空间较大。

2. 水果加工发展成效

一是水果加工业自主创新能力明显增强。我国对水果加工科技研发的支持力度明显增强，取得了一批重大科技成果，制定了一批新标准，建设了一批创新基地，培育了一批优秀人才，组建了一批产业技术创新联盟，水果加工科技创新能力不断增强，水果加工装备行业整体技术水平显著提高，食品安全保障能力稳步提升，有力支撑了水果加工业持续健康发展。

二是水果加工业科技水平大幅提升。通过建设一批农业农村部重点实验室及科研技术集成基地等平台，形成了一支高水平的创新队伍，显著增强了水果加工业的科技创新能力。在南方特色水果、特色浆果等水果的绿色制造技术装备上取得了重大突破，解决了一批水果生物工程领域的前沿关键技术问题，开发了具有自主知识产权的高效发酵剂与益生菌等营养健康导向的休闲绿色水果制造并实现了产业化开发，大幅度提高了水果的加工转化率和附加值。

三是产品越来越多样化、个性化。产品不再仅局限于传统的鲜果、罐头、果干、果脯、蜜饯等，鲜切果品、非浓缩还原（not from concentrated，NFC）果汁、休闲果品等新型水果加工产品日新月异。同时，在质量、档次、品种、功能及包装等各方面已能满足各种消费群体和不同消费层次的需求，尤其是营养健康导向的休闲绿色水果制造已经成为水果加工业新的经济增长点。

（四）蔬菜加工

1. 蔬菜加工现状

我国是世界蔬菜生产、消费第一大国，蔬菜资源丰富。近年来我国蔬菜产量稳步上升，国家统计局数据显示，2021 年蔬菜产量超 7.50 亿 t，人均产量约 530kg（图 22-12）。

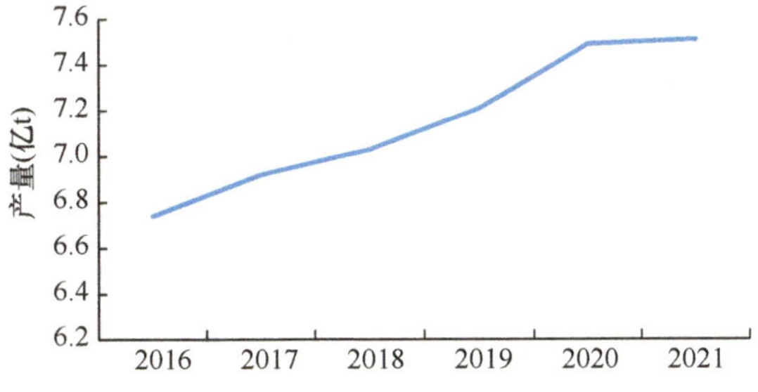

图 22-12　2016～2021 年我国蔬菜产量

丰富的蔬菜原料给我国蔬菜加工业带来了巨大的发展空间。目前，我国规模以上蔬菜加工企业达到 2300 余家，规模以上企业销售收入超过 4000 亿元，在全行业总收入中的占比超过 50%。我国蔬菜加工业已具备了一定的技术水平和较大的生产规模，外向型蔬菜加工业布局已基本形成，蔬菜种植已形成优势产业带。目前，我国蔬菜产品的出口基地大都集中在东部沿海地区，近年来产业正向中西部扩展。

近年来，受疫情的影响及随着冷链技术的逐步完善，预制菜行业在餐饮和居家消费的推动下迎来行业风口。2021 年我国预制菜行业市场规模达 3136.6 亿元，2017～2020 年年均复合增长率为 28.8%（图 22-13）。从 2011～2021 年的数据来看，预制菜相关企业注册量呈上升趋势，2015 年首次突破 4000 家，2018 年首次突破 8000 家，2020 年新注册 1.25 万家，同比增长 9%。

图 22-13　2017～2022 年中国预制菜行业市场规模统计预测

E 代表预期

2. 蔬菜加工发展成效

作为农业产业现代化的重要部分，近年来蔬菜加工业受到国家重视。因政策利好，我国蔬菜加工业呈良好发展态势，近年来取得以下成效。

（1）加工技术与设备现代化

在蔬菜加工过程中，低温冻干技术、微波技术、生物技术、食品辐照加工技术、食品超高压加工技术、细菌侦测技术、微胶囊技术、膜分离技术、低温连续杀菌技术、连续去囊技术等是常用的技术，其中微波干燥、远红外干燥技术与装备在一些企业得到广泛的应用。同时，随着人们对营养健康食品的需求增加，我国的冻干技术、速冻保鲜技术、含氧类胡萝卜素提取分离及纯化技术等精深加工技术也在不断研发和推广应用。科技创新是推动蔬菜加工业绿色优质高效发展的中坚力量，这些技术和设备的应用使我国蔬菜加工业增值能力显著提高。

（2）产业布局不断优化

我国部分地区已实现蔬菜产、加、销一体化经营。通过科学实施蔬菜加工区域布局，推进蔬菜产业结构调整和优化审计，着力完善现代蔬菜全产业链发展，加速现代农业进程。立足于区域资源优势和蔬菜产业发展历史，我国已形成了西北为番茄酱加工基地，东部及东南沿海为干制、罐头、速冻和腌制蔬菜加工基地的蔬菜加工业布局。

（3）产品形式多样化

蔬菜加工产品种类丰富、品质逐渐向好。我国已从传统的加工产品向新型蔬菜深加工产品不断开拓，超高压果蔬汁、NFC 果蔬汁、鲜切果蔬、冻干果蔬、休闲果蔬零食等深加工产品层出不穷，在外形包装、品质质量、品种档次等方面也在不断满足各类消费群体的需求，丰富了我国蔬菜产品的形式。

（五）肉制品加工

近年来，我国肉制品行业市场规模发展较为稳定，2018 年达到 1.79 万亿元，同比增长 5.92%；2019 年达到 1.90 万亿元左右，同比增长 6.15%（图 22-14）。从近 5 年的市场规模来看，我国肉制品行业市场规模呈稳步上升趋势。通过计算得出，2016～2020 年年均增长率为 5.76%，行业处于成熟期，其中 2020 年市场规模达到 2.00 万亿元，肉制品加工已逐步形成产业体系，生产方式先进和规模化水平高，产品深受消费者青睐，发展前景广阔。

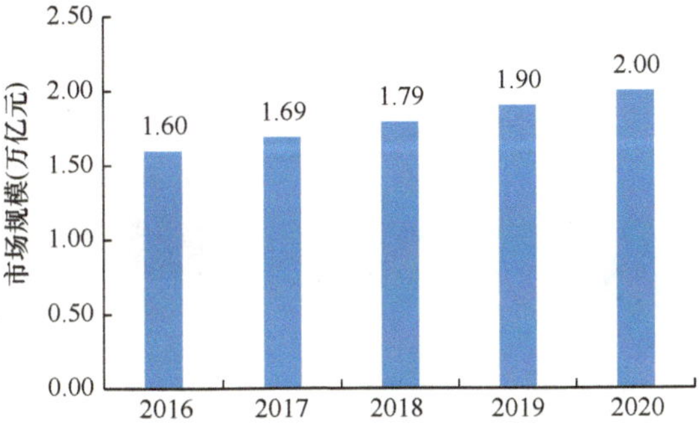

图 22-14　2016～2020 我国肉制品市场规模

从肉类加工业区域布局来看，在国家和各省市政策的推动下，我国肉类加工业区域布局进一步集中，个体屠宰户和小型屠宰场逐渐减少，行业内逐渐形成畜禽屠宰和加工优势区域。生猪屠宰加工集中在四川、河南、湖南、山东、湖北、云南、河北、广东，产量占全国的 56.5%；肉牛屠宰加工集中在山东、内蒙古、河北、黑龙江、新疆、吉林、云南、四川、河南，产量占全国的 65.6%；肉羊屠宰加工集中在内蒙古、新疆、山东、河北、河南、四川、甘肃、云南、安徽，产量占全国的 69.3%；禽肉屠宰加工集中在山东、广东、辽宁、广西、安徽、江苏、河南、四川，产量占全国的 55.3%。此外，畜禽产业带逐步形成，区域化管理加强，产业形成相应联动。从肉类产业区域经济来看，已逐步形成以长江中下游为中心向南北两翼扩散的生猪生产带，以中原和东北为主的肉牛生产带，以西北牧区和中原及西南为主的肉羊生产带。

从我国肉类产业现代化建设进程来看，规模化和现代化水平逐步得到提高，畜禽养殖主体格局发生深刻变化，小散养殖场（户）加速退出，规模养殖快速发展，呈现龙头企业引领、集团化发展、专业化分工的发展趋势，组织化程度和产业集中度显著提升。2021 年全国畜禽养殖规模化率接近 70%，畜牧业劳动生产力、科技进步贡献率和资源利用率明显提高。2021 年全国有 24 家企业生猪销量超过 100 万头，合计销售生猪（含商品猪、仔猪、种猪）1.41 亿头；扣除仔猪、种猪销量，24 家企业商品猪出栏量在 1.35 亿头左右，约占全国商品猪出栏量的 20%。生猪屠宰行业整治深入推进，畜禽智慧冷链物流配送网络逐步建立完善，加工流通体系持续优化升级。

中国经济保持了持续健康发展的趋势，经济增长速度始终居于世界前列。随着经济快速发展和居民收入持续增加，国内居民肉类消费同步快速增长。2021 年，全国居民人均消费支出 24 100 元，其中肉类消费支出占 4.15%。猪肉是我国居民的第一大肉类消费品类，虽然猪肉需求受到非洲猪瘟影响有所下降，但根据国家统计局数据，截至 2020 年底我国人均猪肉消费量仍达 18.20kg，占人均肉类消费量的比例为 73.42%。

1. 禽畜加工副产物综合利用现状

我国是一个畜牧业大国，国家统计局近日公布的数据显示，2020 年我国猪牛羊禽肉产量共计 7639 万 t，比 2019 年略微减少 10 万 t，位居世界前列。畜加工副产物主要分为可食副产物、不可食副产物，约占动物活体重量的 35%，其中骨占 23%～30%。动物骨含有丰富的蛋白、脂肪及矿物质等（图 22-15），营养成分甚至优于纯肉制品。对最常见的猪骨与猪肉各 100g 的营养成分对比，猪骨含蛋白 32.4%，而猪肉为 16.7%，猪骨含铁 8.62mg，猪肉为 2.4mg，猪骨具有良好的加工利用前景。

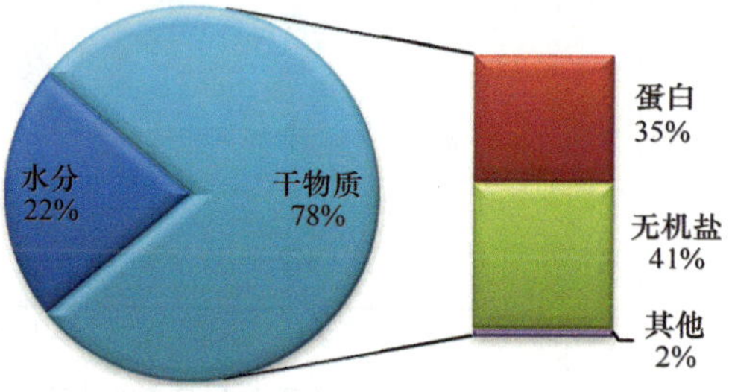

图 22-15　动物骨中成分组成图

畜禽血液是畜禽加工副产物的另一重要组成部分，营养丰富，全血一般含有 20%左右的蛋白，干燥血粉的蛋白含量达 80%以上，是全乳粉的 3 倍。从氨基酸组成来看，氨基酸组成平衡，血液蛋白是一种优质蛋白，必需氨基酸总量高于全乳和全蛋，尤其是赖氨酸含量很高，接近 9%，对于促进食物蛋白总体均衡和人体营养均衡具有重要意义。

骨的加工利用主要包括加工利用骨粉、骨胶及明胶等。骨粉是人类补充矿物质尤其是钙的极佳原料，以往都是直接把畜禽骨砸碎研磨成生骨粉，或蒸煮粉碎研磨成熟骨粉，存在钙的溶解性和利用率不高的问题，利用生物工程技术有效解决了这个问题，增强了骨粉食用后的生理功能。粉碎后的畜禽骨骼经加工浓缩成胶冻状即为骨胶，优质的骨胶称作明胶，医药上用明胶来制丸剂、胶囊，食品工业上用明胶来制肉冻、酱类及软糖等，明胶还可用作微生物的培养基及照相用明胶。

2. 肉制品加工设备

《肉类工业“十二五”发展规划》明确提出，积极发展屠宰和肉类加工装备制造业。在积极引进、消化、吸收国外先进设备和关键技术的同时，着力提高我国肉类加工业装备国产化率和整体发展水平，重点开发高效成套屠宰设备，如大型真空斩拌机、真空滚揉机和真空定量灌肠机等肉类加工设备，冷鲜肉、中式传统肉制品、低温肉制品、功能性肉制品、发酵肉制品等肉制品加工设备，建设一批现代化示范生产线。

近年来，我国肉类加工机械不论是质量还是性能都有很大的上升，而且价格便宜，国外采购肉类加工设备的客商越来越多，出口肉类机械的制造厂家也逐渐增多。目前全国有一定规模和行业影响力的肉类机械制造企业已经达到 60 多家，许多原来依赖进口的技术装备，如自动灌肠机、自动包装机、烟熏炉等现在我们全部能自主生产，并且很多产品出口到欧美和东南亚市场。所以，我国肉类加工和技术装备正在逐步实现由以进口为主向自主研发和自主生产转变。

（六）乳制品加工

1. 乳制品加工现状

2021 年我国乳业迎来全面复苏，乳制品的销量有了较大增长，乳制品产量 2780.4 万 t，其中液态奶产量 2843.0 万 t（图 22-16），同比上年增长 9.37%；干乳制品产量 188.7 万 t，同比上年增长 4.25%（图 22-17），其中奶粉产量 97.9 万 t，同比减少 3.26%（图 22-18）。2021 年全国规模以上乳制品企业 572 家，其中液体乳 363 家、乳粉 149 家、其他产品 60 家；全行业营业收入利润率为 9.41%，其中液体乳为 7.47%、乳粉为 18.97%、其他产品为 6.28%；行业前 12 家企业主营业务收入合计 2676.17 亿元，占全行业 4195.58 亿元的 63.79%。

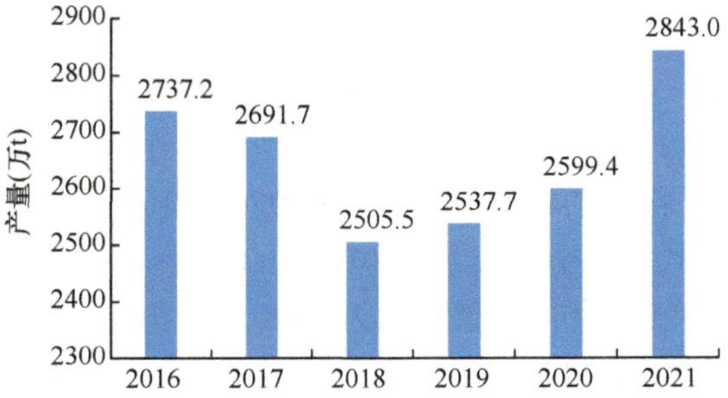

图 22-16　2016～2021 年中国液态奶产量

数据来源：中国奶业协会、中商产业研究院整理

图 22-17　2016～2021 年中国干乳制品产量统计

数据来源：中国奶业协会、中商产业研究院整理

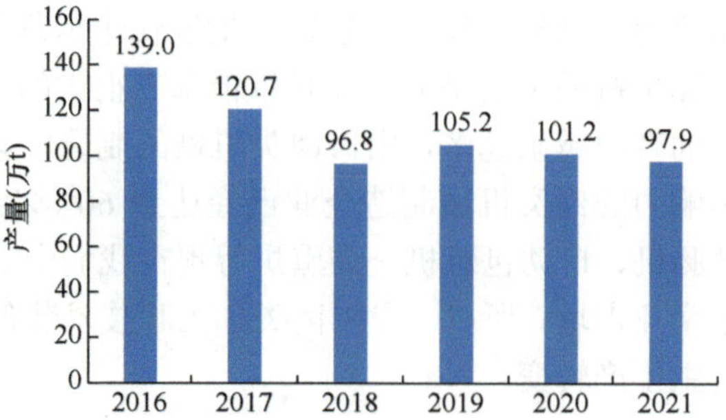

图 22-18 2016～2021 年中国奶粉产量统计

数据来源：中国奶业协会、中商产业研究院整理

2. 乳制品加工发展成效

一是乳制品质量稳步提升。自 2010 年以来，国家监管部门对乳制品、婴幼儿配方乳粉实施密集的质量抽检制度，从中央到地方每年都有监督抽检计划，对乳制品每季度全覆盖抽检 1 次，对婴幼儿配方乳粉实施月月抽检全覆盖，抽查结果及时向社会公布，对不合格产品一律实施下架、召回、销毁处理、企业整改。

二是产品结构优化调整取得成效。固体乳制品中，乳粉、炼乳产品比例减少，干酪、乳脂类产品比例上升；液体乳制品中，灭菌纯乳、发酵乳产品比例上升，调制乳产品比例下降。2021 年，全行业主营业务总收入 4195.58 亿元（其中，液体乳 3243.05 亿元，乳粉 730.05 亿元，其他产品 222.48 亿元），利润总额 394.85 亿元（其中，液体乳 242.40 亿元，乳粉 138.48 亿元，其他产品 13.97 亿元），比 2015 年的 3328.52 亿元、241.65 亿元分别增长 26.1%和 63.40%，行业经济效益好于“十三五”时期；全行业营业收入利润率为 9.41%（其中，液体乳为 7.47%，乳粉为 18.97%，其他产品 6.28%），比 2015 年的 7.25%增长 29.8%；全行业企业亏损总额 21.01 亿元（其中，液体乳 13.51 亿元，乳粉 7.12 亿元，其他产品 0.38 亿元）；全行业盈亏比为 18.8∶1（其中，液体乳为 17.9∶1，乳粉为 19.4∶1，其他产品为 36.8∶1）。

三是行业集中度有了进一步提升。2015 年行业前 12 家企业主营业务收入合计 1891.71 亿元，占全行业 3328.52 亿元的 56.83%；2021 年行业前 12 家企业主营业务收入合计 2676.17 亿元，占全行业 4195.58 亿元的 63.79%。

3. 乳制品加工副产物综合利用

乳制品加工副产物主要是牛奶生产奶酪过程中产生的乳清，产 1kg 干酪，大约会产出 9kg 乳清，新鲜的乳清液含有 50%以上的鲜奶营养成分，具有很高的营养价值。在乳清蛋白中，功能性成分 β-乳球蛋白占 48%，α-乳白蛋白占 19%左右，牛乳血清白蛋白占 5%，免疫球蛋白占 8%（均为质量分数），还含有乳铁蛋白、乳过氧化酶、生长因子和许多生物活性因子及酶，这些物质均具有一定的生物活性。β-乳球蛋白具备最佳的氨基酸比例，支链氨基酸含量极高，具有很强的与松香油和脂肪酸结合的结合段，能够与脂溶性营养素如维生素 A 和维生素 E 进行预结合。此外，β-乳球蛋白与一些糖类物质反应后具有一定的抗氧化特性。α-乳白蛋白也是必需氨基酸和支链氨基酸的极好来源，是一种天然的乳清蛋白，也是唯一能与金属结合的乳清蛋白成分，在功能特性上与人乳非常相似。牛奶中的免疫球蛋白与人乳免疫球蛋白有相同的特性，也具有抗人类疾病的活性，可对抗蛋白酶的水解作用，从而能够完整地进入近端小肠，起到保护小肠黏膜的防御功能，在乳清蛋白产品中其质量浓度可高达 30～100mg/L。乳铁蛋白含量虽低，但生物活性高，具有抗细菌、转移铁质、促进细胞生长、提高免疫力、抗氧化、抑制游离基形成等作用。

目前，已有不同种类的乳清蛋白产品应用于食品、饲料、医药和化妆品工业中。乳清蛋白可制成运动营养强化剂提供给运动员，在剧烈运动和恢复期可以把乳清蛋白摄入量提高到蛋白总摄入量的 50%，而作为基础营养进行补充，每天摄入 20g 左右就可以充分表现出其益处。乳清蛋白的最大用途体现在冰淇淋生产中，作为廉价的蛋白来源，可替代脱脂乳粉降低产品成本，赋予冰淇淋非常清新的乳香味。因为乳清蛋白含有免疫球蛋白、乳球蛋白和牛血清白蛋白，故能提高老年人机体的免疫力，延长其寿命，乳清蛋白作为全天然的膳食添加剂，已成为成年人及老年人的健康食品。乳清蛋白摄入可引起许多组织内谷胱甘肽水平的升高，因此能引起肿瘤细胞内谷胱甘肽合成的负反馈抑制，从而产生抗肿瘤的有利影响。乳清蛋白还能形成一种可食用的膜，可用于提高产品稳定性、优化外观、改善口感和保护风味和香味；同时乳清蛋白可食膜有良好的氧气和水分阻隔性能及香味隔绝和释放性能，如应用在以花生这类坚果为原料的食品中，可降低哈败速度，能使坚果在食品体系中保持脆性。乳清蛋白的营养因子分布均衡，无论是内服还是外服，对爱美的人来说作用非常大。β-Lg 对黑色素产生的抑制作用与可提高细胞膜抗氧化性的能力，使其在化妆品领域也有潜在的应用前景。

（七）水产品加工

根据国家统计局数据，2021 年全国用于加工的水产品总量为 2522.7 万 t，水产品加工率达到 37.7%，规模以上水产品加工企业 2497 家。同时，我国是全球最大的水产品出口国，据海关总署统计，2021 年我国加工水产品出口量达到 954.82 万 t，进出口总额为 399.49 亿美元，同比分别增长 0.72%和 15.41%。水产品加工业已成为我国渔业发展“带一连三”的关键环节，在渔业经济中占有重要的战略地位。

1. 区域布局

我国的水产品加工业发展格局基本保持不变，2021 年我国渔业大省水产品加工现状比较见表 22-5，各省水产品加工产量由高到低依次为山东、福建、辽宁、浙江、广东、湖北、江苏，这 7 个省的水产品加工产量均超 100 万 t，合计达 1882.9 万 t，占全国的 88.6%。其中，山东省水产品加工产量占全国的 30.2%，水产品加工产值占本省份渔业产值的比例达 59.11%，渔业大省必然是水产品加工业发达的省份。同时，由于各省资源存在区域优势及出口带动了水产品加工业的非均衡发展，初步形成了某些产品的集中加工基地且具有很强的地方特色。

2. 加工技术装备与工艺水平

近几年来，我国的水产冷库建设趋于稳定，连续几年增长幅度不大。2021 年我国冷库达 8454 座，冻结能力 85 万 t/d，冷藏能力 474.6 万 t/次，制冰能力 20.1 万 t/d，实际

表 22-5　2021 年我国渔业大省水产品加工产量、产值比较

省份	加工产量（万 t）	用于加工量（万 t）	加工产量占全国比例（%）	渔业产值（亿元）	加工产值（亿元）	加工产值占渔业产值比例（%）
山东	641.74	724.34	30.20	1 732.46	1 024.03	59.11
福建	405.18	473.18	19.07	1 675.42	1 104.09	65.90
辽宁	235.50	351.42	11.08	709.17	257.25	36.27
浙江	181.53	164.23	8.54	1 211.18	425.44	35.13
广东	148.36	162.30	6.98	1 786.24	254.15	14.23
湖北	135.79	193.18	6.39	1 556.04	449.94	23.92
江苏	134.80	152.68	6.34	1 919.63	350.48	18.26
合计	1 882.90	2 221.33	—	10 590.14	3 865.38	—

数据来源：《中国农产品加工业发展报告（2021）》

冻结能力、冷藏能力同比有较大的增幅，制冰能力却下降 6.21%，当前我国水产加工技术研发以提高水产品加工率、适应国内外市场需求、提升渔业整体效益为目标，从而为我国水产品加工业的发展提供先进适用技术，以开发具有国际竞争力的深加工产品。当前，我国聚焦水产品加工关键技术装备的配置、改造和提升，进一步提升了水产品加工业的机械化、自动化、智能化水平，加快推动了渔业产业转型升级和高质量发展，继续实施将为全国水产品加工业的发展注入强劲动力，针对鱼类预处理与初加工依赖人工、处理效率低、产品品质不均一等难题，开展了鱼体排序定位、鱼活体标识、小杂鱼去脏、大黄鱼开片和大宗淡水鱼去头和去鳞等技术及装备研究，形成了基于重力偏转的鱼体排序定位技术、激光定位标识技术、去脏轮旋转去脏技术、弧形切割去头技术、多级滚筒去鳞技术等一批鱼类预处理与初加工技术。

第二节　农产品加工业发展面临的问题和挑战

一、农产品加工业存在的问题

（一）企业结构及产品结构不合理

在农产品加工企业中，小企业占绝大多数，产业集中度不高。小规模、低水平重复建设仍然存在，企业同质化严重，而纵向一体化不足，技术、信息、流通等服务体系建设滞后。在产品结构上，一般性产品、初加工产品多，技术含量高、附加值高的精深加工产品少，加工转化和增值能力不强。加上行业自律机制的缺失，市场恶性竞争严重，直接影响企业的加工增值能力和资本积累能力，成为制约农产品加工业发展的重要因素。

（二）原料保障能力差

随着农产品加工业的较快发展及加工水平的不断提高，企业对原料供应在质量和数量上提出了新的更高要求。由于原料基地建设存在投入大、回报低，风险大、保险少，以及企业与农户的利益连接困难大、矛盾多等问题，发展相对滞后。企业的原料大都来

源于分散的小农户生产，集约化生产、产业化管理水平较低，农产品的质量和数量供应没有保障。一方面，小农户生产可能带来品种混杂、品种退化、化肥使用不当、农残超标等问题，严重影响加工制品的质量和档次。另一方面，由于某些行业的加工能力增长过快，原料短缺的问题日益突出。不少企业产品销路很好，但由于原料供应不足，影响了企业的进一步发展，很多企业甚至长期处于停产和半停产状态。

（三）生产成本持续快速上升

近几年，原料、能源、人力和物流等成本明显上升。2011 年与 2006 年相比，粮食、油料、生猪、蔬菜、水果等原料价格上涨 47.2%～167.7%，能源价格上涨 44.6%，劳动力成本上涨一倍左右，并且招工难、留人难的问题日益严重。而农产品加工制品价格上涨 20%～60%，甚至有些制品如淀粉、乙醇价格同比分别下降 10%和 12%左右。加工成本的急剧上升和产品销售价格的徘徊不前，导致加工企业利润微薄，无力进行技术进步，甚至有些企业打起了偷工减料和降低质量的主意。

（四）企业税赋重和融资难并存

一是税赋重。企业普遍反映农产品加工享受税收优惠的范围太小，增值税高征低扣问题比较普遍，出口退税率偏低。从调研情况看，农产品加工企业平均税赋约占销售收入的 8%～10%，而利润仅为销售收入的 3%～5%。二是融资难。由于农产品加工风险大、利润低、资金占用周期长，银行贷款和社会融资都比较困难，特别是季节性收购农产品需要的大量流动资金无法通过正常的融资途径获得。国有收储单位收购大宗农产品享受的农业政策性贷款，加工企业享受不到。三是成本高。按照规模以上企业年贷款 5000 万元，利率在国家基准利率 6%的基础上再上浮 30%左右计算，加上贷款抵押物评估等费用，企业每年要支付利息等约 400 万元，企业反映是在给金融机构“打工”。当前特别值得关注的是，受人民币升值及出口退税政策调整等因素影响，我国加工农产品出口已无利可图，出口增速已连续多年下降。

（五）行业引导和公共服务不到位

一是全行业缺乏一套科学合理的产业布局和行业规划，宏观调控手段不足、行业标准体系不完善、管理机构不健全等问题突出。二是为企业提供政策咨询、市场信息、投资融资、技术孵化、质量检测、人才培训、创业辅导等公共服务的体系建设滞后。三是缺乏针对性扶持引导和规范政策，行业准入门槛低，基本处于无序发展状态，企业“大群体”和“小规模”并存，小微企业和小作坊比例过大。行业内部同质化问题普遍存在，无序竞争现象比较严重。

二、粮食加工业存在的问题

（一）粮食产业精深加工率偏低，难以满足高品质消费需求

目前我国粮食加工产品种类逐渐丰富，产品结构得到优化调整，但相对于发达国家，在满足个性化、多样化、多功能消费需求方面我国粮食加工企业还存一定差距，粮食精

深加工率偏低。我国大米加工企业数量众多，但产品同质化严重，产品结构单一，过度集中于产业链低端。而日本已经开发的大米品种达300多种，包括方便食品、调味品、营养品、化妆品等。我国是世界上最大的面食品生产和消费国，近年来面粉消费量整体比较平稳，主要的变化在于结构出现差异，食品工业粉、专用粉占比不断增加，居民日常生活用粉中的蒸煮通用类产品逐步细化，未来消费者对营养健康的面粉产品、主食产品的需求会越来越高。

（二）粮食加工科技基础理论不足，突破产业技术瓶颈进度缓慢

目前我国对粮食加工科技研究的投入不足，食品加工业科技占农业科技总投入的比例偏低。农业部的数据显示，我国农业科技进步贡献率达65%，农作物综合机械化率超过61%，品种对单产提高的贡献率达到43%，而发达国家的粮食加工科技进步贡献率高达70%以上。基础研究薄弱，技术支撑力度不够，高效节能加工技术及相关设备创新与研发，提高谷物食品健康水平、加工副产品综合利用水平等相关技术和工艺，以及智能化控制技术、大型化和集约化技术等缺乏，制约了粮食加工业的产业结构调整与升级。

（三）粮食加工装备水平不高，缺少智能化控制成套设备

目前我国粮食加工企业通过应用计算机辅助设计和制造、精密铸造、数控加工中心、数控折弯冲压、激光切割、机电一体化和自动化控制等先进技术与手段，不断产出新产品，且其质量和性能不断提高。虽然大型粮食加工成套设备制造技术有一定提升，部分领域的工艺和设备达到国际先进水平，但仅能满足国内谷物初级加工和小型加工业发展需要，大型的粮食加工制造设备依赖进口，缺少节粮降耗和精准加工的智能化控制成套设备。另外，当前中国稻米和小麦面粉加工的单位能耗较高，针对粮食产品质量安全、营养健康和节能减排的智能化技术装备缺乏。

三、油料加工业存在的问题

（一）特色油料加工发展相对滞后，产业综合效益不高

加工企业竞争力总体偏低。中国特色油料加工企业众多，但仍以小规模为主，缺乏大型龙头企业。特色油料产业技术体系项目的监测数据显示，全国特色油料监测示范县域内加工能力1000t（原料）以上的原料加工企业仅有97家，占原料加工企业总数的比例仅为9%；油脂加工能力100t以上的企业有266家，占油脂加工企业总数（包含油坊）的比例仅为6.2%；年产值500万元以上的食品加工企业累计有122家，占食品加工企业总数的比例为27%。企业规模小带来的突出问题就是技术设备相对落后、产品标准化程度相对偏低。

（二）油料加工链条相对较短，产品附加值偏低

目前，菜籽、花生、大豆等的加工副产物综合利用水平逐年提高，但芝麻、葵花籽等油料还处于较低水平。芝麻加工制品涵盖芝麻油、芝麻酱等传统加工产品，还可作为馅料和辅料开发不同的产品，如芝麻汤圆、芝麻饼干等；葵花籽加工制品以炒制类和油

脂类为主；胡麻籽则主要集中在胡麻油脂类产品方面，其他产品开发极少。除芝麻加工产品多元化特征相对突出外，胡麻籽和向日葵籽产品结构均较为单一，但三种产品的产业链条均较短，附加值总体偏低。同时，涉及关键功能成分如α-亚麻酸、芝麻素、木酚素等提取和利用及医用功能开发等的高附加值产业尚未形成规模。以稻谷加工副产物米糠为例，日本米糠综合利用率高达 100%，同为发展中国家的印度也达到 30%，而我国尚不足 20%，资源利用率严重偏低。

四、水果加工业存在的问题

（一）水果加工技术及工艺相对落后

我国水果加工业起步较晚，产后减损增值工程技术研究与开发及产业化发展严重滞后，虽从小作坊经过多年逐步发展形成完备的水果工业体系，但总体上加工技术与工艺相对落后，能耗高，效率较低，深加工精度不够。以浓缩果汁为例，行业普遍采用单效或多效浓缩，存在能耗高等行业共性问题，新型的机械蒸汽再压缩等节能技术还未在行业普遍应用。但是，一批新兴干燥技术，如氮源热泵干燥、微波真空干燥、过热蒸汽干燥、真空冷冻干燥等不断涌现，如水果通过真空冷冻干燥技术在真空、低温、低压的作用下迅速冷冻干燥，避免了传统高温烘干工艺存在的变色、变味、变形、复水性差、营养损失大等缺陷。另外，先进的无菌冷罐装技术与设备、冷打浆技术与设备等已在美国、法国、德国、瑞典、英国等发达国家水果深加工领域迅速应用，并得到不断提升，而在我国这些技术缺乏普遍应用和推广。

（二）加工关键装备依赖进口

尽管高新水果加工技术在我国水果加工业得到逐步应用，加工装备水平也得到明显提高，但关键加工设备及部件进口依赖性较大，缺乏具有自主知识产权的关键核心技术与关键制造技术，造成我国水果加工业技术偏低、产品附加值偏低、生产规模较小、生产效率低下等问题。例如，柑橘榨汁设备、果汁浓缩机械蒸汽再压缩成套装备、利乐包无菌冷灌装设备等均长期依赖进口。近几年来，国内虽引进了许多国际一流的水果加工生产线，但这些生产线的关键易耗零部件仍需依赖进口，虽然针对这些零部件进行了研发并取得了一定的进展，但技术性能指标与国外同类产品相比仍有较大差距，不少技术还停留在实验室阶段，未实现工业化。

（三）加工副产物综合利用率不足

我国水果加工业每年产生的数亿吨下脚料大部分没有开发利用，不仅浪费资源，而且污染环境。水果加工副产物等下脚料仍含有丰富的蛋白、氨基酸、酚类、果胶、膳食纤维等营养成分，因此使其变废为宝、综合利用增加其附加值，是我国水果加工业降低成本和提高经济收益的主要途径。发达国家各种水果深加工产品在质量、档次、品种、功能及包装等各方面已能满足各种消费群体和不同消费层次的需求，多样化的水果深加工产品不但丰富了人们的日常生活，也拓展了水果深加工空间。例如，美国 ADM 公司利用废弃的柑橘果籽榨取 32%的食用油和 44%的蛋白，从橘子皮中提取和生产柠檬酸已实现规模化生产，在原料加工利用方面具有较强的综合利用能力，已实现完全清洁生产。巴西柑橘加工企业利用巴西甜橙皮渣提炼获得香精油、黄酮、果胶、辛弗林、蛋白，并通过化学修饰，将黄酮和果胶分别制成不同酯化度和酰胺化的果胶、多甲基黄酮等多种产品，种子最后被制成颗粒状动物饲料，产生的废水用于生产沼气，综合利用率达到95%以上。

（四）质量保障体系需进一步完善

尽管我国水果加工业已采用国家或行业标准，但相关标准陈旧，与国际标准相比，在有害微生物及代谢产物、农药残留量等食品安全与卫生标准方面差距很大，不能与国际市场接轨。发达国家在食品安全与质量控制中普遍实行 HACCP、良好操作规范（GMP）体系等质量管理规范。抽查数据显示，滥用农药、土壤重金属超标、不合理使用生长激素和非法使用添加剂等问题，直接影响我国水果的质量，而目前我国水果质量安全追溯制度尚未全面建立。

五、蔬菜加工业存在的问题

（一）企业研发创新能力薄弱

我国蔬菜加工企业虽数量多但规模小，缺少具有影响力和竞争力的大型企业。中国农业产业化龙头企业协会发布的 2021 年度农业产业化头部企业 100 家名单中，与蔬菜种植和加工相关的企业仅 6 家，且均不是以蔬菜加工为主要产业。果蔬行业 10 家头部企业中，仅福建东方食品集团有限公司和新疆冠农果茸股份有限公司以蔬菜加工为核心业务。与发达国家的蔬菜加工企业相比，我国大量蔬菜加工中小企业自动化程度偏低，加工关键设备在规模、自动化控制水平、生产效率等方面仍存在较大的差距，部分大型企业自主知识产权核心技术缺乏，关键技术设备长期依赖进口，已成为我国蔬菜加工业进一步发展的掣肘因素。通过国有资产配置、适度政策干预、扶持研发创新能力突出的企业成长，可有效提升我国蔬菜加工业的国际影响力和话语权。

（二）蔬菜采后减损流通亟待提升

目前，我国蔬菜 90%以初级产品上市，蔬菜加工转化能力约为 10%，采后损失达20%～25%，有的甚至高达 50%。以目前我国果蔬产量和采后损失率为基准，蔬菜采后减损 10%就等于增产约 5600 万 t，无形中增加了经济效益。据不完全统计，我国每年至少有 8000 万 t 蔬菜在采后流通过程中腐烂，占我国年蔬菜总产量的 10%以上。

通过规范采收、升级采后处理技术、研发贮藏库、完善冷链流通网络和节点建设等途径，可有效解决我国生鲜蔬菜采后流通中存在的品质劣变快、腐烂损耗严重、产业适用技术缺乏、标准化程度低、产业链可控能力弱等问题。

六、肉类加工业存在的问题

（一）内外部发展环境复杂，原料供给存在不确定性

虽然 2021 年我国肉类进口总量有所减少，肉类自给率有所提升，但在“双疫情”

持续冲击和中美贸易摩擦及俄乌局势带来的深度影响下，当前我国畜禽加工业发展的内外部环境异常复杂，依靠国内资源增产扩能的难度逐渐增加，依靠进口调节国内肉品余缺的不确定性仍在加大。从内部环境来看，养殖、屠宰等上游产业整体发展水平偏低，“多、小、散、乱、差”局面仍然存在，生产经营主体的生物安全保障水平参差不齐，内疫扩散和外疫传入的风险长期存在，直接影响国内肉品原料供应；从外部环境来看，我国部分饲料粮供需矛盾突出，大豆、苜蓿等严重依赖国外进口，部分畜禽品种核心种源自给水平不高，在贸易保护主义抬头时期，“卡脖子”风险增大。长远来看，由于饲料粮等资源开发局限，我国肉类生产持续增长的空间可能受到较大制约，探究有效提高资源转化率、研发新型肉类替代产品是未来解决肉类供应问题的重要方向。

（二）加工装备研发基础薄弱，装备更迭有待加速

长期以来，我国畜禽加工业以劳动密集型为主，缺乏智能化、规模化和连续化水平高的精深加工装备与成套装备，严重限制了产业高质量发展。特别是我国特色的传统肉制品加工装备起步较晚，一直以来以进口、仿制、改进西式肉制品生产设备为主，缺乏针对中式传统肉制品制备工艺研发的专用设备。装备设计和制造研发成本高、周期长，虽然大型企业重视技术的创新与成套设备的引进，但对于整个行业来说，大部分中小企业受技术、资金等因素困扰，研发投入水平较低还是常态，造成行业整体创新能力薄弱，阻碍加工装备发展和更迭。与此同时，肉类原料均一性差、居民消费习惯不一、应用场合复杂等产业特点，同样加大了设备实现智能化、自动化的难度。

（三）消费升级刺激多元化需求，高端肉制品供给相对不足

随着消费能力的提升和健康饮食观念的更迭，消费者对肉类食品的追求呈现明显的差异化和多样化，培根、火腿、牛排等中高端肉制品的市场需求不断增加，相关调查显示，同比 2019 年，2020 年越来越多消费者购买高档肉制品，常温储存的高档产品增速高达 30%以上，高档产品渗透率增幅超 40%。当前我国中高端肉制品种类和品质难以满足国内市场需求，虽然双汇集团、新希望集团有限公司、雨润控股集团有限公司等行业龙头企业已在低温肉制品领域积极布局，但相关产品尚未获得消费者充分认可，高端肉制品消费需求外溢明显，市场基本依旧被美国尊乐食品公司、美国荷美尔食品公司等进口品牌占据。“十四五”时期，围绕品质升级、人群细分及渠道拓展部署产业创新链，提升高品质肉制品供给能力，对于推动畜禽加工业高质量发展既是机遇也是挑战。

（四）完整独立的冷链物流体系尚未形成，发展仍存多重短板

冷链运输是肉类流通的关键。我国的肉类冷链物流保鲜技术发展起步较晚，规模化、系统化的冷链物流体系尚未形成。当前我国肉类冷链流通率为 30%，仍然偏低，与国际上 95%的水平还有较大差距。基础设施设备落后短缺，人均冷库用量、人均冷藏车保有量均远远落后于日本、美国等发达国家。地区间发展不平衡现象明显，原有屠宰加工和冷链物流企业主要布局在销区城市，产区城市冷链物流设施基础薄弱，无法实现产、销区市场冷链物流的高效对接，不能充分适应当前运猪变运肉的政策要求。此外，第三方冷链物流企业分布存在缺口，服务网络和信息网络建设不健全，影响肉类在运输中的质

量安全和及时性。

七、水产品加工业存在的问题

（一）水产品加工装备研发水平存在差异

与水产品加工装备发达的国家相比，我国水产品加工企业的装备自动化程度不高，仍以劳动密集型生产为主，目前多数企业80%的前处理步骤仍全部由人力完成，使用的水产品加工设备约有50%仍停留在20世纪80年代的水平，仅有10%能达到世界先进水平。发达国家在积极使用机械代替人工的基础上，更加注重机械生产的效率、节能等问题，以研发更为连续、自动化的成套生产设备。受饮食习惯影响，欧美国家喜欢食用无刺的水产品，加工装备主要侧重于中大型鱼类初加工、贝类加工、活性物质提取等，如鱼片、鱼糜制品、贝类、头足类和水产保健品等；我国水产品加工装备以单机设备为主，成套设备研发、工艺创新与集成能力与国外还存在较大差距，尤其是远洋捕捞船载加工装备集成能力还相对落后。国产装备在加工效率、精度、连续性、稳定性、自动化程度等方面与发达国家还存在较大差距，材质、外观、耐用性等也还有待提高。

（二）冷链物流技术与发达国家差距大

目前，我国逐步形成了依托公路、铁路、机场、水运等交通网络和各类运输工具（冷藏汽车、冷藏集装箱），以生产性、分配性水产冷库为主，加工基地船、渔业作业船为辅的水产品冷藏物流链。我国冷链运输市场需求逐年扩大，呈现快速发展变化的局面，多种冷链运输方式间竞争加大，逐步摆脱了以往以公路冷链运输为绝对主力的固有格局。与国外相比，我国冷链物流发展存在的差距有：冷链物流基础设施规模小，地区分布不均衡。当前我国冷链物流较发达的地区主要集中在东部沿海城市、西南地区及华中地区，其他地区分布极少，地区分布不均衡；冷链运输车辆及包装方式都存在一定“断链”风险，冷链信息网络平台仍处于建设阶段；冷链物流企业规模普遍偏低，缺乏具有市场掌控力的龙头企业。

（三）海洋生物资源开发利用产业化能力存在差距

在海洋生物酶的研究与开发方面，我国虽取得了一些重要进展，但与发达国家相比还存在很大差距。国外一些大型酶制剂企业，如诺维信生物技术有限公司、杰能科生物工程有限公司、美国杜邦公司等借助于其多年来在酶制剂行业的雄厚基础积累，较快地实现了资源挖掘、功能改造、产业化应用开发等全链条发展。而我国海洋生物酶研究仍集中在前期的资源挖掘、功能改造方面，在后期的产业化应用开发方面比较薄弱，亟待加强；主要的研究力量集中在部分高校和科研院所，覆盖领域有限，多学科交叉融合程度不够，技术创新的主体企业参与力度低，缺乏统筹规划与协调。

第三节　农产品加工业竞争力分析

尽管我国农产品加工业取得了长足发展，但产业大而不强、发展不平衡不充分的问题仍很突出。我国农产品精深加工发展不足，已成为行业快速发展亟待解决的短板和瓶颈。我国农产品加工率仅有 55%，低于发达国家 80%的水平，水果加工率只有 10%，低于世界 30%的水平，肉类加工率只有 17%，低于发达国家 60%的水平。当前，我国农产品加工业产值和农业产值比为 2.5∶1，远低于发达国家 3～4∶1 的水平。同时，产业链条短，综合效益不高。目前中国的粮食储藏和果蔬产后损耗率分别高达 9%和 25%，远高于发达国家水平，农产品产后产值与采收时自然产值之比仅为 0.38∶1，产品粗加工多、精加工少，初级产品多、深加工产品少，中低档产品多、高档产品少，而且农产品的深加工技术和装备普遍落后发达国家 10～20 年，各种高新加工技术的应用很不普遍。农产品加工业竞争力不高主要体现在以下几方面。

一、生产成本

我国农产品原料价格和加工品出厂价格整体上涨。2020 年，全国生产者价格同比增长 15%。分品种看，玉米、大豆、稻谷、小麦生产者价格分别上涨 7.6%、5.5%、0.8%和 0.5%，生猪上涨 55.7%，蔬菜上涨 5.2%，食品工业价格上升。2020 年，工业生产者出厂价格指数同比下降 1.8%，降幅比上年增加 1.5 个百分点。但受牲畜屠宰、植物油加工和饲料加工等价格上涨影响，农副食品加工业价格上涨 4.8%，食品制造业、酒饮料及精制茶制造业、烟草制造业价格涨幅不大，分别上涨 0.6%、0.7%和 1.4%。加工成本的急剧上升和产品销售价格的徘徊不前，导致加工企业利润微薄，无力进行技术进步，甚至有些企业打起了偷工减料和降低质量的主意。高税收严重制约我国农产品精深加工企业发展。目前我国对农产品加工企业一般以初加工和深加工作为区别设置增值税税率，农产品初加工产品的税率为 13%，农产品深加工产品的税率为 17%。我国农产品加工企业平均税赋占销售收入的 8%～10%，而利润仅为销售收入的 3%～5%。农产品的高税赋让农产品加工企业深陷困局，当前我国农产品精深加工企业一直处于“高征低扣”（深加工进项 12%，销项 16%）的困局中，税赋（进销税率差）明显高于其他加工业。

二、技术参数

（一）粮食存在过度加工，加工技术和装备落后

粮食加工方面，过度追求精、细。小麦加工中由于过度追求口感、色泽等感官质量，部分糊粉层和胚部进入麦麸中，且随着加工精度的提高，进入麦麸的比例增大，营养物质流失越来越严重。稻米若过度加工即经多机精碾和抛光，加工成的精米和糙米相比，B 族维生素损失了 60%，赖氨酸、苏氨酸也在加工中大量损失。油脂加工过程存在过度精炼，导致营养物质损失，使维生素 E、植物甾醇、叶绿素、类胡萝卜素、磷脂等天然活性物质损失严重，且精炼过程中易产生反式脂肪酸等有害物质。

适合国产稻米、小麦等粮食加工的核心技术装备落后。现有设备难以满足南方长粒籼米加工的需要，导致整精米率不足 50%，企业生产成本高；缺乏适合我国传统主食专用面粉的加工技术装备，专用粉质量有待提高。传统主食加工工业化技术装备落后。以馒头、米粉等为代表的传统主食加工大多沿用手工操作，缺乏规模化、自动化水平较高

的加工技术装备。油料压榨预处理技术落后，导致油脂氧化严重，毛油色泽深，风味辛辣；饼粕蛋白过度变性，不利于深度开发利用。

（二）果蔬加工机械化程度低，核心技术缺乏

尽管高新技术在我国果蔬加工业得到了逐步应用，加工装备水平也得到了明显提高，但由于缺乏具有自主知识产权的关键核心技术与关键制造技术，我国果蔬加工业总体加工技术与加工装备制造技术水平偏低。

1. 果蔬汁加工领域

无菌大罐技术、聚酯（polyethylene terephthalate，PET）瓶和纸盒无菌灌装技术、反渗透浓缩技术等没有取得突破；关键加工设备的国产化能力差、水平低，特别是榨汁机、膜过滤设备、蒸发器、PET 瓶和纸盒无菌灌装系统等关键设备的国产化难度大，国内难以生产在性能方面较高的加工设备。

2. 罐头加工领域

加工过程的机械化、连续化程度低，对先进技术的掌握、使用、引进、消化能力差。在泡菜产品方面，沿用老的泡渍盐水传统工艺，发酵质量不稳定，发酵周期相对较长，生产力低下，难以实现大规模及标准化工业生产。

3. 脱水果蔬加工领域

目前我国生产脱水蔬菜大多仍采用热风干燥技术，设备则为各种隧道式干燥机，而国际上发达国家基本上不再采用隧道式干燥机，而常用效率较高、温度控制较好的托盘式干燥机、多级输送带式干燥机和滚筒干燥机。在喷雾干燥设备方面，我国研发的干燥塔体积蒸发强度和国外同类产品相比差距很大。

4. 果蔬速冻加工领域

我国果蔬速冻工业在加工机理和工艺方面的研究不足。尤其值得注意的是，国外在深温速冻对物料的影响方面已有较深入的研究，对一些典型物料“玻璃态”温度的研究通过建立数据库已转入实用阶段。解冻技术对速冻蔬菜食用质量有重要影响，在发达国家，随着一些新技术逐渐应用于冷冻食品的解冻，微波解冻、欧姆解冻、远红外解冻等机理研究和技术开发成为热门。在速冻设备方面，目前国产速冻设备仍以传统的压缩制冷机为冷源，其制冷效率有很大限制，要达到深冷比较困难。

5. 果蔬物流加工领域

我国在鲜切果蔬技术研究方面的工作才刚刚起步，如在鲜切后蔬菜的生理与营养变化及防褐保鲜技术方面虽开展了一些初步研究，但尚未形成成熟技术。在无损检测技术方面，我国尚处于初始研究阶段，与世界先进水平存在巨大差距。在整个冷链建设方面，预冷技术的落后已经成为制约性问题。现代果蔬流通技术与体系尚处于空白阶段。目前，我国进入流通环节的蔬菜商品未实现标准化，基本上是不分等级、规格，卫生质量未经任何检查便直接上市，而且没有建立完整且切实可行的卫生检验制度及检验方法；流通

设施不配套，运输工具和交易方式还十分落后，因此导致我国的果蔬物流与交易成本非常高，与发达国家相比平均高 20 个百分点。

（三）肉制品加工水平低，副产物利用不足

我国的肉制品消费以原料或初级产品为主，加工转化率低，80%的肉制品由手工作坊生产，而且产品结构不合理，盲目扩大西式肉制品生产，高温肉制品和发酵肉制品质量极低，许多具有中国传统风味的名优品种没有得到开发和推广。此外，特殊肉制品如低脂肪、低胆固醇、低糖类具有保健功能的肉制品在国内鲜有生产，因此无法顾及特殊人群的需要。

国内肉制品生产设备与肉类强国差距明显，创新性不强，缺乏竞争力，而传统肉制品的加工设备和工具更加简陋，主要是刀、案板、锅、缸，加工效率低，加工浪费多；国产包装机械、包装材料落后，冷链物流不发达，影响肉制品货架期。

目前我国畜禽骨血的综合利用率不足 5%，绝大多数企业基本未对畜禽骨血进行有效利用，不仅造成资源浪费，还带来严重的环境污染问题。目前在畜禽骨血利用方面存在的主要问题：一是骨血收集、贮存技术缺乏，造成骨血利用难。二是骨血利用工程化技术缺乏，产业化难以实现。

三、国际贸易

（一）农产品出口情况

如表 22-6 所示，2020 年，谷物出口 254.4 万 t，同比减 20%；出口额 10.8 亿美元，同比减 15.6%。其中，小麦出口 18.1 万 t，同比减 42.2%；玉米出口 0.3 万 t，同比减 88.5%；稻谷和大米出口 230.5 万 t，同比减 16.1%。我国出口各类油料合计 100.4 万 t，较 2019 年的 114.3 万 t 降低 12.16%。其中，花生出口 46 万 t，较 2019 年的 55.3 万 t 降低 16.82%；葵花籽出口 47.5 万 t，较 2019 年的 50 万 t 降低 5%。

表 22-6　2020 年全国部分农产品及其加工制品出口情况

序号	农产品及其加工制品种类	出口量或金额	同比值（%）
1	谷物	254.4 万 t	20.0
2	玉米	0.3 万 t	–88.5
3	稻谷和大米	230.5 万 t	–16.1
4	小麦	18.1 万 t	–42.2
5	食用油籽	104.3 万 t	–10.1
6	蔬菜	149.3 亿美元	–3.6
7	水果	83.5 亿美元	12.1
8	畜产品	54.3 亿美元	–16.5
9	水产品	190.4 亿美元	–7.8

数据来源：中华人民共和国农业部网站

2020 年，食用油籽出口 104.3 万 t，同比减 10.1%，出口额 16.0 亿美元，同比减 5.0%，

贸易逆差 416.7 亿美元；饼粕出口 137.0 万 t，同比减 10.7%，出口额 7.2 亿美元，同比减 6.2%。

2020 年，蔬菜出口额 149.3 亿美元，同比减 3.6%；贸易顺差 138.9 亿美元，同比减 4.4%；畜产品出口额 54.3 亿美元，同比减 16.5%；水产品出口额 190.4 亿美元，同比减 7.8%。

（二）农产品进口情况

如表 22-7 所示，2020 年，谷物进口 3579.1 万 t，同比增 99.8%，进口额 95.2 亿美元，同比增 80.9%。其中，小麦进口 837.6 万 t，同比增 1.4 倍；玉米进口 1129.6 万 t，同比增 1.35 倍；稻谷和大米进口 294.3 万 t，同比增 15.6%；大麦进口 807.9 万 t，同比增 36.3%。

表 22-7　2020 年全国部分农产品及其加工制品进口情况

序号	农产品种类	进口量或金额	同比值（%）
1	谷物	3 579.1 万 t	99.8
2	小麦	837.6 万 t	140.1
3	稻谷和大米	294.3 万 t	15.6
4	玉米	1 129.6 万 t	135.7
5	大麦	807.9 万 t	36.3
6	食用油籽	1.1 亿 t	13.8
7	大豆	10 032.7 万 t	13.3
8	油菜籽	311.4 万 t	15.9
9	食用植物油	938.1 万 t	3.1
10	棕榈油	646.1 万 t	−14.4
11	豆油	96.3 万 t	16.6
12	食糖	527.3 万 t	55.5
13	棉花	223.2 万 t	15.2
14	水果	110.4 亿美元	6.5
15	畜产品	475.7 亿美元	31.3
16	牛肉	211.8 万 t	27.6
17	羊肉	36.5 万 t	−7.0
18	猪肉	430.4 万 t	120.0
19	奶粉	133.9 万 t	−4.0
20	水产品	155.6 亿美元	−16.8

数据来源：中华人民共和国农业部网站

2020 年，棉花进口 223.2 万 t，同比增 15.2%，进口额 35.9 亿美元，同比减 0.3%；食糖进口 527.3 万 t，同比增 55.5%，进口额 18.0 亿美元，同比增 60.7%。

2020 年，食用油籽进口 1.1 亿 t，同比增 13.8%，进口额 414.0 亿美元，同比增 9.7%。其中，大豆进口 10 032.7 万 t，同比增 13.3%；油菜籽进口 311.4 万 t，同比增 15.9%。

2020 年，食用植物油进口 938.1 万 t，同比增 3.1%，进口额 432.7 亿美元，同比增 12.7%；贸易逆差 416.7 亿美元，同比增 13.5%。其中，棕榈油进口 646.1 万 t，同比减 14.4%；豆油进口 96.3 万 t，同比增 16.6%；菜油进口 193.2 万 t，同比增 19.6%。

2020 年，水果进口额 110.4 亿美元，同比增 6.5%，贸易顺差 26.9 亿美元，同比减 7.7%。

2020 年，畜产品进口额 475.7 亿美元，同比增 31.3%，贸易逆差 421.4 亿美元，同比增 41.8%。其中，牛肉进口 211.8 万 t，同比增 27.6%；羊肉进口 36.5 万 t，同比减 7.0%；猪肉进口 430.4 万 t，同比增 1.2 倍；奶粉进口 133.9 万 t，同比减 4.0%。

2020 年，水产品进口额 155.6 亿美元，同比减 16.8%，贸易顺差 34.8 亿美元，同比增 77.7%。

随着我国经济快速发展、人口持续增长和城镇化进程稳步推进，居民食用植物油消费渐趋增长，畜牧养殖对蛋白饲料的需求不断增加。2020 年我国油料生产稳中有增，植物油消费略有涨幅，油料油脂进口持续双增长。2020 年，我国进口各类油料合计 10 614.1 万 t，较 2019 年的 9330.8 万 t 增加了 1283.3 万 t，同比增长 13.75%。其中，进口大豆 10 032.7 万 t，较 2019 年的 8851.1 万 t 增长了 1181.6 万 t，增长 13.35%。2020 年，我国进口食用植物油 983.1 万 t，同比增长 3.1%，进口菜籽油 193.2 万 t，较 2019 年的 161.5 万 t 增加了 31.7 万 t，增长 19.6%；进口棕榈油 465.6 万 t，较 2019 年的 561.2 万 t 减少了 95.6 万 t，下降 17%（表 22-8）。

表 22-8　2016～2020 年我国主要油脂油料进口情况　（万 t）

油脂油料	2016 年	2017 年	2018 年	2019 年	2020 年
大豆	8 391.3	9 552.6	8 803.1	8 851.1	10 032.7
食用植物油	552.8	577.3	629	953.3	983.1
豆油	56	65.3	54.9	82.6	96.3
菜籽油	70	75.7	129.5	161.5	193.2
棕榈油	315.7	346.5	357.2	561.2	465.6
花生油	10.7	10.8	12.8	19.4	26.9

数据来源：《中国粮食和物资储备年鉴（2021）》

第四节　农产品加工业发展战略

一、指导思想

以习近平新时代中国特色社会主义思想为指导，深入贯彻党的二十大精神，立足新发展阶段，完整、准确、全面贯彻新发展理念，构建新发展格局，紧紧围绕乡村振兴“三步走”的实现路径，以市场需求为导向，以提质增效为核心，深入实施农产品加工业突破行动，发挥优势、突出特色，进一步优化结构布局，强化科技支撑，提升质量品牌，促进融合发展，推进质量变革、效率变革、动力变革，不断提升农产品加工业的质量效益和竞争力，从全局高度深化对农产品加工业的认识，不断做大做强农产品加工业，为全面推进乡村振兴、加快农业农村现代化提供有力支撑。

二、战略目标

（一）践行“大食物观”，以国民营养健康为导向

贯彻习近平总书记“大食物观”理念，践行“大食物观”要坚持科研先行，强化国家粮食安全战略研究，加强从耕地到国土空间拓展的科技创新、非农业资源的拓展创新及食物品种生产方式的创新。随着收入不断提高，人民群众对营养健康的需求日益迫切，但我国仍存在一些亟待解决的食物与营养问题。《2022年中国食物与营养发展报告》指出“过度加工导致食物营养损失较大，全产业链食物损耗浪费严重”。未来农产品加工业发展要以国民营养健康为导向，打造第三口粮，加大全谷物食品开发力度，积极推动食物全产业链减损节约，大力加强食物与营养科技创新等。

（二）发展传统食品的现代化制造，弘扬中华饮食文化

我国的饮食文化有别于西方，但是近年来受到西方快餐文化的影响日益增大，尤其是对青少年的饮食习惯与观念产生很大影响。尽管我国传统饮食文化深厚，但是大部分传统食品仍局限于手工制作，弘扬与发展传统食品现代化任务艰巨。因此，我们要充分结合我国国情，将传统美食与现代营养学相结合，引进现代食品加工理念、采用现代食品加工技术，只有在这样的基础上，传统食品的发展才能规模化、产业化。

（三）实施制造强国战略，打造世界级食品品牌企业集团

《中国制造2025》指出，要把制造业高质量发展放到更加突出的位置，把创新作为引领发展的第一动力，把科技自立自强作为国家发展的战略支撑，只要坚定不移建设制造强国，就一定能抢占新一轮科技革命和产业变革的先机，构筑未来发展战略优势，有力促进制造业提质、降本、增效、绿色、安全发展。我们要尽快实施食品强国战略，竭力打造世界级食品企业品牌，使中国食品工业踏上品牌强国路。

三、战略路线与重点

（一）传统食品现代化战略

2020年，食品工业规模以上企业35 242家，较2019年减少1533家。食品工业规模以上企业完成营业收入8.23万亿元，同比增长1.15%；完成利润总额6206.59亿元，同比增长7.20%；营业收入利润率为7.54%。但我国传统产业仍停留在传统作坊式的生产阶段，而发达国家的大型食品产业已相继在中国落脚，用西餐现代化的手段改造着中国传统食品，影响中国人民传统的饮食习惯。面对来自国内外的诸多挑战，为传承和弘扬中华民族的饮食文化，打造我国的食品名片，需通过科技和产业创新，用机械化、自动化生产提高生产效率、规范产品标准、统一食品质量。通过生产工具的机械化和现代化实现中餐主食、中式菜肴的工业化生产，通过自动化和标准化生产实现餐馆食品的工业化与餐饮业的连锁化是我国需要重点解决及推动

的课题。

（二）价值链高端化延伸战略

食品产业的发展直接关系到我国“三农”发展与中国式现代化的发展大局，针对目前我国食品原料存在的利用率不高、附加值低等问题，应用现代食品加工新技术实现资源的梯度增值利用（图 22-19）也是我国食品产业科技创新的重要使命。

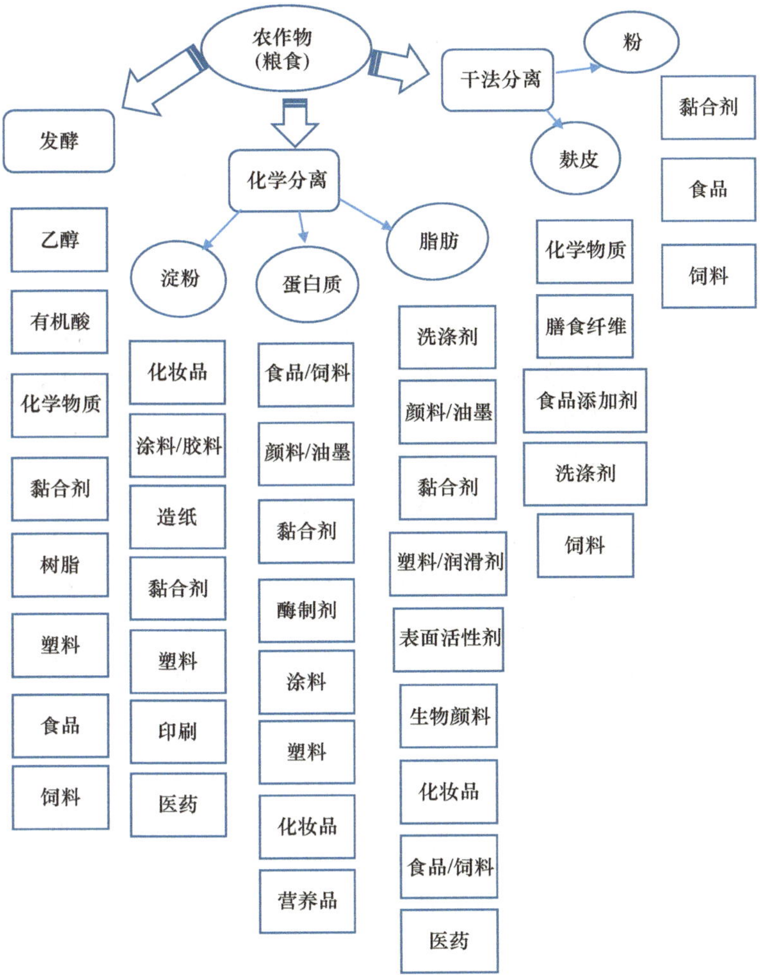

图 22-19 食品资源的梯度增值开发技术

（三）食品加工智能化专用装备的提升与支撑带动战略

未来 5～10 年，我国应大力推进食品装备技术的信息化、智能化，着重解决适合中国食品特点的食品装备制造技术。以传统食品装备为例，中国传统食品基于手工的传统工艺在保持食品的色、香、味、型等方面起着重要的作用，但严重制约食品的工业化生产。因此，必须基于食品的质量、风味，大胆创新，吸纳先进工业设计和制造手段开发关键专用装备，实现传统食品信息化、自动化、连续化、标准化的现代化生产。通过食品装备的提升与支撑带动作用，推动我国食品产业发展整体水平的提高。

（四）从餐桌到田间的全产业链条一体化发展战略

“从餐桌到田间”的全产业链条包括了食品的消费环节、加工和包装环节、运输环节、储存环节、收购环节乃至原材料的收购环节。一直以来，由于产后环节繁复，相关链条脱节，导致我国食物和食品浪费严重、产后加工环节可控性差、产品质量难以保证、问题可追溯性和解决能力较弱。为打通生产、流通、销售等环节的隔阂，避免食物到食品的产业链条脱节，并保障国家食物安全，应通过研制和标准化加工设备、完善标准及法规制度等方式大力推行从餐桌到田间的全产业链条一体化建设。

第五节　农产品加工业发展保障措施及政策建议

一、构建以企业为主体的多元化投入整合协同创新发展模式

围绕全面深化改革，梳理政府、科研机构与高校、行业学会与协会、企业等在食品产业链的定位与作用。一是政府应重点在立法、战略、规划、产业政策、质量与安全标准等层面上加强对食品产业链各环节的引导和监督管理。二是公益性科研机构与高校应切实加强产业基础性、公益性重大问题的持续研究和成果共享服务。三是行业学会与协会应加强对企业的指导，搭建非营利性食品产业技术成果转化基地、精品和装备展会及学术广场会议平台。四是构建以企业为主体的多元化投入整合协同创新发展模式，加强国家对食品产业创新工程的支持力度。强化企业是技术创新的主体、研发投入的主体、成果物化转化应用的主体；科研机构与高校成为基础研究及应用基础研究的主体，对于重大创新工程与专项行动计划，建立跨部门、跨学科、产学研结合的协同创新机制与模式。

二、大力发展传统主食和菜肴的现代化制造

传统食品是一个民族长期适应环境的自然选择。中华民族拥有 5000 多年的文明历程，经过数千年的经验总结，形成了营养均衡、符合中国人口味的传统食品。传统食品养育我们世代繁衍，是中华民族的宝贵遗产。发展传统食品，对于改善居民膳食结构、传承中华传统文化、促进农业发展具有重要意义。中国传统食品饮食结构合理，我国多数人在饮食上受宗教的禁忌约束较少，食材来源丰富，为中国传统食品提供了全面的营养元素。中国传统食品的营养价值高是由其加工方式决定的，蒸煮是我国百姓最常用的食品加工方式，温度容易控制，营养元素不会因高温而受到更多损失，也不容易在加工过程中生成有害成分。带馅的面制品如包子、饺子等是中国传统食品中一项伟大发明，可以包容诸菜，配餐方便，营养全面。

发展传统食品现代化制造：一是要实现传统食品的批量化、规模化和标准化生产。中国传统食品机械化水平低，加工方法落后，加工规模小，导致生产效率低下，同时由于缺少技术标准，最终产品质量良莠不齐，达不到质量要求，而机械化生产可以提高效率，降低生产成本，保证产品质量。二是要加强传统食品生产中的科学问题研究。传统主食在加

工后的保藏过程中存在老化、霉变、复蒸性、复水性、安全性等几个急需解决的关键问题，已成为我国传统主食实现产业化发展的瓶颈。要实现传统食品的现代化，必须对生产过程中的基本科学问题进行研究。三是要改进传统食品生产工艺。一些传统食品具有高盐、高糖、高脂肪、高热量等特点，而这些与现代人追求的健康饮食理念相悖，如何在保留传统口味的基础上，开发适应现代人要求的食品，是对传统食品工艺的挑战。

三、加强食品与营养学知识的普及和政策引导

食品与营养学知识匮乏是膳食结构失衡的原因之一。目前我国居民普遍缺乏营养学知识，很容易被电视、网络等食品广告中的一些不实宣传所误导而盲目追随西方的饮食习惯和生活方式，亟待加强食品与营养学知识的普及。

一是要加强对媒体关于营养学知识的普及。近年来，我国部分媒体从业人员由于自身营养学知识的匮乏，发布一些不实的或断章取义的报道，随着互联网等信息产业的极速发展，给社会大众造成了心理恐慌。因此，加强媒体与科技界的交流，定期对相关行业媒体从业人员通过讲座等形式进行营养学知识普及，从而防止出现错误报道十分有必要。二是要加强学校阶段营养学知识教育。“营养健康从娃娃抓起”！孩子的味觉系统发育完全，尚未形成顽固的饮食嗜好，不良的习惯容易纠正。学校的正规教育可以提供系统全面的营养学教育，将营养学基础知识、食品营养标签的识别、食物选择、营养配餐、饭菜烹调、饮食设计等方面的知识融汇到不同阶段的中小学课堂中去，有助于使孩子从小掌握营养学知识，养成良好的饮食习惯，拥有健康的体魄。三是要加强食品营养学专业人才的培养。重视食品营养学科的发展，为社会培养更多的营养学方面的专业人才。培养的人才可以为医院、学校、社区、食品企业等场所提供配餐指导、监测服务者的营养状况等服务，且急需通过营养学立法等手段，规范医院、社区、食品工业、饮食行业的营养师制度，为营养专业人才的就业明确方向和领域。同时，专业人员应遵守职业道德，主动、客观、公正地参与食品科普，解决食品营养与安全热点事件，不能一知半解、不懂装懂地误导公众。四是要规范食品企业的产品宣传广告。当前某些食品企业为追求自身利润，不仅在产品宣传广告中夸大其词，而且大玩文字游戏，扰乱行业公平竞争，对行业和消费者都造成很大伤害。倡导食品企业尤其是知名企业带头做好科普，并且把正确的食品与营养科学体现在产品中。五是要引导消费者形成合理的饮食习惯。随着食品工业的发展，糖、油脂等价格下降，味道好的食品原料越来越多地被添加到食品当中，随之营养过剩成为影响公众健康的最主要因素，据统计营养过剩的人要比营养不良的人多30%。推进并改进食品营养标签制度，显著标示卡路里含量，统一分量大小，使消费者可以根据营养标签合理选购食物。积极推广中国居民膳食指南和膳食宝塔，提倡合理的膳食结构。通过对代表性人群食物摄入和身体健康状况的长期跟踪调查，发现人群中存在的营养问题，从而及时采取有效的干预措施。

四、大力发展特种粮食作物加工

甘薯、高粱、荞麦、小米等特种粮食是我国部分地区的特色农作物，其具有生长期

短、耐旱耐涝等特点，在弥补自然灾害所导致的大宗粮食减产方面功不可没。特种粮食营养丰富，可以与大宗粮食互补，但因其口感差和烹饪不方便，我国居民的薯类和杂粮摄入近几十年来持续下降，因此应大力发展薯类及特种粮食作物的加工，使人们方便摄取，从而有助于体内营养素的平衡，避免慢性疾病的发生。

五、完善食品产业法律制度

针对我国食物资源浪费严重的问题，重点应加强食品资源循环利用方面的立法，减少食品生产、流通、仓储、加工、消费等环节的资源浪费，加强资源的循环再利用。近年来，我国出台了一系列有关食品的法律和法规。其中，法律有《中华人民共和国食品安全法》《中华人民共和国农产品质量安全法》《中华人民共和国产品质量法》《中华人民共和国农业法》《中华人民共和国渔业法》《中华人民共和国进出境动植物检疫法》等；法规有《中华人民共和国食品安全法实施条例》《流通环节食品安全监督管理办法》《食品流通许可证管理办法》《中华人民共和国工业产品生产许可证管理条例》《国务院关于加强食品等产品安全监督管理的特别规定》（国务院令〔2007〕第 503 号）和《散装食品卫生管理规范》（卫生部 卫法监发〔2003〕第 180 号令）等。要不断完善我国食品产业法律制度，并制定配套措施和细则。

（本章执笔人：孙宝国、司智陟）

第二十三章　未来发展趋势与重点

粮食是保障人民生命安全和生活稳定的重要战略物资。改革开放以来，我国粮食产业发展取得巨大成就，粮食综合生产能力不断提高，粮食安全总体形势达到历史最高水平，已经实现“谷物基本自给，口粮绝对安全”。从中长期来看，我国粮食安全的总体形势不会发生改变，但我国粮食总消费需求持续增长、高品质粮食需求增加及粮食消费需求结构不断变化均对我国粮食供给提出了巨大的挑战，我国粮食供需将长期处于紧平衡态势。“谷物基本自给、口粮绝对安全、主要农产品自主可控，确保国家食物主控权”是未来我国保障粮食安全的总体战略方针。

第一节　供需形势预测

一、2035 年和 2050 年粮食供需形势预测

可实现“确保口粮绝对安全、谷物基本自给”的战略目标。随着国家财力的增强，党和国家对农业尤其是粮食产业发展的政策支持体系将更加优化和完善，支持力度将持续加大，农业生产条件将不断改善，粮经作物生产发展根基将更加稳固。根据中国农业产业模型（CASM），2021 年为人口高峰值，达 14.13 亿人，2035 年人均粮食消费量达到最大值 600kg，粮食供需缺口将在 2030 年达到 15 645.39 万 t 的峰值；粮食自给率持续下滑，但仍能够确保“谷物基本自给，口粮绝对安全”。2035～2050 年粮食供需缺口有所减少，但减少幅度不大。预计在 2035 年和 2050 年，中国粮食总需求将分别达到 84 963.56 万 t、84 329.59 万 t，国内产量将分别达到 69 733.98 万 t、70 744.07t，净进口量分别达到 15 229.58 万 t、13 585.52 万 t，粮食自给率分别为 82.08%、83.89%（表 23-1）。

表 23-1　2035 年和 2050 年主要农产品供需预测　（万 t）

类别	2035 年		净进口量	自给率	2050 年		净进口量	自给率
	需求总量	国内产量			需求总量	国内产量		
粮食	84 963.56	69 733.98	15 229.58	82.08%	84 329.59	70 744.07	13 585.52	83.89%
谷物	64 368.23	61 136.85	3 231.38	94.98%	63 528.15	59 759.80	3 768.35	94.07%
口粮	33 302.31	33 029.16	273.15	99.18%	31 044.03	30 535.21	508.82	98.36%
稻谷	19 809.84	19 678.08	131.76	99.33%	18 516.77	18 114.86	401.91	97.83%
小麦	13 492.47	13 351.07	141.40	98.95%	12 527.26	12 420.35	106.91	99.15%
玉米	31 065.92	28 107.69	2 958.23	90.48%	32 484.12	29 224.59	3 259.53	89.97%
大豆	13 683.79	4 207.49	9 476.30	30.75%	13 933.10	6 594.68	7 338.42	47.33%
油菜籽	1 695.82	1 398.93	296.89	82.49%	1 795.63	1 398.91	396.72	77.91%
花生	2 102.58	1 963.48	139.10	93.38%	2 371.94	2 040.86	331.08	86.04%
糖料	1 513.74	956.22	557.52	63.17%	1 624.95	956.22	668.73	58.85%

续表

类别	2035年		净进口量	自给率	2050年		净进口量	自给率
	需求总量	国内产量			需求总量	国内产量		
棉花	788.61	566.54	222.07	71.84%	832.43	566.50	265.93	68.05%
蔬菜	83 420.89	85 403.43	−1 982.54	100%	84 444.00	86 690.01	−2 246.00	100%
水果	36 112.81	36 457.07	−344.26	100%	36 658.31	37 566.22	−907.92	100%
肉类	9 685.86	9 041.31	644.55	93.35%	10 892.64	9 535.57	1 357.07	87.54%
猪肉	5 744.66	5 561.31	183.35	96.81%	6 393.43	5 888.62	504.81	92.10%
牛肉	1 108.28	808.72	299.56	72.97%	1 274.29	832.07	442.22	65.30%
羊肉	668.89	609.95	58.94	91.19%	730.39	670.01	60.38	91.73%
鸡肉	2 164.03	2 061.33	102.70	95.25%	2 494.53	2 144.87	349.66	85.98%
禽蛋	3 128.20	3 173.30	−45.10	100%	3 162.00	3 186.56	−24.56	100%
奶制品	7 054.25	5 172.66	1 881.59	73.33%	8 272.90	5 165.35	3 107.55	62.40%
水产品	8 640.00	8 303.23	336.77	96.10%	10 433.28	10 000.00	433.28	95.85%

二、2035年和2050年蔬菜水果供需形势预测

蔬菜产量高位缓慢增长，蔬菜生产有保障，净出口态势继续保持。蔬菜产业继续向高质量发展转型，未来新增菜地面积减少，播种面积稳中有增，单产将继续提高，产量增速放缓，商品产量占比逐渐增大，自损率继续下降。随着生活水平提升，消费水平提档升级，净菜消费、预制菜消费增加，将促进蔬菜消费增长。随着中国居民蔬菜消费升级、对特色品种和高端蔬菜的需求增加，进出口量均有增长，将继续保持净出口优势，2020～2050年中国蔬菜产量和消费将呈增长趋势。预计在2035年和2050年，中国蔬菜国内产量将分别达到85 403.43万t、86 690.01万t，总需求将分别达到83 420.89万t、84 444.00万t，自给率均为100%；预计进口增长或快于出口增长，贸易顺差增幅收窄。

水果产量增速放缓，供给充足，消费持续增长，进出口规模扩大，贸易逆差或持续存在，供需结构性矛盾有望得到明显改善。受耕地资源制约，水果生产面积扩张有限，而品种改良和生产管理水平提升推动单产提高、品质改善，果品供给结构优化，质量进一步提升，有效供给增加；消费稳中有增，直接消费加快由数量型向质量型转变，加工消费增长较快，占比提高，随着城乡冷链物流体系建设和供应链水平提升，水果产后损失和流通浪费的占比将显著减少；受国内消费需求拉动，进口增长预计大于出口增长，贸易逆差或持续存在。预计在2035年和2050年，中国水果国内产量将分别达到36 457.07万t、37 566.22万t，总需求将分别达到36 112.81万t、36 658.31万t，净出口分别为344.26万t、907.92万t，自给率均为100%，且净出口呈增长趋势。

三、2035年和2050年畜产品供需形势预测

畜产品的产量及需求呈增长趋势，净进口呈不断增长趋势，畜产品结构进一步优化。肉类产量稳中有升，猪肉占比趋降；消费平稳增长，消费结构优化；贸易稳中有减，其中出口较为平稳。预计在2035年和2050年，中国肉类（猪、牛、羊和鸡肉）国内产量

将分别达到 9041.31 万 t、9535.57 万 t，总需求将分别达到 9685.86 万 t、10 892.64 万 t，供需缺口仍然较大，自给率分别为 93.35%、87.54%。其中，猪肉国内产量将分别达到 5561.31 万 t、5888.62 万 t，总需求将分别达到 5744.66 万 t、6393.43 万 t，净进口量 2035 年下降到 183.35 万 t，2050 年为 504.81 万 t，自给率将分别增至 96.8%、92.1%。

禽蛋产量和消费均将保持增长态势。禽蛋贸易以出口为主，出口将保持稳中有增。预计在 2035 年和 2050 年，中国禽蛋国内产量将分别达到 3173.30 万 t、3186.56 万 t，总需求将分别达到 3128.20 万 t、3162.00 万 t，净出口分别达到 45.10 万 t、24.56 万 t，自给率均保持 100%。

奶制品国内供给能力稳步提高，生鲜乳产量有望明显增加，而经济社会快速发展和人民生活水平不断提高将带动奶类消费需求增长。预计在 2035 年和 2050 年，中国牛奶国内产量将分别达到 5172.66 万 t、5165.35 万 t，总需求将分别达到 7054.25 万 t、8272.90 万 t，供需缺口仍然较大，自给率分别为 73.3%、62.4%。

四、2035 年和 2050 年水产品供需形势预测

水产品产量进一步增长，水产在食物安全保障中的作用将进一步提升。随着经济社会发展和居民消费升级，作为公认的优质蛋白，水产品在国家粮食安全保障中的作用将进一步提升。综合我国养捕业资源禀赋及其潜力、水产行业生产与消费现实形势等因素，水产养殖是未来我国水产品产量增长的主要贡献者，重点在于深远海和大水面生态渔业、盐碱地等宜渔资源的挖掘及开发利用。从供需平衡和社会经济发展水平来看，新发展阶段和新征程中，市场及消费将在水产行业供需转换中起到更强的诱导作用，有利于水产行业的供给侧结构性改革、转型升级，以适应新阶段消费特征及形势。预计在 2035 年和 2050 年，中国水产品国内产量将分别达到 8303.23 万 t、10 000.00 万 t，总需求将分别达到 8640.00 万 t、10 433.28 万 t，净进口分别增至 336.77 万 t、433.28 万 t，自给率分别降至 96.10%、95.85%。

五、2035 年和 2050 年油料与糖料供需形势预测

油料和糖料可保持基本自给。2020～2050 年，我国油菜籽产量略有增长，需求呈增长趋势，净进口保持增长。预计在 2035 年和 2050 年，中国油菜籽国内产量将分别达到 1398.93 万 t、1398.91 万 t，总需求将分别达到 1695.82 万 t、1795.63 万 t，净进口分别增至 296.89 万 t、396.72 万 t，自给率分别降至 82.49%、77.91%。花生产量呈增长趋势，需求将继续增长，净进口保持增长。预计在 2035 年和 2050 年，中国花生国内产量将分别达到 1963.48 万 t、2040.86 万 t，总需求将分别达到 2102.58 万 t、2371.94 万 t，净进口分别增至 139.10 万 t、331.08 万 t，自给率分别降至 93.38%、86.04%。

2020～2050 年，我国糖料产量略有下降，需求将继续增长，净进口保持增长。预计在 2035 年和 2050 年，中国糖料国内产量将分别达到 956.22 万 t、956.22 万 t，总需求将分别达到 1513.74 万 t、1624.95 万 t，净进口分别增至 557.52 万 t、668.73 万 t，自给率分别降至 63.17%、58.85%。

第二节　产业发展趋势

一、践行“大食物观”是必然要求

习近平总书记在党的二十大报告中要求“树立大食物观”“全方位夯实粮食安全根基”。“大食物观”是新时期我国粮食安全观的发展。大食物安全观的确立，是为了全面应对未来食物安全风险挑战，保障多元化食物供给安全（樊胜根，2022）。

（一）膳食结构优化是解决营养过剩与隐性饥饿的关键有效路径

随着我国由中等收入国家向中高等收入国家跨越，居民食物消费观念也出现重大转变，由“吃饱、吃好”逐步向“吃得营养、吃得健康”转变。随着居民对食物安全、品质、功能等方面要求的提高，食物改善型消费人群数量激增。我国居民在食物消费观念上存在着诸多误区，通过宣传倡导营养、健康、节约、绿色的新型消费方式，提高消费者对营养健康和食物安全形势的认识，引导消费者根据人体需要合理选择食品，减少过度消费和浪费，是未来食物安全保障的重要着力点。居民膳食结构的优化是解决营养过剩与隐性饥饿的关键有效路径。

（二）践行“大食物观”是保障粮食安全的必然要求

2015年中央农村工作会议首次在中央层面正式提出“树立大农业、大食物观念”。2016年“树立大食物观，面向整个国土资源，全方位、多途径开发食物资源，满足日益多元化的食物消费需求”被写入中央一号文件。2017年在中央农村工作会议上，习近平总书记指出：“现在讲粮食安全，实际上是食物安全。老百姓的食物需求更加多样化了，这就要求我们转变观念，树立大农业观、大食物观，向耕地草原森林海洋、向植物动物微生物要热量、要蛋白，全方位多途径开发食物资源。”2022年，在看望参加全国政协十三届五次会议的农业界、社会福利和社会保障界委员并参加联组会时，习近平总书记对“大食物观”进行了详细阐述，指出“要树立大食物观，从更好满足人民群众美好生活需要出发，掌握人民群众食物结构变化趋势，在确保粮食供给的同时，保障肉类、蔬菜、水果、水产品等各类食物有效供给，缺了哪样也不行。”习近平总书记在党的二十大报告中进一步强调“树立大食物观，发展设施农业，构建多元食物供给体系”。新形势下，“大食物观”赋予了粮食安全新的内涵，也对建立可持续的食物安全保障体系提出了更高要求。同时，我国“大食物观”为共同推动全球食物系统转型升级，更好保障全球食物安全提供了中国思路。尤其是当前我国正面临膳食结构有待优化、资源环境约束趋紧及国际环境复杂多变等多重风险挑战，树立“大食物观”，在深刻把握人民群众食物需求结构变化的基础上构建多元化食物供给体系，是新时期保障国家粮食安全、更好满足人民群众日益多元化的食物消费需求的必然要求。

二、农业科技是关键支撑

生产效率是提升竞争力的重要着力点，农业科技是提升生产效率、保障粮食安全的关键支撑。

（一）水土资源不足基本国情下，农业科技是农产品增产的关键支撑

党的十八大以来，全国粮食单产提高对总产增加的贡献率超过66%，我国农业科技进步贡献率从53.5%提高到61.5%，有力支撑保障了粮食年产量稳定在1.3万亿斤以上。未来随着城乡居民消费不断转型升级，粮食需求刚性增长。从基本国情来看，我国耕地面积总量较大，但人均耕地面积较小，水资源也较为匮乏。未来，耕地面积或将持续减少，我国粮食安全面临严峻挑战，依靠科技进步提升单产水平，是保障粮食安全的必然路径。

（二）生物技术和信息技术革命迅速发展，为农产品增产带来新机遇

当前，以基因组学、基因编辑技术和合成生物学技术等为核心的现代农业生物技术快速发展，带动了农业产业新的绿色革命。以大数据、云计算和互联网技术为核心的现代农业信息技术方兴未艾，催生智慧农业和智能装备产业异军突起。人工智能、区块链和基因编辑等智能技术驱动农业科技变革，使农业发展呈现出系统性颠覆的趋势。新科技的蓬勃发展，为农产品增产增添了新的动力。

（三）生产效率是提升竞争力的关键着力点，产业发展更加注重技术革新

通过科技提高生产率是推动产业竞争力提升的关键着力点。经过长期发展，我国粮食等主要农产品单产显著提升，稻谷、小麦、玉米单产水平已明显高于世界平均水平，但与农业发达国家水平相比，仍明显偏低。依靠科技推动农业生产效率的提升，是提升产业竞争力的关键。

三、绿色发展是必然选择

在环保约束常态化背景下，加快推动绿色发展成为农业产业发展的必然选择。

（一）农业向绿色发展转型成为必然选择

随着工业化和城镇化的快速发展，水资源利用效率不高、地下水超采、水污染等问题将严重制约我国农业生产。未来我国的城市化仍将以较高的速度推进，城市人口的比例将进一步提高。在城镇化的高速推进下，耕地面积很有可能进一步减少，加上农药、化肥等生产资料长期利用管理不当，耕地超负载生产，造成耕地总体质量下降，耕地土壤重金属污染等对粮食安全造成重大威胁。资源环境刚性约束下，我国在采取更严格的政策举措来坚守耕地面积的同时，将采取更具突破性的科技来修复和提升耕地质量，从而提高农业生产中水土资源利用效率，在水土资源刚性约束趋紧的条件下保障食物安全供给。

（二）农牧结合、种养结合是实现农业生态循环发展的重要路径

我国作为碳排放大国，未来农业减排路径将更加陡峭。一方面，化肥的大量使用、

低效率使用，造成耕地污染。2020 年我国水稻、玉米、小麦三大粮食作物化肥利用率已经提高到 40%以上，但仍低于发达国家 15 个百分点。另一方面，由于缺乏合理的种养布局，大量畜禽粪便虽集中排放，但缺乏匹配的耕地对其消纳，造成环境污染。畜禽养殖粪便无论以何种模式处理，终端环节都归于还田利用，强化种养结合是集约化畜禽养殖粪便资源化利用最经济、最有效的途径，是保护生态环境、实现畜禽养殖业绿色发展的关键。

（三）生产效率提升是实现绿色化发展的基础和关键支撑

提高农业要素资源利用率和农业生产效率，是实现绿色化发展的基础和关键支撑。通过科技节约粮食的潜力非常可观，并将成为未来畜牧业节粮的主流趋势。我国生猪、牛羊、家禽育种水平与世界发达国家相比存在较大差距。其中，我国种猪现阶段平均 PSY 为 20 头，能繁母猪存栏量约为 4500 万头，假如 2030 年全国平均 PSY 可以达到 30 头，能繁母猪存栏量可以降低至 3000 万头，仅仅 PSY 的改善就可以降低能繁母猪存栏量约 1500 万头，节省饲料 1642.5 万 t；我国现阶段商品猪平均饲料转化率（feed conversion rate，FCR）约为 3.0，假如到 2030 年通过育种和营养管理将商品猪平均饲料转化率降低到 2.4，可以节省饲料 4680 万 t。因此，仅仅生猪养殖在 PSY 和 FCR 两方面的改善合计就可以节省饲料 6322.5 万 t，相当于现在年饲料总产量（25 276.1 万 t）的 25.01%。而现在每年饲料生产需要玉米约 1.2 亿 t，大豆约 1 亿 t，这样初步测算仅生猪养殖上述两个指标科技水平提升就可以节省约 3000 万 t 玉米和 2500 万 t 大豆。奶牛产奶量的提升、牛羊生产性能的提升都能较大程度地节省粮食。

四、产业体系全面升级是必由之路

农业产业体系全面升级发展，农业现代化水平持续推进，是强产业的必由之路。

（一）农业生产适度规模化，经营主体职业化，城乡收入逐渐缩小

生产适度规模化、经营主体职业化的趋势已经显现并将延续。从畜牧业来讲，受益于生物安全体系建设、设备设施升级、经营资金及管理能力提升多方面显著优势的支撑，大规模养殖场和养殖企业补栏扩产速度与规模明显快于中小散户，产能向大型养殖场和养殖企业集中趋势明显。在规模化程度不断提升的同时，畜禽养殖也从传统的劳动密集型向资本密集型转移，中小散户的主体地位正在逐渐削弱，农民退出、资本主导成为显著的趋势特征。从种植业来讲，未来种植业以家庭农场（平均两个劳动力）为主，耕地面积超过 100 亩的大农场占 20%，低于 100 亩的小农场占 80%。其中，20%大农场将生产 80%的农作物产量或贡献 20%的增加值，80%小农场将生产 20%的农作物产量或贡献 80%的增加值，即形成种植业生产的“二八格局”。大农场主要生产粮食等大宗农产品以保障国家粮食安全，小农场主要发展高值农业以保障收入持续增长，最终大小农场劳动生产力趋同，实现共同富裕。

（二）智慧农业将从狭义向广义转变，智能化向全产业链现代化拓展

智慧农业从狭义上的大田农业、设施农业、安全追溯、农业电子商务等涉农领域，

拓展到广义上的综合使用传感、遥感、大数据分析、生产力评估等技术手段对农业实现温度和湿度监测、农田养分遥感与监测变量施肥决策、作物产量与品质预测、农情遥感监测与预报等决策支持，并通过大数据技术分析海量性状数据，为农业“产—加—销”全过程提供信息服务与指导。随着智慧农业从狭义向广义发展，其将更全面地支撑农业现代化水平的提升，全方位实现农业“六化”，即农业资源利用环保化、生产技术科学化、生产过程标准化、农业监管便捷化、农副产品安全化和经营循环市场化。智慧农业通过生产领域的智能化、经营领域的差异性及服务领域的全方位信息服务，推动农业产业链改造升级，实现农业精细化、高效化与绿色化，保障农产品安全、农业竞争力提升和农业可持续发展。

（三）农业产业化发展加速推进，三次产业加速融合

改革开放以来，我国农业实现快速发展，农业产业化经营发挥了重要的引领作用，但产业链条短、产品附加值低的问题依然突出，特别是随着国际竞争日益加剧，农业发展面临的内外压力越来越大。要提高农业的综合效益和整体竞争力，让农民分享农业产业链条各环节的利益，必须从农业产业体系整体谋划，实现一二三产业融合发展，延长产业链、提升价值链。大力推进农业产业化经营，加快发展农产品精深加工，形成产业集群，实现农业全产业链效益的提升，是未来农业产业发展的方向。

第三节　新形势下农业产业发展总体战略

一、指导思想

立足世界百年未有之大变局，在实现中华民族伟大复兴的战略全局下，面对我国食物安全存在的问题和未来食物消费供需形势的变化趋势，确立新型大食物安全观，坚持“以我为主、立足国内、确保产能、适度进口、科技支撑”，以“保口粮、保安全、强产业”为指导思想，实施“谷物基本自给、口粮绝对安全、主要农产品自主可控，确保国家食物主控权”的总战略。

二、战略目标

（一）确保食物数量安全

稳步提高食物供给保障能力，实现食物供需总体基本平衡，口粮绝对安全，粮食总体安全自主可控，水产品、蔬菜、水果等部分产品自给有余。坚守口粮自给率 97%，谷物自给率 90%，粮食自给率 80%的战略底线不突破。

到 2035 年，我国口粮自给率达到 99%，谷物自给率达到 94%，粮食自给率保持在 82%。到 2050 年，我国口粮自给率达到 99.5%，谷物自给率达到 85%，粮食自给率达到 83%。

（二）食物质量安全全面提升

加强食物质量全产业链监管，健全食物安全保障体系，全面提升国家食物质量安全。

到 2035 年，全面建成供给稳定、产品高端、运转高效、标准健全、体系完备、监管到位的食物质量安全保障体系。到 2050 年，建成与社会主义现代化国家相适应的国家食物质量安全体系。

（三）食物消费营养健康

引导食物消费结构和习惯向绿色营养健康方向转变，形成具有中国特色的更加营养健康的东方膳食营养消费结构和习惯。到 2035 年，人均热量供给和宏量营养素供给基本保持稳定。引导居民形成科学合理的具有中国特色的东方膳食营养消费结构和习惯。到 2050 年，全面形成以人民健康为中心的中华食物消费结构和习惯。

三、战略重点

重点围绕“藏粮于地、藏粮于技、防灾减灾、高效低碳”十六字方针部署重大工程和举措，推动种植业、草地农业、畜牧业、水产业协同发展，在确保食物数量和质量安全的基础上，满足居民对食物营养健康的多样化需求，建成更高效强韧、更绿色低碳、更营养健康的国家食物安全保障体系。

1）“藏粮于地”。通过实施高标准粮田建设工程，改善粮田基础设施，修复、培育和提升土地地力，提升粮食产能，筑牢保障国家粮食安全的土地根基。推动实施区域食物安全保障工程，着眼于谷物供求基本平衡，通过“北方稳定性增长、南方恢复性增长、西部适水性增长、全国均衡性增长”总体布局的科学调整，实现“谷物基本自给、口粮绝对安全”的核心目标。

2）“藏粮于技”。通过实施现代种业提升工程，聚焦农作物、畜禽、水产种业薄弱环节，突破种业“卡脖子”技术，推动现代种业产业链协同发展，实现“种业科技自立自强、种源自主可控”，从种业源头上保障国家食物安全。

3）“防灾减灾”。加强风险管控，完善食物系统风险防控体系，提升种植业、养殖业、水产行业灾害监测和防控能力，分行业制定重大灾害紧急应对预案。提升国际国内市场风险防控能力，拓展食物供应链，增强食物系统韧性。积极布局国外农产品产业链建设，实现农产品进口多元化。重构仓储对市场风险防控地位和功能的认知，确立与新时期食物安全风险防控需要相适应的“重仓控险”理念和仓储规模水平，完善仓储调节机制。实施动物重大疫病与人兽共患病防控工程，加强智能化诊断、精准治疗技术与产品开发，加大生物安全、疫病净化根除等综合防控技术体系研发。

4）“高效低碳”。加快现代农业产业体系、现代生产体系、现代经营体系和现代农业科技体系创新，加快推进食物产业现代化，进一步提高食物质量、生产效率、经济效益和国际竞争力。实施农业绿色低碳工程，推动食物生产系统绿色低碳转型，提高投入品利用效率，减少污染排放。实施饲料蛋白替代工程，拓展蛋白来源，确保饲料安全。开展食物减损工程，强化损耗控制，加强食物消费需求引导管理，引导保持低碳化的东方饮食消费结构，促进食物生产低碳。

四、重大工程

1）现代种业提升工程。聚焦重点行业和关键环节，实施现代种业提升工程，推动种业全面振兴。

2）高标准粮田建设工程。围绕粮食产能提升，以改善粮田基础设施、增强防灾抗灾减灾能力为重点，加大高标准粮田投入力度。

3）区域食物安全保障工程。着眼于谷物供求基本平衡，通过“北方稳定性增长、南方恢复性增长、西部适水性增长、全国均衡性增长”总体布局的科学调整，实现“谷物基本自给、口粮绝对安全”的核心目标。

4）农业绿色低碳工程。加快生产方式绿色低碳转型，加强资源保护和高效利用，推广农业环境保护，挖掘、提升、推广绿色、低碳生产方式。

5）饲用蛋白替代工程。大力推进三元种植结构，推广优质牧草和饲用玉米种植，鼓励南方冬闲田种植牧草，拓展饲料进口渠道，加强对玉米及玉米酒糟进口的监测预警，有效缓解国内饲料粮紧缺状况。

6）动物重大疫病与人兽共患病防控工程。针对动物重大疫病、人兽共患病与外来病，开展病原学与流行病学、致病与免疫机制研究，研制具有国际竞争力的疫苗、药物和诊断试剂，加强智能化诊断、精准治疗技术与产品开发，加大生物安全、疫病净化根除等综合防控技术体系研发。

7）养殖设备智能化创新工程。针对不同畜禽、规模化程度和养殖模式，研发针对不同生产环节的各类智能化设备设施；对于规模化发展水平较高的畜禽品种，重点支持运用人工智能、大数据、物联网技术的新型养殖设备与产品研发。

8）深远海渔业生产平台技术研发与应用工程。立足于我国渔业工业化技术水平及船舶装备科技基础，确立深远海渔业生产模式及产业发展目标，围绕规模化养殖、繁育、饲料营养、养殖产品加工及渔船补给、物流等功能，开展深远海渔业生产平台技术研发与应用。

9）近浅海渔业资源养护和修复工程。建立我国近海渔业资源与环境承载力评价技术体系，强化生态海洋牧场建设与高效利用关键技术攻关，建立基于大数据平台的海洋牧场实时监测与预报预警系统。

10）牧区草原修复与生产力提升工程。在北方重点牧区的退化草原，采取补播、施肥、合理利用等措施，促进退化草原恢复，使草原生产力提升 30%以上。在草畜平衡区，根据不同类型的草原测算合理载畜量，以草定畜，加大对草地农业的投入，提升畜产品供给能力。利用牧区耕地建立栽培牧草地，建设饲草料储备设施，提高饲草供给能力。

11）农区藏粮于草与土地生产力提升工程。在广大农区，开展草地农业产业化试点示范，提升农区土地的蛋白饲料生产能力，并探索农区草地农业发展的技术支撑和产业化体制机制保障体系。在已建立了牛羊奶优势产业的农区县市，全面推进农田豆科牧草与粮食作物轮作，为草食家畜产业发展提供更充足的优质饲料，促进农区耕地永续利用和生态改善。

第四节　新形势下保障农业产业安全可持续发展的措施

一、强化耕地水资源保护

耕地面积是粮食生产的基本依托与根本保证。要严格保证耕地的数量与质量，做好对耕地的维护与监测。对于现有耕地资源来说，必须坚守 18 亿亩耕地红线不动摇，在城镇化推进过程中，各地区要做好相关土地利用规划，严格规定城镇用地与农业用地的区别与界限，在城市发展过程中，优先考虑占用非农用地，最大限度地减少对耕地资源的占用。适度开发能够利用的潜在耕地，将部分可利用的荒地通过改造变成可以进行农业生产的耕地。持续推进高标准农田建设，提高我国耕地综合生产能力，同时要加强高标准农田的管护，确保高标准农田以高标准产能长期持续发展。对于水资源来说，应合理开发、高效利用、优化配置、全面节约、有效保护和科学管理，严格控制地下水开采。加强水资源管理，加快灌区水管体制改革，对农业用水实行总量控制和定额管理，提高水资源利用效率和效益。同时，有针对地开发高效节水的新农作物品种和耕作技术，并尽快推广形成生产力。

二、加大粮食生产政策保障

在现有粮食种植效益水平下，保障国家食物安全尤其是粮食安全，政策保障更具有决定性意义。必须继续加大对主产区的政策倾斜力度，并进一步完善粮食安全党政同责考核制度，真正压实各级党委政府的粮食安全责任。一是加大对粮食主产区的政策倾斜力度。经过长期发展，我国粮食生产力区域格局演变态势呈现出主产区粮食产量大幅增长、商品粮供给能力显著提升，主销区粮食产能过度萎缩、自给水平显著下降，以及产销平衡区粮食产量保持稳定增长但粮食缺口显著加大的显著特征。目前，主产区的人均地方财政支出能力既明显弱于主销区，也明显弱于产销平衡区，且与产销平衡区和主销区的差距仍有扩大趋势。要进一步加大对粮食主产区的利益补偿，加大对粮食主产区的资金支持力度，缓解粮食主产区财政困难，调动地方政府重农抓粮积极性，保障产粮大县重农抓粮得实惠、有发展。二是完善粮食安全党政同责考核办法，压实地方政府责任。健全完善粮食安全党政一把手责任制，细化粮食主产区、产销平衡区、主销区考核指标，推动地方全面加强粮食生产、储备、流通、节粮减损能力建设，共同承担好维护国家粮食安全的政治责任。明确党政一把手的职责，压实主销区和产销平衡区的粮食生产责任，明确目前已经自给不足的主产区省份应坚决守住粮食自给底线。

三、增强农业产业内在发展动力

长期以来，我国农产品尤其是粮食及主要畜产品效益明显偏低，是农业产业发展内在动力和外在吸引力明显不足的主要原因。而粮食等主要农产品具有明显的公益属性，保障主要农产品的供给和价格稳定，始终是国家保民生、保稳定的重中之重。因此，要解决农业产品尤其是粮食大宗产品和主要畜产品效益偏低的问题，必须采取综合措施，尤其是应在充分发挥市场对资源配置决定性作用的同时，更好地发挥政府调控作用和加强社会保障机制建设。一是加快完善粮食大宗产品和主要畜产品的价格形成机制，靠完善的市场主导作用调节供需关系，实现农产品的提质增效。二是改善对市场波动的宽容度，允许市场在无碍社会稳定的区间实现相对完整的周期性调节。三是进一步完善社会保障机制，避免市场波动下低收入群体生活水平下降，提高社会对农产品价格周期性波动的心理和经济承受能力。四是合理确定进口规模，防止超需进口对国内农产品市场和效益的挤压。五是加大财政投入力度，优化支持方式，让农产品生产主体能够在市场和政策的共同作用下，实现与非农产业具有可比性的合理收益。

四、提升自然灾害及疫病风险防控能力

随着我国食物消费规模高位水平上的持续增长，种植业的自然灾害及养殖业的疫病风险管控压力将愈加突出，必须牢固树立风险防范意识，着力完善机制建设，最大限度地减少自然灾害及疫病对粮食等重要农产品供给保障的冲击。一是提高种植业自然灾害风险防控能力。其一，进一步加强以水利为重点的农田基本建设，尤其是应加大北方地区高效节水工程建设力度，提高其抗御旱灾的能力，实现粮食安全与水安全水平的共同提升。其二，完善病虫害防控机制，尤其是应完善突发性病虫害的预报、监测、研判和应对机制。其三，高度重视区域协调发展。我国粮食生产高度向主产区集中，尤其是商品粮净输出高度向北方少数省份集中，已显著加剧了粮食生产的风险集中度。应着眼风险分散需要，进一步压实主销区、产销平衡区及主产区中粮食已产不足需省份的粮食生产责任，促进区域协调发展，降低粮食生产的区域集中度。二是提高养殖业疫病风险防控能力。科学吸取养殖业应对历次重大疫情尤其是非洲猪瘟的经验教训，着力完善畜禽疫病防控机制，从预防、预测、预报、预警和联动应对等各环节筑牢疫病防控长城，最大限度地降低重大疫情对养殖业的冲击。

五、加快农业科技进步

破解农业发展瓶颈，促进农业产业转型升级，加快推进农业现代化，必须结合当前我国农业生产所面临的目标任务与突出问题，继续推进农业科技进步，加大农业科技投入，推动农业科技创新发展，强化农业科技和装备支撑。一是加大农业科研投入。建立农业科研投入优先稳定持续增长的长效机制，加大政府公共财政对公益性农业领域科技的投入力度，发挥好财政资金的激励和引导作用，创造良好的农业科技创新环境，力争实现农业研发公益投入占农业增加值 1.5%的目标。积极探索多元化的农业科技投入融资机制，吸引各类创新主体投资农业科技，确保农业研发总投入占农业增加值的 2.5%以上，重点支持农业国家战略科技力量和区域创新中心。二是加快科技创新与产业结合速度。加强育种制种科技投入，支持创建集生物技术和智能化、数字化及信息化技术于一体的大型种业企业，强化生物学基因和区域性原种等领域的基础研究。加强农业科技社会化服务体系建设，增加农业科技服务有效供给，提高农业科技服务效能。

六、推进高效化绿色化生产方式

推广化肥和农药等投入品减量化技术、节水节肥节药等清洁生产技术、种养结合生态循环技术，推进标准化生产，在增产的同时保护和改善产地生态环境。特别是在养殖业方面，推动传统种养模式向现代高效种养结合模式转变，推动饲料粮就地转化，减少粮食的大调大运，同时积极探索非传统途径的饲用蛋白解决方案。在“双碳”目标下，统筹开展农业减排固碳技术创新和推广应用，有效降低农业碳排放强度，认清“碳权就是发展权”，创新碳足迹核算方法，推进农产品碳认证、碳标签，掌握话语权和主动权。我国是玉米深加工大国，在进口大量玉米的同时，还出口大量玉米深加工产品，因此，在环境和碳排压力下，可以优先考虑压减相关玉米深加工制品出口。

七、加强国际国内市场风险管控机制建设

面对复杂多变的国际环境，国内外市场风险冲击给农业产业安全发展带来巨大挑战，要从发挥制度优势、强化体系建设入手，加强国际国内市场风险管控机制建设。一是加强国内市场风险防控能力建设。高度重视国内部分主要农畜产品市场周期缩短、波动幅度加大趋势的出现，从产业发展源头和市场消费终端两侧入手，完善供求信息的采集、报告、预警和调控机制，降低市场风险对产业发展的非常态冲击。二是加强国际市场风险防控能力建设。完善国际市场风险防控机制，加强农产品贸易风险监测及预警体系建设。突出强化对粮食和肉类等大宗农产品国际市场的监测、研判、预警等基础性工作，全过程跟踪重点国家、市场、产品的供需和贸易状态，更充分地发挥好国家在国际市场风险防控方面的作用，并为国内农业企业和贸易主体应对国际市场风险提供高质量的信息服务与相应的指导。

（本章执笔人：刘旭、王济民、王秀东、辛翔飞）

第四篇　区域发展篇

第二十四章　粮食生产力区域布局

从新中国成立之初至今，我国粮食生产力区域布局逐渐呈现出主产区粮食产量大幅增长、商品粮供给能力显著提升，主销区粮食产能萎缩、自给水平下降，产销平衡区粮食产量保持稳定增长但粮食缺口加大的趋势特征。这样的生产格局是由各地资源禀赋、经济社会发展水平、食物需求结构等因素共同作用导致的。

第一节　生产力区域布局的相关理论

一、比较优势原则

1776年，现代经济学之父亚当·斯密提出了绝对优势理论，认为各国集中精力生产本国具有绝对优势的产品并出口，可以促进本国经济发展。1817年，大卫·李嘉图在此基础上于《政治经济学及赋税原理》中提出了比较优势理论，认为在两国（地区）间，劳动生产力的差距并不是在任何商品上都是相等的，对于处于绝对优势的国家应集中生产利益较大的商品，处于绝对劣势的国家应集中生产利益较小的商品，然后通过贸易互相交换，彼此都节省了劳动，都得到了好处。虽然比较优势理论在历史上发挥了促进作用，但其出发点认为世界是永恒不变的，永远处于静态均衡状态，并且只提出国际分工的依据，未能揭示国际分工形成和发展的主要原因。

我国地域广阔，区域资源环境、社会经济与科技条件和粮食生产机会成本差异很大，各个区域在粮食生产方面存在明显的比较优势差异。在优化粮食生产资源布局时，应充分考虑区域比较优势，综合考虑粮食和其他产业的发展目标，在优势产区发展优势作物，补齐资源短板，发挥资源优势。

二、短缺资源替代理论

美国经济学家西奥多·舒尔茨认为“技能和知识是一种资本形态，且这种资本的增长速度远高于物质资本。在农业生产过程中，人们通常会低估这种资本和技术替代自然资源短缺的潜力”。即可以通过科技、工程、资金、人力资本的集约化投入，提高农业资源的生产率，大幅度缓解水土资源紧缺对农业增长的约束。我国缺水少土，资源替代的核心是以质量替代数量，以效率替代规模，以循环替代浪费。

受多种因素的影响，我国食物生产面临的农业资源环境约束日益趋紧，水土污染、土壤肥力退化、水资源短缺等是我国粮食生产和发展面临的重要问题。而短缺资源替代理论的实质就是通过优化农业环境要素（光、温、CO_2等）及其他工程科技手段，大幅提高农业不可再生资源（耕地等）的利用效率，即实现环境替代资源，解决农业资源紧缺的重大难题。现阶段来看，以植物工厂、戈壁生态农业为代表的设施农业可提高非耕地利用率，拓宽食物生产空间。

三、可持续发展理论

可持续发展理论（sustainable development theory）是指既满足当代人的需要，又不对后代人满足其需要的能力构成危害的发展，以公平性、持续性、共同性为三大基本原则。1991 年，世界自然保护联盟（IUCN）、联合国环境规划署（UNEP）和世界野生生物基金会（WWF）共同发表了《保护地球——可持续生存战略》（*Caring for the Earth: A Strategy for Sustainable Living*）。其中提出的可持续发展定义是：“在生存不超过维持生态系统涵容能力的情况下，提高人类的生活质量”。可持续发展的最终目标是人类社会进步，即改善人类生活质量，创造美好生活环境。真正的发展必须包括提高人类健康水平，改善人类生活质量，合理开发、利用自然资源，必须创造一个保障人们平等、自由、人权的发展环境，达到共同、协调、公平、高效、多维发展。

随着全球人口不断增加，如何用有限的土地资源满足不断增长的粮食需求，成为摆在各国面前的共同课题。在农业生产中实现可持续发展，要坚持资源永续利用和环境保护原则，在确保食物安全的过程中杜绝资源的浪费和对环境的污染，杜绝以牺牲生态环境为代价的食物供给。坚持生态友好、绿色发展。立足各地农业资源承载力和环境容量，减少过度消耗资源和投入化学品，促进生产生态协调。坚持保障安全与资源环境承载相结合。坚守耕地红线、水资源红线和生态保护红线，优化农业生产力布局，提高规模化集约化水平，确保国家粮食安全和主要农产品有效供给。妥善处理好农业生产与环境治理、生态修复的关系，适度有序开展农业资源休养生息，加快推进农业环境问题治理，加强农业生态保护与建设，促进资源永续利用，增强农业综合生产能力与资源承载能力和环境容量的匹配度。

在粮食生产力布局上，要牢固树立和践行绿水青山就是金山银山的理念，严守生态保护红线，发挥区域资源利用效率和生产潜力，统筹山水林田湖草系统治理，推动形成资源利用高效、生态系统稳定、产地环境良好、产品质量安全的区域现代食物绿色发展新格局。

四、包容性增长理论

目前，学术界对包容性增长的理解是非常丰富的。不同组织及不同学者从不同角度对包容性增长进行了各类解释，如亚洲开发银行对包容性增长的认识表现为要确保边缘群体的合理收益及参与经济的权益。二十国集团则重点关注机会均等与收入均等，认为这两点是包容性增长的主要核心内容。有学者的观点认为，当全社会所有人都能参与经济并且共享经济的时候，才是有价值的经济增长。也有学者认为包容性增长是让每个社会成员都能享有平等的发展机会，即可以使所有社会群体包括贫困弱势群体在内都能公平地参与到经济增长中去，共同且合理分享经济发展带来的益处。还有学者认为包容性增长是寻求机会平等，让所有人参与共享，既是公平且具有正义性质的经济增长模式，又是统筹社会、经济等平衡发展的可持续增长模式。综上，不同的组织对包容性增长的概念有不同的认知，但对于包容性增长的重要核心内涵有着不约而同的共鸣，即都非常注重包容性增长的整个发展历程，对经济发展的过程及结果都是十分看重的，包容性增长是能够有效应对贫困及发展不平等等一系列问题的理论依据。不同学者有不同的表达方式，但内涵基本相似。学者就包容性增长的内涵达成了一致的看法，也就是发展机会均等及经济成果共享是实现包容性增长的最核心内容。

2022 年 1 月，习近平总书记在世界经济论坛视频会议上发表演讲时指出："中国要实现共同富裕，但不是搞平均主义，而是要先把'蛋糕'做大，然后通过合理的制度安排把'蛋糕'分好"。粮食安全领域的包容性增长是以实现粮食增产、农民增收、产业效益和生态效益增长为前提，以满足社会需求、生态良性循环、经济社会和谐为目的的粮食安全发展运行机制与模式。在保持粮食产量增长的同时，更多地关注粮食供需协调、和谐发展，以实现农民增收、产业效益提升和生态效益提升；更多地关注粮食产业外部其他产业领域及全社会对粮食的需求及其协调发展，以实现粮食产业比较效益提升和粮食安全，经济社会和生态环境和谐、持续、有效运行与良性发展。

第二节　粮食等主要农产品生产力区域布局的驱动因素

目前，我国的粮食生产力布局呈现出主产区粮食产量大幅增长、商品粮供给能力显著提升，主销区粮食产能萎缩、自给水平显著下降，产销平衡区粮食产量保持稳定增长但粮食缺口显著加大的显著趋势特征；"北粮南调"的粮食生产格局也已经演化为"南粮北运"。这种粮食生产力布局主要是在北方耕地面积增加、灌溉能力提升和熟制改变及科技和经济发展等因素的共同作用下形成的。

一、生产力布局现状

（一）粮食生产力布局

1979 年以来，我国粮食产量从 2.70 亿 t 增加到 2022 年的 6.87 亿 t，增长了 1.54 倍，2004 年以来，我国粮食生产更是实现了"十九连丰"，为世界粮食安全作出了突出贡献。我国粮食产量的增长速度高于世界平均水平，1979～2022 年年均增长率为 2.25%，而同期世界年均增长率为 1.56%。

自 20 世纪 70 年代末以来，我国粮食产销区域格局发生了重大历史性变化，主要特征是：主销区粮食自给水平显著降低，产销平衡区粮食供需缺口持续加大，主产区成为我国粮食安全保障的支撑主体。以当年全国人均粮食产量为自给标准计算，1978～2021 年主销区粮食自给率由 93.57%降至 19.91%，粮食供需缺口由 297 万 t 增至 11 800 万 t；产销平衡区粮食自给率由 87.29%降至 78.40%，粮食供需缺口由 851 万 t 增至 3200 万 t；主产区粮食自给率由 106.65%升至 139.33%，商品粮调出量由 1280 万 t 增至 15 000 万 t。主销区和产销平衡区巨大的粮食供需缺口均高度依赖于主产区的生产供给。

整体来看，我国粮食生产区域格局演变态势呈现出主产区粮食产量大幅增长、商品粮供给能力显著提升，主销区粮食产能萎缩、自给水平显著下降，产销平衡区粮食产量保持稳定增长但粮食缺口显著加大的显著特征。我国粮食生产的主要功能越来越向保障粮食安全倾斜，确保收入增长和促进区域平衡发展的功能明显弱化。目前主产区的人均地方财政支出能力既明显弱于主销区（约低 35%），也明显弱于产销平衡区（约低 20%），且其与产销平衡区和主销区的差距仍有扩大趋势。

对比各省份三大作物产量占全国产量比例的变化情况可知，不同作物所呈现的变化情况各不相同。就稻谷而言（图 24-1），生产主要集中于湖南、四川、广东、江苏、安徽、江西等南方省份，随时间推移，北方产区（如黑龙江）的稻谷生产地位显著加强，但传统的稻谷分布格局并未发生改变。另外，在南方和长江中下游产区，个别省份的稻谷生产地位未降反升（如安徽和江西），也有部分地区相对平稳（如江苏和湖北）。

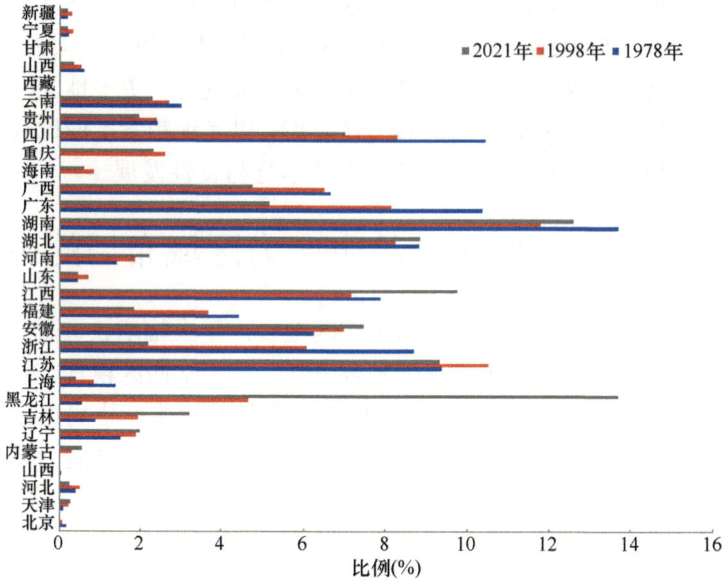

图 24-1　全国各地区稻谷产量占全国水稻产量的比例

就小麦而言（图 24-2），生产主要集中在河南、山东、河北和安徽 4 省，各自在全国的占比长期维持在 10%以上，尤其是河南在 2018 年更是高达 27.5%。此外，江苏、湖北、陕西和新疆的小麦生产也具有一定规模。总体上，我国小麦主产省份的生产集中度指标和排名均没有发生明显改变，河南和山东一直是小麦生产最重要的两个省份。

我国玉米主产区主要集中在东北三省一区（黑龙江、辽宁、吉林和内蒙古）及山东、河南和河北等地。1978 年，山东、黑龙江、辽宁和吉林是玉米生产集中度最高的 4 省，各自占比均超过 10%；1998 年，吉林的玉米生产地位居全国首位，其次是山东，而黑龙江和辽宁的玉米生产均有较大幅度的下降；到 2018 年，情况又发生了较大变化，黑龙江的玉米生产地位上升，居全国首位，成为我国最大的玉米主产省（图 24-3）。

整体来看，三大主粮中，水稻生产的比较优势区在南方，包括东南区、长江中下游区和西南区，但东北区现已逐步发展成为新兴的水稻生产优势区。小麦生产的比较优势区在北方，包括冀鲁豫区、青藏区、京津区和黄土高原区；从变化态势看，冀鲁豫优势区的地位继续强化，而青藏区、京津区和黄土高原优势区的地位逐步弱化。玉米生产的比较优势区在北方，包括东北区、冀鲁豫区、京津区、黄土高原区和西北区；从变化态势看，西北区和黄土高原区的优势地位进一步强化，而东北区、京津区和冀鲁豫区的优势地位则逐渐弱化。

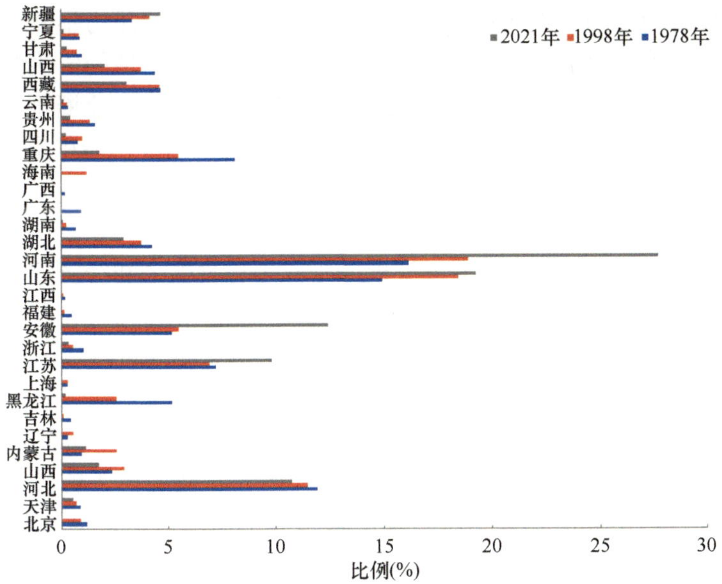

图 24-2 全国各地区小麦产量占全国小麦产量的比例

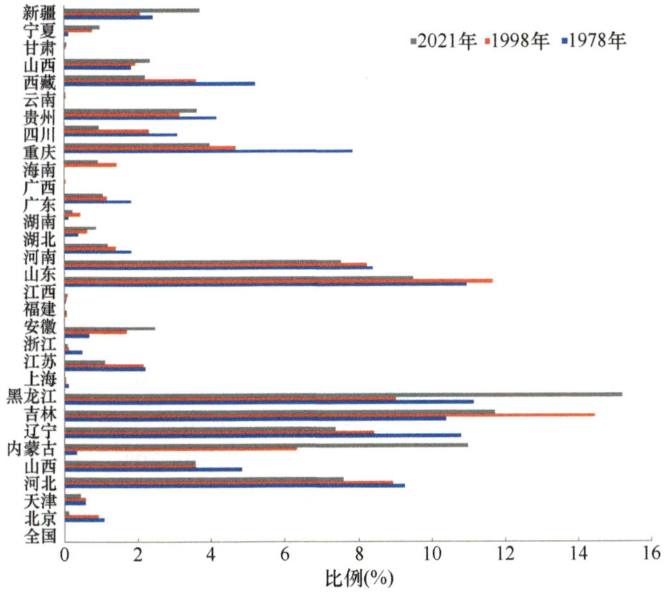

图 24-3 全国各地区玉米产量占全国玉米产量的比例

综上，在我国的 13 个粮食主产区、7 个主销区和 11 个产销平衡区中，粮食主产区包括黑龙江、吉林、辽宁、内蒙古、河北、河南、山东、江苏、安徽、江西、湖北、湖南和四川，其地理、土壤、气候等自然条件适宜种植粮食作物，粮食产量高、种植比例大，保证自给的同时还能大量调出商品粮。粮食主销区包括北京、天津、上海、浙江、福建、广东和海南，其经济相对发达，但人多地少，粮食产量和需求缺口较大。产销平衡区包括山西、宁夏、青海、甘肃、西藏、云南、贵州、重庆、广西、陕西和新疆，其对全国粮食调出贡献有限，但基本能保持自给自足。伴随城镇化、工业化进程，近年来沿海地区等粮食主销区的种粮面积持续下降，主产区粮食供给压力不断增大，全国粮食安全也面临新的挑战。由于城镇化步伐加快，主销区农民对土地的依赖性减弱，大量劳动力外出打工，出现“撂地荒”，有效粮田面积和粮食播种面积不断削减。与此同时，由于种植经济作物比种粮的收益更高，主销区“非粮化”的种植面积也逐年扩大。

（二）畜牧业生产力布局

作为农业的支柱性产业，畜牧业的发展关乎我国粮食安全和经济建设。畜牧业的生产力布局在一定程度上反映了我国的经济发展水平和居民的消费与营养水平。在 1978 年，我国畜牧业刚刚进入快速发展阶段，产值还比较低，其中华北区畜牧业产值所占的比例最大，占全国畜牧业总产值的 1/3，西北区和东北区所占比例非常小（5%左右）。在 1998 年，我国畜牧业的发展取得很大进步，产值飞速提升，最高的依然为华北区，西北地区仍是我国畜牧业产值最低的区域。到 2019 年，我国畜牧业实现了更快发展，全国总产值得到了质的提升，华北区仍然是畜牧业产值最高的区域，西北区依旧为产值最低的区域。

纵向来看，各区域的畜牧业发展结构差异较大，但是 1978～2019 年的 40 多间六大畜牧业养殖区域的畜牧业产值都在飞速增长，这是我国重视畜牧业发展，投入到畜牧业发展的资源越来越多的结果，即使是畜牧业发展水平较低的西北区，产值也增长了 172 倍。畜牧业产值在农业总产值中的占比越来越高。

二、生产力布局演变

（一）粮食生产力重心由南方转向北方

20 世纪 80 年代初期，北方 15 个省份粮食产量占全国粮食总产量的比例为 40%左右，此后一直呈现上升状态，到 2005 年已超过 50%，此后继续呈上升态势，2021 年已接近 60%。北方的粮食生产力向粮食主产区省份集中。80 年代初期，北方粮食主产区（黑龙江、吉林、辽宁、内蒙古、河北、河南、山东 7 个省份）粮食产量占全国粮食总产量的比例仅为 30%左右，其中黑鲁豫 3 省占比近 20%（图 24-4）。此后，北方粮食生产占比整体呈上升趋势，2000 年以后北方粮食主产区粮食产量占全国粮食总产

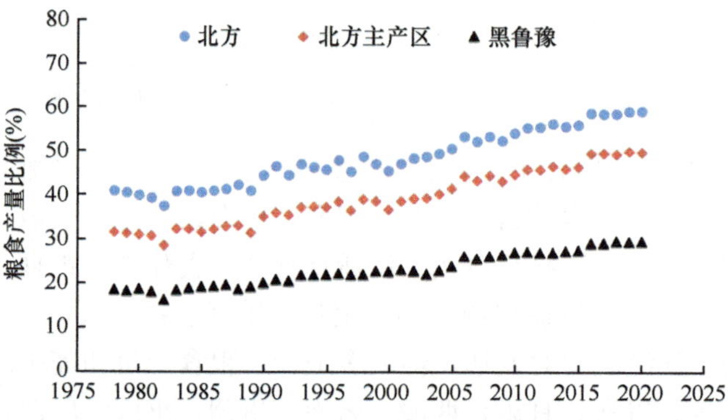

图 24-4　粮食主产区和北方粮食产量所占比例

量的比例升至40%左右。之后，北方粮食生产占比继续上升，2017～2021年北方粮食主产区产量占全国粮食总产量的比例已接近50%，其中黑鲁豫3省就接近30%（图24-4）。2021年，全国13个粮食主产省的粮食产量均超过2000万t，其中山东、河南和黑龙江的粮食产量分别高达5500.75万t、6544.2万t和7867.7万t（图24-5）。

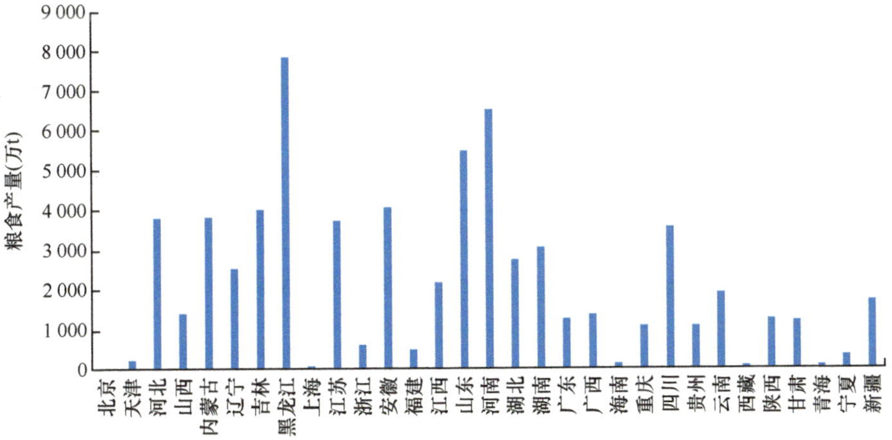

图24-5 2021年各省份的粮食产量

（二）粮食流通由“南粮北调”转为“北粮南运”

在历史上，南方生产的粮食远比北方多，尤其是浙江、两广、两湖一带的粮食生产和供应在全国具有举足轻重的地位，有“江浙熟，天下足”和“湖广熟，天下足”之美誉，形成“南粮北调”的格局。改革开放以来，经自然条件、工业化和城镇化发展水平及科技进步等多重因素共同作用，适合农业生产的南方粮食主产区逐渐放弃在效益上比较劣势的粮食生产，转向工业等利润回报较高的产业，致使粮食产区北移，从江苏和浙江一直北移至河南、山东等中部地区与东北地区。自1990年以来，“南粮北调”格局发生重大改变，南方由原来粮食净调出转变为净调入，而北方由粮食净调入转变为净调出，形成“北粮南运”的新格局。1990年起北方（北京、天津、河北、山西、内蒙古、黑龙江、吉林、辽宁、山东、河南、陕西、甘肃、青海、宁夏、新疆15个省份）的粮食人均占有量超过南方（图24-6），并突破了人均400kg的大关，且呈现持续增加之势，2008年和2015年分别突破500kg和600kg，2020年接近700kg；而南方自1980年以来则呈现波动下降态势，除1984年粮食人均占有量为402.4kg外，其余年份均低于400kg，其中2003年低于300kg。从1978～2020年的粮食总产量（图24-7）来看，北方增长迅速，而南方则波动性缓慢增长，尤其是自2005年起北方粮食总产量超过南方，其差值在2015～2020年均超过1.1亿t。

当前的粮食生产力区域布局给我国资源与环境带来挑战。一是我国水资源南方多而北方少，北方粮食生产力与水资源分布的严重错位，将进一步加剧其水资源压力。南方拥有的水资源量占全国81%，而北方则仅占19%。粮食生产需要消耗大量的水，“北粮南运”相当于由缺水的北方向水资源丰富的南方调水。自1990以来，随“北粮南运”调到南方的水资源量呈现持续增加态势，2008年为523.5亿m^3，2010年和2011年分别

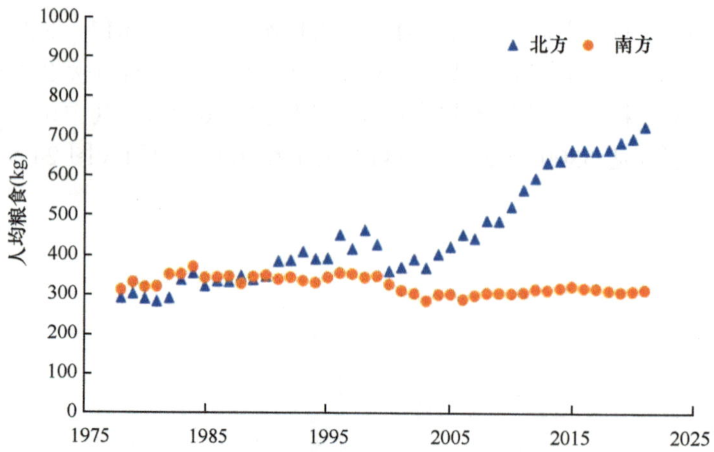

图 24-6 北方与南方人均粮食占有量动态变化

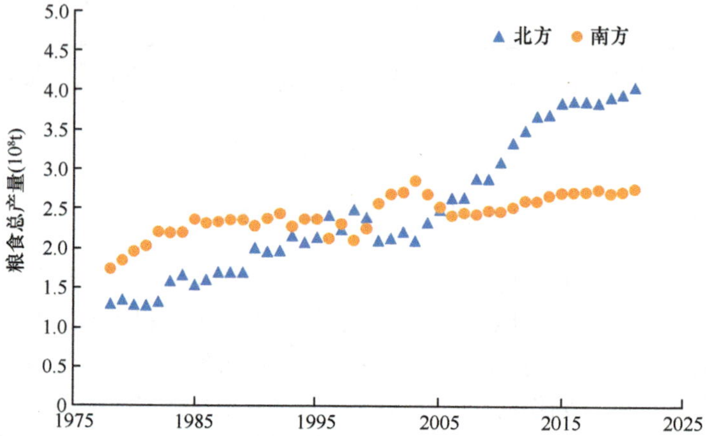

图 24-7 北方和南方粮食总产量动态变化

达到 774.9 亿 m^3 和 752.8 亿 m^3，2011 年“北粮南运”调到南方的水资源量相当于“南水北调”东、中线调水总量 278 亿 m^3 的 2.71 倍。这种粮食生产力区域布局是以牺牲北方水资源为代价的，使北方的水资源开发利用程度居高不下。2000～2021 年，我国北方水资源开发利用率平均已超过 50%，其中松花江区 31.4%、西北诸河区 46.2%、辽河区 48.5%、黄河片区 57.8%、淮河片区 66.0%、海河片区 134.3%，尤其是海河片区多数年份处于超采状态。二是引发自然生态系统功能退化，当前的粮食生产力区域布局造成了湿地萎缩、自然植被退化、耕地质量下降、生物多样性降低等一系列问题。在水资源上，我国北方因过度开荒造田、截留蓄水灌溉，流入下游的河水急剧减少，生态环境急剧恶化，自然植被退化、萎缩严重；在耕地资源上，耕地质量偏低，局部区域存在耕地土壤退化与土壤障碍等问题，华北区耕作层变浅，西北区土壤次生盐渍化问题非常普遍。三是北方长期追求高产引发的化肥、农药过量施用带来了一系列环境污染问题。北方的粮食主产省份在长期的增产压力下，更倾向于选择多施用化肥农药保障高产，而过量施用的化肥农药超过土壤的保持能力，渗入周围水体中形成农业面源污染，继而破坏生态和水环境。

（三）西南和华北区成为我国畜牧业发展水平最高的地区

改革开放之后我国畜牧业养殖区域布局出现了一系列的演变，由于经济水平、自然资源、生态环境、农业政策的不同变化，各区域的畜牧业养殖布局也发生了不同的演变趋势。肉牛养殖及牛奶生产分布在西北区和东北区，西北区拥有我国主要的草原资源，对于食草性畜牧业有着得天独厚的优势，但是一方面由于青新蒙高原区的草原几十年来一直承担着我国畜牧业发展的重担，草原资源遭到了很大的破坏，草原地区生态资源的脆弱性导致这些破坏很难在短时间内恢复；另一方面国家出台的一系列政策要求草原地区休牧、轮牧以保护和恢复草原生态环境，预计在未来一段时间里青新蒙地区的畜牧业养殖将难以大幅度增加。而东北区肉牛养殖、牛奶生产的优势地位逐渐提升，将会挑起我国牛肉、牛奶生产的重担。肉羊养殖区主要集中在西北区，由于禁牧政策的实行，南方的肉羊养殖竞争优势将会逐渐减弱，北方的肉羊养殖将会以规模化养殖呈现，而且为降低生产成本将会向粮食主产区聚集。生猪养殖区分布在西南区和东南区，但是东南区的生猪养殖在全国范围内优势不明显，一方面迫于环境、资源、安全生产压力，另一方面国家实施禁牧、禁止小规模分散养殖的政策，使得东南区的生猪养殖在未来会逐渐减少，西南区则会以规模化、集聚化、机械化方式进行生猪养殖。家禽养殖分布面积最大的区域是东北区和华北区，这两个区域具有其他区域所没有的优势，然而因为我国畜牧业环境法规的制约，华北区家禽养殖面临的环境压力比较大，生产成本较高，优势地位会逐渐下降，因而未来家禽养殖的区域布局将会向东北区转移，加上东北区饲料较为充足，为家禽养殖提供了良好的发展前景。

三、生产力布局形成的驱动因素

（一）北方耕地面积扩大速度快于南方

新中国刚成立时，为解决最紧急的温饱问题，国家大力鼓励开荒种粮增加粮食产量，而新开垦的荒地大部分位于北方。新疆生产建设兵团于 1950 年开垦荒地 6.4 万 hm^2，1952 年农作物播种面积扩大到 10.7 万 hm^2，1957 年耕地达到 22.5 万 hm^2，2012 年耕地进一步提高至 104.31 万 hm^2，园地为 6.52 万 hm^2。在华北平原，因井灌导致地下水水位下降，盐碱地面积减少，耕地面积有所扩大。黑龙江省 1950～1985 年累计开垦荒地 564.8 万 hm^2，其中 1956 年高达 65.5 万 hm^2。“北大荒”土地肥沃，成为开荒的上佳之选。国家先后组织 14 万转业复员军人和 54 万城市知青等到“北大荒”垦荒种粮。20 世纪 90 年代末“北大荒”耕地面积已超过 243.3 万 hm^2，2021 年北大荒农垦集团有限公司农作物播种面积在 290 万 hm^2。总的来看，新中国成立后北方耕地面积始终高于南方，所占比例也呈增加趋势，即由 1952 年的 54.1%增加至 1995 年 60.8%，再增至 2019 年的 64.6%（图 24-8）。可见，北方耕地面积增加远超南方，为北方粮食生产能力高于南方奠定了基础。

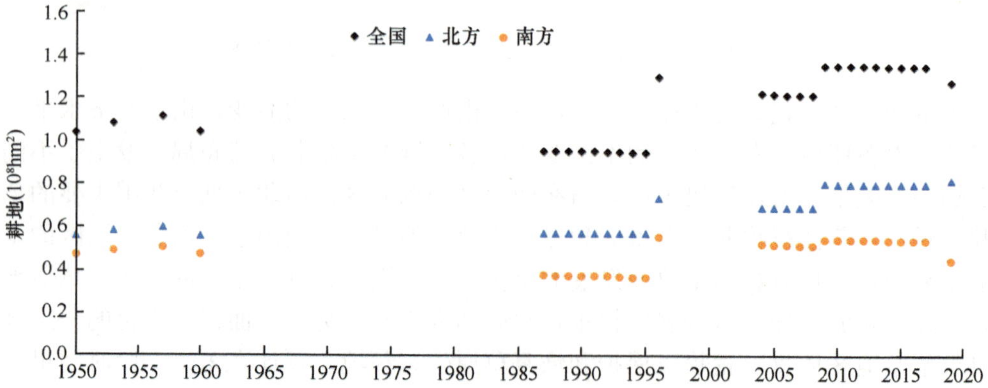

图 24-8　全国、北方和南方耕地面积变化动态

（二）农田灌溉能力明显提升

到 20 世纪 70 年代初期，华北仍以旱作为主，因降水较少，水资源短缺，大旱灾时常发生。1959 年全国大旱（3 年困难时期）是新中国成立后最严重的一次旱灾，波及南方、北方 21 个省市区。此后的 1965 年、1968 年和 1972 年多次出现严重旱灾，造成粮食大幅度减产，危及国家粮食安全。为抵御干旱的威胁，自 1972 年起国家大力开展机电井建设，扩大灌溉面积。1978～2021 年，北方灌溉面积增长幅度远高于南方，2021 年超过南方 717.8 万 hm^2（图 24-9）。灌溉能力的发展极大地提升了北方的粮食生产水平，是北方粮食生产能力强于南方的重要驱动因素。

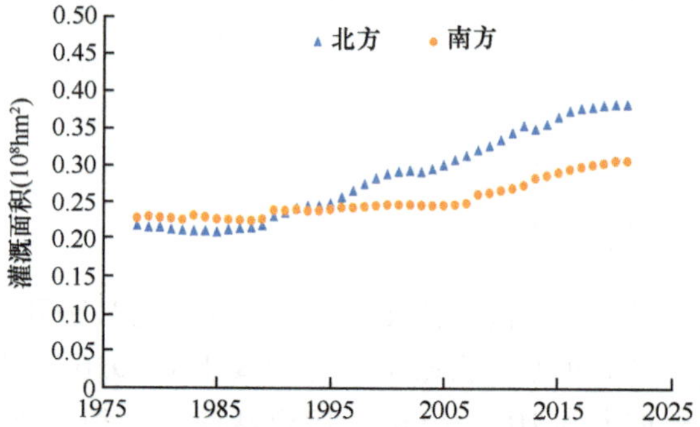

图 24-9　北方和南方有效（耕地）灌溉面积动态

值得注意的是，农业灌溉用水是总用水量的重要组成部分，减少农业灌溉用水是缓解水资源危机的重要举措之一。但是随着灌溉节水技术的广泛应用，水资源短缺问题反而加剧。这是因为，在部分地区节约下来的水资源被用于种植更多水资源密集型作物以及增加灌溉面积。为避免越节水越缺水的水资源悖论，应在水资源匮乏的地区严格推行“以水定产”，发展适水性生产。

（三）种植制度出现大范围的调整

在华北平原，20 世纪 50 年代粮食种植由一年一熟制向两年三熟制转变，六七十年代由两年三熟制向一年两熟制发展，自 80 年代起稳定为一年两熟制，主要是冬小麦—

夏玉米。整体来看，80 年代以来我国北方粮食作物播种面积波动上涨，而南方的情况则与之相反，粮食作物播种面积逐渐减少，尤其是水稻主产区大面积双季稻改种单季稻，粮食产量明显减少（图 24-10）。1998～2006 年，我国双季稻区至少有 2600 万亩的双季稻改为单季稻。1995～2003 年，湖北省双季稻种植面积从 2220 万亩下降到 1010 万亩。2011 年，湖南省共有 1100 万亩一季稻，其中 500 万亩属于传统双季稻区。

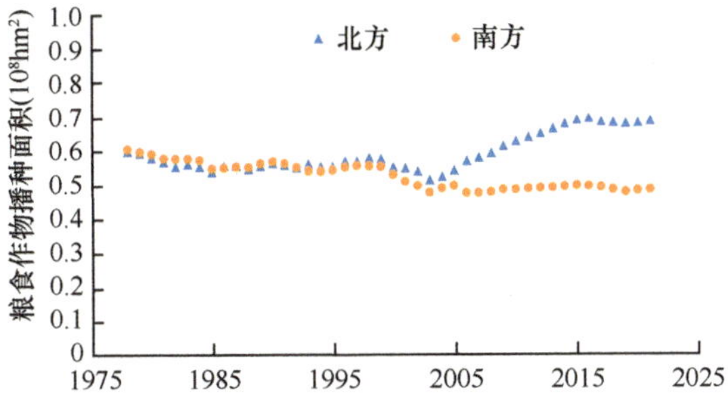

图 24-10　北方和南方粮食作物播种面积动态

（四）科技发展和经济发展影响食物生产与需求水平，进而影响食物生产布局

除自然因素外，食物生产布局同时受科技、社会、经济、区位和环境因素的影响。在生产端，食物生产的优势产区倾向于依靠科技提高资源利用率、加大新品种研发、提高栽培技术和推广信息技术来挖掘新的粮食生产能力，进一步带动粮食生产水平的提升。在消费端，需求、利润和规模经济在很大程度上影响着生产者的生产决策，这一点在畜牧业生产布局上更为明显。

总的来看，在耕地面积增加、灌溉能力提升和熟制改变及科技和经济发展等因素的影响下，1978～2022 年北方粮食作物播种面积呈现波动性增长，而南方则不断下降。自 1993 年起，北方粮食作物播种面积超过南方。2003 年后，北方粮食作物播种面积持续增加，2017～2021 年进入 0.69 亿 hm^2 的高平台期；而南方则徘徊在 0.5 亿 hm^2，并在 2015 年后呈现萎缩态势。

第三节　优化生产力区域布局战略

一、食物生产总体布局

立足世界百年未有之大变局，在实现中华民族伟大复兴的战略全局下，面对我国食物安全存在的问题和未来食物消费供需形势的变化，确立新型大食物观，在坚持“以我为主、立足国内、确保产能、适度进口、科技支撑”的基础上，实施“谷物基本自给、口粮绝对安全、主要农产品自主可控，确保国家食物主控权”的食物安全总战略。我国区域粮食生产资源禀赋差异较大，通过“北方稳定性增长、南方恢复性增长、西部适水性增长、全国均衡性增长”总体布局的科学调整，稳定耕地后备资源，分区建立与资源禀赋相协调的粮食生产布局，确保“谷物基本自给、口粮绝对安全”的核心目标。具体区域战略布局如下。

第一，北方实行稳定性增长。即努力缓解我国北方水土资源压力，通过提高单产来稳步提高总产。降低对北方谷物增长的要求，实行稳定性增长。

第二，南方实行恢复性增长。即充分发挥我国南方水热资源丰富、雨热同季的优势，强化多熟种植，发展冬季油菜生产。加强耕地整治后的机械化，恢复性提高粮食生产能力，适度扩大播种面积。

第三，西部实行适水性增长。西部要以水资源为前提，发展适水种植和节水灌溉，适度开发后备耕地资源，拓展非耕地设施农业，拓宽西部粮食单产和品质提升空间。

二、食物生产具体区域布局

我国地大物博，各个地区的食物生产情况各不相同，为进一步研究我国食物生产布局的具体情况，根据资源禀赋、生产能力、熟制特点、需求水平等方面的差异，将全国划分为东北、华北、华中、东南、西北、西南六个区域。六个区域都具有特色鲜明的资源禀赋和食物生产优势，各个区域应明确本区域的任务和发展重点，在保障区域食物安全的同时，为国家食物安全作出贡献。

1）东北地区的发展重点是保护黑土地，推进粮经饲三元结构和农牧结合。东北地区是我国重要的商品粮和畜牧业生产基地，也是农业资源禀赋最好、粮食生产潜力最大的地区。东北地区食物安全可持续发展的总体战略定位是做好保障国家食物安全的后盾和“压舱石”，核心战略问题是解决黑土地保护和水资源优化配置问题，以粳稻产业、玉米产业、大豆产业、畜牧产业、特色产业为重点发展优势产业，加快本区域农业结构调整，构建粮经饲协调发展的三元结构，推进农牧结合，发展循环农业。粮食作物要稳定东北稻区粳稻生产，确保国家口粮绝对安全；调减非优势区籽粒玉米种植，增加优质大豆、薯类和杂粮杂豆生产；经济作物要优化品种品质和区域布局，采取多种方式恢复和扩大传统优质大豆、花生生产；饲料作物要扩大种植面积，以养带种发展青贮玉米、饲料油菜和苜蓿等优质牧草，大力培育现代饲草料产业体系。抓住国家引导南方水网地区生猪养殖向环境容量大的东北玉米主产区转移的机遇，借助发达地区的资金、技术、管理和市场发展生猪、肉蛋鸡生产，大力发展牛、羊等草食畜牧业，提升养殖业在农业产值中占比。

2）华北地区的发展重点是发展水资源短缺条件下的适水农业。华北地区是我国最重要的“粮仓”之一，具有政治、科技、文化、经济、区位优势。随着京津冀一体化战略推进和区域城市化建设加快，水资源短缺是制约华北地区食物可持续发展的关键战略问题，华北地区食物安全可持续发展的战略核心是协调作物生产-水资源-生态环境的关系，发展水资源短缺条件下的适水农业。在保障国家食物安全赋予的区域发展需求条件下，充分考虑京津冀都市圈发展和农业水资源可利用量硬约束，抓住适水发展这一主线，对华北地下水严重超采区的粮食和蔬菜生产基地进行重新定位，依靠科技创新、政策与制度创新双轮驱动，突出节水提质增效、耕地功能拓展、农业结构调整、绿色循环发展、产业竞争力提升五大战略重点。

3）华中地区的发展重点是走资源集约、资本集约、技术集约和规模经营发展道路。华中地区在全国口粮生产中占有十分重要的地位，是国家重要的商品粮生产基地，尤其是稻谷和小麦的产量明显要高于其他地区。华中地区食物安全可持续发展的战略重点是以确保耕地面积尤其是水田面积不减为前提，以实现口粮、淡水水产品、蔬菜三类食物生产较大幅度增长为目标，解决食物安全问题的“一点两面三结合”。一点即确保食物产量和品质安全，两面即一要把农民组织起来、二要发展现代农业科技，三结合即产量增长和环境污染控制相结合、食物增产和保障小农户生计相结合、工程措施和政策措施相结合。基本建立以高标准农田为基础、以粮食生产功能区和重要农产品生产保护区为支撑的产能保障格局；基本构建粮经饲统筹、农林牧渔结合、种养加一体、一二三产业融合的现代农业产业体系；基本稳定农业灌溉总用水量，基本实现化肥、农药使用量零增长及畜禽粪便、农作物秸秆、农膜循环利用目标。

4）东南地区的发展重点是发展特色农业、精品农业、开放农业和三产融合新业态。东南地区是我国经济最发达的地区，也是国家食物安全保障的脆弱地区。东南地区食物可持续发展的战略重点是立足自身条件，扬长避短，充分挖掘潜力，大力发展特色农业、精品农业、开放农业和三产融合新业态，打造国家食物安全多样化拓展的示范区、精品农产品产业化开发的领航区、国家农业“走出去”的前沿区及促进东中西部区域产销合作的重要地区。树立“大食物观”战略，在保证粮食生产最低供给率的基础上，抓好水稻、甘薯、马铃薯三大粮食作物生产，扶持蛋、奶，稳定生猪，提升果园和森林食品产业，提升渔业生产能力；同步实施三产融合发展战略、全绿色化和生态化战略、高附加值可持续发展战略、科技支撑战略和全球化战略等重点战略。

5）西南地区的发展重点是构建生态屏障、适度发展。西南地区农业资源丰富、类型复杂多样，其食物安全的可持续发展，不仅是国家总体食物安全的重要组成部分，而且关系到边疆稳定、民族团结、生态建设与精准扶贫等多个方面的国家重大战略。西南地区在国家食物安全可持续发展战略中主要肩负生态屏障功能、保边维稳功能、增收致富功能、保障自给功能及辐射周边功能。

6）西北地区的发展重点是耕地质量保育与农业产业结构调整。西北地区是种植业、畜牧业等农业生产模式多元化比较突出的区域，是我国重要的粮食生产战略后备区和农畜产品生产基地。西北地区食物安全可持续发展的战略重点是以耕地质量保育、产业结构调整为中心，以推进区域农作体系生产统筹管理、农业产业布局优化、农业综合节水、保护性耕作、草畜产业能力提升为重点，开展区域统一规划，依据黄土高原区、西北干旱区和青藏高原区三个小区划分，建设西北食物安全保障体系；调整农业产业布局，实施优势农业产业发展战略；强化耕地质量保育工程建设，保障食物综合生产能力；建立以草地农业为基础的食物安全保障体系，实现区域间优势互补以保障我国食物安全；实施农业节水利用发展战略，形成不同区域稳产、高效的现代农业节水利用发展模式。

三、粮食生产布局

为确保“谷物基本自给、口粮绝对安全、主要农产品自主可控，确保国家食物主控权”，主产区、主销区、产销平衡区都要保面积、保产量，不断提高主产区粮食综合生产能力，切实稳定和提高主销区粮食自给率，确保产销平衡区粮食基本自给。划定区域粮食最低自给率，健全粮食安全“红线”与区域生产“底线”双线约束机制。

主产区要继续抓好粮食生产，主销区要提高粮食自给率、保证种粮面积，产销平衡区则要继续保持基本自给，不能发展演变为主销区。要细化粮食主产区、产销平衡区、主销区考核指标，压实主销区和产销平衡区粮食生产责任，亦需明确目前已经自给不足的主产区省份应坚决守住粮食自给底线。推动地方全面加强粮食生产、储备、流通、节粮减损能力建设，共同承担好维护国家粮食安全的政治责任。“十四五”时期实施粮食播种面积增加 1 亿亩行动。在南方 10 省份恢复发展稻油多熟制增加 5000 万亩双季稻播种面积，在现有生产技术水平下，按“单改双”每亩产量增加 300kg 估算，可新增稻谷产量 1500 万 t；同时，推动东北井灌稻区域实行水改旱，耕地全部用于扩种大豆玉米，提高大豆玉米产量；推动园艺作物“上山”“下滩”进入非耕地，为粮食发展拓展战略空间 5000 万亩，将耕地资源优先用于保障粮食生产。

在完善已有的党政同责粮食安全责任制的基础上，进一步明确各级党委和政府在粮食安全方面的具体责任与工作，制定严格的考核机制和问责机制，强化粮食安全考核结果运用，将粮食安全考核结果作为干部提拔任用的重要参考。为减轻主产区增产压力，避免大范围、长距离粮食运输带来的风险和资源浪费，按照主产区年增产 1%，主销区年增产 0.5%，产销平衡区年增产 0.75%的目标，对各区域分别设定严格增产目标，要求各区域发掘生产潜力，确保各区域粮食基本有效供给，增强全国不同区域粮食供给韧性。

四、鲜活农产品生产布局

以“两保一强”为战略目标，以加强产销衔接为重点，加强鲜活农产品流通基础设施建设，创新鲜活农产品流通模式，提高流通组织化程度，完善流通链条和市场布局，进一步减少流通环节，降低流通成本，建立完善、高效、畅通、安全、有序的鲜活农产品流通体系，保障鲜活农产品市场供应和价格稳定。

充分发挥各地区鲜活农产品资源优势，加快培育流通主体，提高流通组织化程度。推动鲜活农产品经销商实现公司化、规模化、品牌化发展。鼓励流通企业跨地区投资合作，提高产业集中度。扶持培育一批大型鲜活农产品流通企业、农业产业化龙头企业、运输企业和农民专业合作社及其他农业合作经济组织，促其做大做强，提高竞争力。

大力推进产销衔接，减少流通环节。积极推动农超对接、农校对接、农批对接等多种形式的产销衔接，鼓励批发市场、大型连锁超市等流通企业，学校、酒店、大企业等最终用户与农业生产基地、农民专业合作社、农业产业化龙头企业建立长期稳定的产销关系，降低对接门槛和流通成本，扩大对接规模。多措并举，支持农业生产基地、农业产业化龙头企业、农民专业合作社在社区菜市场直供直销，推动在人口集中的社区有序设立周末菜市场及早、晚市等鲜活农产品零售网点。

（本章执笔人：梅旭荣、王庆锁、闫琰、袁梦）

第二十五章　东北粮食安全理论与实践

东北地区包括黑龙江、吉林、辽宁三省及内蒙古东北部大兴安岭地区（包括赤峰市、通辽市、呼伦贝尔市和兴安盟，即东四盟），是我国的最东北部分，总面积 126.6 万 km^2，占全国国土总面积的 13.2%。东北地区在自然条件特别是气候、土壤、植被等组成成分上，都表现出极大的独特性。虽然东北地区是我国进行土地开垦较晚的地区，但也早已成为我国重要的农业区域之一，人均耕地较多，为全国提供了大量的商品粮（玉米、水稻、小麦、大豆、高粱），为国家粮食安全作出了重大贡献。

第一节　区域资源禀赋特点

一、地形地貌

东北地区西部为内蒙古高原和大兴安岭、北部为小兴安岭、东部为长白山，三面环山，而南面向海，辽河平原、松嫩平原、三江平原（东北平原）居中。虽然主要为山地和丘陵（分别占国土总面积的 45.8%和 17%），但也有广袤的平原和高原（分别占 26.5%和 10.7%），且地形较为平缓。东北地区拥有面积达 33.6 万 km^2 的平原，平均海拔 50～200m，坡度<6°的地区范围很广，对于农业机械化极为有利。

二、气候资源

东北地区属于温带和寒温带湿润、半湿润、半干旱气候。因纬度高，冬季寒冷干燥而漫长，夏季温暖湿润而短促。热量不足，生长期较短。年平均温度−5.5～10.2℃（漠河—大连），七月气温 18.4～24.6℃（漠河—大连），一月平均气温−30～−4℃；无霜期北部只有 80～120d，南部可达 140～180d。积温不高，大部分地区≥10℃积温不到 3000℃，北部只有 1300～2000℃。除辽宁南部地区较暖外，大部分地区冬小麦不能越冬，只能一年一熟。北部地区夏季 6～8 月作物生长期内常出现低温冷害，影响水稻、玉米、高粱、大豆等作物的正常成熟，造成粮食大幅度减产，尤其是三江平原及松花江中下游地区夏季低温冷害出现频率最大。东北地区降水自东南向西北依次降低，降水量变动于 350～750mm，其中东半部气候比较湿润，年降水量 500～750mm，西半部气候比较干燥，降水量 350～400mm。干旱和洪涝灾害频繁发生。总的来看，水热条件能满足一年一熟作物生长的需要。

三、水资源

东北地区属于松花江水系和辽河水系。多年平均水资源量（地表水和地下水）为

1957.90 亿 m^3，占全国水资源总量的 6.89%；人均水资源量为 1822.1m^3，接近全国平均水平（2010.8m^3/人），其中东四盟和黑龙江人均水资源量分别达到 4086.6m^3 和 2593.5m^3，超过全国平均水平。总的来看，东北地区的水资源还是比较丰富的，但区域分布不均。东北地区平原地表水和地下水丰富，宜于灌溉。

四、植被资源

东北地区拥有广袤的森林。大兴安岭主要是寒温带针叶林，以兴安落叶松为主，次为樟子松、白桦、蒙古栎等；小兴安岭为温带针阔混交林，以红松为主，次为落叶松、鱼鳞松、云杉、枫桦、水曲柳等；长白山也为针阔混交林，以红松、紫椴、枫桦为主。还有广阔的草原，包括森林草原、草甸草原、典型草原、草甸、沼泽等植被类型。

五、土壤和土地资源

东北地区既有森林土壤（灰色森林土、棕壤），也有草原土壤（如黑土、黑钙土、栗钙土、草甸土）和沼泽土。东北地区黑土是世界著名的三大黑土带之一。黑土总面积约为 5826.7 万 hm^2，其中典型黑土占 21.06%、草甸土占 48.46%、黑钙土占 17.06%、沼泽土占 13.43%。东北地区黑土主要分布于东北平原，土层深厚，有机质丰富，自然肥力高。

根据 2021 年公布的第三次全国国土调查数据，东北地区耕地面积 3750.05 万 hm^2，占全国的 29.3%；人均耕地 5.24 亩，相当于全国人均耕地平均水平的 3.85 倍。东北地区还拥有大面积土壤质量好的草地（面积 1529.11 万 hm^2）和宜农荒地，主要分布在黑龙江及呼伦贝尔市，是重要的后备耕地资源，其丰富的现有耕地资源和后备耕地资源，是保障国家粮食安全的重要基石。

第二节　粮食生产现状及问题

东北地区的粮食产量除少数年份有小幅度下降外，基本呈现稳定增长态势。该区在我国的粮食生产中占有重要地位，对于确保我国粮食安全至关重要。但是，该区域在粮食生产中存在着产业竞争力不强，水资源开发过度与不足并存，黑土地水土流失依然存在等问题。

一、粮食生产现状

（一）粮食生产

本研究的粮食主要是谷物（稻谷、小麦、玉米）、豆类和薯类。改革开放以来，东北地区（包括黑龙江、吉林、辽宁）粮食产量除少数年份有小幅度下降外，基本呈现稳定增长态势。东北地区粮食产量 1982 年最低（仅为 0.3302 亿 t），1990 年突破 0.5 亿 t，2011 年突破 1.0 亿 t，2017 年最高，达到 1.3895 亿 t（图 25-1）。作为我国重要的农业基地，东北地区保障国家粮食安全的战略地位逐步提升。1978～1989 年东北地区平均粮食产量比例（即占全国粮食产量的比例，下同）不足 11%（其中 1982 年最低，仅为 9.3%），到 2016～2017 年突破 21%，2018～2020 年略有下降，但也在 20%以上。东北地区粮食产量以黑龙江最为突出（现居全国第一位），表现在黑龙江粮食产量比例最高并快速增长，1982 年是最低的，仅为 3.3%，1990 年突破 5%，2013 年突破 10%，2018 年最高，达 11.4%。吉林粮食产量位居东北第二（现居全国第五位），其比例也增长较快，由 1979 年时最低的 2.7%增长至 2016 年时最高的 6.29%。辽宁粮食产量最低（现居全国第十二位），其比例徘徊于 2%～4%。由此看来，近年来东北地区在我国粮食生产中占有重要地位，对于确保我国粮食安全至关重要。

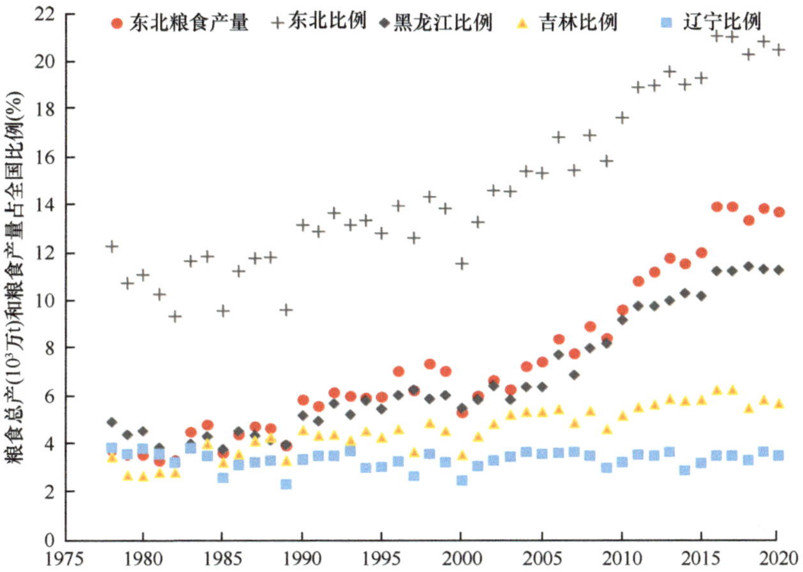

图 25-1　东北地区粮食产量及比例

从东北地区粮食作物在国家中的地位（即不同粮食作物产量占全国同类粮食作物产量的比例）来看（图 25-2），豆类占比最高，年际徘徊于 30%～45%，平均值高达 36.6%；玉米占比位居第二，年际徘徊于 20%～35%，平均值为 30.8%；稻谷占比位居第三，平均值为 9.4%，但呈现快速上升的态势，即从 1978 年的不足 3%增长至 2020 年的 18.9%；薯类占比位居第四，起初是缓慢上升，而近十年呈现快速下降；小麦占比最低，一直呈现下降态势。

从东北地区粮食生产的产品结构（即不同粮食作物产量占粮食作物总产量的比例）来看（图 25-3），玉米产量比例最高，其次是稻谷，再次为豆类，小麦和薯类最低。1978～2020 年，玉米、稻谷、豆类、小麦和薯类的产量比例平均分别为 54.8%、22.4%、8.6%、4.5%和 2.3%。玉米产量比例呈上升趋势，由改革开放初期的近 50%增加至近十年来的 60%以上；稻谷呈现出前期上升而后期缓慢下降的态势，即由 1978 年的 10.8%上升至 2000 年 33.7%和 2007 年的 31.3%，再下降至 2016 年的 24.4%和 2019 年的 27.2%；小麦和薯类呈下降态势；而豆类则呈现正弦函数型增长态势，即上升→下降→上升。

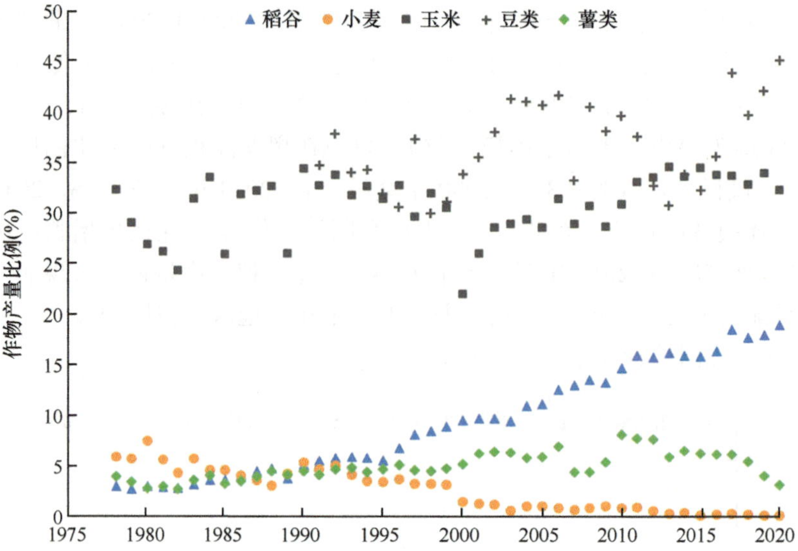

图 25-2　东北地区粮食作物产量占全国同类粮食作物产量的比例

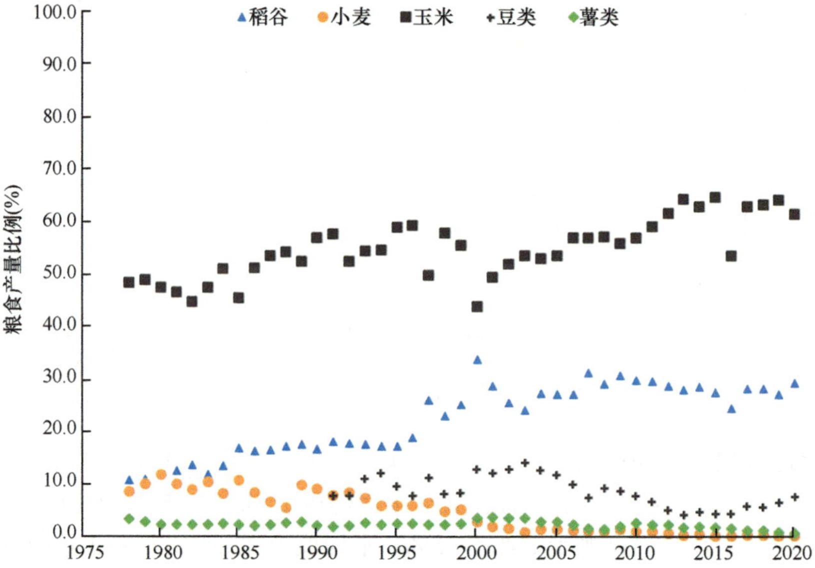

图 25-3　东北地区粮食作物产量占粮食作物总产量的比例

总体看来，东北地区粮食生产是玉米占据主导地位，稻谷位居第二，豆类的地位不容忽视（虽然占东北地区粮食产量比例不高，但占全国豆类产量比例极高），小麦和薯类战略地位很低。

（二）粮食作物播种面积与单产

改革开放以来，东北地区粮食作物播种面积总体上呈现上升的态势（图 25-4），其中 2000 年以来快速上升，从 14 544.8×$10^3$$hm^2$ 增加到 2020 年的 23 647.4×$10^3$$hm^2$，20 年共增加 62.6%，年均增加 3.13%。东北地区粮食作物播种面积的增加主要来源于玉米和稻谷的贡献，其中玉米播种面积共增加了 130.0%，稻谷增加了 95.1%，然而小麦和薯类分别下降了 92.8%和 73.6%，豆类波动较大，主要受市场和政策影响。

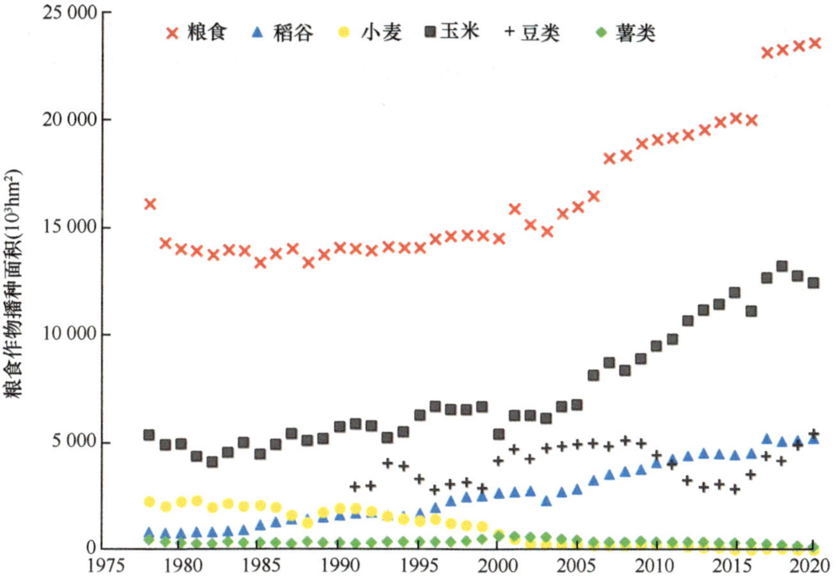

图 25-4　东北地区粮食作物种植面积

改革开放以来，东北地区粮食单产整体上呈现增长的态势（图 25-5），年均增长 3.57%。其中小麦单产增加最多，年均增长高达 4.32%，其次是薯类，年均增长 2.72%；第三是玉米，年均增产 2.39%；稻谷位居第四，年均增长 1.62%；最低的是豆类，年均增长仅 1.02%。

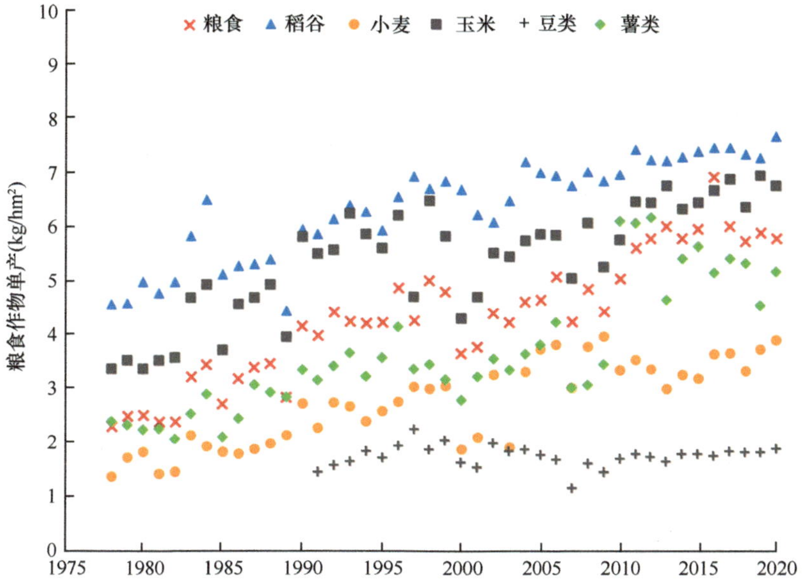

图 25-5　东北地区粮食作物单产

（三）人均粮食占有量与自给率

改革开放以来，东北地区人均粮食占有量总体上呈现上升的态势（图 25-6），其中 2000 年以来快速上升，2000 年不足 500kg/人，2012 年突破 1000kg/人，2020 年已接近

1400kg/人。东北地区人均粮食占有量的增加主要来源于黑龙江和吉林的贡献。2000～2020年，黑龙江人均粮食占有量由668.6kg提高到2378.1kg，增幅255.7%；吉林人均粮食占有量由610.7kg提高到1585.3kg，增幅159.6%；辽宁人均粮食占有量接近全国平均水平，增幅101.7%，呈缓慢增长态势。

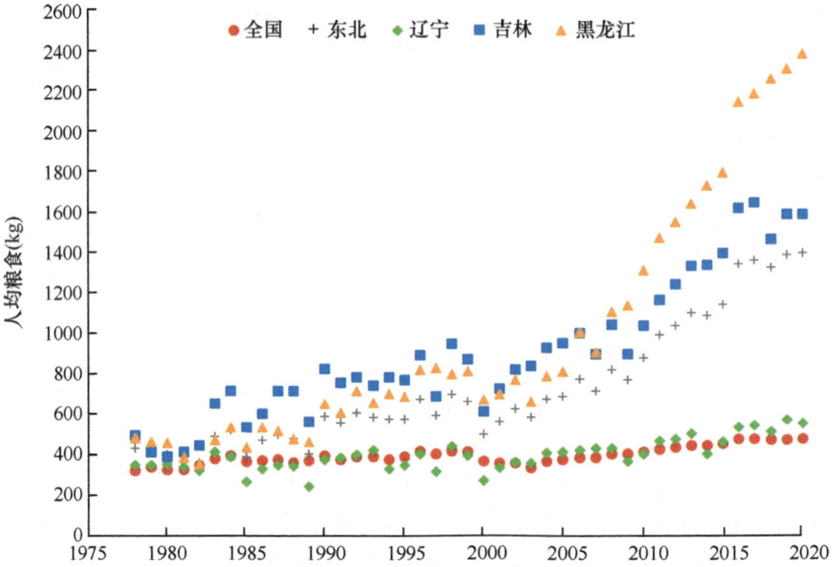

图 25-6　东北地区人均粮食占有量

2005年、2010年、2015年，东北三省在粮食及谷物方面的生产都远大于需求，凸显出其为我国重要粮食生产基地的地位（表 25-1）

表 25-1　东北地区粮食及谷物的供需变化趋势　（万 t）

指标		辽宁			吉林			黑龙江		
		2005年	2010年	2015年	2005年	2010年	2015年	2005年	2010年	2015年
粮食	生产	1976.3	1765.4	2002.5	2581.2	2842.5	3647.0	3600.0	5012.8	6324.0
	需求	567.3	663.4	574.4	361.5	425.0	345.3	517.3	598.2	524.8
	自给率（倍）	3.5	2.7	3.5	7.1	6.7	10.6	7.0	8.4	12.1
谷物	生产	1763.7	1611.8	1873.9	2371.5	2654.1	3538.9	2714.0	4284.8	5765.6
	需求	584.8	544.3	516.0	372.6	348.7	317.6	533.3	490.7	475.6
	自给率（倍）	3.0	3.0	3.6	6.4	7.6	11.1	5.1	8.7	12.1

辽宁的粮食自给率在东北地区最低，但2005～2015年这一数值也稳定在3.5倍左右；谷物自给率有所上升，由2005年的3.0倍上升至2015年的3.6倍。吉林和黑龙江的粮食及谷物自给率在2005～2010年小幅上涨，2010～2015年增速较快，2015年谷物自给率均超过了10倍。黑龙江和东四盟的粮食自给率在2015年更是达到12.1倍和11.1倍水平，主要得益于东北地区商品粮基地的加速建设不断提高粮食供给能力，以及近年来居民食物消费结构不断变化对粮食类食物的需求有所减少。

二、粮食生产存在的问题

（一）开放型经济发展亟待提升农产品竞争力

当前我国积极推动开放型经济发展，不再像从前那样被动地融入并适应全球经贸规则。在农业供给侧结构性改革中，我国积极倡导利用好国内国外两个市场、两种资源，取长补短，以更好地提升农产品国际竞争力。2013 年提出的“一带一路”建设，2015 年底生效的中韩自贸协定、中澳自贸协定，目前尚在谈判中的中日韩自贸协定、中美双边投资协定等高标准的对外开放活动，使得我国从食物生产质量和价格方面提高农产品国际竞争力成为一项十分紧迫的任务。

东北地区生产了我国最多的粮食，然而在粮食产品品质和结构方面尚待提高与优化。因此，我国新型开放型经济发展对其农业竞争力提出了高标准、高要求，需要东北地区积极参与农业国际竞争，并不断提高食物的质量和品质。

此外，东北地区直接面向东北亚，而东北亚地区对于我国的经济发展至关重要，日本、韩国、俄罗斯都是我国重要的贸易投资伙伴。在新的国际环境下，东北地区需要重点拓宽与东北亚国家在农业方面的贸易投资合作，从而将东北地区在食物供应方面的优势转化为真实的国际竞争力，进一步确保本地区和国内其他地区的食物供应安全。

（二）玉米产量高但竞争力不强

前文分析表明，近年来东北地区粮食产量的增加大部分由玉米增产贡献，目前玉米占整个东北地区粮食产量的 65.4%。然而，由于生产发展方式转变、要素成本增加等，玉米生产成本不断攀升，市场竞争力不强。饲用、食用和工业加工用玉米共同采用同一类或同一个玉米品种（杂交种），加上混种、混收、混储，直接影响玉米的商品质量，降低玉米等级，从而减少种植玉米的农民收入；农田基础设施落后，基本没有灌溉设施，每遇到干旱年份，减产的风险较大。玉米生产全程机械化程度有待提高；玉米为“饲料之王”，但东北地区牧业发展较慢，就地就近转化能力不强；玉米加工业发展缓慢，产品种类不多，加工工艺落后，产品档次不高，市场竞争力不强，加工业给生态环境带来的污染较严重。

（三）水资源开发过度与不足并存

为确保食物高品质供给，对水资源进行合理有效利用是十分重要的。然而目前东北地区的水资源存在开发过度与开发不足并存的问题。

一是西辽河利用已超过水资源承载力，浑河、太子河水资源开发利用程度超过 80%，而黑龙江干流、绥芬河、乌苏里江、鸭绿江等水资源开发利用程度仅为 10%左右，额尔古纳河仅为 3.6%。

二是大型水利调度工程缺位，致使辽河流域水资源开发利用程度高于北部松花江流域，也高于松花江流域。

三是地下水资源开发利用过度。东北地区灌溉水源类型为河流、水库的地表水和打井汲取的地下水，农业用水以水稻灌溉为主，农业用水量占总用水量的比例高达 77%。由于地表水控制力低，地下水开采过度。井灌面积的 65%分布于黑龙江，且主要集中于三江平原，其水稻井灌面积比例高达 57.6%。

四是灌排工程不配套。灌排基础设施装备不足，设计标准低、不配套，工程老化破损严重，导致东北地区灌溉水有效利用系数仅为 0.47。

（四）黑土地水土流失与保护问题

黑土地水土流失问题依然严峻。根据水利部松辽水利委员会的统计数据，东北平原耕地黑土层已由开垦初期的 80～100cm 降至目前的 20～30cm，每年流失的黑土层厚度为 1cm 左右，而形成这一厚度的黑土需要三四百年时间，流失速度数百倍于成土速度。水利部 2010～2012 年开展的第一次全国水利普查数据显示，东北黑土区侵蚀沟道已达 295 663 条，水土流失严重。以黑龙江垦区为例，垦区下辖 9 个管理局 112 个国有农牧场，有 73 个农牧场存在水土流失，面积达 9080km^2，占垦区土地总面积的 16.39%，且呈逐年扩大趋势，而目前水土流失治理率仅为 58.4%。另外，吉林黑土区每年流失表层土壤平均可达 0.3～0.7cm，耕地的犁底层深度已由 20 世纪 80 年代的 20cm 左右降至目前的 13cm。同时耕层有机质数量和质量下降，有机质含量以平均每年 0.1%的速度下降，基本降至“临界点”，导致土壤生物学特征退化，作物病虫害发生率提高，十分不利于食物的高质量生产。

黑土地保护成效慢且动力不足。为加快东北地区黑土地保护，我国在 2015 年启动了“东北黑土地保护利用试点项目”，涉及东北四省区的 17 个县市区。减化肥、减农药、减除草剂“三减”措施正大面积使用，秸秆还田每年都在推进，黑土地保护有了阶段性成效。然而，土壤有机质仍未看出明显的积极变化。因此，黑土地保护是一个长期、持续的过程，并非一朝一夕就能见到成效。由于黑土地保护很难快速见到成效，对于八年十年后的好处，农民虽然能意识到，但并不愿考虑那么远，加上黑土地保护成本高，农民和地方政府保护黑土地的动力不足，缺乏积极性。例如，施用有机肥和土壤深松深翻都是保护黑土地的重要举措，但受制于成本，农民对此并没有热情。由于施用有机肥需要大量的抛撒机械，进口机械太贵，农民更愿意使用便宜的国产机械，但抛撒效果、效率都达不到进口同类产品的作业标准，保护黑土地的效果就十分有限。当前试点地区的黑土地保护主要源于上级的推力，项目实施大都是依靠资金直接推动，真正调动市场化力量参与，能够推动项目可持续发展的地区相对偏少。

第三节　战略定位与战略目标

东北地区拥有丰富的农业资源，生产了大量的食物等农产品，尤其是粮食、肉类、奶类和水产品等食物，如果仅从早期的食物安全定义来看，东北地区的食物安全问题并不大。然而，当前的食物安全任务不仅仅是提供数量充足的农产品，更是要实现新的食物安全内涵，即不仅仅要满足人们维持生活的需要，更要注重追求食物的健康营养及膳食结构的合理搭配，还要注重生态和资源保护的可持续食物安全供给能力，同时力争在国际化环境下确保这一目标实现。

因此，在新的食物安全内涵和国际化绿色化大背景下，为保证本地区食物安全，并进一步做好我国其他地区食物安全的后盾和“压舱石”，新形势下东北地区必须走国际化、绿色化的食物安全可持续发展道路。走开放、绿色化、可持续的食物安全发展道路就是运用可持续农业发展理论，充分有效地利用东北地区的自然资源，根据东北地区农业生态经济系统的特征、特性，在吸取国内外农业可持续发展技术精华的同时，结合东北地区传统农业的优势，充分发挥现代农业的先进性，采用合理的生产组织方式，注重生态环境的保护，最大限度地发挥资源利用效率和生产潜力，使食物供给数量和质量都得到极大提高，产品种类极大丰富，形成食物发展水平和速度与人口发展、社会经济发展相适应的具有区域特色的食物安全可持续发展模式和技术体系。

一、指导思想

全面贯彻党的“三农”工作方针，把生态文明理念放在突出地位。深化供给侧结构性改革，推动区域协调发展，牢固树立并自觉践行“创新、协调、绿色、开放、共享”新发展理念，以市场需求为导向，以转变农业发展方式为主线，以调结构、创品牌、增效益为主攻方向，坚持走产出高效、食品安全、资源节约、环境友好的食物安全可持续发展道路，加快形成结构更加合理、保障更加有力的食品及精深加工产品供给体系，使东北地区在确保自身食物营养安全的基础上，为我国其他地区的食物有效和高品质供给提供有力支撑。

二、基本原则

（一）资源永续利用和环境保护原则

资源永续利用和环境保护的核心就是在确保食物安全的过程中杜绝资源的浪费和对环境的污染，杜绝以牺牲生态环境为代价的食物供给。应当时刻坚持生态友好、绿色发展。立足各地农业资源承载力和环境容量，发展资源匹配较好的主导产品和支柱产业。大力发展绿色有机食物，减少过度消耗资源和投入化学品，促进生产生态协调。依靠科学技术来综合开发利用自然资源特别是土地资源、水资源，发展具有较高产业层次与技术水平的深度加工产品，以改变东北部分地区食物生产供应的粗放经营模式；在自然资源及生态环境保护方面，严禁对土地资源进行掠夺式经营利用，制止有可能加速水土流失和土壤退化进程的农业产业化项目及生产经营方式实施，并严格控制“龙头企业”的“三废”和农业生产方式造成的农村生态环境污染。

（二）因地制宜发挥区域比较优势原则

因地制宜发挥区域比较优势要求食物的供给结构安排与区域特色、资源及环境相协调。在供给各类食物的过程中，一些“龙头企业”为了追求经济效益，一般会根据自己掌握的市场信息引导基地和农户及时调整农产品生产结构，但由于对资源优势、区位条件缺乏全面正确的认识，对区域市场需求信息了解或分析不够，存在着区域农产品结构趋同、主导产品不能发挥资源及区位优势、产品缺乏市场竞争力等问题。另外，“龙头企业”在选择产品项目上，一般只是考虑企业的内部经济效益，很少顾及外部的社会效益和环境效益，因而造成区域主导产品的选择与区域资源和环境不协调，影响区域的可持续发展。从国家和区域可持续发展的目标层面看，食物产品选择与资源环境的协调，既意味着资源有效配置的实现，又意味着食物安全发展不对区域自然环境造成破坏性影响。因此应对东北地区资源条件进行正确的评估，在食物供应结构安排、主导产品选择与区域资源及环境相协调的基础上，因地制宜地引导食物供应结构安排和主导产品选择。

（三）科技为先和教育为本相结合原则

科技与教育事业的发展是实施区域可持续食物安全战略的根本保证。在保障区域食物安全的过程中，要想做到节约资源、降低消耗和增加效益，就得要求企业和农户具有较高的科技素质与技能，实施可持续食物安全战略必须注重对农民及农业产业经营者进行科技文化知识的培训教育，提高其科学文化素质，并在此基础上加大食物安全保障过程中的科技投入。坚持创新驱动，产业融合，发挥科技进步在东北地区食物安全可持续发展中的引领作用，推进食物供给的节本增效，延长农业产业链、提升价值链，完善利益联结机制。

（四）市场导向与政府推动相协调原则

在实现食物安全可持续发展目标的过程中，应当充分发挥市场机制的作用，尊重经济规律，增强食物生产经营主体改善食物质量和品质的责任意识与主导地位，激发其在供应多样化、高品质食物方面的内生动力和活力。同时，更好地发挥政府作用，强化其组织领导和协调服务，营造良好的食物安全供给环境。

（五）坚持改善供给与农民增收原则

抓住制约食物安全供给、提质增效、品牌建设、转型升级的关键问题，提高食物供给结构的适应性和灵活性。把稳定提高粮食产能和促进农民增收作为确保东北地区食物安全的基本底线，因地制宜、重点调减非优势区玉米和低端农产品的生产；发挥比较优势，扩大市场紧缺、潜在需求大的食物产品生产，以此促进农民增产增效。

三、发展目标

充分发挥东北地区良好的资源和生态优势，在已有的技术和装备基础上，结合新一轮振兴东北老工业基地的战略部署，积极构建现代农业发展的产业体系、生产体系、经营体系，着力提高农业生产尤其是食物供应的规模化、集约化、专业化、标准化水平和可持续发展能力，将东北地区建设成为我国农业现代化的高水平示范基地，使现代农业发展成为确保区域食物安全的重要产业支撑。

大力开展农业基础设施建设，全面提高农业综合生产能力，发展优质、高产、安全的现代农业，建立标准化的生产技术体系和基于信息网络技术的新型技术推广体系，降低农业生产成本，提高农业投入效率，大力发展生态农业，增强东北地区农畜产品的质量和国际竞争力。

争取到 2030 年，把东北地区建设成为以优质玉米、大豆、水稻为主的保障国家粮食安全稳定的核心商品粮大区，并依托东北“大粮仓”打造东北“大肉仓”，建设以生猪、牛奶、牛羊肉为主的畜产品生产大区，以食品工业为主的农副产品加工大区和名副其实的生态建设示范区域，成为粮牧工一体化的商品生产基地，以适应全面确保东北地区食物安全和帮助我国其他地区实现食物安全的需求。

第四节 战略重点与工程

一、东北黑土地水土保护工程

我国东北黑土区是世界上仅有的三大黑土区之一，面积约 103 万 km^2，是我国粮食主产区和重要的商品粮基地，粮食产量占全国产量的 1/5 以上，商品粮占全国的 2/3，是名副其实的“北大仓”。黑土地资源是我国粮食产量和质量的重要基础，在保障我国粮食安全、生态文明建设和发展绿色经济中具有举足轻重的战略地位。为保护利用好东北地区黑土地，坚持实施黑土地保护工程，改善区域农业生态环境，转变粗放的农业生产方式，通过一系列措施，治理土地污染、水土流失、土地荒漠化和盐渍化及林木乱砍滥伐等现象，为食物安全的可持续发展创造优良的生态环境。

二、高标准基本农田建设工程

高标准基本农田建设是当前各级政府服务“三农”，保障和促进经济社会又好又快发展的重要工作与政治任务。东北地区是我国重要的商品粮基地，加快东北地区高标准基本农田建设将为实现粮食稳产增产、保障国家粮食和食物安全作出突出贡献。

三、现代农业示范区建设工程

国家现代农业示范区是以现代产业发展理念为指导，以新型农民为主体，以现代科学技术和物资装备为支撑，采用现代经营管理方式的可持续发展的现代农业示范区域，具有产业布局合理、组织方式先进、资源利用高效、供给保障安全、综合效益显著的特征。东北地区平原区比例大，土地平坦、集中连片，便于大型农用机械作业，是我国最适宜发展现代农业的地区。目前已先后有 25 个地区被设立为国家现代农业示范区，通过几年的模式管理，取得了突出的成果。未来应继续扩大示范区规模，总结分享经验，推动农业现代化。

四、节水供水重大水利建设工程

加强农业基础设施建设，改善农业生产条件。东北地区应以列入国家 172 项节水供水重大水利工程的项目为重点，加大水利投入，积极推进项目建设，为区域食品安全生产提供保证。东北地区列入国家 172 项节水供水重大水利工程的项目共 35 项，2015 年共安排中央资金 168.14 亿元，用于支持东北地区已开工的 16 项重大水利项目建设。目前，黑龙江奋斗水库、阁山水库、绰勒水库枢纽下游内蒙古灌区、辽宁猴山水库等工程设计已经开工，积极发展现代灌溉设施，加快三江平原及尼尔基等灌区建设。中央政府应敦促和协助地方政府完善配套工程，解决灌溉用水“最后一公里”问题。

五、耕地轮作休耕制度试点工程

针对当前东北地区玉米产量大、库存极高，不利于食物结构优化的现状，应该在辽宁、吉林、黑龙江和内蒙古开展耕地轮作休耕制度试点工程，支持玉米以改种大豆为主，兼顾改种杂粮杂豆、马铃薯、油料、饲草等作物。具体看来，可以通过玉米与大豆轮作、玉米与苜蓿轮作、玉米与花生等豆科作物和豆科牧草合理轮作，建立用地养地型耕作制度和农牧结合型耕作制度。适当缩减玉米种植比例，降低玉米生产成本，提高玉米品质和市场竞争力。

六、农产品出口示范区建设工程

随“一带一路”等国家重大建设的深入实施，农业对外开放步伐将进一步加快，“引进来”和“走出去”同步发展，农业对外开放的深度和广度将进一步提高。伴随我国提出的“一带一路”重大发展建设的实施，农业“走出去”也是必然趋势。我国东北地区紧邻俄罗斯、韩国、日本、蒙古国等国，是东北亚地区的重要腹地，提高农产品质量和国际竞争力，扩大各类食物产品对东北亚各国的出口份额，将是东北地区农业发展战略的重要部分。通过参与国际竞争，能极好地倒逼东北地区食物质量的不断升级。

七、优质农产品加工提升工程

大力发展高品质农产品加工业，以优势农产品资源和“一县一业”示范县建设为基础，加快农产品的创新升级，增加优质农产品加工品种的供给，延长粮油、果蔬、畜禽、水产、林特产品等食物产品的产业链条。粮油产品重点发展主食加工业，积极开发副产物综合利用，大力提高优质白酒产量。果蔬产品重点发展无公害、绿色、有机产品加工，提高清洗、分级、预冷、保鲜、杀菌和包装等处理能力。畜禽产品重点发展肉、蛋及奶产品加工，提高工厂化屠宰集中度。水产品重点发展系列鱼制品、风味食品、速冷制品、保健方便制品等。林产品重点发展优质林特产品、森林食品等加工产业。

八、农业科技创新驱动工程

鉴于农业科技创新具有基础性、公益性、社会性和区域性的特点，必须建立以财政资金为主导的稳定可持续的科技投入机制。除加强地方财政科技投入外，建议国家设立东北地区重大农业科技专项，重点支持东北粳稻和大豆等常规品种选育、黑土地保护和地力提升、水资源开发与利用、农牧结合和农产品质量安全检测等关键技术创新及重大科技项目联合攻关。统筹布局一批重点实验室、工程技术中心等重大科技创新平台，在健全原有的农业技术推广体系的基础上，探索构建以大学为依托，农科教相结合的农业科技推广服务模式，有效解决“最后一道坎”的问题。加快推动东北地区农业科技进步，为国家粮食和畜牧业生产基地的建设提供强有力的科技支撑。

第五节　政策与措施

一、加速农业供给侧结构性改革，构建粮经饲三元结构

东北地区种植业供给侧结构性改革的重要内容之一就是提升玉米产业发展水平。东北地区玉米生产发展快速，但多是粗放经营，种植结构单一，没能按照粮食、饲料和工业原料市场需求专门化生产，一律种植所谓“高产优质的品种”。一些地区的玉米种植也没有做到因地制宜，结果是玉米产量低而不稳，玉米籽粒质量不高，缺乏市场竞争力，存在着不同程度的“压库”现象。

东北地区虽属畜牧业优势区，但目前畜牧业薄弱，就地就近转化玉米的能力有限，玉米工业加工能力更是有限，应调整玉米生产方向，坚持以养带种，推行“粮改饲”，构建科学合理的轮作体系，实现农田用养结合，推进农牧结合和种养加一体化，实现玉米就地就近过腹转化增值与工业加工转化增值并行，实现效益最大化。

二、推进农牧结合，发展循环农业

农牧之间互为资源、互为市场，两者之间存在着相互促进、相互连锁、相互制约的密切关系。

搞好农牧结合，实现大宗农产品废弃物如作物秸秆、畜禽粪便等就地就近转化为饲料和肥料，再通过新型生产经营主体、体制机制创新、产业化经营，生产出更新、更优质、更多的农畜产品及其加工制品，满足市场需要，引领市场消费，形成良性循环大农业。农牧结合要以生态文明理念为统领，实现农业无废弃物生产，农业副产物（秸秆、粪便等）资源化，改良土壤，培肥地力，从而有效降低种植业的化肥用量，提高化肥利用率，提升农产品质量；而大量的优质青、粗、精饲料又为畜牧业产出大量的优质畜产品提供物质基础，加上体制机制创新、推进产业化经营，可不断增强东北地区畜产品的市场竞争力。

农牧结合目前是东北地区大农业的短板之一，搞好农牧结合可及时补上这块短板，提高农业素质和效益，促进农民增收，实现农业稳定发展，同时为促进东北地区社会稳定发展打好基础。

三、发展效率型农业，推进农业现代化

农业现代化是国家现代化的基础和支撑。在国际化背景下，各国由自然资源、人力资源和经济实力等要素组成的农业结构类型差别较大。因此，我国首先要选择与同类型国家的农业进行比较，明确差距并找到更快缩小差距的路径，这样才能走出具有中国特色的农业现代化道路。

东北地区农业许多指标已接近或达到同类型先进国家的水平，最大差距是农业劳动力占总劳动力的比例达30%左右。然而，农业劳动力相对充裕，恰恰是发展科技与劳动密集效益型农业、培育新增长点的优势所在。

四、保护黑土地，加速高标准农田建设

兴修水利工程，适度扩大水田面积，增加优质粳稻生产。发展水稻种植，首先加快排灌自如的高标准农田建设，扩大优质口粮田的发展规模，水田生产便于大量稻草还田，在水淹条件下有机质分解速度缓慢，利于形成土壤有机质，补充和提高水田土壤肥力。秋季收割水稻留下稻草高茬，可有效保护已形成硬壳的光滑田面免遭风蚀，发展粳稻生产时既不发生水土流失和风蚀，又有利于土壤有机质积累，是保护黑土地的有效措施。

适应农业发展方式转变需要，实施农作物合理轮作，增施有机肥，开展秸秆覆盖栽培，配合应用深松耕作技术，使土壤耕层在雨季吸纳更多雨水，改善土壤耕层水分环境，降低土壤有机质分解速度。开展保护性耕作，营造防风林，半干旱地区或坡度较大的耕地实施草田轮作。种植以草木樨、紫花苜蓿、沙打旺为主要草种的豆科牧草2～4年，再采用保护性耕作技术种植粮食作物或其他作物。

五、开源节流，提高水资源利用率

加快重大水利工程建设，优化水资源空间格局，增加水环境容量，对于东北地区至关重要。东北地区地处松辽流域，降水普遍偏少，且时空分布不均，呈现出“北丰南欠，东多西少”“边缘多，腹地少”的特点。丰水区主要位于东北地区周边的国际河流流域，而需水区主要位于中南部地区。

由于大型水利调度工程缺位，辽河流域水资源开发利用程度高于北部松花江流域。因此，要加大大型水利调度工程建设及排灌工程配套，提高对地表水的控制能力，实现自流灌溉水对地下水的替代，提高水利用率。

六、培育新型经营主体，强化社会化服务

着力发展家庭农场和农民专业合作社。通过土地流转、入股、托管等多种途径，适度扩大经营规模，便于农业机械化作业，提高劳动生产力、土地产出率和资源利用率，同时解放出较多农业劳动力从事第三产业经营或从事劳动密集、技术密集、资金密集型特色农业和优势农业生产。加快农业综合服务体系结构升级，通过产学研结合的方式，提高农牧结合所需的先进适用技术服务水平，尽快提升新型经营主体的科技文化素质和经营管理水平。

通过“产学研”合作机制获得高水平的科技支撑。形成大专院校、科研院所+县区级农业技术推广中心+市级农业科学站+专业合作社技术负责人组成的技术服务网络，依靠科技创新提升农业生产水平，并与信誉好的物资流通部门配合，提供信息服务、科技服务、流通服务及农用生产资料供应等。

东北地区的农业劳动者由于各种原因科技文化素质不高，因此采取各种措施加强农

民科学技术培训，使其要牢固树立“创新、协调、绿色、开放、共享”的新发展理念，要懂技术、会经营，要有团结协作精神，要不断增强法治思想和法律意识，要学会运用法律手段维护自身合法权益。

七、建立粮食主产区利益补偿长效机制

粮食作为具有战略意义的特殊商品，其价格不能单凭市场调节，种粮比较效益低下，导致农民种粮积极性下降，主产区投资力度不足，基础建设滞后，区域经济发展缓慢。同时，大量商品粮输出消耗了东北地区的农业资源，严重影响了农业可持续发展。必须加快建立粮食主产区利益补偿长效机制，保护与调动种粮农民和地方政府发展粮食生产的积极性，促进粮食主产区可持续发展。建议国家建立商品粮调出利益补偿机制，按照“谁受益、谁补偿”的原则，对东北地区粮食生产者和地方政府进行利益补偿，加大对主产区奖补的力度，按提供的商品粮补偿；加强主产区农业基础设施建设，减轻主产区财政负担，增强农田水利、高标准农田、仓储运输设施建设的投入；协调建立主产区与主销区联动机制等，稳定粮食生产，保障粮食安全和生产潜力，使食物供给数量和质量都得到极大提高，产品种类极大丰富，使食物发展水平和速度与人口发展、社会经济发展相适应，建立起具有区域特色的食物安全可持续发展模式和技术体系。

（本章执笔人：陈温福、王庆锁、袁梦）

第二十六章　华北粮食安全理论与实践

华北地区是我国的重要粮食主产区，其耕地面积虽不到全国的 1/6，但生产了全国 60%的小麦和 30%左右的玉米，是我国的粮仓。目前华北地区的食物生产面临着地下水超采问题，应抓住适水发展这一主线，依靠科技与政策双轮驱动，提升食物生产水平。

第一节　区域资源禀赋特点

一、水资源

华北地区 5 省份（北京、天津、河北、河南、山东）和全区近 23 年（1998～2020 年）平均降水量与常年（1956～2000 年系列平均值）降水量相比除山东外都有所下降（图 26-1），但总体下降幅度不大。其中，北京下降 12.9%，降幅度最大，天津下降 5.6%，河北下降 8.3%，山东提高 0.7%，河南下降 1.9%，全区下降 4.1%。对多年降水的频率分析表明，5 省份及全区偏丰水年和平水年的出现频率在近十年（2011～2020 年）明显偏多，说明近几年全区的降水形势属于偏丰状态。这种偏丰的降水形势能否持续下去，取决于气候变化的程度。目前最新的相关研究预测，华北地区在未来 30 年依旧处于降水偏丰状态。

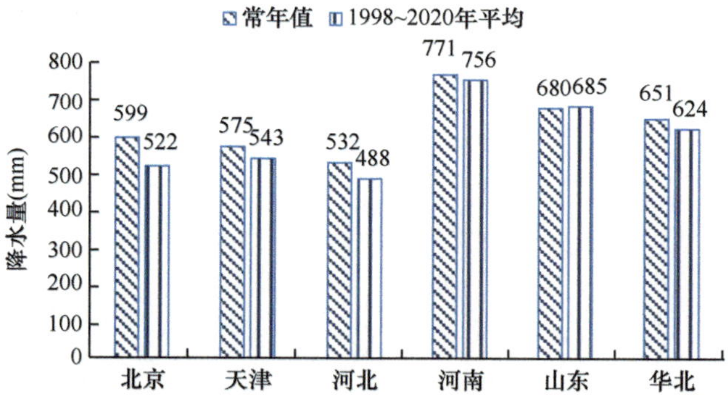

图 26-1　华北 5 省份及全区近 23 年（1998～2020 年）平均降水量和常年（1956～2000 年系列平均值）降水量比较

尽管近 23 年的降水量下降幅度不大，但是由于经济快速增长，城市化进程加快，土地利用方式发生巨大变化，下垫面情况改变巨大，严重影响降水所形成的地表水和地下水资源量。华北 5 省份和全区的地表水资源量下降幅度巨大（图 26-2），其中北京和河北分别下降 48.1%和 48.5%，降幅接近 1/2，天津下降 14.9%，河南下降 13.6%，山东下降 3.0%，全区下降 18.0%。作为粮食主产省的河北地表水资源量下降 48.5%，势必对该省的各部门用水及农业用水产生负面效应。

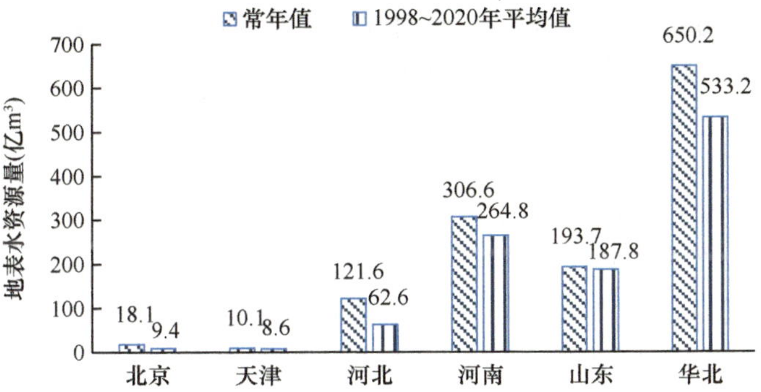

图 26-2 华北 5 省份及全区近 23 年平均地表水资源量和常年地表水资源量比较

降水形成的地下水资源量近 23 年呈现波动下降态势，1998～2007 年无论总量还是占比变化都波动较大，2008～2020 年则呈现稳步下降趋势，总量从 589.1 亿 m^3 下降到 445.3 亿 m^3，降幅达 24.4%，地下水资源量占全国的比例从 6.3%下降到 5.7%。

总体上，华北地区降水形成的水资源量从 1998 年的 1212.1 亿 m^3 下降到 2020 年的 630.3 亿 m^3，降幅达 48.0%，将近一半。以上结果表明，虽然近几年华北地区降水形势偏丰，但由于下垫面发生巨大变化，降水形成的水资源量下降了将近一半。由此，农业利用“蓝水”资源受到了极大的限制。同时，人口增长加剧了水资源紧张。华北地区人均水资源量从 1998 年的 450.2m^3 下降到 2020 年的 206.9m^3，减少 54.0%，下降幅度是惊人的。由于 1998 年是丰水年份，因此根据 23 年来的水文年型计算：丰水年（1998 年、2003 年）平均人均水资源量为 478m^3；偏丰水年（2000 年、2004 年、2005 年、2007 年、2010 年、2016 年）平均人均水资源量为 373m^3；平水年（2008 年、2009 年、2011 年、2012 年、2015 年、2017 年、2018 年、2020 年）平均人均水资源量为 302m^3；偏枯水年（2001 年、2006 年、2013 年、2014 年、2019 年）平均人均水资源量为 214m^3；枯水年（1999 年、2002 年）平均人均水资源量为 171m^3。虽然不同水文年型的人均水资源量差异较大，但总体上华北地区人均水资源量很低，即便在丰水和偏丰水年也是如此，更不论偏枯和枯水年份。

综合不同水文年型的数据计算可得，耕地平均占有的水资源量丰水年为 5585m^3/hm^2，偏丰水年为 4558m^3/hm^2，平水年为 3746m^3/hm^2，偏枯水年为 2771m^3/hm^2，枯水年为 2234m^3/hm^2。可见，不同水文年型的耕地水资源占有量差距较大，丰水年是枯水年的 2.5 倍，偏丰水年是偏枯水年的 1.6 倍，平水年的 3746m^3/hm^2 则更能代表该区的耕地平均水资源占有量状况。

总体上，华北地区水资源形势较为紧张，在降水量适度增加、水资源量大幅下降、经济快速发展、人口增长等多重因素的综合作用下，其农业用水形势和水土资源匹配形势都更加严峻。

二、气候资源

华北地区日照时数总体分布为北高南低，随着纬度的增加，日照时数逐渐增长；同时，年日照时数也随着海拔的相对增高而增加。北部包括河北北部及北京的部分地区日照时数较高，在 2600h 以上；中部的河北南部及山东等地日照时数大部在 2300～2600h；而南部的河南日照时数最低，平均年日照时数小于 2300h，其中小部分地区年日照时数不足 2000h。

华北地区多年平均气温总体分布为南部高于北部，东部高于西部。同一海拔上，气温随着纬度的增加逐渐降低；同一纬度上，气温随着海拔的增加逐渐降低。华北大部分地区包括北京、天津及河北南部、山东、河南年平均气温在 12℃以上，西北部的河北北部地区年平均气温在 10℃以下，小部分地区年均温不足 6℃。

华北地区≥10℃积温总体格局是南高北低，东高西低。中部的北京、天津、山东及河北南部地区≥10℃积温一般在 4000～5000℃；北部海拔较高的地区包括河北北部地区≥10℃积温在 3000℃以下；而南部的河南部分地区≥10℃积温最高，在 5000℃以上。

根据每个站点 1961～2020 年的气温资料和日照时数资料，夏玉米生长季 80%保证率下≥10℃活动积温在 2400～3050℃，占全年（1～12 月）的 60.0%以上，空间变异大，整体由南至北呈递减的趋势。受纬度和海拔影响，研究区 40°N 以北地区、东部青岛以东沿海地区、河南西南部卢氏地区≥10℃活动积温<2800℃，石家庄以南地区<2900℃。

1961～2020 年华北地区夏玉米生长季≥10℃活动积温平均增加 75.4℃，平均变化率为 13.7℃/10a（P<0.05），其中 63.6%的站点（n=35）呈显著增加趋势（P<0.05），主要分布在华北平原中北部的山东、河北地区。其中，山东东部、河北大部分地区≥10℃活动积温增长速率大于 20℃/10a（P<0.05），呈显著变暖趋势，而河南大部分站点变化趋势不显著。

1961～2020 年华北地区夏玉米生长季 80%保证率下太阳总辐射范围在 1947～2236MJ/m^2，占全年（1～12 月）的 37.9%，由东北至西南呈递减的趋势。东北部地区包括山东北部和河北东部一带夏玉米生长季太阳总辐射>2000MJ/m^2，河南大部分地区<1900MJ/m^2。

1961～2020 年华北地区夏玉米生长季太阳总辐射呈显著下降趋势，平均减少 441.1MJ/m^2，平均变化率为−80.2MJ/(m^2·10a)（P<0.05），其中山东济南、河北石家庄、河南信阳等地下降幅度较大，线性倾向率超过 100MJ/(m^2·10a)（P<0.05），山东东部部分地区太阳总辐射减少相对较小，在 60MJ/(m^2·10a)（P<0.05）以下。

三、耕地资源

华北地区是我国的重要粮食主产区，其耕地面积虽不到全国的 1/6，但生产了全国 60%的小麦和 30%左右的玉米，是我国的粮仓。华北地区耕地面积为 303 137km^2，占区域总面积的 56.90%，林地、建设用地和草地面积依次递减，其面积比例分别为 15.32%、14.28%、9.71%，水域和未利用地面积比例均在 5%以下，其中未利用地面积比例仅为 0.39%（图 26-3）。由此可知，华北地区以耕地为主，且耕地主要分布于河南、山东和河北三省，合计占区域总面积的 96.75%，而北京和天津耕地面积相对较少，表明河南、山东和河北三省耕地面积较大，肩负着粮食生产的重要任务，而其耕地质量对于保障粮食安全起到了重要的作用；林地面积次之，水域和未利用地面积相对较小。

然而，华北地区也存在着生态用地较少、不合理灌溉致使地下水水位下降等现象，因此，科学有效地提升耕地质量以实现粮食安全和水资源安全是华北地区耕地资源利用面临的重要挑战。

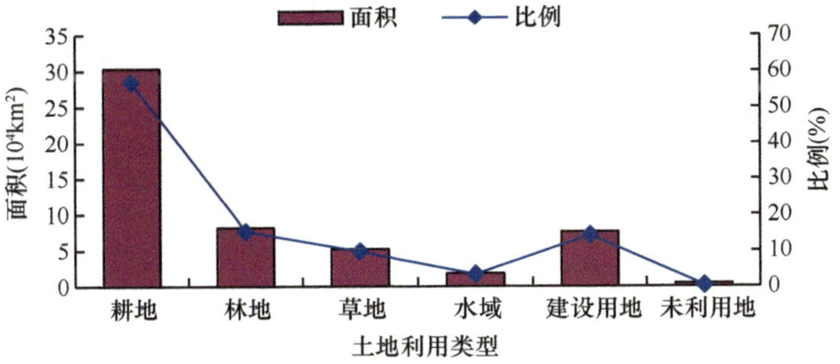

图 26-3 华北地区 2020 年土地利用面积与比例

由各省份土地利用结构状况（表 26-1）可知，北京市以林地为主，所占市域面积比例为 44.87%，耕地面积次之，比例为 23.43%，建设用地面积为 3598km^2，比例为 22.06%，而草地、水域和未利用地面积相对较小；天津市以耕地为主，所占市域面积比例为 51.80%，建设用地面积次之，比例为 26.65%，水域面积比例为 13.00%，而林地、草地和未利用地面积相对较小；河北省以耕地为主，所占省域面积比例为 48.01%，林地和草地面积分别为 37 618km^2、32 850km^2，比例分别为 20.16%、17.61%，建设用地面积比例为 11.12%，而水域和未利用地面积相对较小；山东省以耕地为主，所占省域面积比例为 65.92%，建设用地面积次之，为 27 069km^2，比例为 17.64%，而林地、草地、水域和未利用地面积比例均在 10%以下，其中未利用地面积最小，比例仅为 0.28%；河南省以耕地为主，所占省域面积比例为 62.23%，林地和建设用地面积比例均在 10%以上，分别为 16.67%、13.09%，而草地、水域和未利用地面积相对较小。由此可知，华北地区各省份因经济水平、社会发展及资源禀赋不同，土地利用类型具有一定差异性。

表 26-1 华北地区 2020 年各省份土地利用面积与比例关系表

土地类型	北京		天津		河北		山东		河南	
	面积（km^2）	比例（%）	面积（km^2）	比例（%）	面积（km^2）	比例（%）	面积（km^2）	比例（%）	面积（km^2）	比例（%）
耕地	3 821	23.43	6 033	51.80	89 575	48.01	101 160	65.92	102 548	62.23
林地	7 318	44.87	399	3.43	37 618	20.16	8 829	5.75	27 469	16.67
草地	1 138	6.98	310	2.66	32 850	17.61	8 423	5.49	9 029	5.48
水域	416	2.55	1 514	13.00	4 455	2.39	7 550	4.92	4 147	2.52
建设用地	3 598	22.06	3 104	26.65	20 750	11.12	27 069	17.64	21 578	13.09
未利用地	17	0.10	286	2.46	1 330	0.71	431	0.28	18	0.01
总计	16 308	100.00	11646	100.00	186 578	100.00	153 462	100.00	164 789	100.00

四、生物资源

从 1995～2020 年华北地区农林牧渔业占全国相应产值的比例（图 26-4）来看，华北地区农业发展在全国占据重要地位，占比介于 20.8%～27.5%，牧业占比也比较高，介于 19.7%～28.2%，渔业和林业占比较低，年均分别为 16.8%和 13.2%。

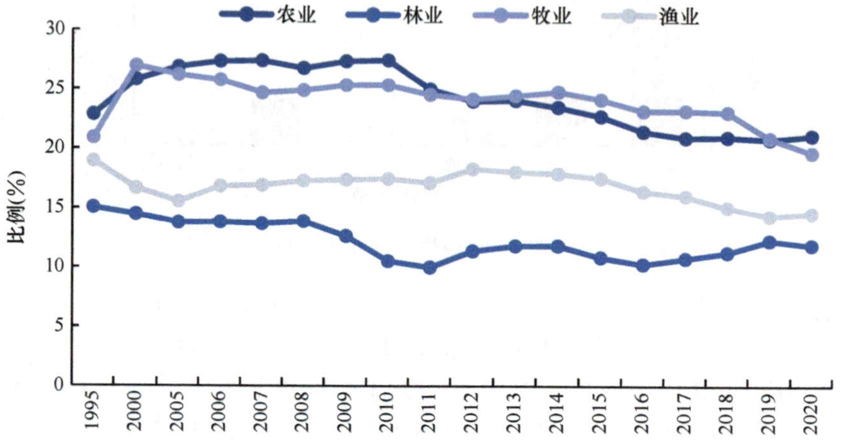

图 26-4　华北地区农林牧渔业占全国相应产值比例的变化趋势

2020 年，农业占据华北地区农林牧渔业总产值的第一位，达到 15 162.87 亿元，占比为 59%；牧业占据第二位，产值为 7928.09 亿元，占比为 31%；第三是渔业，产值为 1865.12 亿元，占比为 7%；而林业产值仅为 709.71 亿元，占比为 3%（图 26-5）。

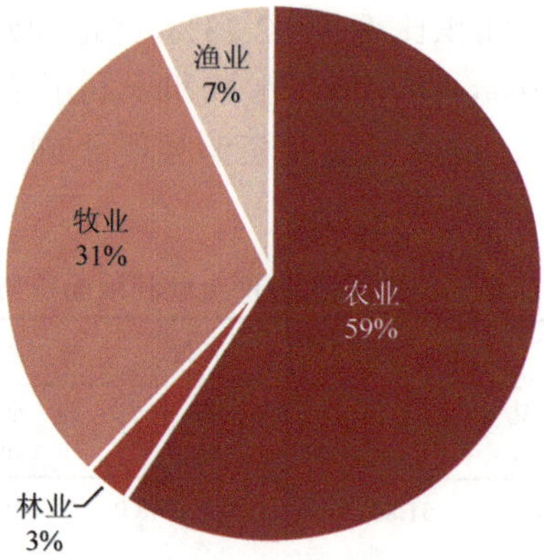

图 26-5　2020 年华北地区农林牧渔业总产值构成（按当年价格计算）

1990～2020 年华北地区畜禽产品和水产品、蜂蜜产量的变化趋势如图 26-6 所示，各类产品产量均呈明显的上升趋势，其中肉类产量从 1990 年的 526 万 t 上升至 2020 年的 1724 万 t；水产品产量从 1990 年的 216 万 t 上升至 2020 年的 1078 万 t；奶类产量从 1990 年的 73 万 t 上升到 2020 年的 1019 万 t；禽蛋产量从 1990 年的 274 万 t 上升到 2015 年的 1352 万 t。

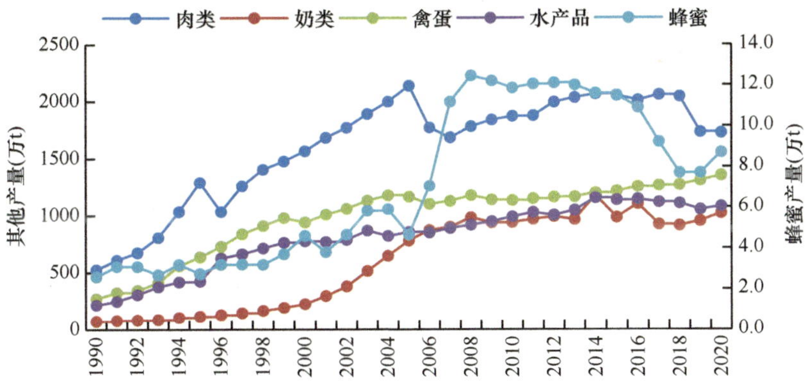

图 26-6 华北畜禽产品、水产品和蜂产品产量的历年变化

第二节 粮食生产现状及问题

一、主要粮食作物的播种面积和产量

1990～2020 年，华北地区各省份主要农作物播种面积变化趋势与全国基本相同，两者变化幅度均有一定波动。华北地区主要农作物播种面积占全国比例基本稳定，平均占比为 21.6%，2006 年至今有所下降，2020 年最低为 20.4%（图 26-7）。从华北各省份来看，河南主要农作物播种面积年均为 $1.36\times10^7hm^2$，山东为 $1.09\times10^7hm^2$，河北为 $0.86\times10^7hm^2$，北京和天津分别为 $0.04\times10^7hm^2$、$0.05\times10^7hm^2$（图 26-8）。

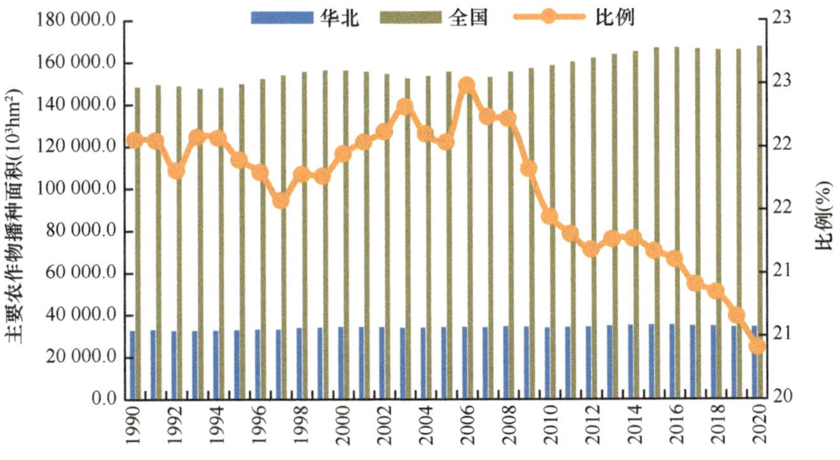

图 26-7 华北地区和全国主要农作物播种面积及华北占全国的比例

华北地区各农作物播种面积占全国比例如图 26-9 所示，小麦、玉米、瓜果、蔬菜的播种面积占全国比例较高。小麦播种面积占全国比例呈上升趋势，由 1990 年的 38.3% 上升至 2020 年的 51.1%；玉米播种面积占全国比例基本稳定在 30.4%；谷物播种面积占全国比例基本稳定；瓜果播种面积占全国的 25%～34%；蔬菜播种面积占全国的 18.5%～27.8%；油料、薯类、豆类播种面积比全国比例年均介于 6%～25%。

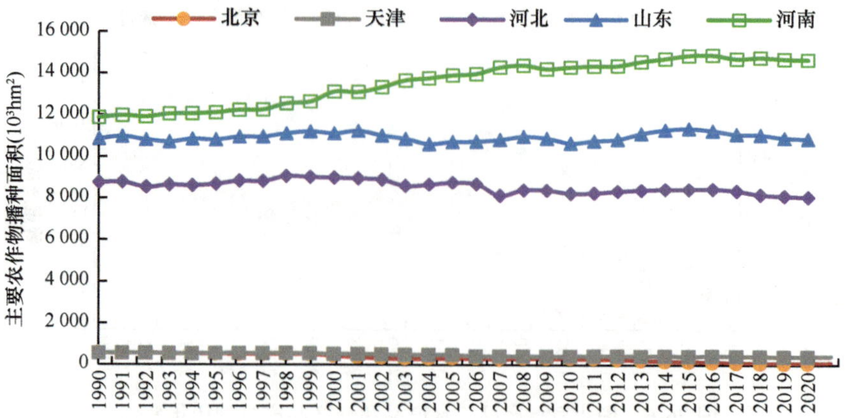

图 26-8　华北地区各省份历年主要农作物播种面积的变化

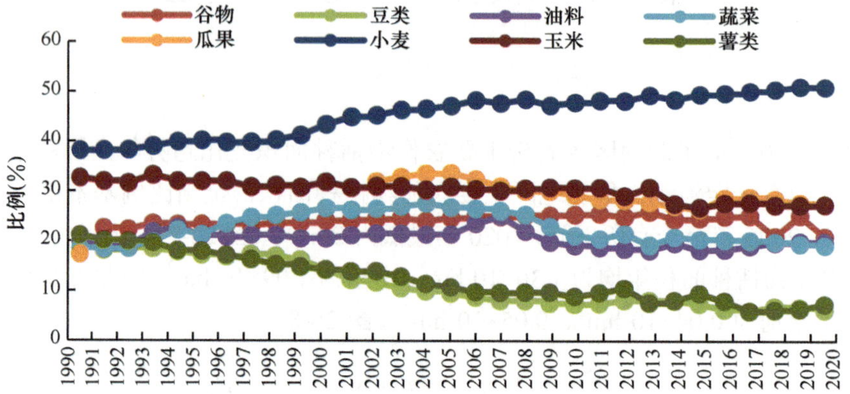

图 26-9　1990～2020 年华北地区主要农作物播种面积比例的变化

华北地区主要农作物的播种面积变化如图 26-10 所示，小麦播种面积变化不大，年均为 $1.16\times10^7hm^2$；玉米播种面积由 1990 年的 $0.70\times10^7hm^2$ 上升至 2020 年的 $1.13\times10^7hm^2$，

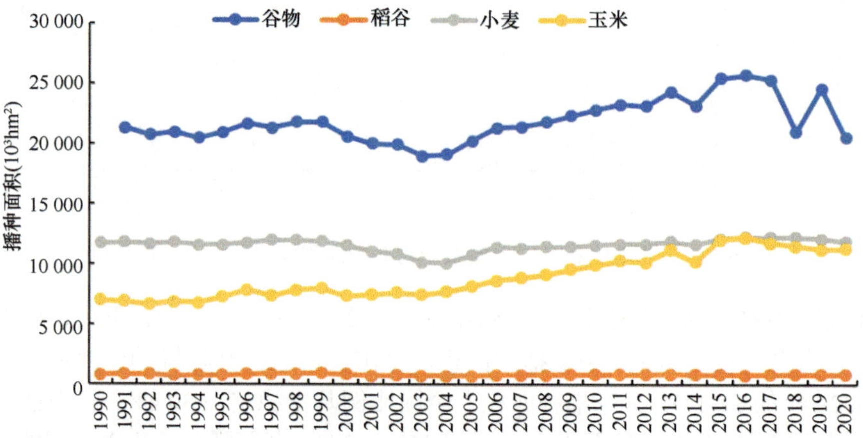

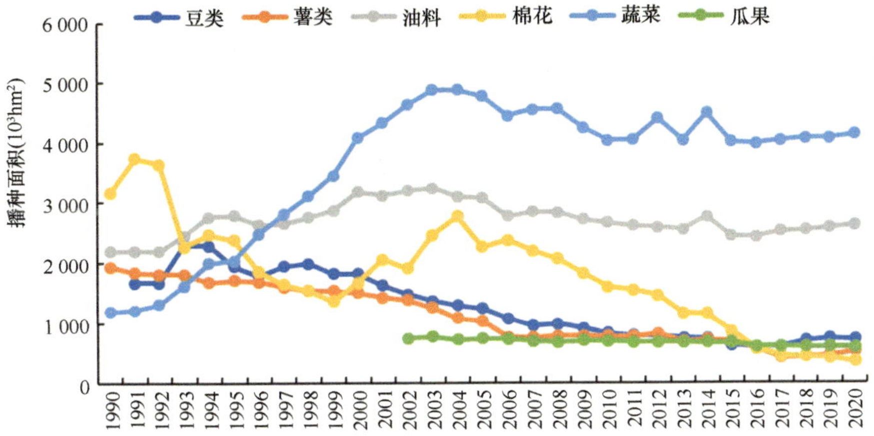

图 26-10　1990～2020 年华北地区主要农作物播种面积的变化

呈增加趋势；蔬菜和瓜果播种面积也呈平稳或上升趋势，尤其是蔬菜增加幅度较大，由 1990 年的 $0.12\times10^7 hm^2$ 上升至 2020 年的 $0.41\times10^7 hm^2$；油料（花生、油菜、向日葵等）播种面积比较稳定，年均为 $0.27\times10^7 hm^2$；而薯类、豆类和棉花播种面积呈明显下降趋势，薯类由 1990 年的 $0.19\times10^7 hm^2$ 下降至 2020 年的 $0.05\times10^7 hm^2$，豆类由 1991 年的 $0.17\times10^7 hm^2$ 下降至 2020 年的 $0.07\times10^7 hm^2$，棉花则由 1990 年的 $0.32\times10^7 hm^2$ 下降至 2020 年的 $0.04\times10^7 hm^2$。

华北地区整体和各作物产量占全国比例的年际变化分别如图 26-11 和图 26-12 所示。1990～2020 年，华北地区小麦产量占全国比例介于 44.2%～58.6%，玉米、油料、棉花、蔬菜的占比均介于 1.3%～52.1%，年均为 30.9%；豆类、薯类产量占全国比例均呈下降趋势，分别从 1991 年的 21.0%和 27.1%下降至 2020 年的 8.1%和 12.1%。

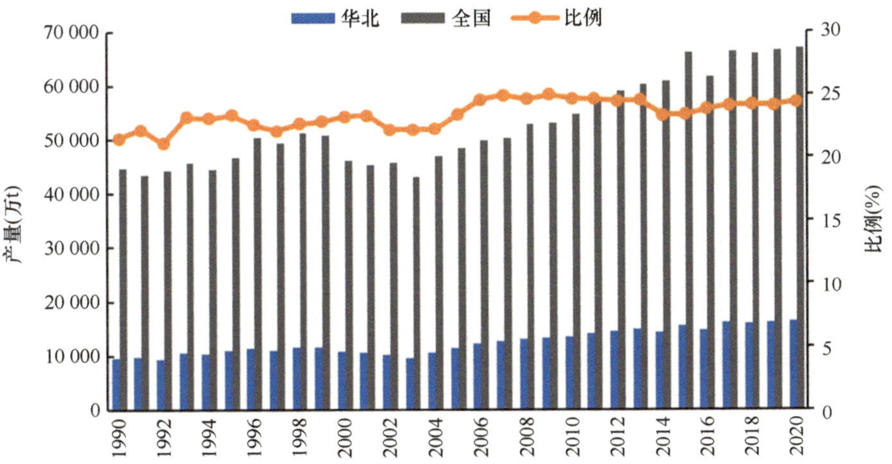

图 26-11　全国和华北地区历年主要农作物产量及华北占全国比例

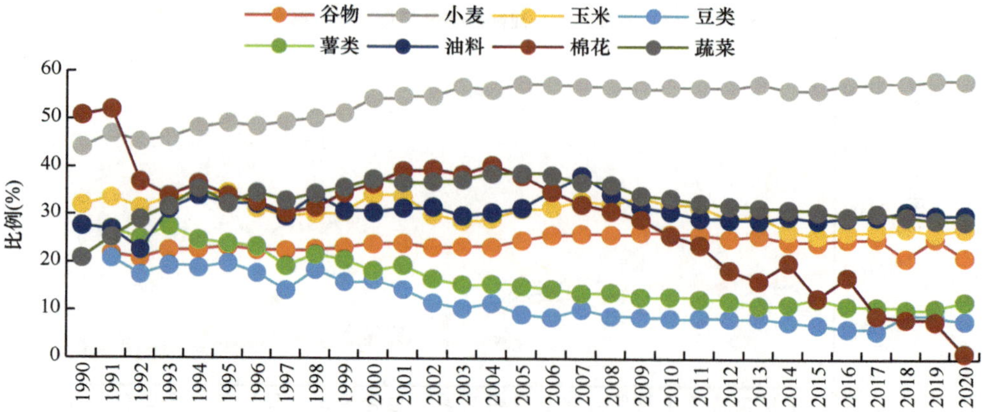

图 26-12 华北地区主要农作物产量占全国比例的历年变化

1990～2020 年华北地区主要农作物产量变化如图 26-13 所示，谷物呈增加趋势，从 1991 年的 8678 万 t 上升到 2020 年的 13 212 万 t，且 2003～2013 年出现“十一连增”，其中小麦、玉米产量分别从 1990 年的 4346 万 t、3106 万 t 上升至 2020 年的 7829 万 t、7123 万 t；油料产量呈上升趋势，由 1990 年的 447 万 t 上升至 2020 年的 1084 万 t；薯类、豆类产量呈下降趋势，分别由 1992 年的 714 万 t、262 万 t 下降至 2020 年的 360 万 t、187 万 t；棉花产量的年际变化呈现“抛物线”形状，由 1992 年的 167 万 t 上升至 2006 年的 263 万 t，然后下降至 2020 年的 42 万 t。

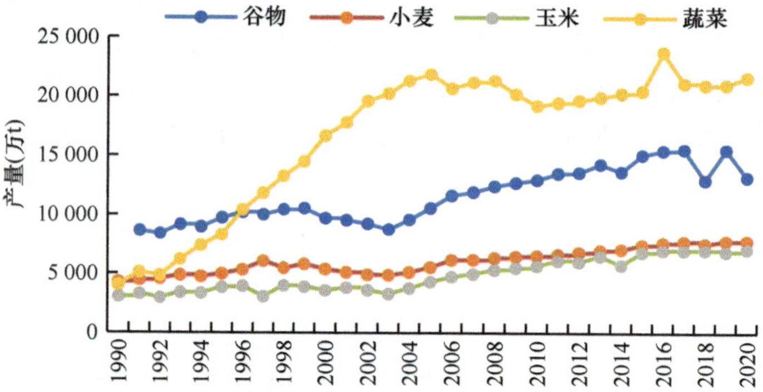

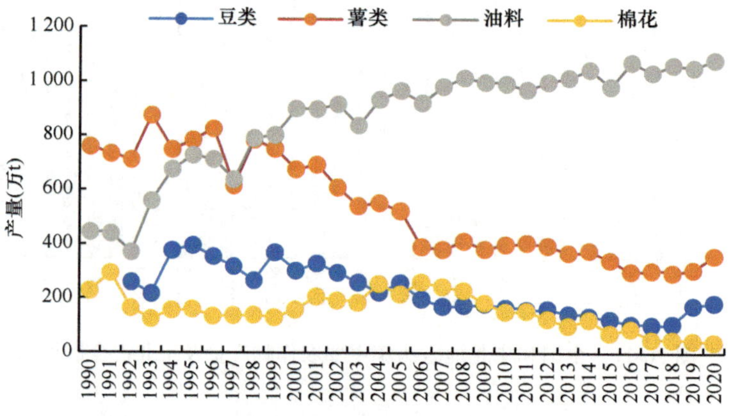

图 26-13 华北地区主要农作物产量的历年变化

二、农业灌溉面积、灌溉用水量和水分生产力水平

我国粮食安全在很大程度上依赖于灌溉，保持粮食生产用水稳定是保障粮食安全的关键。华北地区农业灌溉面积从 2001 年的 16 987.28×10^3hm^2 增加到 2020 年的 18 243.2×10^3hm^2。灌溉农业稳步发展，灌溉面积占耕地面积比例从 2001 年的 60.45%增长到 2020 年的 67.75%，但有效灌溉面积所占比例有所减少，2001 年占 94.12%，2020 年降低 1.21%。2020 年华北地区的灌溉面积中，山东占 31.97%，河南占 29.65%，河北占 26.51%，占比较大的山东、河南和河北的变化趋势与华北地区整体相近，而北京、天津波动较小，对整体变化趋势影响不大，山东和河南依旧是华北地区的灌溉主体。

1998～2020 年，华北农业灌溉用水量从 596.28 亿 m^3 下降到 432.00 亿 m^3，减幅 27.6%，占该区域总用水量的比例从 71.52%下降到 51.81%，占全国农业灌溉用水量的比例从 15.83%下降到 11.70%。2020 年，山东省的农业灌溉用水量最大，为 133.50 亿 m^3，其次为河北和河南两省，农业灌溉用水量分别为 121.10 亿 m^3 和 119.90 亿 m^3。1998～2020 年，各省份的农业灌溉用水量均呈现出下降的趋势，其中河北、山东和河南三省的农业灌溉用水量减量较大，分别为 56.4 亿 m^3、53.1 亿 m^3 和 48.46 亿 m^3，减幅分别达到 31.8%、28.4%和 28.8%。从农业灌溉用水量占总用水量比例来看，北京市农业灌溉用水量比例降幅最大，从 1998 年的 43%下降到 10.7%；其次为河南省，减少 21.1%；天津市先增后减，于 2008 年达到最大值后开始减少，与 1998 年相比 2020 年共减少 13.5%。

华北地区在农产品增产、生产方式更加集约的情况下实现了农业灌溉用水量及其占比的明显下降，说明农业用水效率显著提高。区域灌溉水有效利用系数从 2000 年的 0.573 提升至 2020 年的 0.647，高于全国水平 14.5%，其中天津市提高显著。2020 年，天津市灌溉水有效利用系数为 0.72，较 2000 年提高 22.6%；北京市为 0.75（提高 18.9%），河南省为 0.617（提高 16.5%），山东省为 0.646（提高 15.3%），河北省为 0.675（提高 9.50%）。2000～2020 年，华北地区粮食作物水分生产力从 1.058kg/m^3 提升到 1.543kg/m^3，高于全国水平 22.8%。同期，华北地区各省份的亩均灌溉量均有明显下降，普遍比全国水平低 50%以上；其中，河北省从 252m^3 下降到 157m^3（降低 37.7%），河南省从 197m^3 下降到 164m^3（下降 16.7%），山东省从 261m^3 下降到 160m^3（降低 38.7%），北京市从 290m^3 下降到 119m^3（降低 59.0%），天津市从 275m^3 下降到 230m^3（降低 16.4%）。

三、化肥和农药使用量及效率

1990～2020 年，全国及华北地区农用化肥使用量呈现明显上升趋势，全国从 2590.3 万 t 上升到 5250.7 万 t，华北地区从 625.6 万 t 上升至 1335.9 万 t。华北地区农用化肥使用量近 30 年间占全国的比例呈现稳定状态，年平均在 26.5%，最高年份为 2002 年，占 28.0%，最低年份为 1990 年，占 24.2%（图 26-14）。

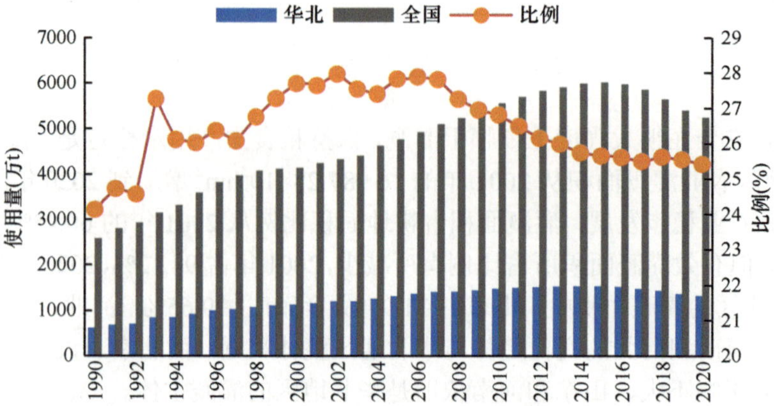

图 26-14　华北地区和全国农用化肥使用量及华北占全国比例

从 1990～2020 年华北各省份的农业化肥使用量变化（图 26-15）来看，河南省的农用化肥使用量最高，且呈现一路上升的趋势，从 1990 年的 213.2 万 t 上升至 2020 年的 648.0 万 t；山东省也很高，但呈现先上升后稳步下降的趋势，从 1990 年的 246.0 万 t 上升至 2007 年的 500.0 万 t，而后稳步下降至 2020 年的 380.9 万 t；第三为河北省，其农用化肥使用量也呈现上升趋势，但相比河南、山东上升幅度较小，从 1990 年的 145.0 万 t 上升至 2020 年的 285.7 万 t；北京、天津的农用化肥使用量较低，年际变化不大，年平均分别为 14.1 万 t、18.1 万 t。

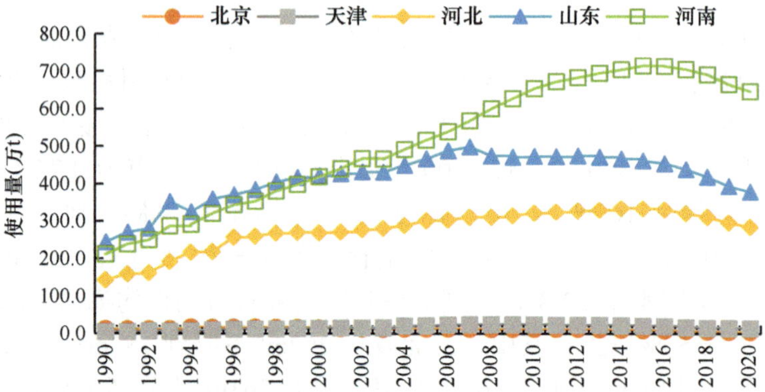

图 26-15　华北地区各省份农用化肥使用量的历年变化

1990～2020 年华北地区 N 肥使用量占全国的比例年平均在 24.8%，最高为 2002 年的 26.7%，最低为 2019 年的 21.9%（图 26-16）。从 1990～2020 年华北地区各省份 N 肥使用量变化（图 26-17）来看，河南省 N 肥使用量最高，且呈现上升趋势，从 1990 年的 137.3 万 t 上升至 2020 年的 182.2 万 t；山东省从 1990 年的 154.1 万 t 上升到 2003 年的 185.3 万 t，变化幅度较小，随后上升至 2007 年的 193.1 万 t，之后稳步下降至 2020 年的 113.9 万 t；河北省的 N 肥使用量呈现缓慢上升趋势，比河南省上升幅度小，从 1990 年的 92.1 万 t 上升至 2020 年的 100.6 万 t；北京、天津的 N 肥使用量较低，年际变化不大，年平均分别为 7.9 万 t、8.9 万 t。

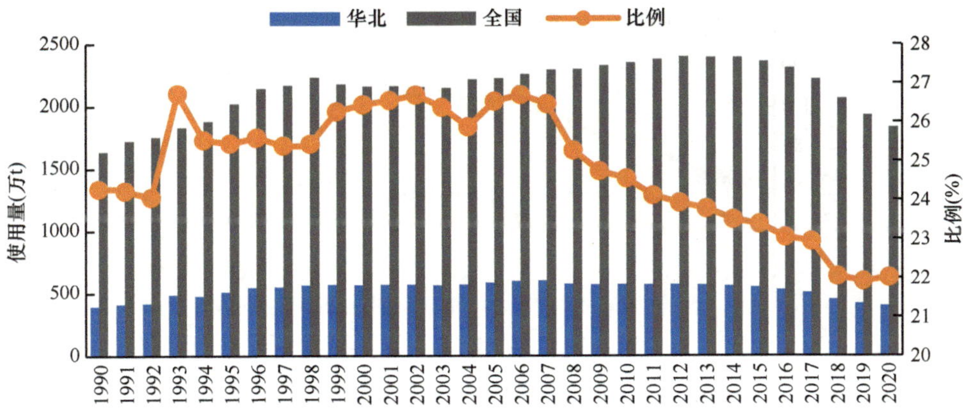

图 26-16 华北地区和全国 N 肥使用量及华北占全国比例

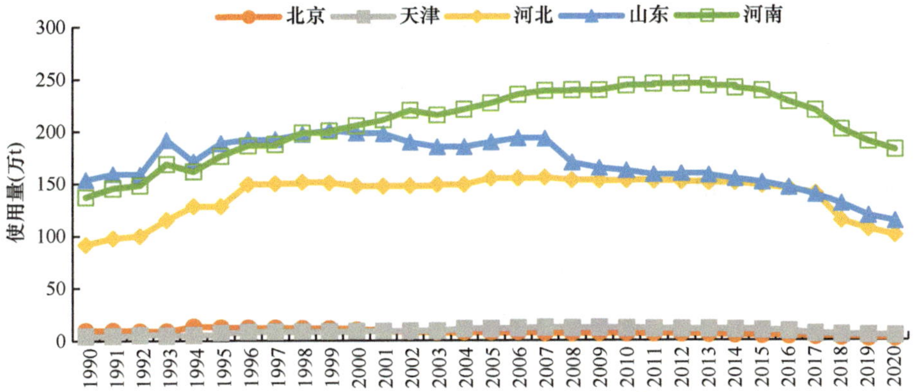

图 26-17 华北地区各省份 N 肥使用量的历年变化

1990～2020 年华北地区 P 肥使用量占全国比例年平均在 27.1%，最高为 1993 年的 30.2%，最低为 2020 年的 22.4%（图 26-18）。从 1990～2020 年华北地区各省份 P 肥使用量变化（图 26-19）来看，河南省 P 肥使用量最高，呈现先波动上升而后逐年下降的

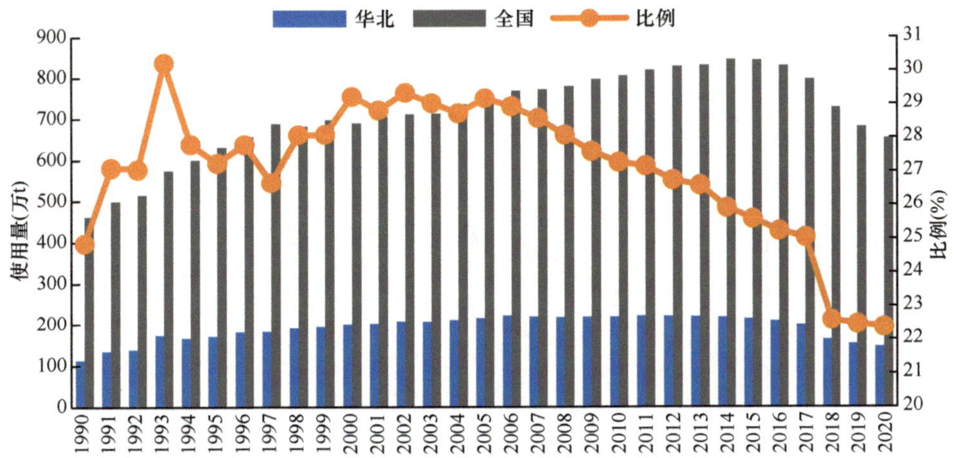

图 26-18 华北地区和全国 P 肥使用量及华北占全国比例

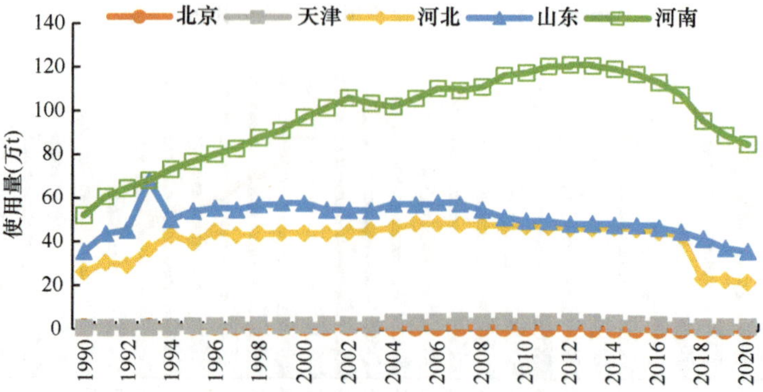

图 26-19 华北地区各省份 P 肥使用量的历年变化

趋势，从 1990 年的 52.0 万 t 上升至 2012 年的 121.7 万 t，而后稳定下降至 2020 年的 85.5 万 t；其次为山东省，其 P 肥使用量呈现先波动上升而后下降的趋势，从 1990 年的 35.4 万 t 稳定增加到 2007 年的 57.7 万 t，而后逐渐下降至 2020 年的 36.4 万 t；河北省 P 肥使用量近 30 年间呈现较为稳定的趋势，年均值为 41.4 万 t；北京、天津的 P 肥使用量较低，年际变化不大，年平均分别为 0.9 万 t、2.5 万 t。

1990～2020 年华北地区 K 肥使用量占全国比例年平均在 21.6%，最高为 2006 年的 25.1%，最低为 1990 年的 11.0%（图 26-20）。从 1990～2020 年华北地区各省份 K 肥使用量变化（图 26-21）来看，河南省 K 肥使用量最高，呈现先上升后下降的趋势，从 1990

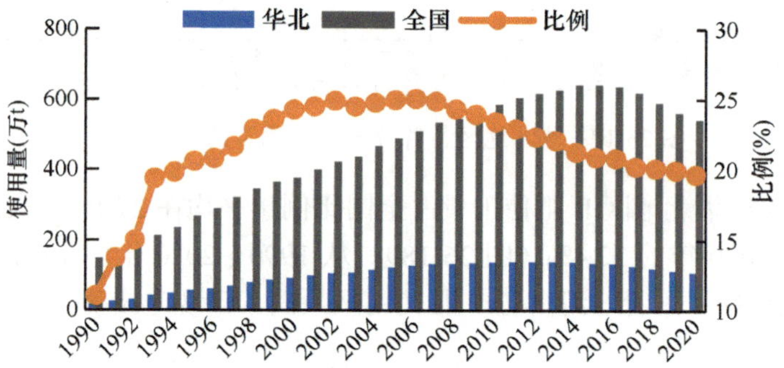

图 26-20 华北地区和全国 K 肥使用量及华北占全国比例

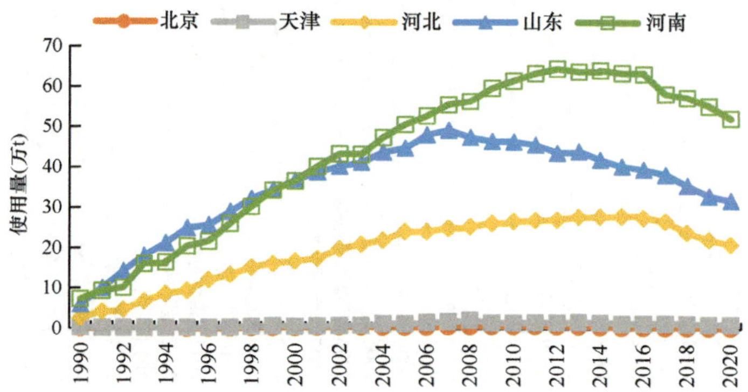

图 26-21 华北地区各省份 K 肥使用量的历年变化

年的 7.3 万 t 上升至 2012 年的 64.6 万 t，而后下降至 2020 年的 52.2 万 t；山东省 K 肥使用量也呈现先上升后下降的趋势，从 1990 年的 6.0 万 t 上升至 2007 年的 49.3 万 t，而后下降至 2020 年的 31.9 万 t；河北省的 K 肥使用量也呈现先上升后下降的趋势，但比河南省降幅小，从 1990 年的 2.6 万 t 上升至 2015 年的 28.1 万 t，而后下降至 2020 年的 21.0 万 t；北京、天津的 K 肥使用量最低，年际变化不大，年平均分别为 0.5 万 t、1.1 万 t。

1990～2020 年华北地区农用复合肥使用量占全国比例呈现稳定状态，年平均在 30.0%，最高年份出现在 2018 年，为 31.3%，最低年份出现在 1992 年，为 27.6%（图 26-22）。从 1990～2020 年华北各省份农用复合肥使用量变化（图 26-23）来看，山东省的使用量最高，呈现先快速上升后缓慢上升最后缓慢下降的趋势，从 1990 年的 49.0 万 t 快速上升至 2007 年的 200.3 万 t，而后缓慢上升至 2015 年的 224.0 万 t，之后缓慢下降至 2020 年的 198.7 万 t；河南省农用复合肥使用量也呈现快速上升而后下降的趋势，从 1990 年的 17.9 万 t 上升至 2018 年的 337.3 万 t；河北省的上升幅度不大，从 1990 年的 24.4 万 t 上升至 2020 年的 141.8 万 t；北京、天津的农用复合肥使用量较低，近 30 年间变化不大，年平均分别为 4.9 万 t、5.6 万 t。

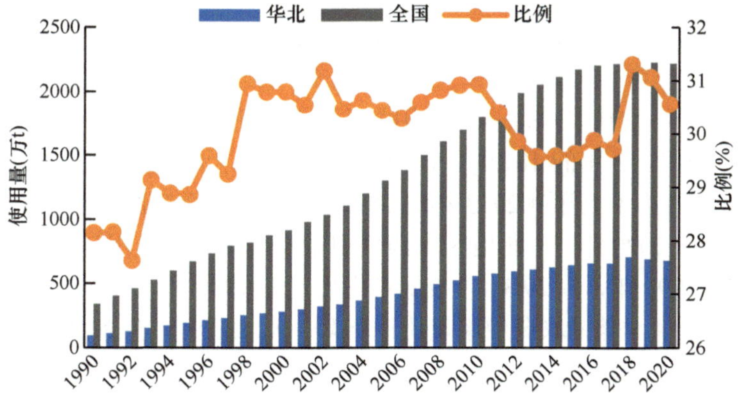

图 26-22　华北地区和全国复合肥使用量及华北占全国比例

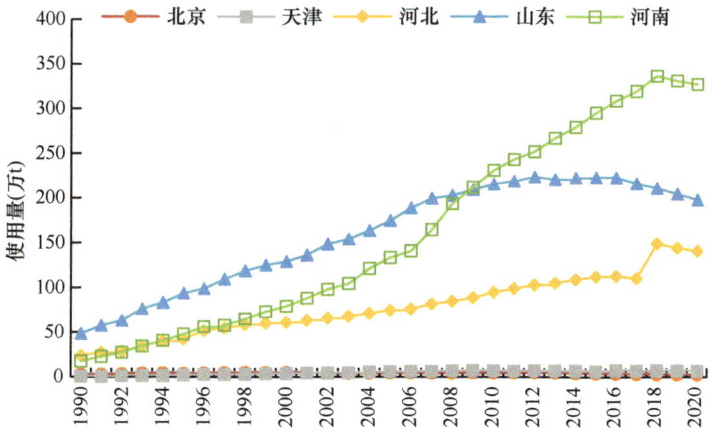

图 26-23　华北地区各省份复合肥使用量的历年变化

具体到肥料类型（图 26-24），钾肥和复合肥使用量增长较多，复合肥从 1990 年的 96.2 万 t 增加到 2020 年的 679.0 万 t，增加 6.1 倍，钾肥从 1990 年的 16.3 万 t 增加到 2020 年的 106.6 万 t，增加 5.5 倍；氮肥和磷肥的增幅较小，氮肥从 1990 年的 398.0 万 t 增加到 2020 年 403.9 万 t，磷肥从 1990 年的 115.0 万 t 增加到 2020 年 146.4 万 t。

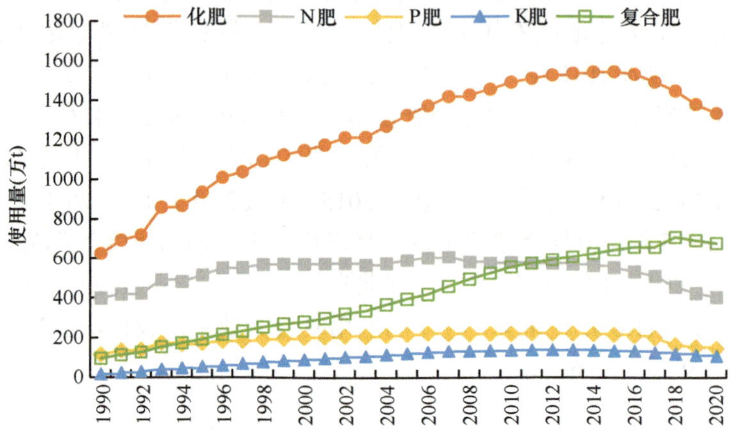

图 26-24　华北地区化肥使用量的历年变化

1990～2020 年，全国及华北农药使用量均呈先上升后下降的趋势，全国从 1990 年的 73.3 万 t 上升至 2013 年的 181.0 万 t，而后稳步下降至 2020 年的 131.3 万 t，华北地区从 1990 年的 14.3 万 t 上升至 2013 年的 38.8 万 t，而后稳步下降至 2020 年的 27.5 万 t（图 26-25）。1990～2020 年，华北地区农药使用量占全国农药使用量平均在 23.0%左右，最高年份出现在 1999 年，占 29.3%，最低年份出现在 1990 年，占 19.5%；2008 年以后，华北地区农药使用量占全国农药使用量比例下降，从 23.2%降至 2020 年的 21%。

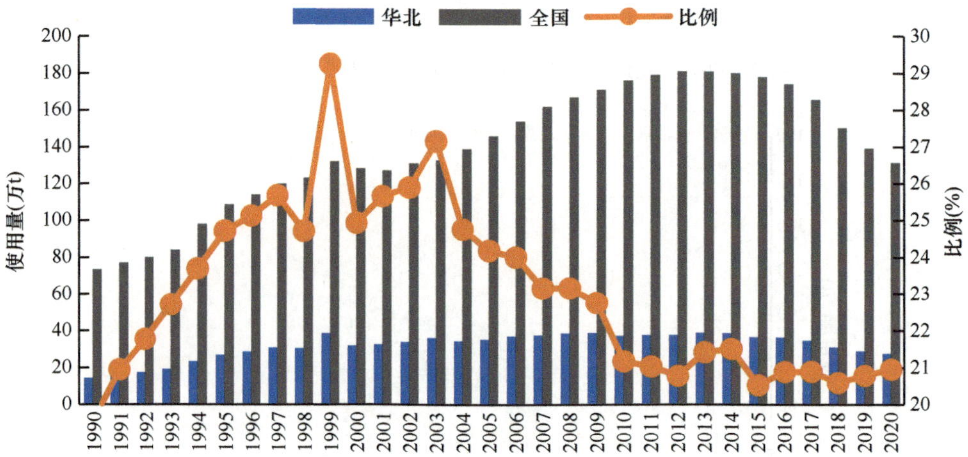

图 26-25　华北地区和全国农药使用量及华北占全国比例

从 1990～2020 年华北各省份农药使用量变化来看，山东省农药使用量最高，从 1990 年的 59 591t 上升至 1999 年的 200 000t，而后呈波动下降趋势；其次为河南省、河北省，这两省的农药使用量近 30 年间呈稍微上升的趋势；天津、北京的农药使用量较低，变化趋势也不明显，维持常年稳定，分别为 3260.3t 和 5662.9t（图 26-26）。

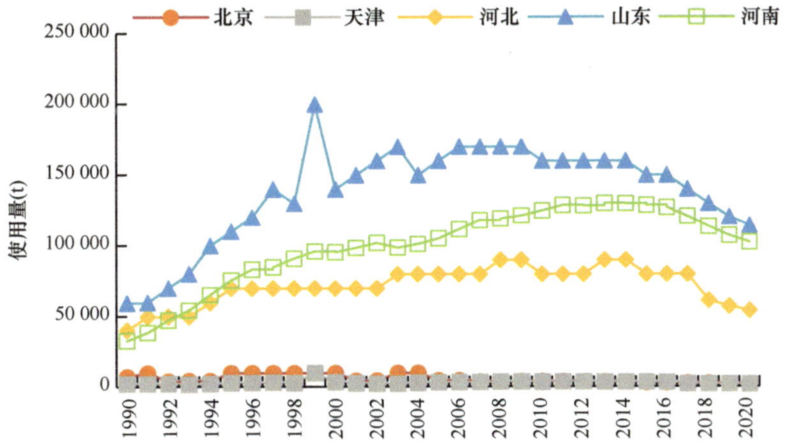

图 26-26 华北各省份历年农药使用量的变化

四、农机投入及化石燃料使用量

（一）农业机械

1990～2020 年全国及华北地区的农业机械总动力均呈上升的趋势，全国农业机械总动力从 1990 年的 28 707.7 万 kW 上升至 2015 年的 111 728.1 万 kW，而后又从 2016 年的 97 245.6 万 kW 上升至 2020 年的 105 622.1 万 kW；华北地区农业机械总动力从 1990 年的 9157.5 万 kW 上升至 2015 年的 36 898.7 万 kW，而后又从 2016 年的 27 673.2 万 kW 上升至 2020 年的 29 879.4 万 kW。华北地区农业机械总动力在全国的占比近 30 年间平均为 34.9%，最低年份为 2020 年，占 28.3%；最高年份为 2002 年，高达 40.0%（图 26-27）。

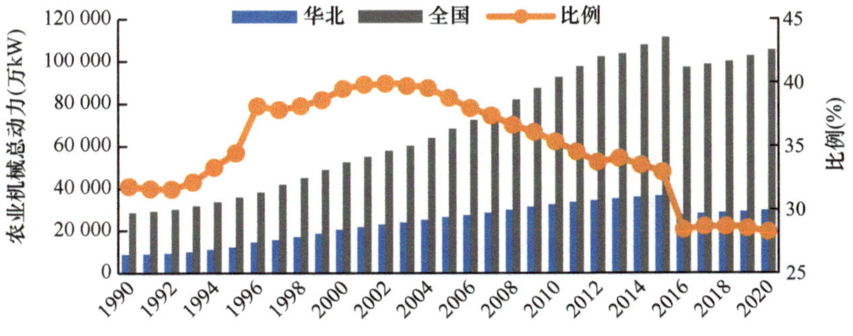

图 26-27 华北地区和全国农业机械总动力及华北占全国比例

从 1990～2020 年华北各省份农业机械总动力变化趋势来看，山东、河北、河南三省的农业机械总动力基本相同，近 30 年间都呈现快速上升的趋势。山东省的农业机械总动力从 1990 年的 3216.0 万 kW 上升至 2015 年的 13 353.0 万 kW，河北省从 1990 年的 2822.2 万 kW 上升至 2015 年的 11 102.8 万 kW，河南省从 1990 年的 2264.0 万 kW 上升至 2015 年的 11 710.1 万 kW；2016～2020 年，虽然山东、河北和河南的农业机械总动力持续增加，但均小于 2015 年。北京、天津的农业机械总动力较低，且年际变化不明显，年均分别为 313.2 万 kW、532.3 万 kW（图 26-28）。

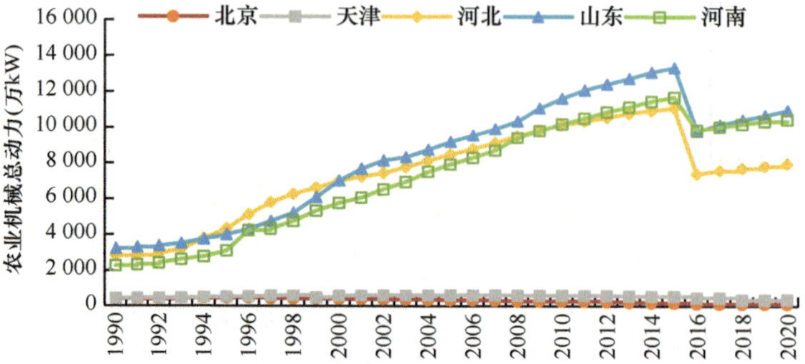

图 26-28　华北地区各省份农业机械总动力的历年变化

（二）农用柴油

1993～2020 年，全国及华北地区农用柴油使用量均呈现上升趋势，且在 2004～2007 年达到最高，而后增加趋势缓慢。全国农用柴油使用量从 1993 年的 938 万 t 上升到 2004 年的 1819 万 t 和 2007 年的 2021 万 t，而后从 2008 年的 1888 万 t 上升至 2015 年的 2198 万 t，又逐渐降至 2020 年的 1848 万 t；华北地区农用柴油使用量从 1993 年的 238 万 t 上升到 2004 年的 712 万 t 和 2007 年的 797 万 t，又逐渐降至 2020 年的 368 万 t（图 26-29）。1993～2020 年，华北地区农用柴油使用量占全国农用柴油使用量的比例年平均为 30.3%，最高年份为 2005 年，占 39.7%，最低年份为 2020 年，占 19.9%。

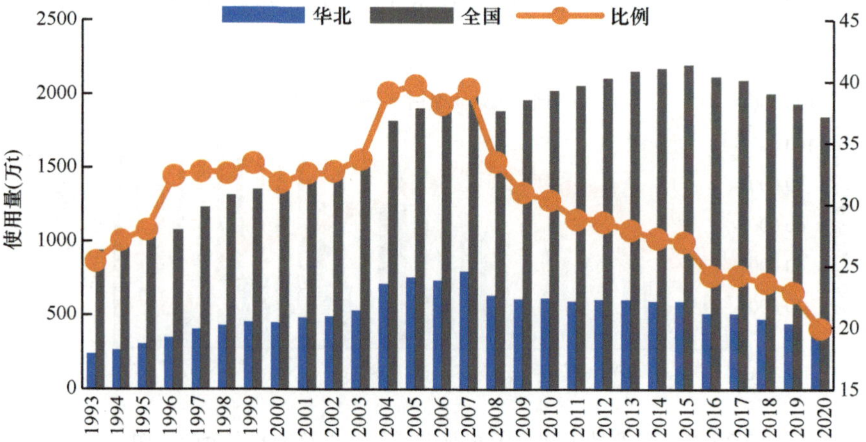

图 26-29　华北地区和全国农用柴油使用量及华北占全国比例

从 1993～2020 年华北各省份农用柴油使用量变化来看，河北省农用柴油使用量最高，变化趋势类似于全国及华北地区，从 1993 年上升至 2004 年，2004～2007 年的 4

年使用量达到最高值，而后呈现下降趋势；其次为山东省、河南省，但该两省的农用柴油使用量近30年间变化趋势不明显，维持基本稳定，年平均分别为157万t、90万t；天津、北京的农用柴油使用量最低，变化趋势也不明显，维持常年稳定，年平均分别为15万t、5万t（图26-30）。

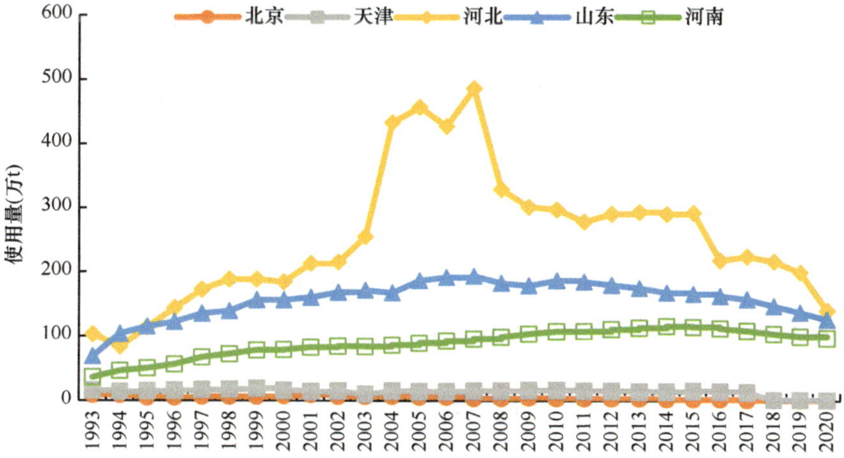

图26-30　华北各省份农用柴油使用量的历年变化

五、秸秆产生量及回收情况

华北地区种植业产生的秸秆量持续增长且增幅大，从1980年的8253万t增加到2020年的23 324万t，增长了1.83倍。其中，河南省的秸秆产量增幅最大，从1980年的2715万t增加到2020年的9714万t，增加2.58倍；山东省的秸秆增加情况比较接近河南省；河北省的秸秆量处于中间状态；北京市和天津市的秸秆量比较接近且占比不大。

六、面源污染及控制情况

在土壤污染方面，《华北平原地下水污染防治工作方案》中环境保护部（现称生态环境部）对华北地区1363个耕地土壤采样调查数据分析表明，重金属超标点位数为196个，超标率为14.38%，低于全国19.4%的平均水平，其中轻度、中度、重度污染点位比例分别为6.09%、1.54%和6.02%。华北局部地区地下水存在重金属超标现象，主要污染指标为汞、铬、镉、铅等，重金属超标地区主要分布在天津市和河北省石家庄、唐山及山东省德州等地区；此外，华北局部地区地下水有机物污染较严重，主要污染指标为苯、四氯化碳、三氯乙烯等，污染地区主要分布在北京市南部郊区，河北省石家庄、邢台、邯郸城市周边，山东省德州东部，河南省豫北平原等地区。大量施用化肥不仅导致区域地下水硝态氮污染及重金属超标，还产生大量的温室气体。

七、地下水超采情况

依据收集的华北地区266个样本点位的地下水位下降速度和5个典型城市的地下水

位长期监测资料，用克里格空间插值方法估算得到区域地下水位平均下降速度。1980年以来，华北地区地下水位以浅层（0.46±0.37）m/a、深层（1.14±0.58）m/a 的速度下降，成为世界上面积最大的地下水漏斗区。从空间分布特征看，浅层地下水位下降速度较快的地区主要分布在燕山及太行山山前平原地区，其值高达（0.64±0.36）m/a，主要是由于这些地区蕴含水质良好、矿化度低的浅层地下水，是农业灌溉用水的主要来源，由于连年灌溉开采量高于补给量，地下水位持续快速下降；深层地下水水位下降速度较快的地区主要分布在黄河、海河流域中部及沿海平原，其值高达（1.41±0.56）m/a，主要是由于这些地区的浅层地下水矿化度较高，不能直接用于农田灌溉，因此不得不开采普遍大于 60m 位于第三、四含水层的深层地下水；而位于华北地区南部的淮北平原，由于降水相对较为丰沛，农业地下水开采程度较弱，因此浅层地下水和深层地下水水位的下降速度相对上述两个亚区都较小，分别为（0.11±0.14）m/a 和（0.75±0.30）m/a。区域深层和浅层地下水水位都在下降，如果这种趋势得不到有效遏制，地下水水位持续下降将会严重威胁区域的粮食安全与生态安全。

第三节　战略定位与战略目标

一、京津冀一体化背景下华北地区农业功能的再定位

在国家农业转型发展和京津冀协同发展的大背景下，华北地区农业在内涵、外延、发展方式和目标上将发生深刻变化，其功能定位也将全面更新。一方面，要求京津冀区域经济结构更加合理、生态环境质量更加良好；另一方面，以生态文明建设为核心推动社会经济转型发展战略，要遵循“创新、协调、绿色、开放、共享”新发展理念，构建生态高效的食物安全保障体系。因此，新时期华北地区将按照“高效、节水、生态、安全”的目标要求，重新调整农业总体功能定位。

（一）农产品供给功能

强化农业基础地位，发展绿色优质安全农产品，推进农业供给侧结构性改革。华北地区长期以来是我国粮、棉、油、果、菜及畜、禽、水产等农产品最重要的生产基地之一，小麦产量占到全国 50%以上，玉米、瓜果、蔬菜、油料、棉花产量等占到全国 20%～30%，肉蛋奶产量占到全国 20%～40%，水产品产量占到全国 15%以上，对于保障国家粮食安全及食物安全有举足轻重的地位，保障农产品供给的基础功能未来仍将是华北农业发展的核心定位。

在持续提升区域农业综合生产能力的基础上，还需调整优化农业产业结构和推进农业供给侧结构性改革，切实转变区域农业发展方式，变基本保障型为优质供给型发展，强化区域优质农产品供应保障能力。此外，密切产加销联系，完善农产品流通体系建设，合理布局农产品产地市场与区域农产品集散中心，建立一体化农产品质量安全监管机制和体系，建设合作紧密、分工明确、链条完整、利益共享、跨区域经营的农业产业化联合体。

（二）生态调节服务功能

立足资源可承载能力、环境可容纳能力及和谐宜居城市需求，构建资源节约和环境友好的绿色农业生产模式。保障水资源可持续利用，“以水定产”及发展高效节水农业是华北地区最紧迫的需求。近 30 年华北地区水资源的供需平衡状况持续恶化，水资源总量减少和用水量不断增加的矛盾突出，地下水位以浅层 0.5m/a 和深层 1m/a 的速度下降，成为世界上面积最大的地下水漏斗区。1998～2020 年，华北地区人均水资源量下降 31.2%，仅有 311.89m^3，农业总用水量减少 32.4%，仅有 378.7 亿 m^3，农业用水份额从 72.2%下降到 53.3%，建立适水型和节水型农业势在必行。

有效控制农业面源污染、大力提升农业生态功能也是华北农业未来发展的中心任务。1980～2020 年，华北地区种植业产生的秸秆量增长 1.93 倍，养殖业废弃物量增加 2 倍多，畜禽粪便耕地负荷量超过欧盟规定的 30.00t/hm^2。迫切需要围绕“清洁空气”“净化水源”“改良土壤”三个核心，大力发展生态循环农业，开展节肥、节药等技术推广，提高肥料和农药利用效率；推进“三沼”综合利用示范基地建设；完善建立横向和流域生态保护补偿机制。

（三）生活服务与产业融合发展

打造田园乡村秀美，推进一二三产业及城市郊区共融，打造具有地域特色的现代都市农业。建立一二三产融合发展的多功能农业发展模式，延伸农业产业链条。以市场需求为导向，以完善利益联结机制为核心，推进农业供给侧结构性改革，着力构建农业与二三产业交叉融合的现代产业体系，促进农业增效、农民增收和农村繁荣。充分挖掘农业的生态、休闲和文化价值，大力发展农业新型业态，积极推进农业与旅游、教育、文化、健康养老等产业深度融合，加强农村传统文化保护，合理开发农业文化遗产。构建地域特色突出、功能多样、环境友好、生态高值的现代都市农业模式，带动农业高效、健康、可持续发展，推进农业产业走向高端、高效。

（四）科技引领与辐射带动

放大农业科技创新、应用、扩散效应，使华北地区成为国家现代农业发展的样板区和农业科技创新的引领区。优化农业资源配置，推进产业、市场、科技、生态、体制机制协同发展，打造京津冀农业科技创新高地。深化产学研合作，促进各种创新要素按照市场规律在区域内优化配置，构建开放、畅通、共享的科技资源平台。充分发挥农业科技优势及其引领支撑作用，形成产业形态高端、设施装备先进、服务体系完备的都市型现代农业产业体系，农业生态功能和服务功能明显增强，成为国家现代农业发展的样板区。

二、新时期华北地区农业发展的总体战略目标

根据新时代农业发展趋势和功能定位，未来华北地区的农业发展要在控制地下水采补平衡和保障区域食物自给的基础上，以提高产业竞争力为核心，从单纯追求农产品数量转向追求质量、效益和绿色发展，实现更高质量、更有效率、更加安全的可持续发展，

使农业真正成为具有竞争力、能够富民的绿色可持续产业。从中长期看，华北地区农业发展的总体目标如下。

到 2030 年，基本建立与资源环境承载力相适应的农业主体功能区空间布局和种植制度，初步形成技术装备先进、经营规模适度、一二三产融合、数量质量效益并重、地下水水位下降速度减缓、生态退化遏制的现代农业发展新格局。到 2035 年，建立稳定的农业主体功能区空间布局和种植制度红绿灯，城乡融合发展和创新驱动发展格局基本确立，生态农业、节水农业、智慧农业、品牌农业、都市农业、旅游康养农业等发展模式广泛应用，初步形成食物供给保障有力、资源利用高效、地下水采补平衡和生态系统稳定的可持续农业发展格局。

华北地区食物安全可持续发展具体目标见表 26-2。考虑到中央提出的农业新发展理念及食物生产模式与消费结构的变化态势，华北地区需要加大力度着手进行农业供给侧结构性改革。通过提升产品质量安全，强化现代农业科技和物质装备支撑，以及走资源可持续利用道路，进而保障食物基本供给，从而实现华北地区食物安全可持续发展的目标。

表 26-2　华北地区食物安全可持续发展目标表

类别	指标	单位	2030 年目标值	2035 年目标值
食物供给保障	稻谷产量	万 t	744	841
	小麦产量	万 t	6 612	7 058
	玉米产量	万 t	5 246	5 643
	粮食产量	万 t	12 600	13 541
	肉类产量	万 t	2 201	2 472
	蛋类产量	万 t	1 234	1 319
	奶类产量	万 t	1 328	1 490
	水产品产量	万 t	1 378	1 738
	水果产量	万 t	8 583	9 722
	蔬菜产量	万 t	27 763	29 737
	口粮自给率	%	207	215
产品质量安全	无公害产品产量比例	%	95	100
	绿色农产品产量比例	%	65	80
	有机产品产量比例	%	10	25
科技和物质装备支撑	良种覆盖率	%	85	95
	农业科技进步贡献率	%	55	65
	农作物耕种收综合机械化率	%	85	95
资源环境可持续发展	化肥利用率	%	40	50
	农药利用率	%	40	50
	农田有效灌溉率	%	70	85
	农膜回收利用率	%	50	85
	农作物秸秆综合利用率	%	80	95
	规模化养殖废弃物综合利用率	%	85	95

到 2030 年，粮食产量达到 12 600 万 t，肉蛋奶产量达到 4763 万 t，水产品产量达

到 1378 万 t，水果和蔬菜产量达到 36 346 万 t，口粮自给率将达到 207%。到 2035 年，粮食产量达到 13 541 万 t，肉蛋奶产量达到 5281 万 t，水产品产量达到 1738 万 t，水果和蔬菜产量达到 39 459 万 t，口粮自给率将进一步提高至 215%。

到 2030 年，无公害产品产量比例达到 95%，良种覆盖率达到 85%，农业耕种收综合机械化率达到 85%。到 2035 年，无公害产品产量比例达到 100%，良种覆盖率达到 95%，农业耕种收综合机械化率达到 95%。

到 2030 年，资源环境实现高效利用，其中农药和化肥利用率均达到 40%，农田有效灌溉率达到 70%，农膜回收利用率达到 50%，农作物秸秆综合利用率和规模化养殖废弃物综合利用率分别达到 80%和 85%。到 2035 年，农药和化肥利用率上升至 50%，农田有效灌溉率和农膜回收利用率均达到 85%，农作物秸秆综合利用率和规模化养殖废弃物综合利用率均达到 95%。

第四节　战略重点与工程

提升华北地区粮食安全水平的战略重点是节水提质增效、耕地功能拓展、农业供给侧结构性调整、绿色循环发展和产业竞争力提升。主要应实施华北超采区地下水监控工程、首都水源涵养区生态建设工程、大清河流域山水林田湖草综合整治工程、冬小麦提质增效工程、华北种养业绿色升级工程、名优产品标准化与品牌化建设工程。

一、战略重点

（一）节水提质增效

针对华北地区水资源紧张的问题，应将节水提质增效作为保障粮食安全的首要战略重点，以解决华北水资源短缺地区“水危机”、突破粮食增产“水瓶颈”。

1. 内涵

节水提质增效战略要求深入贯彻“以水定地、以水定产、控水提质、以水定发展”和“节水优先、空间均衡、系统治理、两手发力”的新时期治水思路，逐步形成从水源到田间、从工程到农艺、从建设到运行的综合治理方略，是解决华北水资源短缺地区“水危机”、突破粮食增产“水瓶颈”的关键技术。

针对华北地区水资源现状，节水提质增效的定位为最大限度地利用降水资源和土壤水资源，提高降水利用率和农田水分利用效率，将节水的重心由以工程节水措施为主转移到以提高降水和灌溉水利用率为主的农艺与生物节水技术上来。

2. 主要途径

继续严格实施节水限采措施，探索水权水价改革模式；研究和推广节水优质高效型作物新品种；调整种植结构，构建节水型种植结构；加大农艺节水和生物节水技术的标准化、模式化与规模化应用；研究和集成推广农田高效节水工程技术。

3. 预期效果

形成华北地区农业节水提质增效解决方案，支撑农业节水提质增效和区域可持续发展，补强农业现代化中的水利现代化短板。重点建设100处同类型区域农业节水提质增效核心示范区，到2030年灌溉水有效利用系数提升到0.64以上，农业用水效率提高15%以上。以水资源的可持续利用保障华北地区食物安全和农业绿色发展。

（二）耕地功能拓展

1. 内涵

华北地区作为我国重要的粮食生产基地，要想在保障区域生态安全的基础上实现国家粮食安全有效供给，必须从耕地系统自身出发，以节水为核心，拓展耕地功能，通过实施各项工程手段，快速获取耕地资源多尺度要素信息，准确评价识别耕地多功能实现程度及限制因素，实现动态监测与预警。加强盐碱地整治和土壤重金属污染修复，增加耕地系统节水、节地成效，综合提高耕地多功能质量及多功能服务价值，形成水土资源匹配下的农业生态安全格局，实现耕地数量、质量、生态“三位一体”保护，为区域食物安全可持续发展奠定基础。

2. 主要途径

实施耕地资源全要素调查与多功能质量快速评价工程、耕地资源立体化监测网络与动态预警工程、节水型土地整治生态修复工程、耕地土壤重金属污染综合修复试验工程、耕地多功能复合利用与质量提升工程。

3. 预期效果

建立节水型土地整治生态修复工程与耕地土壤重金属污染综合修复试验工程体系，研究建成黑龙港地区耕地资源休养生息整治工程、大清河流域节水压产整治工程、淮河流域及黄河下游流域节水型生产功能提升工程、滨海平原盐渍化治理工程及重金属污染典型区综合修复试验工程等土地整治工程示范区。建立耕地多功能复合利用与质量提升工程体系，实施大清河流域山水林田湖草综合整治工程、黄河冲积平原及淮河平原生态良田工程、都市边缘区“三生”功能提升工程，建立3个耕地多功能利用工程示范区。

（三）农业供给侧结构性调整

1. 内涵

华北地区农业产业结构布局不合理的主要原因是种植业结构及农牧结构不合理，不仅影响农业经济的发展，还对该地区水资源有重要的影响。因此，在“适水发展”的这一主线下，华北地区的食物安全可持续发展必须开展与区域水资源相适应及与经济发展相协调的农业结构调整。

2. 主要途径

调整农牧产业结构与规模；保障小麦生产的基本规模；合理发展循环型养殖业；适度缩减高耗水蔬菜产能。

3. 预期效果

形成与区域水资源相适应及与经济发展相协调的农业结构，保持地区可用水量和实际用水量基本保持平衡，不超采地下水。

（四）绿色循环发展

1. 内涵

目前华北地区种植业和养殖业严重分离，养分资源循环不畅，农田土壤酸化板结，耕地质量逐年下降和水体环境污染严重。解决这些问题的根本出路在于大力发展绿色循环农业，即“耕地—饲料—养殖—粪便（沼气、肥料）—耕地”模式，实行种养结合和养分资源循环利用，显著提高资源利用率和经济效益。

2. 主要途径

优化农业主体功能和空间布局；实行种养结合与结构调整；严格管控种养业化学投入品质量和用量；大力推行秸秆肥料化和饲料化；实现畜禽粪便肥料化；规模化应用有机-无机肥料配施技术。

3. 预期效果

率先发展种养结合循环农业模式，到2030年，重点建成100个10万t生物饲料加工厂和100个10万t有机肥生产基地，吸纳5000万t秸秆，生产生物饲料1000万t和固态有机肥1000万t，替代450万t化肥使用量，最终减排3000万t畜禽粪便。

（五）产业竞争力提升

1. 内涵

为提高华北地区农业综合效益和竞争力，必须深入贯彻中央农业供给侧结构性改革的方针政策，坚持新发展理念，协调推进农业现代化与新型城镇化，围绕农业增效、农民增收、农村增绿，加快结构调整步伐，切实加强规模化、机械化、品牌化建设。

2. 主要途径

积极发展适度规模经营，提高华北地区农业生产规模化程度；加强农业科技研发，提高农业机械化和技术装备水平；做大做强优势特色产业，加强品牌化建设；壮大新产业新业态，拓展农业产业链价值链。

3. 预期效果

促进区域适度规模经营发展，到2035年，实现各省农业普查口径下规模农业经营户占农业总经营户比例达20%，多种形式适度规模经营水平达75%；进一步加强农业科技创新力度，到2035年，实现农业科技进步贡献率达65%，农作物耕种收综合机械化率达95%；进一步做大做强优势特色产业，到2035年，实现“一县一品”全覆盖，以及农业特色产业增加值占农业增加值50%以上；壮大新产业新业态，拓展农业产业链价值链，到 2035 年，实现各省休闲农业和乡村旅游接待游客达 1 亿人次，农产品加工业产值与农业总产值之比达 5∶1，以及农村居民人均可支配收入翻一番。

二、重大工程

提升华北地区粮食安全保障水平的重大工程应从水入手，进而推进山水林田湖草的综合整治，带动农产品提质增效、绿色生产和品牌化发展。

（一）华北超采区地下水监控工程

1. 工程内涵

华北地区地下水过度开采问题一直是区域灌溉农业可持续发展的严重威胁，并带来一系列环境问题。建议进一步建立严重超采区地下水监控系统，确定地下水开采阈值，以水定电、以电控水，实行水资源总量和强度控制，完善和健全管理机制，通过水权改革促进种植结构向低耗水和高效用水型转变。

2. 建设内容

实施分区治理策略，科学划定地下水超采区、禁采区和限采区范围，制定并完善南水北调受水区地下水压采方案；运用经济杠杆治理超采区地下水开采，进一步完善水价形成机制，加大地下水资源费和水费计收力度。引导用水户优先使用地表水、再生水等水源；建立和完善地下水监控系统，建设地下水监测网络和站点，安装智能灌溉计量设施，对地下水开采总量和强度实时监控；探索以电控水、以电折水测量方法，开展农用机井每度电开采量观测试验及数据信息采集，制定县域以电折水参数表，研发“电-水换算”应用系统。

3. 预期效果与效益

在条件较好的地区充分发挥智能灌溉计量设施的作用，其他地区建立“以电折水”计量模式。以河北省为例，到 2030 年，地下水开采量控制在 105 亿 m^3 左右，退减超采 54 亿 m^3 以上，压采率为 90%；地下水漏斗中心水位回升、面积减小；地下水监控系统进一步完善。到 2035 年，地下水开采量控制在 99 亿 m^3 左右，超采全部退减，基本实现采补平衡；地下水漏斗中心水位大幅回升、面积减小；监控系统良性运行，监控评估考核奖惩机制更加完善。

（二）首都水源涵养区生态建设工程

1. 工程内涵

首都水源涵养区的生态建设是以北京市周边山区为中心，重点在河北省的张家口和承德地区进行水源涵养区规划建设，形成完善的水资源供给保障机制，构筑生态安全屏障，提升区域可持续发展的生态支撑能力。该工程的建设不但可为首都提供清洁的水资源，改善整个区域的环境质量，为华北地区可持续发展提供生态基础，还可通过调整农业产业结构来降低高耗水农业的比例。

2. 建设内容

首都水源涵养区核心区和缓冲区的规划，分析评估各区域水源涵养潜在能力，科学划定上游生态保护红线，在缓冲区发展生态旅游产业；水源涵养区水环境治理，全面推进“河长制”，构建责任明确、分级管理、监管严格、保护有力的河湖管护机制；水源涵养区生态修复、水源地保护和水土保持，依托国家水土保持等重点工程项目，实行造林绿化、退化草场治理、水土流失治理、新建国家或省级森林公园等；水源涵养区农业结构调整，推广耐旱高产优良品种，限制蔬菜种植面积，发展草原畜牧业；水源涵养区节水农业，新增节水灌溉面积，控制总用水量和地下水开采量；水源涵养区体制机制创新，实现流域水生态补偿机制常态化，完善现有跨部门、跨区域流域水环境保护议事协调机制，建立水源涵养功能区的产权流转制度和机制。

3. 预期效果与效益

通过自然方式直接供给北京市水资源的流域范围为 7.69 万 km^2，是北京市自身生态涵养区面积的 4 倍多。如果张承地区的水源涵养能力提高到北京市目前的平均水平，则水源涵养量可增加到 143.32 亿 km^2/a；如果张承地区的水源涵养能力仅达到北京市现状的 2/3，则水源涵养量可增加 95.55 亿 km^2/a。

（三）大清河流域山水林田湖草综合整治工程

1. 工程内涵

大清河流域是黄淮海平原浅层地下水过度利用和山水林田湖草景观的代表区域，为形成水土匹配下的农业生态安全格局，迫切需要研究山水林田湖草要素间流动耦合过程，组建多学科交叉、跨部门合作平台，实现土地整治理论技术突破，建立山水林田湖草综合整治示范区，发挥耕地多功能作用，为区域食物安全可持续发展提供条件。

2. 建设内容

山水林田湖草综合整治理论技术集成，研究符合华北地区的节水型山水林田湖草综合整治理论技术，实现“智能感知→实时传输→云端管理→分析挖掘→快速可视化→智能决策”的全工作流程管理；太行山生态敏感地带山体修复工程，重点对生态保护区及周边矿山进行复绿，开展生态景观优化、生态重建升级等生态修复关键技术项目；山前平原浅层地下水漏斗区治理工程，开展农业节水灌溉工程，完善现代农业用水信息管理体系，调整种植模式、节水压产等措施；生态过渡带建设工程，在农田周围建立绿色生态林带，实施退化林改造工程，对生长较好的防护林进行全面管护；生态良田工程，实施高标准农田建设工程，开展耕地多功能质量提升工程，实施农业用地土壤污染治理修复试点示范工程等；白洋淀保护治理工程，积极研究编制生态友好的耕地利用规划，发挥耕地景观功能，提高农业附加值。

3. 预期效果与效益

通过大清河流域山水林田湖草综合整治，形成多学科交叉、跨部门合作平台，实现耕地产能及生态服务功能的“占补平衡”，提高耕地多功能质量，改善农业生产条件。在规划期内，区域耕地质量提升 1 个等级，力争建成高标准农田 1500 万亩，新增节水灌溉面积占区域耕地面积的 80%；治理水土流失面积 500 万亩，划定湿地生态红线 30 万亩；建立 1 个耕地质量研究大数据中心和 4 个耕地利用示范基地，即生态敏感地带耕地利用示范区、山前平原节水型农业示范区、土壤污染治理修复示范区及耕地多功能质量提升示范区；形成移动式耕地质量监测评价集成装备。

（四）冬小麦提质增效工程

1. 工程内涵

以小麦绿色优质高效生产创建为重点，以示范引领、品种优质、节本增效、产销衔接为主要环节，开展优质小麦品种筛选推广、绿色高效生产模式创建、标准化生产基地建设和全产业链发展四个方面的工作，集成示范推广冬小麦绿色优质高效技术体系，充分发挥农业部门的组织协调作用、科研单位与种子企业的支撑作用及加工企业的带动作用和新型生产经营主体的主力军作用，推进规模化种植、标准化生产、产业化经营，增加优质小麦及其深加工产品的供给，引领小麦种植方式转变，提升口粮供给体系的质量和效益。

2. 建设内容

优质品种推广应用，发展优质小麦生产改良品种，针对不同地区的资源环境条件，分别发展强筋、弱筋和种子小麦的生产；机械化耕作、播种与收获，实施机械化精量播种，组织机械化服务合作社，发展大规模机械化耕种和收获；水肥精细化管理，加强重点区域冬小麦墒情、苗情监测与灌溉施肥指导，大力发展节水灌溉和氮肥后移技术；灾害绿色防控，实施小麦绿色化综合防控，开展防灾减灾技术运用，减少因灾损失，降低农药用量，达到绿色增产节本增效；标准化生产、全产业链发展，大力推行标配优质品种、标准化机械耕种、标准化水肥管理、标准化病虫绿色防控、标准化收获与储运，提升全产业链发展水平。

3. 预期效果与效益

重点建设技术攻关区、核心示范区和辐射推广区。技术攻关区围绕突破小麦绿色生产技术瓶颈，统一制定攻关方案，面积不少于 1000 亩；核心区推广标准化绿色高效生产技术和优质品种，面积不少于 10 000 亩；辐射推广区覆盖核心区周边重点村组和规模种植经营主体，辐射带动面积不少于 10 万亩。到 2025 年，建设 300 个技术攻关区，亩产达到 500～600kg；建设 50 个核心示范区，亩产达到 400～450kg。通过工程实施，力争品种优质率达到 100%、节本增效 8%以上，带动周边小麦绿色生产提质增效。

（五）华北种养业绿色升级工程

1. 工程内涵

选择一批种植业基础好、养殖业优势突出、种养业耦合度高的县，重点开展种养业结构调整、适度规模绿色高效循环模式创建、标准化种养基地建设和种-养-加全产业链发展四个方面的工作，集成示范推广种养业绿色循环技术体系，推进适度规模化种养业、标准化生产、产业化经营，增加优质绿色农产品及其深加工产品的供给，引领农业发展方式转变，保障农产品供给的质量安全，降低农业生产的环境风险。

2. 建设内容

构建种养业结构优化决策平台，积极开展秸秆过腹还田，合理匹配种植业和养殖业结构与规模，实现种植业和养殖业养分物质良性循环；建立绿色化学投入品管控体系，严格管控化肥、有机肥、农药、生长调节剂、饲料添加剂、抗生素等农业化学投入品的质量安全，建立质量安全标准体系；研发种养业废弃物肥料生产设施和装备，对农作物秸秆和农产品加工剩余物实现肥料化利用，对养殖粪水采用暂存—转运—固液分离—生物处理—贮存等工艺实现资源化利用；探索实施种养一体化清洁生产模式，对于养殖粪便通过沼气处理或氧化塘处理，实现资源化利用和粪便污水“零排放”，形成城郊型养殖—沼液—果蔬绿色种养循环模式。

3. 预期效果和效益

建设区域绿色循环农业工程 50 个左右，积极推动资源节约型、环境友好型和生态保育型农业发展，提升农产品质量安全水平、标准化生产水平和农业可持续发展水平。建立养分综合管理计划、生态循环农业建设指标体系等管理制度，努力实现工程项目区内化肥农药不合理使用“零”增长；努力实现畜禽粪便、秸秆、农产品加工剩余物等循环利用率达到 90%以上，大田作物使用畜禽粪便和秸秆等有机肥氮替代化肥氮比例达到 50%以上；实现农产品增值 10%以上，农民增收 10%以上，农业生产标准化和适度规模经营水平明显提升。

（六）名优产品标准化与品牌化建设工程

1. 工程内涵

围绕农业部推进农业供给侧结构性改革总体目标，以特色农业资源、产业为依托，以现有传统优势品牌为基础，以科技创新为动力，以农业增效、农民增收为核心，着力打造一批品质优、科技含量高、市场竞争力强的农产品品牌。推进农业生产布局优化、标准化清洁生产和产业化经营，促进农业加快转型升级，提升农产品品牌品质，实现价值链升级，增加有效供给，提高农产品供给体系的质量和效率。

2. 建设内容

构建农产品产地环境监管体系，实施耕地质量保护和肥药使用零增长行动，降低土壤、地下水氮磷和有机农药污染，强化产地环境质量监测、保护和提升；打造优质农产品标准化清洁生产体系，制定完善农业投入品使用标准，形成既与国际标准接轨又适合现代农业发展需要的农业生产标准体系；培育壮大农产品品牌创建主体，加快培育壮大农业企业、农民专业合作社、家庭农场等农产品品牌创建主体，重点扶持行业重点龙头企业技改扩建、上市融资、提质增效；构建完善优质农产品品牌体系，充分发挥龙头企业的引领示范作用，推动企业品牌建设；打造便利的农产品营销服务平台，完善农产品营销市场和平台建设，推广电商物流等现代流通手段，优化农产品生产和流通补贴机制。

3. 预期效果和效益

建立完善的农产品品牌培育、发展和保护体系，打造标准化生产、产业化经营、品牌化营销的现代农业企业，大幅增加品牌农业经济总量，着力建成以区域公用品牌和企业产品品牌为主体的农产品品牌体系。到2030年，打造农产品国际知名品牌6～10个，区域公用品牌60～80个，企业品牌200～240个；培育年综合产值100亿元以上区域品牌20～30个，50亿元以上50～70个，年销售收入100亿元以上企业品牌25～30个，50亿元以上70～90个。实现农产品品牌对农业经济的贡献率达到60%以上。

第五节　政策与措施

华北平原农业为国家和区域粮食安全及农村经济社会发展作出了重大贡献，但是其成就是在水资源严重短缺条件下取得的，该区域水资源总量仅占全国的6%，人均水资源量、水土资源配置比例均大大低于全国平均水平，如海河流域人均水资源量只有250m^3，不足全国平均水平的1/8。气候干旱导致的水资源量减少和工业城市发展导致的水资源需求量增加，均造成华北地区农业总用水量逐年减少，但随着农业生产条件改善，作物产量不断提高，作物耗水量并没有明显增加，通过农业科技的进步和农业基础设施条件的大幅改善，实现了总用水量降低条件下的农业产出不断增加。目前，华北地区农业可持续发展面临的最大问题是多年地下水超采导致的地下水水位大幅度下降形成的漏斗问题。

基于上述对华北地区粮食安全可持续发展重大关键问题的分析研究可知，华北地区粮食安全可持续发展必须在保障国家粮食安全赋予的区域发展需求条件下，充分考虑京津冀都市圈发展和农业水资源可利用量硬约束，在粮食生产过程中更加重视生态环境保护，发挥国家农业科技创新中心地位的优势，依靠科技创新驱动农业转型提质增效和绿色可持续发展。据此，华北地区需抓住适水发展这一主线，依靠科技与政策双轮驱动逐步实现粮食安全可持续发展。

一、抓住适水发展主线

（一）内涵

华北地区是我国水资源短缺的区域，同时是保障国家粮食安全和农业可持续发展的重要区域，目前该区农业水资源承载力整体全面超载。2014年以来中央财政启动了地下水严重超采区“节水限采”试点行动，以“节、引、蓄、调、管”五大工程为治理思路，即大力发展以节水灌溉为主的节水型社会，合理引用外调水，着力调整种植结构，因地制宜、因水制宜，禁限采管理、水位水量双管控和完善法规体系，形成从水源到田间、从工程到农艺、从建设到运行的综合治理体系。试点工程实施取得了一些初步成效。

华北地区是我国最重要的“粮仓”之一，在水资源严重紧缺和京津冀一体化的背景下，区域城市化建设将进一步加快，尤其是雄安新区的建设将对区域的发展格局产生重大深远影响，水资源短缺将是制约华北地区农业可持续发展的关键因素，即使综合考虑引黄水、南水北调水源和非常规水源利用，未来发展潜力依然有限。协调作物生产-水资源-生态环境的关系，在水资源短缺条件下保障区域食物安全可持续发展已成为一个亟待解决的重大课题。因此，保障区域食物安全可持续发展必须谋求新的突破，坚持节水优先、藏粮于地、循环发展、产业高效、科技创新、开放合作的战略，通过系统设计、协同推进，以水定地、以水定产、适水种植，促进水资源严重短缺下适水农业的发展，保障该区域农业可持续发展和水资源安全。

（二）主要内容

1. 控制农业总用水量和灌溉面积。

目前，华北平原地下水的年超采量高达 100 亿 m^3 以上，成为一个很大的“漏斗区”。为保护资源、改善生态、保障民生、实现可持续发展，迫切需要治理地下水超采。根据《河北省地下水超采综合治理规划（2014—2030）》，其地下水超采综合治理规划面积涉及 9 个设区市的 115 个县（市、区），面积为 6.7 万 km^2。治理重点为黑龙港流域的衡水、沧州、邯郸、邢台 4 个设区市的 49 个县（市、区），面积为 3.6 万 km^2。目标是到 2030 年地下水超采量全部得到退减，基本实现采补平衡，地下水漏斗中心水位大幅回升、面积减小。

2. 多种水源的综合高效利用

基于水资源可持续利用的地表水、地下水、再生水、外调水、微咸水等多水源优化配置原则，根据用水户利益驱动的多水源多功能水权转换准则，探索气候变化及强人类活动与不同区域调配水计划有效性的关系；基于“经济社会发展、生态环境保护、水资源可持续开发利用”动态平衡灌溉多水源调控与结合遥感技术的多水源优化决策，探索和示范生态友好型的不同灌溉模式与不同时空条件下的多水源调配模式与实施方案。

3. 调整高耗水种植结构

农业灌溉用水占河北平原水资源总量的 70%～80%，一直被认为是导致地下水过度开采的主要因素，尤其是传统的冬小麦-夏玉米一年两熟制中，冬小麦生育期水分亏缺严重，有效降水量远远低于实际耗水量，地下水灌溉成为其稳产高产的重要保证。相比之下，玉米生育期与华北平原降水的时空分布耦合度更高。近年来，河北平原很多地方由于缺水、劳动力外出打工或者效益低等，已经自发地将传统的冬小麦-夏玉米一年两熟制改成春（夏）玉米一年一熟制。因此，在华北平原缺水地区或漏斗中心地区适当种植春玉米，替代灌溉用水量较大的冬小麦-夏玉米一年两熟制，可能是调整高耗水种植结构、减少农业总用水量的方法之一。

（三）政策建议

认真落实习近平总书记在新时期的治水思路，坚持“节水优先、空间均衡、系统治理、两手发力”，实施“以水定地、以水定产、以水定发展”，发展适水农业。

1. 改变对华北地区农业的传统认识

结合当前深化农业供给侧结构性改革的要求，对华北地下水严重超采区尤其是黑龙港地区的粮食和蔬菜生产基地进行重新定位，同时应充分认识冬小麦的生态功能，短期不宜大规模压缩小麦种植面积，而应以水限产，发展半旱地农业，通过提高小麦品质保障农民收入；适当压缩高耗水蔬菜产能，建立适水农业种植结构。

2. 在严重缺水区降低熟制或发展半旱地农业

针对深层地下水严重超采的河北 51 个县、天津 4 个区（县）、山东 12 个县和河南 6 个县共 73 个县（区）（涉及耕地面积 4.88 万 km^2），改当前的“冬小麦-夏玉米”一年两熟制为一年一熟制。考虑到华北地区在我国小麦供应方面的重要性，以及冬小麦秋播后可形成有效的地表覆盖层而对减少冬春沙尘风险有重要作用，可实施冬小麦一年一熟制，或者实施足墒播种条件下其他生育期不灌溉的小麦-玉米半旱地农业种植，维持小麦-玉米农田年耗水量在 550～600mm，以实现这些区域深层地下水水位不再下降。在此背景下，华北 5 省份粮食产量会降低 220 亿 kg，也就意味着粮食将减产 15.7%，相当于全国粮食总产量减少 3.6%。

3. 在缺水区降低灌溉用水强度

研究表明，减少单位面积灌溉量对冬小麦产量影响较小，降低单位面积灌溉用水强度的稳产效果优于压缩灌溉面积。针对浅层地下水超采的华北平原 117 个县（区）（涉及耕地面积 7.13 万 km^2），可保持当前的“冬小麦-夏玉米”一年两熟制不变，实施冬小麦减少灌溉次数，足墒播种，拔节期灌溉一次，干旱年在开花期追加一次灌水，使冬小麦生育期耗水减少 70～90mm，产量会降低 86 亿 kg，占华北地区粮食产量的 6.1%，可基本实现浅层地下水采补平衡。

4. 在水资源富裕区充分挖掘粮食增产潜力

华北水资源严重短缺区粮食生产的降低可通过黄河和淮河流域水资源富裕区的粮食生产增加得到弥补，在水资源相对丰富的江苏 49 个县、山东 16 个县、河南南部 45 个县共 110 个县（涉及耕地面积 11.28 万 km^2），通过技术进步提升冬小麦和夏玉米单产，并适度扩大小麦、玉米种植面积，完全可弥补严重缺水区和缺水区小麦、玉米产量降低带来的粮食减产。

5. 适度缩减蔬菜种植规模

针对华北地区目前蔬菜生产供大于求的现状，可压减蔬菜种植面积 10%～15%，对区域蔬菜供应不会产生影响，在稳定蔬菜价格和提升蔬菜品质的基础上，不会影响农民收益。而通过缩减蔬菜种植面积 700 万～800 万亩，一年可减少灌溉水消耗 25 亿～30 亿 m^3，减少地下水开采的效果显著。

6. 加强华北地区节水限采技术集成与示范

建议以黄河中下游引黄平原、冀中平原、黑龙港平原、滨海平原为主，集成并示范华北冬小麦-夏玉米节水增效模式、多水源联合可持续利用模式、应急抗旱灌溉保障模式，形成以地下水限采为目标导向的农业节水模式体系，建立区域节水增效技术与模式推广体制。

二、依靠科技与政策双轮驱动

（一）内涵

《国家创新驱动发展战略纲要》强调要“坚持双轮驱动、构建一个体系、推动六大转变”。双轮驱动就是通过科技创新和体制机制创新两个轮子相互协调、持续发力，引领华北地区农业供给侧结构性改革和绿色发展，支撑农业和粮食安全可持续发展。要明确支撑区域粮食安全的科技方向和重点，加强现代农业科学探索和技术攻关，形成持续创新的系统能力。要深化农业和食物安全领域的体制机制创新，统筹推进科技、经济和政府治理三方面的改革与机制创新，最大限度释放创新活力，发挥科技是第一生产力的作用。

（二）主要内容

1. 科技创新

坚持问题导向和需求导向，针对农业科技突破性成果少、创新成果供给不足和不能满足农业发展新形势需要、区域科技协同创新和资源共享不足、科研投入分散和发展后劲不足等突出问题，充分发挥区域科技资源丰富的优势，重点加强区域食物安全、水资源安全和农业绿色发展等领域的科技创新。重点包括以下内容。

（1）加强区域粮食安全科技协同创新

华北地区是我国最重要的小麦口粮“粮仓”，要紧紧围绕“节水优先”和确保“口粮绝对安全”两大战略重点，实施“藏粮于地、藏粮于技”战略，大力加强主要农产品产能优化布局、高光效育种、抗逆优质小麦新品种、适水种植、节水灌溉、控水提效、种养结合等关键技术协同创新，建立与水资源相匹配的种植制度红绿灯和节水保粮模式，保障该区域粮食安全和水资源安全，促进农业绿色发展。

（2）着力强化技术产品与装备创新

围绕农业绿色投入品、农业智能装备、食品加工装备、农业信息平台等重点领域，发挥科研机构和大学在基础研究与原始创新中的战略核心作用，调动发挥农业企业的技术创新主体作用，加快节水灌溉装备、智能控制和作业装备、设施装备、机器视觉、农业大数据平台、智能肥料、纳米农药、生物肥药、可降解地膜等技术产品和装备的研发，加快建立适合区域特点的农业科技产业体系。

（3）推进区域现代农业发展模式创新

按照“稳定总产、提高单产、压缩规模、提升质量、优化制度、生态优先”的思路，建立面向京津冀都市圈的食物生产系统，大力推进区域现代农业发展模式创新，建立以现代都市休闲农业、设施装备农业、智慧农业、生态农业、海洋农业、食品工业、高效种养等为主要形态的现代农业发展模式，促进华北地区农业供给侧结构性改革和现代化转型升级。

（4）加快建立区域农业科技创新中心

面向华北地区粮食安全和农业可持续发展重大技术需求，基于国际农业科技前沿，依托北京国家科技创新城建设和雄安新区建设，整合区域科技资源，建立立足华北、服务全国、面向世界的农业科技创新中心和成果展示转化基地，通过率先突破分子抗逆育种和高光效育种、节水农业、智慧农业、生态农业等关键核心技术，集成创新区域农业供给侧结构性改革和绿色发展模式与技术体系，使其成为国家可以倚重、有国际吸引力的农业科技创新中心。

2. 政策和制度创新

缺水地区发展节水农业面临“两低两高”现象，即水价低而节水灌溉设施成本高，节水经济效益低而生态效益高。由于缺乏有效平衡粮食安全、水安全和农民增收且兼顾经济、社会及生态效益的节水激励与补偿机制，华北地区农民节水的积极性和使用节水技术的主动性不高，农业节水技术应用推广缺乏驱动力。需要重点加强区域农业绿色发展制度建设，在节水补贴、用水检测、用水管理等环节加强体制与机制创新，促进区域农业节水的可持续性。重点包括以下内容。

（1）加快基本制度的深化改革，提高土地、水和资本等基本投入要素的利用效率

在近两年中央政府对承包地、非农建设用地和宅基地总体改革设计的基础上，盘活各种土地资源，为实现规模经营提供制度保障。根据水资源承载力，统筹规划水资源使用，并加强农田水利基础设施建设，提高农业用水效率。目前我国农业融资难、成本高问题突出，年贷款利率为15%～20%，远高于欧美国家3%～5%的平均水平，应该加快推进农村金融制度改革，鼓励更多资本到农村创办新型金融机构，创立和完善信贷担保机制等，有效改善农业资金供给严重不足的局面。

（2）加快农业节水支持政策的创新完善，提高相关政策的效率

自2004年以来，我国依据WTO规则与国情制定了以价格与补贴为主的支持政策体系，在调动农民积极性和促进粮食连年增产方面发挥了不可替代的作用。随着国内外环境的变化，现有政策亟待创新完善。建议大规模推进高标准农田建设，提高高标准农田补贴标准，由每亩1500元提高到3000～4000元。推进农田水利建设，吸引社会资本参与重大水利工程运营，建立节水奖励和精准补贴制度，提高农业用水效率。

（3）加强政策引导和扶持，促进农业产业结构调整

在确保谷物基本自给、口粮绝对安全的前提下，在稳定小麦生产的基础上，华北地区要适当调减玉米种植，扩大粮改饲规模，优化畜禽养殖结构，大力发展特色优势产业等。同时，推进农业标准化示范区建设，大力发展绿色、有机和地理标志农产品，建设区域公用品牌，创建优质农产品和食品品牌，带动整个农产品产业转型升级，全面提升农业的发展质量和综合效益。

（4）加快农业产业组织的创新培育，提高农业的规模化程度

目前，我国农业规模化、组织化和产业化水平较低，整体效应较差，加快农业产业组织的创新培育，不仅要加快培育新型主体，积极培育家庭农场、专业大户、农业合作社、农业产业化龙头企业等新型农业经营主体，还要加快发展农业服务业，壮大农业技术服务组织和扩大服务经营规模，推进农村一二三产融合的步伐，发展壮大农业新型业态，拓展农业多功能性，提高农业竞争力。

（三）政策建议

一是建设华北地区多点联网、数据共享的适水农业试验研究平台，为华北平原适水生产发展提供科学数据和技术支撑。目前国家和地方的科研院所、高校、企业及农业技术推广部门等在华北地区建立了多个试验站、试验基地和试验点，试验研究和技术示范对推动区域农业技术发展产生了积极作用。但由于这些试验基地归属和管理不同，影响了试验研究结果的可比性和推广应用。建议依托中国农业大学、中国农业科学院和中国科学院等农业研究优势单位的重点野外台站，联合不同部门在华北平原的试验研究基地开展适水农业研究，统一实验设计和观测方法，建成开放共享的华北平原适水农业联网研究平台，为华北平原适水农业新模式创新、新技术应用和政府政策制定提供支撑。

二是尽快组织启动华北地区适水农业科技专项。根据华北不同区域土壤、气候、水资源和社会经济发展特点，研究气候变化和未来不确定性条件下的农业总用水量红线与单位面积耗水强度红线，研制高效低成本的农业用水测量与控制设备及区域联网的地下水监测监控系统，研究适水作物种植结构和熟制，探索区域适水农业发展新模式，培育资源节约型、环境友好型和高品质的绿色作物新品种，研发不同区域标准化的绿色高效节水技术模式，创建具有区域特点的分布式水肥药一体化管理方案，加强规模化示范应用。加快探索水价水权改革和节水补偿机制，从管理体制上促使节水技术应用主体形成主动节水的积极性，实现依靠科技创新驱动华北平原水资源短缺条件下适水农业的绿色可持续发展。

三是调整目前的节水限采补贴政策，把部分节水限采补贴直接用于南水北调工程水价补贴，充分发挥南水北调规划的生态功能，把目前河北没有用完的南水北调水作为生态补水，维系该地区的农业可持续发展。目前一些节水限采补贴政策的节水效果不能持续，节水数量有限，成本过高，还有一些技术措施难以落实。另外，南水北调工程水价高于当地直接开采地下水的水价，导致计划供给华北地区的南水北调外来水源没有被充分利用，如 2016 年分配给河北的南水北调水量 20 亿 m^3 仅利用不足 5%。因此，建议把一些节水限采补贴直接用于南水北调工程水价补贴，从而提高南水北调工程利用率，解决该区域严重缺水的问题。

四是调整目前的节水限采补贴政策，把部分节水限采补贴用于提高农艺节水技术的标准化、模式化和规模化水平，高效节水灌溉技术与农艺节水技术紧密结合，提高农业节水工程质量标准，健全农业节水技术服务体系，通过提高农业用水利用效率促进适水农业可持续发展。在工程节水方面，需要建设质量可靠、经久耐用、方便实用的节水灌溉工程，提升工程设计和建设标准，杜绝“重建设、轻管理”现象，要保证节水灌溉工程能够长期、有效运行。通过提高农业节水工程质量标准，健全农业节水技术服务体系，实现高效节水灌溉技术与农艺节水技术的紧密结合，并通过制定规范化、标准化的应用技术规程，为农民提供“套餐式”服务，促进节水技术的规模化应用，取得长效节水效果。

五是加强地下水开采的监测监控，建立地下水严重超采区的地下水监控系统，以水定电、以电控水，严格地下水开采总量和单位面积耗水强度控制，完善和健全管理机制，通过水权改革促进种植结构向低耗水和高效用水型转变。通过划定地下水开采总量红线和单位面积耗水强度红线，建立区域联网的地下水监测监控系统，通过以水定电、以电控水，实现对区域地下水开采总量和单位面积耗水强度的红线控制。根据单位种植面积确定初始水权，通过水权水价改革，实现蔬菜等高耗水作物超量用水加价、节水型种植结构少用水补偿，从机制和政策上充分调动农民主动节水的积极性，促进区域农业种植结构向适水型转变，实现低耗水和高效用水。

（本章执笔人：李召虎、康绍忠、梅旭荣、龚道枝、黄峰、杨晓琳、李晓婕）

第二十七章　华中粮食安全理论与实践

第一节　区域资源禀赋特点

华中地区（湖北省、湖南省、江西省、安徽省和江苏省）是中国粮食生产集中分布区域，全国许多粮食生产大县分布在华中地区，其在全国粮食生产中占有举足轻重的地位。当前，华中粮食主产区自然资源环境和区域发展特点表现在以下几个方面。

一、水资源

华中地区季风气候明显，水热条件好。2020 年年平均气温为 17.4℃，年平均降水量为 1677.92mm，年平均日照时数为 1572.82h，水资源总量达到 7383 亿 m^3。但是，华中地区的水资源分布不平衡，部分省份水资源短缺严重，导致干旱灾害频发，粮食增产面临水资源短缺的困扰。同时，华中地区水生态环境问题十分突出，尤其是水资源污染问题。现阶段，华中地区出现了废污水排放量大、水功能区重金属污染超标、水资源开发利用率高、河湖湿地严重萎缩及地下水位持续下降的问题，水资源短缺使得华中地区确保粮食“稳产高产”的压力逐年增大。

二、耕地资源

华中地区耕地面积占全国比例较低，耕地面积为 2291.2 万 hm^2。随着近几年城镇化进程加快，房地产用地和企业用地不断扩张，耕地一再受到侵蚀，18 亿亩耕地红线岌岌可危，耕地对粮食生产的制约更加突出。同时，华中地区存在着一定的耕地有机质减少、板结化和污染等问题。

三、劳动力资源

华中地区农业劳动人口和劳动力充足，总人口为 3.16 亿，占全国人口的 22.36%；乡村人口为 1.12 亿，占华中地区人口的 35.46%，占全国乡村人口的 22.48%；第一产业从业人口为 0.35 亿[①]，占全国第一产业从业人口的 20.59%。随着大量劳动力向城市转移，华中地区农村劳动力逐渐减少的困境日益突出，留守人员大多为 50 岁以上、女性和文化水平相对较低的劳动力，劳动力素质出现明显下滑。

四、自然灾害

由于抗灾减灾能力弱，华中地区粮食生产受自然灾害的影响较大。近几年，华中地

① 此处为 2021 年数据，来源于《中国统计年鉴（2022）》。

区气候的不确定性增加，给粮食生产也带来了不确定性。2013 年、2017 年、2019 年、2020 年华中地区农业受灾面积分别为 $8841\times10^3hm^2$、$3587\times10^3hm^2$、$4811\times10^3hm^2$、$4766\times10^3hm^2$；2013 年、2014 年和 2019 年干旱受灾面积分别是 $5902\times10^3hm^2$、$1391\times10^3hm^2$ 和 $2860\times10^3hm^2$。受到全球气候变暖、厄尔尼诺现象的影响，赤霉病的侵染范围进一步扩大，在华中地区由江苏和安徽北部向河北、山西蔓延。

五、农业机械化

华中地区机械化程度较低，农业机械总动力为 26 175.8 万 kW①，全国占比为 24.29%，农用柴油使用量为 317 万 t②，全国占比仅为 17.59%。华中地区大部分为丘陵和山区地形，大型农业机械的推广受到了极大制约，并且存在现有机械不适应当地实际情况和机械未配套的情况。在江西省南昌县，抓式插秧机导致水稻返青慢，不利于双季稻种植；拖拉机和收割机均是大型轮式机械，严重破坏田地的耕种层；大型机械不适应小块水田、丘陵地带、山区地形的耕作。

第二节　粮食生产现状及问题

当前华中地区粮食生产稳中向好，稻谷、小麦、大豆、蔬菜、肉类和水产品产量均呈现上升趋势，但仍需加强粮食储备体制建设，促进良田建设技术升级，推动种子产业高质量发展，全面促进粮食稳产丰收。

一、食物生产现状

（一）稻谷产量稳步增加

2020 年华中地区谷物播种面积为 2368.81 万 hm^2，占全国谷物播种面积的 24.1%，其中稻谷播种面积为 1443.13 万 hm^2，占全国 3007.6 万 hm^2 的 47.9%。2000～2020 年，华中地区稻谷产量呈现明显的上升趋势，由 8404.5 万 t 上升至 10 080.6 万 t，增加了 1676.1 万 t，年均增长率为 0.91%。2000～2003 年华中地区稻谷产量逐年减少，2003 年减至 7140.18 万 t，创下了这 20 年里的最低产量纪录；2003～2014 年稻谷以增产为主，除了 2010 年和 2013 年有小幅减产外，其他年份产量都有所增加；2020 年稻谷产量增至 10 080.6 万 t，实现历年最高产量。就所占比例而言，在这 20 年间，华中地区稻谷产量在全国稻谷产量中所占比例比较稳定，基本上处于 44.00%～48.00%，几乎占据全国稻谷产量的一半，充分体现了华中地区粮食主产区的地位（表 27-1）。

表 27-1　华中地区与全国稻谷生产情况

年份	华中地区（万 t）	全国（万 t）	华中占比（%）
2000	8 404.50	18 790.80	44.73
2005	8 456.20	18 058.80	46.83

① 此处为 2021 年数据，来源于《中国统计年鉴（2022）》。
② 此处为 2021 年数据，来源于《中国农村统计年鉴（2022）》。

续表

年份	华中地区（万 t）	全国（万 t）	华中占比（%）
2010	9 113.39	19 576.10	46.55
2015	9 894.50	20 822.50	47.52
2016	9 688.62	20 707.50	46.79
2020	10 080.60	21 186.00	47.58

数据来源：《中国统计年鉴》《湖北统计年鉴》《湖南统计年鉴》《安徽统计年鉴》《江苏统计年鉴》《江西统计年鉴》（历年）

（二）小麦产量波动上升

2020 年华中地区小麦播种面积为 623.32 万 hm^2，占全国小麦播种面积的 26.6%。2000～2020 年，华中地区小麦产量呈现明显的波动上升趋势，年均增长率为 1.065%。2000～2003 年华中地区小麦产量处于逐年减少的状态；2003 年以后小麦产量处于逐年增加的状态，2011 年实现产量 2571.94 万 t，2015 年突破产量 3000 万 t。就所占比例而言，2005 年以前华中地区小麦产量在全国小麦产量中所占比例保持在 15%～20%，2007 年以后始终稳定在 21%～27%。

（三）玉米产量上升、比例下降

2020 年华中地区玉米播种面积为 292.86 万 hm^2，占全国玉米播种面积的 7.09%。2000～2020 年，华中地区玉米产量呈现明显的上升趋势，年均增长率为 3.2%。2006 年以前华中地区玉米产量呈现明显的波动变化，2006 年产量减至 774.76 万 t，2006 年以后除 2013 年玉米产量小幅减少外，其他年份玉米产量展现良好的增长趋势，2015 年玉米产量达 1282.97 万 t。华中地区玉米产量在全国玉米产量中所占比例呈现明显的下降趋势，2000～2002 年保持在 7.50%左右，2002～2013 年出现下降，2013 年降至 5.08%，2013 年以后有所回升。

（四）大豆产量持续波动

2000～2020 年，华中地区大豆产量呈现明显的下降趋势，年均下降率为 0.66%。2000 年，华中地区大豆产量为 273.00 万 t，之后先减少后增加，并于 2002 年达到 318.90 万 t，实现历年最高产量；2003～2009 年，大豆产量表现出一年增产再一年减产的交替规律，之后逐年减少，2013 年减至 216.30 万 t；2014 年有所增加，直到 2020 年增至 239.3 万 t。就所占比例而言，华中地区大豆产量在全国大豆产量中所占比例始终保持在 12%～20%。

（五）蔬菜产量明显上涨

2000～2020 年，华中地区蔬菜产量呈现明显的上升趋势，年均增长率为 4.77%。2000 年华中地区蔬菜产量为 7047.70 万 t，2020 年达到 17 931.09 万 t。就所占比例而言，2005 年以来华中地区蔬菜产量在全国蔬菜产量中所占比例呈现上升趋势，基本上保持在 20%～24%。

（六）水果产量有所下降

2000～2020 年，华中地区水果产量呈现下降趋势，年均下降率为 2%。华中地区水果产量在全国水果产量中所占比例呈现明显的下降趋势，2020 年降至 27%。

（七）肉类产量波动增长

2000～2020 年，华中地区肉类产量呈现上升趋势，同时表现出较大的波动，年均增长率为 0.68%。2000～2003 年华中地区肉类产量先降后升，波动较大，之后以增长为主。就所占比例而言，华中地区肉类产量在全国肉类产量中所占比例呈现下降趋势，同时伴随着较大的波动。

（八）水产品产量快速增长

2000～2020 年，华中地区水产品产量呈现明显的上升趋势，到 2020 年实现产量 1712.12 万 t，年均增长率为 2.92%。淡水产品养殖面积与产量遥遥领先于全国。2020 年华中地区的淡水产品捕捞总量为 1002.4 万 t，占全国的 58.8%；华中地区水产品产量在全国水产品产量中所占比例从 10%逐渐增加到 33%。

二、粮食生产存在的问题

（一）粮食储备体制运转不畅

在江西吉安市和南昌县及湖南长沙市的调查中发现，卖粮与收粮存在矛盾。一方面，农户无法以托市价将粮食卖给粮站，只能低价卖给粮贩；另一方面，粮站不愿意收农户的粮食，因为烘干不足、品质无保障。粮库仓储成本过高，难以持续：南方存储的粮食容易霉变；仓库、存储技术老旧，维护更新成本高；缺乏专业人才。中央储备粮吉安直属库有限公司仓储容量为 3.5 万 t，每吨实际保管费用在 132 元/年左右，每吨轮换费用为 170 元，每吨粮食亏损超过 200 元。

另外，在江苏的调查中发现种粮大户储粮受到政策限制。种粮大户在水稻收割季节粮食收割量巨大，需要及时翻晒、晾干，否则遭遇雨水天气损失巨大。但是现有政策不允许其在耕地附近修建仓储，只能运到较远距离处翻晒，增加了运输成本、风险。

（二）良田建设技术滞后、生态效益尚未发挥

先进、科学的农田建设技术的推广和应用是建设高标准农田的技术基础。然而，目前华中地区很多地方政府对先进的农田技术宣传不够，使得农民没有掌握建设农田的技巧，技术人员只是简单讲解先进技术的理论知识，并没有与当地的实际情况结合在一起，降低了技术的实用性。根据课题组的调查，40.15%的农户表示缺乏专家指导，加上大部分农民的文化程度不是特别高，理解复杂的技术比较困难，根据调查 76.96%的农民表示不知道该怎么进行良田建设。

目前农村耕地建设工作主要是耕地整理、耕地复垦、土地开发，在这一过程中一些地区忽视原始自然环境进行高标准农田建设，反而破坏生态环境和生态系统循环

功能，造成土壤盐碱化、土壤质量退化等生态问题，同时生物多样性遭到损害，不利于当地的可持续发展。根据调查，38.78%的农民认为良田建设政策没有考虑当地的实际情况，整治后没有达到效果，反而造成土地抛荒、高坡地平整破坏耕作层等生态问题。

（三）种子产业发展较弱

华中地区水稻品种市场呈现“多、杂、乱”现象，这一问题在湖南省尤为突出。目前国内生产上推广了几百个杂交稻品种，新品种数量过多、缺乏规划，经销商控制市场力度大，真正的良种难以脱颖而出。这一乱象导致国内产出的稻谷无法和泰国等高端水稻竞争，国内消费者迫切需要的营养好、口感好的稻谷供给量偏少。另外，由于品种市场杂乱，农民在水稻品种的选择上存在困难，这一问题在江西省尤为突出。缺乏标准性权威性品种种子，让农民无所适从、无法选择，削弱了竞争力。多数品种重“量（增产）”不重“质（口感、营养）”，农民无选择积极性，不少农民倾向于选择自留种子。

三、粮食对外依赖的问题

（一）华中地区粮食缺口

中国是粮食进口大国，目前年进口量居世界第一，基于经济和人口发展需要，粮食缺口将不断扩大。在过去的几年间，随着粮食需求的变化和供给的波动，华中地区粮食缺口呈先上升后下降的趋势，从2016年的9587.58万t上涨至2018年的10 986.43万t，接着逐年下降到2020年的10 447.02万t（图27-1）。

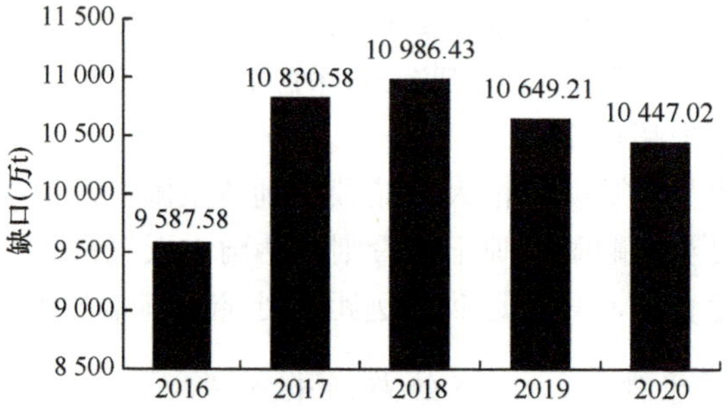

图27-1　华中地区粮食缺口

华中地区主要进口的粮食产品是大豆。2000年以来，华中地区大豆进口数量远远大于出口数量，大体上呈逐年递增趋势，从2011年的920.10万t上涨至2020年的1899.19万t（表27-2）。与此同时，在华中地区中，江苏省的大豆产品进口数量相对较多，且一直呈上升趋势，2020年高达1680.09万t。华中地区大豆产品进口的主要来源国为美国、阿根廷和巴西[①]。

① 数据来源：《湖北统计年鉴》《湖南统计年鉴》《安徽统计年鉴》《江苏统计年鉴》《江西统计年鉴》。

表 27-2　华中地区大豆产品进口数量　（万 t）

年份	江苏	安徽	江西	湖北	湖南	总量
2011	846.74	13.37	16.99	37.50	5.50	920.10
2012	941.54	27.88	12.61	41.65	11.89	1035.57
2013	1126.17	7.85	5.91	16.91	15.69	1172.53
2014	1266.68	0.41	0.79	6.36	7.64	1281.88
2015	1539.05	37.60	20.98	61.62	0.78	1660.03
2016	1647.91	65.70	41.0	12.40	14.7	1893.06
2017	1544.43	85.53	0.11	51.53	29.11	1710.71
2018	1746.40	50.23	—	33.92	68.04	—
2019	1474.84	26.3	—	31.71	46.36	—
2020	1680.09	75.53	4.26	39.45	99.86	1899.19

数据来源：国家统计局和国家粮食局（现称国家粮食和物资储备局），依据 EPS（Easy Professional Superior）数据平台数据整理所得

（二）华中地区粮食生产成本不断提高，国际竞争力下降

当前，国际低粮价“天花板”和我国粮食生产成本“地板”抬升的挤压效应十分明显。江西省第一产粮大县鄱阳县粮油站站长指出，国外低价粮大量涌入，说到底就是因为国内粮食生产成本太高，不解决这个问题，进口量很难降下来。江西省丰城市监云水稻种植专业合作社理事长算了一笔账，在当地种一亩水稻，田租 350 元（单季）、化肥 70 元、农药 70 元、拖拉机 75 元、收割机 85 元、人工 200 元，这几项主要成本加起来就要 850 元，按当地水稻 900 斤/亩的亩产计算，每斤稻谷的成本价达到近 1 元。江西省价格成本调查监审局对江西部分地区早稻生产成本的调查显示，2016 年早稻生产中调查户亩均总成本 958.04 元，其中机械作业费 181.05 元、种子费 57.64 元、化肥费 118.95 元、农药费 43.01 元、人工成本 344.59 元、土地成本 150.09 元。按照这一成本，调查户亩均净利润 113.43 元，同比减少 26.76%。安徽省滁州市全椒县农业农村局市场与信息化股股长反映，据初步调查，种植一亩地，水稻小麦连作，总成本在 1700 元上下（包括土地流转费用和劳动力成本），在目前国家水稻、小麦保护价的基础上，水稻产量需在 500kg 以上，小麦产量需在 300kg 以上，每亩才能有 150～200 元收益。在成本高企的背景下，为保护种粮农民的收益，我国不断提高粮食最低保护价，并逐渐形成国内外粮价严重倒挂的格局。近年来，泰国含碎 5%大米出口价为 372 美元/t，越南含碎 5%大米出口价为 350 美元/t，折算后分别约为 1.2 元/斤和 1.1 元/斤，已经和我国稻谷价格基本相当。

四、绿色化方面的问题

（一）化肥与农药利用率低

近年来，华中地区为保证粮食的稳产增产，不断加大化肥农药的使用量。与此同时，华中地区测土配方施肥技术推广覆盖率未达到 90%以上，化肥利用率未达到 40%，化肥

农药使用量也未实现零增长。2020 年华中地区化肥使用量达到 1170.5 万 t、农药使用量达到 39.63 万 t、农用塑料薄膜使用量达到 39.62 万 t。而化肥、农药的大量或者过量使用会造成土壤板结、肥力下降，耕地质量整体下降，土壤的结构和性质出现很大程度的改变，高产田逐年减少，中低产田不断增加。

化肥、农药等有效使用对于提高粮食产量具有很大的推动作用，但同时带来一定的负面作用。过量使用化肥极易使庄稼倒伏，而一旦出现倒伏，就必然导致粮食减产，威胁华中地区的粮食安全；过量使用化肥还会使庄稼抗病虫害的能力减弱，遭病虫的侵染，继而会增加防虫害的农药用量，直接威胁食品的安全性。另外，由于农田大量使用单元素化肥，其养分不能被作物有效吸收利用。超量使用化肥会使果蔬生产性状低劣，并且容易腐烂，不宜存放。

（二）化肥农药导致水体污染

华中地区的农业污染比较严重，但是污染治理设施建设不到位。《第二次全国污染源普查公报》显示，华中地区的农业污染源有 37.88 万个，占全国农业污染源的 24.63%。其中，江苏省的农业污染源最多（2.26 万个），湖北省（2.10 万个），湖南省相对湖北省要少一些（2.06 万个）。与此同时，华中地区集中式污染治理设施只有 1.31 万个，仅占全国集中式污染治理设施的 15.6%（表 27-3）。因此，华中地区还需要建设大量的污染治理设施来应对各类污染源。

表 27-3　华中地区污染源及治理设施　（万个）

地区	工业污染源	农业污染源	生活污染源	集中式污染治理设施
江苏省	25.56	2.26	1.67	0.61
安徽省	8.36	1.72	1.60	0.22
江西省	5.17	1.19	1.69	0.01
湖北省	4.60	2.10	2.52	0.25
湖南省	4.43	2.06	2.58	0.22
华中地区	48.12	9.33	10.06	1.31
全国	247.74	37.88	63.95	8.40

数据来源：《第二次全国污染源普查公报》

（三）畜牧养殖业抗生素滥用

抗生素（antibiotic）是对细菌、病毒、寄生虫等具有抑制和杀灭作用的一类药物的总称。养殖业生产中，抗生素使用有两条途径：一是作为饲料添加物，用于促进畜禽生长发育，目的是提高饲料利用率，降低养殖成本。有研究表明，在饲料中添加抗生素，能明显提高肉鸡的日增重；二是用于预防和治疗畜禽疫病。由于中国针对养殖生产滥用抗生素的监管制度尚未建立完善，出现养殖环节大量使用甚至滥用抗生素的情况，严重危害养殖业生产健康发展和畜禽产品安全。随着抗生素在中国养殖业生产中的广泛应用，药物残留、细菌抗药性等一系列问题日益突出。现阶段人们对抗生素的研究和应用越来越广泛，先后有 60 余种抗生素应用于畜牧业，在防治动物疾病、提高饲料利用率、促进畜禽生长等方面发挥了重要作用。但随着抗生素的大量使用，特别是不科学滥用，细菌耐药性和药物残留等问题日益突出，引起世界各国政府及业内人士的高度重视。

第三节　战略定位与战略目标

华中地区应将保障粮食安全作为首要战略目标，确保耕地尤其是水田面积不减，持续推进规模经营，创新体制机制，实现农产品供给保障能力持续增强，逐步提升粮食生产经济效益。

一、战略定位

（一）把保障粮食安全作为首要目标，提高农业综合生产能力

粮食安全关系国民经济社会稳定全局。以保障华中地区粮食安全为底线，更加注重提高农业综合生产能力，更加注重调整优化农业结构。发展现代农业必须立足华中地区口粮自给的要求，实行最严格的耕地保护和集约用地制度，加强农业基础设施建设，提升装备水平，促进粮食综合生产能力稳步提高。

（二）确保耕地尤其是水田面积不减

在粮食安全体系中，相对于饲料粮，口粮安全对于保障居民生活安全和保持经济社会稳定至关重要。在全国口粮生产中，华中地区占有十分重要的地位，尤其是稻谷和小麦的产量，华中地区明显要高于其他地区。耕地是民生之本，发展之基。作为国家重要的商品粮生产基地，华中地区农业的兴衰直接决定和影响着我国的粮食安全，因此必须保持华中地区耕地面积不减。作为水稻主产区，确保耕地面积不减必须优先保证水田面积维持稳定，甚至有所扩张。

（三）坚持推进规模经营，提高农业整体效益

针对华中地区的特点，坚持走资源集约、资本集约、技术集约的农业发展之路，积极推进农业适度规模经营，拓展农业生产功能和延长产业链，做强一产，做大二产，做活三产，提高资源利用效率，提高农业经营水平和效益。

（四）坚持科技和人才支撑，提高粮食生产核心竞争力

充分发挥华中地区的优势，紧紧围绕现代农业发展要求，完善农业科技创新、农业技术推广和新型农民教育培训体系，加快培育现代农业人才，加强科研攻关和技术集成创新，积极创新农业科技推广机制，推动农业科技成果转化，提高农业科技贡献份额，以科技和人才提高粮食生产效益，保障粮食安全。

（五）坚持创新体制机制，增强农业发展活力

在稳定农村基本经营制度的基础上，不断创新合作组织发展机制、土地流转促进机制、农村经营管理服务机制，加快农民专业合作、农村土地股份合作、农村社区股份合

作组织发展，为农业农村经济发展注入强大动力。

（六）坚持保护农村生态环境，保障粮食生产质量安全

大力推进农业节能减排，发展低碳、循环农业，加大农业面源污染防治力度，加强农业生物多样性保护，继续实施农村清洁能源工程，加强耕地质量建设，推进农业机械化，建立健全农业抗灾救灾体系，稳定现代农业发展基础，构建良好农业生态环境。

二、战略目标

华中地区农业安全与可持续化取得明显进展，区域粮食安全得到有效保障，农产品供给体系质量和效率显著提高，农业竞争力进一步增强，农民生活达到全面小康水平，美丽宜居乡村建设迈上新台阶。华中地区首先基本建立以高标准农田为基础、以粮食生产功能区和重要农产品生产保护区为支撑的产能保障格局；其次基本构建粮经饲统筹、农林牧渔结合、种养加一体、一二三产业融合的现代农业产业体系；最后基本稳定农业灌溉总用水量，基本实现化肥、农药使用量零增长及畜禽粪便、农作物秸秆、农膜资源化利用的目标，概括起来说就是：产业化、绿色化、可持续、保产能。华中地区粮食安全可持续发展目标具体体现在以下几个方面。

（一）农产品供给保障能力稳步提高

华中地区农业综合生产能力稳定在较高水平，口粮和肉类自给，粮食单产力争全国主产区第一。粮食播种面积和产量保持稳定，其中水稻播种面积和稻谷产量保持快速稳定增长，成为粮食产量增长最大的贡献者。肉类、奶类、水果产量稳定增长，基本保持自给。蔬菜供应充足，成为全国主要的蔬菜主销区之一。

（二）粮食生产经济效益逐步提升

华中地区农业基础设施和生产技术条件显著改善，农业经济效益大幅提高。农林渔业增加值有所增长，农民人均纯收入进一步增加。

（三）科技与物质装备水平显著提高

华中地区主要农作物良种覆盖率稳定在 55%以上，水稻耕种收综合机械化率达到78%以上，农业科技进步贡献率达到 68%。

（四）可持续发展水平继续改善

华中地区主要农作物化肥利用率和农药利用率达 45%以上，农膜回收利用率达到85%以上，规模化养殖废弃物综合利用率达 95%以上。在稻谷、淡水产品、蔬菜产量快速增长的情况下，化肥、农药、饲料和抗生素残留造成的农村面源污染得到有效控制。

第四节　战略重点与工程

为筑牢华中地区粮食安全根基，应确立战略重点与工程，持续推进水稻生产功能区、

高标准农田、畜禽养殖污染防治等工程建设，多措并举，切实保障粮食安全。

一、战略重点

（一）建立水稻生产功能区

突出粮食产能建设，实施“藏粮于地、藏粮于技”战略，严格落实耕地保护制度，建立水稻生产功能区。全面完成永久基本农田划定，将华中地区基本农田保护面积落地到户、上图入库，实施最严格的特殊保护。优先在永久基本农田上划定和建设水稻生产功能区。优先将水土资源匹配较好、相对集中连片的稻田划定为粮食生产功能区，明确保有规模，加大建设力度，实行重点保护。优化华中粮食品种结构，大力发展优质稻，适度发展优质专用旱粮并加快优质稻新品种选育。

（二）建设高标准农田，尤其是高标准稻田

在区域上，根据各地耕地利用现状及增产潜力，按照突出重点、发挥优势、相对平衡、注重实效的要求，高标准农田建设项目资金主要用于华中地区确定的多个粮食主产县（市、区），以及纳入省高标准农田建设规划范围的其他地区。在建设内容上，重点在整治田块、改良土壤、建设灌排设施、整修田间道路、完善农田防护与生态环境保护体系、配套农田输配电设施、加强农业科技服务和强化后续管护等方面加大建设力度。实行耕地质量保护与提升行动，加强耕地质量评价与监测，完善农田防护与生态环境保护体系，稳步提高耕地基础地力和土地持续产出能力。

（三）完善农产品质量安全体系

加强农业产地环境治理。实施减药控肥，推行清洁生产，强化农药、兽药残留超标治理，实现化肥农药使用量零增长。开展农作物秸秆、畜禽粪污、农药包装废弃物资源化综合利用。加大重金属污染耕地修复治理及农作物种植结构调整力度。大力实施耕地质量保护与提升行动，全面提升耕地地力，大力推广绿肥种植、增施有机肥等措施。推进农业标准化生产。建立和完善现代农业标准体系，大力推广环境友好、安全生态的标准化生产技术，着力推进菜果茶标准园、畜禽标准化规模养殖场和水产健康养殖场建设。加强品牌培育，大力发展“三品一标”（无公害、绿色、有机和地理标志）农产品，培育一批名牌产品和驰名商标。健全农产品质量安全监管、检测、执法体系。推进农产品质量安全追溯、信用体系建设，健全农产品质量安全绩效考核和责任追究制度，强化落实各级政府管理责任。

（四）加快高效设施农业提档升级

推进农业结构战略性调整，大力发展高产、优质、高效、生态、安全农业，加快农业转型升级。突出发展设施园艺业，以高效蔬菜、花卉苗木、应时鲜果、高档茶叶、食用菌等设施化生产为重点，大力发展钢架大棚、日光温室、智能温室，积极发展遮阳网、防虫网、避雨栽培和微滴灌节水栽培。大力开展园艺标准园示范创建活动，重点推广应用水、肥、气、温控制与发生设备及耕作、播种、预冷和清洗分拣类小型农机具，带动

园艺产品质量和效益全面提高。加快发展规模畜牧业，开展畜禽良种化、动物防疫规范达标和畜禽生态健康养殖示范创建，重点在饲料兽药供应、养殖环境控制、清洁消毒、产品收集等主要环节推广应用节能化、智能化、自动化设施设备，实现畜禽良种化、养殖设施化、生产规范化、防疫制度化、粪污处理无害化和监管常态化。

（五）提升农业产业化经营水平

积极开展农业龙头企业示范创建行动，重点培育优势特色产业型、科技创新型、基地带动型和外向型龙头企业，打造一批在全国有一定知名度和影响力的大型农业龙头企业或企业集团。创新龙头企业与生产基地、与合作组织、与农民的“三个联结机制”，鼓励龙头企业以分工协作、互利共赢、农民得益为核心，采取订单农业、保护价收购、股份合作、二次分配等方式，带动农业增效、农民增收。

（六）推进农业经营体制机制创新

坚持和完善农村基本经营制度，进一步加大农业组织创新、经营方式创新、强村富民机制创新力度，增强农业农村发展活力。在依法自愿有偿和加强服务的基础上，引导土地承包经营权有序流转，扩大农村土地承包经营权登记试点范围，加快县级土地流转交易服务平台建设，大力推进土地集中型、合作经营型和统一服务型的农业适度规模经营。

（七）强化农业科技创新与人才支撑

建立健全农业科技创新、农业技术推广、农民教育培训“三大体系”，深入实施农业新品种、新技术、新模式“三新”工程，大力推进生物育种技术创新，构建以产业为主导、企业为主体、产学研结合、育繁推一体化的现代种业体系，大力开发具有重要应用价值和自主知识产权的新品种，重点扶持建设一批以新品种繁育和工厂化育苗为主的种苗企业，推进种子种苗产业化发展、商品化开发。深入实施“挂县强农富民”和“农业科技入户”工程，促进农科教、产学研结合，加快农业科技成果转化应用。扎实推进“五有”乡镇农业技术推广综合服务中心建设，积极推行农业技术推广“五项制度”，组织实施农业重大技术推广计划，创新农业技术推广服务机制，提高农业科技服务到位率。组织实施现代农业人才“双百双十”工程，积极探索高端人才境外培训、骨干人才院校培训、职业农民行业培训模式，加快培养一支规模宏大、结构合理的高素质农业农村人才队伍。以农业科技人员、龙头企业负责人、农业园区负责人、农民合作组织带头人、农民经纪人、大学生村干部等为重点，着力培养技术型、管理型和经营型三类农业骨干人才。大力开展农业实用性技术和农民创业培训，引导农民参加职业技能鉴定，推动农民由经验型向知识型、单干型向组织型、兼业型向职业型转变。

（八）创建农业现代化协调发展体系

促进产业协调，形成农村一二三产业融合发展格局。建立多形式利益联结机制，打造供应链、延伸产业链、拓展价值链，促进农产品生产、加工、流通、服务各环节有机衔接，构建农业和二三产业融合发展的现代农业产业体系；促进区域协调，形成各具特色的协调合作互动发展格局，以农业资源环境承载力为基准，进一步明确华中地区各省的功能定位，建设一批与区域功能相匹配的现代农业示范园（区），打造农业优势产业集群，培育特色县域名片，打造县域农业经济品牌，创一批品牌产品、树一批品牌企业、立一批品牌产业；促进城乡协调，形成城乡一体化发展格局，引导城市资金、技术、信息、人才等现代要素向农业农村流动，推动新农村建设提质扩面，深入开展农村环境整治整县推进和美丽乡村建设，发展农村沼气、太阳能、生物质燃料等清洁能源，扶持村级集体经济发展，规范村级集体资产管理。实施产业精准扶贫，因地制宜发展特色种养、林下经济、休闲旅游等产业，实现“产业脱贫一批”目标。

（九）加强农业生态环境保护

按照减量化、资源化、再利用的发展理念，以农村废弃物资源循环利用为切入点，大力推进资源节约型、环境友好型农业发展。加强农村清洁能源建设，实施农村户用沼气工程、规模畜禽沼气治理工程、秸秆气化集中供气工程，配套建设农村沼气乡村服务网点，抓好沼气、沼渣、沼液“三沼”综合利用，进一步提高农村沼气综合效益。积极应用生态农业生产技术、生态健康养殖技术和农牧结合技术，大力推广发酵床等生态养殖模式，加强畜禽养殖粪污无害化处理和资源化利用，推进农作物病虫害专业化防治。加强耕地保护和质量建设，扩大测土配方施肥覆盖面，积极推广使用有机肥、缓释肥，扩大绿肥种植面积，减少化肥、农药使用量，提高肥料利用率和施肥效益。拓宽秸秆能源化、肥料化、饲料化、基料化、工业原料化等多渠道利用途径，提高秸秆综合利用率，减少秸秆焚烧污染。加强农村面源污染治理和控制，把现代农业发展和农业农村生态环境保护有机结合，建立新型农村生产、生活方式。以长江流域为重点，加强农业废弃物及农田养分循环利用、农村生活污水生态净化处理及重要水体周边生态农业圈（带）循环、有机农业工程和农村清洁工程示范村建设。

二、重点工程

（一）畜禽粪便有机肥生产利用与种养渔循环农业工程

在南方水网密集地区畜禽限养政策大力推行、种植业化学肥料使用日渐增多及水产养殖业饲料投入强度逐渐增的大背景下，因地制宜、合理布局，推行种养结合循环农业工程是华中地区解决和实现集约化畜禽养殖粪便环境污染、种植业化学肥料减量化使用、粮食增产、水产养殖人工饲料减量化等多重问题与目标的着力点。

有序推进华中地区集约化畜禽养殖向山区转移，移出区域主要为平原地区的生猪生产大县，移入区域包括秦巴山区、大别山区、幕阜山区、罗霄山区、武夷山区、武陵山区。因此，这一过程包括集约化畜禽养殖场转移工程和山区高标准畜禽粪便无害化、资源化利用工程、迁入区运输公路建设三大子工程。转移工程首先需要各地政府合理规划，迁出区域做好迁出数量和迁出时间规划，迁入区域做好迁入数量、迁入养殖场选址、土地供给等方面规划，迁出区域和迁入区域之间建立良好的联动协商机制。迁入区还应实施饲料和畜禽产品运输公路建设工程，结合“新农村建设”和“村村通”工程，做好为集约化畜禽养殖服务的山区运输公路建设规划、施工和维护工作。

种养结合循环农业工程的核心在于迁入区域集约化畜禽养殖粪便无害化和资源化利用子工程。该子工程又可细分为粪污处理设施建设、畜禽粪便有机肥生产核心工艺研发、畜禽粪便有机肥生产技术示范推广等工程。畜禽粪便含有丰富的粗蛋白质、粗脂肪、粗纤维、矿物质及钙、磷、钾、氮等营养成分，是生产价廉质优有机肥的主要原料。有机肥是发展生态农业、提高农产品质量的重要肥料。在研发端，针对水稻、渔业和蔬菜的特性，将粪便有机肥分为转化高效、方便运输、使用方便的稻田、水产养殖和蔬菜种植有机肥，作为重点研究项目，进行科技攻关。积极推广塔式发酵、槽式发酵、袋装式发酵等粪便无害化生产有机肥料的关键技术，提高粪便制作绿色有机肥的效率；加强利用干粪工厂化生产有机肥的工艺研究，积极鼓励有条件的地区开展粪便有机肥厂的建设。大力宣传施用有机肥的好处，通过抓无公害、绿色和有机农产品生产，在果园、菜园、农田等建立有机肥使用示范基地，大力推广应用有机肥，培育和壮大有机肥市场。

以可持续发展为重要内容，促进农业生产和生态保护相协调。种养结合、生态环保的农业生产方式是实现绿色生态农业的重要途径。鼓励发展种养结合循环农业就是提高农业系统物质能量的多级循环利用，倡导清洁生产和节约消费，严格控制外部有害物质投入和农业废弃物产生，最大限度减轻环境污染和生态破坏，推动农业低碳可持续健康发展。统筹考虑不同区域不同类型的资源禀赋和生态特点，因地制宜，打造区域优势产业带，实现规模化生产。建立种养结合、生态环保的农业生产体系对于整合种植业、养殖业资源优势，取长补短，促进种养资源循环利用，发展绿色生态农业具有十分重要的意义。因此，通过因地制宜打造“共生互惠模式”，即禽畜与作物共同生产的种养结合方式，实现农业“田育禽畜、禽畜肥田”的互惠双赢，提高作物和家畜产量与品质。用畜禽粪便生产的高效有机肥可作为华中地区淡水鱼和小龙虾养殖的有机饲料。畜禽粪便有机肥生产机器推广和在种植业和渔业的使用，不仅可以解决华中地区畜禽养殖环境污染风险，还可以使资源和废弃物最大限度地链接利用，减少化肥使用，降低化学肥料和人工饲料对耕地与水体的环境污染风险。因此，华中地区可发展“稻渔共生”高产高效优势板块，推进稻田综合种养和低洼盐碱地养殖。

（二）高标准稻田建设工程

华中地区应稳定和完善农业补贴政策，组织实施好高标准稻田建设项目，提高粮食综合生产能力。按照统一的规划布局和建设标准，统筹现有资金渠道和增量资金，以粮食主产区、非主产区产粮大县为重点，兼顾棉花、油料、糖料等重要农产品优势产区，开展土地平整，建设田间灌排沟渠及机井和节水灌溉、小型集雨蓄水、积肥等基础设施，修建农田道路、农田防护林、输配电设施，推广应用先进适用耕作技术，确保每年新建一定面积的旱涝保收、高产稳产高标准稻田。从田、土、水、路、林、电、技、管8个方面协调推进稻田建设。一是整治田块，提高农田平整度，促进田块集中，优化农田结构布局；二是改良土壤，提升土壤有机质含量，促进土壤养分平衡，改善耕作层土壤理化性状；三是建设灌排设施，改善农田灌排和集蓄水条件，提高水资源利用效率，增强旱涝保收能力；四是整修田间道路，提高田间交通配套水平，提高农业机械作业覆盖率；五是完善农田防护林网，提高农田水土保持能力和防灾减灾能力，改善农田生态条件；六是配套农田输配电设施，提高用电质量和安全水平，增强农业生产电力保障能力；七是加强农业科技服务，健全农田监测网络，提高农业科技服务能力；八是强化后续管护，明确管护责任、完善管护机制、健全管护措施、落实管护资金，确保工程长久发挥效益。

加快集中连片地区中低产农田改造，喷灌、水利基础设施改造、建设与维护，集水和节水灌溉设施、山区梯田修建，平原和丘陵地区土地整治等。尤其是针对华中地区的籼稻和旱作区加大农田水利改造，实施旱改水扩粳改造，提高粳稻种植面积和产量水平。大力支持提高耕地基础地力和产出能力，充分发掘集中连片地区粮食规模种植优势，提高粮食产量，确保粮食安全。

华中地区高标准稻田建设重点区域包括江汉平原、洞庭湖平原、鄱阳湖平原、皖中平原、太湖平原等长江中下游平原单、双季稻区，另外，丘陵和山区单季稻种植区也应纳入高标准稻田建设工程。

（三）“良种培育”建设工程

以“现代种业强区”为目标，健全种质资源保护与创新、种质规模繁育与生产、种苗品牌营销与技术服务三大体系，逐步实行种源农业品种创新应用与生物技术基础研究分开、品种推广与种业经营分开、科研生产与种业开发分开，培育壮大一批具有较强自主创新能力的“育繁推”种业“航母”，积极构建现代种业产业体系。

以武汉市为依托，打造中部地区良种培育中心，把武汉建设成国内外知名的种业中心。依托华中地区丰富的高等教育科研力量，重点培育和开发高产、优质水稻、小麦、蔬菜、水果、生猪、家禽等新品种（品系）。搞好顶层设计，着力推进“中国种都”建设快速发展。

加强种业基础设施建设，增强企业生产研发和经营实力。建设标准化制种基地。鼓励种子企业流转土地，发展制种专业合作社，建立设施配套完善、长期稳定的农作物和林果花卉制种基地，支持企业建设现代化加工、仓储、研发设施，加快良种繁育体系建设，提高自然灾害抵御能力，提高种子生产能力。建设种业研发服务平台。围绕生物育种研发重大需求，以分子育种研究和应用为核心，建设公共组培中心、分子育种中心、基因库和智能化温室、仓储物流交易服务中心，为生物育种团队和中小种业企业提供及时、有效、便捷的全方位育种服务和仓储物流服务平台。

提升种业研发创新支撑能力。一是建立华中地区现代种业产业技术体系。在武汉市农业科技创新联盟中建立现代种业产业联盟，由现代种业产业联盟主导建立农科教相结合的现代种业产业技术体系，集聚种业科技资源，有效推进种业研发创新推广一体化、一盘棋、一条龙。二是加强跨区域种业科技协同创新。突破市域界限，采用合作研究、委托研究等方式，联合国内外种业科研机构、企业的优秀人才团队，围绕优异新种质、育种新材料、优势新品种、高效繁育新模式、加工储运新技术的创制研发，加强跨区域种业科技协同创新。三是推进科技成果转化应用，推动科技成果价值化、商品化、股权化和产业化。

加强种业科技示范推广。一是加强种业科技示范园区建设。按照各新城区种业产业优势，在每个新城区拓展建设 1～2 个种业科技示范园区，形成一批可复制、可推广的技术经验。二是壮大“育繁推一体化”企业。鼓励科研人员兼职到企业开展科技创新和育种推广工作；实施更加优惠的招商引资政策，吸引国内外大型种子企业入驻；支持种业企业自主建设种业科技园。三是搭建“互联网+”种业技术咨询服务平台。依托市农业农村委员会农业信息网，开辟种业科技专家在线咨询服务网端口，建立网络专家咨询团，完善技术推广服务。

强化种业科技与人才培训。一是加强种业实用性技术培训。联合省、市农业技术培训机构与涉农高校院所，大力举办各类特色种养业育种生产实用性技术培训班，向企业和农民传授工厂化、规模化繁育新技术。二是加强种业专业技术人才培训。充分发挥市农业科学院作为国家专业技术人员继续教育基地的作用，专门制定种业专业技术人才继续教育培训计划，定期举办国家级种业技术高研班。同时，组织种业产业技术体系专家编写种业专业技术人才培训适用教材。三是加强种业经营管理人才培训。由市农业农村委员会牵头，组织高校院所、大型种业企业的经营管理专家开设种业经营管理培训班，针对农口部门、中小型种业企业、合作社管理人员开展种业市场供需形势、现代企业制度、园区规划建设等方面的知识培训。

（四）新型经营主体培育工程

围绕提高农民合作经济组织规范化发展水平，加快农民专业合作社建设和农村土地规模流转，推进农业经营体制创新。农民专业合作社建设。扶持一定数量的示范社、县域内联合社、销售合作联合社、成长性合作社。重点支持农民专业合作社生产服务、加工服务和销售服务能力建设。土地规模流转。对具有稳定土地流转关系、满足一定条件的土地流出方（入股农户）进行补贴，鼓励和引导有条件的地方推进农村土地承包经营权流转，促进土地适度规模经营，适当向粮食规模经营倾斜。对成效显著的乡镇农村土地流转有形市场建设实行“以奖代补”，用于乡镇农村土地流转服务中心完善必要的硬件设施建设。富民强村示范工程。引导村级集体经济组织大力发展资源开发型、资产经营型、为农服务型、异地发展型等多种形式村级集体经济，鼓励村级集体经济组织利用宅基地整理、土地整理等政策，建设标准厂房、超市仓储等物业项目，增加村级集体经济组织资源性、资产性、服务性收入和经济实力。

（五）山区小型农业机械研发推广工程

在农村青壮年劳动力大量外流及留守农业劳动力老龄化的背景下，使用农业机械替代劳动力是保障华中地区粮食产量持续增长的重要基础。在平原地区，粮食生产耕地和收获环节农业机械化程度已经很高。然而，华中还有很多地区为丘陵和山区，适合于平原地区的大型农业机械在山区和丘陵地区可能很难推广。地形条件已经成为制约华中乃至全国山区粮食生产的重要因素。因此，有必要推行山区小型农业机械研发推广工程，该工程可细分为山区小型农业机械研发和山区小型农业机械推广示范子工程。

在研发环节，应针对山区复杂的地形特征，研发具有田间可达性和田间操作便利性的耕整地、播种和收割机械；建设华中地区山地农业机械化重点实验室、科学观测站和科研基地；还需要针对水稻、小麦、玉米等主要粮食作物的特性，研发针对具体作物、具体环节的小型农业机械，如专门针对山区水稻播种和山区玉米收获的机械。在推广环节，对研发出来的适合山区特定作物、特定环节的小型农业机械进行示范推广，可以依托原有的农业技术推广体系，在各地因地制宜进行农业机械推广示范工程建设。

另外，结合建设高标准农田，加大土地平整力度，打掉田埂，连片耕种，解决土地细碎化问题，配套建设机耕道、生产路、农机下田坡道等田间基础设施，方便农机作业，提高机械化水平和生产效率。积极争取各级财政投入和科技计划项目，支持丘陵山区农业机械化科技创新，鼓励引导农机制造企业加强丘陵山区适用机具研发供给，有效解决无机可用问题。创新丘陵山区农机社会化服务机制，积极发展农机合作社等经营服务组织，提高丘陵山区农机作业组织化水平，引领多种形式适度规模经营发展。

第五节　政策与措施

对于华中地区食物安全可持续发展战略，我们的建议是：“构建一个体系、推进两个适应、补齐三个短板、使用五个抓手、谋求生产机械化与绿色化、创新产销对接协同机制”。

一、构建一个体系

要保障华中地区食物安全可持续发展，需要构建规模化、市场化、科技化“三位一体”的华中地区食物安全保障体系（图 27-2）。

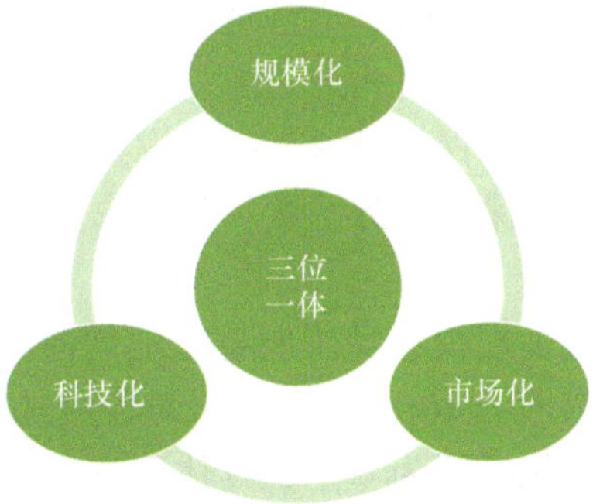

图 27-2　“三位一体”的华中地区食物安全保障体系

（一）规模化

单个小农面对大自然、大市场都极其脆弱。人类从远古走到今天依靠的是组织力量。必须彻底改变目前千家万户小农生产的现状，以土地适度规模经营为核心，在党的领导下把农民重新组织起来，扩大经营规模，提高效益，应对风险，保护农民正当权益。规模化的目的是打造以大规模生产经营单元为基础的食物产业链条，让食物生产体系“强起来”。

现在随着粮食价格支持政策改革的调整，粮食价格下降，规模大、效益低的问题凸显。为了降低经营风险，一些农民选择“退”，就是减少种植面积，这有违土地规模化经营的发展趋势；一些农民选择“稳”，就是稳定种植面积，选择种植收益相对较高的苗木等经济作物，这种非粮化趋势又会影响粮食安全。从现代农业的发展着眼，“退”而求“稳”是不行的，必须“进”而求“上”，就是通过进一步深化农村改革来推进土地规模化经营。土地流转是发展多种形式适度规模经营的关键，要让土地流转更加顺畅，明确界定承包地的所有权、承包权、经营权是基础。因此，要加快推进农户承包地的“三权分置”，明确所有权，稳定承包权，放活经营权；扎实推进土地确权登记颁证工作，妥善解决农户承包地面积不准、四至不清等问题，使承包地折股量化、按股分配有据可依；鼓励规模经营业主与农户建立稳定合理的利益联结机制，探索实物计租货币结算、租金动态调整、土地入股保底分红等利益分配办法，保护流转双方合法权益。

新型农业经营主体是建设现代农业的骨干力量，要加快培育。因此，引导和鼓励农民以土地经营权入股，建立土地股份合作社，实行土地股份合作经营或委托经营；引导和鼓励龙头企业采取“公司+农户”“公司+合作社+农户”等模式，发展农业适度规模经营，实现土地、资金、技术、劳动力等生产要素的有效配置，推进农业产业链整合和价值链提升，让农民共享产业融合发展的增值收益；引导和鼓励专业大户、农业技术人员等成立家庭农场，或牵头组建农民合作社，开展生产合作、信用合作和供销合作。进一步完善农业社会化服务体系，支持兴办土地托管、农机作业、统防统治、农资购销、农产品电商平台等方面的农业社会化服务组织，引导其围绕优势产业和特色产品，为农民提供统一服务。同时，制定和落实扶持发展农业适度规模经营的政策。进一步加大财政扶持力度，对适度规模经营主体进行补贴，对规模经营主体的农业设施和农业机械等给予补助，把规模经营主体直接纳入农业建设项目的承建主体范围；进一步强化信贷扶持政策，逐步推行农村土地承包经营权、宅基地使用权和住房财产权抵押贷款，支持地方组建农业信贷担保机构，鼓励金融机构通过融资增信、创投基金等方式与适度规模经营主体加强合作；进一步完善农业保险体系，扩大农业保险覆盖面，提高保额和保费补贴的比例，拓宽险种范围，简化保险服务手续，帮助农业适度规模经营主体增强抗御自然灾害和市场风险的能力。

更重要的是，华中地区粮食规模化经营要将土地规模经营和服务规模经营相结合。考虑到当前人均耕地面积仍然低于 10 亩，家庭农场数量规模有限，2030 年以前，华中地区食物生产应该以服务规模化经营为重点。具体而言，鼓励具备比较优势的服务主体以代耕代收、土地托管、工厂化育秧、农机作业等方式进行服务规模化经营。到 2035 年，农村劳动力可能大幅度减少，土地规模化经营进入加速发展阶段，因而从 2035 年开始粮食规模化经营可考虑服务规模化经营和土地规模化经营并重。

（二）市场化

市场化指的是为应对消费升级带来的消费者对食物产品安全、健康、营养的新需求，以市场需求为核心进行的食物生产供给侧结构性改革，以提供新一代食物产品。市场化的目的是提升中国食物产品品牌形象，让食物生产体系“活起来”。

结合各地实际，加强营销特别是互联网营销，持续拓展农产品销售渠道。华中地区稻谷、猪肉、蔬菜和水产品等优势产品市场化需要讲究营销路径。一是持续研究市场变化，研究城里人现在吃的有啥变化；二是通过产权重组、合约使用、特许经营等方式，结合地理标识培育大品牌；三是用足用够互联网，把使用外地电子商务平台与建好本地电子商务平台相结合；四是用好个人和集团定制营销，给消费者以亲切感和良好感受；五是舍得花钱建营销渠道，既要重视线下旗舰店、专卖店，也要重视线上新方式；六是把农民联合组织起来，不断创新经营主体，农机等生产合作社要增加营销功能；七是把产品营销到最后的消费环节，如大米营销要展示米饭的口感和香气；八是重视产品包装和核心优势要点介绍，如权威机构的有机产品认证；九是学习国外农产品营销的先进经验，如日本大米零售店的产品展示。

（三）科技化

科技优先，发挥社会主义集中力量办大事的优势，集中力量突破一批重大重点农业科技，尤其是高产、优质、环保技术，加强转基因技术研究。目前即使不市场化、产业化也可以，可作为技术储备。长远看，中国食物安全在根本上取决于科技。

以现代科学技术与装备提升和改造传统农业，实现科技对资源和劳动力短缺的双替代、双节省，带动产业、产品升级。食物生产不是一规模就灵，不是“一私就灵”，私有化的印度农业比中国更落后。解决农民增产不增收问题、克服人均自然资源短缺问题，科学技术是根本出路。科技化的目的是建立综合配套、地域特色明显的中国新型农业科技体制，尤其要注重开发节约水土光热资源、提高肥料转化效率的新品种，让食物生产体系“绿起来”。

一是坚持产业需求和问题导向。把满足食物生产和消费重大需求、解决关键问题作为华中地区农业科技工作的立足点与出发点，贯穿到资源配置、科技评价等各方面，促进农业科技与生产紧密结合，增强科技对农业产业发展的贡献度。二是拓展食物生产科技创新领域。加快现代科学技术在食物生产领域的应用，发展引领产业变革的重大突破性技术，扶持建设新兴交叉学科，培育新产业，强化配套技术研发，挖掘农业在休闲观光、文化传承、宜居生态等方面的潜力，拓展农业功能，促进生产生活生态协调发展。三是壮大农业科技力量。优化人才结构，加强领军人才培养和创新团队建设。加大政策扶持力度，增强企业技术创新能力。强化基层农业技术推广体系建设，大力扶持社会化服务组织，壮大农业技术推广队伍。健全以职业农民为主体的农村实用型人才培养机制，大力推进新型职业农民培育。鼓励社会力量参与农业科技创新，形成万众创新的局面。

二、推进两个适应

（一）适应市场

农业结构调整、农产品开发与质量建设，都必须研究消费者、适应消费者，从消费者偏好出发“反弹琵琶”，指导农产品发展方向。

其一，建立农产品标准化、差异化、品牌化营销体系，真正实现农产品优质优价。首先通过优质农产品高价帮助优质农产品生产者大幅度提高收入水平。然后通过优质农产品高价和高收益这种示范效应，倒逼普通和低质农产品生产者适应市场需求，调整生产结构，从事高品质农产品生产。

其二，发挥互联网、大数据平台和农产品电子商务平台的优势，通过私人订制等方式，引导农户生产满足城镇居民个性化、功能化需求的营养性、绿色化和健康型农产品。

（二）适应农民

保证食物安全要“眼中有人”，调动种粮主体的积极性，关键是适应农民，保护其经济利益和社会权益，做到食物安全“事有其主、主有其权、权有其责、责有其利”。

粮食生产是大部分小农户重要的生计活动和生计来源之一，因此保障华中地区食物安全必须适应小农户增加收入和维持生计的需求。所以，食物安全必须兼顾食物生产和农户收入与生计。

三、补齐三个短板

（一）地力建设

以国家投入为主开展新一轮大规模农业基础设施建设，加强资金使用监督尤其是第三方监督。

第一，对农村高标准农田建设项目从招投标、资金来源、资金使用、项目实施、项目验收等环节层层监督，将农村高标准农田建设工作透明化、程序化。农民是高标准农田建设工作中利益受影响最为直接的群体，这就需要切实保障农民事前的知情权、决策的参与权与事后的救济权，以真正体现决策的透明度与公允度，增强监督力度。高标准农田建设在规划制定初应进行公告，告知群众高标准农田建设计划，并召开规划制定听证会，积极听取农村群众对于高标准农田建设的意见和建议。在实际决策过程中，需要不断提升农民的参与度，为农民提供表达意见的有效方式，还要明确相关规定。在制定决策时，必须对农民的意见进行全面考虑，以提高农民在决策中的影响力。在决策实际执行过程中，需要赋予农民必要的监督权。

第二，强化良田建设资金监管力度。良田建设资金落到实处是一系列优惠政策真正实现预期目标的关键，必须加强良田建设各种来源资金的监管力度。依托第三方资金监管和审计体系，对各省粮田建设资金执行情况进行年度考核，考核结果与下一年度中央财政用于高标准农田建设的资金安排挂钩，纳入地方各级政府耕地保护责任目标考核内容。加强资金使用管理，对耕地的开垦费、新增建设用地的土地有偿使用费、土地复垦费用等资金进行监管，专款专用、专人专管。

第三，发挥专家优势，加强其对农民良田建设的技术支持。教育背景和专业知识欠缺使得农民并不知道如何开展良田建设，迫切需要对农民进行专业技术指导。在良田建设的过程中，村干部可以搭建农民和专家联系的桥梁，请专家对农民进行良田建设方面的技术培训。国家可以考虑出台一些对应政策，鼓励农业大学、农业科学院、农业研究所的专家走进田间地头，教农民如何进行良田建设。

第四，良田建设要与保护生态环境协调一致，防止适得其反。发达国家如日本的高标准农田建设工作经验表明，在高标准农田建设过程中应遵守生态环境基本规律，整治工作与生态环境治理工作同步，加强水土流失、土地盐碱化、土地荒漠化等问题的防治，提高森林覆盖率，保护生物多样性，促进当地经济、社会、生态的协调可持续发展。

第五，从田、土、水、路、林、电、技、管 8 个方面协调推进良田建设。农田田块是农产品生产的重要载体，土壤是农作物生长的物质基础，水利是农业的命脉和现代农业建设的首要条件，田间道路是农业生产机械化作业的基本前提，农田林网是防灾减灾的生态屏障，输配电设施是发展现代农业的重要保障，科技进步是农业发展的根本出路，建后管护是确保建成的高标准农田长久发挥效能效益的关键。一是整治田块，提高农田平整度，促进田块集中，优化农田结构布局；二是改良土壤，提升土壤有机质含量，促进土壤养分平衡，改善耕作层土壤理化性状；三是建设灌排设施，改善农田灌排和集蓄水条件，提高水资源利用效率，增强旱涝保收能力；四是整修田间道路，提高田间交通配套水平，提高农业机械作业覆盖率；五是完善农田防护林网，提高农田水土保持能力和防灾减灾能力，改善农田生态条件；六是配套农田输配电设施，提高用电质量和安全水平，增强农业生产电力保障能力；七是加强农业科技服务，健全农田监测网络，提高农业科技服务能力；八是强化后续管护，明确管护责任、完善管护机制、健全管护措施、落实管护资金，确保工程长久发挥效益。

（二）农业科技推广体系

以国家投入为主健全公益性农业科技推广体系。适应农业市场化、信息化、规模化、标准化发展需要，完善体制机制，强化服务功能，提升队伍素质，创新方式方法，促进公益性推广机构与经营性服务机构相结合、公益性推广队伍与新型农业经营主体相结合、公益性推广与经营性服务相结合，加快健全以农业技术推广机构为主导，农业科研教学单位、农民合作组织、涉农企业等多元推广主体广泛参与、分工协作的“一主多元”农业技术推广体系，为推进农业供给侧结构性改革、加快农业现代化提供有力支撑。

加强农业技术推广机构建设。强化国家农业技术推广机构的公共性和公益性，履行好农业技术推广、动植物疫病防控、农产品质量安全监管、农业生态环境保护等职责，加强对其他推广主体的服务和必要的监管。根据农业生态条件、产业特色、生产规模及工作需要，因地制宜完善农业技术推广机构设置。创新激励机制，鼓励基层推广机构与经营性服务组织紧密结合，鼓励农业技术推广人员进入家庭农场、农民合作社和农业产业化龙头企业创新创业，在完成本职工作的前提下参与经营性服务并获取合法收益。完善运行制度，健全人员聘用、业务培训、考评激励等机制。推进方法创新，加快农业技术推广信息化建设，建立农科教结合、产学研一体的科技服务平台。落实农业技术人员待遇，改善工作条件，建立工作经费保障长效机制。

引导科研教学单位开展农业技术推广服务。强化涉农高等学校、科研院所服务“三农”职责，将试验示范、推广应用成效及科研成果应用价值等作为评价科研工作的重要指标。鼓励科研教学单位设立推广教授、推广研究员等农业技术推广岗位，将开展农业技术推广服务绩效作为职称评聘、工资待遇的主要考核指标，支持科研教学人员深入基层一线开展农业技术推广服务。鼓励高等学校、科研院所紧紧围绕农业产业发展，同农业技术推广机构、新型农业经营主体等共建农业科技试验示范基地，试验、集成、熟化和推广先进适用技术。

支持引导经营性组织开展农业技术推广服务。落实资金扶持、税收减免、信贷优惠等政策措施，支持农民合作社、供销合作社、专业服务组织、专业技术协会、涉农企业等经营性服务组织开展农业产前、产中、产后全程服务。通过政府采购、定向委托、招投标等方式，支持经营性服务组织参与公益性农业技术推广服务。建立信用制度，加强经营性服务组织行为监管，推动农业技术推广服务活动标准化、规范化。

（三）种植与经营规模

在条件成熟地区适度恢复农业税，推进土地流转，保证农民“转地不丢地”，防止土地大面积抛荒。农业规模化的实质是着力解决社会主义市场经济条件下社会主义初级阶段农业小生产和社会化大生产间的矛盾；解决农村联产承包责任制与社会主义市场经济体制相衔接的问题；解决增加农产品有效供给与提高农业比较利益间的矛盾；解决农户分散经营与提高规模效益间的矛盾。农业发展要运用工业化的思维，要走工业化的路子，首要的工作就是把基地作为整个农业产业化的“第一生产车间”来建，解决农民一家一户生产与规模化间的矛盾，从根本上实现和提升农业产业化，推动农村经济全面、协调、可持续发展。

一方面，在生产条件相对较好、适宜大规模生产的地区，集中生产要素，发展规模经营。通过培育发展种植养殖合作社、引进龙头企业等方式，实现资金、技术、土地和劳动力等生产要素聚集，以农户、合作社、龙头企业之间的股份合作实现利益深度联结，提高小农户组织化程度。另一方面，在生产条件相对较差、土地零碎的地区，开展多样化的农业社会化服务。相比规模经营主体，小农户拥有的农业生产服务设施和装备较少，对社会化服务的需求更为迫切，应通过鼓励发展农机合作社、农业技术合作社、农业生产服务企业等专业化市场化服务组织，推进农业生产全程社会化服务，开展土地托管，帮助小农户降本增效。

四、用好五个抓手

（一）推进规模生产与经营

国家投资建设大规模现代化农场，在条件成熟时适度恢复农业税，推进土地有序流转，同时让农民“转地不丢地”，保护农民权益。抓大放小，小农户自己“搞饭吃”，国家重点培养一批 100～200 亩的中型农户，培育一批大型、超大型国有农场并加强现代管理核算，作为粮食生产骨干，确保粮食生产能力；以大规模粮食生产基地为核心，培育种、养、加、研一条龙的国有超大型粮食集团，从根本上稳定中国粮食产业，开展国际竞争。

（二）完善农村金融业与保险业

完善农村金融业与保险业建设，中央单列“国家农业金库”，把目前分散到多个部门的农业金融与保险事项统一起来，完善内部管理机制，解决目前农业银行、农业保险“不姓农”、不支农的顽疾，以金融与保险保食物安全。

将支农金融资金重点向食物生产新型经营主体倾斜，优先保障生产粮食的家庭农场、农民专业合作社、农业企业在基础设施建设、产品加工流通、产品营销方面的贷款需求。通过金融支持，为食物生产提供资金保障。

充分整合农业保险资金，农业保险优先保障小农户粮食生产灾害损失和新型经营主体市场经营风险损失。通过农业保险减少小农户粮食和家庭经营收入损失，增强小农户食物自给能力，以及强化新型经营主体食物生产能力。

（三）发展农业科技

以国家投入为主体，建设覆盖全国的公益性农业科技推广体系，完善利益机制，鼓励科技下乡。藏粮于技比藏粮于地目前更有可行性，实现以科技保食物安全。一是强化公共平台建设，加强原种基地、基因库等农业科研基础公共平台建设，推进国家重点实验室、工程技术中心向食物生产领域倾斜。二是完善农业实验室体系，建立以综合性重点实验室为龙头、农业科学观测试验站为延伸的一体化布局的华中地区现代农业实验室体系。三是打造企业创新平台，鼓励有条件的企业建设重点实验室，牵头或参与华中地区农业科技创新联盟建设，不断夯实企业技术创新条件基础。四是培育骨干科技创新人才队伍，设立国家层面长期稳定的，专一研究中国粮食安全、食物安全的直接属于党中央、国务院领导的高层次、短小精悍的研究机构。五是培育农业技术推广队伍，恢复原有的基层农业科技体系，以国家财政进行补贴。定向培养、遴选学历水平和专业技能符合条件的人员进入农业技术推广队伍等。

（四）为农业提供适度保护

在农产品高库存和农业供给侧结构性改革的背景下，探索农作物休耕制度，通过土地休耕恢复地力，在休养生息的基础上提高土地生产潜力，从而保障食物安全。

具体而言，可考虑部分坡地和水源条件较差的旱地优先实现休耕。这部分地块主要用来种植玉米等旱地作物，因而在玉米供给过剩的背景下可考虑实现休耕。当然，适当的休耕需要以市场价格机制作为引导。

（五）改革农业教育

改革农业教育，采用正式与非正式教育相结合、学历与非学历教育相结合的方式，并更多以订单式方式培养县级以下农业实用型技术人才，培育新型职业农民，以人才队伍建设保食物安全。

培育农业农村实用型人才，加快培育农业技术人才、生产人才、管理人才。为让农村用得上、留得住，农业大学应面向农村生源以低分数线定向招生，也可以开设农场主班和农村管理专业，实行定向招生培养。

五、谋求生产机械化与绿色化

（一）推动华中地区农业机械化进程

加大农业机械化实施力度，研制具有中国特色、符合南方地区耕作特点的配套农业机械，以农机实际使用量为标准落实机械化补贴。为配合推进农业机械化，以国家投入为主开展农业基础设施尤其是标准化良田建设，引入第三方监管提高资金透明度和使用效率，以农业机械化保食物安全。

在研发环节，应针对山区复杂的地形特征，研发具有田间可达性和田间操作便利性的耕整地、播种和收割机械；建设华中地区山地农业机械化重点实验室、科学观测站和科研基地；还需要针对水稻、小麦、玉米等主要粮食作物的特性，研发针对具体作物、具体环节的小型农业机械，如专门针对山区水稻播种和山区玉米收获的机械。在推广环节，对研发出来的适合山区特定作物、特定环节的小型农业机械进行示范推广，可以依托原有的农业技术推广体系，在各地因地制宜进行农业机械推广示范工程。

驱动水稻生产全程机械化进程。加大高性能、低成本水稻插秧机研发和推广力度，打好水稻生产全程机械化攻坚战，切实解放水稻生产劳动力，降低人工成本。

大力发展设施蔬菜、饲草料与畜禽水产养殖机械化，加快引进、消化、吸收园艺作物育苗、种植、采摘机械，稳步发展农用航空。研发、推广新型植保机械和秸秆收贮加工机械，大力发展高性能联合收获机械，加快老旧农机报废更新。

（二）推广畜禽粪便有机肥和稻虾共作

畜禽粪便中含有丰富的粗蛋白质、粗脂肪、粗纤维、矿物质及钙、磷、钾、氮等营养成分，是生产价廉质优有机肥的主要原料。有机肥是发展生态农业、提高农产品质量的重要肥料。因此，应大力宣传施用有机肥的好处，增加华中地区无公害、绿色和有机农产品生产。

种养结合、生态环保的农业生产方式是实现绿色生态农业的重要途径。鼓励发展种养结合循环农业就是提高农业系统物质能量的多级循环利用，倡导清洁生产和节约消费，严格控制外部有害物质投入和农业废弃物产生，最大限度减轻环境污染和生态破坏，推动农业低碳可持续健康发展。统筹考虑不同区域不同类型的资源禀赋和生态特点，因地制宜，打造区域优势产业带，实现规模化生产。建立种养结合、生态环保的农业生产体系对于整合种植业、养殖业资源优势，取长补短，促进种养资源循环利用，发展绿色生态农业具有十分重要的意义。因此，通过因地制宜打造“共生互惠模式”，即禽畜与作物共同生产的种养结合方式，实现农业“田育禽畜、禽畜肥田”的互惠双赢，提高作物和家畜产量与品质。发挥长江中下平原地区的资源优势，推广“稻虾共作”绿色生态生产模式。虾稻共生可以相互促进，水稻为小龙虾提供生产繁殖空间，而小龙虾不仅为水稻疏松土壤，其排泄物还是水稻的肥料来源之一。另外，小龙虾养殖对水质的要求较高，因而显著推动水稻生产减少农药、除草剂和化肥使用，从而达到降低肥料和农药使用强度的目的，有助于实现水稻绿色生产。近年来，湖北江汉平原地区稻虾共作发展迅猛，该模式可以在长江中下游地区推广，实现水稻生产和水产养殖双赢。

六、创新产销对接协同机制

华中地区是全国水稻、生猪和水产品主产区，稻谷和水产品除了满足本地区消费需求外，还能够供给其他地区消费。因此，建立华中地区与其他地区稻谷和水产品产销对接机制尤为重要。作为生猪主产区，华中地区主要饲料——玉米主要依靠从其他地区调入，因而需要其建立与其他地区的玉米产销对接机制。

借助地区间稻谷期货市场，结合“米袋子”省长负责制工程，建立华中地区与南方籼稻主销区（广东、浙江、福建）之间的稻米供需联动机制；借助地区间稻谷期货市场，结合“菜篮子”市长负责制工程，构建华中地区与北方玉米主产区（河南、河北、东北）之间的玉米购销协同机制；依托农产品电子商务平台，搭建华中地区辐射全国的以小龙虾为主的特色水产品销售网络系统。

（本章执笔人：邓秀新、刘静、常明）

第二十八章　东南粮食安全理论与实践

第一节　区域资源禀赋特点

东南地区（广东省、海南省、福建省、浙江省和上海市）经济发达、人口稠密，更需要切实保障区域的粮食安全。当前，东南地区农业自然资源、人力资源和区域发展特点表现在以下几个方面。

一、农业自然资源

农业自然资源方面的制约主要表现为耕地资源紧张，耕地是关系农业发展最基础的资源要素。东南各地区的耕地均出现紧缩趋势，耕地资源非农化倾向严重。根据浙江省土地变更数据，2019 年末浙江省耕地面积仅为 129.05 万 hm^2；福建山地丘陵占 85%以上，农业发展的资源与环境基础薄弱，耕地少，后备耕地资源有限，使农业生产的发展受到很大限制；海南农业自然资源方面的约束则表现为耕地资源硬约束日趋加剧、水资源硬约束依然存在、局部地区资源环境承载力有限；广东快速的工业化和城市化使耕地流失严重。

二、气候资源

农业的稳定发展在一定程度上依赖着天气因素。东南地区属温暖湿润的亚热带海洋性季风气候和热带季风气候，气候温和。2020 年东南地区年平均气温为 21.12℃，年平均降水量为 1508.02mm，年平均日照时数为 1696.8h，水资源总量达到 3735.1 亿 m^3。上海受春季多雨、夏季高温、台风过境和冬季低温影响的可能性较大，特别是暴雨主要出现在 8～9 月且日数有增加趋势，特大暴雨经常使农田受淹，作物倒伏和腐烂，造成巨大损失。浙江常常遭受春季倒春寒、梅雨季长期低温阴雨、夏季高温干旱、台风暴雨、秋季低温、冬季极寒等不利影响，对农业生产造成很大损失。福建属于海洋性季风气候，受季风影响较为显著，农业气象灾害频繁发生，主要受台风频发、降水不均和气候异常等影响。海南台风、暴雨频繁，季节性干旱、冬春季节局部低温阴雨、干热风和西部地区缺水等自然灾害经常发生，2014 年的“威马逊”“海鸥”及 2015 年的“鲸鱼”等几大台风对农业造成巨大经济损失，但目前农业风险特别是大灾风险分散机制尚不健全。

三、人力资源

农村劳动力素质不断降低，农业从业人员后继乏人。2021 年东南 5 省份的总人口为 2.69 亿，占全国人口的 19.06%；乡村人口为 0.69 亿，占 5 省份总人口的 25.8%，占全国乡村人口的 13.92%；第一产业从业人口为 0.15 亿，占全国第一产业从业人口的 8.52%。

传统农业经营收入效益较低导致农业从业人员日趋减少，农业劳动力资源面临紧缺局势。一是“谁来种田”问题日渐紧迫，综合分析各地区从事农业生产的劳动力发现，可从事农业生产的劳动力十分短缺，基本以老、妇、幼、病、弱等劳动能力较低的农村劳动力为主，且整体数量在持续萎缩。二是农业劳动力文化素质不高。上海的农村劳动力文化程度虽然相较于全国略高，但是总体仍处于较低的水平。三是农业用工成本上升趋势明显。以人工、地租、种子、化肥、植保、耕作、设施等为代表的农业生产成本持续上涨，不仅导致农业生产经营者融资需求从小额向大额发展，加大了融资难度，而且直接增加了总成本，压缩了利润空间。

四、农业基础设施

农机装备总体水平不高，农业设施仍有待加强。福建省农业机械化程度与机械化作业水平仍然不高，至 2021 年底农机总动力达 1270.5 万 kW，主要农作物、水稻耕种收综合机械化率分别达到 70.4%、77.3%，特色产业茶叶生产机械化率达到 70%。自动控温、喷灌、药物喷施等主要设备在农业企业应用还很少，而适应农户小拱棚、林竹大棚等生产需要的农业机械几乎为空白。广东省农业基础设施薄弱，从农村道路来看，还有很多偏远的农村地区交通设施比较落后，尤其是山区，成为制约农产品运输的主要瓶颈，从农田水利基础设施建设来看，普遍存在着年代久远、常年失修、功能老化等一系列问题，大多数农田排灌设施配套差，蓄水灌溉能力有限，抗旱防洪能力不强。海南省农业机械化水平较低，农业信息化水平也不高，农村信息基础相对薄弱，以至于运用信息技术构建农业社会化服务体系、建立信息化市场和建立监管平台存在较大的困难，另外农田基础设施比较薄弱，农田水利设施不健全，工程性缺水问题十分突出。

第二节　粮食生产现状及问题

一、主要食物生产情况

2020 年，东南地区五省份农作物播种面积 903 万 hm^2，约占全国的 5.4%，其中粮食播种面积 441.75 万 hm^2，约占全国的 3.78%；传统稻谷播种面积 340.37 万 hm^2，仅为全国的 11.31%，产量占全国的 10.23%；其他作物，除薯类、蔬菜各占全国产量的 7%左右，其余均在 6.7%左右。

（一）粮食播种面积和产量双下降

1）粮食播种面积和产量降中有稳。2000～2020 年粮食播种面积（表 28-1）、产量分别减少 49.39%和 37.88%。

2）稻谷始终保持主导地位，但所占份额逐渐下降。2020 年谷物播种面积约占粮食播种面积的 84.76%，产量约占粮食产量的 82.96%。其中，谷物生产以稻谷为主，其播种面积和产量分别占谷物播种面积和产量的 90.91%和 93.41%。

3）其他粮食所占份额略有扩大。玉米、小麦等播种面积在 2008～2015 年来均有一定程度的增长。

4）区域产能差异较大。从粮食产量的区域构成来看，2020 年，广东占 48.5%、浙江占 23.18%、福建占 19.22%、海南占 5.57%、上海占 3.49%。从粮食生产能力来看，广东粮食年产量达 1267.6 万 t、浙江为 605.7 万 t、福建为 502.3 万 t、海南为 145.5 万 t、上海为 91.4 万 t。

表 28-1　东南地区粮、油、菜播种面积及其变动趋势　（10^3hm^2）

项目	2000 年	2005 年	2008 年	2015 年	2020 年	2020 年占全国比例
农作物（总）	12 931.18	11 316.26	10 306.42	10 592.08	10 550.54	6.33%
粮食作物	8 240.69	6 328.39	5 577.64	5 514.48	4 417.50	3.78%
谷物	6 565.24	4 956.44	4 549.96	4 390.10	3 744.20	3.80%
稻谷	5 831.22	4 530.77	4 164.15	3 895.86	3 403.70	11.30%
小麦	287.07	109.41	103.75	138.27	101.40	0.43%
玉米	301.48	255.87	227.26	303.37	220.70	0.53%
谷子	1.80	0.77	0.62	0.40	0.10	0.01%
高粱	5.20	3.27	1.80	1.10	0.10	0.02%
其他谷物	138.47	56.35	52.38	51.00	18.50	0.57%
大麦	0	33.79	33.69	30.00	2.50	0.49%
豆类	508.28	451.51	299.55	323.43	205.90	1.78%
薯类	1 167.17	920.44	728.13	800.96	467.40	6.48%
马铃薯	208.53	135.13	150.62	192.30	122.70	2.63%
油料	910.00	766.4	677.66	685.88	605.00	4.61%
花生	501.80	477.30	467.42	528.65	467.90	10.00%
油菜籽	394.70	278.73	199.19	146.00	125.90	1.86%
甘蔗	271.69	240.94	253.05	225.41	188.90	13.96%
烟叶	88.00	100.47	92.11	91.36	64.60	6.40%
烤烟	79.50	92.69	88.06	87.99	62.30	6.44%
蔬菜	2 335.99	2 764.81	2 697.27	3 134.15	2 963.40	13.79%
药材	52.35	70.73	53.46	94.60	145.60	5.01%
青饲料	165.46	164.13	133.60	124.10	57.90	2.63%

数据来源：据国家统计局公开资料整理

（二）畜牧生产周期波动

1）以猪肉和禽类为主。2020 年东南地区肉类产量 818.2 万 t，约占全国肉类产量的 10.55%。其中，猪肉产量 378.5 万 t，奶类产量 79.7 万 t，禽蛋产量 139.2 万 t（表 28-2）。猪肉和其他肉类（主要是禽类）分别占肉类产量的 46.26%和 49.87%，牛肉和羊肉分别只占 1.31%和 0.95%。

2）区域构成差异较大。广东、浙江和福建在东南地区肉类生产中发挥了重要作用，而禽蛋生产也主要集中在广东、浙江和福建，除海南外，其他区域也有一定的奶类产业规模，尤其是上海畜牧业的重点主要放在奶类上，取得快速推进。

表 28-2　2020 年东南地区肉类、奶类和禽蛋产量比较　（万 t）

省份	肉类	奶类	禽蛋
广东	401.0	15.1	44.6
海南	58.4	0.3	4.8
上海	9.3	29.1	2.9
福建	259.4	16.9	53.7
浙江	90.1	18.3	33.2

数据来源：据国家统计局公开资料整理

3）畜牧生产呈现先增后减的态势。禽蛋生产从 2003 年开始减少，奶类从 2005 年开始波动减少，肉类在 2012 年、2013 年达到巅峰状态后呈较大幅度下降。由于该地区畜牧调减以猪为主，导致猪肉在肉类生产中的比例快速下降。

（三）蔬菜生产呈增长态势

2020 年东南地区蔬菜种植面积为 296.34 万 hm^2，产量为 8108.13 万 t，分别占全国的 13.79%和 10.82%，平均单产为 27 360.90kg/hm^2。从产量构成来看，广东占 45%、福建占 20%、浙江占 24%、海南占 7%、上海占 3%。从变化趋势来看，2000 年以来蔬菜生产呈快速增长态势。

（四）水产品养殖比例逐渐提升

水产品产量占全国 1/3 以上。2020 年东南地区水产品产量 2487.41 万 t，占全国的 37.98%，其中海水产品 799.60 万 t，占全国的 60.35%，淡水产品 1687.80 万 t，占全国的 47.61%。从水产品产量区域构成来看，2020 年广东水产品产量达 875.81 万 t，占东南地区的 35.2%；福建 832.98 万 t，占 33.49%；浙江 589.55 万 t，占 23.7%；海南 164.64 万 t，占 6.62%；上海 24.41 万 t，占 0.98%。

水产品生产呈现逐年增长态势，水产养殖比例逐渐提升。2000～2020 年，水产品产量从 1702.5 万 t 增长到 2487.41 万 t，增长 46.10%。结构方面，海水产品的份额从 77.6%减少到 70.8%，淡水产品的份额相应增长。同期，水产养殖比例逐渐提升，海水养殖产量提升 100%，内陆水产产量提升 83.91%，海洋捕捞能力和水平有所下降。

（五）水果生产大幅增长

2020 年东南地区水果产量 3942 万 t，占全国的 13.73%，平均单产为 20 775.7kg/hm^2。从区域构成来看，广东占 47.75%、福建占 19.39%、浙江占 19.2%、海南占 12.6%、上海占 1.1%。从趋势来看，水果生产呈现不断增长的态势，2000～2020 年水果产量从 1298.4 万 t 增长到 3942 万 t。

二、食物安全现状与态势

（一）主要食物自给率

粮食、肉类、奶类、禽蛋供不应求。此类食物产量远低于需求，严重依赖外调。2020

年粮食产量 2621.5 万 t、自给率 58%，肉类产量 809.5 万 t、自给率 73.19%，奶类产量 74.3 万 t，蛋类产量 131.4 万 t。

蔬菜、水果和水产品供给充足。2020 年蔬菜产量 8108.13 万 t、自给率达 359.1%，水果产量 3942 万 t、自给率达 391.5%，水产品产量 2487.41 万 t、自给率达 432.6%。此类产品除满足本地需求外，还大量供给外省、外销市场，但季节性调剂较为频繁。

（二）城市“菜篮子”基地建设情况

东南地区长期重视城市“菜篮子”基地建设，在全国率先实施“菜篮子”工程，发展域外农业，在保障农产品数量和质量基本供给方面起到很大作用，但农产品质量安全监管难度大。除上海外，各省结合实际，组织认定了一批省、市、县级“菜篮子”基地。初步形成了统筹规划、分级培育、共同创建、整体推进的“菜篮子”工程建设工作局面。

（三）食用农产品储运情况

冷链物流已从过去单一的肉食品、水产品向蔬菜、水果、花卉、熟食品、奶制品、快餐原料等多品种发展，服务范围由简单的冷冻储藏向“从田头到餐桌”全程冷链物流服务发展，冷链物流体系逐步形成。积极争取国家和省财政支持来增加地方储备，加快粮食输运网络体系建设。不断整合小仓容，增加粮库数量，扩大粮库面积，不断改进仓储设备，落实增储计划。

（四）食用农产品质量安全情况

从整体上看，东南地区对生态环境保护、食品质量安全的管理在全国居于引领地位，福建、浙江在全国率先提出“从田头到餐桌”的质量安全管理理念，浙江是全国唯一的农产品质量安全示范创建省。坚持质量安全农产品既是“产出来的”，又是“管出来的”，不断创新体制机制。通过加强农业、市场、工商、农资等主管部门的属地管理责任，在生产环节上落实经营主体责任，加强质量安全指导，推进生产主体诚信体系与农产品质量安全二维码溯源体系建设；大力建设省级农产品质量安全县等。质量安全水平总体较高且较为稳定，基本没有出现重大质量安全事故。

（五）食物安全应急保障建设情况

健全粮食应急保障体系。以福建为例，建立全省粮食安全应急系统和全省粮食安全预警系统，加强对全省粮食安全状况的监控，主要监控粮食库存量、供求量、市场价格、市场供应情况等。落实市县政府属地管理责任，将辖区内各种性质的粮食纳入质量安全监管范围。建立并不断完善粮食安全应急加工系统，形成粮食加工应急体系和供应网络。

建立食物储备和风险基金制度。例如，福建按照购粮总人口人均每月基本口粮 12kg（折原粮 17.5kg），分产区 3 个月、销区 6 个月、自给区 4 个月测算省、市、县（市、区）三级粮食储备规模；在“菜篮子”生产储备保障上，市、县两级按城区消费人口 7d 消费量建立生猪活体储备基地或冻肉储备库，以及建立基于重要耐贮存蔬菜品种 5～7d 消费量的政府分级动态储备库和储备机制；按全省 500 万亩粮食播种面积的用种量，建立粮食种子储备制度。不断增加储备规模、完善储备管理体系和政府宏观调控能力。

三、食物安全存在的问题

（一）保障食物有效供给的压力沉重

东南地区人口多耕地少，除谷物自给率维持在80%以上外，粮食自给率仅为32%左右，牛肉、羊肉、奶类、禽蛋生产量远低于消费需求，自给率基本在20%～40%。

粮食播种面积难以维持。在城市化与工业化双向挤压下，不少城镇周边种粮耕地或被建设用地替代，或转为种植其他经济作物，农业发展和粮食产业空间不断被挤占。

肉类供需关系逐渐趋向紧张。“减猪限禽、发展牛羊”成为多省调整优化畜牧业结构的方向。猪肉产量大幅下降，但牛羊等草食动物的发展并未实现快速增长。

耕地资源潜力告罄。东南地区总体上是山多地少，人均耕地面积不到全国人均土地面积的50%。丘陵和山地面积大，宜耕地少，耕地资源发展潜力有限。

农产品供需失衡矛盾突出。东南地区经济发达，人均GDP已经达到中等发达国家水平，消费者对农产品质量和安全的要求与日俱增，但“难买”和“难卖”矛盾突出，中高端农产品供不应求，低端产品不时出现积压滞销

（二）“菜篮子”建设机制有待完善

1）受到城市化扩张的冲击较为严重。新建基地基础设施薄弱，种植条件差，抗灾保收能力弱。

2）财政投入机制有待完善，投入资金、建设质量各地存在较大差距。

3）随着生产成本增加，规模化基地普遍进入“规模陷阱”，大部分存在盈利难、离开政府补助发展乏力等困难和问题。

（三）农产品储运管理体制、设备水平有待加强

地方储备粮油实行省、市、县三级管理体制，往往产生“搭便车”行为，导致经济外部性的存在，甚至出现“逆向操作”问题，造成物流在环节上的“短路”和运输过程的严重浪费。冷库冷链现代化储藏手段及现代化储藏与运输建设滞后，农产品在采后及运输过程中的损失率蔬菜类约为20%、果用瓜类约为10%，水果类约为30%。

（四）质量安全方面存在的问题

生产环节，安全隐患仍然存在。一是小规模生产经营带来安全隐患。二是化肥与农药生产规程推广不足。三是畜禽生产环境治理有待加强。

储运环节，安全监管迎来新挑战。虽然禁止活禽上市销售的政策已经实施，但消费活禽的习惯还未完全改变，加上违禁药品与抗生素仍然应用，给质量安全监管带来新挑战，加大了农产品质量安全风险。

现行产品检测指标体系还难以有效反映质量安全风险。据调研，45%的受访者认为现行农药残留检测方法不能真正反映实际蔬菜质量安全状况。产地检测机构缺少，产前检测少，导致检测结果滞后。

（五）科技方面的制约

农业科技创新整体水平不高。长期以来，主要通过增加物资投入等手段提高农产品产能，资源高效综合利用和生态环境保护技术储备明显不足。上海、浙江工商业较为发达，农业在社会经济发展中受到的重视程度还远不够，农业科研单位逐渐萎缩，农业科研人员不断减少；福建则存在农业科技创新投入总量较低且资金投入结构不合理的问题，即基础研究、应用研究、开发研究或试验发展经费投入比例失调等；广东由于农业劳动力老弱化，农村精英阶层流失，直接服务于农业的技术人才短缺，因此农业创新水平不高；海南依然是欠发达地区，在农业科技创新方面存在着财政科技投入资源分散、投入结构不够合理，科技创新能力依然薄弱，产业层次总体偏低，核心技术和自主知识产权缺乏，关键技术自给率低，高新技术产业规模较小，科技人才总量、结构和素质依然不适应产业发展的需求等问题明显。

（六）环境方面的制约

根据环境保护部（现称生态环境部）的统计数据，2015～2020 年浙江省农业废水中化学需氧量（COD）年均排放量高达 29.43 万 t，占全省废水中 COD 排放总量的比例达到 13.69%；农业废水中氨氮排放量也高达 3.02 万 t，占全省废水中氨氮排放总量的比例达到 15.03%，接近全国平均水平。畜禽养殖业是浙江省农业水污染的主要来源，在农业 COD 排放总量和氨氮排放总量中分别占近 87.9%和 71.6%的比例。2000～2020 年福建省化肥使用量维持在一个高位增长的态势，2020 年全省使用化肥 188.6 万 t，平均每公顷耕地使用化肥 753.98kg，居全国第一，是全国平均水平的 1.5 倍，单位耕地化肥使用量还在以每年 2.5%的速度增长。同期，全省农药使用量也维持高位增长态势，2020 年全省农药使用量为 4.3 万 t，较 2000 年降低 0.8 万 t，平均每公顷耕地使用农药达到 32.16kg。

第三节　战略定位与战略目标

东南地区应树立“大食物观”，推进农业三产融合发展，实施绿色化、科技化、全球化战略目标，切实提升食物产量、自给率和质量安全水平。

一、战略定位

（一）树立“大食物观”，统筹农业供给侧结构性改革

战略性、前瞻性地建立起大食物安全观意识。确立“稳定基本供给，转变结构增加总量”的“大食物观”整体原则。摒弃传统的食物安全观，逐步形成东南地区乃至全国的食物安全发展新战略思路。

加强东南地区间的贸易与协作。根据不同地区的市场与资源优势，合理优化配置生产结构，生产具有相对比较优势的产品，增强区域间食物调剂能力，通过区域协作与国际贸易，保障食物安全。

研究制定适应各地居民需要、匹配当地农产品生产特点的膳食指南。建立更加合理的膳食模式，以推动消费与生产的逐步接近，尽量平衡生产与消费，减少对外购食物的依赖，以营养的调整来引导食物生产与消费的协调。

围绕大食物安全观内涵，调整优化产业结构。从粮食产品角度，在保证最低供给率的基础上，逐步降低主粮自给率，同时有计划有组织地向旱杂粮（马铃薯、甘薯）等方向倾斜，推进粮食生产结构与消费结构优化。从畜禽产品角度，按照“稳猪、促禽、增牛羊”的思路，稳定生猪养殖规模，促进禽类养殖发展，扩大肉牛肉羊养殖规模，加快发展地方特色产业（渔业、奶牛产业等）。从森林产品角度，各地区重点要在调优产品结构方面下好功夫、做好文章，积极组织坚果、食用菌等特色森林食物的生产。

（二）实施三产融合发展战略，推进农业全产业链延伸

当前，东南地区的农业发展整体呈现价值形成与增值从生产领域向物流加工、农旅融合等相关二三产业富集的趋势，为实施三产融合战略提供了重要机遇。

提升农业现代化生产平台，增强科技创新能力。充分利用好各省市地区的现代农业园区、农业科技园区、粮食生产功能区等基地，促进农业集约化发展；同时鼓励和支持产学研技术研发，对企业的技术改造和科研攻关进行有偿扶持及推动其滚动发展，提高产品科技含量，增强农产品竞争力。

积极培育农业龙头企业，发挥带动示范效应。针对各地区的主导特色产业，通过出台相关配套政策，重点育成一批国家级、省级龙头企业。促进相关产业向基地化、规模化、标准化等发展，提高相关产业的稳定发展能力与市场竞争能力。

（三）推进农业三产融合发展，提高农产品附加值

大力发展农产品加工业，提升农产品精深加工水平及综合利用水平，提高农产品附加值，加快农产品冷链物流体系建设，完善农产品产后预冷处理系统；健全产业化联结机制，促进农业龙头企业与农业生产经营主体构建利益共同体，让小农生产者分享二三产业的利润，让农业延伸产业利润至少部分留在农业农村，进而实现农民增收、农业发展与农村振兴三者同步共振。

（四）发展“两型”农业，实施绿色化、生态化战略

按照“资源节约型、环境友好型”“两型”农业的发展要求，遵循循环经济理念，发展生态循环农业园区，促进农业可持续发展。重点推广物质循环利用、产业立体复合循环、生产清洁节约等模式。

东南地区作为我国的经济发达地区，在农业绿色化方面走过先行而曲折的探索道路，同时总结出宝贵的发展经验与教训。提升食物质量安全水平，并最大可能减少对环境的不利影响，已成为各地区的共识。要加强农业品牌建设，通过优质优价机制倒逼产品品质提升。

（五）强化创新意识，树立科技支撑战略

加强科技创新平台建设。加快公共研发服务平台建设，建立一批具有较高水平的农

业科研基地，为农业育种和技术集成转化提供服务，为培养各层次科技人才和国际合作交流服务。

培育和激发企业自主创新能力。科技创新的活力主体是企业，要强化科技兴农项目产学研导向，优先支持以企业为主体、产学研相结合的农业科技成果转化。

构筑现代农业科技创新技术体系。以国家农业科技创新体系和现代农业产业技术体系建设为契机，针对食物安全、生态安全和农民增收的目标任务，加强其与国际创新体系的互动，加强国际农业科技合作与交流，建立科技创新联盟。

（六）实施全球化战略，打造对外开放新高地

要实现东南地区食物安全的可持续发展，必须合理利用国内国外两个市场、两种资源，借助开放合作加强粮食定价的国际话语权，实现食物安全的可持续发展。

布局全球，实施农业“走出去”战略。“大进大出”，通过“大进”实现“更大的出”。充分利用区域比较优势参与国际经济分工，吸纳先进技术、适应国际市场。

实施“飞地”战略，拓展农业发展空间。在其他省份或境外合适区域建立食物生产基地是东南地区中远期的战略所需。可以通过资本要素流动、产业集群打造、品牌管理辐射，突破土地资源约束的瓶颈，实现飞地型资源扩容。

实施农业创新资源的全国、全球配置。建立面向全国及世界的农业资源开放性创新平台、自主创新孵化平台和服务平台，设立对社会开放的大型科技仪器、设备和公共实验室，获取全球研发机构的外溢效益、国际科技资源和产业关键技术，为农业发展提供战略技术支撑。

二、战略目标

（一）食物产量及自给率

至 2035 年，口粮自给率力争保持在 63%水平，蔬菜、水果、水产品自给有余，食物自给率达 60%以上。

（二）农产品质量安全水平

到 2035 年，无公害产品产量比例达到 100%，绿色农产品产量比例达到 40%，有机产品产量比例达到 30%。

（三）城市“菜篮子”基地建设

到 2035 年，建设一批生产基地、健康养殖示范场及“菜篮子”产品产地批发市场。对建成设施实行最严格的占补平衡和补偿机制，城市公益性农贸批发市场建设完善，大力发展蔬菜冷链物流，增加冷链物流覆盖率。

（四）粮食储运能力建设

到 2035 年，重点建设一批农产品大型储备冷库，加快建设农产品产地田头冷库。构建覆盖主产区的产地集配体系和重要农产品追溯体系。配合国家跨省“南粮北运”物

流通道建设，打通南北粮食物流主通道、跨省水运主干通道。建设粮食物流重点线路和关键节点。建立粮食产销商务信息一体化平台，完善域外粮食产区与市内粮食主销区的水运主干通道和关键节点。

（五）区域外合作基地建设

到 2035 年，加强农产品出口示范基地建设，鼓励优势农产品出口。扶持大型农业龙头企业开展对外投资、技术合作和建立产业基地。推进港澳台、长江三角洲、珠江三角洲区域农业合作，提升农业区域合作水平，支持一批国际农业合作园区建设，加强供港澳台等农产品出口基地建设。

（六）食物安全应急保障建设

到 2035 年，建成与公共安全风险相匹配、覆盖应急管理全过程和全社会共同参与的食品安全应急保障体系，使各级政府在食物安全应急管理上形成统一指挥、结构合理、反应灵敏、运转高效、保障有力的食物安全突发事件应急处置体系，应急管理综合能力得到显著提高，满足食物安全突发事件监测预警、应急处置和应急保障的需要，突发食品安全事件预防和应急准备及食品质量安全监测预警、应急处置、应急救援等综合应急能力显著提高。

第四节 战略重点与工程

确立东南地区粮食安全战略重点与工程，实施“藏粮于地、藏粮于技”战略，综合提升粮食生产安全水平和市场竞争力，全面挖掘农业生产潜能，完善粮食安全应急储备制度，全方位夯实粮食安全根基。

一、战略重点

（一）加强生产能力保护，实施“藏粮于地、藏粮于技”战略

实行更严格的耕地保护制度。严守耕地红线，加强永久基本农田保护，完善耕地保护补偿机制。严格控制非农建设占用农业用地规模。严格执行耕地占补平衡制度，探索引入第三方新增占补土地评价制度。探索设立工程建设表层有机土质资源储存制度，为特殊情况下快速提升粮食生产能力做好准备工作。

重点保持耕地肥力与生产力。以培肥地力、改良土壤、平衡养分、质量修复为主要内容，优先推进秸秆就地还田快速降解生物技术研究，推动用环境友好型生物技术使秸秆就地还田模式得到广泛推广与应用，破解耕地对化肥的过度依赖。加快中低产田改造步伐，示范推广“千斤粮万元钱”等绿色增产模式，优化品种结构。

提升基础设施建设水平并完善管护机制。加快实施大中型灌区续建配套和更新改造，筹划大型水利工程及粮食配套设施建设，提高农田有效灌溉比例。同时，大力推广投资小、工期短、见效快的简易小水利工程，抓好小型农田水利设施建设，重点建设田间灌排渠系和抗旱水源工程。健全“两区”道路、排灌沟渠、电力配套等基础设施的长

效管护机制，实施“各级政府农业分管领导一把手+所在村支部书记+生产主体”负责制，并配套管护资金与奖罚措施，为提高耕地的可持续生产能力提供制度保障。

（二）综合提升粮食生产安全水平，稳“水”增“旱”，适调结构

结合地域消费特点拓展主食范畴。牢固树立大粮食安全观，完善粮食种植补贴政策，拓展旱粮补贴类别，积极开发利用低丘缓坡地带与越冬田，大力发展红薯、鲜食玉米与大豆、土豆、芋艿等特色旱粮产业，提高旱杂粮生产效益与粮食生产整体效益。建议将鲜食玉米与红薯纳入主粮范畴，在政策上享受与水稻、小麦同等待遇。拓展省际产销合作，加快构建种植基地、加工基地等域外粮源合作模式。提升粮食仓储物流现代化能力，创建“仓廪现代化、储粮生态化、信息智慧化、管理星级化”的“四化粮库”，探索建立储备粮动态管理机制，依靠市场的调节作用，将一部分粮食储备放到中型民营粮食企业，挖掘社会化储粮潜力。

加快确立优质水稻产业体系。东南地区作为国家经济最活跃的地区与居民消费品质最高的地区之一，优质地产大米供给不充分不平衡的问题较为突出，中高端大米消费需求持续增长趋势十分显著。建议允许甚至鼓励该区域将优质水稻的栽培面积作为粮食安全的首要衡量指标，加快构建优质水稻产业体系。

（三）瞄准中高端精品化市场定位，提升市场竞争能力

打造中高端农产品生产体系。全面实施特色产业提升行动计划，增强优势特色产业的核心市场竞争力。持续提升优势特色农业产业的产业化经营水平，优化产品结构、产业结构、区域结构；大力建设优势特色产业集聚区，优化产业化利益联结机制，提升特色农业产业化发展质量，使之成为农民增收的可持续源泉。

构筑中高端农产品生产环境与农作制度。综合采取农机、农艺、工程和生物措施，构建具有区域特色的保护性耕作技术体系，加强农田农药化肥污染防控。优化施肥结构，改进施肥技术，鼓励农民增施有机肥，推广使用高效缓（控）释肥等新型肥料，推行精准施药和科学用药；推广应用免耕少耕、秸秆残茬覆盖还田、轮作栽培、农机深松、控制杂草等保护性耕作技术模式。加大耕地重金属污染治理力度，在污染严重区域执行休耕制度或种植非食用作物，严格有效控制重金属污染。建设病死畜禽无害化处理设施，健全病死畜禽无害化处理体系和机制，推广畜禽粪便有机肥加工、农作物秸秆过腹还田，推广牧-沼-果、稻-鱼-蛙、鱼-虾-贝-藻等立体种养模式，建立多物种共处、多层次配置、多级质能循环利用的生态农业体系。深入推进标准化生产，推行“标准化+”农业，大规模开展标准化生产创建活动，全面推进标准化生产和病虫害统防统治。

构筑中高端农产品品控管理体系。一是实施农业品牌化战略。深入实施农业品牌战略和农业“三名”工程，开展农产品品牌振兴行动和品牌推进活动，强化农业品牌顶层设计和制度建设，完善农产品品牌培育、发展和保护体系，打响一批区域公用品牌、企业品牌和特色农产品品牌。设立“三品一标”农产品专项基金，支持新型经营主体申请使用无公害农产品、绿色食品、有机农产品认证和农产品地理标志；支持以行业协会为依托，打造全域化、全品类、全产业链的区域农产品公用品牌，重点推广“区域公共品牌母品牌+企业自有品牌子品牌”的品牌化发展模式。二是加强农产品品控认证。推进

投入品良好操作规范（GMP）认证、种植业产品良好农业规范（GAP）认证、畜禽水产养殖及加工业 HACCP 认证和无公害农产品、绿色农产品、有机农产品“三品一标”质量认证。三是健全农产品质量安全监管体系。推广应用农产品质量可追溯制度，在规模以上生产主体中推行田间档案登记制度；实施生猪养殖户生猪流向登记制度，探索建立覆盖生产和流通环节的全程质量追溯体系；构建省、市、县统一的农产品质量追溯信息平台，加强执法监管能力建设，强化风险分级管理和属地责任，建立健全检验检测、质量追溯、风险预警和应急反应处置体系。

（四）全面挖掘农业生产潜能，稳粮稳牧增渔增林

重点发展海洋渔业产业经济。一是加强沿海渔业资源养护。东南地区海域广阔，海洋产品生产能力和发展潜力大，通过加强渔业资源养护等途径，恢复海洋渔业生态。其一是开展渔业资源承载力调查研究，其二是加强渔业资源养护，其三是加强海洋野生动植物保护。二是大力发展生态海洋水产养殖业。积极拓展浅海湾外养殖、深水海域底播养殖，使“蓝色粮仓”由浅蓝迈向深蓝，拓展渔业发展空间，把海洋水产养殖业打造为最具市场竞争力的农业产业之一。推动近海滩涂水产养殖减量增效，建设大型设施化生态养殖基地、立体化生态养殖示范基地及海洋牧场，提升海洋水产品的生产能力与品质，大力建设“蓝色粮仓”。三是推进渔业科技创新与管理创新。重点研发深海自动化养殖设施设备，提高设施设备的抗台风能力；加大海洋生物保健食品的研发力度，提升海洋产品的附加值。创新沿岸渔业产权管理模式，使沿岸渔场利用权属地化。大力推进海洋牧场建设，提升海洋养殖业的现代化程度。

积极拓展森林产业与林下产业。一是增强森林食品资源培育水平。充分利用低丘缓坡资源与林业资源，全力打造全国现代林业经济发展试验区，大力发展以林药为主的林下经济和木本油料产业，把林下经济发展作为区域粮食安全的增长潜力点与山区精准扶贫（精准帮扶）的重要产业。其一是发展特色优势水果，其二是促进森林坚果产业集聚化发展，其三是适度增加油茶生产，优化油茶良种布局，提高油料供给自给率，其四是以森林食品种植为核心，示范和推广森林食品生态复合经营模式，恢复和提高林地生产力，有效促进森林食品发展。二是促进森林食品产业链延伸。其一是加强森林食品的技术创新，提升商品化处理、保鲜储藏和精深加工发展水平，拉长产业链，增加产品附加值。其二是适度发展林下经济，增加食物供给总量。其三是推进森林产业发展，加强自动化半自动化采收机器的研发、中试、应用与推广，减轻森林产业与林下经济发展对劳动力的需求。

（五）完善粮食安全应急储备制度，增强粮食调剂能力

提升粮食安全预警机制建设水平。加强粮食总量与分项进出口、储备吞吐的科学调控，不断加强和完善粮食安全应急体系建设，确保粮食市场供应。建立区域粮食安全信息发布规范和发布制度，构建灵敏、准确的粮食预警体系，及时提供权威、准确的粮食供需信息、决策服务，引导产销，加强粮食安全突发性公共事件应急处理能力。加强对国际食品市场的监测预警，建立农产品与食品安全进出口安全监测预警系统，及时跟踪和分析国际相关动态信息。

加强粮食安全应急储备。一是提升仓储设施水平。提升农户储粮设施条件，完善储备粮仓储基础设施建设，尽快实现区域联网，加强储备粮调控监管。二是完善粮食储备制度。探索建立粮食主销区地方储备粮轮换与粮食主产区粮食收购紧密衔接的工作机制，探索主销区粮食异地储藏财政补偿制度，提高缺粮大省的粮食调剂能力。严格储备粮轮换制度，确保地方储备规模落实，做到规模、粮库、费用“三到位”。地级市以上的城市必须以本地常住人口为测算基数，按照最低保障3个月口粮需求的标准提高本地的粮储水平；完善乡镇粮食储备设施，按照保障本地城镇户口人口数3个月口粮和农村户口人口数2个月口粮需求的最低标准，充实提高县（市）级的粮食储备数量。优先保障口粮与种子用粮的储备粮，工业用粮和饲料用粮的储备粮主要通过市场进行调剂。三是加强应急能力建设。拓展国际粮食市场来源，增强国家粮食安全国际市场调剂能力，降低国家粮食安全风险。设立粮食应急基金，稳定粮食供应。提高全民粮食应急意识，参照地震等重大自然灾害应急办法，加强对普通城镇居民家中存放储备粮食的引导，实现藏粮于民，提高紧急应对水平。

（六）充分利用外部市场资源，优势互补，开拓市场

加强与长江经济带中上游区域协作，稳定粮畜供应。从产品生产结构来看，长江经济带中上游地区是我国的粮食主产区，是畜牧、水产生产的重要区域，是大米、生猪、淡水鱼等的主要调出区域，在食物生产结构上与东南地区存在一定的互补。从地缘关系来看，长江经济带中上游区域与东南地区毗邻，可实现无缝江海联运，运输便捷且成本较低，在经济上具有较高的可行性。从产品质量来看，长江经济带中上游地区生态环境良好，农产品规模化生产基地质量基本可控，符合东南地区市场要求。因此，东南地区应加强与长江经济带中上游地区进行农业发展协作，把长江经济带打造为自身粮食与畜禽的稳定供应基地。

加强与台湾开展精致农业技术合作，转变发展方式。加强同台湾进行农业技术合作，推广应用台湾的农业生产技术与管理经验，加快确立中高端农产品生产体系。一是推进对台现代渔业合作示范区建设，提升合作质量与技术含量。二是引进台湾果蔬产业发展技术与管理经验，以中高端产品生产为主，提高果蔬产品的市场竞争力。

加强与“一带一路”共建国家合作，拓展新兴市场。根据对外农业援助和合作发展领域及区域扩展情况，结合“一带一路”共建国家发展情况，重点开展与东盟国家的粮油产品贸易、投资和技术合作；鼓励农业企业赴东南亚、俄罗斯和中亚5国等“21世纪海上丝绸之路”共建国家和其他国家或地区从事农业合作开发，重点支持粮食及油料作物种植、农畜产品养殖等项目，建设农业产业园区。

建设水产品、果蔬出口生产基地，发展外向农业。一是建立一批优势出口水产品养殖基地，扩大适销水产品的养殖及加工规模，进一步开拓欧美市场。二是加快果蔬产业外销结构调整，在扩大国内市场销路的同时，扩大出口、消化产能。三是鼓励优势产品出口，推进出口产品质量追溯体系建设。继续推进一批对台、港、澳农业合作园区建设，加强供台、港、澳等地区的产品出口基地建设，积极培育出口产品品牌。

二、重点工程

东南地区农业产业的转型升级，迫切需要在新兴产业技术创新、农业科技成果推广和创新环境营造上有新的突破。特别是以重大工程带动农业生产从单功能、低效益和高资源依存型向多功能、高效益和高科技依托型转变，这样才能进一步确保资源有效供给，稳定粮食等重要农产品自给率，促进绿色生态发展，延长农业产业链，实现农业产业提质增效。

（一）动植物种质资源与现代育种工程

按照种质创新、基因挖掘、育种技术、新品种选育、良种繁育等科技创新链条，开展全产业链育种协作攻关，加快发展植物种质资源与现代育种工程。

发掘生物种质资源和探索植物作物育种方面新的利用技术。进一步加速生物种质资源的收集和利用，应用生命科学的最新发现和生物技术的最新成果为高效种质创新提供思路。加强优质、多抗、高产、高效水稻及其他粮食作物和蔬菜新品种选育，强化农机、农艺的技术配套研究与推广。注重利用传统育种方法扩繁优质种群和利用基因工程手段培育新畜禽品系相结合，重视重要畜禽水产动物主要经济性状的功能基因组和分子设计育种基础研究。

运用分子设计育种培育突破性品种并催生智能植物品种。植物质量性状的分子标记定位和分子标记辅助选择在理论上趋于成熟，将得到更广泛的应用；功能基因组学和系统生物学研究产生的大量基因资源和关键基因功能解析的进步，为作物转基因育种提供了材料和快速发展的动力。

（二）优质农产品与生态农业工程

实施污染治理与循环农业工程。将环境与动植物健康作为优先发展的领域，注重替代化学品的农业生物技术、生物肥料与农药的开发；加速发展生物综合防治技术和新型农药；注重植物抗性诱导因子的开发并应用到植物病害的防治实践；注重畜禽水产营养代谢及调控、动物环境控制及饲养、动物排泄物无害化增值处理研究，加快动物养殖过程疾病控制和健康养殖标准制定。重点支持农田面源污染与土壤污染综合防治技术、动植物病虫害防治和生态高效种养殖技术、化肥减量与替代增效技术、农药减施及绿色防控技术研究，实施渔场修复振兴技术研究与模式创新，推动农业生态、林业生态和渔业生态发展。

发展生态环境质量安全科技，综合运用生物、物理和化学方法修复污染土壤与水体。研发农作物节水及农药和肥料减量施用技术，特别是土壤污染和水质污染生物修复技术，加强低山丘陵水源区水土流失型面源污染治理，保障水环境安全；加强森林和湿地生态系统功能促进技术研究。集成推广农业废弃物循环利用技术，研发高效低毒农（兽）药，防控动植物重大疫病，强化生态循环农业模式和关键生产技术研发，创新低碳农业耕作方式，推动绿色、低碳农业发展。

建立农产品质量安全过程控制技术体系。一是构建农产品生产全程质量控制技术。

从新品种的选育到生产、收获、加工、包装、销售等全部环节都严格执行一系列的中高端农产品生产标准，建立从源头治理到最终消费的监控体系；加快食品安全关键检测技术创新和应用；建立危险性快速评估技术体系，实现生产者管控安全风险“一揽子解决”。二是制定农产品质量安全标准。推进名特优农产品的选育、生产与精深加工。实施农产品产后预冷术和冷链运输，加强仓储设施建设。

（三）大数据精细化农场管理工程

开展农业生产过程数字化技术、设施农业技术和智能农机装备等研发，构建集约、高效、安全、持续的智慧农业科技支撑体系，满足现代农业产业发展对机械装备的紧迫需求，推动高质量现代农业和绿色美丽经济发展。

一是数字农业。突破农业专用传感与识别、农业传感网、智能化农业信息处理等方面的重大共性关键技术，集成设施农业领域的信息获取、传输、决策、控制等技术与装备，建立农林植物系统中要素和过程的数字化、智能化种植管理体系。充分应用卫星、无人机等遥感手段和云计算等现代化技术，准确监测、预警农业重大灾害。推动农产品生产、流通领域的信息工程技术建设，完善农业信息服务网络。

二是设施农业与农机装备。推进设施种植和养殖设备、林特业中农业新材料、智能装备与配套机具研制。开展工厂化农业的立体栽培技术和机械化装备研究，推动 LED 光源等技术在设施农业中的应用。以推动农业生产高效率、机械化、自动化和智能化为目标，根据东南地区农业特点，使农业装备制造技术朝中小型、高速、复式作业等方向发展，形成一批适用于平原、丘陵、山地、林地等区域的智能化关键装备。

（四）食物消费结构调整促进工程

满足国民膳食消费结构和营养调整要求，加强营养健康食品研发理论和创制关键技术及装备研究，实现营养健康食品的产业化开发和跨越式发展。

一是特色健康营养食品开发。针对食品产业科技支撑与未来发展需求，树立“大食物观”，满足国民对食物的多样性需求和适应其消费饮食结构的变化，按照全链条创新设计、一体化组织实施的总体思路，将海洋产品等食物纳入国家战略物资储备体系。分析研究挖掘农产品中的健康功能组分，研究提取分离和稳态化技术，利用现代加工方法开发健康功能产品。加强新资源食品、特色农产品和药食两用农产品资源的评价与开发利用。

二是特色食品现代化生产技术。开展低碳化、智能化、信息化和自动化的高增值全利用节水节能新技术与新工艺研发，提升食品感官品质和理化特性。以现代加工技术挖掘传统食品、中华烹饪食品和地方特色农产品（食品）加工技术，实现机械化、标准化和产业化。研发节能高效的现代食品加工关键装备和成套生产线。

三是保鲜与物流技术。加强生鲜食品冷链流通品质控制技术研究，研发新技术，研制新产品，设计开发包装新材料、新产品，破解食品在物流过程中品质劣变与损耗等难题。开展物流信息化监控、配送与销售等智能化系统研究应用，确保食品物流过程安全可控。

四是食品加工机械装备。加强食品装备机械稳定性、可靠性、材料安全性、数字化设计、信息感知、仿真优化等方面技术与自动控制系统研究。开展具有自主知识产权的智能化、数字化、规模化、自动化、连续化、工程化、成套化核心装备与技术开发研究。积极开展新型杀菌、节能干燥和高速包装等核心关键技术装备集成与开发。

（五）三产融合发展工程（全产业链建设工程）

促进设计、信息化等领域成熟技术在农业领域的应用和转化，开展农业产业跨界技术综合集成研究，促进一二三产融合、嫁接和再创新。

一是因地制宜推进休闲农业、农业旅游发展，开发、拓展和提升农业的多种功能。通过休闲农业和农业旅游实现产品与消费者之间的情感沟通，培育中高端农产品品牌的知名度和美誉度。

二是推进远洋渔业一二三产融合发展和全产业链延伸。融合“一带一路”建设，开展管理创新、技术创新和营销与品牌创新，鼓励海外捕捞基地建设、渔业企业海外并购，大力扶持远洋渔业实体经济，从单一的远洋捕捞向全产业链、多元化综合经营延伸。

（六）农田生态系统生物多样性挖掘、保护、利用工程

坚持节约优先、保护优先、自然恢复为主的方针，形成节约资源和保护环境的空间格局、产业结构、生产方式、生活方式，建立健全绿色低碳循环发展的经济体系。

一是耕地生物多样性对养分高效利用和有害生物发生的影响机制研究。研究不同耕地质量水平的生物多样性，特别是微生物多样性与有害生物发生的关系。研究连片种植模式下不同质量耕地病、虫、杂草等有害生物的发生、灾变规律，灌溉模式（滴灌、漫灌）对病、虫、杂草等有害生物发生和灾变特性的影响，机械化程度对病、虫、杂草等有害生物发生、危害的影响。

二是实施重要生态系统保护和修复重大工程。其一是优化生态安全屏障体系，加强农田生物生境和水体恢复与保养、生态植被提升、耕地质量保护，构建生态廊道和生物多样性保护网络，提升生态系统质量和稳定性。其二是开展农村人居环境整治行动，加快水污染防治，实施流域环境和近岸海域综合治理；强化土壤污染管控和修复，加强农业面源污染防治，加强固体废弃物和垃圾处置。其三是完善天然林保护制度，强化湿地保护和恢复，健全耕地草原森林河流湖泊休养生息制度，加强地质灾害防治。其四是严格保护耕地，扩大退耕还林还草范围，扩大轮作休耕试点，建立市场化、多元化生态补偿机制。

（七）基于高附加值的农产品精深加工工程

开展高附加值农产品原料理化特性、营养特性、贮藏及加工特性、功能特性、加工过程危害物研究；开展高附加值农产品及其加工品技术标准、副产物综合利用研究。

基础研究：开展农产品贮运和加工过程中营养品质变化、营养组分相互作用机理研究，大宗农产品营养组分相互作用及加工过程中营养品质变化研究，加工新技术对安全、营养等品质的影响研究，农产品生物制造前沿技术基础研究。

技术开发：开展新型非热加工、绿色节能干燥、高效分离提取、长效减菌包装和清洁生产技术升级与集成应用，传统食品工业化关键技术研究；开发功能性及特殊人群膳

食相关产品研究；开展酶工程、细胞工程、发酵工程及蛋白工程等生物制造工程化技术研究与装备研制；开展农产品加工特性与适宜性及加工过程中组分相互作用与品质调控、有害物形成与防控等技术研究，突破农产品资源梯次加工、高值化利用、综合利用与功能成分高效制备等技术限制，研制一批新装备新产品，建立副产物综合利用技术系统。

实施营养和保健功能食品科技研发。开展可增加必需氨基酸（赖氨酸、色氨酸）、维生素（A、E）、微量元素（铁、钙、锌、硒等）、抗氧化物质（多酚、黄酮、胡萝卜素、花色素）、不饱和脂肪酸（ω-3）等含量的科技研发；通过生物技术（如动植物“生物强化”育种技术）和非生物技术（如施肥灌溉技术和饲养管理技术等）生产富含某些营养素的特色食品；随着基因组学和蛋白质组学的发展，研发具有保健功能的食品将成为农业科技新的发展方向。

（八）环保型绿色化、工厂化畜禽生产工程

加快制定和实施畜牧、饲料质量安全标准；加强检验检测、安全评价和监督执法体系建设，强化监管能力；全面实施畜禽标识制度和牲畜信息档案制度，完善畜产品质量安全监管和追溯机制。

在资源与环境承载力有限的背景下，发展环保型绿色化、工厂化畜禽生产，加快畜牧业转型升级，发展高效益、高质量的现代畜牧业。开展饲料、饲料添加剂、兽药质量安全标准和检测技术研究，加强养殖投入品质量安全标准和检测技术研究，健全产品质量安全追溯管理制度和建立相关法律法规制度。

（九）海洋生物资源可持续开发利用工程

明确“聚焦深海，拓展远海，深耕近海”三大发展方向，围绕海洋特有的群体资源、遗传资源、产物资源三类生物资源，在科学问题认知、关键技术突破、产业应用示范三个研发层面，一体化布局海洋生物资源开发利用重点任务创新链，保障我国食品安全。同时，积极配合国家“一带一路”建设的实施，全面开拓海洋生物科技国际合作。

一是深海生物科学研究与资源评价。提升深海生物资源探查获取能力，开展深海生命科学前沿与应用研究。二是远洋生物资源开发与综合利用。开发远洋生物资源，提高南极磷虾等战略性新资源综合利用水平，开展远洋生物新资源探查和评价、捕捞关键技术与装备研发等。三是近海生物资源评价与养护。开展海洋生物多样性研究和生物资源评估，建立近海生态保护技术体系。四是创新海洋药物与高端生物制品研究和开发。五是建立新型海洋食品加工技术体系、海洋食品全产业链无缝化安全控制技术。六是开展渔场修复与海洋蓝色粮仓建设，形成产业链完整的“蓝色粮仓”产业集群。

（十）森林及林下食品工程

在稳健发展森林粮食、森林油料、森林蔬菜、森林果品等主要森林食品的同时，适度提升森林调料、森林肉食和森林药材的产出贡献，提升森林和树木对粮食安全的贡献。

一是研发林下种养模式，培育林下经济基地，逐步实现规模化、标准化、安全化生产。二是开展森林食品产品认证，打造森林食品品牌。三是推进森林资源高效培育与质量精准提升科技工程。四是建立健全相关种质资源收集保存和良种生产研发与供应体

系，提高单产水平。

第五节 政策与措施

一、实施食物资源普查

根据资源普查的情况，科学划定食物生产的主体功能区，确保粮食和肉类的自给率不降低，积极发展东南地区优势产业。实施渔业“走出去”战略，主动加快融入“21世纪海上丝绸之路”建设。全面系统地掌握东南地区各远洋渔场资源状况，保证新开发远洋渔场的可持续发展。

二、科学设置不同地区的食物安全指标

在保证现有耕地面积、稳定粮食生产、保障基本口粮供应的基础上，因地制宜发展多种食物，发挥地理气候等优势，扩大其他优势特色食物的产能，增加食物来源多样性，弥补粮食缺乏带来的用粮紧张。树立健康消费的观念和自觉节约公共资源的意识，建设节约型社会。

三、建立食物安全责任、补偿、预警机制

建立食物安全责任机制。进一步明确各级政府和不同社会主体在食物安全方面的责任与义务。继续实行一把手负责制，建立省、市、县三级行政首长食物工作负责制、三级食物储备制度和三级食物风险基金制度的“三个三”制度。

建立粮食生产补偿机制。切实解决地区之间产粮越多包袱越重的财政反差，使产粮大县真正享受到“以工补农”的政策实惠。

构建食物安全预警与快速反应系统。研究建立食物安全预警与快速反应系统，从食物数量安全、质量安全和价格水平三个方面，防范食物安全事件发生。

四、健全粮食价格调控与激励机制

一是建立和完善粮食市场价格信息预警系统。二是跟踪调查粮食产、供、销、存环节，对国际粮食市场生产、价格和供需情况监测、预测与分析。三是加大扶持和引导绿色先进实用性技术开发和种植无公害、绿色或有机粮食品种，从而大幅提高种粮比较效益。四是建立合理、公平、统一的粮食市场价格机制，利用市场信号引导和激励农民安心种粮。五是继续实施粮食补贴，使之与粮食市场价格形成合力，增强农户种植意愿和收益。

五、建设优质农产品规模化生产基地

以国家“两区建设”为契机，通过财政资金扶持发展优质农产品规模化生产基地，

从而生产安全农产品。例如，重点扶持规模达到万亩以上的瓜菜生产基地、水果生产基地、水稻生产基地，商品猪年出栏规模达到 10 万头以上的养殖场、年养殖规模达到 50 万只以上的养鸡场，有利于生产优质农产品。规模化生产基地制定严格的生产管理制度，统一农业投入品购买、农产品销售。

六、扶持远洋渔业健康发展

加强国际海洋渔业资源调查研究。由财政部等相关部门统一协调、统一布局并加大投入制定国际海洋渔业资源调查计划。

加强远洋渔业行业管理工作。组建多部门合作的远洋渔业中央协调机制，统一协调远洋渔业项目审批、渔船设计与建造和检验、船员培训管理、国际海洋渔业资源调研、远洋对外法规宣传贯彻、国际渔业合作谈判等专题工作。

大力扶持远洋渔业实体经济。在“一带一路”建设的指引下，鼓励海外捕捞基地建设、渔业企业海外并购，从单一的远洋捕捞向全产业链、多元化综合经营延伸。自捕鱼免税政策、国际渔业资源利用补贴、造船补贴、燃油补贴等优惠措施应在充分调研和资源整合的基础上，更精准有效地长期稳定执行。

将海洋食物纳入国家战略物资储备体系。参照欧美日等发达国家的做法，将产量稳定、品质有保障且可长期储藏的金枪鱼（鲣鱼）和鱿鱼罐头制品纳入国家战略物资储备体系。

七、创新推动产业升级，积极应对中美贸易摩擦

强化科技创新，推动产业升级。中美贸易摩擦中，中国从美国出口中国的农产品身上进行反击，以减少对美进口农产品的依赖，这一信息意味着对内农产品需求增加。在当前的贸易环境中，提升科技水平和拉动产业升级才是中国的根本出路，如调整结构，优化产能，保证品质，合理规划农业产业布局。东南地区需要积极发展气候适宜的地方特色精致农业，不断保持农业技术的进步和创新。

推进“一带一路”建设，为应对贸易摩擦拓展空间。“一带一路”建设已取得长足进展，形成“六廊六路多国多港”格局，在共建国家建设了 75 个境外经贸合作区。我国应当继续统筹利用好国内国外两种资源、两个市场，深化同主要贸易伙伴的“一带一路”建设合作，为中国经济提供多元增长动力和为应对贸易摩擦拓展空间。

（本章执笔人：陈剑平、刘静、常明）

第二十九章　西南粮食安全理论与实践

第一节　区域资源禀赋特点

西南地区（四川省、重庆市、云南省、贵州省、广西壮族自治区、西藏自治区）属于我国地形的第一、第二阶梯，地势起伏较大。地区内河流纵横，峡谷广布，地貌以高原和山地为主，还有广泛分布的喀斯特地貌、河谷地貌和盆地地貌等。在气候上总体属亚热带季风气候，受到地貌起伏和地形影响，气候的区域差异和垂直变化十分明显，区内从干热、湿热到温凉、冷凉、高寒的气候类型均有。雨量丰富，年平均降水量1000～1300mm，但由于地理位置、地形和海拔变化，局部自然条件差异大。

西南地区地理位置偏远，历史上交通闭塞、经济文化落后，是我国少数民族主要聚居区之一，少数民族人口占总人口数量的35%以上，尤其是西藏达到95%以上，对新的生产方式和科学技术接受能力弱。有超过8000km的陆地边境线，社会环境复杂。区域自然资源十分丰富，但受地理位置、自然环境和社会经济发展的影响和限制，食物安全存在诸多问题。

本章在分析西南地区食物安全现状的基础上，从自然资源禀赋、农业基础设施建设、食物生产结构、生产方式和模式、软环境和国际化背景等方面，对其食物安全存在的问题进行分析。

一、水资源时空分布不均，粮食生产不稳定

西南地区的粮食生产除了遭受频发性旱灾的影响外，亦会遭受洪涝、低温灾害的侵袭。洪涝灾害在四川盆地西部、西北部和东北部较多，其次是广西南部，云贵高原降水强度相对较小，地形起伏较大，洪涝成灾面积一般比较小。广西南部洪涝主要是由台风引起的，如1984年9月的10号台风和1985年8月的10号台风都造成广西南部地区发生洪涝灾害，损失十分严重。四川盆地西部、北部洪涝则主要由暴雨引起，暴雨日数一般以7月、8月最多，占全年暴雨日数的70%～80%。据统计，1956～1982年四川盆地除盆南边缘山区外，均有区域性洪涝出现，盆西边缘和米仓山南麓在10次以上，青衣江流域及绵阳西北部超过15次，北川、安县和洪雅等洪涝中心多达20次以上。最典型的是1981年7月9～14日，盆地西部、中部地区的一次区域性大暴雨造成历史上罕见的特大洪灾，不少河流达历史最高水位，长江水位也居20年来第三位，出现百年一遇洪峰，全省119个县（市）共1500万人受灾，工农业经济损失达25亿元。

二、土地资源总量少，质量与承载力差

西南地区除西藏外，其余5省份均有喀斯特地貌广泛分布，形成了以贵州为中心的

西南喀斯特地貌集中分布区，包括湘西、鄂西，喀斯特地貌出露总面积达到 54 万 km^2，也是世界上三个喀斯特地貌集中分布区中出露面积最大、发育最强烈、景观类型最多、生态环境最复杂、人地矛盾最尖锐的地区。各省份喀斯特地貌面积所占比例见表 29-1。喀斯特地区是典型的生态脆弱区，土壤稀少、浅薄、零星，基岩裸露率高，植被一旦破坏，生态系统即濒临崩溃。近几十年来，喀斯特地区人口严重超载，生存压力破坏了生态环境，水土流失严重，土地生产力退化，形成了喀斯特石漠化，几乎丧失了人类生存条件。目前，贵州石漠化面积占全省土地面积的 28.4%，云南石漠化面积占比达到 10.2%，广西石漠化面积占 9.7%，重庆石漠化面积占 10.9%。喀斯特地貌和石漠化成为西南地区社会经济与食物安全发展的极大障碍。

表 29-1　2019 年西南地区土地资源情况

省份	土地面积（万 km^2）	山地比例（%）	丘陵比例（%）	喀斯特地区比例（%）	耕地面积（10^3hm^2）	人均耕地面积（hm^2）
重庆	8.2	75.8	18.2	38.4	2455.89	0.081
四川	48.6	81.4	—	5.7	6790.59	0.082
贵州	17.6	61.7	30.8	61.9	4543.94	0.129
云南	39.4	84.0	10.0	28.1	6209.76	0.131
广西	23.7	63.9	21.7	41.0	4450.87	0.092
西藏	120.2	—	—	—	197.87	0.137

西南地区土地面积 257.7 万 km^2，占全国国土面积的 26.8%。耕地面积仅 2464.89 万 hm^2，占西南地区土地面积的 9.6%，占全国耕地面积（1.35 亿 hm^2）的 18.3%，耕地面积占比与土地面积占比严重不协调。

从表 29-1 还可以看出，除西藏外，其余 5 个省份的地貌均以山地和丘陵为主，两种地貌占国土面积的 80%以上，其中重庆和云南最高，山地和丘陵地貌占 94.0%，四川最低，也达 81.4%，贵州占 92.5%，广西占 85.6%。

国土资源部 2016 年的全国耕地质量等别更新评价主要数据成果显示，全国中等耕地面积 7097.49 万 hm^2，低等耕地面积 2395.43 万 hm^2，西南地区中等耕地面积 1871.92 万 hm^2，占全国的 26.37%，低等耕地面积 86.29 万 hm^2，占 3.6%。西南地区中、低等耕地虽然总体上占全国比例不大，但全国耕地质量平均等别为 9.96 等，优等耕地、高等耕地、中等耕地、低等耕地面积占全国耕地评定面积的比例分别为 2.9%、26.59%、52.72%和 17.79%，而西南地区占比分别为 0.17%、19.97%、76.34%和 3.52%，中、低等耕地比例达到了 79.86%。其中，贵州 2013 年调查评定耕地质量平均等别仅为 11.29 等，云南自然质量 11 等别及以上的耕地占到全部耕地的 76.43%（表 29-2）。

表 29-2　西南地区耕地质量等别状况　（10^3hm^2）

等别	广西	重庆	四川	贵州	云南	西藏	小计	等别	面积	2013 年调查评定耕地面积占比
1 等	0.00	0.00	0.00	0.00	0.05	0.00	0.05	优等地	4.17	0.17%
2 等	0.00	0.00	0.00	0.00	0.00	0.00	0.00			
3 等	0.00	0.00	0.00	0.00	1.31	0.00	1.31			
4 等	0.89	0.00	0.22	0.00	1.70	0.00	2.81			

续表

等别	广西	重庆	四川	贵州	云南	西藏	小计	等别	面积	2013 年调查评定耕地面积占比
5 等	7.08	0.00	3.48	0.00	3.01	0.00	13.57	高等地	489.69	19.97%
6 等	51.55	0.10	12.01	0.00	11.02	0.00	74.68			
7 等	81.69	2.60	52.43	0.53	14.70	0.00	151.95			
8 等	55.05	28.65	133.25	7.48	25.06	0.00	249.49			
9 等	95.76	64.77	167.99	34.56	48.68	0.00	411.76	中等地	1871.92	76.34%
10 等	122.42	79.73	184.21	75.53	135.17	1.28	598.34			
11 等	26.01	59.71	86.64	114.02	234.07	4.59	525.04			
12 等	0.00	7.61	29.07	146.92	144.20	8.98	336.78			
13 等	0.00	0.00	4.18	72.60	2.20	4.87	83.85	低等地	86.29	3.52%
14 等	0.00	0.00	0.00	2.30	0.00	0.11	2.42			
15 等	0.00	0.00	0.00	0.01	0.00	0.00	0.01			
总计	440.45	243.17	673.48	453.95	621.17	19.83	2452.05			

注：数据来源于国土资源部 2016 年全国耕地质量等别更新评价主要数据成果

从表 29-3 可以看出，在西南 6 省份有限的耕地资源中，有相当大的一部分是坡耕地资源，耕地有效灌溉面积少，自然条件差，土地生产力低。

表 29-3　西南地区耕地有效灌溉面积

省份	有效灌溉面积（10^3hm^2）	占耕地总面积百分比（%）
广西	1618.8	36.77
重庆	687.2	28.27
四川	2735.1	40.63
贵州	1065.4	23.48
云南	1757.7	28.31
西藏	247.8	55.94

三、生态屏障功能突出，资源开发受限

西南地区除广西外，其余 5 省份均处于长江、珠江等一系列河流上游，地貌起伏大，山高坡陡，降水量大，对于“两江”中下游地区的生态安全有着至关重要的作用。

西藏是长江和澜沧江的发源地。长江干流横亘四川南部，流域面积约占长江上游的一半，是长江上游生态屏障的主体。贵州地处长江和珠江水系上游分水岭地带，“两江”流域面积分别占全省土地面积的 65.7%和 34.3%，是长江、珠江上游重要的生态屏障，生态区位十分重要，但生态环境十分脆弱，生态修复难度很大。云南是世界生物多样性保护的重要热点地区，还是一个山地面积占全省土地面积 94%以上的多山省份，处于长江、澜沧江、怒江、珠江等六大江河的上游或源头，其生态体系建设对于维护本省、国家及国际跨境流域的生态安全至关重要。重庆位于长江上游，位于青藏高原和长江中下游平原的过渡地带，长江干流自西向东横贯全境，流程长达 665km，形成举世闻名的长江三峡。

为了维护生态平衡、保护生态系统和生物多样性及确保长江中下游地区土地安全，长期以来，西南地区在建设生态屏障方面投入了大量的人力、物力和资金，实施了一大

批生态环境建设工程项目，包括天然林保护、退耕还林（草）、石漠化治理、绿化荒山、植被恢复等工程，取得了显著成效。仅贵州林业部门 2010～2014 年在植被恢复和生态建设方面累计投入资金 188.63 亿元，年均达到 37.73 亿元。

截至 2021 年底，重庆森林面积 354.97 万 hm^2，森林覆盖率达到 43.11%，年涵养水源量达 94.69 亿 m^3，年固土量达 1.35 亿 t；四川森林面积 1839.77 万 hm^2，森林覆盖率达 38.03%，年减少土壤流失 1.26 亿 t、涵养水源量 723.74 亿 t；贵州森林面积 771.03 万 hm^2，森林覆盖率达 43.77%；云南森林面积 2106.16 万 hm^2，森林覆盖率达 55.04%。西南地区森林覆盖率的增加，为构建西南生态屏障作出了重要贡献。为进一步加强和巩固西南地区生态屏障，各省份在国民经济发展“十四五”规划中都提出了生态环境建设和构建生态屏障的明确目标，如到 2025 年贵州、云南森林覆盖率达到 64%，重庆森林覆盖率稳定在 57%，四川森林覆盖率达到 41%。

由此带来了社会经济发展的另一面，即在国家政策不完善和社会资金不足的情况下，大量的生态环境建设和保护占据了西南地区十分有限的资金与土地资源，限制了西南地区对资源的开发利用，在一定程度上制约了区域食物生产和供给能力。

四、旱灾频繁，食物生产损失严重

西南地区是中国干旱灾害最为频发的地区之一，干旱成为该地区影响范围最广、持续时间较长、出现频繁、危害较重的自然灾害。1949～2012 年的 5 种主要气象灾害中，干旱占主导地位，干旱灾害频次约占自然灾害的 1/3，为各项灾害之首，粮食因旱灾减少的产量占总产量的 4.7%以上。近 60 多年的气象资料表明，西南地区的干旱灾害发展具有面积增大和频率增高的趋势。受灾率云南增加最明显，其次是四川，贵州最小；成灾率也是云南增加最明显，其次是贵州，四川最小；绝收率贵州增加最明显，其次是云南，四川最小。西南地区多年平均综合损失率为 3.93%，2000 年以来综合损失率为 7.29%，明显高于全国平均 5.51%的水平。主要原因是西南地区降水减少，气温明显上升，特别是 20 世纪 80 年代中期以来，升温速度显著加快。区域降水减少和气温升高加剧了西南地区的干旱风险。

西南地区主要受春旱和伏旱影响较大，夏旱相对较轻，秋旱、冬旱影响面很小。从地区分布看，西部多春旱，东部多伏旱。春旱是云南高原最主要的干旱类型，另外贵州西部、四川盆地西部、广西西部和中部也比较突出。春旱主要影响早稻播栽和小春扬花结实，各地 3 月以后温度回升加快，蒸发蒸腾旺盛，空气和土壤比较干燥，但这时东南季风带来的降水主要在东部，对西部影响小。云南高原、贵州西部、广西西部降水主要来源于西南季风，而西南季风一般 5 月中下旬到达，这时雨季才开始。所以，上述地区 3 月、4 月农作物缺水是普遍现象。问题严重的是春、夏旱相连，5 月甚至 6 月雨季都未开始，易酿成大旱。历史上如 1977 年云南全省大部分地区雨季推迟到 7 月才开始，比正常年晚了 1 个多月，出现了全省大面积的春、夏连旱，造成大、小春普遍减产。伏旱主要出现于四川盆地东南部、贵州东北部和中部及广西中部和东北部。伏旱危害中稻抽穗、晚稻栽插及玉米、棉花生长，并影响蓄水。西南地区以大春作物为主，故伏旱带来的损失常常更大，如 1972 年贵州出现了百年难遇的严重伏旱，旱情几乎遍及全省，当年粮食产量比趋势产量减少20%以上。同年，四川盆地伏旱遍及112个县，严重干旱的有60个县，旱期降水比常年减少70%～90%，造成一些地方塘堰无水、河溪断流，人畜饮水都成问题，并使大春作物遭受严重损失。

第二节　粮食生产现状及问题

2000～2021年西南地区主要粮食作物播种面积缩小，但单产水平提高，因此总产水平基本稳定；而薯类作物、糖料作物、蔬菜作物和水果等播种面积和单产均不断增长，总产水平整体提升；动物性食物中，畜禽年末存栏数量基本稳定，但年末出栏数量稳定增长，肉蛋奶和水产品产量不断提高。综合来看，西南地区食物生产能力提高，但主要植物性食物的单产水平低于全国水平（除豆类和糖料作物）；同时粮食在全国总产的占比下降，而动物类食物和部分经济价值较高的植物性食物（豆类、油料作物、蔬菜作物、水果）的占比提高。

一、粮食生产情况

（一）粮食作物种植面积缩小，产量小幅增加

西南地区粮食作物播种面积总体稳中有降。2021年播种面积为18 360.1×10^3hm^2，较2000年的20 875.2×10^3 hm^{2}下降了2515.1×10^3hm^2，降幅为12.05%（表29-4）。

表29-4　西南地区粮食作物播种面积　（10^3hm^2）

年份	全国	西南	广西	重庆	四川	贵州	云南	西藏
2000	108 462.7	20 875.2	3 655.9	2 773.4	6 854.5	3 151.3	4 238.7	201.4
2005	104 278.5	20 067.6	3 496.2	2 501.3	6 564.8	3 073.7	4 253.9	177.7
2010	109 876.1	19 191.1	3 061.1	2 243.9	6 402.0	3 039.5	4 274.4	170.2
2011	11 0573.0	19 325.4	3 072.8	2 259.4	6 440.5	3 055.6	4 326.9	170.2
2012	111 204.6	19 421.7	3 069.1	2 259.6	6 468.2	3 054.3	4 399.6	170.9
2013	111 955.6	19 593.5	3 076.0	2 253.9	6 469.9	3 118.4	4 499.4	175.9
2014	112 722.6	19 600.6	3 067.7	2 242.5	6 467.4	3 138.4	4 508.2	176.4
2015	113 343.0	19 528.4	3 059.3	2 234.0	6 454.0	3 114.9	4 487.3	178.9
2016	113 034.5	19 504.9	3 023.6	2 250.1	6 453.9	3 113.3	4 481.2	182.9
2017	117 989.1	18 583.5	2 853.1	2 030.7	6 292.0	3 052.8	4 169.2	185.7
2018	117 038.2	18 185.1	2 802.1	2 017.9	6 265.6	2 740.2	4 174.6	184.7
2019	116 063.6	18 085.6	2 747.0	1 999.3	6 279.3	2 709.4	4 165.8	184.8
2020	116 768.2	18 225.6	2 806.1	2 003.1	6 312.6	2 754.1	4 167.4	182.3
2021	117 631.5	18 360.1	2 822.9	2 013.2	6 357.7	2 787.7	4 191.4	187.2

数据来源：国家统计局

西南地区粮食平均单产水平不断提高。近21年来从2000年的4169.4kg/hm^{2}增加到2021年的5033.0kg/hm^2，增幅为20.71%（表29-5）。

表 29-5　西南地区粮食作物单产　（kg/hm²）

年份	全国	西南	广西	重庆	四川	贵州	云南	西藏
2000	4261.1	4169.4	4180.9	3991.7	4919.4	3685.1	3462.9	4776.6
2005	4641.6	4392.8	4253.2	4669.6	4891.2	3747.9	3561.2	5233.5
2010	4973.6	4613.0	4613.7	5152.2	5034.2	3659.5	3860.2	5358.4
2011	5165.9	4530.6	4653.4	4987.6	5110.8	2869.8	4056.9	5505.3
2012	5301.8	4707.0	4838.2	5038.5	5125.1	3533.1	4154.5	5553.0
2013	5376.6	4711.0	4947.3	5093.8	5235.2	3303.0	4217.5	5469.0
2014	5385.1	4802.0	5001.8	5103.7	5218.3	3627.6	4305.0	5555.6
2015	5482.8	4881.6	4984.1	5169.7	5334.4	3788.2	4389.7	5623.3
2016	5451.9	4876.4	5031.4	5182.1	5397.5	3830.0	4246.4	5570.7
2017	5607.4	4982.7	4803.6	5317.7	5545.0	4069.9	4421.5	5738.3
2018	5621.2	4966.8	4899.2	5349.0	5576.0	3867.2	4456.8	5652.8
2019	5720.0	4965.2	4849.0	5378.0	5571.0	3880.0	4489.0	5624.0
2020	5734.0	4983.8	4882.0	5399.0	5587.5	3840.0	4549.8	5644.5
2021	5805.0	5033.0	4912.0	5428.0	5634.0	3927.0	4605.0	5692.0

数据来源：国家统计局

西南地区粮食作物总产水平稳中有升。2021 年总产为 9192.8 万 t，与 2000 年相比增加了 460.1 万 t，增幅 5.27%（表 29-6）。

表 29-6　西南地区粮食作物总产　（万 t）

年份	全国	西南	广西	重庆	四川	贵州	云南	西藏
2000	46 217.5	8 732.7	1 528.5	1 106.9	3 372.0	1 161.3	1 467.8	96.2
2005	48 402.0	8 625.9	1 487.0	1 168.0	3 211.0	1 152.0	1 514.9	93.0
2010	54 647.7	8 644.8	1 412.3	1 156.1	3 222.9	1 112.3	1 650.0	91.2
2011	57 120.8	8 574.4	1 429.9	1 126.9	3 291.6	876.9	1 755.4	93.7
2012	58 958.0	8 940.2	1 484.9	1 138.5	3 315.0	1 079.1	1 827.8	94.9
2013	60 193.8	9 080.8	1 521.8	1 148.1	3 387.1	1 030.0	1 897.6	96.2
2014	60 702.6	9 231.1	1 534.4	1 144.5	3 374.9	1 138.5	1 940.8	98.0
2015	62 143.9	9 372.9	1 524.8	1 154.9	3 442.8	1 180.0	1 969.8	100.6
2016	61 625.1	9 368.0	1 521.3	1 166.0	3 483.5	1 192.4	1 902.9	101.9
2017	66 160.7	9 131.7	1 370.5	1 079.9	3 488.9	1 242.5	1 843.4	106.5
2018	65 789.2	8 970.4	1 372.8	1 079.3	3 493.7	1 059.7	1 860.5	104.4
2019	66 384.3	8 930.8	1 332.0	1 075.2	3 498.5	1 051.2	1 870.0	103.9
2020	66 949.2	9 035.2	1 370.0	1 081.4	3 527.4	1 057.6	1 895.9	102.9
2021	68 284.7	9 192.8	1 386.5	1 092.8	3 582.1	1 094.9	1 930.3	106.2

数据来源：国家统计局

（二）口粮种植面积、产量均有所下降

口粮种植面积总体减少。近 21 年来，西南地区口粮种植面积总体减少，其中水稻种植面积稳中有降，2021 年为 $5690.4\times10^3hm^2$，较 2000 年减少了 $1336.7\times10^3hm^2$；而小麦种植面积急剧萎缩，2021 年较 2000 年减少了 68.3%，仅有 $1064.3\times10^3hm^2$（表 29-7 和表 29-8）。

表 29-7　西南地区水稻种植面积　（10^3hm^2）

年份	全国	西南	广西	重庆	四川	贵州	云南	西藏
2000	29 961.7	7 027.1	2 301.6	776.6	2 123.8	750.5	1 073.6	1.0
2005	28 847.4	6 967.8	2 360.4	747.9	2 087.5	721.7	1 049.3	1.0
2010	29 873.4	6 500.6	2 094.4	683.9	2 004.5	695.8	1 021.0	1.0
2011	30 057.0	6 528.9	2 078.5	686.5	2 007.9	681.5	1 073.5	1.0
2012	30 137.1	6 509.3	2 057.6	687.0	1 997.8	683.0	1 082.9	1.0
2013	30 311.7	6 564.2	2 046.6	688.7	1 990.7	684.5	1 152.7	1.0
2014	30 309.9	6 535.4	2 026.2	689.7	1 991.8	682.0	1 144.7	1.0
2015	30 215.7	6 476.9	1 983.9	688.3	1 990.8	675.1	1 137.8	1.0
2016	30 178.2	6 447.2	1 959.8	692.1	1 990.0	674.3	1 130.0	1.0
2017	30 747.2	5 907.5	1 801.7	658.9	1 874.9	700.5	870.6	0.9
2018	30 189.5	5 805.4	1 752.6	656.5	1 874.0	671.8	849.6	0.9
2019	29 693.5	5 745.0	1 712.9	655.1	1 870.0	664.7	841.5	0.8
2020	30 075.5	5 768.7	1 760.1	657.3	1 866.3	665.1	818.9	1.0
2021	29 921.0	5 690.4	1 756.7	658.9	1 875.0	645.2	753.8	0.8

数据来源：国家统计局

表 29-8　西南地区小麦种植面积　（10^3hm^2）

年份	全国	西南	广西	重庆	四川	贵州	云南	西藏
2000	26 653.3	3 355.6	19.5	466.2	1 605.0	567.4	645.6	51.9
2005	22 792.4	2 537.6	10.7	279.7	1 262.3	410.6	532.3	42.0
2010	24 256.5	2 147.2	4.2	150.5	1 265.7	260.8	428.9	37.1
2011	24 270.4	2 132.3	1.5	138.4	1 259.3	257.6	437.9	37.6
2012	24 268.3	2 100.7	1.5	125.4	1 234.1	259.8	442.2	37.7
2013	24 117.3	2 052.3	1.8	107.6	1 216.0	251.8	437.3	37.8
2014	24 069.4	1 981.9	1.4	87.0	1 170.7	251.5	434.4	36.9
2015	24 141.0	1 911.5	5.1	69.7	1 119.0	248.7	432.7	36.3
2016	24 186.9	1 862.7	6.4	59.8	1 088.0	241.7	430.3	36.6
2017	24 478.2	1 225.0	3.1	30.1	652.7	156.0	343.7	39.4
2018	24 266.2	1 175.3	3.0	24.8	635.0	141.6	339.2	31.7
2019	23 727.7	1 133.6	3.0	21.0	611.1	137.2	328.9	32.4
2020	23 380.0	1 107.2	3.9	18.5	596.8	138.1	320.0	29.9
2021	23 567.0	1 064.3	3.8	18.7	582.9	135.3	291.1	32.5

数据来源：国家统计局

从历年变化来看，整体上西南地区的水稻单产有小幅提升，2021 年平均为 6528.9kg/hm^2；而小麦近 21 年来单产稳中有增，2021 年平均单产（3303.6kg/hm^2）仅为全国平均（5810.8kg/hm^2）的 56.9%（表 29-9 和表 29-10）。

表 29-9 西南地区水稻单产 （kg/hm^2）

年份	全国	西南	广西	重庆	四川	贵州	云南	西藏
2000	6271.6	6164.2	5328.9	6862.0	7695.3	6361.1	5292.5	5445.5
2005	6260.2	6207.0	4953.0	6972.4	7213.0	6551.5	6159.9	5392.2
2010	6553.0	6188.3	5353.9	7585.1	7545.2	4586.1	6039.0	6020.4
2011	6687.3	6147.4	5216.2	7237.4	7606.4	4594.4	6229.9	6000.0
2012	6776.9	6342.7	5550.8	7259.9	7690.0	6035.5	5953.0	5567.0
2013	6717.3	6285.0	5650.0	7314.3	7785.2	5375.7	5795.3	5789.5
2014	6813.2	6213.5	5755.9	7306.0	7665.0	5987.0	5819.5	4747.5
2015	6891.3	6287.8	5736.3	7364.7	7798.9	6226.0	5813.5	4787.2
2016	6565.0	6437.0	5803.9	7377.4	7830.0	6384.5	5946.0	5280.0
2017	6916.9	6500.6	5660.1	7390.5	7860.0	6407.3	6079.2	5606.5
2018	7026.6	6528.9	5798.6	7417.5	7890.1	6262.9	6211.5	5592.7
2019	7059.2	6566.9	5791.0	7433.6	7860.0	6376.1	6345.8	5594.9
2020	7044.3	6561.0	5759.5	7442.8	7905.0	6255.0	6409.7	5594.1
2021	7113.5	6528.9	5794.4	7482.2	7906.2	6465.0	6525.6	5000.0

数据来源：国家统计局

表 29-10 西南地区小麦单产 （kg/hm^2）

年份	全国	西南	广西	重庆	四川	贵州	云南	西藏
2000	3738.2	2829.6	1384.6	2172.9	3315.4	1824.1	2360.6	5919.9
2005	4275.3	2958.1	1682.2	2811.9	3385.8	1777.8	2007.4	6083.3
2010	4749.7	2917.2	1330.9	2989.9	3385.6	2171.2	1072.0	6553.3
2011	4838.2	3204.5	1384.7	3012.1	3469.3	2478.3	2257.8	6625.0
2012	4988.6	3174.9	1313.6	3029.7	3548.2	2648.7	1996.8	6512.1
2013	5058.9	3172.3	1403.7	3098.3	3539.6	2784.3	1841.5	6366.0
2014	5246.4	3313.0	1345.1	3072.2	3659.9	3448.9	1924.5	6427.4
2015	5395.7	3473.6	1653.2	3221.9	3809.7	3624.7	2093.8	6438.2
2016	5399.7	3262.5	1640.6	3283.1	3795.0	2471.8	2077.6	6306.9
2017	5484.1	3186.2	1654.7	3245.8	3855.0	2641.2	2143.9	5576.3
2018	5416.6	3252.8	1666.7	3289.4	3894.5	2342.9	2190.0	6133.0
2019	5630.4	3237.0	1584.2	3287.7	4028.2	2403.4	2186.1	5932.6
2020	5742.3	3257.2	1617.6	3286.8	4134.2	2417.2	2178.1	5909.2
2021	5810.8	3303.6	1578.9	3262.0	4208.3	2461.2	2126.4	6184.6

数据来源：国家统计局

近 21 年来西南地区水稻总产稳中有降，2021 年为 3914.0 万 t，较 2000 年减少了 494.0 万 t，降幅为 11.2%；2021 年小麦总产为 367.3 万 t，较 2000 年减少了 555.4 万 t，降幅达 60.2%（表 29-11 和表 29-12）。

表 29-11　西南地区水稻总产　（万 t）

年份	全国	西南	广西	重庆	四川	贵州	云南	西藏
2000	18 790.8	4 408.0	1 226.5	532.9	1 634.3	477.4	536.3	0.6
2005	18 059.0	4 316.8	1 169.0	521.5	1 506.0	473.0	646.3	1.0
2010	19 576.1	4 091.1	1 121.3	518.6	1 512.1	445.7	492.8	0.6
2011	20 100.1	3 918.4	1 084.1	493.5	1 527.1	303.9	509.2	0.6
2012	20 423.6	4 062.8	1 142.0	498.0	1 536.1	402.4	483.8	0.5
2013	20 361.2	4 065.7	1 156.2	503.1	1 549.5	361.3	495.0	0.6
2014	20 650.7	4 088.1	1 166.1	503.2	1 526.5	403.2	488.6	0.5
2015	20 822.5	4 094.8	1 137.8	506.4	1 552.6	417.5	480.0	0.5
2016	20 707.5	4 309.0	1 137.3	510.6	1 558.2	430.5	671.9	0.5
2017	21 267.6	3 959.0	1 019.8	487.0	1 473.7	448.8	529.2	0.5
2018	21 212.9	3 930.6	1 016.2	486.9	1 478.6	420.7	527.7	0.5
2019	20 961.4	3 907.0	992.0	487.0	1 469.8	423.8	534.0	0.4
2020	21 186.0	3 919.6	1 013.7	489.2	1 475.3	416.0	524.9	0.5
2021	21 284.2	3 914.0	1 017.9	493.0	1 493.4	417.4	491.9	0.4

数据来源：国家统计局

表 29-12　西南地区小麦总产　（万 t）

年份	全国	西南	广西	重庆	四川	贵州	云南	西藏
2000	9 963.7	922.7	2.7	101.3	532.1	103.5	152.4	30.7
2005	9 745.0	713.3	1.8	78.6	427.0	73.0	106.9	26.0
2010	11 518.1	569.3	0.6	45.9	427.7	24.8	46.0	24.3
2011	11 740.1	652.9	0.2	42.4	436.0	50.4	99.0	24.9
2012	12 102.3	641.0	0.2	38.5	437.0	52.4	88.3	24.6
2013	12 192.6	611.4	0.3	33.7	421.3	51.5	80.5	24.1
2014	12 620.8	619.2	0.2	27.0	423.2	61.5	83.6	23.7
2015	13 018.5	625.8	0.9	22.9	426.3	61.7	90.6	23.4
2016	12 884.5	606.3	1.1	19.6	413.4	59.7	89.4	23.1
2017	13 424.1	398.7	0.5	9.8	251.6	41.2	73.7	21.9
2018	13 144.1	383.0	0.5	8.2	247.3	33.2	74.3	19.5
2019	13 359.6	377.7	0.5	6.9	246.2	33.0	71.9	19.2
2020	13 425.4	374.2	0.6	6.1	246.7	33.4	69.7	17.7
2021	13 694.4	367.3	0.6	6.1	245.3	33.3	61.9	20.1

数据来源：国家统计局

（三）谷物种植面积缩小，产量稳定

谷物种植面积缩小。2021 年西南地区谷物（不含口粮）播种面积 12 800.5×10^{3}hm^2，近 21 年来缩减了 2941.7×10^{3}hm^2，减幅为 18.7%（表 29-13）。玉米是主要的谷物之一，近

21 年来西南地区玉米种植面积呈现波动增长态势，增长幅度（27.0%）小于全国平均水平（87.91%）（表 29-14）。

表 29-13　西南地区谷物种植面积　（10^3hm^2）

年份	全国	西南	广西	重庆	四川	贵州	云南	西藏
2000	85 264.2	15 742.2	2 955.6	1 793.5	5 202.2	2 126.6	3 473.6	190.7
2005	81 873.9	14 459.3	2 959.4	1 537.1	4 778.5	1 928.3	3 087.8	168.2
2010	89 850.6	13 806.9	2 648.0	1 319.7	4 781.6	1 831.2	3 063.4	163.0
2011	91 015.8	13 879.8	2 665.8	1 316.4	4 787.1	1 829.0	3 118.4	163.1
2012	92 612.4	13 894.6	2 658.7	1 305.4	4 769.7	1 829.1	3 167.9	163.8
2013	93 768.7	14 013.1	2 656.1	1 292.1	4 758.3	1 864.2	3 273.2	169.2
2014	94 603.5	13 942.3	2 631.2	1 276.9	4 720.4	1 869.7	3 274.4	169.7
2015	95 635.9	13 860.7	2 632.6	1 262.2	4 685.4	1 841.7	3 266.0	172.8
2016	94 394.0	13 752.5	2 594.3	1 260.9	4 649.5	1 816.5	3 255.0	176.3
2017	100 764.6	13 392.9	2 436.5	1 156.8	4 507.7	1 938.8	3 173.1	180.0
2018	99 671.4	12 868.4	2 379.1	1 143.9	4 479.5	1 513.2	3 173.5	179.2
2019	97 847.0	12 701.0	2 333.9	1 134.7	4 459.1	1 443.1	3 151.7	178.5
2020	97 964.2	12 703.8	2 378.0	1 137.5	4 444.3	1 429.6	3 139.0	175.4
2021	100 177.0	12 800.5	2 391.6	1 142.7	4 463.3	1 496.6	3 126.5	179.8

数据来源：国家统计局

表 29-14　西南地区玉米种植面积　（10^3hm^2）

年份	全国	西南	广西	重庆	四川	贵州	云南	西藏
2000	23 056.3	4 207.0	610.7	500.6	1 235.5	727.3	1 129.7	3.2
2005	26 358.1	4 138.0	575.7	460.3	1 196.6	719.5	1 182.6	3.3
2010	32 500.1	4 559.0	538.6	461.9	1 355.4	781.1	1 417.8	4.2
2011	33 541.7	4 596.9	565.9	466.9	1 363.1	787.8	1 409.0	4.2
2012	35 029.8	4 656.5	580.5	468.4	1 371.1	775.2	1 456.9	4.4
2013	36 318.4	4 720.1	587.6	466.7	1 378.0	778.4	1 505.1	4.3
2014	37 123.4	4 750.5	584.0	467.9	1 381.2	787.5	1 525.7	4.2
2015	38 119.0	4 780.4	622.6	470.8	1 402.0	763.2	1 517.3	4.5
2016	36 767.7	4 741.8	609.3	475.3	1 399.0	740.3	1 513.2	4.7
2017	42 399.0	5 677.5	591.2	447.3	1 863.9	1 006.4	1 763.8	4.9
2018	42 130.1	5 275.2	584.4	442.3	1 856.0	602.1	1 785.2	5.2
2019	41 284.1	5 180.1	580.1	438.3	1 844.0	530.6	1 782.4	4.7
2020	41 264.3	5 185.7	597.0	440.9	1 839.4	501.5	1 802.5	4.4
2021	43 324.0	5 342.8	615.0	443.8	1 849.4	550.4	1 879.4	4.8

谷物单产水平提高。2021 年西南地区谷物（不含口粮）单产水平为 5758.0kg/hm^2，较 2000 年的 4652.0kg/hm^2 增加了 23.8%，但仍低于全国平均水平 6316kg/hm^2。但玉米单产总体呈现增长趋势，从 2000 年的 4127.2kg/hm^2 增长到 2021 年的 5405.5kg/hm^2，增长幅度为 31.0%（表 29-15 和表 29-16）。

表 29-15 西南地区谷物单产 （kg/hm²）

年份	全国	西南	广西	重庆	四川	贵州	云南	西藏
2000	4752.6	4652.0	4790.6	4702.5	5442.9	4398.6	3691.0	4886.7
2005	5224.6	4943.8	4679.7	5502.5	5402.1	4673.3	4077.8	5327.7
2010	5527.5	5109.4	5022.6	6335.3	5624.7	4099.9	4144.0	5429.8
2011	5713.9	5043.1	4986.2	6209.1	5750.1	3393.1	4338.8	5581.3
2012	5832.6	5316.4	5230.6	6234.7	5815.2	4478.6	4511.7	5627.8
2013	5907.1	5276.1	5337.2	6334.5	5993.3	3947.6	4521.8	5522.1
2014	5896.1	5389.5	5420.8	6334.5	5986.4	4275.7	4707.7	5611.7
2015	5988.7	5456.1	5360.7	6421.6	6096.2	4435.7	4753.0	5669.3
2016	6004.4	5561.8	5429.8	6485.9	6218.7	4860.9	4801.9	5573.9
2017	6105.4	5610.0	5327.3	6538.9	6282.1	4903.1	4941.8	5666.8
2018	6120.5	5648.4	5447.2	6588.1	6319.7	4885.3	4984.1	5665.7
2019	6272.0	5674.9	5395.0	6614.5	6336.1	4981.7	5011.2	5710.7
2020	6295.6	5694.5	5428.3	6626.5	6383.1	4928.2	5057.4	5743.7
2021	6316.0	5758.0	5463.7	6663.2	6451.3	5055.5	5135.5	5778.6

数据来源：国家统计局

表 29-16 西南地区玉米单产 （kg/hm²）

年份	全国	西南	广西	重庆	四川	贵州	云南	西藏
2000	4597.5	4127.2	3016.2	3945.3	4430.7	4705.1	4189.6	4476.2
2005	5287.3	4520.8	3682.5	5064.3	4853.8	4785.0	3799.3	4940.1
2010	5453.7	4824.3	3870.5	5433.5	4935.8	4093.9	4072.1	6540.3
2011	5747.5	4721.5	4318.5	5492.8	5147.1	2765.3	3978.8	6626.5
2012	5869.7	4875.4	4309.7	5455.4	5114.9	3814.2	4535.2	6023.0
2013	6015.9	4846.9	4516.3	5520.0	5457.7	3196.7	4626.7	5763.9
2014	5808.9	4880.8	4551.4	5457.4	5443.8	3215.3	4871.9	5745.2
2015	5892.9	4259.4	4496.8	5507.3	5461.5	3311.0	4925.2	1854.3
2016	5967.1	5172.5	4571.6	5569.4	5670.0	4381.6	4999.3	5843.3
2017	6110.3	5280.9	4594.5	5647.2	5730.0	4383.8	5175.9	6153.9
2018	6104.3	5351.8	4678.1	5681.9	5745.2	4300.8	5187.1	6517.8
2019	6316.7	5158.8	4502.5	5692.9	5760.0	4378.1	5161.6	5457.7
2020	6317.0	5337.2	4577.9	5695.2	5789.9	4392.8	5203.9	6363.6
2021	6291.0	5405.5	4637.4	5736.8	5865.1	4662.1	5281.5	6250.0

数据来源：国家统计局

谷物总产水平稳定。2021 年西南地区谷物（不含口粮）总产为 7413.6 万 t，较 2000 年增加 89.4 万 t。玉米总产呈波动增加的趋势，近 21 年来增加 1130.7 万 t，达到 2876.7 万 t（表 29-17 和表 29-18）。

表 29-17 西南地区谷物总产 （万 t）

年份	全国	西南	广西	重庆	四川	贵州	云南	西藏
2000	40 522.4	7 324.2	1 415.9	766.1	2 831.5	935.4	1 282.1	93.2
2005	42 776.0	7 062.0	1 384.9	845.8	2 581.4	901.2	1 259.2	89.6
2010	49 637.1	7 089.5	1 332.5	822.1	2 656.9	911.6	1 278.0	88.5
2011	51 939.4	6 961.6	1 333.2	799.2	2 753.7	615.6	1 368.9	91.0
2012	53 947.2	7 285.3	1 396.5	799.1	2 741.0	820.1	1 436.5	92.2
2013	55 269.2	7 364.6	1 425.5	804.7	2 815.3	740.7	1 485.0	93.5
2014	55 740.7	7 462.8	1 435.7	796.8	2 784.2	816.0	1 534.9	95.2
2015	57 228.1	7 534.7	1 422.4	800.2	2 826.6	841.8	1 545.8	98.0
2016	56 538.1	7 596.4	1 420.6	806.2	2 846.6	855.5	1 567.7	99.8
2017	61 520.5	7 506.9	1 298.0	756.4	2 831.8	950.6	1 568.1	102.0
2018	61 003.6	7 302.8	1 295.9	753.6	2 830.9	739.2	1 581.7	101.5
2019	61 369.7	7 235.3	1 259.1	750.6	2 825.4	718.9	1 579.4	101.9
2020	61 674.3	7 274.1	1 290.8	753.7	2 836.9	704.5	1 587.5	100.7
2021	63 275.7	7 413.6	1 306.7	761.4	2 879.4	756.6	1 605.6	103.9

数据来源：国家统计局

表 29-18 西南地区玉米总产 （万 t）

年份	全国	西南	广西	重庆	四川	贵州	云南	西藏
2000	10 600.2	1 746.0	184.2	197.5	547.4	342.2	473.3	1.4
2005	13 937.0	1 821.0	212.0	233.0	581.0	344.0	449.3	1.7
2010	17 724.5	2 160.5	208.7	251.6	669.0	415.4	613.0	2.8
2011	19 278.1	2 048.0	244.7	257.0	701.6	243.7	598.2	2.8
2012	20 561.4	2 253.1	250.6	256.3	701.3	342.3	700.0	2.6
2013	21 848.9	2 321.0	266.0	258.1	762.4	298.0	734.0	2.5
2014	21 564.6	2 333.8	266.4	256.0	751.9	313.8	743.3	2.4
2015	22 463.2	2 379.0	280.7	259.7	765.7	324.8	747.3	0.8
2016	21 955.2	2 420.2	278.6	264.7	793.2	324.4	756.5	2.8
2017	25 907.1	2 949.3	271.6	252.6	1 068.0	441.2	912.9	3.0
2018	25 717.4	2 779.4	273.4	251.3	1 066.3	259.0	926.0	3.4
2019	26 077.9	2 727.7	261.2	249.5	1 062.1	232.3	920.0	2.6
2020	26 066.5	2 750.5	273.3	251.1	1 065.0	220.3	938.0	2.8
2021	27 255.1	2 876.7	285.2	254.6	1 084.7	256.6	992.6	3.0

数据来源：国家统计局

（四）其他植物性食物产量增加

近 21 年来，其他植物性食物产量整体上升，受单产水平和种植面积上涨的影响明显。其中，在全国薯类作物总产下降的背景下，西南地区薯类作物总产大幅度提高，2021 年薯类总产 1420.8 万 t，较 2000 年增幅高达 30.7%；油料作物总产 724.4 万 t，较 2000 年增长 336.4 万 t，增幅达到 86.7%；糖料作物总产 9049.7 万 t，较 2000 年的 4601.1 万 t 增长 4448.6 万 t，增幅 96.7%；蔬菜作物总产 17 389.4 万 t，较 2000 年的 5898.6 万 t 增加 194.8%；水果总产急剧提升，由 2000 年的 803.2 万 t 上升至 2021 年的 6764.5 万 t，增长 742.2%（表 29-19～表 29-23）。

表 29-19　西南地区薯类作物总产　（万 t，折粮）

年份	全国	西南	广西	重庆	四川	贵州	云南	西藏
2000	3685.4	1086.7	67.6	239.3	447.8	186.4	145.5	0.1
2005	3468.0	1232.6	62.0	280.0	498.0	213.0	178.6	1.0
2010	3114.1	1164.1	56.2	292.1	467.7	174.1	173.6	0.4
2011	3273.0	1212.3	67.8	284.2	441.7	239.3	178.9	0.4
2012	3292.8	1258.9	64.8	294.4	480.4	235.8	183.0	0.5
2013	3329.3	1321.6	73.0	297.4	479.7	263.4	207.6	0.5
2014	3336.4	1352.9	74.2	301.1	494.5	289.9	192.7	0.5
2015	3326.1	1400.1	78.4	306.8	516.3	303.8	194.1	0.7
2016	3356.2	1417.6	76.1	311.4	531.1	301.9	196.5	0.6
2017	2798.6	1292.8	47.8	283.3	537.9	266.3	157.0	0.5
2018	2865.4	1329.4	50.7	284.9	541.3	291.2	160.7	0.6
2019	2882.7	1346.9	48.7	283.6	543.2	302.9	168.3	0.2
2020	2987.4	1395.3	52.6	286.2	551.8	319.4	185.0	0.3
2021	3043.5	1420.8	53.1	289.3	559.2	303.2	215.6	0.4

数据来源：国家统计局

表 29-20　西南地区油料作物总产　（万 t）

年份	全国	西南	广西	重庆	四川	贵州	云南	西藏
2000	2954.8	388.0	58.6	31.1	193.0	74.3	27.0	4.0
2005	3077.1	465.4	63.2	42.7	232.3	84.9	36.2	6.1
2010	3230.1	459.2	45.8	44.5	268.5	60.3	34.2	5.9
2011	3306.8	521.2	50.1	46.5	278.5	78.9	60.8	6.4
2012	3436.8	548.9	54.5	50.1	287.8	87.4	62.8	6.3
2013	3517.0	559.3	57.2	53.1	290.4	91.5	60.7	6.4
2014	3507.4	588.2	61.3	56.9	300.8	98.1	64.7	6.4
2015	3537.0	605.8	64.7	59.9	307.6	101.3	65.9	6.4
2016	3629.5	621.1	69.0	62.7	311.3	103.4	68.5	6.2
2017	3475.2	662.9	64.9	62.4	357.9	115.5	56.3	5.9
2018	3433.4	672.3	66.7	63.7	362.5	112.6	60.9	5.9
2019	3493.0	675.4	71.6	65.2	367.4	103.0	62.5	5.7
2020	3586.4	705.4	73.8	67.1	392.9	103.4	63.1	5.1
2021	3613.2	724.4	75.9	68.5	416.6	94.9	63.9	4.6

数据来源：国家统计局

表 29-21　西南地区糖料作物总产　（万 t）

年份	全国	西南	广西	重庆	四川	贵州	云南	西藏
2000	7 635.3	4 601.1	2 937.9	9.1	166.8	66.7	1 420.6	0.0
2005	9 451.9	6 783.1	5 154.7	11.5	133.2	67.8	1 415.9	0.0
2010	12 008.5	9 028.2	7 119.6	11.7	93.6	52.3	1 751.0	0.0
2011	12 516.5	9 312.2	7 270.0	11.8	88.0	43.6	1 898.8	0.0
2012	13 485.4	10 075.0	7 829.7	11.9	61.5	128.1	2 043.8	0.0
2013	13 746.1	10 478.0	8 104.3	10.9	57.1	159.4	2 146.3	0.0
2014	13 361.2	10 297.4	7 952.6	10.3	55.8	168.3	2 110.4	0.0
2015	12 500.0	9 655.1	7 504.9	9.8	54.2	156.1	1 930.1	0.0
2016	12 340.7	9 376.8	7 461.3	9.7	49.6	117.8	1 738.4	0.0
2017	11 378.8	8 742.6	7 132.4	8.8	34.9	50.3	1 516.2	0.0
2018	11 937.4	9 040.9	7 292.8	9.1	36.4	62.5	1 640.1	0.0
2019	12 169.1	9 168.5	7 490.7	8.1	37.2	62.8	1 569.7	0.0
2020	12 014.0	9 117.3	7 412.5	8.2	37.9	61.5	1 597.2	0.0
2021	11 454.4	9 049.7	7 365.1	8.3	38.7	53.7	1 583.9	0.0

数据来源：国家统计局

表 29-22　西南地区蔬菜作物（含菜用瓜）总产　（万 t）

年份	全国	西南	广西	重庆	四川	贵州	云南	西藏
2000	44 467.9	5 898.6	1 613.2	775.4	2 312.6	595.2	584.8	17.4
2005	56 451.5	7 589.1	2 130.6	890.5	2 714.3	839.9	970.9	42.9
2010	65 099.4	9 362.3	2 129.4	1 309.5	3 408.3	1 202.0	1 255.0	58.1
2011	67 929.7	9 878.2	2 246.4	1 408.0	3 573.6	1 250.1	1 340.0	60.1
2012	70 883.1	10 544.6	2 356.7	1 509.3	3 764.7	1 375.6	1 472.7	65.6
2013	73 512.0	11 139.8	2 435.6	1 600.6	3 910.7	1 500.4	1 625.5	67.0
2014	76 005.5	11 797.8	2 610.1	1 689.1	4 069.3	1 625.6	1 735.5	68.2
2015	78 526.1	12 483.1	2 786.4	1 780.5	4 240.8	1 731.9	1 873.9	69.6
2016	79 779.7	13 110.3	2 928.8	1 875.1	4 388.6	1 878.5	1 968.6	70.7
2017	69 192.7	13 820.2	3 282.6	1 862.6	4 252.3	2 272.2	2 077.8	72.7
2018	70 346.7	14 694.6	3 432.2	1 932.7	4 438.0	2 613.4	2 205.7	72.6
2019	72 102.6	15 400.7	3 636.4	2 008.8	4 639.1	2 734.8	2 304.1	77.5
2020	74 912.9	16 319.9	3 830.8	2 092.6	4 813.4	2 990.9	2 507.9	84.3
2021	77 548.8	17 389.4	4 047.5	2 184.3	5 039.1	3 280.1	2 748.9	89.5

数据来源：国家统计局

表 29-23　西南地区水果总产　（万 t）

年份	全国	西南	广西	重庆	四川	贵州	云南	西藏
2000	6 225.1	803.2	360.1	81.7	252.6	31.1	77.0	0.7
2005	16 120.1	1 670.6	766.8	154.6	527.1	51.4	169.7	0.9
2010	21 401.4	2 524.2	1 094.4	238.5	722.9	69.6	397.9	0.9
2011	22 768.2	2 817.6	1 223.0	261.1	776.6	79.5	476.4	1.0
2012	24 056.8	3 110.0	1 325.0	291.2	821.6	90.1	581.1	1.0
2013	25 093.0	3 334.0	1 433.2	319.3	840.1	105.7	634.5	1.2
2014	26 142.2	3 589.2	1 560.6	347.6	884.6	126.0	669.0	1.4
2015	27 375.0	3 905.9	1 720.0	376.0	934.2	147.7	726.5	1.5
2016	28 351.1	4 275.0	1 882.5	408.7	979.3	243.9	759.1	1.5
2017	25 241.9	4 375.9	1 900.4	403.4	1 007.9	280.1	783.9	0.2

续表

年份	全国	西南	广西	重庆	四川	贵州	云南	西藏
2018	25 688.4	4 811.8	2 116.6	431.3	1 080.7	369.5	813.4	0.3
2019	27 400.8	5 389.9	2 472.1	476.4	1 136.7	442.0	860.3	2.4
2020	28 692.4	6 033.3	2 785.7	514.4	1 221.3	548.1	961.6	2.2
2021	29 970.2	6 764.5	3 121.1	553.2	1 290.9	653.7	1 142.6	3.0

数据来源：国家统计局

（五）动物类食物生产增长迅速

畜禽产品产量较快增加。西南地区畜禽产品总产快速增加，2021 年猪牛羊肉类总产为 1589.5 万 t，较 2000 年增加 32.2%；禽肉总产达 372.3 万 t，较 2000 年增加 109.3%；奶类总产达到 215.7 万 t，较 2000 年增长 195.5%；禽蛋总产 314.3 万 t，较 2000 年增长 97.2%（表 29-24～表 29-27）。

表 29-24　西南地区猪牛羊肉类总产　　（万 t）

年份	全国	西南	广西	重庆	四川	贵州	云南	西藏
2000	4838.2	1202.7	219.1	138.4	523.1	116.0	191.2	14.9
2005	6157.6	1557.1	206.6	153.3	745.0	154.7	276.0	21.5
2010	6123.2	1434.9	258.5	156.3	546.6	163.5	285.3	24.7
2011	6093.7	1428.6	257.3	157.8	537.5	163.7	287.6	24.7
2012	6405.9	1487.2	269.6	160.6	549.8	172.7	309.5	25.0
2013	6574.4	1540.1	278.9	165.6	566.4	181.4	321.8	26.0
2014	6788.8	1590.0	283.9	170.3	585.9	184.0	340.5	25.4
2015	6627.5	1534.8	258.8	156.1	574.1	181.7	337.8	26.3
2016	6475.3	1527.9	267.7	164.6	558.2	177.3	334.1	26.0
2017	6557.5	1535.0	270.0	144.1	532.8	184.0	374.1	30.0
2018	6522.9	1564.4	280.0	146.1	542.0	190.0	378.5	27.8
2019	5410.1	1302.3	208.0	126.1	417.0	176.8	346.6	27.8
2020	5278.1	1328.8	191.3	123.0	459.1	174.3	353.3	27.8
2021	6507.5	1589.5	263.3	156.6	524.4	194.7	423.5	27.0

数据来源：国家统计局

表 29-25　西南地区禽肉总产　　（万 t）

年份	全国	西南	广西	重庆	四川	贵州	云南	西藏
2000	1207.5	177.9	55.9	14.2	87.9	7.3	12.6	—
2005	1464.3	158.6	33.5	22.2	70.3	12.0	20.6	—
2010	1656.1	287.9	124.9	31.0	84.6	14.1	33.2	0.1
2011	1708.8	296.6	128.8	32.6	86.9	14.4	33.8	0.1
2012	1822.6	315.8	136.0	34.8	93.0	15.4	36.4	0.2
2013	1798.4	318.1	135.3	35.8	95.6	15.5	35.7	0.2
2014	1750.7	312.4	128.2	36.6	97.4	14.8	35.2	0.2
2015	1826.3	323.9	132.5	37.6	99.7	16.3	37.6	0.2
2016	1888.2	332.1	135.0	38.4	102.0	17.7	38.8	0.2
2017	2096.9	377.2	150.2	36.5	121.0	22.5	45.0	2.0

续表

年份	全国	西南	广西	重庆	四川	贵州	云南	西藏
2018	2101.8	379.5	147.3	36.1	122.8	24.0	48.7	0.6
2019	2348.7	441.4	172.1	37.7	142.6	29.1	59.3	0.6
2020	2470.3	464.1	189.1	38.2	138.7	33.5	64.1	0.5
2021	2380.0	372.3	148.6	24.5	119.2	31.5	48.1	0.4

数据来源：国家统计局

表 29-26　西南地区奶类总产　（万 t）

年份	全国	西南	广西	重庆	四川	贵州	云南	西藏
2000	919.1	73.0	1.7	5.6	28.9	1.7	14.7	20.4
2005	2864.8	136.5	5.4	8.6	59.0	3.8	32.7	27.0
2010	3748.0	176.5	8.2	8.0	71.3	4.6	54.1	30.3
2011	3810.7	182.1	8.9	8.0	72.4	4.9	56.6	31.4
2012	3875.4	183.8	9.4	7.7	72.0	5.1	58	31.7
2013	3649.5	184.8	9.6	6.8	71.1	5.5	59.3	32.5
2014	3841.2	191.1	9.7	5.7	71.3	5.7	64.6	34.1
2015	3870.0	198.3	10.1	5.5	67.5	6.2	73.7	35.4
2016	3712.1	183.2	9.7	5.5	62.8	6.4	64.1	34.7
2017	3038.6	175.2	8.1	5.1	63.7	4.4	56.8	37.1
2018	3074.6	177.2	8.9	4.9	64.2	4.6	58.2	36.4
2019	3201.2	187.2	8.7	4.2	66.7	5.3	59.9	42.4
2020	3440.1	199.9	11.2	3.2	68.0	5.3	67.3	44.9
2021	3778.1	215.7	13.1	3.1	68.4	4.9	72.5	53.7

数据来源：国家统计局

表 29-27　西南地区禽蛋总产　（万 t）

年份	全国	西南	广西	重庆	四川	贵州	云南	西藏
2000	2243.3	159.4	14.5	27.9	99.7	6.5	10.6	0.2
2005	2879.5	244.5	17.7	39.2	157.2	11.1	19.0	0.4
2010	2762.7	235.7	20.0	37.2	144.9	12.5	20.8	0.3
2011	2811.4	217.4	21.0	37.4	145.0	13.7	21.7	0.3
2012	2861.2	245.5	21.8	40.1	146.4	14.7	22.1	0.4
2013	2876.1	248.1	22.7	41.1	145.2	15.4	23.2	0.5
2014	2893.9	251.7	22.2	43.2	145.3	16.2	24.3	0.5
2015	2999.2	259.1	22.9	45.4	146.7	17.6	26.0	0.5
2016	3094.9	263.8	23.1	47.4	148.1	18.3	26.4	0.5
2017	3096.3	258.5	24.2	40.3	144.5	18.7	30.3	0.5
2018	3128.3	265.8	22.3	41.5	148.8	20.0	32.7	0.5
2019	3309.0	289.6	25.1	43.5	161.7	23.0	35.8	0.5
2020	3467.8	309.0	26.7	45.7	167.9	26.2	41.8	0.7
2021	3408.8	314.3	27.1	47.9	169.2	27.7	41.7	0.7

数据来源：国家统计局

水产品生产能力不断提高。西南地区淡水养殖面积不断增加，2020 年达 580 617hm^2，较 2000 年增加 16.1%（表 29-28）；由于养殖面积增加，水产品总产也不断提高，2021 年达到 667.9 万 t，较 2000 年的 334.2 万 t 增长 99.9%，但各地区发展较不平衡，广西一直是西南地区水产品产量最大的省，且近年仍有一定程度的增长，2021 水产品产量为 354.8 万 t，较 2000 年的 239.9 万 t 增长 47.9%，占西南地区总量的 53.1%（表 29-29）。

表 29-28　西南地区水产（淡水）养殖面积　　（hm^2）

年份	全国	西南	广西	重庆	四川	贵州	云南	西藏
2000	5 277 732	500 185	177 678	56 503	157 938	26 426	81 622	18
2005	5 850 488	601 918	202 076	69 683	200 941	43 245	85 956	17
2010	5 564 343	567 684	170 382	76 390	183 226	29 855	107 791	40
2011	5 728 568	592 792	173 507	81 245	188 423	32 572	117 017	28
2012	5 907 476	626 363	175 847	84 342	192 803	49 325	124 016	30
2013	6 006 130	653 714	177 664	88 039	196 809	56 237	134 934	31
2014	6 080 888	672 382	181 930	93 602	199 446	58 883	138 490	31
2015	6 147 241	694 436	184 135	96 675	211 476	59 893	142 226	31
2016	5 347 400	708 179	183 897	99 646	214 876	60 805	148 968	5
2017	5 364 958	534 217	134 944	82 204	188 395	35 177	93 493	4
2018	5 146 455	550 662	135 458	83 024	190 083	47 664	94 429	4
2019	5 116 320	564 758	133 371	82 817	193 096	61 532	93 939	3
2020	5 040 560	580 617	133 785	82 970	193 145	64 931	105 782	4

数据来源：国家统计局和《中国统计年鉴》

表 29-29　西南地区水产品总产　　（万 t）

年份	全国	西南	广西	重庆	四川	贵州	云南	西藏
2000	4279.0	334.2	239.9	20.0	51.3	6.2	16.6	0.2
2005	5101.7	440.6	283.9	25.1	98.2	9.5	23.8	0.1
2010	5373.0	441.7	275.5	22.4	105.1	8.8	29.8	0.1
2011	5603.2	474.0	289.2	27.6	112.1	10.9	34.2	—
2012	5907.7	509.5	303.9	33.1	118.9	13.5	40.1	0
2013	6172.0	549.2	319.3	38.5	126.1	16.7	48.6	0
2014	6461.5	588.5	332.4	44.3	132.6	21.0	58.2	0
2015	6699.6	651.1	345.6	48.1	138.7	25.0	69.7	0
2016	6901.3	661.5	361.8	50.8	145.4	29.0	74.4	0.1
2017	6445.3	611.7	320.8	51.5	150.7	25.5	63.1	0.1
2018	6457.7	625.9	332.0	52.9	153.5	23.7	63.8	0
2019	6480.4	643.2	342.2	55.2	157.7	24.4	63.7	0
2020	6549.0	648.0	345.8	52.4	160.4	24.9	64.4	0.1
2021	6690.3	667.9	354.8	54.5	166.5	26.2	65.8	0.1

数据来源：国家统计局

二、粮食自给率情况

区域性的食物流通分析表明，总体上西南地区的口粮有少量净调入，但供需平衡；而谷物总体不足，其中玉米的净调入量较大且在不断增长；蔬菜、水果、糖料等调出量较大；动物性食物调出量较小，生猪、奶类以调入为主，随着草食畜牧业的不断发展，肉牛/羊逐渐提高调出量，总体上动物性食物调入调出持平。

（一）粮食调出少于调入，净调入量增加

西南地区粮食调入量较大。2015 年全区粮食调入总量达到 3524.9 万 t，扣除调出量后净调入 2200.3 万 t，其中主要调入区为四川，达到 1161.5 万 t 的净调入量，其次是广西，净调入 844 万 t，云南净调入较少，只有不到 100 万 t，而西藏还能够净调出 7.8 万 t 粮食（数据来源：《中国粮食年鉴（2015）》）。根据西南各省份农业厅提供的数据，2003～2012 年西南地区粮食净调入量不断增加，2012 年相比 2003 年总净调入量增加 3.19 倍。

（二）口粮调入略高于调出，且逐年增加

2003～2012 年西南地区水稻净调入量波动增长，2012 年超过 700 万 t。在各省份中，四川净调入量最大，2012 年达到 336 万 t，占西南地区的 46.5%；其次是云南，净调入量在 100 万 t 以上；贵州和广西净调入量中等，但逐年增加；重庆和西藏调净入量小，变化也不大（表 29-30）。

表 29-30　西南地区水稻净调入量　（万 t）

年份	云南	贵州	广西	重庆	四川	西藏	西南
2003	125	—	–15	65	–36	—	139
2004	125	66	–20	44	–30	—	185
2005	127	85	–10	40	–25	—	217
2006	128	75	15	–6	–34	—	178
2007	119	73	60	154	—	—	406
2008	278	80	15	22	69	—	464
2009	190	82	–10	–35	117	—	344
2010	239	117	45	–28	141	12	526
2011	234	154	35	–44	181	13	573
2012	130	165	60	18	336	13	722

数据来源：各省份粮食主管部门

2003～2012 年西南地区小麦净调入量稳定增长，平均达 341.7 万 t。其中，四川净调入量最多，占总量的 55.85%，且增长快速；云南、广西、重庆和贵州净调入量接近，同样波动增加；西藏净调入量较少，仅占 1.34%，且年际变化不大（表 29-31）。目前仅收集到云南和四川的小麦调出数据，云南只有 2012 年调出 0.1 万 t，四川 2003～2012 年小麦的调出量逐年递减，2012 年调出量仅 1.60 万 t。显然，西南地区的小麦也以调

入为主，且逐年增长。

表 29-31　西南地区小麦净调入量　（万 t）

年份	云南	贵州	广西	重庆	四川	西藏	西南
2003	15	—	30	22	23	—	90
2004	15	43	35	38	28	—	158
2005	13	26	30	46	34	—	149
2006	10	34	35	25	64	—	168
2007	10	34	35	44	119	—	242
2008	25	52	35	43	142	—	297
2009	35	57	45	30	157	—	324
2010	85	54	70	39	266	9	523
2011	74	71	80	74	335	11	645
2012	99	75	90	87	458	11	820

数据来源：各省份粮食主管部门

（三）谷物自给不足，玉米调入量较大

2003～2012 年西南地区玉米净调入量总体逐年增加，平均达 752.9 万 t。其中，广西和四川是净调入量较多的省份，平均年净调入量分别为 242.5 万 t 和 377.45 万 t，且呈增长趋势；其他省份中，云南虽然 2009 年净调入量将近 30 万 t，但总体较低，贵州净调入量明显增加，广西基本维持平稳，重庆尽管波动大，但净调入量较小，不影响西南地区的总体情况（表 29-32）。在调出量上，广西、重庆、西藏目前缺少数据，但仅就云南、贵州和四川三省来看，基本没有调出。

表 29-32　西南地区玉米净调入量　（万 t）

年份	云南	贵州	广西	重庆	四川	西藏	西南
2003	7		245	49	186		487
2004	5	6	275	41	190		517
2005	8	18	230	−12	214		458
2006	5	24	225	8	193		455
2007	12	25	235	79	395		746
2008	4	13	275	50	460		802
2009	29	17	225	28	527		826
2010	23	25	265	83	531		926
2011	−11	37	215	88	479		808
2012	16	50	235	98	599		998

数据来源：各省份粮食主管部门

2003～2012 年西南地区小宗谷物（包括大麦、花生、油菜、高粱等粮食作物）净调入量呈现波动增长趋势，年平均调入量为 49.9 万 t。其中，四川的净调入量最高，2012

年达到 85 万 t，占比 79.43%，十年间增加了 5 倍；云南、贵州、广西净调入量相对较少，但均呈现增长趋势；西藏净调入量最少，最多的年份仅为 1.3 万 t（表 29-33）。总体上，西南地区小宗谷物调出量不大。

表 29-33　西南地区小宗谷物净调入量　（万 t）

年份	云南	贵州	广西	重庆	四川	西藏	西南
2003	−3	—	5	—	14	—	16
2004	0	4	5	—	15	—	24
2005	−8	2	10	—	17	—	21
2006	−20	8	10	—	16	—	14
2007	−10	8	5	—	49	—	52
2008	−6	8	5	—	52	—	59
2009	−5	7	5	—	46	—	51
2010	0	10	5	—	63	1	79
2011	−6	4	5	—	71	1	75
2012	3	9	10	—	85	0	107

数据来源：各省份粮食主管部门

（四）其他植物性食物调出量大于调入量

马铃薯以调出为主，且调出量逐年增加，2015 年云南仅冬季马铃薯调出量就达 330 万 t；贵州、四川和重庆也是马铃薯主产区，每年有大量调出；豆类调出量亦逐年递增，2003～2012 年增幅达 4 倍，且年平均调出量达 456.69 万 t。蔬菜主要为调出，2015 年四川外销调出蔬菜超过 600 万 t 到甘肃、宁夏、青海、陕西、重庆和西藏；云南近 70%的蔬菜远销全国 20 多个省份的约 37 个大中城市；广西也是南菜北运的重要基地之一，蔬菜外销量超过 1000 万 t；西藏和贵州蔬菜总体调入调出平衡，如 2015 年拉萨外地调入的蔬菜交易量达 3.6 万 t，占总交易量的 20.8%。

西南地区也是水果的主要调出地，许多水果品质优特，产量居全国前列，远销全国各地，并大量出口到东盟各国。其中，广西 2016 年水果产量突破 1500 万 t，位居全国第五，目前商品性栽培的果树种类有近 20 个，其中柑橘、杧果、柿子、火龙果、百香果稳居全国第一，香蕉、荔枝、龙眼等居全国第二；云南热带水果主要出口东盟。据海关统计，2016 年 1～10 月，云南出口各类水果（包括鲜、干水果及坚果）59.2 万 t，较上年同期增加 41.3%；出口额 93.3 亿元，增长 23.9%，占全国水果出口额的 36.9%，居全国各省份之首；出口葡萄、柑橘、梨、橙子均居全国各省份之首，出口苹果居全国第二，其中葡萄、柑橘、梨、橙子分别占全国同类商品出口额的 86.9%、41.9%、26.2%和 44.9%，出口苹果占全国苹果出口额的 12.3%，仅次于山东；除广西和云南外，其他省份水果也有一定外销量，其中贵州每年有超过 2000 万 t 水果调出，西藏也有少量以香蕉、柠檬为代表的优质热带水果外销。

（五）动物性食物调入调出基本平衡

从生猪来看，西南地区特别是重庆、四川和贵州是国内猪肉消费的一大集中区，尽管产量不低，但由于散户快速退出，规模化养猪进程较慢，西南地区近年来常年需要外部猪源支持，如贵州在2004年的调入量即达到300万多头，到2015年时外调量占产量的29.70%。近年西南地区的生猪调出大县不断增多，其中国家生猪调出大县四川有61个、广西有8个、重庆有11个。

从水产品来看，西南地区水产品调入调出总体相当，但区域间不平衡。其中，云南70%左右的水产品来自省外；重庆水产品人均消费量20kg，自给能力仅14.7kg，近30%需要依靠外调；四川水产品50%～60%靠省外调入，总量严重不足，缺口超过250万t；贵州受喀斯特地貌限制和基于水资源保护需要，距年8万t淡水鱼消费需求有很大缺口，草鱼、鲤等淡水鱼消费80%以上需从湖北、山东、河南、江苏等地调入；但广西水产品调出量较大，如2012年仅向东盟出口就高达6791t。

从牛/羊来看，西南地区是我国新兴的肉牛/羊产区，区域草山草坡和农作物秸秆资源丰富，地方优良品种较多，目前自给能力不断提高，如2015年西藏牛羊肉自给率达到95%。目前贵州牛羊肉外销量占产量的70.98%，由于紧邻广东等消费水平较高的沿海市场，且距港澳市场较近，出口活畜较为便利，市场条件优越，但总的输出能力仍不足。

三、粮食安全存在的问题

（一）农业基础设施薄弱

农田基础建设投入少，农田灌溉设施不足。农业基础设施建设是加快农业产业发展和实现农业现代化的重要措施之一。但受地形地貌等自然气候，以及经济、社会、人文等因素影响，西南地区的农田基础设施建设较为落后。季节性干旱是西南地区主要的农业灾害之一，因干旱所造成的农业损失占各种农业灾害总损失量的50%～70%。西南地区干旱存在如下特点：季节性干旱与区域性干旱并存，干旱类型多，农业危害重；季节连旱频率大。近年来，全球气候环境变暖导致西南地区季节性干旱呈加重态势，水资源短缺和农业干旱限制了农业产业的发展。同时，旱作农业在西南地区农业生产中占有重要地位，如云贵两省旱作农田占耕地面积的比例分别高达74.06%和69.53%。因此，加强农田水利建设是西南地区农业基础设施建设的重要部分，对于控制农业灾害、促进农业生产具有重要作用。另外，由于西南地区存在季节性缺水，综合运用工程、农艺、管理等措施，发展节水灌溉农业，推广滴灌、喷灌等节水技术是解决农业用水不足的有效措施。水利部通过整合中央、省、市、县、乡、民间社会资本，大力建设节水灌溉工程，取得显著效果。但是，贵州、重庆农田缺水还相对严重，投入相对较少。

近年来，利用中央、省、市、县、乡等各级投资及群众和社会资本等进行农田水利基本建设，西南地区的农田基础设施建设取得很大进步。但季节性干旱和农业缺水在西南地区仍然严重，当前及今后一段时期仍然要加强农业水利建设。

中低产田的土壤环境因素和土体限制因子影响土壤生产力的发挥，导致农作物产量低、不稳定，其形成机制与气候、地形、岩石、耕作因素等相关。加强西南地区中低产田改造，对于改善农业生产基本条件、提高农业综合生产能力、增加农产品有效供给、提高农民收入具有重要作用。

同时，贵州、云南、广西存在石漠化严重的地区，土壤贫瘠，水土流失严重。例如，贵州河流悬移质输沙量为6225万t，平均输沙模数为376t/km^2，其中长江悬移质输沙量为4561万t，平均输沙模数为394t/km^2，珠江悬移质输沙量为2064万t，平均输沙模数为342t/km^2。因此，西南地区土壤流失、水源枯竭现象普遍，喀斯特地区的水土流失情况更严重。所以，开展推广保护性耕作和休耕技术、测土配方施肥和土壤有机质提升工程非常迫切。农业和林业部门需协同采用坡改梯、生态修复及退耕还林等方式治理水土流失。此外，实施旱作农业示范工程，可改善和提高耕地质量。2014年中央在云南、贵州、四川三省开展水土流失治理工程建设，云南、贵州、四川三省水土流失治理面积在全国的占比分别为3.73%、3.23%、5.38%，其治理强度相对较大，成效显著，但问题仍然不少。水土流失如何与农村人口控制、易地搬迁相结合，还需要探索。

西南地区在畜牧业发展上具备一定的优势，畜牧业近年被列为西南地区农业的重要支柱产业。2015年四川、云南、贵州畜牧业产值分别为2515.6亿、1900亿、569.29亿元，分别占农业产值的39.4%、35%、26.79%。2015～2016年，中央安排和筹措经费开展新增饲草料地灌溉与中低产田改造建设；2015年新增饲草料地灌溉工程主要针对四川，新增畜牧饲草用地灌溉面积达3.32万亩，占比21.89%；2016年新增饲草料地灌溉工程主要针对西藏，新增畜牧饲草用地灌溉面积达5.43万亩，占比25.76%。贵州、云南、重庆近年来也均在适宜区域发展畜禽养殖业，因此需加大对饲草料地灌溉工程的支持力度。

（二）农业产业结构发展不平衡

食物生产结构不合理，与自然资源禀赋不协调。2021年，西南地区GDP为155 299.1亿元，农林牧渔业总产值为30 142.4亿元，占西南地区GDP的19.41%。其中，农业生产总值为17 220.6亿元，占比57.13%；林业生产总值为1935.7亿元，占比6.42%；畜牧业生产总值为9782.5亿元，占比32.45%；渔业生产总值为1203.6亿元，占比3.99%。2021年全国农林牧渔业总产值仅占GDP的12.85%，其中GDP排名前5的广东省、江苏省、山东省、浙江省和河南省，农林牧渔业总产值占各省GDP的比例分别为6.68%、3.08%、13.8%、4.87%和17.83%。上述省份农林牧渔业占各自GDP的比例均低于西南地区的19.41%，即使是农业大省的山东和河南也不例外，可见西南地区农林牧渔业中尤其是农业生产占比过高。

从食品的需求收入弹性看，较为低级的食品（主要是植物类产品）的需求收入弹性较小，而较为高级的食品（主要是动物类产品）的需求收入弹性较大。随着收入水平的提高，人们对动物类产品的需求增长较快。需求的变化必然引起农业产业结构的变化，即从以种植业为主到种植业与畜牧业并举再到以畜牧业为主转变。从发达国家的实践看，畜牧业的发展速度远远超过种植业，畜牧业在农业中所占的比例越来越大。同时，在畜牧业中，提供低脂肪、高蛋白畜产品的畜牧生产日益增加。按照这个标准，西南地区畜牧业产值仅占农林牧渔业总产值的32.45%，与种植业与畜牧业并举的过渡时期还有相当大的距离，更不用说超过种植业。即使加上渔业，占比也仅达到36.44%。西南地区山多地少，耕地面积仅1971.5万hm^2（2019年），仅占区域土地面积的9.6%，过多的山地资源并不适合发展种植业，食物生产结构与自然资源禀赋不相匹配。

从各个省份的情况来看（表 29-34），除西藏条件特殊，畜牧业产值占比达到 53.15%外，其余省份均未达到 40%；四川是西南地区的畜牧大省，但畜牧业产值占比也只有 37.91%；而畜牧业产值占比最低的贵州省只有 25.12%，种植业占比却高达 66.58%，产业结构与占全省土地面积 92.5%的山地资源和喀斯特地貌条件极不相称。

表 29-34　2021 年西南地区农、林、牧、渔业产值

省份	农林牧渔业（亿元）	产业							
		种植业（亿元）	占比（%）	林业（亿元）	占比（%）	畜牧业（亿元）	占比（%）	渔业（亿元）	占比（%）
广西	6 524.4	3 690.7	56.57	538.1	8.25	1 740.5	26.68	555.1	8.51
重庆	2 935.6	1 759.9	59.95	168.1	5.73	869.4	29.62	138.2	4.71
四川	9 383.3	5 089.5	54.24	408.4	4.35	3 557.6	37.91	327.8	3.49
贵州	4 692.0	3 123.7	66.58	319.8	6.82	1 178.7	25.12	69.8	1.49
云南	6 351.8	3 441.5	54.18	497.3	7.83	2 300.6	36.22	112.4	1.77
西藏	255.3	115.3	45.16	4.0	1.57	135.7	53.15	0.3	0.12
合计	30 142.4	17 220.6	57.13	1 935.7	6.42	9 782.5	32.45	1 203.6	3.99

数据来源：《中国统计年鉴（2022）》，未列出服务业产值

总体而言，西南地区食物生产各产业中，种植业比例过大，畜牧业比例过低，资源利用方式不当，土地产出和经济效益低。

食物产品结构不合理，与社会发展需求不协调。2021 年，西南地区种植业产品总量为 26 131.4 万 t，其中粮食作物产品（含谷物、豆类和薯类）产量为 9192.8 万 t，经济作物产品（含油料、甘蔗、烟叶、蚕茧、茶叶和水果）产量为 16 938.6 万 t（表 29-35），是粮食作物产品产量的 1.84 倍，两类产品分别占种植业产品总量的 38.44%和 70.83%。

表 29-35　2021 年西南地区食物产品产量

省份	粮食（万 t）			经济作物（万 t）							
	总产量	饲料玉米		油料	甘蔗	烟叶	蚕茧	茶叶	水果	总产量	占总产品比例（%）
		产量	占粮食比例（%）								
广西	1 386.5	285.2	20.57	75.9	7 365.1	2.0	40.7	96	3 121.1	10 700.8	88.53
重庆	1 092.8	254.6	23.30	68.5	8.3	5.3	1.2	5.1	553.2	641.6	36.99
四川	3 582.1	1 084.7	30.28	416.6	38.6	16.1	9.7	37.5	1 290.9	1 809.4	33.56
贵州	1 094.9	256.6	23.44	94.9	53.6	23.2	0.3	24.6	653.7	850.3	43.71
云南	1 930.3	992.6	51.42	63.9	1 583.9	84.7	3.6	50.2	1 142.6	2 928.9	60.28
西藏	106.2	3.0	2.82	4.6	0	0	0	0	3.0	7.6	6.68
合计	9 192.8	2 876.7	31.29	724.4	9 049.5	131.3	55.5	213.4	6 764.5	16 938.6	64.82

随着社会经济的发展，工业对棉花、天然橡胶、糖料、药材等原料性经济作物产品的需求逐步增大，城乡居民对蔬菜、水果、花卉等产品的需求也在增加，种植经济作物的效益好于一般粮食作物。从总体数据看，西南地区食物产品结构中经济作物产品在种植业产品中所占的比例大，结构比较合理。但从表 29-35 中数据可以看出，西南地区经济作物产品比例大的主要贡献来源于广西和云南甘蔗产品产量高。广西甘蔗产品产量是粮食作物产品产量的 5.31 倍，云南甘蔗产品产量是粮食作物产品产量的 82.05%，分别占两省份经

济作物产品总产量的68.8%和54.1%，两省份甘蔗产量之和占西南地区经济作物产品总产量的52.8%。重庆、贵州、四川和西藏是甘蔗产品产量很少或没有的省份，经济作物产品产量占食物产品总产量的比例最高不到44%，西藏最低，只有6.68%，各省份平均比例为44.96%，可见，西南地区总体上经济作物产品所占比例还是偏低，食物产品价值不高。

从饲料作物（玉米）产品在粮食作物产品中所占比例看（表29-35），西南地区粮食作物总产量为9192.8万t，饲料作物（玉米）作物产量为2876.7万t，占31.29%。其中，占比最大的是云南，接近52%，其余省份均在31%以下，西藏最低，只有2.82%，表明除云南外，其余各省份口粮占比均在60%以上，广西、西藏分别高达79.43%、97.18%。

随着人们的食品需求从低级向高级转换，畜牧业得以较快发展，导致饲料需求增长，种植业生产的粮食越来越多地被用作饲料，同时饲料作物的种植面积迅速增加。种植业由原来的“粮食作物-经济作物”二元结构逐步转变为“粮食作物-饲料作物-经济作物”三元结构。目前在世界粮食总产中，居民口粮只占60%，饲料粮达40%，发达国家饲料粮甚至占到70%～80%。可见，西南地区食物产品结构与社会发展需求之间仍存在较大的矛盾。

（三）农业生产方式转变速度慢，农业产业效率提升空间大

生产方法落后，生产效率低。2019年，西南地区农业机械总动力为16 329.9万kW，占全国的15.9%；总农业柴油使用量为191.9万t，占全国的9.5%；总农业排灌机械保有量为410.9万kW，占全国的4.7%。西南地区机耕率低于全国平均水平，各省份机耕、机播和机收面积及其所占比例有所差异。例如，云南2019年机耕面积为2968.1×$10^3$$hm^2$，机耕率为42.78%；西藏机播率最高，为50.64%，云南和贵州机播率较低，为3.73%和2.28%，低于全国平均水平的57.30%（图29-1和图29-2）。

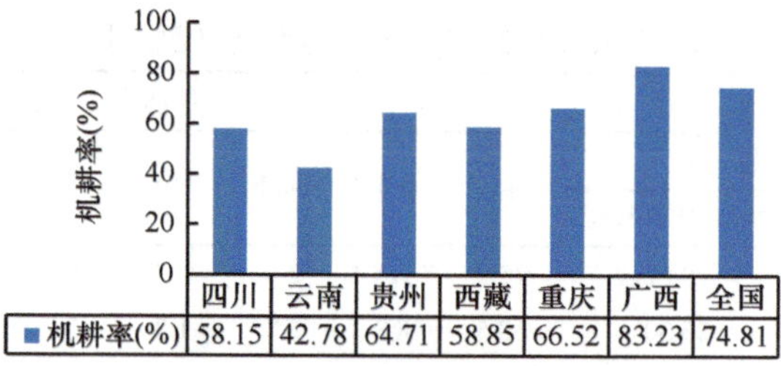

图29-1 2019年西南地区机耕率

数据来源：《中国农业年鉴》

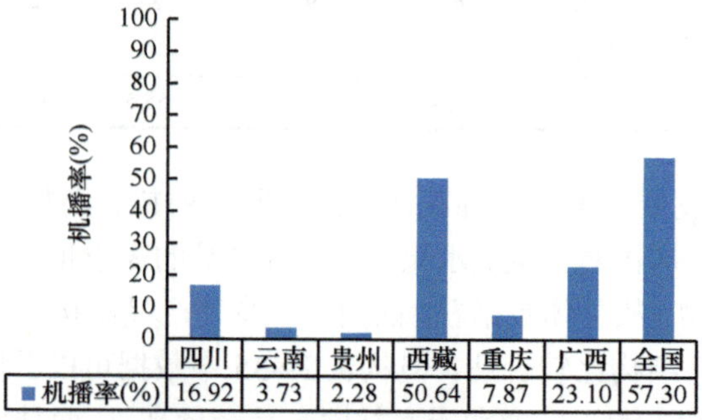

图29-2 2019年西南地区机播率

数据来源：《中国农业年鉴》

农业生产工具整体水平落后，农业机械化水平有待提高。西南地区农机化滞后导致生产率落后。机械替代劳动力进程慢，劳动力成本上涨，导致产业成本高，产品缺少竞争力。例如，西藏阿里地区农机化作业仅占农牧生产面积的30%～50%，主要依靠人力进行生产，由于农村生活条件艰苦，大量农村劳动力外出务工，农业生产的重担落在留守农村的老弱病残和妇孺身上，劳动力缺乏导致农业生产粗放，农村耕地撂荒现象时有发生，严重影响农业生产效率。

尽管西南地区机耕、机播和机收面积的增加，为粮食生产提供了良好的条件，然而由于山地较多，且田块较小，大型机械难以操作，农业机械的利用受到限制，因而农业机械化水平较低。因此，大力开发和推广小型农业机械将是西南地区考虑的重点。总的来说，西南地区农业机械化水平需进一步提升，主要作物、主产地区和关键环节的农机作业发展不均衡，主要表现在机耕水平较高、机播和机收水平较低，平原地区机械化水平较高、丘陵山区机械化水平较低。因此，应大力推广适用于西南地区的农业机械应用，突破西南山区作物生产全程机械化瓶颈；积极发展小型山地畜牧业和渔业机械化，提升设施农业、病虫防治装备水平。

灌溉技术落后，需加大滴灌、水肥一体化设施建设。农田水利设施建设滞后，西南地区的有效灌溉面积所占比例小。2019 年，西南地区的有效灌溉面积仅占耕地面积的34.7%；其中，重庆有效灌溉面积仅占耕地面积的 37.3%，云南、广西、贵州和四川分别占 35.6%，51.79%，33.23%和 56.5%。耕地水土保持措施不到位，雨水综合利用能力差，农机装备老化，运行困难，农田交通不便利，农机化水平低。

（四）生产组织模式处于低级阶段，规模化生产不足

农业从业人员素质偏低，影响农业现代化进程。一是农村人口文化素质水平偏低。农业人口素质对于促进农业增长方式转变、提高生产效率具有重要作用，西南地区整体农村人口数量大、文化素质偏低，直接导致农业新知识、新理念、新技术的吸收效率低，农业科技成果的推广和示范转化难度较大。二是农村人口群体的结构存在区域特征性变化。除西藏农村人口有小幅增长外，西南地区农村常住人口逐年下降，下降的主要原因是外出务工，特别是少数民族边疆地区，留在家乡的人员主要是妇女、老人、儿童，这一特征影响农业产业人员素质的提升。三是高素质农民培育力度有待加强。目前，西南地区农村劳动力大量向二、三产业转移，出现新生代农民工对土地“陌生”的现象；而留守农业人群呈现总量相对不足、整体素质偏低、结构不尽合理等问题。这种现象在云贵川藏滇的少数民族聚居区尤为突出。农业从业人员现状制约了农业生产的发展，严重影响了农业生产力的提升和生产技术更新的需求。

生产组织化程度不高，阻碍农业产业的进步和行业的发展。农业生产的组织形式是由社会对农业生产在社会总生产体系中的功能定位所确定的。当前，西南地区存在 4 种农业生产组织形式并存的现象，即传统的农户经营、规模化的大户经营、农村专业合作社或股份合作社、农业公司。为提高农业生产效益，西南各省份积极推广农村专业合作社生产组织形式，在技术模式、组织方式、工作机制上不断深化，从区域着手，形成各地特色的专业合作社，形成规范统一的标准化生产模式，在田间设施标准化、栽培技术模式化、管理服务专业化、生产过程机械化等方面取得了一定的进步。但还存在多个方

面的问题。第一，专业合作社在栽培技术、管理服务等方面还需提升。例如，贵州近年在规模化发展经济作物和果树产业时，在有条件、有基础的区域开展了茶叶专业合作社、猕猴桃专业合作社的培育和建设。这些专业合作社在标准化田间作业、保障农业物资有效供给、保障市场供求等方面具有一定的积极意义，同时通过有效组织农民的农事生产活动，充分利用了荒置土地，解决了富余劳动力等问题，但在栽培技术、管理服务等方面还有不足。第二，专业合作社管理不规范。目前，农民专业合作社建立了管理章程、财务制度，但在组织结构、内控制度、经营管理、效益分配、战略规划等方面仍显不足。第三，专业合作社抵御市场冲击的能力差。因为在技术标准、管理标准、组织模式等方面没有真正做到最优化，产品的市场竞争力不足，科技创新能力缺乏，对抗市场冲击的能力低。第四，专业合作社融合金融资本难度大。农民专业合作社经济实力较弱，有效资产缺乏，担保机制不健全，而农村金融体系又处于建设期，因此贷款难度大。

为了进一步提升农业发展需求，要更加注重农业生产的市场定位，通过人才、技术、资金、管理、信息的聚合，规范合作社管理，使其向农业公司转化升级，推进农民专业合作社发展，提高其组织化水平。重点培育一批跨界联合社，形成农产品完整产业链条，融合一二产，向着全产业链发展。

（五）保障支撑服务体系不健全，阻碍产业快速发展

部分产业政策及规划不科学。西南地区农业存在投入大、周期长、风险高、回报低等共性问题，以及山地农业生产组织化程度较低，农产品市场准入机制不健全，种植管理技术服务体系、农产品质量控制体系、行业服务体系等农产品质量保障服务体系不健全的短板，同时西南地区农业金融资本发育成熟度不足，抵御农业风险灾害的能力弱，这些因素均限制了西南地区农业的可持续健康发展。政府在农业产业规划过程中应考虑生态地理、区域要素、人文因素等多方面，同时要考虑短期效益和长期效益，走可持续发展道路。当前，政府在推动农业产业发展方面的成效是显著的，如贵州近年来的茶叶产业就是一个很好的例证。贵州省委省政府为了快速发展茶叶产业，出台了《贵州省茶产业提升三年行动计划（2014—2016 年）》，2016 年末贵州茶园面积达 700 万亩，位列全国第一，同时贵州茶叶品牌是中国唯一的省级地理标志性品牌，充分说明了政府在规划发展农业产业方面的优势。

但地方政府在宏观调控与政策把控上还应考虑生态地理、区域要素、人文因素等多方面，因地制宜，不但要产业发展的速效，更要生态的长效。

农业金融体系不健全。农业金融资本的融合对于壮大农业产业、抵御农业风险灾害、培育健全农业产业链有着重要的作用，但目前农业金融资本存在诸多问题。第一，农村金融服务体系存在缺陷和运转不良。目前，农村农业资金主要依靠农村信用社，但信用社的资金实力有限，对农业新产业的支撑力度不足，而农业发展银行对农业的支持范围有限。第二，民间金融存在利率高和缺少法律保护的问题。第三，农业保险发展缓慢，农业保险公司覆盖面狭窄。金融机构涉农机构不健全，运转功能不正常，在新型农业生产组织的信用等级、风险状况及运营状况方面缺乏科学、准确和客观评价。

农产品品质难以有效保障。西南地区在推进农业标准化、加强农产品质量安全等方面取得一些成效，但仍然存在诸多问题。第一，生产技术水平落后，生产组织化程

度较低，农产品缺乏生产标准；第二，农产品市场准入机制不健全，农产品加工企业的规范、管理功能不完善；第三，农产品质量保障服务体系不健全，具体包括种植管理技术服务体系、农产品质量控制体系、行业服务体系等。例如，云贵地区农作物或特色农作物、经济作物种植地域普遍存在气候类型复杂、海拔落差显著、立体气候明显、土壤贫瘠、土层较薄、水土流失严重等因素，因此柑橘、猕猴桃、火龙果等受土壤、积温、光照等影响，糖度、酸度差异较大，果子质量和果形差异大。在前期基地建设中，未对果树种植基地的采光、水分、土壤肥力、积温等因素进行综合测评，同时未提出针对性的标准化技术措施，直接导致果品标准化差、市场竞争力弱等现象，在贵州猕猴桃、火龙果，四川柠檬、蜜柚等产业中非常突出。因此，依据具体果树所需的养分、光照、积温等，针对性制定规范种植方案，建立技术服务体系，制定果树标准化生产技术体系和规程，完善农资供应体系、质量安全检测体系、质量安全可追溯系统，对于提高农产品产出、增加市场竞争力具有重要意义。

科技创新能力和支撑服务体系不足。实现农业持续稳定发展，长期确保农产品有效供给，根本出路在科技。科技创新是发展优质、高产、绿色、生态、安全的现代农业的基本支撑。目前，与东部发达地区相比，西南地区农业科技对农业生产的贡献不足，主要表现在缺乏专业技术人才队伍，基层技术体系和对应功能缺失；基层乡镇农业技术站功能不健全，农业技术人员转岗、流失严重及待遇低，缺乏稳定的职称晋升、绩效奖励政策支持。

目前农业产业科技创新能力和支撑能力不足的问题非常突出与严重，主要表现在：一是支撑技术的成熟度不够。目前，贵州、云南、广西等地大力发展果树产业，但缺乏种植、管理技术能手，在种植过程中需要聘请其他区域的农民能手作为技术专家，但由于区域差异造成的病虫害差异明显，这些技术专家并不能解决当地生产中的实际问题。二是当地农业管理服务部门职能缺陷。各省份普遍存在基层农业技术人员留不住、农业技术人员不安心于专业和本职岗位、农业技术人员转岗等现象；有的乡镇没有农业技术站等部门，或者名存实亡。三是行业主管部门虽重视政策的制定与管理，但对于行业发展的问题缺乏有效解决措施。四是省级农业科学院所和高校对农业产业的技术支撑力度不足，高校院所的科研工作与实际需要脱节。五是各省份的科学技术厅在农业产业的紧急问题或共性问题上未分配科研课题并立项资助。

第三节　战略定位与战略目标

结合西南地区的资源禀赋、生态功能、区位优势、生产条件和消费需求，按照“创新、协调、绿色、开放、共享”的新发展理念，遵循党的二十大精神，以保护长江上游生态屏障和可持续发展为前提，以提质增效、经济社会生态效益协调发展为目标，坚持“效益优先、绿色发展、因地制宜、市场主导”的原则，按照乡村振兴战略决策部署，在巩固和提升基本口粮生产能力的基础之上，以推进农业供给侧结构性改革为主线，以农区农牧结合为重点，统筹适度规模经营与特色分散经营协调发展，加快转变为以质量效益为先的农业发展方式，实现资源高效、优质安全、环境友好的食物安全可持续发展战略。

一、战略定位

西南地区在支撑国家食物安全战略中应主要肩负以下任务。第一，总体任务是生态屏障、适度发展。把肩负长江上游生态屏障的功能放在首要战略位置上，以适度发展的总体定位，确保本区域食物生产与消费总体的供需平衡。第二，社会任务是保边维稳、民族和谐。优先照顾和保障少数民族对不同类型食物生产与消费的多样性需求，确保民族和谐，维护边疆稳定。第三，经济任务是提质增效、增收致富。通过供给侧结构性改革和生产方式转变，把生产优质高效绿色食物产品放在十分重要的位置，确保本区域农民收益，加快增收致富。第四，数量任务是总量自足、动态平衡。食物生产总量能满足区域消费需求，确保口粮的主体自足，不同类型和结构的产品之间存有差异，有进有出。第五，贸易任务是跨境合作、双向平衡。充分利用“一带一路”建设和毗邻东南亚的区位优势，加大农业科技、产品、产业的跨境合作，实现我国特别是西南地区与东盟在农业贸易上的双向平衡。

二、战略目标

到2035年，西南地区食物安全可持续发展取得稳定成效，区域食物总体供需平衡，口粮基本自给，绿色、优质畜禽产品部分外调，其他优质、绿色食物来源更加丰富。土地适度规模经营比例达到55%。粮食生产能力从农业基础设施和科技两个关键方面得到有效保障。绿色、优质、高效的生产方式转变取得显著进展，绿色综合措施广泛应用于动植物病虫防控和土壤地力培育等关键领域；农业环境突出问题治理取得稳定成效，畜禽养殖废弃物综合利用率达90%。对外农业贸易竞争力进一步提升和巩固。

第四节　战略重点与工程

西南地区确保粮食安全的战略重点应放在优化食物产业布局、突出区域发展特色、提升产业竞争力、转变发展方式、确保可持续发展、提高生产效率及保护经营者利益等方面。重大工程主要包括建设西南农业基因资源研究与利用重点实验室或工程中心，建立中国-东南亚农业产业国际合作科技示范基地和西南地区特色农业产业研究中心，实施西南丘陵山地农业基础设施建设工程、适应西南地区特点的农业设施化机械化工程及西南地区食物安全绿色化建设工程。

一、战略重点

（一）优化产业布局，改善食物供需平衡

西南地区由于生态复杂、气候类型和地形地貌多样，每个省份内部包含平坝、丘陵、山地等多种农业生产条件，若仅用行政区域规划食物可持续发展布局，难以科学、完全概括。为此，应因地制宜，根据主要食物产业类型做好不同产业的区域布局。

第一，粮油产业。在对资源承载力、环境容量、生态类型和发展基础等因素综合考虑的基础上，加强粮食生产条件建设，确保区域粮食生产能力绝对安全。对粮油产业的布局总体上按照“稳粮扩经、增饲促牧，间套复种、增产增收”的要求，稳定水稻、小麦和涉藏地区青稞生产，扩种马铃薯和杂粮杂豆，扩大优质油菜生产，适度调减云贵高原非优势区籽粒玉米面积，改种优质饲草，推广间套作生态型复合种植，提高土地产出率，促进增产增收。在区域布局方面，以各省份的产粮大县（市、区）为重点，如成都平原的崇州、邛崃、金堂等，四川中部丘陵区的安岳、仁寿、荣县等，重庆的开州、大足、合川等，云南的昭通、大理、曲靖等，广西的桂平、博白、武鸣等，贵州的遵义、威宁等，按照藏粮于地和藏粮于技的原则，给予长期稳定的基础设施和产能建设支持，持续提升粮食综合生产能力，针对不同作物制定相应的产业发展规划。

从具体作物看，水稻应以四川和广西为发展主体，以稳定面积为基础，以加快品种、品质结构调整为重点，以提高单产为手段，提升生产全程机械化水平，优先发展国标二级以上优质稻，积极发展加工型专用稻米品种，扩大粳稻种植面积，探索稻田周年高效生产模式，大力发展稻田综合种养、粮经复合种植模式。玉米应在坚持市场导向的前提下，以云南和四川为发展主体，适度调减喀斯特山区粒用玉米种植面积。同时，在牛羊生产快速发展的地区适度扩大青贮玉米，在丘陵坡地重点示范推广多年生、耐刈割的高产饲草玉米等新型饲用作物，促进草食畜牧业健康发展。在重庆、成都等大城市周围发展正季鲜食甜糯玉米，在云南、广西发展冬季鲜食甜糯玉米，同步扶持发展冷链物流及产品深加工企业，满足城市化发展和居民消费水平持续提高的需求，提高种植农民的收益。在春播和间套作生产模式的基础上，积极推进夏播净作全程机械化的适度规模经营方式，同时配套发展贮运加工等基础条件。小麦应以四川为发展主体，以稳定面积为基础，以提品质、攻单产、提高全程机械化水平为目标，持续降低生产成本、提升种植效益，稳定发展四川西部平原优质中筋麦、盆地丘陵优质中筋麦和攀西优质弱筋麦。在品种上大力发展用于加工馒头、面条的中筋或中强筋小麦，在适宜优势区适当发展优质弱筋小麦，促进加工业的发展。油料作物应以油菜产业化发展为重点，因地制宜加强发展花生生产，提升区域食用油有效供给水平。大力发展冬油菜，推广双低油菜品种，提高油料作物种植机械化水平，改善油菜籽品质。深入推进以“油菜花节”为主题的农旅融合发展模式，推动一二三产业互动，提升产业综合效益。马铃薯应以四川和贵州为发展主体，适度增加面积，科学有序推进马铃薯春、秋、冬作及多种配套复合种植模式，加强良繁体系建设，大力推广脱毒种薯，加大马铃薯适宜品种和主食产品的开发与利用。

第二，畜禽产业。西南地区是我国传统的养殖优势区域，养殖业在农业总产中的比例高于全国平均水平。该区域养殖业的发展战略需要综合考虑资源禀赋、饲料来源和市场需求等因素，总体按照“稳生猪、促牛养、扩家禽、优水产”的发展思路，科学进行产业内部结构调整和区域布局规划。生猪产业上，四川和重庆是全国传统生猪重点发展区域，云南和贵州是今后生猪发展的重要潜力增长区域。今后需要以“稳产能、调结构、转方式”为抓手，统筹“种养加”协调发展，推进标准化规模养殖，尤其是要建设现代生猪种业，促进养殖废弃物综合利用，建立健全猪肉产品质量安全可追溯体系，推动生猪全产业链一体化发展。牛羊产业上，西南农区具有发展饲用作物的资源条件，四川和云南是大力发展肉牛、肉羊的重点优势和潜力区域。按照“以养定种”的原则，在西南丘陵山区进一步优化建立粮经饲三元种植结构，提升饲用作物种植比例，大力推进“种养结合”循环农业。积极培育龙头企业、合作社、养殖大户、家庭农（牧）场等新型经营主体，着力提升畜牧业标准化、规模化、组织化和信息化水平。重点推广标准化养殖综合配套、优质饲草种植与加工、青贮饲料生产、废弃物综合处理与资源化利用等先进生产技术和模式，加快养殖设施设备改造升级，持续提升养殖效益。家禽产业上，根据国家对养殖产业结构调整的规划，结合自然资源、市场需求和现有基础，西南地区家禽产业有较为广阔的发展空间。四川和广西是家禽出栏量大省，云南和重庆是重要的潜力发展区域。西南地区家禽产业的发展应充分利用自身山林、水面丰富的优势，结合丰富的家禽地方品种或品系资源优势，大力发展适度规模、半放养的多元生产模式，着力培育一批地理标志品牌，走生态养殖、提质增效的产业发展之路。

第三，水产养殖。西南地区水产品占全国的比例尽管只有10%，但近年来呈现快速增长趋势。广西和四川是水产养殖大省，云南和重庆增速较快，具有较大的发展潜力。结合自然资源、市场需求和产业基础，西南地区水产养殖应重点发展工厂化循环水养殖、池塘工程化循环水养殖、种养结合稻田养殖；同时，充分发挥水产业与休闲观光渔业、垂钓、科普教育及渔业资源养护等二三产业相互融合的优势。在平原或城市郊区，以发展专业池塘精养为重点，尤其注重发展农业部主推品种及地方优势、特色品种和观赏鱼类。在丘陵区，以多种模式稻田和山坪塘健康养殖及水库生态养殖为主，重点发展农业农村部主推品种。在山区，以发展山坪塘健康养殖和水库生态养殖为主，重点发展冷水性、亚冷水性鱼类和农业农村部主推品种。在广西，按照“良种化、设施化、生态化”的原则，重点发展热水、海水养殖优势。

第四，特色产业。充分利用和挖掘西南地区特殊的气候资源、生物资源、少数民族文化资源及边疆贸易资源，布局和优化发展一批特色食物产业，不仅是对大宗优势农产品食物产业的重要补充，还能产生远高于一般农产品的经济效益，是提高农民收益的重要途径。结合西南地区生态特征与生产条件，因地制宜布局发展区域重点特色产业：一是特色粮油类，如青稞（西藏、四川）、荞麦（云南、四川）、薏仁（广西、贵州）等；二是特色蔬菜类，如魔芋（云南、贵州、四川、重庆）、大料（广西、云南）、木耳（云南、四川）、银耳（四川、贵州）、辣椒（贵州、四川、重庆、云南）等；三是水果类，如猕猴桃（四川、重庆、贵州）、热带水果（广西、云南）等；四是养殖，如牦牛（西藏、四川）、奶牛（广西、云南）、香猪（贵州东南部、广西西北部）等。

（二）突出区域发展特色，提升市场竞争力

根据生态特点和地理位置，西南地区大致可分为以下五类具有典型特征的食物安全可持续发展区域，即四川盆地及西南丘陵多熟制农区、云贵高原山地区、西藏及川滇高寒农区、广西及滇川热带区域及边境区域。

四川盆地及西南丘陵多熟制农区。四川盆地主要指以成都平原为中心向四周扩散的区域，主要包括四川中东部和重庆大部、南部延伸到云南和贵州的紫色盆地，总面积超过26万km^2。西南丘陵多熟制农区主要指长江上游沿线及武陵山、大巴山山脉一带的丘陵，包括四川、云南、贵州和重庆的182个县（市、区）。四川盆地及丘陵多熟制农区呈东高西低走势，东部以山地为主，西部以丘陵为主；生态特点是无霜期长、热量充沛、雨量

充足、雨热同步、云雾多、日照少，能满足 2～3 熟粮食生产的需要；生产模式以间套耕作为主，少数有机械化应用条件的地方正向一年两熟的净作方式转变；整体经济水平、农业生产条件和基础设施相对较好，人口密度高，城乡居民食物消费水平较高。

根据上述特点，本区域食物安全可持续发展应肩负起发展主要粮食作物的主体责任。粮食生产应坚持藏粮于地和藏粮于技的原则，始终把加强耕地保护和商品粮基地建设放在重要战略位置上，持续提高粮食生产能力，保障区域基本口粮的供给能力。在此基础上，充分利用相对较发达的城镇化水平和消费群体，积极推行种养加一体化战略，优化粮经饲三元结构，大力发展养殖业特别是草食畜牧业，为保障区域食物安全发挥主力军作用。

此外，由于具有成都、重庆等一批大中型城市，经济基础条件好、消费能力强，针对这些城市及近郊的都市农业特点，本区域应重点发展一些优质、特色水果和蔬菜基地及其深加工产业，并与休闲、体验等特色农业产业相结合，引领一二三产业融合发展。

云贵高原山地区。本区域大部分地区属于亚热带湿润气候，无霜期长、热量丰富、雨量充沛，但时空分布不均，且石漠化严重、耕地资源少，因此食物安全可持续发展必须坚持在生态保护中发展特色农业，实现生态效益和经济效益相统一。以优化农业产业结构为突破，坚持经济效益优先的原则，在稳定优质粮食生产的基础上，通过扩大生猪、牛羊、蔬菜、核桃、水果和食用菌等产业生产，促进生态畜牧业、绿色果蔬、特色食物、高原山地农业与休闲农业的持续发展，进一步提高畜牧业产值占农业产值的比例、经济作物占种植业的比例、二三产业占农村经济的比例。在生态极为脆弱的石漠化区域，坚持生态重建与恢复为优先序，并把石漠化治理与乡村振兴有机紧密相结合，通过加强人工草场建设和自然草山草坡改良，发展以多年生豆科、禾本科为主的饲用作物人工草地建设，促进农牧结合，提高农民收益。

西藏及川滇高寒农区。本区域主要包括西藏中部一江两河（雅鲁藏布江、年楚河和拉萨河）流域的拉萨、山南和日喀则地区，以及四川甘孜、阿坝和云南迪庆部分地区。本区域特点：海拔高，气温低，无霜期短，热量不足，气候多变，光照充足，降水量少；大部分为河流阶地，土地平整、集中，灌溉条件较好；人均占有耕地面积大，但经济发展相对滞后，粮油作物平均单产水平低，“粮食安全”仍处于“脆弱性安全”阶段，以规模化扩张为主的畜牧业发展处于瓶颈期，难以为继，同时生态呈现不断恶化态势。

根据区域特点、《西藏高原特色农产品基地发展规划（2015—2020 年）》与《全国农业可持续发展规划（2015—2030 年）》，本区域食物安全可持续发展的布局必须严格坚持以生态保护为前提，突出对三江源国家级自然保护区和三江并流自然保护区的生态保护，促进草原生态整体好转，构建稳固的国家生态安全屏障。因此，应保护基本口粮田，稳定青稞等高原特色粮油作物种植面积，确保口粮安全；适度发展马铃薯、油菜、设施蔬菜等产品生产，提高食物自给比例。继续实施退牧还草工程和草原生态保护补助奖励机制，保护天然草场；以草定畜，实现草畜平衡，积极推行舍饲半舍饲养殖，有效治理鼠虫害、毒草，遏制草原退化趋势。适度发展以牦牛、绒山羊、藏系绵羊为主的高原生态畜牧业，加强动物防疫体系建设，保护高原特有鱼类。

广西及滇川热带区域。本区域主要包括广西中南部和云南南部、川滇交界金沙江干热河谷地带、贵州南部低热河谷地带。本区域最大的气候特点：光热资源条件好，年平均气温多在18℃以上，年积温可达5000～8000℃，年日照时数大致为1600h。本区域多数地方气候温暖、热量丰富，降水丰沛、干湿分明，日照适中、冬少夏多，农业生产条件相对较好，是西南地区发展热带作物最具潜力的区域。

根据生态特点，本区域一方面要大力发展热带水果、畜禽、水产、桑蚕、秋冬菜等特色高效农业，加快转变农业发展方式，提高农业生产效益和竞争力；另一方面，要充分利用邻近东南亚的区位优势，大力强化农产品加工和贸易能力，在稳定提高农产品就地初加工能力的基础上，大力发展当地及进口水产品、特色水果、甘蔗、蚕桑等特色原料的精深加工产业，扩大对东盟等国家出口农产品的能力。

边境区域。本区域是由西藏、云南和广西构成的西南边境，与印度、尼泊尔、不丹、缅甸、老挝和越南6国接壤。云南是我国内地由陆路进入中南半岛、印度次大陆最近和最为方便的省份，广西是西南地区最便捷的出海大通道。从发展农业对外贸易的角度看，云南和广西具有区位、气候和自然优势。其中，云南的边境线长达4000多千米，17个市（州）中有8个的27个县属边境地区，与缅甸、越南、老挝三国接壤，有对外开放的24个边境口岸（国门），其中一类口岸17个，有13个少数民族与邻国语言相通，跨境而居。

根据农业生产条件、自然资源、民族特色、贸易区位等特色，错位发展西南边境和邻边区域的食物产业，一是在保障本地少数民族消费需求的基础上，发展与接壤国家可互补的特色蔬菜、水果、水产和畜牧产业；二是发展食物产业要与发展边境旅游和贸易产业紧密相结合，充分利用地理和交通优势，就地发展具有出口优势的产品；三是大力培育一批农产品深加工龙头企业，对本地和跨境交易的农产品进行就地加工，然后通过边贸出口或供内地消费。

（三）转变发展方式，确保可持续发展

实现西南地区食物安全可持续发展，必须转变过去主要依靠物质要素投入、资源消耗的粗放经营方式，重点转变为绿色发展、生态发展和可持续发展方式，同时发挥邻边区位优势，注重国际资源和市场的利用，产业发展模式转变为一二三产融合联动，持续提高食物产业竞争力及发展效益。

强力推进农区种养结合，实现农业绿色发展。一是发展饲用作物，促进草食畜牧业持续健康发展。21世纪初，我国把推动种草养畜、发展节粮型畜牧业提高到作为发展农村经济、改善生态环境、保持社会稳定重要手段的重要战略地位。西南农区农业生产条件相对较好、人口稠密、市场消费群体大，是发展草食畜牧业的主体区域。然而，受高温高湿等特殊气候条件的影响，牧草生产长期供不应求，特别不利于发展以苜蓿为代表的优质牧草，饲草料周年供需不平衡和优质饲草料严重不足是西南农区草食畜牧业发展的瓶颈，仅四川每年就需要外调超过30万t的优质干草才能满足草食畜牧业的发展。但是，西南地区所特有的雨热同步、光照不足等气候、生态特点，又特别有利于以收获营养体为主的饲用作物发展，而发展草食畜牧业有助于实现农业发展、农民增收与经济社会生态效益提升的同步协调。因此，以本地饲用玉米生产为基础，以适度外调优质干草为补充，构建周年饲草料供应链，对于保障西南农区草食畜牧业持续发展具有重要意义。

近年来，四川农业大学研发了多年生、可刈割多次、品质优良的新型系列饲草玉米，协同青贮玉米、优质苜蓿干草推广应用，构建了西南农区饲用作物生产复合模式，并在四川自贡、乐至等地区得到验证应用，为解决草食畜牧业发展面临饲草料供应不足的问题提供了新的途径。二是构建养殖废弃物循环利用模式，提高种养结合综合效益。随着畜牧业的发展，养殖业排放的大量废弃物没得到有效利用，在浪费资源的同时，又给生态环境带来了污染；以养殖业粪便为主，加之其他的养殖废弃物，已成为我国农村小溪小河的最大污染源，进而影响区域的大江干流，是我国农村生态治理、环境优化的重点领域。因此，构建种养结合与养殖废弃物循环利用模式是保障西南农区食物安全可持续发展的重要战略举措；统筹种植业与养殖业的协调发展，以养定种、以种促养，同时充分利用种植业中的秸秆等废弃物，构建“种植—养畜—产肥—肥地”循环生态系统，既可以减少温室气体排放，改善空气质量，改良培肥土壤，减少化肥、农药使用量，降低环境污染，又可以提高农业产值与效益。据课题组调研，以青贮玉米/肉牛、稻/渔共养、林果/鸡等为代表的种养结合模式，除了可有效实现养殖废弃物循环利用外，还具有较好的经济效益，在西南地区具有较好的发展前景。

充分利用国际资源与市场，扩大与东盟和“一带一路”共建国家的农业贸易。西南地区与周边缅甸、老挝、越南等东南亚国家直接接壤，由于文化相近、习俗相通，我国与东南亚周边国家从政府到民间均建立了长期与友好的贸易传统，农产品贸易在中国-东盟双边政治与经贸合作中有着重要地位。与此同时，“一带一路”建设的实施及有关工程建设的推进，为我国农业走出去创造了新的机遇。一是充分利用东盟和“一带一路”共建国家农产品的生产优势，弥补西南地区及我国个别农产品的不足。随着中国与东盟在 2002 年签订《中国-东盟全面经济合作框架协议》，以及 2010 年中国-东盟自由贸易区正式建成，中国与东盟的农业进出口额从 2001 年的 27.6 亿美元增加到 2015 年的 305.6 亿美元，年均增速 18.7%。2015 年东盟成为中国农产品第三大进口来源、第一大出口市场；中国进口最多的是作为工业原料的除粮食外的其他农产品及油料油脂；出口额最大、净出口最多的农产品是水产品及其制品、蔬菜水果及其制品等劳动密集型产品。尤其重要的是，东盟国家特别是与我国毗邻的缅甸、泰国、老挝、越南等国家，土地资源丰富，农村劳动力价格低，气候条件适宜，稻米、牛羊肉等农产品质优价廉，从其进口粮食和其他农产品或利用其优越的农业生产条件为我国生产粮食和其他农产品是确保我国特别是西南地区食物安全的一个现实的战略选择；同时，近年“一带一路”建设的实施，为增加我国西南地区与东盟、中亚及欧洲的农产品贸易创造了更加有利的条件，不仅可以提高双向农业产值效益，而且将在一定程度上弥补西南地区及我国个别优质农产品量的不足。二是充分利用我国农业技术优势，提高相邻东盟国家农业生产能力，转我国的技术优势为邻国的商品优势。在“一带一路”建设的背景下，利用我国西南地区毗邻东南亚的优势，在继续扩大双边农产品贸易总量的前提下，提高我国农产品出口特别是农业科技输出，对于确保我国与东盟农业跨境双向贸易的可持续发展具有重大战略意义。为此，一是要加强农业科技合作，充分利用我国在农业科技研发上的比较优势，通过加大经费投入持续保持我国在农业品种研发、集约化生产技术方面的优势，推广并应用现代农业技术于东盟农产品的生产体系，然后与相应进口产品进行有机对接，确保双边的互利互惠，如可把我国对东盟出口杂交水稻种子的优势与进口稻米的贸易紧密联系。二是要大力发展西南地区农产品深加工产业，利用我国在资本和技术投入上的优势，培育一批农产品精深加工能力强的龙头企业，通过提高出口农产品附加值，进一步增强我国对东盟出口加工农产品的能力。三是要充分利用双边资源禀赋和生产要素条件的差异，调整西南地区跨境农产品生产结构。综上可得出，东盟国家具有热带气候和土地资源优势，我国具有资金投入和设施化农产品生产优势，以云南和广西为重点区域，西南地区应大力发展具有出口潜力的农产品，并提高产品质量安全，创造双边互补、合作共赢的双向贸易格局，为西南地区和国家食物安全可持续发展提供服务。

深入推进一二三产融合，提高农业产业效益。相对而言，西南地区在大宗农产品生产上不具有规模效益，但在二三产业上具有一定的比较优势，因此深入推进一二三产业深度融合发展是提高西南地区农业效益和竞争力的重要举措。强化提高农产品加工能力，打通和完善产业链。西南地区的烤烟、白酒、泡菜、茶叶、中药材、糖料等产业具有区域比较优势，形成了系列产品和品牌，有效带动了当地农民种植户的增收，并为地方经济发展作出了显著的贡献，如四川泡菜产业2016年产值达到300亿元，享誉国内外的贵州“老干妈”系列辣椒调味品年产值近40亿元。然而，受技术研发、市场培育、产业链条利益联结机制等多方面因素的影响，我国农产品加工业发展一直比较滞后，与农业生产规模不协调、不匹配，农产品加工业与农业产值比为2.2∶1，明显低于发达国家的3～4∶1；技术装备水平不高，比发达国家落后15～20年；精深加工及综合利用不足，一般性、资源性传统产品多，高技术、高附加值产品少。据报道，我国每年农产品产后损失超过3000亿元。西南地区农产品加工能力欠缺尤为凸显，以养猪业为例，西南地区调出产品主要是活体，在鲜肉及深加工制品方面加工能力明显不足。总体而言，西南地区农产品加工专用品种选育和原料生产滞后，农产品产地普遍缺少储藏、保鲜等加工设施，产后损耗大，品质难保障。

继续发展并深度开发一些食物的多样化深加工产品是西南农业提质增效的重要途径。一是继续强化农产品就地初加工能力，支持新型农业经营主体开展粮食、果蔬、茶叶等主要及特色农产品的干燥、储藏保鲜等初加工建设；二是鼓励龙头企业和科研院所开展以西南地区特色农产品为对象的产品加工技术研发，提高西南地区特色农产品产值，延伸产业链条；三是重点支持对种养结合产业链条中农副产品、畜禽产品的深加工利用，促进西南农区种养结合、资源高效利用；四是充分利用现代互联网、大数据、云计算等高新技术手段，发展涉农电商、物流冷链配送等服务体系，促进农商直供、产地直销、食物短链、社区支农、会员配送等新型经营模式，挖掘传统农业产业蕴藏的新产业和新业态；五是着力推进农旅结合，培育特色农业产业。随着经济发展和人民生活方式改变，休闲农业和乡村旅游逐步成为我国农村产业发展的新业态。西南地区具有丰富多样的旅游、气候、生物和民族资源，具有发展农村休闲观光的资源优势。四川是全国“农家乐”的发源地，为促进全国乡村休闲旅游发展提供了先期经验与发展模式。新形势下，进一步着力推进农旅结合、促进休闲农业和乡村旅游转型升级，对于促进农村一二三产业融合发展具有重要意义。一是依托农村绿水青山、田园风光、乡土文化等资源，大力发展生态休闲农业；二是充分利用西南地区丰富的自然生态资源优势，利用“旅游＋”“生态＋”等模式，推进农业与旅游、教育、文化、康养等产业深度融合，提高农业附加值；三是促进新型农业经营主体、加工流通企业与电商企业全面对接融合，推动线上线下互动发展，加快本地农产品流通、销售和增值链条延伸。四是大力发展一些融合民族特色的农业产品，促进农旅结合和三产融合。

（四）强化和保护农村基础设施建设，提高生产效率

完善山区农业终端基础设施建设。西南山区由于坡耕地、山地比例大，农田生产、交通和灌溉等基础设施仍然十分薄弱，特别是田间耕地使用的“最后一公里”等终端设施还十分欠缺，部分已有基础设施年久失修或遭到破坏，制约了农产品的机械化生产和农用运输，已成为农业规模化发展与机械化生产的制约因素，从根本上影响了农业与农民的收益。为此，优化统筹农田水利、乡村公路、电力通信、农村物流、乡村旅游等基础设施建设规划与资金项目，夯实西南地区现代农业发展的终端基础设施，仍然是西南地区食物安全可持续发展的关键物质保障。一是改造完善水利工程，更新改造中小型灌区及配套节水工程、灌排泵站，完善小型农田水利设施，加强农村河塘清淤整治及山丘区“五小水利”工程、田间渠系配套、雨水集蓄利用设施、牧区节水灌溉饲草料地建设，因地制宜发展低压管道输水、喷灌、滴灌、微灌等高效节水灌溉技术。二是加强农村山区交通基础设施建设，把通乡通村公路建设作为农村公路建设重点，实现所有乡村全通油路，着力打通丘陵山区优势特色农产品机械化、农用车辆运输的“最后一公里”。三是以农业产业结构优化调整为导向，推进高标准农田建设和中低产田改造。在加强耕地数量、质量、生态“三位一体”保护的基础上，大力开展土地整治，严格执行耕地占补平衡制度，允许将通过土地整治增加的耕地作为占补平衡补充耕地的指标在省域内调剂，按规定或合同约定取得指标调剂收益。

保护和改善反映农村乡土民俗文化的生产生活设施。西南地区地形多样、民族众多，广大乡村存留了丰富多样的农耕和乡土文化，如列入世界文化遗产的云南元阳哈尼梯田等享誉海内外。以自然村落为单元、以农业生产为载体、以文化传承为纽带的农村乡土民俗文化，不仅仅是山区农业的重要生产组织形式，更是中国传统文化的根基。然而，随着市场经济和城市化的发展，西南部分山区的农村生产能力和乡土民俗文化传承正在弱化。具体表现在：一是具有商业化开发价值的地方遭受过度集中盲目开发，同质化发展严重，破坏了部分传统民居古寨及其文化传承功能；二是忽略商业开发区周边的农村生产生活设施建设，导致农业生产能力整体下降；三是年轻劳动力外出务工，返乡创业积极性不高，导致家庭结构变化，以地缘、血缘、乡土民俗精神为纽带的一些村落慢慢衰落，没人种地的问题十分突出。为此，在强化农业基础设施的基础上，需要重视对西南地区乡土民俗文化进行统筹规划和保护建设。一是保护当地农业资源及特色产业，特别是一些农家动植物品种，如少数民族地区的彩色糯米、糯玉米、畜禽地方品种等传统品种，其不仅是开展有关宗教、节日、庆典仪式的文化活动载体，还是现代种业动植物品种改良的优异基因资源库。二是在民居、乡村景观设计方面，综合乡村的农田、水渠、建筑、美食、民俗风情因素，注重传统生活习性和地域风貌，并与发展农村休闲农业相结合，给予统筹规划和扶持。三是改善偏远地区的生产、生活及文化交流设施，吸引和鼓励年轻人回乡创业、发展农业生产和传承民俗文化。

（五）完善政策与激励机制，保护经营者利益

强化科技研发与应用。一是完善现代农业科研资助体系，确保农业科研持续发展。

在优化布局农业科技创新平台方面，根据优势食物产业和区域布局需要，综合考虑西南地区长期缺少科技人才和国家级平台的实际情况，给予适度补充和支持，特别是在建设重点实验室、国家工程中心、现代农业产业技术体系、农业科技创新联盟等方面，西南地区现有设置明显不足。在科技计划项目方面，在总体稳定的基础上，重点支持开展现代种业、农药、兽药、肥料、饲料、农机装备、农产品加工等领域的技术创新项目。在科研经费资助方面，在强化持续稳定支持的基础上，向西部地区和地方科研院（所）和高校倾斜，特别是要加大对基层科研单位与人员的支持力度。二是强化现代农业产业研发体系，提高农业产业链的科技竞争力。在种植业方面，重点培育并推广优质、高效、抗逆、专用及适宜丘陵山区机械化和轻简化作业的粮油与饲用作物新品种，并依据可持续高产高效耕作栽培理论，研发多熟制条件下的种植制度与结构优化模式，提升种植业竞争力。在养殖业方面，着力研发畜禽水产营养调控、新型饲料和规模化健康养殖技术，进一步提高畜禽饲料转化率和降低疫病发生率。在农产品加工方面，依托以物联网、信息化、无污染和低能耗为特征的绿色储运技术和集成应用保鲜、分离、提取方面的加工新技术，发展产地初加工、精深加工与综合利用关键技术与装备，提高西南地区特色优势农产品的竞争力和效益。

大力培育各类新型经营主体。随着中央出台《关于引导农村土地经营权有序流转发展农业适度规模经营的意见》，土地流转进一步加快，为发展适度规模经营创造了条件，有利于优化土地资源配置和提高劳动生产力，从而有利于保障粮食安全。构建以农户家庭经营为基础、合作与联合为纽带、社会化服务为支撑的立体式复合型现代农业经营体系，鼓励发展、大力扶持与城镇化进程和农村劳动力转移规模相适应、与农业科技进步和生产手段改进程度相适应、与农业社会化服务水平提高程度相适应的家庭农场、专业大户、农民合作社、产业化龙头企业等新型规模化经营主体，有利于聚集农业生产、经营优质要素，吸引一批能通过学习掌握现代科学技术的年轻人从事农业产业，壮大经营主体，不断提升经济效益，推动农业新型经营主体健康发展。

积极引导土地经营权流转。西南地区应结合自然经济条件、农村劳动力转移情况、农业机械化水平等因素确定土地适度规模经营的标准。本书研究团队根据调研和资料分析认为，户均承包地面积以 10～15 亩较为适宜，对土地经营规模在 100 亩左右的应予以重点扶持，规模化种粮的地方土地规模经营标准可适当扩大至 1000 亩左右。同时，为防止土地过度集中、不顾经营能力和经济效益而片面追求超大规模经营的倾向，在适宜地方探索“统一经营和分散作业”的多种灵活经营模式，如在四川崇州发展的以“土地股份合作社+农业职业经理人”为基础的共享多赢模式。此外，为防止土地在流转过程中出现不正当使用，各级政府需要加强对工商企业、租赁农户承包地的监管和风险防范。

完善新型社会化服务体系建设。目前西南农区现有的社会化服务体系组织不够健全，运行机制不够完善，服务内容和服务能力均不能满足农业产业适度规模发展的需求。为此，一是要大力培育发展主体多元、形式多样、竞争充分的专业化、社会化服务组织，重点扶持培育农机作业、农田灌排、统防统治、烘干仓储等方面的经营性服务组织，推行合作式、订单式、托管式等服务模式，同时利用合作经济组织与龙头企业自身优势，充分发挥其社会化服务职能；二是要制定相应的政策和法律法规，创造宽松的服务环境，提高社会化服务组织的积极性；三是要完善服务内容，拓展服务范围，提高服务能力，全方位提供土地承包、机械化配套应用、技术推广、产品加工、质量安全和经济信息、金融保险等服务；四是要加强对社会化服务组织的引导和监管，规范服务行为；五是要健全产品市场体系，形成信息反馈灵敏、流通成本低、运行效率高的农产品营销网络。

二、重大工程

（一）建立西南农业基因资源研究与利用重点实验室和西南特色食物研究与利用国家工程技术研究中心

西南地区拥有全国 60%以上的动植物资源，且特有种极其丰富并独具特点，为西南地区食物多样化及“大食物观”布局提供了保障和基础。因此，研究、保护与利用西南地区农业基因资源具有重要意义。随着全球气候变化和人为活动加剧，各种生态环境剧烈退化或被严重破坏，使得西南地区物种生存空间骤然缩小，许多物种面临严重威胁。建议国家从区域布局整体规划角度考虑，在西南地区建立“西南农业基因资源研究与利用国家重点实验室”“西南特色食物研究与利用国家工程技术研究中心”等国家级科研平台，以平台为载体，联合和整合西南地区相关科技工作者，致力于农业生物多样性保护、生物资源可持续利用、特色生物资源食物化利用与发掘等重大科学问题研究及工程化技术研发，为确保西南地区食物安全可持续发展提供基础技术与资源。

（二）建立中国-东南亚农业产业国际合作科技示范基地

东南亚 11 个国家的总面积为 447 万 km^2，人均耕地面积高于我国，且生物多样性丰富、特有成分比例高，但科技水平相对落后，总体发展水平较低，具备巨大的农业开发潜力。因此，立足境外的技术需求和广阔市场，结合我国“一带一路”建设重点，建立“中国-东南亚农业产业国际合作科技示范基地”，推动西南地区农业科技向东南亚转移，为确保我国西南地区食物安全可持续发展奠定良好的国际市场基础。示范基地集科研、技术推广和人才培养三位于一体，通过联合国内和东南亚知名农业科研机构，重点聚焦作物和动物生产，在示范基地总体框架下分别在种植业和养殖业领域开展科学研究、人才培养与技术推广；组织实施国内外重大科学研究计划和跨学科、跨地域、国际化科学考察活动；建设多个境外技术工作站和科技示范园，开展农业技术指导、科技示范培训及适用技术职业教育。通过“中国-东南亚农业产业国际合作科技示范基地”工程的长期实施，将东南亚建成我国西南地区乃至全国的粮仓。

（三）建立西南地区特色农业产业研究中心

西南地区特色农业资源丰富，可形成独特的区域特色产业，对于支撑区域大食物安全具有重要作用。虽部分产业发展较早、成熟度已经较高，但是一些新兴的区域特色明显的产业规模还比较小、产业链不健全、技术支撑度不够、经营水平不高。建议国家建立西南地区特色农业产业研究中心，如水果、茶饮、泡菜、花卉、糖、辣椒、烟及酒等特色农业产业研究中心。研究中心通过调研，在弄清区域主要特色产业及其在大食物安全中地位的基础上，进行顶层设计、产业宏观发展布局等；同时组织高校科研院所与企业联合，为特色农业产业发展提供技术支撑，组织相关技术成果孵化、转化；研究、促进、完善和提高特色农业产业相关标准，研究、建立新的检测方法，提高与国际同行对话的能力；为特色农业产业培养高水平综合性人才；协助打通特色农产品流通渠道，协助树立特色农业品牌等。通过西南地区特色农业产业研究中心的建立，进一步拓展确保西南地区食物安全的技术与产业保障，同时为新型食物资源研发提供技术保障。

（四）实施西南丘陵山地农业基础设施建设工程

西南地区地质构造复杂，地貌类型多样，地势高差大，自然条件恶劣，需要实施以土地整治、微小水利管网建设和延伸至田间地头的机耕道路建设（解决“最后一公里”问题）为主要内容的农业基础设施建设工程，以改善农业生产条件、提高耕地质量和生产效益。因此，建议国家专项设立“西南丘陵山地农业基础设施建设工程”，以改善西南丘陵山地农业基础设施和提高农业用地利用及生产效率为主要方向，限制对生态环境脆弱地区进行土地开发，将农田整理与陡坡退耕还林还草及荒漠化、石漠化治理等政策有效结合，修葺、新建和完善农业微小水利管网如水沟水渠，并改造田间地头道路以满足机耕要求，最终达到农业生产条件完善、耕地质量和生产效益提高的目的。其中，河谷平坝地区重点是进一步完善农田基础设施与配套建设（如机耕道路、水渠等），满足机械化作业硬件需求；丘陵地区重点是加强水土流失防治和微小水利管网建设，解决灌溉困难；山地地区重点是保持水土，加大退耕还林力度，加强荒山荒坡造林绿化；喀斯特地区重点是进一步加强坡改梯和水利工程建设。“西南丘陵山地农业基础设施建设工程”的实施，不但能进一步提升有效农业用地的使用效率和生产效益，而且能进一步减少因耕作不便而出现的撂荒地，确保耕地面积和质量。

（五）实施适应西南地区特点的农业设施化机械化建设工程

西南地区因特殊的地理条件，种植业和养殖业的规模化、设施化、机械化水平相对较低，严重影响生产效率和产品安全质量。因此，建议国家实施适应西南地区地理、气候等特点的农业设施化机械化建设工程。一是加大对规模种养企业（大户）设施设备的帮扶力度，提高设施设备的补助标准，对欠发达地区的规模种养企业（大户）重点帮扶；在农业机械购置补贴中增加对畜禽养殖饲料加工机械，饮水、供饲机械，消毒及粪污处理机械等的支持比例，扩大畜禽养殖补贴类别；畜禽养殖机械购置补贴享受农业机械购置补贴同等待遇。二是加大对畜禽养殖污染治理的财政支持力度，将养殖污染治理机械纳入农用机械补贴，并提高补贴比例，确保规模养殖场三废治理达标。三是强化发展设施农业的政策保障，加大对种养设施设备税费、信贷、保险等方面的政策支持。四是强化种养设施设备研究技术创新平台建设，设立种养设施设备研发专项，针对不同区域特色、种养模式、生产规模等，以节能型、生态型专项研究不同规模、类型的标准化设施设备，提高适应性和配套性，降低设施投入成本；研究制定相关设施设备在适用性、安全性和可靠性方面的评价标准与技术规范。五是加强农机管理人才、农机科技人才、农机技能人才三支队伍建设。

（六）实施西南地区食物安全绿色化建设工程

因地形地貌、气候类型、耕作制度和养殖规模的特殊性，西南地区种植过程中的农药使用和养殖过程中的抗生素使用已经成为威胁食物质量安全的重要隐患。因此，建议国家实施“西南地区食物安全绿色化建设工程”，通过集成作物和动物抗病品种、生物多样性调控、新型绿色农药和饲料添加等技术，分别构建以抗病品种为基础，以生物多样性调控为途径，以强化病虫害测报技术为手段，以实施绿色低毒高效新型药剂为保障的农产品生产综合防治体系，以及以增强疾病抵抗力为基础，以抗病营养和饲料添加为途径，以强化疫病生物和营养防控技术为手段，以实施无抗饲料和健康养殖为保障的畜禽水产品生产综合防治体系。在农作物产品生产上，积极推行科学合理用药，强调有效成分、农药剂型、施药器械、施药技术、对靶作用的协调使用；大力构建粮田生态系统，推行生态调控，逐步推广生物防治技术、理化诱控技术等绿色防控工程与技术建设；针对西南地区病虫草害种类及发生时期，根据地形地貌、气流特征、药剂特性及当地生产习惯，加强施药器械及配套技术研究；积极推广低量喷雾等多种省药技术；加强新型绿色化学农药研究与转化。在畜禽水产品生产上，积极推行适度规模畜禽标准化养殖和净水淡水养殖；利用生物技术改造非常规原料和改善饲料质量；通过营养增强免疫和兽医生物防控途径增强畜禽抗病能力，减少药物使用；加强饲用抗生素替代技术研究与绿色安全饲料添加剂研发；积极推广畜禽水产品可追溯体系的应用和轻简化。

第五节 政策与措施

一、完善西南地区生态屏障保护与农业协调发展政策性补贴

西南地区是长江经济带的重要生态屏障，其生态系统变迁和经济可持续发展，不仅对于西部大开发有重要战略意义，还可能影响华中和华东地区自然环境与社会经济的发展。西南地区自然环境恶劣，生态环境十分脆弱，石漠化是最为严重的生态问题之一。建议，一是规划生态屏障保护区，明确限制和禁止开发区，并由中央财政建立西南地区生态屏障恢复与保障补偿专项基金，生态补偿内容纳入中央对地方的纵向财政转移支付制度，建立生态补偿专项财政转移支付制度，以加大对限制和禁止开发区的财政转移支付力度。二是加强教育及人力资源开发，支持生态保护区内人口转移、创业、就业。三是建立健全区域性生态环境保护监管体系，对政府为确保生态环境保护与建设项目规划、科研、监测、监管等工作实施而增加的财政支出给予补偿，将所需经费纳入中央财政专项转移支付范围。四是积极推进流域生态服务补偿制度建立，中央政府按照流域生态补偿原则，加快水资源税费制度改革，在落实水量分配和水权制度的基础上，对用水地区和单位按用水量征收流域生态补偿基金。五是协调退耕还林与农业发展，严守耕地红线的同时进一步完善退耕还林和退牧还草补偿政策。六是合理界定生态公益林和公益草地范围，实施有针对性的补偿措施。七是探索西南地区生态恢复与保障市场化模式，引导社会各方参与环境保护和生态建设。八是探索建立区域内污染物排放指标有偿分配机制，逐步推行政府管制下的排污权交易，运用市场机制降低治污成本，提高治污效率；引导鼓励生态环境保护者和受益者通过自愿协商实现合理的生态补偿。

二、完善农业产业结构调整政策性补贴

西南地区农业产业化程度低，但自然条件独特、农业资源禀赋优良、物产资源丰富多样，具有差异化发展特色生态农业的条件，但是需要国家从政策上给予补贴与支持。西南地区农业产业结构调整方向：稳粮扩经、增饲促牧，间套复种、增产增收。为实现产业结构的顺利合理调整，一是建议完善农产品价格政策，统筹考虑水稻、小麦、玉米、大豆、油料、棉花等作物的比较效益，健全完善主要农产品价格形成机制，释放价格信号，引导农民按照市场需求调整优化种植结构。二是建立合理的轮作补助政策，加大补助力度，支持各地因地制宜推行耕地轮作模式，同时在地下水漏斗区、重金属污染区和生态严重退化区开展耕地休耕制度试点，合理确定补助标准。三是加大高标准农田建设资金投入；政府、企业和经营主体联合设立农业发展基金，拓宽融资渠道，分担主体风险。四是完善金融保险政策，加大金融保险对种植业结构调整的支持力度，发挥财政投入的杠杆作用，通过补贴、贴息等方式，撬动金融资本、社会资本进入，形成多方投入机制；加快建立农业信贷担保体系，解决新型经营主体融资难的问题；扩大农业政策性保险覆盖面，稳步提高保障水平；探索开展农产品价格保险试点；应用“互联网+”金融方式，推进金融服务体系多样化。五是加大土地政策改革，解决农民抵押难的问题；制定差异化农业投资优惠政策，吸引社会工商资本进入；建立健全农业信息平台，包括政策信息服务网络、市场信息库、电商销售平台、农产品信息可追溯平台等。

三、实施中国同“一带一路”共建国家农业合作战略

“一带一路”共建国家中农业大国数量多，农业在国家经济体系中的占比整体高于全球平均水平，农业用地面积占国土面积比例高，但农业生产效率低、科技落后、投资匮乏。因此，我国应从政策上鼓励同“一带一路”共建国家开展农业合作，建设我国的海外粮仓，同时将我国先进的农业技术和高端农产品推广到海外。一是鼓励企业到海外进行土地租赁和联合开发，鼓励和协助中国企业并购海外农庄、农业企业、农产品贸易公司、农产品加工企业，扶持跨国农业开发合作项目，促进海外农业资源的联合开发。二是重点布局并立项支持海外高科技绿色农业园区或示范基地建设，依托园区和基地平台，开展农业研发合作、成果转化、技术推广和农业产业规模化经营等，发挥平台的科技引领和产业示范、辐射作用。三是布局建立农业自由贸易区，通过农牧业专项互惠协议等方式，降低农牧业产品交易成本，提高交易、通过效率，推进农牧业产品贸易区一体化进程。四是建立农业推广“一对一”项目，针对边境贸易量比较大的农产品，建立相应生产基地，政府签订农产品种植收购协议，保证农产品数量和质量。五是建设跨境农业合作项目综合服务体系，政府设立跨境农业合作综合服务中心，为跨境农业合作项目提供法律咨询、技能培训、保险担保、文化交流等综合服务。

四、完善农民返乡创业和传承区域特色文化鼓励政策

西南地区自然资源禀赋优良、民族众多、传统文化特色鲜明。然而，随着大量农民

外出务工，不但造成耕地撂荒，而且带来特色传统文化遗产的消失。因此，国家应从政策上鼓励并帮助农民返乡，一方面守住耕地红线和改善耕地质量，另一方传承和发展多样性的传统文化。建议，一是充分开发乡村、乡土、乡韵潜在价值，加大对乡村休闲旅游养老等产业和农村三产融合发展的支持力度，为少数民族特色村镇建设和“一家一户”小型休闲庭院建设提供硬件支持与资金支持，如“最后一公里”道路建设、电路建设、网络建设、水源建设等。二是支持产业升级形成特色品牌，把小门面、小作坊升级为特色店、品牌店，把特色农产品和传统农产品品牌化，升级为地理标志性产品，并鼓励“互联网+”信息技术的应用。三是鼓励实施订单农牧业（农牧产品），实现产品需求方与生产方的无缝对接，解决产业发展的盲目性和需求的无目标性。四是加大财政支持力度，对于由返乡农民工等人员创办的新型农业经营主体，符合农业补贴政策支持条件的，可按规定享受相应的政策支持，对具备各项支农惠农资金、小微企业发展资金等其他扶持政策规定条件的，要及时纳入扶持范围，便捷申请程序，简化审批流程。五是加大农村教育和医疗基础条件的投入，鼓励教育资源和医疗资源向农村倾斜，缓解资源分配不公的矛盾，鼓励大学生到农村从事基层教育和医疗服务，进一步提高农村义务教育和医疗保险水平。

五、完善西南地区涉农人力和人才资源开发与稳定政策

西南地区涉农人力和人才资源开发不足与流失严重是制约农业产业化升级的重要因素。因此，需要进一步完善涉农人力和人才资源的开发与稳定政策。一是重点倾斜西南地区“一流大学和一流学科”建设，从资金、项目和人才培养与引进上予以保障。二是从项目、待遇等方面支持和保障高端农业从业科研人员在西南地区安心稳定工作。三是采取综合举措激励农业科技人员的工作积极性，改革农业科研人员特别是从事应用研究与推广的科研人员的考核方式与职称评聘办法。四是加强农业科技推广人才培养，结合基层农业技术推广体系改革与建设补助政策，提高农业技术推广人才业务和技术水平，保障农业科学技术在农业产业中有效推广。五是加强农业农村一线实用型科技人才和新型经营主体的技术培训，培养一大批新型职业农民、农村实用型人才和农业高技能人才。六是立足农业产业化，推动涉农职业教育大发展，把构建新型农村教育体系纳入农村改革体系，提高涉农职业教育比例，加大对优秀涉农职业高中生通过对口单招进入高等院校相关专业学习的支持力度，减免或补贴学生在职高阶段的学习费用。七是严格农民培训机构和培训教师准入制度，鼓励大农场主、成功的企业集团开办农业职业教育机构。八是逐渐建立职业农民制度，城市居民需要考取资格证书才可以从事农业活动，对农业从业人员按照生产、加工、销售等多个环节进行细分。

（本章执笔人：荣廷昭、梅旭荣、闫琰）

第三十章　西北粮食安全理论与实践

第一节　区域资源禀赋特点

西北地区界定为内蒙古自治区（除东四盟）、山西省、甘肃省、青海省、宁夏回族自治区、新疆维吾尔自治区、陕西省，共 70 个地级市 519 个县级行政区划单位，面积 375.98 万 km^2，占全国国土面积的 39.16%。其地域辽阔，地貌类型多样，自然条件复杂。西北地区深居内陆，年均降水量 150～650mm，年均蒸发量 2500～3000mm，是典型的干旱、半干旱地区，也是我国生态环境最为脆弱的地区。该区域的干旱特性决定了其农业生产高度依赖灌溉，自古就有“没有灌溉就没有农业”的说法；同时决定了其农业用水量占比较高，农业用水量占总用水量的比例接近 70%，部分地区达到 90%以上，而新疆南部的喀什、阿克苏等地达到 95%以上。随着国家“最严格水资源管理制度”的实施及城市化进程的快速发展和国家对生态环境的高度重视，可以预见未来西北地区的农业用水量不会增加，甚至是会被生活用水、生态用水和工业用水所挤占，这必将给农业生产带来新的挑战。

虽然西北地区水资源短缺，但具有人口密度小、经济发展较缓慢的特点，在城市化快速发展的背景下，东南部等发达地区的耕地面积在大量减少，而具有土地、光、热资源优势的西北地区保障全国粮食安全的重要性在提升，是我国重要的粮食生产后备基地。西北地区多样的地貌特征和充足的光、热资源为其发展特色农业提供了得天独厚的条件，以约占全国 10%的水资源和 15%的粮食种植面积生产了全国 12%的粮食，可见其对于保障全国粮食安全具有重要意义。

第二节　粮食生产现状及问题

一、粮食生产情况

（一）食物生产

粮食产量：2000～2021 年的 21 年中西北地区粮食产量从 5016.93 万 t 增加到 9976.75 万 t，增加了 4959.82 万 t，增长 98.9%，远高于全国同期水平的 47.7%；人均粮食占有量 2001 年为最低，仅为 325.81kg，远低于全国 354.66kg 的水平，2012 年人均粮食占有量达到 413kg，才达到联合国关于粮食安全的标准，比全国达到 400kg 晚了两年，2021 年人均粮食占有量为 614.63kg，高于全国平均水平的 483.40kg。

肉类产量：2000～2021 年西北地区肉类产量和人均占有量都持续上升，产量从 472.15 万 t 增加到 950.05 万 t，21 年增加了 477.90 万 t，增长 101.2%，高于全国同期水平 49.5%；人均肉类占有量仅 2000～2003 年在 30～39kg，2005 年、2006 年、2015 年、2020 年和 2021 年均超过 40kg，保持相对稳定，低于全国同期水平，2000 年比全国水平低 15.32kg，2021 年为全国水平的 91.0%，远低于全国水平。

奶类产量：西北地区奶类产量从 2000 年的 282.50 万 t 增加到 2005 年的 1140.55 万 t，2007 年达到历史最高峰，为 1473.39 万 t，之后一直稳定在 1140 万～1400 万 t，2021 年达到 1507.06 万 t，目前基本上保持在占全国 40.9%左右的水平；人均奶类占有量从 2000 年的 19.22kg 增加到 2021 年的 92.85kg，增加近 4 倍，远高于全国水平，基本保持在 3 倍水平左右。

禽蛋产量：西北地区禽蛋产量从 2000 年的 145.84 万 t 增加到 2021 年的 314.82 万 t，21 年增加 115.87%，全国同期增幅为 56.22%；人均禽蛋占有量 2000 年为 9.92kg，2021 年为 19.39kg，仅分别为全国同期水平的 57.6%和 80.4%。

（二）食物流通

2009～2012 年，陕西粮食出口量呈现快速增长趋势，2012 年达 9.82 万 t，增长 3 倍多；果蔬出口量有降低趋势；乳品出口量从 70t 降低至 20t；鲜蛋出口量增长也较快；水果和食用油进口量在 2010 年有较大增长，之后又大幅度降低至 2009 年的水平。

2009～2013 年，甘肃植物产品进出口总额均呈缓慢增长趋势，2014 年快速增长，进口总额和出口总额分别达 20 575 万美元和 194 908 万美元，出口总额是进口总额的 9 倍多，2021 年出口总额快速下降至 27 291 万美元。活动物及动物产品的进出口总额在 2015 年均快速增长，进口总额和出口总额分别达 16 809 万美元和 208 399 万美元。

（三）食物消费

口粮消费：小麦、玉米、水稻、马铃薯是北方地区的主要口粮，山西、陕西和甘肃三省的口粮消费最大，年消费量在 500 万～700 万 t，2012 年前有明显降低，2013 年和 2014 年较大幅度增加；其次为新疆，年消费量稳定在 300 万 t 左右，并呈现逐年缓慢下降趋势；宁夏和青海年消费量分别稳定在 100 万 t 和 20 万 t；内蒙古年消费量波动大，目前为 100 万 t。

食用油消费：陕西和山西的食用油消费量相近，分别为年均 30.4 万 t 和 29.0 万 t；其次为甘肃，年均 20.8 万 t；新疆、内蒙古、宁夏和青海消费量依次为 17.5 万 t、10.2 万 t、5.2 万 t 和 4.6 万 t。各省份的消费量在 2000～2021 年均比较平稳。

果蔬消费：陕西和山西的水果与蔬菜消费量最大，分别为 130.4 万 t 和 124.4 万 t，392.1 万 t 和 364.8 万 t；甘肃水果和蔬菜年消费量分别稳定在 80 万 t 和 264.9 万 t；新疆年均消费量分别为 72.1 万 t 和 219.4 万 t，但 2007 年前有较大幅度下降，其后趋于平缓；内蒙古、宁夏和青海水果年消费量稳定在 46.1 万 t、22.0 万 t 和 19.5 万 t，青海蔬菜年均消费量最低，为 58.3 万 t。

肉类消费：2015～2021 年山西、内蒙古、陕西、甘肃、青海、宁夏、新疆 7 省份的肉类年均消费量分别为 51.65 万 t、82.80 万 t、61.01 万 t、47.31 万 t、15.22 万 t、12.25 万 t 和 60.66 万 t。2012 年之前，陕西和甘肃的肉类消费量呈缓慢小幅增加趋势，其后有较大幅度增加，增幅在 20%～30%。

奶类消费：2000～2021 年，西北地区各省份中，陕西奶类消费量大，年均为 32.1 万 t，且近 16 年消费量增幅大，由 2000 年的 13.5 万 t 增加到 2015 年的 44.9 万 t，增幅超过 2

倍；甘肃和新疆消费量相近，年均分别为 19.1 万 t 和 17.7 万 t，呈稳步增加趋势，增加 2 倍左右；内蒙古年均消费量为 11.8 万 t，呈缓慢增加趋势；青海和宁夏年均消费量相近，分别为 5.5 万 t 和 4.8 万 t，总体趋于稳定。

禽蛋消费：2015～2021 年山西、内蒙古、陕西、甘肃、青海、宁夏、新疆 7 省份的禽蛋年均消费量分别为 44.40 万 t、26.02 万 t、34.46 万 t、20.81 万 t 和 2.74 万 t、4.57 万 t、18.05 万 t；陕西、甘肃、新疆的禽蛋消费量呈较大幅度增加趋势，增幅在 20%～30%，内蒙古、宁夏和青海消费量低且较为稳定。

（四）食物生产格局

西北 7 省份之间食物生产差距巨大，2021 年山西和新疆两省份粮食产量分别为 1421.25 万 t、1735.78 万 t，占西北地区粮食总产量 9976.75 万 t 的 31.6%，而青海（109.1 万 t）和宁夏（368.44 万 t）两省份粮食产量仅分别占 1.09%和 3.69%，尚不及陕西和甘肃的一半。陕西（1270.43 万 t）、山西、甘肃（1231.46 万 t）、内蒙古（3480.30 万 t）、新疆是西北地区主要的粮食生产区，占西北地区粮食总产量的 95%以上。人均粮食占有量上，内蒙古和新疆分别为 1600.13kg、670.44kg，远超区域 614.63kg 的水平，而陕西和青海较低，仅分别为 321.30kg 和 183.65kg，不仅低于区域水平，还低于全国水平，尤其是青海不及区域水平的一半，仅为全国水平的 41.9%。

西北地区是我国最主要的草原畜牧业生产区域，也是草场面积最大的区域。2021 年，山西（135.38 万 t）、内蒙古（277.32 万 t）、陕西（127.97 万 t）、甘肃（135.29 万 t）和新疆（198.73 万 t）肉产品产量占全区总产量 950.05 万 t 的 92%以上，宁夏和青海仅占 7.9%；在人均肉产品占有量上，内蒙古最高，为 115.55kg，新疆为 76.76kg，青海为 67.39kg，陕西最少，仅为 32.36kg。从产量来看，内蒙古、新疆是西北地区最主要的肉产品生产区。

西北地区是全国重要的奶类生产基地。2021 年，人均奶类占有量为 92.85kg，其中宁夏为 386.91kg，其次是内蒙古，达到 280.52kg，甘肃仅有 26.76kg，低于全国水平，除山西和甘肃外其余省份人均占有量均超过全国水平；内蒙古、陕西、宁夏和新疆奶类产量占西北地区总产量的 85%以上，是该区域主要的奶类生产基地，也是全国重要的奶类生产基地。

在禽蛋产品生产方面，山西、陕西和内蒙古是西北地区的主要禽蛋生产区，2021 年，山西生产 112.34 万 t，陕西生产 63.4 万 t，内蒙古生产 61.56 万 t，占全区总产量 314.82 万 t 的 75.38%；西北地区人均禽蛋产品占有量低于全国水平。

二、粮食安全存在的问题

（一）现代农业发展的资源约束加剧，干旱等灾害是食物生产的主要制约因素

西北地区水资源量占全国水资源量的 10%左右，且省份间水资源量差异显著，其中宁夏、山西、甘肃水资源量占全国水资源量的比例均基本不足 1%，表现为严重的资源型缺水。资源性缺水和工程性缺水并存，用水粗放和管理无序导致的水资源过度利用与不合理利用，放大了匮乏的水资源对产业发展的制约作用；生态与环境资源开发利用过度而有效保护不足，生态脆弱、环境恶化趋势无明显好转，水土质量下降，化肥、农药、农

膜等污染加重，区域可持续发展面临挑战。近年西北地区有效灌溉指数呈下降趋势，既限制了化肥等投入品的利用效率，也较大程度地制约了农业经营效率与发展水平的提高。

在水资源方面，干旱的气候条件使水资源成为限制西北地区农业发展的关键因子，也导致其农业生产以灌溉农业为主，大部分地区表现出没有灌溉就没有农业的特征。对于灌溉条件较差、灌溉配套设施不完备的地区，农民多种植抗旱作物，但一般作物单产水平较低，农业生产能力低。甘肃、山西、陕西和青海农田灌溉面积占作物总播种面积的比例相对较低，内蒙古、宁夏和新疆的占比基本都在40%以上，新疆更是高达80%以上；就西北地区整体而言，灌溉面积占作物总播种面积的比例有上升趋势，且灌溉面积有所增加，其中增长幅度新疆最为突出，增加速度超过 $100\times10^3hm^2/a$；内蒙古灌溉面积总体上也表现出较明显的增长，增长速度接近 $50\times10^3hm^2/a$；与其他省份不同，青海和陕西灌溉面积在2000～2021年并没有增加，甚至有减少的趋势。

在耕地资源方面，西北地区土地面积为378.99万km^2，占我国国土面积的39.48%；2019年西北地区耕地面积为32.31万km^2，占全国耕地面积的25.3%，占全区土地面积的8.53%，全区耕地面积与土地面积相对全国的占比极不匹配。在西北地区中，山西耕地面积占土地面积的比例最高，达到25.99%，为4.062万km^2，其次是陕西和宁夏，均超过19%；青海最小，不足1%，仅为0.82%，其次是新疆，仅为3.11%。

（二）农业可持续发展的基础设施相对薄弱

西北地区财政支农的实际力度在相对降低，较低的投入水平是制约其现代农业发展水平提升的共性瓶颈。长期的低水平投入导致西北地区产业基础设施建设欠账较多，使得本已不容乐观的生产条件进一步恶化。例如，农田水利基础设施薄弱，高效节水灌溉率低，有效灌溉率近年有下降趋势；适合山地、旱地的小型实用机械尚无显著突破，农业机械投入及机耕比例无明显提高，阻碍了高效率生产要素对低效率生产要素的有效替代；高标准农田规划建设面积占耕地比例不足，中低产田改造力度不大，较大程度地制约了该地区农业产出效率的提高。因此，需要切实加大财政支撑力度，加强公共基础设施建设，改善西北地区发展现代农业的产业基础。

（三）退耕还林（草）生态工程对食物生产带来巨大影响

西北地区的退耕还林（草）必然会对当地的经济发展与粮食生产产生巨大影响，其中最直接的便是退耕带来耕地的大面积减少，从而引起粮食总产的降低。仅就此而言，退耕使原本粮食状况一般的西北旱区陷入缺粮的境地。但从另一角度来看，退耕对粮食生产有着积极的影响：一是退耕节省下来的生产要素转移可以带来未退耕耕地粮食产量的增长；二是西北地区生态环境及局地小生境的改善可以对粮食生产产生促进作用，并降低灾害风险。此外，退下来的耕地均是受坡度、水分等条件严重制约的耕地，单产有限，而农业科技的进步和工程设施建设的加强，必然会对保留耕地上的粮食生产起到极大的推动作用，进而促进区域经济的协同发展。

（四）耕地退化与污染问题影响食物安全

西北地区耕地存在质量退化和土地污染加重的问题。耕地质量退化，土地等别偏低，耕地中以旱地居多，土地利用粗放，产出率低；重用轻养，高强度利用引起质量退化，致使部分区域水土流失、次生盐渍化严重，如新疆、甘肃、宁夏、内蒙古等地的盐碱化致使耕地质量等别总体偏低，高等耕地不足7%，93%以上的耕地是中、低等地。

人均耕地减少，土地污染加重。首先，农业生产中过量使用化肥、农药、农膜的现象十分普遍，甘肃长期覆膜农田地膜残留量达4.8～15.4kg/亩，严重威胁耕地环境和农产品质量安全。其次，随着工业化、城镇化步伐加快，工矿企业周边及工矿业废弃地的土壤重金属污染逐年加重，如陕北、山西等工矿区污染比较重。最后，土地投入不足、人均耕地减少、耕地占补缺乏质量平衡等现象使得西北地区维持耕地资源保护与农业生态平衡的压力持续增加。

（五）区域农村一二三产业融合度较低

西北地区的特色优势农业通过外延扩张实现了较快发展，但是与东部及全国相比差距依然明显，如传统作物比例过高、特色产业集群优势不突出和特色不够鲜明；区域分工与合作格局深化不足，地区间产业存在低水平的过度竞争和单一产品供给过剩的市场风险；现代农业产业集群规模化、集约化程度不够，产业优势未得到深度开发，链条短、加工层次低、转化能力弱、品牌带动不强、产品附加值不高，产业扶贫效果有待提升。从生态资源均衡利用和环境可持续角度考虑，需要进一步立足区域比较优势，按照国家农业可持续发展规划精神，甄别并培育支撑未来区域经济增长的优势产业，建立粮食作物、经济作物、饲料作物有机结合的“三元”结构，协调农牧区域合作，紧密促进农牧结合、种养循环、牧繁农育一体化发展。

（六）现代农业发展的创新驱动能力不足

西北地区农业农村信息化处于起步阶段，基础薄弱、发展滞后、体系不全，农业物联网尚未实现规模量产，信息化对现代农业发展的支撑作用尚未充分显现；现代种业自主创新能力不足、农业技术推广体系不健全、科技成果转化率和技术到位率不高等问题影响该地区旱作节水农业可持续发展能力的提升；以农业示范园区和农业科技园区为主要载体的科技示范体系，虽然在新技术、新品种、新模式、新产业示范推广、产业提升、农民增收方面发挥了重要作用，但示范的面积、推广的区域、产生的效果显示度较低，区域适宜性现代农业创新发展模式及示范效应亟待加强，通过总结与探索区域发展创新模式，进一步发挥示范基地引领产业发展的作用。

第三节　战略定位与战略目标

一、战略定位

通过实施西北地区现代农业创新驱动发展战略，促进国家层面对西北地区食物安全、生态屏障、农业产业、区域统筹发展进行顶层设计和制度安排；全面推行促进产业升级发展的关键核心技术，动态优化农业产业结构，切实转变生产经营方式，稳步提升农业综合生产能力，确保西北地区口粮的安全供给，通过国际化实现区域食物供需平衡；

明显改善农业基础设施，显著增强科技支撑能力，显著改善水土资源的利用效率，持续提高农业和农民收入；基本形成产业优势显著、技术装备先进、组织方式优化、产业体系完善、供给保障有力、综合效益明显的新格局；主要农产品优势区基本实现农业现代化，使区域现代农业发展更具全局性、科学性和可持续性，到 2030 年，使西北地区食品安全治理能力、食品安全水平、食品产业发展水平和人民群众满意度明显提升。

二、战略目标

1）通过实施优势农业产业发展战略，大力推进西北地区优势特色产业向优势区域集中，实现区域适度规模经营，建立起稳定的优质特色农产品生产基地；以农产品加工延伸为引领，拓宽产业范围和功能，大力调整产业结构和转变增长方式，形成包括特色农产品种养、初加工、精深加工、副产物综合利用和三产融合发展环节的全产业链；构建政策扶持、科技创新、人才支撑、公共服务和组织管理体系，带动资源、要素、技术、市场需求的优化、整合和集成，把西北地区建设成为我国具有地方特色的国内一流的优势农业产业发展示范区域。

2）通过实施农业节水利用发展战略，使西北地区农田基础设施得到改善，农业节水技术得到较大面积推广应用，形成不同区域稳产、高效的现代农业节水利用发展模式，自然降水利用率和利用效率明显提高，农业用水紧缺态势基本得到缓解，农业综合生产能力稳步提升，生态环境不断改善。

3）在西北地区加快推进新一轮退耕还林还草并适当扩大规模，要从生态屏障建设要求、生态文明建设要求、资源与产业匹配三个方面，对未来 175.7 万 hm^2 的可退耕面积实施新一轮的生态修复，约占西北地区耕地面积的 7%，其中甘肃、新疆、内蒙古与山西分别占西北地区退耕总面积的 43%、32.4%、18.6%和 6%，这将极大地推进区域生态环境改善，对于农业产业结构调整、农业经济发展转型和农民收入增加都具有极其深远的意义。

4）西北地区畜牧业迅速发展。通过加强对农牧地区基础设施的投入，充分利用农作物秸秆等资源，扩大饲草种植面积，加快畜禽良种推广，改良天然草场，加强草原保护建设，加强人工草地建设，推进牧草产业化发展，转变饲养模式，适当进行补饲及半舍饲，推动草地高级农产品销售，继续实施各项补贴政策等措施，明显提升畜牧业发展水平。

5）通过实施现代农业区域示范与创新模式发展战略，以“创新驱动、园区建设、发展模式、区域示范、项目授贷、政策扶持”为重点，以现代农业、农产品加工业、现代服务业协同推进和农业增效、农民增收为目标，努力提升区域现代农业发展水平，实现农业现代化与新型工业化、城镇化、信息化同步推进；农产品极大丰富，劳动替代型机械显著突破，农业劳动生产力达到全国平均水平。

6）充分利用经济全球化和贸易自由化带来的机遇，推动食品行业的出口贸易。引导产业结构调整，延伸农业生产链条，拓展就业渠道与机会，增加农民收入，吸引投资带动相关行业发展来促进区域发展，实现发展的良性互动。强化自己的贸易地位，通过提高检测标准、增加检验检疫项目、制定各种法规等措施实施贸易技术壁垒，发挥西北地区的资源优势，充分利用现代科学技术提高技术创新能力，建设具有区域特色的创新性可持续发展道路。

7）结合西北地区的生态承载力，合理适度开发耕地资源，既能通过充分发挥西北地区耕地资源丰富、光热资源充足的自然优势来缓解我国耕地资源压力，又能兼顾改善西北地区水土流失严重、生态环境恶劣的现状。

8）借助“一带一路”建设带来的机遇，充分利用国际农业贸易市场，通过农产品贸易，实施虚拟资源发展战略，有效缓解西北地区耕地、水资源、养分资源方面的严峻压力。

第四节　战略重点与工程

一、实施西北地区耕地质量保育工程

（一）制定耕地合理轮作规划，重点培育节水旱作农业

为实现耕地质量自然修复：发挥西北地区的自然禀赋优势和市场的决定性作用，促进资源、环境和现代生产要素的优化配置，提高农业资源利用率；加大粮食生产结构调整力度，重点培育节水旱作农业，实行合理轮作，扩大豆科绿肥作物面积，减少高耗水作物（玉米）种植面积，推广推行农作体系生产统筹管理；有规划地实行耕地休耕，让耕地质量自我休养生息，加快耕地粮食生产向粮草兼顾结构转型。

（二）加强耕地质量培育，控制耕地外来污染

西北地区当前的耕地资源存在利用不当及土壤污染问题，建议今后着力做好：推进保护性耕作，增加耕作层厚度，提高土壤有机质含量和耕地基础地力；推广测土配方施肥和水肥一体化技术，控施化肥特别是磷肥；严格控制工矿企业废弃物排放堆积，阻控重金属和有机物污染，做好矿产开发地的复垦工作；重点控制农膜残留，推广地膜残留农艺防治技术和地膜回收再利用技术；重点改良盐碱化及沙化等障碍土壤。

（三）实施科技创新驱动的耕地质量提升示范工程

强化对单项农业技术功能的提升与完善；强化集成研究，形成综合性的耕地质量适应性调控技术体系；加大对中低产田的改良与对退化耕地的生态修复；增加对基本农田水利建设与节水农业技术推广的投入，同时实施西北耕地保育与质量提升示范工程，以盐碱地改良修复、耕地占补平衡、地膜污染防治、秸秆肥料化利用、畜禽粪污无害化处理等为重点，以生态产能建设为核心，着力提升耕地内在质量。

（四）促进生产生态平衡，完善耕地质量政策支持体系

加大政府对新型经营主体的补贴与补助；完善农业生态补偿政策；健全与完善水资源分配和水权管理制度；构建以经济激励为核心的耕地保护制度，全方位设计耕地保护的利益驱动机制。

上述耕地质量保育相关建议的采纳，有望在西北地区实现粮食生产结构优化，资源环境永续利用，农业发展方式转变，各族人民生活更加安康的综合目标，不仅仅有利于

生产、生态、生活的和谐与均衡，更能促进西北地区在我国经济发展进入新常态、世界经济复苏低迷的时代背景下开创新的绿色化发展理念，提高农业的综合效益与整体竞争力，持续促进农牧民就业与增收。

二、西北地区食物安全与丝绸之路经济带虚拟水工程

西北地区是我国最为干旱的地区，降水稀少，蒸发强烈，水流失严重，降水集中发生在 6～9 月，多以大雨或暴雨形式出现，易导致降水资源浪费。西北地区水资源量占全国水资源量的 10%左右，部分水资源为区域外用水（国际河流和国内河流发源地），水土资源空间分布严重不均，且区域内生态环境也极度依赖稀缺的水资源，另外水源枯竭正在进一步加剧西北地区水资源匮乏的现状，祁连山冰川的退缩、黄河源头地区雪线的上升、水体的污染及水环境的恶化都进一步加剧了水资源的枯竭。我国可以考虑与中亚五国（哈萨克斯坦、乌兹别克斯坦、吉尔吉斯斯坦、土库曼斯坦、塔吉克斯坦）发展丝绸之路经济带食物虚拟水工程，以促进双方食物供给水平。

（一）中亚五国的农业生产为主导产业，但生产水平不高

农业是中亚五国的传统主导产业，产业结构简单，这一特征与其自然资源条件适宜农业生产有关。中亚五国与我国西北地区类似，光热资源丰富，年均日照时数为 2000～3000h，光热同季；土地资源丰富，国土面积合计 400 万 km^2，其中耕地面积 3241 万 hm^2，相当于我国耕地面积的 1/4，草地面积 2.5 亿 hm^2，另有不少可耕地未被利用，如土地较多的哈萨克斯坦近年来农业用地在 1500 万～1800 万 hm^2，不到其耕地面积的 80%；水资源较为短缺，但相对我国西北地区要更丰富，中亚五国的年降水量在 160～700mm，其中哈萨克斯坦和吉尔吉斯斯坦的降水较多，中亚五国的人均水资源量均低于 8000m^3，高于我国西北地区人均 2310m^3 的水平，但从整体上看属于缺水国家，对种植业形成一定的制约。中亚地区地表水分布极不平衡，吉尔吉斯斯坦和塔吉克斯坦两国拥有的地表水资源分别占整个中亚地区的 43.4%和 25.1%，合计超过 2/3，中亚五国水资源在各国间的协调问题是关系其农业发展的重要问题。

中亚五国农业以种植业和畜牧业为主，每一农业劳动力平均拥有 5hm^2 耕地和 39hm^2 草场，但普遍存在农业投入严重不足的问题，农业生产技术相对落后，经营粗放，现代化水平低，粮食单产低，灌溉定额大，用水效率低。种植业方面，以粮食（小麦、玉米和水稻）、油料作物和棉花这三类土地密集型产品为主，其他较重要的作物是甜菜及蔬菜瓜果。畜牧业方面，以养羊、养牛、养马为主，养禽也占一定的比例。

中亚各国居民食品消费结构中，谷物产品消费占 50%，动物性产品消费占 20%；居民对肉、奶等畜产品加工品有特殊的消费偏好，但依赖进口。

（二）西北地区及中亚五国在丝绸之路经济带建设中具有重要地位

丝绸之路经济带，东边牵着亚太经济圈，西边系着发达的欧洲经济圈。中国的西北地区和中亚五国位于丝绸之路经济带的核心地带，地域辽阔，有丰富的自然资源，包括矿产资源、能源资源、土地资源和宝贵的旅游资源，被认为是“世界上最长、最具有发展潜力的经济大走廊”，但该区域交通不够便利，自然环境较差，经济发展水平与两端

的经济圈存在巨大落差，存在“两边高、中间低”的现象。

（三）西北地区与中亚五国发展虚拟水贸易的基础

我国西北地区与中亚五国毗邻，拥有超过3000km的边境线，有9个跨界同缘民族散居在境内，语言和风俗习惯类似，文化生活联系广泛，构成了该区域经济合作的人缘基础。西北地区少数民族与中亚一些民族在宗教方面联系密切，同源跨国民族的存在和地理上的毗邻而居，使民族感情天然存在，合作交流历史久远，依靠这种地缘优势，西北地区已经成为我国向西开放的前沿阵地，成为我国与中亚国家发展经济合作的重要承接地和聚合点。此外，欧亚大陆桥的贯通，上海合作组织平台的建立，国家西部大开发、丝绸之路经济带政策的实施都为西北地区的食物贸易提供了战略机遇，也为食物虚拟水工程的实施奠定了坚实的基础。

我国粮食进口主要集中在美国、澳大利亚、巴西、阿根廷等几个国家，进口国家集中，且运输距离远，粮食安全存在较大隐患，中亚国家与我国西北地区毗邻，与其发展食物贸易有利于改善我国贸易结构，促进粮食安全，我国与中亚五国在农业领域有较好的互补性和互利性，具备很好的农业合作潜力。中亚五国具有丰富的农业自然资源，耕地资源丰富，水资源较我国西北地区相对丰富，而我国西北地区具有技术和管理优势及相对的资金优势，加强双边合作，对于提高中亚五国农业生产水平和用水水平，以及提高我国粮食安全水平和资源性短缺农产品供给及建立未来的海外出口基地具有深远的战略意义。

（四）丝绸之路经济带食物虚拟水工程

中亚五国农业生产及用水水平提升工程：中亚五国农业投入普遍不足，农业机械发展相对滞后，劳动生产力低，农业单产不足我国西北地区的一半；农业节水灌溉面积较少，用水效率低，灌溉水利用率不及我国西北地区的20%，故对农业节水灌溉技术具有极强的需求。而我国西北地区具有资金优势，农业机械化率和农业科技水平相比中亚国家较高，如新疆在地膜覆盖技术和膜下滴灌技术方面具有较成熟的经验与较高的技术水平，拥有自主研发的节水灌溉产品及技术。因此，“丝绸之路经济带食物虚拟水工程”应首先加强对中亚五国农业技术与资金的支持，在尽量不增加农业水资源利用量的前提下，提升农业生产水平和用水水平。

西北地区、中亚五国产业结构及种植结构优化调整工程：中亚五国降水主要集中在冬春季，因此小麦、油料作物降水利用比例相对较高，灌溉水需求较少；草地资源丰富，有利于发展畜牧业，但由于食品加工业发展严重滞后，畜禽加工产品少。而我国西北地区降水主要集中在6～9月，同时畜禽产业使用饲料粮较多，需要耗用较多的水资源。因此，应将我国西北地区、中亚五国的食物产业统筹考虑，加强地区之间的协调，将水资源作为重点考虑因素，优化调整我国西北地区、中亚五国的产业结构及种植结构，使得各区域建立适水型的产业结构和种植结构。

西北地区与中亚五国食物虚拟水贸易工程：以上两个工程作为基础，发展我国西北地区与中亚五国的食物贸易，进一步改善区域之间的交通设施，完善双边和多边贸易协调机制，建立“互联网+现代农业”商业营销模式等，为我国西北地区与中亚五国食物虚拟水贸易工程的实施奠定基础。

第五节 政策与措施

水资源短缺已然成为制约西北地区社会进步和经济发展的最主要因素，也是诱发其生态环境持续恶化的主要原因。在中国西北干旱、半干旱地区，自古就有“没有灌溉就没有农业”这一说法。如今，伴随着经济的快速增长、工业化和城市化进程的加快、人民生活水平的提高和膳食结构的调整，水资源逐步向城市、工业建设倾斜，农业用水份额持续减少。再者，随着“一带一路”建设和西部大开发战略的实施，以及经济发展速度加快、生态环境重建扩展、人口增长等，必将导致区域水资源短缺加剧。因此，如何维持水资源的高效、可持续利用，将是西北地区保障粮食安全及作物可持续发展必须解决的战略性问题。

一、完善现代农业产业体系

以提升西北地区现代农业发展水平和增强农业综合生产能力为核心，加强主要农产品优势产区基地建设，启动实施农产品加工提升工程，推广产后贮藏、保鲜等初加工技术与装备；培育加工和流通企业，大力发展精深加工，提高生产流通组织化程度；强化流通基础设施建设和产销信息引导，升级改造农产品批发市场，支持优势产区现代化鲜活农产品批发市场建设；发展新型流通业态，大力发展冷链体系，降低农产品流通成本，提升农产品竞争力。

二、优化产业结构与区域布局

以市场为主导，按照比较优势原则，加快发展甘肃制种玉米和马铃薯、陕西苹果和杂粮、青海牦牛和藏羊、宁夏枸杞和滩羊等地方优势特色产品生产基地，做大做强优势特色产业；大力发展农产品加工业，着力延伸农业产业链条，加快推进三产融合，不断提升农业附加值；加快农业信息化物联网建设，推进“互联网+现代农业”发展，拓宽农产品交易平台；加快实施无公害农产品、绿色食品、有机农产品和地理标志农产品认证；通过中低产田改造、粮草轮作、退耕还草、压减低产棉田等方式，挖掘饲草料生产潜力，加强饲草料生产基地建设，促进草食畜牧业提质增效发展。

三、优化农业科技和人才支撑

以旱区农作物育种创新技术和农业节水利用技术为核心，完善农业科技创新体系和现代农业产业技术体系，启动实施农业科技创新能力建设工程，着力解决一批影响西北地区现代农业发展全局的重大科技问题，强化科技成果集成配套，增强农业科技自主创新能力和农业新品种、新技术转化应用能力；大力推广地膜覆盖、机械化深松整地、膜下滴灌、水肥一体化、测土配方施肥、耕地改良培肥、农作物病虫害专业化统防统治、秸秆综合利用、快速诊断检测等稳产增产和抗灾减灾关键技术的集成应用；以实施现代农业人才支撑计划为抓手，大力培养农业科研领军人才、农业技术推广骨干人才、农村实用型人才带头人和农村生产型、经营型、技能服务型人才，壮大农业农村人才队伍。

四、改善农业基础设施和装备条件

以推进农业节水利用战略为契机，加大西北地区农田水利基础设施建设力度，加快灌区续建配套与节水改造步伐，增加农田有效灌溉面积，大力推进渠道输水向管道输水转变，地面灌溉向滴灌、喷灌转变，大力推广膜下滴灌、垄膜沟灌水肥一体化技术，引导用水主体改变大水漫灌等粗放灌溉方式。开展农田整治，完善机耕道、农田防护林等设施，加快农业机械化，确保农田综合生产能力长期持续稳定提升。加快构建监测预警、应变防灾、灾后恢复等防灾减灾体系。围绕农业防灾减灾能力提升，建设一批规模合理、标准适度的防洪抗旱应急水源工程，提高防汛抗旱减灾能力；推广相应的生产技术和防灾减灾措施，提高应对自然灾害和重大突发事件能力。

五、提高农业产业化经营水平

以构建西北地区新型农业经营体系为主要任务，推进农业产业化经营跨越式发展。重点扶持经营水平高、经济效益高、辐射带动能力强的龙头企业选建农业产业化示范基地、跨区域经营，并鼓励其与农户建立紧密型的利益联结关系。强化农民专业合作社的组织带动能力，广泛开展示范社建设行动，加强规范化管理，开展标准化生产，实施品牌化经营。引导土地承包经营权向生产和经营能手集中，大力培育和发展种养大户、家庭农（牧）场，支持农民专业合作社及农业产业化龙头企业建立规模化生产基地，发展多种形式的适度规模经营。

六、加强现代农业发展创新与区域示范

围绕西北地区现代农业发展创新，加大现代农业示范基地建设。以构建新型多元产业示范体系为核心，以区域优势产品及地区特色农产品生产为重点，加大示范项目建设投入力度，着力培育主导产业，创新经营体制机制，强化物质装备，培养新型农民，推广良种良法，加快农机农艺融合，大力促进农业生产经营专业化、标准化、规模化和集约化，努力打造西北地区现代农业发展的共型和样板。通过产业拉动、技术辐射和人员培训等，带动周边地区现代农业加快发展。引导各地借鉴示范区发展现代农业的好做法和好经验，推动创建不同层次、特色鲜明的现代农业示范基地，扩大示范带动范围，形成各级各类示范区互为借鉴、互相补充、竞相发展的良好格局。

七、推进“一带一路”农业合作与国际农产品市场互补

以新疆为枢纽搭建国际化农产品贸易平台，形成与国际农产品市场互补且具有地域特色的区域农业发展产业链，结合农产品的国际化贸易，以进口虚拟水补偿区域实体水的流失，缓解区域水压力。借助“一带一路”背景下建成的交通网，结合国际农产品贸易市场，大力挖掘自身优势，优化农业产业结构，在本地引进对初级农产品进行深加工

的龙头企业，让本地农业生产逐步产业化，形成与国际市场优劣互补的产业格局，规避生产水足迹较高的常规作物，而大力推广生产低耗水常规作物和具有地域特色的农产品，通过贸易手段从水资源利用效率较高的国家进口相应作物，借助虚拟水的流入降低区域实体水的消耗，缓解区域水压力。

（本章执笔人：山仑、吴普特、王玉宝、上官周平、刘显、李鑫）

第三十一章　区域发展方向与任务

一、粮食安全面临的新形势和新要求

世界正经历百年未有之大变局，不稳定不确定因素明显增多。从国际形势来看，我国面临着国际环境错综复杂、世界经济陷入低迷期、全球食物系统亟待转型等新形势，国际形势、地缘政治不确定性对食物供应链产生重大冲击的风险将长期存在，全球极端天气事件频发、国家和地区间摩擦增加等事件相互叠加及国际油价剧烈波动，直接威胁我国粮食进口的稳定性，需要我们给予高度关注。

从国内形势来看，社会的发展方式正在从高速向高质量转变，随着收入水平提高，我国消费者对食品的消费逐渐从吃饱吃好向营养导向型转变，供给和消费格局发生重大变化，营养健康逐渐成为食物消费的第一需求，结构性不平衡问题突出，这对保障粮食安全提出了更多更高的要求。2020 年 9 月，习近平总书记在第七十五届联合国大会一般性辩论上提出，中国将提高国家自主贡献力度，采取更加有力的政策和措施，二氧化碳排放力争于 2030 年前达到峰值，努力争取 2060 年前实现碳中和。所以，在“碳达峰、碳中和”的背景下，保障食物安全面临一定的减排压力。面对国际国内新形势，认清我们面临的新挑战，对于保障国家粮食安全、不断提高粮食安全保障水平具有重要的现实意义和战略意义。

在新形势下，守住“口粮绝对安全，谷物基本自给”的安全底线，以更加绿色的生产方式全面提高食物生产水平，并全面提升食物质量安全，引导形成营养健康的居民消费习惯成为粮食安全领域面临的新要求。

二、构建绿色化区域协同发展机制

粮食安全是食物安全的重点，通过“北方稳定性增长、南方恢复性增长、西部适水性增长、全国均衡性增长”总体布局的科学调整，确保“谷物基本自给、口粮绝对安全”，构建绿色化区域协同发展机制，走区域比较优势多路径发展之路。

资源环境承载适度的前提下，稳定北方粮食保障功能。生态环境保护优先的条件下，适当放缓谷物增长态势，着力缓解水资源紧缺压力，为农业生态系统恢复和农业生产能力稳定提升腾出空间。在东北地区，保护黑土地资源，加快推进耕地轮作休耕制度试点，发展成片大规模化的以粮食生产为主的大田农业。在华北地区，建立与水资源相匹配的种植制度红绿灯和节水保粮模式，保障该区域粮食安全和水资源安全，发展较大规模的粮食和设施化的高值节水农业。适当发挥南方经济的比较优势，恢复南方区域食物自给保障能力。在华中地区，重点通过耕地平整改造、土地股份合作和小型化农机作业等措施，保持现有播种面积不变，努力提高单产、增加总产。发展适度规模的粮食和当地特色的高值多功能农业。在东南地区，确立“稳定基本供给、转变结构增加总量”的目标，发展适度规模的粮食和当地特色的高值半热带农业。在西南地区，以保护长江上游生态屏障和可持续发展为前提，稳定水稻、小麦和藏区青稞生产，发展适度规模的粮食和当地特色的高值多样化农业。开创多模式发展，拓展西北农业大食物保障功能。在西北地区，多为旱作农业和绿洲农业，在不破坏生态环境、适度科学开发的前提下，以高效利用降水资源为核心，巩固退耕还林还草成果，实施耕地质量保育，发展适度规模的粮食和当地特色的高值节水农业。

三、各个区域应承担共同而区别的粮食安全责任

在优化粮食生产资源布局时，应充分考虑各区域比较优势，综合考虑粮食和其他产业的发展目标，在优势产区发展优势作物，补齐资源短板，发挥资源优势。划定区域粮食最低自给率，健全粮食安全“红线”与区域生产“底线”双线约束机制，减少大范围长距离的粮食调运。各区域应保障最低粮食自给率，提高生鲜农产品供给能力，避免过度依赖国际市场；同时要注意发挥食物生产的比较优势和规模效应，引导各类资源向重点区域倾斜。

以粮食生产功能区、重要农产品保护区、特色农产品优势区“三区”划定为主体，立足各区域农业资源禀赋和比较优势，明确不同区域食物发展定位与主攻方向，推动生产要素在空间和产业上优化配置，加快形成区域特色鲜明、产业分工合理、产业体系完备的现代食物区域协调发展新格局。东北地区重点提升粮食生产能力，依托“大粮仓”打造粮肉奶综合供应基地。华北地区着力稳定粮油和蔬菜、畜产品生产保障能力，发展节水型农业。华中地区切实稳定粮油生产能力，优化水网地带生猪养殖布局，大力发展名优水产品生产。东南地区加快发展现代畜禽水产和特色园艺产品，发展具有出口优势的水产品养殖。西北、西南地区加快调整产品结构，限制资源消耗大的产业规模，壮大区域特色产业。

四、打造“两仓一桶”，打造食物增产新引擎

打造西北后备粮仓，实施“扩面积、调结构、促单产、强支持”核心战略。新疆具有耕地扩面和节约用水的巨大潜力，在千亿斤粮食增产中将发挥重要作用，支持新疆建成粮食主产区，科学合理利用耕地资源，严格规范耕地用途，扩大油料、玉米等作物的生产，调整退地减水政策，发展戈壁设施农业。同时，启动西北地区绿洲农业和盐碱地改良基础设施建设系列工程，夯实千亿斤产能提升基础；加强盐碱地改良和绿洲农业发展的灌水与排水工程，强化农田水利基本设施建设，提高用水效率，保障粮食播种面积和单产双增长。

建设东北大肉仓。充分发挥东北地区良好的资源和生态优势，在已有的技术和装备基础上，积极构建现代农业发展的产业体系、生产体系、经营体系，着力提高农业生产尤其是食物供应的规模化、集约化、专业化、标准化水平和可持续发展能力。依托“大粮仓”打造东北粮肉奶综合供应基地。抓住国家引导南方水网地带生猪养殖向环境容量大的东北玉米主产区转移的机遇，发展生猪产业，稳固饲料基地建设，建立以牛肉、奶

牛、生猪为主的畜产品生产大区，实现“大肉仓”功能，使东北地区成为粮牧工一体化的商品生产基地，以适应全面确保东北地区食物安全和帮助我国其他地区实现食物安全的需求。

建立南方冬季油桶，提高南方粮油生产积极性。适度提高农业补贴规模，按照每年约5%的标准递增。加大油料生产补贴和粮油生产生态补偿力度，完善农业政策性保险，保障农民种粮收益，提升农民种粮积极性。综合考虑成本、收益、生态等因素，对果蔬“上山”“下滩”“进设施”腾退优质耕地给予财政补贴，实现农民收入和粮油产量同步增长。健全多元投入机制，畅通社会资本投入粮油产业的渠道。积极鼓励、引导、监督社会资本投入粮油产业，尤其是仓储、加工等资金需求大、回报率高的环节。充分利用南方冬季光热资源，新增冬闲田油料作物播种面积1000万～2000万亩。

五、加强中央政府顶层再配置再平衡机制

（一）建立主产区中央一般性转移支付增长机制

强化财政政策协调区域食物生产的功能，对粮食和畜牧生产大县加大转移支付力度，完善一般性转移支付增长机制，支持食物生产大县发展。建立粮食直补总额同国家财政收入总额互动增长、直补水平同农资价格协调联动的机制，形成合理的农业生产资料补贴体系，维护农资价格的基本稳定。加快推进粮食生产功能区划定，加大对功能区财政资金的支持力度，做强做实粮食生产功能区。发挥粮食补贴政策与其他农业支持政策的配合作用，探索有益于食物生产效率提升的制度与工程试点。

（二）完善主产区利益补偿

增加食物生产大县奖励额度，制定差异化、制度化的动态变动方案，稳定、提升大县生产积极性。优化财政奖补支出结构，加大财政资金支持力度，引导资金优先投向粮食生产功能区高标准农田、水利、道路等农业基础设施建设，以及所在县（市、区）农村公共事业改善、高产高效新技术新品种研发和推广、生产标准化和产业化发展等领域。通过政策性金融机构和国有商业银行，提高对在产粮大县县域经济发展中贡献突出的企业和个人的信贷支持。干部选拔任用机制方面，将在食物主产区有突出贡献的主管领导纳入优先任用范围。

（本章执笔人：刘旭、梅旭荣、闫琰）

展　望

粮食安全与2050年的农业发展

到 21 世纪中叶建成农业强国是党中央为全面建成社会主义现代化强国作出的战略部署，而保障粮食和重要农产品稳定安全供给始终是建设农业强国的头等大事。我们既要全方位夯实粮食安全根基，强化“藏粮于地、藏粮于技”，做到产能提升、结构优化、韧性增强、收益保障、责任压实；又要树立“大食物观”，构建多元化食物供给体系，在保护好生态环境的前提下，从耕地资源向整个国土资源拓展，从传统农作物和畜禽资源向更丰富的生物资源拓展，向森林、草原、江河湖海要食物，向植物、动物、微生物要热量、要蛋白，多途径开发食物来源；更要保证农业科技自立自强，把牢科技和产业安全主动权，确保农业发展自主可控。必须坚持产量与效益并重、高产与优质并重、生产与生态并重、资环与绿色并重的粮食安全方针，处理好粮食安全与农民致富、资源利用与生态保护、城镇发展与乡村振兴、农业强国与“三农”问题的关系，不断推进农业转型升级，实现农业农村经济高质量发展，将中国人的饭碗牢牢端在自己手中。

一、形势判断

2022 年我国粮食产量 1.3731 万亿斤，是 1949 年的 6 倍，连续 8 年稳定在 1.3 万亿斤以上；粮食单产 387kg/亩，是 1949 年的 5.6 倍；人均粮食占有量达 486.1kg，高于国际公认的 400kg 粮食安全线。我国以占世界 9%的耕地和 6%的淡水资源，养育了世界近 1/5 的人口，粮食安全经历了“有没有、够不够，买得到、买得起，好不好、全不全，吃得上、吃得优”等阶段，有力回答了“谁来养活中国”的问题。这不仅仅保证了居民食物消费和经济社会发展对粮食的基本需求，更为统筹发展与安全，妥善应对百年未有之大变局、世纪疫情、局部地区冲突等冲击提供了重要支撑，为全面建设社会主义现代化国家、全面推进中华民族伟大复兴提供了坚强有力的安全保障。

然而，我国粮食生产已进入低速增长期，未来食物供需形势不容乐观，将长期处于紧平衡状态。在粮食需求基本保持不变的前提下，预计在实现全面建成社会主义现代化强国的第二个百年奋斗目标的过程中，必须保障人均 600kg 的粮食占有量。未来十年，我国仍然处于人口基数较大的平台期，人口总量约为 14 亿，粮食总需求量为 8.5 亿 t 左右。在常态、底线和极限三种不同的战略形势下，在保障自主安全的情况下，满足我国粮食需求必须实现的播种面积和国内产能分别为 18 亿亩、7 亿 t，18.5 亿亩、7.5 亿 t，19 亿亩、8 亿 t。2035～2050 年粮食供需缺口有所减少，但减少幅度不大。随着消费结构转型升级，畜产品、水产品、油菜籽、糖料总需求量将继续增长，净进口量也保持增长。另外，开放竞争加剧，农业比较效益下降，农业竞争力不强的问题凸显；供求结构失衡，农产品质量档次偏低，供给侧结构性改革势在必行；农业发展方式粗放，资源承载不堪重负，生态环境频亮红灯。

中国式现代化是人与自然和谐共生的现代化。党的二十大指出，要全方位夯实粮食安全根基，全面落实粮食安全党政同责，牢牢守住 18 亿亩耕地红线，逐步把永久基本农田全部建成高标准农田，深入实施种业振兴行动，强化农业科技和装备支撑，健全种粮农民收益保障机制和主产区利益补偿机制，确保中国人的饭碗牢牢端在自己手中；要推动绿色发展，促进人与自然和谐共生。因此"保口粮、保绿色、强产业"是我国农业发展实现历史性转变的战略方向，是满足国家战略要求、消费者需求、农民诉求转变的必然要求，是创新驱动农业现代化的必由之路，是农业发展进程适应性调整的必然选择。我们要保口粮，调整结构，发展大豆油料青贮；保绿色，提升安全，促进居民营养健康；强产业，创新发展，促进一二三产融合。

二、发展目标

（一）总体目标

实现农业强而永续。即农业综合生产能力显著提高，满足 14 亿人口超大规模市场的农产品需求，实现极高的农业劳动产出效率、土地产出效率及资源配置效率。在全球贸易格局中具有充分的农产品竞争力和强大的贸易话语权。

实现农民富而体面。即发挥科技和改革力量，推进共同富裕，挖掘产业经营增收潜力，稳定农民就业和外出务工收入，缩小城乡收入差距。实现农村居民精神面貌提升，公共文化基础设施完善，文化生活丰富多彩。

实现农村美而生态。即加强村庄规划建设，改善农村人居环境，加大村庄公共空间整治力度，建设宜居宜业和美乡村，全面实现美丽乡村目标。牢固树立绿水青山就是金山银山的理念，形成绿色低碳的生产生活方式。

（二）阶段目标

攻坚期（2035 年）：我国口粮自给率达到 97%，谷物自给率达到 90%，粮食自给率保持在 85%，粮食综合生产能力提升到 7.5 亿 t 左右。全面建成供给稳定、产品高端、运转高效、标准健全、体系完备、监管到位的食物质量安全保障体系。依靠物联网、大数据、人工智能等技术，农业生产效率显著提高，农业基本实现全程绿色化、信息化。农民增收渠道拓宽，城乡收入差距缩小，农民获得感、幸福感提升。

实现期（2035～2050 年）：我国口粮自给率达到 99%，谷物自给率达到 90%，粮食自给率达到 80%以上，建成与社会主义现代化国家相适应的国家食物质量安全体系，粮食与农产品竞争力提升到世界先进水平，实现农业强国。我国农业科技发展、融合发展、绿色发展取得实质性突破，综合效益和国际竞争力达到世界先进水平，实现农业强而永续。乡村建设行动持续开展，农村人居环境显著改善，建成宜居宜业和美乡村，实现农村美而生态。农业领域产值与农业从业人员收入大幅提升，农村居民人均可支配收入增长与国内生产总值增长基本同步，城乡收入差距进一步缩小，实现共同富裕，实现农民富而体面。

三、基本原则

坚持国家粮食安全战略。实施“以我为主、立足国内、确保产能、适度进口、科技支撑”的国家粮食安全战略，确保谷物基本自给、口粮绝对安全，确保饭碗牢牢端在自己手上。

坚持发挥科技增产作用。聚焦粮食和重要农产品产能提升技术研发与落地，顺应自然、市场和生物规律，促进农业科技发挥更大作用。

坚持用好资源划好红线。以资源环境承载力优化粮食生产布局，划定国内食物安全基准、进口类别和进口优先序。

坚持主权观念系统思维。从巩固国家食物主权出发，从常态思维、底线思维、极限思维的三种状况来统筹考虑粮食安全与可持续性。

四、主要任务

（一）坚守粮食安全底线保障，推动绿色高效多功能高值农业的转型发展

新时代新征程保障粮食安全要坚持“大食物观”、着眼整产业链、立足全绿色化。一是养殖业向适度规模化、种养结合的现代化方向转型，发掘多样种植、种养结合、农林复合、景观优化等农业生态系统，实现农业生产系统物质的有效循环；推进生物处理废弃物、水肥精准控制等技术应用，实现农业生产全过程废物处理，减少农业生产对环境的影响；通过区域资源、生态与产业布局优化配置和农业功能拓展，提高农业生态系统功能与农业生产生态化水平。二是种植业实施“二八格局”战略，即20%户均耕地面积超过100亩的大农，主要生产占农业增加值20%的粮食等大宗农产品以保障国家粮食安全，80%户均耕地面积不足100亩的小农，主要发展占农业增加值80%的高值农业以保障收入持续增长，从而实现农业强而永续，最终大小农户劳动生产力趋同，实现大农与小农共同富裕。三是建成针对大农与小农的政策支持体系，构建支持大农与小农发展的科技创新和人才培育体系，建立适应种植业向“二八格局”转变的制度保障体系，加快城乡融合发展进程，健全土地流转市场，为种植业顺利向“二八格局”转变创造有利条件。

（二）促进农业全要素生产率创新发展

要构建全国统一大市场，深化要素市场化改革，建设高标准市场体系，持续优化劳动、资本、土地、资源等生产要素配置，着力提高全要素生产率。一是从生产力领域提升农业全要素生产率，进一步夯实“藏粮于地”，不断提升“藏粮于技”，加强生物种业、生物制品和生物处理废弃物创新与应用，建立现代智慧生态农业的科技创新体系；大力推进农业生产全程机械化、装备智能化、服务社会化、管理智慧化，实现农产品生产和加工现代化；发展农业资源利用、生态修复与环境保护新技术和新模式，提升农业资源生产力与农业系统生态价值。二是从生产关系领域提升农业全要素生产率，利用多组学综合技术来解析生物物质形成机制，从而精准调控动植物生产发育及其代谢途径，建

立现代智慧生态农业生产体系，实现精准种植、养殖，提高农业资源利用效率和农业生产效率，逐步推进智慧农业技术在农业生产全过程的应用；建设智慧农产品供应链，提高农产品流通效率，满足城乡居民个性化与多元化消费需求；构建智慧化农业农村综合信息服务网络，促进科技、人才、土地、资金等要素科学化配置。三是从制度改革领域提升农业全要素生产率，切实创新“藏粮于策”，坚持和完善农村基本经营制度，引导土地经营权规范有序流转，通过现代信息技术与管理技术降低农地流转交易成本，发展三产贯通、城乡融合的农业农村数字经济的“新业态”；推行农民职业资格认证制度，实施“终身教育工程”，造就一批能生产、会管理、懂经营的“新型职业农民”。

（三）实现基于比较优势与资源承载力的区域农业永续发展

通过科技进步、制度创新、基础设施和交通运输建设，提升各地区的资源利用效率，实现各区域农业比较优势的发挥和可持续发展。一是在东北地区发展集约化规模化现代农业。二是在华北地区发展生态节水高效农业。三是在华中地区发展生态多功能高值农业。四是在东南地区发展高效外向型高值农业。五是在西北地区发展节水高效现代农业。六是在西南地区发展生态多功能特色农业。七是在长城以北半干旱区发展种养结合农业和草地农业。

（四）实现现代智慧生态农业的跨越式发展

现代智慧生态农业就是通过先进的科技与生产方式大幅提升农业生产力和效率，通过人工智能、大数据、云计算技术实现产前生产资料科学衔接、产中生产要素精准配置、产后产品供需完美对接，通过生产系统的物质循环实现资源高效利用与生态功能持续提升。一是坚持以生态为主线，以智慧为手段，以高新科技为支撑，实现“三生”（生产、生态和生活）协同共荣、“三技”（生物、信息和装备技术）耦合发展和“三效”（效率、效益、效果）并举的农业发展。二是发展高效、绿色、高值农业，实现农业产业系统配置优化、资源循环高效利用、生态功能不断提升的永续发展。三是以改革创新为动力，推进新时代的土地、水资源、劳动、资本和生产组织等体制机制创新，完善市场资源配置机制，加大农业支持力度，建立支持现代智慧生态农业发展的财政和金融等政策保障体系。

（五）引领全球农业与国家食物供给保障能力的开放发展

保障食物安全和农业可持续发展都要充分利用两种资源和两个市场。一是关注并通过技术、人才和资本等方式帮助非洲等发展中国家提高农业生产力。二是积极推进世界贸易组织等多边和区域及国家双边贸易协议的实施，提升中国的国际影响力和扩大合作伙伴国家。三是建立预案响应机制，积极应对如全球粮食危机和局部战争等突发国际事件对国际农产品市场的影响，实现多赢目标，进一步提升中国食物安全保障的国家利益，从粮食端促进人类命运共同体的构建和全球发展倡议、全球安全倡议、全球文明倡议的顺利实施。

五、政策建议

（一）实施粮食生产精准补贴制度，确保口粮完全自给

实施粮食定向精准补贴制度，将补贴发放给粮食生产功能区种粮农民和新型经营主体。把补贴政策精简到一个或少数目标，确保政策目标实现。按照每年一定标准提高农业补贴规模，保障农民种粮收益，提升农民种粮积极性。提前一个种植季发布稻谷、小麦最低收购价和玉米、大豆轮作补贴标准，适时释放一次性补贴等支持粮食生产的积极信号，稳定粮食生产预期。完善农业保险与农业补贴互补的农户收入保障机制，实现三大主粮完全成本保险和种植收入保险在主产省产粮大县的全覆盖，适时推进价格保险。

（二）推动政府引导市场参与的发展模式，推进绿色发展

在农业面源污染治理方面，充分发挥政府作用。推进PPP模式建设，提高农业治污资金效率。在秸秆利用、畜禽粪便处理、重金属污染、农膜回收、农村生活垃圾处理等方面，推进政府引导的第三方治污模式。推广化肥、农药投入品绿色化、减量化技术，节水节肥节药等清洁生产技术，种养结合生态循环技术；推进标准化生产，在增产的同时保护和改善产地生态环境。推动饲料粮就地转化，减少粮食的大调大运，同时积极探索非传统途径的饲用蛋白解决方案。在“双碳”目标下，统筹开展农业减排固碳技术创新和推广应用，有效降低农业碳排放强度，认清“碳权就是发展权”，创新碳足迹核算方法，推进农产品碳认证、碳标签，掌握话语权和主动权。

（三）引导合理膳食，提升居民营养水平

出台国家营养和健康标准，引导科学、绿色、健康消费。推广应用生物强化营养功能性品种和功能性食品，促进“隐形饥饿”问题解决。推动“营养师计划”，指导科学贮存、加工和调配饮食。加强媒体宣传，引导树立膳食均衡、适度合理的消费行为。推动粮食节约减损行动，牢固树立节约减损就是增产的理念，推进全链条节约减损，重点在采收、储运、加工、销售、消费等环节减少粮食“跑冒滴漏”；大力开展科学饮食、节约粮食等主题教育宣传活动，减少粮食浪费。

（四）创新农业金融服务，壮大农业产业

运用差别存款准备金政策实施定向调控。发挥再贷款、再贴现对扩大信贷投放的引导作用。指导推进农村金融服务创新，拓宽农业企业的债券融资渠道。实施涉农信贷政策导向效果评估强化激励约束。加强农村金融服务基础设施建设。鼓励各类金融主体积极探索适合非耕地农业的金融产品和服务，加大对非耕地农业生产条件、风险保障、科技支撑、可持续发展等领域的支持力度，解决贷款难、风险大等问题。

（五）制定开放型产业规划，提高产业内生发展动力

完善产学研一体化科技创新机制，加大优质高效、节水抗旱、抗病虫、节工降耗等

方面的成果转化，研发工厂化育苗及机械化移栽、管护和采收技术，研制病虫害测报和喷防等现代农业装备，降低粮食生产成本，提高农民种粮积极性。完善种苗、加工和销售等关键环节的产业支持政策，合理利用外资，提高产业的内生发展动力，增强外向型发展。支持农业产业链中具有较大正外部性的关键环节，确保口粮安全和农产品有效供给、农业产业安全。

（执笔人：刘旭、梅旭荣、黄季焜、王济民、王秀东、宝明涛）

参 考 文 献

安格斯·麦迪森. 2008. 中国经济的长期表现: 公元 960—2030 年. 伍晓鹰, 马德斌译. 上海: 上海人民出版社: 72-73.

白美健, 李益农, 涂书芳, 等. 2016. 畦灌关口时间优化改善灌水质量分析. 农业工程学报, 32(2): 105-110.

白由路. 2018. 高效施肥技术研究的现状与展望. 中国农业科学, 51(11): 2116-2125.

白由路, 等. 2019. 精准施肥实施技术. 北京: 中国农业科学技术出版社.

白由路, 杨俐苹. 2006. 我国农业中的测土配方施肥. 土壤肥料, (2): 3-7.

别之龙. 2020. 新冠肺炎疫情对蔬菜集约化育苗场的影响和建议. 中国蔬菜, 373(3): 1-4.

蔡昉. 2012. 如何进一步转移农村剩余劳动力? 中共中央党校学报, 16(1): 85-88.

蔡昉. 2017. 改革时期农业劳动力转移与重新配置. 中国农村经济, (10): 2-12.

蔡昉, 都阳, 王美艳. 2001. 户籍制度与劳动力市场保护. 经济研究, (12): 41-49.

曹卫东. 2007. 绿肥种质资源描述规范和数据标准. 北京: 中国农业出版社.

曹卫东, 黄鸿翔. 2009. 关于我国恢复和发展绿肥若干问题的思考. 中国土壤与肥料, (4): 1-3.

曹卫东, 徐昌旭. 2010. 中国主要农区绿肥作物生产与利用技术规程. 北京: 中国农业科学技术出版社.

曹卫东, 包兴国, 徐昌旭, 等. 2017. 中国绿肥科研 60 年回顾与未来展望. 植物营养与肥料学报, 23(6): 1450-1461.

曹晓昌, 张盼盼, 刘晓洁, 等. 2020. 事件性消费的食物浪费及影响因素分析: 以婚宴为例. 地理科学进展, 39(9): 1565-1575.

曹志洪, 周健民, 等. 2008. 中国土壤质量. 北京: 科学出版社: 1-109.

常单娜, 刘春增, 李本银, 等. 2018. 翻压紫云英对稻田土壤还原物质变化特征及温室气体排放的影响. 草业学报, 27(12): 133-144.

陈川. 2022. 欧盟反食物浪费实践经验及启示. 世界农业, (12): 24-33.

陈凡, 顾红雅, 漆小泉, 等. 2022. 2021 年中国植物科学重要研究进展. 植物学报, 57(2): 139-152.

陈海强, 刘会云, 王轲, 等. 2020. 植物单倍体诱导技术发展与创新. 遗传, 42(5): 466-482.

陈坚. 2022. 未来食品: 任务与挑战. 中国食物与营养, 28(7): 5-6.

陈江华, 洪炜杰. 2022. 高标准农田建设促进了农地流转吗? 中南财经政法大学学报, (4): 108-117.

陈萌山. 2021. 为合理利用耕地提供科技支撑. https://news.sciencenet.cn/sbhtmlnews/2021/4/361736.shtm. [2021-4-6].

陈萌山. 2022. 大食物观正当其时. 中国食物与营养, 28(7): 89.

陈世宝, 王萌, 李杉杉, 等. 2019. 中国农田土壤重金属污染防治现状与问题思考. 地学前缘, 26(6): 35-41.

陈万权, 康振生, 马占鸿, 等. 2013. 中国小麦条锈病综合治理理论与实践. 中国农业科学, 46(20): 4254-4262.

陈卫. 2022. 树立"大食物观"为"国之大者"保驾护航. https://news.jiangnan.edu.cn/info/1021/76810.htm. [2022-6-2].

陈秧分, 王介勇, 张凤荣, 等. 2021. 全球化与粮食安全新格局. 自然资源学报, 36(6): 1362-1380.

陈雨生, 陈志敏, 江一帆. 2021. 农业科技进步和土地改良对我国耕地质量的影响. 农业经济问题, (9): 132-144.

陈玉华, 田富洋, 闫银发, 等. 2018. 农作物秸秆综合利用的现状、存在问题及发展建议. 中国农机化学报, 39(2): 67-73.

陈正刚, 李剑, 王文华, 等. 2014. 翻压绿肥条件下化肥减量对玉米养分利用效益的影响. 云南农业大学学报, 29(5): 734-739.

陈志钢, 毕洁颖, 聂凤英, 等. 2019. 营养导向型的中国食物安全新愿景及政策建议. 中国农业科学, 52(18): 3097-3107.

成升魁, 金钟浩, 刘刚. 2018b. 2018 中国城市餐饮食物浪费报告. 北京: 中国科学院地理科学与资源研究所(未正式发表资料).

成升魁, 李云云, 刘晓洁, 等. 2018a. 关于新时代我国粮食安全观的思考. 自然资源学报, 33(6): 911-926.

程方武, 宋功明, 王贵田, 等. 2005. 暗管排水技术在鲁北应用的探讨//山东水利学会第十届优秀学术论文集. 东营: 山东省科学技术协会.

程国强. 2012. 中国农业对外开放: 影响、启示与战略选择. 中国农村经济, (3): 4-13, 43.

褚海燕, 马玉颖, 杨腾, 等. 2020. "十四五"土壤生物学分支学科发展战略. 土壤学报, 57(5): 1105-1116.

丛聪, 王天舒, 岳龙凯, 等. 2020. 深松配施有机物料还田对黑土区坡耕地土壤物理性质的改良效应. 中国土壤与肥料, (3): 227-236.

邓刚. 2010. 暗管排水系统土壤渗流氮素拦截效果试验研究. 扬州: 扬州大学硕士学位论文.

邓秀新. 2021. 关于我国水果产业发展若干问题的思考. 果树学报, 38(1): 121-127.

邓秀新, 项朝阳, 李崇光. 2016. 我国园艺产业可持续发展战略研究. 中国工程科学, 18(1): 34-41.

丁凡, 吕军, 刘勤, 等. 2021. 我国棉花主产区变化与地膜残留污染研究. 华中农业大学学报, 40(6): 16-23.

丁吉萍, 黄季焜, 盛誉. 2021. 从单产和利润再看农户适度规模经营: 来自东北、华北农户粮食生产的实证分析. 农林经济管理学报, 20(1): 19-28.

丁伟丽, 刘琪, 刘秋云, 等. 2021. 中国地膜产品塑化剂特点及风险评估. 农业环境科学学报, 40(5): 1008-1016.

董刚刚, 王颖, 韩成贵. 2022. 转基因技术在抗病虫草甜菜培育中的应用与展望. 中国糖料, 44(1): 64-70.

董建军, 代建龙, 李霞, 等. 2017. 黄河流域棉花轻简化栽培技术评述. 中国农业科学, 50(22): 4290-4298.

杜丽永, 孟祥海, 沈贵银. 2022. 规模经营是否有利于农户化肥减量施用? 农业现代化研究, 43(3): 475-483.

杜太生, 康绍忠. 2011. 基于水分-品质响应关系的特色经济作物节水调质高效灌溉. 水利学报, 42(2): 245-252.

杜太生, 康绍忠, 胡笑涛, 等. 2005. 时空亏缺调控灌溉-果园节水技术的新突破. 农业工程学报, 21(2): 172-178.

段春梅, 薛泉宏, 呼世斌, 等. 2010. 连作黄瓜枯萎病株、健株根域土壤微生物生态研究. 西北农林科技大学学报: 自然科学版, 38(4): 143-150.

段艳艳. 2018. 中国蔬菜产业国际竞争力研究: 基于世界 5 大蔬菜出口国的比较分析. 世界农业, (11): 120-129, 271.

樊胜根. 2022. 大食物观引领农食系统转型, 全方位夯实粮食安全根基. 中国农村经济, (12): 14-19.

樊胜根, 高海秀. 2020. 新冠肺炎疫情下全球农业食物系统的重新思考. 华中农业大学学报: 社会科学版, (5): 1-8, 168.

樊胜根, 高海秀, 冯晓龙, 等. 2022b. 农食系统转型与乡村振兴. 华南农业大学学报: 社会科学版, 21(1): 1-8.

樊胜根, 龙文进, 冯晓龙, 等. 2022a. 联合国食物系统峰会的中国方案. 农业经济问题, (3): 4-16.

樊英, 李明贤. 2013. 未来谁来种地研究现状及展望. 当代经济管理, 35(8): 57-61.

樊志龙, 柴强, 曹卫东, 等. 2020. 绿肥在我国旱地农业生态系统中的服务功能及其应用. 应用生态学报, 31(4): 1389-1402.

方师乐, 黄祖辉. 2019. 新中国成立 70 年来我国农业机械化的阶段性演变与发展趋势. 农业经济问题, (10): 36-49.
方天翰. 2003. 复混肥料生产技术手册. 北京: 化学工业出版社.
房红芸, 赵丽云, 琚腊红, 等. 2018. 中国 15～49 岁育龄妇女营养不良及超重肥胖状况分析. 中国公共卫生, 34(9): 1229-1232.
高海秀, 王明利, 石自忠. 2020. 中国生猪产业国际竞争力比较. 西北农林科技大学学报: 社会科学版, 20(1): 145-152.
高嵩涓, 周国朋, 曹卫东. 2020. 南方稻田紫云英作冬绿肥的增产节肥效应与机制. 植物营养与肥料学报, 26(12): 2115-2126.
高祥照, 杜森, 钟永红, 等. 2015. 水肥一体化发展现状与展望. 中国农业信息, (2): 14-19, 63.
高永峰. 2018. 改革开放 40 年我国磷复肥市场与贸易. 磷肥与复肥, 33(12): 23-26.
龚斌磊. 2018. 投入要素与生产率对中国农业增长的贡献研究. 农业技术经济, (6): 4-18.
龚时宏, 王建东. 2007. 我国微灌技术的发展现状及存在的问题分析//第七次全国微灌大会论文汇编. 北京: 第七次全国微灌大会, 8-14.
龚时宏, 李光永, 王建东. 2004. 喷灌与自动化灌溉设备的发展趋势及未来发展重点//中国节水农业科技发展论坛文集. 榆次: 中国节水农业科技发展论坛, 414-419.
顾金刚, 马锐, 李世贵, 等. 2020. 农用微生物数据与资源关联应用研究. 农业大数据学报, 2(4): 38-46.
顾宗勤. 2018. 拼搏六十载成就辉煌. 奋进新时代前景光明. 在纪念中国氮肥工业发展 60 年大会上的讲话. 北京: 中国氮肥工业协会.
郭庆海. 2010. 中国玉米主产区的演变与发展. 玉米科学, 18(1): 139-145.
郭荣. 2011. 我国生物农药的推广应用现状及发展策略. 中国生物防治学报, 27(1): 124-127.
郭世荣, 孙锦, 束胜, 等. 2012. 我国设施园艺概况及发展趋势. 中国蔬菜, (18): 1-14.
郭淑静, 徐志刚, 黄季焜. 2012. 转基因技术采用的潜在收益研究: 基于中国五省的实地调查. 农业技术经济, (1): 22-28.
郭薇. 2017. 我国蔬菜产业国际竞争力研究. 中国国际财经(中英文), (19): 45-46.
郭炜, 于洪久, 于春生, 等. 2017. 秸秆还田技术的研究现状及展望. 黑龙江农业科学, 277(7): 109-111.
郭振铎, 于曦, 刘彤, 等. 1998. 高效缓释化肥甲醛脲. 天津师大学报: 自然科学版, 18(4): 41-44.
国家发展和改革委员会价格司. 2022. 全国农产品成本收益资料汇编 2021. 北京: 中国统计出版社.
国家统计局 2010. 中国统计年鉴. 北京: 中国统计出版社.
国家统计局. 2018. 中国统计年鉴. 北京: 中国统计出版社.
国家统计局. 2020. 中国住户调查年鉴(2020). 北京: 中国统计出版社.
国家统计局. 2021. 2020 年农民工监测调查报告. 北京: 中国统计出版社.
国家统计局. 2022. 中国统计年鉴. 北京: 中国统计出版社.
国家统计局农村社会经济调查司. 2021. 中国农村统计年鉴(2020). 北京: 中国统计出版社.
国家统计局人口和就业统计司. 2021. 中国劳动统计年鉴(2020). 北京: 中国统计出版社.
国家卫生和计划生育委员会. 2015. 中国居民营养与慢性病状况报告. 北京: 人民卫生出版社.
国务院. 2018. 乡村振兴战略规划(2018—2022 年). https://www.gov.cn/zhengce/2018-09/26/content_5325534.htm. [2018-9-26].
韩豹, 申建英, 韩许, 等. 1996. 1JPY-6 型激光平地机. 农村实用工程技术: 温室园艺, (10): 27.
韩俊. 2014. 中国粮食安全与农业走出去战略研究. 北京: 中国发展出版社.
韩杨. 2022a. 中国耕地保护利用政策演进、愿景目标与实现路径. 管理世界, 38(11): 121-131.
韩杨. 2022b. 中国粮食安全战略的理论逻辑、历史逻辑与实践逻辑. 改革, (1): 43-56.
韩一军. 2023. 我国农产品贸易现状、问题与对策. 人民论坛, (4): 70-73.
何芬. 2022. 温室透光覆盖材料选择与应用. 北京: 中国农业出版社.
何际平. 1995. 粮食问题必须实行“省长负责制”. 粮食问题研究, (5): 18-20.

何一鸣，罗必良. 2010. 产权管制、制度行为与经济绩效：来自中国农业经济体制转轨的证据(1958—2005年). 中国农村经济, (10): 4-15.

贺秀祥. 2020. 有机农业种植的土壤培肥技术分析. 现代农业研究, 26(4): 46-47.

胡春胜，陈素英，董文旭. 2018. 华北平原缺水区保护性耕作技术. 中国生态农业学报, 26(10): 1537-1545.

胡敏. 2018. 我国磷肥工业改革开放40年发展纪实. 磷肥与复肥, 33(12): 1-5.

胡瑞法. 1998. 种子技术管理学概论. 北京：科学出版社.

胡瑞法，黄季焜. 2011. 中国农业科研体系发展与改革：政策评估与建议. 科学与社会, 1(3): 16, 34-40.

胡瑞法，李立秋. 2004. 农业技术推广的国际比较. 科技导报, (1): 26-29.

胡瑞法，孙艺夺. 2018. 农业技术推广体系的困境摆脱与策应. 改革, (2): 89-99.

胡雅琪，吴文勇. 2018. 中国农业非常规水资源灌溉现状与发展策略. 中国工程科学, 20(5): 69-76.

胡瑞法，黄季焜，卡尔·普雷，等. 1996. 中国农业科研体制与政策问题的调查与思考. 管理世界, (3): 167-171, 183.

胡瑞法，黄季焜，李立秋. 2004. 中国农技推广：现状、问题及解决对策. 管理世界, (5): 50-57, 75.

胡瑞法，黄季焜，项诚. 2010. 中国种子产业的发展、存在问题和政策建议. 中国科技论坛, (12): 123-128.

胡瑞法，李立秋，张真和，等. 2006. 农户需求型技术推广机制示范研究. 农业经济问题, (11): 50-56.

胡瑞法，时宽玉，崔永伟，等. 2007. 中国农业科研投资变化及其与国际比较. 中国软科学, (2): 53-58, 65.

黄道友，朱奇宏，朱捍华，等. 2018. 重金属污染耕地农业安全利用研究进展与展望. 农业现代化研究, 39(6): 1030-1043.

黄海潮，温良友，孔祥斌，等. 2021. 中国耕地空间格局演化对耕地适宜性的影响及政策启示. 中国土地科学, 35(2): 61-70.

黄季焜. 2013. 新时期的中国农业发展：机遇、挑战和战略选择. 中国科学院院刊, (3): 295-300.

黄季焜. 2015. 推进农业发展与改革：未来面临挑战、当前政策效应和未来改革取向. 北京：清华三农论坛.

黄季焜. 2018a. 四十年中国农业发展改革和未来政策选择. 农业技术经济, (3): 4-15.

黄季焜. 2018b. 农业供给侧结构性改革的关键问题：政府职能和市场作用. 中国农村经济, (2): 2-14.

黄季焜. 2020. 乡村振兴：农村转型、结构转型和政府职能. 农业经济问题, (1): 4-16.

黄季焜. 2021a. 对近期与中长期中国粮食安全的再认识. 农业经济问题, (1): 19-26.

黄季焜. 2021b. 国家粮食安全与种业创新. 社会科学家, (8): 26-30.

黄季焜. 2022. 加快农村经济转型，促进农民增收和实现共同富裕. 农业经济问题, (7): 4-15.

黄季焜. 2023. 践行大食物观和创新政策支持体系. 农业经济问题, (5): 22-35.

黄季焜，胡瑞法. 2023. 中国种子产业：成就、挑战和发展思路. 华南农业大学学报：社会科学版, 22(1): 1-8.

黄季焜，冀县卿. 2012. 农地使用权确权与农户对农地的长期投资. 管理世界, (9): 76-81, 99.

黄季焜，史鹏飞. 2021. 快速和包容的农村经济转型路径、效果和驱动力. 中国科学基金, 35(3): 394-401.

黄季焜，解伟. 2019. 中国农产品供需与食物安全的政策研究. 北京：科学出版社: 12.

黄季焜，解伟. 2022. 中国未来食物供需展望与政策取向. 工程管理科技前沿, 41(1): 17-25.

黄季焜，Rozelle S. 1993. 技术进步和农业生产发展的原动力：水稻生产力增长的分析. 农业技术经济, (6): 21-29.

黄季焜，胡瑞法，陈瑞剑，等. 2010. 转基因生物技术的经济影响：中国Bt抗虫棉10年. 北京：科学出版社.

黄季焜，胡瑞法，方向东. 1998. 农业科研投资的总量分析. 中国软科学, (7): 95-100.

黄季焜，胡瑞法，王晓兵，等. 2014. 农业转基因技术研发模式与科技改革的政策建议. 农业技术经济, (1): 4-10.

黄季焜, 胡瑞法, 易红梅, 等. 2022a. 面向2050年我国农业发展愿景与对策研究. 中国工程科学, 24(1): 11-19.
黄季焜, 胡瑞法, 智华勇. 2009. 基层农业技术推广体系30年发展与改革: 政策评估和建议. 农业技术经济, (1): 4-11.
黄季焜, 胡瑞法, Rozelle S. 2003. 中国农业科研投资: 挑战与展望. 北京: 中国财政经济出版社.
黄季焜, 刘宇, Martin W, 等. 2008. 从农业政策干预程度看中国农产品市场与全球市场的整合. 世界经济, (4): 3-10.
黄季焜, 王济民, 解伟, 等. 2019. 现代农业转型发展与食物安全供求趋势研究. 中国工程科学, 21(5): 1-9.
黄季焜, 王晓兵, 智华勇, 等. 2011. 粮食直补和农资综合补贴对农业生产的影响. 农业技术经济, (1): 4-12.
黄季焜, 解伟, 盛誉, 等. 2022b. 全球农业发展趋势及2050年中国农业发展展望. 中国工程科学, 24(1): 29-37.
黄季焜, 杨军, 仇焕广. 2013. 新时期国家粮食安全战略和政策的思考. 农业经济问题, 33(3): 4-8.
黄青, 吴文斌, 邓辉, 等. 2010. 2009年江苏省冬小麦和水稻种植面积信息遥感提取及长势监测. 江苏农业科学, (6): 508-511.
黄山松, 田伟红, 李子昂, 等. 2014. 外资蔬菜种子企业的现状与发展趋势. 中国蔬菜, (1): 2-6.
季春娟, 周燕. 2007. 绿肥不同还田量对水稻产量的影响. 上海农业科技, (5): 144-145.
冀县卿, 黄季焜. 2013. 改革三十年农地使用权演变: 国家政策与实际执行的对比分析. 农业经济问题, (5): 27-32.
江泽林. 2018. 机械化在农业供给侧结构性改革中的作用. 农业经济问题, (3): 4-8.
姜玉英, 刘杰, 谢茂昌, 等. 2019. 2019年我国草地贪夜蛾扩散为害规律观测. 植物保护, 45(6): 10-19.
蒋和平, 杨东群. 2019. 新中国成立70年来我国农业农村现代化发展成就与未来发展思路和途径. 农业现代化研究, 40(5): 711-720.
蒋卫杰, 邓杰, 余宏军. 2015. 设施园艺发展概况、存在问题与产业发展建议. 中国农业科学, 48(17): 3515-3523.
焦长权, 董磊明. 2018. 从"过密化"到"机械化": 中国农业机械化革命的历程, 动力和影响(1980—2015年). 管理世界, 34(10): 173-190.
金善宝. 1982. 中国小麦品种及其系谱. 北京: 农业出版社.
景海春, 田志喜, 种康, 等. 2021. 分子设计育种的科技问题及其展望概论. 中国科学: 生命科学, 51(10): 1356-1365.
巨晓棠, 谷保静. 2014. 我国农田氮肥施用现状、问题及趋势. 植物营养与肥料学报, (4): 783-795.
康绍忠. 2009. 采用节水调质高效灌溉提高作物品质. 中国水利, (21): 23.
康绍忠, 蔡焕杰. 2002. 作物根系分区交替灌溉和调亏灌溉理论与实践. 北京: 中国农业出版社.
孔德刚, 赵刚, 刘立意, 等. 2013. 筑垱机筑垱形状与拦蓄雨水能力研究. 东北农业大学学报, 44(11): 127-131.
孔祥智. 2018. 中国农业农村改革发展40年. 中国人民大学学报, (3): 1.
李骜, 段兴武. 2014. 利用黑土层厚度评价东北黑土区土壤生产力: 以鹤北小流域为例. 水土保持通报, 34(1): 154-159.
李超, 程锋, 郧文聚. 2022. 耕地生态建设与保护问题探讨. 中国土地, (3): 30-32.
李冬梅, 李庆海. 2022. 以"大食物观"保障粮食安全的路径探析. 人民论坛, (13): 63-65.
李丰, 丁圆元, 蔡荣. 2021. 食物转化视角下我国家庭食物浪费程度与影响因素: 基于CHNS数据的实证分析. 自然资源学报, 36(4): 811-826.
李光永, 龚时宏, 黄兴法, 等. 2004. 我国微灌技术的发展现状、潜力、差距与创新战略//中国节水农业科技发展论坛文集. 榆林: 中国节水农业科技发展论坛, 427-433.
李国平, 吴孔明. 2022. 中国转基因抗虫玉米的商业化策略. 植物保护学报, 49(1): 17-32.

李季，彭生平. 2011. 堆肥工程实用手册. 2 版. 北京：化学工业出版社.
李继龙，杨文波，李应仁，等. 2017. 海洋生物资源资产价值评估方法与资源管理探讨. 中国渔业经济，35(1): 5-11.
李建华，郭青. 2011. 新生代农民工特点分析与政策建议. 农业经济问题，32(3): 42-45.
李建伟，战颖，白同豪，等. 2020. 植保机械发展现状，问题及对策. 安徽农学通报，26(15): 133-134.
李军. 2022. 园艺植物的栽培与养护技术研究进展. 分子植物育种，20(16): 5564-5568.
李俊，姜昕，马鸣超. 2020. 新形势下微生物肥料产业运行状况及发展方向. 植物营养与肥料学报，26(12): 2108-2114.
李强，胡宝荣. 2013. 户籍制度改革与农民工市民化的路径. 社会学评论，1(1): 36-43.
李荣. 2020. 我国耕地质量现状及提升建议. 中国农业综合开发，205(7): 7-12.
李实，朱梦冰. 2022. 推进收入分配制度改革 促进共同富裕实现. 管理世界，38(1): 52-61, 62, 76.
李寿生. 2019. 铿锵脚步：新中国成立 70 周年石油和化学工业发展纪实. 北京：化学工业出版社.
李天来，齐明芳，孟思达. 2022. 中国设施园艺发展 60 年成就与展望. 园艺学报，49(10): 2119-2130.
李文华. 2018. 中国生态农业的回顾与展望. 农学学报，8(1): 145-149.
李文华，刘某承，闵庆文. 2010. 中国生态农业的发展与展望. 资源科学，32(6): 1015-1021.
李先德，孙致陆，赵玉菡. 2022. 全球粮食安全及其治理：发展进程、现实挑战和转型策略. 中国农村经济，(6): 2-22.
李新海，谷晓峰，马有志，等. 2020. 农作物基因设计育种发展现状与展望. 中国农业科技导报，22(8): 1-4.
李秀彬，赵宇鸾. 2011. 森林转型、农地边际化和生态恢复. 中国人口资源与环境，21(10): 91-95.
李雪，刘子飞，赵明军，等. 2022. 我国水产养殖与捕捞业“双碳”目标及实现路径. 中国农业科技导报，24(11): 13-26.
李亚新. 2018. 我国农用地膜污染现状及治理回收. 农业环保，(24): 57-58.
李杨. 2022. 大数据时代农作物病虫害识别预警的发展与应用. 南方农业，16 (5): 175-179.
李玉. 2022. 食用菌在构建粮食安全大格局中的作用：践行“大食物观”探讨食用菌产业发展途径主题报告. 菌物研究，20(3): 157-159.
李岳云，吴滢滢，赵明. 2007. 入世 5 周年对我国农产品贸易的回顾及国际竞争力变化的研究. 国际贸易问题，(8): 67-72.
李志刚，邹文敏. 2018. 中国五环工程有限公司在磷化工领域的改革发展之路. 磷肥与复肥，33(12): 59-61.
梁瀚文，吕慧颖，葛毅强，等. 2018. 作物育种关键技术发展态势. 植物遗传资源学报，19(3): 390-398.
梁鑫源，金晓斌，韩博，等. 2022. 藏粮于地背景下国家耕地战略储备制度演进. 资源科学，44(1): 181-196.
梁志会，张露，张俊飚. 2021. 土地整治与化肥减量：来自中国高标准基本农田建设政策的准自然实验证据. 中国农村经济，(4): 123-144.
林葆，沈兵. 2004. 撒可富农化服务手册. 北京：中国农业出版社.
林敏. 2021. 农业生物育种技术的发展历程及产业化对策. 生物技术进展，11(4): 405-417.
林世成，闵绍楷. 1991. 中国水稻品种及其系谱. 上海：上海科学技术出版社.
刘宝元，阎百兴，沈波，等. 2008. 东北黑土区农地水土流失现状与综合治理对策. 中国水土保持科学，6(1): 1-8.
刘宾华. 2020. 大力发展水肥一体化生产 提高蔬菜产业核心竞争力. 农业科技与信息，(9): 60-63.
刘长华. 2018. 农机化是促进农民增收的重要手段. 农业机械，(1): 45-46.
刘传江，程建林. 2009. 双重“户籍墙”对农民工市民化的影响. 经济学家，(10): 66-72.
刘宏霞. 2020. 农药创制亟需国家政策大力扶持. 世界农药，42(5): 10-12, 40.
刘华，钟甫宁. 2009. 食物消费与需求弹性：基于城镇居民微观数据的实证研究. 南京农业大学学报，9(3): 36-43.

刘江. 2001. 中国可持续发展战略研究. 北京: 中国农业出版社.
刘杰, 黄学辉. 2021. 作物杂种优势研究现状与展望. 中国科学: 生命科学, 51(10): 1396-1404.
刘霓红, 蒋先平, 程俊峰, 等. 2018. 国外有机设施园艺现状及对中国设施农业可持续发展的启示. 农业工程学报, 34(15): 1-9.
刘奇. 2021. 树立大食物安全观 保障国家粮食安全. 乡村振兴, (3): 32-35.
刘守英. 2022. 农村土地制度改革: 从家庭联产承包责任制到三权分置. 经济研究, 57(2): 18-26.
刘守英, 熊雪锋. 2019. 产权与管制: 中国宅基地制度演进与改革. 中国经济问题, (6): 17-27.
刘万才, 朱景全, 赵中华, 等. 2021a. 我国农作物病虫害绿色防控的研究进展. 植物医生, 34 (5): 5-12.
刘万才, 卓富彦, 李天娇, 等. 2021b. "十三五"期间我国粮食作物植保贡献率研究报告. 中国植保导刊, 41(4): 33-36, 51.
刘文政, 李问盈, 郑侃, 等. 2017. 我国保护性耕作技术研究现状及展望. 农机化研究, 39(7): 256-261, 268.
刘小京, 张喜英. 2018. 农田多水源高效利用理论与实践. 石家庄: 河北科学技术出版社: 12.
刘晓冰, 张兴义, 隋跃宇, 等. 2022. 中国黑土: 侵蚀、修复、防控. 北京: 科学出版社.
刘欣. 2013. 玉米精量播种机械化技术研究. 农业科技与装备, (1): 66-67.
刘秀梅, 秦富. 2005. 我国城乡居民动物性食物消费研究. 农业技术经济, (3): 25-30.
刘旭. 2015. 对中国粟文化的开拓性研究: 评《中国粟文化研究》. 河北经贸大学学报: 综合版, 15(3): 127.
刘旭, 李立会, 黎裕, 等. 2018. 作物种质资源研究回顾与发展趋势. 农学学报, 8(1): 10-15.
刘芸荟. 2019. 生物防治技术存在的问题、应用现状及发展. 种业导刊, (6): 14-16.
刘子飞. 2022. 长江退捕渔民生计重构: 模式、效应及建议. 农业图书情报学报, 34(10): 4-14.
刘子飞, 韩杨. 2021. 长江退捕渔民转产就业政策: 目标、进展与建议: 基于长江禁捕典型省域的调查. 农业经济问题, (8): 42-51.
刘子飞, 李飞, 夏佳佳. 2022. 大水面生态渔业发展的现状、困境与对策. 生态经济, 38(3): 142-148.
卢锋. 2012. 中国农民工工资走势: 1979—2010. 中国社会科学, (7): 47-67.
鲁艳红, 廖育林, 周兴, 等. 2014. 晚稻机收留高茬紫云英迟播技术的应用效果研究. 湖南农业科学, (20): 21-23, 27.
陆昊. 2021. 全面提高资源利用效率. 资源导刊, (1): 15-17.
路永莉, 白凤华, 杨宪龙, 等. 2014. 水肥一体化技术对不同生态区果园苹果生产的影响. 中国生态农业学报, (11): 1281-1288.
路玉彬, 周振, 张祚本, 等. 2018. 改革开放 40 年农业机械化发展与制度变迁. 西北农林科技大学学报: 社会科学版, 18(6): 18-25.
罗锡文, 臧英, 区颖刚, 等. 2021. 我国农机装备现代化战略研究. 北京: 中国农业出版社.
罗小锋. 2022. 坚持农业绿色低碳循环发展 科学践行大食物观. 中国农网. http://news.hzau.edu.cn/2022/1022/64856.shtml. [2022-10-22].
骆乾亮, 程瑞锋, 张义, 等. 2020. 日光温室主动蓄放热系统优化. 农业工程学报, 36(17): 234-241.
骆永明, 滕应. 2020. 中国土壤污染与修复科技研究进展和展望. 土壤学报, 57(5): 1137-1142.
吕佳雯, 武向良, 高聚林, 等. 2013. 行间覆膜对内蒙古河套灌区春玉米水分利用效率及排盐量的影响. 玉米科学, 21(3): 103-109.
马常宝. 2020. 我国耕地质量监测工作现状及发展方向. 中国农业综合开发, (5): 21-24.
马常宝, 王慧颖. 2022. 国内外黑土地保护利用现状与方向研究. 耕地保护, (11): 7-11.
马赫. 2022. 农机工程科技创新探讨. 农机使用与维修, (5): 39-41.
马前磊, 伍纲, 张义, 等. 2022. 一种分光型温室覆盖结构的光学特性研究. 工程热物理学报, 43(2): 290-295.
马英剑, 甄硕, 孙喆, 等. 2022. 农药制剂研发的精细化、功能化与农业生产高效利用. 农药学学报, 24(5): 1080-1098.

梅旭荣，张燕卿，王庆锁，等. 2007. 旱地农业研究支撑我国农业发展. 中国农业科学，40(增刊): 3237-3240.
孟兆江. 2008. 调亏灌溉对作物产量形成和品质性状及水分利用效率的影响. 南京：南京农业大学博士学位论文.
米长生，陆海空，洪国保，等. 2014. 钵苗机插与毯苗机插水稻生育特点及产量形成间的差异. 北方水稻, 44(4): 44-47.
闵师，王晓兵. 2022. 以“大食物观”多方位保障食物安全. 湖北日报. 2022 年 3 月 3 日.
聂斌，马玉林. 2020. 有机农业种植土壤培肥技术要点浅析. 南方农业, 14(29): 5-6.
聂美玲，孔德刚，刘立意，等. 2014. 垄沟筑垱机筑垱阻力的试验研究. 农机化研究, (10): 178-182.
农业部科技教育司. 1999. 中国农业科学技术 50 年. 北京：中国农业出版社.
农业部信息中心课题组. 2018. 水果产业只有提高品质才能走出困境. 农村工作通讯, (5): 55-56.
农业机械化管理司. 2022. 2021 年全国农业机械化发展统计公报. http://www.njhs.moa.gov.cn/nyjxhqk/202208/t20220817_6407161.htm. [2022-8-17].
农业农村部. 2016-2019. 中国农村经营管理统计年报(2015—2018). 北京：中国农业出版社.
农业农村部. 2021. 农业现代化辉煌五年系列宣传之七：高标准农田建设迈上新台阶. http://www.jhs.moa.gov.cn/ghgl/202105/t20210517_6367788.htm. [2021-5-7].
农业农村部. 2022. 中国畜牧兽医统计年鉴(2021). 北京：北京统计出版社.
潘兴鲁，董丰收，刘新刚，等. 2020. 中国农药七十年发展与应用回顾. 现代农药, 19(1): 1-6.
彭勃文. 2015. 中国城市消费者对转基因技术与食品的认知和态度研究. 北京：中国科学院大学博士学位论文.
彭勃文，黄季焜. 2015. 中国消费者对转基因食品的认知和接受程度. 农业经济与管理, (1): 33-39.
彭珂珊. 1999. 黄土高原粮食生产中的水土保持耕作技术. 云南地理环境研究, (2): 68-75.
彭世彰，徐俊曾. 2008. 水稻控制灌溉理论与技术. 南京：河海大学出版社.
皮晓雯，魏君英. 2018. 农村人口老龄化对乡村振兴战略的影响. 合作经济与科技, (22): 11-13.
戚如鑫，魏涛，王梦芝，等. 2018. 尾菜饲料化利用技术及其在畜禽养殖生产中的应用. 动物营养学报, 30(4): 1297-1302.
钱加荣，赵芝俊，毛世平. 2023. 中国农业科技进步贡献率结构演变及提升路径. 农业经济问题, (2): 132-144.
乔金亮. 2019. 亮一亮中国饭碗的底牌. 经济日报. 2019 年 8 月 15 日.
乔金亮. 2022. 向设施农业要食物. http://politics.people.com.cn/n1/2023/0511/c1001-32683329.html. [2023-5-11].
乔俊勇，崔茂森. 2022. 山东省蔬菜产业竞争力评价及时空演变研究. 北方园艺, (12): 138-146.
乔磊. 2020. 土壤质量影响粮食作物系统的生产力和气候适应性的定量研究. 北京：中国农业大学博士学位论文.
乔翌. 2019. 中国蔬菜出口贸易及国际竞争力研究. 价格月刊, (3): 40-46.
秦睿. 2022. 稳稳托起“大食物观” 精耕细耘“营养健康粮”：2022 年中国食物与营养创新发展论坛侧记. 农村工作通讯, (19): 37-38.
仇焕广，李新海，余嘉玲. 2021. 中国玉米产业：发展趋势与政策建议. 农业经济问题, (7): 4-16.
仇焕广，张祎彤，苏柳方，等. 2022. 打好种业翻身仗：中国种业发展的困境与选择. 农业经济问题, (8): 67-78.
曲静，卢勇. 2022. 树立大食物观，“树粮”大有可为. https://mp.pdnews.cn/Pc/ArtInfoApi/article?id=31833593. [2022-10-18].
全国农业技术推广服务中心，农业部耕地质量监测保护中心，沈阳农业大学. 2017. 东北黑土区耕地质量评价. 北京：中国农业出版社.
全国水产技术推广总站. 2022a. 大水面生态渔业技术模式. 北京：中国农业出版社.
全国水产技术推广总站. 2022b. 稻渔综合种养技术模式. 北京：中国农业出版社.

全国水产技术推广总站. 2022c. 盐碱水绿色养殖技术模式. 北京: 中国农业出版社.
饶思航, 刘星铄, 盛誉. 2023. 中国的农产品贸易: 全球比较优势的视角//宋立刚, 周伊晓. 中国迈向高收入经济体的挑战. 北京: 社会科学文献出版社: 34-83.
任继周. 2022. 陆海农业: 中国农业现代化的新趋向. 农民日报. 2022 年 3 月 24 日.
山仑, 康绍忠, 吴普特. 2004. 中国节水农业. 北京: 中国农业出版社.
尚二萍, 许尔琪, 张红旗, 等. 2018. 中国粮食主产区耕地土壤重金属时空变化与污染源分析. 环境科学, 39(10): 4670-4683.
邵海鹏. 2022. 中国粮食进口量再创新高, 食物自给率持续下降. 第一财经日报. 2022 年 1 月 17 日.
申思, 吕晓华. 2017. 膳食多样化与健康关系的研究进展. 川北医学院学报, 32(3): 475-478.
沈兵. 2013. 复合肥料配方制订原理与实践. 北京: 中国农业出版社.
沈超, 潘兴鲁, 吴小虎, 等. 2023. 转基因作物与农药残留风险监测. 现代农药, 22(1): 20-26.
沈洁, 陆炳章, 陈正斌, 等. 1989. 绿肥对土壤有机质的影响. 土壤, (1): 32-34.
沈仁芳, 颜晓元, 张甘霖, 等. 2020. 新时期中国土壤科学发展现状与战略思考. 土壤学报, 57(5): 1051-1059.
沈玉君, 李冉, 孟海波, 等. 2019. 国内外堆肥标准分析及其对中国的借鉴启示. 农业工程学报, 35(12): 265-271.
沈岳飞, 牛希华. 2021. 农田水利工程中高效节水灌溉技术的应用. 工程技术研究, 6(1): 249-250.
盛誉. 2020. 农机社会化服务在解决小农生产方式中的作用. 北京: 北京大学农业政策研究中心政策研究简报.
石佳, 田军仓, 朱磊. 2017. 暗管排水对油葵地土壤脱盐及水分生产效率的影响. 灌溉排水学报, 36(11): 46-50.
时宽玉, 胡瑞法, 黄季焜, 等. 2008. 新一轮改革以来中国农口科研单位的收入结构变化及其区域间的差异. 中国软科学, (11): 79-84.
史志华, 刘前进, 张含玉, 等. 2020. 近十年土壤侵蚀与水土保持研究进展与展望. 土壤学报, 57(5): 1117-1127.
水利部. 2022. 中国水资源公报. 北京: 中国水利水电出版社.
水利部农村水利司. 1999. 新中国农田水利史略. 北京: 中国水利水电出版社.
水利部水利水电规划设计总院. 2014. 中国水资源及其开发利用调查评价. 北京: 中国水利水电出版社.
司伟, 张玉梅, 樊胜根. 2020. 从全球视角分析在新冠肺炎疫情下如何保障食物和营养安全. 农业经济问题, (3): 11-16.
宋宝安, 吴剑, 李向阳. 2019. 我国农药创新研究回顾及思考. 农药科学与管理, 40(2): 1-10.
宋锦, 李实. 2013. 中国城乡户籍一元化改革与劳动力职业分布. 世界经济, (7): 28-47.
宋俊华, 杨峻. 2021. 全球生物农药定义、分类及管理和测试准则介绍. 农药科学与管理, 42(2): 7-10.
宋雅娟, 武玥彤. 2022. “大食物观”专家谈丨张友军: 高质量发展设施农业“为粮腾地”千万亩. https://m.gmw.cn/baijia/2022-06/10/35801654.html. [2022-6-10].
苏纪兰. 2005. 中国近海水文. 北京: 海洋出版社.
孙东宝. 2017. 北方旱作区作物产量和水肥利用特征与提升途径. 北京: 中国农业大学博士学位论文.
孙生阳, 孙艺夺, 胡瑞法, 等. 2018. 中国农技推广体系的现状、问题及政策研究. 中国软科学, (6): 25-34.
孙燕华, 刘学林. 2019. 基于冷链技术的农产品物流损耗与成本控制研究. 物流工程与管理, 41(1): 72-76.
谭芳. 2021. 浅谈我国园艺产业发展现状及对策. 特种经济动植物, 24(9): 121-122.
谭攀, 王士超, 付同刚, 等. 2021. 我国暗管排水技术发展历史、现状与展望. 中国生态农业学报(中英文), 29(4): 633-639.
汤怀志, 郧文聚, 牛佳程. 2023. 耕地资源保护监督的科技支撑路径. 中国土地, (1): 12-15.
汤建伟. 2018. 庆祝改革开放 40 周年. 磷肥与复肥, 33(12): 刊首语.

唐华俊. 2021. 打造国家战略科技力量 强力支撑乡村全面振兴. 农业科技管理, 40(2): 1-3.
陶畅, 赵启然, 李军. 2022. 农村学龄儿童膳食多样性与营养状况关联性. 中国农业大学学报, 27(6): 290-300.
田玉. 1995. 脲甲醛缓释氮肥的进展. 四川教育学报, 11(2): 108-111.
万建民. 2006. 作物分子设计育种. 作物学报, 32(3): 455-462.
汪景宽, 徐香茹, 裴久渤, 等. 2021. 东北黑土地区耕地质量现状与面临的机遇和挑战. 土壤通报, 52(3): 695-701.
汪黎明, 王庆成, 孟昭东. 1970. 中国玉米品种及其系谱. 上海: 上海科学技术出版社.
王春萌. 2022. 稳产保供充实城市"菜篮子". 经济日报. 2022 年 3 月 11 日.
王聪聪, 周绩宏, 王俊芹. 2022. 中国苹果绿色全要素生产率测算与产区差异. 中国农业资源与区划, 43(11): 1-11.
王公, 杨舰. 2019. 抗战营养保障体系的建立与中国营养学的建制化. 自然辩证法通讯, 41(8): 62-70.
王海光. 2022. 智慧植保及其发展建议. 中国农业大学学报, 27(10): 1-21.
王浩, 汪林, 杨贵羽, 等. 2018. 我国农业水资源形势与高效利用战略举措. 中国工程科学, 20(5): 9-15.
王吉元, 汪寿阳, 胡毅. 2019. 户籍制度对中国城乡居民养老方式选择影响: 基于 Mixed-Logit 模型. 管理评论, 31(1): 3-14.
王建华, 朱方晓. 2022. 农产品供应链整合分析: 结合 GM(1, 1)模型的蔬菜产量预测谈其必要性. 物流科技, 45(4): 123-129.
王晶晶, 孟婷, 樊胜根. 2022. 应对国际局势变化 提升农业食物系统韧性. 农村工作通讯, (8): 25-26.
王婧, 逄焕成, 任天志, 等. 2012. 地膜覆盖与秸秆深埋对河套灌区盐泽土水盐运动的影响. 农业工程学报, 28(15): 52-59.
王静. 2021. 农业科研投资增收效应的空间溢出与阈值特征: 以山西省市域面板数据为例. 中南林业科技大学学报(社会科学版), 15(1): 61-68.
王灵恩, 倪笑雯, 李云云, 等. 2021. 中国消费端食物浪费规模及其资源环境效应测算. 自然资源学报, 36(6): 1455-1468.
王明利. 2018. 改革开放四十年我国畜牧业发展: 成就、经验及未来趋势. 农业经济问题, (8): 60-70.
王琦玮. 2018. 智慧农业发展中物联网技术在设施农业中的应用. 南方农机, 49(6): 59-60.
王庆锁, 梅旭荣. 2017. 中国农业水资源可持续利用方略. 农学学报, 7(10): 80-83.
王少平, 王玉珏. 2021. 生态农业发展中对植保新技术的推广分析. 农业开发与装备, (2): 108-109.
王双双, 封勇丽, 马彩云, 等. 2015. 中国转基因技术研发的国际竞争力. 中国农业科技导报, 17(6): 15-20.
王涛. 2013. 膜覆盖条垛堆肥技术与应用案例. 中国环保产业, (12): 25-28.
王晓鸣, 邱丽娟, 景蕊莲, 等. 2022. 作物种质资源表型性状鉴定评价: 现状与趋势. 植物遗传资源学报, 23(1): 12-20.
王辛龙, 许德华, 钟艳君, 等. 2020. 中国磷化工行业 60 年发展历程及未来发展趋势. 无机盐工业, 52(10): 9-17.
王秀丽, 李海燕. 2022. 大食物时代食育的现实境遇与路径优化. 中国食物与营养, 28(12): 5-11.
王秀丽, 刘润雅, 李中慧, 等. 2020. 美国膳食指南的发展传播对中国食物消费引导的启示. 世界农业, (4): 85-92.
王旭静, 王艳青, 唐巧玲, 等. 2023. 全球转基因作物研发与产业化应用. 现代农药, 22(1): 11-19.
王学, 李秀彬, 辛良杰. 2013. 河北平原冬小麦播种面积收缩及由此节省的水资源量估算. 地理学报, 68(5): 694-704.
王雪娇, 李隆伟, 耿仲钟, 等. 2021. 基于 Malmquist-Luenberger 指数的中国蔬菜绿色全要素生产率研究. 农学学报, 11(10): 112-119.
王易凡. 2022. 我国水果出口潜力研究. 北京: 商务部国际贸易经济合作研究院硕士学位论文.
王影, 王力, 李社潮, 等. 2022. 保护好黑土地这个"耕地中的大熊猫": 保护性耕作的梨树模式. 科学,

74(2): 45-48.
王志强. 1994. 我国磷铵工业的发展概况. 南化科技, (4): 55-56.
王志强, 刘宝元, 王旭艳, 等. 2022. 东北黑土区土壤侵蚀对土地生产力影响试验研究. 中国科学: 地球科学, 39(10): 1397-1412.
王转林, 王金霞, 陈煌, 等. 2021. “八五”时期以来中国北方灌溉投资的变化趋势及村庄新增灌溉投资的影响因素. 中国农村经济, (8): 103-124.
卫伟, 余韵, 贾福岩, 等. 2013. 微地形改造的生态环境效应研究进展. 生态学报, 33(20): 6462-6469.
魏后凯, 崔凯. 2021. 面向 2035 年的中国农业现代化战略. China Economist, 16(1): 18-41.
魏后凯, 崔凯. 2022. 建设农业强国的中国道路: 基本逻辑、进程研判与战略支撑. 中国农村经济, 445(1): 2-23.
魏后凯, 杜志雄. 2020. 中国农村发展报告 2020. 北京: 中国社会科学出版社.
魏后凯, 崔凯, 王瑜. 2022. 共同富裕视域下乡村振兴的目标演进与推进战略. China Economist, 17(4): 50-76.
魏启文. 2021. 适应形势 创新思路 推进我国植物保护在改革中发展. 中国植保导刊, 41(1): 5-9, 47.
魏启文, 曾娟, 秦萌, 等. 2023. 新时期我国化肥农药减量增效与农产品质量安全提升的探讨. 农产品质量与安全, 121(1): 6-9, 14.
魏正果. 1987. 我国农村的温饱问题解决之后: 关于消费类型的初步分析. 西北农业大学学报, 15(4): 43-46.
文晓巍, 杨朝慧, 陈一康, 等. 2018. 改革开放四十周年: 我国食品安全问题关注重点变迁及内在逻辑. 农业经济问题, (10): 14-23.
吴海霞, 郝含涛, 史恒通, 等. 2022. 农业机械化对小麦全要素生产率的影响及其空间溢出效应. 农业技术经济, (8): 50-68.
吴孔明. 2018. 中国农作物病虫害防控科技的发展方向. 农学学报, 8(1): 44-47.
吴普特, 王玉宝, 赵西宁. 2013. 2011 年中国粮食生产水足迹与区域虚拟水流动报告. 北京: 中国水利水电出版社.
吴普特, 王玉宝, 赵西宁. 2014. 2012 年中国粮食生产水足迹与区域虚拟水流动报告. 北京: 中国农业出版社.
吴普特, 赵西宁, 操信春, 等. 2010. 中国“农业北水南调虚拟工程”现状及思考. 农业工程学报, 26(6): 1-6.
吴兆明. 2021. 职业化进程中农民职业教育与培训研究回顾、热点与趋势. 成人教育, 41(3): 58-66.
伍宏业, 许秀成, 林葆, 等. 2009. 关于发展化肥工业, 提高我国粮食增产潜力的建议. 化学工业, 27(8): 13-18.
武拉平, 张瑞娟. 2011. 中国农村居民食品消费结构变化及趋势展望: 基于 1950～2010 年统计数据的分析. 农业展望, 7(4): 53-58.
武志杰, 陈利军. 2003. 缓释/控释肥料: 原理与应用. 北京: 科学出版社.
席承藩, 邓静中, 黄荣翰. 1985. 黄淮海平原综合治理与农业发展问题. 北京: 科学出版社.
项朝阳, 喻甜, 肖小勇, 等. 2021. 2020 年我国蔬菜产业发展特点. 中国蔬菜, (4): 1-4.
项继权, 周长友. 2017. “新三农”问题的演变与政策选择. 中国农村经济, (10): 13-25.
肖体琼, 何春霞, 凌秀军, 等. 2010. 中国农作物秸秆资源综合利用现状及对策研究. 世界农业, (12): 31-33, 36.
谢承陶, 李志杰, 林志安. 1989. 黄淮海平原中低产土壤改良综合治理的任务和途径. 农业现代化研究, 10(5): 28-30.
谢崇宝. 2021. 大中型灌区高效用水全程量测控技术模式构建. 农村水利水电, (17): 18-23.
谢崇宝. 2022. 大中型灌区取用水量控设施计量能力提升探讨. 农村水利水电, (1): 52-55.
谢立勇, 李悦, 徐玉秀, 等. 2014. 气候变化对农业生产与粮食安全影响的新认知. 气候变化研究进展, 10(4): 235-239.

解沛，宋子涵，熊明民. 2022. 中国种业发展现状与对策建议. 农业科技管理, 41(1): 9-12.
辛翔飞，刘锐，王济民. 2020. 破除自给率越高粮食越安全的迷误. 农业经济问题, (10): 19-31.
辛竹琳，崔彦娟，杨小薇，等. 2022. 全球蔬菜产业现状及中国蔬菜育种发展路径研究进展. 分子植物育种, 20(9): 3122-3132.
新华社. 2020. 我国增值肥料产量居全球之首. https://www.gov.cn/xinwen/2020-01/11/content_5468347.htm. [2020-1-11].
信乃诠，陈坚. 1995. 中国作物新品种选育成就与展望. 中国农业科学, (3): 1-7.
信乃诠，王立祥. 2009. 中国北方旱区农业研究. 北京：中国农业出版社.
徐贺，张卫峰，徐洋，等. 2022. 我国复混肥料产品时空特征及发展趋势. 磷肥与复肥, 37(2): 1-4.
徐李璐邑. 2020. 城镇化进程中的粮食安全问题：一个研究综述. 农业现代化研究, 41(4): 557-567.
徐明岗，卢昌艾，张文菊，等. 2016. 我国耕地质量状况与提升对策. 中国农业资源与区划, 37(7): 8-14.
徐洋，杨帆，张卫峰，等. 2019. 2014～2016 年我国种植业化肥施用状况及问题. 植物营养与肥料学报, 25(1): 11-21.
许勤. 2022. 树立大食物观 端稳中国饭碗. http://www.qstheory.cn/dukan/qs/2022-10/01/c_1129040597.htm. [2011-10-1].
许秀成，侯翠红. 2020. 地球磷资源流与肥料跨界融合. 北京：化学工业出版社.
许秀成，李菂萍，王好斌. 2000. 包裹型缓释/控制释放肥料专题报告. 磷肥与复肥, 15(3): 1-6.
许秀成，李菂萍，王好斌. 2009. 脲甲醛肥料在我国发展的可行性. 磷肥与复肥, 24(6): 5-7.
闫飞，吴德胜，孙长征，等. 2016. 园林绿化废弃物堆肥处理新技术：密闭式堆肥反应器. 现代园艺, (11): 93-95.
闫茂华. 2014. 从西方饮食文化到东方传统膳食的思考. 安徽农业科学, 42(23): 7996-7999.
严昌荣，何文清，刘爽，等. 2015. 中国地膜覆盖及残留污染防控. 北京：科学出版社.
严昌荣，刘勤，何文清，等. 2021. 我国农田地膜残留污染的解决之道在哪儿？中国农业综合开发, (10): 18-21.
严海连，白晓拴. 2022. 我国农业病虫害绿色防控技术综述. 安徽农业科学, 50(24): 5-9.
杨滨娟. 2012. 秸秆还田及研究进展. 农学学报, 2(5): 1-4.
杨帆. 2013. 我国有机肥资源、利用情况及相关政策. 中国农资, 157(8): 25.
杨富民，张克平，杨敏. 2014. 3 种尾菜饲料化利用技术研究. 中国生态农业学报, 22(4): 491-495.
杨林林，张海文，韩敏琦，等. 2015. 水肥一体化技术要点及应用前景分析. 安徽农业科学, 43(16): 23-25, 28.
杨林章，吴永红. 2018. 农业面源污染防控与水环境保护. 中国科学院院刊, 33(2): 168-176.
杨其长. 2019. 植物工厂. 北京：清华大学出版社.
杨其长，魏灵玲，刘文科，等. 2012. 中国设施农业研究现状及发展战略. 中国农业信息, (11): 22-27.
杨晓明. 2021. 新时期农业种植高效节水灌溉技术选择研究. 农业开发与装备, 232(4): 80-81.
易文裕，程方平，熊昌国，等. 2017. 农业水肥一体化的发展现状与对策分析. 中国农机化学报, 38(10): 111-115, 120.
游修龄. 1993. 稻作史论集. 北京：中国农业科技出版社.
袁和第. 2020. 黄土丘陵沟壑区典型小流域水土流失治理技术模式研究. 北京：北京林业大学硕士学位论文.
袁亮，李燕婷，赵秉强，等. 2014. 一种聚合氨基酸肥料助剂及其制备方法：中国, ZL 20140027295.1.
袁亮，赵秉强，李燕婷，等. 2011. 一种海藻增效尿素及其生产方法与用途：中国, ZL 201110402369.1.
袁亮，赵秉强，李燕婷，等. 2012. 一种发酵海藻液肥料增效剂及其生产方法与用途：中国，ZL 201210215693.7.
郧文聚. 2015. 我国耕地资源开发利用的问题与整治对策. 中国科学院院刊, 30(4): 484-491.
曾希柏，张佳宝，魏朝富，等. 2014. 中国低产田状况及改良策略. 土壤学报, 51(4): 675-682.
曾宪坤. 2000. 中国磷复肥工业的发展和展望. 磷肥与复肥, 15(1): 1-6.

曾晓舵, 王向琴, 涂新红, 等. 2019. 农田土壤重金属污染阻控技术研究进展. 生态环境学报, 28(9): 1900-1906.
张爱玲, 钟云飞, 陈祥伟. 2018. 黑龙江省拜泉县水土保持新进展与效益评价. 水土保持通报, 38(1): 276-280, 286.
张丹, 成升魁, 高利伟, 等. 2016a. 城市餐饮业食物浪费的生态足迹: 以北京市为例. 资源科学, 38(1): 10-18.
张丹, 成升魁, 高利伟, 等. 2016c. 城市餐饮业食物浪费碳足迹: 以北京市为例. 生态学报, 36(18): 5937-5948.
张丹, 伦飞, 成升魁, 等. 2016b. 城市餐饮食物浪费的磷足迹及其环境排放: 以北京市为例. 自然资源学报, 31(5): 812-821.
张丹, 伦飞, 成升魁, 等. 2017. 不同规模餐馆食物浪费及其氮足迹: 以北京市为例. 生态学报, 37(5): 1699-1708.
张福锁, 等. 2008. 我国肥料产业与科学施肥战略研究报告. 北京: 中国农业大学出版社.
张合成, 陈萌山, 陈坚, 等. 2022. 践行大食物观, 让"中国饭碗"更稳更健康. 农民日报. 2022 年 8 月 11 日.
张红宇. 2022. 加快建设有中国特色的农业强国. 农业工程技术, 42(30): 11-14.
张金瑞, 任思洋, 张福锁, 等. 2022. 地膜对农业生产的影响及其污染防控. 中国农业科学, 55(20): 3983-3996.
张锦华, 许庆. 2012. 城市化进程中我国城乡居民的长期粮食需求. 华南农业大学学报, 11(1): 99-107.
张锦源. 1985. 粉粒磷酸一铵开发中间试验. 磷肥与复肥, (4): 2-8, 40.
张凯, 陈彦宾, 张昭, 等. 2022. 中国"十四五"重大病虫害防控综合技术研发实施展望. 植物保护学报, 49(1): 69-75.
张力科, 金石桥. 2019. 我国农作物种子质量现状与质量提升策略分析. 中国种业, (3): 3-6.
张立新, 朱道林, 谢保鹏, 等. 2017. 中国粮食主产区耕地利用效率时空格局演变及影响因素: 基于 180 个地级市的实证研究. 资源科学, 39(4): 608-619.
张琳, 张凤荣, 姜广辉, 等. 2005. 我国中低产田改造的粮食增产潜力与食物安全保障. 农业现代化研究, 26(1): 22-25.
张世煌, 田清震, 李新海, 等. 2006. 玉米种质改良与相关理论研究进展. 玉米科学, 14(1): 1-6.
张婷, 李世东, 缪作清. 2013. "秸秆降解生防菌强化技术"对黄瓜连作土壤微生物区系的影响. 中国生态农业学报, 21(11): 1416-1425.
张文. 2022. 加快生物育种研发应用 推进农业科技自立自强. 中国农业科技导报, 24(12): 8-14.
张宪智, 周晓梦, 李娟, 等. 2022. 园艺产业助力乡村振兴的探索与分析. 现代园艺, 45(17): 59-61.
张兴义, 刘晓冰, 赵军. 2018. 黑土利用与保护. 北京: 科学出版社.
张姚, 曹凯, 鲍恩财, 等. 2021. 江苏省园艺设施发展现状与趋势. 中国农学通报, 37(30): 47-52.
张云华. 2018. 关于粮食安全几个基本问题的辨析. 农业经济问题, (5): 27-33.
张真和. 2017a. 中国蔬菜产业转型升级对策探讨(上). 中国农机化学报, 38(8): 96-106.
张真和. 2017b. 中国蔬菜产业转型升级对策探讨(下). 中国农机化学报, 38(9): 88-94.
张真和, 马兆红. 2017. 我国设施蔬菜产业概况与"十三五"发展重点: 中国蔬菜协会副会长张真和访谈录. 中国蔬菜, (5): 1-5.
张宗毅. 2021. 2004～2023 年中国农机购置补贴政策演变. 经济研究参考, (9): 5-20.
章海荣. 2019. 基于物联网和二维码加密的农产品溯源系统的设计与实现. 武汉: 武汉邮电科学研究院硕士学位论文.
章莉, 李实, William A, 等. 2014. 中国劳动力市场上工资收入的户籍歧视. 管理世界, (11): 35-46.
章莉, 吴彬彬, 李实, 等. 2016. 部门进入的户籍壁垒对收入户籍歧视的影响: 基于微观模拟方法的收入差距分解. 中国农村经济, (2): 36-51.
赵秉强. 2016. 传统化肥增效改性提升产品性能与功能. 植物营养与肥料学报, 22(1): 1-7.
赵秉强, 等. 2013a. 新型肥料. 北京: 科学出版社.

赵秉强, 车升国, 袁亮, 等. 2021. 复合肥料配方制定的原理与应用: 农田养分综合平衡法. 北京: 科学出版社.
赵秉强, 李燕婷, 李秀英, 等. 2005. 双控复合型缓释肥料及其制备方法: 中国, ZL200510051250.9.
赵秉强, 李燕婷, 林治安, 等. 2008. 一种腐植酸复合缓释肥料及其生产方法: 中国, ZL200810239733.5.
赵秉强, 沈兵, 林治安, 等. 2015. 中国作物专用复混肥料农艺配方区划. 北京: 中国农业出版社.
赵秉强, 袁亮, 李燕婷, 等. 2012. 一种腐植酸尿素及其制备方法: 中国, ZL 201210086696.5.
赵秉强, 袁亮, 李燕婷, 等. 2013b. 一种腐植酸增效磷铵及其制备方法: 中国, ZL 201310239009.3.
赵秉强, 袁亮, 李燕婷, 等. 2020. 增值肥料概论. 北京: 中国农业科学技术出版社.
赵秉强, 张福锁, 廖宗文, 等. 2004. 我国新型肥料发展战略研究. 植物营养与肥料学报, 10(5): 536-545.
赵昶. 孔祥智, 仇焕广. 2021. 农业经营规模扩大有助于化肥减量吗? 基于全国 1274 个家庭农场的计量分析. 农业技术经济, (4): 110-121.
赵春江. 2019. 智慧农业发展现状及战略目标研究. 智慧农业, 1(1): 1-7.
赵洪璋. 1979. 作物育种学. 北京: 农业出版社.
赵明军, 孙慧武, 王宇光, 等. 2019. 基于居民营养需求的中长期水产品供给与消费研究. 中国渔业经济, 37(6): 1-14.
赵秋, 高贤彪, 宁晓光, 等. 2013. 华北地区春玉米-冬绿肥轮作对碳、氮蓄积和土壤养分以及微生物影响. 植物营养与肥料学报, 19(4): 1005-1011.
赵天涛, 梅娟, 赵由才. 2017. 固体废物堆肥原理与技术. 北京: 化学工业出版社.
赵殷钰, 郑志浩. 2015. 中国大豆和大豆油需求: 基于 SDAIDS 模型的实证分析. 中国农村经济, (11): 15-28.
赵永存, 徐胜祥, 王美艳, 等. 2018. 中国农田土壤固碳潜力与速率: 认识、挑战与研究建议. 中国科学院院刊, 33(2): 191-197.
郑蔚然, 孙明, 于国光, 等. 2022. 农业生产“三品一标”专家系列解读之四 标准化生产: 促进蔬菜产业高质量发展的新保障. 中国蔬菜, (12): 16-19.
中共中央, 国务院. 2018. 关于实施乡村振兴战略的意见. http://www.xinhuanet.com/2018-02/04/c_1122366449.htm. [2018-2-4].
中国农业大学国家农业农村发展研究院课题组. 2022. 全面准确把握大食物观科学内涵. 经济日报. 2022 年 9 月 6 日.
中国农业大学农业规划科学研究所. 2020. 农产品产地仓储保鲜冷链物流研究报告(2020). http://cem.cau.edu.cn/art/2020/11/20/art_36277_718583.html. [2020-11-20].
中国农业科学院. 2022. 2022 年中国食物与营养发展报告. https://baijiahao.baidu.com/s?id= 1744488839453769718&wfr= spider&for=pc. [2022-9-20].
中国营养学会. 2022. 中国居民膳食指南. 北京: 人民卫生出版社.
钟昱, 亢霞. 2016. 多维度视角下我国粮食运输的结构分析. 中国流通经济, 30(8): 14-21.
周法永, 卢布, 顾金刚, 等. 2015. 我国微生物肥料的发展阶段及第三代产品特征探讨. 中国土壤与肥料, (1): 12-17.
周健民. 2015. 浅谈我国土壤质量变化与耕地资源可持续利用. 中国科学院院刊, 30(4): 459-467.
周杰, 师恺, 夏晓剑, 等. 2022. 中国蔬菜栽培科技 60 年回顾与展望. 园艺学报, 49(10): 2131-2142.
周立, 罗建章, 方平. 2022. 21 世纪中国的食物安全与食物主权. 中国农村经济, (10): 2-23.
周其仁. 1995. 中国农村改革: 国家和所有权关系的变化——一个经济制度变迁史的回顾. 管理世界, (3): 178-189.
周群力. 2016. 我国农业规模经济发展及问题. 中国经济时报. 2016 年 5 月 13 日.
周纬. 2012. 槽式机械翻抛好氧发酵技术. 农业工程技术(新能源产业), (4): 31-33.
周洋, 钱国英. 2023. 智慧农业技术在农业发展中的实践与应用. 南方农机, 54(2): 3.
周再恒. 2022. 农机工程科技产业化建设的探讨. 农机使用与维修, (6): 60-62.
周泽宇, 李莉, 王娟娟, 等. 2022. 我国园艺作物种苗生产情况分析及对策研究. 种子, 41(3): 145-148.

朱春燕，岳东杰. 2019. 中国蔬菜育苗产业生产现状及技术趋势. 农业工程技术, 39(13): 34-38.
朱海涛. 2022. 农机工程科技产业化建设分析. 河北农机, (17): 49-51.
朱晶，李天祥，林大燕. 2018. 开放进程中的中国农产品贸易：发展历程、问题挑战与政策选择. 农业经济问题, (12): 19-32.
朱联辉，李京京，曹诚. 2018. 基因组大数据在生物安全中的应用. 生物技术通讯, 29(1): 94-99.
朱永官，彭静静，韦中，等. 2021. 土壤微生物组与土壤健康. 中国科学：生命科学, 51(1): 1-11.
朱增勇，马莹，魏晶，等. 2020. 我国生猪产业高质量发展路径研究：基于生猪全产业链视角的分析. 价格理论与实践, (10): 38-41, 177.
邹伟，崔益邻，周佳宁. 2020. 农地流转的化肥减量效应：基于地权流动性与稳定性的分析. 中国土地科学, 34(9): 48-57.
邹志平，汤文斯. 2022. 全健康理念下我国饮食教育法治构建研究. 湖北经济学院学报：人文社会科学版, 19(7): 62-65.
Aigner D, Lovell C A K, Schmidt P. 1977. Formulation and estimation of stochastic frontier production function models. Journal of Econometrics, 6(1): 21-37.
Aschemann-Witzel J, de Hooge I, Amani P, et al. 2015. Consumer-related food waste: Causes and potential for action. Sustainability, 7(6): 6457-6477.
Asiama K O, Bennett R M, Zevenbergen J A. 2017. Land consolidation on Ghana's rural customary lands: Drawing from the Dutch, Lithuanian and Rwandan experiences. Journal of Rural Studies, 56: 87-99.
Azadbakht L, Mirmiran P, Azizi F. 2005. Variety scores of food groups contribute to the specific nutrient adequacy in Tehranian Men. European Journal of Clinical Nutrition, 59(11): 1233-1240.
Bai M J, Li Y N, Pereira L S, et al. 2004. Evaluation of the field water application efficiency for basin irrigation at the regional scale. *In*: Huang G H, Pereira L S. Land and Water Management: Decision Tools and Practices. Beijing: China Agriculture Press: 101-108.
Bakker M M, Govers G, Rounsevell M D A. 2004. The crop productivity-erosion relationship: An analysis based on experimental work. Catena, 57(1): 55-76.
Ball E, Schimmelpfennig D, Wang S L. 2013. Is US agricultural productivity growth slowing? Applied Economic Perspectives and Policy, 35(3): 435-450.
Bautista E, Clemmens A J, Strelkoff T S, et al. 2009. Modern analysis of surface irrigation systems with WinSRFR. Agricultural Water Management, 96(7): 1146-1154.
Bautista E, Schlegel J L. 2017. A flexible system for estimation of infiltration and hydraulic resistance parameters in surface irrigation. Trans. ASABE, 60(4): 1223-1234.
Becker G. 1965. A theory of the allocation of time. The Economic Journal, 75(299): 493-517.
Bellemare M F, Metin Ç, Hikaru H P, et al. 2017. On the measurement of food waste. American Journal of Agricultural Economics, 99(5): 1148-1158.
Benjamin D, Brandt L, Giles J. 2011. Did higher inequality impede growth in rural China? Economic Journal, 121(557): 1281-1309.
Bijman J. 2008. Contract Farming in Developing Countries: An Overview. Wageningen: Wageningen University & Research.
Bindraban P S, Dimkpa C, Nagarajan L, et al. 2015. Revisiting fertilisers and fertilisation strategies for improved nutrient uptake by plants. Biology and Fertility of Soils, 51(8): 897-911.
Birney C I, Katy F, Todd D F, et al. 2017. An assessment of individual footprints attributed to diets and food waste in the United States. Environmental Research Letters, 12(10): 105008.
Buzby J C, Wells H F, Hyman J. 2014. The Estimated Amount, Value, and Calories of Postharvest Food Losses at the Retail and Consumer Levels in the United States. Washington DC: USDA.
Capacci S, Allais O, Bonnet C, et al. 2019. The impact of the french soda tax on prices and purchases. An ex post evaluation. PLoS One, 14(10): e0223196.
Chen C, Abhishek C, Alexander M. 2020. Nutritional and environmental losses embedded in global food waste. Resources, Conservation and Recycling, 160: 104912.
Chen W, Cao P, Liu YS, et al. 2022. Structural basis for directional chitin biosynthesis. Nature, 610(7931):

402-408.
Colchero M A, Popkin B M, Ng S W. 2017. In Mexico, evidence of sustained consumer response two years after implementing a sugar-sweetened beverage tax. Health Aff, 36(3): 564-571.
Conrad Z, Meredith N T, Deborah N A, et al. 2018. Relationship between food waste, diet quality, and environmental sustainability. PLoS One, 13(4): e0195405.
Cui F, Yan G X, Zhou Z X, et al. 2012. Annual emissions of nitrous oxide and nitric oxide from a wheat-maize cropping system on a silt loam calcareous soil in the North China Plain. Soil Biology and Biochemistry, 48: 10-19.
da Costa T P S, Hall C J, Panjikar S, et al. 2021. Towards novel herbicide modes of action by inhibiting lysine biosynthesis in plants. eLife, 10: e69444.
De Clercq D, Zongguo W, Oliver G, et al. 2017. A review of global strategies promoting the conversion of food waste to bioenergy via anaerobic digestion. Renewable and Sustainable Energy Reviews, 79: 204-221.
de Gorter H, Dušan D, David J R, et al. 2021. Analyzing the economics of food loss and waste reductions in a food supply chain. Food Policy, 98: 101953.
Deaton A, Muellbauer J. 1980. Economics and Consumer Behavior. Cambridge: Cambridge University Press.
DEFRA (Department for Environment, Food and Rural Affairs, Great Britain). 2014. Fertiliser Manual (RB209). 8th ed. London: Department for Environment, Food and Rural Affairs.
Deiningger K, Jin S Q, Xia F, et al. 2014. Moving off the farm: Land institutions to facilitate structural transformation and agricultural productivity crowth in China. World Development, 59: 505-520.
Deng H S, Huang J K, Xu Z G, et al. 2010. Policy support and emerging farmer professional cooperatives in rural China. China Economic Review, 21(4): 495-507.
Dou Z X, Toth J D. 2021. Global primary data on consumer food waste: Rate and characteristics: A review. Resources, Conservation and Recycling, 168: 105332.
Du T S, Kang S Z, Zhang J H, et al. 2008. Water use efficiency and fruit quality of table grape under alternate partial root-zone drip irrigation. Agricultural Water Management, 95(6): 659-668.
Du T S, Kang S Z, Zhang J H, et al. 2015. Deficit irrigation and sustainable water-resource strategies in agriculture for China's food security. Journal of Experimental Botany, 66(8): 2253-2269.
EPA (Environmental Protection Agency). 2021. From Farm to Kitchen: The Environmental Impacts of U.S. Food Waste. Lenexa: United States Environmental Protection Agency.
ERS-USDA. 2022. Food Availability (Per Capita) Data System. https://www.ers.usda.gov/data-products/international-agricultural-productivity/international-agricultural-productivity/. [2022-12-23].
Fan S G. 1991. Effects of technological change and institutional reform on production growth in Chinese agriculture. American Journal of Agricultural Economics, 73(2): 266-275.
Fan S G. 2000. Research investment and the economic returns to Chinese agricultural research. Journal of productivity Analysis, 14: 163-182.
Fan S G. 2021. Economics in food systems transformation. Nature Food, 2(4): 218-219.
Fan S G, Cho E E, Rue C. 2018. Returns to public agricultural and rural investments in China. China Agricultural Economic Review, 10(2): 215-223.
FAO. 2013. Guidelines for Measuring Household and Individual Dietary Diversity. Rome: FAO.
FAO. 2016. The State of Food and Agriculture 2016. Climate Change, Agriculture and Food Security. Rome: FAO.
FAO. 2017. The State of Food and Agriculture: Leveraging Food Systems for Inclusive Rural Transformation. Rome: FAO.
FAO. 2019. Moving Forward on Food Loss and Waste Reduction. The State of Food and Agriculture 2019. Rome: FAO.
FAO. 2020. Transforming Food Systems for Affordable Healthy Diet. Rome: FAO.
FAO. 2021. Assessment of Agricultural Plastics and Their Sustainability: A Call for Action. Rome: FAO.
FAO. 2022a. The State of Food Security and Nutrition in the World. Rome: FAO.
FAO. 2022b. FAO Statistical Databases. https://www.fao.org/faostat/en/#data/QCL. [2022-5-7].
Food Bank News. 2021. Which Food Banks Are the Largest in America? https://foodbanknews.org/which-

food-banks-are-the-largest-in-america/. [2021-10-12].

Franco S, Marco B, Roberto M, et al. 2022. Overnutrition is a significant component of food waste and has a large environmental impact. Scientific Reports, 12(1): 8166.

Fuglie K O. 2011. Productivity Growth in the Global Agricultural Economy. Forum on Food Price Increases: Causes Impacts and Response IIEP, Elliot School of International Affairs, GWU. Washington DC: Elliot School of International Affairs.

Fuglie K O. 2012. Productivity Growth and Technology Capital in the Global Agricultural Economy. Productivity Growth in Agriculture: An International Perspective. Wallingford: CABI: 335-368.

Fukase E, Martin W. 2014. Who Will Feed China in the 21st Century? Income Growth and Food Demand and Supply in China. Washington DC: World Bank.

Fulton M. 2005. Farmers as price takers: how farm returns are established. https://capi-icpa.ca/explore/resources/farmers-as-price-takers-how-farm-returns-are-established/. [2005-5-1].

Fulton M E, Sanderson K. 2003. Co-operatives and farmers in the New Agriculture. https://api.semanticscholar.org/CorpusID:167037650. [2020-11-20].

Gale H F, Hansen J, Jewison M. 2015. China's Growing Demand for Agricultural Imports. USDA-ERS Economic Information Bulletin, (EIB-136): 39.

Galli A, Thomas W, Ertug E, et al. 2012. Integrating ecological, carbon and water footprint into a 'Footprint Family' of indicators: Definition and role in tracking human pressure on the planet. Ecological Indicators, the State of the Art in Ecological Footprint: Theory and Applications, 16: 100-112.

Gao H H, Yan C R, Liu Q, et al. 2019. Effects of plastic mulching and plastic residue on agricultural production: A meta-analysis. Science of the Total Environment, 651(Pt 1): 484-492.

Gao L L, Huang J K, Rozelle S. 2012. Rental markets for cultivated land and agricultural investments in China. Agricultural Economics, 43(4): 391-403.

Gao R, Xu L G, Sun M Z, et al. 2022. Site-selective proteolytic cleavage of plant viruses by photoactive chiral nanoparticles. Nature Catalysis, 5(8): 694-707.

Gong B L. 2018. Agricultural reforms and production in China: Changes in provincial production function and productivity in 1978-2015. Journal of Development Economics, 132: 18-31.

Grummon A H, Lockwood B B, Taubinsky D, et al. 2019. Designing better sugary drink taxes. Science, 365(6457): 989-990.

Guo J H, Liu X J, Zhang Y, et al. 2010. Significant acidification in major Chinese croplands. Science, 327(5968): 1008-1010.

Gustavsson J, Cederberg C, Sonesson U, et al. 2011. Global Food Losses and Food Waste: Extent, Causes and Prevention. Room: FAO.

Hagin J, Lowengart A. 1996. Fertigation for minimizing environmental pollution by fertilizers. Fertilizer Research, 43: 5-7.

Hall K D, Juen G, Michael D, et al. 2009. The progressive increase of food waste in America and its environmental impact. PLoS One, 4(11): e7940.

Hamilton S F, Timothy R J. 2019. Food policy and household food waste. American Journal of Agricultural Economics, 101(2): 600-614.

Hanson C, Brian L, Kai R, et al. 2016. Food Loss and Waste Accounting and Reporting Standard (Version 1.0). https://www.wbcsd.org/contentwbc/download/3969/53083/1. [2014-12-30].

He C, Liao N. 2014. Overview of water: saving irrigation standards system in China. Agricultural Engineering, 4: 39-44.

He W. 2002. Development status and further research of canal anti-seepage engineering technology in China. Journal of Water Resources and Architectural Engineering, 8: 31-33.

He W, Liu Q. 2009. The present development status and trends of canal lining and seepage control techniques in China. China Rural Water and Hydropower, 6: 3-6.

Heng Y, House L. 2022. Consumers' perceptions and behavior toward food waste across countries. International Food and Agribusiness Management Review, 25(2): 197-209.

Hertel T W, Uris L C B. 2016. Attaining food and environmental security in an era of globalization. Global Environmental Change, 41: 195-205.

Hiç C, Prajal P, Diego R, et al. 2016. Food surplus and its climate burdens. Environmental Science & Technology, 50(8): 4269-4277.
HLPE (High Level Panel of Experts on Food Security and Nutrition). 2014. Food Losses and Waste in the Context of a Sustainable Food Systems. A report by the High Level Panel of Experts on Food Security and Nutrition of the Committee on World Food Security. Rome: HLPE.
Hou L L, Chen X G, Kuhn L, et al. 2019. The effectiveness of regulations and technologies on sustainable use of crop residue in northeast China. Energy Economics, 81: 519-527.
Hu R F, Qin L, Carl P, et al. 2011. Privatization, public R & D policy, and private R & D investment in China's agriculture. Journal of Agricultural and Resource Economics, 36(2): 416-432.
Hu S, Peng N, Xie X, et al. 2007. A review on water conservation in cropland with stalk cover. Chinese Journal of Agrometeorology, 28(1): 49-53.
Huang J K. 2018. Facilitating inclusive rural transformation in the Asian countries. World Food Policy, 4(2): 31-55.
Huang J K, Ding J P. 2016. Institutional innovation and policy support to facilitate small: Scale farming transformation in China. Agricultural Economics, 47(S1): 227-237.
Huang J K, Rozelle S. 1996. Technological change: The rediscovery of the engine of productivity growth in China's rice economy. Journal of Development Economics, 49(2): 337-369.
Huang J K, Rozelle S. 2002. The Nature of Distortions to Agricultural Incentives in China and Implications of WTO Accession. Davis: Department of Agricultural and Resource Economics.
Huang J K, Rozelle S. 2003. The impact of trade liberalization on China's agriculture and rural economy. SAIS Review, 23(1): 115-131.
Huang J K, Rozelle S. 2006. The emergence of agricultural commodity markets in China. China Economic Review, 17: 266-280.
Huang J K, Shi P F. 2021a. Regional rural and structural transformations and farmer's income in the past four decades in China. China Agricultural Economic Review, 13(2): 278-301.
Huang J K, Shi P F. 2021b. Rural transformation, income growth and poverty reduction by province in China in the period of 1978—2018. Journal of Integrative Agriculture, 22(12): 3582-3595.
Huang J K, Yang G L. 2017. Understanding recent challenges and new food policy in China. Global Food Security, 12: 119-126.
Huang J K, Hu R, Fan C, et al. 2002a. Bt cotton benefits, costs, and impacts in China. AgBioForum, 5(4): 153-166.
Huang J K, Hu R F, Scott R, et al. 2002b. Transgenic varieties and productivity of smallholder cotton farmers in China. Australian Journal of Agricultural and Resource Economics, 46(3): 367-387.
Huang J K, Hu R F, Scott R, et al. 2005. Insect-resistant GM rice in farmer fields: Assessing productivity and health effects in China. Science, 308(5722): 688-690.
Huang J K, Liu Y, Martin W, et al. 2009. Changes in trade and domestic distortions affecting China's agriculture. Food Policy, 34(5): 407-416.
Huang J K, Rozelle S, Chang M. 2004. Tracking distortions in agriculture: China and its accession to the World Trade Organization. The World Bank Economic Review, 18(1): 59-84.
Huang J K, Wang X, Zhi H, et al. 2011. Subsidies and distortions in China's agriculture: Evidence from producer-level data. The Australian Journal of Agricultural and Resource Economics, 55(1): 53-71.
Huang Q, Wang L, Jiang H, et al. 2020a. Intra-individual double burden of malnutrition among adults in China: Evidence from the China health and nutrition survey 2015. Nutrients, 12(9): 2811.
Huang X, Huang S, Han B, et al. 2020b. The integrated genomics of crop domestication and breeding. Cell, 185(15): 2828-2839.
IFAD (International Fund for Agricultural Development). 2016. Rural Development Report 2016: Fostering Inclusive Rural Transformation. Rome: IFAD.
IPCC (Intergovernmental Panel on Climate Change). 2019. Climate Change and Land: An IPCC Special Report on Climate Change, Desertification, Land Degradation, Sustainable Land Management, Food Security, and Greenhouse Gas Fluxes in Terrestrial Ecosystems. Geneva: IPCC.
Jain R G, Fletcher S J, Manzie N, et al. 2022. Foliar application of clay-delivered RNA interference for

whitefly control. Nature Plants, 8(5): 535-548.

James C. 2002. Global reviews of commercialized transgenic crops: 2002 Feature: Bt Maize. https://www.isaaa.org/resources/publications/briefs/29/download/isaaa-brief-29-2003.pdf. [2023-10-30].

Jiang J, Xu R K, Zhao A Z. 2011. Surface chemical properties and pedogenesis of tropical soils derived from basalts with different ages in Hainan, China. Catena, 87(3): 334-340.

Jin S Q, Deininger K. 2009. Land rental markets in the process of rural structural transformation: Productivity and equity impacts from China. Journal of Comparative Economics, 37(4): 629-646.

Jin S Q, Ma H Y, Huang J K, et al. 2010. Productivity, efficiency and technology change: Measuring the performance of China's transforming agriculture. Journal of Productivity Analysis, 33(3): 191-207.

Johnston B, Mellor J. 1961. The role of agriculture in economic development. American Economic Review, 51(4): 566-593.

Katare B, Dmytro S, Holly W H, et al. 2017. Social-optimal household food waste: Taxes and government incentives. American Journal of Agricultural Economics, 99(2): 499-509.

Khan A W, Garg V, Roorkiwal M, et al. 2020. Super-pangenome by integrating the wild side of a species for accelerated crop improvement. Trends in Plant Science, 25(2): 148-158.

Khatri K L, Smith R J. 2007. Toward a simple real-time control system for efficient management of furrow irrigation. Irrig and Drain, 56(4): 463-475.

Kuiper M, Cui H D. 2021. Using food loss reduction to reach food security and environmental objectives-a search for promising leverage points. Food Policy, 98: 101915.

Landry C E, Smith T A. 2018a. Household Food Waste: Theory and Empirics. SSRN Electronic Journal, DOI:10.2139/ssrn.3060838.

Landry C E, Smith T A, Dylan T. 2018b. Food waste and food retail density. Journal of Food Products Marketing, 24(5): 632-653.

Li F, Ding Y Y, Cai R. 2021a. The degree and influencing factors of household food waste in China from the perspective of food conversion: An empirical analysis based on CHNS database. Journal of Natural Resources, 36(4): 811-826.

Li H, Li L, Wu B, et al. 2012. The end of cheap Chinese labour. Journal of Economic Perspectives, 26(4): 57-74.

Li S, Dong Y, Zhang L, et al. 2021b. Off-farm employment and poverty alleviation in rural China. Journal of Integrative Agriculture, 20(4): 943-952.

Li W, Zhu Z, Chern M, et al. 2017a. A natural allele of a transcription factor in rice confers broad-spectrum blast resistance. Cell, 170(1): 114-126.

Li X, Liu G, Parfitt J, et al. 2017b. Missing food, missing data? A critical review of global food losses and food waste data. Environmental Science & Technology, 51(12): 6618-6633.

Li Y, Zhang W, Li J, et al. 2023. Complementation between microbial necromass and plant debris governs the long-term build-up of the soil organic carbon pool in conservation agriculture. Soil Biology and Biochemistry. 178: 108963.

Li Y Q, Zhao C X, Yan C R, et al. 2020. Effects of agricultural plastic film residues on transportation and distribution of water and nitrate in soil. Chemosphere, 242: 152131.

Li Y Y, Wang L E, Liu G, et al. 2021c. Rural household food waste characteristics and driving factors in China. Resources, Conservation and Recycling, 164: 105209.

Lin J. 1992. Rural reforms and agricultural growth in China. American Economic Review, 82(1): 34-51.

Lin W S, Huang J K. 2021. Impacts of agricultural incentive policies on land rental prices: New evidence from China. Food Policy, 104: 102125.

Liu C X, Bai L, Cao P, et al. 2022. Novel plant growth regulator guvermectin from plant growth-promoting rhizobacteria boosts biomass and grain yield in rice. J Agric Food Chem, 70(51): 16229-16240.

Liu Y C, Du H L, Li P C, et al. 2020. Pan-genome of wild and cultivated soybeans. Cell, 182(1): 162-176.

Liu Y K, Wang J X, Li Y M, et al. 2011. Study on the adoption and determinants of agricultural water saving technologies. Journal of Natural Resources, 26: 932-942.

Lonhienne T, Low Y S, Garcia M D, et al. 2020. Structures of fungal and plant acetohydroxyacid synthases. Nature, 586(7828): 317-321.

Lopez B E, Thomas H. 2021. Global food waste across the income spectrum: implications for food prices, production and resource use. Food Policy, 98: 101874.

Lu Y L, Jenkins A, Ferrier R C, et al. 2015. Addressing China's grand challenge of achieving food security while ensuring environmental sustainability. Science Advances, 1(1): e1400039.

Lusk J L, Brenna E. 2017. A note on modelling household food waste behaviour. Applied Economics Letters, 24(16): 1199-1202.

Malte L, Gerard H R, Madaline D Y, et al. 2022. Global variation in soil carbon sequestration potential through improved cropland management. Global Change Biology, 28(3): 1162-1177.

Marrón-Ponce J A, Sánchez-Pimienta T G, Rodríguez-Ramírez S, et al. 2022. Ultra-processed foods consumption reduces dietary diversity and micronutrient intake in the Mexican population. Journal of Human Nutrition and Dietetics, 36(1): 241-251.

McCrory M A, Paul F J, McCallum J E, et al. 1999. Dietary variety within food groups: Association with energy intake and body fatness in men and women. The American Journal of Clinical Nutrition, 69(3): 440-447.

McMillan J, Walley J, Zhu L. 1989. The impact of China's economic reforms on agricultural productivity growth. J Polit Econ, 97(4): 781-807.

Mekonnen M M, Hoekstra A Y. 2010. The green, blue and grey water footprint of crops and derived crop products. Hydrology and Earth System Sciences, 15(5): 1577-1600.

Mekonnen M M, Julian F. 2018. The effect of diet changes and food loss reduction in reducing the water footprint of an average American. Water International, 43(6): 860-870.

Meng X. 2012. Labor market outcomes and reforms in China. The Journal of Economic Perspectives, 26(4): 75-101.

Michael T D. 2014. Global diets link environmental sustainability and human health. Nature, 515(7528): 518-522.

Ning J, Liu J Y, Kuang W H, et al. 2018. Spatiotemporal patterns and characteristics of land-use change in China during 2010□2015. Journal of Geographical Science, 28: 547-562.

O'Connor E A. 2013. China, Brazil and Argentina: Agricultural trade and development? American Journal of Chinese Studies, 20(2): 99-110.

Pang H. 2006. Analysis on the status of water-saving irrigation techniques and its development trends in China. Soil and Fertilizer Sciences in China, 5: 1-6.

Pardey P G, Chan-Kang C, Dehmer S P, et al. 2016. Agricultural R & D is on the move. Nature, 15(537): 301-303.

Parfitt J, Mark B, Sarah M. 2010. Food waste within food supply chains: Quantification and potential for change to 2050. Philosophical Transactions of the Royal Society B: Biological Sciences, 365(1554): 3065-3081.

Park A, Jin H, Rozelle S, et al. 2002. Market emergence and transition: Arbitrage, transition costs, and autarky in China's grain market. American Journal of Agricultural Economics, 84(1): 67-82.

Perkins D H. 1994. Completing China's move to the market. Journal of Economic Perspectives, 8(2): 23-46.

Qiao F B, Huang J K, Zhang L X, et al. 2012. Pesticide use and farmers' health in china's rice production. China Agricultural Economic Review, 4(4): 468-484.

Qiao L, Silva J V, Fan M S, et al. 2021. Assessing the contribution of nitrogen fertilizer and soil quality to yield gaps: A study for irrigated and rainfed maize in China. Field Crops Research, 273: 108304.

Qiao L, Wang X, Smith P, et al. 2022a. Soil quality both increases crop production and improves resilience to climate change. Nature Climate Change, 12: 574-580.

Qiao X M, Zhang X Y, Zhou Z D, et al. 2022b. An insecticide target in mechanoreceptor neurons. Science Advances, 8(47): eabq3132.

Quested T E, Parry A D, Easteal S, et al. 2011. Food and drink waste from households in the UK. Nutrition Bulletin, 36(4): 460-467.

Roe B E, Apolzan J W, Qi D Y, et al. 2018. Plate waste of adults in the United States measured in free-living conditions. PLoS One, 13(2): e0191813.

Rozelle S, Huang J. 2010. The marketization of rural China: Gain or pain for China's two hundred million farm families? *In*: Oi J C, Rozelle S, Zhou X. Growing Pains: Tensions and Opportunity in China's Transformation. Stanford: Walter H. Shorenstein Asia-Pacific Research Center: 57-85.

Rozelle S, Park A, Huang J, et al. 1997. Liberalization and rural market integration in China. American Journal of Agricultural Economics, 79(2): 635-642.

Rozelle S, Park A, Huang J, et al. 2000. Bureaucrat to entrepreneur: The changing role of the state in China's grain economy. Economic Development and Cultural Change, 48(2): 227-252.

Shang Y, Ma Y, Zhou Y, et al. 2014. Biosynthesis, regulation, and domestication of bitterness in cucumber. Science, 346(6213): 1084-1088.

Sheng Y, Tian X, Qiao W, et al. 2020. Measuring agricultural total factor productivity in China: Pattern and drivers over the period of 1978□2016. Australian Journal of Agricultural Resource Economics, 64: 82-103.

Shi M, Wang X B, Yu X H. 2021. Does dietary knowledge affect household food waste in the developing economy of China? Food Policy, 98: 101896.

Shi Y, An X K, Zhang B B, et al. 2022. Hydrolysis, photolysis, and biotoxicity assessment of a novel biopesticide, guvermectin. J Agric Food Chem, 70(51): 16117-16125.

Skaf L, Franzese P P, Capone R, et al. 2021. Unfolding hidden environmental impacts of food waste: An assessment for fifteen countries of the world. Journal of Cleaner Production, 310: 127523.

Smith T A, Landry C E. 2021. Household food waste and inefficiencies in food production. American Journal of Agricultural Economics, 103(1): 4-21.

Song G B, Li M J, Semakula H M, et al. 2015. Food consumption and waste and the embedded carbon, water and ecological footprints of households in China. Science of the Total Environment, 529: 191-197.

Song X J, Liu X T, Liang G P, et al. 2022. Positive priming effect explained by microbial nitrogen mining and stoichiometric decomposition at different stages. Soil Biology and Biochemistry, 175: 108852.

Spiker M L, Hazel H A B, Siddiqi S M, et al. 2017. Wasted food, wasted nutrients: Nutrient loss from wasted food in the United States and comparison to gaps in dietary intake. Journal of the Academy of Nutrition and Dietetics, 117(7): 1031-1040.

Springmann M, Clark M A, Mike R, et al. 2021. The global and regional costs of healthy and sustainable dietary patterns: A modelling study. The Lancet Planetary Health, 5(11): e797-e807.

Stenmarck Å, Hanssen O J, Silvennoinen K, et al. 2011. Initiatives on Prevention of Food Waste in the Retail and Wholesale Trades. Copenhagen: Nordic Council of Ministers.

Sun D B, Li H G, Wang E L, et al. 2020 An overview of the use of plastic-film mulching in China to increase crop yield and water use efficiency. National Science Review, 7(10): 1523-1526.

Sun Y, Wang Y, Zhang X X, et al. 2022. Plant receptor-like protein activation by a microbial glycoside hydrolase. Nature, 610(7931): 335-342.

Swindale A, Bilinsky P. 2005. Household dietary diversity score (HDDS) for measurement of household food access: Indicator guide. Journal of Nutrition, 138(12): 2448-2453.

Thyberg K L, Tonjes D A J, Gurevitch J. 2015. Quantification of food waste disposal in the United States: A meta-analysis. Environmental Science & Technology, 49(24): 13946-13953.

Tilman D, Michael C. 2014. Global diets link environmental sustainability and human health. Nature, 515 (7528): 518-522.

Timmer C P. 2009. A World Without Agriculture: The Structural Transformation in Historical Perspective. Washington DC: AEI Press.

Timmer C P. 2017. Food security, structural transformation, markets and government policy. Asia & the Pacific Policy Studies, 4(1): 4-19.

Timmer C P, Akkus S. 2008. The Structural Transformation As A Pathway Out of Poverty: Analytics, Empirics and Politics. Washington DC: Center for Global Development (Working Papers): 10.2139/ssrn.1213154.

Trenkel M E. 2010. Slow- and Controlled-Release and Stabilized Fertilizers: An Option for Enhancing Nutrient Efficiency in Agriculture. 2nd ed. Paris: International Fertilizer Industry Association.

UN (United Nations). 2022. UN Comtrade Database. https://comtrade.un.org/data. [2022-5-7].

UNEP (United Nations Environment Programme). 2021. Food Waste Index Report 2021. Nairobi: United Nations Environment Programme.

van den Bos Verma M, de Vreede L, Thom A, et al. 2020. Consumers discard a lot more food than widely believed: Estimates of global food waste using an energy gap approach and affluence elasticity of food waste. PLoS One, 15(2): e0228369.

van der Paul W, Gilliland J A. 2017. A systematic review of food losses and food waste generation in developed countries. Proceedings of the Institution of Civil Engineers-Waste and Resource Management, 170(2): 66-77.

Vieira S R, Hatfield J L, Nielsen D R, et al. 1983. Geostatistical theory and application to variability of some agronomical properties. Hilgardia, 51(3): 75.

Wang J X, Huang J K, Yang J. 2014a. Overview of impacts of climate change and adaptation in China's agriculture. Journal of Integrative Agriculture, 13(1): 1-17.

Wang J X, Zhu Y Y, Sun T H, et al. 2020. Forty years of irrigation development and reform in China. Australian Journal of Agricultural and Resource Economics, 64(1): 126-149.

Wang L E, Liu G, Liu X J, et al. 2017. The weight of unfinished plate: A survey based characterization of restaurant food waste in Chinese cities. Waste Management, 66: 3-12.

Wang L E, Ni X W, Li Y Y, et al. 2021. Measurement of the scale of food waste and its resources and environmental effects at the consumer segment in China. Journal of Natural Resources, 36(6): 1455.

Wang S H, Zhang Y L, Yu N, et al. 2005. Development status of infiltration irrigation technology and its application in protected field. Transactions of the Chinese Society of Agricultural Engineering, 21(13): 92-95.

Wang S L, Huang J K, Wang X B, et al. 2019. Are China's regional agricultural productivities converging: How and why? Food Policy, 86: 101727.

Wang S L, Tuan F, Gale F, et al. 2013. China's regional agricultural productivity growth in 1985□2007: A multilateral comparison 1. Agricultural Economics, 44(2): 241-251.

Wang X B, Huang J K, Zhang L X, et al. 2011. The rise of migration and the fall of self-employment in rural China's labour market. China Economic Review, 22(4): 573-584.

Wang X B, Yamauchi F, Otsuka K, et al. 2014b. Wage growth, landholding and mechanization in Chinese agriculture. Washington DC: World Bank (Policy Research Working Paper): WPS7138.

Wei S B, Li X, Lu Z F, et al. 2022. A transcriptional regulator that boosts grain yields and shortens the growth duration of rice. Science, 377(6604): eabi8455.

WHO (World Health Organization). 2017. Taxes on Sugary Drinks: Why Do It? Geneva: WHO.

Xie C, Gao J, Grant J H, et al. 2018. Examining the Canada-China agri-food trade relationship: Firms, trading partners, and trading volumes. Canadian Journal of Agricultural Economics/Revue Canadienne d'agroeconomie, 66(4): 539-555.

Xie W, Huang J K, Wang J X, et al. 2020. Climate change impacts on China's agriculture: The responses from market and trade. China Economic Review, 62: 101256.

Xue L, Liu G, Parfitt J, et al. 2017. Missing food, missing data? A critical review of global food losses and food waste data. Environmental Science & Technology, 51(12): 6618-6633.

Xue L, Liu X, Lu S, et al. 2021. China's food loss and waste embodies increasing environmental impacts. Nature Food, 2(7): 519-528.

Xu Q B, Li J M, Guo W X, et al. 2022. High value utilization of an avermectin fermentation byproduct: Novel B2a derivatives as pesticide candidates. Journal of Agricultural and Food Chemistry, 70(21): 6377-6384.

Xue L, Liu G, Parfitt J L. 2017. Missing food, missing data? A critical review of global food losses and food waste data. Environmental Science & Technology, 51(12): 6618-6633.

Xue L, Liu X J, Lu S J. 2021. China's food loss and waste embodies increasing environmental impacts. Nature Food, 2(7): 519-528.

Yang J, Huang Z H, Zhang X B, et al. 2013. The rapid rise of cross-regional agricultural mechanization services in China. American Journal of Agricultural Economics, 95(5): 1245-1251.

Yang J, Qiu H, Huang J G, et al. 2008. Fighting global food price rises in the developing world: The response of China and its effect on domestic and world markets. Agricultural Economics, 39(S1): 453-464.

Yang X M, Chen H Q, Gong Y S, et al. 2015. Nitrous oxide emissions from an agro-pastoral ecotone of northern China depending on land uses. Agriculture, Ecosystems & Environment, 213: 241-251.

Yang Y, Jaenicke E C. 2020. Estimating food waste as household production inefficiency. American Journal of Agricultural Economics, 102(2): 525-547.

Yang Y, Jaenicke E C. 2021. The effect of sell-by dates on purchase volume and food waste. Food Policy, 98: 101879.

Yu X W, Zhao Z G, Zheng X M, et al. 2018. A selfish genetic element confers non-Mendelian inheritance in rice. Science, 360(6393): 1130-1132.

Yu Y, Jaenicke E C. 2021. The effect of sell-by dates on purchase volume and food waste. Food Policy, 98: 101879.

Zhai T, Li L, Wang J J, et al. 2022. Will the consumption tax on sugar-sweetened beverages help promote healthy beverage consumption? Evidence from urban China. China Economic Review, 73: 101798.

Zhang H, Liu G, Xue L, et al. 2020a. Anaerobic digestion based waste-to-energy technologies can halve the climate impact of China's fast-growing food waste by 2040. Journal of Cleaner Production, 277: 123490.

Zhang N Q, Wang M H, Wang N. 2002. Precision agriculture: a worldwide overview. Computers and Electronics in Agriculture, 36(2-3): 113-132.

Zhang P P, Zhang D, Cheng S K. 2020b. The effect of consumer perception on food waste behavior of urban households in China. Sustainability, 12(14): 5676.

Zhang T, Mei X, Zhang X, et al. 2020c. Identification and field evaluation of the sex pheromone of *Apolygus lucorum* (Hemiptera: Miridae) in China. Pest Manag Sci, 76(5): 1847-1855.

Zhou K Q, Sui Y Y, Liu X B, et al. 2015. Crop rotation with nine-year continuous cattle manure addition restores farmland productivity of artificially eroded Mollisols in Northeast China. Field Crops Research 171: 138-145.

Zhou W B, Li L, He W, et al. 2004. Advances in canal seepage control techniques in China. Advances in Science and Technology of Water Resources, 5: 60-63.

Zhou Y X, Zhou X E, Gong Y P, et al. 2020. Structural basis of Fusarium myosin I inhibition by phenamacril. l. PLoS Pathogens, 16(3): e1008323.

Zhu H C, Li C, Gao C X. 2020. Applications of CRISPR-Cas in agriculture and plant biotechnology. Nature Reviews Molecular Cell Biology, 21(11): 661-677.

Zhu W, Wang J. 1996. Surface mulching and conservation of soil water. Research of Soil & Water Conservation, 3: 141-145.

附录一　中国工程院“粮食安全”与“农业发展”系列重大咨询研究项目主要政策建议清单

一、国家食物安全可持续发展战略研究（2013 年至 2015 年）

1.《确保谷物基本自给是我国粮食安全战略的核心要求》（2013 年 12 月）
2.《关于实施十亿亩高标准农田建设重大工程的建议》（2014 年 10 月）
3.《日本农地改良事业的主要做法及借鉴》（2015 年 10 月）

二、国际化绿色化背景下国家区域食物安全可持续发展战略研究（2015 年至 2017 年）

1.《关于京津冀一体化背景下地下水严重超采区发展适水农业的建议》（2017 年 4 月）
2.《关于加快中西部园艺产业发展助力精准扶贫的建议》（2017 年 6 月）
3.《关于树立大食物观持续健康发展远洋渔业的建议》（2018 年 3 月）
4.《东南沿海地区农产品率先走向中高端的建议》（2018 年 3 月）
5.《当前我国粮食安全形势判断与战略举措》（2018 年 11 月）

三、新形势下国家粮食安全战略研究（2021 年至 2022 年）

1.《春耕春管形势好　长远发展有隐忧》（2021 年 3 月）
2.《全球气候变化和极端天气引发粮食短缺的前瞻性分析及对策建议》（2021 年 4 月）
3.《全球疫情、国外旱情、国内灾情对我国粮食安全的影响分析及对策建议》（2021 年 8 月）
4.《关于巩固国家食物主权的对策建议》（2022 年 2 月）

四、2050 年中国农业发展战略研究（2018 年至 2019 年）

1.《新冠肺炎疫情对南方春耕备耕的影响与政策建议》（2020 年 2 月）
2.《后疫情时期粮食安全保障战略与政策建议》（2020 年 7 月）

五、中国 2050 年现代智慧生态农业战略研究与发展路线图（2020 年至 2021 年）

1.《现代智慧生态农业：我国未来 30 年基本方略》（2021 年 9 月）

附录二　中国工程院“粮食安全”与“农业发展”系列重大咨询研究项目发表的主要著作和主要文章

一、国家食物安全可持续发展战略研究（2013 年至 2015 年）

（一）主要著作：丛书 1 套 8 卷（2018 年）

1.《国家食物安全可持续发展战略综合研究》
2.《粮食作物产业可持续发展战略研究》
3.《园艺作物产业可持续发展战略研究》
4.《经济作物产业可持续发展战略研究》
5.《农业资源与环境可持续发展战略研究》
6.《食物保障可持续发展的科技支撑战略研究》
7.《食物生产方式向机械化和信息化转变战略研究》
8.《食物生产方式向专业化、规模化和组织化转变战略研究》

二、国际化绿色化背景下国家区域食物安全可持续发展战略研究（2015 年至 2017 年）

（一）主要著作：丛书 1 套 8 卷（审校中）

1.《国际化绿色化背景下国家区域食物安全可持续发展战略研究》
2.《东北地区食物安全可持续发展战略研究》
3.《华北地区食物安全可持续发展战略研究》
4.《华中地区食物安全可持续发展战略研究》
5.《东南沿海地区食物安全可持续发展战略研究》
6.《西北地区食物安全可持续发展战略研究》
7.《西南地区食物安全可持续发展战略研究》
8.《现代农业转型发展与食物安全供求趋势研究》

（二）主要文章：《中国工程科学》2019 年第 21 卷第 5 期

1.《国际化绿色化背景下国家区域食物安全可持续发展战略研究》
闫　琰　王东阳　王济民　王秀东　刘　旭
2.《现代农业转型发展与食物安全供求趋势研究》
黄季焜　王济民　解　伟　王晓兵　侯玲玲　周　慧　盛　誉　刘　旭

3.《东北地区食物安全可持续发展战略研究》
唐 亮 吴东立 苗 微 蒲红霞 江琳琳 王绍斌 钟文田 陈温福
4.《华北地区农业水资源现状和未来保障研究》
黄 峰 杜太生 王素芬 梅旭荣 龚道枝 陈源泉 康绍忠
5.《西北地区水资源与食物安全可持续发展研究》
王玉宝 刘 显 史利洁 上官周平 吴普特 山 仑 赵西宁
6.《东南沿海区域食物安全可持续发展战略研究》
曾玉荣 杜 琼 陈剑平
7.《西南地区食物安全可持续发展的挑战与对策研究》
高世斌 杨 松 吴开贤 余 冰 陈 卓 陈代文 荣廷昭
8.《国产农机装备质量评价研究——基于华中地区农户调查数据的分析》
周 晶 青 平

三、新形势下国家粮食安全战略研究（2021 年至 2022 年）

（一）主要著作：专著 1 本（审校中）

《新形势下国家粮食安全战略研究》

（二）主要文章：《中国工程科学》2023 年第 25 卷第 4 期

《新形势下国家食物安全战略研究》
谭光万 王秀东 王济民 梅旭荣 刘 旭

四、2050 年中国农业发展战略研究（2018 年至 2019 年）

（一）主要著作：丛书 1 套 6 卷（审校中）

1.《中国农业发展战略研究（2050）》
2.《至 2050 年全球及中国农业发展趋势与展望》
3.《至 2050 年中国种植业发展战略研究》
4.《至 2050 年中国养殖业发展战略研究》
5.《至 2050 年中国农业生产方式与产业体系发展战略研究》
6.《至 2050 年中国农业资源环境与可持续发展战略研究》

（二）主要文章：《中国工程科学》2023 年第 25 卷第 4 期

1.《面向 2050 年我国农业发展战略研究》
“中国农业发展战略研究 2050”项目综合组
2.《面向 2050 年我国农业发展愿景与对策研究》
黄季焜 胡瑞法 易红梅 盛 誉 王金霞 宝明涛 刘 旭

3.《面向 2050 年我国农业资源平衡与国际进口潜力研究》
郑海霞 尤 飞 罗其友 唐华俊
4.《全球农业发展趋势及 2050 年中国农业发展展望》
黄季焜 解 伟 盛 誉 王晓兵 王金霞 刘承芳 侯玲玲
5.《我国农业生产的发展方向：从机械化到智慧化》
罗锡文 廖 娟 臧 英 区颖刚 汪 沛

五、中国 2050 年现代智慧生态农业战略研究与发展路线图（2020 年至 2021 年）

（一）主要著作：专著 1 本（审校中）

《现代智慧生态农业战略研究》

（二）主要文章：《中国工程科学》2023 年第 25 卷第 4 期

1.《面向 2050 年我国现代智慧生态农业发展战略研究》
刘 旭 李文华 赵春江 闵庆文 杨信廷 刘某承
2.《装备与信息协同促进现代智慧农业发展研究》
韩佳伟 朱文颖 张 博 赵春江 杨信廷

附录三 中国工程院“粮食安全”与“农业发展”系列重大咨询研究项目主要成员名单

一、国家食物安全可持续发展战略研究（2013年至2015年）

项目顾问：

宋　健　全国政协原副主席，中国工程院院士
徐匡迪　全国政协原副主席，中国工程院院士
周　济　中国工程院院长，中国工程院院士
潘云鹤　中国工程院常务副院长，中国工程院院士
余欣荣　农业部副部长
李国英　水利部副部长
张来武　科技部副部长
王世元　国土资源部副部长
李干杰　环境保护部副部长
张亚平　中国科学院副院长
卢景波　国家林业局副局长
张建龙　国家粮食局副局长
李振声　中国科学院副院长，中国科学院院士
沈国舫　中国工程院原副院长，中国工程院院士

项目组长：

旭日干　中国工程院原副院长，中国工程院院士

项目副组长：

李家洋　中国农业科学院院长，中国科学院院士
刘　旭　中国工程院副院长，中国工程院院士
尹伟伦　北京林业大学，中国工程院院士
盖钧镒　南京农业大学，中国工程院院士

项目各课题组成及其主要成员：

课题一：粮食作物产业可持续发展战略研究
组　长：刘　旭　中国工程院副院长，中国工程院院士

课题二：园艺作物产业可持续发展战略研究
组 长：邓秀新 华中农业大学校长，中国工程院院士

课题三：经济作物产业可持续发展战略研究
组 长：傅廷栋 华中农业大学，中国工程院院士
副组长：喻树迅 中国农业科学院棉花研究所，中国工程院院士

课题四：农产品加工与食品安全战略研究
组 长：孙宝国 北京工商大学校长，中国工程院院士

课题五：农业资源与环境可持续发展战略研究
组 长：李文华 中国科学院地理科学与资源研究所，中国工程院院士

课题六：科技支撑可持续发展战略研究
组 长：盖钧镒 南京农业大学，中国工程院院士

课题七：粮食与食物生产方式转变战略研究
组 长：罗锡文 华南农业大学，中国工程院院士
李 周 中国社会科学院农村发展研究所，研究员

项目办公室：
高中琪 中国工程院二局局长
张文韬 中国工程院农业学部办公室
郑召霞 中国工程院农业学部办公室
王 庆 中国工程院农业学部办公室
王 波 中国工程院咨询服务中心
宝明涛 中国工程院咨询服务中心

二、国际化绿色化背景下国家区域食物安全可持续发展战略研究（2015年至2017年）

项目顾问：
宋 健 全国政协原副主席，中国工程院院士
徐匡迪 全国政协原副主席，中国工程院院士
周 济 中国工程院院长，中国工程院院士
潘云鹤 中国工程院原常务副院长，中国工程院院士
沈国舫 中国工程院原副院长，中国工程院院士

项目组长：

刘　旭　中国工程院副院长，中国工程院院士

项目副组长：

邓秀新　华中农业大学校长，中国工程院院士

尹伟伦　北京林业大学，中国工程院院士

盖钧镒　南京农业大学，中国工程院院士

项目各课题组成及其主要成员：

课题一：东北地区食物安全可持续发展战略研究

组　长：陈温福　沈阳农业大学，中国工程院院士

副组长：刘广林　沈阳农业大学校长，教授

课题二：华北地区食物安全可持续发展战略研究

组　长：康绍忠　中国农业大学，中国工程院院士

副组长：李召虎　中国农业大学副校长，教授

梅旭荣　中国农业科学院科技管理局局长，研究员

课题三：华中地区食物安全可持续发展战略研究

组　长：邓秀新　华中农业大学校长，中国工程院院士

副组长：姚江林　华中农业大学副校长，教授

课题四：东南沿海地区食物安全可持续发展战略研究

组　长：陈剑平　浙江省农业科学院院长，中国工程院院士

课题五：西北地区食物安全可持续发展战略研究

组　长：山　仑　西北农林科技大学，中国工程院院士

副组长：吴普特　西北农林科技大学副校长，教授

课题六：西南地区食物安全可持续发展战略研究

组　长：荣廷召　四川农业大学，中国工程院院士

副组长：郑有良　四川农业大学校长，教授

陈代文　四川农业大学副校长，教授

课题七：现代农业转型发展与食物安全供求趋势研究

组　长：刘　旭　中国工程院副院长，中国工程院院士

黄季焜　北京大学，教授

副组长：王济民　中国农业科学院农业经济与发展研究所副所长，研究员

综合组：
组　长：刘　旭　中国工程院原副院长，中国工程院院士
副组长：王东阳　中国农业科学院农业经济与发展研究所所长，研究员
　　　　高中琪　中国工程院二局局长，研究员

三、新形势下国家粮食安全战略研究（2021 年至 2022 年）

项目顾问：
　　　　沈国舫　中国工程院原副院长，中国工程院院士
　　　　戴景瑞　中国农业大学，中国工程院院士
　　　　盖钧镒　南京农业大学，中国工程院院士
　　　　尹伟伦　北京林业大学，中国工程院院士
　　　　康绍忠　中国农业大学，中国工程院院士
　　　　陈温福　沈阳农业大学，中国工程院院士
　　　　李　玉　吉林农业大学，中国工程院院士
项目组长：
　　　　刘　旭　中国工程院原副院长，中国工程院院士
　　　　邓秀新　中国工程院副院长，中国工程院院士
　　　　唐华俊　中国农业科学院原院长，中国工程院院士

项目各课题组成及主要成员：
课题一：新时期种植业保障我国食物安全战略研究
组　长：吴孔明　中国农业科学院院长，中国工程院院士
　　　　袁龙江　中国农业科学院农业经济与发展研究所所长，研究员
　　　　王秀东　中国农业科学院农业经济与发展研究所，研究员

课题二：草地农业与食物安全战略研究
组　长：南志标　兰州大学，中国工程院院士

课题三：养殖业发展与安全战略研究
组　长：陈焕春　华中农业大学，中国工程院院士

课题四：新形势下我国水产安全的战略研究
组　长：麦康森　中国海洋大学，中国工程院院士
综合组：
组　长：刘　旭　中国工程院原副院长，中国工程院院士

邓秀新　中国工程院副院长，中国工程院院士
吴孔明　中国农业科学院院长，中国工程院院士
梅旭荣　中国农业科学院副院长，研究员
王济民　中国农业科学院院办副主任，研究员

四、2050 年中国农业发展战略研究（2018 年至 2019 年）

项目顾问：

宋　健　全国政协原副主席，中国工程院院士
徐匡迪　全国政协原副主席，中国工程院院士
周　济　中国工程院原院长，中国工程院院士
李晓红　中国工程院院长，中国工程院院士
潘云鹤　中国工程院原常务副院长，中国工程院院士
沈国舫　中国工程院原副院长，中国工程院院士

项目组长：

刘　旭　中国工程院原副院长，中国工程院院士
邓秀新　中国工程院副院长，中国工程院院士

项目副组长：

罗锡文　华南农业大学，中国工程院院士
唐华俊　中国农业科学院院长，中国工程院院士
李德发　中国农业大学，中国工程院院士

项目各课题组成及主要成员：

课题一：至 2050 年全球及中国农业发展趋势与展望
组　长： 刘　旭　中国工程院原副院长，中国工程院院士
黄季焜　北京大学，教授

课题二：至 2050 年中国种植业发展战略研究
组　长： 邓秀新　中国工程院副院长，中国工程院院士

课题三：至 2050 年中国养殖业发展战略研究
组　长： 李德发　中国农业大学，中国工程院院士
副组长： 向仲怀　西南大学，中国工程院院士
麦康森　中国海洋大学，中国工程院院士

课题四：至 2050 年中国现代农业生产方式与生产体系发展战略研究
组　长：罗锡文　华南农业大学，中国工程院院士
副组长：赵春江　北京市农林科学院信息技术研究中心，中国工程院院士

课题五：至 2050 年中国农业资源环境与可持续发展战略研究
组　长：唐华俊　中国农业科学院院长，中国工程院院士
综合组：
组　长：刘　旭　中国工程院原副院长，中国工程院院士
副组长：黄季焜　北京大学，教授

五、中国 2050 年现代智慧生态农业战略研究与发展路线图（2020 年至 2021 年）

项目顾问：

邓秀新　中国工程院副院长，中国工程院院士
沈国舫　中国工程院原副院长，中国工程院院士
康绍忠　中国农业大学，中国工程院院士
汪懋华　中国农业大学，中国工程院院士
罗锡文　华南农业大学，中国工程院院士
唐华俊　中国农业科学院，中国工程院院士
张守攻　中国林业科学研究院，中国工程院院士
朱有勇　云南农业大学，中国工程院院士
麦康森　中国海洋大学，中国工程院院士
唐启升　中国水产科学研究院黄海水产研究所，中国工程院院士
陈焕春　华中农业大学，中国工程院院士
陈温福　沈阳农业大学，中国工程院院士
李　玉　吉林农业大学，中国工程院院士
南志标　兰州大学，中国工程院院士
吴孔明　中国农业科学院，中国工程院院士
张福锁　中国农业大学，中国工程院院士
张洪程　扬州大学，中国工程院院士
贾敬敦　科技部火炬中心主任，研究员
高　文　北京大学，教授
李伯虎　中国航天科工集团有限公司，中国工程院院士
孙宝国　北京工商大学，中国工程院院士

庞国芳　中国检验检疫科学研究院，中国工程院院士

项目组长：

李文华　中国科学院地理科学与资源研究所，中国工程院院士

刘　旭　中国工程院原副院长，中国工程院院士

赵春江　北京市农林科学院信息技术研究中心，中国工程院院士

项目各课题组成及其主要成员：

课题一：现代智慧农业发展战略研究

组　长：赵春江　北京市农林科学院信息技术研究中心，中国工程院院士

课题二：现代生态农业的发展战略研究

组　长：李文华　中国科学院地理科学与资源研究所，中国工程院院士

闵庆文　中国科学院地理科学与资源研究所，研究员

课题三：现代生物技术与现代农业发展的保障体系及发展战略研究

组　长：刘　旭　中国工程院原副院长，中国工程院院士

黄季焜　北京大学，教授

综合组：

组　长：刘　旭　中国工程院原副院长，中国工程院院士

后　记

两年来，经过大家的共同努力，《中国粮食安全理论与实践》终于可以脱稿面世。在此，我衷心感谢中国人民政治协商会议第九届全国委员会副主席宋健院士以及周济院士、李晓红院士对项目的指导和对我的信任。诚挚感谢沈国舫院士以及邓秀新院士、盖钧镒院士、尹伟伦院士始终如一地真诚指导与大力协助。非常感谢吴孔明院士、唐华俊院士、张守攻院士、康绍忠院士、万建民院士、罗锡文院士、李德发院士、赵春江院士和其他各位专家同仁的鼎力相助。非常感谢梅旭荣研究员、黄季焜教授、王济民研究员、王秀东研究员的认真审修。

在本书即将付梓之际，我深深感到尽管它来之不易，但仍难达到初衷，仍有待继续努力。我一定深入学习习近平总书记关于“三农”工作，特别是关于国家粮食安全的重要论述，并落实中央有关精神，为进一步促进粮食安全与社会政治稳定，以工程科技保障粮食安全而奋斗，进而为进一步解决人类粮食问题而继续努力。我也期待其他专家在此方面作出更大成绩，为全面推进乡村振兴、加快建设农业强国、全方位夯实粮食安全根基并确保中国人的饭碗牢牢端在自己手中贡献最大力量。

刘　旭

2022 年 8 月 31 日